Dicionário sintáctico de verbos portugueses

Coordenador

Winfried Busse

Professor de linguística românica
na Universidade Livre de Berlim

Francisca Athayde • José Luís de Oliveira Coelho
Maria Adelaide Chichorro Ferreira • Claudia Ittner
Ana Cristina Macário Lopes • Paulo L. Martins Ferreira
Lucinda Maria Dias Sousa Oliveira

Almedina • Coimbra

TÍTULO:	DICIONÁRIO SINTÁCTICO DE VERBOS PORTUGUESES
COORDENADOR:	WINFRIED BUSSE
EDITOR:	ALMEDINA
DISTRIBUIDOR:	LIVRARIA ALMEDINA ARCO DE ALMEDINA, 15 TELF. (039) 26980 FAX (039) 22507 3000 COIMBRA — PORTUGAL
DEPÓSITO LEGAL:	81311/94

Prefácio

Propõe-se esta obra apresentar as propriedades sintácticas de aproximadamente dois mil verbos em português, com o objectivo de ser útil a estudantes de língua materna portuguesa que queiram investigar ou tão somente analisar as estruturas sintácticas em que esses verbos ocorrem, e a estrangeiros de língua materna alemã ou outra estudantes da língua portuguesa. Mas também estudiosos e investigadores de línguas românicas e de linguística geral poderão achar nele un instrumento valioso para o estudo da sintaxe e semântica verbais.

Afim de facilitar aos estudantes alemães o acesso à semântica e sintaxe dos verbos portugueses oferecem-se, após o lema verbal, as traduções relativas ao emprego do verbo nas estruturas sintácticas analisadas, levando em consideração os seus contextos. O livro inclui um índice destas traduções. Exemplos complementam a apresentação das propriedades sintácticas verbais, a que se acrescentam frases idiomáticas em que o verbo ocorre. Nos casos em que a grafia ou a morfologia dos verbos podem pôr problemas, as formas correspondentes são referidas acima das traduções.

A língua descrita é o português europeu. Em casos de maior importância, este dicionário contém observações sobre divergências do uso dos verbos no português do Brasil. Em alguns casos apontam-se também divergências do português europeu face ao português do Brasil.

Os critérios a que obedeceu a selecção dos verbos descritos neste dicionário foram, por um lado, a avaliação intuitiva da sua ocorrência e disponibilidade, e, por outro lado, a sua frequência nos textos examinados. Isto implica, necessariamente, uma certa arbitrariedade, visto que ainda não existem, além do português fundamental, dicionários de frequência lexical.

Os exemplos que servem para ilustrar os contextos em que podem ocorrer os verbos estudados são na sua maioria autênticos. Em casos em que a estrutura a analisar ocorre raramente nas fontes utilizadas, oferecem-se exemplos analogamente construídos. As fontes avaliadas foram, por um lado, obras literárias contemporâneas, jornais - entre os quais o *Primeiro de Janeiro* do Porto, com a sua por vezes obstrusa linguagem, dificultou a selecção de exemplos lexicograficamente utilizáveis -, e ainda obras em prosa sobre assuntos específicos (como, por exemplo, livros de receitas culinárias, de temática política e administrativa ou de introdução ao uso de computadores). A lista das obras utilizadas é dada a seguir à introdução.

As obras de consulta utilizadas na elaboração deste dicionário foram as seguintes: O

"Aurélio": Aurélio Buarque de Holanda Ferreira, *Novo dicionário da língua portuguesa* (Rio de Janeiro: Nova Fronteira 1.ª edição, 13.ª impressão s.a.); Mário Vilela, coordenador, *Dicionário do português básico* (Porto: ASA 1990); Friedrich Irmen, *Langenscheidts Taschenwörterbuch. Portugiesisch - Deutsch* (Berlim: Langenscheidt ⁹1991); Johannes Klare, coordenador, *Wörterbuch Portugiesisch - Deutsch* (Leipzig: VEB Enzyklopädie 1986); o *Dicionário prático de regência verbal* (São Paulo: Ed. Ática 1987), de Pedro Celso Luft e o *Dicionário prático de verbos seguidos de preposições* (Lisboa: Ed. Fim do século ²1992), de Helena Ventura e Manuela Caseiro. Não marcámos os exemplos que destas obras citámos, ou, segundo o caso, adaptámos. Não pudemos utilizar o *Dicionário gramatical de verbos do português contemporâneo do Brasil* (São Paulo ²1991), coordenado e editado por Francisco da Silva Borba, porque esta obra foi publicada já depois de ter sido concluída a redacção deste dicionário.

A concepção de base deste trabalho é idêntica à do *Französisches Verblexikon* ("Dicionário de verbos franceses") elaborado por Winfried Busse e Jean-Pierre Dubost, cuja primeira edição data de 1977 (²1983, Stuttgart). A teoria das valências verbais exemplificada foi já apresentada em língua portuguesa em 1986 por Winfried Busse e Mário Vilela na *Gramática de valências. Apresentação e esboço de aplicação à língua portuguesa*, publicada pela editora Almedina em Coimbra (a não confundir com a *Gramática de valências. Teoria e aplicação*, publicada por Mário Vilela em 1992 na mesma editora).

Colaboraram na elaboração desta obra José Luís de Oliveira Coelho (Lisboa), Paulo L. Martins Ferreira (Berlim), Claudia Ittner e Lucinda Maria Dias Sousa Oliveira (Porto). Em casos particulares auxiliaram-nos Mónica Marracini (Rio de Janeiro/ Berlim), Maria Ferreira Morais (Guarda/ Berlim) e Orlene Lúcia de Saboia Carvalho (Brasília/ Berlim). Em todo o caso deve-se à revisão realizada por Francisca Athayde, Maria Adelaide Chichorro Ferreira e Ana Cristina Macário Lopes (Coimbra) e à ajuda contínua e competente de Paulo Martins Ferreira poder agora ser publicado este dicionário.

Estamos também muito gratos pela ajuda e facilidades que nos foram proporcionadas pela Zedat (Centro computacional da Universidade Livre de Berlim).

Este dicionário resulta de um projecto de investigação e pesquisa sobre a sintaxe verbal em português, financiado pela Deutsche Forschungsgemeinschaft (Sociedade Alemã para Fomento da Pesquisa e Investigação), à que se deve o nosso profundo agradecimento, assim como à Comissão para fomento da investigação (FNK) da Universidade Livre de Berlim.

Berlim, maio de 1994   Winfried Busse

Introdução

As anotações concernentes à sintaxe dos verbos incluídos neste dicinário devem interpretar-se da seguinte maneira:

O lema

Em caso de homonímia, números em expoente distinguem as entradas dos verbos. Quando há variação na ortografia dos verbos, indicam-se em *petit* as formas divergentes. A variação diatópica é marcada pelas abreviações BRAS. = brasileiro, PG. = português de Portugal, NPG. = Norte de Portugal. Após o lema são dadas as traduções em alemão dos diferentes usos do verbo. O símbolo ◊, que não é utilizado sistematicamente, indica que há inversão dos actantes (a metataxe de Tesnière).

A microestrutura: a representação das estruturas sintácticas

Os membros da frase, sujeito e complementos verbais, são dados por abreviações que precedem ou seguem o predicado representado pela maiúscula "V". Deste modo, um verbo intransitivo (apenas com sujeito) é representado pela sequência "N-V", um verbo transitivo com sujeito e objecto directo pela sequência "N-V-N", um verbo com objecto directo e objecto indirecto pela sequência "N-V-N-a N" (e.g. *dar alguma coisa a alguém*), e assim por diante. Além dos complementos nominais e preposicionais referidos, poder-se-ão distinguir ainda mais complementos a que fazemos referência na *Gramática de valências,* como, por exemplo, o complemento modal "M" na frase *Ele não se comporta bem*. Além do complemento modal devem mencionar-se os complementos de lugar "L", de direcção "D", temporais "T" e de quantidade "Q" (cf. e.g. os verbos *refugiar-se regressar, remeter, regular,* respectivamente). Complementos predicativos são assinalados por "P", normalmente seguido da especificação da classe morfológica a que o elemento pertence (n, adj etc.).

A anotação "Te" em posição de complemento indica que o verbo pode funcionar como verbo *dicendi,* i.e. pode aparecer um texto na posição marcada por "Te".

Complementos facultativos são postos entre parênteses. Quando é possível omitir-se mais que um complemento, as estruturas sintácticas respectivas são precedidas pelo símbolo ▽.

Na representação dos complementos nominais, incluíndo o sujeito, distingue-se às vezes entre a designação de seres humanos e coisas pelas letras "p" e "c", respectivamente, adscritas à maiúscula "N". Quando à maiúscula "N" se adscreve "pl", o complemento correspondente refere-se a uma pluralidade de indivíduos ou a um colectivo (cf. e.g. o verbo *reunir*).

Quando um complemento pre ou posverbal contém uma frase ou uma construcção infinitiva subordinada em lugar de uma expressão nominal, utilizam-se os símbolos "F" e "I", respectivamente. O modo da frase subordinada é indicado pelas minúsculas "i" ou "c" adscritas ao símbolo "F". Assim, a anotação "V-Fci" indica que ambos os modos são possíveis. Quando "Fc" é seguido por "| neg.", este acréscimo indica que o aparecimento do conjuntivo é determinado pela negação do verbo superior: *Não acho que tenhas razão*. Uma interrogativa indirecta anota-se por "Int": *Não sei se ele vem*.

Quando não há transitividade entre o verbo e um elemento da sua estrutura sintáctica, esta particularidade é assinalada por "+" em lugar de "-". Por exemplo: quando o verbo *estar* se emprega como verbo "funcional", e.g. na frase *estar em construção*, a relação entre o verbo e o elemento preposicional é marcada assim: "N-V+em N."

Complementos adverbiais circunstanciais aparecem na anotação entre barras em *petit* e em cursivo. Estruturas, ou partes delas componentes, raramente usadas na linguagem corrente, aparecem em *petit*.

Exemplos

Nc - V	O Verão *acabou*.
Fi - V	Nessa noite *aconteceu* que me perdi.
I - V	Por vezes, uma jovem acena risonhamente - e *tem acontecido* eu, tolamente, acenar também.
N - V - Npl	A associação *agrega* várias multinacionais.
N - V - Fi	*Achas* que nos fotografam? - perguntou a Luísa.
N - V- Fc | neg	*Não acho* que tenhas razão.
N - V - I	A Federação dos Sindicatos *aceitou* subscrever o acardo.
Np - V - Padj	O teu pai *anda* descontente contigo.
N - V - com N	Teve sorte, *acertou* com um bom médico.
N - V - contra N	O touro *acometeu* contra o cavaleiro.
N - V - L	O vestido é tão comprido que *arrasta* pelo chão.

N - V - D	Seguida pela velha, Júlia *acorre* à porta.
N - V - N - Pn	*Aclamaram*-no rei.
Np - V - Nc - M	*Acolheu* bem a notícia.
N - V - Np - de Nc	Nada o *arrancava* da sua profunda melancolia.
N - V - N - Qem	*Avaliei* o colar em cinco contos.
N - V - N - (Tpara)	*Decidiram* adiar a reunião para as quatro horas de amanhã.
N - V - (a Np) - (N c)	*Agradeço* ao João a ajuda que me prestou.
▽ N - V - Nc	*Agradeço* a tua boa vontade.
▽ N - V - a Np	*Agradeço*-te.
▽ N - V	Recebe favores mas não *agradece*.
N - V - Te	Sabem com quem hão-de comunicar? - *repetiu* o médico no mesmo tom.

Os exemplos

À direita das estruturas dão-se exemplos tomados da linguagem contemporânea. Se nos exemplos de uma construção um elemento constituinte se omite, esta omissão é assinalada pelo símbolo ►. P. ex., a primeira estrutura do verbo *ler* é transitiva: "N-V-(N)"; quando o verbo se usa genericamente como em ►*A criança já sabe ler*, o objecto directo não pode aparecer, embora se trate de uma construção transitiva.

A seguir a exemplos de uma determinada estrutura dão-se exemplos de casos especiais, como provérbios, frases feitas etc., introduzidos pelo simbolo ▮ . Noutros casos ainda faz-se referência a outras entradas no dicionário, a construções perifrásticas etc., etc.

Fontes

ac	Costa, Rosinha. *Arte de cozinhar*. Lisboa: Progresso. s.a.
al	Magalhães, Ana Maria / Alçada, Isabel. *Alarmante*. Lisboa: Caminho. 1984.
ap	Monteiro, Luis de Sttau. *Angústia para o jantar*. Lisboa: Ática. ^{5}1967
ar	Portela Filho, Artur. *Avenida de Roma*. Lisboa: Guimarães. 1961.
as	Luís, Agustina Bessa. *A Sibila*. Lisboa: Guimarães. ^{2}1956.
av	Vieira, Alice. *Este rei que eu escolhi*. Lisboa: Caminho. 1983.
bc	Redol, Alves. *Barranco de cegos*. Obras Completas, tomo 9. Lisboa: Publ. Europa-América. ^{4}1973.
be	Sarmento, Ángela. *À beira da estrada*. Lisboa: Prelo. 1974.
bi	Torga, Miguel. *Bichos*. Coimbra: Coimbra. ^{5}1954.
bm	Zambujal, Mário. *Crónica dos bons malandros*. Amadora: Bertrand. ^{13}1982.
bp	Pires, José Cardoso. *Balada da praia dos cães*. Lisboa: O Jornal. 1982.
ca	Lobo, Francisco Rodrigues. *Corte na aldeia*. Lisboa: Seara Nova. 1966.
cc	Ferreira, Vergílio. *Conta-corrente*. Amadora: Bertrand. 1981-1983.
cd	Pires, José Cardoso. *Corpo-delito: na sala de espelhos*. Lisboa: Marães. 1980.
ce	Redol, Alves. *O cavalo espantado*. Lisboa: Publ. Europa-América. ^{4}1977.
cf	Bilac, Olavo. *Crítica e fantasia*. Lisboa: Bertrand. 1983.
cl	Saraiva, António José. *A cultura em Portugal*. Tomo 1. Amadora: Bertrand. 1982.
cm	Fernandes, A. José. *A comunidade europeia e Portugal*. Braga. 1981.
co	Andresen, Sophia de Mello Breyner. *Contos exemplares*. Lisboa: Figueirinhas. ^{14}1984.
cp	Rodwell, Peter. *Guia do computador pessoal*. Lisboa: Verbo. 1985.
cr	Andrade, Eugenio de. *As crianças*. Porto: Limiar. s.a.
dm	Magalhães, Ana Maria / Alçada, Isabel. *Entre Douro e Minho*. Lisboa: Caminho. 1983.
dn	*Diário de Notícias*. Lisboa.

dp	Gomes, Costa. *Discursos políticos*. Lisboa: Ministério da Comunicação Social. 1976.	
ep	Trindade, M.B. Rocha. *Estudos sobre a emigração portuguesa*. Lisboa: Sá da Costa. 1981.	
ep	Queiroz, Eça de. *A capital*. Porto: Lello & Irmão. ^{7}1946.	
es	Teles, Gilberto Mendonça. *Estudos de poesia brasileira*. Coimbra: Almedina. 1985.	
fa	Redol, Alves. *Fanga*. Lisboa: Publ. Europa-América. ^{10}1980.	
fb	Gonçalves, Olga. *A floresta em Bremerhaven*. Lisboa: Seara Nova. 1975.	
fe	Monteiro, Luis de Sttau. *Felizmente há lugar*. Lisboa: Ática. ^{5}1963.	
fn	Namora, Fernando. *Fogo na noite escura*. Lisboa: Guimarães. ^{7}1956.	
fo	Antunes, António Lobo. *Fado alexandrino*. Lisboa: Publ. Dom Quixote. ^{4}1984.	
ga	Redol, Alves. *Gaibéus*. Lisboa: Portugália. ^{6}1965.	
gc	Sena, Jorge de. *Os grão-capitães*. Lisboa: Ed. 70. 1976.	
gt	Mourão-Ferreira, David. *Gaivotas em terra*. Amadora: Bertrand. ^{6}1978.	
hn	Monteiro, Luis de Sttau. *Um homem não chora e outra novela*. Lisboa: Unibolsa. 1958.	
hu	Brandão, Raúl. *Húmus*. Paris/Lisboa: Aillaud & Bertrand. ^{4}1950.	
jc	Régio, José. *Jogo da cabra cega*. Lisboa: Portugália Ed. ^{2}1963.	
kf	Follet, Ken. *Os cavalheiros do 16 de julho*. Lisboa: Europa-América. 1978.	
ku	Galvão, Henrique. *Kurika*. Lisboa: Livraria popular Francisco Franco. ^{27}1984.	
lu	Faria, Almeida. *Lusitânia*. Lisboa: Edições 70. 1981.	
mf	Simões, João Gaspar. *Um marido fiel ou o culpado inocente*. Porto: Brasília ^{2}1974.	
mi	Miguéis. José Rodrigues. *O milagre segundo Salomé*. Lisboa: Ed. Estampa. ^{2}1982.	
mm	Barreno, Maria Isabel. *A morte da mãe*. Lisboa: Marães. 1979.	
nc	Torga, Miguel. *Novos contos da montanha*. Coimbra: Coimbra. ^{4}1959.	
np	Tojal, Altino do. *Os novos putos*. Lisboa: Dom Quixote. 1982.	
nv	Ventura, Mário. *A noite da vergonha*. Amadora: Bertrand. ^{3}1977.	
oj	*O Jornal*. Lisboa.	
op	Tojal, Altino do. *Os putos*. Lisboa: Portugalmundo. ^{12}1982.	
pc	Rodrigues, Urbano Tavares. *Uma pedrada no charco*. Amadora: Bertrand. 1967.	

pj	*O Primeiro de Janeiro*. Porto.
pl	Mello, Pedro Homem de. *Povo que lavas no rio*. Porto: Brasília. 1969.
po	Pessoa, Fernando. *Poesias de Álvaro Campos*. Lisboa: Ed. Ática. 1984.
rd	Barbosa, Miguel. *Como os ratos destruiram Nova Iorque*. Lisboa: RSPA. 1983.
rp	Cutileiro, José. *Ricos e pobres no Alentejo*. Lisboa: Sá da Costa. 1977.
rv	Grilo, Manuel. *A rosa vermelha de Sófia*. Lisboa: Caminho. 1993.
sa	Gonçalves, Olga. *Sara*. Lisboa: Caminho. ²1986.
sc	Cunha, Silva. *O ultramar, a nação e o 25 de abril*. Coimbra: Atlântida. 1977.
so	Sérgio, António. *Sobre o sistema cooperativista*. Lisboa: Sá da Costa. 1984.
ss	AISS. *Reunião regional europeia sobre a segurança social dos trabalhadores migrantes*. Lisboa. 1974.
sv	Fonseca, Manuel da. *Seara de vento*. Lisboa: Forja. ⁵1977.
tm	Abelaira, Augusto. *O triunfo da morte*. Lisboa: Sá da Costa. ²1981.
vn	Nemésio, Vitorino. *A casa fechada*. Amadora: Bertrand. ²1979.
vp	Rodrigues, Urbano Tavares. *Vida perigosa*. Amadora: Bertrand. ³1974.

Dicionário

A

abafar¹
1. (Flammen...) ersticken, löschen; (Geräusch) dämpfen; (Aufstand) niederschlagen; (Skandal) unter den Teppich kehren; (Gefühl, Lachen, Schluchzen...) unterdrücken; [Küche] (Topf...) bedecken; etw aus der Welt schaffen. 2. jn ersticken; <Wetter> drückend, schwül sein. 3. s. warm anziehen, einhüllen, zudecken. 4. <jd> (fast) ersticken.

₁N – V – Nc   *Abafar chamas, ruído, uma revolta, um escândalo. Sucede com frequência uma dessas crianças não conseguir abafar uma risadinha.* [np] *Deixa-se ferver a lagosta durante dez minutos. Abafa-se, serve-se em seguida, cobrindo-a com 100 g de manteiga derretida.* [ac] *O regulado é um sistema implantado na África há mais de mil anos e não será nem a FRELIMO nem ninguém, que conseguirá "abafar" este tipo de gestão de bens comuns a que o povo se habituou.* [pj]
▪ *Abafar os passos:* leise gehen.

₂N – V – (Np)   *Este alto forno a funcionar tão mal ainda nos abafa. Este tempo abafa, é de abafar.*
▪ *Morrer abafado:* ersticken.

₃Np – Vse   *Nos dias frios, ela abafa-se (com roupas de lã).*
₄Np – V   *Tive que sair imediatamente da sala, senão ainda abafava. Meu pai e eu costumamos vir para aqui. Às vezes abafa-se em minha casa.* [fn]

abafar²
1. stehlen, klauen.

₁Np – V – N – a Np   *Ele aproveitou-se da sua distracção e abafou-lhe a carteira.*

abaixar [⇒ baixar]
1. (Jalousie..., jn) herunterlassen; (Kopf, Augen...) senken; (Stimme) senken, sinken lassen; (Aktien) (im Wert) sinken lassen; (Mauer) niedriger machen [⇒ baixar]; (Preis) senken, herabsetzen. 2. <jd> s. bücken; s. beugen; <jd> s. kleiner machen.

₁N – V – N   *Abaixa os estores para a menina dormir! Abaixar os olhos, a cabeça. O Lourenço sofria de asma. Permanentemente a arfar, a erguer e a abaixar o peito num desesperado vaivém de náufrago a afogar-se, às duas por três, transformava-se em pânico.* [nc] *Abaixa-me essa voz, ainda sou teu pai. A queda do dólar acabou por abaixar também a cotação das acções da Petrogal no mercado. O meu vizinho mandou-me abaixar a parede que dá também para o lado dele, caso contrário punha-me em tribunal. Acreditas que o Governo vá abaixar os preços dos combustíveis?*

₂N – Vse   *Abaixo-me para apanhar as toalhas que tinham caído.* [hn] *Não te abaixes. Mostra-lhes que és tão boa ou melhor que eles.*

abalar¹
1. etw erschüttern, erbeben lassen, ins Wanken bringen; FIG. rütteln an; jn erschüttern. 2. <jd> niedergeschlagen werden, sein; s. hängenlassen. 3. <etw> wackeln, beben.

₁N – V – Ncp   *O terramoto abalou as casas. Sempre que o poder executivo descuida o seu próprio plano de actividades, não cumpre o orçamento que preparou e fez aprovar e assim abala a base da sua própria autoridade.* [pj] *A morte do marido abalou-a.*

₂Np – Vse <com N>   *Abalou-se com a morte do filho. Abalou-se com a trágica notícia que lhe deram.*

₃Nc – V   *Com o terramoto, os prédios abalaram.*

abalar²
1. weggehen; abhauen; verduften; <Hund...> davonjagen; (wohin) aufbrechen.

₁N – V – (D)   *À ordem do lavrador, um dos criados largou dois cães que abalaram a farejar.* [bc] *Não posso dizer exactamente o que em mim se passava quando dali abalei.* [mf] *Lembro-me perfeitamente do verão em que o Chico abalou para a capital depois das ceifas.* [vp]

abalroar
1.–3. MAR. zusammenstoßen mit; rammen.

₁N – V – N   O petroleiro abalroou a lancha. Peritos da Marinha francesa procuram determinar se o submarino não terá sido abalroado por qualquer navio que, de momento, passasse no local. [dn]
₂Npl – V   O petroleiro e a lancha abalroaram.
₃N – V – contra N   Leonel falou dos galeões e das caravelas, que vinham outrora da Índia carregados de especiarias e que abalroavam contra os traiçoeiros rochedos do mar vingativo. [vp]

abanar
1. (Kopf) ablehnend schütteln; (mit dem Kopf) zustimmend nicken; (Feuer) anfachen; (mit dem Schwanz) wedeln; fächeln mit; jn schütteln; an etw rütteln. 2. s. hin und her bewegen; s. Luft zufächeln. 3. (Kopf) ablehnend schütteln; zustimmend nicken; mit (dem Schwanz) wedeln; <Fenster...> zittern; <Baum> s. (im Wind...) bewegen, wiegen.

₁N – V – N   Ela abanou a cabeça num gesto de cansaço e adoçou a voz: Maldito velho, estou farta dele! [nv] Acorda, dizia a Maria abanando o João. Abana o fogo! E o cãozito lá ia todo contente, abanando a cauda. Furioso, saltou-lhe ao pescoço, abanando-o violentamente. Abanei o portão e gritei mais alto. [ra]
₂N – Vse <com N>   Ao vento, abanavam-se os ramos das árvores. A personagem gesticulante atenua a sensação de calor abanando-se com as mãos. [nv]
₃N – V <com N>   Abanou com a cabeça, dizendo que sim, dizendo que não. O cão abanava com o rabo. As janelas, os ramos abanavam com o vento. A bandeira abanava com o, ao vento.
▪ De mãos a abanar: mit leeren Händen: Dois homens foram no encalço da Teresa, mas, depois de várias corridas, regressaram de mãos a abanar. Ela tinha trepado a uma árvore e mantinha-se agarrada lá em cima, muito quieta. [dm]

abancar
1. s. wo (-ran) setzen; s. (wo) niederlassen; s. (auf längere Zeit) (wo) einquartieren.

₁N – V – L   Tenho sede, Clara. Vou primeiro ao bar. Ela introduz-se desabridamente no elevador e ele abanca ao balcão do bar. [np] A tua mãe disse que ficava só uma semana, mas pelos vistos abancou lá em casa.

abandonar
1. jn, etw verlassen; (Freund-in) sitzenlassen; (Studium, Idee, Plan...) aufgeben; (Thema) fallen lassen; von (Bord) gehen. 2. s. nicht länger wehren. 3. jn e-r S., jm etw überlassen. 4. s. (dem Laster) ergeben; s. (dem Schicksal) überlassen; s. jm hingeben.

₁N – V – N   Afeiçoei-me a todas essas mulheres – uma de cada vez, bem entendido – e todas elas me abandonaram miseravelmente. [np] Abandonar os estudos, uma ideia, um plano. Perante o alheamento visível de Leonel, o marselhês abandonou a contragosto o assunto que com tanto ardor acometia e derivou, condescendente, para os casos do dia. [vp] Mário Soares afirmou que não seria na hora das dificuldades que aceitaria abandonar o barco. [pj]
₂N – Vse   Com as suas carícias ela abandonou-se.
₃N – V – N – a N   Abandone-me ao meu triste destino – disse a rapariga para o pai. [oj] Abandonou os filhos à miséria. Abandonou a posição ao adversário.
₄N – Vse – a N   Começou por brincadeira a beber, mas depois abandonou-se ao vício. Que fazer? Abandono-me ao meu destino. Abandonou-se-lhe.

abarcar
1. umfassen; erfassen; enthalten; mit dem Blick erfassen; überschauen; überblicken; betreffen.

₁N – V – N <com N>   Tal como o IRA, a OAS abarcava pessoas de perspectivas mais ou menos militantes. [kf] O recente volume abarca o período entre as duas guerras mundiais. Dali ele abarcava todo o vale. Oculto atrás da sebe que margina o pomar, abarca agora com a vista todo o edifício. [sv] Do castelo podia-se abarcar toda a cidade. As medidas tomadas abarcavam imigrantes e exilados.
▪ Abarcar o mundo, o céu com as (duas) mãos: s. (zu)viel vornehmen, zumuten; hoch hinaus wollen.

abarrotar
1. etw füllen, überschwemmen mit. 2. s. vollstopfen mit. 3. (über-) voll sein von; überquellen vor.

₁Np – V – N – de N   *Abarrotou o mercado de fruta.*

₂Np – Vse – de N   *Durante alguns minutos não se ouviu mais que o tinir dos talheres e o ruído da mastigação. Borges abarrotava-se de feijoada.*

₃Nc – V – de N   *O pátio da escola estava a abarrotar de gente.* [dm] *O saco já está a abarrotar de batatas.*

abastecer [abastar]
1. beliefern, versorgen mit; jm etw liefern; jn versehen mit. 2. s. versehen, s. versorgen, s. eindecken mit. 3. <etw> jn versorgen.

₁Np – V – N – (de, com N)   *Quem, senão os mercadores, a abastece de tabaco e pilhas para o transistor?* [np] *A cooperativa abasteceu de fruta todos os supermercados da vila. Os retalhistas abasteceram o mercado com bacalhau impróprio para consumo.*

₂Np – Vse – (de, com N)   *A minha prima abasteceu-se de fruta no supermercado. Abasteceram-se com fruta para a viagem. Abasteceu-se (do necessário) para um mês.*

₃Nc – V – N   *O caudal do rio Cávado, de onde é captada a água que abastece o concelho de Esposende, tem vindo a diminuir.* [dn]

abater
1. jn, etw niederwerfen, niederstrecken; (Haus...) zum Einsturz bringen; jn niederschießen; (Wild) schießen, erlegen; (Vieh) schlachten; (an Gewicht) abnehmen. 2. <Dach...> einstürzen; <etw> schlagen auf; <Regen> niedergehen auf; s. fallenlassen auf. 3. FIG. <Unglück> jn heimsuchen. 4. stürzen auf. 5. FIG. <Nachricht...> jn niedergeschlagen machen, entmutigen, mutlos machen. 6. mutlos werden; s. hängenlassen.

₁N – V – N   *Abateu o adversário com um golpe que o colheu de surpresa. O vento abateu as barracas. Sabe-se que vão ser investigadas as circunstâncias do assassínio do marido da nova presidente, abatido à saída do avião que o trazia de volta do exílio.* [oj] *Abateu (a tiro) uma lebre e uma perdiz. Abateram-se vitelos e cabritos no açougue.* (PG.:) *Esta semana abati dois quilos.*

▪ (PG.:) *Andar a abater:* (an Gewicht) abnehmen: *Havia algum tempo que Teresa andava, sem se vigiar, a abater, a desmedrar.* [pc] *Andas a abater muito.*

▪ *Abater ao/ no preço:* vom (Preis) nachlassen: *Abati 3o escudos ao preço do quilo.*

▪ *Ficar, estar abatido:* mitgenommen, mutlos, niedergeschlagen sein.

₂N – Vse – (sobre, em N)   *O tecto abateu-se sobre os conferencistas. Quantas vezes se desequilibrou, e as suas mãos se abateram desamparadamente sobre o solo de mato ou rocha! Uma forte chuva de granizo abateu-se sobre os telhados de zinco. Estava tão cansado que se abateu numa cadeira e para ali ficou.*

▪ *Abater-se por terra:* <jd> s. hinwerfen; s. fallen lassen.

₃N – Vse – sobre N   *Uma desgraça abateu-se sobre a família.*

₄N – V – sobre N   *Sob o peso do cimento o andaime abateu sobre um transeunte.*

₅Nc, Fc, I – V – Np   *Aquele acontecimento abateu-o. Os yuppies sofrem desde há alguns meses de uma estranha languidez: a febre abate-os.* [dn] *Abatia-o que ela não compreendesse as suas razões. Abatia-o nada mais poder fazer por ele.*

₆Np – Vse <com N>   *Abateu-se muito com a morte do marido.*

abdicar
1. <König...> abdanken. 2. (Recht) aufgeben; (Amt, Krone...) niederlegen; zurücktreten von; auf etw verzichten. 3. darauf verzichten zu.

₁N – V   *O rei teve de abdicar.*

₂N – V – de N   *Abdicar de uma herança, de um ministério. O rei abdicou da coroa, do trono. Abdicaram dos seus direitos. A avó ao princípio tentou ser amável comigo, abdicou até de várias tardes de bridge.* [be] *O Penafiel abdicava do contra-ataque e cedia toda a iniciativa ao opositor.* [pj]

₃N – V – de I   *Leonel continuou descendo a Cannebière, mas deixava-se arrastar pela multidão, perdera o aprumo, tinha abdicado momentaneamente de intervir na sua vida.* [vp]

abeirar
1. näherrücken; näherstellen. 2. näher herantreten zu; s. nähern. 3. ane–a.rücken.

₁N – V – N – de N   *Abeirei a mesa da varanda.*

₂N – Vse – de N   *Ai, que lhe voltaram os delírios! – exclamou Iria, abeirando-se dele, que não parava de gritar: que barulho!* [av]

₃Npl – Vse   *Abeiraram-se um do outro.*

abençoar
1. segnen; FIG. s. e–r S. glücklich preisen.

₁N – V – Ncp   *Os meninos vão de 17 a 25 anos e a mãe abençoa-os à antiga.* [pj] *O Natal é festa de todas as famílias que abençoaram o nascimento de um filho.* [dp] ▪ *Que Deus te abençoe!*

abespinhar
1. jn erzürnen, ärgern, wütend machen. 2. in Wut geraten, s. ärgern (über). 3. DIZER.

₁N, Fc, I – V – Np <com N>   *Com isso o João só abespinhou a companheira. Abespinhava-a que ele não lhe desse importância. Abespinhava-a ele não lhe dar importância.*

₂Np – Vse <com N>   *Não se abespinhe, Mariana.* [fn] *Não tive tempo de me abespinhar com ela.* [pc]

₃Np – Vse – Te   DIZER: *Vou para casa, que já é tarde! – abespinhou-se Adozinha.* [np]

abolir
1. (offiziell) abschaffen, aufheben.

₁N – V – N   *O Ministério da Energia poderá vir a ser abolido.* [dn] *Abolir uma lei. A Princesa Isabel, filha de D. Pedro II, aboliu a escravatura no Brasil. Definiu o acordo como um verdadeiro tratado histórico, abolindo os mísseis nucleares de alcance intermédio.* [dn]

abominar
1.–3. verabscheuen; hassen.

₁Np – V – N   *Ninguém sabia, senão ele, que, em segredo, desde pequeno, o senhor governador civil abominava o desporto, fonte das suas primeiras humilhações ardentes.* [pc] *Leonel abominava as frases dramáticas, todas as explosões das naturezas fortes.* [vp]

₂N – V – Fc   *Abomino que sejas hipócrita.*

₃Np – V – I   *Quando discutiam alguma coisa, abominavam dramatizar.*

abonar
1. bürgen für; bestätigen; für gut halten; zustimmen zu. 2. jm (Geld) vorstrecken.

₁N – V – N   *Só ele me pode abonar a letra do banco. O dicionário não abona esse uso do termo que empregaste.*

₂N – V – N – a Np   *Não tem por acaso livros que já não lhe façam préstimo ou algum outro valor que fique em depósito... enquanto lhe abonamos o dinheiro de que necessita?* [fn]

abordar¹
1. <Schiff> (wo) anlegen.

₁N – V – N   *Finalmente o navio abordou o cais.*

abordar²
1. an jn herantreten; jn ansprechen; s. jm nähern. 2. (Thema) anschneiden; auf (ein Thema) zu sprechen kommen.

₁N – V – Np   *Decidiu-se, enfim, com muito acanho, a abordar a D. Glória. – Só Deus sabia quanto esse passo lhe repugnava! Acercou-se dela com um ar contrito, embaraçado.* [pc]

₂N – V – Nc   *O chanceler não receou abordar um tema incómodo e espinhoso: a reunificação da Alemanha.* [dn] *Ambrósio discutiu o filme, teceu observações cheias de argúcia sobre a madrasta da Branca de Neve, abordou calorosamente a per-*

sonalidade de cada um dos sete anões. [np]

aborrecer
1. langweilen; ärgern; verdrießen. 2. s. langweilen. 3. s. ärgern über; jn über haben; genug haben von; s. mit jm überwerfen. 4. genug haben von; es leid werden.

₁N, Fc, I – V – (Np)   *Aquelas listagens sem a ajuda do computador só aborrecem. A longa espera aborreceu-me. Aborrecia-me que falassem com ironia dos nossos planos. Aborrece-me passar horas e horas à espera do médico.*

₂Np – Vse   *Ficaste revoltado? – Não! Aborreci-me, quando muito.*

₃Np – Vse – de, com Ncp   *A criança aborreceu-se com os colegas. Aborreci-me dos estudos e fui trabalhar. A Maria aborreceu-se com o companheiro e separou-se.*

₄Np – Vse – de I   *A criança aborreceu-se de brincar.*

abortar
1. e-e Fehlgeburt haben; FIG. <Plan...> scheitern, fehlschlagen.

₁N – V   *O rapaz mandou tal pedrada à barriga da cordeira, que a desgraçada, prenha como uma vaca, abortou e morreu.* [bi] *O calor fez abortar a Maria. O projecto abortou.*

▪ *Fazer um aborto:* abtreiben: *O médico faz, provoca um aborto.*
▪ *Fazer abortar:* scheitern lassen, zum Scheitern bringen: *O João fez abortar os planos do seu irmão.*

abotoar
1. zuknöpfen; zumachen. 2. (s-e Jacke..., s.) zuknöpfen. 3. (Geld...) für s. behalten, s. (unrechtmäßig) aneignen.

₁N – V – N   *A mãe curvava-se para o menino, sem abotoar a blusa, sem compor a cabeleira.* [op]

₂Np – Vse   *Vestiu-se, abotoou-se até ao pescoço e saiu.*

₃Np – Vse – com N   *Ele abotoou-se com o meu dinheiro e nunca mais o vi.*

abraçar
1. umarmen; umschlungen halten; FIG. s. zu eigen machen; s. bekennen zu. 2. s. umarmen. 3. jm um (den Hals) fallen; umarmen.

₁Np – V – Ncp   *Amas-me, não amas? Então abraça-me, Helder! Sinto-me tão infeliz.* [np] *A criança abraçava a boneca. Passado algum tempo adormeceu. O novo partido abraça ideologias de todos os quadrantes.*

▪ *Abraçar uma religião:* e-e Religion annehmen.
▪ *Abraçar uma profissão:* e-n Beruf ergreifen.
▪ *Abraçar a causa de alguém:* für jn Partei ergreifen.
▪ *Abraçar a.c. com a vista:* mit dem Blick erfassen.

₂Npl:p – Vse   *Toda a semana se abraçaram até que se fartaram.*

₃Np – Vse – a N   *Abracei-me ao pescoço dela. A criança abraçou-se a mim e não queria ir embora.*

abrandar
1. mindern; vermindern; mildern; (Schmerz) lindern; erweichen; (Geschwindigkeit) verringern; (Hitze...) mildern; (Flamme) runterstellen; (Schritt) verlangsamen; (Zorn) besänftigen. 2. <Schmerz...> nachlassen; <jd> s. beruhigen. 3. <Schmerz> zurückgehen, nachlassen; <Zorn...> nachlassen; geringer werden. 4. <etw> zurückgehen, sinken auf.

₁N, I – V – N   *Por tudo e por nada oferecia velas a S. João. Para abrandar a ira, chamava-me e obrigava-me a pôr a cabeça no seu colo para me catar.* [fa] *Os nossos filhos serão igualmente abençoados por teu pai, cuja severidade abrandaremos um dia.* [oj] *Eu tinha abrandado um pouco a actividade, mas sinto que estou a recuperar. Abrandar a velocidade, a temperatura, o fogo do fogão. Mariana abrandou o passo, segurando-o por um braço.* [fn] *O facto de os delegados se terem submetido ao seu veredicto abrandara a sua ira. Abrandara a sua ira os delegados submeterem-se ao seu veredicto.*

₂N – Vse   *Abrandaram-se-LHE as dores com aqueles comprimidos. Abrande-se homem! O rapaz não disse isso por mal.*

₃Ncp – V <de N>   *As dores abrandaram. Aquando das suas coléricas disputas com os outros hóspedes, desentranhava verborreia de esgoto que ia abrandando num rabujar interminável.* [np] *O vento abrandou de velocidade.*

₄Nc – V – para N   *O produto interno bruto deverá aumentar este ano e, depois, abrandar para cerca de 2,5 por cento, em 1988.* [dn]

abranger
1. umfassen; einschließen; [Blick] überblicken, überschauen; erfassen; begreifen.

₁N – V – N *O Congresso de Washington abrange a Câmara dos Representantes e o Senado.* [pj] *As zonas de habitação distribuem-se indistintamente no aglomerado urbano, abrangendo terrenos para construção que não são geralmente de pequenas dimensões.* [pj] *Do alto do monte abrangia-se toda a vila. A segunda guerra mundial abrangeu um período de seis anos. O sistema de ensino português abrange toda a sociedade.* [pj] *Perspicaz, logo abrangeu a dimensão do problema.*

abreviar
1. kürzen; abkürzen; verkürzen. 2. kürzer werden.

₁N – V – Nc *Abreviar uma visita, uma narrativa, uma história, um artigo. Na ocasião congratulara-se com a naturalidade desconcertante, mas não isenta de tacto, com que Françoise soubera abreviar a "comédia".* [vp] *Os médicos abreviam cada vez mais as consultas que dão.*
- *Abrevia lá:* Mach's kurz! Fasse dich kurz!
- *Abreviar razões:* s. kurzfassen; zum Punkt kommen.

₂N – Vse *Abreviou-se, sob condições ainda desconhecidas, a desintegração deste átomo.*

abrigar
1. schützen (vor). 2. Schutz suchen. 3. Schutz gewähren; (wo) in Schutz bringen. 4. s. wo unterstellen; Zuflucht, Schutz suchen, finden. 5. unterbringen (können); Obdach, Zuflucht gewähren.

₁N – V – Np – (contra, de N) *Procuravam tecto que os abrigasse (de, contra a chuva). Abriguei-o contra a chuva com a minha capa.*

₂Np – Vse – (contra, de N) *O João abriga-se do vento.*

₃Np – V – Nc – L *Abriguei o pássaro dentro de casa. Abriguei a criança debaixo do meu sobretudo.*

₄Np – Vse – L *Abrigou-se na entrada da casa. A partir de um mês de violação do contrato por parte da empresa o trabalhador pode por escrito romper o acordo profissional, reclamando no espaço de dez dias justa causa, e passando a abrigar-se no desemprego.* [pj]

₅Nc – V – Np *O hotel tem capacidade para abrigar vinte pessoas. O asilo abriga alguns velhos que já não têm parentes.*

abrir¹
Morf.: Part.: aberto.
1. öffnen; aufmachen; aufschließen; aufknöpfen; (Geschäft) eröffnen, aufmachen; (Konto, Ausstellung) eröffnen; (Schiffsrumpf) leckschlagen; (Loch) ausheben; (Sitzung) eröffnen, (Feuer) eröffnen; (Radio...) einschalten. 2. <Tür...> s. öffnen, aufgehen; Risse bekommen; <Diskussion> beginnen. 3. s. jm öffnen; s. jm anvertrauen. 4. <Geschäft> öffnen; s. öffnen; aufgehen; <Wand> Risse bekommen, s. spalten; reißen; <Wetter, Himmel...> aufklaren. 5.<etw> beginnen mit; ◊ s. am Anfang von etw befinden. 6. hinausgehen auf. 7. jm öffnen, aufmachen.

₁N – V – N *Abrir a porta, a televisão, uma sessão, a camisa, um concurso, uma loja, o jogo. Abrir uma conta no banco. O juiz abriu a sessão. Todos os civis marcharam para as pontes do Mosa a secundar a infantaria belga que abriu fogo sobre o inimigo.* [oj] *O choque dos dois navios abriu uma fenda na proa do transatlântico. Abriu um buraco no chão. O burujandu abria uma nova fase num velho movimento que provinha do século XIII.* [tm]
- *Abrir uma excepção a uma regra:* eine Ausnahme machen: *Normalmente, só depois de entardecer é que a polícia dos costumes se preocupa com o que se passa dentro dos carros parados no parque de automóveis de Carcavelos. Naquele dia, os agentes de autoridade não abriram qualquer excepção a essa regra.* [hn]
- *Abrir a boca num bocejo:* gähnen.
- (PG.:) *Abrir o interruptor da luz, a luz, a televisão:* (Licht...) einschalten, anschalten.
- *Abrir o sinal:* (Signal) auf Grün stellen, schalten.
- *Abrir os olhos a alguém:* jm die Augen öffnen.

	■ *Abrir falência:* Bankrott machen; in den Konkurs gehen.
₂Nc – Vse	*O pára-quedas não se abriu. As paredes abriram-se com o terramoto. Se sonhei, que representa este sonho?⌐E aqui se abriria uma interessante discussão tendente a saber porque me identifico com a Morte.* [tm]
₃Np – Vse – (com Np)	*Então, a Françoise abriu-se comigo pela primeira vez.* [pc] *Subitamente, abri-me⌐Sim: o meu coração transbordava.* [pc]
₄Nc – V <com N>	*As galerias já abriram às 8 horas. O pára-quedas não abriu a tempo. As paredes abriram com o terramoto. O tempo abriu.*
₅Nc – V – com N	*Contudo é uma terra amável, Elvas, uma cidadezinha de presépio, não desfazendo⌐Abre com um aqueduto de muitos arcos em pedra antiga.* [bp]
₆N – V – Dpara	*A janela abre para o jardim.*
₇N – V – (N) – a Np	*Mandou abrir (a porta) aos que batiam.*

abrir² [FAM.]
1. abhauen, verduften.

₁Np – V	*Abriu assim que viu a polícia.*
	■ *Ir a abrir:* das Gas durchtreten: *Fomos sempre a abrir na auto-estrada e chegámos lá em menos de hora e meia.*

absolver
Morf.: Part.: ter, ser absolvido; (ser, estar absolto).
1. jm (die Sünden) vergeben, nachlassen. 2. jn freisprechen von; jm etw vergeben, nachlassen.

₁N – V – Nc	*O padre absolveu-LHE os pecados.*
₂N – V – Np – (de Nc)	*O juiz absolveu o réu (do crime). O padre absolveu-o (das suas culpas).*

absorver
Morf.: Part.: ter, ser absorvido; estar absorto.
1. aufsaugen; FIG. verschlingen; verbrauchen; (ganz) in Anspruch nehmen. 2. FIG. s. in etw vertiefen.

₁Ncp – V – Nc	*A esponja absorveu a água. O Zé partilha também das mesmas inquietudes⌐ ⌐Aposentado do Banco do Brasil, a casa, os filhos, a criação literária de Adélia absorvem seu dia.* [pj] *As despesas com o exército absorvem uma grande parte do orçamento de Estado. Os estudos absorvem(-ME) a maior parte do meu tempo. As empresas exportadoras tiveram de procurar nos mercados externos o escoamento dos produtos que não foram absorvidos no país.* [pj] *O João, com aquela maneira de ser, absorve toda a energia da Maria. O plenário das reuniões não absorvia completamente os seus participantes.*
₂Np – Vse – em N	*Mari-Paz tinha interrompido o animado diálogo que travavam para se absorver naquela visão profunda das águas.* [vp] *Absorveu-se profundamente no trabalho, não ligava a ninguém.*

abster-se
1. es unterlassen; s. enthalten; (aufs Rauchen...) verzichten.

₁Np – Vse – de I	*Abster-se de fumar, de comer. No dia-a-dia, abstive-me cuidadosamente de manifestar desejos, passei sempre a esperar pelas propostas dos outros.* [tm] *Vários movimentos antiportugueses incitaram o eleitorado a abster-se de votar.* [sc] ▸*Rosário costumava repreendê-lo sempre, com desdém, por gestos daqueles, mas desta vez absteve-se.* [pc]
	■ *Abster-se (sc. de votar):* s. der Stimme enthalten.

abundar
1. in Fülle, reichlich, im Überfluss haben, da sein, vorhanden sein. 2. reich sein an.

₁N(pl) – V <L>	*Nas grandes profundidades abundam as melhores e mais cobiçadas colónias de coral vermelho.* [pj] *Abundam os preconceitos. O seu talento não abundava! Abunda a fruta nesta região.*
₂N – V – em Npl	*A região abunda em pinheiros.*

abusar
1. Mißbrauch treiben mit; (Geduld) auf die Probe stellen, strapazieren; anzüglich werden. 2. übertreiben; zu weit gehen.

₁Np – V – de N	*Abusar da bebida, do tabaco, de perfumes, da paciência de alguém.* ▸*Eu não levava jóia nenhuma, nem sequer a bolsa⌐Ele não queria roubar, João, que-*

7

	ria abusar. [np]
₂Np – V	Está a abusar de mais.
▪ Não abuses!: Du gehst zu weit!

acabar¹
1. beenden; zuende + V; fertig + V. 2. FAM. aufhören; zu Ende gehen; <etw> (jm) ausgehen. 3. aufhören; zu Ende gehen; enden; Schluß sein; <etw> ausgehen. 4. enden in; führen zu; auslaufen in. 5. am Ende, zum Schluß, schließlich werden, sein. 6. etw beenden; e-r S. ein Ende machen; mit etw aufhören; jn töten; umbringen, zugrunderichten. 7.–8. mit etw enden.

₁N – V – N	Acabei o trabalho que me dava tanto prazer. Acabas-ME o jantar, se fazes favor? Acabou a bebida e pensou em tomar outra.
₂N – Vse	FAM. Acabou-se tudo entre nós. Há mais, pai? – perguntou. Não Ambrósio. Por hoje acabou-se. Mas havemos de vir mais vezes. [np] Deixei o bolo por fazer, porque se ME acabou o açúcar.
▪ Acabou-se o que era doce.
₃N – V	O verão acabou. O povo acorreu em fúria. Se agarram os ladrões, não sei como a coisa acaba! [dm] Acabaram as cebolas.
▪ Acabar bem: gut ausgehen.
▪ Acabar mal: ein böses Ende nehmen.
₄N – V – em N	O número da sorte grande acaba em 2. Aquela disputa acabou em nada. A estrada acaba num precipício. Mas o dia ainda acabou em chuva.
₅N – V – P_adj, n	Acabou pálido e magrito. Tem cuidado com as correntes de ar ou ainda acabas constipada. Acabou cônsul.
₆N – V – com N	Acabemos com esta discussão. O trabalho e o stress ainda acabam comigo. Se o Parlamento só serve para atiçar as fogueiras já acesas, acabe-se com ele. [bc] Cego de raiva, disparou-lhe um tiro na cabeça, acabando com ele. A anciã encontrava-se a descansar quando o filho resolveu acabar-LHE com a vida. [od]
₇N – V – com N + V_a INF, GER	Quando não tinha aulas, tomava banhos intermináveis, que acabavam sempre com a mãe a gritar à porta. [dm]
₈N – V – com N + a N	Nessa época, qualquer concerto acabava com os fãs aos gritos.

acabar²
1. fertig werden mit; aufhören (mit); etw zuende + V.

₁[N –] V + de V_INF	Já podem sair, acabou de chover. Outro livro acabo de ler, oferecido também por Fernando Laidley, que me vai sugerir algumas sedutoras considerações. [pj]

acabar³
1. gerade, eben etw getan haben.

₁[N –] V + de V_INF	Acaba de sair agora mesmo.

acabar⁴
1. schließlich + V. 2. am Ende + V.

₁[N –] V + por V_INF	Acabou por admitir o seu erro. Jaime ainda se deteve um minuto, a olhá-los. Mas acabou por virar as costas e desaparecer no interior da redacção. [dm] Estas manifestações acabam por ser um pouco ridículas, para quem está de fora. [dm] O dia estava bonito e saímos para um piquenique, era impossível que chovesse. Quem havia de dizer que acabaria mesmo por chover?!
₂[N –] V + V_a INF	Para que serve agora tirar um curso, se vamos todos acabar a varrer ruas ou vender jornais?
▪ BRAS.: Acabou fazendo sol. Tanto discutiu com o professor, que acabou sendo expulso da escola.

acalentar
1. in den Schlaf wiegen; FIG. jm das Gefühl von Wärme, Geborgenheit geben; <etw> jn besänftigen, trösten. 2. FIG. (Hoffnungen...) hegen.

₁N – V – Np	A mãe acalenta o filho ao colo. Acalentavam as crianças com cantigas ingénuas. A sua voz tão meiga e tão doce acalentava-me.

₂N – V – Nc *Acalentar esperanças/ sonhos impossíveis/ um desejo.*

acalmar
1. jn beruhigen, besänftigen; etw beruhigen; (Streit) beilegen; (Schmerzen) lindern. 2. <Schmerz> nachlassen; s. beruhigen; s. legen; 3. <Wetter> s. beruhigen; <Wind> s. legen; <jd> s. beruhigen, ruhig(er) werden; <Schmerz> nachlassen.

₁N – V – Ncp *Se eu fosse aquela senhora – disse a Teresa –, levava a filha para casa, e acalmava-a longe disto tudo.* [dm] *A chegada do pai acalmou os conflitos na família. O comprimido acalmou-ME as dores.*

₂Nc – Vse *As dores vinham-se acalmando. Os ânimos acalmaram-se. Quando a tempestade parecia acalmar-se por completo, as portas pararam de bater e os cabos e as madeiras do navio já não rangiam.* [oj]

₃Ncp – V *O vento, a tempestade, o Pedro acalmou. As dores acalmaram e consegui finalmente adormecer.*

acamaradar
1.–2. freundlichen, vertrauten Umgang haben mit; s. anfreunden mit. 3.–4. s. anfreunden mit; Freundschaft schließen mit.

₁Npl – V *Embora de poucas falas, sempre acamaradaram.* [sv]

₂N – V – com N *Inibia-a de se desnudar e rir, de acamaradar e larachar com homens quase desconhecidos.* [pc] *Não podia falar com o pai, e era aborrecido ir ali ao passo da jumenta, sem ter com quem acamaradar.* [fa]

₃Npl – Vse *Eles acamaradaram-se quando frequentavam ambos a mesma universidade.*

₄N – Vse – com N *O novo empregado acamaradou-se com os colegas.*

acampar
1. lagern; zelten. 2. FIG. s. wo länger einquartieren; länger bleiben als vorgesehen.

₁N – V <L> *O grupo de escuteiros acampa em qualquer lugar que seja vedado.*

₂N – Vse – L *Acampou-se na minha casa.*

acariciar
1. streicheln. 2. FIG. (Hoffnungen...) hegen.

₁Np – V – Ncp *E o bolinho sabia-lhe ainda melhor quando a mãe, vendo-o comer, acariciava, satisfeita, o seu áspero cabelo ruivo.* [np] *Francisco pegou-lhe primeiro nas mãos e, atraindo-a, começou a desfazer-lhe os cabelos fulvos e a acariciar-LHE as faces.* [vp] *Acariciavam-se mesmo com sono, até adormecerem.*

₂Np – V – Nc *Acariciar sonhos irrealizáveis.*

acarinhar
1. streicheln; liebkosen; verwöhnen; FIG. jn auf Händen tragen, trösten. 2. e-a. streicheln, liebkosen. 3. FIG. wohlwollend erwägen; hegen und pflegen.

₁N – V – Np *Quem não quer perder uma mulher tem de amá-la constantemente, acarinhá-la, ampará-la.* [tm] *No meio de toda aquela mágoa, só me acarinhava a flauta que eu tinha dentro da camisa e o saber que minha mãe se enganara, quando no Arneiro se benzera ao ver as ciganas com os filhos.* [fa]

₂N(pl) – Vse *Abraça-me, Helder!_Os animais também se acarinham na rua, e são puros._ _Então....Abraça-me! – rogava a Luísa.* [np]

₃Np – V – Nc *A pretensão manifestada pelas autoridades americanas deve ser acarinhada e compreendida em toda a sua verdadeira dimensão cultural e até económica.* [pj] *As actividades culturais devem ser acarinhadas e protegidas.* [dn]

acarretar
1. (in e-r Karre...) (wohin) transportieren, bringen; mehrfach (wohin) fahren; tragen; schleppen. 2. FIG. nach s. ziehen; mit s. bringen; verursachen. 3. (Last, Konsequenzen...) tragen (müssen). 4. FIG. jm etw einbringen; für jn mit s. bringen.

₁N – V – N – (D) *Ninguém viu os comboios militares nem as milícias acarretarem os presos para os crematórios. Os miúdos acarretam as caixas de peixe.*

₂Nc – V – N <para N> *O director clínico acrescentou que a doente terá que utilizar o imuno-supressor, aparelho bastante caro, o que acarreta elevados custos para a economia do hospital.* [cm] *A adesão de Portugal à Comunidade acarreta grandes transformações no sector agrícola.* [cm] *O desabamento acarretou trágicas consequências.*

Np – V – com N *Ele acarretou com as despesas do processo. Acarretou com as culpas.*

₄Nc – V – N – a Np *A transferência de propriedade acarreta despesas ao herdeiro. Isso acarretou-lhe sérios prejuízos. Este processo de comercialização obriga ao fabrico de milhares de chips ROM e qualquer falha que passe no teste pode acarretar enormes prejuízos ao fabricante.* [cp]

acatar
1. (Rat, Befehl, Entscheidung...) befolgen, folgen, gehorchen.

₁N – V – Nc *Não me dispus a acatar-LHE a ordem.* [fa] *As Forças Armadas acatariam a decisão que o Presidente da República viesse a tomar.* [sc] *Aqui as ordens acatam-se e não se discutem.*

acautelar
1. jn warnen. 2. s. vorsehen; auf der Hut sein; s. in acht nehmen. 3. sicher aufbewahren; etw sicherstellen. 4. jn auf (eine Gefahr...) hinweisen. 5. s. vorsehen vor; Vorsichtsmaßnahmen treffen gegen.

₁Np – V – Np *Acautelaram o banqueiro quanto a um possível assalto.*
₂Np – Vse *Acautele-se! A Maria não se acautelou e ficou grávida.*
₃Np – V – Nc *Acautelou os documentos antes de viajar. Alguns projectos tínhamos em preparação, cuja viabilidade precisava por isso de ser acautelada.* [sc]
₄Np – V – Np – de Nc *O médico acautelou-a da possibilidade de vir a ser operada.*
₅Np – Vse – de, contra N *Convém acautelar-se de imprevistos, contra exploradores.*

accionar [BRAS. acionar]
1. betätigen; in Gang, in Betrieb setzen; (Gerät...) bedienen.

₁N – V – N *Accionar o botão do elevador, a máquina de terraplanagem. Accionar os mecanismos para a construção da ponte sobre o Tejo. Dorr E. Felt desenvolveu uma calculadora na qual todo o mecanismo era accionado através de teclas.* [cp]

■ *Accionar um processo + contra N:* einen Prozeß anstrengen gegen; verklagen.

aceder¹
1. an (die Macht) kommen.

₁N – V – a N *Se a RENAMO aceder ao Governo, afirmou Jorge Correia, concretizará e dará continuidade aos acordos com Portugal.* [pj]

aceder²
1. (e-r Bitte...) nachkommen, stattgeben; (Einladung) annehmen. 2. einwilligen in; einverstanden sein mit.

₁N – V – (a N) *Não pude aceder à sua proposta. No Governo havia quem considerasse inútil aceder ao pedido de reabertura de conversações.* [sc] *Em determinado momento acedi ao convite que me foi feito pelo Dr. Nogueira de Brito para integrar uma lista por ele encabeçada.* [pj]
₂N – V – a, em I *Graciette acedeu a dançar com o Vasco, um loiro, de franja, que premeditava revolucionar o teatro, indo mais longe que Samuel Beckett e Ionesco.* [pc] *Acedeu em colaborar com o governo.*

aceitar
Morf.: Part.: ter, ser aceitado; ser, estar aceite.
1. (Geschenk...) annehmen; (Einladung, Vorschlag) annehmen, akzeptieren; (Rüge...) hinnehmen, dulden, akzeptieren. 2.-3. es hinnehmen; zustimmen; akzeptieren. 4.-5. es als Adj. annehmen; jn akzeptieren als. 6. anerkennen als.

₁Np – V – Nc *Aceitar um presente, um convite, uma proposta, uma reprimenda. O relatório foi **aceite** na Comissão da CEE.* [dn] *Foram aceites todas as sugestões. A proposta foi aceite. Não tinha **aceitado** a proposta. Aceitar a responsabilidade dum crime. Muitas lojas não aceitam eurocheques. Por uma vez na vida Spaggiari aceitou a autoridade.* [kf] *Não aceitou dinheiro pelo trabalho que me fez. Horácio aceitou mal a explicação. A zanga que pouco antes nele estrugia amainara subitamente.* [pc] *Convidei-os para uma feijoada no meu apartamento de solteirão. Aceitaram prontamente.* [np] *Não aceito as aventuras do meu marido. Não LHE aceito as aventuras. Ninguém foi capaz de aceitar este desafio, como outros o tinham feito com a máquina de diferenças.*

$_2$N – V – Fc [cp]	*Aceitou que a levasses a casa? Aceitaram que as condições do contrato fossem alteradas. Não aceito que ele tenha aventuras. Não aceitei que ele me viesse trazer a casa.*
$_3$N – V – I	*A Federação dos Sindicatos não aceitou subscrever o acordo apesar de ele ser exactamente igual ao que foi proposto.* [dn]
$_4$N – V – como P$_{adj, n}$ – N	*A firma aceitou-o como gerente, aceitou como realizável o projecto.*
$_5$N – V – como P$_{adj}$ – Fc	*Se uma bela mulher cruzar comigo na rua com um bebé ao colo, a-ceito como provável que ela nem sequer dê por mim, mas aposto que o bebé me piscará o olho.* [np]
$_6$N – V – por P$_{adj, n}$ – N	*Aceito por boa a doutrina. É-me impossível aceitar por mentor esse indivíduo. Aceitou-a por esposa. Aceitou por viável o plano.*

acelerar
1. etw beschleunigen; schneller gehen; Gas geben. 2. FIG. beschleunigen; steigern. 3.–4. schneller werden; sich beschleunigen; ansteigen.

$_1$Np – V – (N)	*Acelerar o passo, a marcha, a velocidade. Acelerou (sc. o passo, a velocidade). Quem vem do Estoril para Lisboa, ao chegar à entrada do Dafundo acelera sempre, porque a certas horas cheira a esgotos.* [hn]
$_2$N – V – N	*Acelerar o andamento dum processo. Depois da renegociação, frisou o chefe do Executivo, importa agora acelerar o ritmo e diminuir o tempo que geralmente medeia entre a tomada das decisões e a sua implementação prática.* [pj]
$_3$Nc – Vse	*A velocidade, o movimento da máquina, o processo acelerou-se.*
$_4$Nc – V	*O movimento da máquina acelerou. A modernização da agricultura acelerou depois da entrada de Portugal na CEE.*

acenar
1. mit (der Hand) winken; mit (dem Kopf) nicken; grüßen. 2. winken. 3. jm zuwinken, zunicken. 4. FIG. NEG <Schicksal> jm nicht hold sein. 5. FIG. jm winken mit; jn locken mit. 6. jm zuwinken. 7. jm (zu-) winken, jm zunicken mit. 8. jm (zum Abschied) (zu-) winken. 9. jm e-n Wink geben.

$_1$Np – V <com N>	*Acenou novamente com a cabeça, com a mão. Despediram-se todos efusivamente e debruçaram-se logo de seguida, a acenar, na janela.* [dm] *Por vezes, uma jovem acena risonhamente – e tem acontecido eu, tolamente, acenar também.* [Np]
$_2$Nc – V	*Lenços brancos acenavam ao longe.*
$_3$Np – V – a Np <com N>	*E, ajeitando o capacete, o homem acenou-lhes amistosamente e arrancou.* [dm] *João acenou em despedida a Miguel que se encaminhou para o bar. Estavas a trabalhar?!_Acenei-lhe com a cabeça.* [fa]
$_4$Nc – V – a Np	*A sorte não lhe acenou.*
$_5$Np – V – a Np – com N	*Acenou-lhe com vantagens inesperadas.*
$_6$Np – V – para Np <com N>	*Apesar do mau tempo, o presidente Charles de Gaulle ia de pé na sua limousine, sorrindo e acenando para a multidão, que aplaudia.* [kf]
$_7$Np – V – Nc – (a Np)	*Os homens descobriram-se quando o bote se afastou da muralha, acenando-lhe os barretes.* [bc]
$_8$Np – V – Nc – (a Np)	*Acenou um adeus. Acenaram adeus ao viajante.*
$_9$Np – V – a Np – (para) Fc	*Acenaram-lhe (para) que não prosseguisse. O Sr. Primeiro-Ministro e outros governantes acenaram às "multinacionais", para que façam investimentos no nosso País.* [pj]

acender
Morf.: Part.: ter, ser acendido; estar aceso.
1. (Feuer, Streichholz...) anmachen, anzünden; (Zigarre...) anstecken, anzünden; (Licht) anmachen, anknipsen, anschalten; (Radio, Herd...) anmachen, einschalten; FIG. (Augen) zum Leuchten bringen; (Debatte) beleben, in Schwung bringen. 2. <Licht, Feuer, Pfeife...> angehen; FIG. <Augen> zu leuchten anfangen; aufleuchten; s. erhitzen; in Zorn, Eifer geraten; ◊ (vor, in Liebe) entbrennen. 3. <Herd, Zigarre, Radio> angehen.

$_1$N – V – N	*Teresa acendeu novo cigarro na ponta que já lhe queimava os dedos.* [pc] *Alguns professores encarregaram-se de dar o mau exemplo, acendendo o seu cigarrinho quando bem lhes apetecia, ignorando a vontade maioritária da escola.* [pj] *Acender a lâmpada, o rádio, uma luz, um fósforo. A paixão a-*

₂N – Vse <de N>	cendia-LHE os olhos. A intervenção do deputado acendeu o debate. O fósforo acendeu-se. Acenderam-se-LHE os brios. Os seus olhos acenderam-se no calor da discussão. Acendeu-se-LHE o ânimo. Acenderam-se os olhos de paixão. A sua alma acendia-se em amor a Deus.
₃N – V	O forno, o cigarro não acende.

acentuar
1. mit Akzenten versehen; (Silben) betonen. 2.–4. FIG. betonen; hervorheben; unterstreichen. 5. <Schwierigkeiten> zunehmen, s. verstärken; <Konflikt> s. verschärfen.

₁N – V – (N)	Tens que acentuar as vogais finais, senão não te entendem.
₂N – V – N	Devido às suas características geopolíticas e à seca que tem sabotado a economia e acentuado a desertificação do país, a Mauritânia sempre foi um país frágil e vulnerável. [pj] Os jovens, não os via como eram, mas como haviam de ser quando o tempo corruptor lhes decompusesse as carnes e LHES acentuasse cruelmente os traços. [pc] O Ministro acentuou ainda a necessidade que há de se proceder à revisão constitucional.
₃N – V – Fi	Torres Couto acentuou que fazer hoje a defesa das nacionalizações é uma atitude irracional. [dn]
₄N – V – I	Acentuou estar o Governo preparado para tomar as medidas necessárias.
₅N – Vse	O desencanto da população acentua-se, medra, cresce e agiganta-se. [pj]

acercar
.1. (näher) heranrücken an. 2. s. nähern; auf jn zugehen.

₁N – V – N – de N	Conseguiu acercar a escada daquele muro alto e entrar sem ser visto.
₂N – Vse – de N	Decidiu-se, enfim, com muito acanho, a abordar a D. Glória. Só Deus sabia quanto esse passo lhe repugnava! Acercou-se dela com um ar contrito, embaraçado. [pc]

acertar
1. es jm gelingen, den Richtigen zu treffen. 2. zurechtrücken; (Uhr...) richtig einstellen. 3. wohin treffen. 4. jn, etw treffen. 5. es gut treffen mit jm; es jm gelingen, jn zu finden. 6.–7. vereinbaren; übereinkommen.

₁N – V – (N)	Tanto procurou a pessoa que queria, que acertou.
₂N – V – N	Por hábito, acertou o relógio de pulso, que se adiantava sistematicamente cinco minutos por dia. [vp]
	■ N – V: Erfolg haben: Os neurologistas acertaram e realmente, os sonhos, inatos, programam o nosso comportamento. [tm] Ele acertou no totoloto.
₃N – V – (L)	Ele acertou no alvo logo à primeira.
₄N – V – (em N)	O Pedro distribui pontapés, mas não acerta em ninguém. [np] Não acertou na bola. Três apostadores anónimos acertaram nos seis números do Totoloto, ganhando assim 21 200 contos cada um. [dn]
	■ Acertou em doze, no 2o: zwölf Richtige haben.
₅N – V – com N	O Carlos acertou com a namorada que agora tem. Teve sorte, acertou com um bom médico.
₆Npl – V – N, Fi, I	Acertaram finalmente a data do contrato. Acertaram que partiriam de manhã cedo. Acertaram assinar o contrato.
₇N – V – com N – N, Fi, I	Acertou um encontro com essa moça. Os Sul-africanos nunca conseguiram acertar connosco uma política comum em relação à Zâmbia. [sc] Já acertei com o teu irmão que partiríamos às 6 horas da manhã. Acertou com o vizinho encontrar-se com ele no Chiado.

achar
1. finden; vorfinden; entdecken. 2. FIG. etw in etw finden. 3. etw an jm, etw entdecken, finden. 4.–5. glauben; der Meinung sein; finden; den Eindruck haben. 6. jn, etw wie finden, halten für. 7. s. halten für. 8. wo sein, s. befinden; s. wie befinden. 9. es befinden, halten für.

₁N – V – N <L>	O miúdo achou um porta-moedas com algum dinheiro. Achei uma solução para o meu problema. Achei-o lá, no parque. O Dr. Gonçalves limitava-se a convencer Maria do Pilar de que não LHE achava no corpo doença para se ater à cama daquela maneira. [bc]
₂N – V – N – em N	Acho na dança um imenso prazer.

₃N – V + N – a Ncp	*A mãe do macaquinho percebia que estávamos a achar graça ao filho, porque nos seus olhos tristes havia uma espécie de gratidão.* [np] *Por falar em Céu, achei piada àquela igreja onde fomos ontem à missa. Como se chamava a igreja, João? – Igreja de Santo Agostinho. – Pois é, de Santo Agostinho. Achei piada.* [np]
₄N – V – Fi	*Achas que nos fotografam? – perguntou a Luísa, ajeitando a franja, com os dedos.* [dm] *Acho que vai concordar.*
₅N – V – Fc | NEG	*Não acho que tenhas razão.* ▪ *Acho que sim. Acho que não.*
₆N – V – N – P_{adj, n}	*Teresa receava que as pessoas da quinta achassem os pedidos idiotas, não lhes dessem nada e ainda lhes atiçassem os cães.* [al] *Achei o arroz caro. Achei-o um grande presidente.*
₇N – Vse – Pn	*Ele acha-se um grande génio.*
₈N – Vse – P_{adj, l}	*A fome que os aguilhoava assomava-lhes toda aos olhos, fundos, a luzirem, se por acaso se achavam sós.* [vp] *Achava-se ali sentado quando o barulho dum carro o fez levantar.* ▪ *Achar-se bem, mal de finanças, de saúde:* es wie stehen mit.
₉N – V – P_{adj} – Fc, I	*Estou à sua disposição. Farei qualquer operação que ache conveniente ordenar. Achei estranho que discordassem. Achei bem que me tivessem prevenido.* ▪ *Achar por bem + Fc, I:* etw für gut befinden: *Achou por bem viajar sem dizer nada a ninguém.*

acicatar
1. (Tier) anstacheln; jn erregen, reizen; etw anstacheln; etw fördern.

₁N – V – Ncp	*Acicatou o cavalo com as esporas. Sentia que o desespero, o remorso, a revolta, iam ali mesmo rebentar, à mais leve palavra que o pai acrescentasse naquele modo dogmático que o acicatava, o enchia de furor.* [pc] *A Revolução Russa de 1917 implantou o regime dos sovietes e acicatou movimentos revolucionários de âmbito nacional e mundial, no intuito de instruir a utopia marxista-leninista.* [pj]

acidentar
1. <Unglück> Opfer fordern. 2. uneben, hügelig werden.

₁N – V – Np	*A explosão da central acidentou várias pessoas.*
₂Nc – Vse	*O terreno acidentava-se a uma distância de dois quilómetros.*

acionar ⇒ accionar

aclamar
1. jm zujubeln. 2. (per Akklamation) wählen zu; jn ausrufen zu. 3. s. ausrufen zu; s. erklären zu [⇒ proclamar].

₁N – V – N	*Aclamaram os campeões. Aclamaram a moção proposta pela mesa.*
₂N – V – N – Pn	*Aclamaram-no rei.*
₃N – Vse – Pn	*Ele aclamou-se rei.*

aclarar
1. FIG. erhellen; Licht bringen in; etw aufklären. 2.–3. <Wetter...> klar, hell(er) werden, aufklaren.

₁N – V – N	*Aclarar um mistério. Antes de mais nada, deixem-me beber, para aclarar as ideias.* [dm]
₂N – Vse	*O céu aclarava-se.*
₃N – V	*O dia, o céu aclarou.*

acocorar
1. jn in Hockstellung bringen. 2. s. (hin-) hocken; s. (hin-) kauern; s. ducken.

₁N – V – N	*Acocorou-os por trás da mesa.*
₂N – Vse <L>	*O passageiro chega-se mais, acocora-se, ergue um dedo.* [op] *O matraquear da metralhadora emudece-a. Acocora-se nas lajes, junto do caixote dos cartuchos.* [sv]

acoitar [acoutar]
1. Zuflucht gewähren; bei s. aufnehmen; beherbergen. 2. Zuflucht, Schutz suchen; s. verstecken. 3. jn aufnehmen, beherbergen. 4. jn schützen, bewahren vor.

$_1$Np – V – Np – (L)   *Acoitei-o na minha casa.*
$_2$N – Vse – (L)   *Atrás da moita onde se acoitara, a lebre tremelicava ainda, apesar de os galgos ladrarem agora ao longe.* [bc]
$_3$Nc – V – Np   *Ao longo da estrada para Fátima, os albergues acoitam os peregrinos.*
$_4$Np – V – Np – de N   *Acoitei-o do frio e do vento.*

açoitar [açoutar]
1. züchtigen; auspeitschen. 2. etw peitschen; peitschen gegen.

$_1$Np – V – N   *Depois de ter batido na mulher, o homem ainda açoitou os filhos.*
$_2$Nc – V – N   *Os chuviscos fizeram-se em temporal, açoitados pelo vento norte que mugia.* [fa] *As fortes bátegas de chuva açoitavam os arbustos.*

acolher
1. (bei s.) aufnehmen; jn empfangen. 2. wohin ziehen; s. wo(-hin) zurückziehen. 3. etw wie aufnehmen.

$_1$Np – V – Np <L>   *A afluência de turistas levou o Governo regional a apelar para que os Madeirenses cedessem instalações vagas para acolher os forasteiros.* [pj] *Acolhemos agora entre nós V. EX.a Senhor Presidente, que sempre desempenhou um papel relevante de esclarecida ajuda.* [dp]
$_2$Np – Vse – L   *Depois da morte do marido, a mulher acolheu-se em casa da irmã.*
$_3$Np – V – Nc – M   *Acolheu o pedido da Maria com satisfação. A ideia foi acolhida com aclamação geral.* [kf] *Acolheu bem a notícia.*

acometer
1. anfallen; angreifen. 2. FIG. (Thema) anschneiden; etw in Angriff nehmen. 3. FIG. <etw> jn überkommen. jn befallen. 4. angreifen; s. stürzen auf; fahren gegen.

$_1$N – V – (Ncp)   *Sempre que ele sacudia as suas indecisões, como um toiro ferido que vai acometer o que lhe barre o caminho, ficava logo quebrado pela complexidade dos seus propósitos.* [fn] *O animal acometia com os cabrestos, para logo se aquietar e procurar o seu amparo.* [fa]
$_2$Np – V – Nc   *Perante o alheamento visível de Leonel, o marselhês abandonou a contragosto o assunto que com tanto ardor acometia e derivou, condescendente, para os casos do dia.* [vp] *Acometeram empresas temerárias.*
$_3$Nc – V – Np   *Uma espécie de claustrofobia acometeu-o.*
$_4$N – V – contra N   *O touro acometeu contra as barreiras, contra o cavaleiro. O motorista acometeu contra o volkswagen que estava parado à beira do passeio.*

acomodar
1. jn unterbringen. 2. Platz nehmen, s. einrichten; es s. bequem machen. 3. (Brille) zurechtrücken; etw zurechtlegen; (Gepäck) verstauen. 4.-5. s. gewöhnen an; s. anpassen an. 6. s. anpassen; s. einrichten.

$_1$N – V – Np <L>   *Acomodaram as visitas o melhor que puderam.*
$_2$Np – Vse <L>   *No interior, os passageiros oscilam com a caixa, acomodam-se, percorridos por arrepios, mal afeitos ainda ao movimento.* [nv]
$_3$N – V – Nc   *Sílvio enrugou o nariz a acomodar os óculos e acompanhou a rapariga com os olhos.* [fn] *Entrou e acomodou a bagagem. Deitou-se e acomodou a almofada. Carinhosamente acomodou-LHE a almofada.*
$_4$Npl – Vse   *Com a continuação, acomodaram-se um ao outro.*
$_5$N – Vse – a N[a ele]   *Acomodou-se ao João, a ele. Acomodou-se à mudança de temperatura.*
$_6$N – Vse – a I   *Acomodou-se a viver na Alemanha.*

acompanhar

1. jn begleiten. 2. jn wohin begleiten. 3. aus der Nähe verfolgen. 4. jm in etw folgen. 5. jn auf (dem Klavier...) begleiten. 6. s. (auf dem Klavier...) begleiten. 7. etw trinken, essen zu. 8. s. umgeben mit. 9. passen zu. 1o. mit jm (gesellschaftlich) verkehren, Umgang haben.

₁Ncp – V – Np   *Na sua frente sentara-se a rapariga que o acompanhava, corpulenta, aparentando cerca de trinta anos.* [nv] *Pascal construiu mais de 5o modelos de máquinas de calcular antes de ficar satisfeito, mas infelizmente o sucesso comercial não o acompanhou.* [cp]

₂Np – V – Np – D   *Ele acompanhou-a à escola/ até casa.*

₃Np – V – Nc   *Técnicos da Direcção-Geral de Energia e do Instituto de Apoio às Pequenas e Médias Empresas Industriais acompanharão os trabalhos sobre as condições de utilização de energia.* [pj]

₄Np – V – Np – em N   *Peço a todos os presentes que me acompanhem num brinde pela República do Senegal e pelo seu Povo.* [dp] *Acompanha-o nos seus ideais e convicções.*

₅Np – V – Np – (a Nc)   *Acompanha-me ao piano.*
₆Np – Vse – (a Nc)   *Quando canta, acompanha-se à guitarra.*
₇Np – V – Nc – com Nc   *Acompanho a comida com um copo de vinho verde. Acompanho a carne com batatas.*

₈Np – Vse – de Np   *Acompanha-se de jovens da sua idade. O Presidente fez-se acompanhar de uma grande comitiva.*

₉Nc – V – com Nc   *A carne acompanha com vinho tinto.*
₁₀Np – V – com Np   *A minha vida, como aliás a dos outros jovens com quem acompanhava, era um declive tremendamente escorregadio onde qualquer paragem se tornava impossível.* [nv]

aconchegar

1. jn kuscheln; es jm bequem, gemütlich machen; (Brille) zurechtrücken. 2. s. kuscheln, schmiegen in, an. 3. etw anschmiegen an. 4. s. an etw anschmiegen.

₁N – V – N   <L>   *Aconchegou a criança na cama. Bom – disse o Pedro, aconchegando os óculos no nariz e falando devagar.* [dm]

₂N – Vse   <L>   *Aconchegou-se na poltrona e folheou a revista. Tê-lo-ia melindrado? Devia, pelo contrário – bem sabia que era esse o seu papel –, pedir-lhe apoio, aconchegar-se nos braços dele.* [pc] *Aconchegou-se o melhor que pôde.*

₃N – V – N – a N   *No Inverno, quando o freguês empurrava a porta da tasca hospitaleira, precedia-o invariavelmente uma aragem gelada que me fazia aconchegar melhor às orelhas a gola do capote.* [np] *Jaime enfiou-lhe os braços por baixo e levantou-o no ar, aconchegando-o a si com carinho.* [dm]

₄N – Vse – a N   *Aconchegou-se à almofada, à Maria.*

aconselhar

1. jm raten zu; jm etw empfehlen; jm anraten. 2.–4. jm den Rat geben, jm raten, anraten, nahelegen. 5. mit e-a. beraten, beratschlagen (über). 6. s. beraten, beratschlagen mit. 7. s. Rat holen bei; Rat einholen; s. beraten lassen von.

₁N – V – (a Np) – Nc   *Escusou-se – lealmente, diga-se – alegando a sua indisponibilidade para dar pública opinião sobre o assunto, precisamente por entender que as funções que actualmente desempenha lhe aconselham silêncio sobre a matéria.* [cm] *Aconselha-se a utilização de diskettes pela sua maior rapidez em relação às cassettes.* [cp]

₂N – V – (a Np) – Fc   *O momento político não aconselha que se ataque a fundo aquilo que são consideradas as grandes questões do Orçamento.* [oj]

₃N – V – Np – a Fc   *Aconselharam-no a que pagasse sem demora os impostos.*
₄N – V – Np – (a I)   *Aconselho-te a ler Capello e Ivens para te familiarizares com a paisagem, para entenderes a boa-consciência colonial.* [lu]

₅Npl – Vse – sobre N   *Aconselharam-se (um ao outro) sobre o problema, no que devia fazer.*
₆Np – Vse – com Np   *O homem abanava a cabeça, receoso de negócios com ciganos, e aconselhava-se com a mulher, ainda mais desconfiada do que ele.* [fa]

₇Np – Vse – junto de Np   *Aconselhe-se junto das autoridades competentes.*

15

acontecer
1.-3. passieren; vorkommen; s. ereignen; <der Fall> eintreten. 4.-5. jm passieren, widerfahren.

₁N - V Os modelos térmicos necessitam de papel especial._O mesmo acontece com as impressoras electrostáticas. [cp] Partiste uma perna!_Como é que se passou isso? - Aconteceu. A queda do anterior executivo da Federação aconteceu porque não havia alternativa. [dn]

₂Fic - V As bases actuam em colaboração com as embaixadas, mas também pode a-contecer que não tenham relação com as representações diplomáticas. [oj] Nessa noite aconteceu que me perdi.

₃I - V Por vezes, uma jovem acena risonhamente - e tem acontecido eu, tolamente, acenar também. [Np]

₄N - V - a Np Aconteceu-me um desastre, uma tragédia.

₅I - V - a Np Morrer acontece a todos.

acordar¹
1. jn (auf-) wecken; jn wachmachen. 2. erwachen; aufwachen; <Tag> anbrechen. 3. FIG. wecken aus; wachrütteln. 4. FIG. erwachen aus.

₁N - V - N Não faças barulho para não acordares o teu pai.

₂N - V Leonel acordava pelo meio da noite. A cidade acordava. Acordava o dia.

₃N - V - N - de N Conseguiu acordá-la daquela letargia em que vivia.

₄N - V - de N Portugal acordou de 48 anos de ditadura.

acordar²
1.-5. übereinstimmen; Übereinstimmung erzielen in; zu einer Meinung gelangen über.

₁Npl - V - em N Acordaram na separação. Acordaram em tudo o que diz respeito à acção de divórcio.

₂Npl - V - em Fc Acordaram em que ela trouxesse as bebidas e ele fizesse o jantar.

₃Npl - V - em I Acordaram em concorrer juntos.

₄N - V - com N - em Fi Eu acordei com eles em que fazia o projecto mais tarde.

₅N - V - com N - em I Acordei com o patrão em fazer o lançamento do novo produto.

acorrer
1. wohin eilen; herbeieilen.

₁N - V - (D) Seguida pela velha, Júlia acorre à porta. Ouviam-se apenas rumores de passos distantes, gente batendo palmas, o guarda-nocturno que acorria, com o molho de chaves. [pc] Os naturais dos Estados vizinhos de Angola e Moçambique, na falta de meios de tratamento nos seus países, acorriam aos nossos territórios. [sc]

acossar
1. Jagd machen auf; hetzen; FIG. jn quälen, verfolgen, in die Enge treiben.

₁N - V - N Nesse instante, ao mesmo tempo que o Sol se mostrava no horizonte, um dos galgos fez levantar uma lebre que partiu numa carreira, aos saltos, a-cossada por cães e cavaleiros. [bc] E ei-la que me acossa, a realidade hostil!_ _Debalde procuro acovilhar-me nas espessuras do sonho: proliferam sensações e surdos ecos delatores. [op] Acossada na o.n.u. e nas suas agências especializadas a África do Sul estava numa situação muito pior do que a nossa. [sc]

acostumar
1.-3. gewöhnen an. 4. s. gewöhnen an. 5. s. gewöhnen an; s. abfinden mit; es s. angewöhnen. 6. s. gewöhnen an.

₁N - V - Np - a N Acostumei-os a um trabalho mais intensivo. Acostumaram os filhos à obediência.

₂N - V - Np - a Fc Acostumou-o a que não esperasse auxílio de ninguém.

₃N - V - Np - a I Acostumei-a a não sair de férias sem levar um seguro de viagem. Tens que acostumar as crianças a lavar os dentes antes de irem para a cama.

₄Np - Vse - a N Maria ia-se acostumando à maneira de ele se exprimir, mas encontrava prazer em o arreliar. [vp] Ainda não me acostumei ao trabalho nesta oficina.

₅Np - Vse - a Fc Não se acostumou a que não lhe dessem jantar. Não se acostumava a que

	o arreliassem.
₆Np – Vse – a I	Acostumou-se a arreliar as crianças. Acostumámo-nos a utilizar o sistema decimal. Não me custa nada. Já me acostumei a deitar tarde.

acotovelar
1. jn mit dem Ellenbogen anstoßen; beiseite stoßen, schubsen. 2. s. mit Ellenbogen anstoßen; s. drängen.

₁Np – V – Np	Distraído, o pai acotovelou-a.
₂Npl:p – Vse	Junto às bilheteiras da estação, formavam-se bichas. Viajantes apressados acotovelavam-se. [vp]

acoutar ⇒ acoitar; **açoutar** ⇒ açoitar

acreditar
1. glauben; Glauben schenken; Vertrauen haben zu; vertrauen auf. 2. glauben. 3. halten für. 4. s. halten für.

₁Np – V – em Ncp	Não precisas de mostrar a carta, pá! Eu acredito na tua palavra! [dm] Acredito na sua vinda inesperada. Não acredito em ti. Explicações em que, como toda gente, acreditei piamente. [ot] ▌ A acreditar nas suas palavras: Wenn man seinen Worten Glauben schenken will.
₂Np – V – Fic	Não precisas de explicar mais nada. Acredita que já entendemos. Vocês vieram aqui para nos alertar e agradecemos muito. [dm] Acredito que em certas ocasiões ele estivesse ali há horas, sem que o pressentisse. [np] Mal podia acreditar que Albert era um criador de frangos. [kf] Não acredito que os turistas brancos saibam falar chinês. [np]
₃Np – V – N – P_adj	Não o acredito capaz disso.
₄Np – Vse – P_adj	Ele acredita-se capaz disso.

acrescentar
1. hinzufügen. 2. DIZER. 3.-5. hinzukommen. 6. mehren.

₁Np – V – N – (a N)	Sentia que o desespero, o remorso, a revolta, iam ali mesmo rebentar, à mais leve palavra que o pai acrescentasse naquele modo dogmático que o acicatava, o enchia de furor. [pc] Não tendo mais nada a acrescentar, o político retirou-se do parlamento.
₂Np – V – (a N) – Te	DIZER.
₃Nc – Vse – a N	A isso se acrescenta o descalabro das medidas tomadas pelo governo.
₄Fi – Vse – a N	A esse facto se acrescenta ainda que eles já pagaram a renda.
₅I – Vse – a N	A isso se acrescenta ter o governo condenado essa acção.
₆Np – V – N	Teresa conhecia bem aquele tipo humano, que penava sem desfalecimento para amealhar dinheiro, para educar os filhos, para acrescentar as suas leiras. [pc]

acrescer
1.-3. hinzukommen zu; darüber hinaus + V; zu alledem + V. 4. wachsen; größer werden.

₁Nc – V – a Nc	1983 foi de longe o ano em que maior número de habitações sociais foram entregues atingindo 8300 fogos, a que acrescem 1600 de pré-fabricados ligeiros. [pj] Acrescia à sua retórica uma argumentação inteligente. A esse motivo acrescem outros.
₂Fi – V – (a Nc)	Acresce que o sistema de ensino português foi invadido por teorias originadas por doutrinas de inspiração política. [pj]
₃I – V – (a Nc)	Acresce a tudo isso não ter chovido durante um ano inteiro.
₄N – V	As dificuldades no cumprimento do seu programa de acção têm vindo a acrescer de ano para ano. [dn]

activar [BRAS. ativar]
1. (Feuer) anfachen; in Gang bringen, setzen. 2. in Gang kommen; <Konflikt...> s. verschärfen, s. verstärken.

₁Ncp – V – Nc	Activei o lume. Activou os negócios.
₂Nc – Vse	As operações militares activaram-se. Activou-se a rotação dos corpúsculos. O conflito no Golfo Pérsico activou-se.

actualizar [BRAS. atualizar]
1. aktualisieren; modernisieren; (Preise, Gehälter...) anpassen, angleichen, anheben. 2. s. auf den aktuellen Stand, auf die Höhe bringen.

$_1$N – V – N   Tratou de reavivar as iniciativas que desde sempre lhe deram fama, actualizando-as e avantajando-as. [oj] Com a actualização dos ordenados é necessário actualizar também os preços dos bens de consumo.

$_2$Np – Vse   Ele actualizou-se, fez muitas leituras e passou no exame.

actuar [BRAS. atuar]
1. handeln; vorgehen; tätig sein; eingesetzt werden; <Medikament> wirken. 2. (ein-)wirken auf; beeinflussen.

$_1$Ncp – V   As bases actuam em colaboração com as embaixadas, mas também pode acontecer que não tenham relação com as representações diplomáticas. [oj] Um representante da Zâmbia na o.n.u. apresentava como prova de que reconhecíamos que os nossos processos de actuar não eram aceitáveis o termos anuído a pagar as indemnizações. [sc] No mesmo período, as 1286 patrulhas que actuaram nas estradas de todo o país autuaram 222 condutores que executaram manobras perigosas. [pj] O remédio actua lentamente.

$_2$Ncp – V – sobre N   Esse remédio actua sobre os nervos. Não havendo qualquer lei que permitisse actuar sobre os infractores, os avisos de proibição de fumar que estavam afixados em todas as salas não passavam de uma mera sugestão. [pj]

acudir
Morf.: Pres.: acudo, acodes.
1. (hin-) eilen. 2. zu Hilfe eilen, kommen; (Anruf) entgegennehmen; <Tränen> jm in die Augen treten; jm mit Geld aushelfen; <etw> in jm aufkommen. 3. js Hilfe in Anspruch nehmen; s. e-r S. bedienen. 4.-6. jm einfallen, in den Sinn kommen. 7. s. einsetzen für.

$_1$Np – V – (D)   Muita gente acudiu à praça. Não saio de casa, tenho porém que estar preparada para acudir à cozinha a toda a hora, receber o feitor às tardes, alguma amiga que se lembre de visitar sem avisar a viúva infeliz. [lu]

$_2$Ncp – V – (a N)   Ninguém lhe acudiu. Ninguém acudiu à sua chamada. Acudiam-LHE de novo lágrimas aos olhos. Fica com a tua mãe, que voltaremos ambos para te acudir no dia em que tivermos vingado a tua imerecida desonra. [oj] Acudiu-lhe com dinheiro. Nós acudimos a qualquer pobre que nos bata à porta. Acudiu-lhe uma força interior que desconhecia em si.

$_3$Np – Vse – de Ncp <para I>   Acudiu-se dele, do dicionário para fazer a tradução.

$_4$Nc – V – a Ncp   No meio de qualquer ocupação, sobretudo à hora das refeições, que tomava sozinho, acudia-LHE ao espírito a singularidade daquele inesperado regresso de Cécile. [vp] Não lhe acudiu o termo exacto.

$_5$Fi – V – a Np   Acudiu-me que eles tinham entrado pela porta das traseiras.

$_6$I – V – a Np   Acudiu-lhe subitamente procurá-lo.

$_7$Np – V – por Np   Acudiu pelos mais fracos que ainda lutavam.

acumular
1. anhäufen; (Ämter) häufen. 2. s. häufen; s. ansammeln.

$_1$Np – V – Npl   Uld Taya tinha deixado o Governo há nove meses, depois de ter acumulado durante três anos as funções de primeiro-ministro e de ministro da Defesa. [pj] É evidente que tanto o Kremlin como a Casa Branca acumulam e instalam armas para benéficos efeitos de "dissuasão". [pj]

$_2$Npl – Vse <L>   As cartas acumulavam-se em cima da secretária. Quando teria tempo para responder a todas?

acusar[1]
1.-3. jm etw vorwerfen; jn e-r S. beschuldigen, bezichtigen. 4. jn verpetzen. 5. <etw> jn belasten.

$_1$Np – V – Np – (de N)   No posto, o Palma acaba por descobrir, após violento interrogatório, que Elias Soral o acusa do roubo de umas sacas de cevada. Nega, barafusta, ameaça. [sv]

$_2$Np – V – Np – (de I)   Fui acusado, algumas vezes, de ser excessivamente centralizador, mas a acusação era injusta. [sc]

$_3$Np – V – Np – de P$_{adj}$ O juiz acusou-o de mentiroso.

$_4$Np – V – Np – a Np   Acusaram-no à polícia.

₅Nc – V – Np   As provas acusam o réu.

acusar²
1. <etw> anzeigen; aufweisen; erkennen lassen.

₁Nc – V – Nc   O termómetro acusa uma baixa de valores. A aparelhagem sonora acusava deficiências de funcionamento. [dn] Mesmo um modelo que esteja em produção há longo tempo poderá acusar falhas. [cp] As análises que o médico fez não acusam nada de importância.

adaptar
1. anpassen an. 2. s. ane–a. anpassen. 3. s. anpassen (an); s. einfügen; s. einleben. 4. s. anpassen an.

₁N – V – N – a N   Adaptei a antena à minha televisão. Adaptei o texto à música.
₂Npl – Vse   As peças adaptaram-se (umas às outras).
₃Np – Vse – (a N)   Adaptou-se aos colegas, àquela vida. Adaptou-se facilmente.
₄Nc – Vse – a Nc   O computador tem que se adaptar ao mundo do utilizador.

adensar
1. (Suppe) eindicken, einkochen lassen; ◊ s. verdichten. 2. dichter werden; s. verdichten; s. drängen; <Dunkelheit...> zunehmen. 3. <Luft> schwüler werden; ◊ zunehmen.

₁N – V – N   Adensa-se o caldo. A humidade adensa o ar.
₂N – Vse   Entretanto a vizinhança adensava-se excitada, participando numa exaltação das afirmações da louca. [be] Adensou-se a multidão na praça. Ia-se adensando a escuridão. Adensavam-se as minhas dúvidas.
₃N – Vse – de N   O ar adensava-se de humidade.

adequar
1. anpassen an. 2. s. anpassen an; s. abfinden mit.

₁Np – V – Nc – a Nc   No âmbito da nova legislação para as autarquias locais, as câmaras podem adequar os equipamentos às novas exigências tecnológicas. [pj] Adequou o seu discurso à nova situação.
₂Ncp – Vse – a Nc   Esta diversidade explica-se por ter sido impossível desenvolver, até hoje, uma linguagem que se adeque à totalidade das aplicações. [cp] Eles adequam-se à situação exigida.

aderir¹
Morf.: Pres.: adiro; aderes.
1. haften, kleben an. 2. ane–a. kleben, haften.

₁N – V – a N   O pneu adere à estrada.
₂Npl – V   As peças aderiram (umas às outras).

aderir²
Morf.: Pres.: adiro, aderes.
1. in (e–e Partei) eintreten; (e–r Partei) beitreten; s. (jm, e–r Meinung...) anschließen; s. bekennen zu.

₁Np – V – a Nc   O deputado aderiu ao Partido dos trabalhadores. Progressivamente, há que motivar a criança para aderir ao projecto humano razoável e possível. [pj] Após uma longa discussão, aderiram à sua opinião. A defesa da Democracia constitui uma preocupação dominante daqueles que a ela aderiram com sinceridade.

adiantar
1. (Schritte) nach vorn tun; (Uhr) vorstellen; (Essen) weiter zubereiten; NEG. nichts erreichen, bewirken. 2. <Uhr> vorgehen; <jd> vortreten.
3.–5. nutzen; einem weiterhelfen; weiterbringen. 6. (Geld) vorschießen, vorstrecken. 7. jm zuvorkommen; s. an die Spitze setzen; jn hinter s. lassen. 8. s. äußern zu. 9. (vorweg) sagen.

₁Np – V – Nc   Adiantou uns passos e pediu-me lume. Adiantei o relógio. João, adiantas-ME a comida enquanto vou à mercearia? Empreendemos diversas tentativas, mas não adiantámos absolutamente nada.
₂Ncp – Vse   Por hábito, acertou o relógio de pulso, que se adiantava sistematicamente cinco minutos por dia. [vp] O João adiantou-se e saudou a bandeira.
₃Nc – V – (Nc)   Isso adianta muito! Não adianta.
₄Fc – V – (Nc)   Sempre adiantou (alguma coisa) que o Carlos tivesse conseguido a bolsa.
₅I – V – (Nc)   Não adianta chorar! Sempre adiantou (alguma coisa) ter dormido um

19

₆Np – V – Nc – (a Np)	*bom sono.* *O amigo adiantou–lhe dinheiro.*
₇Np – Vse – a N	*No corredor arrependeu–se. E se o Pereira quisesse ver o Mateus e se lhe adiantasse?* [be] *O ciclista adiantou–se ao pelotão. O João adiantou–se–lhe e respondeu antes dele.*
₈Np – V – N	*Nenhum dos responsáveis pela operação quis adiantar as possibilidades de sobrevivência dos irmãos Binder.* [dn]
₉Np – V – Fi	*A este propósito podemos adiantar que já esteve interessado na eventual aquisição do suspenso bissemanário desportivo "Norte Desportivo".* [dp]

adiar
1. vertagen; verschieben; verlegen; aufschieben.

₁N – V – N – (Tpara)	*Este antigo conflito envenenou–me o gozo nas ocasiões mais simples, fez–me afastar da comunidade mesmo antes do rapto que olho como dádiva, precipitou o inevitável que o medo adiava.* [lu] *A comissão decidiu adiar a reunião para as quatro horas de amanhã.*

adicionar
1. addieren; zusammenzählen. 2. [Küche] hinzufügen zu; etw geben zu.

₁Np – V – Npl	*Adicionar números.*
₂N – V – N – a N	*Corta–se frango aos bocados e faz–se um refogado com cebola picada e banha, adicionando–lhe tomates.* [ac]

adivinhar
1.–2. erraten; raten; voraussehen; vorraussagen; ahnen; 3. jm etw vorhersagen.

₁N – V – N	*Leonel então adivinhava nos rostos lutas, ódios, heroísmos e vícios.* [vp]
₂N – V – Int.	*Adivinha quem encontrei hoje na rua? Obviamente, o computador não tem forma de adivinhar o que queremos.* [cp] ▸*Spaggiari não dissera ao médico precisamente o que se ia passar neste fim–de–semana, mas não era difícil de adivinhar.* [kf]
₃N – V – N – a N	*A cigana adivinhou–lhe o futuro.*

adjudicar
1. (Auftrag...) (offiziell) vergeben an; jm etw zusprechen, zuerkennen.

₁N – V – N – (a N)	*O Conselho de Ministros adjudicou ontem à "Estoril–Sol" a concessão do exclusivo da exploração da Zona de Jogo do Estoril.* [pj] *A juiz de fora adjudicou–lhe a posse das terras.*

administrar[1]
1. verwalten.

₁N – V – N	*Esse juiz administra a comarca com profunda isenção.*

administrar[2]
1. (Medikament...) verabreichen, (Sakramente) spenden.

₁Np – V – N – (a Np)	*Podem ser administradas substâncias químicas que impedem a formação de coágulos sanguíneos às pessoas que sofrem de má circulação do sangue no cérebro.* [pj] *Mandou–se vir o padre para lhe administrar os últimos sacramentos.*

admirar
1. bewundern. 2. s. wundern, staunen. 3.–5. s. wundern über. 6.–8. jn wundern; verwundern; Wunder nehmen; verwunderlich sein; jn erstaunen.

₁Np – V – N <por N>	*Admiro esse monumento por ser barroco.*
₂Np – Vse <com N>	*Ainda me admiro com tanta inovação. Admiro–me com a capacidade de trabalho dele. Não me admiro nada.*
₃Np – Vse – de Ncp	*Admiro–me do atraso do João. Nunca chegou assim tão tarde. Admiro–me de ti, rapaz. Nunca pensei que fosses capaz de fazer uma coisa dessas.*
₄Np – Vse – Fc	*Admiro–me que ele tenha ido lá.*
₅Np – Vse – de I	*Admirei–me de a carta do João ser tão curta. Admiro–me de te ver por aqui.*

₆Nc – V – (Np)　　Sabes uma coisa, João?_Admira-me o sossego daquelas duas aves ali na gaiola_Tão perto do cesto das cobras e tão sossegadas! [np] Pompílio Assobiador mexeu-se freneticamente na dança, o que até não admira, pois já nos bailaricos da sua terra, em dia de romaria, era dos que levantavam mais pó. [np] Admira-me como os ladrões entraram em casa sem que ninguém tivesse ouvido nenhum barulho. Não me admirava nada se um dia destes fôssemos levar flores ao cemitério e víssemos o cão morto sobre a campa do meu pai. [np]

₇Fc – V – (Np)　　Admira-me que ele ainda não tenha chegado.
₈I – V – (Np)　　Admira-me ele ter consentido nessa burla.

admitir¹
1. gelten lassen; zugeben; annehmen. 2. zulassen; erlauben; gestatten. 3. gelten lassen; akzeptieren; zugeben; annehmen. 4. zugeben; eingestehen. 5. etw gelten lassen als.

₁Np – V – Nc　　O ministro das Finanças, Miguel Cadilhe, admitiu ontem a descida do preço da gasolina durante o corrente ano. [dl] Pelas 8 horas tiveram que admitir a derrota. [kf]

₂Nc – V – Nc　　A Constituição da República não admite qualquer tipo de discriminação em relação à raça, à cor ou à religião.

₃Ncp – V – Fic　　Por isso, ainda que não veja nenhum motivo para que se exclua a Igreja Católica do acesso à emissão de imagens públicas de televisão, admito que, no caso de lhe vir a ser dada uma concessão nesse sentido, o Estado deveria ter em conta a situação. [dp] Ainda posso admitir que ele me chateie e todos os dias, mas que moleste os meus filhos, aí isso já é ir longe demais. Tens que admitir que o tipo é mesmo bom advogado. Por sistema e como defesa, não admitia que estivesse triste. [kf] Admitamos que ele se enganou.

₄Np – V – I　　Bando de cobardes_Quem é que ia agora admitir ter presenciado o acidente?

₅N – V – N – como, por Padj　　Admitir uma notícia como, por verdadeira.

admitir²
1. jn zulassen; jn einlassen; jm Zutritt gewähren. 2. (Schüler...) aufnehmen. 3. jn zulassen. 4. jn einstellen als.

₁N – V – N – (L)　　Eles, com aquela idade, não são admitidos no cinema. Todo o dia era um desfilar de gente, chegara a ter que admitir um rapaz. [be]

₂N – V – N　　A escola não admitiu mais alunos porque as instalações estavam degradadas.

₃N – V – N – a N　　Foi admitido a exame, a concurso.
　■ Ele foi admitido na Universidade.

₄N – V – N – como Pn　　Admiti-o como sócio. O patrão admitiu o rapaz como empregado.
　■ Admitir alguém à experiência: jn auf Probe einstellen: Admitiram-me à experiência.

adoçar
1. süßen; FIG. jm etw versüßen; (Stimme...) mildern. 2. süßer werden.

₁N – V – N　　Não gosto de adoçar muito o chá. Adoçou-LHE a existência. Ela abanou a cabeça num gesto de cansaço e adoçou a voz: Maldito velho, estou farta dele! [nv]
　■ Adoçou-LHE a boca para obter favores: jm Honig um den Bart schmieren.

₂N – Vse　　Antes da fermentação o sumo das uvas adoçou-se.

adoecer
1. jn krank machen. 2. erkranken (an); krank werden (vor).

₁N – V – N　　Os excessos da sua vida boémia adoeceram-no.
₂N – V　<de, com N>　Peckinpah tinha adoecido na capital mexicana há algumas semanas e tinha sido hospitalizado em Los Angeles. [pj] Adoeceu com malária. Adoeceu de saudades.

adoptar [BRAS. adotar]
1. übernehmen; s. zu eigen machen; an Kindesstatt annehmen, adoptieren. 2. (an–)nehmen als; s. zu eigen machen.

₁N – V – N   *Nada ganharemos se adoptarmos a estratégia da avestruz.* [cm] *Aquela Organização manifestou o anseio de que o Governo adopte as disposições que determinem com precisão o alcance dos direitos sindicais dos trabalhadores da P.S.P.* [dl] *Constitui este livro sincera homenagem aos meus irmãos brasileiros, com os quais me confundi ao longo de cinco anos, beneficiando da sua amizade e adoptando parte dos seus costumes.* [pj] *Adoptei uma criança.*

₂N – V – N – como P_{adj, n}   *Adoptei a hipótese como provável. Adoptei a ideia como ponto de partida.*

adorar
1. anbeten; vergöttern; abgöttisch lieben. 2.–3. es für sein Leben gern + V.

₁N – V – N   *Adoro a minha filha.*
                ▪ *Adorar a Deus.*
₂N – V – Fc   *Adoro que a casa seja nova.*
₃N – V – I   *Adoro andar de comboio! A mulher era a esposa de um homem de negócios de meia-idade, que adorava divertir-se.* [kf]

adormecer
1. einschläfern; (Geräusch) dämpfen; (Arm...) einschlafen lassen. 2. einschlafen; <Arm...> einschlafen; FIG. <Begeisterung> abklingen; <Gespräch...> einschlafen.

₁N – V – N   *Ele/ a cantiga adormeceu a criança. A espessura da porta adormecia os ruídos de fora. A imobilidade adormeceu-LHE a perna. A má vida adormeceu-LHE a consciência.*

₂N – V <adj>   *Pompílio Assobiador adormeceu com uma vaga inquietação a mordê-lo.* [np] *Acorda pobre, adormece milionário. Não me consigo levantar, o meu pé adormeceu. Desisti do projecto. Adormecera-ME o entusiasmo. A conversa ia adormecendo.*

adornar
1.–2. schmücken; verzieren. 3. s. schmücken.

₁Nc – V – N   *Alguém lhe deu o livro porque ele nem sequer sabe o que vai bem entre os quadros que LHE adornam as paredes.* [hn]

₂Np – V – N – com N   *Cortam-se fatias de pão de trigo frito, que se põem numa travessa de ir à mesa e se cobrem com os ovos às rodelas e por cima o molho e se adorna com pedacinhos de gema dos dois ovos cozidos.* [ac]

₃Np – Vse – (de, com N)   *Adornaram-se uma à outra com, de flores.*

adotar ⇒ adoptar

adquirir
1. erwerben; (Gewohnheit) annehmen; <etw> etw bekommen, erhalten. 2. etw von jm käuflich erwerben.

₁Np – V – N   *Adquirir propriedade, um computador, fortuna, novos hábitos. Adquiriu-LHE uma casa. Com a nova estratégia de marketing, o produto adquiriu uma nova imagem junto do público. Com a cozedura, a carne adquire um tom escuro.*

₂Np – V – N – a Np   *A Líbia adquiriu recentemente à Inglaterra uma fragata com mísseis superfície – ar.* [ot]

adubar
1. (Boden) düngen.

₁Np – V – N <com N>   *Ele só aduba a terra com produtos orgânicos.*

adular
1. schmeicheln; anhimmeln.

₁Np – V – Ncp   *Valorizava-o, na medida em que LHE adulava o amor-próprio.* [op] *Vivera de rastos. Sim, vivera de rastos, desde a adolescência, adulando os mais fortes, renegando, receando, o povo boçal de que saíra.* [pc]

adulterar
1. (Wein) panschen; verfälschen; (Wahrheit...) entstellen. 2. <Wein> sauer werden, umkippen.

$_1$N – V – N   Há alguns anos atrás os espanhóis adulteraram o vinho do Porto e vendiam-no como se de Portugal viesse. Alguns jornais adulteraram os factos.

$_2$N – Vse <com N>   O vinho adulterou-se com o calor.

aduzir
Morf.: Pres.: aduz.
1.–4. (Gründe...) anführen.

$_1$N – V – N   O principal argumento aduzido em favor desta solução era o seguinte: um Ministro civil estaria liberto de solidariedades e preconceitos resultantes de se pertencer a certa Arma ou Serviço. [sc]

$_2$N – V – Fi   Aduziu que o Carlos era culpado.

$_3$N – V – I   Aduziu não ter cometido o crime.

$_4$N – V – N – a N   Aduziu boas razões ao tribunal e foi absolvido.

advertir
Morf.: Pres.: advirto, advertes.
1. jn ermahnen. 2.–5. aufmerksam machen auf.

$_1$Np – V – Np   A professora advertiu as crianças.

$_2$N – V – Np – de N   Nem sempre é a consciência que me adverte dos meus erros. [mf] Adverti-o do seu engano. Advertiam-nos do facto de a lei ser só uma para todos os cidadãos.

$_3$N – V – (Np) – (de) Fi   Advertiam(-nos) de que a lei era só uma para todos os cidadãos. Adverti que não valia a pena lá ir.

$_4$N – V – Np – para N   Sempre o adverti para o perigo de ir à praia deserta.

$_5$N – V – Np – para I   Adverti-o para trabalhar menos mas não me deu ouvidos. Adverti o João para não passar por aquela rua.

advir
Morf.: Pres.: advenho, advém. Imperf.: advinha. Pret. perf.: advieram. Part.: advindo.
1. geschehen; passieren. 2. jm geschehen, passieren, widerfahren. ◊ (e-e Krankheit) bekommen. 3. entstehen aus; resultieren aus; ◊ zur Folge haben. 4. resultieren aus; ◊ zur Folge haben.

$_1$Nc – V   Advirá uma desgraça se eles não forem prudentes com as novas tecnologias.

$_2$Nc – V – a Np   Adveio-lhe uma doença fatal, que alguns médicos nem conheciam.

$_3$Nc – V – de Nc   A perda do ano adveio da sua falta de estudo.

$_4$Nc – V – a Np – de N   Daquela doença adveio-lhe muita febre e mal-estar.

advogar
1. e-e S. vor Gericht vertreten; verteidigen; für (e-e Idee) eintreten; (den Standpunkt...) vertreten.

$_1$Np – V – N   A comissão de trabalhadores da Petrogal advogou ontem a redução do preço dos combustíveis. [dn] Advogou a causa dos assaltantes.

▪ *Np–V*: als Anwalt tätig sein: Devo avisá-lo honestamente de que terei de chamar outro colega, porque não advogo nos tribunais canónicos. [hn]

afagar
1. streicheln; liebkosen; FIG. (Hoffnung...) hegen.

$_1$N – V – N   Diogo Relvas afagou a cabeça da filha quase com rudeza, querendo apagar os ressentimentos absurdos que pareciam crescer entre eles. [bc] Vendo que a cachopa não parava de chorar, pôs-LHE a mão na cabeça e afagou-LHA. [fa] Afaguei-LHE as mãos, já que nada lhe sabia dizer. [fa] Afagava a esperança de a voltar a ver.

afastar
1. von e-a. entfernen; von e-a. trennen; aus e-a. stoßen; aus e-a. schieben. 2. entfernen von, aus; fernhalten von; wegstoßen von. 3. s. entfernen von; s. trennen von; abweichen von. 4. abschaffen.

$_1$N – V – Npl   Afastou-os uns dos outros. Afastando toda a gente à cotovelada, lá vinha o Chico, de braços abertos para eles, com uma expressão tão feliz, que o resultado só podia ter sido bom. [dm]

$_2$N – V – N – de N   Aquino deverá afastar Fidel Ramos do cargo de chefe de Estado-Maior das

	Forças Armadas. [dn] *Afastou-o de si, dele. Pip, salva-me do carrasco, afasta de mim este cálice.* [lu]
₃N – Vse – (de N)	*Afastar-me dela era um gesto de amor – aleguei, no tribunal da minha consciência.* [np] *Os homens descobriram-se quando o bote se afastou da muralha, acenando-lhe os barretes. Afastou-se da linha do partido.*
₄N – V – N	*Moralidade é a ausência dela, é esta a moralidade que se vai praticando em defesa do Grande Partidão a que tudo e todos se têm de reverenciar, pervertendo mentes, sacrificando pessoas, afastando competências, a fim de fazer singrar o profissional da instabilidade social e política.* [pj]

afazer
Morf.: Pres.: afaço, afazes. Pret. perf.: afizeram. Fut.: afarei. Part.: afeito.
1. gewöhnen an. 2. s. gewöhnen an; s. anpassen an.

₁Np – V – N – a N	*Consegui com paciência ir afazendo os meus alunos aos meus métodos pedagógicos.*
₂Ncp – Vse – a N	*Todas as outras máquinas de barbear têm os pratos direitos. E os pratos direitos, caramba, está-se a meter pelos olhos dentro, os pratos direitos não se afazem à pele.* [mf]

afectar¹ [BRAS. afetar]
1. vorgeben, heucheln.

₁Np – V – N	*Aquele domínio perfeito de si que ela afectava era tão contrário à sua concepção de amor que o incitava a duvidar.* [vp]

afectar² [BRAS. afetar]
1.–3. <Krankheit...> etw befallen, angreifen, in Mitleidenschaft ziehen; jm (den Appetit) nehmen; <etw> jn treffen, erschüttern, angehen, betreffen, tangieren, beeinträchtigen.

₁Nc – V – N	*Encarei a notícia com tanta naturalidade que nem ME afectou ao de leve o apetite.* [np] *Saí quase intacta do acidente. A queda só me afectou o olho direito. A pneumonia afectou-me o pulmão esquerdo. A construção da central espanhola vai afectar não só a população da localidade, mas também as populações portuguesas das zonas fronteiriças. Isso não me afecta de modo algum. A doença do sono afecta uma grande cintura da África Tropical.* [ot]
₂Fc – V – N	*Comer bolos ainda quentes não me afecta a digestão.*
₃I – V – N	*Não me afectou nada que ele tivesse saído mais cedo.*

afectar³ [BRAS. afetar]
1. in Verbindung bringen, setzen mit.

₁N – V – N – a N	*O produto da oferta apurada em concurso vai ser **afecto** à construção das infra-estruturas do saneamento básico da Costa do Sol.* [pj] ▪ *Afecto a:* nahestehend; gewogen: *Fontes partidárias afectas ao PSD revelaram ao "PJ" que Mota Pinto teria telefonado a Mário Soares a sugerir-lhe que só falasse ao País depois da cimeira entre ambos.* [pj]

afiar
1. (Messer) wetzen; (Schere) schleifen; (PG.:) (Bleistift) spitzen, anspitzen [BRAS. ⇒ apontar]; (Zähne) blecken; (Krallen) spreizen.

₁N – V – N	*O amola-tesouras, apesar de trabalhar artesanalmente, afiou a faca muito bem.* (PG.:) *Afiei o lápis e comecei a desenhar. O gato afiava as unhas. Já afiava os dentes quando a comida se esturrou.*

afigurar
1.–2. so aussehen wie; (Alter) zu haben scheinen. 3. jm als adj. erscheinen. 4. jm zu sein... scheinen. 5.–6. jm scheinen.

₁N – V – N	(PG.:) *Ele afigura mais idade.*
₂N – V – I	(PG.:) *Ele afigura ser mais novo.*
₃Nc – Vse – a Np – P_adj	*Todas aquelas imagens se lhe afiguravam cheias de vida e de beleza natural.* [pc] *A atitude de Alain para com Céline afigurou-se-lhe expressiva.* [vp] ▪ – *como* P_adj: *Essa hipótese afigura-se-me como altamente improvável.*
₄Nc – Vse – a Np – P_inf	*O Governo e o PSD protestam, pretendem alvoroçar a opinião pública con-*

	tra aquilo que se lhes afigura ser uma conjura urdida no universo das trevas. [dl]
₅Fic – Vse – a Np	Afigura-se-me que isso é falso. Afigura-se-me que isso não seja verdade. Afigura-se-nos que estas precisões não devem estar longe da verdade. [ot]
₆I – Vse – a Np	Afigura-se-me ter sido essa a causa do acidente.

afinar¹
1. (Instrument) stimmen; (PG.:) (Motor) einstellen [BRAS. ⇒ regular]. 2. ausrichten nach.

₁N – V – N	Afinar um piano, (PG.:) um motor.
₂N – V – N – por N	Afinou as suas ideias pelas dos seus colegas de trabalho.
	■ Afinar-se pelo diapasão de alguém: s. nach jm richten: Defendo-me, portanto, não me levando a sério. Afino-me pelo teu diapasão, antecipo-me. [tm]

afinar² [FAM]
1. jn auf die Palme bringen, ärgern. 2. s. ärgern über; über etw wütend werden, auf die Palme gehen.

₁N – V – Np	Sabia que eu estava enamorado dela. Por isso me afinava referindo-se-lhe.
₂N – V <com N>	Já sabes que afino (com essa atitude).

afirmar
1.-3. sagen; behaupten; versichern; jm gegenüber bejahen. 4. DIZER. 5. von s. behaupten, daß. 6. s. stützen auf; s. wo durchsetzen, behaupten.

₁Np – V – (a N) – N	Afirma-lhes isso.
₂Np – V – (a N) – Fi	A sexagenária afirmou, ao terminar, que o proprietário nada lucrará com as atitudes demonstradas até agora,. e que ela sairia vencedora. [cm] A usurária não mostrou avidez perante a inesperada liquidação dos meus débitos, antes afirmou, com surpreendente generosidade, que eu poderia amortizar suavemente. [np]
₃Np – V – (a N) – I	Afirmou considerar este projecto como inviável.
₄Np – V – (a N) – Te	DIZER: Se a RENAMO aceder ao Governo, afirmou Jorge Correia, concretizará e dará continuidade aos acordos com Portugal. [pj]
₅Np – Vse – como Pn	Ele afirmou-se como médico, mas de facto não era.
₆Np – Vse – em N	Afirmou-se bem na bengala, nas pernas. Ele afirmou-se na política.

afixar
1. (Plakat...) aushängen, anschlagen.

₁N – V – N – (L)	De um concurso para ingresso na carreira médica hospitalar, foram sucessivamente afixadas três "chaves" diferentes de soluções. [oj] Não havendo qualquer lei que permitisse actuar-se sobre os infractores, os avisos de proibição de fumar que estavam afixados em todas as salas não passavam de uma mera sugestão. [pj]

afligir
Morf.: Part.: ter, ser afligido; estar aflito
1.-3. jn bekümmern; betrüben; jm Sorgen machen; ängstigen. 4. verzweifeln; s. ängstigen; s. Sorgen machen; s. grämen.

₁N – V – Np	A cooperação contribuiu para resolver as enormes carências moçambicanas e permitirá reduzir o desemprego que neste momento aflige Portugal. [pj] Tudo isto me aflige e me confrange. Mas, compreendes, não posso, não devo renegar o meu tio. [pc]
₂Fc – V – Np	Aflige-me que passes a vida a roer as unhas.
₃I – V – Np	Aflige-me ver o imenso desperdício de dinheiro gasto na construção de casas que são um verdadeiro insulto à beleza das nossas aldeias. [pj]
₄Np – Vse <ao I>	Atrás destas escalavradas paredes pode estar uma mãe chorando baixinho, o marido desempregado se aflige com a cabeça entre as mãos, sem saber como há-de alimentar a família. [np] Não te aflijas que eu não te roubo o namorado. Também tenho um. Affigi-me com a notícia da catástrofe.
	■ Para que te afliges?: Was regst du dich auf?

aflorar
1. zum Vorschein kommen; auftauchen; an die Oberfläche kommen; s. wo zeigen, andeuten. 2. andeuten; zu etw ansetzen; etw angehen; (Thema) streifen, ansprechen, berühren.

$_1$N – V – (D) Leonel acordava, pelo meio da noite e, naquele segundo em que aflorava do sono, alvoreciam-lhe no espírito dois nomes: Cécile e Alain. [vp] Os destroços afloraram à superfície da água. Acocorada, observa através do rasgão recém-aberto as duas manchas vermelhas que afloram na pele. [sv] O lado mais grosseiro de Leonel aflorava nesta espécie de comentários mais íntimos. [vp] Um sorriso aflora-LHE aos lábios.

$_2$N – V – N Aflorar um sorriso. A democratização do ensino, timidamente aflorada no regime anterior, necessita de meios materiais. Apenas aflorou o assunto.

afluir
1. zuströmen; zufließen; s. ergießen in. 2. FIG. (herbei-)strömen.

$_1$Nc – V – D Vários rios afluem ao rio Tejo, tornando-o assim maior.

$_2$Npl:p – V – (D) As pessoas todos os dias afluem a Lisboa para trabalhar. Pessoas afluíam de todas as ruas.

afogar
1. ertränken; (Motor) abwürgen; FIG. (Stimme) ersticken (lassen). 2. s. ertränken; ertrinken; ersticken. 3. <Motor> absaufen. 4. [Küche] etw löschen mit; FIG. ertränken in. 5. FIG. ertrinken in; versinken in.

$_1$Ncp – V – N O malfeitor afogou o cão. Afogou o motor. A mágoa afogava-LHE a voz.

$_2$Np – Vse Na vizinhança ninguém punha boa fé nela e aquilo do cachopo querer afogar-se na alverca e aludir debaixo da aflição à mãe e ao Joaquim Honorato, bastava para todos lhe deitarem culpas. [ra] O Lourenço sofria de asma. Permanentemente a arfar, a erguer e a abaixar o peito num desesperado vaivém de náufrago a afogar-se, às duas por três, transformava-se em pânico. [nc]

$_3$Nc – V As chuvas fizeram com que o motor afogasse.

$_4$Np – V – N – em N A cozinheira afogou a carne em vinho. Desesperado, afogou as mágoas no álcool.

$_5$Np – Vse – em N Afogar-se em dinheiro, em pensamentos, em devaneios, em trabalho, em lágrimas.

afoguear
Morf.: Pres.: afogueio.
1. erröten lassen; FIG. (Vorstellungskraft...) anregen. 2. rot werden; erröten.

$_1$N – V – N A Luísa observou, sem nada dizer, que ambos estavam afogueados e com os olhos muito brilhantes. [dm] Nas paragens dos eléctricos formavam-se grupos de homens mal alimentados de amor, à procura de uma perna mais descuidosa que LHES afogueasse a imaginação. [ce]

$_2$N – Vse Jadwiga segurava já os dois passaportes na mão. Agitava-os docemente e o rosto afogueara-se-LHE um pouco. [ce]

afoitar
1. s. wagen an. 2. jn ermutigen zu. 3. s. erkühnen; wagen.

$_1$Np – V – N Afoitou uma empresa muito arriscada.

$_2$N – V – Np – a I O sucesso do primeiro projecto afoitou o João a seguir a carreira de arquitecto.

$_3$Np – Vse – a I De longe a longe, afoita-se a deslizar, com o coração trémulo, perante a residência de Célia, numa alameda sossegada, a horas de estrelas e morcegos. [op] Afoitou-se a escalar a montanha, sabendo o risco que corria.

afrouxar
1. lockern; etw entspannen; (Geschwindigkeit...) vermindern; (den Schritt) verlangsamen. 2. s. lockern. 3. s. lockern; schwächer werden; <etw> nachlassen; <Körper> s. entspannen. 4. nachlassen in.

$_1$N – V – Nc Afrouxou o laço, a velocidade. De vez em quando afrouxavam o passo, iam-se beijando, com absoluta indiferença pelos outros. [vp]

$_2$Nc – Vse Afrouxaram-se os laços diplomáticos entre Portugal e Angola.

$_3$Ncp – V A confirmar a impressão de que dissera uma banalidade, senti afrouxarem no meu braço os dedos de Quelhas-Lavrador. [np] *Segundo os antigos conceitos, os ritmos de desenvolvimento do Universo iam afrouxando pouco a pouco.* [pj] *João, de peito enfunado, entesa-se, como que a exigir uma explicação. Mas, ao ocorrer-lhe o motivo, o corpo afrouxa, verga.* [sv] *Faço uma pausa, não vá a atenção dos meus cúmplices afrouxar perante o tom demasiadamente discursivo destes últimos dez minutos.* [tm] *Exceptuando os ataques realizados na fronteira norte e sul, o ritmo da guerra afrouxou.* [sc]

₄Np – V – em Nc   *Afrouxar na vigilância do palácio.*

afugentar
1. vertreiben; verjagen; in die Flucht schlagen; verscheuchen.

₁N – V – N   *Um dos rapazes iniciou uma cantiga e quiseram que Maria do Pilar cantasse também, explicando-lhe que era para afugentar as bruxas da floresta.* [bc] *Os homens falavam muito alto para afugentar o medo que sentiam.* [hn]

afundar
1. (Schiff) versenken. 2.–3. sinken; versinken; untergehen. 4. tief hineingreifen in; senken in. 5. FIG. in (Erinnerungen...) versinken.

₁N – V – N   *Era um pirata. Incendiava aldeias, afundava navios e roubava as noivas dos príncipes!* [np]

₂N – Vse   *O submarino francês explodiu e afundou-se.* [dn]

₃N – V   *O navio ia afundando sem que ninguém pudesse intervir.*

₄N – V – N – D   *Diogo Relvas debruçou-se sobre a caixa de folha e afundou a mão lá dentro, um pouco à maneira dos espadas que estoquearam os seus toiros em Madrid.* [bc]

₅N – Vse – em N   *Afundou-se na bebida. Afundar-se em recordações.*

agachar-se
1. s. ducken; s. bücken; s. niederkauern; FIG. s. ducken; s. fügen. 2. s. beugen; s. ducken vor.

₁N – Vse <L>   *Agacha-se sobre o fardo, e coloca-o às costas, retesando-se do impulso.* [sv] *Agachou-se perante a situação criada pelo superior e aceitou-a.*

₂Np – Vse – a N   *O empregado agachou-se aos pedidos insistentes do patrão para que ele continuasse no escritório. Não me agacho a ninguém, muito menos a ti.*

agarrar[1]
1. fassen; greifen; packen; zu fassen bekommen; FIG. erfassen. 2. s. a-e. klammern. 3. s. festhalten; s. klammern. 4. FIG. s. klammern an. 5. ergreifen; greifen; nehmen;

₁N – V – N   *O povo acorreu em fúria. Se agarram os ladrões, não sei como a coisa acaba!* [dm] *Tó Rolin metera-se à água para agarrar Julinha Quintela, quase desmaiada com o susto da queda.* [bc] *O rapaz alto e magro acaba de agarrar a mão da mulher e, num gesto de ternura irreprimível, acabara de a beijar.* [hn] *A Rádio Nacional de Angola tem, contudo, uma programação viva e com capacidade de agarrar a realidade social e cultural.* [oj]

₂Npl – Vse   *Agarraram-se um ao outro para não caírem.*

₃N – Vse – (a N)   *Os passageiros agarraram-se a tempo. Rosário amoleceu, teve de se agarrar ao corrimão. Estava entre duas ameaças, dois precipícios, e a vertigem entontecia-a.* [pc]

₄N – Vse – a N   *O gerente do banco agarrava-se à fraca esperança de que possivelmente os intrusos tivessem simplesmente posto a caixa-forte numa barafunda sem realmente roubarem nada.* [kf]

₅N – V – em N   *Um amigo agarrou-LHE na manga e sussurou uma rápida mensagem no ouvido.* [kf] *Agarrou no saco e pôs-se a andar.*

agarrar[2]
1. und dann.

₁N – V + e + N   *Como não apareceste até às onze horas, agarrei e fui-me embora.*

agasalhar
1. einhüllen; völlig zudecken; warm einpacken, zudecken. 2. s. dick, warm anziehen; s. zudecken. 3. jn warm einhüllen; Wärme geben. 4. s. schützen vor.

$_1$N – V – N – (em N) A mãe agasalhou bem a criança. A Constança agasalhou no chaile a nudez limpa da pequena vida que estreava nos seus braços o aconchego do mundo. [nc]

$_2$N – Vse – (em N) Agasalha-te (no teu sobretudo) bem antes de saíres de casa.

$_3$Np – V – N A criada agasalhou o novo hóspede, facultando-lhe até o calor dos seus lençóis.

$_4$N – Vse – de N Agasalho-me do frio.

agir
1. handeln; <etw> arbeiten, vorgehen; wo tätig sein. 2. (ein-)wirken auf; beeinflussen.

$_1$N – V <como, em N> O Custódio aquiesceu com ferocidade: Claro, claro...Eu sei como agir. [op] É possível fazer o computador agir de forma a dar uma imitação limitada do pensamento. [cp] Agiste como uma criança. Maus elementos agem nesse meio. Ele agiu em legítima defesa, em benefício próprio.

$_2$N – V – sobre N Os homens agem sobre o meio ambiente e destroem-no.

agitar
1. schütteln; hin u. her bewegen; FIG. jn beunruhigen; in Aufregung versetzen; (Ängste...) wecken. 2. s. unruhig bewegen; unruhig werden; FIG. s. beunruhigen; s. Sorgen machen.

$_1$N – V – N Agitar o frasco. Jadwiga segurava já os dois passaportes na mão. Agitava-os docemente e o rosto afogueara-se-lhe um pouco. [ce] Será que os homens reagem desta maneira porque bruxas e fantasmas agitam em nós medos vindos de longe, das cavernas distantes? [tm] Uma onda de descontamento agitou o país.

$_2$N – Vse Os ceifeiros, intimados a debandar, obstinavam-se, não arredavam dali. Loucos! – pensou Teresa, agitando-se. [pc] Não se agite pai, ele acabará por telefonar. O João agitava-se, sonhando alto. Estava muito afogueado e transpirava tanto que tinha os cabelos colados à testa. [dm]

aglomerar
1. jn wo sammeln. 2. s. häufen; <jd> s. wo drängen.

$_1$N – V – Npl <L> A polícia aglomerou todos os presos à entrada da esquadra.

$_2$Npl – Vse <L> Durante 2000 anos os minerais aglomeraram-se. Com dificuldade conseguiram sair de entre a multidão que se aglomerava diante da Sé. [av] O jovem viaja em primeira classe. Escolheu-a com o pretexto do isolamento, a ausência da multidão que se aglomera na terceira. [nv]

agoirar [agourar]
1.-2. vorhersagen; ankündigen. 3.-4. jm etw voraussagen; prophezeien; <etw> jn etw ahnen lassen. 5. DIZER.

$_1$N – V – N Agoura-se chuva para hoje.

$_2$N – V – Fic Agoura-se que saem, saiam da faculdade inexperientes.

$_3$Ncp – V – a Np – Nc Agourei uma boa vida à Raquel.

$_4$Ncp – V – a Np – Fic Agoura-me o pensamento que mais dia, menos dia, tens (tenhas) trabalhos. [nc] Ele agourou-me que teria uma boa vida.

$_5$Np – V – Te DIZER: Juntem-se todos, juntem-se, e vão-se meter na cova do lobo! – agoira Amanda Carrusca, levantando os braços, com um sorriso azedo. [sv]

agonizar
1. im Todeskampf liegen. 2. s. quälen; Qualen (er-)leiden.

$_1$Np – V O vizinho já agoniza.

$_2$Np – Vse <com N> Agoniza-se com preocupações. Agonizava-se com a situação.

agourar ⇒ agoirar

agradar
1.-3. gefallen; zusagen. 4.-5. Gefallen finden an; s. verlieben in.

$_1$N – V – (a Np) Andam a arrancar o empedrado dos passeios, cujos desenhos tanto me a-

	gradavam e levaram dias inteiros a calcetar. [lu]
₂Fic – V – (a Np)	*Agradou-me que tivesse vindo só para me ver. Agrada-me que venhas morar para a nossa aldeia.*
₃I – V – (a Np)	*Agrada-me ver-te por aqui.*
₄Npl:p – Vse	*Agradaram-se um do outro e casaram.*
₅Np – Vsc – de Ncp	*Leonel viera a França para estudar agronomia na afamada escola de Montpellier, mas, ao desembarcar em Marselha, tanto se agradara daquela babel cosmopolita que ali foi ficando*]vp] *Agradou-se da Maria.*

agradecer
1.-3. danken; dankbar sein für. 4.-5. s. bedanken für etw bei jm; jm danken für etw.

₁N – V – (a Np) – (Nc)	*Agradeci ao meu vizinho que trabalha na companhia o facto de eu ter conseguido o telefone. Agradeço ao João a ajuda que me prestou.*
∇N – V – Nc	*Agradeço a tua boa vontade.*
∇N – V – a Np	*Agradeço-te.*
∇N – V	*Não precisas de explicar mais nada⌣Acredita que já entendemos⌣Vocês vieram aqui para nos alertar e agradecemos muito.* [dm] *Recebe favores mas não agradece.*
₂N – V – (a Np) – Fc	*Agradecia-te que me dissesses com antecedência quando chegas a Lisboa. Agradecia-lhe que me deixasse sozinha. O oficial não reagiu⌣Assentiu com a cabeça⌣Até agradecia naquele momento que lhe dessem ordens, mesmo as mais espinhosas, as mais difíceis de cumprir.* [pc] *Agradeço que saia.*
₃N – V – (a Np) – I	*Agradeço terem-me deixado ir embora mais cedo. Agradecemos-te teres comparecido ao funeral.*
₄N – V – a Np – por N	*Agradeço-lhe pela ajuda que me prestou.*
₅N – V – a Np – por I	*Agradeço-lhe por me ajudar. Agradeço-lhe por me ter ajudado, por me ajudar nesta fase difícil da minha vida.*

agravar
1. verschlimmern; erschweren. 2. <etw> s. verschlimmern; s. verschärfen; <jd> s. beleidigt, verletzt fühlen; Betroffenheit zeigen.

₁N – V – Nc	*O que se passa no Golfo vai agravar a crise. Procedendo assim, só agravaram a solução do conflito.*
₂Ncp – Vse <com N>	*O conflito ainda se agravou mais.. Ele agravou-se com a injúria feita.*

agredir
Morf.: Pres.: agrido, agredes.
1. angreifen; auf jn losgehen; schlagen. 2. auf e-a. einschlagen; handgemein werden.

₁N – V – N <a, com N>	*Alcino de Jesus Moreira foi assaltado por um desconhecido, que o agrediu a soco e pontapé.* [pj] *O senhor abre os braços com uma exuberância burlesca, quase agredindo Ramiro, os olhos derramam-se das órbitas, parece à beira de uma explosão.* [nv]
₂Npl – Vse <a, com N>	*Os homens estavam cada vez mais agitados⌣Já falavam os dois ao mesmo tempo, sem ligarem de todo ao que o outro dizia, gritando, gesticulando, quase a ponto de se agredirem.* [dm]

agregar
1. zus.fassen; umfassen. 2. etw an etw anschließen. 3. s. zus.schließen. 4. s. anschließen; s. zus.schließen mit.

₁N – V – Npl	*A associação agrega várias multinacionais.*
₂N – V – N – a N	*A Câmara Municipal decidiu agregar a tesouraria à secção de finanças.*
	■ *Há professores que estão agregados ao Ministério.*
₃Npl – Vse	*Os comerciantes agregaram-se, formando uma cooperativa.*
₄N – Vse – a N	*O banco Pinto e Sotto Mayor agregou-se à União de Bancos.*

agrisalhar
1. grau werden; ergrauen.

₁N – V	*Ele era o mesmo, com o eterno bigodinho já a agrisalhar.* [np]

agrupar
1. gruppieren; zus.fassen; vereinigen. 2. s. in Gruppen zus.finden; s. versammeln; s. gruppieren.

₁N – V – Npl <L> Todas as caixas de ligação foram agrupadas na parte de trás da máquina, fora da área de trabalho. [cp] Teclas numéricas_Estas teclas foram agrupadas para uma mais fácil utilização. [cp] Os serviços que a título excepcional são admitidos nas zonas residenciais serão agrupados em locais a definir pela Câmara Municipal. [pj]

₂Npl – Vse <L> A gente da aldeia agrupou-se em meu redor, compadecida. [oj]

aguardar¹
1. warten. 2. warten auf. 3.–4. darauf warten, daß. 5. warten auf.

₁N – V Aguardei e não vieste.

₂N – V – N Aguardei-te e não vieste. As duas mulheres aguardam-no, sentadas na soleira. [sv]

₃N – V – Fc Aguardo que a Maria faça o doutoramento para depois comprar uma casa nova.

₄N – V – I Aguardei virem eles ter comigo ao cafe! Há outros tantos processos pendentes que aguardam ser arquivados. [dn]

₅N – V – por N Aguardei por ti, pela Maria. O grupo de assaltantes aguardou pela noite para entrar em casa do milionário.

aguardar²
1. befolgen; einhalten; respektieren.

₁N – V – N Aguardámos todos os regulamentos, mas mesmo assim fomos despedidos.

aguçar
1. (Bleistift) anspitzen; (Messer) schleifen, wetzen; FIG. (Appetit...) anregen; (Verstand...) schärfen.

₁N – V – N Aguçar o lápis, a faca. Os acepipes aguçaram-ME o apetite. A agitação aguça o engenho nestes duelos em que a palavra fácil e poliglota tem, por vezes, de se socorrer da imposturice. [oj]

agudizar
1. verschlimmern; verschlechtern; zuspitzen; verschärfen. 2. s. verschlimmern; s. zuspitzen; s. verschärfen.

₁N – V – Nc Com as medidas que tomou, o governo agudizou a situação.

₂Nc – Vse O curso da I República foi dificultado devido à crise económica mundial posterior à Primeira Grande Guerra, cujos reflexos se agudizaram em Portugal. [dp]

aguentar
1. aushalten; ertragen; durchhalten; durchstehen. 2. <jd> durchhalten. 3. FIG. <jd> s. (wo) halten. 4. <etw> halten; standhalten.

₁Np – V – N Francis não podia ter a certeza se Spaggiari ia aguentar eternamente os interrogatórios da polícia. [kf] ►Vivo muito só – gemeu_Não tenho ninguém._Há quem aguente, eu não. [np]

₂Np – Vse Ele aguentou-se durante o interrogatório a que foi submetido.
■ Não se aguentar das pernas: s. nicht mehr auf den Beinen halten können.

₃Np – Vse – em N Aguentou-se numa posição pouco confortável. Aguentar-se no poder.

₄Nc – V <com N> A corda aguentou. O balde não aguentou com o peso das pedras e rachou a meio.
■ Não aguento mais: Ich halte es nicht mehr aus.

ajanotar-se
1. s. herausputzen.

₁N – Vse Ele ajanotou-se para aquele jantar de gala na embaixada.

ajeitar
1. zurechtrücken; herrichten. 2. s. zurecht machen; s. bequem hinsetzen. 3. jm (durch Beziehungen) etw verschaffen; verhelfen zu. 4. Geschick haben, zeigen in.

₁N – V – N E, ajeitando o capacete, o homem acenou-lhes amistosamente e arrancou. [dm] Achas que nos fotografam? – perguntou a Luísa, ajeitando a franja, com os dedos. [dm] Michele estava a fazer a cama: afofou a almofada e a-

₂N – Vse \<L\>	*Ajeitou-se e foi-se embora. Ajeitou-se na cadeira.*
	▪ *Ele que se ajeite!:* Er soll sehen, wie er zurechtkommt!
₃Np – V – N – a Np	*Com uma cunhazita, ajeitou-lhe um emprego no banco.*
₄N – Vse – a I	*Ela ajeita-se a tratar das crianças.*

ajoelhar
1. jn hinknien lassen. **2.–3.** s. (hin-)knien; niederknien. **4.** FIG. s. unterwerfen.

₁Np – V – Np	*Ele ajoelhou o filho a seus pés.*
₂Np – Vse \<L\>	*A cozinheira ajoelhou-se em frente da porta e espreitou pelo buraco da fechadura.* [hn] *Albert ajoelhou-se no tapete de corda e espiou para dentro do buraco.* [kf]
₃Np – V \<L\>	*Maria ajoelhou atrás dele, que semelhava continuar indiferente à sua súplica.* [vp]
₄Np – Vse – a Np	*Não me ajoelho ao meu patrão.* [kf]

ajudar
1.–3. helfen; unterstützen; dazu beitragen. **4.–5.** e-a. helfen; unterstützen bei. **6.** s. js, e-r S. bedienen. **7.** helfen bei.

₁Np – V – (Np) – (em Nc)	*Se puderes ajudar-me neste negócio, não te arrependerás.* [kf]
∇N – V – N	*Não o posso ajudar.*
	▪ *Que Deus te ajude!:* Gott möge dir beistehen!
∇N – V – em N	*Eu ajudo no trabalho que estás a fazer. Toda a gente se gabava de que ajudara no assalto do século.* [kf]
∇N – V	*Não posso ajudar.*
₂N – V – (Np) – a Fc	*A influência do Presidente poderá ajudar a que o trabalho da oposição se torne mais eficiente.*
₃N – V – (Np) – a I	*Os computadores auxiliam os empresários nos seus planeamentos, dão acesso a informações, ajudam a compor cartas, relatórios e livros.* [cp] *Existem instrumentos sofisticados que ajudam os pilotos a vencer as situações complicadas.* [pj]
₄Npl – Vse – (em N)	*Ajudaram-se naquela situação difícil que ambos atravessaram.*
₅Npl – Vse – (a I)	*Ajudaram-se a transportar a água.*
₆Np – Vse – de N \<para I\>	*Ajudou-se das mãos e pés, escalando a encosta.*
₇N – V – a Nc	*O sacristão ajudou à missa.*

ajuizar
1. (PG.:) beurteilen; einschätzen; bewerten; urteilen. **2.** (PG.:) s. einschätzen als; s. halten für. **3.** (BRAS.:) Vernunft annehmen. **4.** (PG.:) beurteilen.

₁Np – V – N \<M\>	(PG.:) *Ajuiza-o mal, patrão. Ele é bom rapaz! Também não tem razão, se bem ajuizamos, o poder de Luanda, quando sempre que aqui se exprimem opiniões, ou fazem simples referências ou até apelos humanitários, desde logo começam a clamar que se trata de ingerência nos seus assuntos internos.* [oj]
₂Np – Vse – P_{adj, n}	(PG.:) *Ajuizou-se importante, mas não passava de um mesquinho. Ajuizava-se bom médico.*
₃Np – Vse	(BRAS.:) *Depois do castigo que recebeu dos pais, a criança pareceu ajuizar-se.*
₄Np – V – de N	(PG.:) *Inclinado sobre o cadáver, para ajuizar também das dificuldades do estudante, parecia ter mergulhado avidamente as sobrancelhas e os sentidos nalgum odor inebriante.* [fn]

ajuntar [1.–6.: ⇒ juntar]
1. zus.fügen; sammeln; (Tiere) zus.bringen; (Geld) zurücklegen; anhäufen. **2.** zus.bringen mit. **3.** hinzufügen; beifügen. **4.** s. versammeln; s. zusammentun. **5.** s. jm anschließen; **6.** s. zus.tun mit. **7.–9.** hinzufügen. [BRAS.: juntar]

₁N – V – Npl	*A criança ajuntou todas as peças do jogo. A tia ajuntou muito dinheiro. Eles zangaram-se a valer e vai ser difícil ajuntá-los de novo. Ajunto calendários. Ajuntei a galinha branca e o galo grande.* ▸*Ela faz isso para ajuntar (sc. dinheiro).*
₂N – V – N – com N	*Ajuntei o pastor alemão com a minha cadela para ver o que dali sai.*

₃N – V – N – a N	Ajuntou um gesto às últimas palavras. Ajunto às fotocópias 5oo escudos para cobrir as despesas com o porte do correio.
₄Npl – Vse	Os habitantes da aldeia ajuntaram-se na Casa do Povo. Ajuntaram-se de novo depois de tantos anos de separação.
₅N – Vse – a N	Ajuntou-se ao grupo para jogar cartas.
₆N – Vse – com N	Ele ajuntou-se com a Fátima.
₇N – V – (a N) – N	Ajuntou mais duas palavras.
₈N – V – (a N) – Fi	É de ajuntar que nem o Primeiro Ministro nem o secretário de Estado tinham conhecimento da situação.
₉N – V – (a N) – I	Ajuntou terem sido subornados.

ajustar
1. (Kleidung...) zurechtrücken; in Ordnung bringen; [MECH.] justieren, einstellen. 2. s. bereitmachen. 3. (wie) passen; <Kleidung...> sitzen. 4. etw anpassen an. 5. passen (auf); zutreffen (auf).

₁N – V – N	Ela ajustou a saia e saiu. A costureira ajustou-LHE a saia. O mecânico ajustou as velas do carro, o carburador.
	▪ Ajustar contas com Np: mit jm abrechnen: Já ajustei contas com ele. Dei-lhe um murro no nariz.
₂Np – Vse	Os atletas ajustam-se para a partida.
₃Nc – V – M	O vestido ajusta bem.
₄N – V – N – (a N)	Há que ajustar a produção às necessidades internas do país.
₅N – Vse – (a N)	Tenho a certeza de que eram os mesmos ladrões que vimos no Palácio dos Duques! – disse a Luísa. A descrição ajusta-se perfeitamente. [dm]

alagar
1. überschwemmen; unter Wasser setzen. 2. überschwemmt werden.

₁Nc – V – N <com N>	O rio alagou as terras. O João alagou todo o jardim. O bebé alagou os lençóis da cama com chichi.
₂Nc – Vse <com N>	Com as chuvas torrenciais da semana passada, os campos do Alentejo alagaram-se, impedindo os agricultores de continuar a trabalhar.

alapar
1. (in geduckter Stellung) verstecken. 2. s. wo ducken, verstecken; es s. wo bequem machen.

₁N – V – N – L	O João alapou o coelho na coelheira.
₂N – Vse – L	Alapou-se debaixo das escadas. Ela alapou-se cá em casa e nunca mais se vai embora. Alapou-se no sofá frente à televisão a comer pipocas.

alardear
Morf.: Pres.: alardeio.
1. zur Schau tragen; prahlen mit. 2.-4. s. rühmen; prahlen mit; s. brüsten mit.

₁Np – V – N	Não faz sentido que os emigrantes venham alardear uma abastança que estão longe de possuir. [pj] O Silvino, quando chegou ao cimo do maranho, viu que ganhara mais quatro passos além dos que fizera primeiro para dar rumo à tarefa, e não se conteve sem alardear o seu poder. [ra]
₂Np – Vse – em N	Alardeava-se em grande corredor, mas ficou em último lugar.
₃Np – Vse – de N	Alardeou-se de mulher sabida.
₄Np – V – de N	A jovem quis alardear de mulher sabida, sacudindo a cabeça num jeito muito seu de desdém, que sublinhava ainda com o pender do lábio inferior. [bc]

alargar
1. weiter machen; erweitern; weiten; (größere Schritte) machen. 2. s. ausbreiten; FIG. s. ausweiten. 3. s. ergehen in. 4. <Kleidung> s. weiten. 5. ausweiten auf; erweitern auf. 6. s. ausdehnen, s. ausbreiten auf.

₁Np – V – Nc <L>	Alargou as calças, os sapatos, o seu horizonte. Luís Manuel alargava tanto as passadas que nem iria mais depressa correndo. [vp]
₂Ncp – Vse <L>	A multidão alargava-se por toda a praça. O papel do CES tem vindo a alargar-se graças a uma prática segundo a qual as Instituições comunitárias não se limitam a solicitar-lhe pareceres sobre textos já concluídos, mas a associá-lo à elaboração desses textos. [cm]
₃Np – Vse – em N	Alargou-se em considerações e esqueceu-se do fundamental.

₄Nc – V Lavei a camisola e ela alargou.
₅N – V – N – D A Timex Portugal prepara-se para alargar os seus horizontes à América Latina. A associação vai ter sede em Lisboa e pretende alargar a acção a outros distritos, "apoiando-se" um pouco nos centros regionais. [pj]
₆N – Vse – D Os horizontes da empresa alargam-se até à América.

alarmar
1.–3. alarmieren; beunruhigen; in Alarm versetzen. 4. (s.) erschrecken; s. beunruhigen.

₁Ncp – V – N <com N> A notícia alarmou-o. A sua visita alarmara-o. Alarmei-o com a notícia.
₂Fc – V – N Alarmava-o que ela ainda não tivesse chegado.
₃I – V – N Ter ouvido o barulho no andar de baixo alarmou a Célia, que se julgava sozinha em casa.
₄N – Vse <com N> Acordei já o Sol nascera; espreitei o relógio, marcava quase dez horas, e alarmei-me, como se pudesse perder qualquer coisa de essencial, se chegasse muito tarde aonde queria. [ce] Alarmou-se com o barulho dos cães lá fora.

alastrar
1. ausweiten; verbreiten. 2.–3. s. ausbreiten; s. verbreiten; um s. greifen. 4. s. bis wohin ausbreiten.

₁Nc – V – Nc O vento alastrou o fogo.
₂N – Vse <Lpor> O incêndio alastrou-se por toda a floresta.
₃N – V <L> O vento fez alastrar o fogo. Não podemos deixar de reflectir na indiferença da população pelos fogos que alastram ano após ano. [dn] O novo-riquismo alastra sem parar em Portugal. [pj] Há um profundo descontentamento que alastra na sociedade portuguesa e que constantemente ganha novos estratos da população. [pj]
₄N – V – D A cheia alastrou ao, até ao Ribatejo.

albergar
1. Unterschlupf geben; wo aufbewahren. 2. wo einkehren; s. einmieten; (wo) unterkommen. 3. beherbergen; aufnehmen.

₁Np – V – Np – (L) Albergaram-no em sua casa. Alberguei o fugitivo em lugar seguro. Agora albergar o corpo e matar o sono naquele santuário colectivo da fome, podiam. [nc]
₂Np – Vse – L Albergou-se na pensão frente à estação. No Governo albergam-se indivíduos que lutaram contra Salazar e Marcelo Caetano mas que agora, talvez, façam pior. [pj]
₃Nc – V – N A nova sede do Centro Regional do Porto não albergará a totalidade dos serviços. [pj] O novo hotel tem capacidade para albergar 200 pessoas.

alcançar
1. jn, etw erreichen; <Jagd> treffen; (Erfolge) erringen; s. etw erwerben; (js Sympathie) gewinnen; FIG. etw erfassen; begreifen. 2. bei jm etw erreichen. 3. etw erreichen.

₁N – V – N Ofegante, o Pedro alcançou-as em poucas passadas. [dm] Ele alcança qualquer perdiz à distância de 50 m. Hans Holzer, um "caçador de espíritos", alcançou notoriedade internacional. Para compensar a difícil situação interna da URSS, Gorbatchov esforça-se por alcançar êxitos na política externa. [cm] Ele chegou a alcançar a simpatia do chefe. Ele alcança o verdadeiro sentido das coisas.
₂N – V – Nc – de Np Alcançou do amigo tudo o que queria.
₃N – V – a N Tira daí a ideia, rapaz! Não tens estudos suficientes para alcançares a tão alto cargo.
▪ Quem espera, sempre alcança.

alçar
1. (empor-)heben. 2. s. heben; s. erheben; (wo) stehen. 3. wohin heben. 4. errichten.

₁N – V – N O outro alçou a cabeça quadrada e seca mas não disse nada. [nv] Gritei-lhe de longe, alçando o cesto e ele voltou-se a rir. [fa] O cão procurou uma árvore e alçoua perna.
₂N – Vse Num repente, a porta abriu-se, vi-lhe os olhos rasgados e duros a quere-

₃N – V – N – D	*rem esmagar-me e a sua mão alçar-se e estalar na minha cara.* [fa] *Mais além, alçavam-se vivendas à antiga portuguesa, algumas com terraços, quase a pique sobre o mar.*
₃N – V – N – D	*Alçou o caixote do chão para a mesa.*
₄N – V – N – a N	*Alçar um monumento a alguém.*

alcatifar
1. mit Teppichboden auslegen; Teppichboden legen in; <etw> etw wie ein Teppich bedecken.

₁N – V – N   <com N>   *O João alcatifou a casa. Pétalas de rosas alcatifavam o chão.*

alcatroar
1. teeren.

₁N – V – N   *A Câmara alcatroou essa estrada quase sem gastar um tostão.*

alcunhar
1.-2. Spitznamen geben.

₁N – V – N – (de Pₙ)   *Alcunharam o Américo Tomás de corta-fitas.*
₂N – V – N – (Pₙ)   *Zé-Diabo fora assim alcunhado mercê da sua decantada parecença com o espírito das trevas, o que, quanto a mim, devia trazer esse espírito deprimido.* [op]

aldrabar   [FAM.: aldravar]
1. lügen; belügen. 2. pfuschen.

₁Np – V – (Np)   *Ele aldrabava sempre que podia. Ele aldrabou a mãe.*
₂Np – V – Nc   *Ele aldrabou o trabalho.*

alegar
1.-3. (Grund...) anführen; als (Entschuldigung...) vorbringen; darlegen. 4. DIZER.

₁N – V – N   *Dias depois, uma senhora alegou doença e uma outra quis demitir-se por ter tido uma cólica renal na noite anterior.* [oj]
₂N – V – Fi   *O Ministério das Finanças alega que desde Junho passado os deputados sabiam que essa proposta ia ser apresentada.* [oj] *Eu alegava que o facto de a Gilette ter patente não impedia a venda de uma máquina em tudo idêntica.* [mf]
₃N – V – I   *Alegou não ter cometido o crime.*
₄N – V – Te   DIZER: *Afastar-me dela era um gesto de amor — aleguei, no tribunal da minha consciência.* [np]

alegrar
1. freuen; erfreuen; erfreuen; heiter stimmen; Freude bringen in; (Raum...) schmücken. 2.-3. freuen; erfreuen. 4. s. freuen über; s. erfreuen an.

₁Ncp – V – Ncp   <com N>   *A notícia alegrou-nos. Alegrou-nos com a notícia. Isso alegra-nos a todos, alegra-os. Conjuntos musicais vão alegrar o baile. As flores alegram o apartamento.*
₂Fc – V – Np   *Alegra-me que o Carlos tenha passado no exame.*
₃I – V – Np   *Dançar alegra-me sempre.*
₄Np – Vse   <com... N, por I>   *Aos patrões não sorria a ideia de despedir os empregados. Tão-pouco se alegravam os empregados com a ameaça de despedimentos que sobre eles impendia.* [cp] *Alegrei-me com a notícia. Alegrei-me por vê-lo tão satisfeito. Alegrei-me pela sua chegada.*

aleijar
1. verletzen; s. wo verletzen. 2. s. verletzen; s. wehtun; verkrüppelt werden.

₁N – V – N   *Aleijei-LHE o pé com o martelo. Aleijei o dedo com o martelo. O João caiu e aleijou o joelho. Não mexas no vidro partido! Olha que ainda aleijas a mão!*
₂Np – Vse   *Durante as férias, ele aleijou-se quando fazia surf. Aleijou-se num treino de futebol.*

▪ *Ficar aleijado (para toda a vida):* verkrüppelt sein.

alertar
1. jn alarmieren. 2.-5. aufmerksam machen auf.

₁N – V – Np Não precisas de explicar mais nada. Acredita que já entendemos. Vocês vieram aqui para nos alertar e agradecemos muito. [dm]
₂Nc – V – Np – de N Era hora de dormir a sesta, mas ele devia ter uma espécie de radar que funcionava mesmo durante o sono e o alertava dos perigos. [np]
₃Np – V – (Np) – para N Alertei as pessoas para a ilegalidade que estavam a cometer. Vamos alertar os leitores para a necessidade de verificar cuidadosamente os extractos das suas contas bancárias. [dn] O primeiro-ministro alertou para a necessidade de combater o insucesso escolar.
₄Np – V – Np – (para) Fc Alertei-os (para) que prestassem atenção aos intrusos.
₅Np – V – Np – para I Alertei-os para sairem rapidamente.

alfabetizar
1. alphabetisieren; jm Lesen und Schreiben beibringen.

₁N – V – N A escola não pode alfabetizar os adultos porque não tem professores.

algemar
1. jm Handschellen anlegen; jn fesseln.

₁N – V – N O guarda algemou o prisioneiro.

alhear
Morf.: Pres.: alheio.
1. jn ablenken von; (js Gedanken) abwenden von; jn von etw keine Kenntnis nehmen lassen. 2. s. abwenden von; s. entfremden von; keine Kenntnis nehmen von.

₁N – V – Ncp – (de N) A mágoa alheou-a do que a circundava. Alheou o seu pensamento de todos os problemas. Conhecida como é a tendência dos sociais-democratas em criticar acordos com o PS, dos quais está alheada por força das circunstâncias, há círculos da maioria que ontem admitiam a hipótese da "cimeira" alargada da coligação. [pj]
₂N – Vse – (de N) Alheou-se dos seus amigos. A conjuntura política e económica mundial despertou nos países da Comunidade a necessidade de não se alhearem do futuro dos três países (Grécia, Portugal e Espanha), cuja situação estratégica é de uma importância vital para o aprovisionamento da Europa Ocidental em energia e em matérias-primas. [cm]

aliar
1. verbinden; verbünden. 2.-3. verbinden; hinzufügen. 4. s. verbünden; s. verbinden; s. zusammenschließen; s. zusammentun. 5. <jd> s. verbünden mit; s. zusammentun mit; <etw> hinzukommen zu.

₁N – V – Npl Conseguiu aliar os inimigos contra ele. Aliar o bem e o mal.
₂N – V – N – a N Aliaram o útil ao agradável. O meu aluno alia a vontade de trabalhar à inteligência.
₃N – V – N – com N Aliar o bem com o mal.
₄Npl – Vse Os pequenos comerciantes aliaram-se e formaram uma cooperativa.
₅N – Vse – a N Os adolescentes procuram uma paz interior cada vez mais difícil de encontrar, a que se aliam problemas de âmbito familiar. [pj] Aliou-se ao sócio para fundar uma firma. ▸Os socialistas estão irremediavelmente a fazer uma política de direita, e os comunistas não prevêem nenhuma hipótese de voltarem a aliar-se. [oj]

alicerçar
1. den Grund legen zu.

₁N – V – N O governo alicerçou as bases necessárias a uma renovação fiscal.

aliciar
1. jn verführen; locken; anlocken; anziehen; bestechen. 2.-3. verführen zu.

₁Ncp – V – Np Não faltam exemplos de empresários que tentam aliciar, e às vezes conseguindo-o até, algumas entidades políticas. Para não aliciarem os adolescentes foram proibidas salas de jogos nas imediações de escolas secundárias. ▸O autor é inesgotável, consegue aliciar, divertir e ensinar

	com os seus textos. [pj]
₂Np – V – Np – para N	*Não é verdade que os traficantes andem à porta das escolas a aliciar adolescentes de 16 e 17 anos para o consumo da heroína.* [pj]
₃Np – V – Np – a I	*Frente ao circo, o palhaço aliciava as crianças a entrar.*

alienar
1. veräußern; FIG. preisgeben. 2. entfremden von. 3. s. entfremden von; entrücken von.

₁N – V – N	*Alienou a posse do imóvel. Portugal obriga-se a nunca alienar Macau e suas dependências sem acordo com a China.* [sc] *Mas logo foi denunciada a tentação rendabilista, tendendo a ver no livro uma mercadoria, tal como no Ocidente, e assim alienando os seus valores intrínsecos.* [oj] *Nas histórias de todos os povos há golpes de cegueira política que alienam a vontade popular e lançam as Pátrias em caminhos obscuros e estéreis.* [dp]
₂Np – V – Np – de N	*Aquele emprego alienou a Maria da realidade.*
₃Np – Vse – de N	*Alienar-se da realidade.*

alimentar
1. ernähren; nähren; erhalten; FIG. (Hoffnungen...) hegen. 2. s. ernähren. 3. s. ernähren von.

₁N – V – N <com N>	*Não sabe como há de alimentar a família. Alimentei o bebé com leite materno. Posso inferir das suas palavras que o que leva a FRELIMO a não ter tantos apoios como a RENAMO é não poder alimentar tão bem o povo?* [pj] *Com respeito à sua vinda, poucas esperanças alimentavam.*
₂N – Vse <com N>	*Vocês só se alimentam com lambarices. O casal vinha agora alimentar-se regularmente a minha casa, ao princípio com os mais diversos pretextos, depois sem pretexto nenhum.* [np]
₃N – Vse – de N	*Durante todas as férias, alimentaram-se de fruta.*

alindar
1. schmücken; verschönern. 2. s. schmücken.

₁N – V – N <com N>	*Gosto de ver a professora Li colher flores no quintal e alindar o altarzinho com elas, enquanto a mão se ocupa de outras coisas.* [np]
₂N – Vse <com N>	*O Porto já se alindou para a quadra festiva com as tradicionais iluminações.* [pj]

alinhar
1. in eine Reihe stellen; ordnen. 2. s. aufreihen; s. in eine Reihe stellen; s. einreihen. 3. s. bekennen zu; (e–e Ansicht...) teilen. 4. s. zurechtmachen. 5. [Sport] ins Spiel gehen; aufgestellt sein.

₁N – V – Npl	*Ela alinhou as peças de xadrez e começou a jogar.*
₂Npl – Vse	*Os jogadores alinharam-se no terreno.*
₃Np – V – (em, com N)	*Eu não alinho. Alinhar numa política, com essas pessoas. Chegavam-nos notícias de fortes divergências no seio do P.A.I.G.C., dividido entre os adeptos daquela orientação de Amílcar Cabral e os que alinhavam com Sekou Touré.* [sc]
₄Np – Vse	*Ela alinhou-se para ir à festa.*
₅Npl – V	*Na equipa nacional alinham seis jogadores do Porto. Pela equipa do Porto alinham os jogadores habituais, à excepção de Gomes, que foi substituído por Lima Pereira.*

alisar
1. glattstreichen; glattscheifen; glätten.

₁N – V – N	*Francisco beijou-lhe de novo as pálpebras e as suas mãos alisavam os cabelos macios de Juliette]vp] A lixa alisou a madeira.*

alistar
1. jn einschreiben; jn eintragen. 2. s. in e–e Liste eintragen; in (e–e Partei) eintreten; MIL. s. (zum Militärdienst) verpflichten.

₁Np – V – Ncp	*Os serviços alistaram todos os mancebos.*

▪ ⇒ *Fazer uma lista de N*: auflisten: *Alistei toda a roupa que vou mandar à lavandaria.*

₂Np – Vse – (L)　　　*Alistou-se no documento de protesto contra a máfia. Em 1950, quando tinha 18 anos, alistou-se no exército e ofereceu-se como voluntário para a Força Expedicionária da Indochina.* [kf]

aliviar
1. beruhigen; (Schmerzen) mildern, lindern; jn erleichtern. 2.-3. jn erleichtern; jm Erleichterung verschaffen, bringen. 4. s. erleichtert fühlen; s. beruhigen. 5. POP. s. erleichtern. 6. <Schmerzen> nachlassen; <Wetter> aufklaren, besser werden. 7. entlasten von; befreien von.

₁N – V – Ncp　　　*O riso aliviou a tensão gerada pelo susto da pancada.* [kf] *A aspirina aliviou-ME um pouco a dor de cabeça. O telefonema a confirmar que tinham chegado bem aliviou-me.*
₂Fc – V – Np　　　*Aliviou-me que o Carlos fizesse isso.*
₃I – V – Np　　　*Alivia-me ter acabado a tese. Aliviou-me saber que ele só partira um braço.*
₄Np – Vse <com N>　*Ela aliviou-se com a notícia.*
₅Np – Vse <L>　　*Ele aliviou-se atrás da árvore.*
₆Nc – V　　　　　*As dores aliviaram. O tempo aliviou.*
₇N – V – Np – de Nc　*Este plano, além de aliviar os seus homens de um fardo brutal, permitia-lhes a liberdade de movimentos e a possibilidade de se defenderem de forma mais eficaz de qualquer emboscada ou ataque ocorrido no caminho.* [cm]

almoçar
1. zu Mittag essen; REG. frühstücken. 2. etw zu Mittag essen.

₁N – V　　　　　*Para já, vão almoçar à cantina da Câmara e, depois, vamos ver o que se consegue arranjar.* [pj]
₂N – V – N　　　*Ele almoça cozido à portuguesa todas as semanas.*

aloirar [alourar]
1. (Zwiebeln) bräunen; blanchieren; jn blondieren. 2. s. blondieren. 3. bräunen; <Korn...> golden, reif werden, reifen.

₁N – V – N　　　*Levada pela moda, aloirou o cabelo. Primeiro aloirar a cebola e o alho e depois juntar os bocados de frango.*
₂N – Vse　　　　*A Maria aloirou-se.*
₃N – V　　　　　*O trigo, pela veiga fora, nem sequer aloirava.* [bi] *Deita-se, numa caçarola, cebola picada, 60g de banha de porco e deixa-se alourar.* [ac]

alojar
1. unterbringen; Unterkunft gewähren; aufnehmen. 2. (wo) unterkommen; wo absteigen. 3. unterbringen können. 4. (ins Ziel) treffen. 5. in etw dringen; s. wo festsetzen.

₁Np – V – Np – (L)　*A universidade alojou-o no hotel.*
₂Np – Vse – L　　*Alojaram-se lá em casa durante o Natal.*
₃Nc – V – Np　　　*O novo hotel aloja aí umas 200 pessoas.*
₄Np – V – Nc – L　*Alojaram três balas no alvo.*
₅Nc – Vse – L　　*A bala alojou-se no tórax.*

alongar
1. verlängern; ausdehnen; verzögern; ausstrecken. 2. länger werden; s. in die Länge ziehen; s. hinziehen; s. verzögern; s. ausstrecken nach.

₁N – V – N – (D, para N)　*Eu alonguei a cana de pesca. Consegui alongar a estadia (para além dos limites previstos).*
₂N – Vse – (D, para N)　*A conversa alongou-se. De facto, o petiz sorria ainda; mas uma lágrima enorme, rolando devagarinho pela face branca, alongou-se no queixo, desprendeu-se e tombou sobre o lenço caído junto da caixa das injecções.* [op] *Dois braços intermináveis alongam-se para Orvalhinho.* [np] *O trabalho alongou-se para além do previsto.*

alourar ⇒ aloirar

altear
Morf.: Pres.: alteio.
1. (Kopf, Stimme) heben. 2. nach oben gehen; höher werden.

₁N – V – N　　　*O serviço está cada vez pior, já não dá gozo viajar de avião – continuou a Piedade, alteando a voz.* [np]

₂N – Vse   *Ao longe as vagas avançavam e cresciam, engrossando: depois alteavam-se, adelgaçavam, arremetiam com fauces abertas.* [vp]

alterar
1. ändern; verändern; fälschen; FIG. jn nerven, aus der Fassung bringen. 2. <Öl> schlecht werden; <etw> s. ändern, s. wandeln; FIG. <jd> s. ärgern, aufregen; in Zorn, aus der Fassung geraten.

₁N – V – N   *Não há motivo de preocupação se for necessário alterar um programa que encontrámos numa revista ou que nos deram já feito.* [cp] *Contudo, "Cory" acentuou que essa gratidão não LHE fez alterar as suas opiniões quanto à questão das instalações militares.* [oj] *Não me alteres os nervos.*

₂N – Vse   *O azeite alterou-se. A situação alterou-se. Com essas novas contrariedades, ele acabou por se alterar e ralhou-nos.*

altercar
1.-2. s. streiten.

₁Npl – V   *As servas ficavam-se nos corredores, arrepiadas de susto, rezando baixo e correndo em debandada quando ouviam no patamar o estrupir das botifarras dos fidalgos novos que chegavam da caça, um tanto bêbados, altercando entre si.* [an]

₂N – V – com N   *Enervada, Maria altercara com o pintor, que a repreendera, friamente, estranhando aquela reacção num modelo profissional.* [pc]

alternar
1. abwechseln; abwechselnd etw tun. 2. abwechseln mit. 3. s. abwechseln; s. ablösen. 4. abwechseln. 5. s. abwechseln.

₁N – V – Npl   *O João alternava lazer e trabalho. Ela alternava peixe e carne.*

₂N – V – N – com N *Amesenda com dois sebentos comilões que alternam o mastigar de formidáveis garfadas de macarrão ou grão-de-bico com um dialogar monótono, sempre igual.* [op]

₃Npl – Vse   *Os soldados alternavam-se na guarda ao monumento do soldado desconhecido.*

₄Npl – V   *Actores e cantores alternavam na entrada em palco.*

₅N – V – com N   *O João alternava com o Miguel nas saídas com a Joana.*

aludir
1. anspielen auf; hinweisen auf; etw erwähnen, zur Sprache bringen.

₁N – V – a N[a ele]   *O primeiro-ministro aludiu a outra zona de problemas nas relações bilaterais.* [dn] *Na vizinhança ninguém punha boa fé nela e aquilo do cachopo querer afogar-se na alverca, e aludir debaixo da aflição à mãe e ao Joaquim Honorato, bastava para todos lhe deitarem culpas.* [ra] *O presidente aludia aos vários problemas com que se debate uma autarquia como a de Matosinhos.*

alugar
1. vermieten. 2. mieten.

₁N – V – N – (a N) *Alugar uma casa a estrangeiros. Alugam-se casas ao mês/ ao ano.*

₂N – V – N   *Iria Horácio deixá-la sozinha naquele quarto quase vazio que LHE alugara?* [pc] *Há aqui gente a viver que não tem necessidade, pois possui rendimentos suficientes para poder alugar uma casa noutro lado qualquer.* [oj] *Um cliente que alugara um cofre de depósito na caixa-forte queixara-se da falta de alarmes.* [kf]

aluir
1. zum Einsturz bringen; abreißen. 2. einstürzen. 3. einstürzen; zus.stürzen; zus.brechen.

₁N – V – N   *O terramoto aluiu o prédio.*

₂N – Vse   *A ponte aluiu-se.*

₃N – V   *A ponte aluiu. A estrutura aluiu pelas juntas. Subitamente o muro aluiu. O jovem aluía pelos joelhos. Estava cansado. A Câmara municipal fez aluir a velha casa.*

alvejar¹
1. weiß leuchten; aufleuchten; <Tag> anbrechen.

₁N – V   Alvejavam casas ao longe. Diogo Relvas tapava a alegria com a cortina das barbas e do bigode, só deixando alvejar os dentes quando o riso era de rebentar presilhas. [bc] Saí de casa, alvejava já o dia.

alvejar²
1. schießen auf; FIG. (ab-)zielen auf.

₁N – V – N   Albert tinha uma espingarda de ar, e embora nunca atirasse aos pássaros, costumava alvejar velhas latas de conserva. [kf] A campanha dos esquerdistas chineses tem alvejado aquilo que chamam contaminação espiritual. [pj]

alvorecer
1. <Tag> anbrechen; FIG. beginnen; ins Leben treten. 2. FIG. auftauchen; dämmern.

₁N – V   O dia alvorecia quando saí de casa. Em 5 de Outubro alvorece a I República, derramando a esperança no peito dos Republicanos que se batiam pela criação de instituições democráticas. [dp]

₂N – V – L   Leonel acordava, pelo meio da noite e, naquele segundo em que aflorava do sono, não podendo ainda calar a consciência, cujas pregas vertiam pus e uma estranha ansiedade, alvoreciam-LHE no espírito dois nomes: Cécile e Alain. [vp]

alvoroçar
1. in Aufregung versetzen; für Aufregung sorgen. 2. in Aufregung geraten. 3. aufstacheln gegen.

₁N – V – (N)   A tragédia alvoroçou-a a ponto de ela adoecer. Quando aquela francesa entrou na redacção, foi um acontecimento que alvoroçou tanto ou mais do que a entrada das tropas revolucionárias no quartel do Carmo. [np]

₂N – Vse   Quando ouviu aquela notícia, alvoroçou-se.

₃N – V – N – contra N   O Governo e o PSD pretendem alvoroçar a opinião pública contra aquilo que se lhes afigura ser uma conjura urdida no universo das trevas. [dl]

amadurecer   [amadurar]
1. reifen lassen; reif(er) werden lassen; FIG. jn reifen lassen. 2.-3. reifen.

₁N – V – N   O tempo amadureceu a fruta. Os sofrimentos amadureceram-no.

₂N – V   Com a idade, amadureceu. Ele deixou amadurecer a fruta. A fruta amadureceu na árvore. Ele amadureceu com as acções que praticou.

₃N – V – L   A ideia amadureceu-LHE no espírito.

amainar
1. etw beruhigen; (Segel) einholen. 2. <etw> s. beruhigen; <Zorn...> s. legen. 3. <Unwetter...> s. beruhigen; <Zorn...> s. legen.

₁N – V – Nc   Conseguiu amainar a discussão. Amainou a vela da embarcação por causa do vento.

₂Nc – Vse   Os tumultos amainaram-se.

₃Nc – V   A tempestade amainou. O tumulto lá fora recrudescia. De repente, porém, amainou, quase se extinguiu. [pc] Horácio aceitou mal a explicação. A zanga que pouco antes nele estrugia amainara subitamente. [pc]

amaldiçoar
1.-2. verwünschen; verfluchen; zum Teufel wünschen.

₁N – V – N   A essa hora, do lado de lá da porta, já outros passageiros amaldiçoavam quem ocupava a casa de banho durante tanto tempo. [nv] Abandone-me ao meu triste destino – disse a rapariga para o pai. – Amaldiçoo-te! – respondeu-lhe ele. [oj]

₂N – V – Fc   Amaldiçoei que ele tivesse feito a viagem.

amamentar
1. (Kind) stillen; säugen; jn durchfüttern.

₁N – V – N   A mãe amamenta o seu bebé. Meu pai prefere ver a sua filha morta a vê-la amamentar esse intruso que ela traz no ventre. [oj]

amancebar-se
1.-2. zusammenleben; in wilder Ehe leben.

$_1$Npl – Vse   *O João e a Maria amancebaram-se.*

$_2$N – Vse – (com N)   *Ele amancebou-se com a Joana.* ▸*Na década de 60 quase todos se amancebavam.*

amanhecer
1. Morgen werden; tagen. 2. <Tag> anbrechen; 3. FIG. <etw> in jm aufkommen.

$_1$V   *Amanhecia em Nova Deli quando o avião se fez à pista.* [np]

$_2$N – V <adj>   *Boa parte dos feirantes apresenta-se mal o dia amanhece e só dali se desprende, garganta rouca e miolos aturdidos, quando a noite tem o seu primeiro ofegar.* [oj] *O dia amanhecia chuvoso.*

$_3$Nc – V – em Np   *Com aquela permanência na prisão, amanhecia nela a predisposição para a delinquência.*

amansar
1. zähmen; FIG. beschwichtigen. 2. zahm werden; FIG. <jd> s. beruhigen; <Zorn...> s. legen. 3. zahm werden; FIG. <Wind...> s. legen.

$_1$N – V – N   *Aos toiros que se mostrarem de sangue frouxo, sucede-lhes pior: capam-nos e amansam-nos, à canga e aguilhão, pondo-os a lavrar nas tralhoadas.* [bc] *Alguém tentou amansar os contendores, mas acabou por levar uns murros também.*

$_2$N – Vse   *A fera amansou-se. A Maria amansou-se. Amansou-se-LHE a fúria assim que fez o tratamento.*

$_3$N – V   *A fera amansou com o chicote. O vento amansou.*

amar
1. lieben; verliebt sein; gern haben, mögen; lieb gewinnen.

$_1$N – V – (N)   *Amo a vida ao ar livre. Amas-me, não amas?...Então abraça-me, Helder!...Sinto-me tão infeliz...Abraça-me!* [np] *Amaram-se desde que se encontraram naquela discoteca. A sua rebeldia e criminalidade são uma rejeição da autoridade que nunca aprendeu a amar.* [kf]

▪ *Amar a Deus.*

amarfanhar [amarfalhar]
1. zerknittern; zerdrücken; zerknüllen; FIG. auf etw herumtrampeln; zum Schweigen bringen.

$_1$N – V – N   *O homem arrancou o boné da cabeça, amarfanhou-o num canudo e bateu com ele na cara do Chico, que recuou, espantado.* [al] *Amarfanhou os restos de ética que ainda possuía.*

amarrar
1. zus.binden; <Boot> vertäuen. 2. festbinden; festmachen; anbinden. 3. s. a-e. ketten. 4. s. klammern an.

$_1$N – V – N(pl)   *O polícia amarrou-LHE os pulsos. O arrais amarrou o barco. Amarrei os cabelos com uma fita.*

$_2$N – V – N – (L)   *O polícia amarrou-LHE os pulsos ao poste. Amarrei os cabelos a um fio e saí.*

$_3$Npl – Vse   *Amarraram-se quando se casaram.*

$_4$N – Vse – a N   *Ele amarrou-se a ela.*

▪ BRAS. POP.: *estar amarrado em alguém:* in jn verliebt sein.

amarrotar
1. zerknittern; zerknüllen. 2. zerknittern.

$_1$N – V – N   *Todos iam de pé para não amarrotarem os fatos novos. Bom, já agora espero até ela chegar – resolveu Horácio, amarrotando o cartão de visita e atirando-o para o cinzeiro.* [pc]

$_2$N – Vse   *O vestido amarrotou-se todo na mala.*

amassar
1. (durch-) kneten. 2. zerdellen. 3. e-e Delle abbekommen.

₁N - V - N	Têm-se algumas batatas cozidas e passadas pela máquina, que se juntam ao bacalhau com uma boa colher de manteiga, outra de queijo ralado, sumo de limão e pimenta. Amasse-se tudo muito bem. [ac] Pompílio viu a mãe a levar subitamente as mãos ao peito, quando amassava pão, e ir-se também deste mundo. [np]
₂N - Vse <com N>	A chapa amassou-se (com o choque).
₃N - V	Tive sorte, só o pára-choques é que amassou um bocado.

ambicionar
1.-4. anstreben; streben nach; gern haben... wollen.

₁N - V - N	Ela ambiciona aqueles brincos, mas são caríssimos.
₂N - V - Fc	Ambicionava secretamente que o problema da chefia do departamento se resolvesse a seu favor.
₃N - V - I	Ambicionava ocupar altos cargos.
₄N - V - a N	Sempre ambicionou a altos cargos.

ameaçar¹
1. jm drohen. 2. bedrohen. 3. drohen. 4. jm drohen mit. 5. s. ankündigen; s. anbahnen.

₁Np - V - (N) <com N>	A Clarinha ameaçou-o. Você julga que a vida pára por causa das autoridades?_É o mesmo que ameaçar o vento com a polícia, homem. [hn] Otelo Saraiva de Carvalho ameaçou com um fuzilamento no Campo Pequeno aqueles que se mostrassem dispostos a resistir aos seus objectivos.
₂Nc - V - N	Essa lei ameaça a liberdade dos cidadãos.
	▪ O muro ameaça ruína: einzustürzen drohen.
₃Np - V - (de) I	Ameaçou demitir-se caso lhe fosse negada a competência de nomear um funcionário do seu sector. [dn] O prisioneiro ameaçou de fugir caso não lhe dessem água todos os dias.
₄Np - V - N - de I	Ameaçou-a de contratar um advogado.
₅Nc - V	O vento soprava forte, um temporal ameaçava.

ameaçar²
1. drohen + V.

₁[N -] V + V_INF	Ameaça chover. A velha árvore ameaçava tombar.

amealhar
1. sparen; (Erspartes) zurücklegen.

₁N - V - N	Penava sem desfalécimento para amealhar dinheiro, para educar os filhos, para acrescentar as suas leiras. [pc] ▸Ele sempre amealhou (sc. dinheiro).

amedrontar
1. erschrecken; (Angst, Schrecken) einjagen. 2. Angst bekommen; (s.) erschrecken.

₁N - V - (Np)	O curso amedrontou-a. A escuridão amedronta.
₂Np - Vse	Ela amedrontou-se quando a fera saltou o muro.

amestrar
1. abrichten; dressieren.

₁N - V - N	Amestrou o leão.

amigar-se
1.-2. zus.leben (mit); s. zus.tun mit.

₁Npl - Vse	O João e a Maria amigaram-se.
₂Np - Vse - (com Np)	Amigou-se com o João mas não era feliz. Na década de 60 quase todos se amigavam.

amolar
1. (Messer) schleifen, wetzen; schärfen. 2. jm auf die Nerven gehen; jn nerven; jn ärgern.

₁N - V - (N)	Enquanto apitam, os "amola-tesouras" amolam a faca.
₂Np - V - Np	A Maria está sempre a amolar o João.

■ *Ele que se amole!:* Er kann mich mal! Zum Teufel mit ihm!

amolecer
1. jn matt und schwach machen; FIG. js Widerstand abbauen. 2. schwach werden. 3. einweichen; eintunken.

₁N – V – N   *O calor amolece as pessoas. O João foi-a amolecendo até lhe pedir casamento.*

₂N – V   *Rosário amoleceu, teve de se agarrar ao corrimão. Estava entre duas ameaças, dois precipícios, e a vertigem entontecia-a.* [pc]

₃N – V – N – (L)   *As crianças gostam de amolecer o pão no leite. Amoleça as folhas de gelatina em água fria.*

amolgar
1. (Auto) zerdellen; eindrücken; verbeulen. 2. s. verbeulen; Dellen davontragen; FIG. an Kraft verlieren; gebrochen werden. 3. s. plattdrücken, s. eindrücken lassen. 4. plattdrücken an, gegen.

₁N – V – N   *Spaggiari saltou para o tejadilho de um Renault 6 estacionado, amolgando-o completamente.* [kf] *Amolgaram-LHE o crânio à pancada.*

₂N – Vse <com N>   *O pára-brisas do carro amolgou-se. O seu feitio impulsivo amolgara-se com o sofrimento.*

₃N – V   *A placa de chumbo amolga com facilidade.*

₄N – V – N – contra N   *Amolguei o nariz contra o vidro da janela.*

amontoar
1. aufhäufen; anhäufen. 2. s. anhäufen; s. (auf-)türmen; mehr und mehr werden.

₁N – V – Npl <L>   *Amontoar riquezas, propriedades.*

₂Npl – Vse <L>   *No dia seguinte, Leonel tentou abordar os livros técnicos que se amontoavam em cima da sua mesa-secretária.* [vp] *A roupa amontoava-se e eu não a lavava.*

■ *O equipamento estava amontoado no túnel e os barcos foram buscar outra carga.* [kf]

amordaçar
1. (e-m Tier) den Maulkorb anlegen; FIG. jn, etw mundtot machen; knebeln; verschweigen; (Nachricht) unterdrücken.

₁N – V – Np   *Amordaçou o cão. A lei da censura amordaçava a imprensa. A imprensa amordaçou a gravidade do desastre.*

amornar
1. leicht erwärmen. 2. <etwas> wärmer werden; FIG. freundlicher, angenehmer werden.

₁N – V – N   *Amornou a sopa.*

₂N – V   *O tempo amornou, finalmente. A atmosfera da sala amornou. Quando chegou o representante da autoridade, os ânimos amornaram.*

amortecer
1. (Stoß ...) dämpfen; (Glieder) einschlafen lassen; FIG. etw schwächer werden lassen, dämpfen. 2. FIG. etw schwächer werden lassen, dämpfen; (Schmerzen) lindern. 3. <Licht> s. abschwächen, schwächer werden.

₁N – V – N   *A rede amorteceu(-LHE) a queda. Amorteceu a detonação da arma com o silenciador. Essa posição amortece-ME as pernas. Mas agora, em frente de casa, o ambiente amortecia-LHE, de súbito, todas as boas recordações desse dia.* [fn]

₂I – V – N   *Beber amortecia-LHE as más recordações desse dia. Beber amortecia-LHE as dores.*

₃N – V   *A luz amortecia à medida que o dia avançava.*

amortizar
1. (Schulden...) abdecken, decken, tilgen, abbezahlen. 2. s. amortisieren; s. bezahlt machen.

₁N – V – N   *O subsídio do Serviço Nacional de Bombeiros só é concedido uma vez por ano a cada corporação e de modo algum amortiza cabalmente a despesa feita.* [pj] ▶*A usurária não mostrou avidez perante a inesperada liquidação dos meus débitos, antes afirmou, com surpreendente generosidade, que eu poderia amortizar suavemente.* [np]

₂N – Vse   *O tractor amortizou-se depressa.*

amostrar ⇒ mostrar

amparar
1. halten; Halt geben; etw, jn stützen; FIG. jm Mut machen; jm beistehen. 2. e-a. stützen; e-a Mut machen. 3. jn wo halten. 4. s. stützen auf, gegen. 5. jn schützen vor, gegen; bewahren vor.

$_1$N – V – N   Luís, se a via hesitar perante um obstáculo, amparava-a, cingindo-a pela cintura nos passos mais difíceis, sobre os limos escorregadios. [vp] As senhoras correm as casas de Aldebarã a visitar doentes, a amparar mulheres grávidas e a recomendar ao hospital da vila os que precisarem de internamento. [bc] Defendiam-se como podiam da luz crua da realidade. Mas já nenhuma esperança sincera os amparava. [nc]

$_2$Npl – Vse   Conseguiram amparar-se nas situações difíceis, nos percursos difíceis. Ampararam-se um ao outro para não caírem.

$_3$N – V – N – L   Os meus novos companheiros começaram a ensinar-me a nadar, amparando-me pela barriga. [ra]

$_4$N – Vse – (L)   Amparou-se (à, contra a parede) para não cair. Amparou-se ao, no corrimão, à bengala. ▸Alice soltou um grito e caiu desmaiada, ao reconhecer o marido, que avançava a custo, amparado ao braço do seu pai. [oj]

$_5$N – V – N – de... N   Ampará-la-ia dos, contra os perigos que adviessem durante a jornada. Já nenhuma esperança sincera os amparava da desgraça, contra os sofrimentos. Ampararam-na da queda.

ampliar
1. erweitern; vergrößern; (Foto) vergrößern (lassen). 2. größer, stärker werden; wachsen; s. ausweiten.

$_1$N – V – N   Vamos ampliar as nossas instalações. Onde se empregam, computadores facilitam o trabalho e por vezes ampliam as preocupações quando a tecnologia é mal aplicada. [cp] As demissões de altos funcionários da Administração vêm ampliar a crise política. [dn] Mandei ampliar aquela fotografia de que gosto tanto.

$_2$N – Vse   Aquele mal-estar indefinido ampliou-se.

amputar
1. (Arm...) amputieren; (den Arm ...) abgetrennt bekommen. 2. ◊ etw abtrennen von; ◊ etw weglassen, streichen.

$_1$N – V – N   Os médicos amputaram-LHE o braço. No trabalho amputei um braço e a segurança social nada me deu.

$_2$N – V – N – de N   A Nação foi amputada da parte mais importante do seu território. [sc] Amputar o contrato de uma cláusula.

amuar
1. schmollen; maulen; einschnappen; s. ärgern, Verdruß empfinden über. 2. jn verdrießen; jm die Laune verderben.

$_1$N – V <com N>   A prima Leocádia amuara. Muito séria, disse apenas: – acabei. [av] Vieram-me à ideia as palavras dos meus companheiros da alverca e a conversa que com ela tivera quando estávamos deitados. Amuei com isso, apertando-se-me o coração. [ra]

$_2$N – V – N   Tantas lhe fizeste que o amuaste.

analisar
1. analysieren; untersuchen.

$_1$N – V – N   Os jurados analisaram o problema e não se decidiram.

ancorar
1. ankern; vor Anker gehen.

$_1$N – V – (L)   O navio ancorou em Génova.

■ ⇒ estar ancorado: ankern.

43

andar¹
1. laufen; gehen; <Uhr> gehen. 2. fahren mit. 3. reisen durch. 4. wohin kommen. 5. mit jm gehen; mit jm Umgang haben, verkehren. 6. FIG. <etw> wie gehen, vorankommen.

₁N – V

A criança começa a andar. Zé Pedro foi buscar o cavalo e conduziu-o para diante do camarote; depois fê-lo andar à sua volta, por pequenos toques do bridão nos lábios do animal, enquanto o aquietava com a voz carinhosa. [bc] O relógio anda bem.
- *Anda comigo!:* Komm mit mir!
- *Ir andando:* s. langsam auf den Weg machen: *Tenho uma entrevista marcada na Biblioteca – disse-lhe. Preciso de ir andando.* [np]
- *Como está? – Vou andando:* so la la; es geht.
- *Andar à rasca:* in Schwierigkeiten stecken: *Eu também ando à rasca, uma casa de gente p'ra sustentar, vestir, calçar.* [be]
- *Anda lá!:* mach schon; los!: *Escreva os versos, ande lá!. Versos que cheguem ao coração, que façam chorar.* [np]
- *Andar numa roda viva:* nicht wissen, wo einem der Kopf steht: *Os políticos andam numa roda-viva, não sei se para se entenderem se para se desentenderem cada vez mais.* [pj]
- *Andar às turras:* s. nicht vertragen; s. in die Haare kriegen: *Como é possível andar-se às turras por causa de uma coisa sem importância?!*
- *Andar às voltas:* <Flugzeug...> kreisen: *O DC-10 da Alitália andou longos minutos às voltas, longos e exasperantes minutos, ora baixando ora subindo, sem se decidir a aterrar.* [np]

₂N – V <de N>   Andar de carro. Acho que adoro andar de comboio! [dm]
₃N – V – L_por   Andar por toda a Europa.
- *Andar pela casa dos trinta:* ungefähr dreißig (Jahre alt) sein.
- *Andar pelos arames:* <jd> ständig gereizt sein.
- *Andar pelas ruas da amargura:* es jm dreckig gehen.
- *(Ele) anda por aí:* Er ist hier irgendwo.

₄N – V – D   Anda cá! Anda lá a minha casa amanhã.
- *Andar para a frente:* vorankommen: *O processo andou para a frente.*

₅N – V – com N   Ela anda com o João. Só anda com senadores.
₆N – V – M   O processo andou mais depressa do que se esperava.
- *Andar de mal a pior:* s. immer mehr verschlechtern: *O trabalho anda de mal a pior.*

andar²
1. sein. 2. es gut, schlecht stehen mit.

₁Np – V – P_adj   Andar triste. O teu pai anda descontente contigo – torna o polícia, em voz severa. [np] Ando morto de trabalho. O João anda fora de si.
- *Andar com dores de cabeça, com gripe:* Kopfschmerzen, Grippe haben.
- *Andar de luto:* Trauer tragen: *Homens e mulheres, de rosto fechado como se andassem sempre de luto, olhavam desconfiadamente para os estranhos.* [pc]
- *Andar de má cara, de beiça caída,* BRAS.: *de cara feia:* schlechte Laune haben; schlecht gelaunt sein.

₂Np – V – M – de N   Mas também eu andaria assim tão mal de finanças que me deixasse envolver na teia daquela gorda aranha? [np] Andar mal do estômago. Andar bem de saúde.

andar³
1. dabei sein zu tun; (länger) etw tun.

₁N – V + V_a INF; GER   Ando a estudar. Ele anda pintando a casa. Rang, se era ele, não andava só a falsificar assinaturas, mas realmente a imprimir livros de cheques. [kf]

anestesiar
1. jm Narkose geben; jn (durch e-e Spritze) betäuben; FIG. einschläfern.

₁N – V – N   Para me fazerem o curativo tiveram que ME anestesiar o pé. À certeza da manhã nascendo anestesiava o monstro da responsabilidade que o roía por *dentro.* [pc]

anexar
Morf.: Part.: ter, ser anexado; estar anexo.
1. annektieren. 2. beifügen.
₁N – V – N		*Os Estados Unidos anexaram uma parte do México.*
₂N – V – N – a N		*Anexei os documentos ao processo.*

angariar
1. (Kredit...) an Land ziehen; s. (Geld) verschaffen; eintreiben; FIG. jn, etw gewinnen; s. verschaffen.
₁N – V – N		*Angariar crédito bancário, forças de apoio, muitos adeptos, simpatias. Compreendi, havia duas Franças: uma, dos Franceses, aquela onde gostam de viver, a autêntica, a legítima, a reaccionária, a França tacanha e malcriada. A outra era a França de exportação, concebida somente para angariar divisas.* [tm]

angustiar
1.–3. ängstigen; beunruhigen. 4. s. ängstigen; s. Sorgen machen.
₁N – V – Np		*Talvez este desencontro me angustie, ponho ponto final.* [tm]
₂Fc – V – N		*Angustia-a que o Carlos vá de férias sem dinheiro, que ele não dê sinal de vida.*
₃I – V – Np		*Angustia-a viver assim, o Carlos ir já de férias.*
₄N – Vse <por I>	*Angustiou-se por ela não ter ainda regressado a casa.*

animar
1. jn aufheitern; etw beleben; <etw> jn antreiben. 2. <etw> s. beleben; <jd> Mut, s. ein Herz fassen. 3. <etw> s. beleben. 4.–6. jn anregen zu; jm Mut machen zu; jn ermuntern zu. 7. s. ein Herz fassen; s. selbst Mut machen.
₁N – V – Ncp		*Spaggiari apertou a mão a cada um, sorrindo, trocando umas palavras, procurando animá-los.* [kf] *O rapaz animava os serões com cantorias em que todos participavam, batendo palmas ou trauteando o refrão.* [dm] *Há barcos pescando sem licença, animados pelos fabulosos benefícios que a pesca do coral proporciona.* [pj] *Mostrava-se animado de grande entusiasmo e espírito de decisão.* [sc]
₂Ncp – Vse		*A festa animou-se. Animaram-se e fizeram os dois frente à situação.*
₃Nc – V		*O fogo animou. A festa animou.*
₄Ncp – V – Np – a I	*Animei-a a reescrever o capítulo da tese. A morte do Carlos não a animava a prosseguir nos estudos.*
₅Fic – V – Np – a I	*Que o Carlos morrera, tivesse morrido não a animava a prosseguir nos estudos.*
₆I – V – Np – a I	*Animou-a a viver ver o Carlos prosseguir nos estudos.*
₇Np – Vse – a I		*Animou-se a abordar o Primeiro-ministro.*

aninhar
1. ins Nest legen; auf (den Schoß) nehmen. 2. s. ducken; s. kauern; s. hocken; s. zus.krümmen. 3. FIG. s. stellen unter; Schutz suchen bei. 4. (ein Nest) bauen.
₁N – V – N <L>	*A coruja aninha os filhotes num oco de árvore. A mãe aninha o filho no seio.*
₂N – Vse <L>	*O cão aninhava-se a seu lado, e ficava-se quieto a ver o padre, de saias, fazer gestos e dizer coisas que nunca pôde entender.* [bi] *Regina aninhava-se sempre da mesma maneira: o corpo ligeiramente abaulado, as pernas flectidas, as mãos juntas sobre o peito.* [pc]
₃Np – Vse – a Ncp	*A Dina sentia o receio de quem se habituou a aninhar-se à protecção alheia, a submeter-se, sem protesto, ao que os outros lhe determinavam.* [fn]
₄N – V <L>	*Os pássaros aninham nos beirais.*

aniquilar
1. auslöschen; beseitigen; vernichten. 2.–4. FIG. jn deprimieren... 5. zugrunde gehen.
₁N – V – Ncp		*Era preciso tomar medidas para aniquilar toda aquela bicharada. A imitação das iniciativas gera o exagero que aniquila toda a produtividade.* [pj]
₂N – V – Np		*Aquela decisão de separação aniquilou-a.*

₃Fc – V – Np   *Aniquilava-a que o Carlos tivesse sido incumbido de tão perigosa missão.*
₄I – V – Np   *Aniquilou-a ter presenciado o funeral do João.*
₅N – Vse   *Desesperava, aniquilando-se.*

anoitecer
1. Nacht werden.

₁V   *Até quando – é o que todos perguntam quando anoitece, e não há certeza de se chegar vivo ao dia seguinte.* [av]

anotar
1. (s.) notieren; aufzeichnen; vermerken; s. aufschreiben; mit Anmerkungen versehen. 2. s. notieren; anmerken; vermerken.

₁N – V – N   *É preciso anotar todos os cheques que se vão emitindo.* [dn] *Nos meus livros podes encontrar comentários que eu fui anotando enquanto ia lendo. Anotei a receita que me deste. Anotar um texto.*

₂N – V – Fi   *Já anotei que ele vivia com dificuldades. Anotei no caderno que ele chega sempre tarde.* ▸*A mola real da vulgarização, tal como anota muito criteriosamente a Delegação Francesa, está nos conselheiros agrícolas.* [pj]

ansiar
Morf.: Pres.: anseio.
1. keuchen; Angst haben, bekommen. 2. s. ängstigen. 3.–5. <jd> s. sehnen nach. 6.–8. (s.) wünschen; herbeisehnen; s. sehnen nach; brennen auf.

₁Np – V   *Ri, soluça, anseia e chora. Ela ansiava, sufocada de calor.*
₂Np – Vse <com N>   *A Luisa ansiou-se com a notícia.*
₃Np – V – Nc   (PG.:) *O João anseia a liberdade.*
₄Np – V – Fc   *Anseio que ela venha passar comigo o Natal.*
₅Np – V – I   *Durante todo esse tempo ela ansiou vê-lo. Anseia progredir cada vez mais e em tudo.*
₆Np – V – por N *João ansiava pela certeza de que fora afinal um tipo sem importância.* [vp] *Albert anseia pela liberdade, e pensa nela todo o tempo.* [kf]
₇Np – V – por Fc *Anseio por que ela venha passar comigo o Natal.*
₈Np – V – por I *Eles ansiavam por se verem livres de preocupações. Durante todo esse tempo ela ansiou por o ver.*

anteceder
1. jm, e-r S. vorangehen; vorverlegen. 2. e-r S. vorangehen; vorausgehen.

₁N – V – N   *O carro de bois antecedia a banda de música. Um grave incidente antecedeu a conjuração. Ele antecedeu a sua vinda para os surpreender. O director anunciou que o reaparecimento do Correio do Minho será antecedido de uma conferência de Imprensa.* [dn]

₂N – V – a N   *Vários problemas políticos antecederam à segunda Guerra Mundial. Antecederem à doença outros sintomas.*

antecipar
1. vorverlegen; vorziehen; etw früher machen. 2. früher, schneller kommen, da sein. 3. jn jm vorziehen. 4. schneller sein als; zuvorkommen.

₁N – V – N   *O governo antecipou a decisão de aumentar os preços. Ele antecipou o pagamento ao banco.*
₂N – Vse   *Defendo-me, portanto, não me levando a sério. Afino-me pelo teu diapasão, antecipo-me.* [tm] *O frio antecipou-se este ano.*
₃N – V – N – a N *O chefe antecipou a Maria aos colegas na promoção.*
₄N – Vse – a N *Ela antecipou-se aos colegas na promoção. Antecipou-se-lhe e mesmo assim foi preterida.*

antever
Morf.: Pres.: antevejo. Pret. perf.: anteviram. Part.: antevisto.
1.–3. vorhersehen; ahnen.

₁N – V – N   *De repente, Rosário foi tomada de pânico. Anteviu, num segundo, toda a náusea de um futuro de servidão, de complacência, de revolta, de profundo desacordo consigo.* [pc]

$_2$N – V – Fic   *Antevejo que possas vir a fazer um bom trabalho na Dinamarca. Antevejo que vais obter bons resultados.*

$_3$N – V – I   *Antevejo ir de férias mais cedo.*

■ **Deixar antever a.c.**: etw ahnen lassen: *As pesquisas actuais neste campo deixam antever o futuro destas máquinas.* [cp]

antipatizar
1. e–a. nicht mögen, unsympathisch finden. 2. jn nicht mögen, unsympathisch finden; etw schlecht finden; gegen etw sein.

$_1$Npl – V   *Eles antipatizaram um com o outro desde que se conheceram.*

$_2$N – V – com N   *Leonel não antipatizava com Alain, mas sentia-se mal junto dele.* [vp] *Não antipatizo com esse programa, mas acho que se poderia fazer melhor.*

anuir
Morf.: Pres.: anuo, anuis, anui.
1. beistimmend nicken; zustimmen. 2.–4. einwilligen in; einverstanden sein mit.

$_1$N – V   <com N>   *Quero ver os toiros antes do almoço. E só depois perguntou aos convivas: Se os meus amigos estiverem de acordo... Todos anuíram. Havia no tom das minhas palavras uma solenidade sincera. Anuiu.* [mf]

$_2$N – V – a Nc   *Anuiu à sua vinda.*

$_3$N – V – a Fc   *Anuí a que Carlos fosse a Lisboa.*

$_4$N – V – a, em I   *Um representante da Zâmbia na* o.n.u. *apresentava como prova de que reconhecíamos que os nossos processos de actuar não eram aceitáveis o termos anuído a pagar as indemnizações.* [sc] *Anuíram em preparar um novo acordo.*

anular
1. rückgängig machen; aufheben; für ungültig erklären; außer Kraft setzen; annullieren.

$_1$N – V – N   *Anular um casamento, um jogo, uma decisão. O recente decreto-lei vem anular a portaria do passado dia 25 de Janeiro. A massificação e a burocracia tendem a diluir a identidade, a anular a expressividade e a afirmação original das pessoas.* [pj]

anunciar
1. <Zeitung> notieren, berichten über, bringen; <jd> annoncieren, Werbung machen für. 2.–4. ankündigen; <Radio, Zeitung> bringen. 5. DIZER.

$_1$N – V – N   *O jornal anunciou o acidente. A empresa anunciou o produto durante todo o ano.*

$_2$N – V – (a N) – N   *A Jihad Islâmica anunciou aos jornalistas a libertação dos reféns.*

$_3$N – V – (a N) – Fi   *A televisão anunciou no telejornal que o acidente se deveu a um erro humano.*

$_4$N – V – (a N) – I   *Anunciou-lhes ir estudar para os* EUA.

$_5$N – V – (a N) – Te   DIZER.

apadrinhar
1. Pate sein von; Schirmherr sein von. 2. in js Obhut geben; jn js Obhut anvertrauen.

$_1$N – V – N   *A cerimónia foi apadrinhada por José de Jesus.* [pj] *Quem era o meu amigo Aniceto? Foi ele quem apadrinhou o meu casamento.* [pc]

$_2$N – V – N – a N   *Sabia que na sua ausência os criados, a quem apadrinhara os filhos, o chamavam de compadre. Não gostava daquilo!* [bc]

apagar
1. (Licht...) ausmachen, ausschalten; (Feuer) löschen; (Tafel) auswischen; (Wort) ausradieren; FIG. auslöschen; beseitigen. 2. <Kerze> ausgehen, erlöschen; FIG. <jd> den Geist aufgeben. 3. aus (dem Gedächtnis) löschen.

$_1$N – V – N   *Quando um distraído acendia o cigarro, bastava dizer-lhe para o apagar, e o problema era imediatamente resolvido.* [pj] *Nós também ajudámos a apagar o fogo. Meninos, já posso apagar o quadro? Vou apagar este parágrafo e reescrevê-lo de novo. O tempo acaba por apagar todas as más recordações. Diogo Relvas afagou a cabeça da filha quase com rudeza, querendo apagar os ressentimentos absurdos que pareciam crescer entre eles.* [bc]

$_2$N – Vse   *A vela tinha-se apagado e o quarto estava escuro. Estava já tão fraco,*

47

₃N – V – N – de N *roído pela doença, que se apagou.*
Já na Alemanha Ocidental acharam melhor chamar a Assembleia "Bundesrat" (Conselho Federal), para apagarem da memória colectiva o incêndio do Reichstag. [pj]

apaixonar
1. jn begeistern. 2. s. begeistern. 3. jn begeistern für. 4. s. begeistern für; s. verlieben in.

₁N – V – Np "*VB-8F*", *o superplaneta descoberto pelos astrónomos americanos fora do nosso sistema solar, a 21 anos-luz da Terra, está a apaixonar o mundo da ciência.* [pj]

₂Np – Vse *Ela apaixona-se facilmente.*

₃Np – V – Np – por N *Consegui apaixonar os meus alunos pelo trabalho.*

₄Np – Vse – por N *Para a minha sogra não passo dum modesto membro da "classe média" que teve a ousadia de se apaixonar pela sua filha.* [hn]

apalpar
1. abtasten; betasten.

₁N – V – N *Chegava a duvidar, num súbito alarme, se não estaria já louca. Aflita, apalpava a testa transpirada; depois resserenava.* [pc] *Dentro do sonho do advogado acordei ansioso. E apalpei-me para saber se estaria ou não desperto.* [tm]

apanhar
1. etw aufheben; jn ergreifen; (Zug) erwischen; s. (e-e Grippe...) zuziehen; (e-e Krankheit) bekommen; (Regen...) abbekommen; (Schläge, Prügel) beziehen, bekommen; (Job) kriegen; FIG. schnell verstehen; etw aufschnappen; s. (e-e Gewohnheit...) aneignen. 2. jn erwischen bei; FIG. ◊ es war + N, als...; es ereignete sich daß..., als... 3. s. ertappen bei. 4. bemerken, daß man wie ist. 5. etw abbekommen; von etw erwischt werden.

₁N – V – N *Abaixo-me para apanhar as toalhas que tinham caído.* [hn] *Apanhou-o quando ele dobrava a esquina. Apanhar o comboio, a gripe, chuva, um chumbo. A intervenção do Pedro salvou-me de ser torturada e de apanhar pancada.* [oj] *Apanhar pancada no lombo, porrada. Apanhei o emprego de que estava à espera. O leitor apanhará rapidamente esse "calão".* [cp] *Apanhar um hábito.*

▪ *Apanhas!: Du fängst dir eine: Se vomitas, apanhas! – trovejava a mãe, de manápula levantada.* [np]

₂N – V – N + a I *Apanhei o João a roubar. A manhã de uma quarta-feira chuvosa e opressiva apanhou-me a sair do hospital e a esgueirar-me pela rua, cabisbaixo, atormentado.* [np]

▪ *Apanhar alguém em flagrante delito, com a boca na botija:* jn auf frischer Tat ertappen.

₃N – Vse + a I *Apanhou-se a conversar consigo mesmo.*

₄N – Vse – P_{adj, n} *Apanhou-se rico e não quis saber dos amigos.*

₅N – V – com N *Há muitas passagens de nível sem guarda aqui no Norte, sabem? Quem não conheça, arrisca a ver-se de repente no meio da linha e a apanhar com um comboio em cima!* [dm]

apaparicar   [BRAS.: papariçar]
1. auf (Tiere) einreden; jn liebkosen.

₁N – V – N *Meu pai correu o fecho da porta e ouvi-o apaparicar um dos coelhos.* [fa] *Sentia-me como se fosse o faraó Akhenaton, apaparicado pela meiga rainha Nefertiti.* [np]

aparafusar
1. (Schraube) anziehen; verschrauben; etw wo (dr)anschrauben. 2. s. anstrengen; nachdenken.

₁N – V – N *Tens que aparafusar muito bem todos os parafusos, senão as barras caem. Já aparafusei a peça na máquina.*

₂N – V *A diferença maior que havia, segundo o outro, era que o número de ricos mais ricos era menor, enquanto o de pobres aumentava cada vez mais. Não soubera o Barra explicar-lhe porquê e ele por mais que aparafusasse também não percebia.* [fa]

aparar
1. (Bleistift) anspitzen; [BRAS.: ⇒ apontar]; abschneiden; FIG. (Angriffe...) auffangen, parieren.

₁N – V – N   *Aparar um lápis. Torram-se fofinhas, partem-se ao meio, aparam-se os cantos, barram-se, ainda quentes, com bastante manteiga.* [ac] *Amanda apara as arremetidas do Bento, enquanto Júlia entra no casebre com o pão bem seguro contra o peito chato.* [sv]

aparecer
1. erscheinen; zum Vorschein kommen; <jd, Krankheit> auftreten; <Lösung...> s. abzeichnen. 2. jm erscheinen; FIG. ◊ jn wie vorfinden.

₁N – V <L>   *De súbito, imagino: no exacto momento em que vai matá-la, apareço, de espada em punho. Salvo-a, o Eurico foge, ela cai-me nos braços.* [tm] *Apareceu lá um indivíduo que nos fascinou. Apareceu uma estranha doença. A situação no domínio do trabalho tem gerado casos lamentáveis, que se arrastam por meses, sem que as soluções empresariais apareçam.* [pj]

₂N – V – a Np   *O anjo apareceu à Maria. Ela apareceu-lhe com um vestido lindo.*

aparelhar
1. (Pferde) anschirren; 2. s. zurecht machen; s. fertig machen; Gestalt annehmen.

₁N – V – N – (a N)   *O morgado dos Relvas mandara aparelhar a égua pigarça à aranha preta de grandes rodas amarelas.* [bc] *Enquanto o meu pai aparelhava a burrita, dei uma corrida a casa da avó.* [fa]

₂N – Vse   *Aparelharam-se com cuidado para a festa. Dormiu uma hora, mas depois o sono desertou-a, e as ideias negras que ela temia começaram a aparelhar-se-LHE no espírito, por detrás de uma cortina frágil, que ela ainda mantinha corrida.* [pc]

aparentar
1. ein Alter zu haben scheinen; s. e-m Alter nähern; vorgeben; vortäuschen. 2. vorgeben; vortäuschen. 3. e-a. ähneln. 4.–5. ähneln; gleichen.

₁N – V – N   *Na sua frente sentara-se a rapariga que o acompanhava, corpulenta, aparentando cerca de trinta anos.* [nv] *Custava-lhe respirar, falar, aparentar serenidade.* [vp] *Alain calava-se, bisonho, infeliz, esforçando-se de vez em quando por aparentar curiosidade e bom humor.* [vp]

₂N – V – I   *Aparentava ter vinte anos, estar doente. Os três estrangeiros aparentam ser de condição humilde.* [dn] *Pedro fingira-se interessado no registo em que trabalhava, aparentando dividir a atenção pelos documentos apinhados à sua esquerda e a coluna dos algarismos que seguia com a ponta do lápis.* [ce]

₃Npl – Vse   *Eles aparentavam-se, embora não fossem do mesmo pai.*

₄N – Vse – com N   *Aparentava-se com a sua amiga, não só fisionomicamente, mas também nos seu hábitos.*

₅N – Vse – a N   *A política aparenta-se ao comércio.*

apartar
1. trennen. 2. jn fernhalten von. 3. s. vone-a. trennen; s. vone-a. entfernen. 4. s. trennen von; s. entfernen von.

₁N – V – Npl   *Consegui apartar os dois brigões.*

₂N – V – N – de N   *Há pais que apartam os filhos de si e nem notam.*

₃Npl – Vse   *É curioso, porém, que as nossas naturezas ora se aproximam, ora se apartam.* [mf] *Ao apartarem-se, as duas mãos deslizaram uma pela outra como a chuparem-se, como pólos contrários que a custo se deixam, quando alguém os desprende.* [vp]

₄N – Vse – (de N)   *Sinto pena de me apartar dele.*

apascentar
1. (Vieh) auf die Weide treiben; Vieh hüten.

₁Np – V – N   *Tais excelências lhe badalara de mim que ela passou a dedicar-me lá no monte onde eu apascentava a cabrada bom quinhão das suas horas livres.* [op]

49

apaziguar
1. beruhigen. 2. s. beruhigen.
$_1$N – V – N Apaziguei a fúria da moça. O Papa, apesar de ter tentado apaziguar os Judeus, provocou, ontem, uma polémica ainda maior. [dn]
$_2$N – Vse Os ânimos apaziguaram-se. Apaziguaram-se com festas carinhosas.

apear
Morf.: Pres.: apeio.
1. jm (vom Pferd) herunterhelfen; jn herunterholen. 2. vom Pferd steigen; absitzen; aussteigen.
$_1$N – V – V – (de N) Apeou-o do cavalo.
$_2$N – Vse – (de N) Apear-se do cavalo. Ele apeia-se finalmente da camioneta, reacende o cachimbo, abotoa a gola do capote, contempla aquela agrestia selvagem com as mãos afundadas nos bolsos. [op]

apedrejar
1. mit Steinen bewerfen; mit Steinen werfen nach; steinigen.
$_1$N – V – N À solta, Rui Diogo entusiasmara-se com a liberdade do ar livre e apedrejava tudo o que lhe parecesse alvo capaz da sua mão certeira. [bc] O mal-estar não me passou completamente; fiquei sentado a ver os outros subirem às árvores, apedrejar pássaros e nadar. [fa] As pessoas apedrejaram o santo.

apegar
1. an binden an. 2. <etw> zus.kleben. 3. s. klammern an; FIG. hängen an; s. an etw festklammern.
$_1$N – V – N – a N A separação apegou o Carlos ainda mais à Joana.
$_2$Npl – Vse Vistas ao microscópio, as moléculas pareciam apegar-se.
$_3$N – Vse – a N Albert e Audi apegaram-se muito à casa. [kf] Apeguei-me aos meus avós. Apegou-se à esperança de viver mais um ano.

apelar
1. appellieren an; ein Gesuch bei jm einbringen; aufrufen zu. 2.–5. aufrufen zu. 6. JUR. in Berufung gehen; Berufung einlegen gegen.
$_1$N – V – para Ncp O homem relanceou uns olhos medrosos a Leonel, como se apelasse para a sua indulgência. [vp] Apelou para o Presidente da República. O chanceler apela para a razão. Apesar de apoiarem a Resolução das Nações Unidas, apelando para um cessar-fogo, os soviéticos exigiram a retirada da esquadra norte-americana. [dn]
$_2$N – V – para Fc A afluência de turistas levou o Governo regional a apelar para que os Madeirenses cedessem instalações vagas para acolher os forasteiros. [pj]
$_3$N – V – a N – para Fc Apelei aos presentes para que votassem.
$_4$N – V – a N – para I Apelo aos presentes para participarem nesta campanha.
$_5$N – V – a Nc Bispos de Moçambique apelam ao diálogo nacional, que a FRELIMO rejeita. [pj]
$_6$N – V – (de N) Finalmente decidiu apelar da sentença que considerava injusta.

apelidar
1.–2. jm e-n Beinamen, Spitznamen geben; jn wie nennen. 3. den Beinamen haben.
$_1$N – V – N – de N Sempre o apelidei de burro e não me enganei.
$_2$N – V – N – P$_n$ Apelido-o "moço-de-fretes".
$_3$N – Vse – P$_n$ A miúda apelidava-se "Cristina qualquer coisa".

aperceber
1. wahrnehmen; e-r S. gewahr werden. 2.–5. bemerken; gewahr werden.
$_1$N – V – N O polícia apercebeu dois vultos que desapareciam na esquina da rua.
$_2$N – Vse – de N O que surpreende e desperta melancolia é que os homens de valor não se apercebem da arbitrariedade das suas relativas posições. [pj]
$_3$N – Vse – (de) Fi Simulei o melhor que pude não me ter apercebido de que o seu corpo volumoso fora sacudido por um soluço. [np] O Governo apercebeu-se de que muita gente que nele votou começa a duvidar. [od]
$_4$N – Vse – Int Apercebeste-te se ele trazia uma pasta castanha?
$_5$N – Vse – de I Apercebeu-se de sentir qualquer coisa roçar-lhe os ombros.

aperfeiçoar
1. vervollkommnen; vollenden. 2. s. vervollkommnen.

₁N – V – N　　　　　Leibniz aperfeiçoou a teoria dos números binários, um sistema numérico que só utiliza dois símbolos: 0 e 1. [cp] O facto de nadar muito aperfeiçoou-LHE a técnica. Aperfeiçoou a sua técnica.

₂N – Vse <em N>　　Aperfeiçoou-se na sua disciplina predilecta.

apertar
1. (Hand) geben, drücken; (Nase...) zudrücken; (Lippen...) zus.pressen; (Schraube) anziehen. 2. s. drängen; <Herz> s. zus.ziehen. 3. <Hitze> drückend sein. 4. jn wohin drücken. 5. jm zusetzen.

₁N – V – N　　　　　Já no patamar, apertaram-LHES a mão com solenidade e retiraram-se. [dm] A Luísa olhou para o João, fez uma careta, franziu-se, apertou o nariz, e desapareceu na barrica. [dm] Rosário levantou-se, foi direita ao chapéu e retirou-o do cabide, apertando nos lábios uma vontade absurda de gritar. [pc] Apertei o parafuso.
  ▪ Apertar o cinto: s. anschnallen.
  ▪ Ter de apertar o cinto: den Gürtel enger schnallen müssen: No próximo ano vamos ter que apertar o cinto. [ot]
  ▪ Apertar as mãos na cabeça: die Hände über dem Kopf zus.schlagen.

₂N – Vse　　　　　O Chico, como era o mais alto, ia à frente, e os outros apertavam-se no banco de trás. [dm] Apertou-se-LHE o coração quando a viu assim.

₃N – V　　　　　　Na minha infância era uma beleza, íamos para a ilha, embora o calor não apertasse ainda. [lu]

₄N – V – N – a, contra N　Apertei o João à/ contra a parede.

₅N – V – (com) Np <para Fc, I>　Apertei-a para que fizesse o trabalho. Apertei com ela para que fizesse o trabalho depressa. Atente bem na situação: a França aperta com a gente por causa do empreiteiro do porto de Lisboa, esse tal Hersent. [bc]

apetecer
1. jm zusagen; ◊ Lust haben auf. 2.–3. es jm gefallen; jm danach sein; ◊ Lust verspüren auf, zu. 4. verlockend sein.

₁Nc – V – a Np　　Leonel acompanhava-os porque tal lhe aprazia: apetecia-lhe o contacto com a juventude fresca de Cécile. O que lhe apetecia agora, verdadeiramente, era um pequeno passeio para aligeirar as pernas. [bc] Alguns professores encarregaram-se de dar o mau exemplo, acendendo o seu cigarrinho quando bem lhes apetecia, ignorando a vontade maioritária da escola. [pj]

₂Fc – V – a Np　　Apetecia-lhe que o trabalho terminasse depressa.

₃I – V – a Np　　　Apetecia-lhe imenso banhar-se ao entardecer, naquelas águas, com o Luís Manuel. [vp]

₄N – V　　　　　　Naquele dia de calor a água do mar apetecia.

apetrechar
1. ausrüsten mit; versehen mit; ausstatten mit. 2. s. ausrüsten mit.

₁N – V – N – (de, com N)　Apetrechar a despensa dos mais diversos utensílios. A mafia receia que a decisão governamental vá desencadear uma "guerra da coca", na qual o exército, pior apetrechado, poderá perder. [oj]

₂N – Vse – (de, com N)　Apetrechando-se com as mais avançadas tecnologias, a Timex Portugal é agora uma das mais modernas unidades industriais da Europa. [cp]

apitar
1. pfeifen. 2. (ein Foul) pfeifen.

₁N – V   *O comboio, o barco apita.*
₂Np – V – N   *O árbitro apitou a falta/ o jogo.*

aplaudir
1. applaudieren; (Beifall) klatschen; etw gutheißen. 2. jm Beifall klatschen; jm, e-r S. applaudieren; etw gutheißen. 3. etw gutheißen. 4. s. e-r S. rühmen.

₁N – V   *Apesar do mau tempo, o presidente Charles de Gaulle ia de pé na sua limousine, sorrindo e acenando para a multidão, que aplaudia.* [kf]
₂N – V – N   *Os deputados aplaudiram, sem reservas, Adriano Moreira.* [pj] *Se a vida das escolas estivesse moralizada todos deveríamos aplaudir as doutrinas que têm influenciado o sistema.* [pj] *É uma iniciativa de aplaudir. Aplaudi o facto de eles terem participado no debate.*
₃N – V – Fc   *Aplaudi que ele tivesse apresentado o relatório daquela forma.*
₄Np – Vse <por N>   *Aplaudia-se pela iniciativa que tomara.*

aplicar
1. anwenden; (Farbe...) auftragen; verwenden. 2. (Arznei...) geben, verabreichen. 3. s. befleißigen. 4. (Schlag) versetzen, verpassen; (Taschen) wo aufnähen. 5. worin investieren, anlegen.

₁N – V – N   *Aplico pomada e fico logo bem. Muitas vezes aplico mal o tempo.*
₂N – V – N – a Ncp   *Com gestos precisos, o médico sentou o João numa cadeira, limpou o sangue, que formava uma pasta no alto da cabeça, cortou-lhe o cabelo com uma tesoura especial, aplicou-lhe a anestesia e, unindo a carne com a ponta dos dedos, deu três pontos com uma agulhinha curva.* [dm]
₃N – Vse – (a I)   *Leonel aplicou-se a demonstrar a Cécile que deveres tinham-nos para com eles, que a primeira das normas que lhes impunham a beleza e a razão era obedecer ao amor.* [vp]
₄N – V – N – L   *E como é que vamos? – De carro, pá! Eu tenho carro – disse Jaime, aplicando uma valente palmada nas costas do Chico.* [dm] *Aplico uns bolsos no vestido e fica mais bonito.*
₅N – V – N – em N   *Aplicar o dinheiro em acções.*

apodar
1.-2. jm e-n Spitznamen geben; jn wie nennen.

₁N – V – N – Pn   *Apodaram-no "O Trinca-Espinhas".*
₂N – V – N – de N   *Teresa não suportava precisamente a simpatia invasora, conceituada, untuosa, do Dr. Pires Teles que exigia, com mansa tirania, a resposta banal e o risinho idiota. Apodara-o de lugar-comum com pernas.* [pc]

apoderar-se
1. <jd> s. e-r S. bemächtigen; <etw> jn überkommen, befallen.

₁Ncp – Vse – de Ncp   *Não tarda muito, e lá se apoderam os comunistas do poder em Portugal!* [sc] *Um profundo desgosto apoderou-se de mim.* [op]

apodrecer
1. verderben, verfaulen lassen; FIG. verderben; zerstören. 2. faulen; verfaulen; FIG. <jd> wo verkommen, vergammeln; <etw> verderben.

₁N – V – N   *O calor apodrece as batatas. A nosso ver existem na actual geração castrense homens com competência para pôr termo ao lucro fácil dos negócios ocultos e à corrupção que apodrece as iniciativas válidas.* [pj]
₂Ncp – V   *A fruta apodrece (na árvore). Se continua naquele emprego ainda apodrece. Apodreço no meu emprego. A corrupção faz apodrecer todas as iniciativas.*

apoiar
1. lehnen, stützen auf, an. 2. s. stützen auf; s. lehnen an. 3. s. auf jn stützen. 4. FIG. s. stützen, berufen auf. 5. unterstützen.

₁N – V – N – Lem, a, contra   *Apoiou as mãos engorduradas na mesa e sujou a toalha. Apoiei a bengala à mesa/ à parede/ contra a parede.*
₂N – Vse – Lem, a, contra   *O Pedro bebericou um gole de capilé, lambeu a boca e apoiou-se na mesa.* [dm] *Ele apeia-se finalmente da camioneta, e ouve ainda o cobrador, que se apoia no ombro do motorista para sair também da ca-*

	mioneta em pulo folgazão. [op] *Apoiei–me contra a parede.*
₃N – Vse – a Np	*A velhinha apoiou-se ao rapaz para atravessar a rua.*
₄N – Vse – em N	*A inquilina, reformada, ainda não perdeu as esperanças de continuar a viver no mesmo sítio, e para isso tem lutado contra o proprietário, apoiando-se nos organismos oficiais.* [cm]
₅N – V – Ncp	*Apoio inteiramente a sua decisão.*

apontar¹
1. (Zeit) anzeigen; auf etw zeigen (mit); (Zahl...) angeben; hinweisen auf. 2. jm etw zeigen, nennen; jn aufmerksam machen auf. 3. etw (aus-)richten auf; (Waffe) anlegen auf. 4. hinausgehen auf; führen zu; zeigen auf. 5. FIG. in die Richtung von etw gehen, weisen; hinweisen auf. 6. bezeichnen als; nennen.

₁N – V – N <com N>	*O ponteiro do relógio apontava a meia-noite quando o tremor de terra se deu. O miúdo olhou para a montra e apontou com o dedo o bolo de chocolate que queria. A central da CGTP afirma que 70 768 trabalhadores se encontravam com salários em atraso enquanto o Governo aponta o número de 32 847.* [dn] *A Comissão deverá apresentar um relatório que aponta a necessidade de se rever o acordo laboral em vigor.* [dn]
₂N – V – N – a Np	*Apontei-lhe a casa que ele procurava. Nos sistemas parlamentares, os líderes costumavam apontar aos seus eleitorados fiéis o seu sucessor.* [oj] *Apontei-lhe os erros que cometera.*
₃N – V – N – Dpara	*Apontou a arma para o assaltante. Apontei a antena de televisão para o sul/ para o norte.*
₄N – V – Dpara	*Uma das Câmaras apontava directamente para a porta da sala-sifão.* [kf] *Apontou para o quadro na parede.*
₅N – V – para N	*As metas do Governo apontam para uma etapa da inflação da ordem dos oito a nove por cento.* [dn] *O Governo vai dar cumprimento a um dos objectivos do seu programa, precisamente o que apontava para a reprivatização da Imprensa estatizada.* [dp] *A Associação Comercial de Lisboa aponta para a diminuição dos gastos públicos como forma de conter o agravamento fiscal.* [pj]
₆N – V – N – como Pn	*O capitão aludiu às comissões de bairro, apontando-as como armas da vigilância.* [ot] *A seguir ao assassinato de Orlando Cristina, em Abril de 1983, numa quinta nos arredores de Pretória (mais tarde apontada como um dos campos de treino dos rebeldes em território sul-africano), Evo Fernandes desapareceu por uns tempos.* [oj]

apontar²
1. (s. etw) notieren; aufschreiben; etw eintragen; etw (in e-m Buch) anstreichen.

₁N – V – N	(PG.:) *Apontei isso de certeza na minha agenda. Apontei o que me comunicou. Apontou algumas passagens do livro.*
	▌ BRAS.: *Apontar um lápis:* e-n Bleistift anspitzen.

apoquentar
1.-3. jn bedrängen; bedrücken; jm Sorgen machen. 4. s. Sorgen machen (um). 5. s. abplagen.

₁N – V – Np <com N>	*Apoquentou-o com perguntas. Mas eu estou nova ainda, não penso nisso. Ainda não há rapaz que me apoquente.* [fa] *Queixavam-se ambos da carestia da vida e ele, também, de dores na perna, que o apoquentavam constantemente.* [vp]
₂Fc – V – Np	*Apoquenta a minha vizinha que o cão esteja sempre doente.*
₃I – V – Np	*Apoquenta-a o cão estar doente.*
₄Np – Vse <com N>	*Apoquentava-me com as doenças dos filhos e as pequeninas enfermidades de Regina.* [pc]
₅Np – Vse <a I>	*Apoquentava-se a trabalhar e não via resultados.*

aportar
1. <Schiff> einlaufen in; etw anlaufen; wo landen.

₁N – V – (L)	*Os peles-vermelhas da América do Norte são vulgarmente chamados "índios", em memória do engano de Cristóvão Colombo, que supunha ter chegado à Índia quando aportou às Antilhas.* [pj] *Sabia que foi aquele homem o*

primeiro navegador ocidental que aportou à China? [np]

aposentar
1. in den Ruhestand entlassen, versetzen; pensionieren. 2. in den Ruhestand gehen.

₁N – V – Np *O Zé partilha também das mesmas inquietudes. Aposentado do Banco do Brasil, a casa, os filhos, a criação literária de Adélia absorvem seu dia.* [pj]

₂Np – Vse *Eles aposentam-se e depois morrem de inactividade.*

apossar-se
1. Besitz ergreifen von; s. e-r S., js bemächtigen.

₁Ncp – Vse – de Ncp *Estranha secura apossara-se da boca de Zé Pedro, obrigando-o a mover os lábios e o maxilar.* [bc] *Os invasores apossaram-se do território sem terem que lutar muito.*

apostar
1. wetten; setzen auf. 2.–4. wetten.

₁N – V – (N) – (em N) *Apostei uma garrafa de vinho na vitória do Porto sobre o Benfica.*
∇N – V – N *Apostou toda a sua fortuna.*
∇N – V – em N *Por vezes um homem aposta no cão mais rápido, e que acontece?. Quando o bicho vai à frente, a distanciar-se, pára de repente a cagar.* [np] *Apostando na modernização dos seus processos industriais, a Timex portuguesa apresenta-se como uma empresa moderna que não teme a concorrência.*
∇N – V *Decidi apostar. Quem não arrisca não petisca.*
₂N – V – (N) – em Int. *Apostei (uma garrafa de vinho) em como o Porto ia vencer o Benfica.*
₃N – V – Fi *Aposto que o seu amigo é, pelo menos, tão culto como qualquer dos presentes.* [hn] *Se uma bela mulher cruzar comigo na rua com um bebé ao colo, aceito como provável que ela nem sequer dê por mim, mas aposto que o bebé me piscará o olho.* [np]
₄N – V – I *Apostei escrever hoje aquela crítica de teatro.*

aprazar
1. (Zeit, Frist, Termin...) bestimmen, festsetzen, festlegen; etw anberaumen. 2. festlegen; festsetzen.

₁N – V – (Tpara) – N *Já aprazei a entrega do trabalho. Aprazei essa reunião para a semana.*
₂N – V – (Tpara) – I *Aprazei ir às Ilhas para o ano.*

apreçar
1. den ungefähren Wert von etw schätzen.

₁N – V – N *Aprecei o valor da fruta. Aprecei a fruta e era cara. Tive que desistir.*

apreciar
1. schätzen; etw zu schätzen wissen; etw, jn mögen. 2.–3. es schätzen. 4. schätzen, taxieren auf.

₁N – V – N *Apreciava o seu perfume. Apreciava a sensação de tê-la a seu lado. Eu sei apreciar uma mulher boa, pois claro, mas não as quero para casar, são umas gastadoras e um tipo fica chavelhudo sem se dar conta.* [oj]
₂N – V – Fc *Apreciei que ele nos convidasse.*
₃N – V – I *Apreciei muito nadar naquela piscina com ondas.*
₄N – V – N – Qem *Apreciaram em 1000 contos o montante necessário para a reconstrução do prédio.*

apreender¹
1. beschlagnahmen; (Paß...) einziehen.

₁N – V – N *Serão apreendidos os alvarás de loteamento e as licenças de construção que hajam caducado.* [pj] *O empregado do consulado não apreendeu nem autenticou os passaportes.* [ce]

apreender²
1.–2. verstehen; erfassen; begreifen; kapieren.

₁N – V – N *Apreendi o sentido oculto das reformas que o Governo anunciara.*
₂N – V – Int *Não consegui apreender por que razão à minha volta ninguém mais fala-*

va.

apregoar
1. (Namen...) ausrufen; FIG. etw laut loben. 2. überall laut sagen.

₁N – V – (a N) – N	Um ardina assomou à entrada do café o focinho pálido e gaiato, apregoando os vespertinos, que acabavam de sair. [pc] De pé enxuto e garganta arrebatada, saltaram os vendedores de lotaria a apregoar os seus números. [ce] As pessoas de idade avançada tendem para a desilusão, para o cinismo, apregoando o antigo, o tradicional, o respeito pela ordem.

₂N – V – (a N) – Fi	Andam por aí a apregoar que eles são fascistas. Apregoou aos quatro ventos que eles eram fascistas.

aprender
1. lernen. 2. erfahren. 3. lernen. 4. etw bei jm lernen.

₁N – V – N	Aprendeu teorias que na prática não verificou. ▸Aprende bem.
₂N – V – Fi	Aprendi que a vida me reservara surpresas pouco agradáveis.
₃N – V – a I	A sua rebeldia e criminalidade são uma rejeição da autoridade que nunca aprendeu a amar. [kf] Aprendi rapidamente a ler.
▪ Aprender a.c. de cor: etw auswendig lernen.
₄N – V – com Np – N	Aprendeu com ele o ofício de carpinteiro.

apresar
1. (Schiff) aufbringen; sicherstellen.

₁N – V – N	Apresaram barcos espanhóis. A polícia apresou vinte quilos de cocaína com destino à América.

apresentar
1. aufweisen; vorweisen; zeigen. 2. da sein; erscheinen. 3. s. wie zeigen. 4. jn jm vorstellen; jm etw präsentieren; darstellen; jm etw vorlegen; (Schwierigkeiten) beinhalten, aufweisen. 5. s. jm vorstellen; s. melden bei. 6. wo erscheinen; s. wo melden.

₁N – V – N	Todos os computadores não profissionais apresentam características próprias, quando chega o momento de programar em BASIC. [cp] O João apresenta sinais de fadiga. Um representante da Zâmbia na O.N.U. apresentava como prova de que reconhecíamos que os nossos processos de actuar não eram aceitáveis o termos anuído a pagar as indemnizações. [sc]

₂N – Vse	Duas hipóteses principais apresentam-se neste momento. [ot] Boa parte dos feirantes apresenta-se mal o dia amanhece e só dali se desprende, garganta rouca e miolos aturdidos, quando a noite tem o seu primeiro ofegar. [oj]

₃Nc – Vse – P_adj	Apresentava-se apreensivo.

₄N – V – N – a Np	Apresentei-lhe o Carlos. De qualquer forma, pelo atraso, apresentamos as nossas desculpas a Mário de Oliveira. [ot] Já apresentei o caso, a prova do crime ao juiz. Não é raro ouvir histórias de amigos que passaram grande parte da noite tentando resolver um programa complexo que lhes apresentava dificuldades. [cp]

₅N – Vse – a Np	Apresentei-me ao tenente que estava de serviço.
₆N – Vse – L	Apresentei-me ao tribunal, ao serviço, à polícia.

apressar
1. beschleunigen. 2. s. beeilen; s. sputen; schneller werden. 3.–4. jn drängen. 5. s. beeilen. 6. s. eifrig ergehen in.

₁N – V – N	Certa noite, andava eu ao acaso pelas ruas de Paris, senti-me perseguido. Apressei o passo, os outros passos apressaram-se também. [tm]

₂N – Vse	Como estava atrasada, teve que se apressar. Também os seus passos se apressaram.

₃N – V – Np – a Fc	Apressei-o a que fizesse uma viagem ao Cairo.
₄N – V – Np – a I	Apressei-a a fazer a tese.
₅N – Vse – a I	As nuvens negras de abutres, que se apressam a devorar os cadáveres dos animais, constituem um símbolo sinistro da tragédia que se verifica no Sudão. [pj] Acho que procederá com acerto, Quelhas – apressei-me a dizer. [np]

₆N – Vse – em N	Apressar-se em desculpas.

aprofundar
1. tiefer ausgraben; FIG. (Thema) vertiefen; zu ergründen suchen. 2. s. vertiefen. 3. <jd> s. vertiefen in.

₁N – V – N		Tive que aprofundar o fosso. Aprofundei o assunto mas não encontro uma propriedade definidora. Aprofundar uma questão.
₂N – Vse		Com o sofrimento, as suas rugas aprofundaram-se.
₃Np – Vse – em N	Aprofundou-se na matéria.

aprontar
1. vorbereiten; jn zurecht machen. 2. s. fertig, zurecht machen. 3.–4. s. bereit machen; s. vorbereiten auf.

₁N – V – N <para N>		Já aprontei a Joana para a festa.
₂N – Vse <para N>		A Maria aprontou-se para o jantar.
₃N – Vse – (para N)		Os corredores aprontaram-se para a partida.
₄N – Vse – (para I)		Aprontei-me para encarar o júri.

apropriar¹
1. anpassen an.

₁N – V – N – a N		Os políticos apropriam o discurso às circunstâncias.

apropriar-se²
1. s. aneignen.

₁N – Vse – de N		O vizinho apropriou-se do meu terreno. Apropriei-me daquela cadeira vazia que estava ali.

aprovar
1. billigen; (Gesetz...) annehmen; akzeptieren. 2. billigen; genehmigen; zustimmen. 3. [Prüfung] jm das Prädikat 'bestanden' geben.

₁Np – V – Nc		Aprovei a ida dela a Lisboa. Há poucos dias, o Conselho de Ministros aprovou um decreto que define a estrutura e objectivos do Centro Superior de Informação da Defesa. [oj] Aquela cerveja acabou por ser/ por ficar aprovada.
₂Np – V – Fc		Eu aprovei que ela fosse a Lisboa.
₃Np – V – Np <L>	Aprovei-a no exame, apesar de ser pouco crítica.

aproveitar
1. ausnutzen; benutzen; nützlich verwenden; (die Gelegenheit) nützen, wahrnehmen; s. (an Frauen) ranmachen. 2. (die Gelegenheit) nützen; jn ausnutzen. 3. die Gelegenheit nützen. 4. ausnutzen; Nutzen ziehen aus. 5. Gelegenheit wahrnehmen, benutzen; s. e–e S. zunutze machen. 6.–8. jm nützen, von Nutzen sein; jm zugute kommen; ◊ Nutzen, Vorteil ziehen aus.

₁Np – V – de Ncp		Portugal tem que aproveitar agora dos baixos preços do petróleo e da queda do dólar para reanimar a economia nacional e pagar a dívida externa. Os soldados incendiavam as aldeias e aproveitavam das pretas. [np]
₂Np – V – N <para I>	Queres aproveitar os restos da comida ou deito tudo fora? Aproveito esta oportunidade para desejar aos jovens empresários as maiores felicidades nos seus investimentos.
₃Np – V <para I>		Aproveitar é agora, meus amigos! [np] Então, vamos aproveitar para ver o Castelo de Guimarães e a capelinha onde foi baptizado o rei D. Afonso Henriques. [dm] Entre os oradores, destacou-se Moura Guedes que aproveitou para fazer um discurso de política interna do partido. [ot]
₄Np – V – com Nc		Penso que uma pessoa aproveita sempre com essa situação.
₅Np – Vse – de N <para I>	E já agora aproveito-me da ocasião para te dizer que te considero um grandíssimo aldrabão. O Governo aproveitou-se da experiência dele para reatar relações com as antigas colónias.
₆Nc – V – a Np		(PG.:) A situação criada pelo governo aproveita aos especuladores.
₇Fc – V – a Np		(PG.:) Que o governo tenha tomado essa medida só aproveita aos ricos.
₈I – V – a Np		(PG.:) Fazer as coisas dessa maneira desorganizada não aproveita a ninguém.

aproximar
1. e–a. nähern. 2.–3. annähern an; näherrücken an. 4. s. e–a. nähern. 5. s. nähern. 6. (näher) heranholen.

₁N – V – Npl		Aproximei-os para ver se se achariam simpáticos.
₂N – V – N – a N		Naquele parque superlotado consegui aproximar uma tenda à outra.

₃N – V – N – de N   Aproximámos mais a mesa da janela. O zoom aproxima os objectos do observador. O mar, ao contrário do que se poderia pensar, tem a faculdade de aproximar os noruegueses do resto do mundo.

₄Npl – Vse   É curioso, porém, que as nossas naturezas ora se aproximam, ora se apartam. [mf]

₅N – Vse – (de N)   Os outros, que até então se tinham mantido a uma certa distância, entouridos, já se aproximavam. Bofavam lume pelos olhos. [pc] Os especialistas pareciam confiantes e seguros de si quando se aproximaram da porta da caixa-forte e a examinaram. [kf]

₆N – V – N   Os binóculos aproximam os objectos.

apurar¹
1. (Suppe) ziehen, zus.kochen lassen, abschmecken; (Geld) einnehmen; FIG. (Stil) verbessern, perfektionieren. 2. etw gut, ausgezeichnet machen; s. gut kleiden. 3. <Suppe> einkochen.

₁N – V – N   Apurar uma sopa com ervas aromáticas. Apurei o guisado, deixando-o mais tempo ao lume. Apurei dinheiro com aquele negócio. Apurar o estilo.
▪ Apurar o ouvido: die Ohren spitzen: Uma noite puseram-se a falar de lendas. As gémeas apuraram logo o ouvido, interressadas. [dm]

₂Np – Vse   Ela apurou-se nos preparativos para o banquete. Apurou-se para o jantar escolhendo bem a roupa.

₃Nc – V   O guisado apurou demais. Deixei apurar o frango.

apurar²
1. herausbekommen; (Stimmen) auszählen. 2.–3. herausbekommen; ermitteln.

₁N – V – N   Já apurei a verdade. Expressaram-se favoravelmente pela direcção indigitada 43 dos votantes, apurando-se 21 votos negativos e um nulo. [dn]
▪ Auslosen: Não se apuraram totalistas neste concurso do Totobola.

₂N – V – Fi   Apurei que eles não estavam no local de trabalho.

₃N – V – Int   Vou apurar se eles já estão preparados ou não.

aquecer
1. erwärmen; wärmen; erhitzen; heizen. 2. s. wärmen. 3. <Wetter, Suppe...> warm, wärmer werden; [SPORT] s. warm laufen; FIG. <Diskussion> s. erhitzen.

₁N – V – N   Os velhos ficaram ao sol, pelas esquinas, a aquecer o corpo frio. [ra] Aquecer uma sala, o leite, os pés.

₂Np – Vse   Tens frio, João? Vai aquecer-te à lareira.

₃Ncp – V   O tempo aqueceu. Enquanto a sopa aquece, eu ponho a mesa. Artur Jorge não devia estar a gostar do que via e mandou aquecer Walsh. Com a entrada do irlandês, o sistema de jogo da turma azul e branca começou a modificar-se. [pj] No meio da reunião a discussão aqueceu.

aquiescer
1.–3. zustimmen; s–e Zustimmung geben zu. 4. DIZER.

₁N – V – (a N)   Eles aquiesceram ao que eu propus.

₂N – V – a Fc   Aquiesceram a que o preço da gasolina baixasse.

₃N – V – a I   Aquiesceram finalmente a baixar o preço da gasolina.

₄N – V – Te   DIZER: O Custódio aquiesceu com ferocidade: Claro, claro...Eu sei como agir. [op]

aquietar
1. beruhigen; jn besänftigen; zur Ruhe bringen. 2.–3. beruhigen. 4. s. beruhigen.

₁N – V – N   Zé Pedro foi buscar o cavalo e fê-lo andar à sua volta, enquanto o aquietava com a voz carinhosa. [bc] Em vez de aquietar o pai, minha mãe bramou com ele e descompuseram-se de palavrões, até que meu pai a espancou. [ra] Todos os acasos que a noite aquietara e resumira em angústia se dilatavam agora pelo espaço, como por um limbo, em absurdos voos. [pc]

₂Fc – V – N   Aquietava-me que a criança estivesse a dormir.

₃I – V – N   Aquietava-me ver a criança dormir.

₄N – Vse   O animal acometia com os cabrestos, para logo se aquietar e procurar o seu amparo. [ra] O vento da tarde acabava de esfolhar no céu uma nuvem *leve. Toda a manhã ele se entranhara nos cabelos das árvores. E zunira. Agora, porém, aquietara-se.* [pc]

arbitrar
1. etw (als Schiedsrichter) entscheiden; schlichten. **2.** [SPORT] Schiedsrichter sein; (Spiel) pfeifen.

₁N – V – N   *O João arbitrou aquela contenda.*
₂N – V – (N)   *O juiz arbitrou a partida de ténis. O juiz arbitrou mal.*

arcar
1. tragen; auf s. nehmen; ertragen; durchmachen.

₁N – V – com N   *Se se pode arcar com a despesa de comprar um monitor a cores, a qualidade final da imagem será de longe superior à imagem produzida por um televisor.* [cp] *Que sucederia depois?. Teria de arcar com o futuro.* [pc] *Eu não vou arcar com mais esta responsabilidade. Terás de arcar com as consequências da tua conduta. Ele arcara com horas terríveis e amargas, bebera muitas lágrimas, sem deixar verter uma só.* [bc]

arder
1. brennen; <Kerze> ansein. **2.** vor (Fieber) glühen; in (Liebe) erglühen. **3.** (Geld) zum Fenster rauswerfen.

₁N – V   *Lá na cabana há um altarzinho onde ardem pivetes.* [np] *Os dois conversavam ao lume, na paz da cepa a arder e da candeia de azeite a bruxulear.* [nc] *Ardem-ME os olhos.*
₂N – V – de, em N *Arder de, em febre, amores.*
₃N – V – N   (PG.:) *D. Guilhermina está agora na Cadeia das Mónicas, onde passou o Natal, deixando em transe alguns depositantes, muitos deles com milhares de contos a "arder".* [pj]

arejar
1. etw lüften. **2.** frische Luft schnappen.

₁N – V – Nc   *O casal concordara em dar uma olhadela pela vivenda e arejá-la uma vez por outra.* [kf]
₂Np – V   *Depois de concluído o trabalho, foram arejar.*

arfar
1. keuchen; schwer atmen; s. auf und ab bewegen.

₁N – V   *Por onde andará o Faial? – perguntou o Pedro, arfando da corrida.* [al] *Voltou ao trabalho, ganhando os passos perdidos a ripostar ao Silvino. Perdido da cabeça, o outro arfava atrás dele, varando-o com o olhar, como se o pudesse acometer com a raiva.* [fa] *A respiração lenta de Regina fazia arfar a colcha.* [pc]

arguir ⇒ argumentar
Morf.: Pres.: arguo, argúis, argúi, argúem.

argumentar
1. argumentieren. **2.–3.** (als Argument) aufnehmen, anführen. **4.** argumentieren gegen. **5.** s. streiten; diskutieren. **6.** DIZER.

₁N – V   *No Parlamento só argumentam e não decidem. Argumentou com a sabedoria própria dos velhos.*
₂N – V – Fi   *Os seus camaradas argumentaram que haviam sido enganados e que Spaggiari retirara simplesmente o dinheiro que era por direito deles.* [kf]
₃N – V – I   *Ela argumentou estar disposta a mostrar-se razoável.*
₄N – V – contra N *Eles argumentaram contra as razões que lhes apresentaram.*
₅Npl – V   *Deram razões, argumentaram, sem chegar a uma decisão.*
₆N – V – Te   DIZER.

armar¹
1. bewaffnen. **2.** s. (mit etw) bewaffnen. **3.** s. mit (Geduld...) wappnen. **4.** jn wappnen. **5.** s. gegen jn bewaffnen. **6.** zum (Ritter) schlagen.

₁N – V – N   *O governo armou a tropa.*
₂N – Vse – (de N)   *Armou-se da espingarda e saiu aos coelhos.*

₃Np – Vse – de N	*Ele armou-se de paciência para suportar as recriminações que ela lhe faria.*
₄N – V – Np – contra N	*Armei-a contra os desafios da vida.*
₅Np – Vse – contra N	*Armaram-se contra eles, mas de nada lhes valeu.*
₆Np – V – N – Pn	*Armou-o cavaleiro.*

armar²
1. (Falle) aufstellen, spannen; (Tisch, Zelt...) aufstellen; (Diskussion, Streit) anfangen, anzetteln. 2. jm (e–n Hinterhalt, e–e Falle) stellen. 3. <Diskussion> entstehen. 4. s. stellen; so tun als ob; erscheinen als.

₁Np – V – N	*De manhã armavam as ratoeiras para os pássaros. A primeira coisa que fizemos quando chegamos à praia foi armar a nossa barraca. O meu pai afinal nunca estava em casa, nunca conversou comigo, e quando chegava era só para armar uma discussão por isto ou por aquilo, um inferno.* [be] *Com gente estúpida é fácil armar uma zaragata.* [bc]
	■ *Armar barraca:* Wirbel machen.
₂Np – V – N – a Np	*Armar uma cilada, uma armadilha a alguém.*
₃Ncp – Vse	*Por causa de uma cesta que duas mulheres chamavam a si, armou-se grossa discussão, e só isso fez, por instantes, abrandar a tarefa.* [ra]
	■ *Não te ponhas a armar, pá!* Blas dich nicht auf; Gib nicht so an!
₄Np – Vse – em N	*Armou-se em idiota/ parvo/ pessoa importante/ vítima.*

armazenar
1. etw wo lagern; einlagern; speichern. 2. speichern.

₁Np – V – N – (L)	*A vivenda era o seu quartel-general, onde armazenara a grande quantidade de equipamento para o assalto.* [kf] *Um dos métodos mais correntes de armazenar dados de saída ou de carregar dados no computador é um vulgar gravador de cassettes.* [cp]
₂Nc – V – N	*Os computadores armazenam dados em código binário.* [cp] *A talha armazena grande quantidade de azeite.*

arquear
Morf.: Pres.: arqueio.
1. krümmen; biegen; (die Stirn) runzeln; (die Augenbrauen) heben. 2. s. krümmen; s. biegen.

₁Np – V – Nc	*O gato surge junto da lareira. Expõe o corpo ao calor das chamas, arqueia a espinha.* [sv] *Lina arqueia as sobrecelhas.* [sv]
₂N – Vse	*Uma cómoda antiga de três gavetas arqueava-se com o peso de inúmeros objectos.* [nv]

arquejar
1. keuchen.
₁N – V	*As mãos do Joaquim envolveram-na. Rosário, violentamente, sacudiu-se. Ele implorou. Tenho-te asco – disse ela. Joaquim, porém, não a soltou. Arquejava, tremia.* [pc]

arquitectar [arquitetar]
1. (Plan) aushecken, s. ausdenken.
₁N – V – N	*Se calhar o quê? – perguntou Mafalda, receosa do que a prima pudesse estar a arquitectar na sua cabeça.* [av] *Arquitectei um plano diabólico para me vingar dela.*

arquivar
1. (im Archiv) aufbewahren; (Dokumente...) abheften.
₁N – V – N	*Costumo arquivar todas as facturas que recebo.*
	■ *Arquivar um processo:* JUR. (Prozeß) niederschlagen; (Verfahren) einstellen: *Há outros tantos processos pendentes que aguardam ser arquivados.* [dn]

arrancar
1. (Baum) entwurzeln; ausreißen; herausreißen.; 2. etw aus, von etw reißen. 3. weggehen; s. davonmachen. 4. entreißen; (Zahn) ziehen; jm (Geständnis...) entlocken. 5. reißen aus; losreißen. 6. jm etw entlocken. 7. jn reißen aus. 8. s. reißen, lösen aus. 9. abhauen, losziehen von; wohin losfahren, losbrausen. 10. ausgehen von. 11. anfahren; losfahren; starten; <Motor> anspringen.

$_1$N – V – N – (D) Arrancar uma planta, uma árvore (da terra). O ciclone arrancou a árvore pela raiz. Andam a arrancar o empedrado dos passeios, cujos desenhos tanto me agradavam e levaram dias inteiros a calcetar. [lu]

$_2$N – V – N – D Arranquei-LHE o livro da mão. O homem arrancou o boné da cabeça, amarfanhou-o num canudo e bateu com ele na cara do Chico, que recuou, espantado. [al] Arranquei-a dali e saímos.

$_3$Np – Vse – D Pegou nas suas coisas e arrancou-se dali.

$_4$N – V – a Nc – Np Arranquei-lhe o livro. O dentista arrancou-lhe um dente. Não querendo ele confessar alguma coisa, ninguém lhe arrancava o segredo. [pc] A polícia política arrancou-lhe a confissão sem utilizar torturas.

$_5$N – V – Np – a Ncp Não pôde arrancar a filha aos braços da mãe, à mãe. Não o pôde arrancar à casa paterna.

$_6$N – V – Nc – de Np Arrancou dele algum dinheiro. Arrancou dele a confissão.

$_7$N – V – Np – de Nc Nada o arrancava da sua profunda melancolia.

$_8$Np – Vse – de N Ele não conseguiu arrancar-se da sua melancolia.

$_9$N – V – D$_{de, para}$ Arrancou de casa e nunca mais lá pôs os pés. Seriam três da tarde, meteram-nos num dos veículos, arrancámos para as bandas da Caparica, estava tonta, não distingui. [lu] O touro arrancou para o meio da praça/ em direcção às pessoas.

$_{10}$Nc – V – de Nc Precisamente de uma premonição de Abraham Lincoln arranca a lenda dos fantasmas da Casa Branca, de acordo com Hans Holzer, um "caçador de espíritos" que alcançou notoriedade internacional. [pj]

$_{11}$N – V O carro arrancou pela estrada fora a grande velocidade. E, ajeitando o capacete, o homem acenou-lhes amistosamente e arrancou. [dm] Afinal o motor arrancou.

arranhar
1. kratzen; zerkratzen; Kratzer, Schrammen machen in; verschrammen. 2. s. kratzen. 3. <Kamm...> kratzen.

$_1$N – V – N Não me contive: a minha mão procurou os dedos dela que arranhavam o veludo do fauteuil. [mf] Sinuosa, a caneta arranha o papel. [sv] ▶Há uma máxima popular que recomenda só pôr as unhas de fora quando se tem a certeza de arranhar. [pj]

■ Arranhar uma língua: radebrechen: Manuel, um emigrante acima do comum, arranhava o francês. [pj]

$_2$Np – Vse Diabo, tinha mesmo que me arranhar! Como é que te arranhaste na cara?

$_3$Nc – V Aquele pente arranha.

arranjar
1. etw (an-)ordnen; s., jm etw besorgen; es jm gelingen, jn, etw zu finden; s. (Probleme) einhandeln. 2. gut anziehen, kleiden. 3. s. zurecht machen; FIG. zurechtkommen (zusehen, daß ...).

$_1$Np – V – Nc Arranjou as flores no vaso imitando uma decoração japonesa. Vestiu-se depressa, arranjou um pão e saiu, a correr. [dm] Quem não é rico, para arranjar dinheiro para a dose diária de droga, pratica toda a espécie de diabruras. [pj] Cá por mim, acredite, amigo Alcides, arranjaria sempre com que viver. [np] Porque não arranja um trabalho, como toda a gente? [np] Um indivíduo, que reside no bloco 3-1.-E, está aí porque foi o tio, funcionário nos Serviços de Jardinagem da Câmara, que LHE arranjou a casa. [pj] Pedro chega a receber em casa rapazolas chineses de má nota, e não me admirava nada se algum dia arranjasse problemas relacionados com droga, ou coisa assim. [np]

■ Zurechtkommen; es schon machen: Digo, pois! Quase quatro meses! que é que vocês vão fazer em quatro meses? Não se preocupe, que a gente arranja. [dm].

$_2$Np – V – Np Arranjou a criança e saiu com ela para o parque.

$_3$Np – Vse Arranjou-se impecavelmente para a festa. Não sei como, mas arranjou-se *sozinho. Ele que se arranje sozinho!*

arrasar
1. einebnen; dem Erdboden gleichmachen; (Festung...) schleifen; zerstören; FIG. jn am Boden zerstören. 2.-3. FIG. jn am Boden zerstören. 4. FIG. s. erschöpfen; s. verausgaben. 5. s. (mit Tränen) füllen.

₁N – V – N   *A máquina arrasou aquele muro. O Presidente da Câmara de Lisboa quer arrasar a cidade. Com aquilo que disse arrasei-a.*

₂Fc – V – N   *Que o partido não o tivesse eleito arrasava-o completamente.*

₃I – V – N   *Trabalhar de noite arrasava-o.*

₄Np – Vse   *A estudar tanto e com tantos problemas ela ainda se arrasa.*

₅N – Vse – de N   *Ela pôs-me a mão no ombro e, quando olhou bem para mim, os olhos arrasaram-se-LHE ainda mais de lágrimas.* [fa]

arrastar
1. (mit s.) schleifen; schleppen; (Wörter) in die Länge ziehen; schleppend sprechen. 2. s. schleppen; FIG. <Zeit> langsam vergehen, dahinstreichen; s. hinziehen. 3. <Kleid> auf dem Boden schleifen. 4. wohin schleppen, ziehen. 5. s. wohin schleppen.

₁N – V – N   *O carro arrastou-o três metros. O João subiu para a carruagem, puxando o Faial pela coleira, seguido pelos outros, que arrastavam as malas.* [dm] *Canso-me de o ouvir falar, ele arrasta tanto as palavras!*

■ *Arrastar os pés:* schlurfen: *O homem assoou-se ruidosamente, tossiu duas ou três vezes, ficando muito vermelho do esforço, e começou a avançar para uma porta de vidro, arrastando um pouco os pés.* [dm]

■ *Deixar-se arrastar:* s. treiben lassen: *Leonel continuou descendo a Cannebière, mas deixava-se arrastar pela multidão, perdera o aprumo, tinha abdicado momentaneamente de intervir na sua vida.* [vp]

₂N – Vse   *Há sete meses que Manuel Paiva não trabalha, tem as pernas inchadas e arrasta-se penosamente.* [pj] *A situação no domínio do trabalho tem gerado casos lamentáveis, que se arrastam por meses, sem que as soluções empresariais apareçam.* [pj] *Os meses iam-se arrastando sem que tivéssemos notícias dele. Foi nomeado no termo de um complicado processo que se arrastou durante cerca de um ano.*

₃Nc – V – L   *O vestido é tão comprido que arrasta pelo chão.*

₄Ncp – V – N – (D)   *Arrastou o caixote do lixo até à esquina.*

₅N – Vse – D   *Alberto tirou a dentadura e mergulhou-a, como todas as noites fazia, num copo de água. Arrastou-se até ao quarto. Sentia-se estranhamente débil e velho.* [pc]

arrebatar
1. entreißen; <Wind> etw wegfegen; FIG. jm etw entlocken. 2. entreißen. 3. jn davontragen; FIG. entzücken; jn wütend machen. 4. entzücken. 5. in Entzücken geraten; außer sich geraten (vor Zorn).

₁N – V – N – a N   *O dia era agreste, nublado, com vento que sacudia as pontas dos xailes das mulheres e lhes arrebatava os lenços negros.* [as] *O virtuoso pianista arrebatou entusiásticos aplausos aos espectadores.*

₂N – V – N – de N *Os Alemães matavam sem distinção os habitantes da cidade arruinada, ultrajando as mulheres, no número das quais foi vítima a desditosa Alice de Langres, desposada de poucas horas, arrebatada dos braços da mãe.* [oj]

₃N – V – N   *De súbito, imagino: no exacto momento em que vai matá-la, apareço, de espada em punho. Salvo-a, o Eurico foge, ela cai-me nos braços, arrebato-a no meu cavalo, durante uma noite inteira, a armadura brilhante aos pés da cama, entregamo-nos um ao outro apaixonadamente.* [tm] *O elogio, a ironia do colega arrebatara-o.*

₄I – V – N   *Arrebata-me contemplar esta paisagem maravilhosa.*

₅Np – Vse <com N>   *Arrebatou-se com as suas palavras.*

arrecadar
1. aufbewahren; in Sicherheit bringen; verwahren. 2. (Geld) einstreichen, einnehmen; zus.raffen.

₁Np – V – N – (L)   *Céu aberto é para eles que nada mexem e tudo arrecadam.* [fa] *Arrecadei todos os vestidos antigos no sótão.*

₂Np – V – N   *O Estado arrecada quase 7o escudos em cada litro de gasolina super.* [dn]

Houve corrida aos bancos e ao Montepio, que todos os que puderam trataram de arrecadar o oiro e a prata. [bc]

arredar
1. entfernen von; FIG. jn reißen aus; jn ablenken von. 2. s. von e-a. entfernen; von e-a. lassen; s. trennen. 3. s. entfernen von; s. zurückziehen von. 4. etw von etw entfernen; etw wohin rücken. 5.-6. weggehen von.

₁N – V – N – (de N) *Arredou de si a criança que tinha ao colo. Nem o ar lavado das fragas, nem a serena calma de tudo conseguiram arredar o Lopo das suas cogitações.* [nc] *Cada vez lhe fazia mais falta o cinema: arredava-a de si própria, dos seus mordimentos e infortúnios, de tudo o que a oprimia.* [pc]

₂Npl – Vse *Arredaram-se um do outro e cada um prosseguiu a sua vida.*

₃N – Vse – de N *Gabriel arredava-se discretamente dos homens sem querer passar, nas relações com eles, do plano amorfo da neutralidade.* [nc]

₄N – V – N – (Dde...) *Arredei a mesa dali. Arredei a mesa para junto da janela. O polícia arredou as pessoas que estavam a impedir a passagem.*

■ *Não arredar pé*: nicht weggehen (von): *Não arredo pé daqui! O homem hesitou um instante, mas viu nos olhos de cada um a mesma determinação⌐E percebeu que não valia a pena insistir⌐Nem à força arredariam pé.* [al]

₆Np – Vse – Dde *Quem da feira se arreda e tem responsabilidades neste campo é ameaçado de caminhar às cegas ou de ignorar a importância do livro no mundo actual.* [oj]

₇N – V – Dde *Os ceifeiros, intimados a debandar, obstinavam-se, não arredavam dali⌐ ⌐Loucos!⌐pensou Teresa, agitando-se.* [pc]

arrefecer
1. abkühlen (lassen); FIG. (Begeisterung...) abkühlen, dämpfen. 2.-3. FIG. etw abkühlen, geringer werden lassen; dämpfen. 4. (s.) abkühlen; kalt werden.

₁Nc – V – N *A cozinheira deu-lhe um empurrão, a sorrir, e a criada partiu com a salva na mão, assoprando o café para o arrefecer.* [hn] *Exemplos daqueles arrefeciam o meu entusiasmo pelo trabalho e entristeciam-me.* [fa]

₂Fc – V – N *Arrefecera o seu entusiasmo que ele se tivesse comportado assim.*

₃I – V – N *Arrefecia-LHE o entusiasmo não ter nada que fazer.*

₄N – V *Está aqui o café, minha senhora⌐Beba-o depressa, quando não, arrefece.* [hn] *Ele sabia que aquilo me fazia bem e deixou arrefecer o jantar, à espera que findasse o meu pranto.* [fa]

arregaçar
1. <Pferd> s. aufbäumen; scheuen. 2. (Ärmel) hochkrempeln.

₁N – V *O cavalo solto, o que ia isolado à frente, era um animal branco de leite, prateado, mais vaidoso do que o dono e, ao mesmo tempo, sóbrio, atirando as mãos sem harpejar ou arregaçar.* [bc]

₂N – V – N *Se Fernando Amaral, um presidente que resolveu arregaçar as mangas, conseguir implantar algumas das suas medidas, talvez se modifique a aparência das coisas – mas nunca o essencial.* [oj]

arregalar
1. (die Augen) aufreißen. 2. <Augen> s. weit öffnen.

₁N – V – N *Pasmadas, as crianças arregalavam os olhos e torciam os bonés.* [nc]

₂N – Vse *Estou a ver dezenas de pares de olhos a arregalar-se de deslumbramento e a fixar aquela beldade.* [np]

arreganhar
1. (Zähne) entblößen; mit (den Zähnen) fletschen; grinsen; vor Freude strahlen. 2. s. freuen; s. ärgern; in Wut geraten. 3. <Obst> aufspringen, platzen.

₁N – V – N *O médico falava e falava do vencedor de Marengo e arreganhava ternamente a dentuça jovial.* [vp] *Ao avistar o estranho frente ao portão de entrada o cão arreganhou os dentes.*

₂N – Vse *Quando viu aquilo, arreganhou-se todo, torcendo-se de riso. Arreganhou-se todo por dar cem escudos por um par de meias.*

₃N – V	*A fruta arreganhou toda.*

arreigar
1. heimisch werden lassen. 2.–3. wo Wurzeln schlagen. 4. FIG. Wurzeln schlagen lassen; verwurzeln lassen. 5. FIG. s. wo festsetzen.

₁N – V – N – L	*As maneiras simples e o modo de ser do povo arreigaram-me definitivamente àquela terra.*
₂N – Vse – L	*Arreigou-se naquele lugarejo e lá ficou.*
₃N – V – L	*Aquelas plantas arreigaram por ali e não há quem as arranque.*
₄N – V – N – (em N)	*A revolução arreigou no povo português hábitos que dificilmente serão apagados.*
₅N – Vse – (em N)	*Ao ler recentemente o aliciante livro de novelas de António de Sèves Alves Martins, mais se arreigou o sentimento de admiração pelo movimento emigratório português.* [pj] *Desde há longos anos se veio arreigando no espírito dos indígenas do sul do Save o hábito de só se considerarem homens capazes de casar, depois de terem ido trabalhar nas minas do Transvaal.* [sc]

arreliar
1. ärgern. 2. s. ärgern (über).

₁N – V – Np	*Maria ia-se acostumando à maneira de ele se exprimir, mas encontrava prazer em o arreliar.* [vp]
₂N – Vse <com N>	*Parece-me que eles se arreliaram com o que vocês lhes fizeram.*

arrematar¹
1. (Naht) steppen; FIG. abbrechen; abschließen. 2. [Fußball] e–n Spielzug abschließen, (aufs Tor) schießen. 3. DIZER: abschließen; abschließend feststellen.

₁N – V – N	*Já arrematei a costura e preguei os botões. Arrematou a conversa e saiu.*
₂N – V – D	*Arrematou à baliza, para fora.*
₃N – V – Te	DIZER: *Torcera mais a cara já torcida de si, pusera-se de pé, a saltitar nas pernitas bambas e disformes, e arrematara: Vem aí, esta noite, um inferno d'água.* [bc]

arrematar²
1. versteigern; ersteigern.

₁N – V – N	*Arrematou as antiguidades por pouco dinheiro.*

arremessar
1. werfen. 2. s. (zu Boden...) werfen. 3. etw werfen, schleudern gegen. 4. s. stürzen auf; s. werfen gegen. 5. jm (an den Kopf) werfen; jm etw entgegenschleudern. 6. s. entgegenstürzen; s. entgegenwerfen.

₁N – V – N – D	*Teresa acendeu novo cigarro na ponta que já lhe queimava os dedos. Depois, arremessou-a pela janela, com um piparote. Foi cair longe.* [pc]
₂N – Vse – D	*Arremessar-se por terra.*
₃N – V – N – contra N	*Arremessou a pedra contra a janela.*
₄N – Vse – contra N	*Furioso, arremessou-se contra eles, distribuindo socos a eito. Arremessou-se contra o portão e abriu-o.*
₅N – V – N – a Np	*Francisco não podia suportar aquele silêncio e por isso começou a arremessar-lhe palavras, ansiosamente, para rebentar o muro entre eles.* [vp] *Arremessei-lhe os meus últimos argumentos e saí furioso.*
₆N – Vse – a N	*Destemido, saiu e arremessou-se às balas que cruzavam as ruas.*

arremeter
1. s. (ungestüm) stürzen auf; angreifen.

₁N – V – contra N	*De novo a ferocidade da planície arremete livremente contra o casebre.* [sv] *Rumorosa, às sacudidelas bruscas, a ventania corre livremente. Em tropel desabalado arremete contra a empena, trespassa a telha-vã.* [sv] *A tropa arremeteu contra o inimigo.* ▸*Ao longe as vagas avançavam e cresciam, engrossando: depois alteavam-se, adelgaçavam, arremetiam com fauces abertas.* [vp]

arrendar
1. vermieten; verpachten. 2. mieten; pachten.

₁N – V – N – (a N)   Prémios são distribuídos aos agricultores que arrendem as suas terras e que permitam assim a criação de unidades de produção de maiores dimensões. [cm] Finalmente, arrendou o estabelecimento de fotografia ao gerente e mudou-se definitivamente para Bézaudun. [kf]

₂N – V – N – (de N)   Conto arrendar uma casa junto à praia. Arrendei a casa do meu amigo para lá passar férias.

arrepelar
1. jm die Haare zu Berge stehen lassen. 2. s. (vor Entsetzen...) die Haare raufen.

₁N – V – N   Se tivesse de optar entre a fome e a alternativa de descer a mulher a dias, de lavar roupa, roupa fedorenta, enodoada? Não: só essa ideia a arrepelava toda de revolta, dos pés à cabeça, por dentro e por fora. [pc]

₂N – Vse   Arrepelei-me todo só de ouvir a descrição que fizeste.

arrepender-se
1. etw bereuen; <etw> jm leid tun; in s. gehen; s-e Meinung ändern. 2. etw bereuen.

₁N – Vse – (de N)   Arrependeu-se do capricho de ter trazido a rapariga ali. [rn] Não sou santo: nem o pretendo ser. Mas, se pequei, arrependi-me. Pedro logo se arrependeu daquela resolução, cuja fria brutalidade não lhe escapava. [vp] Quando Alain finalmente se levantou, para as despedidas, Leonel imitou-o. Françoise ia a protestar, mas arrependeu-se. [vp]

₂N – Vse – (de I)   Oxalá não se arrependa de ter ido tão longe com um rapaz que não conhece, que não tem a educação dela, que está contra nós na política. [lu] Preciso de fazer uns bons contactos muito rapidamente. Se puderes ajudar-me, não te arrependerás. [kf]

arrepiar
1. jm die Haare gegen den Strich kämmen, bürsten...; (Lippen) kräuseln; FIG. jn entsetzen, (er-)schaudern lassen. 2. <jd> eine Gänsehaut bekommen; jm die Haare zu Berge stehen; s. entsetzen; (er-)schaudern.

₁N – V – N   O vento gélido arrepiava-o. Alberto espreitou, baixando um pouco a cabeça, as falhas do cabelo ralo; arrepiou-o sem piedade com os dedos, desmanchando os arranjos manhosos com que encobria o começo da calva. [pc] Um sorriso irónico arrepiava-LHE o canto dos lábios.

■ Arrepiar caminho: umkehren: Estamos num declive e, se não se arrepiar caminho, cairemos no abismo de onde só sairemos à custa de muitos sofrimentos. [sc]

₂N – Vse   <de, ao I>   Arrepio-me só de pensar naquele crime. Arrepiamo-nos ao verificar que tal festividade degenera em circo e numa conspiração, mais ou menos velada, e mais ou menos consciente contra a verdadeira literatura. [oj]

■ Arrepia-se-ME a pele: Ich bekomme eine Gänsehaut.

arriscar
1. riskieren; aufs Spiel setzen. 2. etw riskieren; ein Risiko eingehen; etw für jn wagen. 3. s. wohin wagen. 4. riskieren; s. e-r S. aussetzen. 5. riskieren; s. der Gefahr aussetzen, daß. 6. riskieren; wagen; Gefahr laufen. 7. riskieren; Gefahr laufen; s. dem Risiko aussetzen.

₁Np – V – N   <por N, para I>   Arriscou a perda do dinheiro. Arrisquei a carreira para poder trabalhar mais e melhor. No entanto, ao que apurámos, elementos da "componente moçambicana" da Renamo estariam dispostos a "arriscar" no acordo segundo o "timing" da Frelimo. [oj]

₂Np – Vse   <por N>   Não se arrisca. Arriscou-se pela Maria e afinal ela deixou-o ficar.

₃Np – Vse – D   Procedes exactamente como o teu pai, e daqui a pouco estás a censurar a educação moderna, que permite a uma jovem indefesa arriscar-se sozinha fora de casa! [nv]

₄Np – Vse – a, em N   Arriscando-se a severos ralhos, demorava-se a jantar, demorava-se na casa de banho lavando os dentes com exagerada lentidão. [be] A certeza de que um ataque nuclear provocará imediata e idêntica represália impede os governos detentores de tão terríveis armas de se arriscarem a tal. [pj] Não me arrisco em negócios temerários.

₅Np – Vse – a Fc   *Não posso arriscar-me a que a Fernanda vá ao escritório e compreenda que não saí de Lisboa.* [hn]

₆Np – Vse – a I   *Arrisca-se a beber água contaminada se não tiver cuidado. Arriscas-te a partir uma perna. Arriscava-me a pôr perguntas naquela reunião. O telhado arriscava-se a cair.*

₇Np – V – I   *Arrisquei perder o dinheiro, porque a contrapartida era boa. Arrisco fazer a viagem por mar. Volume constituído por cinco novelas, a última, "O Emigrante" (que arriscaria espelhar o próprio autor), é a mais expressiva das primeiras reacções do emigrante, em contacto com o mundo que vai pisar.* [pj]

arrombar
1. <jd> (Tür...) einschlagen, aufbrechen, eintreten.

₁N – V – N   *À entrada da melhor sementeira, o Gabriel parava, perscrutava os horizontes e arrombava o tapume.* [nc] *As autoridades tiveram que arrombar a porta, inventariaram tudo quanto lá se encontrava e carregaram para a camioneta.* [pj]

arrotar
1. rülpsen.

₁N – V   *Frequentei em tempos idos uma tasca onde o freguês entrava, comia, bebia, arrotava e, se não tivesse dinheiro, ficava a dever.* [np]

arruinar
1.-2. ruinieren; zerstören; kaputt machen; zugrunde richten. **3.** s. ruinieren; verfallen.

₁Ncp – V – Ncp   *Quando o banco lhe retirou o crédito, arruinou-o. A trabalhar deste modo ainda arruinas a saúde. Abel vazou ali todas as suas queixas, acusou a irmã de o arruinar, de o lograr, de manter a suas expensas um vadio cujas mãos eram mais brancas que as duma duquesa.* [as] ▸*Um mau investimento pode arruinar.*

₂I – V – N   *Arruinava-o ter investido em minas de cobre.*

₃Ncp – Vse <ao I>   *Arruinou-se ao fazer aquele negócio. Com o tempo a casa arruinou-se.*

arrulhar
1. <Tauben> gurren.

₁N – V   *Os pombos arrulham naquele velho alpendre, enquanto os gatos lhes miam.*

arrumar
1. aufräumen; jn unter die Haube bringen; FIG. in Ordnung bringen. **2.** in Ordnung kommen. **3.** (Geschäft) auflösen, aufgeben. **4.** etw wo abstellen; jn wo unterbringen; jm e-e Stellung besorgen. **5.** s. etablieren; es zu etw bringen. **6.** jm (e-n Schlag...) versetzen... **7.** BRAS. s. verschaffen.

₁Np – V – Ncp   *Dona Francisca, mulher dum polícia, arrumava-LHE o quarto todas as manhãs, pouco depois de ele sair.* [np] *Arrumou finalmente a filha mais velha, casando-a bem. Arrumar a sua vida.*

₂Ncp – Vse   *Talvez as coisas se arrumem, com muitas madrugadas e muitos Valiuns-2.* [oj] *Isso arruma-se tudo, pode ficar descansado.*
▪ *Ele que se arrume!:* Er soll zusehen, wie er zurechtkommt!

₃Np – V – com Nc   *Arrumou com o negócio e trespassou a loja.*

₄Np – V – Np – L   *Escondeu a chave da loja da mãe e arrumou no pátio traseiro uma motocicleta.* [kf] *Dentro do possível, arrumam-se a um lado os editores de obras infantis.* [oj] *O senhor que conhecia arrumou-LHE a filha na fábrica.* ▸*Conseguiu arrumar os filhos.*

₅Np – Vse – L   *Emigrou e por lá conseguiu arrumar-se.*

₆Np – V – Nc – a Np   *Arrumou-lhe uma pedrada e em seguida um pontapé!*

₇Np – V – Nc   BRAS. *Arrumou um bom emprego, um namorado, um apartamento.*

ascender
1. ansteigen. **2.** (Thron) besteigen; an (die Macht) kommen; zu etw aufsteigen; etw erlangen. **3.** s. belaufen auf; (e-e Summe) betragen.

₁N – V – (D)   *Acabou a maré por descer, voltou água a subir, e por ali andaram as gaivotas, mergulhando e ascendendo, com gotas de sol nas asas.* [ce]

$_2$N – V – a N   *Depois da morte do rei, o filho mais velho ascendeu aó trono. Não se estranha que os povos europeus se voltem para a Comunidade, logo que são libertados da ditadura e ascendem à democracia.* [cm] *Quando os socialistas ascenderam ao poder, o país estava um caos.* ▸*Da parte de quem pretende ascender politicamente faz-se o arroteamento do terreno.* [pj]

$_3$N – V – Q$_a$ *Os encargos financeiros rondam os 72 milhões de contos e os resultados de exploração previstos para 1985 ascendem a 51 milhões de contos.* [dn]

asfaltar
1. asphaltieren.

$_1$N – V – N   *A Câmara municipal decidiu asfaltar aquela estrada. Os empreiteiros asfaltam as estradas com verbas do* FEDER.

asfixiar
1.–2. ersticken. 3. (fast) ersticken; keine Luft bekommen; FIG. (wo) verkümmern.

$_1$Ncp – V – Np   *O fumo no túnel ia asfixiar os homens que nele trabalhavam.* [kf]
$_2$Np – Vse   *O Pedro asfixiou-se.*
$_3$Np – V   *Asfixia-se na sala. Penso que ela asfixia lá em Portugal.*

aspirar
1. einsaugen; einatmen; absaugen; staubsaugen; aufsaugen; etw aspiriert aussprechen. 2. um js Hand anhalten; etw anstreben; nach etw streben. 3. FIG. anstreben; streben nach.

$_1$N – V – N   *Aspirar bom ar. Utilizam bombas para aspirar água. A criada aspirava o pó lentamente enquanto cantarolava. Não reparei que tinha posto os papéis no chão e o aspirador acabou por aspirá-los também. Aspirar o "h".*
▪ *Aspirar*: atmen.
$_2$N – V – a N   *Aspiro à mão da pequena. Aspiro a sócio daquela nova empresa. Todos aspiramos à felicidade.*
$_3$N – V – a I   *Sempre aspirou a ser primeiro ministro.*

assacar
1. (zu Unrecht) jm etw anlasten; jn verantwortlich machen für; (Schuld) schieben auf; jn beschuldigen.

$_1$Np – V – Nc – a N   *O homem assacava todas as culpas àquele maldito fogão que não funcionava.* [vp] *A situação era preocupante, mas as responsabilidades pelo que se passava não se podiam assacar ao Governo.* [sc]

assaltar
1. MIL. angreifen; erstürmen. 2. überfallen. 3. FIG. jn mit (Fragen) bestürmen. 4. FIG. jn überkommen; ◊ <jd> etw bekommen, etw verspüren.

$_1$Np – V – (Ncp)   *Assaltaram o quartel de Beja e isso foi importante para a consciencialização das pessoas.*
$_2$Np – V – Ncp   *Assaltaram a velha ali na rua. Assaltaram um banco.*
$_3$Np – V – Np – com N   *Assaltar alguém com perguntas.*
$_4$Nc – V – Np   *Quando realizava a sua situação, assaltava-a o desejo absurdo de partir alguma coisa. Olhava em redor, com ódio, aquele cenário sempre igual de uma vida inalterável e enfadonha.* [vp]

assar
1. braten; rösten. 2. braten; <Sonne> stechen.

$_1$N – V – N   *Se tivermos de assar o pato, não o devemos cozer demasiadamente.* [ac]
$_2$N – V   *O Lambão, empoleirado no muro, rondava a cozinha da vizinhança, onde assavam carapaus.* [bi] *Assávamos ao sol. O sol assa.*

assassinar
1. ermorden; umbringen.

$_1$N – V – (N)   *O réu foi condenado porque assassinou a menina.*

assediar
1. jn belagern. 2. FIG. jn mit (Fragen) bestürmen, bedrängen.

$_1$N – V – Np   *Todos os dias ele a assediava na rua.*
$_2$N – V – N – com N   *Repórteres assediavam-no com perguntas. Mal viram aparecer o senhor*

abade em traje guerreiro assediaram-no com entusiásticas manifestações de apreço. [op]

assegurar
1. gewährleisten. 2. jm garantieren, zusichern, zusagen; versichern. 3.-4. jm versichern. 5. DIZER. 6. zusichern; zusagen. 7.-9. s. vergewissern; s. e-r S. versichern.

₁Ncp – V – Nc	*O capitão Gomes de Almeida deu início à tarefa de ultimar as obras da fortaleza, sem a conclusão das quais não poderia assegurar-se a defesa das populações e da região.* [cm] *As máscaras são produzidas numa escala muito superior à do chip, para assegurar a maior precisão possível.* [cp] *Nas medidas que adaptou, o Governo não prevê qualquer mecanismo que assegure o rápido pagamento das retribuições vencidas e não pagas.* [dn]
₂Np – V – (a Np) – Nc	*Asseguramos aos Estados sem litoral o acesso ao mar através dos portos e caminhos-de-ferro de Angola e Moçambique.* [sc] *Podemos assegurar efectivamente que o processo de integração do nosso País atingiu uma velocidade irreversível.* [ot]
₃N – V – (a Np) – Fi	*Assegurei a Felícia que era muito bonito o que me contava.* [np] *Posso assegurar-lhe que o mecanismo não tem problemas.* [kf]
₄N – V – (a Np) – I	*Assegurei-lhe fazer a viagem.*
₅N – V – (a Np) – Te	DIZER.
₆Np – V – Np – de N	*Assegurei-o de uma solução favorável.*
₇N – Vse – de N	*Assegurei-me das condições existentes.*
₈N – Vse – de Fic	*Assegurei-me de que o carro estava em ordem e parti. Assegurou-se de que ele fizesse o trabalho. Assegurou-se de que não sonhava.*
₉N – Vse – de I	*Assegura-te de permanecer nesse emprego!*

assemelhar
1. e-a. ähnlich werden lassen. 2. jn jm ähnlich sehen lassen. 3. s. ähneln. 4. jm ähneln; jn vergleichen mit; <etw> vergleichbar sein mit. 5. ähneln; Ähnlichkeit haben mit.

₁N – V – Npl	*O amor sempre assemelha os que se amam.*
₂Ncp – V – N – a N	*Dantes, Cécile caminhava quase como um rapaz, agora tinha, a andar, qualquer coisa de levemente requebrado, quase imperceptível, que a assemelhava a Françoise.* [vp]
₃Npl – Vse	*Os dois rapazes assemelham-se.*
₄Ncp – Vse – a N	*Parecia-lhe que todos os ciganos da sua idade se assemelhavam a esse companheiro distante.* [fa] *O teclado de um computador assemelha-se ao de uma máquina de escrever, com mais algumas teclas.* [cp] *A maior parte da minha vida não tem história, assemelha-se a uma longa espera.* [tm] *Sabe-se que os filhos dum segundo matrimónio muitas vezes se assemelham aos do primeiro em qualidades que estes possuíam.* [oj]
₅Nc – V – Nc	*O estilo dela assemelha o de Camilo.*

assentar¹
1. setzen. 2. s. setzen. 3. <Kaffee> s. setzen; <Staub> s. legen.

₁N – V – N – (L)	*O rapaz assentou o cão e virou-lhe as costas, deixando-o lá. Assentei o cãozito na almofada.*
₂N – Vse – (L)	*Eles assentavam-se em redor da fogueira e cantavam.*
₃Ncp – V	*O café já assentou? As borras do café já assentaram. Tira-se o azeite para uma vasilha, deixando-o assentar.* [ac] *A poeira radioactiva já assentou.*

assentar²
Part.: assentado; ser, estar assente: wo vermerkt werden, sein.
1. (Grundstein) legen; (Zeltlager...) aufstellen, errichten; (Haar) festigen; FIG. s. ein Urteil bilden. 2. beschließen. 3. <Frisur> halten, liegen. 4.-5. (mit) etw wohin schlagen; etw wo vermerken. 6. (Ohrfeige...) geben, verpassen. 7. beruhen auf; s. gründen auf. 8. sein Einverständnis geben; zusichern; zustimmen. 9. passen zu. 1o. jm wie stehen. 11.-12. beschließen. 5. einigen über. 13. vereinbaren.

₁Np – V – Nc	*Assentar a pedra fundamental, um acampamento. Assentei o cabelo com fixador, mas ele não assenta nem por nada. Assentar ideias, arraiais.*
₂Np – V – I	*Assentou escrever ao Luís. Assentou finalmente limpar aquelas mesas que há muito não viam um pano limpo.*

₃Nc – V	*O cabelo não assenta.*
₄Np – V – N – L	*Assentou-LHE um pau nas costas. Assentou-LHE um murro nos queixos. Assentou-LHE um violento pontapé no traseiro. Essa decisão ficou **assente** no relatório da sessão.*
₅Np – V – com N – L	*Assentou-LHE com um pau nas costas.*
₆Np – V – N – a Np	*Assentou-lhe uma bofetada.*
₇Nc – V – em N	*A política agrícola comum assenta nos seguintes princípios: livre troca dos produtos, nível comum de preços, livre acesso do consumidor aos melhores produtos, preferência comunitária e solidariedade financeira.* [cm]
₈N – V – em I	*Assentou em trabalhar mais.*
₉N – V – com N	*A gravata assenta com o fato.*
₁₀N – V – a N – M	*O chapéu assenta-lhe que nem uma luva. Foi nessa altura que conheceu Horácio. O nome assentava-lhe bem. Era um homem sólido, baixo, másculo e de cabelo grisalho.* [pc]
₁₁Npl – V – em... N	*Já assentámos no preço da casa. Tendo-se decidido, deve-se ainda assentar sobre uma série de outros pontos antes de começar a introduzir o programa.* [cp]
₁₂N – V – com N – em... N	*Assentei com o Pedro sobre a venda do apartamento.*
₁₃Np – V – com Np – de I	*Assentou com os colegas de fazerem juntos aquele trabalho.*

assentir
1.-3. zustimmen; beipflichten; einwilligen; s-e Zustimmung geben zu. 4. DIZER.

₁N – V – (a, em N)	*O oficial não reagiu. Assentiu com a cabeça. Até agradecia naquele momento que lhe dessem ordens, mesmo as mais espinhosas, as mais difíceis de cumprir.* [pc] *Teresa, no seu enfado, portava-se como uma menina ajuizada. Abria para o lavrador uns grandes olhos aplicados, que a tudo assentiam.* [pc] *Só ontem assenti nisso.*
₂N – V – (em) Fc	*Assenti (a, em) que a Joana fosse sozinha à praia.*
₃N – V – (a, em I)	*Assenti a ir de férias ao Cairo. Assentimos em tomar aquela casa de trespasse.*
₄N – V – Te	DIZER.

assinar
1. unterschreiben; unterzeichnen. 2. abonnieren.

₁N – V – (N)	*Mas desta vez o próprio homem assinaria a sua sentença de morte, para maior glória da vida.* [tm]
₂N – V – N	*Assinei a revista.*

assistir
1. zugegen sein; beiwohnen; (Konzert...) besuchen; (Theaterstück, Film...) sehen; etw erleben. 2. jm beistehen; jm Hilfe, Beistand leisten. 3. JUR. jm zustehen; ◊ das Recht haben; jm zur Seite stehen. 4. jm beistehen. 5. unterstützen bei.

₁Np – V – a Nc	*Teresa assistia à cena, de perto, encostada à pilheta do bebedouro das muares.* [pc] *A parteira assistia ao parto. Assisti ao abrir da sessão.*
₂Np – V – a Np	*Leonor assistiu-lhe na enfermidade. Assistem-lhe o médico e os familiares. O Comité Consultivo tem por funções assistir à Alta Autoridade.* [cm]
₃Nc – V – a Np	*Assiste a todos o direito de lutar pela justiça social. A intervenção teve o condão de evidenciar à câmara, e ao País, certas tibiezas das muitas razões que assistiram ao PCP de formular, neste momento, uma tal interpelação.* [pj] *Não lhes assiste razão.*
₄Np – V – Np	*Assisti teu pai na sua última doença.*
₅N – V – Np – (a I)	*Assistir a Alta Autoridade a desempenhar cabalmente os trabalhos. Duas comissões assistem a associação a desenvolver contactos com o exterior.*

assoar
1. jm die Nase putzen. 2. s. die Nase putzen. 3. pfeifen auf.

₁N – V – N	*Assoei a criança.*
₂N – Vse	*O Chico assoava-se e tossia para disfarçar a comoção.* [al] *Afinal, lá estava ele a enxugar disfarçadamente as lágrimas, com o pretexto de assoar-se.*

₃N – Vse – em N   [np]
PG.: *Ela explode: – Assoo—me nos seus princípios, entende?* *Agora escolha: ou paga ao miúdo ou juro-lhe pela alma da minha mãe que nunca mais me verá!* [op]

assobiar
1. flöten; pfeifen; <Wind> pfeifen. 2. jm zupfeifen; nach jm pfeifen. 3. etw flöten, pfeifen. 4.-5. jn auspfeifen, ausbuhen. [BRAS.: vaiar]

₁Ncp – V
No canil dos mastins para a caça às lebres, Chico Bem-Fadado assobiava que nem uma fanfarra. [bc] *Não assobies, a esta hora está toda a gente a dormir. Lá fora o vento assobiava, de certeza tínhamos temporal. Já ouço a panela de pressão a assobiar.*

₂N – V – a, para N
Não o tínhamos visto, o guarda poderia estar deitado ou ter ido à Golegã, à procura de qualquer amanho. – Então eu deveria escarranchar-me no muro para ter a certeza e assobiar para os meus camaradas. [ra] *As crises também são precisas, meus senhores – comentou o Relvas, depois de assobiar aos cinco cavalos para os meter a passo.* [bc]

₃N – V – Nc
O Joaquim assobia bem o Fado da Mouraria.

₄N – V – Ncp
(PG.:) *Os espectadores assobiaram aquela má representação teatral, os actores naquela representação teatral.*

₅N – V – a Np
(PG.:) *Assobiaram aos políticos.*

assomar
1. <jd> wo erscheinen, s. zeigen; auftauchen; ans (Fenster...) treten; <etw> s. zeigen, s. spiegeln, zum Vorschein kommen. 2. FIG. ins Gedächtnis, Bewußtsein kommen. 3. <Mond> aufgehen; <Tag> anbrechen.

₁Ncp – V(se) – L
Anda cá! Anda cá ver o que fizeste Sertório assoma à porta do quarto, vê imediatamente o que se passa. [gt] *Assomou-se ao parapeito da janela. A fome que os aguilhoava assomava-LHES toda aos olhos, fundos, a luzirem, se por acaso se achavam sós.* [vp] *Numa das peúgas escuras havia um buraco onde assomava o dedão.* [np]

₂Nc – V – a Nc
Leonel então adivinhava nos rostos lutas, ódios, heroísmos e vícios; todos os problemas esquecidos no trabalho ou no prazer como que assomavam ao espírito, traduziam-se em silêncios, em furores contidos. [vp]

₃Nc – V
A lua assomava quando ele saiu de casa. O dia ia assomando e parecia trazer consigo o diabo no ventre – mais um dia de escaldar.

assumir
1. übernehmen; annehmen; auf s. nehmen; (ein Recht) ausüben; (Haltung) einnehmen; <etw> etw bekommen. 2. Stellung beziehen; s. festlegen.

₁N – V – N
Assumir o poder, a responsabilidade, um ar malandro, ares de vítima, uma opinião, uma posição. O governador assume hoje as suas funções. O Estado assume uma função de previdência excepcionalmente desproporcionada à sua capacidade produtiva. [pj] *A situação portuguesa exige uma participação activa de todos quantos assumam as suas responsabilidades cívicas.* [ot] *Atingidos os 18 anos de idade, os jovens do nosso país são considerados como capazes de assumirem conscientemente o pleno exercício do direito de voto. Consideram ser irracional assumir hoje uma atitude de defesa das nacionalizações.* [dn] *Na área da cidade de particular significado histórico assumem especial relevo os núcleos históricos definidos pelo perímetro da Muralha Fernandina e de Miragaia.* [pj] *João Cuambo salientou a importância que a língua portuguesa assume na formação dos diplomatas do seu país.* [dn]

₂N – Vse
Não têm os partidos parlamentares receado assumir-se extra-sistema, à margem da "grande casa de beneficiência"? [pj] *Nunca mais se assumem. Nunca mostram o que são.*

assustar
1.-4. erschrecken.

₁N – V – (N)
O barulho, aquela cobra assustou-me.

₂Fc – V – (N)
Assusta-me que ele tenha chegado de noite e tão silenciosamente.

₃I – V – (N)   *Caminhar por aquelas estradas escuras assusta. Mas os homens não são todos maus, pois não?*

₄N – Vse   <com N, ao I>   *Assustei-me com o barulho do avião. Assustei-me ao ver aquela violência.*

atacar
1. angreifen. 2. FIG. in Angriff nehmen; anpacken. 3. e-a. angreifen; über e-a. herfallen. 4. <etw> etw angreifen; zerfressen. <Krankheit> jn befallen; FIG. jn überkommen, befallen.

₁Np – V – (N)   *Os inimigos atacam de madrugada.*

₂Np – V – Nc   *Atacou aquela tarefa com todas as suas forças.*

■ *Atacar a comer:* s. anschicken, ansetzen zu; beginnen.

₃Npl – Vse   *Eles atacam-se (uns aos outros).*

₄Nc – V – Ncp   *A traça atacou a roupa. A ferrugem atacou os canos da água. Um tal veneno podia igualmente atacar os mais pequenos organismos vivos conhecidos dos cientistas de então.* [dn] *Esta doença ataca por ano mais de 10 000 pessoas. Quando fugia à loucura, que atacara quase todos os membros da sua família, Elisabeth, o fantasma melancólico e deslumbrante das cortes reinantes da Europa, correra ao encontro da morte.* [ce]

atar
1. festbinden; zus.-binden; (Schuhe) zuschnüren. 2. zus.-binden; zubinden. 3. (fest-) binden an; (Pferde) anspannen. 4. (Vereinbarung...) eingehen; s. an (Versprechen...) halten. 5. s. (an e-a.) binden. 6. s. an jn binden; in Abhängigkeit von jm geraten.

₁N – V – N   *Preparam-se e limpam-se as perdizes, cobrem-se com fatias de presunto, atam-se com uma linha e põem-se numa caçarola alta.* [ac] *Atar alguém de pés e mãos. Atou os sapatos.*

■ *Não ata nem desata:* keine Entscheidung treffen; unschlüssig sein.

₂N – V – Npl   *Atou-LHE as mãos. Abaixou-se para atar os cordões dos sapatos.*

₃N – V – N – a N   *Cadanha armada, mãos apertadas nas manáculas, ficaram à espera de ordem; depois ataram ao pescoço os lenços tabaqueiros que traziam, por causa dos arranhões das espigas.* [fa] *Atar o cavalo à carossa.*

₄Np – Vse – a Nc   *Atar-se a um compromisso, a uma promessa.*

₅Npl – Vse   *Ataram-se pelo contrato de casamento que celebraram.*

₆Np – Vse – a Np   *Dizem que uma pessoa se ata a outra, quando se casa, mas isso nem sempre é verdade.*

atarraxar
1. verschrauben; festschrauben; (Schraube) anziehen. 2. etw an etw schrauben.

₁N – V – N   *Atarraxar um parafuso.*

₂N – V – N – a, em N   *Conseguiram atarraxar o dispositivo àquela máquina só com uma simples chave de boca. Atarraxar o parafuso na porta.*

atear
Morf.: Pres.: ateio.

1. (Feuer) anfachen, schüren; Feuer machen; FIG. Kontakte knüpfen; (Angst...) schüren. 2. s. entzünden; Feuer fangen; <Leidenschaft...> entbrennen. 3. <Feuer> brennen, s. entzünden. 4. (Feuer) legen an.

₁N – V – N   *De madrugada, Maria ateava a fogueira no lar e chamava os criados que dormiam junto à velha cozinha, agora só utilizada para cozer o pão.* [as] *O veado ateava incêndios por onde passava, aos saltos, até que num pulo maior atingira o céu e o enchera de labaredas também.* [bc] *Na Feira do Livro os romeiros ateiam laços profissionais que lhes favoreçam negócios oportunos.* [oj] *Com aquilo que ele fez, ateou-LHE todos os temores antigos.*

₂N – Vse   *A acha de lenha ateou-se finalmente. Dentro em mim, a guerra surda ateou-se.* [pc]

₃N – V   *O fogo está a atear bem.*

₄N – V – N – a N   *Ele ateou fogo ao pinhal.*

atemorizar
1.-3. jn erschrecken; in Schrecken versetzen; (ver-)ängstigen. 4. erschrecken; s. ängstigen; ◊ <Angst> jn befallen, überkommen.

₁N – V – N   *A sua amizade por Júlio exacerbou-se a um ponto que chegava a atemorizá-lo.* [fn] *Nos últimos trabalhos do milho, os fangueiros não podem tomar patrão, porque os outros não os deixam com recados e imposições, atemori-*

zando-os de lhes tirar a terra. [fa] Não era já a cadeia que me atemorizava. [fa]

₂Fc – V – N   Atemorizou-a que ele fizesse aquela viagem.
₃I – V – N   Atemorizara-a passar férias naquele sítio desconhecido.
₄N – Vse <ao I, Ger>   Atemorizou-se ao transpor aquela entrada. Abílio atemorizava-se com a ideia de que, nos dias seguintes, sem a protecção da tia, estaria à mercê daqueles selvagens. [fn] Atemorizou-se ao executar, executando as ordens do comandante.

atender
1. (Kunden) bedienen; (Patient) behandeln; jn versorgen; jm Hilfe leisten; (ans Telefon) gehen; (Anruf) entgegennehmen; 2. auf etw achten, achtgeben. 3.–4. berücksichtigen; bedenken.

₁N – V – Ncp   O João teve que ajudar a Joana a atender os clientes na secção de electrodomésticos. Os criados dificilmente conseguiam atender todos os frequentadores do restaurante. [vp] As enfermeiras das praças de toiros não podem pretender "curar" os toureiros, mas apenas atendê-los com cuidados de emergência, a fim de lhes permitir chegar vivos ao hospital. [pj] O doutor vai já atendê-lo no consultório. Pode-me atender por uns minutos? Não atendemos pedidos por telefone, tem que vir cá pessoalmente. Atender uma chamada telefónica, o telefone.

₂N – V – a Nc   Um bom vendedor atende a tudo, sabe tudo, pensa em tudo. [hn]
₃N – V – a Fi   A intervenção teve o condão de evidenciar à câmara, e ao País, certas tibiezas das muitas razões que assistiram ao PCP de formular, neste momento, uma tal interpelação, atendendo a que ninguém, na bancada comunista, fez erguer a sua voz para rebater o que quer que fosse. [pj] Se atendermos a que Portugal esteve fechado ao exterior por um periode de 48 anos, o país não está tão mau como seria de prever.
₄N – V – a I   Temos que atender a Portugal ter fechado ao exterior por um periode de 48 anos.

atentar¹
1.–2. achten auf; beachten; bedenken. 3. beachten. 4. e–r S. Beachtung, Aufmerksamkeit schenken.

₁N – V – em N   O momento do perigo é também o momento da esperança. Atente-se nos oito séculos da nossa história. [pj] Atente bem na situação: a França aperta com a gente por causa do empreiteiro do porto de Lisboa, esse tal Hersent. [bc] Mas naqueles dois não pôde atentar bem, porque a guizalhada de uma mula espantara o carneiro e a Rita chamava-o para a ajudar a contê-lo. [fa] Esta situação não surpreende ninguém que se dê ao trabalho de atentar no que sempre ocorreu através da História, desde a mais alta Antiguidade. [pj]

₂N – V – para N   Não atentou para o que lhe poderia suceder.
₃N – V – a N   Ele não atenta à lei promulgada.
₄N – V – N   Atentava o que se passava diante dos seus olhos.

atentar²
1. (Anschlag) verüben auf. 2. FIG. ein Attentat verüben auf; einen Anschlag verüben gegen; gegen etw handeln.

₁N – V – a N   Atentaram à vida do embaixador.
₂N – V – contra N   A retenção do processo de legalização da Associação Sindical dos Profissionais da PSP no Ministério do Trabalho continua a atentar, todavia, contra a consagração do direito sindical policial expressa na Convenção Europeia dos Direitos do Homem. [dl] Atentar contra uma vivência socio-económica tranquila e, sobretudo, justa é atentar contra todos os trabalhadores. [dp] Por isso mesmo nos empenhamos na denúncia do que julgamos atentar contra os interesses da Nação. [ot]

■ Atentar alguém: jm zusetzen: O diabo do homem sempre a atentar-nos.

atenuar
1.-3. abschwächen; mildern; mindern; erträglicher machen. 4. <Schmerz> schwächer werden.

₁N – V – N   O facto de os três países do Sul da Europa se encontrarem num estádio de desenvolvimento intermédio, atenuará as exigências dos países do Terceiro Mundo face à Comunidade Europeia. [cm] Uma rectificação de duas linhas a pretexto de gralha tipográfica, atenua um pouco o alcance político do artigo. [pj] A evolução semântica atenuou o primitivo sentido de debate, que era "bater fortemente". [pj] No casebre, as refeições diárias cedo atenuam o receio de Júlia, as iras de Amanda Carrusca. [sv]
■ Atenuar a pílula (a alguém): (jm) die bittere Pille versüßen: Beijos à mãe; procura atenuar a pílula, não a desiludindo nem prometendo nada. [lu]

₂Fc – V – N   Que o réu tivesse dito toda a verdade, não atenuou a sentença do juiz.
₃I – V – N   Não atenuou a cólera dos lesados terem sido eles a assumir a responsabilidade pelo que aconteceu.
₄N – Vse   As dores iam-se atenuando.

ater-se
1. s. halten an jn, etw; s. klammern an; s. aufhalten mit.

₁N – Vse – a Ncp   Não sabe a quem, a que se pode ater. Ateve-se ao braço dela para não cair. O Dr. Gonçalves limitava-se a convencer Maria do Pilar de que não lhe achava no corpo doença para se ater à cama daquela maneira. [bc] Ater-se a ninharias, a futilidades.

aterrar   [BRAS.: aterrissar]
1. landen.

₁N – V   <L>   Respirei fundo de alívio ao aterrarmos no aeroporto Marco Polo. [lu] Um jacto particular que acabara de levantar voo foi mandado aterrar de novo. [kf]

aterrorizar
1.-3. mit Furcht, Angst erfüllen; entsetzen; jn erschrecken. 4. erschrecken.

₁Ncp – V – (Np)   Reconquistara a confiança em si própria, sentia ânimo para arrostar com tudo o que surgisse, e a palavra futuro já não se revestia do manto de sombra que a aterrorizava. [nv]
₂Fc – V – Np   Aterrorizava a Maria que o filho quisesse ser alpinista. Aterrorizava-o que ele tivesse saído tão repentinamente.
₃I – V – Np   Morrer assim aterrorizava-a. Aterrorizou-a o filho querer ser alpinista.
₄Np – Vse   <com N, ao I>   Ela aterrorizou-se ao ver o lagarto. O gato aterrorizou-se com tanto barulho.

atestar
1.-6. (offiziell) bestätigen, bescheinigen, bezeugen.

₁N – V – N   Raul Dias veio, finalmente, a lume com documentos que atestam, não só a inocência do internacional de hóquei angolano como também a legalidade de permanência em Luanda do próprio Raul Dias. [oj]
₂Fc – V – N   Que ele tenha querido fazer isso atesta bem como ele é.
₃I – V – N   Terem procedido daquela maneira atesta bem o que eles são.
₄N – V – Fi   Uma das colegas de Peyrat chegou com quatro raparigas da Arkadia, que atestaram que haviam visto Rang a jogar ténis contra uma parede. [kf] Posso atestar que isso é mentira.
₅N – V – a... N – N   Atestei perante o tribunal, ao juiz a verdade das minhas afirmações.
₆N – V – a... N – Fi   Atestei-lhes que o que o Carlos tinha dito era verdade. Posso atestar ao juiz, perante o tribunal que isso é mentira.

atiçar
1. (Feuer) schüren, anfachen. 2.-4. FIG. jn aufstacheln; (Zorn...) schüren, anheizen. 5. immer aufgeregter werden. 6. (Hund) hetzen auf.

₁N – V – Nc   Se o Parlamento só serve para atiçar as fogueiras já acesas, acabe-se com ele. [bc]
₂N – V – Np   <com N>   Ele atiçou-os com o discurso que fez no parlamento.

₃Fc – V – N	Atiça-a que ele não lhe dê importância. Atiçava os ânimos dos estudantes que participavam na greve que o Senado se recusasse a ouvi-los.
₄I – V – N	Não lhe ter logo contado tudo ainda atiçou mais a sua curiosidade.
₅N – Vse <com N>	Atiçou-se com as provocações do adversário.
₆N – V – N – (a... Np)	Teresa receava que as pessoas da quinta achassem os pedidos idiotas, não lhes dessem nada e ainda lhes atiçassem os cães. [al] Atiçou-os contra ele.

atinar
1. auf etw kommen; erraten. 2. FIG. <jd> jn bekommen. 3. auf etw achten; bemerken.

₁Np – V – com Nc	Mesmo as pessoas a quem eles perguntavam franziam o sobrolho, pensavam, repensavam, e não atinavam com o nome do primo. [av] Rua abaixo, medita na melhor maneira de expor os factos. Mas, por mais que se esforce, não atina com uma história direita. [sv]
₂Np – V – com Np	Com aquele feitio ela nunca atina com ninguém.
₃Np – V – em Nc	Não atinava no que fazia. Só então Diogo Relvas atinou no objectivo do convite do Saldanha e do Botto. Queriam desobrigar-se. Não era difícil perceber agora que havia indústria por trás da manobra. [bc]

■ *Não atinar como + Inf:* nicht herausfinden (können): *Ando farta de dar voltas à cabeça, não atino como sair desta crise.* [lu]

atingir
1. kommen bis an; (hinauf-) reichen bis; erreichen; (Ziel) treffen; FIG. jn betreffen, berühren. 2. (Ziel) treffen; s. belaufen auf; FIG. erreichen. 3. FIG. jn in etw treffen.

₁Np – V – N	O veado ateava incêndios por onde passava, aos saltos, até que num pulo maior atingira o céu e o enchera de labaredas também. [bc] Atingidos os 18 anos de idade, os jovens do nosso país são considerados como capazes de assumirem conscientemente o pleno exercício do direito de voto. [pj] O miúdo atingiu-o com uma pedrada. Há muitos anos que estava no banco, atingira uma posição importante, e ninguém ia despedi-lo por ler o jornal durante as horas de serviço. [kf] Isso não me atinge.

■ *Não atingir a.c.:* etw nicht kapieren: *Não atinge o que aquilo significa.*

₂Nc – V – N	Aquela última deixa parece que atingiu o alvo. [kf] O governo de Felipe González procedeu recentemente à reestruturação dos serviços secretos espanhóis, cujo orçamento para este ano atinge quase dois milhões de contos. [oj] A produção atinge cifras inéditas. O processo de integração do nosso País atingiu uma velocidade irreversível. [ot] A contestação à sua nomeação atingiu o auge no passado mês de Janeiro. [ot]
₃N – V – Np – em N	A crítica atingia-a na sua honra.

atirar
1. werfen; rauswerfen. 2. s. stürzen; s. werfen. 3. etw werfen gegen. 4. s. werfen gegen. 5. schiessen (auf); jm etw verpassen. 6. jn, etw wohin werfen, schleudern. 7. (Tür) hinter s. zuwerfen, zuschlagen. 8. s. über etw hermachen; s. stürzen auf. 9. jm den Hof machen; jn "anmachen". 1o. FIG. neigen zu.

₁N – V – N – (D)	Bom, já agora espero até ela chegar – resolveu Horácio, amarrotando o cartão de visita e atirando-o para o cinzeiro. [pc] Teresa Maria de Oliveira Simões, casada, de 25 anos de idade, mãe de três filhos e Maria de Fátima Nunes da Silva, solteira, de 27 anos, viram-se, de repente, atiradas para a rua. [pj] Pensando melhor, as toalhas não têm culpa do que se passa. Atirá-las para o chão é infantil. [hn] Atirar a primeira pedra.
₂N – Vse – (D)	Não sei se caiu ou se se atirou da janela. Atirou-se sobre a cama e gemeu. As gémeas atiraram-se ao pescoço da mãe, depois ao pescoço do pai, no estardalhaço do costume. [dm]
₃N – V – N – (contra Ncp)	Atirei-a contra a parede, mas a massa não se segurou lá muito bem.
₄N – Vse – contra N	Atirei-me contra a porta, mas ela não cedeu.
₅N – V – (N) – (a N)	Atirei-lhe dois tiros, mas a perdiz fugiu. (PG.:) Atirei-lhe um soco.
∇N – V – N	Atirei uma pedra.
∇N – V – a N	Albert tinha uma espingarda de ar, e embora nunca atirasse aos

∇N – V	*pássaros, costumava alvejar velhas latas de conserva.* [kf] *Pegou na espingarda e atirou.* ∎ *Atirar a.c. à cara de alguém:* jm etw ins Gesicht sagen: *Na discussão, atirou-lhe à cara tudo aquilo que ele lhe tinha feito.*
₆N – V – com N – (D)	*Quem vai aos solavancos num jipe, agarrado à metralhadora, sempre à espera que uma mina atire com a gente pelos ares, não vai para um piquenique.* [np] *Um dos múltiplos azares a que a vida não me tem poupado atirara comigo para a cama dum hospital.* [np] *Atirar com o dinheiro à rua, com tudo pelos ares. Num arremesso, o Pedro atirou com o copo de vinho para longe, que se estilhaçou, de encontro a uma pedra.* [dm]
₇N – V – com N	*O carcereiro atirou com a porta.* [fa]
₈Np – Vse – a Nc	*Atirou-se à comida.*
₉Np – Vse – a Np	*Ele costumava atirar-se às raparigas, mas geralmente não era bem sucedido.*
₁₀Np – V – para N	*O João atira para o malandro, para a malandrice.*

ativar ⇒ activar

atordoar
1. betäuben; FIG. jn verstören, verwirren; jn bestürzt machen; jn in Erstaunen versetzen. **2.** s. betäuben; FIG. betäubt, beinahe bewußtlos werden; (wie) betäubt sein; verwirrt, verstört sein.

₁Ncp – V – Np	<com N>	*Atordoei-o com a pancada que lhe dei. A notícia atordoou a Maria.*
₂N – Vse	<com N, ao I>	*Atordoou-se. Ela atordoou-se com a notícia. Atordoou-se ao ouvi-lo.*

atracar
1. (Schiff) (an Land) festmachen. **2.** jn "anmachen"; s. heranmachen an jn; mit jm anbändeln. **3.** <Schiff> (am Ufer) anlegen.

₁Np – V – Nc – (L)	*O piloto atracou o navio ao rebocador. Atracámos o barco ao cais com muito cuidado.*
₂Np – Vse – a Np	*A sua intenção fora atracar-se a ela, mas não conseguiu.*
₃Ncp – V – (L)	*O arrais deu uma guinada ao leme, a vela sacolejou no mastro, e o barco fez-se ao largo, para encontrar melhor caminho para atracarem.* [bc]

atrair
1. jn wohin locken. **2.-4.** jn gewinnen für. **5.** an s. ziehen, drücken; herbeilocken; anlocken; (die Aufmerksamkeit) auf sich ziehen. **6.** jn anziehen.

₁Np – V – N – Dpara	*Atraiu os inimigos para a embuscada.*
₂Ncp – V – N – a N	*O padre não conseguiu atraí-los ao catolicismo.*
₃Np – V – Np – a I	*Conseguiram atraí-los a colaborarem no projecto.*
₄Np – V – N – para N	*Os meus argumentos atraíram-nos para a minha posição.*
₅Np – V – N	*Francisco pegou-lhe primeiro nas mãos e, atraindo-a, começou a desfazer-lhe os cabelos fulvos e a acariciar-lhe as faces.* [vp] *Tudo o que está vivo atrai os vírus.* [dn] *O actor atraiu a atenção dos espectadores.*
₆Nc – V – Np	*A paixão pelo dinheiro sempre os atraiu.*

atrapalhar
1.-3. jn durche-a.bringen; verwirren; verstören; in e-e unangenehme Lage bringen. **4.** durche-a.sein; durche-a.geraten; verwirrt, verstört, durche-a. sein; den Kopf verlieren.

₁N – V – (N)	*Eles atrapalharam tudo. Não sei se a atrapalhei quando entrei no laboratório.*
₂Fc – V – N	*Atrapalhou-nos que ele tivesse aparecido só agora.*
₃I – V – N	*Atrapalhou-me dar de caras assim com eles os dois.*
₄Np – Vse <com N>	*Leonel, verificando a súbitas que na história figuravam duas mulheres e um homem, atrapalhou-se e terminou precipitadamente, queixando-se de que a memória andava a atraiçoá-lo.* [vp] *Atrapalhou-se com a minha reacção.*

atrasar
1. bewirken, daß jd, etw s. verspätet; jn aufhalten; aufschieben; verzögern; im Rückstand sein mit; in Verzug geraten mit; (Uhr) zurückstellen; vordatieren. 2.-3. jn, etw aufhalten; bewirken, daß jd, etw s. verspätet. 4. <Uhr> nachgehen; s. verspäten; zurückbleiben in. 5. <Uhr> nachgehen; s. verspäten.

₁Ncp – V – Ncp   *A avaria do carro atrasou-me. O verão este ano atrasou os melões. Sai-me do meio do caminho que me estás a atrasar. A polícia alemã federal atrasou ontem durante duas horas a partida de um avião da Iran Air.* [dn] *Ele atrasou os pagamentos. Isso atrasou-LHE os pagamentos. O João atrasou o relógio da mesinha de cabeceira em dez minutos. Atrasaram a data do seu nascimento.*

₂Fc – V – Ncp   *Só nos atrasa que eles trabalhem tão devagar.*

₃I – V – Ncp   *Só nos atrasa eles trabalharem tão devagar. Ter ficado à conversa até tarde atrasou a entrega do relatório.*

₄N – Vse <em N>   *O diabo do relógio que se atrasa e ainda ontem o comprei. Eles atrasaram-se e perderam o comboio. Ainda estou a vê-la agarrada ao telefone, na sala de estar, berrando colericamente à clientela que se atrasava nos pagamentos.* [np] *A fábrica atrasou-se na tecnologia. Ele atrasou-se em relação aos colegas.*

₅Nc – V   *O relógio/ o avião atrasa.*

atravancar
1. versperren; FIG. etw stören. 2. etw versperren, verrammeln mit; FIG. vollstopfen mit.

₁Ncp – V – Nc   *A mulher pôs-se a mostrar-me os quadros, as fotografias que estavam por toda a parte, enchendo as paredes e atravancando as mesas e o piano.* [ce] *Eu e a minha irmã compreendíamos que só viéramos ao mundo para atravancar a vida dos dois.* [ra]

₂Np – V – Nc – com, de Nc   *Atravanquei a entrada com uma cadeira, com mercadoria. Atravanca a escrevaninha de livros. Atravancar a memória de/ com dados inúteis.*

atravessar
1. überqueren; <Brücke> etw überspannen; durchqueren; FIG. (Zeit...) durchmachen. 2. überqueren. 3. in den Weg quer stellen, legen; den Weg versperren mit. 4. s. jm in den Weg stellen; <etw, jd> den Weg versperren.

₁N – V – N   *Atravessar uma rua, uma ponte. A ponte D. Luís atravessa o rio Douro ligando, desta forma, a cidade invicta a Vila Nova de Gaia. Uma corda de que nos desfizemos anteriormente é agora necessária para atravessar um desfiladeiro imenso que bloqueia o caminho.* [cp] *O mercado comum vai atravessar dificuldades.*

₂N – V – Lpor   *Atravessamos pela passadeira de peões.*

₃N – V – N – L   *Atravessei um pau no caminho.*

₄N – Vse – L   *Os fugitivos passaram um mau bocado no Boulevard Jean Jaurès quando um carro, saindo em marcha atrás de um parque de estacionamento, se LHES atravessou no caminho.* [kf] *Atravessei-me no caminho e mandei parar um carro.*

atrelar
1. (Pferde...) anspannen, vorspannen; (Wohnwagen) (hinten) anhängen. 2. FIG. jn, etw binden an; jn ins Schlepptau nehmen; jn mit hineinziehen in. 3. s. an jn anhängen; jn ständig begleiten.

₁N – V – N – (a N)   *Atrelei o cavalo à carroça e parti para Lisboa. Antes de atrelar o avançado ao carro, tenho que atestar o depósito.*

₂N – V – N – a N   *Ele bem via a cara do outro amargada pelo esforço, a pretender atrelá-los ao seu ritmo, mas fazia de conta que era ele quem conduzia os companheiros.* [ra] *Não contou o caso à Rita, porque no fim dava arrufo, tanto a cachopa teimava em querê-lo atrelar a tudo o que desse no gosto do Falcão.* [ra] *Porque receava a minha capacidade para tornar infelizes aqueles que amo, concluí que seria criminoso atrelar ao meu incerto destino o da meiga caixeirinha.* [np]

₃Np – Vse – a Np   *Pois logo se atrelou à moça.*

atrever-se

1. (es) wagen; s. getrauen; s. erdreisten.

₁N – Vse – (a I)   Os filhos são meus, muito meus!_Atreva-se a pôr-lhes a mão, se quer ver. [nc] Ninguém se atreve a contrariá-lo.

atribuir

Morf.: Pres.: atribuo, atribuis, atribui.

1. zuschreiben; (Preis...) zuerkennen; jm, e-r S. (Bedeutung) beimessen. 2. s. etw beimessen; s. anmaßen.

₁N – V – Nc – a Ncp   Ao mel russo é tradicionalmente atribuída uma alta qualidade gustativa. [pj] Atribuir um prémio a alguém. Atribuo muito valor àquele jovem. O governo não atribui importância às iniciativas culturais.

₂Np – Vse – Nc   Tu atribuis-te a ti muita importância, mas estás cheio de defeitos.

atropelar

1. überfahren; umfahren; niedertrampeln; anrempeln; FIG. mit den Füßen treten; s. hinwegsetzen über. 2. s. (zus.)drängen; übere-a. stolpern. 3. FIG. durche-a.geraten; s. verheddern; s. verhaspeln. 4. FIG. etw durche-a.bringen. 5. FIG. durche-a.geraten; s. verheddern; s. verhaspeln.

₁Ncp – V – N   Morreu muito novo, coitado_Atropelado por um eléctrico, imagine! [np] Tu vais ao cocktail? – Não sei_Pode ser que morra, entretanto_Pode ser que seja atropelado. [hn] Ele atropelou os direitos mais elementares que te assistem.

₂Npl:p – Vse   As pessoas atropelavam-se na bicha.

₃Np – Vse   A locutora atropelou-se de tal maneira ao ler as notícias que não conseguiu prosseguir.

₄Np – V – Nc   Ele falou depressa, atropelando as palavras: Quero o máximo de discrição. [np]

₅Nc – Vse   As palavras atropelam-se-LHE na boca.

atualizar ⇒ actualizar; **atuar** ⇒ actuar

aturar

1. aushalten; ertragen; erdulden; s. herumplagen mit.

₁Np – V – N   Rosário estava farta de aturar um homem de quem não gostava. [pc] Eu penso que lá na firma não aturam tais costumes. Não estou para os aturar.

aumentar

1. vergrößern; verstärken; erhöhen. 2. größer werden; s. vergrößern; anwachsen; ansteigen; wachsen, steigen um. 3. (Gehalt) erhöhen, aufstokken. 4. hinzufügen; ◊ erhöhen um. 5. js (Gehalt) erhöhen (um).

₁N – V – N   Onde se empregam, computadores aumentam a versatilidade e facilitam o trabalho. [cp] O governo trabalhista, assoberbado por muitos e graves problemas, não aumentou a pressão sobre a Rodésia. Os senhorios aumentaram-LHES a renda.

₂N – V <em N>   Essa bolha aumentou desde ontem. O preço da carne aumentou outra vez. A inflação aumentou em 25 %.

₃N – V – N <em N>   A empresa aumentou o João em dois contos. Eles foram aumentados só em 18 %, porque o contrato de trabalho não foi negociado.

₄N – V – N – a Ncp   O governo aumentou três contos aos ordenados da função pública. Aumentaram a renda aos inquilinos.

₅N – V – Np – (para N)   O Presidente da República foi aumentado recentemente para mais de duzentos contos de ordenado base. [pj]

auscultar

1. <Arzt> jn abhören; FIG. ermitteln; erkunden.

₁N – V – N   O médico veio, auscultou-o, tomou-lhe o pulso, pôs-lhe o termómetro e resolveu por fim entrar pelo corpo dentro do moribundo com uma agulha que lhe enterrou na espinha. [bi] Num dos intervalos regimentais de ontem, pudemos auscultar o mal-estar latente no seio da maioria. [pj] Percorri praticamente toda a província, auscultei as aspirações das populações. [sc]

ausentar-se
1. s. entfernen von; wegbleiben; weggehen; abwesend sein. 2. nicht vorhanden sein; ◊ nicht beinhalten.

₁Np – Vse – (D)   *Agora, sofre muito com estes "lazeres forçados". O marido ausenta-se regularmente, dado o tipo de trabalho que exerce por cinco ou seis dias.* [pj]

₂Nc – Vse – de N   *Estes jovens defendem a privacidade necessária à meditação, à vida interior, à leitura de que os dogmatismos se ausentaram.* [lu]

autorizar
1. genehmigen; erlauben; gestatten. 2.–3. jm etw erlauben; jm Erlaubnis erteilen, zu; jn berechtigen, ermächtigen zu.

₁N – V – Nc   *O director da cadeia autoriza a leitura depois das 10 horas.*

₂N – V – Np – a Fc   *Autorizei-a a que fosse brincar no jardim.*

₃N – V – Np – a I   *Roger estava a cumprir pena de três anos de prisão em Marselha, e fora autorizado a sair com licença de fim-de-semana para visitar a mãe.* [kf] *A polícia cercou a aeronave durante algum tempo antes de a autorizar a prosseguir viagem.* [dn]

auxiliar
1.–2. jm helfen; jn unterstützen. 3. e-a. helfen, beistehen; s. gegenseitig unterstützen, helfen.

₁N – V – N – (em N)   *Os computadores auxiliam os empresários nos seus planeamentos, dão acesso a informações, ajudam a compor cartas, relatórios e livros.* [cp] *Uma pessoa esclarecida como Vossa Excelência deve auxiliar-me nesta minha campanha em favor do aportuguesamento da língua.* [hn] *Se o problema é esse, não deve preocupar-se: nesta casa, auxilia-se sempre um estudante.* [fn]

₂N – V – N – (a I)   *Na FIL, os melhores e os piores, os de espírito aberto ou fechado, poderão encontrar respostas que os auxiliem a compreender o que é inovação e competitividade.* [cp] *Pois imagine agora que o carcereiro, farto das minhas críticas permanentes, me vinha propor que eu o auxiliasse a fazer uma corda melhor para a forca, isto sabendo eu que acabaria por ser enforcado por essa corda.* [hn]

₃Npl – Vse   *Durante o período que passaram juntos auxiliavam-se.*

avaliar
1. abschätzen; einschätzen; schätzen; s. e-e Idee machen von. 2. schätzen; veranschlagen auf. 3. s. ein Urteil bilden über.

₁N – V – N   *Mais tarde, se o utilizador decidir avaliar a sua situação financeira e pedir ao computador um balanço da mesma, talvez sofra um choque.* [cp] *Esta iniciativa visa ainda avaliar o papel das novas tecnologias na modernização da estrutura produtiva.* [cp] *Os pacientes são submetidos a testes audiovisuais, que permitem avaliar a sua capacidade de memorização.* [pj] *Albert avaliava a presa à medida que prosseguia a inspecção.* [kf]

▪ *A avaliar + por N*: nach N zu urteilen: *A avaliar pelas críticas, essa política não serve.*

₂N – V – N – Qem   *Avaliei o colar em cinco contos.*

₃N – V – de N   *Avaliar das causas de um acidente.*

avançar
1. vorangehen; vorankommen; vorwärtskommen; vordringen; vorrücken; näher herangehen an; auf etw, jn zugehen. 2. vorrücken gegen. 3. (Geld) vorschießen; (Vorschlag) vorbringen. 4. vorankommen; Fortschritte machen in. 5. (Truppen) vorrücken lassen; (Schachfigur) vorrücken 6. (Arm...) vorstrecken; (Schritt) (voran-)gehen, tun; (etw) voranbringen; FIG. etw vorbringen, vorschlagen. 7. jm (Geld) vorschießen, vorstrecken.

₁N – V – (D)   *Ao longe as vagas avançavam e cresciam, engrossando: depois alteavam-se, adelgaçavam, arremetiam com fauces abertas.* [vp] *As tropas avançaram até dois quilómetros do castelo. Ao fundo da rua avistou as gémeas que avançavam, devagar, em direcção ao edifício da escola. Um desfile de esquerda avança por uma avenida do centro de Manila.* [dn] *O homem começou a avançar para uma porta de vidro, arrastando um pouco os pés.* [dm] *Vem cá. Avancei para o meu pai de cabeça baixa, boné na mão e em passos curtos.* [ra]

₂Np – V – contra N   *Avançámos contra eles e disparámos.*

₃Np – V – com N   *Avancei com o dinheiro para o negócio. Ele avançou com a proposta de irmos a Lisboa.*

$_4$Ncp – V <em Nc>   *O computador está preparado para avançar na concretização de novos programas.* [cp] *O governo português avançou nas negociações com a China sobre Macau. O ministro fez avançar as negociações.*
$_5$N – V – N – (D)   *Avançou as tropas até dois quilómetros do castelo. Avançar peças de xadrez.*
$_6$N – V – N   *Rígido, o olhar fixo, o oficial avançou o braço que empunhava a pistola e naquela atitude se quedou.* [pc] *Avancei um passo, cinco metros. Essa decisão avança consideravelmente a nossa pesquisa. Avançou a ideia que está na base da investigação deste grupo.*
$_7$N – V – N – a N   *Avancei à firma o dinheiro para a compra da máquina.*

avariar
1. beschädigen; kaputtmachen. 2.–3. <Auto...> e-e Panne, e-n Schaden haben; kaputtgehen.

$_1$N – V – N   *Ele avariou a máquina de café.*
$_2$N – Vse   *No entanto, quando o controlador se avaria, todo o sistema fica inoperacional.* [cp] *O meu carro avariou-se.*
$_3$N – V   *O navio avariou e tivemos que esperar. O meu carro avariou.*
■ ⇒ *Ter uma avaria.*

averiguar
1.–4. prüfen; überprüfen; nachprüfen; untersuchen; etw zu ergründen suchen; feststellen; e-r Sache auf den Grund gehen. 5. zu ergründen, festzustellen suchen.; s. überzeugen von

$_1$N – V – N   *Averiguei o alibi do réu. Averiguei a veracidade dos argumentos.* ▸*Se averiguarmos quem é a maioria dos civis que tem feito política entre nós – ocupando lugares chorudos e de bolso cheio para amparar a crise – ficamos insensíveis ao apelo de tal oportunidade.* [pj]
$_2$N – V – Fi   *Depois de intensa investigação, a Polícia Judiciária averiguou que ele estava envolvido em tráfico de droga.*
$_3$N – V – Int   *Restava agora averiguar se o desgraçado quisera efectivamente pôr termo à existência.* [pc]
$_4$N – V – I   *Depois de intensa investigação, a Polícia Judiciária averiguou tratar-se de mais um caso de tráfico de droga.*
$_5$N – V – de Nc   *Vou averiguar das responsabilidades que lhe cabem. A comissão informou que irá examinar os gases de escape de motores, para averiguar de possíveis danos contra a saúde.* [dn]

aviar
1. erledigen; anfertigen; jn bedienen; s. mit e-r S. beeilen; FIG. jn bedienen, erledigen. 2. s. beeilen; s. sputen.

$_1$N – V – N   *A reunião ordinária do executivo da Câmara Municipal do Porto "aviou" ontem uma série considerável de matéria agendada.* [pj] *Avie-me essa receita. Aviou o freguês na farmácia. Aviou uma data deles com uns socos bem aplicados.* ▸*Ó Zé Alberto! – gritou uma voz grossa lá de dentro. – Sim! Já lá vou. Estou a aviar – respondeu ele, encolhendo os ombros.* [al]
■ *Estar aviado*: aufgeschmissen sein: *Estás bem aviado se lhe emprestaste o dinheiro! Nunca mais o vês!*
$_2$N – Vse   *Subam ao primeiro andar por aquelas escadas. Mas aviem-se! Às nove e meia em ponto fecha-se a porta.* [op]

avisar
1.–2. jn benachrichtigen; jm bescheidsagen; jn verständigen; wissen lassen; aufmerksam machen auf. 3.–4. aufmerksam machen auf; warnen vor.

$_1$N – V – Np – (de N)   *Não saio de casa, tenho porém que estar preparada para acudir à cozinha a toda a hora, receber o feitor às tardes, alguma amiga que se lembre de visitar sem avisar a viúva infeliz.* [lu] *Se algum dia for a França, avise-me. Quero que passe algum tempo connosco no castelo.* [np]
$_2$N – V – (Np) – (de) Fi   *A polícia avisava que a recusa de Spaggiari em indicar nomes significava inevitavelmente uma condenação mais longa.* [kf] *Devo avisá-lo honestamente de que terei de chamar outro colega, porque não advogo nos tribunais canónicos.* [hn]

₃N – V – (Np) – para I Avisaram-nos para levarmos o fato de banho, pois não era uma praia de nudistas. Avisaram-nos para não passarmos naquela zona da cidade àquela hora.
₄N – V – (Np) – contra N Avisei-o contra as más condições atmosféricas, mas mesmo assim ele fez-se ao mar.

avistar
1. erblicken; aus der Ferne sehen, entdecken. 2. s. treffen; s. sehen. 3. s. treffen mit; mit jm zus.kommen, zus.treffen.

₁N – V – N <L> Os jovens avistaram, à hora de maior calor, um grupo de miúdos pequenos a chapinhar do outro lado da represa. [al] De Padova avistámos um campanile entre torres de palácios, ciprestes na encosta que o poente escurecia. [lu] Vagueavam as duas mulheres um dia pelas galerias desertas, quando avistaram ao longe dois homens que se aproximavam e que a princípio não reconheceram. [oj]
₂Npl – Vse Mesmo no período em que tinham muito trabalho, avistavam-se todos os dias.
₃N – Vse – com N Por fim, conseguiu avistar-se com o presidente da instituição.

avivar
1. (Feuer) anfachen, schüren; (Farben) auffrischen. 2.–3. (Problem...) verschärfen. 4.–5. <Farben> intensiver werden.

₁N – V – Nc O João já aí vinha com o carvão para avivar o fogo. Mesmo sem material de qualidade, consegui avivar as cores do quadro.
₂Fc – V – Nc Que ela tome essa atitude aviva ainda mais o problema.
₃I – V – Nc Serem obrigados a viajar juntos avivou a contenda entre eles.
₄Nc – Vse Naquela praia, quando nasce o dia, todas as cores se avivam duma forma espantosa.
₅Nc – V Com a luminosidade da sala, o verde da planta avivou.

aviventar ⇒ avivar

azedar
1. etw versäuern; (Milch) sauer werden lassen; FIG. jn sauer werden lassen; jm die Laune verderben; jn erbittern. 2. <Milch> sauer werden; FIG. <Lage...> s. verschlechtern; <jd> böse werden. 3. <Milch, Suppe> sauer werden; <Wein> umkippen, sauer werden.

₁N – V – N Azedei o vinho com o enxofre que lhe juntei. O calor azedou o leite. As palavras que lhe disse azedaram-no. Azedar alguém com palavras insultuosas.
₂N – Vse <com N> O leite azedou-se. Bispos de Moçambique apelam ao "diálogo nacional", que a FRELIMO rejeita, a situação azeda-se em Portugal e a RPM por causa da RENAMO. [pj] As relações entre ambos azedam-se a tal ponto que já mal se podem encarar. [sv] Azedou-se com o seu procedimento.
₃N – V O leite azedou fora do frigorífico. A sopa azedou. O vinho azedou na viagem.

B

babar
1. <Baby> vollsabbeln; etw besabbeln. 2. sabbeln. 3. FIG. versessen sein auf; verrückt sein nach.

$_1$N – V – N   A criança babou o guardanapo.

$_2$N – Vse   A pequenita, a babar-se, dormia. [nc] O grande Guilherme destaca revistas com mulheres nuas e encoraja os adultos que se babam diante delas, através de cotoveladazinhas subtis e piscadelas de olho cheias de finura. [op]

$_3$Np – V – por Ncp   Ele baba-se todo por ela.

badalar
1. läuten; bimmeln; FIG. klatschen; tratschen. 2. läuten; bimmeln; etw ausplaudern. 3. s. aufplustern; s. (wo) produzieren.

$_1$N – V   O sino começara a badalar para a missa. A maca cruza o portão no momento em que a sineta da escola badala para o intervalo do almoço. [sv] Ela gosta de badalar.

$_2$N – V – N   Os sinos da Sé milenária estão a badalar as nove horas quando o Ronda sai furtivamente da tasca da s'Mariquinhas. [op] Badalar segredos.

$_3$N – Vse <L>   Ela gosta de badalar-se nos salões.

bafejar
1. <Pferd> schnauben; <Brise> wehen. 2. hauchen an, gegen; FIG. <Glück> jm hold sein.

$_1$N – V   O cavalo bafeja e sacode as patas. Bafeja uma brisa morna.

$_2$N – V – N   Enregelados, bafejam as mãos, o corpo ora sobre uma perna, ora sobre a outra. [sv] A criança bafejou o vidro da janela para depois fazer um desenho com o dedo. Existe um fenómeno novo: a vida curta de cada título publicado, que, mesmo quando o sucesso o bafeja, não tarda a esbater-se na memória dos leitores. [oj]

■ Ele foi bafejado pela sorte: ganhou o totobola.: Glück haben.

baixar
1. senken; herunterklappen. 2. s. bücken. 3. sinken. 4. FIG. sinken. 5. (den Blick) senken auf. 6. wo hinunterführen; ins (Krankenhaus) gehen; auf die Erde kommen; <Erlaß> an (das Parlament) gehen. 7. s. erniedrigen; s. demütigen.

$_1$N – V – N   O padre Alecrim fitou-a com olhos severos de juiz, obrigando-a a baixar ainda mais os seus. [np] O remédio baixou a febre. Henri, o Soldador, encostou à parede dois cilindros de gás, ligou-lhes o maçarico e baixou a pala azul dos óculos de soldar. [kf]

$_2$N – Vse   Ele baixou-se para apanhar o papel.

$_3$N – V <de, em N>   A febre, a dólar, a cota baixou. Os preços baixaram. O rio baixou de nível. Baixou em importância.

$_4$N – V – em N   Eles baixaram na minha consideração com as atitudes que tomaram. Baixou no seu conceito.

$_5$N – V – N – D   Baixou o olhar sobre os espectadores.

$_6$N – V – D   A vereda baixava da serra ao vale. Ela baixou ao hospital. O filho de Deus baixou à terra. O decreto sobre o aumento das rendas baixou ao Parlamento para ratificação.

$_7$Np – Vse – a I   Baixou-se a pedir ajuda.

balbuciar
1.-3. stammeln; stottern.

$_1$N – V   Quando o interpelei, ele só foi capaz de balbuciar. A emoção fez com que ele apenas balbuciasse.

$_2$N – V – N   O moribundo tinha o olhar fixo e baço, balbuciava coisas indistintas. [as] Balbuciou algumas palavras.

$_3$N – V – Te   DIZER: Sabem com quem hão-de comunicar? – repetiu o médico no mesmo tom. – Sabemos... – balbuciou o Chico, subitamente muito rouco. [al]

baldar
1. zunichte machen; vereiteln; fehlschlagen, scheitern lassen. 2. scheitern; fehlschlagen.

₁N – V – N *Aquilo que aconteceu baldou as nossas aspirações. As suas acções irresponsáveis baldaram a iniciativa dos colegas.*

₂Ncp – Vse <a N> *Já vimos como se baldaram os esforços para conseguir estabelecer um regime normal de convivência com a Zâmbia.* [sc] *Ele baldou-se ao exame.*

balear
Morf.: Pres.: baleio.
1. auf jn schießen; jn (mit einer Kugel) verwunden, verletzen, töten; niederschießen; erschießen.

₁N – V – N *No meio da confusão que se gerou, o jovem foi baleado pela polícia de choque.*

baloiçar [balouçar]
1. mit etw schaukeln; etw hin und her bewegen. 2.–3. s. wiegen; s. hin und her bewegen; schaukeln.

₁N – V – N *Bento, meio oculto na cova do forno, agora reduzido a informe monte de pedregulhos, baloiça o tronco.* [sv] *A burra não entendia os meus arres, nem os meus puxões na arreata, e bem baloucei as pernas para lhe chegar à barriga.* [fa]

₂Np – Vse *Aquela moça só se baloiçava a andar.*

₃Ncp – V *O João trepou com ligeireza e pôs-se a balouçar, pendurado num tronco.* [dm] *Os ramos das árvores baloiçam com o vento.*

bambolear [bambalear]
Morf.: Pres.: bamboleio.
1. mit etw schaukeln; s. (in den Hüften) wiegen. 2. s. hin und her bewegen; s. (in den Hüften) wiegen. 3. s. hin und her bewegen; schwanken; <Beine> schaukeln; <Hüften> s. wiegen.

₁N – V – N *Estava sentado, de pernas cruzadas, bamboleando o pé. Paulina veio até mim bamboleando as ancas.*

₂Np – Vse *Quando andava, toda se bamboleava.*

₃N – V *Andando, bamboleava. Uns a pé, outros de carroça; rapazes de bicicleta, em correrias pelo asfalto, outros ainda montados em burros, pernas bamboleando ao passo curto das bestas.* [fa] *Quando andava, as ancas bamboleavam.*

banhar
1.–2. baden. 3. <Fluß> bewässern, durchfließen, umspülen; <Licht> s. ergießen über. 4. etw in etw (ein–)tauchen. 5. FIG. überströmt sein von; baden in.

₁Np – V – N <L, com N> *Banhei o pequeno em água quente. Cuidadosamente banhou o bebé com água tépida.*
■ ⇒ *dar banho a alguém.*

₂Np – Vse <L, em N> *Apetecia-lhe imenso banhar-se ao entardecer, naquelas águas, com o Luís Manuel.* [vp]
■ ⇒ *tomar banho.*

₃Nc – V – N *O rio Tejo banha Lisboa. O rio serpenteia banhando aquela planície fértil. Depois das bátegas de chuva abre-se um céu suavemente azul banhado por uma luz como a da aurora.* [oj]

₄Np – V – N – de, em N *Ele banhou o pára-choques no líquido para o cromar. Depois da chuvada, abriu-se um sol tão lindo que aos poucos ia banhando de luz os montes ainda verdes.*

₅Nc – Vse – de, em N *Banha-se de, em lágrimas. O horizonte banhava-se numa luz violeta.*

banir
1.–2. verbannen aus. 3. etw unter Bann stellen; (Gesetz...) abschaffen, streichen.

₁N – V – N – (D) *O governo baniu-os do país durante anos. Ele está mais magro, baniu as gorduras (da alimentação).*

₂N – V – N – de N *Seria irracional banir agora completamente o Estado da economia.* [dn]

₃N – V – N *Um argumento a favor do cigarro é que, a ser banido o tabaco, também os perfumes usados por deputadas e deputados deveriam ser banidos.* [pj] *Este parágrafo não fica bem, vamos bani-lo.*

baptizar [BRAS.: batizar]
1. taufen; (Wein) mit Wasser vermischen. 2. getauft werden; die Taufe erhalten. 3. auf den Namen taufen. 4.–5. jm einen Spitznamen geben.

₁N – V – N Então, vamos aproveitar para ver o Castelo de Guimarães e a capelinha onde foi baptizado o rei D. Afonso Henriques. Baptizaram o vinho novo, acrescentando-lhe água.
₂N – Vse Baptizou-se quando já tinha dezoito anos.
₃N – V – N – com N Foi em 1684 que o pirata inglês William Dempire desembarcou nessa pequena ilha do pacífico, com 3o km de superfície e que baptizou com o nome de "Ilha dos cocos" devido à grande quantidade de árvores desse fruto existentes. [pj]
₄N – V – N – Pn Baptizei-o "chefinho".
₅N – V – N – de N Baptizei o meu vizinho de cara de pau.

baquear
Morf.: Pres.: baqueio.
1. auf (die Erde) stürzen. 2. FIG. <jd> zus.brechen; <etw> den Todesstoß bekommen.

₁Np – V – (Dem, por) Baqueou no chão, por terra. Baqueou. Um golpe prostara-o num momento.
₂Ncp – V Com aqueles problemas todos, ela baqueou e desistiu. A intervenção cultural baqueava perante a falta de verba.

barafustar
1. s. wehren; s. sträuben; zappeln; laut protestieren.

₁Np – V No posto, o Palma acaba por descobrir, após violento interrogatório, que Elias Soral o acusa do roubo de umas sacas de cevada. Nega, barafusta, ameaça. [sv] O portador do cartaz zombeteiro, como uma truta presa no anzol, a princípio saltava e barafustava. [nc] Fizeste bem em impedir estes três de tomar banho. É escusado haver mais três doentes, não é? Vocês deviam era agradecer em vez de barafustar! [al]

baralhar [BRAS.: embaralhar]
1. (Karten) mischen. 2. durche.-a.bringen. 3. s. verwirren; dürche.-a.geraten. 4.–6. verwirren. 7. durche.-a.geraten.

₁N – V – (Npl) Eu baralho as cartas para começarmos o jogo.
₂N – V – Npl Muitos não ouviam, pode perder-se a meio duma frase, baralhar a ordem das palavras, não conseguir exprimir com claridade o que pensa que sabe. [lu] A situação confusa baralhava-LHE as ideias.
₃Npl – Vse Não podia pensar muito nisso, para que as ideias não se baralhassem mais do que já estavam. [av] Quis perguntar-lhe qualquer coisa, mas tudo se ME baralhou na cabeça. [ra]
₄N – V – Np Para me procurar baralhar, o apresentador ia duvidando das afirmações que eu fazia.
₅Fc – V – Np Baralhou-me que eles não se tivessem deixado convencer.
₆I – V – Np Baralhou-a eles não se terem deixado convencer.
₇Np – Vse Se não tiver cuidado posso baralhar-me com a teoria que estou a estudar.

barbear
Morf.: Pres.: barbeio.
1. jn rasieren. 2. s. rasieren.

₁N – V – N O barbeiro colocou-lhe uma toalha e barbeou-o.
₂N – Vse Todos os dias se barbeava bem, mas naquele dia fê-lo com mais cuidado.

barrar¹
1. etw bestreichen mit; etw streichen auf.

₁N – V – N – de, com N Barra-se o lombo com manteiga e banha e põe-se a assar, regando de vez em quando com o próprio molho. [ac] Leonel via a Françoise a barrar fatias de pão com compota aos seus dois filhos. [vp] Barrar a forma de manteiga.

barrar²
1. versperren; blockieren; versperren; verhindern.

₁N – V – N *O lavrador, enorme, escanhoado, bem comido, bem bebido, arredava com o pé displicente um tarro vagabundo, à entrada do monte, barrando a porta da cozinha.* [pc] *Os ramos das árvores barravam-LHE o caminho. A propósito da lei que concedera a venda pela Fazenda Nacional dos bens da Casa do Infantado, quisera barrar-LHE o negócio.* [bc]

basear
1. etw gründen, stützen auf. 2. <etw> gründen, fußen, basieren, beruhen auf; <jd> s. stützen auf.

₁Np – V – N – em N *Baseou toda a argumentação na análise profunda que tinha efectuado.*
₂Ncp – Vse – em N *As experiências realizadas no instituto permitiram decifrar o "idioma" das abelhas, que se baseia numa actividade bioeléctrica do sistema nervoso central destes insectos.* [pj] *Baseou-se em falsas informações.*

bastar
1.–7. reichen; genügen; genug sein.

₁V – de N *Basta de comentários. Já basta de incompetência e mediocridade, não acham?*
₂N – V <para N, Fc, I> *Já bastavam os erros que me ensombravam o passado – oh, quantos!* [np] *Na vizinhança ninguém punha boa fé nela e aquilo do cachopo querer afogar-se na alverca bastava para todos lhe deitarem culpas.* [fa]
₃Fc – V <para N, Fc, I> *Para fomentar o turismo basta que eles cooperem.*
₄I – V <para N, Fc, I> *Basta conseguir mais verbas para fomentar a cultura. Basta saberes que és feliz. Para ler não basta saber ler, é preciso saber ler.* [dn]
₅N – V – a Np <para N, Fc, I> *A mim, isso basta-me. Bem lhe basta aquilo por que passou.*
■ Sein Leben bestreiten: *Com o que ganhava, bastava-se a si própria.*
₆Fc – V – a Np *Bastava-me que ele me tivesse pedido desculpa.*
₇I – V – a Np *Bastava-me ele ter pedido desculpa.*

bater¹
1. (den Feind, Eiweiß, den Takt...) schlagen; <Uhr> Stunde schlagen; in (die Hände) klatschen; (Fleisch) klopfen; FIG. jn schlagen; etw durchkämmen. 2. womit schlagen gegen. 3. schlagen gegen; treffen auf; jn schlagen. 4. an (die Tür) schlagen, klopfen; gegen, auf etw schlagen. 5. jn schlagen. 6. schlagen gegen. 7. mit etw wo aufschlagen; mit etw schlagen auf.... 8. (Tür...) zuschlagen. 9. wie passen zu. 1o. zus.stoßen; mit e-a. kämpfen. 11. s. schlagen mit. 12. s. mit jm e-n Kampf liefern. 13.–15. s. schlagen für; kämpfen für. 16. <Tür...> zuschlagen; <Herz> klopfen; (ein...Uhr) schlagen.

₁N – V – N *Bater o inimigo, a clara do ovo, o compasso. O relógio acaba de bater as oito. O rapaz animava os serões com cantorias em que todos participavam, batendo palmas ou trauteando o refrão.* [dm] *Batem-se bifes do lombo e esfregam-se com alho, sal e pimenta.* [ac] *A equipa bateu o adversário. Bateram toda aquela zona, mas não encontraram os fugitivos.*
■ *Bater as asas:* mit den Flügeln schlagen; flattern.
■ *Bater a asa, a bota:* ins Graß beißen: *Quando bater a bota Gomes Ferreira deixará pelo menos vinte volumes de memórias.* [oj]
■ *Bater os dentes:* Mit den Zähnen klappern (vor Kälte).
■ *Bater o pé a alguém:* jm widerstehen; jm Widerstand leisten; s. jm widersetzen: *Sei que somos capazes de LHES batermos o pé.*
■ *Bater um recorde:* e-n Rekord einstellen.
₂N – V – N – em, contra N *Ela ia falando, caminhando apressadamente e batendo o saco nas - minhas pernas, contra as minhas pernas.*
₃N – V – em Ncp *Atirou o cacete que ME bateu nas pernas e me fez baldear num virote.* [fa] *A bola bateu na janela. Batia na criança.*
■ *Bater em retirada:* den Rückzug antreten: *Encolhendo os ombros, o rapaz bateu em retirada.* [np]
₄N – V – a Nc *Bater à porta/ à janela. A roda gira rapidamente até que o carácter desejado esteja em posição; então, move-se um martelo electromagnético, que lhe bate, pressionando-o contra uma fita, para imprimir o*

₅N – V – a Np	*carácter.* [cp] ■ *Bater à máquina:* mit, auf der Maschine schreiben. *O pai bateu ao rapaz.* ■ *Bater* + D_para: Richtung nehmen auf: *O cocheiro virou e bateu para Sintra.*
₆N – V – contra N	*Ele quando caiu bateu contra o banco.*
₇N – V – em N – com N	*Bater com as mãos no chão. Os meus novos companheiros começaram a ensinar-me a nadar, fazendo-me bater com as mãos na água e amparando-me pela barriga.* [fa] *O homem arrancou o boné da cabeça, amarfanhou-o num canudo e bateu com ele na cara do Chico, que recuou, espantado.* [al]
₈Np – V – com Nc	*Bater com a porta (atrás de si).*
₉Nc – V – M – com Nc	*Sabia que na sua ausência os criados, a quem apadrinhara os filhos, o chamavam de compadre. Não gostava daquilo! Certas coisas não batiam lá muito bem com seu feitio reservado.* [bc]
₁₀Npl – Vse	*Os exércitos batiam-se perto da Batalha. Os dois amigos bateram-se no xadrez.*
₁₁Np – Vse – com Np	*Bateu-se com ele.*
₁₂Np – Vse – contra N	*Bateu-se contra o mais forte.*
₁₃N – Vse – por N	*Em 5 de Outubro alvorece a I República, derramando a esperança no peito dos Republicanos que se batiam pela criação de instituições democráticas.* [dp]
₁₄N – Vse – por Fc	*Bati-me por que a televisão fizesse melhores programas.*
₁₅Np – Vse <para Fc, I>	*Batiam-se para que Portugal fizesse parte da Europa. Bateu-se para integrar Portugal na CEE.*
₁₆N – V	*A porta bateu, fazendo tilintar todos os copos. O meu coração bateu mais depressa. Bateram as nove no relógio da igreja. Bateu meio dia.* ■ *Bater certo:* <etw> stimmen: *Qualquer coisa, portanto, não batia certo e bateu ainda menos certo quando me revelou que Hegel vivia no Tibete com 94 anos.* [tm]

batizar ⇒ baptizar

beber
1. trinken; <Tier> saufen; trinken aus. 2. <Pflanze, Schwamm...> (Wasser) aufsaugen.

₁Np – V – (N) <de, por N>	*Antes de mais nada, deixem-me beber, para aclarar as ideias.* [dm] *Bebeu pelo copo, pela garrafa, da garrafa. Bebeu uma garrafa de vinho. Bebem geralmente cerveja pela caneca.*
₂Nc – V – N	*As plantas beberam a água quase toda.*

beijar
1. küssen. 2. s. küssen.

₁N – V – N	*O Dr. Vieira beija a mão à Fernanda e avança para mim.* [hn] *Tínhamos tirado à sorte quem havia de a beijar, e calhara-me a mim.* [dm] *Francisco beijou-LHE de novo as pálpebras e as suas mãos alisavam os cabelos macios de Juliette.* [vp]
₂Npl – Vse	*De vez em quando afrouxavam o passo, iam-se beijando, com absoluta indiferença pelos outros.* [vp]

beijocar
1. abküssen; abschmatzen. 2. s. abküssen; knutschen.

₁N – V – N	*Só gostava de saber, para meu descanso, se alguma vez foste sincero comigo, se os teus projectos eram ao menos verdadeiros na altura em que me beijocavas toda?* [pc]
₂Npl – Vse	*Naquele sítio escondido de olhares indiscretos, beijocavam-se ternamente.*

beliscar
1. jn kneifen; zwicken. 2. naschen an; ein wenig essen; (im Essen) herumstochern. 3. FIG. berühren; antasten; etw ankratzen. 4. FIG. gegen jn sticheln; etw ankratzen. 5.-6. FIG. <etw> etw berühren; beeinträchtigen.

₁Np – V – N – (L) Por graça ele beliscou-a (no rabo, na bunda.)
₂Np – V – N Não sei se querem beliscar qualquer coisa, mas de qualquer modo vou arranjar o lanche. Não come, só fica beliscando a comida.
₃Nc – V – Nc Aquele negócio belisca os nossos interesses.
₄Np – V – Ncp Muitos pediam a palavra para se ouvirem ou para beliscarem outros lavradores, a quem pretendiam desfeitear em público com alusões. [bc] Tem o hábito de beliscar a reputação alheia.
₅Fc – V – N Que ele tenha negociado daquele modo belisca os nossos interesses. Beliscava-nos que eles nos falassem com insolência.
₆I – V – N Beliscava-nos eles falarem com tanta falta de respeito.

beneficiar
1. begünstigen; jm e-n Vorteil zukommen lassen. 2. instand setzen; verschönern. 3. in den Genuß kommen von; Vorteil ziehen, haben aus; <etw> etw genießen. 4.-5. Vorteil ziehen aus.

₁N – V – Np O novo contrato de trabalho beneficiou-me. Desde que estou na empresa nunca me beneficiaram.
₂N – V – Nc Beneficiei o edifício, mas mesmo assim o senhorio aumentou-me a renda.
₃Ncp – V – de, com Nc Constitui este livro sincera homenagem aos meus irmãos brasileiros, com os quais me confundi ao longo de cinco anos, beneficiando da sua amizade e adoptando parte dos seus costumes. [pj] Beneficiei com o acordo de trabalho. Relativamente aos pagamentos correntes, a Comunidade assume uma posição bastante rígida, salientando que, nesse domínio, a liberalização deverá beneficiar de prioridade absoluta, sem haver recurso a medidas transitórias. [cm]
₄Np – V – de Fc Beneficiei de que eles tivessem negociado o contrato.
₅Np – V – de I Beneficiei de eles terem negociado o contrato.

benzer
Part.: benzido; (água) benta.
1. segnen; den Segen sprechen über. 2. s. bekreuzigen.

₁N – V – N O velho cura também guardava queixas secretas dos Relvas, depois que na parada agrícola haviam chamado para benzer os gados um padre de Lisboa. [bc] Júlia ajoelha-se e ensopa a ponta do lenço na infusa cheia de água, que Amanda Carrusca benzeu com uma oração consagrada a Santa Luzia. [sv]
₂N – Vse Mal o avião começara a rolar na pista do aeroporto Leonardo da Vinci, ganhando alento para a descolagem, o japonês benzera-se. [np]

berrar
1. <Ziege, Stier...> brüllen, blöken, muhen; laut schreien. 2. DIZER. 3. auf jn einschreien, einbrüllen; mit jm schimpfen; FIG. <etw> nicht passen zu. 4. jn anbrüllen. 5. schreien nach; weinen nach; etw haben wollen.

₁N – V Ainda estou a vê-la agarrada ao telefone, na sala de estar, berrando colericamente à clientela que se atrasava nos pagamentos. [np] A criança berra porque lhe dói a barriga.
₂Np – V – Te DIZER: Saiam lá daí! – berrava um rapaz furioso, para duas miúdas. [dm]
₃Np – V – com Np Quando estava zangada, berrava comigo. Essa gravata berra com o fato.
₄Np – V – a Np Berrava-lhe sempre que ela pegava num cigarro.
₅Np – V – por Ncp A criança berrava por chocolates e pela mãe. Para poder entrar, tive que berrar pelo porteiro.

besuntar
1. einschmieren; vollschmieren; verschmieren; (s.) vollspritzen. 2. s. vollschmieren.

₁N – V – N – (de, com N) Ela besuntou a cara de, com argila.
₂N – Vse – (de, com N) Ao colar o vaso besuntei-me todo. A criança besuntou-se de, com chocolate. Eles besuntaram-se de argila.

bifar [FAM.]
1. stibitzen; mausen; stehlen.

₁N – V – Nc – (a Np)   *Bifaram–lhe a carteira no autocarro.*

bisbilhotar
1. klatschen; tratschen; intrigieren; 2. überprüfen; genau prüfen.

₁Np – V   *Lá no meu emprego os funcionários só sabem bisbilhotar.*

₂Np – V – N   *O Manuel Vicente, que um dia quisera bisbilhotar a balança, tivera tantos descontos por mais isto e aquilo que no fim quase ficara empenhado com a paga das diferenças.* [fa]

bloquear
Morf.: Pres.: bloqueio.
1. (Tür...) blockieren; (Weg...) versperren; FIG. verhindern; blockieren.

₁Ncp – V – N   *Uma corda de que nos desfizemos anteriormente é agora necessária para atravessar um desfiladeiro imenso que bloqueia o caminho.* [cp] *Qualquer coisa está a bloquear a porta da caixa–forte do lado de dentro.* [df] *A outra firma bloqueou a negociação do contrato.*

bocejar
1. gähnen; s. langweilen. 2. DIZER.

₁N – V   *Eu é que não podia com aquilo⌣Mexia–me, bocejava, sentia ganas de ir abrir a porta para que o ar da noite entrasse e nos víssemos livres daquele ambiente empestado.* [fa]

₂N – V – Te   DIZER. *Estou com sono, bocejou ela, vou para a cama.*

boiar
1. (an der Oberfläche) schwimmen, treiben; <jd> s. treiben lassen. 2. FIG. schwimmen, schweben in.

₁Ncp – V   *A rolha boiava no jarro. A sugestão era óptima!⌣O João parou logo e estendeu–se, a boiar de costas⌣Estava exausto!* [dm]

₂Np – V – em Nc   *O meu amigo saltara do palco, ainda nos trajes de actor⌣Boiava em plena glória.* [np]

boicotar [boicotear]
1. Wirtschaftsboykott verhängen gegen; boykottieren.

₁N – V – N   *A Comunidade nunca entendeu boicotar sistematicamente todos os países que não respeitassem os princípios da democracia pluralista.* [cm] *Os partidos políticos canacas decidiram boicotar a consulta.* [dn]

bombardear
Morf.: Pres.: bombardeio.
1. bombardieren. 2. FIG. jn (mit Fragen...) bombardieren, überhäufen.

₁N – V – N   *As tropas inimigas bombardearam a cidade.*

₂N – V – Np – com N   *O examinador bombardeou–o com perguntas.*

borbotar
1. <Wasser> kochen, sprudeln, aufwallen. 2. heraussprudeln; hervorsprudeln; wohin sprudeln.

₁N – V   *A água já borbotava na cafeteira.*

₂N – V – Dde, para   *Teresa assistia à cena, de perto, encostada à pilheta do bebedouro das muares⌣A água que borbotava da boca da carranca salpicava–a de frescura.* [pc] *A água borbotava para a relva e para as plantas do jardim.*

bordar
1. sticken. 2. besticken. 3. FIG. schmücken; verzieren.

₁Np – V   *Ela borda muito bem a ponto cruz. Antigamente todas as criadas sabiam bordar, fazer renda...agora não sabem nada, nem sequer engomar.* [hn]

₂Ncp – V – N   <com, a N>   *A professora Li usa geralmente um vestido azul bordado a dragões e aves fantásticas, em oiro.* [np] *Tive que bordar a toalha (com motivos Richelieu) num prazo muito curto. A máquina borda uma toalha*

₃Nc – V – N	*muito mais depressa. Bordei a gola do vestido a preto.* *Os festões bordavam as empenas das casas.*

borrar
1. beklecksen; verklecksen; beschmutzen. 2. <Kinder> s. in die Hose machen; FIG. s. (vor Lachen...) fast in die Hose machen.

₁N – V – N	*Desculpa estes pingos a borrarem a escrita, mas estou um bocado nervoso.* [be]
₂Np – Vse <de N>	*Varias vezes ao dia os bebés borram-se e temos que lhes mudar as fraldas. Borrou-se todo de medo/ de riso.*

borratar
1. (mit Tinte) beklecksen; (Tinte, Schminke...) verschmieren. 2. s. bekleckern; s. vollschmieren.

₁N – V – N	*Borratou (com a tinta) a carta que recebera. As lágrimas borratavam-LHE a pintura dos olhos.*
₂N – Vse	*Borratou-se todo.*

borrifar
1.–2. nieseln; rieseln. 3. (Wäsche, Rasen) sprengen; besprengen; berieseln; benetzen. 4. s. benetzen mit. 5. FAM. pfeifen auf; es jm wurscht sein.

₁V	*Borrifava quando saíram.*
₂N – V	*Começa a borrifar uma chuva de missanga, que se me crava na cara, como pequeninos pregos de ponta viva e fria.* [ce]
₃N – V – N	*Aquele aparelho de rega borrifa a relva. Borrifava a roupa antes de a engomar e passar. Vadiando por entre pinheiros e eucaliptos que o borrifam a cada aragem, o passageiro estaca, amiúde, para acender o cachimbo.* [op]
₄Np – Vse <com N>	*Estava calor e eles borrifavam-se refrescando-se.*
₅Np – Vse – para N	(PG.:) *Ela borrifa-se para intimidações e autoritarismos. Estar-se borrifando para isso ou alguém.*

botar¹ [POP.]
1. setzen; stellen; legen; stecken in; jm (e-n Schlag...) geben, verpassen. 2. FIG. (Mängel) finden an. 3. jm etw zur Verfügung stellen. 4. (Kleidung) anlegen, anziehen.

₁N – V – N – D	*Botaram as malas no chão e foram brincar. Botou as flores no vaso, o pão no forno. Botou-LHE um murro nos queixos.* ■ *Botar ovos*: Eier legen.
₂N – V – N – em N	*Costuma botar defeitos em todas as pessoas.*
₃N – V – N – a Np	*Botou-lhe uma casa com tudo o que é bom e ela ficou por lá às ordens dele.*
₄N – V – N	*Botou uma gravata nova e saiu para o baile.* ■ *Botar palavra*: ein Wort sagen; e-e Bemerkung machen; s. zu Wort melden: *Não foi capaz de botar palavra naquela reunião.*

botar² [POP.; ⇒ deitar]
1. schmeißen; werfen. 2. s. (zu Boden, hin-) schmeißen. 3. s. stürzen auf. 4. strömen aus; überschwappen. 5. (Wasser) geben; (Tränen) vergießen.

₁N – V – N – D	*Botou os móveis pela escada abaixo.* ■ *Botar fora*: wegwerfen: *Botou fora tudo o que ela tinha lá em casa.*
₂N – Vse – D	*A Maria botou-se ao chão a espernear.*
₃N – Vse – a... Np	*Botou-se a ele, sobre a vizinha, contra o adversário.* ■ *Bota-te a afogar*: Verdufte!
₄N – V – D	*A água botou por fora.*
₅N – V – N	*A fonte bota água fresca. Quem me dera saber chorar como tu! – Se eu fosse capaz de botar lágrima, já estava rica.* [hn] ■ *Botar sangue*: bluten: *O João botou sangue pelo nariz.*

botar³
1. anfangen.

₁N – V + a Vɪɴғ	*Botou a rir.*

bracejar
1. s-e Zweige ausbreiten. 2. <Zweige> s. ausbreiten. 3. <jd> mit den Armen fuchteln; gestikulieren.

$_1$N – V – N   *A árvore braceja os seus ramos.*
$_2$Nc – V   *Desses troncos bracejam ténues ramos.*
$_3$Np – V   *Com a raiva só bracejava e era incapaz de discutir.*
     ▮ ⇒ esbracejar.

bradar
1. schreien; brüllen; <Meer> tosen. 2. schreien; brüllen. 3. schreien nach. 4. schreien gegen. 5. jm etw zubrüllen.

$_1$N – V   *Sempre que se viam em aflições, eles bradavam. Ao longe o mar bradava.*
$_2$N – V – N   *Ele bradou o grito de guerra.*
$_3$N – V – por N   *Quando me senti a afogar, bradei pelo banheiro.*
$_4$N – V – contra N   *Sempre bradei contra as situações injustas. Eles bradam permanentemente contra os novos costumes.*
     ▮ *Isto é de bradar aos céus:* Das schreit zum Himmel:
     Eu estava por certo a cometer uma dessas injustiças que bradam ao céu. [mf]
$_5$N – V – (a N) – N   *Ele bradou-me uma ordem.*

bramar
1. <Hirsch> röhren; laut rufen; schreien. 2. schimpfen auf. 3. anschreien; beschimpfen.

$_1$N – V   *O veado bramou. Quando se enraivece, só sabe bramar.*
$_2$N – V – contra N   *O público bramava contra o árbitro. Os comunistas bramam contra o Fascismo que lhes é adverso.* [ot]
$_3$N – V – a, com N   *O patrão brama-me e eu não te posso dar mais trabalho.* [fa] *Em vez de aquietar o pai, minha mãe bramou com ele e descompuseram-se de palavrões, até que meu pai a espancou.* [fa]

bramir
1. <Tier> brüllen; <Meer> tosen. 2. (Mond...) anbrüllen. 3. jn anschreien. 4. herausbrüllen.

$_1$N – V   *O mar bramia ao longe.*
$_2$N – V – a N   *A onça brame à lua.*
$_3$Np – V – com N   *Só sabe bramir com os colegas.*
$_4$Np – V – N   *Além de bramir blasfémias, pouco mais fez.*

brandir
1. schwanken; s. hin und her bewegen. 2. (herum-)fuchteln mit; (Schwert) drohend schwenken, schütteln.

$_1$N – V   *As bandeiras e os balões brandiam suavemente ao vento.*
$_2$N – V – N   *Brandir o revólver, a bengala, os punhos, a luva. Nesse mesmo instante, antes que o Rolin se erguesse, Diogo Relvas brandiu a espada e feriu o compadre de morte.* [bc]

branquear
Morf.: Pres.: branqueio.
1. weiß färben; (Geld) waschen. 2. s. weiß färben. 3. weiß leuchten, schimmern.

$_1$N – V – N   *A geada branqueia a colina. Branquear o dinheiro proveniente do tráfico da droga.*
$_2$N – Vse <com N>   *A colina branqueia-se com a geada.*
$_3$N – V   *Branqueia ao longe a espuma das ondas.*

branquejar
1. weiß leuchten; weiß schimmern.

$_1$N – V   *Custoso será avaliá-la, pois apenas se vêem cerrados pinhais a esfumarem num baixíssimo e movediço céu de chumbo, onde branquejam palidamente instáveis nesgões de luz.* [op]

brigar
1. s. streiten; s. zanken. 2. s. streiten mit; <etw> in Konflikt treten mit. 3.-4. FIG. kollidieren mit; in Konflikt treten mit.

₁Npl – V   Se não houver um plano para a ocupação dos tempos livres, os alunos só brigam.
₂N – V – com N   Vi o meu vizinho a brigar com um rapaz. O seu procedimento briga com o seu carácter.
₃Fc – V – com Nc   Que eles tenham procedido assim briga com os seus hábitos.
₄I – V – com Nc   Brigou com a sua natureza ele ter feito aquilo.

brilhar
1. glänzen; funkeln; strahlen; <Augen> funkeln vor; FIG. glänzen; brillieren.

₁N – V   <de N>   As pedras brilhavam à superfície. Quando está satisfeita, quase feliz, os olhos dela brilham. Os olhos brilhavam-lhe de excitação, as palavras saíam-lhe dos lábios a dançar. [np] Uma grande afeição brilhava no seu olhar. O João Nuno brilhou no "Sequim de Ouro". [pj] Brilhar como pianista. Ele brilhou na exposição que efectuou.
■ Brilhou pela ausência: Er glänzte durch Abwesenheit.

brincar
1. spielen. 2. spielen mit. 3. FIG. mit jm spielen; scherzen, es nicht ernst meinen mit jm. 4.-5. ein Spiel spielen; etw spielen.

₁N – V   Aquele espaço é óptimo para as crianças brincarem.
₂N – V – com Nc   Apesar dos modos imperiosos e despóticos com que Palácios a tratava, via muito amiúde Bernadette pousar nele um olhar terno, afagar-lhe com amor as faces brutais e brincar infantilmente com as suas mãos de gorila. [np]
■ Brincar com o fogo: mit dem Feuer spielen.
₃N – V – com Np   Não brinques comigo, que não gosto que trocem de mim.
₄N – V – a Npl   (PG.:) Brincar aos polícias e ladrões, às casinhas, às escondidas (com alguém).
₅N – V – de N, I   BRAS.: Brincavam de professor e alunos, de construir uma casa. Brincar de casinhas.

brindar
1. auf (das Wohl) trinken. 2. jm zur Ehre etw veranstalten...; jn (mit einem Essen) beehren; jn hochleben lassen; jn beschenken mit; [iron.] jn beehren mit.

₁N – V – a N   Vamos brindar à prosperidade da nossa empresa/ à sua saúde/ ao seu êxito.
₂N – V – Np – com N   Quando vinham a Portugal, brindava-os sempre com um óptimo jantar. A empresa brindou os seus empregados com presentes de Natal. Quando falava aos meus amigos da viagem através do continente africano, o epíteto mais benévolo com que me brindavam era de lunático. [pj]

brocar
1. anbohren; durchbohren.

₁N – V – N   O Pedreiro e o Corso brocavam as paredes do túnel, deitados lado a lado. [kf]

bronzear
Morf.: Pres.: bronzeio.
1. bronzieren. 2. s. bräunen.

₁N – V – N   Consegui bronzear-te a peça mergulhando-a naquela mistura de tinta.
₂N – Vse   Apanhámos um tempo tão mau nas férias que nem nos bronzeámos.

brotar
1. sprießen; knospen; keimen; <Baum> ausschlagen. 2. rinnen aus; hervorquellen; ◊ (Zweige) treiben; erwachsen aus.

₁N – V   As flores estão a brotar. Penso que o rebento que me deste vai brotar.
₂N – V – de N   O sangue brota da ferida. A água brota da mina. Os ramos brotam das árvores. Da vagabundagem brotavam afinidades, como da apreciação em comum dum poema, de um óleo ou de um caso humano. [vp]

bufar
1. <Tier> schnauben. 2. ausstoßen; (Flammen) spucken; FIG. große Töne spucken vor; prahlen; s. brüsten mit. 3. DIZER.

₁N – V	O touro bufava. O comboio naquele troço da linha só bufava e quase não se movia. Com a irritação bufava, bufava e nada dizia.
₂N – V – N	O dragão bufava chamas. Ele bufa valentias, façanhas, proezas.
₃N – V – Te	DIZER.

bulir
Morf.: Pres.: bulo, boles.
1. bewegen. 2. (s.) bewegen; s. rühren; FIG. hart arbeiten; schaffen. 3. rühren an; berühren; etw anfassen. 4.-6. e-n Finger rühren; FIG. jn berühren, bewegen; jm auf den Wecker fallen; jm auf die Nerven gehen.

₁N – V – N	Nem um vulto passava nem o vento bulia as folhas do jardim. [fa]
₂Ncp – V	Eu batia o fandango lá na Lezíria, mesmo sozinho; punha-me à frente duma árvore e dançava para ali o que me vinha à cabeça, só me mexia dos quadris para baixo, o resto nem bulia. [bc] Os carros ainda buliam quando o cão atravessou a rua. [np] Passei toda a vida a bulir.
₃Np – V – em N	Queria-LHE bulir na cousinha, o safado! [op]
₄N – V – com Ncp	O Joaquim não se mexeu_Gebo, sombrio, encolhido, nem com um dedo buliu. [pc] A morte da mãe buliu com o João. Aquela conversa mole bole-ME com os nervos. Não bula comigo!
₅Fc – V – com Np	Bole comigo que ele tenha feito aquilo.
₆I – V – com Np	Buliu comigo o João ter morrido daquela maneira.

burlar
1. betrügen; prellen; beschwindeln. 2. jn betrügen.

₁N – V – N <em N>	O merceeiro burlou-te em 5o escudos! Homens desonestos burlam o povo. ▸Essa gente burla, não é gente honesta.
₂N – V – N – em N	Sempre os burlei nos impostos. Ele burlou-me no negócio.

buscar
1. suchen. 2. versuchen.

₁N – V – N <L>	Os cães buscam as perdizes sob as moitas. Sempre buscamos as melhores soluções. Alguns leigos foram buscar à Igreja o termo seminário, por pretenderem semear ideias e colher decisões. [pj]
▪ Ir, vir buscar: (gehen, kommen und) holen: Vim buscá-lo.
▪ Mandar buscar alguém: jn holen lassen.
₂N – V – I	Sempre buscámos concretizar os nossos ideais.

buzinar
1. hupen. 2. FIG. immer wiederholen; jm in den Ohren liegen mit; jm einflüstern.

₁Nc – V	Zilda ouviu buzinar já perto.
₂Np – V – N – a Np	Ele é tremendamente aborrecido_Sempre a buzinar-nos as suas frustrações. Acho que foi ele que lhe buzinou o que tínhamos combinado.
▪ Buzinar a.c. aos ouvidos de alguém: jm mit etw in den Ohren liegen.

C

cabecear
Morf.: Pres.: cabeceio.
1. (Fußball) köpfen. 2. einnicken.

₁Np – V – N – (D)   *O João cabeceou a bola (para o canto).*

₂Np – V <de N>   *Depois de beberem o café, o pai da Rita começou a cabecear e a mulher não o largou para que fosse dar descanso ao corpo.* [fa] *Minha mãe, que cabeceava de sono, pedia desculpa e retirava-se.* [sv]

caber
Morf.: Pres.: caibo, cabes. Pret. perf.: couberam.
1. (hinein-)passen in; Platz finden, haben in. 2. passen durch. 3. <Anteil...> jm zustehen, zufallen, zuteil werden; jm obliegen; in den Zuständigkeitsbereich fallen von; (die Ehre...) haben; <Schuld> jm zuzuschreiben sein; an (der Reihe) sein; zu etw passen. 4. jm zustehen, obliegen, zufallen. 5.–6. angebracht sein; passend sein; am Platze sein.

₁N – V – Lem   *Estes objectos não caberão na sacola. Semelhante coisa não cabe na cabeça de ninguém!*

₂N – V – Lpor...   *Não creio que caiba por aquela porta. O carro coube pelo portão. O rato coube através do buraco.*

₃Nc – V – a Ncp   *A mim coube-me metade do bolo. Isso coube-me por herança. Para ele só à irmã cabiam culpas pela morte da mãe.* [bc] *Cabe-nos a honra de abrir a sessão. As responsabilidades cabem-lhe inteiramente. Sejamos eficientes e desmedidos nos trabalhos e esforços que nos couberem.* [dp] *Coube à Maria a vez de jogar. A mim coube-me o papel mais difícil. Em certa medida cabe a esta época a designação de "idade heróica".* [cl] *Para ele só à irmã cabiam culpas pela morte da mãe.* [bc]

₄I – V – a Np   *Cabe-lhe agora esperar pelo melhor. Cabe-nos a nós executar esse trabalho. Cabe ao Governo promover o progresso do país.*

₅N – V   *Cabe agora uma palavra sobre as ideias de Oswald de Andrade.* [es]

₆I – V   *Cabe agora perguntar se ficou tudo bem entendido.*

caçar
1. jagen; auf die Jagd gehen. 2. jn erwischen, fassen, zu fassen bekommen. 3. jn erwischen, ertappen bei.

₁N – V – (N)   *Não interessa se o gato é preto ou branco, desde que cace ratos.* [pj] *Acham que eles vêm aqui só caçar por caçar, ou têm outros intuitos?*

₂N – V – Ncp   *Tenho que caçar o dinheiro que emprestei. A polícia foi caçar os larápios já perto da Rua do Bonjardim.*

₃N – V – Np + a I   *Cacei-o a roubar o automóvel.*

cacarejar
1. gackern; FIG. schwätzen.

₁N – V <de N>   *Não vinha da rua o sinal da passagem dum animal ou dum carro; não silvava o vento nem as galinhas cacarejavam no quintal.* [fa] *Anfitrião e anfitriã entreolham-se; depois soltam um riso bárbaro, descomedido, que faz cacarejar de alarme galinhas ocultas e os recongraça.* [op] *As minhas vizinhas passam o dia a cacarejar.*

caducar
1. <Ausweis...> verfallen, ablaufen; <Frist> ablaufen; <Theorie...> in s. zus.brechen, an Geltung, an Bedeutung verlieren; <Macht> abnehmen, schwinden.

₁Ncp – V   *Serão apreendidos os alvarás de loteamento e as licenças de construção que hajam caducado.* [pj] *O prazo, o passaporte, a teoria já caducou. O seu poder vem caducando há já algum tempo.*

cagar   [FAM.]
1. scheißen; "machen". 2. (s.) (vor Angst...) in die Hosen machen. 3. FIG. pfeifen auf; scheißen auf.

₁N – V	Ele cagou no campo. Quando o bicho vai à frente, pára de repente a cagar. [np]

₂N – Vse <por N, l>	Ele tem medo. Caga-se por tudo e por nada.

₃N – Vse – para N	Cago-me para isso! Sabes?. Há duas espécies de burgueses. Eu pertenço a uma delas, há muito tempo que me cago para a posse das coisas. [sa]

caiar
1. weißen; tünchen.

₁N – V – N	Lá no Alentejo eles caiam as casas duas vezes por ano.

cair¹
Grafia/ Morf.: Pres.: caio, cais, cai, caímos. Pret.perf.: caí, caíste, caiu, caíram.
1. fallen; hinfallen; stürzen aus, auf; <Flugzeug> abstürzen. 2. <Vorhang> fallen; <Abend> allmählich zu Ende gehen; <Geldkurs> nachgeben, fallen; FIG. stürzen; fallen. 3. <Tag, Wahl...> fallen auf; in (die Hände von jm) fallen; e–r S. verfallen. 4. herfallen über. 5. <Gardine...> wie fallen. 6. wie passen zu. 7. jm wie stehen.

₁Ncp – V – (D)	A jarra caiu para o chão e partiu-se. Toma cuidado que não caias! Caiu da janela abaixo. Caiu da janela ao chão. Caiu (pela) ribanceira abaixo. Ainda há pouco li que caiu um avião nos Andes, umas montanhas da América do Sul. [np]
■ Dar uma queda: stürzen, hinfallen: Deu uma queda em casa.
■ Cair-LHE em cima: über jn herfallen.
■ Cair das nuvens: aus allen Wolken fallen: Ele caiu das nuvens quando soube que não tinha ganho o concurso.
■ Cair redondo (no chão): (wie vom Blitz getroffen) der Länge nach hinfallen.
■ Cair no goto: es jm angetan haben; <es> nach js Geschmack sein: Não sei quantas vezes já ouvi esta história, e cai-me sempre no goto – disse a avó.

₂N – V	A cortina caiu e na sala rebentou o estrondo dos aplausos. A tarde caía e ao dia de sol sucedia um súbito romper de nuvens. [vp] O dólar americano continua a cair em relação ao marco alemão federal. A Comissão Política Distrital do Porto da JSD caiu ontem de madrugada após a aprovação de uma moção de desconfiança. [pj] O governo caiu.
■ Cair (no campo de batalha): <jd> (im Krieg) fallen.

₃Ncp – V – em N	A escolha, o voto final caiu no candidato de Lisboa. A Páscoa este ano caiu em Março. Cair nas mãos do inimigo. Caí no ópio por força das circunstâncias. [po]
■ Cair em desuso: in Vergessenheit geraten; außer Gebrauch, aus der Mode kommen: A Liga dos Amigos vai levar a efeito as Festas Populares, revivendo assim uma tradição caída em desuso há mais de vinte anos. [dn]
■ Cair em si: in s. gehen; Reue empfinden: As gémeas caíram em si, um pouco envergonhadas. [dm]
■ Cair na esparrela/ no logro...: auf etw hereinfallen; jm auf den Leim gehen; in e–e Falle gehen.
■ Nessa não caio eu!: Darauf falle ich nicht herein!
■ Cair nas boas graças de alguém: jm gefallen; js Gunst gewinnen.
■ Im Vaterunser: "Não nos deixes cair em tentação".

₄N – V – sobre N	As forças inimigas caíram sobre as aliadas.
■ Ao fazerem isso caíram sob a alçada da lei: FIG. unter (das Gesetz...) fallen; s. strafbar machen.

₅N – V – M	Essa cortina cai bem. Esse vestido cai bem.
■ Cair direito: senkrecht fallen: O reposteiro cai direito.

₆N – V – M – com N	Essa gravata cai muito bem com esse fato.

₇N – V – M – a Np	Esse vestido cai-te bem.

cair²
1. (krank) werden.

₁N – V – P_adj	Não aguentou o frio e caiu doente.

calar
1. zum Schweigen bringen; (Radio) abschalten; FIG. zum Schweigen bringen, verstummen lassen; (Gefühle...) unterdrücken. 2. den Mund halten; schweigen; verstummen. 3. schweigen; den Mund halten.

₁Ncp – V – N   *Vou calar as crianças. Quantas canseiras e esforços desta organização têm sido estéreis quando os orgulhos egoístas calaram a voz da Justiça e da razão!* [dp] *As baionetas não calam a voz do Pensamento.* [ot] *Eles calaram o gravador. Raduan nunca calou o diálogo que morava dentro de si.* [pj] *Nunca calou a raiva que sentia dentro de si.*
■ *Calar o bico, a boca:* den Mund halten: *Cala a boca, Averell!*

₂N – Vse   *A voz dele sai enfastiada: – Cala-te lá com isso, Clara!* [np] *A emissão da rádio calou-se. Eu calei-me quando o João falou. A voz calava-se-LHE na garganta.*

₃N – V   *É calar e andar. Ouve, vê e cala!*
■ ⇒ *estar calado.*

calcar
1. treten in, auf; etw festtreten; jm über (die Füße) fahren, auf (die Füße) treten; FIG. (js Stolz) verletzen.

₁Ncp – V – N   *Calcar uma casca de banana, o pé de alguém, calcar-LHE o pé. Calquei o monte de terra até ficar plano. O pneu do automóvel calcou-ME o pé. O que disse o João calcou-ME o orgulho.*

calçar
1. (Schuhe, Handschuhe, Socken...) anziehen, tragen. 2. s. (die Schuhe) anziehen. 3. jm (Schuhe, Handschuhe...) anziehen, anprobieren. 4. <Schuhe> jm wie passen, stehen.

₁Np – V – Nc   *Calçou as meias, prendeu-as à cinta preta e foi mirar-se ao espelho depois de acender as luzes do quarto.* [ce] *Calço o (número) 36. Sentado na cama, o espírito calçava as botas e parecia ter pressa em dirigir-se a algum sítio.* [pj]
■ *Ele calça muito bem:* teure, elegante Schuhe tragen.
■ *Calçar alguém:* jn mit Schuhen kleiden; für js Schuhwerk aufkommen: *O miúdo vive com a mãe, que se encarrega das despesas com a alimentação e com a saúde, mas é o pai que o veste e que o calça.*
■ *Calçar na melhor sapataria da cidade:* s. seine Schuhe wo kaufen.
■ *Calçar a roda do carro:* vor, hinter das Rad e-s Wagens e-n Bremsklotz, Stein legen.

₂Np – Vse <com N>   *Vestiu-se, calçou-se e saiu. A criança calçou-se com as luvas da mãe.*
₃Np – V – Nc – a Np   *O vendedor calçou-lhe mais de dez pares de sapatos e ele não se decidiu.*
₄Nc – V – M   *Esses sapatos calçam bem.*

calcetar
1. pflastern.

₁N – V – (N)   *Andam a arrancar o empedrado dos passeios, cujos desenhos tanto me agradavam e levaram dias inteiros a calcetar.* [lu]

calcular
1. rechnen. 2. berechnen; ausrechnen; abschätzen; s. vorstellen (können). 3. berechnen; errechnen; damit rechnen, daß; kalkulieren, daß. 4. damit rechnen; glauben. 5. ahnen; s. vorstellen können; ermessen können. 6. damit rechnen; s. ausrechnen; planen. 7. veranschlagen auf; errechnen.

₁N – V   *Ele costuma calcular bem de cabeça.*
₂N – V – N   *Sabendo só o valor do primeiro elemento em cada série de diferenças, podemos calcular toda a série de cubos com base em adições.* [cp] *Não podes calcular o valor que essa jóia tem para mim. As prestações de juros seguintes passam a ser calculadas sobre a soma dos juros anteriores e do capital inicial do empréstimo.* [pj] *Mas é que não podes mesmo calcular a confusão que vai lá fora!_Uma coisa!_Um verdadeiro arraial!* [cd]
■ *Calcula lá!:* Stell dir vor!

₃N – V – Fi   *O Sindicato calculou que as quantidades de semente lançada à terra excederam em 15 por cento as do ano precedente.* [rp] ►*Como Spaggiari calculara, estavam demasiado próximo da meta para se rebelarem agora.* [kf]

₄N – V – Fc   *Calculo que ainda chova hoje. O Sindicato calculava que as quantidades de*

	semente excedessem as do ano precedente.
₅N – V – Int	Não calcula como invejo aquele senhor que esteve a falar consigo. [nv]
₆N – V – I	Calculo ir a Lisboa nos próximos dias.
₇N – V – Nc – Q_em	Calculei o valor do desconto em 1o%. O governo calculou o custo das obras em 20 milhões de escudos.

calhar¹

1. passieren; eintreten; geschehen; vorkommen. 2.–4. wie es der Zufall will; es traf s., daß. 5.–7. jm zufallen, zuteil werden; auf jn fallen; an der Reihe sein.

₁N – V	Isso de pressentimentos são coisas que calham, porque as maiores desgraças da minha vida nunca me foram avisadas. [fa] Nunca a vesti. Nunca calhou, não sei porquê... [re] Só os rapazes ainda brincavam, deitando madeiros à corrente, metendo-se arregaçados à água, encharcando-se uns aos outros quando calhava. [fa]
	▪ Se calhar: mag sein; vielleicht + V.: Se calhar sou eu que estou velho, disse o tenente-coronel, que já passei a idade dos champanhes. [ro]
₂Fi – V	Por acaso, calhou que a Maria ia a Lisboa, senão não tinha boleia!
₃I – V	Calhou ir a Lisboa. Calhou a polícia aparecer quando o carro parou no semáforo.
₄V – de I	Calhou de eu ir a Lisboa. Até podia ser que fumasse lá fora e aqui nunca calhasse de fumar. [rb]
₅N – V – a Np	Calhou-me a sorte grande. Calhou-lhe a vez de jogar.
₆Fc – V – a Np	E lá me calhou que sempre tenha gostado das minhas coisas. [cc]
₇I – V – a Np	Calhou-lhe ganhar o totobola. Calhou-me abrir o jogo. Tínhamos tirado à sorte quem havia de a beijar, e calhara-me a mim. [dm]

calhar²

1. <etw> passen in. 2.–4. <etw> wie, gut gehen, laufen; es s. wie, gut treffen; jm wie, gut passen; jm gefallen.

₁Nc – V – L – (M)	A fotografia calhava bem na moldura que trouxera.
₂N – V – (a N) – (M)	As coisas calharam bem e passámos a encontrar-nos muitas vezes. Calhou-me bem a solução do problema. Você calha-me, Artur, você calha-me! – exclamou Melchior, com um ímpeto irreprimível de simpatia. [eq]
₃Fc – V – (a N) – (M)	Calhava bem que fizéssemos rapidamente o trabalho. Calha-me bem que vás a Lisboa. Podes trazer-me o livro de que te falei. Calhava que a Maria fosse amanhã a Lisboa. ▸Calhava bem se ela nos acompanhasse.
₃I – V – (a N) – (M)	Vires amanhã calha mesmo bem. Calha-me mal sair hoje. Tenho que fazer. Fizeram-se amigos desde aquele dia e encontravam-se sempre que lhes calhava. [fa]
	▪ Estar calhado para: für etw bestimmt, vorgesehen sein: Sandra, natural de uma terreola escocesa, estava calhada para todos os pequenos serviços domésticos até que se mudou para o Bahrein [pj]

cambalear

Morf.: Pres.: cambaleio.

1. wanken, schwanken; unsicher gehen, stehen; s. nicht auf den Füßen halten können; taumeln. 2. wohin wanken, schwanken, taumeln.

₁N – V	O esforço fora demasiado. Cambaleou um pouco sobre a montada, mas logo se endireitou como pôde, transpirando. [av] Praguejando, afasta-se, a cambalear. [sv]
	▪ Cambalear de riso: s. vor Lachen biegen: Mizi cambaleia de riso. [op] A rapariga cambaleava de riso e foi encostar-se ao tapume, com a boca tapada pela mão. [ar]
₂N – V – D	Cambaleou para trás, para o lado, para a frente, até à porta.

cambiar

1. (Geld) umtauschen. 2. (Richtung) ändern.

₁N – V – N – (em, por N)	Já cambiei o dinheiro em Escudos. Ao passar-se de Berlim ocidental para Berlim oriental é obrigatório cambiar 25 marcos ocidentais por 25 marcos orientais.
₂Ncp – V – de N	Atravessei a rua e fui atropelado por um carro que subitamente

cambiou de direcção.

caminhar
1. (zu Fuß) (e-e Strecke) gehen, laufen, marschieren. 2. wohin gehen. 3. FIG. auf (ein Ziel) zusteuern. 4. FIG. <etw> wie gehen, laufen.

₁N – V — *Dantes, Cécile caminhava quase como um rapaz, agora tinha, a andar, qualquer coisa de levemente requebrado, quase imperceptível, que a assemelhava a Françoise.* [vp] *Caminhou (durante) 5 km e depois parou a descansar. Caminhou (durante) duas horas. Teve que caminhar quilómetros e quilómetros para conseguir o uisque que queria.*

₂N – V – D — *Pôs o saco às costas e caminhou para lá daqueles montes. Caminhou monte acima. Caminhou (pela) estrada fora.*

₃N – V – para N — *A mesma coisa dolorosa nos encheu de cólera, à medida que caminhávamos para a velhice e para a morte.* [hu]

₄N – V – (M) — *O negócio caminha bem, mal.*

canalizar
1. kanalisieren; (Fluß) regulieren, schiffbar machen; (Wasserleitungen) legen in, durch; (Informationen) steuern. 2. etw wohin leiten. 3. etw wohin leiten; verwenden auf, für.

₁N – V – N — *Canalizar um rio, uma cidade, a água, informações.*

₂N – V – N – Dpara — *Portugal manifesta o seu profundo desejo de ver as grandes potências mais dinâmicas no caminho do desarmamento mundial e que os enormes recursos que ficariam disponíveis sejam canalizados para os países desfavorecidos.* [dp]

₃N – V – N – para N — *Como "O Jornal de Vinhos" constatou, o investimento foi canalizado para replantio de vinhas, nova tecnologia da vinificação e remodelação das instalações.* [oj]

cancelar
1. annullieren; absagen; rückgängig machen; (Schulden) streichen; JUR. (Prozeß) niederschlagen.

₁N – V – N — *Duas conferências de imprensa em Lisboa foram canceladas pelas autoridades portuguesas.* [oj] *Para evitar a fuga de Spaggiari, a polícia cancelou todos os comboios e aviões que iam sair da cidade.* [kf] *Antes de o prazo expirar, cancelou a encomenda que havia feito. O Canadá já cancelara as dívidas dos países em vias de desenvolvimento.* [dn] *Cancelou-se o processo após a última audiência.*

candidatar-se
1. kandidieren (für, um).

₁N – Vse – (a N) — *O Prof. Freitas do Amaral deveria regressar à Presidência do CDS, uma vez que já anunciou, publicamente, que não ia candidatar-se à Presidência da República.* [pj]

cansar
1.-3. jn ermüden; jn anstrengen; ◊ e-r S. überdrüssig sein, werden. 4. müde werden. 5.-7. e-r S. überdrüssig, es leid werden. 8. jn ermüden. 9. FIG. e-r S. überdrüssig werden.

₁Ncp – V – (Np) — *Este trabalho, esse tipo cansa-me! Aquele trabalho cansa de verdade.*

₂Fc – V – (Np) — *Cansa-me que ele fale sem parar.*

₃I – V – (Np) — *Não me cansa ir ao cinema todos os dias. Cansa-me viver desta maneira.*

₄Ncp – Vse <a, de I> — *Cansei-me muito por causa do calor. Cansaram-se por causa do trabalho. O computador, o cão cansou-se. Cansou-se a estudar. Cansou-se de trabalhar.*

₅Np – Vse – de N — *Já me cansei da Maria Ana. Ela é tão chata. O povo cansa-se dos discursos políticos.*

₆Np – Vse – de Fc — *Cansei-me de que não cumprissem as suas obrigações.*

₇Np – Vse – de I — *Durante estes últimos anos, o povo se cansou de manifestar as suas aspirações.* [pj] *Quem se cansa de ler e reler "Os Lusíadas"?*

₈Np – V – Np – com N — *A Joana cansa-me com aquelas lamúrias todas. Cansá-lo-ei com todo esse trabalho.*

₉Np – Vse – com N   *O povo cansa-se com os discursos políticos.*

cantar
1. singen; <Hahn> krähen; <Nachtigall> schlagen. 2. singen; besingen; feiern. 3. vorsingen.

₁N – V   *Os homens remam cantando. Ainda não cantavam os galos no quintal das traseiras quando fui despertado pelo retinir do telefone.* [np] *O rouxinol cantava como de costume.*
* *Cantar de galo:* stolz sein; s. aufblasen: *Portanto, em relação aos pífios Estados Unidos, podemos cantar de galo em matéria linguística e literária.* [pj]
* *Quem canta seu mal espanta.*

₂N – V – N   *O chefe não acha que a gente devia ter cantado o hino nacional há bocado?* [cd] *O Julião nunca publicou nada, mas escreveu dúzias de poemas que cantam o amor e as estrelas.* [np]
* BRAS. POP.: *Cantar alguém:* jn "anmachen"; jm den Hof machen.

₃N – V – N – a N   *Peguei na viola e cantei-lhe uma canção de amor.*
* *Ela fez-me aquilo, mas ainda lhe/ lhas canto:* jm gehörig die Meinung sagen.

cantarolar
1.-2. trällern; vor s. hinsingen. 3. etw jm vorträllern.

₁N – V   *O miúdo cantarolou baixinho.*
₂N – V – N   *Cantarolou uma canção que conhecia mal.*
₃N – V – N – a Np   *Cantarolou-lhe uma cantiga que conhecia bem.*

capar
1. kastrieren; (Pflanzen) beschneiden.

₁N – V – N   *Aos toiros que se mostrarem de sangue frouxo, sucede-lhes pior: capam-nos e amansam-nos, à canga e aguilhão, pondo-os a lavrar nas tralhoadas.* [bc] *Ele capou o meloal, as roseiras.*

caprichar
1. – 3. Wert legen auf; s. erste Mühe geben (mit, zu); s. besondere anstrengen (mit, zu)

₁Np – V – em N   *Capricha em/ na pontualidade.*
₂Np – V – em Fc   *Caprichei em que o trabalho ficasse bem feito.*
₃Np – V – em I   *Há assíduos cursos sobre literatura estrangeira e as bibliotecas caprincham em possuir o que de significativo se vai publicando em todo o mundo.* [oj]

captar
1. (Wasser) auffangen, speichern; FIG. (Sinn...) erfassen, begreifen; (Aufmerksamkeit) auf s. ziehen.

₁N – V – N   *Aquela represa capta as águas da chuva. Não consigo captar o sentido desta frase. Ela captou-ME a atenção.*

capturar
1. festnehmen; verhaften; gefangennehmen; <etw> etw erfassen.

₁N – V – N   *Depois de muitas tentativas, capturaram os ladrões. Os italianos puseram em prática o sistema denominado "barra italiana", que consiste numa rede lastrada com barras de ferro que "penteia" os fundos marinhos e destroça mais coral do que captura, além de destruir as grutas de mariscos e de peixes.* [pj]

caracterizar [caraterizar]
1.-3. charakterisieren; kennzeichnen; auszeichnen; typisch sein für. 4.-5. s. auszeichnen durch. 6. beschreiben; charakterisieren. 7. beschreiben als. 8. jn bezeichnen als.

₁Nc – V – N   *O modo como se move, veste e age caracteriza a vampe.*
₂Fc – V – N   *Que Fernando Pessoa proceda assim, caracteriza-o.*
₃I – V – N   *Caracteriza-a proceder assim.*
₄N – Vse – por N   *O mês de Abril caracterizou-se por iniciativas em torno do décimo aniversário do 25 de Abril.* [pj] *O romance caracteriza-se por um emprego não usual dos adjectivos.*
₅N – Vse – por I   *Agatha Christie caracterizou-se por escrever notáveis novelas policiais.*

₆Np - V - N   *Caracterizou bem a paisagem.*
₇N - V - N - como P_{n, adj}   *Caracterizei-o como bom rapaz, como cobarde.*
₈N - V - N - de P_{adj}   *Caracterizou-o de cobarde.*

carecer
1. e-r S. entbehren; etw nicht haben; an etw fehlen, mangeln; ◊ es jm an etw fehlen. 2. <etw> etw benötigen, nötig haben. 3. müssen + V; haben müssen; (e-r Erklärung...) bedürfen.

₁Ncp - V - de N   *Embora careça de poderes legislativos semelhantes aos dos Parlamentos nacionais, o Parlamento Europeu conseguiu, a partir de 1975, ver-se associado a todas as decisões comunitárias de certa importância.* [cm] *Mota Pinto disse à ANOP que "o documento de trabalho" elaborado para a cimeira dos socialistas e sociais-democratas "tem questões em aberto, que carecem de um acordo ainda não encontrado".* [pj] *Os fiéis à prática litúrgica carecem de cultura religiosa esclarecida e profunda.* [pj] *Lúcio carecia de fundo de maneio para adquirir livros por atacado, e os forretas dos bancos só emprestavam dinheiro a quem já o tinha.* [np]

₂Nc - V - de N   *Aquele telhado carece de reparações.*
₃N, Fc, I - V - (de) N, I   *O projecto de investigação carece (de) ser apoiado pelo governo. Esta teoria carece (de) ser mais trabalhada. Carece (de) uma explicação o prisioneiro ter sido condenado à pena máxima estipulada para esse delito. Carece (de) explicação que ela não tenha aceitado a nossa proposta.*

caricaturar
1. karikieren; überzeichnen.

₁N - V - N   *Depois do 25 de Abril passou-se a caricaturar até os políticos, o que era proibido antes.*

carimbar
1. stempeln.

₁N - V - (N)   *Nos correios carimbam as cartas sempre com tanta força! Carimbam, copiam autos, escrevem à máquina, pensou o tenente-coronel.* [ro]

carpir¹
1. weinerlich klagen; jammern. 2. bejammern; bedauern. 3. wehklagen; s. die Haare raufen. 4. DIZER.

₁N - V   *Noutra altura teria chorado, ou pelo menos carpido, só para ter a certeza de que era eu quem ia ali.* [fa]
₂N - V - N   *Talvez agora fosse tarde demais. Já não havia tempo para carpir os seus pecados.*
₃N - Vse   *A pobre criatura lançava o avental sobre a face balofa e pálida, e carpia-se.* [as]
₄N - V - (N) - Te   DIZER. *Apenas uma mulher a carpia: Pobre menina! Tão novinha, tão liberal! Quem havia de dizer!* [pc]

carpir²
1. jäten.

₁N - V - N   *Carpiu ervas daninhas no jardim.*

carregar

Morf.: Part.: ter, ser, estar carregado; (ser, estar carregue).

1. laden in, auf; speichern. 2. beladen; laden in, auf; vollpacken mit; überladen mit. 3. etw, jn tragen, schleppen, transportieren; (Fotoapparat, Waffe) laden; (Batterie) aufladen; <Fotoapparat> e-n Film einlegen; (e-n Strich...) dicker zeichnen. 4. <Geruch> (Luft) erfüllen. 5. <Himmel> s. (mit Wolken) bedecken. 6. <Miene> s. verdüstern, verfinstern. 7. laden; ◊ beladen werden. 8. an Bord haben; tragen; FIG. s. mit (Ängsten...) herumtragen. 9. etw wohin mitnehmen, schleppen, tragen. 1o. s. stützen auf; auf (e-n Knopf...) drücken; (Gas) geben; (auf das Gaspedal) drücken; (Wort...) betonen; großzügig umgehen, übertreiben mit. 11. jn, den (Feind...) angreifen. 12. tragen; FIG. die Last von etw, an etw tragen. 13. etw wohin schleppen; abhauen mit etw; etw wegtragen. 15. in Richtung gehen, fahren auf.

₁Np – V – N – (L)   *Quando carregamos os dados na memória do computador, eles são imediatamente enviados para a saída.* [cp]

₂Np – V – Ncp – (de, com N)   *Carreguei o burro (com um saco de farinha). Carreguei a miúda de livros. Carreguei o programa do curso de bibliografia. Os ladrões carregaram o carro com tudo o que puderam encontrar no armazém.*

₃Np – V – Nc   *Vi a Alcina carregar lenha. Leonel tirou de uma mala um revólver, em que mal sabia mexer, e carregou-o.* [vp] *Carregar uma bateria, a máquina fotográfica, um traço.*

■ *Carregar o sobrolho:* (mißbilligend) die Stirn runzeln.

₄Nc – V – Nc – de, com N   *As latas de petróleo abertas a um canto da sala carregavam o ar de um cheiro pestilento.*

₅Nc – Vse – de N   *O céu carregou-se de nuvens.*

₆Nc – Vse   *A fisionomia carregou-se-LHE. Carregou-se-LHE o semblante com a notícia que ouviu.*

₇Nc – V – (N)   *O navio carrega hoje e depois larga para Istambul. O navio carrega produtos perigosos. Depois de carregar o correio, o avião levantou voo em direcção a Lisboa.*

₈Ncp – V – N <L>   *O navio carrega produtos perigosos. Carregava a criança ao colo e a mala às costas. Ela carrega angústias antigas.*

₉Np – V – N – D   *Carrego sempre a pasta (comigo) para a faculdade.*

₁₀Np – V – em N   *Carrego num botão e o silêncio volta a entrar no meu quarto.* [hn] *Carregando a fundo no acelerador, o Jaime perseguia, a uma velocidade tresloucada, um ponto escuro no horizonte, que julgava ser a carrinha logo desento pela Teresa.* [dm] *Carreguei nas palavras ao dizer-lhe aquilo. A cozinheira carregou no sal. Vocês aqui carregam bem nos preços, caramba!*

₁₁Np – V – sobre Np   *O exército carrega sobre os inimigos.*

₁₂Np – V – com N <L>   *Carregou com a bilha à cabeça. O Pedro e o Chico foram os primeiros a sair, carregando com os volumes mais pesados e orientando a procura da composição que os levaria a Braga.* [dm] *Carregou com a filha às cavalitas. A Maria carrega com as responsabilidades que lhe cabem.*

₁₃Np – V – com N – (D)   *Carreguei com este saco de casa até aqui. É tão pesado. Ele fugiu de casa e carregou com tudo o que pertencia à mulher.*

₁₄Np – V – D   *O cocheiro carregou para Sintra.*

casar

1. verheiraten; jn trauen. 2. verheiraten; jn jm antrauen. 3. FIG. etw mit etw verbinden. 4. (e-a.) heiraten. 5. jn heiraten; s. verheiraten mit. 6. heiraten. 7. s. mit jm verheiraten. 8. FIG. zue-a. passen. 9. FIG. wie passen zu.

₁N – V – Npl   *O padre casou a Maria e o Paulo. Eu casei-os ontem – disse o padre.*

₂N – V – N – (com N)   *O padre casou a Maria com o Paulo. Com quem casei a minha filha!*

₃N – V – N – com N   *Casar o útil com o agradável.*

₄Npl – Vse   *Eles casaram-se ontem.*

₅N – Vse – (com N)   *Ouve cá, Tó: quando te casas comigo?* [np] *Tivesse a Clara só um vestido de chita no corpo e casava-me na mesma. Casei por amor, posso jurá-lo.* [np]

₆Npl – V   *Eles casaram só no Registo Civil, não foram à Igreja.*

₇N – V – (com N)   *Tivesse a Clara só um vestido de chita no corpo e casava-me na mesma. Casei por amor, posso jurá-lo.* [np] *Que eras tu, antes de casares comigo?* [np] *Ela casou (com ele) por interesse, não por amor.*

₈Npl – V – M   *Esses sapatos e essa saia indiana casam bem.*

₉N – V – com N – M   *O vestido casa bem com os sapatos.*

castigar
1. bestrafen.

₁N – V – N   *Havia que descobrir e denunciar e castigar aqueles que estavam dentro da cidadela e pactuavam com o inimigo, alguns dos quais lhe abriam as portas.* [bc]

catar
1. suchen; (nach Läusen, Flöhen...) absuchen.

₁N – V – N   *De madrugada catavam as conchas das rochas. Quis catar as pulgas, mas não consegui. Para abrandar a ira, a minha mãe chamava-me e obrigava-me a pôr a cabeça no seu colo para me catar.* [fa] *O João está a catar o cão._ _Estão ambos sentados ali à sombra. O Carlos cata-LHE piolhos.*

cativar
1.–3. gefangennehmen; FIG. für s. gewinnen; jn fesseln; für s. einnehmen; anziehend wirken auf; (Aufmerksamkeit) auf s. ziehen. 4. jn liebgewinnen; s. anfreuden mit; s. zu jm hingezogen fühlen.

₁N – V – N   *Os jesuítas opunham-se a que os portugueses cativassem os indígenas. O que mais cativa e alucina os homens é uma certa beleza diabólica que ninguém define.* [cf] *O cinema foi já cativado pela obra, devendo dentro de meses chegar a Portugal um filme sobre a "Terra – Campo de Batalha".* [pj]
₂Fc – V – Np   *Cativou-me que ela se risse daquela forma.*
₃I – V – Np   *Cativou-me passar férias naquele país.*
₄N – Vse – de N   *Armando viu Alice, cativou-se dela e foi bem acolhido pelos seus pais, que o já conheciam e nele admiravam as suas qualidades superiores e grandeza de ânimo.*

causar
1. verursachen; bereiten; hervorbringen; <Unfall...> (Tote) fordern. 2.–4. (Staunen...) hervorrufen bei jm; jm (Probleme...) bereiten.

₁N – V – N   *É esta complexidade do computador que pode causar dificuldades.* [cp] *O tufão "Gerald" causou, pelo menos, 99 mortos e cem feridos.* [dn]
₂N – V – N – (a N)   *Causei embaraço à Maria com aquilo que lhe fiz. A polícia causa-nos problemas.*
₃Fc – V – N – (a N)   *Causava-lhe apreensão que o tempo passasse tão depressa. Causava-lhe impressão que eu fosse a única mulher a participar na expedição.*
₄I – V – N – (a N)   *Era evidente que aqueles dois se entendiam._Causava estranheza ver uma relação tão sólida entre eles.* [np] *A lojeca era um buraco acanhado e causava uma aguda tristeza a gente ver as prateleiras quase vazias e o magrizelas do Lúcio a dormitar.* [np] *Causa-lhe problemas lá no emprego vestir daquela forma.*

cavalgar
1. reiten; auf etw reiten. 2. wohin (spazieren-)reiten. 3. reiten; (Pferd...) besteigen; auf etw reiten.

₁N – V   *O mais antigo que a sua mãe conseguia descobrir na árvore genealógica era uma trisavó Benedita, que cavalgara dia e noite.* [av] *O miúdo cavalgou no muro como se andasse a cavalo.*
₂N – V – D   *Eu cavalguei até à praia. Cavalguei pela praia fora.*
₃N – V – N   *Cavalguei aquele burro velho mas não gostei._É muito melhor um cavalo fogoso.*

cavaquear
Morf.: Pres.: cavaqueio.
1.–2. plaudern; schwatzen; e-n Schwatz halten.

₁Npl – V   *Eles cavaqueavam à sombra da acácia.*
₂N – V – (com N)   *A única forma, agora, de cavaquear com ele, amenamente, tu cá tu lá, sabia ela qual era: precisava primeiro de castigar-se, de sofrer, mas de sofrer deveras.* [pc]

cavar¹

1. (Erde) umgraben; graben. 2. etw aushöhlen; (Grube...) ausheben; ausschachten; FIG. auf etw hinarbeiten. 3. FIG. <Graben> s. auftun. 4. (Gesicht) (mit Falten) zerfurchen, zeichnen.

₁N – V – (N)   *Cavar a terra/ o jardim. Um homem apenas era capaz de cavar durante dez minutos de cada vez.* [kf]

₂N – V – N   *Cavou um buraco para o lixo. Cavou os fundamentos da casa. Os deputados serão indignos das funções de representantes do povo, que aceitaram – e estarão a cavar a queda do regime.* [pj]

₃N – Vse   *Muitas vezes, entre homens de valor quase vizinhos e por vezes rigorosamente coetâneos, cava-se um fosso de grande incompreensão.* [pj]

₄N – V – N – L   *O tempo cavou-LHE rugas no rosto.*

cavar² [FAM.]

1. abhauen; verduften; s. aus dem Staub machen; verschwinden.

₁N – V – (D)   *E se nós cavássemos? – murmurou a mulher de repente.* [pc] *Ela cavou para férias e não disse nada.*

cear

Morf.: Pres.: ceio.
1. zu Abend, Nacht essen. 2. etw zu Abend, Nacht essen.

₁N – V   *Adivinhou a conversa, saiu e nessa noite não ceou em casa.* [fa] *Quem não ceia, toda a noite esperneia.* [fa]

₂N – V – N   *Amanhã ceamos um cabrito que preparei.*

ceder

1. jm etw abtreten, überlassen, abgeben. 2. e-r S. weichen; Platz machen für; (e-m Gefühl, e-r Bitte) nachgeben. 3. <Tür, Seil, jd...> nachgeben.

₁Np – V – N – a Np   *Cedo-lhe a minha parte na sociedade.*

₂Ncp – V – a N   *A resistência de Bernadette fê-lo desequilibrar-se e cair da cadeira. O riso cedeu então a uma jeremiada não menos horrível.* [np] *Finalmente cedi às imposições do chefe. Quantos cederiam, hoje, à tentação totalitária de tocar a campainha de "O Mandarim" do Eça de Queirós?* [ot]

₃Ncp – V   *O portão cedeu diante do meu corpo, e entrei no jardim.* [u] *A polícia tinha a certeza que Spaggiari acabaria por ceder.* [kf] *Ele não cedeu nunca. A corda cedeu e ele caiu do telhado.*

cegar

Morf.: ter, ser cegado; estar, ficar cego.
1. jn blenden; FIG. jn blind machen. 2. erblinden; blind werden. 3. auf (e-m Auge) erblinden.

₁N – V – N   *Uma fagulha saltou e cegou-me. A raiva/ a inveja cegava-o.*

₂N – V   *Ceguei num acidente de trabalho e não me indemnizaram.*

₃N – V – de N   *Ceguei de um olho na guerra colonial.*

ceifar

1. mähen; abmähen; (Korn) schneiden. 2. jm etw abreißen; jn überfahren; jn töten; jm das Leben nehmen; jn dahinraffen; ◊ (in e-m Unfall, im Krieg) umkommen.

₁N – V – (N)   *Cautela?! – Pois, homem. Ou tu julgas que as minhas pernas são trigo para ceifar?!* [fa] *Já lhe disse o que tinha a dizer. Ou vossemecê paga os trinta mil réis ou não tem quem LHE ceife o resto do trigo.* [pc]

₂N – V – Ncp   *Uma mina ceifou-LHE uma perna. O automóvel ceifou-o. Eles ceifaram-LHE a vida na flor da idade quando o mandaram para a guerra. A guerra ceifou-os todos.*

celebrar

1. (Geburtstag, Sieg...) feiern; (Vertrag) abschließen, zum Abschluß bringen; (Messe) lesen, halten.

₁N – V – (N)   *Celebro sempre o meu aniversário. O passar dos anos já não me angustia. Celebrou-se ontem com grande aparato o aniversário do 25 de Novembro.* [cc] *Os velhos camaradas reuniram-se para celebrar.* [kf] *Celebrar uma vitória, glórias, a missa. Celebremos hoje o contrato!* ►*Celebrar (sc.: a missa).*

celebrizar
1. jn berühmt machen. 2. berühmt werden; zu Ruhm kommen.

₁N – V – N　　　　　　　　Esse realizador celebrizou a jovem actriz.

₂N – Vse　<com, em, por N>　Celebrizou-se com a descoberta da teoria da relatividade. Celebrizou-se no domínio do estudo dos protões. O jornalista celebrizou-se pelos editoriais que escrevia.

censurar
1. tadeln, rügen; (Zeitung...) zensieren. 2.–3. tadeln; rügen.

₁N – V – N　<por I>　Censurei-a uma vez por gastar dinheiro. [np]

₂N – V – Fc　　　　Censurei que ela não tivesse aparecido a horas.

₃N – V – I　　　　Censuraram mostrarmos tanta alegria no dia do funeral.

cercar
1. belagern; umzingeln; einschließen; umringen; um etw herum sein, liegen, fließen. 2. umgeben, umzingeln, umzäunen mit. 3. s. umgeben mit.

₁N – V – N　　　　　Não tarda que eles cerquem esta cidade ou eu não me chamo Afonso Anes Penedo. [av] Pretendiam transportá-lo com eles, amordaçado, enrolado em mantas lobeiras a fim de despistarem a polícia que cercava o edifício a cair de velho? [lu] A polícia cercou a aeronave durante algum tempo antes de a autorizar a prosseguir viagem. [dn]

₂N – V – N – de, com N　Cercaram a casa com carrinhas blindadas para apanharem os ladrões que nem armados estavam. Cerquei o terreno de arame farpado. Cercaram-na de atenções, de carinhos.

₃N – Vse – de N　　　Cercou-se de móveis antigos, de amigos.

cerrar
1. zumachen; (die Augen...) schließen; (die Zähne) zus.beißen; zus.kneifen; 2. s. schließen; zus.rücken; s. einschließen. 3. FIG. s. verschließen, s. einigeln in.

₁N – V – N　　Cerrou os dentes. Klemm meneou a cabeça poderosa, quase calva, e cerrou os olhitos vivos por detrás das lentes grossas dos óculos. [ce]

₂N – Vse　　Não ousou encarar o rancho, que mais uma vez se cerrou instintiva e manifestamente hostil. [be] Cerrou-se no seu quarto. Cerraram-se as portas dos estabelecimentos e todos regressaram aos lares. [pj]

₃N – Vse – L　Cerrou-se num mutismo doentio.

certificar
1. bestätigen; bescheinigen; <Notar> beglaubigen. 2.–4. jn (offiziell) verständigen, benachrichtigen; jn e–r S. versichern; jm etw bestätigen. 5.–7. s. e–r S. vergewissern; s. etw versichern, bestätigen lassen; s. Gewißheit verschaffen über.

₁Ncp – V – Nc　　　O notário certifica o atestado. Certificou-LHE o valor dos documentos que descobrira na Torre do Tombo.

₂N – V – Np – de Nc　O tribunal certificou-me da resolução tomada, da sentença.

₃N – V – Np – (de) Fi　Certifiquei o Carlos (de) que o manuscrito era péssimo. Os serviços certificaram-me de que iam fechar, de que fechavam no verão.

₄N – V – Np – de I　As autoridades certificaram-na de não ter direito a férias.

₅Np – Vse – de N　Certifiquei-me da verosimilhança dos documentos.

₆Np – Vse – de Fi　É sempre necessário certificar-se de que as variáveis iniciam o programa com o valor correcto. [cp] Divertia vê-lo deambular a meu lado, observando-me às vezes de esguelha, sorrateiramente, a certificar-se de que estava a fazer bem as coisas. [np]

₇N – Vse – Int　Certifiquei-me se ele podia pagar a estadia.

cessar¹
1. aufhören mit; ablassen von; etw einstellen. 2. aufhören; <Schmerz> weggehen, aufhören.

₁Np – V – N　Cessámos o bombardeamento, as patrulhas.

₂Nc – V　　　O bombardeamento cessou. O calor cessou. As dores cessaram depois de ter tomado a injecção. A guerra não cessou com a intervenção da ONU.

■ Fazer cessar a.c.: e–er S. ein Ende setzen; <Waffenstillstand...> beenden: Processar a empresa não fez cessar a corrupção. Desejavam fazer cessar as tréguas que lhes haviam sido impostas.

cessar²
1. aufhören.

₁[N –] V + de V_{INF}   *Cessou de chover. Ela cessa de chorar/ de cantar/ de fazer barulho.*
▪ **Sem cessar:** unaufhörlich: *Ainda que a História seja uma velhota que se repete sem cessar, nessas repetições há sempre diferenças, gradações, cambiantes.* [pj]

chamar
1. jn rufen; jn aufrufen; jn aufrufen zu. 2. DIZER. 3. (den Aufzug...) rufen; (e-e Nummer) anrufen. 4. jn wohin rufen, herbeirufen. 5. jn (in die Armee) einberufen, zu (den Fahnen) rufen; jn berufen zu. 6. jn rufen zu; <Armee> jn einberufen; jn an (s-e Verantwortung...) erinnern; jn zurückbringen in. 7. (nach) jm rufen. 8. FIG. <etw> jn anziehen, rufen. 9.–11. jn, etw nennen. 12. heißen.

₁Np – V – (N) <para *I*>   *A Maria chama o João. Horácio dobrou o jornal, chamou o criado para pagar a despesa e ergueu-se.* [pc] *O soldado manda-os fazer alto e chama-os, um a um, pelas guias de marcha que tem na mão.* [cd] *Todos os homens válidos foram imediatamente chamados para se oporem à arremetida dos Alemães.* [oj]
▪ ⇒ *Tenho que fazer uma chamada.*

₂N – V – Te   DIZER.
₃N – V – N   *Chamar o elevador/ um táxi/ os bombeiros/ a polícia/ o 115.*
₄N – V – N – D   *Chamei-a para o pé de mim. Chamei o João ao telefone.*
▪ *Chamar alguém à pedra/ ao quadro:* (Schüler) an die Tafel holen.

₅N – V – N – para N   *Eles chamaram-no para a tropa, mas ele não foi. Chamaram-no para embaixador.*
▪ *Chamar a atenção+para N:* die Aufmerksamkeit lenken auf.

₆Np – V – Np – a N   *Os jovens portugueses, quando chamados às fileiras, cumpriam briosamente o seu dever.* [sc] *Ele chamou a Maria à responsabilidade. O acidente chamou-o à realidade.*
▪ *Chamar nomes a alguém:* jn beschimpfen.
▪ *Chamar alguém à razão:* jn zur Vernunft rufen, bringen.
▪ *Chamar a si a responsabilidade:* die Verantwortung übernehmen.

₇Np – V – por Np   *A criança chama pela mãe.*
₈Nc – V – Np   *A droga chama os jovens. Era como se o abismo o chamasse.*
▪ <a.c.> *chamar a atenção:* die Aufmerksamkeit auf s. ziehen.

₉N – V – a N – P_{n, adj}   *Sabe como chamam àquela árvore?* [np] *António tinha pouca sorte na vida profissional. Por alguma coisa lhe chamavam o Azarento.* [np]
₁₀N – V – N – de P_{adj}   BRAS.: *Chamavam-no de mentiroso, de ingrato.*
₁₁N – V – a Np – de Padj   *Chamava-lhe sempre de miúdo.*
₁₂N – Vse – P_n   *Como se chamava a igreja, João?*

chapinhar [chapinar]
1. bespritzen; vollspritzen. 2. s. bespritzen; s. vollspritzen. 3. in (Regenpfützen) planschen.

₁N – V – N <com *N*>   *O carro chapinhou-me com água suja.*
₂N – Vse <com *N*>   *A um e um os rapazes foram mergulhando, fazendo corridas, chapinhando-se com água.* [fa]
₃N – V <*L*>   *O cavalo ainda não fizera um sinal de receio. Escorriam-lhe as crinas com água da chuva, as ferraduras chapinhavam sempre e ela prosseguia, sem necessidade de António Lúcio se servir das esporas.* [bc] *As crianças chapinham ali na água.*

chatear [FAM.]
Morf.: Pres.: chateio.
1.–3. jn langweilen; anöden; ärgern; Ärger machen, verursachen; jm auf die Nerven gehen; jm lästig werden, sein, fallen. 4. jn ärgern; belästigen; jm lästig fallen. 5. s. langweilen. 6. s. ärgern über; ◊ jm auf die Nerven gehen; js überdrüssig werden. 7. es leid sein/ werden.

₁Ncp – V – (Np)   *Xana pediu ao pai que fizesse uma demostração – Inútil. O pai respondeu que nunca tinha sido grande bailarino, contudo não chateou. Saiu dali a rir.* [sa] *A Fernanda terá relógio? Deve ter porque consegue sempre ir chatear-me à casa de banho à mesma hora.* [hn]

₂Fc – V – (Np)   *Chateou-o que ela tivesse ido embora sem dizer nada.*
₃I – V – (Np)   *Chateia-a escrever aquilo tudo. Chateava-me ter que sair tão cedo de casa.*
₄Np – V – Np <com *N*>   *Não o chateies com perguntas. Por favor. Já disse. Não me chateiem*

	mais com isso. [cc]
₅Np – Vse <com Nc>	*Ele chateou-se com o trabalho. Metro, avenida...tudo cheio. Milhares e milhares de pessoas, não fazes ideia. E o mais giro é que ninguém se chateia.* [cc]
₆Np – Vse – com Np	*Chateou-se com os colegas. Ela chateou-se com o namorado e já arranjou outro.*
₇Np – Vse – de I	*Chateou-se de esperar por ela todos os dias no café.*

chefiar
1. leiten; die Leitung haben.

₁N – V – N	*Ele chefia o departamento da exportação da empresa.* ▸*Ele chefia sim, mas mal.*

chegar¹
1. ankommen; eintreffen. 2. kommen bis zu; jn erreichen; wo hingelangen. 3. gelangen, kommen zu; erreichen. 4. <etw> kommen. 5. etw an jn heranrücken, näherrücken. 6. näher (heran-)rücken an; s. nähern; näher (heran-)treten... 7. jm geben, reichen; etw halten an. 8. s. jm nähern; s. zu jm gesellen.

₁N – V – (D)	*O comboio chega (a Lisboa) às onze. O rápido acaba de chegar de Lisboa.*
₂N – V – D	*Lá do fundo, o som dum gemido chegou até ele.* [be] *As sombras desfazem-se antes de chegar ao chão. Convidamos os nossos leitores a fazerem chegar até nós ou à ARP as suas sugestões, que serão bem recebidas.* [pj]
	▪ *Não percebo onde queres chegar:* Ich verstehe, weiß nicht, worauf du hinaus willst.
₃N – V – a Ncp	*Ambrósio alonga um olhar desamparado para a morenaça, mas dali não lhe chega apoio nenhum.* [np] *Dos computadores de há 15, 2o anos, com um peso de várias toneladas e ocupando diversas salas, chegámos às máquinas de hoje, que podem ser transportadas para qualquer lado.* [cp] *Cheguei à conclusão de que a Maria se enganava. Chega-se ao geral pelo particular. No nosso tempo nunca isto chegou ao ponto em que está.* [cc]
	▪ <N, Fi> *chegar aos ouvidos de alguém:* jm zu Ohren kommen: *Chegou-me o boato de que vão nomear-me embaixador na Itália ou na Grécia.* [cc] *Chegou aos meus ouvidos que lhe tinham roubado 14oo vacas.* [av]
₄Nc – V	*Chega um dia em que estás descuidado a olhar o rebanho que regressa com a poeira da tarde.* [cr] *Chegou o momento de a comunidade internacional tomar medidas em defesa do povo de Timor Leste.*
₅N – V – N – (D)	*Dois servos ataram-me a um poste e chegaram-ME a lenha aos pés.* [np]
₆N – Vse – (D)	*Uns chegavam-se apenas por um momento e afastavam-se logo, com uma expressão radiante, desaparecendo de imediato pela rua abaixo.* [dm] *O Martins chega-se para trás na cadeira e respira fundo.* [hn] *Chegue-se, minha senhora, não tenha vergonha. Aqui tem a sua caixa.* [np]
₇N – V – N – a Ncp	*Chega-me o sal! Indicou-lhe uma cadeira e chegou-lhe a caixa dos cigarros. Cheguei o fósforo ao gás e ele acendeu.*
₈N – Vse – a Np	*Dois polícias tinham-se chegado ao chefe, desejando ardentemente aparecer no écran, ao menos uma vez na vida!* [dm] *Ainda com os pais vivos, já Pompílio Assobiador gostava de se chegar aos adultos e de os ouvir falar de mulheres.* [np]

chegar²
1. reichen. 2. <etw> jm reichen. 3.–4. genug...! Schluß mit...!

₁N – V <para N, Fc, I>	*Isso que fizeste já chega. Essa vitória chega para Portugal participar no Campeonato do Mundo. Não há cadeias que cheguem, é o que isso quer dizer.* [cd] *É o momento da revolução que chega para que se perturbe o mecanismo da repressão.*
₂N – V – a Np	*A revolução já não me chega, não me serve de alibi para sacrificar uma vida inteira.* [lu]
₃V – (de N)	*Chega de conversa!*
₄V – (de I)	*Chega de chorar/ de comer!*

chegar³
1. schließlich + V; auch noch +V; sogar + V.

₁N – V + a V_{INF}   Maputo chegou a estar em situação difícil sem energia eléctrica e sem luz. [pj] No entanto, só chegaram a ser construídas algumas partes deste protótipo. [cp] Chega-se a ter a impressão de que esses computadores são especialmente usados para o divertimento com jogos de origem comercial. [cp] Pedro chega a receber em casa rapazolas chineses de má nota, e não me admirava nada se algum dia arranjasse problemas relacionados com droga. [np]

cheirar
1. riechen; beriechen; schnuppern an. 2. riechen, duften (nach). 3. <es> riechen nach. 4. FIG. nach etw riechen. 5. PG.: ◊ wittern; ahnen.

₁Np – V – N   Cheirou as rosas que ele lhe tinha dado.
 ▪ Andar a cheirar + L: herumschnüffeln in: O que é que andas para aí a cheirar nas minhas gavetas/ no meu quarto?
₂N – V – (M)   Tu cheiras bem. O quarto cheira ainda à Helena. O ar cheirava a mofo.
₃V – M   Cheira aí mal debaixo das escadas. Cheira-ME a queimado. Neste quarto cheira a mofo.
₄N – V – a Np – M   Isso não me cheira nada bem. Pensando bem, isso dos ficheiros cheira-me a estoiro. [cd]
₅Fic – V – a Np   PG.: Cheirou-me que ela tivesse feito mal o trabalho para me arreliar. As crianças estão muito caladinhas. Cheira-me que estão para ali a fazer asneiras.

chiar
1. quietschen; kreischen.

₁N – V   No recrudescer duma bátega, a cancela, no extremo da varanda, chiou longamente e bateu. [as] Em cima da trempe, a cafeteira chia. [sv]

chicotear
Morf.: Pres.: chicoteio.
1. peitschen; auspeitschen; FIG. jn wie ein Peitschenschlag treffen.

₁N – V – N   O João chicoteou o cavalo. O capitão deu ordem para chicotear os prisioneiros. Ricardo apertou os lábios com força. Aquela frase chicoteava-o. Empinou-se interiormente, como um potro raivoso. [pc]

chilrear
Morf.: Pres.: chilreia.
1. zwitschern.

₁N – V   Lá fora chilreiam os passaritos.

chocar¹
1. ane-a.stoßen. 2. zus.stoßen; ane-a. stoßen; aufe-a. treffen. 3.–5. zus.stoßen mit; fahren, prallen gegen. 6. mit etw fahren gegen. 7.–1o. FIG. schockieren; empören. 11. FIG. schockiert, empört, betroffen sein über; s. empören über.

₁N – V – Npl   Chocaram os copos no brinde.
₂Npl – Vse   Chocaram-se na rua e olharam-se embasbacados.
₃Npl – V   [Fazer chocar:] O barman a mexer com desabrimento nos copos, no telefone e nas garrafas, fazendo-as chocar umas nas outras, enquanto o casal se afasta para o elevador. [np] Por incúria, o chefe da estação fez chocar os comboios. Os comboios chocaram (um contra o outro).
₄N – V – com N   Hoje choquei com outro carro mas não foi nada de grave.
₅N – V – contra, em N   Aquele azelha foi chocar contra uma/ numa árvore.
₆Np – V – com N – contra N   Choquei com o carro contra o muro.
₇Nc – V – Np   A notícia chocou as pessoas.
₈Fc – V – Np   Chocou-me que ele fizesse uma acção daquelas.
₉I – V – Np   Chocou-me ela ir ao Porto sem dizer nada.
₁₀Np – V – Np – (com N)   Teresa chocava a gente da terra com o seu trajo "diferente" e descuidado. [pc]
₁₁Np – Vse – com N   Chocou-se com a notícia.

chocar[2]
1. bebrüten; ausbrüten.

₁N – V – N *A galinha chocou os ovos. Chocar uma gripe/ uma doença.*

choramingar
1. quengeln; greinen; jammern. 2. FIG. jammern nach. 3. DIZER.

₁N – V *Júlia choraminga pelos cantos.* [sv]
₂N – V – por N *Convém aqui recordar que a Timex passou por violentas convulsões. E ultrapassou-as, não choramingando por novas leis laborais, mas utilizando-se das que dispunha.* [cp]
₃N – V – Te DIZER.

chorar
1. weinen; schluchzen. 2. um, nach jm weinen. 3. (Tränen) vergießen. 4. um jn weinen; etw beweinen, beklagen; etw bereuen; ◊ jm leid tun. 5. DIZER.

₁Np – V *Bernadette chorava baixinho, sentada na borda da cama.* [np]
₂Np – V – por N *A criança chorava pela mãe, por chocolates.*
₃Np – V – Nc *Acudiam-lhe de novo lágrimas aos olhos, lágrimas de piedade, que chorava sobre si própria, sobre o espectáculo dum fracasso sem sombra de beleza.* [vp] *Chorava lágrimas em fio quando se lembrava disso.*
▪ *Chorar lágrimas de crocodilo:* Krokodilstränen vergießen.
₄Np – V – Ncp *Ainda hoje chora os pais. Chorou o dinheiro que gastou. Chorava os seus pecados. Vais ficar agarrado à mãe para chorares o resto dos teus dias a ocasião perdida, a ditadura da família que precisa de ti.* [lu]
₅N – V – Te DIZER

chover
1. regnen. 2. FIG. <Fragen> prasseln, hageln.

₁V *Lembro-me de como chovia na viela, quando, guiado por um anúncio de jornal, bati à porta daquela casa esguia e sórdida.* [np]
▪ *Chover a cântaros/ a potes:* in Strömen regnen; gießen.
₂N – V – (D) *Direito a casa, ninguém foi capaz de lhe tolher o caminho, embora as perguntas chovessem de todos os lados.* [ra] *Imensos aplausos choveram sobre ela ao terminar o espectáculo.*

chuchar
1. suckeln; trinken; nuckeln; FIG. etw an s. reißen, in s-n Besitz bringen. 2. lutschen, suckeln an.

₁N – V – N *O bebé chuchou o leite todo que ela tinha na mama. Ele chuchou-lhe parte da herança.*
₂N – V – em N *O bebé chucha na chupeta todo o dia. Temos que lha tirar.*
▪ *Ficar a chuchar no dedo:* das Nachsehen haben; in den Mond, in die Röhre gucken.

chumbar[1]
1. löten; schweißen; plombieren; plombiert bekommen; s. (e-n Zahn) plombieren lassen; <Wild> (mit Schrot) schießen.

₁N – V – N *Chumbar um caixão. Ele chumbou os apoios da prateleira na parede. O médico chumbou-me um dente. Eu chumbei um dente. Chumbou uma lebre nesse dia.*

chumbar[2]
1. jn (in e-r Prüfung) durchfallen lassen; sitzenbleiben. 2. (in etw) durchfallen.

₁N – V – N *O professor chumbou 4o% dos alunos. Chumbei o ano.*
₂N – V – (em, a N) *Com as gémeas e o João, tudo bem. Esses estão passados... Agora o Chico, se chumbar, vai ficar desesperado.* [dm] *Chumbei no exame. Chumbei em/ a matemática. Ele chumbou no segundo ano.*

chupar
1. etw saugen, aussaugen; etw lutschen; lutschen an; FIG. jn aussaugen, schröpfen. 2. s. ane–a. festsaugen. 3. saugen an; an (der Zigarre) ziehen.

₁N – V – N   O Vasco chupava a última laranja que lhe restava, com o ar tranquilo de quem está a caminho do paraíso. [av] Chupar um caramelo. Aquela moça chupa o João. Está cada vez mais magro.

₂Npl – Vse   Ao apartarem-se, as duas mãos deslizaram uma pela outra como a chuparem-se, como polos contrários que a custo se deixam, quando alguém os desprende. [vp]

₃N – V – em N   Chupava no cigarro, deitando fumo pela boca e pelo nariz. [ra]

■ PG. FAM.: Chupar com a.c.: [Universität] (e-n Kurs) aufgebrummt bekommen: Ainda vou chupar com mais uma cadeira este ano!

chutar
1. [Fußball] schießen; treten. 2. schießen in, gegen, zu.

₁N – V – N   Chutei a bola com muita força.
₂N – V – N – D   Chutar a bola à baliza, contra a trave. O guarda-redes chutou a bola para canto.

chuviscar
1. nieseln.

₁V   Que aborrecido! Todo o dia a chuviscar.

cicatrizar
1. (Wunde...) heilen, vernarben lassen; FIG. etw heilen. 2. (FIG.) <etw> vernarben, heilen.

₁N – V – N   Abençoada natureza que tão depressa cicatrizava com o seu claro sol matinal uma ferida que eu supusera incurável! [sv] Vais ver, o tempo acaba por cicatrizar tudo.

₂N – V   A ferida cicatrizou depressa. Essa ferida, nas profundezas da sua alma, não cicatrizava.

cimentar
1. betonieren; zementieren; FIG. festigen. 2. FIG. s. festigen.

₁N – V – N   Cimentei aquele muro numa tarde. As paredes tinham sido cimentadas a preceito. [kr] Muitos momentos comuns, muitas horas de amargura, muitas noites de vigília cimentaram entre nós sentimentos fraternos. [dp] O cavaleiro tauromático Afonso Lopes espera cimentar posições na temporada de 1985. [pj]

₂N – Vse   A amizade deles cimentou-se ao longo dos anos.

cingir
Morf.: Pres.: cinjo, cinges.
1. umgeben; FIG. eng umhüllen. 2. umgürten; anlegen; s. etw umschnallen; jn (eng) umfassen; jn eng an s. halten, drücken. 3. (Schwert) umgürten, anlegen, umlegen. 4. jn eng an s. drücken. 5. s. drücken an; s. schmiegen an jn; dicht herangehen an; FIG. s. (eng) halten an; s. beschränken auf. 6. FIG. s. beschränken auf.

₁Nc – V – N   As muralhas cingem a cidade. O diadema cinge a fronte. O silêncio cingiu mais estreitamente o vale e os montes. [mi]

₂Np – V – N   Cingir uma espada, a faixa de campeão, uma coroa. Luís, se a via hesitar perante um obstáculo, amparava-a, cingindo-a pela cintura nos passos mais difíceis, sobre os limos escorregadios. [vp]

₃Np – Vse – com N   Cingiu-se com a espada e saiu.
₄Np – V – N – a N   Cingir alguém ao peito.
₅Np – Vse – a N   Cingir-se à porta. O toureiro cingiu-se ao touro. Cingiu-se a ela e dançaram felizes. A RENAMO – cinjamo-nos à declaração de Pretória – reconhece Samora Machel como presidente da RPM. [pj] O jantar, ainda ela continuava a cozinhá-lo no quarto, porque o merceeiro lhe fiava os géneros, já de mau modo em todo o caso, o que a levava a cingir-se ao mínimo de compras indispensáveis. [pc]

₆Np – Vse – a I   Cingiu-se a fazer só o que lhe competia.

circular
1. verkehren; (wo) herumfahren; zirkulieren. 2. wo kursieren.

₁N – V <L> *Algumas pessoas ainda circulam pela rua. Circula nas estradas portuguesas cerca de milhão e meio de automóveis.*

₂N – V – L *Os jornais circularam de mão em mão. A notícia circulou nos meios intelectuais.*

circundar
1. umgeben; herumstehen um. 2. s. umgeben mit.

₁N – V – N *A alverca só se conhece pelas árvores que a circundam, e nenhuma mulher se atreve a ir lavar roupa para aqueles lados.* [ra] *Tombada para a nuca, a larga aba negra do chapéu circunda-LHE a cabeça, velando a cara de sombra.* [sv] *O capitão e o argelino não estavam dentro da furgoneta, mas sentados ali perto, no muro baixo que circundava o Parque Albert I.* [kr]

₂N – Vse – de N *Circundou-se de imbecis.*

cismar
1.–2. grübeln, nachgrübeln, nachdenken (über); unaufhörlich denken an. 3.–4. nachgrübeln, nachdenken über; die fixe Idee haben, s. in den Kopf setzen, daß. 5. jn auf dem Kieker haben; es auf jn abgesehen haben.

₁N – V – (em N) *Aquelas privações, contudo, ainda eram o que lhe valia – consolava-se ela. A verdade é que assim cismava menos no morto.* [pc] *Não sei o que se passa com ele, só cisma. Na vila de Caniça, as conversas sobre o ladrão de São Paio enchiam de prazer e susto os longos serões de inverno. Moços de Portugal, de visita ali, cismavam, à recordação da travessia do rio, a nado, no regresso.* [pl]

₂N – V – N *Cismo indeterminadamente as viagens.* [ac]

₃N – V – Fic *Ela continua a cismar que foi o pai quem matou o filho. Cismavam que os tivessem denunciado.*

₄N – V – (de) I *Ele cismou ter que resolver o problema por aquele meio. Ela cismou de comprar outra geladeira para a festa do casamento.*

₅N – V – com Np *Cismou com o novo empregado e despediu-o.*

citar
1. zitieren; erwähnen; vorlesen; vortragen.

₁N – V – N *Ele citou a bibliografia que utilizara. O provedor cita-nos uma queixa da Associação 25 de Abril.* [dn]

civilizar
1. zivilisieren; die eigene Kultur wo einführen.

₁N – V – N *A nossa história fez-se com ou contra Roma, que conquistou e civilizou a Península.*

clamar
1. laut rufen. 2. etw fordern; um (Hilfe) rufen. 3. (laut) protestieren gegen. 4. laut fordern. 5. laut rufen; protestieren. 6. laut fordern, daß. 7. jm etw klagen; jn anflehen um. 8. jn anflehen um. 9. DIZER.

₁N – V *Se calhar, ando a bater-me por uma luta inglória, como voz a clamar no deserto.* [pj]

₂N – V – por N *Quando se sentiu a afogar, clamou por socorro. As famílias das vítimas clamavam por justiça.*

₃N – V – contra N *Ele sempre clamou contra as situações injustas.*

₄N – V – N *Tal como na Mafia, existe também na criminalidade política um "terceiro nível", a esfera dos intocáveis. E é sobretudo contra estes que o povo clama justiça.* [oj]

₅N – V – Fi *Começam a clamar que se trata de ingerência nos seus assuntos internos.* [oj]

₆N – V – Fc *Clamavam que tratássemos da nossa vida.*

₇N – V – a Np – N *Clamou a Deus as suas tribulações, perdão de seus pecados.*

₈N – V – a Np – Fc *Clamava a Deus que viesse em seu auxílio.*

₉N – V – Te DIZER.

clarear
Morf.: Pres.: clareia.
1. heller machen; aufhellen; etw erleuchten, erhellen. 2.-3. <Himmel> aufklaren; (langsam) hell werden.

$_1$N - V - N Clareei as cores do quadro. A lua, a aurora clareava os montes. Uma pequenina lâmpada clareava o canto da sala.
$_2$N - Vse O céu clareava-se e punha-se bonito.
$_3$N - V O céu clareia. O dia clareou e pôs-se bonito.

clarificar
1. - 3. (Fragen...) klären. 4. <Situation> s. klären.

$_1$Ncp - V - Nc É necessário clarificar alguns pontos, antes de entrar numa análise minuciosa do programa. [cp] Tem sido o jogo das forças políticas e a formação acelerada de uma opinião pública politizada, que vem clarificando a situação política transitória. [dp]
$_2$Fc - V - Nc Que ele pedisse desculpas, clarificava a situação.
$_3$I - V - Nc Clarificou a situação ela pedir desculpas.
$_4$Nc - Vse Com o tempo a situação clarificou-se.

classificar
1. klassifizieren; anordnen. 2. klassifizieren, bezeichnen, einordnen, einstufen als. 3. einteilen in. 4. [Sport] e-n guten Platz belegen; den xten Platz belegen. 5. [Sport] s. klassifizieren.

$_1$N - V - N A secretária classifica sempre mal os dossiers. Existe uma convenção que classifica os computadores de acordo com o seu tamanho e capacidade. [cp]
$_2$N - V - N - de... P$_{adj, n}$ Sou o chefe de Estado dum país que soube iniciar na longa noite de 25 Abril uma revolução sem sangue que outros classificaram de a mais pura do século. [dp] Classifica a medida de, como essencial para o progresso. Isso classifica-o como sério candidato ao prémio Nobel.
$_3$N - V - N - em N Garcia da Horta classificou as plantas que encontrara em nocivos ou úteis.
$_4$N - Vse - em, entre N O português João Nunes classificou-se em segundo lugar no Festival Internacional da UNESCO "Sequim de Ouro" [p] Eles classificaram-se entre os oito primeiros, com qualificação assegurada para a fase final. [dn]
$_5$N - Vse <para N> Este nadador, com o tempo que fez, classificou-se para a final.

coabitar
1. zus.wohnen; zus.leben. 2. zus.wohnen mit. 3. gemeinsam bewohnen.

$_1$Npl - V Há um ano começámos a, como se diz, coabitar. [lu]
$_2$N - V - com N Só com dezoito anos a rapariga foi chamada ao solar, a coabitar com os irmãos. [as]
$_3$Npl - V - N Coabitam a mesma casa.

coar
1. durchseihen; filtern. 2. (Sand...) laufen, fließen lassen durch. 3. dringen durch.

$_1$N - V - N Coa-se o caldo, depois de bem apaladado, e juntam-se-lhe nabos e cenouras. [ac] As cortinas coavam a luz, deixando a sala na penumbra.
■ Coar o café com o filtro.
$_2$N - V - N - L$_{por}$ Suspirou e maquinalmente começou a coar por entre os dedos afastados a areia escaldante. [be]
$_3$N - Vse - L$_{por}$ Todo o ambiente era um pouco irreal. A luz coava-se pelas janelas de pequenos losangos de vidro branco e amarelo, impregnando a atmosfera de uma tonalidade dourada, que lhes dava a sensação de viverem um sonho. [dm]

coaxar
1. <Frosch> quaken.

$_1$N - V À beira do lago coaxam as rãs.

cobiçar
1. begehren; begehrlich anschauen. 2. s. um etw reißen; gieren nach; begierig sein auf; gierig ansehen; etw begehren; FIG. streben nach; neidisch sein auf. 3. etw an jm lieben, begehren.

$_1$Np – V – Np *Lá fora, na esplanada do café, os ociosos bebem cerveja, ou bocejam, ou cobiçam, gulosamente as fêmeas que passam a desnalgar-se.* [op]

$_2$Np – V – Nc *O livro foi cobiçado como rendoso artigo de comércio.* [oj] *E há-de ir todo inteiro, porque a gente não LHE cobiça nada.* [fa] *Encostada ao balcão, cobiçando os bolos, simulou ter-se esquecido do porta-moedas.* [pc] *Cobiçava o lugar de Primeiro Ministro. Cobiçava a profunda admiração que sentiam pelo seu adversário político. Que mal lhe fizera eu? Ah, a janela! Talvez o Japonês cobiçasse o meu lugar à janela.* [np]

$_3$Np – V – Nc – em N *Certas mulheres interessam-se com efeito por estes "bárbaros": cobiçam neles alternadamente o ardor selvagem e a submissão total.* [vp]

cobrar
1. (Steuern) einziehen; (Betrag, e–n Preis...) erhalten; (Gehalt) beziehen; FIG. neuen Mut fassen. 2. (Geld, Steuern) bei jm einziehen, von jm einkassieren. 3. (Geld) verlangen, einkassieren. 4. von jm Geld einkassieren.

$_1$N – V – N *O Estado já cobrou os impostos. O Tratado CECA responsabilizou a Comissão de cobrar directamente receitas e de as utilizar para a readaptação dos trabalhadores.* [cm] *Já cobrou alento. Condenamos da mesma forma aqueles que, antes de 25 de Abril, cobravam grossos salários na Televisão.* [ot] *Salomé-Dolores cobrava agora, na realização do seu sonho, o prémio da virtude essencial que soubera guardar.* [mi]

$_2$N – V – N – a Np *O Estado já cobrou os impostos aos trabalhadores.*

$_3$N – V – Q <por N> *Daí em diante passou a tratar-me da roupa, sem cobrar nada por isso.* [np]

$_4$N – V – Q – a Np <por N> *Cobrei-lhe mil escudos/ caro pelo meu trabalho.*

cobrir
Morf.: Pres.: cubro, cobres. Part.: coberto.
1. zudecken; verhüllen; bedecken; einhüllen; (Strecke) zurücklegen; (Unkosten) (ab–)decken; <Tier> decken; (Rückzug) decken. 2. bedecken mit; einhüllen in. 3. s. einhüllen in; s. bedecken mit; s. zudecken. 4. bedecken mit; FIG. jn überhäufen mit. 5. s. bedecken; FIG. s. e–r S. aussetzen. 6. schützen vor. 7. s. schützen vor.

$_1$N – V – N *A neve cobre o campo. Aquela estrutura plástica cobre o jardim. O banco cobrirá todas as despesas. O Seguro cobre os prejuízos. Cobriu a distância em 5 minutos. O boi cobriu a vaca. Cobriu a retirada dando alguns tiros.*

$_2$Np – V – N <com N> *O Corso cobriu o caixilho da porta com cimento plástico, vedando as fendas.* [kf] *Cobri o piano com um pano/ a criança com um cobertor. Cortam-se fatias de pão fino e deitam-se sobre os temperos na terrina. Cobre-se tudo com água a ferver e tapa-se a terrina.* [ac]

$_3$Np – Vse <com N> *Cobriu-se com uma manta e adormeceu.*

▪ *Np–Vse*: den Hut aufsetzen; den Kopf bedecken; s. bedecken.

$_4$N – V – N – de N *O outono cobre o chão de folhas secas. Cobria-o de ridículo.* ▸*O bolo está quase pronto. Só falta cobrir de creme.*

$_5$N – Vse – de N *O campo cobre-se de neve. Cobriu-se de ridículo ao fazer aquilo.*

$_6$N – V – N – de, contra N *Cobri-a contra o sol/ do frio.*

$_7$N – Vse – de, contra N *Cobri-me da chuva. Cobriu-se contra a chuva.*

coçar
1.–2. (s. wo, etw) kratzen, jucken.

$_1$N – V – N *Cocei a cabeça e encolhi os ombros, fazendo que não me importava.* [fa] *O macaquito põe-se a coçar a anca felpuda enquanto as crianças se retorcem com riso lá em baixo.* [op] *O agente mais graduado coçou a orelha com a mão esquerda e continuou a olhar para o colega com ar pensativo.* [hn]

▪ FAM. *Coçar alguém* (⇒ *Dar uma coça em alguém*): jm e–e Tracht Prügel verabreichen: *Se fosse preciso, para lhe refrescar a memória, coçava-o.*

$_2$N – Vse – (L) *Não sei o que ele tem. Anda sempre a coçar-se. Cismava, coçando-se na cabeça.*

cochichar
1. flüstern; zischeln. 2.-4. tuscheln (mit). 5. DIZER.

₁N – V Os dois homens ouviram cochichar à porta do barbeiro: É o Palito brasileiro, de braço dado com o Renato_Que será que lhe quer? [vn]

₂Npl – V Pouco depois cochichavam e riam, resolvendo sem mais explicações ir todos tomar banho. [be]

₃N – V – com N Ela ria-se e cochichava com o dono da fábrica.

₄N(pl) – V – Int Ela estará com certeza muito mais irritada com todos aqueles inocentes abutres que lá ficaram, ao redor do corpo a erguerem-lhe a mantilha de meia em meia hora, a cochicharem se foi ou não foi suicídio. [gt]

₅N(pl) – V – Te DIZER.

■ Cochichar a.c. ao ouvido de alguém: jm etw ins Ohr flüstern.

cofiar
1. s. (über) den Bart streichen; (den Bart) zwirbeln; (Haar) glattstreichen.

₁N – V – N Cofiava o bigode. O avô continuava silencioso, a olhar à volta, cofiando a barba muito semeada de branco. [bc]

coibir
1. behindern; hindern; hemmen; etw. einschränken. 2. jn hindern an. 3. darauf verzichten; s. e–r S. enthalten; s. etw versagen. 4. s. e–r S. enthalten; es s. versagen; s. zurückhalten.

₁N – V – N O vestido justo coibia-LHE os movimentos. Aquele decreto coíbe as liberdades mais elementares dos cidadãos.

₂N, I – V – Np – de I Coibi-a de sair naquelas condições. A educação e a mentalidade coibiram-na de ser livre. Vê-lo naquele estado coibia-me de me mostrar severo para com ele.

₃Np – Vse – de N Coibiu-se de despesas inúteis.

₄Np – Vse – de I Minha tia soube educar essa apreensão, coibindo-se de lhe fazer sentir a sua superioridade. [op] A Rodésia continuou a receber todo o combustível de que necessitava, em grande parte fornecido por companhias britânicas que não se coibiam mesmo de o anunciar nos jornais de Salisbury! [sc]

coincidir
1. identisch, deckungsgleich sein; <Linien> zus.fallen, s. schneiden; <Termine...> zus.fallen; übereinstimmen. 2. zus.fallen, identisch sein, s. decken, übereinstimmen mit.

₁Npl – V Estes esquemas coincidem. Estas linhas coincidem no infinito. As datas de ambos coincidem. As nossas opiniões coincidem.

₂N – V – com N Aquele duplicado não coincide com este. A sua ideia coincide com a minha. Não posso partir convosco_O meu exame coincide com a vossa partida. Absolutamente_Tanto assim que a colite do meu marido coincidiu com a morte da nossa cadelinha. [cc]

colaborar
1.-3. zus.arbeiten. 4. beitragen zu. 5. mitarbeiten an; mitwirken bei.

₁Npl:p – V – (em N) Eles gostavam de colaborar, o que vai sendo raro. Eles colaboravam naquele projecto novo. Votar é colaborar, não votar é trair o Povo.

₂N – V – com Np – (em N) Colaborou comigo nesse projecto. Ele diz que nunca colaborou com a PIDE.

₃Npl:p – V – para N, Fc, I Colaboraram para fazer avançar a investigação. Eles colaboravam para que o projecto tivesse êxito. Todos colaboraram para a festa.

₄N – V – para N, Fc, I Colaborei para o êxito da peça de teatro. Colaborei para vos ajudar. Colaborei para que ela fosse reconhecida internacionalmente.

₅N – V – em N Eles pretendem colaborar no novo projecto.

colar
1. etw kleben, (zus.)leimen; etw festkleben. 2. kleben. 3. <etw> kleben; klebrig sein. 4. etw kleben auf, an. 5. wo kleben; <etw> kleben, haften an. 6. (Lippen...) pressen auf, gegen; mit (dem Auto) dicht (heran-)fahren an. 7. s. dicht, eng halten an; s. an jn anschmiegen; <Auto> dicht (heran-)fahren an; s. pressen gegen; festkleben an.

$_1$Np – V – N   Colar um brinquedo. Já colei a peça. Não te esqueças de colar as folhas do livro!

$_2$Nc – V – N   A cola de madeira não cola metais. ▸Penso que essa cola colará bem.

$_3$Nc – V   A mesa cola. Está tão suja. Este tecido cola.

$_4$N – V – N – L   Um dos assaltantes colara algumas fotografias à parede com fita adesiva. [kr] A Junta colou avisos nas paredes da aldeia. Colei o papel na/ à parede. Colou o selo na carta.

$_5$N – V – L   A fotografia colou à parede. A poeira colava à sua ropa.

$_6$Np – V – N – a N   O João colou os lábios ao vidro da janela. Colei o carro ao do meu amigo para o avisar.

$_7$Np – Vse – a N   Colar-se à parede. Ela colou-se a mim enquanto dançava. O carro colou-se ao meu. As folhas do livro colaram-se à capa.

coleccionar [colecionar]
1. sammeln.

$_1$N – V – Npl   Eles coleccionam selos.

colher
1. (Trauben...) pflücken; ernten; (Netz, Segel) einholen; einsammeln; sammeln; holen; (Lorbeeren) davontragen, einheimsen; (Sinn) erfassen. jn (in s-e Arme) nehmen; mit (den Armen...) auffangen; (Eindruck) gewinnen. 2. <Auto> jn anfahren; jn (mit dem Auto) erfassen. 3. jn ertappen, erwischen. 4.–5. etw e-r S. entnehmen.

$_1$Np – V – N   Colher uvas/ flores/ milho/ as redes/ velas/ provas/ louros/ informações. Colhe-se o que se planta. Sem haver a certeza de que o doador se encontra seguramente morto, não é lícito colher os seus orgãos. [pj] Colhi alguns exemplos em duas das melhores versões d'Os Lusíadas. Colher alguém nos braços. Atiraram a fruta e eu colhi-a no cesto. Mas a impressão que colhemos nas nossas conversações foi favorável. [ot]
■ Quem ventos semeia, tempestade colhe: Wer Wind sät, wird Sturm ernten.

$_2$Nc – V – Np   O camião colheu o peão.

$_3$N – V – N – P$_{adj}$ A recente proposta de lei, decretando aumento dos vencimentos dos deputados, colheu o comum cidadão deste pequeno país desprevenido, deixando-o perplexo. [pj]

$_4$N – V – N – de N   Colhi algumas informações da análise que fiz. Da descrição que fizeste colhi alguns preciosos dados.

$_5$N – V – de N – Fi   Dessa informação colho que podemos contar com ele.

colidir
1.–4. zus.stoßen; (s.) widersprechen; s. nicht vertragen mit; nicht vereinbar sein mit.

$_1$Npl – V   Hoje colidiram dois comboios, mas não houve acidentes pessoais.

$_2$N – V – com N   O condutor do autocarro de transportes públicos, que quase colidira com o Land-Rover, soltou uma obscenidade em surdina e continuou. [kr] Estas práticas finas colidiam com o grosseiro conceito que do outro sexo ele fazia. [np] Os interesses da África do Sul colidiam com os nossos, o que nos obrigou a manobrar para não perder posições. [sc]

$_3$Fc – V – com N   Colide com os interesses das grandes potências que a África do Sul não abandone o "Apartheid".

$_4$I – V – com N   Colide com os princípios deles manterem relações económicas com a África do Sul.

colocar

1. legen; setzen; stellen; etw (wo) aufstellen; s. (die Zähne) einsetzen; (Ziegel) verlegen. 2. setzen; stellen; legen; aufstellen; situieren; (Lehrer...) wohin versetzen; FIG. etw über etw stellen. 3. s. wohin setzen; s. wohin stellen. 4. (auf en Markt) bringen; (Geld) anlegen in; in (eine Situation) bringen. 5. in (den Dienst) stellen von; (Problem) darlegen; (Hindernisse) errichten; jm etw zur Verfügung stellen. 6. s. (auf js Seite) stellen; s. (in den Dienst...) stellen. 7. FIG. jn. unterbringen; jm (e-e Stelle) verschaffen; jn einstellen; (Frage) aufwerfen. 8. e-e Stelle bekommen.

₁N – V – N – (Lem)   Já coloquei a tampa na cafeteira. Colocou uma por uma as pedras do jogo de xadrez. Colocou a dentadura. Já acabou de colocar os tijolos.

₂N – V – N – Lem...   Quando acordasse havia de colocar a lata na prateleira mais alta da cozinha para evitar tentações futuras. [av] Estou a ver Palácios sentar-se pesadamente numa cadeira que lhe ofereci, limpar o suor da fronte e colocar a muleta entre os joelhos. [np] Depressa as enormes mãos de Palácios colocaram esse livro nas minhas mãos. [np] Cardoso Pires coloca no século XIX o centro da acção. [cd] O ministério colocou os professores nas escolas novas. E depois, se te colocarem fora de Lisboa sempre te acompanho, explicou ela. [fo] Todos os homens de talento e de génio que nesta Organização têm sabido colocar os ideais do bem e da equidade universal acima dos interesses nacionais ou regionais são marcos na rota ascensional da Dignidade Humana. [dp]

₃N – Vse – La...   Colocou-se ao lado dela. Colocou-se à janela. Mas tu colocas-te perante os outros exactamente na atitude que lhes censuras! [jc]

₄N – V – N – em N   Passa a ser possível reduzir, ou mesmo eliminar, o estágio dos vinhos e colocá-los no mercado mais cedo, a preços mais acessíveis. [oj] Coloca o seu dinheiro em acções, na bolsa. Isso coloca-o numa situação difícil.

▪ Colocar a.c. em hasta pública: zur Versteigerung bringen: Quanto ao "Diário Popular" e à Rádio Comercial, o Governo colocá-los-á em hasta pública, esperando que surjam interessados. [dp]

₅N – V – N – a N   Como Staline e seus sucessores, Gorbatchóv esforça-se por colocar a República Federal da Alemanha e a sua economia ao serviço da URSS. [cm] Coloquei o problema aos presentes, mas não obtive solução. Margaret Thatcher disse na Câmara dos Comuns que seria "muito lamentável" que a Grécia colocasse obstáculos à adesão de Portugal e da Espanha à CEE. [cm] Colocar a.c. à disposição de alguém.

₆N – Vse – a N   Ele colocou-se ao serviço do país. Esses países colocam-se ao nosso lado na adesão à CEE.

₇N – V – Ncp   Ele conseguiu colocar o seu filho. Há professores por colocar. A empresa colocava mecânicos, mas não engenheiros. Colocar uma questão.

₈Np – Vse   Ele já se colocou.

▪ Colocar mal alguém: von jm e-n schlechten Eindruck vermitteln, geben: Isso coloca-o mal. Coloca-se mal procedendo assim.

colonizar

1. besiedeln; kolonisieren.

₁N – V – N   Em 1887, um tal Augusto Gisler, invocando o desejo de colonizar a "Ilha dos Cocos", conseguiu uma autorização do presidente costa-riquenho para ser nomeado governador da ilha. [pj] Os portugueses colonizaram um vasto território.

comandar

1. befehligen; kommandieren. 2. DIZER.

₁N – V – N   O general comanda as tropas. ▸Ele sabe comandar.
₂N – V – Te   DIZER.

combater

1. kämpfen gegen; bekämpfen. 2. s. bekämpfen; mite-a. kämpfen. 3. bekämpfen. 4. kämpfen. 5. kämpfen gegen. 6. mit jm kämpfen. 7. kämpfen, eintreten für.

₁Np – V – N   Combater o inimigo/ uma doença/ um incêndio/ os preconceitos. Combateram a corrupção com todos os meios que tinham ao seu alcance. Combateu os seus próprios defeitos. A oposição combate o governo.

₂Npl:p – Vse   Todos os dias eles se combatem.

₃Nc – V – N	*Este medicamento novo combate melhor a malária.*
₄Np – V	*Eles combateram em África. Os guerrilheiros muçulmanos combatem para derrubar o Governo de Cabul.* [dn] *Combatemos de armas na mão!* [cd]
₅Np – V – contra N	*Ele combateu contra os mercenários.*
₆Np – V – com Np	*Essa unidade combateu com uma brigada adversária.*
₇Np – V – por N	*Combatem por uma vida melhor.*

combinar
1.–2. verbinden; kombinieren, verknüpfen (mit). 3.–6. wie (zue–a.) passen; s. mit e–a. verbinden. 7.–12. vereinbaren; mit jm abmachen; verabreden.

₁N – V – Npl	*Combinei aquelas cores e consegui esta (cor nova).*
₂N – V – N – com N	*O seu recente método combina as técnicas de cultura dos protozoários com as das células de tecidos.* [ot]
₃Npl – Vse	*Parece-me que estes sons se combinam bem. O patamar cheirava a detergente e a cera, e para além da porta combinavam-se os ruídos enérgicos da limpeza.* [ro]
₄N – Vse – com N	*Esta cor combina-se bem com aquela.*
₅Npl – V – M	*Acho que naquele quadro as cores combinam bem.*
₆N – V – com N – (M)	*O azul combina com o verde.*
₇Npl – V – N	*Eles combinaram o encontro.*
₈Npl – V – Fic	*Combinaram que amanhã se encontravam. Combinaram que cada um fizesse a sua parte.*
₉Npl – V – I	*Combinaram ir à ópera.*
₁₀N – V – com N – N	*O João combinou a data da reunião com os alunos.*
₁₁N – V – com N – Fc	*Combinei com a Teresa que passássemos por casa do João.*
₁₂N – V – com N – I	*Combinei com o chefe fazer o trabalho.*

começar¹
1.–4. anfangen (mit); beginnen. 5. etw anfangen mit. 6. mit, bei jm anfangen.

₁N – V	*Começou o calor. O concerto começa às oito.*
₂Np – V – com N	*O Carlos já começou com o trabalho.*
₃Nc – V – com N	*A máquina começou com falhas. O filme começa com aquele plano muito belo de que te falei.*
₄N – V – N	*O Carlos começou o curso, o trabalho.*
₅Np – V – N – por... N	*Começou a conferência por, com uma breve exposição do tema.*
₆N – V – por N	*A solidariedade deve começar por nós.*

começar²
1. anfangen; beginnen.

₁[N –] V + a V_INF	*Começa a chover. O João começa a escrever uma carta. O telefone começa a tocar.*

começar³
1. als erstes + V; damit anfangen, beginnen, zu, daß. 2. beginnen, anfangen mit.

₁N – V + por V_INF	*Começou por introduzir o tema da conferência. Quando tinha a idade de cinco anos – começa por escrever Fernando Laidley –, fui pela primeira vez ao cinema e, diante dos meus olhos deslumbrados, desenrolaram-se as cenas de um belo filme.* [pj]
₂N – V + por N	*A reunião começou pela leitura da acta.*

comemorar
1. feierlich begehen; feiern; e–r S. gedenken.

₁N – V – N	*Comemoraram o aniversário com champagne. Comemoramos hoje a morte de Camões.*

comentar
1. (Text) kommentieren, auslegen; sprechen über; Bemerkungen machen zu; kritisieren. 2. DIZER.

₁N – V – N	*Foi ele que comentou o texto. Comentar um poema de Pessoa. O editorial comentava o acordo entre os dois países.*

$_2$N – V – Te   DIZER: *Que hora tão estranha para fazer limpeza à capela, comentou o Pedro.* [dm]

comer
1. essen; <Tier> fressen. 2. (Silben...) verschlucken. 3. <etw> etw zerfressen, angreifen; (Farben) verbleichen; <Computer> (Daten) schlucken. 4. essen von.

$_1$Np – V – (N)   *Havemos de comer antes de nos irmos embora.* [np] *Comer uma laranja ao almoço. O cão comeu a carne toda.*
$_2$Np – V – N   *Ao falar, comia as sílabas finais e era difícil entendê-lo.*
$_3$Nc – V – N   *O sol come as cores das fachadas. O tempo já tinha comido a cor amarelada das paredes do quarto. O computador comeu os dados todos.*
$_4$Np – V – de N   *Comi do tacho e soube-me muito bem.*

cometer¹
1. (Tat...) begehen; vollbringen.

$_1$N – V – N   *Cometer uma violência contra alguém/ um erro/ uma vilania/ um crime/ uma injustiça. Há sempre quem cometa exageros, seja onde for.* [cd]

cometer²
1. jm etw anvertrauen.

$_1$N – V – a Ncp – N   *Os computadores necessitam de uma série de instruções (ou programa), especificando pormenorizadamente cada passo do trabalho que lhes foi cometido.* [cp] *Cometi-lhe aquela missão, mas ele não cumpriu.*

comover
1. FIG. ergreifen; rühren; ans Herz gehen; js Mitleid erregen. 2. gerührt sein, werden; s. erweichen lassen.

$_1$Ncp – V – Np   <com N>   *O amor e o desfortúnio dos bons comoviam-na sempre.* [pc] *Incomodado, desviei os olhos daquela criatura que ainda há momentos chegara a comover-me.* [np] *Ele comoveu-a com a notícia.*
$_2$Np – Vse   <com N, ao I>   *Comoveu-se ao saber da história. Um Deus que não se comove com os meus gritos nem com as minhas súplicas, não me interessa.* [hu]

compadecer
1. js Mitleid erregen; jn erweichen. 2. Mitleid haben mit; Rücksicht nehmen auf. 3. DIZER.

$_1$N – V – Np   *A notícia compadeceu-os. O choro das crianças não o compadece.*
$_2$Np – Vse – de, com N   *Se vou a Creta, não é a fascinação de uma nova viagem por terras do Oriente que me determina a pôr os pés ao caminho, tanto mais que a idade já se não compadece com tais andanças.* [pj]
$_3$Np – Vse – Te   DIZER: *Coitadinha! Ainda me parece mentira. Uma infelicidade destas! – compadeceu-se a D. Glória.* [pc]

comparar
1.–2. vergleichen (mit). 3. s. vergleichen mit; vergleichbar sein. 4. vergleichbar sein mit. 5. vergleichen, auf eine Stufe stellen mit. 6. gleichkommen.

$_1$N – V – Npl   *Comparei as duas versões do trabalho e gostei mais da primeira.*
$_2$N – V – N – com N   *Albert comparou o seu relógio de pulso com o grande relógio de parede no átrio principal do banco.* [kf]
$_3$Npl – Vse   *Esses dois filmes de Antonioni não se comparam quanto à sua qualidade.*
$_4$N – Vse – com N   *Ele compara-se com os colegas, mas não lhes chega aos calcanhares. Uma viagem a Veneza não se pode comparar com uma viagem ao Nepal.*
$_5$N – V – N – com, a N   *Não pôde deixar de comparar uma fotografia à outra. Não me compare consigo!*
$_6$N, I – Vse – com, a N, I   *Não há fome nem injúria que se compare à falta de amor.* [np] *Morar em Lisboa não se compara com/ a morar em Coimbra.*

comparecer
1. (vor Gericht, wo) erscheinen.

$_1$N – V – Lem, a   *Comparecer no tribunal. O João não compareceu ao encontro. ▸Convidaram-*

no mas não compareceu.
- *Comparecer perante o juiz.*

compartilhar
1. teilen; s. etw teilen. 2. s. etw teilen mit jm. 3.-4. Anteil nehmen an; teilhaben an.

₁Npl – V – N *Compartilham a cama. Compartilharam os lucros.*
₂N – V – N – com N *Compartilhei com ela um sótão que alugamos no Rossio. Os proprietários da firma compartilham os lucros com os empregados. As maçãs que trouxe, compartilhou-as com os colegas.*
₃N – V – N *Ele compartilha a alegria do amigo.*
₄N – V – de N *Ele compartilhou da alegria do amigo.*

compensar
1. etw ausgleichen mit. 2. etw wettmachen. 3.-5. s. lohnen; etw, nichts einbringen; s. rentieren. 6. jn entschädigen für; ◊ jm etw ersetzen.

₁Np – V – Nc <com N> *O João compensa a dieta com vitaminas.*
₂Nc, I – V – Nc, I *As vitaminas não compensam a dieta. Ir a Lisboa não compensou ter tido tanta maçada com os preparativos do projecto. A viagem a Lisboa não compensa ter tido tanta maçada.*
₃Nc – V *O crime não compensa! A loja não compensa.*
₄Fc – V *Não compensou que eu tivesse aberto a porta da loja mais cedo.*
₅I – V *Não compensa fazer um trabalho assim tão chato.*
₆Ncp – V – Np – de Nc, I *Compensou-a da despesa. Isso não o compensa do prejuízo. Compensou-a de não poder estar com ela no dia do seu aniversário.*

competir¹
Morf.: Pres.: compito, competes.
1. in Wettstreit treten, stehen. 2. mit etw, jm in Wettstreit treten, stehen; s. mit bewerben; wetteifern mit.

₁Npl – V *Os ciclistas competiam para o primeiro lugar.*
₂N – V – com N *Ele já competia com os grandes campeões. Esta empresa compete com outras nos mesmos mercados.*

competir²
Morf.: Pres. compito, competes.
1.-2. zustehen; gebühren; obliegen.

₁Nc – V – a Np *A palavra final compete aos partidos parlamentares.* [cm] *Estas primeiras eleições acabarão por determinar os homens a quem compete a transcendente responsabilidade de preparar a Constituição.* [dp]
₂I – V – a Np *Televisão privada, evidentemente que sim, dentro de determinadas regras, que competirá à Assembleia da República estabelecer.* [cm] *Compete-nos agora ser generosos quanto ao passado, diligentes quanto ao presente e esclarecidos quanto ao futuro.* [dp]

completar
Morf.: Part.: ter, ser completado; estar completo.
1. vervollständigen; ergänzen; etw zuende bringen. 2. s., e-a. ergänzen. 3. DIZER.

₁N – V – N <com N> *Isto deixa a ucp livre para continuar com outras coisas, até que o chip matemático lhe envie o sinal de que completou esta operação.* [cp] *O assistente completou recentemente a sua tese.*
₂Npl – Vse *Não precisas de dizer mais nada, já vi tudo. Vocês os dois completam-se. As duas teorias completam-se.*
₃N – V – Te DIZER.

complicar
1.-3. erschweren; (ver)komplizieren; etw schwieriger, komplizierter gestalten, machen. 4. schwierig(er), verwickelt(er) werden.

₁N – V – Nc *As discussões não melhoraram, antes complicaram a situação. Partido que haja, logo aparecem três sensibilidades e vinte interpretações para complicar o que deve ser politicamente linear.* [pj]
₂Fc – V – N *Complica as coisas que ela tenha tomado aquela atitude.*
₃I – V – N *Complica as coisas ela ter tomado aquela atitude.*
₄Nc – Vse *A resolução do problema complicou-se.*

compor
Morf.: Pres.: componho, compões, compõe, compõem. Imperf.: compunha. Pret. perf.: compuseram. Part.: composto.
1. (e-e Kommission...) bilden. 2. s. zus.setzen, bestehen aus. 3. herrichten; zurechtrücken; zurechtmachen; aufräumen; komponieren; (Rede...) verfassen; (Buch...) setzen; (Streit) beilegen; etw in Ordnung bringen. 4. s. zurechtmachen.

₁Npl – V – N   São essas peças que compõem o puzzle. São essas pessoas que compõem a comissão.
₂N – Vse – de Npl   Essa teoria compõe-se de várias partes.
₃N – V – N   Ela compôs o xaile e saiu. Antes de chegar o cliente, o director mandou compor um pouco a sua secretária. Nina senta-se no divã, compõe o rosto a um espelho que tirou do bolso. [cd] Ela compusera já alguns poemas e várias melodias. Os computadores auxiliam os empresários nos seus planeamentos, dão acesso a informações, ajudam a compor cartas, relatórios e livros. [cp] Não temos tempo para isso tudo, ainda é preciso compor o livro. Os teus irmãos andam zangados. Vê lá se consegues compor as coisas!
₄N – Vse   Ela compôs-se para ir à estreia da peça.

comportar¹
1. umfassen; enthalten; fassen; tragen; betragen; FIG. gestatten; zulassen; erlauben. 2.-3. zulassen; erlauben.

₁N – V – N   Além da Alta Autoridade, a cᴇcᴀ comportava um Conselho de Ministros, uma Assembleia Parlamentar, um Tribunal de Justiça e um Comité Consultivo. [cm] A agenda de trabalhos comporta 22 pontos, alguns subdivididos por alíneas. [pj] Esta corporação está ainda dotada de dois carros de nevoeiro, o mais moderno dos quais com um tanque que comporta quatro mil litros de água. [pj] O elevador, o veículo comporta uma só pessoa. A língua portuguesa não comporta certas construções.
₂Nc – V – Fc   A gravidade da questão não comporta que se adie a nossa decisão.
₃Nc – V – I   A gravidade da questão não comporta adiar-se a nossa decisão.

comportar-se²
1. s. benehmen; c. betragen; s. verhalten.

₁N – Vse – M   Nas festas a que ia, o miúdo comportava-se sempre lindamente. ▸Comporte-se!

comprar
1. etw kaufen (von). 2. jn kaufen, bestechen. 3. FIG. s. (Sympathien...) erkaufen.

₁N – V – Nc – (a Np) <Qpor>   Já comprei a fruta (ao merceeiro da esquina). Comprou a camisa por sete contos.
  ▪ Comprar barato, caro.
  ▪ Comprar a.c. à vista: etw wie gesehen, wie besichtigt kaufen.
  ▪ Comprar a.c. a prestações: auf Raten kaufen.
₂N – V – Np   Ele comprou o juiz.
₃N – V – Nc   Ele comprou as atenções da secretária.

compreender¹
1. enthalten; umfassen; beinhalten.

₁N – V – Npl   Os serviços da Comissão compreendem um secretariado geral, numerosas direcções gerais e diversos serviços. [cm]
  ▪ Existe actualmente mais de um milhão de reformados que recebem pensões compreendidas entre 282o e 472o escudos por mês. [pj]

compreender²
1.-2. verstehen; begreifen; Verständnis haben für. 3. verstehen. 4. e-a. verstehen.

₁Np – V – Ncp   Finalmente, já compreendi a análise que eles fizeram. Já o compreendi (a ele). ▸Ainda não compreendeste?
₂Np – V – Fic   Compreendo que ela faça aquilo. Que ela tenha agido assim compreende-se. Ele deu a sua versão dos acontecimentos, mas eu compreendi que não era bem assim.
₃Np – V – Int   A pobre Joana continuava a não compreender como poder sair de si, tão feia, tão mísera da natureza. [nc]
₄Npl:p – Vse   O João e o Carlos compreendem-se.

comprometer
1.-3. aufs Spiel setzen; in Verlegenheit bringen; kompromittieren. 4. s. kompromittieren. 5.-7. s. verpflichten; e-e Verpflichtung bezüglich etw eingehen; die Verantwortung dafür übernehmen, daß.

₁N – V – Ncp   Eu comprometi a situação da firma ao fazer aquele mau negócio. As autoridades zambianas não se queriam ver envolvidas num incidente que só podia comprometê-las. [sc]

₂Fc – V – N   Comprometia-a que ele dissesse aquilo. Que alguns dos seus membros assumissem posições contraditórias comprometia os interesses da associação patronal.

₃I – V – N   Ir a casa dela compromete-o.

₄Np – Vse   <com N>   Comprometeu-se com a política do partido a que pertencia.

₅Np – Vse – com N   Comprometi-me com o projecto por eles iniciado.

₆Np – Vse – a Fc   O mecânico compromete-se a que o carro fique afinado hoje.

₇N – Vse – (a I)   Os professores não se quiseram comprometer, deixaram a coisa no ar, que talvez sim, talvez não. [dm] Finalmente, as autoridades comprometeram-se a permitir o cultivo da cocaína "com fins legais". [oj]

comprovar
1.-3. <jd> bestätigen; nachprüfen; <jd, etw> beweisen; nachweisen; (als wahr...) erscheinen lassen, erweisen. 4. s. erweisen.

₁Ncp – V – Nc   Ele comprovou assim a rectidão da decisão tomada. Comprovou o estado dos produtos farmacêuticos armazenados. A análise feita no laboratório comprovou a intoxicação. ▸Comprovou-se a teoria de Einstein sobre a relatividade.

₂Np – V – Fi   Comprovei que ele tinha burlado o colega. A atitude do acusado comprova que ele está inocente.

₃Np – V – I   Comprovei não ter vocação para tarefas burocráticas.

₄N, Fc, I – Vse   Já se comprovou a validade desta teoria. Comprovou-se que o desvelo na educação dos sócios não é só indispensável nas associações que começam. [co] Comprovava-se assim que o ar apresentava radiações extremamente altas. Comprovou-se o João ser eficiente.
∎ ⇒ Comprovou-se o facto do João ser eficiente.

comunicar
1.-2. s. verständigen; s. in Verbindung setzen mit; in Verbindung stehen mit. 3.-4. s. schreiben; in Verbindung treten, stehen (mit). 5. übertragen auf; jn anstecken mit etw. 6. s. übertragen auf; FIG. jn anstecken;. <Feuer> übergreifen auf. 7. mitteilen; jn von etw in Kenntnis setzen.

₁Npl – V   Nós comunicamos com gestos. Comunicam um com o outro. As salas comunicavam por um corredor.

₂N – V – com N   A sala de estar comunica com a cozinha. Ele comunicava com os telespectadores numa linguagem acessível. Um grupo de arqueólogos soviéticos descobriu uma cidade antiga com o nome de Akra no estreito de Kertch por onde o mar de Azov comunica com o mar Negro. [pj]

₃Npl:p – Vse   <por N>   Sempre que estão afastados arranjam maneira de se comunicarem. Comunicam-se por telefone/ por carta.

₄Np – Vse – com Np   Comunica-se com eles uma vez por semana.

₅Np – V – N – a Np   O João comunicava o seu entusiasmo a todos.

₆Nc – Vse – a N   A alegria naquela festa comunicou-se a todos. O fogo comunicou-se às casas vizinhas.

₇N – V – (a N) – N, Fi, I   Comuniquei a má notícia ao Pedro. Já comunicaste à tua família que vais casar? O Ministro comunicou ao país estar para ser publicada a lei sobre as rendas de casa.

conceber¹
1. empfangen; schwanger werden.

₁N – V – N   Ela concebeu a criança quando estava de férias.

conceber[2]
1. erdenken; s. ausdenken; ersinnen; (Plan) fassen; die Idee haben; konzipieren. 2.-3. verstehen; begreifen; s. vorstellen können. 4. die Vorstellung haben.

$_1$Np – V – N Concebi este plano. Achas bem? Concebi mal este projecto. Tenho que o reformular. Em 1812 Babbage concebeu a ideia de uma máquina que podia coligir com precisão uma tabela de logaritmos. [cp] O TS 2000-Spectrum é um micro concebido para funcionar com cassettes; daí que possa ser ligado a um gravador para armazenar ou carregar programas. [cp] Conceber uma sinfonia. Não se concebe essa necessidade. Não se pode conceber o que acontecerá.

$_2$Np – V – Fic Ninguém concebe que se considere a necessidade de reservar o voto para os cidadãos mais velhos. [pj] Concebo muito bem que na sociedade futura haverá simultaneamente três tipos diferentes de capital. Ainda concebo que vás ao Cairo, mas a Israel acho estranho.
■ Não concebo que me digas isso: nicht zulassen, erlauben.

$_3$N – V – Int Não concebo como isso pôde/ pudesse/ poderia acontecer.

$_4$Np – V – I Não concebia viver sem os meus filhos.

conceder
1.-2. einräumen; zugeben; gestehen. 3.-4. gewähren; einwilligen in; gestatten; erlauben. 5. jm etw gewähren, zugestehen. 6. gestatten.

$_1$Np – V – Fic Concedendo que a solução do problema está certa, falta-lhe dar o passo mais importante. Concedo que não tivesse tido tempo para isso.

$_2$Np – V – I Concedo não ter tido tempo para isso.

$_3$Np – V – (em) Fc Claro que concedo (em) que fiques connosco nas férias. Concedem que eu vá de férias em Agosto.

$_4$Np – V – (em) I Concedeu (em) os presos terem visitas mais regulares.

$_5$Np – V – a Np – Nc V. Exc. concede-me a honra de.... O governo não concedeu subsídios a alguns grupos de teatro. Concedo-lhe o direito de sair mais cedo.

$_6$Np – V – a Np – Fc Ele concedeu-me que eu não estivesse pronto a aceitar a sua opinião.

concentrar
1. (Strahlen) in e m Punkt zusammen bündeln; (Flüssigkeit) konzentrieren; (Truppen) zusammen ziehen. 2. s. zur konzentrieren; s. zusammenrotten; s. zusammenziehen. 3. konzentrieren auf; auf s. ziehen. 4. s. konzentrieren auf; FIG. in etw verharren.

$_1$N – V – N(pl) <L> Com esta lente concentrei os raios (num ponto). Eu concentrei este ácido. As tropas concentraram os indígenas em acampamentos próprios. Concentrei os alunos no anfiteatro para assistirem à projecção do filme. O Comandante concentrou as tropas à entrada da ponte.

$_2$N(pl) – Vse <L> As partículas concentram-se neste ponto. Os manifestantes concentraram-se no Marquês de Pombal.

$_3$N – V – N – em N Concentrei nele toda minha atenção. O primeiro-ministro concentrou em si todos os poderes. A actriz concentrou em si a atenção dos espectadores.

$_4$N – Vse – em N O interrogatório da polícia nessa noite concentrou-se em Pellegrin e Bournat. [kf]

conciliar
1. jn versöhnen; etw in Einklang bringen. 2. etw verbinden mit. 3.-4. <jd> s. versöhnen; <etw> s. vertragen. 5. jn versöhnen, friedlich stimmen. 6.-7. jn versöhnen.

$_1$N – V – Npl Conseguiu conciliar o João e a Maria. Conciliou os adversários. Não lhe parecia possível conciliar as duas posições.
■ Conciliar o sono: einschlafen.

$_2$N – V – N – com N Concilio o trabalho com o lazer.

$_3$Npl – Vse Depois de algumas tentativas, acabaram por se conciliar. É de crer que se conciliem as duas posições.

$_4$N – Vse – com N A Maria conciliou-se com o João.

$_5$N – V – N Conciliou a assistência, o auditório.

$_6$Fc – V – Np Que o candidato se prontificasse a discutir abertamente a questão conciliou os ouvintes.

$_7$I – V – Np Conciliou os ouvintes ter-se o candidato prontificado a discutir abertamente a questão.

concluir¹
Morf.: Pres.: conclui. Pret.perf.: concluí, concluiu, concluíram. Part.: concluído.
1. FIG. abschließen; beenden; vollenden. 2. DIZER: zum Schluß, abschließend sagen. 3. zum Abschluß kommen. 4.-5. abschließen mit. 6.-7. (Vertrag...) abschließen.

₁N – V – N Já concluiu o trabalho que andava a fazer. J. Perez de Cuellar concluiu ontem a sua missão de paz ao golfo. [dn]

₂N – V – Te DIZER: Agora – concluiu Gonçalves Gomes –, a situação deverá ser diferente, uma vez que a venda das acções irá ser posta em hasta pública. [dp]

₃N – Vse O processo de extradição dos cidadãos espanhóis poderá levar semanas ou meses a concluir-se. [pj]

₄N – V – N – com, por N Concluiu o discurso com/ por um apelo à juventude.

₅N – V – com N O orador concluiu com uma citação de Fernando Pessoa. O discurso do deputado concluía com um apelo ao Governo.

₆Npl:p – V – N Concluímos hoje o negócio.

₇N – V – N – com Np Já concluí o contrato com eles.

concluir²
Morf.: Pres.: conclui. Pret.perf.: concluí, concluiu, concluíram. Part.: concluído.
1. erschließen; entnehmen. 2.-3. zu dem Schluß kommen, daß; schließen; folgern.

₁N – V – (de, por N) – N Desta longa citação pode-se concluir o estatuto que Kant atribui ao signo sensível.

₂N – V – (de, por N) – Fi Porque receava a minha capacidade para tornar infelizes aqueles que amo,. concluí que seria criminoso atrelar ao meu incerto destino o da meiga caixeirinha. [np] Pensou, pensou e concluiu que errara. Conluiu daí que a sua hora tinha então chegado.

₃N – V – (de, por N) – I Concluímos serem rentáveis as energias alternativas. Pelo comportamento dos familiares, concluiu ter chegado a sua hora.

concordar
1.-2. übereinstimmen. 3.-5. übereinstimmen in; e-r Meinung sein (mit). 6.-8. über etw e-r Meinung sein; mit jm, mit etw einverstanden sein.

₁Npl:c – V A factura e o recibo não concordam.

₂Nc – V – com Nc A factura não concorda com o recibo. O adjectivo concorda com o substantivo.

₃Npl:p – V – (em N) Os ministros da CEE concordaram. Não sei como, mas conseguem concordar em quase tudo.

₄Npl:p – V – ((em) Fic) Concordaram (em) que o que tinham feito era desagradável. Ao primeiro abraço terno e nu concordaram que era bom, assim ficaram, imóveis e maravilhados. [bm] Concordaram em que o protótipo fosse implementado.

₅Npl:p – V – ((em) I) O casal concordara em dar uma olhadela pela vivenda e arejá-la uma vez por outra. [kf]

₆Np – V – (com N) – (em N) Concordei com ela no (sobre o) modo de apresentar o problema.

₇Np – V – (com N) – ((em) Fic) Concordei com o autor em que assim é. [co] Concordei em que assim fosse. Não deixei autopsiar o pai, nem concordei que levassem o corpo ao hospital. [lu]

₈Np – V – (com N) – (em I) Concordava com o João, com a opinião dele em apresentarmos o trabalho o mais cedo possível.

concorrer¹
1.-2. beitragen, Beitrag leisten zu.

₁Np – V – para N, Fc, I <com N> Nós concorremos com donativos para a compra duma rotativa para o jornal "República". Nós concorremos para que se comprasse o jornal, para se comprar o jornal.

₂Nc – V – para N, Fc, I Essa decisão concorria para o progresso do País. Aliás, outras razões concorriam para a facilidade e felicidade deste encontro. Isso concorria para que o estudo fosse produtivo. Isso concorria para fazer cair o governo.

concorrer²
1.-2. s. bewerben um; an (e-m Wettbewerb) teilnehmen. 3. s. bewerben; kandidieren. 4. kandidieren; s. um (e-e Stelle...) bewerben.

₁Npl – V – (a N)   Concorrer às eleições, a uma cátedra. Ambos concorremos ao concurso de professores. O capital e o trabalho não são dois factores iguais, não concorrem igualmente, não podem, pois, ter direitos iguais.

₂N – V – com N – (a N)   Concorri com outros candidatos à vaga na repartição.

₃N – V – a N   Penso que a ideia mais dominante é a de criação de uma organização tipo união cívica, que poderia concorrer ao poder local. [dn] Concorrer a uma cátedra. Concorri a uma bolsa da Fundação Gulbenkian.

₄N – V – para N   Concorrer para o cargo de presidente, para as eleições. Era o Duarte Anda com uma menina de Vila Viçosa, e vai concorrer para professor de uma escola nas vizinhanças. [sa]

condenar
1. jn für schuldig erklären; jn, etw verurteilen; <etw> sprechen gegen. 2. s. die Schuld geben für. 3. s. für schuldig erklären; s. die Schuld geben. 4.-5. jn verurteilen zu.

₁Ncp – V – N <por N>   O juiz condenou o réu (por fraude). O Papa recusou um pedido de exilados cubanos para condenar o regime de Fidel Castro. [dn] O Santo Ofício condenou estas obras e pô-las no Index. Todas as provas o condenam.
▪ O doente está condenado: e-n Kranken für verloren geben.
▪ Esta floresta está condenada: zum Untergang verurteilt sein.

₂N – Vse – por N   Ela condenava-se pela morte do filho.

₃Np – Vse – por I   O João condenou-se por bater na filha.

₄N – V – Np – a, em N   Condenas-me assim à castidade perpétua? [hn] O juiz condenou-o em sete anos de prisão/ a prisão perpétua. Em 1954 Albert foi considerado culpado do roubo e condenado a quatro anos de prisão. [kf]
▪ Isso está condenado ao fracasso, a fracassar: zum Scheitern verurteilt sein. Condenar a.c. ao fracasso: etw zum Scheitern verurteilen: Condenavam assim a luta popular ao fracasso.

₅N – V – Np – a I   Condenou-os a morrerem fuzilados, apesar dos diversos pedidos de clemência que alguns governos lhe enviaram.

condicionar
1. bedingen; (Verhalten...) bestimmen; konditionieren; beeinflussen. 2. aufe-a. einwirken; vone-a. abhängen. 3. etw anpassen an; etw abhängig machen von. 4. s. anpassen an. 5. es auf s. nehmen; s. dazu zwingen.

₁N – V – N, Fc, I   As rivalidades entre a França e Alemanha, e outras mais, condicionaram sucessivamente os seus próprios destinos e os das restantes nações. [pj] O estômago condiciona o poder haver cultura mas não o que ela tem de ser. [cc] O estômago condiciona que possa haver/ poder haver cultura, mas não o que ela tem de ser.
▪ Deixar-se condicionar: s. beeinflussen lassen: À frente do Governo está alguém que já provou ter a coragem e o domínio de si próprio para não se deixar intimidar ou sequer condicionar por campanhas de detracção. [pj]

₂Npl – Vse   Eles condicioram-se mutuamente no trabalho.

₃N – V – N – a N   Condicionou a viagem a uma série de exigências. O Governo condicionava a promulgação da lei do aborto a um referendo a efectuar.

₄N – Vse – a N   Condicionaram-se àquela mesquinha forma de viver.

₅N – Vse – a I   Ele condicionou-se a executar estritamente as tarefas que lhe incumbiam.

condizer
Morf.: Pres.: condigo, condiz. Pret. perf.: condisseram. Fut.: condirei; Part.: condito.
1. zus.passen. 2. übereinstimmen mit.

₁Npl – V <M>   Gente bonitíssima Gente com casas e roupas e falas a condizer. [sa]

₂N – V – com N   Os gendarmes fingiram interrogar Raymond, mas a sua surpresa e a sua história condiziam exactamente com a do Poggi. [kf]

120

conduzir
Morf.: Pres.: conduz.
1. führen; (Strom) leiten. 2. (Auto) fahren. 3. jn wohin führen, bringen. 4. <etw> wohin führen; (wohin) fahren. 5. jn (zur Verzweiflung...) bringen; wozu führen. 6. FIG. führen zu. 7. s. wie betragen.

₁N – V – N Gerar riqueza hoje, gerir uma empresa, conduzir homens, rentabilizar máquinas herança.[pj] Este cabo conduz electricidade.

₂N – V – (Nc) É o João que conduz hoje. Conduzir um carro.

₃N – V – N – D Não há problema. Temos muito tempo – disse o pai das gémeas, conduzindo-os ao longo da linha 6, onde o comboio para o Porto já estava estacionado. [dm]

₄N – V – D Este caminho conduz directamente ao rio. Conduziu sozinho de Lisboa a Marrakech.

₅Nc – V – Np – a Nc, I Isso conduz-nos a uma situação de submissão total perante os países ricos. A situação em Angola conduziu-o a tentar desertar.

₆Nc – V – a Nc, Fc As diligências desenvolvidas foram difíceis e não conduziram a qualquer resultado. [sc] Essa lei conduz à limitação das liberdades. O Apartheid conduzia a que a população se revoltasse.

₇Np – Vse – M Conduziu-se como se fosse a pessoa mais importante no banquete.

conferenciar
1.–2. beratschlagen; beraten.

₁Npl – V – sobre N Os Chefes dos Estados da CEE conferenciaram em Bruxelas sobre o problema agrário.

₂N – V – com N – sobre N Conferenciou com os representantes dos trabalhadores sobre o projecto.

conferir¹
Morf.: Pres.: confiro, conferes.
1. vergleichen; überprüfen. 2. vergleichen mit. 3. (Rechnung, Anwesenheit...) überprüfen. 4.–5. übereinstimmen; stimmen.

₁Np – V – Npl Conferi os resultados obtidos com muito cuidado.

₂Np – V – N – (com N) Conferi esta lista com a anterior e não achei nenhuma diferença.

₃Np – V – N Conferiu a conta do telefone. Tudo no alinhado e competente, assim leu os condenados. Depois falou-os. Melhor, conferia-os. [bp]

₄Npl:c – V As cópias das actas conferem (uma com a outra).

₅Nc – V – (com Nc) A factura que recebi não confere com a nota de encomenda. Podes estar tranquilo. Isso confere (com o que já deles sabíamos).

conferir²
Morf.: Pres.: confiro, conferes.
1. jm, e-r S. etw verleihen; jm etw gewähren, geben, erteilen, zuweisen.

₁N – V – N – a Ncp O governo conferiu-lhe uma condecoração já depois de ele ter falecido. O ministro conferiu-lhe uma nova missão. Importa que se lhe confira uma colaboração efectiva. [so]

confessar
1.–4. bekennen; zugeben; jm etw beichten, gestehen, erzählen. 5. beichten bei; die Beichte ablegen bei. 6. s. jm anvertrauen. 7. s. (schuldig...) bekennen. 8. jm die Beichte abnehmen; jm die Absolution erteilen.

₁Np – V – (a N) – N Emile Buisson tinha um alibi para o fim-de-semana do assalto, mas na excitação confessou o roubo de dez mil francos ao patrão. [kf] Confessou(-me) a paixão que sentia por mim. ▸Instado pelas autoridades, acabou por confessar (sc. o crime).

₂Np – V – (a N) – Fi Devo confessar que as respostas, na sua maioria, me desiludiram. [sc]

₃Np – V – (a N) – I Confessei-lhes ter roubado o banco.

₄Np – V – (a N) – Te DIZER.

₅Np – Vse – (a Np) Ele ia confessar-se ao padre Américo. Logo que volte a Lisboa vou-me confessar.

₆Np – Vse – com N O João ganhou confiança e confessou-se com ele.

₇Np – Vse – P_adj Ela recordava-se de Maria do Pilar, daquela vez em que a levara com os irmãos para o casinhoto isolado da floresta e quisera obrigá-la a confessar-se culpada pela morte da mãe, sem se soer do pavor que provocara na irmã. [bc]

₈Np – V – (Np)   *O padre confessou a rapariga.*

confiar
1.–4. vertrauen auf; Vertrauen haben in; s. fest verlassen auf; rechnen mit; s. e–r S. sicher sein. 5. jm etw anvertrauen. 6.–7. jm (im Vertrauen) mitteilen; jm anvertrauen. 8. DIZER. 9. s. jm anvertrauen; s. e–r S. widmen.

₁N – V – em N   *Sei que posso confiar na tua discrição. Os cidadãos não confiam no seu governo. Nele ninguém pode confiar. Não é possível que um planificador tão cuidadoso como Spaggiari tivesse confiado num método de verificação tão dúbio.* [kf] *Quem nos há-de acudir?_Confia-se talvez na emigração em massa, que dantes pagava os esbanjamentos da monarquia.* [mi]

₂N – V – (em) Fi   *Confio que hás-de encontrar uma solução para o problema.*

₃N – V – (em) Fc | NEG   *Não confio muito que ele me devolva o livro.*

₄N – V – (em) I   *O governo confia ter resolvido o problema dos senhorios com a promulgação da nova lei das rendas. O Governo confiava em conseguir ganhar as eleições.*

₅N – V – a N – N   *O Conselho confia a preparação das suas deliberações à Comissão dos Representantes Permanentes.* [cm]

₆N – V – a N – Fi   *Confiei ao embaixador que tomei as providências necessárias para a resolução do problema.*

₇N – V – a N – I   *Confiou-lhe ter sido ele o responsável pelo sucedido.*

₈N – V – a N – Te   DIZER.

₉N – Vse – a Ncp   *Na Feira do Livro os romeiros talham a sorte do mais decisivo medianeiro da cultura, o livro, que não tem outro remédio do que confiar-se às suas mãos.* [oj] *Contudo, era outro agora o perigo de que se esquivava e lhe parecia iminente; a tentação de desabafar, de se confiar a alguém.* [nv] *Tinha a intenção de se confiar de corpo e alma à realização do projecto.*

confirmar
1. bestätigen; etw bestätigt sehen; <etw> für etw den Beweis liefern. 2. s. bestätigen; <etw> eintreten.

₁N, Ifc – V – N, Fi, I   *Admite que o soube, confirmou logo a notícia. Ele confirmou que alguns dos empregados tinham sido subornados. Tudo isso confirma que tínhamos razão em protestar. Que ela tenha escrito um texto tão desinteressante só confirma o que dela se esperava. Confirmo ser verdade o que ele vos disse.*

■ ⇒ *O facto de eles não terem vindo confirmou a minha suposição.*

₂N – Vse   *A hipótese confirmou-se. Confirmou-se o que eu tinha previsto.*

confiscar
1. konfiszieren; beschlagnahmen.

₁N – V – N   *As autoridades tentaram confiscar os bens de Pedro, cidadão falecido sem herdeiros.* [pj]

conformar
1. e–a angleichen; in Übereinstimmung bringen. 2. etw gemäß etw gestalten; an etw anpassen. 3. s. abfinden (mit); s. in etw fügen; etw hinnehmen.

₁N – V – Npl   *Conformámos as opiniões dadas pelos contraentes.*

₂N – V – N – com N   *Ele conforma a sua vida com a ideologia do partido.*

₃N – Vse – (com N)   *Eles já se conformaram com a vida que levam. Nina senta-se no divã._ _Dá voltas à cabeça para descobrir onde teria deixado o papel._Depois conforma-se, e aguarda.* [cd]

confrontar
1.–2. gegenüberstellen; konfrontieren; vergleichen. 3. e–a. gegenübertreten. 4. FIG. s. (der Verantwortung)... stellen. 5. gegenüberliegen; grenzen an.

₁N – V – Npl   *A polícia confrontou os dois suspeitos. Confrontei a factura e o recibo e estavam certos.*

₂N – V – N – com N   *Confrontámos a lista que nos deste com a nossa e havia diferenças. Confrontei-o com o que se passara.*

122

₃Npl – Vse	Os dois campeões confrontar-se-ão na luta que vai ter lugar amanhã.
₄N – Vse – com N	Os deputados não devem deixar de confrontar-se com as suas responsabilidades históricas, repudiando tudo aquilo que é objectivamente um simulacro de democracia. [pj]
₅N – V – com N	O prédio do meu vizinho confronta com o meu jardim.

confundir
Morf.: ter, ser confundido; estar, andar confuso: verwirrt sein.
1. durchea.bringen; verwechseln. 2. verwechseln; nicht ause-a.halten (können). 3. s. verwischen; 4. s. angleichen an; s. mit jm identifizieren. 5.–7. jn durche-a.bringen; jn verwirren; jn verlegen machen. 8. verwirrt werden; durche-a. geraten. 9. s. vertun, s. irren in.

₁N – V – Npl	Confunde as vogais acentuadas e as não acentuadas. O empregado dos Correios confundiu os embrulhos.
₂N – V – N – com N	Confundiram este livro que nos mandaram com o outro que tínhamos pedido. Confundindo-me com a Morte, o pai oferecia-me a vida da filha em troca da vida dele. [tm]
₃Npl – Vse	As cores confundem-se ao anoitecer.
₄N – Vse – com N	Algumas espécies confundem-se com o ambiente. Constitui este livro sincera homenagem aos meus irmãos brasileiros, com os quais me confundi ao longo de cinco anos, beneficiando da sua amizade e adoptando parte dos seus costumes. [pj]
₅N – V – Np	O facto confundiu-me. Pareceu-me muito desconcertante. [sa]
₆Fc – V – Np	Confundia-a que ele tivesse tomado tal atitude.
₇I – V – Np	Confundia-a eles fazerem aquilo.
₈Np – Vse <com N>	O soldado confundiu-se com as palavras do comandante.
₉Np – Vse – com Nc	O soldado confundiu-se com a porta.

congelar
1. (Lebensmittel) tiefgefrieren; etw einfrieren lassen; FIG. (Preise...) einfrieren. 2. <jd> frieren; <etw> gefrieren.

₁N – V – N	Tenho que congelar esta carne, senão estraga-se. Em 21 de Abril de 1967, devido ao golpe de Estado de Atenas e à instauração na Grécia do regime dos coronéis, a Comunidade congela o Acordo de Associação concluído com este país. [cm] Congelar os preços.
₂N – V <com N>	A água congelou (com o frio). ▸Com este frio congela-se.

congratular
1.–2. jn beglückwünschen; jm gratulieren. 3.–4. s. beglückwünschen zu; s. freuen über; s. gratulieren zu.

₁N – V – N – (por N)	Congratulei-a pela coragem com que enfrentou a situação.
₂N – V – N – (por I)	Congratulei-os por terem finalizado os cursos.
₃N – Vse – por I	Congratulo-me por conhecer V. Exa. Congratulo-me por isso ter dado certo.
₄N – Vse – com N	O Governo português congratulou-se ontem com a posição manifestada pelo eleitorado espanhol no sentido da permanência do seu país na NATO. [cm] Na ocasião, congratulara-se com a naturalidade desconcertante, mas não isenta de tacto, com que Françoise soubera abreviar a questão. [vp]

conhecer
1. kennen; bekannt sein mit; kennenlernen; erfahren; wissen; s. auskennen in; erleben; durchmachen. 2. s. kennen(-lernen). 3. jn kennen als. 4. etw kennen von, verstehen von; s. auskennen in. 5. etw an, bei jm kennen; wissen, daß jd etw hat.

₁N – V – N	O João conhece o teu professor. Era uma ocupação gira, conheciam gente nova, e esses cursos de Verão costumam ser divertidos. [dm] Mas os anos 40 são a data mais apropriada para situar o nascimento dos computadores, pois foi nessa época que apareceram na forma que hoje LHES conhecemos. [cp] Tinha muitas dores, pouco comia, bebia muita água. Que a minha mãe não conhecia a doença que tinha e conhecia que eu conhecia. [rb] Ele conhece bem os diferentes estilos do jazz. Ela já conheceu alguns desgostos.
₂Npl – Vse	Conheceram-se em Lisboa.
₃N – V – N – Pn, adj	Toda a vida o conheci preguiçoso. Conheci-o rapazito de sacola ao ombro. Hoje é um grande médico.
₄N – V – de N	Aquele empregado novo conhece do ofício.

$_5$N – V – N – a Np   Conhecem-se-lhe atitudes de grande coragem contra a ditadura. [ot]

conquistar
1. erobern; MIL. einnehmen; FIG. für s. gewinnen. 2. (mit Waffengewalt) jm etw abnehmen; (dem Meer Land) abgewinnen.

$_1$N – V – N   A nossa história fez-se com ou contra Roma, que conquistou e civilizou a Península. [cm] O dinheiro era esbanjado na compra de toda a espécie de bugigangas com que, no regresso, pretendiam maravilhar os seus conterrâneos e conquistar as mulheres. [sc] Com a política que faz, o governo conquista simpatizantes à sua esquerda. O programa do partido conquistou a simpatia dos eleitores mais liberais.

$_2$N – V – N – a N   Conquistaram algumas praças fortes aos mouros. Os holandeses conquistaram terra ao mar.

conseguir
1. erlangen; erringen; erzielen; (schließlich) etw bekommen. 2. es erlangen; es erreichen; es jm gelingen. 3. es jm gelingen. 4. etw erreichen bei jm.

$_1$N – V – N   Conseguiram a nota mais alta. Eles conseguiram a ajuda dos pais. Acabou por conseguir droga.

$_2$N – V – Fc   Um dos principais problemas para conseguir que o computador faça alguma coisa é conhecer uma linguagem comum. [cp] Alguns avanços nas técnicas de programação conseguiram que se produzissem programas de qualidade superior. [cp]

$_3$N – V – I   As gémeas tinham os olhos marejados de lágrimas e não conseguiam articular palavra. [al] ▸Quero ver as notas da minha irmã Zélia e não consigo! [dm]

$_4$N – V – N – de N   A visita de Daniel Ortega a Moscovo facilita a tarefa do Governo norte-americano de conseguir do Congresso mais ajuda para os "contras". [dn]

consentir
1. zulassen. 2. zulassen; billigen; etw (ohne Widerspruch) geschehen lassen. 3. einwilligen in; es geschehen lassen; zulassen. 4. einwilligen in. 5.–6. erlauben; gestatten.

$_1$N – V – N   Mas à mesa tudo se pode dizer sem escândalo. O estômago acalmado consente-o, compensa-o. [cc]
■ Quem cala consente.

$_2$N – V – em N   A Câmara consentiu na cedência da sala para a realização da conferência.

$_3$N – V – (em) Fc   Consenti (em) que me levassem a casa. Os partidos consentiram que o governo tomasse medidas impopulares.

$_4$N – V – em I   Consenti em cantar aquela canção que me pediram.

$_5$N – V – a Np – N   Ele consentia-lhe tudo.

$_6$N – V – a Np – Fc   Ela, silenciosa, esfíngica, afastava-se, não lhe consentia sequer que lhe pegasse no braço. [vp]

consertar
1. ausbessern; reparieren; flicken; in Ordnung bringen.

$_1$N – V – N   Consertar a fechadura, os sapatos. Já consertaram o aquecimento. ▸Palavra que não percebe nada. – Nem é para perceber, é para consertar. Se este gajo não vai depressa à revisão morremos todos envenenados. [cd]

conservar
1. etw erhalten, (auf-)bewahren; behalten; beibehalten; zurückbehalten; konservieren; etw (frisch) halten; (gute Erinnerung an etw) haben. 2. halten, behalten + Adj.. 3. s. (jung...) halten.

$_1$N – V – N   O regulamento prescreve que a renovação total ou parcial das zonas de habitat "defeituoso" se deve fazer progressivamente, segundo programas organizados, que definirão as características dos edifícios a conservar ou a construir de novo. [pj] Cavaco Silva conservou alguns ministros que já faziam parte do anterior governo. Conservava no baú os poemas sem os publicar. O frigorífico conserva os alimentos. No Verão, conservo a fruta no frigorífico. Conserva as melhores recordações dessa visita.

$_2$N – V – N – P$_{adj}$ Esta cave conserva as bebidas frescas.

$_3$N – Vse – P$_{adj}$ Conserve-se jovem: use os nossos produtos!

■ ⇒ *Você está bem conservado para a idade que tem.*

considerar
1. betrachten; s. überlegen; über etw nachdenken; bedenken; abwägen; in Betracht ziehen. 2. jn schätzen. 3.-4. der Meinung sein; dafürhalten, daß; erwägen; in Betracht, Erwägung ziehen; überlegen; meinen; finden. 5. DIZER. 6. nachdenken; überlegen. 7. jn, etw halten für, ansehen als. 8. s. halten für.

₁N − V − N *Francisco considerou-a longamente, preocupado com o sentido da frase que ela acabava de pronunciar.* [vp] *Considerava os prós e os contras da questão. Considerei essa hipótese, mas não deu resultado.*

₂N − V − Np <como N, por I> *Consideravam-no como homem de letras/ por ser homem de letras.*

₃N − V − Fi *Ela considera que as mulheres têm de lutar pelos seus direitos. Considerava que não tinham podido vir por falta de meios.*

₄N − V − I *O Movimento Unitário dos Reformados, Pensionistas e Idosos considerou em comunicado não ser governar bem recusar a transferência para as autarquias das verbas a que por lei têm direito.* [dn] *Consideram ser irracional assumir hoje uma atitude de defesa das nacionalizações.* [dn]

₅N − V − Te DIZER.

₆N − V *Considerei longamente antes de tomar esta decisão.*

₇N − V − N − (como) Pn, adj *Em 1954 Albert foi considerado culpado do roubo e condenado a quatro anos de prisão.* [kr] *Soares considerou Portugal em relação aos países europeus mais avançados um país com atrasos sérios, que urge remover.* [pj] *Ele considerou-a vaidosa. Considero-o como amigo. Considero o cristianismo como essencial à evolução. Consideravam-no como homem de letras.*

₈N − Vse − (como) Pn, adj *Acho que ele se considera o salvador do mundo. Ele considera-se importante, mas não passa de um medíocre. Ele considera-se culpado pelos erros na contabilidade. Portugal pode já considerar-se membro da "grande Europa".* [ot]

consistir
1.-3. bestehen in, aus; beruhen auf.

₁N − V − em N *Os italianos puseram em prática o sistema denominado "barra italiana", que consiste numa rede lastrada com barras de ferro que "penteia" os fundos marinhos e destroça mais coral do que captura.* [pj]

₂N − V − em Fi *O dramático desta situação consiste em que só conseguimos arranjar um exemplo para ilustrar esta estrutura.*

₃N − V − em I *A Pide era uma máquina objectiva e formal, cujo primeiro dever consistia em dissimular a sua própria actividade.* [cd]

consolar
1.-3. jn trösten; jn freuen; jm ein Trost sein; jn aufheitern. 4. s. trösten; ◊ es jn trösten. 5. s. zufriedengeben mit; s. abfinden mit. 6. jn hinwegtrösten über.

₁N − V − Np *Se ele chumbar, temos de lhe dar apoio, consolá-lo.* [dm] *A sua vinda consolou-me.*

₂Fic − V − Np *Consolou-me que ele tivesse tido aproveitamento na escola. Consola-me que tenham tido êxito no empreendimento.*

₃I − V − Np *Consolou-me ir de férias mais cedo.*

₄Np − Vse *Consolava-se achando, na sua sorte, similitudes com biografias ilustres.* [eq] *Consolou-se a ler o livro à lareira.*

₅N − Vse − com N *Ela consola-se com pouca coisa. Depois das feridas desta noite, o meu amor-próprio consolava-se com o espectáculo dessa luta.* [jc] *Ele não se consolava com o segundo lugar na corrida.*

₆N − V − N − de N *Ela consolou-me do desgosto que eu sentia. Consolou o amigo da perda que experimentara.*

conspirar
1.-2. s. verschwören; konspirieren.

₁Npl – V – (contra N)   *A direita portuguesa quando não ama os seus líderes, acaba sempre por conspirar contra eles.* [pj]

₂Npl – V <para I>   *Conspiraram para assumir o poder.*

constar¹
1. bestehen aus; auf (dem Programm) stehen; wo erwähnt sein. 2.-4. wo stehen; wo angeführt, erwähnt, vermerkt werden, sein.

₁N – V – de N   *A maioria do equipamento abandonado constava de ferramentas vulgares.* [kf] *Do programa do governador civil de Bragança consta uma visita às futuras instalações da escola secundária.* [pj] *Este título consta da bibliografia que me foi entregue.*

₂Fi – V – de N   *Do testamento constava que, se ela casasse outra vez, perdia o direito à herança.*

₃I – V – de N   *Pernoitar em Salamanca consta do programa da excursão.*

₄N – V – L em   *Na lista de feridos não consta nenhum português.*

constar²
1.-3. bekannt sein, werden; feststehen; es heißt, man sagt, jm zu Ohren kommen, daß; erfahren; in Erfahrung bringen.

₁Fi – V – (a Np)   *Consta que o governo vai aumentar novamente os preços. Mal lhe constou que havia festa, tratou logo de se fazer convidado. Consta(-me) que facilitam ao máximo o regresso dos portugueses da África do Sul.*

₂Fc – V – (a N) | NEG   *Não me consta que eles sejam conhecidos do Pedro.*

₃I – V – (a N)   *Constou-me teres sido expulso da escola.*

constatar
1.-3. feststellen.

₁N – V – N   *Eles constataram a sua chegada.* ▸*Durante os trabalhos da Conferência, constatou-se uma fraca participação das mulheres na discussão.* ▸*A dezassete dias do primeiro escrutínio, constata-se, através de todas as pesquisas de opinião, uma grande estagnação do eleitorado.*

₂N – V – Fi   *No levantamento efectuado no distrito, constataram que as escolas não têm quaisquer instalações desportivas.* [jn]

₃N – V – I   *Depois de aturadas investigações, constataram tratar-se de um produto altamente tóxico.*

constipar
1. [Küche] abschrecken; ◊ Schnupfen bekommen. 2. s. erkälten; Schnupfen bekommen.

₁N – V – N   *Escorre-se o arroz da água quente e constipa-se com água fria, escorrendo-o em seguida.* [ac] *Olha que a corrente de ar pode constipar o miúdo. Leva-o lá para dentro.*

₂N – Vse   *Rosário constipou-se, por causa de uma malfadada porta que de vez em quando se abria nas costas dela, fazendo corrente de ar.* [pc]

constituir
Grafia: Pres.: constituo, constituis, constitui, constituímos. Pret.perf.: constituí, constituiu, constituíram. Part.: constituído.
1. bilden; formen; darstellen; sein; gründen; <etw> etw ausmachen; verkörpern. 2. bestehen aus. 3. s. (zum Verteidiger...) erheben; <etw> werden zu.

₁Ncp – V – N   *Numa sociedade democrática, em que o poder é uma emanação da vontade do povo, o voto constitui um dos direitos fundamentais dos cidadãos.* [pj] *Eles vão constituir um novo partido. A geração de 1922 constitui a fase inicial do modernismo.* [es6o] *É isto que constitui o meu ser, ou é esta séria de imagens, já desaparecidas, que formam a minha e a tua vida?* [hu] *Na opinião de alguns autores, é a definição da língua como sistema imanente que constitui a linguística como ciência com objecto próprio. Este romance devia constituir o terceiro tríptico do painel.* [mi]

₂Nc – Vse – de N   *Essa enzima constitui-se de três moléculas.*

▪ *Ser constituído + por N*: bestehen aus: *A caixa-forte era constituída por três salas.* [kf] *Esta enzima é constituída por três moléculas.*

₃Ncp – Vse – em N   *Alertara para o facto de a mais bela convenção do mundo correr o risco de* ficar letra morta se os jornalistas não se constituíssem em seus defensores. [dn] A dicotomia sentir-pensar manifesta-se de modo insistente nesta obra, constituindo-se numa marca profunda da sua criação poética.

construir
Morf.: Pres.: construo, construis, constróis, construi, constrói.
1. bauen; konstruieren; errichten.

₁N – V – N   Foi ele que construiu a casa com a ajuda dos vizinhos. Quem construiu esta máquina?

consultar
1. jn um Rat fragen; (Arzt) konsultieren. 2. <Arzt> jn untersuchen. 3. auf (die Uhr) sehen; (etw) wo nachsehen, nachschlagen.

₁Np – V – Np – (sobre... N)   Consultei o advogado acerca da/ sobre a legislação relativa ao poder paternal. Com aquela constipação que apanhei tive que consultar um médico.
₂Np – V – Np   Nesse dia, apesar do cansaço, consultou quinze doentes.
₃Np – V – Nc   O leitor apanhará rapidamente esse "calão"; mas se encontrar uma expressão ou termo desconhecido consulte o glossário, onde encontrará a explicação. [cp] Consultou o relógio e reconheceu que era já tarde demais para lhe falar.

consumir
Morf.: Pres.: consumo, consomes.
1. verbrauchen; verzehren; (Energie, Kraft...) aufbrauchen; (Zeit) in Anspruch nehmen; FIG. jn bedrücken. 2.-3. FIG. jn bedrücken.; jm Sorge bereiten. 4. FAM. FIG. s. (vor Kummer) verzehren; s. Gedanken machen. 5.-6. FIG. (Geld, Kraft...) verwenden auf; aufbrauchen; verbrauchen. 7. FIG. s. verzehren.

₁N – V – N   Os portugueses consomem mais do dobro de legumes do que os alemães. Este trabalho é em princípio fácil, mas consome imenso tempo. [cp] Esse carro consome demasiada gasolina. O petróleo que a Comunidade consome, e que representa 54% da sua energia, é quase totalmente importado do Terceiro Mundo. [cm] Um incêndio deflagrou ontem, consumindo já uma extensão superior a cerca de cem hectares de mato e pinheiros. [dn] As chamas consumiram mato e árvores. [dn] Manuel ia consumir as suas forças em terra estrangeira. [pj] Consumia-a o facto de ele se embebedar todos os dias.
₂Fc – V – N   Consumia-a que ele se embebedasse todos os dias.
₃I – V – N   Consumia a família ele ter sido forçado a emigrar. Consumia-a ter que tratar de todos aqueles assuntos desagradáveis.
₄N – Vse <com N>   Não te consumas com isso rapariga, ele acaba por voltar. Não se consuma. Com uma festa que vai dar brado, que mais quer? [mi]
₅N – V – N – em N   Consome todo o dinheiro naquele empreendimento.
₆N – V – N <a I>   Consumiram todas as suas energias a organizar o congresso.
₇N – Vse <a I>   Por que te consomes a magicar no que aconteceu? Águas passadas não movem moinhos!

contactar
1. mit jm Kontakt aufnehmen; in Kontakt treten mit. 2. am Rande von, neben etw. liegen; in Kontakt treten mit; kontaktieren.

₁N – V – Np   Contactei o Automóvel Clube de Portugal para me orientar. Nélson Lima afirmou que o projecto, para o qual foi contactado através da delegação portuguesa em Boston, representará uma das mais espectaculares operações de transferência de carros-eléctricos de uma cidade para a outra. [pj]
₂N – V – com Ncp   Nos casos em que as zonas de indústrias nocivas subsistirem e contactem com zonas de carácter habitacional, deverão estabelecer-se, nos seus limites, cortinas de arborização formadas por espécies de alto porte de folha permanente. [pj] Em 1983 Jorge Correia é nomeado delegado da Renamo para a Europa e passa a contactar, pessoalmente, com jornalistas portugueses. [oj] Quase todos os que contactam comigo sofrem uma decepção. [cc]

■ ⇒ Pôr-se em contacto/ entrar em contacto com alguém.

contagiar
1. jn anstecken, infizieren. 2. s. übertragen, ausbreiten auf.

₁Ncp – V – Np   A criança foi contagiada pela vizinha. Não te chegues a mim que te posso contagiar! O seu sentido de humor contagia todas as pessoas.

₂Nc – Vse – a N   A sua alegria contagiava-se a todos os presentes.

contar¹
1. zählen; rechnen (können) 2. wie alt sein; (soviele Freunde) haben. 3. damit rechnen; darauf bauen. 4. fest damit rechnen; vorhaben; hoffen. 5. jn, etw zählen, rechnen zu. 6. <jd, etw> zählen zu. 7. jn betrachten als. 8. rechnen mit; auf jn zählen; gefaßt sein auf; s. darauf verlassen. 9. FIG. zählen; darauf ankommen. 1o. soviel wert sein wie.

₁N – V – (Npl)   Contou as moedas que tinha na carteira. Contei as peças do dominó e vi que faltava uma. Para a idade que tem, ela já conta bem.

₂N – V – Npl   Já conta 8o anos. Conta muitos amigos na sua terra.

₃N – V – Fc   Contei que fosse ele a fazer esse trabalho. Estavas a contar que o teu pai te mandasse dinheiro?

₄N – V – I   Ele conta viver ainda alguns anos. Conta vir a fazer amizades.
▪ Ter em conta a.c.: etw berücksichtigen.

₅N – V – N – em N   Eu conto-o no grupo dos meus amigos.

₆N – Vse – entre, de Npl   O matrimónio conta-se entre as instituições universais.[tm] Ela conta-se entre as melhores amigas que já tive. Dos oito vasos de guerra italianos que receberam ordens para proteger a Marinha Mercante no golfo, conta-se o navio de salvamento "Anteo".[dn]

₇N – V – N – como Pn   Conto-o como um dos meus melhores amigos.

₈N – V – com N <para I>   Contei com ele, com isso para fazer os trabalhos mais difíceis. Dois terços da população universitária são politicamente indiferentes; a política universitária também tem de contar com estes estudantes. Conto com a sua vinda.

₉Ncp – V <para N>   É isso que conta (para nós). O prestígio, mágica auréola, conta em todas as lutas de poder.[mm]

₁₀N – V – por N   Só ele conta por dez.

contar²
1.–4. erzählen. 5. DIZER.

₁N – V – (a N) – (N)   Foi mais ou menos assim que me contou. Mais ou menos assim.[sa] Tinha imenso receio de lho contar, mas não podia deixar de o fazer. ▸Tinha de te contar, Nina!

∇N – V – N   Conto quase sempre uma história, quando os vou deitar.
∇N – V   Estejam quietos que eu conto.

₂N – V – (a N) – Fi   Contei-lhe que ia de férias à Argélia. Conta-se por aí que herdou tudo de um parente rico que nem sequer conhecia.

₃N – V – (a N) – Int   Conta-me tu como a vida te corre.[lu]

₄N – V – de N   Também já contou das jugoslavas? Ai que as mulheres zangam-se – já, já contei.[rb]

₅N – V – Te   DIZER.

contemplar¹
1. betrachten; anschauen; FIG. in Betracht ziehen; rechnen mit; berücksichtigen.

₁N – V – N   Aos domingos, quando não ia contemplar as ondas, errava pela grande cidade, detendo olhos cobiçosos nas coisas bonitas das montras.[np] O reitor contemplava-o com olhos de piedade. O Código Comercial já é bastante actualizado e deverá contemplar directivas dimanadas da Comunidade Económica Europeia.[pj]

contemplar²
1. jn bedenken mit; jm etw verleihen.

₁N – V – N – (com N)   Uma característica curiosa é a proposta de os detentores de cargos institucionais pretenderem ser contemplados com aumentos muito sensíveis.[pj] Contemplara-o no testamento. A leitora do DN contemplada com a nova cozinha foi Maria Teresa Palma Teodora.[dn]

contentar
1.–3. jn zufriedenstellen, befriedigen. 4.–7. s. zufrieden geben, s. begnügen mit.

₁Nc – V – Np A resposta contentou-me.
₂Fc – V – Np Contentou-me muito que ela tenha tido sucesso na prova.
₃I – V – Np Ela tinha tido muitos azares na vida; por isso mesmo, ter conseguido tirar a carta lá a contentou.
₄Np – Vse – com N Leonel não ia mais além, contentava-se com aquela excitação mais ou menos inocente, de contactos fortuitos, de olhares intencionais, expressivos, às vezes vibrantes como frechas. [vp]
₅Np – Vse – com, a I Ele contentava-se com tratar de cães. O Ministro contentou-se apenas a dar uma ideia geral da reunião e deixou as perguntas para a conferência de imprensa.
 ▪ ⇒ Estar contente com + N: zufrieden sein mit.
₆Np – Vse – (em) Fc Não exigia que o visitassem todos os dias; contentava-se (em) que o procurassem de vez em quando para ouvirem o seu parecer.
₇Np – Vse – em I Contentava-se em dar um passeiozinho higiénico todas as manhãs para ir tomar a bica. Mais não desejava da vida.

conter¹
Morf.: Pres.: contenho, contens, contém, contêm. Imperf.: continha. Pret. perf.: contive, conteve, contiveram. Part.: contido.
1. enthalten; beinhalten.

₁N – V – N Um mecanismo aritmético continha uma unidade de controle para fazer a máquina seguir as instruções. [cp] O ar contém enxofre.
 ▪ A UCP e outro equipamento electrónico estão contidos num bloco compacto de fácil arrumação. [cp]

conter²
Morf.: Pres.: contenho, contens, contém, contêm. Imperf.: continha. Pret. perf.: contive, conteve, contiveram. Part.: contido. Imper.: contem.
1. zurückhalten; zügeln; beherrschen; in den Griff bekommen; Einhalt gebieten; im Zaume halten. 2. s. beherrschen, s. im Zaume halten.

₁N – V – Nop A Associação Comercial de Lisboa aponta para a diminuição dos gastos públicos como forma de conter o agravamento fiscal. [pj] Temos de os conter ou estamos perdidos. [hu]
₂N – Vse Algumas dessas importantes individualidades às vezes não se contêm e invocam que no sector do vizinho ainda é pior o que se passa. [pj] Piedade procurava conter-se, mas os seus lábios eram sacudidos por tremores. [np]

contestar
1. widersprechen. 2. widersprechen; entgegnen; Einspruch erheben, einlegen gegen. 3. bestreiten. 4. DIZER: entgegnen; widersprechen.

₁Nc – V – N As provas contestam o testemunho do réu.
₂Np – V – (N) Os sindicatos contestaram a decisão do patronato. A CGTP contesta a contagem feita pelo Governo sobre os trabalhadores com salários em atraso. [dn] Na reunião havia uma única voz que contestava.
₃Np – V – Fc Os representantes dos partidos da oposição contestaram que a decisão tivesse sido tomada sem consulta pública.
₅Np – V – Te DIZER: Ouve lá, isso que estás para aí a dizer não tem pés nem cabeça! – contestou a Maria.

continuar¹
1. fortfahren mit, weiter + V; fortsetzen. 2. <etw> etw fortsetzen. 3. (in e-r Position) verharren. 4. weiter + V; fortfahren in, mit. 5. s. fortsetzen. 6. andauern; weitergehen; so bleiben. 7. fortsetzen; verlängern. 8. DIZER.

₁Np – V – (N) A minha vizinha, já depois de velha, quer continuar os estudos.
₂Nc – V – N Este trabalho continua o outro que estava inacabado.
₃Np – V – em N O João continuou naquela posição.
₄Ncp – V – com N O miúdo continua com gripe. Ele continuou com o discurso apesar dos apupos. Isto deixa a UCP livre para continuar com outras coisas, até que o chip matemático lhe envie o sinal de que completou esta operação. [cp]
₅N – Vse – por N O caminho pelo parque continua-se pela rua que leva ao centro da cidade.
₆Nc – V A vida continua. Esta situação não pode continuar. A peste continua. A estrada continua ao longo do rio. O romance continua (no próximo fascículo).

₇N – V – N – D   *Eu continuei a viagem para além de Paris.*
₈N – V – Te   DIZER.

continuar²
1. weiterhin, immer noch (wie, wo) sein, bleiben; NEG. immer noch nicht + V.

₁N – V – P_{adj, n, l}   *O céu continua cinzento. A porta não se abre. A Fernanda continua lá fora.* [hn] *E o António que continuava sem arranjar trabalho estável. Quantos apertos financeiros!* [np] *Se a água ainda não ferve, continua-se à espera.* [cp] *Continuar sem dinheiro.*

continuar³
1. weiter + V.

₁[N –] V + V_{a INF, GER}   *Continuou a chover/ chovendo. A pobre Joana continuava a não compreender como pudera sair de si, tão feia e tão infeliz.* [nc] *Que se passa, o que é que continua a passar-se neste país de opereta?* [ot] *Leonel continuou descendo a Cannebière, mas deixava-se arrastar pela multidão, até relaxara o passo.* [vp]

contorcer
1. (Mund) verziehen; verzerren. 2. s. winden (vor).

₁N – V – N   *Contorcia a boca como se fosse rir. As dores contorciam-LHE a face.*
₂N – Vse <de, com N>   *Deitado no chão, contorcia-se com dores.*

contradizer
Morf.: Pres.: contradigo, contradiz. Pret. perf.: contradisseram. Fut.: contradirei. Part.: contradito. Imper.: contradiz.
1. widersprechen; bestreiten. 2.-3. s. widersprechen.

₁Ncp – V – N   *Esse facto, ele contradiz a hipótese que colocaste. Só os ricos têm o direito de contradizer os pobres. Um pobre não deve ter opinião.* [hu] *Eu gosto que me contradigam. O facto de ela ter tomado aquela atitude contradiz o que penso dela.*
₂Npl – Vse   *Eles contradiziam-se mutuamente, uns aos outros.*
₃Ncp – Vse   *A notícia contradiz-se (a si mesma). O Pedro contradiz-se.*

contrair¹
Morf.: Pres.: contraio, contraes. Part.: contraído.
1. (Muskeln) zus.ziehen; (Hand) ballen. 2. zus.zucken; s. verkrampfen; s. winden; (Hand) s. ballen.

₁N – V – N   *Contraiu os músculos num arrepio. Contraiu as mãos.*
₂N – Vse <com, de N>   *Contraiu-se com medo. A mão contraiu-se-LHE. Quando lhe disseram quem a vinha visitar, contraiu-se toda de ansiedade.*

contrair²
Morf.: Pres.: contraio, contraes; Part.: contraído.
1. s. etw angewöhnen; s. (e–e Krankheit) zuziehen; (Anleihe) zeichnen; (Schulden) machen.

₁N – V – N   *Hábito detestável, esse de fumar. Oxalá a professora Li não o contraia.* [np] *Contrair dívidas/ um empréstimo/ uma doença.*

■ *Contrair matrimónio:* heiraten; die Ehe eingehen (mit).

contrariar
1.-3. jn ärgern, verärgern, verdrießen; etw behindern, erschweren; etw e-r S. entgegenarbeiten; stören; im Widerspruch stehen zu. 4. verärgert werden, sein. 5. DIZER. entgegnen.

₁N – V – Ncp   *Creio que me contrarias sempre, pelo simples prazer de me contrariares.* [nv] *Logo de manhã cedo, uma proposta assim contrariava-a.* [mi] *O atraso da verba contrariou os nossos planos. O rápido corria pela planície, contrariando a paisagem.*
₂Fc – V – Ncp   *Que a verba chegasse tarde, contrariou-me, contrariou os nossos planos.*
₃I – V – Ncp   *Contrariou-me ela não ter vindo. Ela não ter vindo contrariava os meus planos.*
₄Np – V – Vse   *Contrariei-me vendo-o falar com ela.*

■ ⇒ *Ficar, estar contrariado.*

₅N – V – Te   DIZER: *Não, isso não pode ser! – contrariou impaciente.*

contratar
1. jn anstellen, einstellen; s. jn (als Diener...) nehmen; jn anheuern; unter Vertrag nehmen. 2.-3. jn anstellen, einstellen als.

₁N – V – N
Os romances de Raduan também foram contratados por editoras da França e da Espanha. [pj] *Contratei-o para que fizesse o trabalho.*

₂N – V – N – para N
Saiam lá daí! – berrava um rapaz, furioso, para duas miúdas. – Quero ver as notas da minha irmã Zélia e não consigo. – E por que é que ela não vem pessoalmente? Contratou-te para mordomo? [dm]

₃N – V – N – como Pn
Contratei-o como meu procurador.

contribuir
1.-3. <jd> etw beitragen zu; etw beisteuern zu. 4.-5. <etw> beitragen zu.

₁Np – V – (com N) – para N
Contribui com donativos para as obras da piscina.

₂Np – V – (com N) – para Fc
Contribuiu para que o sonho de alguns se tornasse realidade.

₃Np – V – (com N) – para I
Contribui com donativos para eles instalarem os velhos num lar.

₄Nc, Fc, I – V – para Nc, I
É fácil calcular que as reuniões em nada contribuem para a qualidade de vida de qualquer povo. As receitas obtidas com o leilão contribuíram para o lançamento da primeira pedra do novo quartel dos bombeiros. Contribuía para a sua boa disposição, para lhe levantar o moral, que ele a fosse visitar todos os dias. Contribuía para lhe levantar o moral que ele a fosse visitar todos os dias.

₅Nc, I – V – para N, Fc, I
Levar-lhe o pequeno almoço à cama contribuía para o seu bem-estar/ para que ela começasse bem o dia/ para lhe levantar o moral.

controlar
1. kontrollieren; unter Kontrolle halten, haben. 2. <jd> s. beherrschen.

₁N – V – Ncp
Controlei a respiração durante o treino. Duas ou três famílias controlam a produção têxtil do norte. O cérebro controla as funções do corpo. Não conseguia controlar os nervos.

₂Np – Vse
Disse-me tudo o que lhe veio à cabeça, mas eu controlei-me.

convencer
Morf.: ter, ser, estar convencido; estar convicto de + N: e-r S. überführt sein.
1.-2. überzeugen. 3.-4. s. überzeugen von; überzeugt sein von. 5.-6. jn überreden zu; jn dazubringen, daß. 7. s. entschließen zu.

₁N – V – (Np) – (de N)
Isso convenceu-nos da sua inocência.

∇N – V – Np
Que argumento haviam de utilizar para convencerem os pais? [dm] *Isso convenceu-nos. Já convenci o tipo da loja. Ele trespassa-nos a casa.*

∇N – V
A sua argumentação convence.

₂N – V – Np – (de) Fi
O Dr. Gonçalves limitava-se a convencer Maria do Pilar de que não LHE achava no corpo doença para se ater à cama daquela maneira. [bc]

₃Np – Vse – de N
Cheguei quase a convencer-me disso.

₄Np – Vse – (de) Fic
Leonel queria convencer-se de que renunciara deliberadamente às tentativas de perscrutação íntima. [vp] *Mesmo assim não se convenceu de que ela quisesse falar consigo. És muito ingénua. Ainda te convenceste que ele vinha!*

₅Np – V – Np – a Fc
Convenceu-os a que não opusessem resistência.

₆N – V – Np – a I
O método é o mesmo: convencer os aliados ocidental-europeus dos Estados Unidos a retirarem os foguetões dos seus territórios. [cm]

₇Np – Vse – a I
Finalmente convenceu-se a procurar casa.

conversar
1.-2. s. unterhalten. 3. jn bequatschen; jn belabern.

₁Npl – V – (sobre N)
À sombra, conversavam sobre os filhos enquanto bordavam as toalhas.

₂N – V – com N – (sobre N)
Felícia conversava animadamente com um rapagão louro. [np]
■ *Estamos conversados!:* Es gibt nichts mehr über das Thema zu sagen.

₃N – V – N
A velha é do piorio, Coisinha. Fartei-me de a conversar, ameacei. [cd]

convidar

1. jn einladen. 2.–3. einladen; jn (zum Tanz) auffordern. 4. jn auffordern, zu; jm nahelegen, zu. 5.–7. <etw> einladen zu, reizen zu + V.

₁N – V – (N) – (para N)	Convidei-os para uma feijoada no meu apartamento de solteirão. Aceitaram prontamente. [np]
∇N – V – N	Convidei quarenta pessoas.
∇N – V – para N	Ela convidou só para o jantar, não foi?
₂Np – V – N – a Fc	Ele convidou os países europeus a que contribuíssem para o desenvolvimento dos países do Terceiro Mundo.
₃Np – V – N <para I>	Convidei-a para dançar.
₄Np – V – N – a I	Convidou o João a participar nas negociações. Convidou-o a sair imediatamente do seu quarto.
₅Nc – V – a N	O tempo convida a passeatas ao ar livre.
₆Nc – V – a Fc	O tempo convida a que se dê um passeio ao ar livre.
₇Nc – V – a I	O mar calmo convidava a nadar.

convir

Morf.: Pres.: convenho, convens, convém, convimos, convêm. Imperf.: convinha. Pret. perf.: convim, convieste, conveio, convieram. Part.: convindo.

1.–2. angebracht sein; es sollte. 3.–5. jm passen; für jn vorteilhaft, nützlich, von Nutzen sein. 6.–7. übereinkommen; s. einigen; übereinstimmen; e–r Meinung sein über. 8.–9. mit jm übereinstimmen; eingestehen; gelten lassen; zugeben.

₁Fc – V	Convém que recordemos o programa do governo.
₂I – V	O filme dava a entender que não convinha desanimar a emigração, mesmo penosa e clandestina. [pj] Convém recordar que nas grandes linhas do programa do MFA, descolonizar e democratizar eram as generosas motivações de homens corajosos que não dormiram a noite de 25 de Abril. [dp]
₃N – V – a Np	Convém-lhe aquele ar misterioso dela. Convém à cooperativa um preço baixo, ao produtor convém-lhe um preço alto. [co]
₄Fc – V – a Np	Convém aos funcionários da loja que o patrão ande sempre a viajar. Assim trabalham menos.
₅I – V – a Np	Não lhe convém sair de casa.
₆Npl – V – (em) Fi	Conviemos (em) que era tarefa eminentemente não muito difícil de levar a cabo. Temos de convir que o problema é delicado.
₇Npl – V – em I	Convieram em procurar emprego. Conviemos em não ser possível levar a cabo o plano.
₈Np – V – (com Np) – (em)	Convenho em que teríamos de proceder desse modo. Convirá connosco o leitor que poderemos achar a porta que abre o horizonte.
₉Np – V – (com Np) – em I	Convim com ele em deixar este problema de lado.

copiar

1. etw abschreiben; kopieren; nachmachen; imitieren. 2. wo, von jm abschreiben. 3. abschreiben.

₁N – V – N <em N>	Copiei o artigo que me interessava. Copiei num caderno os títulos dos livros. Ao renascer em vidro, metal ou cimento, cidade nova, utilitária, para um mundo que se copia dispensando a caracterização dos hábitos e dos lugares, logo tratou de reavivar as iniciativas, actualizando-as e avantajando-as. [oj]
₂N – V – (N) – por Ncp	Copiei o ponto pelo meu colega. Ambos com vinte anos apenas tinham copiado pelas mesmas cábulas e cortejado em conjunto as primeiras raparigas. [nv]
₃N – V – N – D	O jovem copiou o enunciado do problema do quadro para um papel que trazia no bolso. Em geral, é muito mais fácil copiar, de uma cassette para outra, um programa comercializado nesse suporte. [cp]

corar

1. (Wäsche) (in der Sonne) bleichen. 2. [Küche] braun braten; <Gesicht> rot werden; erröten; <Wäsche> bleichen.

₁N – V – N A condessa pedira explicações sobre o melhor sistema de corar o linho e obter um ponto cristalizado para o doce de ginja. [as]

₂Ncp – V Preparam-se os borrachos e põem-se numa caçarola a corar em toucinho derretido e pingo de porco ou banha. [ac] A cara corou-LHE com o esforço. O Bispo corou como um culpado e respondeu: a Igreja da Esperança está em ruínas. [co] Você tomou demasiado a sério o que eu disse!_Veja ali ao espelho as suas cores_Ah, eu coro por nada. [fn] Pôs a roupa lavada a corar.

correr

1.-2. laufen; rennen. 3. (Strecke) laufen; wo entlang laufen; bereisen. 4. mit (der Hand) fahren durch, über; (mit der Hand) über etw streichen; (Blicke) schweifen lassen. 5. etw. laufen lassen; wegjagen. 6.-7. wegjagen; verjagen; rauswerfen; vertreiben. 8. <Nachricht> laufen durch. 9. laufen (aus, über); <Wasser> fließen; <Schlüssel> s. wo drehen; <Zeit> vergehen, verstreichen; <Mauer> s. erstrecken. 1o. wie verlaufen. 11. <etw> wie gehen, laufen; wie verlaufen; <Wind> wie stehen.

₁Ncp – V Saiu de casa e desatou a correr. Pouco a pouco, uns pardais afoitos quase lhe tocaram com as asas brincalhonas_Vinham em grupos, um pássaro gordo correu sobre o beirado, debicou umas ervas nascidas por ali, e voltou-se para os lados da mata. [bc] É necessário digitar o comando RUN ou equivalente para pôr o programa a correr. [cp]

■ Correr+a I: s. beeilen zu tun: Antes que a criança caísse, correu a levantá-la da cadeira.

₂Np – V – D Corri à varanda para ver o que se passava na rua. Corria pelo monte acima. Corria até casa.

₃Np – V – N Corri cem metros e bati o recorde. Correu o mundo, muitos países. Se os batéis estão em perigo, ela corre a costa, açoitada pelo vento.

■ Correr (o) risco: Gefahr laufen; <jd> etw riskieren: Soares garantiu que tudo fará para que Portugal não venha a correr o risco de se tornar ingovernável. [pj] Não corro risco algum.

■ Correr perigo: Gefahr laufen.

■ Correr as cortinas: den Vorhang auf- oder zuziehen.

■ Correr um cavalo: ein Pferd einreiten.

■ Correr o ferrolho: den Riegel vorschieben.

■ Correr lojas/ armazens: s. die Hacken ablaufen: Corria lojas e lojas para conseguir esta gravata.

■ Correr Ceca e Meca: von Pontius zu Pilatus laufen: Perdeu naquele dia o último quartel e pôs-se à cata do António Falcão, correndo Ceca e Meca para o agarrar.

₄Np – V – N – Lpor Correu a mão pelo corpo, pelo cabelo dela. Correu a vista pelo quarto.

₅Np – V – N – (D) <a, com N> Não esquecer, neste ponto, de correr a fita atrás, até a um ponto anterior ao começo do programa que se quer carregar. [cp] Eu, quando apanho alguma no meu bote, corro-a logo dali pra fora. [rb] Corri-o de casa a tiro. Correu-o a pontapé. Voltando-se para um rapaz mais espigado do que eu, e que agarrava a corda do burro, deu-lhe a ordem: Corre lá o animal! [ra]

₆Np – V – N – de N Os amigos, os vizinhos, a gente com quem ele nascera, brincara, mourejara de manhã à noite, corria-o do seu afecto e da sua porta como um cão danado! [nc]

₇Np – V – com Np – (D) Vestimos as batas para passarmos despercebidos e podermos procurá-lo à vontade, sem correrem connosco, disse o Pedro. [al] Corri com a criada lá de casa. Corri com a criada_Não prestava.

₈Nc – V – N A novidade corre a vila. [sv]

■ <boato> correr: <Gerücht> umgehen: O município de Liorna decidiu verificar a veracidade dos boatos que corriam desde há mais de 7o anos e segundo os quais Modigliani se desfez de alguns trabalhos seus, atirando-os a um canal, magoado pela incompreensão de alguns amigos. [pj]

■ Fic, I+V: man hört; es heißt, daß; bekannt sein, daß: Atribuía-se a nomeação do ministro à influência do Doutor Marcelo Caetano, con-

	tra o qual se pôs a correr não ser partidário da defesa do Ultramar. [sc]
₉Nc – V – L, D	Ao ouvir a chave correr no trinco, Leonel afastou-se de Cécile, bruscamente. [vp] O rio corre entre os montes. A água correu para fora da banheira. Sobre a falésia, lá em cima, num laço menos abrupto, corria um muro branqueado a cal. [vp]
₁₀Nc – V – M ⟨para Np⟩	O inverno corria daquela maneira: ou nevões de caiar a alma de tristeza, ou então um tempo assim, frio, húmido, cortado por lufadas ásperas de ventania. [bi] As consequências não serão graves se as coisas correrem mal. [cp] Isto quer dizer que o processo pode correr tranquilamente e sem pressas. [oj] O dia começou a correr mal para o empregado do banco, quando viu que não conseguia abrir a porta do seu gabinete. [kf]
₁₁Nc – V ⟨adj⟩	A mulheraça não tocou mais no assunto. Com o progredir do conhecimento, segredou mesmo que estava pronta a emprestar-me dinheiro, em caso de aperto. Corriam-ME duros os tempos e acabei por aceitar. [np] Os ventos corriam favoráveis a uma mudança. [pj]

corresponder
1. entsprechen; etw erwidern. 2. entsprechen. 3. in Briefwechsel stehen. 4. s. mit jm schreiben; in Briefwechsel stehen mit.

₁N – V – a N	Isso corresponde à descrição que me fizeram. Filha única, estremecida da mais carinhosa mãe que dela fizera todo o seu enlevo, muito amada de seu pai, idolatrada pelo noivo, moço, inteligente, são e trabalhador, correspondendo-lhe com igual afecto, Alice vira tudo sorrir-lhe na vida. [oj]
₂I – V – a N	Corresponde às intenções do governo fazer baixar a inflação.
₃Npl – Vse	Já há muito tempo que se correspondem.
₄N – Vse – com N	Quando era nova, correspondia-se com artistas. Chegou a ter dezenas de correspondentes.

corrigir
1. berichtigen; korrigieren; (Fehler) beheben; verbessern; etw richtigstellen; jn auf den richtigen Weg bringen. 2. s. verbessern; s. berichtigen; 3. bessern.

₁N – V – N	Sentada, a professora aproveitava a viagem para corrigir pontos escolares. [np] Sempre que se recorria ao Dr. Banda, apresentando-se-lhe provas das nossas razões de queixa, a sua intervenção não faltava a corrigir as situações e a punir os culpados. [sc] Corrigiu o texto do manuscrito. O jornal foi obrigado a corregir a falsa notícia. Hoje em dia, os pais já não conseguem corrigir os filhos.
₂N – Vse	O deputado coregiu-se no debate que se seguiu. Com o tempo corrigiu-se e chegou a adquirir alguma fama.

cortar
1. schneiden; abschneiden; abtrennen; durchschneiden; einschneiden; (Holz) hacken; (Haare) schneiden; (Baum) fällen; jm das Wasser abstellen; jm (das Wort) abschneiden; jm ins Wort fallen; (Kleid) zuschneiden; aus (e-r Liste) streichen; (Text) streichen, weglassen; jm (den Rückzug) abschneiden. 2. in (Stücke) schneiden. 3. s. schneiden. 4. (Text) streichen (aus). 5. mit etw aufhören; nicht mehr + V. 6. (wohin) abbiegen; e-n Weg nehmen.

₁Ncp – V – N	Cortar uma fatia de pão. Cortar a cabeça a alguém. Cortar lenha. Cortar o cabelo/ uma árvore. Cortaram a água. A patroa cortava-lhes a electricidade às dez porque a vida estava cara. [mi] Fazia frio. O vento rápido cortava-LHES a pele, por entre as matas de pinheiros jovens. [pc] Não LHE corte a palavra! A modista já ME cortou o vestido. Resta a saber se os jornais não cortam o anúncio. [cd] Cortaram a comunicação telefónica. Cortei-LHE a palavra. Cortei dois nomes na lista. Cortar a retirada ao inimigo. ▸A tesoura/ a faca não corta. ■ Cortar alguém às postas: FIG. jn in Stücke reißen: O magro reagiu informando que ele, sim, é que o cortava às postas. [np] ■ Cortar caminho: den Weg abkürzen.
₂Np – V – N – em N	Achatam-se 250 g de carne de vaca e cortam-se em quadrados de cinco centímetros. [ac]

₃Np – Vse <com N>	*Ele cortou-se com a lâmina.*
₄N – V – Nc – (a Nc)	*Cortar um parágrafo ao texto.*
₅Np – V – com N	*Cortou com as despesas/ com o tabaco/ com o açúcar/ com o jantar. Aos vinte anos, por um impulso cego, reconhecia honestamente, cortara com uma existência de menino rico, embora a custo de uma aversão intensa a todo um passado fácil.* [nv]
₆Ncp – V – D	*Seguíamos pela auto-estrada de Setúbal a alta velocidade, a certa altura cortaram para um caminho deserto, acidentado, por uma densa mata.* [lu] *Cortamos pela Praça e subimos a rua dos Clérigos. Cortar à esquerda.*

coser
1. nähen. 2. etw annähen. 3. (Ohr) drücken, halten an. 4. s. drücken, schmiegen an; 5. s. wie verstehen, vertragen; NEG. e-a. nicht ausstehen können.

₁N – V – (N)	*Ela já coseu o vestido. Ela está a coser na varanda.*
	▮ (PG.:) *Ele que se cosa!:* Er soll sehen, wie er fertig wird!
₂N – V – N – de, a N	*Coseu o botão do/ ao fato.*
₃N – V – N – a N	(PG.:) *Coseu o ouvido à parede, à terra.*
₄N – Vse – a N	(PG.:) *Os filhos escondiam-se de mim, as criadas evitavam-me, os empregados, no escritório, cosiam-se à parede.* [pc]
₅Npl – Vse – M	(PG.:) *Baralha e Marvila nunca se coseram bem; nesse momento em que o mundo andava em guerra, as disputas de pedradas entre os dois bairros eram constantes.* [ra]

costumar
1. pflegen zu + V.

₁[N –] V + V_INF	*Costuma chover muito nesta região. Albert tinha uma espingarda de ar, e embora nunca atirasse aos pássaros, costumava alvejar velhas latas de conserva.* [kf] *Esses cursos de verão costumam ser divertidos. Era uma ocupação gira, conheciam gente nova.* [dm]
	▮ ⇒ *Ter o costume de* + I.

coxear
Morf.: Pres.: coxeio.
1. hinken; <Tier> lahmen.

₁N – V <de N>	*O homem era moreno, de feições claras e coxeava da perna direita.* [vp] *O cavalo coxeia.*

cozer
1. (Gemüse, Huhn...) kochen; (Brot...) backen; (Ente...) braten. 2. garen; (in der Röhre) gar werden.

₁N – V – N	*Cozeu o pão. Era uma boa mãe. Dava-lhe um bolinho quente com uma sardinha em cima, de quinze em quinze dias, sempre que cozia pão no forno doméstico.* [np] *Se tivermos de assar o pato, não o devemos cozer demasiadamente.* [ac]
₂N – V	*O pato cozeu muito. O pão/ as batatas estão já a cozer.*
	▮ *Cozer a bebedeira:* s-n Rausch ausschlafen.

cozinhar
1. (Essen) zubereiten; kochen; braten.

₁N – V – N	*O jantar, ainda ela continuava a cozinhá-lo no quarto, porque o merceeiro lhe fiava os géneros, já de mau modo em todo o caso, o que a levava a cingir-se ao mínimo de compras indispensáveis.* [pc] *Cozinhar carne/ bacalhau.* ▸*Ela cozinha bem.*

crer

Morf.: Pres.: creio, crês, crê, crêem. Pret. perf.: cri, creste, creu, creram. Part.: crido. Imperat.: crê, crede.
1. etw, jm glauben; an jn, etw glauben; jm Glauben schenken; auf jn vertrauen. 2. e-r S. Glauben schenken. 3.–5. glauben; meinen; denken. 6. etw, jn halten für. 7. s. halten für.

$_1$N – V – em N	Naquele dia Josefino Barra não tinha bebido e mostrava no olhar uns restos da sua antiga firmeza, lembrando o homem que só se domara quando os companheiros deixaram de crer no futuro. [fa] Creio em Deus. Não creio em milagres. Custa-me a crer nisso/ nessa história. ▪ Ela crê como uma criança. ▪ Crer em si: an s. selbst glauben; auf s. vertrauen; Selbstvertrauen haben.
$_2$N – V – N	Custa-me a crer essa história.
$_3$N – V – Fi	Temos sólidas razões para crer que ireis triunfar dos dois desafios. [dp] Crês que isso foi mesmo assim? Creio que amanhã vou faltar ao trabalho. Ando tão cansado. Não ouve, creio mesmo que não pensa. [hu]
$_4$N – V – Fc | NEG	Não creio que isso seja possível.
$_5$N – V – I	Creio estares enganado a esse respeito.
$_6$N – V – P$_{adj}$ – N, Fc, I	Creio oportuno começar sobre o destino da poesia. [es] Creio-o rico. Creio oportuno que se inicie agora o projecto.
$_7$N – Vse – P$_{adj, n}$	Cria-se invencível/ senhor da situação.

crescer

1. <jd, etw> wachsen; groß werden; anwachsen; <Fluß> anschwellen, steigen; s. (ver-)mehren; zunehmen; <Teig> aufgehen; <Geld> s. mehren.

$_1$N – V <adj>	As plantas cresceram fortes. Com esta chuva o rio cresce todos os dias. O miúdo já cresceu muito. As batatas cresceram muito. No Equador crescem os protestos contra a operação "Blazing Trades". [od] Com a actual situação instalou-se o salve-se quem puder e souber, cresceu o contrabando, a economia subterrânea e aperfeiçoaram-se os instrumentos de fraude e de evasão. [pj] O bolo não cresceu. Acho que me esqueci de deitar fermento. Quando há amor até o dinheiro cresce, mulher. [cd] ▪ Não me cresce muito tempo: Es bleibt mir nicht mehr viel Zeit übrig.

criar

1. erschaffen; (jn, Tiere) aufziehen, groß ziehen; (Vieh) züchten; s. ausdenken; (Wort) prägen; (Schule) gründen; jn ernähren; (Abteilungen...) einrichten; s. (Sympathien...) verschaffen; (ein Gefühl) entwickeln für; (Probleme) schaffen. 2. <jd> aufwachsen; FIG. entstehen; s. entwickeln. 3. (Gefühl) entwickeln, empfinden für; jm (Sorge...) bereiten. 4.–6. in jm (ein Gefühl) entstehen lassen.

$_1$N – V – N	Deus criou o mundo. Naquele barracão criam porcos. A mãe criou o miúdo. Deve ser possível criar condições para desatar os nós cegos da economia portuguesa. [pj] Mas se já existe um termo, porquê criar um novo? As grandes companhias criaram departamentos exclusivamente dedicados à programação de novos jogos. [cp] Criou simpatia pelos colegas de trabalho. Estes actos de violência criaram novos problemas. ▸A amizade cria-se como as plantas, com cuidado. ▸Aquela ferida que fiz no outro dia criou (sc.: pus). ▪ Criar nome: s. e-n Namen machen: Por exemplo, a Atari criou nome com os jogos vídeo e as máquinas de jogos. [cp] ▪ Criar raízes: Wurzeln schlagen.
$_2$N – Vse	O João criou-se num ambiente pobre. Criava-se uma amizade profunda entre ambos.
$_3$N, Fc, I – V – N – a Np	Criou amizade ao filho. Vê lá se te mudas, rapaz. Só sabes criar problemas, preocupações à família. Ia criar-lhe problemas que eles não tivessem vindo. Exigir-lhes satisfações criar-lhe-ia ainda mais dificuldades.
$_4$N – V – N – em Np	As pressões sociais instalaram-se na esfera da intimidade familiar, o que criou nos filhos uma indiferença quanto ao valor da família. [pj]
$_5$Fc – V – N – em Np	Que lhes dessem provas de confiança criava neles a vontade de cooperar.
$_6$I – V – N – em Np	Vê-los assim entusiasmados criava nela a esperança de que o seu esforço não tivesse sido em vão.

crispar
1. (Hand) ballen; (Muskeln...) zus.ziehen; die Nerven anspannen. 2. s. verkrampfen; s. zus.ziehen.

₁N – V – N Sentindo-se indefeso, o velho crispava as mãos e chamava por socorro. Crispou os músculos do rosto, num ricto de dor. Por vezes, garatujando pela noite dentro no papel em branco, crispa-ME os nervos algo como um débil suspiro, talvez um delírio auditivo provocado pela fadiga. [np]

₂N – Vse Não pôde concluir o pensamento.̲Uma mão de ferro crispou-se-LHE no braço, enquanto uma voz desagradável lhe soprava na cara, com bafo de aguardente: Sua intrometida. [dm] Os dedos crisparam-se-LHE. Crispou-se-LHE a mão.

criticar
1. kritisieren; tadeln; etw beanstanden; (Buch...) besprechen. 2.–3. kritisieren; bemängeln. 4.–5. jn kritisieren, tadeln; jm Vorhaltungen machen; an jm Kritik üben; jm etw zum Vorwurf machen.

₁Np – V – Nc O que se critica é a mera criação de vocábulos para a designação de ideias já denominadas. [es] No último número da revista criticava benevolentemente o recente livro desse autor.

₂Np – V – Fc Criticou que eu não lhe tivesse telefonado.

₃Np – V – I Criticou não lhe ter telefonado a tempo.

₄Np – V – Np – (por N) Eu critiquei-a pelo mau gosto que tinha.

₅Np – V – Np – (por I) Eu critiquei-a por ter feito aquela acção.

cruzar
1. (Arme) verschränken; (Bein) überschlagen; (etw) in Kreuzform, über Kreuz legen; (Rassen...) kreuzen. 2. (Rassen) kreuzen. 3. an e-a. vorbeifahren; s. begegnen; <Wege...> s. kreuzen. 4. jm zufällig begegnen; <etw> s. kreuzen mit. 5. s. kreuzen. 6. vorbeifahren, vorbeigehen an; begegnen; (Meer) durchfahren; FIG. jm durch (den Sinn) gehen. 7. begegnen; vorbeikommen an jm;. <Straße> (Straße) kreuzen.

₁N – V – Npl A Teresa olhou para os outros, cruzando os braços e esticando a cabeça, com ar de menina irritante. [dm] Cruzei dois paus e fiz uma espada. Em relação aos cães, é sabido que não se deve cruzar raças diferentes.

₂N – V – N – com N Cruzou o cão pastor com o cão de Alsácia.

₃Npl – Vse Os comboios cruzaram-se na estação. Cruzámo-nos na avenida. Em Macau cruzam-se influências das mais variadas culturas. [sc] As estradas cruzam-se.

₄N – Vse – com N O meu coração pára, só de pensar que mais dia menos dia me cruzo com Voltaire ou com Mozart...Mozart!̲Saberei reconhecê-los? [tm] Manteremos relações com os estados árabes e outros, cujas raízes históricas se cruzaram com as nossas ao longo dos séculos. [dp]

₅Npl – V Aquelas ruas cruzam lá em baixo.
▪ Cruzam pelos ares sibilantes balas: <Kugeln> pfeifen.

₆Ncp – V – N A bomba estava programada para explodir no momento em que o "904" cruzava o expresso Viena-Roma. [oj] Mais adiante, Leonel cruzou um grupo de marinheiros, que também vinham calados, sem a alegria habitual daquelas surtidas em grupo. [vp] Uma ideia estranha e assustadora cruza-LHE de súbito o espírito: como procederiam aquelas personagens se lhes dissesse agora a razão por que se encontra naquele comboio? [nv] Um ricto de incredulidade cruzava-LHE o rosto. [nv]

₇Np – V – com N Se uma bela mulher cruzar comigo na rua com um bebé ao colo, aceito como provável que ela nem sequer dê por mim. [np] Mais adiante, Leonel cruzou com um grupo de marinheiros, que também vinham calados, sem a alegria habitual daquelas surtidas em grupo. A Avenida da Liberdade cruza com a Rua do Carmo.

cuidar¹
1.–2. s. kümmern um; sorgen für; aufpassen auf; dafür Sorge tragen; s. darum kümmern; darauf acht geben. 3. auf s. achten; für s. sorgen.

₁N – V – de N A conversa irritou-me.̲A mania que ela tem de cuidar de mim! [hn] Que vida!...E vim para o Oriente, deixando meu pobre pai a vender macarrão e bacalhau demolhado na sua loja da aldeia e minha pobre mãe a cuidar da contabilidade e dos porcos. [np] Ele cuida de si próprio/ da sua saúde.

₂N – V – de I Cuida de te meter na tua vida! Ela cuidou imediatamente de chamar a po-

₃Np – Vse	*lícia, enquanto a vizinha chamava a ambulância.* *Ele cuidava-se bem. É bonita. Cuida-se muito.* [sa]

cuidar²
1. ahnen. 2.–3. denken; meinen; glauben. 4. denken, glauben, jd sei Aj.; halten für. 5. s. halten für. 6. denken an. 7. erwägen.

₁N – V – N	*Não cuidava coisa boa, o rapaz. Ainda não sabia o que se passara, mais cuidava o pior.*
₂N – V – Fic	*Cuidava que tinhas juízo e afinal era mentira. Cuidava que tivesses ido a Lisboa. Cuidava que estava tudo pronto.*
₃N – V – I	*Cuidava estar tudo pronto.*
₄N – V – N – P_adj	*Cuidava-o rico.*
₅N – Vse – P_adj, n	*Tu cuidas-te muito esperto, mas um dia tu vais ver! Cuidava-se advogado de causas perdidas.*
₆N – V – em N	*Cuidava na sua saúde. Estava agora cuidando nos livros de cavalarias.*
₇N – V – em I	*Cuidei em reescrever o livro desde o início, mas acabei por publicá-lo assim mesmo.*

culpar
1.–2. jn e–r S. für schuldig erklären; jn beschuldigen. 3. s. schuldig bekennen. 4. s. die Schuld geben für.

₁N – V – N – de, por N	*Culpei-a do fracasso. Culpei-o pelo fracasso que tinha tido.*
₂N – V – N – de, por I	*Culpei-a de/ por ela não procurar ser independente.*
₃N – Vse – de, por N	*Todos os presentes se entreolharam. Diogo percebeu que aquele silêncio era sinal de hostilidade entre eles. Deveriam estar a culpar-se uns aos outros do que se passava.* [bc] *Ele culpou-se pela ideia que teve. Culpou-se do acto que praticou.*
₄N – Vse – (de, por I)	*Ele culpou-se de, por não ser independente.*

cultivar
1. (Feld) bebauen, bestellen; (Korn...) pflanzen, anpflanzen, anbauen; züchten; FIG. (Künste, Freundschaft...) pflegen. 2. FIG. s. bilden.

₁N – V – N	*Minha mãe comprou uma casa no meio de um quintal e pôs-se a cultivar rosas.* [sv] *Se vamos entrar na Europa cultivemos a vontade para nos abrirmos ao mau e ao bom que nos seus sistemas de ensino podemos encontrar.* [pj] *As colónias de germes que ele cultivava nos seus frascos desapareciam nas placas.* [dn] *Cultiva as artes visuais.*
₂Np – Vse	*Lendo cada vez mais, acabou por se cultivar.*

cumprimentar
1. begrüssen; grüßen. 2.–3. jn beglückwünschen zu.

₁N – V – (N) <com N>	*Cumprimentei-a com um aceno. Enquanto os dois se cumprimentavam assim, os cães rosnavam também.* [nc]
₂N – V – N – por N	*Cumprimentei-a pelo jantar que tinha preparado.*
₃N – V – N – por I	*Cumprimentei-os por terem tido a coragem de resistir.*

cumprir¹
1. (Wunsch, Pflicht...) erfüllen; (Gesetz...) ausführen; (Strafe) absitzen; (Geburtstag...) erreichen, haben. 2. s. erfüllen; in Erfüllung gehen; s. ereignen. 3. (Verpflichtung...) nachkommen; (Pflicht...) erfüllen; etw anführen.

₁N – V – N	*Eu queria que ela cumprisse o prometido.* [gt] *Cumpra as ordens e não me interrompa outra vez!* [hu] *Regina limitou-se a articular: apenas cumpri a minha obrigação.* [pc] *Se não cumprirmos o que eles querem, então o negócio para nós acaba.* [dn] *Sempre que o poder executivo descuida o seu próprio plano de actividades, não cumpre o orçamento que preparou.* [pj] *Roger estava a cumprir pena de três anos de prisão em Marselha.* [kf] *Prometo cumprir as funções que me são confiadas. Cumpria os noventa e cinco anos.*
₂N – Vse	*Cumpriu-se a profecia. Cumpre-se hoje mais um aniversário da* ONU. *A liberdade cumpre-se no homem pelo progresso das energias espirituais.*
₃N – V – com N	*Cumprir com as obrigações. O governo não cumpriu com o programa.*

cumprir²
1. jm obliegen; ◊ zuständig sein für; js Sache, Pflicht sein; 2.-3. es heißt für jn; unerläßlich, erforderlich sein.

₁N – V – a Np   *Os melhoramentos nas estradas nacionais cumprem à Junta Nacional de Estradas e não às autarquias das localidades por onde elas passam.*

₂Fc – V – (a Np)   *Cumpre que reafirmemos isso.*

₃I – V – (a Np)   *Cumpre-nos insistir neste ponto. Agora, mais do que nunca, cumpre apoiar a administração. Mas cumpre vencer o preconceito do simples "combate ao analfabetismo".* [co]

curar
1. (Wunde) behandeln. 2. jn, etw heilen, ärztlich behandeln. 3. genesen. 4. FIG. jm (e-e schlechte Gewohnheit...) abgewöhnen. 5. gesund werden; genesen.

₁N – V – Nc   *Agora é altura para curar as feridas e esquecer o passado, e está fora de dúvida de que necessitamos do concurso de todos para as tarefas de reconstrução do país.* [oj]

₂N – V – Np   *Este remédio cura a poliomialite. As enfermeiras das praças de toiros não podem pretender "curar" os toureiros, mas apenas atendê-los com cuidados de emergência, a fim de lhes permitir chegar vivos ao hospital.* [pj]

₃Np – V   *Se queres curar, obedece ao teu médico!*
     ▪ ⇒ *A ferida já está curada.*

₄N – V – Np – de N   *Achas que o consegues curar desse vício?*

₅Np – Vse – (de N)   *Curou-se daquela doença que o apoquentava.*

cuspir
Morf.: Pres.: cuspo, cospes.
1.-2. spucken. 3. (Blut, Feuer...) spucken; FIG. etw ausspucken. 4. jn anspucken; bespucken. 5. spucken auf.

₁N – V   *Já bochechaste? Agora cospe!*

₂N – V – L   *Já fora alvo da linguarice da sua rua, do seu bairro: parecia-lhe que a cidade inteira a apontava a dedo e LHE cuspia em cima.* [pc] *O rapazinho fantasiado de coelho tira o cigarro dos beiços e cospe desdenhosamente para o lado.* [np] *Cuspiu-ME num olho, o malandro.*

₃N – V – N   *Cuspir sangue. O dragão cuspiu fogo pela boca. Depois de intenso interrogatório, cuspiu tudo o que sabia.*

₄N – V – a Np   *Quando os empregados do banco chegaram, a multidão cuspiu-lhes.* [kf]

₅N – V – em N   *O Governo decidiu, com o despudor, incivilidade e arrogância, mascarada de luvas brancas, autopropor-se, descaradamente, a um aumento salarial, cuspindo nos Portugueses.* [pj]

custar
1. (viel, wenig) kosten; teuer, billig sein. 2.-4. jm schwerfallen; Kraft, Mühe kosten; jn teuer zu stehen kommen; jm schwer zu schaffen machen; jn anstrengen. 5. lange dauern; Zeit brauchen. 6. jm schwerfallen; jn Kraft, Mühe... kosten.

₁N – V – Q   *A mesa custou 2o contos.*
     ▪ *Custar os olhos da cara:* ein Vermögen kosten: *Já vimos muitos adolescentes procurarem o passador para adquirirem a dose de heroína a preços que custam "os olhos da cara".* [pj]

₂N – V – (a Np) ⟨φ⟩   *Custou-lhe muito o trabalho que tinha que fazer. Este trabalho não me custa nada. A morte da filha custou-lhe imenso.*

₃Fc – V – (a Np) ⟨φ⟩   *Custava-lhe bastante que ela tomasse aquela atitude. Mas sempre custa um pouco que isso conste publicamente.* [cc]

₄I – V – (a Np) ⟨φ⟩   *A água morna, jorrando com força por cima da cabeça e escorrendo pelo corpo, era tão agradável que lhe custava sempre sair do banho.* [dm] *Nesta perspectiva, que custa deixar no esquecimento 12 anos de guerra civil e os apelos à paz?* [dn]

₅Ncp – V – a I   *O Luís custou a vir. Inventei divertimentos de toda a espécie para que o tempo custasse menos a passar.* [fa]

₆V – (a Np) – a I   *Custa-me a crer nisso. Custa-lhe a levar as coisas para cima. A imprensa é uma força que só pode existir nas mãos do estado. Custou a compreendê-lo.* [hu]

D

dançar
1.-2. tanzen.
₁N – V   Estão a dançar.
₂N – V – N   Estão a dançar uma valsa.

dar¹
Grafia/Morf.: Pres.: dou, dás, dá. Pres. conj.: dê, dêem. Pret. perf.: dei, deram. Imper.: dá.
1. jm etw geben, schenken, jm (e-e Ohrfeige, Unterricht, die Gelegenheit...) geben; jn in (die Lage) versetzen; (e-e Nachricht) übermitteln; (ein Medikament) eingeben. 2. (e-n flüchtigen Blick) werfen auf. 3. etw e-r S. verleihen. 4. s. jm hingeben; s. (e-r S.) widmen; s. (den Luxus) leisten; s. (die Arbeit, Mühe) machen. 5. etw geben, zahlen für. 6. (Fest, Oper, ein Zeichen) geben; <Sender> (Musik...) bringen. 7. halten für. 8. etw als Adj annehmen, betrachten, unterstellen. 9. gelten als; feststehen, daß. 1o. s. (zufrieden...) geben; s. halten für. 11. ausgeben als. 12. jm (e-en Schlag) versetzen, verpassen. 13. zu (denken...) geben. 14. jm etw zu (essen...) geben. 15. zu (verstehen...) geben. 16. "etw bewegen..."

₁Np – V – N – (a Np)   Ela deu um livro ao Paulo. Dar um presente de aniversário a alguém. Deram-me dinheiro pelo trabalho. Dê-me o cinzeiro, por favor! Deu-lhe uma bofetada. Em novo, eu até tinha sempre os ossos das mãos desligados, de dar tanto murro pelas feiras. [np] A Joana dá aulas de inglês (à Maria). Aquele médico deu ao doente a possibilidade de ouvir novamente. Deu-lhe a notícia do desastre. Deu-lhe as gotas do remédio receitado pelo médico.
▪ *Dar pérolas a porcos*: Perlen vor die Säue werfen.
▪ *Dar aos pobres*: den Armen geben.
▪ *Dar licença*: erlauben; gestatten: *Dê-me licença.*
▪ *Dar as boas-tardes/ boas-noites a alguém*: jm e-n schönen Nachmittag, guten Abend, gute Nacht wünschen: *Beijou-lhe os cabelos crespos e deu-lhe as boas-noites.* [fa] *Leonel deu as boas-noites e foi-se deitar.* [vp]
▪ *Dar as boas-vindas a alguém*: jn willkommen heißen: *Deu-lhe as boas-vindas.*
▪ *Dar parabéns a alguém*: jn beglückwünschen.
▪ *Quem me dera + Fc*: Gebe Gott, daß; wäre doch + V: *Quem me dera que já tivesse começado a feira de artesanato aqui em Cerveira!* [dm]
▪ *Não dar duas (uma) para a caixa*: verwirrt sein; nicht mehr alle haben: *O Moisés anda tão abananado, que parece já não dar duas para a caixa.* [lu]
▪ *Dar-se conta + de N, Fi*: s. bewußt werden; etw merken: *No entanto, se esta futurologia é possível, dela também já se deu conta o Presidente eleito.* [oj] *Dou-me, agora, conta de que tenho estado a discorrer sobre a reunificação alemã.* [dn]
▪ *Dar uma resposta + a N*: etw. beantworten, antworten auf.

₂Np – V – Nc – a Nc   Lá mais para o sul Elias abrirá a pasta para dar uma última vista de olhos aos papéis. [bp]
▪ *Dar um livro à estampa*: (ein Buch) in Druck geben.
▪ *Dar à luz*: gebären: *Dar à luz uma criança.*
▪ *Dar a lume*: (Buch) herausbringen, veröffentlichen: *Em 1956, a ed. Flammarion deu a lume um livrinho bipolar, intitulado "Science et Humanisme", que enfeixa dois ensaios notáveis.* [pj]

₃Nc – V – Nc – a Ncp   O castelo está um bocado mal conservado porque as despesas são muitas e os tempos são outros, mas isso dá-lhe um ar mais romântico. [np]
▪ *Dar-se ares de muito importante*: s. aufspielen als.
▪ *Dar pena/ cuidados a alguém*: jm leid tun; jm Sorgen machen: *Ó João, isto dá-me pena.*

₄Np – Vse – a Ncp   Ela tanto o amava que não hesitou em se lhe dar de corpo e alma. Antes de vir para Lisboa, dei-me ao trabalho de reconstituir os últi-

	mos momentos do Velho. [lu] *Posso dar-me ao luxo de criticar quem quiser porque não dependo de ninguém.* [hn]
₅Np – V – N – por N	*Dar a vida por alguém. Não dava 5oo escudos por esse casaco.*
	∎ *Dar tudo por tudo (para o conseguir):* alles daransetzen.
₆Np – V – N	*Damos no castelo festas formidáveis, embora não se possam comparar com as da minha infância.* [np] *Naquela emissora clandestina dão sempre muito boa música. Dar um concerto.*
	∎ *Dar luz verde:* grünes Licht geben: *A "Food and Drug Administration" deu "luz verde" para a nova operação.* []
	∎ *Dar sinal de vida:* ein Lebenszeichen von sich geben: *Não percebemos porque só agora dás sinal de vida.*
	∎ (BRAS.:) *dar o fora,* (PG.:) *dar o pira* (FAM): abhauen; sich aus dem Staub machen; verschwinden; e-e Fliege machen: *Ficámos tão chocados, o Samuel a querer bater-lhe, que achei melhor dar o fora.* [lu]
	∎ *Fernandes só volta a dar sinal de vida em Lisboa, nos finais de 1983.* [oj]
₇Np – V – por P_adj. – N	*Dei o trabalho por terminado. Dar a.c. por concluída/ finda/ certa.*
₈Np – V – (por P_adj) – Fc	*Demos (por provável) que...*
₉Nc, Fc – Vse – por P_adj	*Logo que a fortaleza se deu por concluída, Gomes de Almeida entregou a direcção do Concelho ao Chefe dos Gambos.* [cm] *Deu-se por/ como provável que o Bolama tenha/ tivesse naufragado ao largo de Cabo Verde.*
₁₀Np – Vse – por P_adj, n	*Ele deu-se por satisfeito com as desculpas do contraente. O que os outros pensam de mim não sei. Eu dou-me por bom trabalhador.*
	∎ *Não se dar por achado:* so tun, als wäre man nicht gemeint; keine Miene verziehen.
₁₁Np – V – N – como P_adj	*Esta ideia do cúmplice de que já anteriormente falei, dando-a como minha, plagiei-a do Eurico, preciso de acrescentar?* [tm] *Entretanto, foi dado como extinto o incêndio que deflagrou na tarde de domingo.* [dn]
₁₂Np – V – (N) – em Np	*Dar (murros) em alguém.*
	∎ *Dar-lhe de rijo/ dar-lhe em cheio:* jm Saures geben; jn verprügeln.
₁₃N – V – (a Np) – que I	*O quadro em que se desenvolve todo o sistema educativo oferece um panorama que dá que pensar a quem é conscientemente responsável.* [pj] *Dar que fazer; dar que falar.*
₁₄N – V – a Np – de I	*Dá de comer aos pássaros enquanto estou fora.*
₁₅N – V – (a Np) – a I	*Dar a entender/ a escolher/ a fazer. Dei o meu fato a fazer ao alfaiate da esquina. Deu-me a entender que discordava.*
₁₆N – V – a Nc	∎ *Dar ao badalo:* geschwätzig sein.
	∎ *Dar às canelas:* Reißaus nehmen.
	∎ *Dar ao cu:* mit dem Hintern wackeln: *Os meninos não estudam porque têm complexos, as meninas põem palitos aos maridos porque têm complexos, os rapazes andam para aí a dar ao cu porque têm complexos.* [hn]
	∎ *Dar ao dedo:* emsig nähen, sticken...
	∎ *Dar ao dente:* essen; (beim Essen) zulangen.
	∎ *Dar à língua:* schwatzen: *As mulheres são todas iguais, ficou-se a dar à língua.* [be]
	∎ *Dar à manivela:* Kurbel betätigen.
	∎ *Dar ao pé:* das Tanzbein schwingen.
	∎ *Dar ao pedal:* in die Pedale treten.
	∎ *Dar à perna:* das Tanzbein schwingen.
	∎ *Dar às pernas:* mit den Beinen schaukeln: *Tu és português? – pergunta-me um reguila dos seus dez ou doze anos, sentado num muro, a dar às pernas, quando passo por ele e me ouve a falar com um dos companheiros da excursão.* [dn]
	∎ *Dar às pernas:* ausreißen; abhauen: *Enquanto um tratasse de entreter o guarda, os outros três fariam a colheita o mais depressa*

possível. Depois era dar às pernas e cada qual que se safasse o melhor que pudesse. [ra]
- *Dar aos queixos:* reinhauen; futtern.
- *Dar ao rabo:* <Hund> mit dem Schwanz wedeln.
- *Dar às de vila diogo:* s. aus dem Staub machen.

dar²

1. (Früchte) tragen; (Geld) einbringen; ergeben; <Uhr> (Stunde...) schlagen; senden; ausstrahlen. 2. stattfinden; s. ereignen. 3. etw liefern; geben; abgeben; (Alarm) schlagen. 4. wie laufen, (aus-)gehen. 5. (im Radio...) kommen. 6. reichen. 7. reichen für; der Art sein, daß. 8. <Stunde> schlagen.

₁Nc – V – N   Aquela árvore dá boas laranjas. A coisa dá dinheiro. A mina deu muito ouro. Os relógios deram oito badaladas. Aquele relógio velho ainda dá horas? Este tema só por si daria um livro inteiro. [cp] A televisão deu na semana passada um documentário acerca do desaparecimento de Pompeia.
- *Dar raia*, (PG.:) *bota:* scheitern; danebengehen: *O negócio deu raia. O plano deu bota.*
- *Dar pano para mangas:* aus etw. viel machen können: *As Feiras Internacionais sucedem-se, num recinto que dá pano para mangas.* [oj]

₂Nc – Vse   O acidente deu-se ao princípio da manhã. [dn]

₃Np – V – N   Este gajo é de raça. Está a dar melhor lide do que o francês. [np] O João deu um bom político. Dar o alarme.
- *Dar um trambolhão:* hinstürzen, hinpurzeln: *Ele deu um trambolhão.*
- *(Estar a) dar as últimas/ o berro/ o badagaio:* im Sterben, in den letzten Zügen liegen: *O pai dele está a dar as últimas. Este meu computador está a dar o badagaio: o monitor farta-se de tremelicar, qualquer dia a imagem desaparece de vez.*
- *Tanto se me dá/ pouco se me dá/ pouco ou muito se me dá + N, Fc:* es jm wurscht, egal sein: *De resto, pouco se lhe dava a ela o modo como ele gastara o dinheiro, com mulheres, com álcool ou com os amigos.* [pc] *Quero lá saber: Tanto se me dá que o tipo seja rico ou pobre.*

₄N – V – P_adj   O negócio deu errado/ deu mal/ deu certo/ deu bem.

₅N – V – L   Aquela música dá todos os dias na rádio.

₆N – V – para N   O dinheiro não deu para os gastos.
- *(Nicht) begabt sein für: Não dou para músico.*
- *Não ser dado a a.c.:* kein Freund sein von: *Não sou muito dado a máquinas fotográficas, amigo Alcides. Não preciso.* [np]

₇Nc – V – para I   O que a mulher respondeu não deu para perceber bem. [dm] A tinta deu para pintar o quarto.

₈Nc – V   Deram oito horas.
- *Estar a dar:* "in" sein (⇒ *estar na moda*): *Comprar câmaras de vídeo portáteis, pôr gel no cabelo é o que está a dar.*
- *(Com o rabo...) a dar a dar:* wackeln mit: *É tão giro este boneco com as orelhitas, com o rabito a dar a dar!*
- *Dar de si:* <etw> nachgeben: *A porta deu de si. A conversa caiu na fraqueza do dique que não tardava muito para dar de si a puxar uma golada de água capaz de varrer os campos de terra para deixar areia.* [ra]

dar³

1. stoßen, treffen auf; finden. 2. mit etw stoßen gegen, an; wo landen mit etw; jm (die Tür vor der Nase) zuschlagen; jm mit etw. wohin schlagen. 3.–4. jn erwischen, ertappen bei. 5. es merken, bemerken; e-r S. gewahr werden. 6. ◊ (e-n Herzinfarkt) bekommen. 7. <Holzwurm...> (ein Möbel) befallen; ◊ <Möbel...> (den Holzwurm...) bekommen.

₁Np – V – com N   Em Coloane não vai ser fácil o senhor João dar com a tasca do Saludes, mas eu depois desenho-lhe um mapa. [np] Tanto procurámos o rapaz que fomos dar com ele no sótão, escondido atrás da arca. Mas, mesmo sem anúncio, creio que os chineses darão consigo.
- *Dar de caras com alguém:* s. plötzlich jm gegenübersehen: *Espantados, viraram-se todos ao mesmo tempo, dando de caras com o Jaime.* [dm]

₂Np – V – com N – em...N   Dar com a cabeça na/ contra a parede, com a língua nos dentes. A-

cabei por confirmar esse facto, sim, mas dando com os ossos numa macabra prisão, assegurando-me que dali não sairia com vida. [oj]
Ele foi lá para tentar compor as coisas, mas ela deu-lhe com a porta na cara. Furiosa, deu-lhe com o rolo da massa na cabeça e pô-lo fora de casa com um enorme hematoma.

▪ Dar consigo no chão (depois de um desmaio): s. wo wiederfinden.
▪ Dar com a língua nos dentes: etw. verraten, ausplaudern: O que está feito está feito, agora vê lá se vais para o café dar com a língua nos dentes!
▪ Dar com a cara/ com a nariz na porta: irgendwo ankommen und von niemandem empfangen werden, niemanden finden, der die Tür aufmacht.

₃Np – V – com N + a I   ▪ Dar com os olhos + em N: etw; jn erblicken, bemerken. Deu com ela a roubar o carro.
▪ Dar consigo a + I: s. (überrascht) dabei ertappen: A Maria deu consigo a pôr a roupa no fogo.

₄Np – V – com N + a N, L   Dei com o Luís às laranjas, à conversa com a vizinha. Dei com o Luís na marmelada com a professora.

₅Np – V – por N   É hoje possível ter um computador em casa sem se dar por isso. [cp]
Deu pela falta do porta-moedas quando precisou pagar o café.
▪ Dar pela coisa: dahinterkommen.

₆Nc – V – a Npc   De repente, deu-lhe um ataque cardíaco/ um badagaio e para ali ficou, estendido no chão. A esse bolo, deu-lhe o bolor.

₇Nc – V – em Nc   Deu o caruncho naquele móvel antigo da minha mãe.

dar⁴
1. <Fenster> hinausgehen auf; (nach Norden...) liegen; <Straße> wo münden. 2. <Sonne> fallen in. 3. zu (nichts) führen; resultieren in. 4. etw werden; aus jm etw werden.

₁Nc – V – D_{para, a}   A janela dá para o quintal. Ele apareceu no limiar da porta aberta que dava para a sala. A rua dá para o rio.

₂Nc – V – Lem   O sol dá no quarto todo o dia.
▪ Dar nas vistas: auffallen: A patroa trajava com elegância burguesa, sem dar nas vistas, como qualquer esposa pudente e honrada de alto funcionário. [pc]

₃Nc – V – em N   Isso deu em nada. Isso vem a dar no mesmo.
₄Np – V – em Adj   Ele deu em maluco/ em teimoso/ em doido.

dar⁵
1. Lust bekommen zu; es jm einfallen. 2. plötzlich anfangen + V.

₁V – a N – para I   Deu-lhe para viajar todos os anos. Que te deu na cabeça para vestires isso?_ _Tu não és de folias, que eu saiba. [np] Ultimamente deu-lhe para fazer casinhas para os pássaros.

₂N – V – em I   Deu em fazer disparates.
▪ Dar na veneta a alguém + Fi, I: es jm einfallen: Deu-lhe na veneta (que havia de) comprar aquele vestido e assim fez, contra tudo e todos.

dar-se⁶
1. s. verstehen; mit e-a. auskommen. 2. s. verstehen mit; s. vertragen mit; s. wie stehen mit; es können mit. 3. s. wie fühlen; etw wie vertragen.

₁Npl:p – Vse – M   Desde que vivem juntos, eles dão-se mal.
₂Np – Vse – (M) – com N   A Maria dá-se bem com o namorado. Leonel dera-se com um grupo de refugiados marselheses em Lisboa. [vp]
₃Ncp – Vse – M <L>   Na praia ela dá-se mal. Ela dá-se bem com o remédio. As flores dão-se bem naquele canto. Ele deu-se bem em Portugal. A cultura tecnológica dar-se-á bem com a chegada dos sistemas de produção e a aprendizagem da negociação. [dl]

dar⁷
₁N − V + N ...

- *Dar agasalho* + a *N:* jn beherbergen.
- *Dar ajuda/ auxílio* + a *N:* jm helfen.
- *Dar alegria* + a *N:* jn freuen.
- *Dar alívio* + a *N:* jn erleichtern; jm Erleichterung verschaffen.
- *Dar alta* + a *N:* jn für gesund erklären, jn (aus dem Krankenhaus) entlassen: *Uma semana após a operação, o médico deu-lhe alta.*
- *Dar andamento* + a *N:* in Gang setzen; etw vorantreiben.
- *Dar ânimo* + a *N:* jm Mut geben, machen.
- *Dar apoio* + a *N:* unterstützen: *Não se brinque criando uma estrutura que teoricamente deve incrementar e dar o apoio necessário ao desenvolvimento da E.F. no ensino primário, mas não lhe dando os meios necessários para tal.* [pj] *Se ele chumbar, temos de lhe dar apoio, consolá-lo.* [dm]
- *Dar aprovação* + a *N:* etw gutheißen.
- *Dar ares de* + *Np:* jm ähnlich sein: *A Maria dá ares da mãe.*
- *Dar audiência* + a *N:* jn empfangen.
- *Dar o seu aval* + a *N, Fc:* etw. billigen, mit etw. einverstanden sein: *Dou meu aval a tão acertada decisão, à compra do edifício, a que se compre o edifício.*
- *Dar azo* + a *N:* Anlaß geben zu.
- *Dar baixa* + a *N:* jn krankschreiben: *Achando que não podia trabalhar, o médico deu-lhe baixa.*
- *Dar cabo* + de *N:* kaputtmachen; (Geld) restlos ausgeben; (Leben) zerstören: *Quem herdou foi a mulher. Mas foi uma cabra, que casou com um motorista qualquer que tem dado cabo do dinheiro.* [nv] *Já lhe disse que as mulheres ME deram cabo da vida, não disse? – repetiu o Pedro.* [np]
- *Dar caça* + a *N:* jagen; Jagd machen auf.
- *Dar cumprimento* + a *N:* etw erfüllen, ausführen, verwirklichen: *O Governo vai dar cumprimento, em muito curto espaço de tempo, a um dos objectivos do seu programa, precisamente o que apontava para a reprivatização da Imprensa estatizada.* [dp]
- *Dar uma descascadela* + a *N:* jm die Leviten lesen.
- *Dar desgostos* + a *N:* jm Kummer bereiten.
- *Dar entrada* + L: wo eingehen; (ins Krankenhaus) eingeliefert werden: *O requerimento deu entrada na repartição. Ele deu entrada no hospital de Santo António.*
- *Dar execução* + a *N:* etw ausführen.
- *Dar expressão* + a *N:* zum Ausdruck bringen.
- *Dar fim* + a *N:* beenden: *Como representantes dos povos de Angola vos recebemos na mais africana das províncias de Portugal, com a alegre expectativa de irmãos que dão fim a uma querela.* [dp]
- *Dar garantias* + a *N:* etw garantieren.
- *Dar gozo* + a *N:* Spaß machen: *O serviço está cada vez pior, já não dá gozo viajar de avião – continuou a Piedade, alteando a voz.* [np]
- *Dar impulso* + a *N:* antreiben.
- *Dar indicações* + a *N:* Auskunft, Hinweise geben.
- *Dar início* + a *N:* (mit) etw beginnen: *Os bancos podem dar início ao processo de privatização.* [od]
- *Dar instruções* + a *N:* jn anweisen; jm Anordnungen geben.
- *Dar isenção* + a *N:* jm etw erlassen; jn befreien von; jn freistellen.
- *Dar parte* + a *N:* jm mitteilen: *Regressou ao quarto do Mateus e deu-lhe parte da ausência do outro, aconselhando-o a que ficasse deitado sobre o lado direito.* [be]
- *Dar preferência* + a *N:* vorziehen.
- *Dar protecção* + a *N:* schützen.
- *Dar provimento* + a *N:* (e-m Gesuch) stattgeben.
- *Dar relevo* + a *N:* hervorheben; unterstreichen; betonen.
- *Dar resposta* + a *N:* (ein Problem) lösen: *Dar resposta a uma situação pro-*

blemática.

- *Dar saída + a N:* absenden; [Büro] etw erledigen.
- *Dar satisfação + a N:* jm Rechenschaft schuldig sein; befriedigen, zufriedenstellen.
- *Dar sugestões + a N:* Vorschläge machen.
- *Dar testemunho + a N:* etw bezeugen; Zeugnis ablegen für.
- *Dar uma volta:* wo spazierengehen; Spaziergang machen: *Depois de descobrirem o mistério do roubo, talvez se possa dar por aí uma volta, a fazer turismo.* [dm]
- *Dar vontade de rir:* lustig, zum Lachen sein.

debater
1.-2. etw debatieren; verhandeln über. 3. s. herumschlagen mit; (Krankheit...) haben; s. (mit Problem...) auseinandersetzen, herumschlagen. 4. mit dem Tode ringen. 5. zappeln; s. wehren.

$_1$Npl - V - N	*Calmamente debateram o problema. A questão debate-se hoje no Parlamento.*
$_2$N - V - N - com N	*Debatia a questão com o chefe.*
$_3$N - Vse - com N	*Debatia-se com aquela doença. A associação académica debate-se com problemas universitários.*
$_4$N - Vse - contra N	*Debate-se contra a morte, uma acusação.*
$_5$N - Vse <L>	*O peixe debatia-se na rede/ no anzol.*

debruçar
1. niederbeugen. 2. s. mit den Ellenbogen wohin lehnen, wo (auf-)stützen. 3. FIG. s. (eingehend) beschäftigen, befassen mit.

$_1$N - V - N	*Debruçou o doente para lhe dar uma massagem nas costas.*
$_2$N - Vse - (Lem)	*As gémeas riam-se e abraçaram os pais. Despediram-se todos efusivamente e debruçaram-se logo de seguida, a acenar, na janela.* [dm] *A cozinheira debruçou-se à janela para ver melhor, para acompanhar a marcha dos vultos que desapareciam ao longe.* [hn] *Debruçou-se na janela. Não te debruces da janela! Não te debruces sobre a mesa!*
$_3$N - Vse - sobre N	*O Governo debruçou-se sobre a situação do Fundo Monetário da Habitação.* [pj] *Debrucei-me sobre o problema, mas não encontrei solução satisfatória. Sobre o assunto debruçaram-se já os economistas, os políticos e até os humoristas.* [ot]

decidir
1. etw entscheiden; <etw> den Ausschlag geben. 2.-4. beschließen; entscheiden. 5. beschließen, entscheiden über. 6. <etw> s. entscheiden. 7. jn bringen, veranlassen zu. 8. s. dazu durchringen; s. entscheiden zu. 9.-10. s. entscheiden für; vorziehen.

$_1$Ncp - V - N	*Decidi a contenda com a minha intervenção. Aquela jogada decidiu o desafio.*
$_2$Np - V - Fic	*Decidi que ia a Lisboa. Decidi que a minha secretária passasse a escrever as cartas à mão.*
$_3$Np - V - Int	*Ele tem agora que decidir se vai participar ou não.*
$_4$Np - V - I	*Mais tarde, se o utilizador decidir avaliar a sua situação financeira e pedir ao computador um balanço da mesma, talvez sofra um choque.* [cp] *A comissão decidira contratar o melhor perito que estivesse disponível.*
$_5$Ncp - V - de...N	*Os pais decidiram do futuro do filho. As primeiras impressões decidem de muitos destinos. O Município, alertado três vezes para o problema por Georgete Oliveira, ainda não decidiu oficialmente sobre o futuro do edifício.* [oj]
$_6$Nc - Vse	*A ratificação do acordo de Maastricht decidir-se-á amanhã.*
$_7$N - V - Np - (a I)	*A morte do filho, vítima da droga, decidiu-a a intervir mais activamente nas campanhas de sensibilização para o problema.*
$_8$Np - Vse - (a I)	*Luís ficou encostado à parede, fitando-os alucinadamente, sem se decidir a falar.* [vp]
$_9$Np - Vse - por N	*Raduan Nassar cursou a Faculdade de S. Francisco até ao 5. ano e depois decidiu-se pela Filosofia, também na Universidade de São Paulo.* [pj]
$_{10}$N - Vse - por I	*Decidiu-se por ir de carro e não a pé.*
$_{11}$N - V - por N	*Há dias, duas famílias, que há quase sete anos viviam miseravelmente em*

barracas, por caridade, decidiram pela ocupação de duas residências vagas. [pj]

declarar
1. [Zoll] etw angeben; [Zoll, Finanzen] deklarieren. 2. <Feuer, Epidemie...> ausbrechen; <jd> s. erklären, offenbaren. 3. jn erklären (zu). 4. s. (krank...) melden; erklären, man sei Adj. 5. jm etw erklären; angeben; offenbaren. 6. s. aussprechen für, Partei nehmen für. 7. jm (s-e Liebe) erklären. 8.-9. erklären. 1o. DIZER.

₁Np – V – N   *Declarou na alfândega os objectos que trazia na mala. Não tenho nada a declarar. Só declarou na repartição das finanças metade da sua receita!*
■ *Declarar impostos:* die Steuererklärung machen, abgeben: *Será que tenho que declarar todos os impostos?*
■ *Declarar falência:* Bankrott erklären.

₂Ncp – Vse   *Naquele local, declarou-se um incêndio. Foi obrigado a declarar-se.*
₃N – V – N – P_adj, n   *Declarou-o culpado. Declarou-os marido e mulher.*
₄N – Vse – P_adj, n   *Uns declaravam-se doentes, outros desapareciam no meio das sessões. Os rebeldes "operacionais" declaram-se cansados de guerra e mostram-se abertos a um entendimento.* [oj]
₅N – V – (a N) – N   *Foi assim que ele lhe declarou o crime repugnante que tinha praticado. Foi aos polícias que declarei a identidade dos autores da agressão.*
■ *Declarar guerra (a alguém):* (jm) den Krieg erklären.
₆N – Vse – por N   *Os colegas declararam-se pelo candidato proposto.*
₇N – Vse – a N   *Depois de muitas tentativas, o Carlos declarou-se à Maria.*
₈N – V – (a N) – Fi   *Há dois meses que o orientador andava para me ler a tese. Ontem, finalmente, declarou-me que o trabalho estava bem feito.*
₉N – V – (a N) – I   *A Maria declarou-nos ter estado doente. Um deles declarou ser carpinteiro.* [dn]
₁₀N – V – (a N) – Te   DIZER.

declinar
1. <Gelände> s. neigen; <Sonne> untergehen; <Tag> s. neigen. 2. abweichen (von). 3. s. neigen. 4. zurückweisen; ablehnen. 5. verzichten auf; ablehnen.

₁N – V   *Aqui o terreno começa a declinar. O sol declina sobre aqueles pinheiros. A tarde já começara a declinar quando chegámos à fronteira.*
₂N – V – (de N)   *A agulha do ponteiro declinou da sua posição habitual. O avião teve que declinar por causa dos radares inimigos.*
₃N – V – para N   *O satélite declinou para Sul.*
₄N – V – N   *Ele declinou as responsabilidades que lhe imputaram. Ele declinou toda e qualquer responsabilidade pelo sucedido.*
₅N – V – I   *Sete das trezentas e dezassete vítimas declinaram fazer reclamação.* [kf]

decorar[1]
1. auswendig lernen.

₁N – V – N   *Gonçalves Crespo é um dos poucos poetas de quem decorei um poema.* [pj] ▸*Não gosto de decorar.*

decorar[2]
1. etw dekorieren, verzieren. 2. schmücken.

₁Np – V – N <com N> *Consegui decorar a loja com o material disponível.*
₂Nc – V – N   *Folhas secas e troncos decoravam a montra. Lenços garridos decoravam-LHE o vestido negro.*

decorrer
1. <Zeit> verstreichen, vergehen, verfliegen; zugange sein; (wie...) verlaufen; (PG.:) s. zutragen; geschehen; stattfinden. (BRAS.: ⇒ acontecer, ter lugar). 2. herrühren aus, von; s-e Ursachen haben in; die Folge sein von; s. ergeben aus.

₁N – V <M...>   *Decorreram 10 anos depois do acidente. O debate ainda decorria quando eles chegaram. Essa reunião ainda está a decorrer. Em Portugal decorrem economias paralelas num ambiente em que se aventa que a Banca nacionalizada tenha cerca de 350 milhões de contos "mal parados".* [pj] *Todos esses casos decorreram num período de uns treze anos. O encontro decorreu no Clube dos Empresários.* [dn]

146

₂N – V – de N   *A secção "Garantia" financia o conjunto das despesas públicas que decorrem do estabelecimento de organizações comuns de mercado.* [cm] *Muitos dos problemas da agricultura portuguesa decorrem da ineficácia dos circuitos de comercialização dos produtos.*

dedicar
1. (Buch...) jm widmen; (Freundschaft...) hegen für; (s-e Zeit, Aufmerksamkeit...) widmen, verwenden auf; zuschneiden auf. 2. (s-e Zeit) widmen, verwenden auf. 3.-4. s. jm, e-r S. widmen; s-e Zeit verwenden auf; s. beschäftigen mit.

₁N – V – N – a N   *Dedicou o livro aos seus filhos. Dedico-lhe uma amizade muito forte. Até agora dedicámos especial atenção aos sistemas de computadores e ao hardware.* [cp] *O computador das máquinas de lavar é dedicado a um só trabalho – o de controlar o funcionamento da máquina.* [cp]

₂N – V – N – a I   *Dedico todo o tempo disponível a investigar o fenómeno da co-referência.*

₃N – Vse – a N   *Estas empresas dedicam-se sobretudo ao fabrico de componentes electrónicos de uso civil e militar.* [oj] *Agora dedico-me à cozinha, ao menos mato saudades do berço onde nasci.* [lu]

₄N – Vse – a I   *Dedico-me a investigar as moléculas do benzeno.*

deduzir
Morf.: Pres.: deduz.
1. (von Preis) nachlassen; abziehen von. 2.-4. schließen, folgern, ableiten aus. 5.-6. s. ergeben aus; folgen aus.

₁N – V – N – (de N)   *A empregada deduziu 20% do preço de venda. Desta soma deduzes 2% e aí tens o teu lucro.*

₂Np – V – (de N) – N   *A partir dos dados que me deram, deduzi uma hipótese.*

₃Np – V – (de N) – Fic   *Deduzo daí que isso obedece a uma lei universal. Deduzo daí que seja como tu dizes. Deduzo das tuas palavras que será necessário reequacionar o problema.*

₄Np – V – (de N) – I   *Deduzem daí ser necessário elaborar uma nova hipótese.*

₅Fi – Vse – de N   *Deduz-se das tuas palavras que é necessário reequacionar o problema.*

₆Fc – Vse – de N | NEG   *Daí não se deduz necessariamente que seja preciso revogar a lei.*

defender
1. verteidigen; (e-e Meinung) vertreten. 2. (e-e Meinung) vertreten. 3. schützen; beschützen; verteidigen. 4.-5. jn schützen vor; s. verteidigen gegen; s. zur Wehr setzen gegen; s. schützen vor, gegen. 6. DIZER: die Meinung vertreten.

₁N – V – Ncp   *O advogado defendeu a causa brilhantemente. Defender um réu/ uma posição.*

₂Np – V – Fi   *Sempre defendi que as ideias se combatem com ideias.* [ot]

₃N – V – Ncp – de... N   *Veste o sobretudo, defender-te-á do frio. Aquela lei não nos defende contra a/ da arbitrariedade. O sindicato pretende defender os seus associados da exaustão.* [dn] ▸*O dianteiro portista não soube aproveitar o "brinde", adiantou em demasia o esférico e Cerqueira defendeu à vontade.* [pj]

₄N – V – N – de Fc   *O decreto não nos defende de que eles ajam arbitrariamente.*

₅N – V – N – de I   *O desconhecimento da lei não nos defende de estarmos sujeitos às sanções nela prevista.*

₆N – Vse – (de, contra N)   *Defendeu-se dos seus inimigos. Defendeu-se contra os perigos da radioactividade. Ele defendeu-se da chuva vestindo a sua pele de óleo.*

₇N – Vse – de I   *Defendeu-se de ser acusado de homicídio, escondendo os indícios comprometedores.*

₈N – V – Te   DIZER. *As democracias ocidentais também alienam as pessoas, – defendeu ele.*

definir
1.-2. bestimmen; festlegen; definieren. 3. charakterisieren, definieren als; erklären zu. 4. s. definieren, charakterisieren als. 5. <jd> Stellung beziehen; s. festlegen. 6. DIZER.

₁N – V – N   *Tenho que definir melhor as linhas deste desenho. O decreto define todas as competências. A lei não define a quem cabe a responsabilidade de cuidar dos terrenos expropriados. Definir o sentido duma palavra.*

₂N – V – Int   *Acabei por ter que definir quem executava aquela tarefa.*

₃N – V – N – como Pn   *Defini-o como um tipo inteligente. Se definirmos o computador como*

147

	uma máquina que trabalha com números, a sua origem remonta a séculos atrás. [cp]
₄Np – Vse – como Pn	*Ele define-se como poeta.*
₅Np – Vse	*Até que enfim que ele se definiu.*
₆N – V – Te	DIZER.

deflagrar
1. <Feuer, Rebellion...> ausbrechen; explodieren. FIG. s. ergeben, auftreten.

₁N – V   *Um violento incêndio deflagrou ontem, nas matas de Afife.* [dn] *O petarde deflagrou num cesto de papéis. Na última semana deflagraram várias fontes de fricção, e de explosão depois, no chamado "bloco central", que foi intentado entre o PSD e o PS, numa tentativa de desbloquear o epicentro da política para um centro-esquerda de cúpula.* [pj]

deitar¹
1. etw, jn hinlegen. 2. s. hinlegen. 3. s. schlafen legen. 4. wohin legen; (PG.:) wohin gießen, geben. (N–BRAS.: ⇒ botar; S–BRAS.: ⇒ pôr). 5. s. hinwerfen; s. (hin-)legen. 6. (wohin) werfen; (wohin) schütten; (Hut) wohin schieben. (BRAS.: ⇒ botar). 7. s. hinwerfen; s. stürzen in. 8. überschwappen; überlaufen. 9. jm (e-n Blick, ein Auge) zuwerfen; etw auf jn werfen; jm (die Schuld) geben, zuschieben. 1o. s. stürzen auf. 11. (Wasser) geben; (Geruch) verströmen; bluten, Blut spucken; (Knospen) treiben; (Wurzeln) schlagen.

₁Np – V – N	*Deitou o miúdo e ele adormeceu logo.*
₂Np – Vse	*Deitei-me e adormeci logo.*

■ *Deitar-se com alguém:* mit jm schlafen: *Mas então porque sais às vezes comigo? Porque te deitas às vezes comigo?* [fm]

₃Np – V   *Levantar com o cantar dos galos, cuidar das lides do campo e deitar cedo esfalfado toma-lhe o tempo por inteiro.* [pj]

₄N – V – N – Lem   *Deitou o miúdo no chão. Deitou a cabeça na almofada e adormeceu profundamente. Deitou os papéis no lixo depois de os ler. A Luísa deitava leite nas chávenas de todos os convidados.* [dm] ▸*Em água de cozer bacalhau, deita-se azeite, alho, pimenta e um molho de coentros, e põe-se ao lume.* [ac]

■ *Deitar fora:* etw wegwerfen; jn rauswerfen.

₅N – Vse – Lem   *Deitou-se ao comprido no saco-cama e adormeceu. O cavalo deitou-se no chão.*

■ *Deitou a cabeça de lado:* den Kopf zur Seite neigen.

₆N – V – N – Da, para   (PG.:) *Deitou os papéis ao lixo depois de os ler. Deita-se o lixo para o caixote. O barman enche-lhe o copo e deita-LHE dentro umas pedras de gelo.* [hn] *Deitou o chapéu para trás.*

■ *Deitar a.c. abaixo:* (Gebäude...) abreißen.
■ *Deitar alguém, a.c. abaixo:* (Gesetz, Regierung...) zu Fall bringen.
■ *Deitar foguetes:* (Raketen) abschießen.
■ *Deitar foguetes antes da festa:* s. zu früh freuen.
■ *Não deitar foguetes antes da festa:* den Tag nicht vor dem Abend loben.
■ *Deitar a rede:* (Netz) auswerfen: *Deitou a rede ao mar/ na água.*
■ *Deitar a.c. por terra:* zunichte machen; zerstören: *Mário Soares disse que haverá algum crescimento económico, com a prudência necessária, em termos de balança de pagamentos, para não entrarmos em nova aceleração que deite por terra o esforço do reequilíbrio realizado.* [pj]
■ *Deitar a.c. a perder:* (Plan) gefährden, zum Scheitern bringen: *Meti-me no meu quarto, despeitado e triste também, triste e tenso, como se os meus nervos estivessem prestes a soltar-se, o que poderia deitar a perder o meu plano.* [ce]
■ *Deitar a mão à cabeça:* die Hände über dem Kopf zus.schlagen; s. an den Kopf fassen.

₇N – Vse – Da	*Deitou-se aos seus pés. Deitou-se à água.*
₈N – V – D	*A água está a deitar por fora (da cafeteira).*
₉N – V – N – a Ncp	*O outro sacudiu os ombros num arremesso, mas não gostou do olhar que o Rolin lhe deitou.* [bc] *De vez em quando gosto de deitar uma espreitadela às igrejas, para variar.* [np] *O Jaime desprendeu-se do abraço e deitou uma mirada rápida às gémeas, que se tinham aproximado.* [dm] *Toda a gente deitava arroz aos noivos. Se te pergunto é para que não tenhas que deitar-*

	me culpas de algum percalço. [sv]
	▪ *Deitar um olhar (de censura, de aprovação) a alguém:* jn wie anblicken.
	▪ *Deitar um olho em alguém:* auf jn aufpassen: *Deita-me um olho no miúdo, enquanto eu vou lá abaixo!*
	▪ *Deitar a mão a a.c.:* nach, zu etw greifen; s. e-r S. bemächtigen: *Três, quatro, sete vezes, deitara a mão ao telefone. Mas logo desistia.* [vp] *Deitaram a mão a tudo o que encontraram.*
	▪ *Deitar a língua de fora:* jm die Zunge rausstrecken: *A Luísa deitou a língua de fora ao Manel.* [dm]
₁₀N – Vse – a N	*Numa crise de fúria, Pedro deitou-se ao João e arranhou-o todo.*
₁₁Ncp – V – N	*Deitar água/ sangue/ cheiro/ botão/ botões (de flor)/ raízes.*

deitar²
1. liegen nach; hinausgehen auf. 2. s. auf den Weg machen; reisen nach. 3. FIG. FAM. s. belaufen auf.

₁Nc – V – Dpara	*A tua varanda deita para a minha.*
₂Np – V – D	*Eu por mim estou pronto a deitar a Lisboa.* [bc]
₃Nc – V – Qa	*Esse casaco de peles é capaz de deitar aí a umas centenas de contos.*

deitar³
1. los + V, beginnen, anfangen. 2.-3. s. an etw machen; s. auf etwas verlegen.

₁[N –] V + a V_INF	*Deitei a correr, esgueirando-me por entre os grupos que estavam no terreiro da feira do gado.* [ra] *Lembro-me de que foi a primeira vez que não deitei a correr para o Arneiro.* [ra] *De repente, deitou a chover.*
₂N – Vse + a V_INF	*Deitou-se a nadar com afinco. Deitou-se a correr pelo caminho acima.*
₃N – Vse + a Nc	*Deitei-me ao trabalho sem entusiasmo nenhum, antes com certa irritação.* [np] *Sem esperar resposta, a hospedeira pegou num exemplar do Corriere della Sera e deitou-se ao trabalho.* [np]

deixar¹
1. verlassen; (Plan...) aufgeben; (Arbeit) niederlegen; (e-e Straße) verlassen, runterfahren von; zurücklassen; (aus dem Hafen) auslaufen; <etw> Zweifel hinterlassen. 2. e-a. verlassen. 3. jn wo lassen, wo absetzen; etw wo vergessen; etw wo hinterlassen, zurücklassen. 4. (jn allein...) lassen; jn Adj machen; jn (in Staunen...) versetzen; jn (mit Genugtuung...) erfüllen. 5. jm etw hinterlassen. 6.-7. aufhören mit; etw (sein) lassen; unterlassen. 8. zulassen.

₁Ncp – V – N	*Os elementos da primeira expedição científica chinesa ao Antárctico deixaram Xangai na terça-feira a bordo de dois navios.* [pj] *Deixar a política/ um projecto/ o trabalho/ a autoestrada. E vim para o Oriente, deixando meu pobre pai a vender macarrão e bacalhau demolhado na sua loja da aldeia.* [np] *O navio deixou o porto de Leixões. Isso deixa dúvidas.*
	▪ *Deixar a escola:* von der Schule abgehen.
₂Npl:p – Vse	*Prometeram nunca se deixarem um ao outro.*
₃N – V – N – L	*Deixei-o no Rossio. Deixei o chapéu no táxi. As flores deixaram um perfume agradável. O café deixou um sabor agradável na boca.*
	▪ *Deixa-me em paz!:* jn in Ruhe, in Frieden lassen.
	▪ *Deixar para trás:* hinter s. lassen: *O camisola amarela deixou o pelotão para atrás.*
₄N – V – N – P_adj	*Ele, de resto, nunca nos deixava sós. Palácios não tinha confiança em mim.* [np] *O negócio deixou-o rico. No piso de cima, as portas eram todas tão baixas e pequenas que, ao atravessar para o outro lado, a grandiosidade dos salões deixou-os de boca aberta.* [dm] *Os acontecimentos deixaram-me satisfeito.*
₅N – V – N – a N	*O meu pai deixou-me uma casa quase em ruínas.*
₆N – Vse – de N	*Responda-me, deixe-se de atitudes!* [fn] *Deixa-te disso, João, deixa-te disso! Bem te conheço!* [np] *Deixa-te de mentiras/ de tretas!*
₇N – Vse – de I	*Ó João, deixe-se de tomar essas atitudes/ de mentir.*
₈N – V – Fc	*Deixou que o prendessem. Não posso deixar que a minha imaginação se apposse de mim.* [hn] *Quanto a mim, a culpa é de quem deixou que se construíssem hotéis como quem bebe um copo de água.* [ot]
	▪ *Deixe que + Fc:* Erlauben Sie; gestatten Sie: *Deixe que seja eu a falar com ele primeiro!*

■ *Deixar a desejar:* zu wünschen übriglassen: *Em tudo o que é artificial, o "sabor" deixa muito a desejar.* [pj] *A qualidade de vida deixa a desejar.* [pj]

deixar²
1. (NEG.) nicht umhin können; aufhören zu; (NEG.) weiterhin + V.

₁[N –] V + de V_{INF} *Divertem-se a valer! – não pude deixar de exclamar, beberricando uma cerveja.* [np] *Tinha imenso receio de lhe contar, mas não podia deixar de o fazer.* [ot] *Deixou de haver reclamações. Não deixa de ser curioso o facto de gostares de plantas. Não deixo de contar contigo, apesar de teres deixado de me falar.*

deixar³
1. lassen.

₁N – V + [N –] V_{INF} *Os teus pais não iam, com certeza, deixá-los partir assim com uma pessoa desconhecida.* [dm] *Não me deixaram conhecer muito do que fazia.* [ot] *O Pedro, o Chico e as gémeas descarregaram tudo, sozinhos, e deixaram-se ficar para trás.* [dm]

deliberar
1. beraten (über); beratschlagen; beschließen; e-n Beschluß fassen. 2.–4. beschließen; e-n Beschluß fassen; e-e Entscheidung treffen. 5. beschließen.

₁Npl – V – (sobre N) *A Comissão delibera em sessão plenária.* [cm] *A Assembleia é chamada a deliberar e a dar pareceres, mas não tem poder de legislar.* [cm] *Espero que eles deliberem favoravelmente.*
₂Npl – V – N *A Assembleia Popular de Moçambique deliberou o agravamento das penas de delito comum.*
₃Npl – V – Fic *Deliberaram que o próssimo congresso teria lugar no Porto. O novo governo deliberou que fosse extinta a polícia política.*
₄Npl – V – I *Finalmente deliberaram matá-lo.*
₅Np – V – I *Deliberei sair.*

deliciar
1.–3. entzücken; Vergnügen bereiten; Spaß machen. 4. s. freuen an; etw genießen.

₁N – V – Np *As ostras sempre deliciaram o João.*
₂Fc – V – Np *Delicia o João que o filho ande sempre a reclamar a sua presença.*
₃I – V – Np *Esquiar e nadar deliciavam-nos.*
₄Np – Vse <com N> *Mais lhe prometera aquela mãe amantíssima: que, se fosse ajuizado, o levaria também a uma horta segura, onde quem tivesse o paladar tão desafinado que desdenhasse cenouras podia, mesmo assim, deliciar-se com repolhos, a horas de luar, que é quando sabem melhor.* [op]

demitir
1. jn absetzen; entlassen; (s–s Amtes) entheben. 2. zurücktreten von; (Amt) niederlegen. 3. austreten aus.

₁N – V – N – (de N) *O patrão demitiu-o (do cargo).*
₂N – Vse – (de N) *Demiti-me ontem da função que ocupava.*
₃N – Vse – de N *Demitiram-se em bloco da Ordem dos médicos.*

demolhar
1. (in Wasser) tauchen.

₁N – V – N *Joaquina corria da adega à horta, carregava o linho que demolhava nas presas ou corava no limiar do pomar.* [as]

demolir
1. (Gebäude) abreißen (lassen); zerstören (lassen).

₁N – V – N *Alguns políticos pretendem demolir os edifícios que são património histórico e cultural.*

demonstrar
1. zeigen; zur Schau stellen; (Mut...) beweisen. 2. s. erweisen als. 3. beweisen; nachweisen; unter Beweis stellen. 4.–5. beweisen.

₁N – V – N   *O Campo de Concentração do Tarrafal demonstra, mais uma vez, a inutilidade de repressão.* [ot] *As duas mulheres levavam uma existência miserável, minadas pelo desgosto da terrível evidência que o tempo e os sofrimentos de Alice se incumbiram de demonstrar.* [pj] *O Pedro demonstrou coragem.*

₂N – Vse – P_adj   *Aquela teoria veio a demonstrar-se ineficaz.*

₃N – V – (a N) – N   *O que observámos demonstra-nos a necessidade de actuar imediatamente. O advogado demonstrou os erros da acusação. A Catarina demonstrou lealdade à sua irmã.*

₄N – V – (a N) – Fi   *Os dados disponíveis demonstram que a situação de não pagamento de salários não é produto de alguma fatalidade inevitável.* [pj]

₅N – V – (a N) – I   *Demonstrou saber executar bem as tarefas de que o incumbi.*

demorar
1. jn, etw aufhalten; s. Zeit nehmen mit; verzögern. 2. s. bei etw Zeit lassen; s. aufhalten (mit). 3. (länger) wo bleiben. 4.–6. lange Zeit brauchen; lange auf s. warten lassen; lange dauern. 7. wo bleiben. 8. lange dauern, bis; lange brauchen, um zu.

₁Ncp – V – N   *Com aquela conversa demorei a pequena. Peço imensa desculpa. O engarrafamento do trânsito demorou-me um pouco mais. Aquela livraria demorou a minha encomenda. O atraso do computador demorou as listagens.*

₂N – Vse <a I>   *Arriscando-se a severos ralhos, demorava-se a jantar, demorava-se na casa de banho lavando os dentes com exagerada lentidão.* [be] *Ela demorou-se a pentear.*

₃N – Vse – L   *Quando a Anabela estivera para abandonar o Liceu, porque o pai se demorava no hospital, com um pé fracturado, e nunca mais vinha embora, Isaura decidira Teresa a irem visitar a mãe da pequena.* [pc] *A minha vida é tão cheia, tão ocupada, que nem poderei demorar-me consigo mais de meia hora.* [np]

₄N – V – (T)   *Já achei uma solução para aquela questão, mas demorou muito. O criado demorou tanto a trazer o café que me fui embora.*

₅Fc – V – (T)   *Demora que o autocarro parta.*

₆I – V – (T)   *Bordar tudo à mão demorou imenso tempo.*

₇N – V – L   *Demorei muito tempo na praia.*

₈N – V – a I   *O autocarro dos emigrantes demorou a partir. Ela demorou a voltar.*

denunciar
1.–3. verraten; enthüllen; zeigen; anprangern. JUR. (Vertrag) kündigen. 4. s. verraten. 5.–6. anzeigen; denunzieren; enthüllen.

₁N – V – N   *A sua voz denunciou-a. À entrada do cinema havia um cartaz denunciando os trabalhos, os perigos, a exploração de que eram vítimas os pobres emigrantes.* [pj] *Denunciou unilateralmente o acordo.*

₂N – V – Fi   *O cartaz denunciava que os emigrantes eram vítimas de exploração.*

₃N – V – I   *O cartaz denunciava serem os emigrantes vítimas de exploração.*

₄N – Vse <por N>   *Ela logo se denunciou pela voz, pelos seus gestos. Ele denuncia-se pela forma como anda na rua.*

₅N – V – (a N) – N   *Três anos depois, Rang escapou e tentou vingar-se dos informadores que o tinham denunciado.* [kf] *Ele denunciou os companheiros (à polícia).*

₆N – V – (a N) – Fi   *Eu denunciei que eles tinham roubado o carro. O agente denunciou-lhes que existiam planos para um golpe de estado.*

depender
1. abhängen von; abhängig sein von. 2.–3. abhängen von.

₁N – V – de N, Fc, I   *Ele depende do subsídio que lhe dão. Tudo depende do tom. Para os meus estudos ainda dependo dos meus pais. Depende de ti que a Carolina passe no exame. A solução do problema depende de que haja garantias com respeito ao financiamento. Isso depende de tu ires a Coimbra ou não.*
■ *Isso depende!*: Das hängt davon ab! Das kommt darauf an!

₂Int – V – de N   *Se ele vem ou não dependerá do seu estado de saúde.*

₃I – V – de N   *Os resultados serem bons ou maus só depende de ti.*

depositar
1. (Geld) einzahlen, hinterlegen. 2. jn wo absetzen; jn wo aufbahren. 3. (Vertrauen...) setzen in, auf. 4. s. ablagern; <Kaffee...> s. setzen.

₁N – V – Nc – (Lem)   *De acordo com a informação do presidente do Centro Regional, Dr. Oliveira Raposo, a verba é depositada mensalmente no banco.* [pj] *Eles já depositaram o dinheiro.*
₂N – V – Np – Lem   *Assim que o marido chegou a Lisboa, depositou-a no Rossio.*
₃N – V – Nc – em Ncp   *Saúdo os povos africanos, que depositando inteira confiança na honestidade e sinceridade do nosso processo de descolonização, estabeleceram connosco relações diplomáticas e de amizade que muito nos sensibilizaram.* [dp] *Partiu acompanhado da confiança dos que o tinham escolhido e nele depositavam as melhores esperanças.* [sc]
₄Nc – Vse – (Lem)   *As folhas do chá depositavam-se no fundo do bule. Com esta máquina é aborrecido fazer café, porque as borras não se depositam.*

depreender
1.–3. e–r S. entnehmen; ersehen aus. 4. hervorgehen aus.

₁N – V – de N – N   *Depreendi dos seus modos a raiva que sentiam.*
₂N – V – de N – Fi   *Daí depreendo que a resposta à sua pergunta não é a mais correcta.* ▸*Pelo tom das notícias depreende-se facilmente, que tal facto não sucederia na* URSS. [ot]
₃N – V – de N – I   *Depreendo da sua maneira de governar ser ele um homem teimoso.*
₄N – Vse – de N   *A conclusão do silogismo depreende-se das premissas.*

deprimir
1. jn deprimieren; bedrücken. 2.–3. jn deprimieren. 4. deprimiert, FIG. niedergeschlagen werden.

₁N – V – Np   *O fracasso deprimiu-o.*
₂Fc – V – Np   *Deprime-o que não lhe valorizem o trabalho.*
₃I – V – Np   *Sair de casa deprime-a ainda mais.*
₄Np – Vse <com N>   *Deprimiu-se por causa da doença. Deprimiu-se com a derrota.*

derramar
1. (Blumen) streuen; (Licht) verbreiten; (Schatten) werfen; (Wein) verschütten; (Tränen) vergießen; (Duft) verströmen; (Hoffnung) wo verbreiten, jm einflößen. 2. s. verstreuen; s. wo verlieren; <Fluß> s. ergießen. <Augen> aus (den Höhlen) treten.

₁N – V – N – (D, L)   *Ao saírem da igreja, derramaram flores no chão por onde caminhavam os recém-casados. A lamparina vai derramando uma luz pegajosa sobre os objectos próximos.* [gt] *Estas palavras fazem sonhar o ganapo da boina, revela-o bem a luz que os seus olhos mansos derramam.* [op] *Tínhamos parado debaixo de um grande castanheiro, que derramava uma fresca sombra sobre a estrada.* [pc] *Derramei vinho na toalha. Derramou lágrimas e lágrimas de desespero. Desejo que esta solução tenha vocação a projectar-se no tempo em instituições políticas que derramem paz e tranquilidade no futuro de Angola.* [dp] *Em 5 de Outubro alvorece a I República, derramando a esperança no peito dos Republicanos que se batiam pela criação de instituições democráticas.* [dp]
₂N – Vse – D, L   *Um navio de guerra fundeara no Tejo e a marujama esgalgada derramara-se, num loiro bulício, pela cidade.* [pc] *Ondulando sob a nortada, o mato parece fugir-lhe na frente, correr pela lomba, galgar os cabeços e derramar-se, alteroso, para o fundo do barranco de Valmurado.* [sv] *Rouca, sem palavras, a cantilena derrama-se, ininterrupta, de entre as estevas que orlam a cova.* [sv] *O rio derramava-se na planície. O senhor abre os braços com uma exuberância burlesca, quase agredindo Ramiro, os olhos derramam-se das órbitas, parece à beira de uma explosão.* [nv]

derrapar
1. schleudern; ins Schleudern geraten; <Auto> (vorn, hinten) ausbrechen.

₁N – V <L>   *Em frente do Hotel Atlântico o carro americano virou de repente para a direita e o jeep, perante a viragem inesperada, derrapou sobre as rodas de* trás e entrou na mesma rua. [hn] *O carro derrapou na estrada de terra batida, e, guinchando em vários tons, disparou direito a Braga.* [dm]

derrear
Morf.: Pres.: derreio.
1. (nieder-) beugen; jn lendenlahm machen; FIG. jn erschöpfen; jn niedergeschlagen machen. 2. s. beugen; niedergebeugt werden.

₁N – V – N　　　*Aquele saco de compras estava tão pesado que me derreou. A má notícia derreou-a.*

■ *Derrear alguém com pancada:* jn (kreuz-) lahm schlagen.

₂N – Vse　　　*Derreou-se-ME o corpo, tinha a cabeça que nem um sino.* [ra] *Ele derreou-se com tanto trabalho.*

derreter
1. schmelzen. 2.-3. FIG. jn rühren, ergreifen. 4. schmelzen. 5. FIG. <jd> gerührt werden; dahinschmelzen. 6. für jn schwärmen. 7. jn s. (in Tränen) auflösen lassen. 8. s. ergehen in; <js Herz> schmelzen vor. 9. schmelzen.

₁N – V – N　　　*O dia estava de derreter pedras.* [ra] *Derreteu o chumbo.*
₂Fc – V – N　　　*Que ela brincasse com ele daquela maneira, derretia-o.*
₃I – V – N　　　*Derretia o coração ver aquela cena de família.* [np]
₄Nc – Vse　　　*Tanto calor lhe dei que o metal se derreteu.*
₅Np – Vse <de N>　　　*Sempre que o via a brincar com o filho derretia-se de prazer.*
₆Np – Vse – por Np　　　*Quando a Maria cantava, eles derretiam-se todos por ela.*

■ ⇒ *ficar derretido:* hingerissen sein von jm: *Assim que o viu ficou logo derretida por ele.*

₇Nc – V – Np – em N　　　*A amargura derretia-a em lágrimas.*
₈Np – Vse – em N　　　*Ela derrete-se em atenções, em gentilezas. Derreteu-se-LHE o coração em ternura.*
₉N – V　　　*Brilhou o sol e a neve acabou por derreter.*

derribar ⇒ derrubar.

derrotar
1. MIL. jn schlagen; jn schlagen; besiegen; e-e Niederlage beibringen; zerstören; zerschlagen; zunichte machen.

₁N – V – N　　　*Viria a ser Eurico o autor do golo que derrotou todas as pretensões do Penafiel, aos 15 minutos da segunda parte.* [pj] *Ramiro não disse nada e recostou-se no assento. Não podia, decididamente, debelar aquele tormento que derrotava a sua persistência.* [nv]

derrubar [derribar]
1. (Gebäude...) einreißen, abreißen; (Baum...) umknicken; (Baum) fällen; (Vase...) umkippen; jn zu Boden werfen, niederwerfen; jn stürzen; <Krankheit> jn niederwerfen.

₁N – V – N　　　*A Câmara decidiu derrubar o edifício. O vento derrubou-nos as antenas. O lavrador derrubou umas árvores. Derrubar uma jarra/ uma garrafa. Um golpe derrubou o rapaz. O chefe do Estado da Mauritânia, derrubado por um golpe de Estado, chegou a Brazzaville.* [pj] *A gripe derrubou-o.*

desabafar
1. jm sein Herz ausschütten; s. bei jm erleichtern. 2. DIZER.

₁N – V – (com Np)　　　*Depois de muitas tentativas, desabafou com o João. Já desabafou.*
₂N – V – Te　　　DIZER: *Fiquei com a roupa que trago no corpo, com uns chinelos nos pés – desabafava a chorar a Maria de Fátima.* []

desabar
1. (Gebäude) einstürzen; zusammenstürzen; <Erdreich> abrutschen; zus.brechen; <Hagel> herunterstürzen. 2. hereinbrechen über; zus.stürzen über.

₁N – V – (D)　　　*O muro desabou para o lado. Fiquei especado, como se tivesse perdido a noção dos movimentos ou, à minha volta, o mundo desabasse.* [ra] *A terra dasabou pela encosta para o fundo do vale. Mas o povo não deixou que ele continuasse com as suas graças. A correria continuou, e veio desabar mesmo junto dos três irmãos.* [av] *Rumorosa, brusca, a saraivada desaba e metralha os telhados e as ruas.* [sv]

₂N – V – sobre N　　　*Se tudo desabasse sobre mim, não me seria mais doloroso.* [ra] *Pouco falta*

153

já para que a ameaça iminente sobre o casebre desabe de vez. [sv] Áspera, a ventania desaba sobre os plainos, agita matos e sobreirais. [sv]

desafiar
1. etw herausfordern. 2. zu (e-m Duell, Spiel) herausfordern. 3. jn herausfordern, auffordern zu.

$_1$N – V – N O Concurso Mundial para Jovens Arquitectos veio desafiar a criatividade dos jovens na procura de um modelo de habitação do amanhã. [pj]
$_2$N – V – N – para N Desafiei-o para um duelo/ para uma partida de xadrez.
$_3$N – V – N – para, a I Desafiei-o a jogar a sueca connosco. Desafiei-a para/ a vir à minha casa.

desagradar
1. mißfallen; nicht gefallen. 2. mißfallen. 3. mißfallen.

$_1$N – V – a Np Ela desagrada-lhe. O seu comportamento desagradava-me.
$_2$Fc – V – aNp Desagrada-me que ela tenha dito isso.
$_3$I – V – a Np Neste caso particular desagradava-lhe ter que obedecer aos seus superiores. Não me desagradava encontrá-la ali.

desaguar
1. (Fluß) münden in, s. ergießen in; FIG. zuletzt wo landen, auftauchen. 2. (Wasser) schöpfen aus; etw trocken legen.

$_1$N – V – L Desaguava o Ganges no mar de Bengala, lá muito ao fundo, quando o garotinho espanhol se plantou de novo diante do japonês. [np] De uma ponta à outra do calendário, desaguam em Francoforte moedas dos mais exóticos ou apetecidos cunhos, os hotéis estão sempre a abarrotar, nos restaurantes não há um assento vazio e os transportes andam numa roda viva. [oj]
■ Ir desaguar ao mar: ins Meer fließen.
$_2$N – V – N Desaguar um barco/ um pântano.

desamarrar
1. losmachen; lösen. 2. losgehen; s. lösen. 3. <Schiff> ablegen; s. lösen von; weggehen von. 4. etw losmachen von; 5. s. freimachen von; s. lösen von.

$_1$N – V – N O polícia desamarrou o negro e bateu-lhe.
$_2$N – Vse O nó desamarrou-se.
$_3$N – V – D$_{de}$ O navio desamarrou do cais. Saudosa do esposo, a Julinha procurava esquecê-lo com a corte de pretendentes que não desamarrava da sua órbita. [bc] Alain não desamarrava dali, titubeante, sem saber como nem quando despedir-se. [vp]
$_4$N – V – N – (de N) Desamarrei o barco da bóia, e remei até ao cais.
$_5$N – Vse – (de N) Lá consegui desamarrar-me dela e ser independente. Depois de muitas tentativas desamarrou-se. Depois de muitas tentativas desamarrei-me do poste.

desandar
1. etw drehen; aufschrauben; losdrehen; losschrauben; etw drehen. 2. <jd> kehrtmachen; <etw> s. bewegen, s. lösen; FIG. <Glücksrad> s. drehen. 3. wohin zurückgehen. 4. FIG. münden, enden in. (⇒ descambar)

$_1$N – V – N Desandei o parafuso e o carburador ficou afinado. O Lopo pôs-se a desandar o chapéu na mão, e ficou assim um pedaço. [nc]
$_2$N – V Tão intempestivamente como aparecera, Augusto desandou e foi-se embora. [as] O parafuso, o botão, a peça desandou. E eu responderei: a roda começou a desandar e não sabemos nem como nem quando irá deter-se. [bc]
$_3$N – V – D$_{para}$ Dias depois, o Martins desandava para Luanda. [gt] À largada do trabalho, Sol no poente havia um bom pedaço, desandei para casa. [fa] Conheces acção mais virtuosa do que um beijo entre um homem e uma mulher que se desejam muito boa noite antes de desandar cada um para a sua cama? [np]
$_4$N – V – em N A paixão dele desandou em loucura.

desanimar
1.-3. jm entmutigen; etw mutlos machen; (Willen) schwächen. 4. mutlos werden; den Mut verlieren.

₁N – V – N   *O falhanço estrondoso da Sociedade das Nações não desanimou os vencedores da guerra no intuito de instaurar a paz mundial.* [pj]
₂Fc – V – N *Desanimou o João que o trabalho tivesse falhado.*
₃I – V – N   *Desanimou o João não encontrar uma solução para o problema.*
₄N – V   *O resto da tarde andaram sem destino, à procura de indícios, que não apareciam em lado nenhum. As horas foram passando e já todos desanimavam.* [dm]

desaparecer
1. verschwinden. 2. von wo verschwinden; s. wo nicht mehr blicken lassen. 3. FIG. aus etw weichen.

₁N – V <L>   *O sol desapareceu no horizonte. A crescente raiva por ter sido também por este, que entretanto desaparecera, enganada e ultrajada, levava-me a olvidar que ele me safara das garras dos celerados.* [lu] *Uns declararam-se doentes, outros desapareciam no meio das sessões.* [oj]
₂N – V – D_de *Desapareceu de casa.*
₃N – V – de N *Não se esqueça que só o amor vale a pena! – lembrou ela, com forçada jovialidade, vendo que me levantava. Desaparecera-LHE a dureza do rosto, voltava a bondade desamparada.* [np]

■ *Desaparece da minha vista!*: Geh mir aus den Augen!

desapertar
1. (Gürtel...) lockern, losmachen, aufmachen, aufknöpfen. 2. s. lockern; <Reißverschluß, Knopf> aufgehen, s. öffnen; <jd> (den Gürtel...) lockern.

₁N – V – N   *Com um suspiro de resignação, desapertou as calças que, na passagem pelo buraco, se tinham rasgado.* [kf]
₂N – Vse   *O nó da gravata desapertou-se. O colete desapertou-se-LHE. Para poder comer melhor, desapertou-se.*

desarmar
1. entwaffnen; etw ause-a.nehmen; (Waffe) sichern; FIG. jn entwaffnen, hilflos machen. 2.-3. FIG. jn entwaffnen, hilflos machen, besänftigen. 4. die Waffen strecken, niederlegen.

₁N – V – N   *É preciso desarmar os grandes países. Desarmar uma cama/ um armário. Desarmar uma arma. Aquela atitude desarmou-a.*
₂Fc – V – N *Desarmava-a que o Carlos lhe falasse com ternura.*
₃I – V – N   *Desarmou-a o Carlos defendê-la depois do que acontecera.*
₄N – Vse   *Finalmente os PIDES desarmaram-se.*

■ ⇒ *depor as armas.*

desarrumar
1. in Unordnung bringen; durche-a.bringen.

₁N – V – N   *Desarrumei o quarto à procura da fotografia.*

desatar¹
1. aufknoten; aufknüpfen; aufschnüren; losmachen. 2. <Knoten...> aufgehen. 3. in (Panik...) ausbrechen, verfallen.

₁N – V – N   *Deve ser possível criar condições para desatar os nós cegos da economia portuguesa.* [pj] *Desatei a fita e abri o presente.*
₂N – Vse   *Aqueles nós que eu tinha feito desataram-se.*
₃N – V – em N *Desatou em pânico assim que soube da notícia. Desataram em lutas/ correrias.*

desatar²
1. beginnen, anfangen zu; (in Lachen, Tränen) ausbrechen. 2. s. an etw machen.

₁[N –] V + a V_INF *De repente, desatou a chover. A miudagem cospe outra vez nas mãos e desata a melhorar o aspecto daquela feia migalha de mundo.* [op] *Não continuo para não desatar a chorar.* [lu] *Adonde rima! – rematou, em voz alta, o bandoleiro, desatando a rir, outra vez.* [pl]
₂N – V + a N *Desatei à procura da Maria, por toda a parte, como um possesso: queria encontrá-la e encontrei-a.* [gt]

descalçar

Morf.: Part.: ter, ser descalçado; estar, ficar descalço.
1. (Schuhe, Handschuhe...) ausziehen. 2. s. (die Schuhe, Handschuhe...) ausziehen.

$_1$N – V – Ncp   Jaduwiga descalçara os sapatos e movia os dedos dos pés para os relaxar melhor. [ce] Se por acaso sentia vozes ou passos de gente que se aproximava, o Gabriel subia acima da parede, descalçava os socos, batia com um no outro e largava a fugir com quantas pernas tinha. [nc] A mãe descalçou a criança.

▪ *Descalçar o par de botas:* s. zu helfen wissen; s. aus einer mißlichen Lage befreien: *Com aquilo que fez nunca mais descalça o par de botas que arranjou.*

▪ *Descalçar (a roda de) um carro:* (Bremsklötze) wegnehmen, entfernen: *Não te esqueças de descalçar o carro quando fores embora. Pus duas pedras grandes à frente.*

$_2$Np – Vse   Jaduwiga deitara-se no pequeno sofá do quarto, de pernas encolhidas, quase a tocarem-lhe o peito. Descalçara-se e movia os dedos dos pés, fixando-lhes os movimentos, como se estivesse preocupada com isso. [ce]

descansar

1. ausruhen; etw wo ruhen lassen; FIG. jn beruhigen. 2. s. ausruhen; schlafen; <Land> brachliegen; FIG. s. beruhigen; zur Ruhe kommen. 3. <jd> s. erholen von. 4. (Blick...) ruhen lassen auf. 5. <etw> ruhen auf. 6. (PG.:) <jd> bauen, vertrauen auf. [BRAS.: ⇒ ter confiança em].

$_1$N – V – N <com N>   Tenho que descansar a cabeça. Descansou o corpo naquele cadeirão. Descansou o cotovelo na mesa. Esta notícia descansou a Maria. Já descansei a Maria com a notícia que lhe dei.

$_2$N – V <com N>   Deixa descansar o rapaz. Descansa um bocado! Ano sim, ano não, a terra descansa para poder ser mais rentável nas colheitas seguintes. Descansa que ninguém te tira o que é teu. Com a notícia, a Maria descansou.

▪ *Ele descansa no cemitério:* begraben liegen; in Frieden ruhen: *Ele descansa em paz. Calcula tu que já morreu há dois anos.*

▪ *Deixar descansar uma terra:* (Land) s. erholen lassen, brachliegen lassen.

$_3$N – V – de N   Ele descansava das amarguras da vida.

$_4$N – V – N – L   Ele descansou os olhos na rapariga. Junto do Relojo, mesmo por trás dele, António Lúcio empertigou a cabeça e descansou uma das mãos nas costas da cadeira, todo pimpão na jaqueta nova e no chapéu cordovês que escolhera para si. [ra]

$_5$Nc – V – L   A ponte descansa em duas colunas.

$_6$Np – V – em N   (PG.:) *Descansar nos amigos/ na competência de alguém.*

descarregar

1. abladen von. 2. abladen; ergießen in. 3. (Waffe) abfeuern auf; FIG. etw laden auf; (Zorn) an jm auslassen; 4. abladen; (Waffe...) entladen; <Schiff> Ladung löschen. 5. (Waffe) s. entladen. 6. liefern; abladen. 7. <Gewitter> s. entladen.

$_1$N – V – N – (D)   Descarreguei todas as mercadorias da camioneta (para o chão).

$_2$N – V – N – L   Descarreguei a carga no fundo do armazém. O rio descarrega as suas águas no Pacífico.

$_3$Np – V – N – em...N   Descarregou a arma no/ sobre o inimigo. Descarregou a ira na mulher/ a culpa no sócio. Descarregou a sua fúria sobre ela.

$_4$Np – V – (N)   Descarreguei a camioneta. É o João que descarrega. Descarregar um canhão. Descarregou a arma para a limpar. O navio descarregou (a mercadoria) no porto de Leixões.

$_5$N – Vse   A arma descarregou-se.

$_6$Nc – V – (N)   A camioneta quando chegar descarrega (as mercadorias) aqui.

$_7$Nc – V   A tempestade descarregou.

descarrilar

1. entgleisen; FIG. aus der Bahn geworfen werden, kommen.

$_1$N – V   Um "eléctrico" descarrilou cerca das onze horas de hoje, quando se preparava para iniciar a subida da Calçada do Combro. [dl] Reconheço que sou metódico, pelo menos desde que não descarrile. [sv]

▪ *Fazer descarrilar:* zum Entgleisen bringen: *Maputo está completamente cercada, basta dizer que em Novembro fizemos descarrilar duas dezenas de comboios que saíam ou entravam na capital.* [pj]

descascar
1. (Kartoffeln, Banane...) schälen; (Erbsen...) enthülsen. (Baum) entrinden; die Rinde entfernen von. 2. <Erbsenschote...> aufgehen. 3. s. ausziehen. 4. <Erbsenschote...> aufgehen. 5. jn verprügeln; schlecht reden über; gegen jn vom Leder ziehen.

₁N – V – N Descascar batatas/ uma laranja/ uma banana/ um pêssego/ uma árvore. As ervilhas descascam-se bem.

₂Nc – Vse O feijão descascou-se.

₃Np – Vse Perdeu a aposta e teve que se descascar toda em público.

₄Nc – V O feijão descascou.

₄N – V – em N O pai descasca no filho. Descascava nos vizinhos.

descer
1. herunterholen. 2. (Vorhang) herunterlassen; (Treppe) hinuntergehen, herunterkommen; (Fluß) hinunterfahren. 3. (Preis...) senken; (Hut) herunterziehen, in die Stirne drücken; (Krempe) herunterklappen. 4. wo heruntergehen; <Tränen> wo herunterlaufen; <Nacht> hereinbrechen. 5. absteigen; hinabsteigen; aussteigen; heruntergehen. 6. s. herablassen; s. herabwürdigen. 7. <Preis, Gewinne...> sinken; <Sonne> s. senken, untergehen; <Straße> s. senken, herunterziehen; <Nacht> hereinbrechen.

₁N – V – N – D_{de} Descer alguém de um muro, de uma escada, do cavalo.

₂N – V – N – (D) Acabado o espectáculo, ele desceu o pano. Desci as escadas (até ao andar de baixo) a correr. O barco desceu o rio Douro para a Foz.

₃N – V – N O Governo não tenciona, à partida, descer o preço dos combustíveis. [oj] Desci a aba do chapéu, puxei a gola do sobretudo para cima, e pus-me a andar antes que alguém chegasse.

₄N – V – L Desci pela ribanceira. As lágrimas desciam-LHE pelas faces. A noite desce de mansinho sobre a cidade.

▪ Ele desceu na minha consideração: in js Achtung sinken.

₅N – V – D_{de, a} Desce daí imediatamente! Desci do comboio em movimento. Desci à rua para ver a banda passar. Parti uma perna ao descer do avião.

₆N – V – a N Se tivesse de optar entre a fome e a alternativa de descer a mulher a dias, de lavar roupa, roupa fedorenta, enodoada? Não: só essa ideia a arrepelava toda de revolta, dos pés à cabeça, por dentro e por fora. [pc] Mesmo sem se descer ao requinte de malvadez, da colite, os mistérios do aparelho digestivo estão intimamente emaranhados no quotidiano de cada um. [oj]

₇N – V Os preços descem. Acabou a maré por descer, voltou a água a subir, e por ali andaram as gaivotas, mergulhando e ascendendo, com gotas de sol nas asas. [ce] O sol começara já a descer e a sua cor fazia incendiar a água do mar. Uns metros à frente, a rua descia e acabava numa praceta. A noite desce e surgem as primeiras estrelas.

▪ Fazer descer a.c.: etw senken: Para Mário Soares, a renegociação do acordo PS – PSD fará descer a febre política. [pj]

descobrir
Morf.: Pres.: descubro, descobres. Part.: descoberto.
1. (Kopf) enthüllen; (Kopfbedeckung...) abnehmen; jm (die Decke) wegziehen, wegnehmen; etw entblößen, zeigen; <Meer> (Felsen...) freigeben. 2. (den Hut) abnehmen; <Sonne...> herauskommen; s. freistrampeln. 3. <Sonne...> herauskommen. 4. entdecken; finden; herausfinden; etw aufdecken; (Lösung) finden. 5.–7. entdecken; herausfinden. 8. jn ertappen bei.

₁N – V – N O João descobriu a cabeça. Descobri a criança porque estava muito calor. Ela descobriu o peito. O mar na maré baixa descobre as rochas.

▪ Descobrir a careca: entlarven: O João mentiu, mas ela acabou por LHE descobrir a careca.

₂N – Vse Os homens descobriram-se quando o bote se afastou da muralha, acenando-lhe os barretes. [bc] O sol já se está a descobrir. Vamos embora enquanto não começa a chover de novo. A criança, durante a noite, descobre-se sempre.

₃N – V O sol descobriu por entre as nuvens.

₄N – V – N Os portugueses descobriram o caminho marítimo para Índia. O Brasil foi descoberto por Pedro Álvares Cabral. A polícia descobriu o ladrão (no jardim). Descobri-LHE os (seus) defeitos. Descobrimos o que eles fizeram. Descobrir a solução do problema.

₅N – V – Fi No posto, o Palma acaba por descobrir, após violento interrogatório, que

	Elias Soral o acusa do roubo de umas sacas de cevada. [sv]
₆N – V – Int	*Não descobrimos se ele era ou não espião.*
₇N – V – I	*Descobrimos existirem pegadas de dinossauros naquela região de Portugal.*
₈N – V – N + Va INF	*Mal amarinhei o porão descobri o guarda logo a espreitar-me por detrás de um monte de esterco.* [ra]

descolar   [BRAS. decolar]

1.-2. ablösen von. 3.-4. s. lösen von; s. ablösen. 5. s. ablösen; <Flugzeug> abheben, starten. 6. FIG. s. von jm lösen; nicht von js Seite weichen. 7. nicht von js Seite weichen.

₁N – V – N – (Dde)	*Descolei o papel da parede.*
₂N – V – N – (de N)	*Descolei o rótulo do dossier.*
₃Nc – Vse – (Dde)	*O diabo do papel de parede descolou-se (da parede).*
₄Nc – Vse – (de N)	*O selo descolou-se da carta.*
₅Nc – V – (Dde)	*O papel descolou da parede. O aparelho descolara com grande atraso e a mulher, apreensiva, perguntara a um tripulante se aterrariam a tempo de ela apanhar a ligação para Lisboa.* [np] *O sulfato de cocaína comercializa-se para o exterior através de uma frota de 60 avionetas, que aterram e descolam diariamente das pistas clandestinas.* [oj]
₆Np – Vse – de Np	*Acabei por me descolar dele, mas foi difícil. A criança não se descola da mãe nem por nada.*
₇Np – V – de Np	*O miúdo não descolava do pai.*

desconfiar

1. mißtrauen; zweifeln an; nicht glauben. 2. ahnen; vermuten; glauben. 3. vermuten; ahnen; daran zweifeln, daß. 4. ahnen; vermuten; glauben. 5. DIZER: voll Mißtrauen sagen.

₁N – V – de N	*Os pequenos Estados da CEE desconfiavam da tentativa dos Grandes para estabelecer um directório e esvaziar os mecanismos igualitários da Comunidade, substituindo-os por mecanismos de simples cooperação.* [cm] *Desconfio dele. Desconfio da tua promessa.*
₂N – V – Fi	*Desconfio que o Pedro foi a Lisboa, apesar de me ter dito que ficava em Coimbra. Desconfio que me andas a enganar.*
₃N – V – Fo	*A mulher, pelo teu ritmo de trabalho, desconfio que alguma vez terminas a cabar a tese.*
₄N – V – I	*Desconfio estar para acontecer uma grande desgraça. Desconfio terem-me vendido a carne estragada.*
₅N – V – Te	DIZER. *Alda estava, apesar de tudo, bem arreada – um vestido de shantung azul-peróleo, meias de seda beige, com as costuras pretas e salientes, provocantes, uns sapatos de camurça, decotados_Ia sair_Para onde iria? – desconfiou Rosário.* [pc]

descongelar

1. (Gefrorenes) auftauen (lassen); (Kühlschrank) enteisen, abtauen. 2.-3. <etw> auftauen.

₁N – V – N	*Descongelei a carne. Amanhã descongelo o frigorífico.*
₂N – Vse	*O frigorífico descongelou-se em poucos minutos.*
₃N – V	*O peixe está a descongelar. Não te preocupes com o jantar, que os bifes descongelam num instante.*

desconhecer

1.-3. nicht kennen; nicht wissen.

₁N – V – N	*Há tempos, em conversa com dois membros da minha Junta de Freguesia rural, também aprendi muita coisa que desconhecia.* [pj]
₂N – V – Fic	*Quem considerar ousada a pergunta, desconhece certamente que todas as promessas do programa comum foram preparadas antes de 1972.* [ot] *Desconhecia que te tivessem obrigado a isso.*
₃N – V – Int	*Desconheço por completo quem fez isso. Desconhecia se ele aceitava a proposta feita.*

descontar
1.-2. abziehen von; (vom Preis) nachlassen. 3. FIG. etw abziehen von. 4. etw nicht mitrechnen; FIG. etw abziehen.

₁N – V – N – (de N) Descontei o peso do pacote e deu 630 gr. Descontei o preço do transporte na factura.
₂N – V – N – (a N) Desconto 10% ao preço. Descontei-LHE já uma boa soma, não posso abater mais nada.
■ Dá-se um desconto: Rabatt gewähren.
₃N – V – N – a N Todos nós descontamos um bocado ao que ele geralmente diz.
₄N – V – N Descontando o tempo que passam a brincar, ainda trabalham bastante lá na escola.

descortinar
1. entdecken; herausfinden; erblicken; sehen; <etw> etw enthüllen. 2.-4. entdecken; herausfinden.

₁N – V – N Ninguém descortinava maneira de encontrar o fio à meada. [nc] A Comissão toma em consideração os interesses dos Estados membros e empenha-se em descortinar o interesse geral. [cm] Teresa mirava-lhe a fronte morena e estreita; não descortinava temor nem apreensão, nem piedade sequer. [pc] ▸Da janela da repartição ainda se descortinava uma nesga do quartel de Santa Clara. [fn]
₂N – V – Fi Não conseguiram descortinar que havia uma relação entre estes dois factos.
₃N – V – Int Não descortinaram quem tinham sido os autores daquele manifesto.
₄N – V – I Descortinaram ser afinal a Terra azul vista do ar.

descrever
1. (Kurve...) beschreiben, machen. 2. FIG. kennzeichnen; charakterisieren. 3.-4. (jm) etw beschreiben, schildern. 5. jn beschreiben als. 6. s. beschreiben als. 7. DIZER.

₁Nc – V – N O balão descreveu uma ligeira curva antes de se afastar.
₂I – V – N Descreve bem o ambiente que se viveu naquela reunião terem todos saído de lá com aquela cara.
₃Np – V – (a N) – N Tive muita satisfação em descrever a minha casa à Maria.
₄Np – V – (a N) – Int Descrevi-lhe como tinha feito o trabalho.
₅Np – V – N – como Pn Depois do golpe de Agosto na União Soviética, a imprensa internacional descreveu Boris Ieltsin como um homem de coragem.
₆Np – Vse – como Pn Ele descreve-se como uma pessoa simpática.
₇Np – V – Te DIZER.

descuidar
1. vernachlässigen. 2. s. vernachlässigen; s. gehen lassen. 3.-4. vernachlässigen.

₁N – V – N Sempre que o poder executivo descuida o seu próprio plano de actividades, não cumpre o orçamento que preparou e fez aprovar e assim abala a base da sua própria autoridade. [pj]
₂N – Vse Depois da morte do marido, deixou de se pintar, de ir ao cabeleireiro: descuidou-se completamente. Não estudou convenientemente, descuidou-se e chumbou.
₃N – Vse – de N Descuidou-se dos seus deveres.
₄N – Vse – com N Descuidaram-se com as vacinas e os miúdos apanharam todos o sarampo.

desculpar
1. entschuldigen; verzeihen; jm etw nachsehen. 2.-3. entschuldigen. 4.-5. jm etw nachsehen. 6.-8. s. entschuldigen. 9. etw vorschützen; etw als Vorwand benützen; s. herausreden mit.

₁N – V – N Normalmente desculpava-LHE os erros, mas agora era demais.
₂Fc – V – N Que eles tenham faltado uma vez por outra aos treinos não desculpa os fracos resultados que obtiveram.
₃I – V – N (O facto de) eles terem participado nas provas ainda lesionados desculpa de alguma forma os fracos resultados dos nossos atletas.
₄Np – V – Np – por, de N Desculpei a Maria pelo erro que cometeu. Não te desculpo do mau uso que fizeste das tuas férias.
₅Np – V – Np – por, de I Desculpei a Maria por não ter chegado a tempo. Desculpei-o de ter chegado atrasado.

₆Np – Vse – (por, de N)　　Desculpou-se pelo erro que cometeu com um pretexto qualquer. Desculpou-se da sua falta de frontalidade. Desculpou-se do seu atraso.
₇Np – Vse – (Fi)　　Houve aqui um gajo, o Quintas, que fazia aí uma terra dos senhores. Um dia não quis pagar a renda, desculpou-se que a colheita fora fraca, e ameaçou o paizinho dos meninos. [bc]
₈Np – Vse – (por, de I)　　Desculpou-se por ter obtido fracos resultados na escola. Desculpou-se de não ter feito os deveres.
₉Np – Vse – com Nc　　Desculpam-se com a chuva para não virem à escola. Desculpou-se com a doença do pai para justificar a sua ausência prolongada.

descurar
1. vernachlässigen; s. nicht kümmern um; nicht beachten. 2. s. vernachlässigen; verlottern.

₁N – V – N　　Sem descurar a defesa, procurámos sempre manter nas nossas relações de vizinhança a maior correcção. [sc] Foi a este espaço que os Portugueses se dedicaram durante a maior parte da sua história, descurando um pouco as nossas raízes históricas e os nossos laços maternos. [cm] Descurando hostilidades antigas, as duas mulheres mostraram-se duma afabilidade um tanto nervosa, como se com ela quisessem resgatar as críticas passadas, de cuja justiça duvidavam agora. [as]
₂Np – V　　Após a morte da mãe, descurou-se por completo.

desdobrar
1. ause-a.falten. 2. s. entfalten; s. ause-a.falten. 3. s. spalten; s. teilen in; s. entwickeln zu. 4. FIG. (Anstrengungen...) machen, an den Tag legen; s. (Mühe...) geben.

₁N – V – N　　Desdobrei o folheto e fiquei surpreendida com o preço da excursão.
₂N – Vse　　O papel desdobrou-se (com o vento).
₃Nc – Vse – em Npl　　Os congressos desdobram-se em comissões e subcomissões especializadas, incumbidas de estudar previamente certos sectores dos temas "a debater". [pj] Estes objectivos, de ordem geral, desdobrar-se-iam em outros, específicos e instrumentais: o desenvolvimento da produção agro-pecuária e florestal. [sc] Quanto desejamos que os estudos venham a desdobrar-se em louváveis iniciativas de promoção a levar a cabo pelas regiões mais carenciadas do nosso país! [pj]
₄Np – Vse – em Npl　　Logo que é conhecida, em Lisboa, a sentença de morte de Fragata, o grupo de Carlos Paixão desdobra-se em múltiplos contactos para encontrar Raul Dias. [oj] Ele desdobra-se em muitas actividades. Para que a boda fosse um sucesso, a mãe desdobrara-se em canseiras.

desejar
1. (s.) wünschen; (haben) wollen. 2. wünschen. 3. wollen; gern etw tun mögen. 4.–5. jm etw wünschen

₁N – V – N　　O que deseja o Senhor? Quando o interrogamos sobre o que desejava para a noite de Natal, responde-nos querer ver o pai que está preso. [pj] Nem sempre nos é possível publicar as notícias com a brevidade que desejaríamos. [ot] Sempre desejou uma situação melhor.
▪ Não ter nada a desejar: wunschlos glücklich sein.
₂N – V – Fc　　Todos desejamos que o rearmamento atómico seja interrompido.
₃N – V – I　　Desejava um dia ir a Atenas. Sempre desejei ir ao Nepal e nunca consegui.
₄N – V – a Np – N　　Desejo-lhe boas noites.
₅N – V – a Np – Fc　　Desejo sinceramente a este governo que consiga baixar a inflação. Desejo-lhe que faça boa viagem.
▪ Isto deixa muito a desejar: zu wünschen übriglassen.
▪ Ele viu-se e desejou-se + para I: alle Hände voll zu tun haben; große Mühe haben, zu.

desembarcar
1. (Schiff) entladen, löschen; ausladen. 2. <Schiff, Flugzeug> jn an Land setzen. 3. von Bord gehen; (aus dem Flugzeug) aussteigen; an Land gehen.

₁N – V – N　　Os carregadores desembarcaram as mercadorias que vinham a bordo.

₂N – V – Np <L>   O avião desembarcou todos os passageiros em Faro.
₃Np – V – (Lem)   Desembarcou do navio, do avião. A polícia atrasou o avião, até que o estudante iraniano fosse autorizado a desembarcar. [dn] Leonel, ao desembarcar em Marselha, tanto se agradara daquela babel cosmopolita que ali foi ficando. [vp] Foi em 1684 que o pirata inglês William Dempire desembarcou nessa pequena ilha do Pacífico. [pj]

desembrulhar
1. etw auspacken; FIG. (Situation) klären, entwirren.

₁N – V – N   Ela desembrulhou o presente: era um espelho de prata. [sv] Conseguiu desembrulhar aquela situação.

desempatar
1. entscheiden; den Ausschlag geben.

₁N – V – N   O juiz desempatou a decisão dos jurados votando favoravelmente. Aquele golo desempatou o jogo.

desempenhar
1. (Aufgabe, Pflicht) erfüllen; (e-e Rolle) spielen; (Amt) ausüben, bekleiden. 2. etw erledigen; (e-n Auftrag...) erfüllen, ausführen; s. (e-r Aufgabe) entledigen.

₁N – V – N   Procurarei desempenhar com fidelidade as funções que me são confiadas. Dentro de certos limites um computador pode ser programado para desempenhar um vastíssimo leque de tarefas. [cp] A encenação é do meu amigo Julião. Dirige também os actores e desempenha o papel principal. [np] Desempenhou o cargo de ministro da defesa.
■ O actor desempenha bem: s-e Rolle gut spielen.

₂N – Vse – de N   Para auxiliar o ministro a desempenhar-se da sua missão mandaram-lhe um embaixador.

desencadear
Morf.: Pres.: desencadeio.
1.–3. FIG. auslösen; entfesseln; in Gang bringen. 4. <Krieg> ausbrechen; <Gewitter> s. entladen, losbrechen; <Diskussion> einsetzen, entbrennen.

₁N – V – N   A mafia não se mostra disposta a ver desaparecer os seus lucros enormes, pelo que se receia que a decisão governamental vá desencadear uma "guerra da coca". [oj] Há motivos para temer que, algum dia, um louco desencadeie o processo de aniquilação do género humano. [pj] Afinal, se todos suspiramos por um novo mundo agrícola, a prioridade das prioridades não estará na formação de jovens agricultores, a ser desencadeada de forma maciça, por todas as regiões do País? [pj] ▸Em cumprimento das ordens do Chefe da Província, desencadearam-se as necessárias operações. [cm]

₂Fc – V – N   Que o chefe se tivesse recusado a aceitar o compromisso desencadeou o caos na empresa.

₃I – V – N   Desencadeou a ira do chefe eu ter ido a Lisboa sem lhe dar conhecimento.

₄N – Vse   Desencadeou-se um chinfrim/ a guerra/ a tempestade/ a discussão.

desencaminhar
1.–2. FIG. jn vom rechten Weg abbringen; jn auf Abwege bringen. 3. verlieren; verschlampen; unterschlagen. 4. vom Weg abkommen; FIG. auf Abwege geraten.

₁N – V – Np   As companheiras desencaminharam-na.
₂I – V – N   Fazer-se acompanhar daquele tipo de gente desencaminhou-a.
₃N – V – Nc   A criança desencaminhou o brinquedo. Na alfândega desencaminharam essa mercadoria. Desencaminhou para seu próprio benefício verbas que não lhe pertenciam.
₄Np – Vse   De noite, ao descer da serra, desencaminhou-se. Tudo correra bem até ali, mas depois desencaminhou-se.

desencorajar
1.–3. jn entmutigen; mutlos machen. 4. den Mut verlieren.

₁N – V – N   O casal concordara em dar uma olhadela pela vivenda, arejá-la uma vez

	por outra e fazê-la parecer ocupada para desencorajar os ladrões. [kf]
₂Fc – V – N	*Desencorajou-o que a situação da empresa fosse tão difícil.*
₃I – V – N	*Ter que enfrentar uma pessoa cínica desencoraja qualquer um.*
₄N – Vse <com N>	*Desencorajou-se com a dificuldade da tarefa.*

desenhar
1. zeichnen; aufzeichnen. 2. (Formen) unterstreichen, hervorheben; Konturen geben, verleihen; s. abzeichnen lassen. 3. s. abzeichnen; Gestalt, Konturen annehmen.

₁N – V – (N)	*Ele desenhou o Pai Natal para oferecer à mãe. Em Coloane não vai ser fácil o senhor João dar com a tasca do Saludes, mas eu depois desenho-LHE um mapa.* [np] *Não gosto de desenhar!*
₂N – V – N	*O vestido desenha-LHE as formas. Foi com as entradas bem cedo de Walsh, por troca com Vermelhinho, e de André por Frasco, que a turma orientada por Artur Jorge começou a desenhar uma vitória, concretizada com um golo solitário de Eurico, iam decorridos 15 minutos da segunda parte.* [pj]
₃N – Vse – L	*Soaram passos apressados no terreiro. Desenhou-se no arco da janela o busto do Queixada, que se debruçou sobre o peitoril de mármore, espreitando.* [pc] *Um plano desenhou-se-LHE na mente.*

desenrascar
1. jm aus der Klemme helfen; 2. s. aus der Klemme ziehen.

₁N – V – N	*Desenrasquei o Carlos, emprestando-lhe o dinheiro que le faltava.*
₂N – Vse	*Desenrasca-te como puderes.*

desenrolar
1. abrollen. 2. <Gerolltes> s. abrollen; passieren; s. ereignen; stattfinden; verlaufen. 3. jm etw enthüllen.

₁N – V – N	*Desenrolei o rolo de papel e apliquei-o na parede.*
₂N – Vse	*O papel desenrolou-se. Quando tinha a idade de cinco anos, fui pela primeira vez ao cinema e, diante dos meus olhos deslumbrados, desenrolaram-se as cenas de um filme, passado em África, no qual apareciam leões.* [pj] *O tenente-coronel estava já ao corrente dos acontecimentos que se desenrolavam [illegible] entre os três países do Sul. É por isso que as negociações com a Comunidade se desenrolam separadamente.* [cm]
₄N – V – N – a Np	*Desenrolei-lhe toda a verdade.*

desenterrar
1. ausgraben; ausbuddeln; FIG. ausgraben; (Lösung) finden. 2. s. (aus der Erde) befreien; entwurzelt werden. 3. jn befreien aus.

₁N – V – N	*Desenterrei o rebento que tinha plantado. Desenterrou este manuscrito na Torre de Pombo. Depois de pensar um bocado, lá desenterrou uma solução.*
₂N – Vse	*Depois de muito esforço, a criança conseguiu desenterrar-se. A árvore desenterrou-se (com o vento).*
₃N – V – N – D_de	*A criança conseguiu desenterrar-se da areia sozinha.*

desentorpecer
1. s. die Beine vertreten; wieder gelenkig machen; FIG. (wieder) in Schwung bringen; jn aus s-r Lethargie befreien. 2.–3. gelenkig machen; FIG. in Schwung bringen. 4.–5. wieder gelenkig werden.

₁N – V – N	*Desentorpeceu o corpo antes de fazer ginástica. Toda a gente saiu do avião – os hindus para ficar em Delhi, os passageiros em trânsito para desentorpecer as pernas e fazer compras no aeroporto.* [np] *O alvoroço desentorpecera-o.*
₂Fc – V – N	*Desentorpecia-a que a incitassem a alcançar a meta.*
₃I – V – N	*Nadar desentorpece o corpo. Desentorpecia-a incitarem-na a alcançar a meta.*
₄N – Vse	*Só se fosse algum passeio a pé, para se desentorpecer e tomar um pouco de ar... Até chegar o Horácio havia de se enclausurar.* [pc] *O corpo desentorpeceu-se-LHE.*
₅N – V	*Finalmente desentorpeceu, já conseguia trabalhar.*

desentupir
1. (Verstopftes) (wieder) frei machen. 2. <Verstopftes> wieder frei werden.

₁N – V – N   *Desentupi o esgoto lá em casa com uma vassoura velha.*
₂N – Vse   *Os canos desentupiram-se.*

desenvolver
1. (Tätigkeit...) entfalten; (Eifer) entwickeln, an den Tag legen; (ausführlich) darlegen, darstellen. 2.–3. entwickeln. 4. s. entwickeln; Gestalt annehmen; <Programm> ablaufen.

₁N – V – N   *Desenvolveu a sua memória, decorando odes de Horácio. Procuraremos desenvolver em termos de respeito e interesses mútuos todos os laços políticos, económicos e culturais, que os dois Povos entendam por bem.* [dp] *As palavras: "computador", "micro" ou "digital" desenvolveram a sua própria aura mística.* [cp] *Mesmo que comece por utilizar jogos comercializados, estes ajudá-lo-ão a desenvolver um certo grau de familiaridade com a tecnologia do computador.* [cp] *Do meu apartamento e do seu buraco partiam eles para as lides revolucionárias, nas quais pareciam desenvolver grande zelo.* [np] *Já desenvolvi bastante os dois primeiros aspectos que se resumem no enorme contraste de vida, cá e lá.* [pj] *Desenvolver um argumento, uma teoria.*

₂Fc – V – N   *Que o problema seja apresentado dessa forma desenvolve as faculdades intelectuais dos alunos.*
₃I – V – N   *Nadar desenvolve os músculos.*
₄N – Vse   *A ideia desenvolveu-se lentamente na sua cabeça, até ao momento em que compreendeu que realmente era possível fazer o assalto.* [kf] *A primeira fase destes trabalhos deverá desenvolver-se até Novembro.* [dn]

desertar
1. <etw> von jm weichen. 2. etw verlassen. 3. desertieren; (e-e Organisation...) verlassen. 4. desertieren; fahnenflüchtig werden; aufgeben.

₁N – V – N   *Dormiu uma hora, mas depois o sono desertou-a, e as ideias negras que ela temia começaram a aparelhar-se-lhe no espírito.* [pc]
₂N – V – D_de *Desertou, ainda jovem, da terra natal. Desertou dali para fora e renunciou a tudo.*
₃N – V – de N *Além dos quadros que aderiram à RENAMO, temos vários, tanto da área militar, como da civil, que desertaram da FRELIMO e a nós se juntaram.* [pj] *Foi esta uma das principais razões que levaram Alexandre Taty a desertar, com os seus homens, da F.N.L.A. e a combater ao nosso lado.* [sc] *Desertou do exército e aderiu à FRELIMO.*
₄N – V   *Os soldados, fartos da guerra, desertavam às centenas. O pai entregou-me tudo desde Janeiro. Não posso desertar.* [be]

desesperar
1.–3. zur Verzweiflung bringen; verzweifeln lassen; bekümmern; entmutigen. 4. verzweifeln; verzagen. 5. verzweifeln; verzagen. 6. die Hoffnung aufgeben; an etw zweifeln.

₁N – V – Np <com N> *A arrogância do filho desesperava-a. As noitadas da Maria desesperavam o Carlos. O que presenciara desesperava o polícia. Ele desesperava-me com as suas exigências.*
₂Fc – V – Np   *Desesperava-a que esta questão se apresentasse assim enigmática.*
₃I – V – Np   *Desesperava-a ter que tomar aquela decisão.*
₄Np – Vse <com N>   *A Maria desesperava-se com o que o Carlos lhe fazia.*
₅Np – V   *Não queremos descrer, desesperar e alentar situações e projectos pessimistas.* [pj]
■ *Quem espera, desespera.*
₆Np – V – de I   *Desesperei de conseguir entregar o trabalho dentro do prazo.*

desfazer
Morf.: Pres.: desfaço. Pret. perf.: desfizeram. Fut.: desfarei. Part.: desfeito.
1. (Knoten) aufmachen, lösen; (Tablette) auflösen; (Naht) auftrennen; (Brot) zerkrümeln; (Fett...) zum Schmelzen bringen; (Porzellan...) zerschlagen; (Haare) lösen; (Bett) durche.a.machen; (Geschäft...) aufgeben, auflösen, annullieren; (Zweifel...) beseitigen. 2.-3. jn am Boden zerstören; jn aus der Fassung bringen. 4. <Gruppe> ause-a.gehen; s. auflösen; <Knoten> aufgehen; <Stoff> reißen, s. auflösen; <Tablette> s. auflösen; <Butter, Eis...> schmelzen. 5. zerreißen; zerstückeln. 6. s. auflösen; zersplittern; zerreißen; FIG. s. (in Tränen) auflösen; s. ergehen in. 7. jn um etw bringen. 8. etw verkaufen; s. e-r Sache, js entledigen.

₁N – V – N Apertaste o laço de tal maneira que agora não consigo desfazer o nó. Desfazer o comprimido em água e tomar no fim das refeições. Para apertar a saia tive que desfazer as costuras dos dois lados. Lentamente ia desfazendo o miolo do pão e com ele fazia bolinhas que ia dispondo em filas de duas a duas. Desfaça um pouco de banha numa caçarola de barro. Com os nervos, atirei tudo ao chão, desfiz até o vaso de porcelana da China. Francisco pegou-lhe primeiro nas mãos e, atraindo-a, começou a desfazer–LHE os cabelos fulvos, a acariciar-lhe as faces e o pescoço. [vp] Desfazer a cama. O vento desfez-lhe o penteado. Desfiz o negócio. Agora vivo da reforma. Desfazer um contrato. O primeiro-ministro britânico, Margaret Thatcher, desfez os receios dos que temiam que a Grã-Bretanha não apoiasse o plano norte-americano de defesa no espaço. [pj]

₂Fc – V – N Desfê-la que o contrato tivesse sido anulado daquele modo.
₃I – V – N Desfizera-a ter sido anulado o contrato sem que lhe fosse possível reclamar.
₄N – Vse Aproximavam-se as horas de jantar e o grupo começou a desfazer-se. [bc] O nó da corda desfez-se. De tão apertadas que as calças lhe estavam ao sentar-se, o tecido desfez-se. O comprimido é tão duro que não se desfaz. A manteiga desfez-se. À chegada da primavera o gelo das ruas começa a desfazer-se.
₅N – V – N – em N Desfez a carta em mil pedaços.
■ Sem desfazer+em N, não desfazendo+em N: ohne jm nahetreten zu wollen: Ele é boa pessoa, sem desfazer (não desfazendo) nos presentes.
₆N – Vse – em N A jarra desfez-se em bocadinhos. Ela desfez-se em lágrimas. Ele desfez-se em amabilidades/ em atenções.
₇N – V – Np – de N A mulher desfê-lo das suas propriedades.
₈N – Vse – de N Desfez-se da casa. O povo desfez-se da ditadura. Modigliani desfez-se de alguns trabalhos seus, atirando-os a um canal, magoado pela incompreensão de alguns amigos. [pj] Uma corda de que nos desfizemos anteriormente é agora necessária para atravessar um desfiladeiro imenso que bloqueia o caminho. [cp] O patrão desfez-se daquele empregado.

desfeitear
Morf.: Pres.: desfeiteio.
1. jn beschimpfen, beleidigen.

₁N – V – N Não queria desfeitear quem acabara de lhe fazer um favor, mas entregar a mala ao Abel parecia-lhe demasiado. [bc] Que não é fácil esquecer que me desfeiteou à frente dos criados. Mas sou casado e pai de três filhos. O senhor trata-me como se eu fosse uma criança. [bc] Diogo Relvas ficara tolhido perante o silêncio de Emília, ausente e estranha, como se quisesse desfeiteá-lo também. [bc]

desfitar
1.-2. den Blick abwenden von.

₁N – V – N Lentamente, Teresa encaminhou-se para a porta aberta, quase pé ante pé, sem a desfitar. [pc] Não sei se aquele livro alguma vez fora lido, mas fora, sem dúvida, folheado por muita gente. Sem me desfitar, Palácios tirou-mo das mãos. [np]
₂N – V – Nc – de N Não conseguia desfitar os olhos da rapariga.

desflorar
1. entjungfern; jn schänden.

₁N – V – N Luís não premeditara desflorar Mari-Paz, que lhe inspirava um carinho imenso e confuso. Mas as palavras tinham-no levado até ali. [vp] Jadwiga *rememorou, então, certas imagens da guerra de 14–18, quando em Viena se dizia que os soldados desfloravam raparigas.* [ce]

desfrutar
1. etw genießen; (Privilegien...) haben, genießen; Gebrauch machen von. 2. (Ruf...) genießen; (Privilegien...) nützen; (Einfluß...) haben.

₁N – V – N   *Luiz Vilela vem aprendendo, com os primeiros passos do filho, a caminhar com alegria, a desfrutar prazer dionisíaco.* [pj] *Muita gente não prestou nem presta serviços que justifiquem os privilégios que desfruta.* [pj] ▸*De facto, do alto das muralhas desfrutava-se um panorama magnífico sobre o rio Minho.* [dm]

₂N – V – de N   *Para desfrutar das vantagens de viver no centro de uma grande cidade o mais importante é habitar um local concebido à escala das necessidades humanas.* [oj] *Sabe-se que as organizações locais desfrutam do mais elevado grau de autonomia. O possível partido eanista propõe-se apenas prolongar no tempo a influência de que o General Eanes desfrutou enquanto foi Presidente da República.* [oj]

desgostar
1.–3. jn verstimmen, ärgern; jm nicht gefallen, mißfallen. 4. Mißfallen finden an; ◊ jm mißfallen. 5.–7. weniger Gefallen finden an; NEG. ganz gern + V.

₁Ncp – V – Np   *Começava a desgostá-la a maneira de ele implicar com tudo aquilo que não entendia, fosse um livro, uma palavra difícil, um filme complexo, tudo o que não estivesse ao seu imediato alcance.* [pc]

₂Fc – V – Np   *Desgostava-a que ele se fosse embora assim.*
₃I – V – N   *Desgostava-a tomar aquela atitude.*
₄Np – Vse   <com N>   *Desgostou-se com a sua atitude de sultão.*
₅Np – V – de N   *Começou a desgostar dele. A Maria não desgostava do namorado.*
₆Np – V – Fc   *A Maria não desgostava nada que ele fosse com ela a Lisboa.*
₇Np – V – de I   *A Maria não desgostava de dar um pezinho de dança de vez em quando.*

designar
1. etw angeben; bezeichnen. 2. jm etw nennen. 3. ernennen zu. 4. bestimmen als, zu; erklären zu. 5. s. bezeichnen als.

₁N – V – N   *Aquelas etiquetas designam o que as gavetas contêm. Os nomes próprios designam indivíduos singulares. Ele ainda não designou a data do seu casamento.*
₂Np – V – N – a Np   *Designou-lhe os capítulos que devia ler.*
₃N – V – N – para N   *O governo designou-o para embaixador em Helsínquia.*
₄N – V – N – (como) Pn   *Designo-a minha herdeira. O rei designou o filho como seu sucessor.*
₅N – Vse – (como) Pn   *Eles designam-se (como) cientistas, apesar de construirem bombas.*

desiludir
1.–3. jm die Illusionen nehmen; jm die Augen öffnen; enttäuschen. 4. s. nichts vormachen; <jm> die Augen aufgehen; enttäuscht sein über; e–e Enttäuschung erleben. 5. s. keine Illusionen mehr machen über.

₁N – V – Np <com N>   *De súbito comecei a odiá-lo, a odiá-lo por ele a desiludir, por não a amar suficientemente, por desgostá-la, roubar-lhe o prazer de viver.* [tm] *Devo confessar que as respostas, na sua maioria, me desiludiram.* [sc] *Desiludiste-me com o teu comportamento à frente dos meus amigos.*
₂Fc – V – N   *Desiludia-a que ele a tivesse desgostado.*
₃I – V – N   *Desiludia-o viver daquela forma.*
₄Np – Vse <com N>   *Pensas que te aguentas no balanço?⌣Desilude-te.* [lu] *Desiludi-me com a revolução.*
₅Np – Vse – de N   *Desiludou-se da vida.*

desimpedir
1. (Verkehr) wieder zum Fließen bringen; (Weg) freimachen; (Hindernisse) aus dem Weg schaffen, beseitigen; von (Hindernissen) befreien; etw beschleunigen.

₁N – V – N   *O sinaleiro desempediu com energia o engarrafamento do trânsito no Rossio. O batedor da polícia seguia à frente, a desimpedir o caminho. O funcionário desimpediu o andamento do processo.*

desinfectar
1. desinfizieren. 2. s. reinigen; s. desinfizieren.

₁N – V – N <com N> *O remédio que me deste desinfectou a ferida. A água oxigenada desinfecta as feridas. O enfermeiro desinfectou a ferida.*

₂N – Vse <com N> *Ergueu-se da cama, onde se deixara cair, abatida, e foi desinfectar-se com álcool ao lavatório.* [pc]

desistir
1. (Platz, Klage, Teilnahme...) aufgeben; zurücktreten von; (Kandidatur...) zurückziehen; verzichten auf; NEG. etw nicht aufgeben. 2. verzichten auf. 3. verzichten auf; Abstand nehmen von.

₁N – V – de N *Desisti do lugar, da queixa. O atleta desistiu da prova. Desistiu do curso. Não desistas dessa tua ideia. ▸Não desistas – disse o pai, em voz baixa –, a tua ideia do curso de línguas é óptima.* [dm] *▸O atleta desistiu. ▸Tudo indica que se a formação de Georges Marchais desistir entre a primeira e a segunda volta a favor dos socialistas, a União da Esquerda ganhará.* [ot]

₂N – V – de Fc *Desistiu de que eles o procurassem.*

₃N – V – de I *Desanimado, o Palma desiste de ir mais adiante, e volve os passos para o caminho do casebre.* [sv]

▪ *Fazer alguém desistir + de N, de I:* jn abbringen von.

desligar
1. (Strom) abstellen; (Radio...) abstellen, abschalten, ausmachen; (Telefonverbindung) unterbrechen; (Hörer) auflegen. 2. <etw> s. selbst abschalten. 3. jn lösen von; jn entbinden von. 4. s. trennen von; s. lösen von.

₁N – V – N *Com estes chips RAM, os dados serão retidos mesmo depois de desligarmos o microcomputador.* [cp] *Estas férias são grandes de mais – resmungou o pai das gémeas, pondo de parte o jornal e olhando as filhas que, chateadas com o programa, tinham desligado a televisão.* [dm] *Desligaram-LHE o telefone. ▸Estava a falar com o João pelo telefone, mas, de súbito, ele desligou.*

₂N – Vse *Por causa do corto-circuito, a máquina desligou-se.*

₃N – V – Np – de N *A atitude injusta do pai desligou-a definitivamente dele. O papa desligou-o do seu voto de sacerdote.*

₄Np – Vse – de N *Desligar-se dos pais/ dos amigos/ de um partido.*

deslindar
1. klarstellen; genau bestimmen; (Verbrechen...) aufklären. 2. (Problem, Rätsel...) s. aufklären, s. klären.

₁N – V – N *A moça sentiu necessidade de conversar com o advogado, na convicção de que conseguiria deslindar as verdadeiras relações dele com o funcionário do consulado.* [ce] *O assalto fora preparado com tanto cuidado e tão eficientemente executado como os crimes financeiros mais complexos que ele deslindara.* [kf]

₂N – Vse *Alguns dias depois, quando chegaram os resultados das análises feitas ao Zé Alberto, o Dr. Natércio suspirou de alívio. Finalmente, deslindava-se o mistério!* [al]

deslizar
1. dahingleiten; vorübergleiten; <Tür> aufgleiten. 2. woraus, wohin gleiten, rutschen. 3. gleiten durch; <Auto> in (die Menge) fahren; FIG. <Jahr> verlaufen.

₁N – V *O bote deslizou suavemente, cortando as águas.* [dm] *As crianças nunca mais pararam quietas: foram ao bar, à casa de banho, percorreram várias carruagens, divertindo-se a fazerem deslizar as portas de ligação.* [dm]

₂N – V – (D, L) *Em silêncio, Dalila desliza para fora da cama.* [gt] *Antes de recomeçar a escrever, imaginava a velhota afastando-se de gato ao ombro, com uma lágrima a deslizar-LHE nas rugas flácidas.* [np]

₃N – V – por entre Npl *O réptil deslizava por entre as plantas. O carro deslizou por entre os espectadores do rally. O ano deslizou por entre acontecimentos felizes.*

deslocar
1. (Fuß...) verrenken, ausrenken; (Wasser) verdrängen. 2. <Fuß...> s. jm verrenken; s. (den Fuß) verrenken. 3. verrücken; beiseiterücken. 4. s. wohin begeben; wohin fahren, <Schiff> reisen; wohin (mit dem Auto...) fahren; s. fortbewegen.

₁N – V – N *Ele deslocou um braço. O navio desloca 4o toneladas.*
₂N – Vse *O pé deslocou-se.*
₃N – V – N – (D) *Ele deslocou a mesa. Deslocou o móvel do corredor para a varanda.*
₄N – Vse – (D) <de N> *Entre 15 a 18 mil pessoas vão precisar de trabalho, porque são famílias inteiras que se deslocam.* [pj] *O homem pousára familiarmente a mão no ombro nu de Bernadette e, deslocando-se em passos lentos, segredava-lhe a-miúde, à orelha, palavras que a faziam rir.* [np] *Deslocava-se de carro de casa para o trabalho. Ele deslocava-se todas as semanas a Lisboa.*

desmaiar
1. blaß werden lassen. 2. <Farben> verbleichen; <jd> ohnmächtig werden, in Ohnmacht.

₁N – V – N *A doença desmaiou-LHE as faces.*
₂N – V *Com o tempo, as cores do quadro desmaiaram. Depois da forte pancada, o Pedreiro gritou de dor e desmaiou.* [kf]

desmanchar
1. (Naht) auftrennen; (Gestricktes) aufribbeln; (Frisur) in Unordnung bringen, durche.a.bringen; (Knochen, Gräten) (aus dem Fleisch) rausschneiden, lösen. 2. <Gestricktes> s. aufribbeln; <Frisur> in Unordnung geraten.

₁N – V – N *A Maria desmanchou a camisola que tinha feito/ as costuras da blusa. O vento desmanchou-ME a permanente. Escorrer o bacalhau, tirar-lhe as febras; desmanchá-lo de maneira a tirar-lhe todas as espinhas pequenas.* [ac]
₂N – Vse *A malha desmanchou-se. A permamente desmanchou-se.*
■ *Desmanchar-se a rir:* s. totlachen.

desmantelar
1. (Festung) schleifen; (Haus...) abreißen; FIG. zerschlagen. 2. zus.stürzen.

₁N – V – N *Desmantelar a muralha do castelo/ uma fortaleza. A cúpula do partido tem apoiado Deng na sua série de reformas, destinadas a desmantelar o estratificado sistema de planeamento centralizado.* [pj]
₂N – Vse *O castelo de cartas desmantelou-se.*

desmazelar-se
1. nachlässig werden; schlampen.

₁N – Vse – (em N) *O que a ia consolando era o facto de o senhor Lopes se desmazelar no pagamento da renda.* [op]

desmentir
1.-3. in Abrede stellen; abstreiten; bestreiten; dementieren. 4. <jd> s. widersprechen.

₁N – V – N *Raul Dias desmente categoricamente as acusações de traição e espionagem e recorda a sua actividade consular em Luanda.* [oj]
₂N – V – Fc *Desmentiu que tivesse sido ele o autor dos disparos.*
₃N – V – I *Desmentiu ter sido ele o autor dos disparos.*
₄Np – Vse *Ele está sempre a desmentir-se.*

desmontar[1]
1. jn aus dem Sattel nehmen; jm (vom Pferd) helfen. 2. vom (Pferd...) steigen; absitzen; von etw absteigen.

₁N – V – N – (D) *Desmontou a criança do cavalo.*
₂N – V – (D) *Desmontou do cavalo e sentou-se no chão. Desmontou e arrumou a moto.*

desmontar[2]
1. ause-a.nehmen; (Zelt...) abbauen.

₁N – V – N *Desmontar um relógio/ uma tenda/ um jogo.*

desnacionalizar
1. entstaatlichen; reprivatisieren.

₁N – V – (N) RENAMO *propõe-se, ainda, desnacionalizar os bens de particulares que possam provar a sua titularidade.* [pj] ▸*Bastará que o Governo indemnize, desnacionalize, tutele segundo as leis do mercado.* [pj]

desobedecer
1. jm nicht gehorchen; s. jm widersetzen; etw nicht befolgen.

₁N – V – a N   *Ele nunca desobedece ao pai, coitadinho. Desobedeceu às ordens do pai.*

desolar
1. (Land) verwüsten, verheeren; <Epidemie> wüten; FIG. (zutiefst) betrüben. 2.–3. jn zutiefst betrüben.

₁N – V – N   *Na Idade Média a peste negra desolou os campos. A corrida ao ouro desolou os povoados. Notei que a carita de cera do Ambrósio adquiria uma expressão consternada, como se o desolasse a impossibilidade de me dar uma boa ajuda.* [np]

₂Fc – V – N   *Desolava-o que eles tivessem procedido duma forma tão mesquinha.*

₃I – V – N   *Desolava-o ter que partir tão cedo.*

desonrar
1. jm Schande machen; jn schänden, entehren.

₁N – V – N   *O comportamento do filho desonra a família. Ele desonrara-a e a família obrigava-a a casar com ele.*

desorientar
1. jn (vom Weg) abbringen; jn durche-a.bringen; verwirren. 2.–3. jn verwirren; durche-a.bringen. 4. (den Weg...) verlieren; vom Weg abkommen; s. verlaufen; <jd> durche-a.geraten.

₁N – V – N   *A trovoada e a chuva forte desorientaram o condutor.*

₂Fc – V – N   *Desorientou-a que eles se mostrassem tão reservados.*

₃I – V – N   *Desorientava-a ter que tomar aquela decisão.*

₄N – Vse   *A bússola é um instrumento precioso para as pessoas que se desorientam com facilidade. Desorientou-se e não conseguia concentrar-se.*

desossar
1. entbeinen; (die Knochen) herauslösen, entfernen aus.

₁N – V – N   *Enche-se a massa dos rissóis, cortada em meias-luas, com o seguinte recheio: desossa-se o frango, depois de cozido ou assado, e passa-se pela máquina de picar, juntamente com um pouco de fiambre.* [ac]

despachar
1. <Zoll...> abfertigen; jn bedienen; etw fertigmachen; (Paket, Telegramm...) aufgeben. 2. jn fortschicken; abschicken; absenden. 3.–4. s. beeilen (mit); etw schnell erledigen.

₁N – V – N   *A alfândega de Lisboa nunca despacha os passageiros a tempo. O criado despacha bem a freguesia. Já despachei o trabalho. Despachar uma encomenda/ um telegrama.*

₂N – V – N – (D)   *Tive de deixar o Zettels Traum no depósito do aeroporto, a mala despachei-a logo em Veneza para Lisboa.* [lu] *Mandar-me para França, pareceu-lhe a forma de me afastar de Lisboa, subtraindo-me às más companhias – e despachou-me no primeiro comboio.* [tm] *Despachei a mala.*

₃Np – Vse <para I, com N>   *A voz da mãe, no corredor, veio pôr fim à conversa: E se vocês, em vez de estarem para aí a discutir, se despachassem para chegarem a horas?* [av] *Despachar-se com a encomenda/ com o jantar/ com o trabalho.*

₄Np – Vse – a I   *Procuravam muitos chegar primeiro ao portão, para se despacharem depressa a voltarem para casa.* [fa] *Ele despachou-se a comer a sopa.*

despedaçar
1. zerschlagen; zertrümmern; zerkrümeln; in Stücke reißen, zerreißen; FIG. jm das Herz zerreißen. 2.–3. FIG. jm das Herz zerreißen. 4. zerbrechen; kaputtgehen. 5. etw an etw zertrümmern. 6. <Wellen...> wo zerschellen.

₁N – V – N   *Despedacei toda a loiça que encontrei à minha frente. Os tanques de guerra despedaçam tudo por onde passam. Não brinques com o pão, estás a despedaçá-lo todo. Despedacei-LHE a camisa. Era uma cena de*

	despedaçar os corações mais frios.
₂Fc – V – N	*Despedaçou o coração à mãe que o filho tivesse morrido tão novo.*
₃I – V – N	*Despedaçava-nos o coração ele ter morrido de forma tão bruta.*
₄N – Vse	*A louça despedaçou-se no chão.*
₅N – V – N – contra N	*Despedaçou o vaso contra a parede.*
₆N – Vse – contra N	*O carro despedaçou-se contra o muro. As ondas despedaçam-se contra a falésia.*

despedir
Morf.: Pres.: despeço, despedes.
1. jn verabschieden; jn entlassen; jm kündigen; (Feuer) spucken; (Funken) sprühen; (Schrei) ausstoßen. 2. s. vone.a. verabschieden. 3. s. verabschieden; Abschied nehmen; kündigen.

₁N – V – N	*Ou é a cabeça que acena negativamente, ou são os dedos que o despedem rápidos e frios.* [be] *Há muitos anos que estava no banco, atingira uma posição importante, e ninguém ia despedi-lo por ler o jornal durante as horas de serviço.* [kf] *Nas lendas e fábulas, os dragões despedem fogo pela boca. A roda do fogo preso despedia faúlhas que iam queimando as pessoas à volta. Despediu um grito de horror ao encontrar o amigo morto no chão.*
₂Npl – Vse	*Despediram-se todos efusivamente e debruçaram-se logo de seguida, a acenar, na janela.* [dm]
₃N – Vse – (de N)	*Despediu-se da amiga e saiu. Bateu com a porta ao sair, sem se despedir. Despediu-se do emprego.*

despegar
1. vone–a. lösen. 2. s. vone–a. lösen. 3. ablösen. 4.–5. s. lösen von; s. ablösen von. 6. FIG. dazu führen, daß s. jd von jm löst. 7. s. lösen; s. ablösen von. 8. FIG. s. lösen, s. losreißen von. 9. NEG. jn nicht loslassen.

₁N – V – Npl	*Consegui despegar as folhas do livro.*
₂Npl – Vse	*As folhas do livro não se despegaram.*
₃N – V – N – D	*Despeguei o cartaz da parede com muito cuidado.*
₄N – Vse – D	*Com a chuva, o cartaz despegou-se da parede.*
₅N – V – D	*O cartaz despegou da parede.*
₆N – V – N – de N	*Aquele acontecimento despegou a Maria do João.*
₇N – Vse – (de N)	*Meio apodrecida, a madeira da porta despega-se aos pedaços.* [sv] *O cimento despegava-se, um pedaço de cada vez, das varas de aço que o reforçavam.* [kf]
₈N – Vse – de N	*Rosário sentia-se à beira de escorregar por um perigoso declive: temia despegar-se dele, em breve. Mas se era agora o seu único amparo!* [pc] ▸*Apenas faço uma espécie de balanço final e me despego sem tristeza, suavemente.* [lu]
₉N – V – (de N)	*O garoto não despega da mãe nem por nada.*

▪ *Despegar:* Feierabend machen; aufhören zu arbeiten: *Despego todos os dias às cinco horas e nem sempre vou logo para casa.*

despejar
1. schütten in; etw leeren in; etw werfen in; etw entleeren. 2. FIG. etw überschwemmen mit. 3. (ein Glas...) leeren; etw ausleeren; jn aus (e–r Wohnung) rauswerfen, ausquartieren. FIG. etw loswerden; sein Herz ausschütten.

₁N – V – N – (L)	*Não despejes o vinho no lava-loiças! Despejar a água no tanque. Sem pressa, antes com tensos vagares, a hospedeira franzina e triste despejou o líquido num copo.* [np] *Ele despejou os papéis no cesto. O João despejou os copos.*
₂N – V – N – L	*O americanos despejaram sobre a Europa as suas novas canetas de enchimento pelo vácuo.* []
₃N – V – N	*Despejar uma garrafa de vinho. Já despejei a carteira, mas não consegui encontrar a chave. O João despejou, de um trago, dois copos de água seguidos.* [dm] *O senhorio despejou a família, pois já não pagava a renda há um ano. Falava muito depressa, como se receasse não ter tempo de despejar tudo o que lhe enchia o coração.* [np]

▪ *Despejar o saco:* sein Herz ausschütten.

despenhar
1. etw wo hinunterstürzen. 2. s. (hinunter-)stürzen; (PG.:) <Flugzeug> abstürzen (BRAS.: ⇒ cair).

$_1$N − V − N − (D) Despenhou a rocha pelo abismo abaixo. Para simular um acidente, despenhou o carro pelo vale.

$_2$N − Vse − (D, L) Despenhou-se de uma altitude de cem metros. Que seria dela se voltasse a despenhar-se? [nv] Conhecia bem, por experimentar com tanta frequência, a tentação de se despenhar no abismo sobre o qual permanecia suspenso. [nv] O avião americano despenhou-se (no mar) próximo do aeroporto.

desperdiçar
1. verschwenden; vergeuden; (Zeit) vertun, vertrödeln; (Gelegenheit) verpassen.

$_1$N − V − N Desperdiçar o dinheiro, energias, o tempo. Acabava por sentir que desperdiçava a mocidade numa coisa sem préstimo para ele e para os companheiros. [ra] Portugal desperdiçou sucessivamente várias das oportunidades para alertar a opinião pública mundial para o drama timorense. [pj]

despertar
Morf.: ter, ser despertado; estar, ficar desperto.
1. jn wecken. 2. (Appetit) anregen; (Gefühl) erwecken; (Neugier...) erregen. 3. aufwachen; erwachen. 4.−6. FIG. jn reißen aus.

$_1$N − V − Np Desperta-me às dez! Os passos no andar de cima despertaram-no.

$_2$N − V − Nc Aquilo despertou-LHE o apetite, a raiva, o ódio, a curiosidade, a atenção. Para além do interesse que o chapéu de papel LHE despertava, devia pensar que o Japonês estava ali assim perdido e bastante necessitado de quem olhasse por ele. [np]

$_3$N − V Despertou às oito, alegre como um passarinho.

$_4$N − V − Np − de N Precisamos de o despertar da letargia em que se encontra.

$_5$Fc − V − Np − de N Que a tivessem convidado a participar no projecto despertou-a da letargia em que se tinha fundado.

$_6$I − V − Np − de N Despertou-a da letargia em que se encontrava saber que tinha sido seleccionada no concurso.

despir
Morf.: Pres.: dispo, despes.
1. etw, jn ausziehen; (Mantel) ablegen. 2. s. ausziehen; <Bäume> Blätter verlieren. 3. FIG. s. freimachen von; s. e−r S. entledigen; über Bord werfen.

$_1$N − V − Ncp Despir uma criança. Não diga isso, homem de Deus! − replicou o Rolin, que já despira a jaqueta e se abanava com o chapéu de aba rija. [bc]

$_2$N − Vse − (de N) Tem três anos e despe-se sozinho! De há dois anos para cá, vejo como florescem, frutificam e se despem as árvores da aldeia, conforme as estações. [np]

$_3$N − Vse − de N Despiu-se de todos os preconceitos.

despistar
1. irreführen; (Polizei) abhängen. 2. <mit dem Wagen> von der Fahrbahn abkommen. 3. prallen gegen.

$_1$N − V − N Pretendiam transportá-lo com eles, amordaçado, enrolado em mantas lobeiras a fim de despistarem a polícia que cercava o edifício a cair de velho? [lu] O movimento pendular do braço esquerdo, avivado no contraste do tapume, despistou Pedro. [ar]

$_2$N − Vse Um mês depois o Miguel despistou-se e destruiu a carrinha, e os patrões puseram-no na rua. [oj]

$_3$N − Vse − contra N O carro derrapou e despistou-se contra o muro.

despojar
1. jm etw (mit Gewalt) wegnehmen; jn berauben; jn ausplündern. 2. s. e−r S. entledigen; e−r S. entsagen; verzichten auf.

$_1$N − V − N − (de N) Durante a ocupação, haviam sido visitados pelos alemães, que os tinham despojado de tudo. [vp]

$_2$N − Vse − de N Temos que nos despojar de tudo quanto é supérfluo − disse o capitão. Depois da morte da mulher, depressa se despojou dos seus haveres.

desposar
1. <Mann> (e-e Frau) heiraten.

₁Np – V – Np   Estou a ouvir-lhe o sonsonete: Desposar minha filha?!_E quem é usted?_O rei das dívidas?_Claro, é mãe e as mães são mesmo assim. [op]

desprender
1. losmachen; losbinden. 2. <jd> s. loßreißen von; <Festgebundenes> s. lösen von. 3. losmachen, lösen, abbinden von; NEG. (Augen) nicht abwenden von. 4. s. befreien von; s. losreißen. 5. s. freimachen von; s. befreien aus; (Augen) abwenden von; s. lösen von; (Geruch) ausgehen von; (dem Reichtum) entsagen. 6. s. vone-a. lösen. 7. (Seufzer...) ausstoßen, von s. geben.

₁N – V – N – D   O João desprendeu o cão do portão.
₂N – Vse – D   Boa parte dos feirantes apresenta-se mal o dia amanhece e só dali se desprende, garganta rouca e miolos aturdidos, quando a noite tem o seu primeiro ofegar. [oj] O candeeiro desprendeu-se do tecto.
₃N – V – N – (de N)   O João desprendeu o cão do portão. Ela não desprendia os olhos dele.
₄N – Vse – (de N)   O cão desprendeu-se (do arame).
₅N – Vse – de N   Desprenderam-se dos braços um do outro melancolicamente. [nc] O Jaime desprendeu-se do abraço e deitou uma mirada rápida às gémeas, que se tinham aproximado. [dm] Os dias da pequenada não se desprendiam do monte de guloseimas que fazia crescer água na boca. O cheiro que se desprendia dum leitão assado inspirou-me uma emoção evocadora de ritos misteriosamente bárbaros dos começos da espécie humana. [np] Desprendeu-se das riquezas.
₆Npl – Vse   Desprenderam-se um do outro.
₇N – V – N   Desprender gemidos.

desprezar
1. verachten; verschmähen; (Hilfe) zurückweisen; geringschätzen; außer acht lassen. 2. s. verachten.

₁N – V – N   Antes Armando morra, minha mãe, e eu o chore a vida inteira, que ele me despreze quando souber a afronta que sofri. [oj] Infelizmente, os portugueses têm uma certa tendência para desprezar o que outros países ocidentais consideram como trunfos. [dn] Não quis mais nada com ele, desprezei mesmo a sua ajuda quando mudei de apartamento. Os actos que desprezam a responsabilidade e que atingem a condição humana repetem-se. [pj]
₂N – Vse   <por N>   Ela despreza-se pelo que fez.

destacar
1. MIL. abkommandieren; wohin beordern. 2. heraustreten aus. 3. herausnehmen aus; beordern. 4. Gestalt annehmen; s. abheben von; s. hervortun durch. 5.–6. hervorheben. 7. s. hervortun; s. auszeichnen.

₁N – V – N – (D)   Quando foi para militar, destacaram-no para Abrantes. [ra]
₂N – Vse – (D)   Um vulto destacou-se do bosque e veio até à estrada.
₃N – V – N – de N   O chefe destacou-o do sector onde trabalhava para efectuar a distribuição.
₄N – Vse – de N   Das trevas da noite, um vulto destacara-se, quase imperceptivelmente._ _Porém, a moça não tardou a vê-lo. [hm] Destacava-se do grupo um mulato escuro e faceiro. [vp] Este aluno destaca-se dos outros pelo seu zelo.
₅N – V – N   O orador destacou o papel de Portugal na Europa.
₆N – V – Fi   Destacou, ainda, na sua alocução, que o problema dos emigrantes se agravava de dia para dia.
₇N – Vse   <em, entre N>   Destacou-se na profissão que exercia. Este atleta destaca-se entre os melhores da sua disciplina.

destapar
1. jm die Decke wegziehen; jn aufdecken; (Deckel) abheben. 2. s. freistrampeln.

₁N – V – N   Destapei a criança. Destapei o tacho e vinha de lá um cheirinho agradável.
₂N – Vse   Todas as noites se destapa.

171

destinar

1. bestimmen für. 2. bestimmen für, zu. 3. <Zug> gehen nach; <jd> etw wählen; (e-e Karriere) einschlagen; <Buch> s. wenden an; bestimmt sein für. 4. <etw> bestimmt sein für. 5. (die Zukunft, den Zweck von etw...) bestimmen.

₁N – V – N – para N — Destinei-o para comerciante/ para a carreira das armas.

₂N – V – N – a N — O pai destinou o filho à carreira das artes. O pai destinou-lhe uma elevada soma para os estudos.

₃Ncp – Vse – a N — Este comboio destina-se a Berlin. Ele destina-se à vida religiosa/ à carreira diplomática. O medicamento destina-se ao combate da gripe. Este livro destina-se aos professores de português. Mas não ignores nunca: essa descrição de Paris destina-se unicamente a uso externo. [tm]

₄Nc – Vse – a I — Os subsídios destinam-se a ajudar os mais pobres. A manifestação destinava-se a mostrar que Aquino ainda dispõe de forte apoio popular. [dn]

₅N – V – N — Já destinei o jantar. Destinei as diferentes fases do trabalho.

destituir

Grafia: Pret.perf.: destituí, destituíste, destituiu. Impf.: destituía.
1. jn absetzen; jn seines Amtes entheben. 2. jm etw wegnehmen, entziehen; jm die Verfügungsgewalt über etw entziehen.

₁N – V – Np – (de N) — O chefe destituiu-o do cargo que ocupava.

₂N – V – Np – de N — O tribunal destituiu-o dos bens indevidamente adquiridos.

■ <a.c.> ser destituída de a.c.: entbehren; nicht haben: A existência humana é, por via de regra, destituída de grandeza. [pj] As declarações são destituídas de fundamento.

destroçar

1. zerstören; verwüsten; (Geld...) durchbringen; MIL. vernichtend schlagen; FIG. jm das Herz zerreißen; 2.–3. FIG. jm das Herz zerreißen. 4. MIL. ause-a.laufen; s. zerstreuen.

₁N – V – N — Destroçar um brinquedo/ uma região/ o batalhão inimigo/ a herança. Os italianos puseram em prática o sistema denominado "barra italiana", que consiste numa rede lastrada com barras de ferro que "penteia" os fundos marinhos e destroça mais coral do que captura, além de destruir as grutas de mariscos e de peixes. [nv] Aquela cena destroçava qualquer coração sensível.

₂Fc – V – N — Destroçou-a totalmente que ele a tivesse abandonado.

₃I – V – N — Destroçava-a viver sem dignidade nem grandeza.

₄N – V — O comandante mandou as tropas destroçar.

destruir

Grafia/ Morf.: Pres.: destruo, destróis, destruis, destrói, destrui. Imperf.: destruía. Pret. perf.: destruí, destruíste, destruiu.
1. zerstören; MIL. vernichten; FIG. deprimieren; jn am Boden zerstören. 2.–3. FIG. deprimieren; jn am Boden zerstören.

₁N – V – N — Luís tinha desejos de machucar, de destruir, de esmurrar cegamente todos os seres e todas as coisas. [vp] Destruiu o exército do inimigo. Aquela epidemia destruiu a povoação. Aquela notícia destruiu-a.

₂Fc – V – N — Destruía-a que ele procedesse com desprezo para consigo e os seus.

₃I – V – N — Destruiu-a saber-se culpada do incêndio.

desvendar

1. die Binde abnehmen von; FIG. aufdecken; enthüllen. 2. FIG. offenbar werden. 3.–5. jm etw enthüllen, anvertrauen, offenbaren.

₁N – V – N — Desvendei os olhos e vi quem tinha apanhado – o Zezinho. Ramiro estava então a descobrir os limites da sua própria coragem, a desvendar as barreiras imprevistas que se opunham à sua ousadia ou, talvez, à sua personalidade. [nv] Desvendaram a intenção, logo que puderam, pela adopção da rotulagem bolchevique para eliminar a oposição menchevique. [pj]

₂N – Vse — Desvendou-se o segredo da carta amarela.

₃N – V – a Np – N — Julgava o artesão que o tratador dos cães lhe queria desvendar os milagres do ofício. [bc] Embora não conhecesse aquela cara da Golegã, parecia-me que não lhe devia desvendar o meu segredo. [ra]

₄N – V – a Np – Fi — Desvendei-lhe que o negócio tinha sido feito à base de luvas.

₅N – V – a Np – I — Desvendou-lhe ter comprado um Ferrari último modelo.

desviar
1. (Blick) abwenden von; (mit dem Auto) wohin abbiegen; etw wohin umleiten. 2.-3. wohin abbiegen. 4. (Verkehr, Fluß...) umleiten; (Geld) unterschlagen; (Möbel) verrücken. 5. jn abbringen, ablenken von. 6. vom (Weg) abkommen; jm aus dem Weg gehen; vom (Thema) abkommen. 7. s. aus dem Weg gehen.

$_1$N – V – N – (D)　Não desviava os olhos da rua. Desviou o carro para a direita. Todos se lembram, certamente, do avião da Air France desviado para Entebbe. [ot]
$_2$N – Vse – D　Desviou-se para a direita.
$_3$N – V – D　O carro desviou à/ para a direita.
$_4$N – V – N　Desviar o trânsito/ um rio/ fundos/ verbas/ um móvel.
$_5$N – V – N – de N　Perante as várias designações da literatura para as entidades extraterrestres escolheu-se o termo humanóide, por ser a expressão menos comprometida com qualquer teoria ou preconceito sobre a origem dos ovnis, que nos desviassem do nosso propósito de evitar a especulação. [pj]
　▪ Desviar os olhos/ a vista (de N): den Blick abwenden (von): Incomodado, desviei os olhos daquela criatura que ainda há momentos chegara a comover-me. [np] O rapaz passou, olhou para Pedro, que desviou a vista, e não se deteve a cumprimentá-lo. [vp]
$_6$N – Vse – de N　Desviou-se do caminho que previamente tinha traçado. Desviar-se de alguém. Desviou-se do tema anunciado.
$_7$Npl – Vse　Nos becos silenciosos, as pessoas desviavam-se umas das outras. [vp]

detectar
1. entdecken; aufspüren; finden.
$_1$N – V – N　Detectar um vírus. A polícia detectou os ladrões. O radar detectou o avião. Muito pouca gente imagina quantos assassínios ficam por detectar devido à ignorância.

deter
1. (Fluß) stauen; (Zeit) anhalten; (Macht) innehaben; zurückbehalten, einbehalten; (Blutung) zum Stillstand bringen; (Lachen...) zurückhalten, unterdrücken. 2. jn aufhalten; jn festnehmen, verhaften. 3. <etw> zum Stillstand kommen; aufhören. 4. wo innehalten; wo (stehen-)bleiben; wo verweilen. 5. s. aufhalten mit. 6. s. die Zeit nehmen, um zu + V.

$_1$N – V – Nc　Deter o curso do rio/ o curso do tempo. Deter o poder. Deteve metade do lucro. Além da observação com a endoscopia terapêutica, é possível deter hemorragias mediante utilização de raios laser. [oj] Vi todos eles a deterem o riso de repente. O professor tinha entrado na sala. Alguns proprietários locais detinham a posse de um pequeno número de propriedades rústicas. [rp]
$_2$N – V – Np　Detiveram-no à entrada do café. A polícia detê-o para averiguações. O indivíduo suspeito de ter disparado sobre a patrulha ainda não foi detido. [pj]
$_3$Nc – Vse　O carro/ o tráfego/ a hemorragia detê-se.
$_4$Np – Vse <L>　Sem se deter, prosseguiu no seu caminho. Maria gostava de pintura, mas sem paixão, e seria incapaz de se deter por mais de cinco minutos diante de um quadro, se o Luís não a forçasse a parar e a escutá-lo. [vp]
$_5$Np – Vse – em N　O autor não se detém quase nunca numa reflexão ou tentativa de caracterizar seus personagens. [pj] Ele deteve-se em considerações.
$_6$Np – Vse – a I　O rapaz passou, olhou para Pedro, que desviou a vista, e não se deteve a cumprimentá-lo. [vp] Ela deteve-se a olhar para a montra.

determinar
1. bestimmen; (Termin...) festlegen. 2. bestimmen; beschließen; Anweisung erteilen; festsetzen; festlegen. 3. bestimmen; herausfinden. 4. beschließen. 5. jn bringen, bewegen zu. 6. s. entschließen zu; beschließen.

$_1$N – V – N　Quem tem de pagar pontualmente os impostos que a lei determina, tem o direito de protestar contra a insensatez que preside à distribuição dos dinheiros públicos. [pj] Estas primeiras eleições acabarão por determinar os homens a quem compete a transcendente responsabilidade de preparar a Constituição. [dp] É impossível no estado actual de conhecimento determinar isso com precisão.
$_2$N – V – Fc　O decreto-lei determina ainda que a aquisição de prédios rústicos ressalve as limitações legais sobre a reserva agrícola nacional. [dn] Determinei que o Carlos executasse aquele trabalho. O director determinou que ele se apresentasse no seu gabinete.

₃N – V – Int   *Peritos da Marinha francesa procuram determinar se o submarino não terá sido abalroado por qualquer navio que, de momento, passasse no local.* [dn]
₄N – V – I   *Determinaram ser o toque de alvorada para todos.*
₅Nc – V – Np – a I *A perspectiva de ter de passar outros dois anos longe da família determinaram-na a acabar rapidamente a tese, a fim de poder regressar.*
₆Np – Vse – a I   *Por fim determinou-se a trabalhar. Determinou-se a ficar.*

detestar
1.-3. verabscheuen; nicht ausstehen können. 4. s. hassen; e-a. verabscheuen; e-a. nicht ausstehen können.
₁N – V – N   *Jorge parecia detestar-me mais do que a qualquer outro hóspede.* [np] *Detestar batatas fritas.*
₂N – V – Fc   *Detesto que eles façam aquilo.*
₃N – V – I   *Detesto ir de férias quando me obrigam.*
₄N(pl) – Vse   *Ele detestou-se a si mesmo pela acção que praticou. Detestam-se (mutuamente).*

devastar
1. verwüsten; verheeren.
₁N – V – N   *Com as chuvas de Espanha, o Tejo vinha mesmo com cara de quem ia ferrar partida. Muito barrento, ruidoso, correndo mais depressa do que nunca, já começara a devastar campos na Barquinha.* [fa]

dever¹
1. (Geld) schulden. 2. FIG. jm etw schulden; verdanken. 3. zu verdanken sein.
₁N – V – N – a N   *É um escroque! Deve dinheiro a toda a gente.*
■ *Posso ficar a dever?:* etw schuldig bleiben; etw anschreiben lassen: *Frequentei em tempos idos uma tasca onde o freguês entrava, comia, bebia, arrotava e, se não tivesse dinheiro, ficava a dever.* [np]
₂N – V – N – a N   *Tudo o que és agora deves-mo a mim, apesar de me achares estúpida.* [np] *Ele deve o êxito ao bom trabalho em conjunto.*
₃Nc – Vse – a N   *Isto deve-se ao facto de ele estar com uma boa gripe. A descoberta deve-se a dois especialistas europeus.*

dever²
1. vermutlich + V; es wird wohl + V. 2. müssen; sollen.
₁[N –] V + V_INF *Deve chover. Amanhã deve subir a temperatura. Ele deve arrumar a cozinha. Era hora de dormir a sesta, mas ele devia ter uma espécie de radar que funcionava mesmo durante o sono e o alertava dos perigos.* [np] *O homem que se encontrava por detrás da operação, devia ser extremamente brilhante.* [kf]
₂N – V + V_INF   *Ele deve arrumar a cozinha. Devias ir ver a tua mãe. Não foi organizada uma campanha tendente a esclarecer as dúvidas legítimas que têm sido postas por parte dos médicos que desejam saber como podem e devem fazer a interrupção da gravidez.* [oj] *Devias agarrar-te aos livros sérios, estudar, para vires a ser um homem! – dizia-lhe o pai.* [np]

devolver
1. zurückgeben; zurückschicken; zurücksenden; jm (Geld) zurückerstatten; jm (e-n Gefallen) erwidern; jm etw heimzahlen.
₁N – V – N – (a N) *Devolver os livros. Devolver uma carta a alguém. À partida os emigrantes rasgavam ao meio uma fotografia, deixavam metade à família e levavam a outra metade, que devolviam, uma vez chegados a bom termo.* [pj] *Depois de passar vários dias na prisão, Albert foi devolvido ao padrasto, coberto de piolhos.* [kf] *Devolvi-lhe o dinheiro que me tinha emprestado. Devolvi-lhe o favor que me prestara. Devolvi-lhe os cumprimentos. Devolvi-lhe a amabilidade com que me tinha obsequiado. Devolvi o mau tratamento que ele me deu.*

devorar
1. hinunterschlingen; verschlingen; fressen; <Feuer> verschlingen, zerstören; (Buch) verschlingen; (Kilometer) fressen; <Leidenschaft...> jn verzehren.

₁N – V – N   *Como a avó previra, as crianças não tardaram a devorar o lanche que levavam.* [dm] *As nuvens negras de abutres, que se apressam a devorar os cadáveres dos animais, constituem um símbolo sinistro da tragédia que se verifica no Sudão.* [pj] *O incêndio que rebentava em vários bairros devorava rapidamente grande número de casas. Devorava tudo o que encontrava escrito sobre Giuliano e fantasiava um encontro com o homem.* [kf] *Através do Alentejo o carro ia devorando quilómetros e o sol secando os restos de água do rio Caia. Devorava-o a paixão.*

diagnosticar
1. diagnostizieren; bestimmen; herausfinden.

₁N – V – N   *O médico diagnosticou-LHE logo a doença. A capacidade de diagnosticarem o estado civil e social das pessoas que almoçam à sua volta dava-lhes uma consciência morna e agradável da sua superioridade.* [hn]

difamar
1. verleumden, diffamieren.

₁N – V – N   *Eles difamaram-no publicamente, mas depois sofreram as consequências.*

diferenciar
1.-2. unterscheiden (können). 3. s. unterscheiden. 4. s. unterscheiden von; s. auszeichnen; s. charakterisieren.

₁N – V – Npl   *Com esta luz não consigo diferenciar as cores.*
₂N – V – N – de N   *Esta descrição não diferencia o essencial do acessório. Convém diferenciar entre os bons e os maus.*
₃Npl – Vse <por N>   *As espécies vegetais diferenciam-se conforme as regiões.*
₄N – Vse – de N <por N>   *Ele diferencia-se dos outros por certas qualidades invulgares que possui.*

diferir¹
Morf.: Pres.: difiro, diferes.
1. von e-a. abweichen, verschieden sein; s. unterscheiden; nicht übereinstimmen. 2. abweichen von; s. unterscheiden von.

₁Npl – V   *Os seus pontos de vista diferem muito. Eles diferem entre si em vários pontos. Muitos dos dialectos de BASIC diferem apenas ligeiramente entre si.* [cp]
₂N – V – de N   *Aquela teoria difere da outra pela sua maior capacidade explicativa.*

diferir²
Morf.: Pres.: difiro, diferes.
1. verschieben; aufschieben; vertagen.

₁N – V – N – (Tpara)   *Resolveu diferir o casamento para mais tarde.*

dificultar
1.-3. erschweren; schwieriger machen; schwer machen; jm (das Leben) schwer machen.

₁N – V – N   *Os 375 advogados dos mafiosos empenharam-se igualmente em dificultar a marcha do processo.* [oj] *O curso da I República foi dificultado devido à crise económica mundial posterior à Primeira Grande Guerra.* [dp] *Não quero dificultar a vida AO MEU PAI. Não LHE quero dificultar a vida.*
₂Fc – V – N   *Dificultou significativamente o trabalho que o computador se tivesse avariado naquele momento.*
₃I – V – N   *Dificultou-LHE o trabalho ter que consultar constantemente o dicionário.*

difundir
1. (Licht) ausstrahlen; (Geruch) verströmen, ausströmen; s. ausbreiten; (Nachricht) verbreiten; <Radio> senden. 2. s. verbreiten.

₁N – V – N <L>   *O laser difundia a luz na escuridão do céu. O ananás difunde um aroma agradável. A rádio difundiu esta notícia. Nas suas primeiras proclamações públicas difundidas pela Rádio Nuaquechote, o coronel Uld Taya confirmou nas suas funções os 15 membros do Comité Militar de Salvação Nacional.* [pj]

₂N – Vse <Lpor>   *A luz difundiu-se pelo quarto. A notícia difundiu-se por todo o país.*

digerir
Morf.: Pres.: digiro, digeres.
1. verdauen. 2. FIG. verdauen; verkraften; verschmerzen.

₁N – V – (N)   *Como há coisas mais fáceis de digerir que outras, há algumas que nem um bom estômago aguenta.* [oj]
₂N – V – N   *Ele digeriu a notícia com dificuldade.*

dignar-se
1. geruhen; s. herablassen; so gut sein, zu + V; die Güte haben zu.

₁N – Vse – (de) I   *Estas palavras encontraram eco na rapariga, que se dignou então reparar no homem e responder-lhe: é verdade, só eu... [nv] Solicitou ao Presidente que se dignasse de ouvi-lo por cinco minutos. Apesar de o termos convidado ele nem se dignou a aparecer na festa.*

dilatar
1. erweitern; weiten; ausdehnen; s. ausdehnen lassen. 2. s. ausdehnen; s. weiten; FIG. größer ... werden.

₁N – V – N   *Mas a revelação oral vinda dos graves e imensos personagens seus familiares e o que vai inferindo encorajam-no a dilatar o seu conhecimento do Grande Mundo. [op] Aos poucos, o ódio dilata-LHE os olhos negros, no fundo dos quais se espelham, muito nítidas, duas pequeninas labaredas. [sv] O calor dilata os corpos.*
₂N – Vse   *Com a temperatura, aquele produto dilatou-se. Todos os acasos que a noite aquietara e resumira em angústia se dilatavam agora pelo espaço, como por um limbo, em absurdos voos.* [pc]

diligenciar
1. tätig werden; Anweisungen geben; Vorkehrungen treffen. 2. s. eifrig bemühen zu; s. anstrengen, um zu.

₁N – V   <para Fc>   *Diligenciou para que o caso fosse resolvido, mas ainda não obteve confirmações. O Capitão Moreira Tavares nada pôde fazer valendo, na circunstância, o Eng Vítor Silva, que começou a diligenciar no sentido de minorar as péssimas condições em que aquelas pessoas se encontravam.* [pj]
₂N – V – I   *Saltando da cama, diligenciou aproximar-se da figurita imóvel do petiz; mas a tia mais nova interpôs-se.* [op]

diminuir
Grafia: Impf.: diminuía. Pret.perf.: diminuí, diminuíste, diminuiu.
1. (Anzahl...) verringern; (Leben, Zeit) verkürzen; (Lautstärke) herabsetzen, leiserstellen; (Geschwindigkeit) herabsetzen, vermindern, verlangsamen; (Preis...) herabsetzen; (Schmerz...) lindern; (Wirkung...) abschwächen. 2. FIG. sinken, abnehmen; <Schmerz, Hitze...> nachlassen, zurückgehen. 3. (Preis) um wieviel sinken, fallen. 4. (an Gewicht, an Länge) abnehmen; kürzer werden; <Hose...> einlaufen. 5. (Anzahl) vermindern um.

₁N – V – N   *Diminuir o preço/ a dor/ o volume do rádio/ a velocidade/ a vida/ o número de empregados/ o efeito de a.c./ as consequências de a.c. Importa agora acelerar o ritmo e diminuir o tempo que geralmente medeia entre a tomada das decisões e a sua implementação prática. [pj] A crise está à vista de todos e de nada vale tentar ocultá-la ou diminuir-LHE as dimensões reais.* [pj]
₂N – V   *O calor/ a dor/ o número de empregados/ a velocidade diminuiu.*
₃N – V – Q   *Os preços diminuiram 10% em média.*
₄N – V – de N   *O João diminuiu de peso. Depois de lavar, as calças diminuiram de comprimento.*
₅N – V – a N   *Diminui 5o ao número inicial e terás o resultado final.*

dirigir
1. leiten, führen; (Blick...) richten auf; (Brief) adressieren an. 2. <Zug> wohin gehen, fahren; s. wohin begeben. 3. etw wohin lenken, richten. 4. <Aufmerksamkeit...> s. richten auf; s. wenden an. 5. (das Wort...) an jn richten. 6. s. richten, wenden an jn. 7. [Theater...] Regie führen; lenken; leiten; anführen. 8. BRAS. (Auto) fahren. (PG.: ⇒ conduzir).

₁N – V – N – D   *O João dirige os passageiros para o hotel mais próximo. Dirigiu os olhos para a Sé. Dirigir cartas a alguém.*
₂N – Vse – D   *O comboio dirige-se a Lisboa. Os passageiros dirigem-se para a camione-*

	ta.
₃N – V – N – para N	Eles dirigem a passagem de novas informações para outros sectores da vida pública. Dirigiu a sua atenção para o visitante.
₄Nc – Vse – para N	O interesse do profissional dirige-se mais para a execução de um determinado trabalho e para conseguir o programa de aplicação que lhe possibilite realizá-lo. [cp] A informação publicitária dirige-se para os mais indefesos.
₅N – V – N – a N	Só então Leonel reparou em como era raro dirigirem a palavra uma à outra, pelo menos diante dele. [vp] Dirigir piadas a alguém.
₆N – Vse – a N	Esta informação dirige-se a todos. Por outro lado, câmaras municipais e juntas de freguesia dirigem-se-lhe a perguntar como proceder em determinados casos. [dn]
₇N – V – N	A encenação é do meu amigo Julião. Dirige também os actores e desempenha o papel principal. [np] Dirigir uma empresa, um assalto, os passos do filho na vida/ um barco/ um debate/ um país.
₈N – V – (N)	BRAS. O João dirige hoje o carro.

discordar
1.-2. nicht einverstanden sein; nicht übereinstimmen; entgegengesetzter Meinung, nicht einer Meinung sein.

₁Npl – V	Discordaram sistematicamente uns dos outros.
₂N – V – de N	Discordei da opinião que ela apresentou. Discordei da orientação do projecto. Os trabalhadores discordam da renovação do mandato de Pires de Miranda. [dn]

discorrer
1. reden; s. auslassen über.

₁N – V – (sobre N)	O homem continua a discorrer para o seu único interlocutor sobre os perigos da má ventilação num comboio em andamento. [nv] Francisco discorria, falava – palavras às vezes tão belas! –, só não sabia ler nos olhos dela. [vp]

discriminar
1.-3. unterscheiden; ause-a.halten. 4. diskriminieren; aussondern.

₁N – V – Npl	Discriminar as diferentes parcelas da despesa efectuada.
₂N – V – N – de N	Discriminar o bem do mal.
₃N – V – entre Npl	Discriminar entre o bem e o mal.
₄N – V – N	Este trabalhador tem sido discriminado salarialmente. [pj] Por outro lado, preza-se o mesmo povo, mas separa-se e discrimina-se como se fosse outro. [dn]

discursar
1. eine Rede halten.

₁N – V – (sobre N)	O presidente discursa hoje no parlamento (sobre a ética dos políticos).

discutir
1.-4. diskutieren. 5. bestreiten; jm etw abstreiten. 6.-7. erörtern; untersuchen; besprechen; darstellen. 8.-9. diskutieren; s. streiten.

₁Npl – V – N	Os presentes discutiam os benefícios duma vida mais feliz.
₂N – V – N – (com N)	Aquilo agradava-me, como me agradava tropeçar no mato, como me agradava ouvir o maticar dos cães, como me agradava rolar olhos ávidos pelo mundo, como me agradava discutir com meu avô a possibilidade da existência de alma nos grilos. [op]
₃Npl – V – sobre N	Discutiam sobre a aplicação da lei e não chegavam a conclusões.
₄N – V – sobre N – (com N)	O presidente discutia sobre as medidas a tomar (com o primeiro-ministro).
₅N – V – N – a Np	Com o rigor, a disciplina e a eficácia que ninguém discute aos germânicos, a velha cidade do Meno depressa enxugou os olhos amargurados de se ver destruída. [oj]
₆N – V – N	No seu livro, o autor discute a eficácia daquela representação que propõe. Não discuto a relevância deste argumento.
₇N – V – Int	Discutiram apaixonadamente se as afirmações por ele feitas eram

₈Npl – V
₉N – V – com N

                    universalmente válidas ou não.
                    Todas as noites eles discutiam.
                    A Maria discutiu ontem com o João.

disfarçar
1. verdecken. 2. (Stimme) verstellen; etw (nicht) verhehlen können; verbergen. 3. jn verkleiden (als). 4. s. verkleiden (als).

₁Nc – V – Nc   *A máscara disfarçava a ira.*
₂Np – V – Nc   *Disfarçou a voz para que não o identificassem. Pedro disfarçava a perturbação com entusiásticos elogios aos acepipes.* [vp] *Disfarçou a sua decepção.*
                   ■ *Não disfarces!:* Sag die Wahrheit!
₃N – V – N – (de N)   *A mãe disfarçara a criança de diabo.*
₄N – Vse – (de N)   *Ela disfarçou-se de homem.*

disparar
1. (Kanone...) abschießen, abfeuern; e-n Schuß abgeben. 2.–3. <Waffe> losgehen. 4. schießen auf. 5. (ins Tor...) schießen. 6. <etw, jd> schießen durch, nach... 7. <Motor> anspringen; <Pferd> losrennen; <Blitzlicht> blitzen.

₁N – V – (N)   *Não disparem os canhões até eu ordenar.*
₂N – Vse   *A arma disparou-se e provocou um acidente.*
₃N – V   *De repente, o revólver disparou.*
₄N – V – (N) – sobre... N   *Disparou um tiro contra os agressores.*
₅N – V – (N) – D   *Disparar (a bola) à baliza.*
₆N – V – D   *O automóvel disparou pela estrada. Zangado com os colegas, o João pegou nos livros e disparou para, em direcção a casa.*
₇N – V   *O motor disparou e o barco começou a afastar-se da costa.* [dm] *A certa altura, o cavalo disparou de modo a não ser mais alcançado. Enquanto a nossa conversa vai prosseguindo no ambiente agradável do pátio da casa onde decorre a entrevista, os flashes de alguns insaciáveis fotógrafos continuam a disparar.* [pj]

disparatar
1. Unsinn reden; Unfug machen, treiben.

₁N – V   *O rapaz ia disparatar, quando o Zurzal, saindo do grupo, interveio: A culpa não é dela, deixa lá.* [pc] *Um grupo de espectadores falava em voz alta, ria e disparatava enquanto Vitorino tentava homenagear Elis Regina.* [oj]

dispensar
1. verzichten auf; verzichten können auf; etw nicht brauchen. 2.–3. verzichten (können, wollen, mögen) auf. 4. jn entlassen; beurlauben; dispensieren; auf jn verzichten; jn entbinden von. 5. jn entbinden von. 6.–7. verzichten auf. 8. jm etw zuteil werden lassen; jm (e-n Empfang) bereiten; jm etw überlassen, gewähren.

₁N – V – Nc   *As autoridades americanas esperam levar por diante este projecto no decorrer do próximo ano, estando convictas que a cidade do Porto possa dispensar de 6 a 1o dos seus carros eléctricos.* [pj] *A maioria dos minicomputadores suporta a utilização simultânea por várias pessoas e dispensa a presença a tempo inteiro de especialistas.* [cp] *Gosto de bananas, mas dispenso as laranjas.*
₂N – V – Fc   *Nenhum país dispensa que o auxiliem desinteressadamente.*
₃N – V – I   *Nenhum país dispensa enobrecer-se com os galardões da inteligência.* [oj] *Dispenso ir passar férias a Portugal.*
₄N – V – Np – de N   *José António Maia dos Santos tinha sido dispensado da Cadeia de Alcoentre por cinco dias.* [pj] *A mãe fala constantemente em dispensar a Estela, que aliás se quer despedir, mas tem pena dela.* [lu] *Dispensamo-lo da tarefa de que o tínhamos incumbido.*
₅N – V – N – (de I)   *O patrão dispensou-o de completar o trabalho. Na maior parte dos casos, fomos dispensados de colaborar.* [sc] ▸*O senhor governador civil tem de vir no domingo ao hóquei...Não o dispensamos...Vai ser um jogo de arromba.* [pc]
₆N – Vse – de N   *Como a sua posição era bem conhecida, dispensou-se de comentários.*
₇N – Vse – de I   *"O que está à vista escusa candeia", diz a sabedoria popular, e assim me*

                dispenso de comentar a situação. [pj] *Por isso mesmo dispenso-me de vos fazer acreditar que o tal negócio rendoso foi por mim concebido com cálculo e minúcia.* [sv]

$_8$N – V – N – a Np   *O acolhimento que toda a gente me dispensou em Portugal foi extraordinário, e até hoje, graças a Deus, tenho obtido êxito em tudo o que empreendi.* [nv] *Dispenso-lhe a minha casa por alguns dias.*

dispersar
Morf.: Part.: ter dispersado; ser/ estar disperso.
1. zerstreuen; ause–a.treiben. 2. ause–a.gehen; ause–a.laufen; s. zerstreuen. 3. FIG. ablenken. 4. etw wo verteilen. 5. s. wo verbreiten.

$_1$N – V – Npl   *A polícia dispersou os manifestantes à bastonada. Os manifestantes foram **dispersos** pela polícia.*

$_2$Npl – V   *Adelgaça-se o círculo de gente; até os desocupados dispersam, até o cão.* [np] *Os manifestantes tinham **dispersado**.*

$_3$N – V – N   *O ruído dispersou a atenção do conferencista. As perguntas dos jornalistas dispersavam-LHE o pensamento.*

$_4$N – V – N – (L$_{por}$)   *Dispersou as casas pela maquete.*

$_5$N – Vse – (L$_{por}$)   *Os ingleses dispersaram-se por todo o mundo. Vou por vezes a esquecer-me de quem sou, de onde me encontro, prestes a dispersar-me pela atmosfera, pelas coisas da natureza...* [vp]

dispor
Morf.: Pres.: disponho, dispões; Imperf.: dispunha; Pret. perf.: dispus, dispôs, dispuseram; Part.: disposto.
1. wie legen, stellen, aufstellen; etw wie anordnen; aufräumen. 2. etw. wo aufstellen. 3. verfügen über. 4. <Gesetz> etw verfügen. 5.–6. jn geneigt machen zu; s. entschließen zu; Anstalten treffen für/ zu; s. anschicken zu. 7. s. bereitmachen zu.

$_1$N – V – Npl – M   *O garoto dispôs os carrinhos em fila. Dispôs os móveis em círculo.*

$_2$N – V – Npl – L   *Dispôs os livros na estante.*

$_3$N – V – de N   _{<para I>} *Ele dispõe de meios consideráveis para realizar o projecto. Dispõe de mim!*

$_4$N – V – Fic   *A lei dispõe que todo criminoso vá, deve ir a julgamento.*

$_5$N – V – Np – a N   *O advogado buscou dispor o júri à absolução do reu.*

$_6$N – V – Np – a I   *O advogado tentou dispor o juiz a absolver o reu.*

$_7$N – Vse – a N   *Dispôs-se à acção. Outras reuniões podem ser de imprensa, quando os participantes se dispõem a responder "ao vivo" às perguntas formuladas pelos informadores dos chamados "meios de comunicação social".* [pj] *Leonel dispunha-se a sair, de vez; mas ainda não tinha alcançado a porta da sala quando Françoise o chamou.* [vp]*Ele dispõe-se a viajar.*

disputar
1. s., e–a. etw streitig machen; s. um js Gunst bewerben; (ein Spiel) spielen, austragen. 2. mit jm (wett–) streiten um. 3. mit jm kämpfen um; jm etw streitig machen. 4. um etw, jn kämpfen. 5. s. streiten.

$_1$Npl – V – N   *Descer o Chiado com a Lizandra era qualquer coisa, uma espécie de consagração, e as amigas disputavam-na, assediando-a com convites.* [be] *Na sucessão dos séculos sempre houve potências dominantes e as que disputavam esse domínio.* [pj] *Foi um jogo bem disputado não obstante ser realizado sobre o relvado encharcado.* [pj]

$_2$N – V – N – com N   *Aquela nação disputou com a outra o domínio dos mares.*

$_3$N – V – N – a N   *Quando a Burguesia, enriquecida pelo mercantilismo a partir do século xv, começou a disputar à Nobreza a supremacia social, surgiu o conceito divisionista de classes, opondo os "patrões" aos "operários" das oficinas e dos campos.* [pj]

$_4$N – V – N   *Disputar uma casa, um terreno, uma mulher.*

$_5$Npl – V – (sobre N)   *Eles disputaram indefinidamente sobre religião.*

dissipar
1. <Licht> (Finsternis) vertreiben; (Geld) durchbringen; (Gesundheit) ruinieren; (Zweifel...) zerstreuen, beseitigen. 2. <Nebel...> s. auflösen; <Zweifel...> verschwinden, s. in nichts auflösen.

$_1$N – V – N   *A luz dissipa as trevas. Dissipar a cerração/ a fortuna/ a saúde. O calor com que Jorge Jardim fazia as suas afirmações dissipou dúvidas que, nesse momento, se chegaram a formar no meu espírito.* [sc]

₂N – Vse   *As trevas/ a neblina/ o medo/ as dúvidas dissiparam-se. Depressa se dissipara o tíbio interesse inicial da noiva agradecida, de quem ele fizera "uma senhora".* [pc]

dissolver
1. etw auflösen. 2. s. auflösen. 3. FIG. aufheben; auflösen. 4. FIG. s. auflösen.

₁N – V – N – (L, em N)   *Dissolver o açúcar/ um comprimido (em água). Como uma passa enquanto dissolvo o açúcar com a colher.* [hn]
₂N – Vse – (L, em N)   *O açúcar dissolveu-se (no café).*
₃N – V – N   *Tais assembleias devem manter-se durante uma "legislatura" – o que nem sempre acontece, pois podem ser "dissolvidas" por vontade própria, ou por decisão do Chefe do Estado.* [pj]
₄N – Vse   *Fizeram uma sociedade para montar a metalurgia, mas era tão frágil que acabou por dissolver-se uns meses depois.*

dissuadir
1.-2. jm abbringen von; jm etw ausreden; jm abraten von.

₁N – V – N – de N   *Dissuadi o João da compra dos sapatos.*
₂N – V – N – de I   *Dissuadir alguém de fumar.*

distar
1. vone-a. entfernt sein. 2. entfernt sein (von).

₁Npl – V – Q   *De Villa Tunari e Shinahota distam uns 2o quilómetros, ao longo dos quais, à direita e à esquerda, se estendem, impúdicas, as zonas de seca de folhas de coca.* [oj] *As duas aldeias não distam muito (uma da outra).*
₂N – V – Q – L_{de}   *Essa aldeia distava uns 2o km do sítio onde vivi. Não dista muito a cidade daqui.* ▸*Estavam à entrada de Carcavelos, mas a vila distava pelo menos dois quilómetros.* [nv]

distinguir
1.-3. unterscheiden. 4. s. unterscheiden von. 5. etw ausmachen können; <jd> jn auszeichnen. 6. jn auszeichnen. 7. s. auszeichnen durch. 8. s. auszeichnen; s. hervortun; herausragen. 9. jn auszeichnen mit.

₁N – V – Npl   *Não distingue as cores.*
₂N – V – entre Npl   *Ele não distingue entre o que é certo e o que é errado.*
₃N – V – N – de N   *Ele não consegue distinguir o verde do azul.*
₄N – Vse – de N   <por N>   *Distinguiu-se de todos pelo seu comportamento.*
₅Np – V – N   *Aqui, ali, acolá, cerros ou descampados, várzeas ou costeiras, eram sítios iguais, que calcurreava sem distinguir a qualidade do barro que se lhe agarrava aos pés.* [nc] *O presidente distinguiu os funcionários com 25 anos de serviço.*
₆Nc – V – N   *As suas qualidades distinguiram-no.*
₇Ncp – Vse – (por N)   *Ela distinguia-se pelo seu porte altivo. As caves deste restaurante distinguem-se pelos seus excelentes vinhos verdes.*
₈Np – Vse – entre Npl   <por N>   *Ele distinguiu-se entre os colegas pelas capacidades que desenvolveu.*
₉Np – V – Np – com N   *Distinguiram-no com o prémio literário acabado de criar.*

distorcer
1. entstellen; verzerren. 2. s. verzerren.

₁N – V – N   *Distorcer os factos, a verdade.*
₂N – Vse   *A imagem distorceu-se.*

distrair
Grafia: Impf.: distraía; Pret.perf.: distraí, distraíste, distraiu; Part.: distraído.
1. unterhalten; ablenken. 2. s. unterhalten; s. amüsieren. 3. jn ablenken von.

₁N – V – Np   *A televisão, apesar de nos distrair, aliena-nos.*
₂Np – Vse   <com N, a I>   *O João distraía-se com a sua colecção de selos. Distraio-me a imaginar cenários alternativos para as minhas férias.*
₃N – V – Np – de N   *Distraí o João da leitura. O facto de essa criança precisar tanto da minha ajuda distrai-me das minhas ocupações.*

distribuir
Grafia: Impf.: distribuía; Pret.perf.: distribuí, distribuíste, distribuiu; Part.: distribuído.
1. verteilen; austeilen; (Post) austragen. 2. etw wo verteilen. 3. s. wo verteilen.

₁N – V – Npl – (por, a Npl) Distribuiu os presentes pelos/ aos presentes. O Pedro distribui pontapés, mas não acerta em ninguém. [np] O carteiro distribui o correio.
₂N – V – Npl – (Lpor) Distribuí as peças pelo tabuleiro de xadrez.
₃Npl – Vse – (Lpor) Os polícias distribuiram-se pelas esquinas.

divergir
Grafia: Pres.: divirjo, diverges.
1. ause-a.gehen; vone-a. abweichen; nicht übereinstimmen. 2. abweichen von; nicht übereinstimmen mit.

₁Npl – V <em N> As informações sobre o acidente divergem.
₂N – V – de N <em N> A minha opinião diverge da sua. Eu divirjo dele (nesse ponto). Divirjo um pouco da opinião que ele expressou.

divertir
Morf.: Pres.: divirto, divertes.
1.–3. jn zerstreuen; unterhalten; vergnügen. 4. s. vergnügen; s. zerstreuen; s. die Zeit vertreiben mit.

₁N – V – Np O espectáculo divertiu-os.
₂Fc – V – Np Divertia-o que eles fossem mascarados.
₃I – V – Np O Ambrósio enfrentava as mesmas dores. Divertia vê-lo deambular a meu lado, quatro passos seus por cada um dos meus, também de braços cruzados, cabisbaixo, observando-me às vezes de esguelha, sorrateiramente, a certificar-se de que estava a fazer bem as coisas. [np]
₄Np – Vse <com N, a I> Divertia-se com as partidas que pregava. O Livro tornou-se o meu breviário, divirto-me a decifrar citações, enigmas, disparates. [lu]

dividir
1. FIG. etw spalten; jn entzweien. 2. <Meinung> ause-a.gehen; <jd> s. streiten. 3. s. teilen zwischen; unschlüssig sein. 4. etw aufteilen, einteilen in. 5. s. einteilen in. 6. etw unter etw, jn aufteilen, verteilen. 7. etw teilen durch.

₁N – V – Npl A promulgação da lei divide as opiniões. A política dividiu a família.
₂Npl – Vse As opiniões dividiram-se acerca do rearmamento nuclear. Os historiadores dividem-se quanto às causas da primeira guerra mundial.
₃N – Vse – entre Npl, I Dividia-se entre o pai e o homem que gostava. Dividia-se entre ficar e ir.
₄N – V – N – em Npl Dividi o bolo em partes iguais e distribuí-o. Dividí o texto em três capítulos.
₅N – Vse – em Npl Na Idade Média, quando a Europa feudal era totalmente cristã e se subordinava ao Sumo Pontífice de Roma, a sociedade europeia dividia-se em três ordens: Clero, Nobreza e Povo. [pj]
₆N – V – N – por Npl Dividiram os convidados pelos aposentos. Dividi o trabalho por todos. Pedro fingira-se interessado no registo em que trabalhava, aparentando dividir a atenção pelos documentos apinhados à sua esquerda e a coluna dos algarismos que seguia com a ponta do lápis. [ce]
₇N – V – N – por N Dividi oito por dois.

divorciar
1.–2. scheiden; FIG. entzweien. 3.–4. s. scheiden lassen.

₁N – V – Npl O juiz divorciou-os. As intrigas divorciavam as famílias.
₂N – V – N – de N O juiz divorciou a Maria do João.
₃Npl – Vse Eles divorciaram-se de comum acordo.
₄N – Vse – (de N) A Maria divorciou-se do José.

divulgar
1. (Nachricht...) verbreiten, bekanntmachen. 2. bekannt werden.

₁N – V – N Eles divulgaram só parte da notícia.
₂N – Vse As más notícias divulgam-se rapidamente.

dizer

Morf.: Pres.: digo; Pret. perf.: disse, disseram; Fut.: direi; Imper.: diz; Part.: dito.

1. sagen; (Gedicht) aufsagen; (Gebet) sprechen. 2.-3. sagen. 4. jm sagen, er solle. 5.-6. sagen. 7. jm sagen, er solle. 8. DIZER. 9. jn etw nennen; von jm sagen, er sei. 1o. von s. sagen, man sei. 11.-12. von etw, jm sagen, behaupten, daß. 13. <etw> erzählen von; <etw> Zeugnis ablegen von. 14. <etw> passen zu.

₁N – V – (a N) – N   *O Japonês berrando em italiano, disse-lhes das boas.* [np] *Ele não queria dizer o poema. Naquela altura, ela disse uma oração. ►João, eu não te dizia? – queixa-se ela, já no apartamento.* [np]
- *Dizer (a) missa:* die Messe lesen.
- *Dizer de si para si:* zu sich selbst sagen.
- *Por assim dizer:* sozusagen.
- *Não dizer nem duas:* keinen Pieps sagen.
- *Como diz o outro:* wie man zu sagen pflegt.
- *Como quem diz:* gewissermaßen; sozusagen.
- *Quer dizer:* das heißt; d.h.
- *Não me diga!* Was Sie nicht sagen!

₂Np – V – (a N) – Fi   *E a prima referia-se a mim com todo o à-vontade, chegou a dizer que não se perdia nada se eu esticasse o pernil.* [tm]
- *Há quem diga que:* es wird behauptet, daß.
- *Dizem que, diz-se que:* es heißt, daß.
- *Dizer que sim, que não.*
- *Dir-se ia+Fi, I:* man könnte meinen, daß: *Miúdo e miúda confraternizavam há somente dez minutos, mas dir-se-ia conhecerem-se há séculos.* [np]

₃Np – V – (a N) – Fic | NEG   *A testemunha não quis dizer que o réu também tinha estado no estabelecimento. Não queremos dizer que o general Vasco Lourenço seja um desses.* [ot]

₄Np – V – (a N) – Fc   *Disse-lhe que fosse para casa.*

₅Np – V – (a N) – Int   *Não te posso dizer se ele vem ou não. Diz lá como é que fazes este bolo?*

₆Np – V – (a N) – I   *Éramos um País mal tolerado mesmo no Ocidente que dizíamos defender.* [np]

₇Np – V – a N – para I   *Quando um distraído acendia o cigarro, bastava dizer-lhe para o apagar, e o problema era imediatamente resolvido.* [pj] *PRINT é a palavra-chave Basic que diz ao computador para visualizar qualquer coisa no écran.* [cp]

₈Np – V – (a N) – Te   DIZER.

₉Np – V – N – P_adj   *Ela dizia-o inteligente, mas, no fundo, não passava de um "chico esperto".*

₁₀Np – Vse – P_adj, n   *Ela dizia-se experiente, mas não era verdade. Só tinha conhecido dois homens. Ele dizia-se poeta.*

₁₁Np – V – de N – N   *Disse o que tinha a dizer dela, e saiu porta fora.*

₁₂Np – V – de N – Fi   *O que é que ele disse da Joana? Que era burra? – Não, disse que era preguiçosa!*

₁₃Nc – V – de N   *As rugas dizem do sofrimento que ele passou.*

₁₄Nc – V – M – com N   *O teu casaco diz bem com o meu.*
- *Dizer respeito+a N:* jn, etw angehen, betreffen: *Ignoro o que se passava na cabeça de todos aqueles fabianos, mas, no que me dizia respeito, garanto que não pretendia tomar o Poder.* [np]

dizimar

1. dezimieren; stark vermindern; (Erbschaft...) durchbringen.

₁N – V – N   *Desde há vários anos que barcos italianos, especialmente equipados, vêm dizimando as colónias de corais próximas da ilha de Alborán, no estreito de Gibraltar.* [pj] *Em 1961 grassou pela província uma grave epidemia denominada "peste africana", a qual dizimou a maior parte dos suínos da freguesia.* [rp] *Em pouco tempo, dizimou a fortuna que os pais lhe deixaram.*

dobrar¹
1. zus.falten; zus.legen; (ein Kap...) umschiffen; um (die Ecke) biegen; (Knie) beugen; niederknien; FIG. (js Willen) brechen; jn umstimmen. 2. s. beugen. 3. s. vor jm ducken.

₁N – V – N	Horácio dobrou o jornal, chamou o criado para pagar a despesa e ergueu-se. [pc] Sigo, rua abaixo, direito à Rua Nova do Almada. Dobro a esquina e continuo a andar até à Rua de S. Nicolau. [hn] À passagem da procissão toda a gente dobra o joelho. Não consegui dobrar a vontade dela, nem a sua opinião. Já é tarde demais para dobrar o filho.
■ Dobrar a.c. em dois, em quatro: etwas einmal, doppelt falten.

₂N – Vse	Ele dobrou-se para apanhar a toalha do chão.
₃N – Vse – a N	Eles só sabem dobrar-se aos superiores.

dobrar²
1. <Glocke> läuten. 2. (Glocke) läuten.

₁N – V	Os sinos estão a dobrar.
■ Dobrar a finados: (Totenglocken) läuten: O sino da igreja dobrava a finados. Ainda não parara de tanger, havia mais de meia hora. [bc]
■ "Por quem os sinos dobram": Wem die Stunde schlägt.

₂N – V – N	O sacristão dobra os sinos.

dobrar³
1. verdoppeln; (Film) synchronisieren.

₁N – V – N	Dobrei a oferta. Dobrar um filme.

doer
Grafia/ Morf.: Pres.: doo, dóis, dói. Imperf.: doía; Pret.perf.: doí; Part.: doído.
1. schmerzen. 2.–4. jm schmerzen; jm leid tun. 5. ◊ jn <etw> schmerzen; <jd> etw bedauern; (Sünden) bereuen. 6. Mitleid haben mit.

₁N – V	Ainda LHE doíam os olhos de chorar, mas não queria que o percebessem. Ninguém podia supor que os seus olhos tinham lágrimas. [bc] Doía-LHE a cabeça, da fadiga acumulada durante o dia ingrato, do frio que suportara pelo caminho. [pc]
₂N – V – a Np	Doía-lhe a hipocrisia dos amigos.
₃Fc – V – a Np	Doía-lhe que eles tivessem praticado acções tão mesquinhas.
₄I – V – a Np	Doeu-lhe ter ardido o pinhal de que tanto gostava.
₅Np – Vse – de Nc	O João doía-se das críticas que lhe fizeram. Ela quisera obrigá-la a confessar-se culpada pela morte da mãe, sem se doer do pavor que provocara na irmã. [bc] Doer-se dos seus pecados.
₆Np – Vse – de Np	Dói-se dos que sofrem.

doirar ⇒ dourar

domar
1. zähmen; bändigen; FIG. (Willen) bezwingen, beherrschen. 2. s. beherrschen.

₁N – V – N	Ele domou a fera. A pouco e pouco, Regina ia domando a minha vontade. [pc]
₂N – Vse	Naquele dia Josefino Barra não tinha bebido e mostrava no olhar uns restos da sua antiga firmeza, lembrando o homem que só se domara quando os companheiros deixaram de crer no futuro. [ra]

dominar
1. etw beherrschen; <etw> etw überragen; FIG. (Lachen..) unterdrücken, zurückhalten; (Ungeduld) beherrschen. 2. s. zurückhalten; s. beherrschen. 3. vorherrschen; das Übergewicht haben.

₁N – V – N	As flautas faço-as eu, a canivete, e domino-as. [op] Dado que as moagens passaram a dominar o mercado, muitos moinhos de vento e azenhas tradicionais viram-se obrigados a fechar. [rp] A torre dominava o casario. As gémeas só muito a custo dominavam o riso, mordendo os lábios quase até fazer sangue. [dm] Não conseguia dominar a sua impaciência.
₂Np – Vse	Dominou-se e não prosseguiu a discussão.
₃N – V <L>	Os japoneses dominam na área da electrónica. A equipa portista começou a dominar territorialmente e a bola começava a chegar, através de cruzamen-

tos longos e aéreos, à grande área penafidelense. [pj]

dormir
Morf.: Pres.: durmo.
1. <jd> schlafen. 2. wo (begraben) liegen. 3. mit jm schlafen. 4. (Siesta...) halten; (e–n Schlaf) schlafen.

₁N – V *De madrugada, enquanto Mari ateava a fogueira no lar e chamava os criados que dormiam junto à velha cozinha, Quina escorregou brandamente da beira dos irmãos, e saiu para fora.* [as]
■ *Dormir ao relento:* im Freien schlafen.

₂N – V – L *Fernando Pessoa "dorme" nos Jerónimos.*

₃N – V – com N *Dormi com a Lena.*

₄N – V – N *Era hora de dormir a sesta, mas ele devia ter uma espécie de radar que funcionava mesmo durante o sono e o alertava dos perigos.* [vp] *Dormir o sono eterno.*

dormitar (BRAS.: ⇒ cochilar)
1. schlummern; eingenickt sein.

₁N – V *Afundado na sua poltrona, o Farelo dormitava, com a calva, do feitio de um baú, langue e colada ao estofo.* [vn]

dotar
1.–2. ausstatten mit. 3. s. ausrüsten mit; s. ausstatten mit.

₁N – V – N – com N *O Ministério de Educação dota o Serviço com uma verba irrisória para deslocações.* [pj]

₂N – V – N – de N *Os tratados, por outro lado, criaram instituições próprias, comunitárias, dotando-as de poder para assegurar a realização efectiva daqueles objectivos.* [cm]

₃N – Vse – de N *As empresas dotaram-se dos mais modernos equipamentos.*

dourar [doirar]
1. vergolden; [Küche] etw anbräunen; in Gold tauchen; golden glänzen, schimmern lassen; FIG. beschönigen; schönen; verklären.

₁N – V – N *Dourei o anel. Dourram-se em manteiga, bananas inteiras descascadas em lume brando, durante uns vinte minutos.* [ac] *O sol nascente doura as cristas das montanhas. Douram a existência com compras inúteis que fazem. Dourei-lhe a verdade dos factos. Nos livros que escreve, doura sempre a verdade.*
■ *Dourar a pílula a alguém:* jm die bittere Pille versüßen.

durar
1. dauern; andauern; <Frieden, Material...> lange halten.

₁N – V – Q *A expedição durará 14o dias e custará 4 milhões de dólares.* [pj] *Espero que a paz dure por muito tempo. Este material/ este tecido dura muito, não se estraga.* ▸*A paz ainda dura.*
■ *Que dure por muitos anos!*

duvidar
1. bezweifeln; jm mißtrauen. 2.–3. zweifeln an; bezweifeln.

₁N – V – de N *Duvido das suas palavras/ do que ele diz. Duvido dele, mas não tenho provas concretas.*
■ *Duvidar muito:* so seine Zweifel haben; etw sehr bezweifeln: *Achas que ele sempre acaba a tese a tempo?_Duvido muito.*

₂N – V – (de) Fic *Duvido que ela consiga isso. Não podemos duvidar de que no relatório de Gorbatchov ao XXVII Congresso, as relações soviético-chinesas serão apresentadas em espírito conciliador.* [cm] *Duvido que, com este programa, a tasca ainda se mantenha de portas abertas.* [np] *Duvido que a tasca ainda esteja aberta.*

₃N – V – I *Não duvido ser possível a realização do campeonato em Portugal.*

E

economizar
1. (Geld) sparen, einsparen. 2. sparsam umgehen mit; (Kräfte) schonen.
$_1$N – V – (N) Economizou nas compras que fez. Nas férias economizei dinheiro.
$_2$N – V – N Creio que um bom atleta tem de economizar as suas forças.

editar
1. (Buch) verlegen, herausbringen.
$_1$N – V – N ° A Editora Asa editou o livro deste autor.

educar
1. erziehen; (Kinder) aufziehen, großziehen; jm e-e (gute) Erziehung, Ausbildung ermöglichen, angedeihen lassen. 2. s. bilden; e-e Ausbildung bekommen; s-e Ausbildung finanzieren. 3. jm etw beibringen.
$_1$N – V – N Eles nem sempre educam bem os filhos. Teresa conhecia bem aquele tipo humano, que penava sem desfalecimento para amealhar dinheiro, para educar os filhos, para acrescentar as suas leiras. [pc]
▪ Educar mal alguém: jn verziehen.
$_2$N – Vse Educou-se à sua custa.
$_3$N – V – N – a I A mãe educou a criança a cuidar de si própria.

efectuar [BRAS.: efetuar]
1. ausführen; durchführen; in die Tat umsetzen; machen; tun. 2. durchgeführt werden; stattfinden.
$_1$N – V – N Efectuaram o projecto/ o programa como se planeara. Embora se tenha ordenado ao computador para efectuar o passo seguinte num ciclo, não especificou o início desse ciclo. [cp]
$_2$N – Vse Todas as semanas se efectuava uma corrida lá na vila.

elaborar
1. ausarbeiten; s. ausdenken; (Theorie...) aufstellen, konzipieren.
$_1$N – V – N Quando regressei a Lisboa, ordenei as notas que tinha tomado durante a viagem e elaborei um relatório. [sc] Elaborar um plano/ uma teoria/ um projecto.

electrificar [BRAS.: eletrificar]
1. elektrifizieren; ans Netz anschließen; mit Strom versorgen.
$_1$N – V – N A EDP electrificou esta semana mais uma aldeia no Norte de Portugal. A CP electrificou a linha.

eleger
Morf.: Part.: ter elegido; ser eleito.
1. wählen; auswählen. 2. jn wählen zu.
$_1$N – V – N Elegeu a carreira de médico para ser útil à humanidade, não para ganhar muito dinheiro. O povo elegeu os seus representantes na Assembleia.
$_2$N – V – N – (para) P$_n$ O povo elegeu-o para presidente. A 2o de Março, Jacques Peyrat foi eleito vereador da câmara. [kf]

elevar
1. in die Höhe heben; emporheben; (Augen) heben; (Preise) anheben; (Niveau, Noten...) anheben; (Stimme) erheben. 2. s. erheben (über) ; <Monument...> wo stehen. 3. (Arme, Augen...) wohin heben [⇒ levantar, erguer]. 4. s. (in die Lüfte...) erheben, schwingen. 5. s. belaufen auf. 6. in (den Stand...) erheben [⇒ promover]. 7. <Preise> ansteigen.

₁N – V – N   Um jogador após outro elevou a Taça para que o público a visse. Elevar o preço duma mercadoria. Elevou os olhos e rezou. O professor elevou o nível de dificuldade dos pontos. Poucos, ou ninguém, se mostram capazes de elevar a voz. [pj]

₂N – Vse – L   O monte eleva-se sobre o rio. Uma estátua imponente eleva-se no meio da Praça.

₃N – V – N – D Elevou o braço para a/ até à estante. Elevou os olhos para o cimo da montanha.

₄N – Vse – D   O avião elevou-se acima das nuvens. Uma surriada alegre elevou-se no ar. [dm]

₅N – Vse – Qa O investimento inicial eleva-se a 40 mil contos.

₆N – V – N – a N A recente reestruturação elevou-o à categoria de assessor.

₇N – Vse – a N Os preços dos combustíveis elevaram-se a limites insuportáveis.

eliminar
1. beseitigen; ausmerzen; eliminieren. 2. jn (aus einer Liste...) ausschließen, streichen.

₁N – V – Ncp   O acordo ortográfico eliminou alguns acentos. Hussein eliminou os seus adversários.

₂N – V – Np – Dde Eliminaram-no da lista de potenciais candidatos/ dos convidados.

elogiar
1. loben; s. beifällig äußern über.

₁N – V – N <por N, I> O Presidente elogiou o funcionário. O Presidente da República elogiou depois a acção dos grupos empresariais no domínio da cooperação. [dn] O seu chefe elogiou-o por ter feito bom trabalho.

emagrecer
1.-2. abmagern lassen; mager werden lassen. 3. abmagern; mager werden; (an Gewicht) abnehmen.

₁N – V – N   A seca emagreceu o gado.
               ■ ⇒ fazer emagrecer.
₂I – V – N   Trabalhar demais emagrece-me.
₃N – V   O João emagreceu muito, ultimamente.

emancipar
1. emanzipieren; jn freimachen von. 2. s. emanzipieren; s. freimachen von.

₁N – V – N – (de N) As novas leis emanciparam a mulher portuguesa (da tutela do homem).

₂N – Vse – (de N)   Até poderia acontecer que eles se emancipassem e ganhassem novo fôlego para dar ao país o contributo da sua experiência. No partido, as mulheres emanciparam-se da tutela dos homens.

embaciar
1. beschlagen lassen; <jd> etw anhauchen; (Augen...) trüben; FIG. undeutlich, unscharf werden lassen, trüben. 2. <Fenster...> beschlagen. 3. <Augen> s. trüben; <Miene> s. verdunkeln; FIG. s. trüben. 4. <Fenster...> beschlagen.

₁N – V – N   O vapor embacia os vidros. Embaciou com o hálito as lentes dos óculos. O vento frio embaciava-LHE os olhos. Uma onda de tristeza, que LHE embaciou a imagem da namorada, atravessou os olhos febris do rapaz. [nc] Era um tempo sem sentido, que embacia as coisas envolventes e oferece ao espírito a ocasião de inventariar todas as misérias e limitações da vida. [vp]

₂N – Vse   Os vidros embaciaram-se.

₃N – Vse – (de N) Os olhos embaciavam-se-LHE de lágrimas. Leiró perdia o ar acolhedor de há pouco, e embaciava-se de incompreensão. [nc]

₄N – V   O vidro da janela embaciou.

embalar¹
1. etw hin und her schaukeln; in (den Armen) wiegen; (Kind) in den Schlaf wiegen.

₁N – V – N   A mãe embalava o berço para adormecer a criança. A Luísa fechou os olhos e inspirou fundo. O comboio avançava agora mais depressa, e era bem agradável sentir-se embalada como um bébé. [dm] *Diogo Relvas fora encontrar a filha, pálida e distante, junto de Maria Teresa, a quem embalava ainda, sem perceber que já adormecera.* [bc]

embalar²
1. einpacken (in). 2. s. in (der Hoffnung) wiegen.

₁N – V – N – (em N) *Embalei o presente com todo o cuidado. Embalei a mercadoria em caixotes de cartão.*

₂Np – Vse – em N *Ele embalou-se na esperança de se libertar.*

embalar³
1.–2. beschleunigen.

₁N – V – N *Ele embalou o carro.*

₂N – V *À medida que descia, o carro embalava.*

▪ ⇒ ganhar embalagem.

embaraçar
1. durche-a.bringen; (Garn...) verwickeln; (Bewegungen) behindern; FIG. <etw> jn in Verlegenheit bringen, verwirren. 2.–3. FIG. jn verunsichern, in Verlegenheit bringen. 4. s. (in Garn...) verwickeln, verheddern; FIG. <jd> unangenehm berührt sein von; ◊ <etw> jm unangenehm sein.

₁N – V – N <com N> *Embaraçar os fios. O vestido, de tão apertado, embaraçava-LHE os movimentos. A pergunta embaraçava o aluno. Embaracei a Maria com o que lhe disse ontem. Os seus elogios embaraçavam-na.*

₂Fc – V – Np *Embaraçou-a que ele não tivesse tomado a atitude habitual.*

₃I – V – Np *Embaraçou-a ver aquela cena humilhante.*

₄N – Vse <com, em N> *Embaraçou-se nas cordas e caiu. Embaraçou-se com o comportamento dele. Embaracei-me com as palavras que ele me dirigiu.*

embarcar
1. <Schiff, Flugzeug, Zug> jn an Bord nehmen; 2. an Bord gehen; s. einschiffen; in (ein Schiff...) einsteigen. 3. (ein Schiff, Flugzeug) nehmen nach. 4. FIG. s. mitreißen lassen von; hereinfallen auf.

₁N – V – N *O ruído daquela batida áspera fez aparecer gente no terreiro duma pousada e o lavrador mandou-os procurar o barco, levassem o que fosse mais preciso, havia mais gente para embarcar.* [bc]

₂N – V *Os passageiros já embarcaram.*

₃N – V – Dpara... *O João embarcou para o Brasil. A Primeira Brigada Mista Independente embarcou, quarta-feira, por caminho de ferro, desde Santa Margarida até Itália.* [dn]

₄N – V – em N *Embarcaram na conversa dessa gente e acabaram vendo-se enganados. Alguém de "posição respeitável" disse que é bom que a juventude se entretenha com a heroína, dado que desta forma não chateia nem interfere, nem se torna incómoda ou interveniente, embarcando ao mesmo tempo na crise que assola o país.* [pj]

embater
1. prallen, schlagen auf, gegen; FIG. stoßen auf. 2. zus.stoßen. 3. prallen, stoßen gegen.

₁N – V – Lem *Na marcação de um livre, na faixa esquerda do seu ataque, Futre levou a bola a embater, novamente, na barra.* [pj] *O mar embatia nos paredões da Marginal, lançando nuvens de espuma sobre a estrada e obrigando os carros que vinham do Estoril a saírem da mão.* [hn] *Volta-se bruscamente, e os olhos embatem numa porta cerrada, com letras cavadas no metal baço.* [nv]

₂Npl – V *Vários automóveis embateram (uns contra os outros).*

₃N – V – contra... *Ao fazer a curva, derrapei e embati contra o poste. Um barco de carreira embateu contra um tronco e partiu-se em dois.* [dn] *Embateu com um carro.*

emborcar
1. in e-m Zug trinken, hinunterstürzen, hinunterkippen.

₁N – V – N *O lavrador comia a sopa numa malga igual à dos servos, emborcando-a quando o caldo era muito.* [bc] *Obrigou-a ainda por cima a emborcar dois conhaques, à uma da noite. A Luísa emborcou o seu copo sem tomar fôlego,* e encostou-se depois à soleira da porta. [dm]

embrenhar-se
1. (in Wald...) eindringen; tief hineingehen in. 2. in (e-e Diskussion) einsteigen; s. verwickeln lassen in.

₁N – Vse – Lem, por   Diogo Relvas embrenhou-se pela mata, a pé, talvez para se fatigar, sentindo que o sono não chegava. [bc] Entretanto resolvi ir a Sintra e, já na serra, deixando o carro na estrada, embrenhei-me na mata. [tm]

₂N – Vse – em N   Não quero evidentemente embrenhar-me em tais discussões que vão muito além da minha competência. [tm]

embriagar
1. betrunken machen; trunken machen; FIG. jn begeistern. 2. s. betrinken.

₁N – V – N   O último copo embriagou-o. O ar fresco e o cheiro das rosas embriagaram-no. A beleza da menina embriagava-o.

₂N – Vse   <com N>   Existia uma via de fuga: embriagar-me. [op] Ele embriagava-se todos os fins-de-semana (com uísque).

embrulhar
1. einpacken; einwickeln; in (Papier...) wickeln. 2. FIG. FAM. s. verhaspeln [⇒ enredar-se]. 3. FIG. jn verwirren; hereinlegen; täuschen. 4. FIG. <etw> jm durche-a.geraten.

₁N – V – Nc – (em N)   Embrulhar o presente em/ com papel cor de rosa.
₂Np – Vse   Embrulhou-se no discurso.
₃N – V – Np   O apresentador tentou embrulhar os concorrentes do concurso. Ele quis embrulhar-me, mas eu não fui na cantiga.
₄Npl:c – Vse   As palavras, as ideias embrulharam-se-LHE.

emergir
Morf.: Part.: ter emergido; estar emerso.
1. auftauchen; <Mond...> aufgehen. 2. FIG. <Wahrheit> ans Tageslicht kommen.

₁N – V – (D)   Um superprojecto prevê a construção de um duplo sistema de diques fixos e cilindros móveis, que emergiriam da água em caso de maré alta. [pj] Regularmente emergia para respirar. A lua emergia lá ao longe.

   A verdade emerge sempre, disse.

emigrar
1. auswandern.

₁N – V – (D)   A progressiva decadência da agricultura levou muita gente a emigrar em busca de melhores oportunidades de vida. [rp] Muitos portugueses emigraram para França nos anos 60.

emitir
1. (Banknoten) ausgeben, in Umlauf bringen; (Laute) von s. geben, ausstoßen; (Meinung) äußern; (Geld) überweisen. <Radio> senden, übertragen.

₁N – V – N   Emitir notas de banco/ sons/ uma opinião/ dinheiro por cheque ou vale. A rádio emitiu a conferência em directo.

emocionar
1.–3. jn bewegen, ergreifen. 4. ergriffen werden, sein; von Gefühlen überwältigt werden, sein.

₁N – V – N   O acontecimento emocionou o João.
₂Fc – V – N   Emocionou-a que ele ainda se lembrasse dela, ao fim de tantos anos.
₃I – V – N   Assistir a jogos de futebol emociona demasiadamente certas pessoas.
₄N – Vse   <com N, ao I>   Emocionou-se com as palavras simpáticas dos seus alunos. Emocionou-se ao receber a notícia do desastre.

empacotar
1. einpacken; verpacken.

₁N – V – N – (em N)   Empacotei a roupa velha (em caixas de cartão) e enviei-a para África.

empalidecer
1. jn erbleichen lassen. 2. erbleichen; erblassen.

₁N – V – N   O susto empalideceu-o.

$_2$N – V   <de, com N>   Que carta é esta, Mário? – Creio que empalideci. [pc] Notei que o recepcionista empalidecia com as delicadas palavras da minha mulher. Empalideceu de terror ao ouvir o barulho.

empatar¹
1. hemmen; aufhalten.

$_1$N – V – N   A falta de material empatou o serviço.
▪ Anda, sai do caminho, não empates!: jn behindern; jm im Wege stehen.

empatar²
1. (Geld) stecken in, anlegen, investieren in; (Zeit) investieren in, brauchen..

$_1$N – V – N – (em N)   Empatei algum dinheiro nas acções. Empatava tempo e não conseguia trabalhar.

empatar³
1.-2. unentschieden spielen.

$_1$Npl – V   As equipas empataram a dois golos.
$_2$N – V – (com N)   Portugal empatou com a Alemanha.

empenhar
1. verpfänden; (Wort) geben. 2. s. in Schulden stürzen; s. verschulden. 3. (Kraft...) aufwenden für, einsetzen, hineinstecken in. 4.–6. s. bemühen; s. ins Zeug legen; es s. angelegen sein lassen; s. einsetzen für; s. engagieren für.

$_1$N – V – N   Empenhou a casa. Trabalhar na terra do Falcão é empenhar o corpo e nem ganhar para o enterro. [fa] Empenhou a sua palavra.
$_2$Np – Vse   Empenhou-se até ao pescoço.
$_3$N – V – N – em N   Empenhou todas as energias no empreendimento.
$_4$N – Vse – em N   Sob a direcção de Howard Aiken, a IBM empenhava-se na construção de um verdadeiro computador. [cp] O fenómeno descolonizador em que nos empenhámos progrediu em bom ritmo. [dp] Por isso mesmo nos empenhamos na denúncia do que julgamos atentar contra os interesses da Nação. [ot]
$_5$N – Vse – em Fc   Empenhou-se em que eles fizessem o trabalho a tempo.
$_6$N – Vse – em I   Os 375 advogados dos mafiosos empenharam-se igualmente em dificultar a marcha do processo. [oj] Em obediência ao espírito ecologista, empenhei-me em fazer passar na assembleia de representantes uma cláusula do regulamento interno que proibisse o uso do tabaco nas salas de aula. [pj]

emperrar
1. ◊ (mit der Feder) stecken bleiben. 2. wo stecken bleiben. 3. <Tür> klemmen.

$_1$N – V – N   Ao ver Quina, que assinava tremulamente o seu nome no papel da escritura, um tanto ruborizada pela atenção que punha em escrever sem emperrar o aparo nem salpicar a tinta, Germa abismou-se em cogitações. [as]
$_2$N – Vse   <L>   Deita uma olhadela a Elias Sobral, e as palavras emperram-se-LHE na garganta ingurgitada: Pois...Mas....há-de desculpar-me, o caso do roubo das sacas de cevada deu tanto que falar. [sv]
$_3$N – V   A porta emperrou.

empertigar
1. (Kopf) aufrichten, stolz heben. 2. s. kerzengrade, stolz, eitel aufrichten.

$_1$N – V – N   Junto do Relvas, mesmo por trás dele, António Lúcio empertigou a cabeça e descansou uma das mãos nas costas da cadeira. [fa]
$_2$N – Vse   O judeu arregalou os olhos, empertigou-se nas pernas escanifradas e repetiu as palavras do empregado. [ce] O Ataíde empertigava-se todo na sua bela farda de capitão e dizia, solene: Acabei. [av]

empestar
1. verpesten.

$_1$N – V – N   Enquanto ela preparava o café, numa lâmpada de álcool, viu o marido de pé, considerando o quadro, a fumar, a empestar o ambiente. [pc]

empilhar
1. aufschichten; (auf-)stapeln. 2. s. (wo) drängen.

₁N – V – Npl   *Os rapazes passavam horas e horas ao lado do pai, em tronco nu, a empilhar tijolos, uns por cima dos outros, e manejando, já com perícia, uma pazinha de alisar a argamassa.* [dm]

₂Npl – Vse   <L>   *A senhoria resolvia assim o seu problema, admitindo mais um casal naquele formigueiro onde se empilhavam sem o menor conforto vários hóspedes.* [be]

empinar
1. aufrichten; (Kopf) (empor-)heben. 2. s. recken; s. aufrichten; <Pferd> s. (auf-)bäumen.

₁N – V – N   *Levantando-se, Amanda Carrusca empina a cabeça, e as pontas esguias do lenço amarrado debaixo do queixo adiantam-se, trémulas.* [sv]

₂N – Vse   *Julguei que já não voltaria a ver a luz do Sol, embora continuasse a empinar-me e a mover os braços e as pernas.* [fa] *Aquela frase chicoteava-o. Empinou-se interiormente, como um potro raivoso.* [pc] *Diogo Relvas fincou a espora no ventre do cavalo e o animal empinou-se, pondo-se a galear, sem lhe obedecer à voz e à verdasca.* [bc]

empobrecer
1. verarmen lassen; arm machen, werden lassen. 2. verarmen; arm werden.

₁N – V – N   *As disponibilidades para empréstimo não eram muito elevadas e, de qualquer modo, a legislação liberal empobreceu as Misericórdias.* [rp]

₂N – V   *Este modelo socialista, crivado de dívidas, recheado de conquistas irreversíveis que pesam como chumbo, cheio de utópicas reformas sociais enquanto os salários se atrasam e o poder de compra se reduz, é apenas uma forma de empobrecer tristemente.* [pj]

empoleirar
1. jn (wie auf e-r Hühnerstange) wohin setzen. 2. s. (wie auf e-e Hühnerstange) wohin setzen; wo hocken.

₁N – V – N – (L)   *O João empoleirou a criança no baloiço.*

₂N – Vse – (L)   *Apesar de o frango ser seu inimigo, pelo dia em outros do tronco se lhe empoleirava, sentia crescer água na boca só de ver aqueles ossos descarnados.* [bi] *O Chico escorregou pelo tronco onde se tinha empoleirado.* [dm]

empolgar
1. fassen; festhalten; packen; in der Hand halten; FIG. begeistern; mitreißen. 2. gefesselt sein (von); s. (von der Begeisterung) mitreißen lassen.

₁N – V – N   <com N>   *Empolgar uma arma/ um livro/ um chicote. O Almerindo não ouve o que ela diz, zumbem-lhe os tímpanos, só sabe olhar em frente e ver, ver uma coisa nova que o empolga e encanta.* [be] *Empolgou a audiência com aquelas palavras.*

₂N – Vse   <com N; ao I>   *Empolgou-se com a notícia. Diogo Relvas quase se empolgara, ao imaginar que as agulhas dum toiro marcado com o seu ferro desventrariam Zé Pedro.* [bc] *Empolguei-me com o enredo daquele filme tão comovente.*

empossar
1. jn (in ein Amt) einsetzen.

₁N – V – N – (em N)   *A Presidente filipina, Corazón Aquino, empossou ontem 17 novos ministros.* [dn] *O Presidente do Clube empossou-o no cargo do treinador.*

empreender
1. etw unternehmen; (ein Projekt) durchführen; (Reise) machen. 2. grübeln über.

₁N – V – N   *Empreender uma obra/ um projecto/ uma viagem.*

₂N – V – em N   *Depois de ele ter saído, ela ficou a empreender nas palavras que tinha ouvido.*

empregar
Morf.: Part.: ter, ser empregado; ser empregue.
1. gebrauchen; verwenden; (Zeit) nutzen. 2. jn einstellen; jn beschäftigen, anstellen als. 3. e-e Stelle annehmen (als). 4. nutzen, verwenden auf, für. 5. verwenden für. 6. jn wo beschäftigen.

₁N – V – N	*Empregou bem o tempo.* ▸*Como se emprega este verbo?*
₂N – V – N – (como Pₙ)	*A fábrica empregou o João como moço de recados.*
₃N – Vse – (como Pₙ)	*O João empregou-se como moço de recados. Ele empregou-se na siderurgia.*
₄N – V – N – em N	*Emprega o seu tempo em coisas úteis.*
₅N – V – N – a I	*Ela emprega o seu tempo a costurar.*
₆N – V – N – L	*Empreguei-o no banco.*

emprestar
1. jm leihen, borgen; ausleihen. 2. FIG. (Sinn...) verleihen, geben.

₁N – V – N – (a N)	*O amigo! – gritou ainda o guarda para um velhote que surgia no telhado de colmo da casa fronteiriça – empreste a sua harmónica, se faz favor, para o Germano tocar uma ária a um senhor doutor da minha terra!* [pl] *Mais para encorajar um diálogo do que por outra razão, perguntei-lhe, passados três quartos de hora, se me emprestava o jornal.* [np]

▪ *Pedir emprestada a.c. a alguém:* s. etw (aus-)leihen.

₂N – V – N – a N	*O projecto prevê a reconstituição de uma linha de 6,3 km de extensão onde deverão circular antigos carros eléctricos, totalmente restaurados, de forma a emprestar ao empreendimento o aspecto das velhas linhas que nos anos 20 representavam um dos principais suportes da circulação urbana e interurbana dos Estados Unidos.* [pj]

empunhar
1. in die Hand nehmen; packen; fassen; ergreifen.

₁N – V – N	*Empunhar uma espada/ faca/ pistola/ cacete/ a caneta/ a pena. Centenas de trabalhadores empunhando archotes e bandeiras negras manifestaram-se sexta-feira à noite no Porto e em Lisboa.* [pj]

empurrar
1. stoßen; e-n Stoß geben; schubsen; (Tür) drücken. 2. wohin (weg-)stoßen; herumschubsen. 3. FIG. jm etw zuschieben, unterjubeln.

₁N – V – N	*Quando ia a sair, empurraram-no: tropeçou e caiu. Empurre a porta, por favor!* ▸*Empurrar!*
₂N – V – N – D	*O meu pai empurrou a sopa para o chão.* [np] *Empurrou-o contra a parede. Na empresa, parecia-lhe que o empurravam de um sector para o outro. A mulher foi sendo empurrada de hospital para hospital com médicos dizendo "não deve haver problema".* [oj]
₃N – V – N – a Np	*Vilela deixou a literatura confeitada para trás ainda na escola primária quando lhe empurravam autores antigos como obrigação.* [pj]

emudecer
1. verstummen lassen. 2. verstummen.

₁N – V – N	*O susto emudecera a assistência.* [pl]
₂N – V	*A assistência emudeceu.*

enamorar-se
1. s. verlieben in.

₁N – Vse – (de N)	*A Maria enamorou-se do João.*

▪ ⇒ *namorar.*

encabeçar
1. (Liste...) anführen; an erster Stelle stehen, kommen.

₁N – V – N	*Em determinado momento acedi ao convite que me foi feito pelo Dr. Nogueira de Brito para integrar uma lista por ele encabeçada.* [pj]

encaminhar

1. jm den Weg weisen, zeigen; jn wohin führen; wohin weiterleiten. 2. zusteuern auf; s. auf den Weg machen; FIG. den Weg... gehen. 3. (Gespräch...) leiten. 4. <Gespräch> e-e (schlechte) Wendung nehmen.

₁N – V – N – (D)   *Encaminhou a rapariga para o rio. Encaminhar um projecto de lei para o Parlamento. Prometeram-lhe encaminhar o seu pedido desde que desse algum dinheiro.*

₂N – Vse – D_para   *Lentamente, Teresa encaminhou-se para a porta aberta, quase pé ante pé, sem a desfitar.* [pc] *Os médicos não podem condenar as mulheres a não encontrarem resposta nos serviços de saúde e terem de se encaminhar para o aborto clandestino.* [oj]

₃N – V – N   *Encaminhou a conversa com habilidade.*

₄N – Vse   *A conversa encaminhou-se mal e não quiseram prosseguir.*

encantar

1. begeistern; entzücken; bezaubern. 2. entzückt sein (über).

₁Ncp – V – Np <com N>   *A criança encantou as visitas. Encanta-me a tua voz. Encantou-me, sempre, a beleza da paisagem, ora doce – rio correndo entre leiras; ora severo – montanhas de Portugal, fronteiriças às de Espanha.* [pl] *Ele encantou as crianças com a festa.*

₂Np – Vse <com N>   *Encantei-me com aquela paisagem magnífica. As visitas encantaram-se com a criança.*

encarar

1. jn ansehen; jm ins Gesicht sehen; FIG. ins Auge fassen; e-r. S. gegenübertreten; <jd> (e-e S.) angehen; etw wie sehen. 2. e-a. ansehen. 3. jm (Auge in Auge) gegenüberstehen, gegenübertreten; 4. betrachten als.

₁N – V – N   *O Chico fechou a janela e sentou-se, encarando os outros com um sorriso de orelha a orelha.* [dm] *Não encarou com seriedade o assunto. Encara destemidamente situações difíceis/ um perigo. A viabilidade económica do trigo passou a ser encarada com profunda desconfiança pelos lavradores mais abastados.* [rp]

₂Npl – Vse   *Encararam-se. Jadwiga sentiu desejos de se levantar, indo afagar-lhe o rosto inquieto e triste.* [vn]

₃N – V – com N   *Não podia encarar com as duas mulheres sem um mal-estar que lhe dava ânsias de muita distância e repouso moral.* [vp]

₄N – V – N – como P_n   *A URSS continua encarando esses países como sua futura e legítima aquisição.* [cm]

encarecer

1.–3. teurer machen; teurer werden lassen; verteuern. 4. teurer werden; (im Preis) steigen.

₁N – V – N   *O percurso era muito mais extenso, o que encareceria extraordinariamente os transportes.* [sc] *O terreno por onde passa a via férrea é difícil e acidentado e exigiu a construção de numerosas obras-de-arte que encareceram extraordinariamente a execução do projecto.* [sc]

₂Fc – V – N   *Encarece os produtos que os intermediários se apropriem da distribuição.*

₃I – V – N   *Importar as peças encarece o produto final.*

₄N – V <(em) Q>   *O preço da carne encareceu (em) vinte escudos.*

encarregar

Morf.: Part.: ter, ser encarregado; ser encarregue.
1.–2. jn beauftragen mit; ◊ jm etw auftragen. 3.–4. es auf s. nehmen; (e-e Aufgabe...) übernehmen.

₁N – V – N – de N   *Encarreguei-o da administração.*

₂N – V – N – de I   *Encarregaram-no de redigir a proposta.*

₃N – Vse – de N   *Encarregou-se de todo o trabalho, mas depois teve dificuldades.*

₄N – Vse – de I   *Alguns professores encarregaram-se de dar o mau exemplo, acendendo o seu cigarrinho quando bem lhes apetecia, ignorando a vontade maioritária da escola.* [pj]

encerrar
1. einschließen; verschließen; einsperren. 2. s. wo einschließen. 3. (Tor...) schließen; FIG. abschließen; schließen; (Sitzung) aufheben. 4. beinhalten; enthalten; in s. bergen. 5. zu Ende gehen; PG.: <Geschäft> schließen; geschlossen sein.

₁N – V – N – L   *Encerrou no cofre as joias e o dinheiro. Encerraram o prisioneiro numa cela sem janelas.*
₂N – Vse – L   *Ele encerrou-se no quarto, em casa.*
₃Ncp – V – N <com N>   *Mas não seria melhor que se dessem os passos necessários para que os goulags comunistas encerrassem suas portas mortíferas?* [ot] *Este argumento encerrou a discussão. Encerrou a discussão com um argumento irrefutável. Encerrar uma audiência.*
₄Nc – V – Nc   *A derradeira obra do autor encerra todo o seu pensamento filosófico. As comemorações como as do dia de hoje encerram denso conteúdo histórico.* [dp]
₅N – V   *As declarações do presidente foram recolhidas no decurso de um ciclo de conferências sobre Segurança Social que ontem encerrou na Faculdade de Economia do Porto.* [pj] (PG.:) *A loja encerra aos domingos.*

encetar
1. (Brot...) anschneiden; (Verhandlung...) eröffnen, beginnen, anfangen. 2. anfangen; beginnen.

₁N – V – N   *O pai encetou o pão. Encetámos uma série de negociações em relação a cada um dos rios em que se verificavam problemas.* [sc]
₂N – Vse   *Encetaram-se as obras da fortaleza em 14 de Julho desse ano de 1859.* [cm] *Encetaram-se imediatamente as diligências necessárias.* [sc]

encharcar
1. naß machen; (völlig) durchnässen; FIG. <Licht> etw überfluten. 2. durchnäßt werden; (durch und durch) naß werden. 3. s. vollaufen lassen; 4. in Schweiß baden; s. vollaufen lassen.

₁Np – V – N   *As lágrimas encharcavam-LHE as mãos, mas evitava soluçar.* [bc] *Cá fora, o sol encharcava as laranjeiras do largo em cujo terreiro longas redes piscatórias ornamentadas com búzios repousavam, certas de que ninguém as viria pisar.* [pl] ▸*No meio de tudo aquilo, só os rapazes ainda brincavam, deitando madeiros à corrente, metendo-se arregaçados à água, encharcando-se uns aos outros quando calhava.* [ra]
₂N – Vse   *Chovia muito, miudinho, e ele encharcou-se todo.*
₃N – Vse – de N   *Encharcar-se de vinho.*
₄N – Vse – em N   *Encharcar-se em suor/ em álcool.* ▸*Fazia um calor pegajoso quando cheguei ao Largo de Santo Agostinho. Encharcado em suor, toquei à campainha.* [np]

encher
1. füllen; vollstopfen; anfüllen. 2. <jd> s. vollstopfen mit; s. füllen; vollaufen; FIG. die Nase vollhaben (von); etw über haben. 3. FIG. jn überhäufen mit; jn erfüllen mit; jm (Mut...) geben. 4. s. füllen; (Geld) "machen". 5. füllen; <Turisten...> etw überschwemmen. 6. <Flut> (an-)steigen.

₁N – V – N – (de N)   *Encheu o cachimbo e pôs-se a fumar. Encheu a barriga. João trauteia mesmo uma ária brejeira, enquanto o barman enche com muita ciência o copo de cerveja.* [np]
₂N – Vse – (de N)   *Encheu-se de morangos. A banheira enche-se (de água). A cidade enche-se (de gente). Ele encheu-se (da Alemanha).*
₃N – V – N – de N   *Encheram-no de insultos. Não a reconheceu logo. Depois, bateu-lhe, encheu-LHE a cara de bofetadas vigorosas.* [be] *Meses atrás, assinara o meu primeiro contrato – cerimónia que me enchera de emoção.* [np] *As palmas encheram o jovem cantor de coragem.*
₄N – Vse – de N   *A cozinha enche-se de água/ de fumo. Encheu-se de dinheiro e não liga mais aos amigos.*
    ▪ *Encher-se de dívidas:* s. hoch verschulden: *Enchera-se até ao pescoço de dívidas.*
₅N – V – N   *Eu olhava para a porta da enfermaria e via destacar-se da chusma dos visitantes aquela figura esbelta e trágica que começava a encher-ME o coração.* [np] *Crianças com as suas mamãs e um ou outro papá enchiam a sala, chalreando alegremente.* [np] *Os turistas enchiam a cidade.*
₆N – V   *A maré vai encher. O rio já encheu com as chuvas que ultimamente caí-*

ram.
- *Encher os ouvidos, o saco a alguém:* jm in den Ohren liegen; jn auf die Nerven gehen.

encobrir
Morf.: Pres.: encubro; encobres. Part.: encoberto.
1. verdecken; verbergen; verhüllen. 2. <Sonne> s. (hinter Wolken) verstecken, verbergen. 3. jn verstecken, wo versteckt halten. 4. s. verstecken; s. verbergen. 5.-7. vor jm verbergen; nicht sagen; jm verhehlen.

$_1$N – V – N <com N> *As árvores encobrem a casa. As abas do chapéu encobriam-LHE o rosto. A areia encobre todos os mais ou menos inconfessáveis dejectos civilizacionais.* [oj] *Alberto espreitou, baixando um pouco a cabeça, as falhas do cabelo ralo; arrepiou-o sem piedade com os dedos, desmanchando os arranjos manhosos com que encobria o começo da calva.* [pc]
$_2$Nc – V *O sol encobriu.*
$_3$Np – V – N – (L) *Encobriu os fugitivos lá em casa.*
$_4$Np – Vse – (L) *Encobriram-se sob as moitas.*
$_5$Np – V – (a Np) – N *Encobriu a verdade ao juiz. Encobriu as preocupações, o segredo.*
$_6$Np – V – (a Np) – Fic *Encobriu que ia a Lisboa. Encobri-lhe que tivesse feito aquilo.*
$_7$Np – V – (a Np) – I *Encobriu(-lhe) ter comido os bolos todos.*

encolher
1. (Fuß...) hochziehen, anziehen; mit (den Achseln) zucken. 2. s. ducken; s. klein machen; FIG. s. bescheiden geben. 3. <Stoff> einlaufen.

$_1$N – V – N *Encolheu a perna. Encolhendo os ombros, bateu em retirada.* [np]
$_2$N – Vse <perante N> *O João encolheu-se, quando viu o pau no ar. O João encolheu-se perante os superiores. O risco está nas mãos e no texto de Luiz Vilela que, neste momento, às voltas com um novo romance, não se encolhe nem na amargura nem na importância.* [pj]
$_3$N – V *A saia encolheu.*

encomendar
1. bestellen. 2. etw Gott anbefehlen; jm jn empfehlen; jn (in js Obhut) geben; jn mit etw beauftragen; jm auftragen. 3. s. Gott anbefehlen.

$_1$N – V – N *Encomendei um bolo de anos todo bonito.*
$_2$N – V – N – a N *Encomendei a alma a Deus. Encomendei-lhes os rapazes. Encomendaram-lhe o relato do acontecimento.*
$_3$N – Vse – a N *Encomendou-se a Deus.*

encontrar
1. etw finden; jn treffen; gegen, auf etw stoßen. 2. e-a. finden; s. treffen. 3. s. mit jm treffen; auf jn stoßen. 4. s. wo befinden. 5. jn wie vorfinden. 6. s. wie befinden; (Schmerz...) haben; (krank...) sein. 7.-8. jn antreffen, ertappen bei. 9. dabei sein, zu + V.

$_1$N – V – N *Já encontrei o objecto que tinha perdido. O arrais deu uma guinada ao leme, a vela sacolejou no mastro, e o barco fez-se ao largo, para encontrar melhor caminho para atracarem.* [bc] *Encontrei-o na Avenida quando menos esperava. Ao correr precipitadamente, encontrei um obstáculo e feri-me. Já encontrei a solução do problema.*
$_2$Npl – Vse *Até que enfim que eles se encontraram!*
$_3$N – Vse – com N *Ontem encontrei-me com o João para discutir as partilhas.*
$_4$N – Vse – L *Ele encontra-se actualmente no Porto.*
$_5$N – V – N – P$_{adj}$ *Encontrei-o doente quando fui lá a casa.*
$_6$N – Vse – P$_{adj}$ *Encontro-me doente.*
$_7$N – V – N + a I *Encontrei-o a roubar laranjas/ a fazer compras.*
$_8$N – V – N + a, em N *Encontrei-o às laranjas/ às compras/ nos copos com os amigos/ na marmelada com a vizinha.*
$_9$Np – Vse + a I *Quando um jovem de 18 anos se encontra a frequentar a Universidade é tratado, no momento de pagar os seus estudos, como se fosse uma criança.* [pj]

encorajar
1. ermutigen; jm (Mut) machen; etw fördern. 2.-3. ermutigen; anspornen. 4.-5. jn ermutigen, anspornen zu.

$_1$N – V – Ncp *O João tem uma coisa para dizer – afirmou a Luísa, encorajando-o com o olhar.* [dm] *Todos os governos dos EUA do após-guerra encorajaram a inte-*

	gração. [cm]
₂Fc – V – N	*Encorajou-a que ele lhe tivesse dito aquilo.*
₃I – V – N	*Ter tido sucesso encorajou-a.*
₄N – V – Np – a Fc	*Encorajei-o a que fugisse do serviço militar.*
₅N – V – Np – a I	*Encorajei-o a tomar aquela decisão. O padre Concetti salientou que o papa Pio XII encorajara os cristãos a fazerem-se doadores de orgãos.* [pj]

encostar
1. etw lehnen an; (Auto) (an den Rand von etw) fahren. 2. s. anlehnen, s. lehnen an. 3. <Auto> (an den Rand) fahren, (am Rand) halten. 4. Seite an Seite stellen, legen... 5. lehnen an; legen an; etw mit etw berühren; mit etw an etw herankommen. 6. s. an jn halten. 7. (Tür...) anlehnen.

₁N – V – N – L	*Encostou a escada à parede/ a bengala à mesa. O Jaime meteu os travões a fundo e encostou o carro na orla de um pinhal.* [dm]
₂N – Vse – L	*O velho Alberto foi encostar-se à parede, e logo o grupo escorreu para aquele lado, solidário. Alguns ladearam-no também encostados.* [be] *Manuel Paiva encosta-se ao muro, pousa a saca e respira fundo.* [pj]
₃N – V – (L)	*O carro encostou (à beira da estrada).*
₄N – V – Npl	*Encostaram as duas camas.*
₅N – V – N – a N	*Ela aproximou-se da janela. Encostou o rosto ao vidro e soube-lhe bem aquele contacto morno.* [ce] *Por vezes, no calor da dança, o Julião encostava os lábios à orelha de Bernadette, com um sorrizinho astuto de macho sabido, e segredava-lhe coisas que a faziam rir.* [np] *O serralheiro encostou a cara ao buraco e espiou lá para dentro.* [kf]
₆N – Vse – a Np	*Encostou-se ao tio rico e não quer trabalhar.*
₇N – V – N	*Encostou a janela/ a porta.*

encurtar
1. kürzer machen; kürzen; (Weg) abkürzen.

₁N – V – N	*Encurtar uma saia/ as despesas/ o caminho.*
	▪ *Para encurtar ideias:* um es kurz zu sagen: *A produção é o trabalho, digamos, para encurtar ideias.* [tm]
	▪ *Encurtar o passo:* langsamer gehen: *O homem, aos poucos, encurtava os passos e chegava-se ao bafo do burro.* [bi]

endereçar
1. adressieren, richten an. 2. s. wenden an. 3. etw wohin schicken.

₁N – V – N – a N	*Segundo Gomes Mota, foi o tom da carta de José Eduardo dos Santos que fez com que Soares endereçasse a missiva ao presidente angolano, aproveitando a sua deslocação de negócios a Luanda.* [dp]
₂N – Vse – a N	*Endereçou-se ao ministro, pedindo uma explicção.*
₃N – V – N – D	*Endereçar uma carta para Lisboa.*

endireitar
1. aufrichten; geradebiegen. 2. s. aufrichten; FIG. ein anständiges Leben führen.

₁N – V – N	*Quando fores para a tropa já não estranhas tanto. Lá endireitam-te. Sabes o que são as primeiras linhas?* [op]
	▪ *Endireitar escrita:* Buchführung machen: *Na altura em que a casa estivera à beira da falência, não fora ele, Horácio, que se metera lá dentro da loja com os livros, de manhã à noite, quase sem comer, até endireitar a escrita?!* [pc]
₂N – Vse	*Pela forma como se endireitou, percebi que se tinha lembrado de mim. Endireitou-se na cadeira. Depois de se casar, endireitou-se.*

endoidecer [endoudecer]
1. jn verrückt machen. 2. verrückt werden.

₁N – V – Np <com N>	*Endoideceu-me com recriminações.*
₂N – V	*Mas essa mulher endoideceu! Eu saio já daqui e parto-lhe a cara, ai parto!.* [np] *Olhe que isto é de endoidecer!* [hn]

enervar
1.–3. jn nerven; jn aufregen; jm auf die Nerven fallen. 4. s. aufregen (über).

₁N – V – Np Eu enervei a pequena.
₂Fc – V – Np Enervava-o que a mulher o estivesse sempre a criticar.
₃I – V – Np Saber que tinha que fazer o exame enervava-a.
₄Np – Vse <com N, ao I> Diabo de mulher que se enervava com tudo! Ele enervava-se ao tomar a mais pequena decisão.

enfeitar
1. schmücken; zieren. 2. schmücken; verzieren; ausschmücken. 3. s. schmücken.

₁Nc – V – N Uma flor emurchecida enfeitava-LHE os cabelos negros, soltos, abundantes. [op] Havia balões e flores de papel que enfeitavam a sala.
₂Np – V – N – (com, de N) Leva-se ao forno esta massa dentro de uma forma previamente untada da manteiga. Logo que esteja cozido despeja-se num prato e enfeita-se de doce de fruta e serve-se. [ac] Enfeitou a árvore de Natal (com luzes).
₃Np – Vse – (com, de N) Ela enfeitava-se com/ de flores para ir ao baile.

enfeitiçar
1. verzaubern; verhexen; FIG. bezaubern; entzücken. 2. s. verzaubern lassen. 3. s. (wie verzaubert) hingezogen fühlen zu jm.

₁Ncp – V – N As bruxas enfeitiçam não só os príncipes mas as pessoas. O sorriso de Bernardette enfeitiçava-o. [np]
₂N – Vse <com N> Ele enfeitiçava-se facilmente (com aquele olhar).
₄Np – Vse – por Np Ele que se esmerava em seleccionar tudo o que as suas terras e gados produziam, o melhor da Península, sim, o melhor, enfeitiçara-se por aquela rapariguinha airosa e débil, de pele branca e transparente. [bc]

enferrujar
1. zum Rosten bringen; verrosten lassen. 2.–3. verrosten; Rost ansetzen.

₁N – V – N A chuva enferruja o carro.
₂N – Vse <com N> Os carris enferrujaram-se (com a chuva). O frigorífico enferrujou-se.
₃N – V – ⟨com N⟩ Os carris enferrujaram (com a chuva). A torneira da faca enferrujaram.

■ Estar enferrujado: FIG. <jd> eingerostet sein: Já há muito tempo que não pratico desporto. Estou mesmo enferrujada.

enfiar
1. etw stecken in...; (Ring) anstecken; ◊ (Schuhe...) anziehen, überstreifen; s. einhaken, unterhaken. 2. nache-a. trinken.... 3. überstreifen; anziehen. 4. s. (ins Haus) zurückziehen; wo hineingehen. 5.–6. hineingehen; hineinfahren; einbiegen in; hereinstürzen; hereingestürzt kommen. 7. FIG. jn bringen in. 8. FIG. s. voll in e-e S. stürzen.

₁N – V – N – (L) Enfiar a chave na fechadura/ a espada na bainha/ o dedo no anel/ o anel no dedo/ uma coisa no bolso/ os pés nos sapatos/ as mãos nas luvas. Minha mãe meteu-me tudo num cesto que enfiei no braço. [fa] Tirou do bolso uma boquilha preta e comprida e enfiou-LHE um cigarro na ponta. [hn] Enfiou o braço no meu e o seu sorriso iluminou-se mais ao canto dos lábios. [np]

■ Enfiar uma agulha: (Nadel) einfädeln.

₂N – V – Npl Enfiou vários copos de seguida.

■ Enfiar barretes/ um barrete (a alguém): jn hereinlegen, an der Nase herumführen: Enfiava barretes sempre que contava histórias.

₃N – V – N Enfiar um vestido/ as luvas/ as meias/ os sapatos. Fato que ele enfiasse logo se amarrotava e dir-se-ia atrair as nódoas. [pc]

■ Enfiar um barrete: reinfallen: Pensava que tinha comprado um carro em bom estado, mas enfiei um grande barrete: em três meses já tive cinco avarias.

₄N – Vse – Lem Pode ser que a mãe não tenha coragem de ir já enfiar-se em casa, sozinha com a filha – retorquiu o Pedro. [dm]
₅N – Vse – Dpor Adozinha sorriu-lhe e enfiou-se por uma porta entreaberta, depois de um largo aceno de despedida. [np] Enfiou-se pela porta dentro/ pelo mato.
₆N – V – Dpor O carro enfiou pela mata. Enfiou pela porta sem se fazer anunciar.

	Saltitando nas pernas um pouco bambas, o capelão enfiou pela porta e saiu para o corredor. [bc]
₇N – V – N – em N	*Um curso enfia-nos cedo ou tarde numa engrenagem, numa existência acanhada.* [rn]
₈N – Vse – em N	*Diogo Relvas sabia que além da Mala Real Portuguesa aquele marau se enfiara até ao pescoço nos caminhos-de-ferro, arrastando o irmão para o negócio.* [ra]

enforcar
1. jn hängen; henken; erhängen. **2.** s. erhängen; s. aufhängen.

₁N – V – N	*Antigamente, os criminosos eram enforcados e depois cortavam-lhes as cabeças e espetavam-nas nestes espigões de ferro, para toda a gente ver.* [dm]
₂N – Vse	*Judas enforcou-se em seco galho e alguém aspergiu suas entranhas malvadas no lugar hoje Campo-de-Sangue chamado.* [lu]

enfraquecer
1.-3. schwächen; geringer werden lassen. **4.** schwächer werden; geschwächt werden; ermatten; FIG. schwächer werden; nachlassen.

₁N – V – Ncp <com N>	*A doença e a dieta enfraqueceram-no. O incidente enfraqueceu os laços entre os dois países. Havia já entre eles uma franqueza perigosa. Abordavam todos os assuntos, examinavam cruamente os próprios sentimentos, mas isso não parecia enfraquecer o afecto que os ligava.* [vp]
₂Fc – V – Np	*Enfraqeceu-a ainda mas que a tivessem mantido na prisão sem cuidados médicos adequados.*
₃I – V – Np	*Fazer a viagem naquelas condições enfraqueceu-a.*
₄Ncp – V <com N>	*O rapaz enfraqueceu com aquela dieta idiota. Em todos os novos Estados africanos, a autoridade efectiva dos governantes vai enfraquecendo progressivamente dos centros principais de governo para a periferia.* [sc] *Os laços de amizade entre os dois países enfraqueceram.*

enfrentar
1. entgegentreten; die Stirn bieten; gegenübertreten; FIG. ins Auge sehen; (e-m Problem...) gegenübertreten. **2.** s., e-a. gegenübertreten, gegenüberstehen.

₁N – V – N	*O filho não quis voltar para casa com medo de enfrentar o pai. Enfrentar dificuldades. A posição mais correcta parece-me ser a de enfrentar desde já o problema, através de um debate o mais sério e alargado possível, por forma a encarar a melhor solução.* [cm] *Era preciso viver, atravessar experiências familiares dilacerantes, enfrentar a recessão.* [pj]
₂Npl – Vse	*Os exércitos enfrentaram-se.*

enfurecer
1.-3. wütend machen; in Rage bringen. **4.** wütend werden; in Zorn, Wut, Rage geraten. **5.** FIG. <Meer...> stürmisch werden; toben, wüten.

₁N – V – Np <com N>	*Este plano enfureceu os clientes ainda mais, mas do ponto de vista do banco era a única via possível de acção.* [kf] *Enfureci a prima Leocádia com aquilo que lhe fiz.*
₂Fc – V – Np	*Enfureceu-me que que ele tivesse saído sem me dar cavaco.*
₃I – V – Np	*Enfureceu-me ter que trabalhar mais sem compensação nenhuma.*
₄Np – Vse <com N, ao I>	*A prima enfureceu-se ao saber do plano. Depois, já dentro de casa, enfureci-me comigo, porque assim nunca mais seria capaz de me fazer um homem.* [ra]
₅Nc – Vse	*O mar enfureceu-se e destruiu as cabanas dos pescadores.*

enganar
1. täuschen; hintergehen; hereinlegen; an der Nase herumführen; (s-n Mann, s-e Frau) betrügen. 2. s. irren; s. täuschen. 3. s. vertun in. 4. jn betrügen um. 5. s. vertun um.

₁N – V – N   *O filho enganou o pai dizendo que tinha passado de ano. O filho enganou o pai dizendo que não ia à praia. Uma certeza terrível infiltrou-se na alma: a mulher enganava-o.* [tm]
▪ *Se a memória não me engana:* <Gedächtnis> jn im Stich lassen.

₂N – Vse   *Afinal, enganei-me! Se não me engano,...*
₃N – Vse – em N   *Enganou-se nas contas. Enganei-me no número da porta.*
₄N – V – N <em N>   *Enganou o freguês em dez escudos.*
₅N – Vse <em N>   *Enganou-se em dez escudos.*

engarrafar
1. in Flaschen füllen; abfüllen; auf Flaschen ziehen.

₁N – V – (N)   *Um ano houve névoa baixa no dia de engarrafar, logo o vinho avinagrou apesar de defumado.* [lu]

engasgar
1. jn fast ersticken; jm im Halse stecken bleiben; ◊ fast ersticken an. 2. <jd> fast ersticken; FIG. s. verhaspeln; aus dem Tritt kommen; (beim Sprechen) steckenbleiben.

₁N – V – Np   *A espinha engasgou-o. As vaias engasgaram-no.*
₂Np – Vse <com N>   *O garotinho chorava, tossia, engasgava-se.* [np] *Ele engasgou-se com as espinhas. Ele engasgou-se com os apupos de assistência e não pôde prosseguir a representação. O orador engasgou-se e não conseguiu concluir o seu argumento.*

engatar
1. zus.hängen; zus.kuppeln... 2. (Pferd...) anspannen; anhängen, ankuppeln an. 3. FIG. (Freund, Freundin...) aufreißen; jn "anmachen"; (Gespräch) anknüpfen.

₁N – V – Npl   *Engatou os vagões.*
▪ *Engatar as velocidades, as mudanças:* e-n Gang einlegen: *Engatou a terceira e fez a curva.*

₂N – V – N – (à N)   *Ajudou a engatar a burra, pois lhe a venda nos olhos e impediu-a para começar a tarefa.* [fa] *Engatei o vagão à máquina.*

₃Np – V – Np   *O senhor não é amigo do Zé? Isto será uma maneira nova de engatar?* [hn] *Engatou uma moça. Engatou conversa com uma moça.*

englobar
1. <etw> etw umfassen, einschließen.

₁N – V – N   *Aquela experiência engloba tudo o que até agora se conhece. Os sistemas conceptuais, abstractos, racionalistas, englobantes e unitários de valores abstractos são postos em questão porque não englobam todas as forças de cultura.* [pj]

engolir
Morf.: Pres.: engulo, engoles.
1. verschlucken; herunterschlucken; verschlingen; FIG. etw schlucken; verschlingen.

₁N – V – N   *Parece que as cobras engolem as aves vivas.* [np] *Spaggiari engoliu esta história um tanto dúbia, esportulou seis mil e duzentos dólares, e o Pedreiro saiu da prisão de Bourgues.* [kf] *Não o disse, mas sentiu-se como se engolisse uma afronta.* [nv] *Tudo ultrapassa tudo. A civilização engoliu o tempo, já não há tempo para o tempo.* [tm]
▪ *Engolir em seco:* baff sein, zu sein scheinen; sprachlos sein: *Ele disse-lhe das últimas e ela engoliu em seco.*

engomar
1. (Wäsche) stärken; plätten; bügeln.

₁N – V – (N)   *Ela engomava a roupa com cuidado. Antigamente, todas as criadas sabiam bordar, fazer renda. Agora não sabem nada, nem sequer engomar e, no entanto, querem ganhar tanto como se soubessem tudo.* [hn]

engordar
1. (Tiere) mästen; jn dicker machen; jn in die Breite gehen lassen. 2. zunehmen; dicker werden; in die Breite gehen.

$_1$N – V – N	*Ele engordou o porco/ o ganso/ o perú. O chocolate engordou-me. O ócio engordou-o. ▸O chocolate engorda.*

$_2$N – V – Q	*Engordei dois quilos.*

engraxar [NPG.: engraixar]
1. (Schuhe...) einfetten, wichsen, putzen; PG.: FIG. jm schmeicheln; jm Honig um den Bart schmieren.

$_1$N – V – N	*Cabenco punha-se a engraxar os sapatos dos estudantes e escutava-lhes as maluquices.* [op] (PG.:) *O aluno passa a vida a engraxar o professor.*

enjeitar
1. (Kind) aussetzen; verwerfen; verstoßen; FIG. etw ablegen.

$_1$N – V – N	*A pobre mãe enjeitou o filho por não poder sustentá-lo. Todas sabiam que era a última vez que poderiam olhar Maria do Pilar, e queriam levar-lhe o adeus agradecido de quem não enjeitara o filho dum campino.* [bc] *Com o andar dos anos, Diogo Relvas enjeitava o seu liberalismo comedido e resvalava para o absolutismo.* [bc]

enjoar
1. jm übel, schlecht werden lassen; ◊ jm schlecht werden von; jn seekrank machen; FIG. jn langweilen. 2. jm schlecht, übel sein; seekrank sein. 3. jm schlecht, übel werden von; jn leidwerden. 4.–5. etw leid sein; etw überbekommen; etw über haben; s. ekeln vor.

$_1$Nc – V – Np	*O cheiro, a forte ondulação do mar enjoou-os. ▸Quando a galinha está cozida, tira-se para fora, coa-se o caldo, que se desengordura para não enjoar.* [ac] *Enjoou o auditório com péssimas anedotas.*

$_2$Np – V	*Naquela viagem eles enjoaram e tiveram que ficar nos camarotes.*

$_3$Np – Vse – de Ncp	*Ele enjoo-se de doces. Enjoo-se dele e deixou-o.*

$_4$Np – V – de N	*Enjoei de chocolate.*

$_5$Np – V – Nc	*Ele enjoou as sardinhas.*

enlouquecer
1. jn den Verstand verlieren lassen; jn um den Verstand bringen; jn verrückt machen. 2. (fast) verrückt werden.

$_1$N – V – Np	*Aqueles acontecimentos enlouqueceram a Maria do Pilar.*

$_2$Np – V <de N>	*Ao sétimo dia, quando começava a recear enlouquecer, meteu à pressa a roupa nas malas, pagou o que devia no hotel e fugiu.* [vp] *Ia enlouquecendo de desespero, de amor.*

enlutar
1. in Trauer hüllen, versetzen. 2. s. in Trauer hüllen; trauern.

$_1$N – V – N	*A morte do Presidente enlutou o país. A morte do filho enlutou a família.*

$_2$N – Vse <com N>	*O país enlutou-se com a morte do Presidente.*

enojar
1. anwidern; ekeln. 2. s. ekeln vor.

$_1$N – V – N	*A violência da cólera que havia presenciado enojava-o.* [vp]

$_2$N – Vse <com N>	*Enojou-se com o cheiro da comida.*

enriquecer
1. reich machen, werden lassen; (Suppe...) schmackhafter machen; FIG. bereichern. 2. <jd> reich werden.

$_1$N – V – N	*O negócio e a especulação enriqueceram-no. Maggi enriquece a sopa. O museu enriqueceu o património nacional. O imóvel visa especialmente enriquecer o património da Misericórdia.* [pj]

$_2$N – V	*Aquela casa foi construída para aí há cem anos, por um homem que enriqueceu no Brasil.* [dm]

enrolar
1. aufrollen; aufwickeln; (Haare) wickeln, einrollen; einwickeln in. FIG. (Entschuldigung...) (herunter-)stottern; jn reinlegen. 2. s. aufrollen; s. aufwickeln; s. wickeln, hüllen in; FIG. s. verhaspeln.

₁N - V - N \<em N\>   A Maria enrola a lã num novelo. Deixa-me enrolar os teus cabelos! Enrolou o dinheiro num papel. Ela enrolou a criança (num cobertor). Enrolou uma desculpa qualquer. Ele contava-lhe como se desempenhara a seu contento da venda de couros em Guimarães, enrolando um "pato-bravo" que se julgava mais fino que ele. [pc]

₂N - Vse \<em N\>   O fio enrolou-se. A moça enrolou-se num xale. Enrola-te bem! No meio da apresentação do trabalho, enrolou-se e não conseguiu prosseguir.

enrouquecer
1. heiser machen, werden lassen. 2.-3. heiser werden.

₁N - V - N   O tempo gelado enrouqueceu o João.
₂N - Vse   O povo aclamava-o até se enrouquecerem as gargantas. [av]
₃N - V   O miudo enrouqueceu, tem que tomar o xarope.

ensaiar
1. ausprobieren; testen; versuchen; [Theater] üben; proben. 2. trainieren; üben.

₁N - V - N   Ao esboçar estas linhas não ignoro que virei a substituí-las por outras, caso o livro seja impresso, elas destinam-se somente a ensaiar a mão, já antes o disse. [tm] O actor ensaiou o papel. Eles ensaiaram a jogada. Hoje a companhia ensaia o quarto acto.
  ▌ N - V: ⇒ fazer um ensaio.

₂N - Vse \<para N\>   Os atletas ensaiaram-se para a maratona.
  ▌ Não se ensaiar para + I: nicht zögern: Ela não se ensaia nada para lhe dizer umas verdades.

ensinar
1. unterrichten; lehren; jm etw beibringen; (Weg) zeigen, weisen. 2. lehren. 3. jn unterrichten; jm Unterricht geben (lassen). 4.-5. jm etw beibringen; jn etw lehren.

₁N - V - (a Np) - N   Ensinou aos alunos a fórmula correcta. Ensinou-lhes o caminho para casa. ▶O autor é inesgotável, consegue aliciar, divertir e ensinar com os seus textos. [pj]

₂N - V - (a Np) - Fi   Os livros de história ensinam que D. Sebastião morreu em Alcácer Quibir.
₃N - V - Np   Prefere ensinar o filho em casa a pô-lo num colégio.
₄N - V - Np - a I   Ensinou-me a fazer os trabalhos de casa. Ensinou a criança a comer com a mão direita.
₅I - V - Np - a I   Ter tido uma infância feliz ensinou-o a ser bom pai.

entabular
1. (Gespräch) anknüpfen, beginnen; (Verhandlungen) aufnehmen, beginnen.

₁N - V - N   Joaquina sentou-se à lareira, e, enquanto mexia na tijela o chá preto em que migava sopas de trigo, entabulou com Maria uma conversa trivial sobre o morto, os seus parentes e escassas alfaias que herdavam eles. [as] Os paises escandinavos entabularam negociações com a CE.

entardecer
1. Abend werden. 2. \<Tag\> s. neigen.

₁V   Entardece tão cedo.
₂N - V   O dia entardeceu suavemente.

entender¹
1. verstehen; hören; begreifen. 2.-3. verstehen. 4. etw verstehen unter. 5.-6. s. (wie) verstehen. 7.-8. s. einigen, s. verständigen. 9. Kenntnisse haben in; Ahnung haben von; s. verstehen auf.

₁N - V - N   Ele entendeu perfeitamente a explicação. Ele entendia o linguagem dos computadores. Não entendo aquele poeta. Fala mais alto, não entendo nada! Falo a minha sogra, que sorri vagamente e que condescende, por fim, em dizer qualquer coisa que não entendo. [hn]
  ▌ Entender mal a.c.: etw mißverstehen.

	▪ *Dar a entender (a alguém) que + F:* etw jm zu verstehen geben.
	▪ *Fazer-se entender:* s. verständlich machen: *Ele fez-se entender (por eles).*
	▪ *Eu cá me entendo:* Ich weiß schon, was ich tue, sage...
	▪ *Bem te entendo!:* Ich weiß, worauf du hinauswillst!
$_2$N – V – Fi	*Entendeu que devia afinal dar notícias à família.*
$_3$N – V – I	*Entendi terem decidido candidatar-se nas próximas eleições.*
$_4$Np – V – Nc – por N	*Que entende você por socialismo?*
$_5$Npl – Vse – (M)	*Eles entenderam-se e agora passam muito tempo juntos. Tenho a certeza de que se entenderiam muito bem – disse eu.* [np]
$_6$N – Vse – com N – (M)	*Ele entendeu-se (bem) com o João.*
$_7$Npl – Vse – sobre N	*Os ministros do Ambiente não tinham conseguido entender-se sobre este ponto da redução da poluição automóvel que, segundo a RFA, estaria na origem das "chuvas ácidas".* [pj]
$_8$N – Vse – com N – sobre N	*Ele entendeu-se com o João sobre a concretização daqueles objectivos.*
$_9$N – V – de N	*Ele entende de mecânica.*
	▪ *No meu entender:* meines Erachtens; meiner Meinung nach.
	▪ *Ele entende da poda:* sein Fach, seine Sache verstehen.

entender²
1. finden, meinen, daß. 2. beschließen; beabsichtigen.

$_1$N – V – Fi	*Entendeu que devia telefonar-lhe. O CDC entende, porém, que o Governo deve anunciar quanto antes as regras das privatizações.* [dn]
$_2$N – V – I	*O governo entendeu reformar a Constituição. Entendeu dar por terminada a sessão parlamentar. Diogo Relvas levava consigo a candeia de azeite de três bicos com que lá dentro se alumiava, quando não entendia apagá-la e ficar só com a luz do luar.* [bc]

enterrar
1. verscharren; vergraben; begraben; beerdigen; beisetzen; unter die Erde bringen; FIG. abschaffen; begraben; vergessen. 2. mit etw hineinstechen in. 3. s. graben in; s. hineinbohren in. 4. etw stecken in. 5. aufgehen in; s. vergraben in.

$_1$N – V – N <L>	*Enterrou o dinheiro no quintal. Já ditou o seu testamento, no dia em que pediu à mãe: Se eu morrer antes de você, ponha-me a concertina no caixão e não me enterre sem ela!* [pl] *É necessário levantar um movimento de opinião por todo o País com o objectivo de enterrar as velhas normas do Código Penal.* [oj] *Enterremos o passado!*
$_2$N – V – N – L	*Enterrou a faca na mesa.*
$_3$N – Vse – L	*A bala enterrou-se na árvore. A única sensação desagradável é quando, ao sair do rio, os pés se enterram na lama quente.* [vp] ▸*Lá se deixou ficar, enterrada num sofá, conversando, abalada pelo susto até aos ossos.* [pc]
$_4$N – V – N – em N	*Enterrou-lhe a faca no peito.*
$_5$N – Vse – em N	*Ele enterrou-se completamente naquele projecto megalómano.*

enterter ⇨ **entreter**

entoar
1. (Lied) anstimmen.

$_1$N – V – N	*Passam pelo compartimento onde se conheceram e onde os três rapazes continuavam a entoar melodias estranhas, e entram no seguinte, que se encontra vazio.* [nv]

entornar
1. (Gefäß) umwerfen; verschütten; vergießen. 2. <Gefäß> umkippen. 3. in s. hineinschütten; hinunterkippen.

$_1$N – V – N – (L)	*Entornou a vasilha do leite. Entornou o copo no chão. Entornou o café na mesa.*
$_2$N – Vse – (L)	*Os copos entornaram-se (na mesa).*
$_3$N – V – N	*Ele entornou uns copos de cerveja e saiu quase embriagado.*

entorpecer
1. lähmen; FIG. einschläfern; betäuben. 2. <Glied> einschlafen.

₁N – V – N
 O frio entorpece-LHE os membros. Não estou interessado, senhor Teobaldo Gomes, em tornar mais espessa a fumarada de ópio com que este jornal entorpece todas as manhãs os imbecis dos seus leitores. [op] Voltava a confiança a entorpecê-lo e tão pouco se vigiava que, à noite, no quarto de Françoise, ao lado dela, vindo-lhe Cécile à ideia, deixava-se cair em longas ausências. [vp]

₂N – V
 O braço entorpeceu-se-LHE.

entortar
1. verbiegen; (Augen) verdrehen. 2. s. verbiegen. 3. <Draht...> s. verbiegen. 4. (Kopf...) wohin drehen.

₁N – V – N
 Entortei o garfo. A Teresa deixou descair o queixo, entortou os olhos e fez uma careta horrível. [al]

₂N – Vse
 O garfo entortou-se.

₃N – V
 O arame entortou.

₄N – V – N – (D)
 Entorto a cara para a direita e para esquerda em frente do espelho e observo, mais uma vez, que sou feio. [hn]

entrar¹
1. eintreten; betreten; kommen, fahren, reiten... in; <Schiff> einlaufen; in (ein Land) einreisen. 2. <Nagel> hineingehen in; <etw> passen in; <Wasser> wo eindringen. 3. <Jahreszeit> kommen, eintreten. 4. (zur Armee...) gehen; auf (e-e Schule) gehen. 5. auf (die Universität...) gehen; in (e-e Partei) eintreten; (e-r Partei...) beitreten; s. einlassen auf; passen, gehören in. 6. jn necken; s. lustig machen über. 7. durch (e-e Tür) gehen.

₁N – V – (Lem)
 Entrou na sala. O carro entrou na garagem. O navio entrou no porto. Maputo está completamente cercada, basta dizer que em Novembro fizemos descarrilar duas dezenas de comboios que saíam ou entravam na capital. [pj] Entrámos em França.
 ▪ Entre!: Herein!

₂N – V – Lem
 O prego não entrava na parede. A rolha não entrava na garrafa. A água entrava no porão do navio.

₃N – V
 O verão entrou tarde.

₄N – V – para N
 Entrou para o partido e fez lá carreira. Entrou para a escola.

₅N – V – em N
 Entrar na universidade/ na escola/ num partido. Entrar em longas explicações. Está para além do âmbito deste livro entrar no aspecto prático da construção destes circuitos. [cp] Este elemento não entra nesta fórmula.

₆Np – V – com N
 Não te preocupes; ele só está a entrar com ela.

₇N – V – N
 Decorreu meia hora e a alta silhueta morena de Rosário não havia meio de entrar aquela porta, por mais que os olhos de Horácio, já exasperados, a exigissem. [pc]

entrar²

₁N – V + em N
 ▪ Entrar em moda: in Mode kommen.
 ▪ Entrar em pânico: in Panik geraten: A população, ainda sob o choque da catástrofe do passado dia 3, que fez pelo menos 2 500 mortos, entrou em pânico. [pj]
 ▪ Entrar em vigor: in Kraft treten: Quando a lei entrou em vigor os erros de técnica jurídica foram causa de muitas dificuldades na acção preventiva e repressiva dos crimes. [sc]

entravar
1. hemmen; erschweren; bremsen; behindern.

₁N – V – N
 A instalação de novos colonatos nos territórios ocupados entravou as conversações israelo-árabes. Entravar as negociações. A morte do pai entravou-LHE o negócio. O conflito no governo entravava a discussão da lei. As infraestruturas económicas e sociais são geralmente insuficientes nas regiões menos desenvolvidas dos países candidatos e estas lacunas entravam o desenvolvimento de imensas porções de território. [cm]

entregar

Morf.: Part.: ter entregado; ser, estar entregue.
1. übergeben; aushändigen; abliefern; ausliefern; überantworten; jn jm anvertrauen. 2. s. ergeben; s. jm hingeben. 3. s. e–r S. widmen; s. (e–r Arbeit) annehmen; s. e–r S. hingeben. 4. s. e–r S. hingeben.

₁N – V – N – (a N)   *O pai entregou–me tudo desde Janeiro.* *Não posso desertar. Tinha* **entregado** *o criminoso à polícia. Holtz entregou ao secretário da Embaixada indonésia, Irkanda Dinata, uma petição para ser enviada ao Governo de Jacarta.* [pj] *1983 foi de longe o ano em que maior número de habitações sociais foram* **entregues** *atingindo 8300 fogos.* [pj] *É minha obrigação olhar pelas minhas criadas enquanto me estiverem* **entregues**. [hn] *Entregou a criança aos cuidados dos pais.*

■ *Ficar entregue a si próprio:* auf s. selbst gestellt sein.

₂N – Vse – (a Np)   *Pediu a opinião dos seus conselheiros sobre o que seria melhor: entregarem–se a um povo vizinho mais forte ou continuarem independentes.* [pj] *Ela entregou–se–lhe de alma e coração.*

₃N – Vse – a Nc   *Os trabalhadores não se entregam a nenhum trabalho agrícola fora da freguesia.* [rp] *Cécile entregava–se ao momento, sem querer enxergar mais adiante.* [vp] *Entregou–se ao álcool.*

₄N – Vse – a I   *Entregou–se a viver dissolutamente.*

entreolhar–se
1. s. ansehen; e–a. ansehen.

₁Npl – Vse   *Os dois homens entreolharam–se, encolheram os ombros e recomeçaram o trabalho.* [kf]

entreter [enterter]
1.–3. <etw> jn unterhalten; jn ablenken; jn zerstreuen; jn amüsieren. 4. <jd> jn unterhalten. 5.–6. s. zerstreuen; s. amüsieren; s. die Zeit vertreiben.

₁Nc – V – (N)   *A leitura entretem. O jogo entreteve–o.*
₂Fc – V – N   *Entretinha–a que ele lhe contasse aquelas histórias.*
₃I – V – N   *Dançar entretinha–a.*
₄Np – V – N <com N>   *O homen entreteve o assaltante até vir a polícia. Vem aí um rapaz novo que eu desejo entreter e creio que você conseguirá isso com mais facilidade do que eu.* [hn]
₅Np – Vse <com N; M>   *Como dali nada mais tirava para me entreter, deitei–me sobre a palha do outro lado e fui comendo o resto das azeitonas.* [ra] *Alguém de "posição respeitável" disse que é bom que a juventude se entretenha com a heroína.* [pj] *Ele entretem–se bem.*
₆Np – Vse <a I>   *Entretinha–se a escrever histórias.*

entrevistar
1. befragen; verhören; vernehmen.

₁N – V – Np   *A polícia começou a entrevistar as testemunhas da fuga.* [kf]

entristecer
1.–3. traurig machen; betrüben. 4.–5. traurig werden, sein.

₁N – V – N   *A notícia entristeceu–o. A Maria entristeceu o pai com a sua partida.*
₂Fc – V – N   *Entristeceu–a que ele se tivesse ido embora.*
₃I – V – N   *Ver a Maria entristeceu–o.*
₄N – Vse   *De resto nem tenho tempo para me entristecer. A minha vida é tão cheia, tão ocupada, que nem poderei demorar–me consigo mais de meia hora.* [np]
₅N – V   *Mas no regresso ao hotel, se Maria ficava só, voltava a entristecer e tudo se lhe afigurava baço e desconsolador.* [vp]

entupir
Morf.: Pres.: entupo, entopes.
1. verstopfen; FIG. jn sprachlos machen. 2. s. verstopfen. 3. s. vollstopfen mit. 4. s. verstopfen; FIG. kein Wort mehr rausbringen; sprachlos sein.

₁N – V – N <com N>   *O lixo entupiu o cano. Entupiste o cano com os restos de comida. A surpresa entupiu–os. Aquela cena plácida, em vez de um grupo de homens mal–*

	encarados ou mesmo armados, deixou-os sem resposta. [dm]
₂N – Vse <com N>	*O cano entupiu-se com os restos de comida.*
₃N – Vse – de N	*O inimigo entope-se de vinhos doces, atulha-se de carne fresca de veado ou javali, e nós comemos ratos e raízes.* [av]
₄N – V	*O cano entupiu. A Maria entupiu e não pôde prosseguir a discussão.*

entusiasmar
1.-3. begeistern. 4. begeistert sein über; s. begeistern (für).

₁N – V – N	*O líder do partido social-democrata entusiasmou a multidão. O último livro do Saramago entusiasmou-me.*
₂Fc – V – N	*Entusiasma-a que ele seja tão empreendedor.*
₃I – V – N	*Entusiasmou-os saber que o filho tinha feito grandes progressos na escola.*
₄N – Vse <com N, a I, por N>	*À solta, Rui Diogo entusiasmara-se com a liberdade do ar livre e apedrejava tudo o que lhe parecesse alvo capaz da sua mão certeira.* [bc] *O João entusiasmou-se com as perspectivas que se lhe ofereciam. Ele entusiasmava-se a fazer o trabalho com eficácia. Entusiasmava-se pelo jazz dos anos trinta.*

enumerar
1. aufzählen.

₁N – V – Npl	*O teólogo de moral enumerou as condições para que seja lícita a transplantação de um orgão de um animal.* [pj]

envaidecer
1.-3. jn eitel machen. 4.-5. eitel werden; stolz sein auf; sich etw einbilden auf.

₁N – V – N	*Os progressos na aprendizagem envaideciam o garoto. O cumprimento da lei não deve envaidecer ninguém.*
₂Fc – V – N	*Envaidecia-a que tivesse sido convidada a representar o papel principal na peça.*
₃I – N – V	*Ter ouvido tão rasgado elogio envaideceu-a.*
₄N – Vse (de, com N)	*Envaidecer-se com o êxito que teve. Essa sabedoria de que tanto te envaideces não é só tua, é também minha!* [op] *Ele envaidecia-se com os progressos que fizera em português.*
₅N – Vse – de I	*Os bichos pareciam compreender os donos, envaidecendo-se de nos ver naquela pasmaceira.* [fa]

envelhecer
1. (Wein, jn) altern lassen; alt aussehen lassen. 2. alt werden; altern.

₁N – V – N	*Os dois irmãos compram os melhores lotes de vinho, envelhecem-nos na perfeição, vestem-nos com gosto e dignidade* [oj] *De olhar como que perdido no vago, o Pai assistia, aparentemente impassível, àquela cena, embora uma palidez extrema LHE envelhecesse, precocemente, a face.* [pl]
₂N – V	*Oficiais com experiência de guerra, com serviços prestados em combate, detentores das mais altas condecorações militares, envelheceriam nos postos à espera de promoção.* [sc]

envenenar
1.-2. vergiften. 3. s. vergiften.

₁N – V – N <com N>	*Os vírus envenenam, com efeito, o homem, os animais e mesmo as plantas.* [dn] *Envenenaram-no com arsénio.*
₂I – V – N	*Mentir envenena qualquer tipo de relação.*
₃N – Vse <com N>	*O homem envenenou-se (com arsénio).*

enveredar
1. (Weg, Richtung) einschlagen, nehmen (durch...); einbiegen in; zusteuern auf; abbiegen nach. 2. s. (für die Politik...) entscheiden.

₁N – V – Dpor, para	*Enveredou ladeira abaixo sem dizer nada a ninguém. Ele enveredou por uma daquelas novas rampas que ligavam a avenida nova à Calçada da Pampulha; enveredou justamente pela da direita, que era a que daria aces-*

	so à *Rua do Olival*. [gt] *Ainda hoje não sei dizer por que enveredei por aquele atalho.* [pc]
₂N – V – por N	*Ainda jovem, enveredou pela política.*

envergonhar
1.-3. beschämen. 4.-5. s. schämen über.

₁N – V – Np	*Eu danço tão mal, João. Já não danço desde que casei. Tenho medo de o envergonhar.* [hn] *O silêncio dele envergonhava-a.*
₂Fc – V – N	*Envergonhava-o que o amigo procedesse assim.*
₃I – V – N	*Ter sido obrigado a fazer aquilo envergonhara-o.*
₄N – Vse – (de, com N)	*Cresceu-me uma vontade de lhe falar naquilo, mas envergonhei-me e não fui capaz.* [fa] *O pai envergonhou-se com o comportamento do filho. Eu envergonho-me do meu passado.*
₅N – Vse – de I	*Envergonhou-se de confessar o que lhe parecia uma fraqueza. Não te envergonhas de vender assim a tua filha?* [tm]

enviar
1.-2. schicken; abschicken; senden; absenden.

₁N – V – N – (D)	*Quando carregamos os dados na memória do computador, eles são imediatamente enviados para a saída.* [cp] *Enviei a carta. O governo enviou nova comissão à Indonésia para resolver o problema de Timor.*
₂N – V – N – a, para Np	*Enviou uma carta aos amigos a convidá-los para os anos. Enviei a encomenda para o ministro.*

envidar
1. s. alle Mühe geben; Anstrengung machen, unternehmen.

₁N – V – N <para I>	*Envidou todos os esforços para obter/ no sentido de obter uma bolsa.*

enviuvar
1.-2. verwitwen.

₁N – V – N	*A guerra enviuvou muitas mulheres.*
₂N – V	*O Júlio e o Joaquim eram irmãos, viviam juntos desde que tinham enviuvado e adoravam contar adivinhas, histórias, anedotas, sempre com tanta graça, que dava gosto ouvi-los.* [dm]

envolver
Morf.: Part.: ter, ser envolvido; estar envolto: eingehüllt sein.
1. einhüllen, wickeln in. 2. [Küche] etw wenden in; jn umarmen; FIG. jn hineinziehen in. 3. s. einhüllen in; in (e-e S.) verstrickt werden; s. einlassen auf. 4. s. mit jm einlassen. 5. einhüllen; umgeben; FIG. jn einbeziehen; <etw> erfordern, erforderlich machen; ◊ teilnehmen an; jn anziehen; jn in Mitleidenschaft ziehen; umfassen; beinhalten. 6. nach s. ziehen; beinhalten; mit einschließen.

₁Np – V – N – (em N)	*A mãe envolveu a criança (no cobertor).*
₂Np – V – N – em N	*Envolver os bifes em farinha. Envolveu-a num abraço. Teve o cuidado de não a envolver naquela questão.*
	▪ *Estar **envolvido** + em N*: verwickelt sein in: *Albert esteve em contacto com os neofascistas italianos, e suspeita-se que esteve envolvido em contrabando de armas.* [kf]
₃Np – Vse – em N	*Envolver-se num xaile/ num cobertor. Ao reconhecer o ladrão, o roubado atirou-se a ele e envolveram-se em luta violenta.* [pj]
₄Np – Vse – com Np	*Não quis envolver-se com esse grupo de estudantes.*
₅Nc – V – N	*Extensas herdades envolvem as aldeias como uma cintura exterior.* [rp] *Que lindas terras! Havia muito que o Cangôstas não as enxergava assim, a olho nu, sem que o envolvessem os longos veios da noite.* [pl] *O silêncio envolveu-os. A investida envolveu mais de quinhentos polícias e gendarmes em oito cidades.* [kf] *A elegância daquela mulher envolveu-o. As intrigas envolveram toda a família. A supressão da liberdade envolve sempre violência. Depois de ganharmos o hábito de esquematizar previamente o programa, aperceber-nos-emos de que o processo de programação envolve muito mais coisas do que inicialmente se previa.* [cp]
₆I – V – N	*Comprar um microcomputador para utilização profissional ainda envolve alguns riscos potenciais.* [cp]

enxergar
1. sehen; erblicken. 2. bis wohin sehen. 3. FIG. bemerken; gewahrwerden.

$_1$N – V – N O Rodrigo via estrelas de dia, que ninguém por mais que fizesse, conseguia enxergar. [nc] A avó Caixinha dizia sempre que me enxergava, que eu era a cara do meu avô Sebastião. [fa] Que lindas terras! Havia muito que o Cangôstas não as enxergava assim, a olho nu, sem que o envolvessem os longos veios da noite. [pl]

$_2$N – V – D Por causa do nevoeiro só se podia enxergar até aos montes mais próximos.

$_3$N – V – N – L Enxergou nos seus olhos sentimentos ocultos.

enxotar
1. vertreiben; verscheuchen; verjagen.

$_1$N – V – N – (D) Larga a trança, agarra um pau, percorre o campo, alvoroçadamente, enxotando as vacas. [op] Cécile apareceu-lhe toda regaçada, enxotando da cozinha uma gata da vizinhança. [vp] Ele sacudiu as mãos como quem enxota para longe incómodos que não levam a coisíssima nenhuma. [bp]

enxugar
Morf.: Part.: ter, ser enxugado; estar enxuto.
1. (Geschirr) abtrocknen; (s. die Augen) trocknen; (s. die Tränen) abtrocknen. 2. s. abtrocknen. 3. trocken werden; trocknen.

$_1$N – V – N Ele já tinha **enxugado** a louça quando ela chegou. A roupa estava já **enxuta** quando lá chegou. O passageiro enxuga o rosto com o lenço, mas o cabelo ralo colado à testa continua a escorrer. [op] Afinal, lá estava ele a enxugar disfarçadamente as lágrimas, com o pretexto de assoar-se. [np]

$_2$Np – Vse Ela enxugou-se numa toalha.

$_3$N – V A roupa/ o chão/ os olhos enxugaram.

equipar
1. versehen, ausstatten mit.

$_1$N – V – N – (com N) Equipou muito bem o laboratório. Alguns aparelhos, como as modernas máquinas de lavar, vêm por vezes equipados com um pequeno computador. [cp]

equiparar
1.-2. gleichstellen (mit). 3. s. mit jm gleichstellen.

$_1$N – V – Npl O Governo equiparou os funcionários da autarquia em vencimento.

$_2$N – V – N – a N O Governo decidiu equiparar o pessoal de vigilância dos serviços prisionais ao da PSP para efeitos de vencimento, suplementos e demais regalias sociais. [pj]

$_3$Np – Vse – a Np No que respeita à sua posição na firma, ele equiparava-se à sua colega.

equivocar
1. jn täuschen. 2. s. täuschen; s. vertun. 3. s. vertun in

$_1$N – V – N O professor equivocou o João com aquilo que lhe disse.

$_2$N – Vse Um comunista poderia equivocar-se, discutindo com Pedro: amável e objectivo, ele manejaria problemas do marxismo, do "Capital", de análise histórica, etc., sem perfilhar ou rejeitar as ideias com que ia sucessivamente brincando.

$_3$Np – Vse – em N Ele equivocou-se na identificação do prisioneiro.

erguer
1. hochheben; (die Augen) heben. 2. s. wo erheben; aufstehen. 3. <etw> s. erheben, wo stehen. 4. (Kopf...) heben; (Gebäude) hochziehen, errichten; (Barrikaden) errichten; FIG. (Stimmung...) heben.

$_1$N – V – N – (D, de N) Quando o sacerdote ergue a hóstia, todos os fiéis se ajoelham. Adozinda ergueu os belos olhos para Pompílio Assobiador. Ele pusera-se muito sério. [np] Ergeu os olhos do jornal.

$_2$N – Vse – (D, de N) Existem homens capazes de fazer renascer, pelo trabalho e perseverança, as raízes de uma nação, orgulhosa do seu passado e com forças para se erguer das cinzas e projectar-se no futuro. [pj] Ele ergueu-se (da cadeira).

₃N – Vse – L	*Vila Real jamais esqueceu a memória de Carvalho Araújo, erigindo-lhe um monumento, obra do escultor Anjos Teixeira, que se ergueu a meio da avenida com o seu nome.* [pj]
₄N – V – N	*Ergueu a cabeça para ver quem estava no seu lado. Ergueram a catedral há séculos. A força da polícia reagiu muito rapidamente. Dentro de dez minutos erguiam-se barreiras nas estradas a toda a volta de Nice.* [kf] *Aquele acontecimento ergueu-lhe o ânimo.*

■ *Erguer a voz*: die Stimme erheben: *Ninguém na bancada comunista ergueu a voz para rebater o que quer que fosse.* [pj]

■ *<Voz> erguer-se:* <Stimme> s. erheben: *Ergueu-se uma voz de protesta na sala.*

errar¹
1. irren. 2. s. irren in; (Ziel, Beruf...) verfehlen. 3. s. irren, s. vertun in; (Beruf...) verfehlen.

₁N – V	*Não há perdão para os que erram.*
₂N – V – N	*Errar o caminho/ o alvo. Errou a sua vocação.*
₃N – V – em N	*Estou convencido de que errei na minha carreira.* [sv] *Ele errou na profissão.*

errar²
1. (den Blick) schweifen lassen. 2. <jd> wo herumirren; ◊ <Duft> s. verbreiten, wo hängen; <Blick> schweifen über.

₁N – V – N – L_por	*Errou os olhos pela sala até que se fixou naquela mulher sedutora.*
₂N – V – L_por	*Aos domingos, quando não ia contemplar as ondas, errava pela grande cidade, detendo olhos cobiçosos nas coisas bonitas das montras.*]np] *Entre copos de cerveja vazios um transistor desentranha música que o cidadão gordo escuta com ar feliz enquanto faz errar olhos negligentes pelas páginas dum exemplar do Globo.* [op] *Nos campos cheios de água e humidade erra um cheiro de lírios.*

esbanjar
1. (Geld...) vergeuden, zum Fenster rauswerfen; (Geld, Energie...) verschwenden.

₁N – V – N	*Acusava-se o Governo de esbanjar dinheiro inutilmente. Falava-se em centenas de milhares de contos desbaratados em estudos teóricos.* [sc] *Pedro tratava de andarilhar o menos possível, bem entendido, a fim de poupar as botas e não esbanjar as calorias.* [np]

esbarrar
1. prallen, schleudern gegen. 2. ◊ (mit dem Wagen) fahren, prallen gegen. 3. stoßen, fahren gegen; e-n Unfall haben. 4. zus.stoßen mit; FIG. stoßen, treffen auf; mit (e-m Problem...) konfrontiert werden. 5. FIG. den Bach runtergehen. 6. POP.: zus.stoßen.

₁N – V – contra N	*O meu carro derrapou na estrada e esbarrou contra o seu portão.* [co]
₂Np – V – N – contra N	*Aquele azelha esbarrou o carro contra o muro.*
₃N – Vse – (contra N)	*Naquele cruzamento esbarram-se sempre contra a placa. O carro esbarrou-se (contra a parede).*
₄N – V – em, com N	*Ele esbarrou com um estrangeiro ao entrar no hotel. De repente esbarrou com o amigo que não via há anos. Deve ser excitante as pessoas esbarrarem de repente num javali – diz ela sonhadoramente.* [op] *Tinha a impressão de que mais tarde ou mais cedo havia de esbarrar com o problema.*
₅Nc – V	*Tudo vai esbarrar quando se põem em causa as carências económicas do País e se discute a política das prioridades.* [pj]
₆Npl – Vse	*Dois carros esbarraram-se no cruzamento.*

esboçar
1. (Lächeln) andeuten; (Plan...) skizzieren, entwerfen. 2. <etw> s. wo abzeichnen, s. andeuten.

₁N – V – N	*A minha estranheza fez a jovem desconhecida esboçar um sorriso afectuoso.* [np] *Esboçou o plano do seu trabalho.*
₂N – Vse – L	*Os contornos de um vapor esboçavam-se no horizonte. Um lento e claro assobiar esboçou-se ao longe.* [pl]

esbofetear
Morf.: Pres.: esbofeteio.
1. ohrfeigen.
$_1$N – V – N   Teresa tinha amiúde de se encostar às paredes e pedia a Isaura que a esbofeteasse. [pc]

esboroar
1.-2. zerbröckeln; zerkrümeln.
$_1$N – V – N   Maria pespegou em Abel uma vergastada, porque ele se pusera a esboroar o pão que devia comer, o ensalivara e moldava bolinhas para as utilizar numa espécie de jogo de berlinde. [as]
$_2$N – Vse   De repelão, o Palma desce o cerro, enterrando os calcanhares na terra, que se esboroa, rola na sua frente. [sv] Agora, já não sabia que dizer: os seus argumentos, o seu entusiasmo, a sua coerência, esboroavam-se naquela uniformidade de rostos simplesmente ávidos de que acontecesse alguma coisa de sensacional. [fn]

esborrachar
1. plattdrücken; zerdrücken; zerquetschen. 2. zerbrechen; zerplatzen; zerschellen; <Pudding...> in sich zus.fallen; <jd> der Länge nach hinfallen.
$_1$N – V – N   Movia-se à luz fumosa duma lanterna, olhando o solo, mais para não esborrachar algum insecto do que por medida de autoprotecção. [op] Ele precisava de vencer essa frustração. Libertar-se dos horrores e dos limos. Reduzir tudo isso a um adversário concreto, que os seus músculos pudessem esborrachar. [fn]
$_2$N – Vse   Tropecei, caí e os ovos esborracharam-se no chão. O pudim esborrachou-se. O João esborrachou-se no chão.
                     ▪ ⇒ ficar esborrado: Se ele tem acelerado, ficávamos esborrachados ali – disse o João. [dm]

esbracejar
1. gestikulieren; mit den Armen wedeln.
$_1$N – V   As ruas estavam cheias de gente que gritava, berrava, esbracejava, correndo em direcção ao largo da igreja. [dm]

escalar¹
1. (Berg) besteigen, ersteigen. 2. wohin klettern.
$_1$N – V – N   Em frente, ora rasgando outeiros e valados, ora por detrás dos morros e a escalar precipícios, o caminho para a Peneda era um segredo de santos ou de salteadores. [pl]
$_2$N – V – D   Escalei para a parte mais alta. Continuava a escalar até ao topo.

escalar²
1. <Schiff, Flugzeug> e-e Zwischenlandung machen; wo anlegen.
$_1$N – V – (L)   Na noite de 31 de Dezembro, escalam no porto do Funchal doze navios de recreio com mais de quatro mil turistas. [pj]
                     ▪ ⇒ fazer escala + L.

escaldar
1. [Küche] blanchieren, abbrühen; versengen; <Sonne> verbrennen; 2. s. verbrennen. 3. glühend heiß sein.
$_1$N – V – N   Escaldam-se 2oo g de amêndoas doces e pisam-se, num almofariz, até que fiquem bem miudinhas. [ac] Escalda-se a cabeça e tiram-se todos os pêlos. [ac] Já sinto o bafo do Anjo Leproso a escaldar-me na orelha. [bp] O guarda fez arrefecer nas veias a fogueira que o escaldava, e estacou o primeiro passo do vulto com nova ordem: Alto, já disse! [nc] A areia quente escalda-ME os pés.
$_2$N – Vse   Escaldei-me ao preparar o chá.
$_3$N – V   De cada vez que Mafalda lhe chegava a mão à testa, ela escaldava como se uma nascente de água quente estivesse por baixo da pele. [av]

escancarar
1. weit öffnen; (Fenster, Mund...) aufreißen; FIG. vertiefen. 2. s. weit öffnen. 3. FIG. s. wo auftun. 4. jm (die Türen) öffnen. 5. (Tür) s. jm öffnen.

₁N – V – N *Mal a prima Leocádia escancarou a janela, logo uma gritaria imensa invadiu a casa.* [av] *Quando o meu avô arengava, os camponeses esticavam o pescoço, escancaravam a boca e ouviam com religiosidade.* [op] *A intervenção teve o condão de escancarar mais ainda as profundas divergências políticas.* [pj]

₂N – Vse *Naquele preciso momento, a porta escancarou-se. No esplendor do outono, o grande panorama da montanha escancarara-se à luz do sol.* [nc] *Abre-te, Sésamo! – E o outro, com seu deslumbrante recheio, escancarou-se em sedutor convite.* [nc]

₃N – Vse – L *Surgiu aliás no espírito público "deste País" certa perplexidade e confusão, quando, também no Outono de 84, se escancarou um "buraco" de 35 milhões de contos no Orçamento de D. Branca.* [pj]

₄N – V – N – a N *O casino escancarou as suas portas aos turistas.*
₅N – Vse – a N *Às portas escancararam-se aos turistas.*

escandalizar
1.-3. empören; entrüsten. 4. s. empören; s. entrüsten.

₁N – V – N *O acontecimento escandalizou todas as pessoas da vila. Teresa escandalizou as mulheres do rancho, tomando banho no tanque grande do "monte" com um bikini apertado ao lado com atilhos.* [pc]

₂Fc – V – N *Escandalizou-o que o Carlos lhe tivesse feito aquilo.*
₃I – V – N *Escandalizou-a ter ouvido aquilo da boca dele.*
₄N – Vse <com N, ao I> *Uma mulher da minha idade já se não escandaliza por tudo e por nada.* [hn] *Escandalizou-se ao ouvir tais impropérios. Escandalizou-se com a má recepção que teve.*

escangalhar
1. kaputtmachen; zerbrechen; zerstören; (Gesundheit) ruinieren; (Gestricktes) aufribbeln. 2. kaputtgehen; entzweigehen; zerbrechen; <Plan> scheitern.

₁N – V – N *Descansa: não TE queremos escangalhar o arranjinho.* [sv] *A dificuldade deste pudim é tirá-lo sem escangalhar.* [ac] *Escangalhei a saúde com esses remédios todos. Escangalhou o croché sem querer.*

₂N – Vse *Escangalhou-se a máquina/ o brinquedo. Escangalharam-se os nossos planos.*

escapar
1. fliehen; entkommen. 2. e–r S., jm entkommen; entweichen aus. 3. e–r S. entgehen. 4. entgleiten; fliehen aus; entwischen. 5. s. losmachen, losreißen von. 6. entwischen; entkommen; (dem Tod) entgehen, entrinnen; <etw> jm entgehen; <etw> jm entfahren, herausrutschen. 7. e–r S. entgehen; s. e–r S. entziehen. 8. s. e–r S. entziehen.

₁Np – V – (Dde, por) *Um ano antes, outro prisioneiro escapara exactamente pela mesma janela.* [kf] *Três anos depois, Rang escapou e tentou vingar-se dos informadores que o tinham denunciado.* [kf]

₂Ncp – V – de Ncp *Ele escapou do perigo. O prisioneiro escapou da polícia por um triz. Escapava gás do motor.*

₃Np – V – de I *Escapou de morrer afogado.*
₄Ncp – Vse – (Dde, para) *O copo escapou-se-ME das mãos. Escapou-se da prisão. Escapou-se para a rua.*

₅Np – Vse – de N *A criança escapou-se do pai.*
₆Ncp – V – a Ncp *Na sequência de uma síncope, Emmanuel Vitria escapara por pouco à morte.* [pj] *Os assaltantes conseguiram escapar à polícia. Escapou-me esse pormenor. Escaparam-lhe algumas questões. Nada lhe escapa. É grave a situação das empresas que se atrasam no pagamento dos salários devidos aos seus trabalhadores por motivos que escapam ao observador.* [pj] *Sem querer, escapou-lhe uma praga surda.*

₇Np – Vse – a N *Ele escapou-se ao casamento.*
₈Np – Vse – a I *Escapas-te sempre a fazer as actas das reuniões!*

▪ *Deixar escapar uma oportunidade:* e-e Gelegenheit verpassen, versäumen, s. entgehen lassen.

escapulir
Morf.: Pres.: escapulo, escapoles.
1. von (zu Hause) abhauen; aus (Gefängnis) entwischen. 2. von wo abhauen, weglaufen; s. wohin flüchten; verduften; s. aus dem Staube machen.

₁N – V – D *Escapuliu de casa/ da prisão.*
₂N – Vse – D *Maria precipitou aquele enredo, escapulindo-se de casa, para reclamar o seu lugar no novo lar que lhe competia.* [as] *Os vendedores de jornais escapuliam-se por entre a multidão que enxameava o passeio do lado dos cafés.* [ce] *Dona Luz escapuliu-se lá para dentro a fim de se rir à vontade; doía-lhe o ventre de conter as gargalhadas.* [fn] *O que importava agora acima de tudo era evitar um encontro com o senhor Lúcio. Deveria escapulir-se para a rua como um ladrão.* [fn]

escarrar
1. spucken.

₁N – V – (L) *Rosário via-o escarrar na bacia do lavatório, depois de enxugar a cara.* [pc] *Estava sempre a escarrar.*

escarvar
1. (den Boden) aufwühlen; scharren.

₁N – V – (N) *Desesperado, o touro tornou a escarvar o chão, agora com as patas e com os galhos.* [bi] *O touro que mugia, e escarvava, e sacudia-se para fugir àquele peso, já arrastara toda aquela cangalhada pelo campo fora.* [bc]

escassear
Morf.: Pres.: escasseia.
1. knapp, rar, wenig(e) sein; weniger werden.

₁N – V <L> *O tempo escasseia. O continente africano é um imenso espaço onde escasseia o homem.* [sc] *Dantes, a coutada estava cheia de javalis. Agora vão escasseando, mas ainda há suficientes.* [np]

escavacar
1. zerstückeln; zerbrechen; zerschlagen. 2. zerbrechen; kaputtgehen.

₁N – V – N *Eram momentos de ralé, que se não fosse a justiça para os servir, um homem perdia a cabeça e escavacava outro sem dó, como se estivesse a acabar com alguma peçonha.* [fa] *Às vezes tenho vontade de partir tudo o que me rodeia. De escavacar a ordem que me impõem, até a ordem dos móveis nesta sala.* [pc]
₂N – Vse *O brinquedo escavacou-se.*

escavar
1. etw. ausschachten, ausheben; aushöhlen.

₁N – V – N *Os prisioneiros escavaram os seus próprios túmulos. O rapaz escavava buracos na terra.*

esclarecer
1.–2. (Situation...) klären; (Verbechen...) aufklären. 3. <Situation> s. klären. 4. jm etw erklären. 5. jn aufklären über. 6. s. ein Bild machen von; s. erkundigen. 7. klarstellen. 8. aufklären. 9. erklären. 10. DIZER.

₁Ncp – V – Nc *Com aquilo que disse acabou por esclarecer a situação. O seu depoimento esclareceu o crime. Morte no Metro por esclarecer.* [dn]
₂I – V – N *Dialogar francamente pode esclarecer algumas situações.*
₃Nc – Vse *Ainda bem que a situação se esclareceu.*
₄Np – V – Nc – a Np *Esclareci-lhe o sentido da frase.*
₅Np – V – Np – (sobre... N) *Talvez fosse por isso que tinham montado ali um guichet de vidro e alumínio, onde duas raparigas novas esclareciam as pessoas. Esclareceu os alunos acerca dos métodos de avaliação.*
₆Np – Vse – (sobre... N) *Primeiro esclareceu-se sobre a situação política do país e só depois fez a viagem.*

₇Np – V – Fi	*Djamena esclareceu que a manutenção do cessar-fogo dependerá da realização imediata de uma reunião do comité especial da ONU.* [dn]
₈Np – V – Int	*A polícia ainda não esclareceu se ele participou no assalto. Não se esclareceu ainda se os navios terão ou não um porto de apoio.* [dn]
₉Np – V – I	*O porta-voz esclareceu ter sido a aviação federal a responsável pela queda do helicóptero dos observadores da CEE.*
₁₁Np – V – Te	DIZER: *Meu pai é de Águeda – esclareci para não desapontar o inesperado conterrâneo.* [pl]

escolher
1. wählen; auswählen; (s. etw) aussuchen; (Erbsen...) verlesen. 2. die Wahl treffen; entscheiden, zu tun. 3.–4. auswählen; ausersehen zu. 5. auswählen als.

₁N – V – (N) – (entre Npl)	*Entre os dois caminhos, escolheu o que mais lhe convinha.*
∇N – V – N	*Escolheu outra profissão. Escolheu voluntários para a missão. Todos se ajudavam no que podiam, pois a desgraça não escolhia porta, nem avisava do momento.* [ra] *Escolheu as ervilhas boas.*
∇N – V – entre Np	*Tens que escolher entre os que lá estiverem.*
₂N – V – I	*Escolhemos fazer primeiro uma viagem ao estrangeiro.*
₃N – V – N – para I	*Foi a ele que escolhi para me substituir no cargo de Subsecretário de Estado.* [sc] *Escolhi o João para fazer parte da comissão.*
₄N – V – N – para N	*Escolhi-o para repórter. Espero que faça um bom trabalho.*
₅N – V – N – como Pn	*Escolheram-me como colaborador da empresa. Os portugueses escolheram em 1985 os Estados Unidos como país preferencial para emigrar.* [cm]

esconder
1. wo verbergen, verstecken. 2. s. wo verbergen, verstecken. 3. FIG. s. wo verbergen, wo verborgen sein. 4.–8. ◊ jm etw verbergen; etw geheimhalten vor; verheimlichen. 9. in s. bergen; die Sicht versperren auf; verdecken.

₁Np – V – N – (L)	*Ele escondeu o dinheiro debaixo do colchão. É da própria natureza do criminoso inteligente esconder o seu verdadeiro carácter por detrás de uma fachada de honestidade.* [kf]
₂Np – Vse – (L)	*Escondeu-se nos arbustos/ atrás da casa. O miúdo escondeu-se debaixo da mesa.*
₃Nc – Vse – L	*Por baixo da sua dureza escondia-se uma particular afeição.*
₄N – V – N – (de Np)	*Escondeu o que sentia a respeito dele. Escondeu dos amigos a sua origem humilde.*
₅N – V – a Np – N	*Não me escondas a verdade!*
₆N – V – a N – Fi	*Escondi-lhe que tinha comprado um carro novo.*
₇N – V – a N – Fc | NEG	*Nunca lhe escondi que tivesse sido eu a fazer aquilo.*
₈N – V – a Np – I	*Escondi-lhe ter comprado um carro novo.*
₉N – V – N	*As minas escondiam grandes tesouros. Proibiram a construcção de arranha-céus porque estes escondiam as pequenas moradias. Não chovia, mas as nuvens tinham escondido o Sol.* [pl] *A sua aparente complexidade esconde a verdadeira simplicidade da maneira como funcionam.* [cp]

escorraçar
1. vertreiben; verjagen.

₁N – V – N	*Às vezes escorraçavam os cães – uns cães magros, de ar submisso e doce.* [op]

escorregar
1. ausrutschen. 2. aus etw gleiten; wohin gleiten.

₁N – V	*Escorregou numa casca de banana.*
₂N – V – D_{de, para}	*De madrugada, Quina escorregou brandamente da beira dos irmãos e saiu.* [as] *Escorregou devagarinho da cama. Escorregou para o chão.*

escorrer
1. (Tränen) vergießen; abtropfen lassen. 2. triefen; ◊ fließen aus. 3. triefen vor. 4. <Wasser> laufen, fließen durch, über; ◊ triefen vor. 5. FIG. s. nach und nach wo einfinden.

₁N – V – N
　　Os seus grandes olhos arregalados estavam enxutos, não escorriam uma lágrima. [np] ▸As azedas, lavam-se, escorrem-se e picam-se. [ac]

₂N – V – (N)
　　O passageiro enxuga o rosto com o lenço, mas o cabelo ralo colado à testa continua a escorrer. [op] A ferida escorria sangue.

₃N – V <com N>
　　O cavalo ainda não fizera um sinal de receio⌣Escorriam–LHE as crinas com água da chuva, as ferraduras chapinhavam sempre e ela prosseguia, sem necessidade de António Lúcio se servir das esporas. [bc]

₄N – V – (D)
　　A água morna, jorrando com força por cima da cabeça e escorrendo pelo corpo, era tão agradável que lhe custava sempre sair do banho. [dm] O suor escorria (–LHE pelo corpo). Todos adoravam ajudar a regar, e aprenderam a abrir sulcos na terra, com um sacho de cabo comprido, por onde a água escorria até aos pés de alfaces e couves. [dm]

₅N – V – D
　　O velho Alberto foi encostar-se à parede, e logo o grupo escorreu para aquele lado, solidário⌣Alguns ladearam–no também encostados. [be]

escovar
1. abbürsten; (Pferd) striegeln. 2. FAM. jn abkanzeln.

₁N – V – Nc
　　Escovou a roupa, o cavalo.

₂N – V – Np
　　Não havia um único aluno que o professor não escovasse.

▪ ⇒ dar uma escovadela a alguém.

escrever
Morf.: Part.: escrito.
1. schreiben; verfassen. 2. DIZER. 3. <jd> schreiben über. 4.–5. s. schreiben (mit). 6. jm etw schreiben. 7.–8. (jm) schreiben, er solle + V. 9. wohin schreiben. 1o. schreiben an, auf.

₁N – V – N
　　Escrever um poema/ uma sinfonia/ duas palavras. Mais do que de um Gil Vicente para escrever outro "Auto da Feira", precisa-se de pôr termo ao pão e circo em que tantos se comprazem. [pj] ▸O miúdo já sabe escrever.
▪ Escrever (a.v.) à máquina,/ à mão: etw mit der Maschine, mit der Hand schreiben.

₂N – V – Te
　　DIZER: Quando tinha a idade de cinco anos, – começa por escrever Fernando Laidley – fui pela primeira vez ao cinema. [pj]

₃N – V – sobre N
　　O autor escreveu sobre a Batalha de Aljubarrota.

₄Npl – Vse
　　Escrevem-se há muito tempo.

₅N – Vse – com N
　　Escrevo-me com a Maria.

₆N – V – (a, para N) – (N)
　　Escrevo uma carta à/ para a Maria.
　∇N – V – a, para N
　　Ele escrevia à/ para a Maria.
　∇N – V – N
　　Ele escreveu uma carta.
　∇N – V
　　Ele escreve raramente.

₇N – V – (a N) – para I
　　Ele escreveu(–me) para lhe comprar a gramática.

₈N – V – (N) – D
　　Ele já escreveu para Lisboa.

₉N – V – (N) – L
　　Ele escreve sempre em papel de máquina. Ele escreveu o que lhe apeteceu no muro da cidade.

escurecer
1. verdunkeln; (Haar) tönen. 2. dunkel werden; FIG. s. verdunkeln. 3. nachdunkeln; dunkler werden; <Abenddämmerung> hereinbrechen. 4. <es> dunkel werden; <Abenddämmerung> hereinbrechen; Nacht werden.

₁N – V – N
　　O corte de energia escureceu o bairro. Grandes nuvens cinzentas escureceram o céu⌣Começou a ficar frio. Ela escureceu o cabelo.

₂N – Vse
　　O dia escureceu. Livre do ambiente hostil, o rapaz sabia sorrir e o seu olhar, uma vez calmo, tinha brilho⌣Contudo, em tocando para as aulas, logo o rosto se LHE escurecia. [pl]

₃N – V
　　O cabelo/ o papel/ a cor da parede escureceu. O dia escureceu.

₄V
　　Escureceu.

escusar
1. ◊ entschuldigen; jm verzeihen. 2.-3. s. entschuldigen für; e-e Entschuldigung liefern für. 4. jn entschuldigen. 5. nicht darauf bestehen; jm etw ersparen, erlassen. 6. von etw absehen; s. enthalten. 7. nicht brauchen, benötigen. 8. nicht (zu tun...) brauchen; ◊ (es) zwecklos sein.

₁Np – V – Np – (de N)   *Escusou-o do atraso/ da ausência.*

₂Np – Vse – de N   *Escusou-se da sua falta de jeito.*

₃Np – Vse – de I   *Escusou-se de não ter participado no congresso.*

₄N – V – Np   *Pediu à Rainha que a escusassem no passeio pela mata. Preferia descansar um pouco, antes de partirem ao fim da tarde.* [bc]

₅Np – V – Np – de I   *Escusei-o de participar na reunião.*

₆N – Vse – a I   *Gomes Mota, que não quis revelar o conteúdo da carta de Soares, escusou-se também a comentar as informações que o dão como previsível governador do território de Macau.* [dp] *Polidamente, escusou-se a fazer aquele trabalho de que não gostava. A nosso pedido Maitê não se escusa a opinar sobre o que significa, para ela, o trabalho em cinema, teatro e televisão.* [pj] ▶*Como o lavrador não estava, queriam falar com a menina Adelaide. Esperavam talvez condoê-la, que intercedesse por eles. Mas Adelaide escusou-se.* [pc]

₇Nc – V – N   *"O que está à vista escusa candeia", diz a sabedoria popular, e assim me dispenso de comentar a situação.* [pj]

₈N – V – de I   *E voltada para o homem continuou: Escusa de pedir mais. Já viu que ninguém o atende.* [co] *Você escusa de pedir licença, que não dou.*

escutar
1. jm zuhören; s. etw, jn anhören; belauschen; (Telefon) abhören; lauschen, horchen; FIG. auf jn hören; jm gehorchen. 2. wo lauschen.

₁N – V – (N)   *Beatriz escutava-o, enlevada, estimulava-o, dava-lhe a réplica, se um segundo ele desfalecia. Idolatrava-o, visivelmente.* [pc] *Escuta! Rosário já não o escutava com aquele calor, aquela atenção, aquela devoção, que tão necessários lhe eram no convívio.* [pc] *A polícia escutou-lhe as conversas telefónicas/ os telefonemas. Escutámos atentamente os noticiários da* BBC *sobre o golpe de Estado na União Soviética. Escutei a conversa. Já não escuta os pais. Leva a vida que entende.*

₂N – V – L   *Escutou à porta.*

esfaquear
Morf.: Pres.: esfaqueio.
1. (mit dem Messer) verletzen; erstechen; FIG. <Schrei> (die Luft) durchschneiden.

₁N – V – N   *Os autênticos malfeitores de Marselha, capazes de esfaquear o próximo por um copo de vinho, mostravam-se em todo o caso mais discretos no porte.* [vp] *O Japonês nem sequer levantou a cabeça quando o primeiro grito de angústia esfaqueou a atmosfera de bordo, desentranhado por uma passageira qualquer.* [np]

esfarelar
1.-2. zerbröckeln; zerkrümeln.

₁N – V – N   *Ela tirou o cigarro com dificuldade, as unhas vermelhas a esfarelarem o tabaco.* [ar]

₂N – Vse   *O pão esfarelava-se.*

esfolar
1. s. (die Haut) abschürfen, aufscheuern; abhäuten; die Haut abziehen; FIG. jn ausnehmen; jm das Fell über die Ohren ziehen. 2. s. die Haut abschürfen.

₁N – V – N   *Esfolei o braço. Amanha-se a solha, esfola-se e separa-se em filetes.* [ac] *Ele esfolou o coelho. Venha ser meu parceiro numas partidas de sueca. Vamos esfolar o padre e o preceptor para os termos na mão.* [bc]

₂N – Vse   *Esfolei-me no canto da mesa.*

esforçar
1. kräftigen; anstrengen; (die Stimme) beanspruchen. 2. alle Anstrengungen unternehmen, machen; s. bemühen; s. abmühen; s. anstrengen; s. alle Mühe geben.

₁N – V – N   *A ginástica esforça os músculos. Esforcei (demasiado) a voz.*

₂N – Vse <por N; para, por I>   Esforcei-me tanto por ele! Esforçou-se para, por ir a Portugal. Para compensar a difícil situação interna da URSS, Gorbatchov esforça-se por alcançar êxitos na política externa. [cm] Alain calava-se, bisonho, infeliz, esforçando-se de vez em quando por aparentar curiosidade e bom humor. [vp]

esfregar
1. s. (die Hände, Augen) reiben; einreiben mit; (Boden) scheuern; etw abreiben, (ab-)schrubben. 2. s. abreiben; s. abrubbeln; s. einreiben mit.

₁N – V – N   <com N>   Xandrinho, diz au-au a este senhor. A criança não diz; esfrega os olhos e desata a rabujar aquele rabujar de criança mal disposta. [op] Alcides esfrega vigorosamente as mãos, como se tivesse frio. [np] Esfregar a galinha com alho e meter no forno é uma boa receita. A Luísa começou a esfregar o tampo da mesa, sem desdobrar o pano. [dm] O Pedro esfrega todos os sábados o chão da cozinha. [dm]

₂N – Vse   <com N>   Com movimentos rápidos, esfregou-se no lençol turco, até ficar com a pele toda encarnada. [dm] A água estava tão fria que tive que me esfregar vigorosamente para aquecer. Esfregou-se com creme, com sabão.

esganiçar-se
1. kreischen; <Stimme> s. überschlagen. 2. DIZER.

₁N – Vse   Raios o partam a vossemecê, seu herodes, seu malandro!_Quer matar a gente à fome – respondia-lhe, esganiçando-se, uma mulher. [pc] A voz esganiça-se-LHE, como se fosse romper a chorar. [sv]

₂N – Vse – Te   DIZER: Não vás! – esganiça-se a velha, forcejando por soltar-se. – Malandros!_ _Grandes malandros! [sv]

esgaravatar [esgravatar]
1. scharren; s. wo kratzen; in (der Nase) bohren. 2. s. wo kratzen; FIG. etw durchstöbern; wo herumschnüffeln. 3. (Huhn) wo scharren; (Boden) aufscharren; in (den Zähnen...) herumstochern; in (der Nase) bohren.

₁N – V – (L)   O pequeno punha-se a esgaravatar, a esgaravatar, e o pobre grilo não tinha outro remédio senão vir à tona. [bi] Esgaravatava no seu cabelo encaracolado. Esgaravatava no nariz.

₂N – V – em N   Com a unha suja, gemendo, o Bento esgravata na crosta de sangue pisado que cobre a ferida, há muito aberta de tanto arranhar]sv] Esgaravatar nos archivos/ na biografia de alguém.

₃N – V – N   A galinha esgaravatava o chão procurando minhocas. Esgaravatou os dentes/ o nariz. Esgaravatou com o dedo o pó das frinchas do piano. [fn]

esgazear
Morf.: Pres.: esgazeio.
1. die Augen verdrehen, aufreißen.

₁N – V – N   Sem saber como, mergulhei uma vez_Quando vim acima, bati as mãos, gritei pelos companheiros e desapareci de novo, esgazeando os olhos.

esgotar
1. aufbrauchen; austrinken; FIG. etw ausschöpfen; jn, etw erschöpfen; jn ermüden. 2.–3. jn erschöpfen, ermüden; (js Geduld...) erschöpfen. 4. s. erschöpfen; s. verausgaben; <Buch...> vergriffen, ausverkauft sein; <Lebensmittel...> ausgehen, zu Ende gehen; <Geduld> jm ausgehen. 5. (Thema) erschöpfen. 6. s. worin ergehen; s. worin erschöpfen; einzig und allein bestehen in.

₁N – V – Ncp   Pouco a pouco, esgotaram o "stock" de garrafas de uísque existentes. [pj] Esgotou o cálice de um só gole. Não julguem os leitores que o extenso glossário que averbámos no artigo anterior desta crónica esgotou o acervo de nomes actualmente em curso. [pj] O trabalho/ a longa caminhada esgotou-nos.

₂Fc – V – N   Esgota-ME a paciência que eles teimem em perder um tempo louco com pormenores insignificantes.

₃I – V – N   Esgotou-a ter trabalhado tantos meses seguidos naquele ritmo alucinante.

₄Ncp – Vse   <com N; a I>   Esgotei-me a trabalhar, para depois não conseguir resultados que se viessem. A criança esgotou-se com a caminhada. A edição de sábado de "O Primeiro de Janeiro" esgotou-se em muitos postos de venda. [pj] Esgotavam-se os víveres que trouxéramos. Esgotou-se-ME a paciência.

₅Np – V – Nc – em N   *Esgotou o assunto em poucas palavras.*
₆Nc – Vse – em N   *Esgotou-se em atenções para com ela. Para Eanes, Portugal "não se esgota na posse de um passaporte, como nunca se esgotou no limite das suas fronteiras físicas".* [pj]

esgravatar ⇨ esgaravatar.

esgueirar-se
1. s. davonstehlen; s. davonmachen.

₁N – Vse – (D)   *De manhãzinha, o Rodrigo, contra o costume, esgueirou-se sozinho para a serra da Forca atrás do rebanho.* [nc] *Uma bibliotecária entrou, pediu desculpa, sorriu e esgueirou-se discretamente com uma braçada de livros.* [np] *A manhã de uma quarta-feira chuvosa e opressiva apanhou-me a sair do hospital e a esgueirar-me pela rua, cabisbaixo, atormentado.* [np] *Os criados esgueiravam-se por entre as mesas, equilibrando nas mãos as bandejas carregadas com gelados.* [vp]

esmagar
1. zerquetschen; zermalmen; zertreten; zerstampfen; FIG. zermalmen; vernichtend schlagen. 2. zerschmettern. 3. wo zerschellen.

₁N – V – N   *Esmagar uma mosca. O carro esmagou-ME o pé. Quando as batatas estiverem cozidas, esmagam-se, acrescenta-se-lhes a água precisa, temperam-se de sal a gosto e servem-se.* [ac] *Num repente, a porta abriu-se, vi-lhe os olhos rasgados e duros a quererem esmagar-me e a sua mão alçar-se e estalar na minha cara.* [fa] *Um país pequeno – sem Trabalho, sem Capital, e sem Criatividade – será esmagado pelos gigantes!* [pj] *Esmagaram aquela equipa por cinco bolas a zero.*
₂N – V – N – contra N   *As crianças divertiam-se esmagando os insectos contra a parede.*
₃N – Vse – contra N   *Os besouros, que se refugiaram todos aqui, esmagam-se aos milhares contra a parede.* [oj]

esmigalhar
1. zerkrümeln; zerbröckeln; zerquetschen. 2. zerbröckeln; zerkrümeln; <Kartoffeln> zerkochen.

₁N – V – N   *Esmigalhar a broa. Põe-se tudo isto sobre o lume, para ferver, até se poder esmigalhar a batata, para se fazer puré.* [ac] *A pancada esmigalhou-LHE os ossos da mão.*
₂N – Vse   *Jorge aplicou o escopro no cimento e lançou o martelo com toda a sua força. O concreto esmigalhou-se.* [kf] *O pão esmigalhou-se. As batatas esmigalharam-se.*

espaçar
1. seltener werden lassen; den Zeitabstand zwischen etw größer werden lassen.

₁N – V – N   *Matutando no que tinha acontecido, comecei a espaçar as minhas aparições na tasca do Sobalhão, tanto mais que, felizmente, não faltavam tascas com jaquinzinhos fritos.* [np] *Facto curioso, em lugar de espaçar as visitas, de começo, como Françoise lhe aconselhara, Leonel arranjava pretextos para aparecer constantemente.* [vp]

espalhar
1. verstreuen; zerstreuen. 2. s. verbreiten; s. ausbreiten; s. verstreuen; wo verstreut liegen. 3.-5. (Nachricht...) verbreiten; (Gerüchte...) streuen. 6. der Länge nach hinfallen; FIG. (im Examen) durchfallen; scheitern.

₁N – V – N – (Lpor)   *Espalhou o dinheiro pelo chão. O vento espalhou as nuvens e surgiu um sol bonito. Actualmente, a densidade média da matéria no Universo é muito pequena, se pensarmos que a matéria está "espalhada" uniformemente pelo espaço.* [pj] ▸*Artigos de joalharia estavam espalhados, como que deitados fora.* [kf]
₂N – Vse – (Lpor)   *A utilização do processador de texto espalhava-se com rapidez por todo o Ocidente.* [cp] *Os cais e as praias desertas a que recorriam os contrabandistas para o desembarque espalham-se pelo estuário do rio Sado.* [oj] *Os papéis espalharam-se pelo chão.*

215

$_3$N – V – N — *A ameaça nuclear espalhou o medo entre a população. Os jornais espalhavam notícias contraditórias sobre a explosão do reactor. Todavia ninguém vira nada, ninguém ouvira sons, ninguém espalhara rumores sobre um assalto iminente.* [kf]

$_4$N – V – Fi — *O que está feito, está feito. Agora vê lá se não andas por aí a espalhar que fui eu que tive a culpa.*

$_5$N – V – I — *O jornal espalhou estar para se realizar uma conferência entre as duas superpotências.*

$_6$Np – Vse — *Quando ia a entrar, tropeçou e espalhou-se. Espalhou-se no exame.*

espancar

1. jn verprügeln; jm e–e Tracht Prügel verabreichen.

$_1$N – V – N — *Quem não é rico, para arranjar dinheiro para a dose diária, pratica toda a espécie de diabruras, desde assaltar carros para lhes sacar os leitores de cassettes até espancar a mãe ou o pai por não lhe arranjarem dinheiro.* [pj] *A polícia espancou os manifestantes à bastonada.*

espantar

1.–3. aufscheuchen; aufschrecken; erschrecken; verwundern; in Erstaunen versetzen; verblüffen. 4. verwundert, verblüfft, erstaunt sein (über).

$_1$N – V – Np <com *N*> — *Leonel dera um nó às ideias dolorosas, quisera dá-lo, como quem espanta a tiro um bando de corvos.* [vp] *Mas naqueles dois não pôde atentar bem, porque a guizalhada de uma mula espantara o carneiro e a Rita chamava-o para a ajudar a contê-lo.* [fa] *Espantei-os com ambicionados planos. É uma atitude que nos espanta.*

$_2$Fc – V – Np — *Espanta-me que eles ainda não tenham chegado a casa.*

$_3$I – V – Np — *Espanta-me eles não terem ainda chegado a casa.*

$_4$Np – Vse <com *N*, ao *I*> — *Espantou-se com a notícia. Espantou-se ao chegar àquela conclusão.*

esparrinhar

1. vollspritzen. 2. wohin spritzen.

$_1$N – V – N — *Enquanto estava à espera no passeio, passou um carro e esparrinhou-me. Esparinhaste as janelas todas ao regar o jardim.*

$_2$N – V – D — *Ele fez esparrinhar a lama para os rostos daqueles que, dando-lhe o ser, lhe tinham transmitido também o germe da sua própria destruição...* [nv]

espatifar

1. zertrümmern; zerschlagen; (Geld) auf den Kopf hauen, durchbringen. 2. kaputtgehen; zerschellen.

$_1$N – V – N — *O miúdo espatifou a jarra. Em menos de uma semana, ele espatifara, até ao último tostão, todo aquele dinheiro ganho por ela.* [pc]

$_2$N – Vse — *O brinquedo espatifou-se. O jarro espatifou-se no chão.*

esperar

1. warten; abwarten. 2. warten auf; erwarten; hoffen auf. 3.–4. hoffen. 5. warten auf. 6. etw von jm erwarten.

$_1$N – V — *Espera à esquina desta rua! A* IBM *esperou 18 meses antes de comercializar o* PC *na Europa; entretanto, apareceram outros micros equipados com o sistema de 16 bits.* [cp]

$_2$N – V – Ncp — *Ele esperou-a no café da esquina. Esperava a sua vinda com alguma ansiedade. Eles esperavam milagres.*

$_3$N – V – Fc — *Espero que ele venha. Esperamos que nada lhe tenha acontecido.*

$_4$N – V – I — *Espero encontrá-lo amanhã.*

$_5$N – V – por Ncp — *Acha que poderei esperar aqui por si?* [np] *Eles ainda esperavam por um milagre. Só as grandes potências estão seguras de poder esperar pelos êxitos e vantagens reais, a longo prazo.* [dn]

- *Esperar **em** Deus:* an Gott glauben; auf Gott vertrauen.
- *Quem espera sempre alcança.*

$_6$N – V – Nc – de Np — *Dos amigos pode-se esperar algo. Os índios americanos esperavam palavras mais fortes do bispo de Roma.* [dn]

espernear
Morf.: Pres.: esperneio.
1. (mit den Beinen...) zappeln; <Pferd> ausschlagen; <Baby> strampeln.

₁N – V   *Quando, momentos após o tiro, a lebre esperneava ou a codorniz gemia, a mão do caçador aligeirava docemente aquela agonia, numa carícia aveludada.* [nc] *O homem já esperneava, dependurado, com a cadeira por terra.* [np] *Irritado com a moleza do animal, João agarra a ovelha pelas pernas e esta começa a espernear tentando soltar-se.* [fa] *O cavalo, irritado, esperneava. O bebé esperneia de alegria.*
▪ *Quem não ceia, toda a noite esperneia.*

espetar
1. stoßen in; ◊ s. mit etw pieken, stechen; jn, etw wo aufspießen; etw wohin, worauf stecken; 2. s. wo stechen; s. bohren in. 3. stoßen in; jm (e-n Schlag) versetzen; [Küche] etw spicken mit. 4. in (e-n Nagel...) treten. 5. gegen etw. fahren. 6. (e-n Finger) ausstrecken. 7. <Haare> s. aufrichten, s. sträuben. 8. jn (wider s-n Willen) wohin stecken.

₁N – V – N – Lem   *Ela espetou a agulha na mão. Se essa besta arrombar a porta, espeto-LHE na barriga um garfo comprido que a malta do teatro usa para assar rojões.* [np] *Antigamente, os criminosos eram enforcados e depois cortavam-lhes as cabeças e espetavam-nas nestes espigões de ferro, para toda a gente ver.* [dm] *Gertrudes tirou dum armário um castiçal pequeno onde espetou a vela.* [co]

₂N – Vse – Lem   *Espetou-se no pé. Um prego espetou-se-LHE no pé. A fonte caía do alto e espetava-se na terra, direita, limpa e brilhante como uma espada.* [co]

₃N – V – N – em N   *Espetou o punhal no João. Espetou um murro no polícia e fugiu. Coze-se ligeiramente o perú. Unta-se de manteiga, espetam-se-lhe tiras finas de toucinho fresco e põe-se no fogão a assar em fogo lento.* [ac]

₄N – Vse – em N   *Espetou-se num prego.*

₅Ncp – Vse – contra N   *Espetou-se de carro contra uma árvore e morreu. O carro da frente espetou-se contra uma árvore e ficou todo amassado.*

₆N – V – N   *Esse cigarro tem droga? – inquire o polícia, espetando o dedo.* [np] *O João fez-lhe sinal para que se calasse, espetando o indicador em frente da boca.* [dm]

₇N – Vse   *Espetaram-se-LHE os cabelos de medo.*

₈N – V – com Np – L   *Um dos meus filhos fez há meses uma pequena leviandade. Coisas próprias de rapaz! Perguntei aos dois o que havia, e calaram-se. Espetei com ambos em Cuba.* [bc] *Ao vê-lo tão doente, espetou com ele no hospital.*

espiar
1. ausspionieren; jn belauern; ausspähen; auskundschaften. 2. spähen... in.

₁N – V – N   *Ao que tudo indica, Evo Fernandes terá sido recrutado em Lisboa, enquanto estudava na Faculdade de Direito, a fim de espiar colegas das então colónias ultramarinas.* [oj] *Quina espiava o Custódio, sem, porém, deixar que ele a surpreendesse.* [as] *Espiar os movimentos das tropas. O pastor desvia o rosto. Dá com o Bento, que o espia de pescoço torcido, por entre as estevas.* [sv]

₂N – V – D   *Quase colado aos vidros, um rosto espiava para dentro do Café.* [vp] *O serralheiro encostou a cara ao buraco e espiou lá para dentro.* [kf]

espicaçar
1. jn pieksen; aufspießen; ◊ etw spießen in. 2. FIG. jn ärgern; (Neugier) erregen; jm wehtun, Stiche versetzen; jn antreiben. 3.–4. FIG. jn verletzen; jm wehtun.

₁N – V – N <com N>   *Os colegas espicaçavam-no no braço. Joaquim pôs-se a espicaçar com os palitos o resto da tangerina que ainda conservava no prato.* [pc]

₂N – V – N   *Jadwiga é uma mulher bonita – disse-lhe Leo para o espicaçar.* [ce] *Espicaçou-LHE a curiosidade. Aquela triste lembrança espicaçava-o. É preciso que o teu marido saiba que foste pedir. Temos que espicaçá-lo todos os dias!* [sv]

₃Fc – V – N   *Que ele a provocasse daquela maneira espicaçava-a.*

₄I – V – N   *Ser provocada assim espicaçava-a.*

espirrar
1. niesen. 2. <etw> wohin spritzen.

₁N – V　　　　　　　A rapariga tapou os lábios com a mão direita, apertou o nariz como se fosse espirrar, e sacudiu-se numa risada. [ar]

₂N – V – D　　　　A água da torneira espirrou para cima da minha blusa.

espreguiçar
1. s. (die Beine) recken. 2. s. recken; s. strecken; s. rekeln.

₁N – V – N　　　　Ele espreguiçou as pernas, despertando por completo.

₂N – Vse　　　　　O dono da taberna abriu a boca e espreguiçou-se, fazendo muito barulho, para espreitar depois o relógio que tirara da algibeira do colete. [fa]

espreitar
1. lauern auf; nach jm, etw sehen; schielen, zu, auf; (Gelegenheit) abpassen. 2. heimlich spähen; wo auf der Lauer liegen, sein; aufpassen; lauern. 3. wohin spähen; heimlich (durch e-n Spalt) blicken.

₁N – V – N　　　　D. Glória acudira à escada, ao rumor lento dos passos de Rosário, como se LHE estivesse espreitando a chegada. [pc] Acordei já o Sol nascera; espreitei o relógio, marcava quase dez horas, e alarmei-me, como se pudesse perder qualquer coisa de essencial, se chegasse muito tarde aonde queria. [ce] Vai ao quarto espreitar a criança! Mário Soares espreita a Europa. [cm] Mas o Diabo, que espreita a ocasião, resolveu intervir. [co]

₂N – V <L>　　　　Lá estavam espreitando às grades, os pobres da aldeia, e também os da vila, que vinham buscar sopa para a ceia. [bc] Ó filho, espreita aí a ver se vem algum comboio – disse o pai. [dm]

₃N – V – D　　　　Espreitou para fora e não viu ninguém. Apanhar as fraquezas a um homem é como espreitar pelo buraco duma fechadura. [hn] ▸Ainda que o espectáculo seja divertido, fica sempre a vergonha de se ter espreitado. [hn]

espremer
1. (Obst) auspressen; (Wäsche) auswringen; FIG. jn ausquetschen. 2. etw aus jm herauspressen.

₁N – V – N　　　　Corta os limões, espreme-os sobre os ovos. [sv] Ela permaneceu de pé, diante dela, espremendo o fato de lavado [vp] Insistia com ele, espremendo-o para saber mais.

₂N – V – N – de N　Espremia dos pobres quanto podia.

espumar
1. schäumen. 2. FIG. vor (Wut) schäumen.

₁N – V　　　　　　Juntar um litro de caldo de peixe e deixar continuar a ferver lentamente durante uma hora, espumando. [ac] Logo, em obediência pronta, mesas, bem atoalhadas, matavam, com travessas de carne e canecas a espumar, a fome e a sede aos forasteiros. [pl]

₂N – V – de N　　　Os dois rapazes largaram a correr pelo corredor, logo perseguidos pelos médicos todos, menos pela chefe, que permaneceu no mesmo lugar, embora espumasse de raiva. [al]

esquecer
1.–3. etw, jn vergessen. 4.–7. nicht denken an; etw vergessen, versäumen; s. nicht erinnern an. 8.–9. etw wo vergessen; etw wo liegenlassen.

₁Np – V – N　　　　Nunca mais esqueceria aquele terror debilitante, aquela vergonha de que a descobrissem, de que a enxovalhassem, o medo de ser marcada com um ferrete qualquer, de gado humano. [pc] Esqueci-o.

₂Np – V – Fi　　　　Não esqueceu que ele tinha prometido levá-la a Lisboa.

₃Np – V – I　　　　Esqueci ter dito isso.

₄Np – Vse – de N　　O João esqueceu-se da reunião.

₅Np – Vse – (de) Fi　Eu já me escqeura (de) que ele tinha sido campeão nacional. Ó pá, desculpa lá não te ter ido esperar, mas é que me esqueci que chegavas hoje. Não se esqueça que só o amor vale a pena! [np]

₆Np – Vse – de Int　Já me esqueci de como se joga xadrez.

₇Np – Vse – de I　　Ouvi-o ralhar à hospedeira do sorriso esplendoroso, que se esquecera de lhe perguntar se queria café. [np] Esqueci-me totalmente de te telefonar.

| BRAS.: N – V – de N, Fi, I: *Esqueceu de tudo. Esqueceu de que havia cegos. Ia esquecendo de fazer uma confidência importante.*

₈Np – V – N – L   *Esqueci o guarda-chuva no metro.*
₉Np – Vse – de N – L   *Esqueci-me do livro em casa.*

esquiar
1. schifahren.

₁N – V   *Todos os anos esquia na Suíça.*

esquivar
1. ausweichen; vermeiden. 2.–3. s. e–r. S. entziehen; s. drücken vor. 4.–5. s. e–r S. entziehen; e–r S. ausweichen; s. vor etw drücken.

₁N – V – N   *Esquivar um indivíduo/ um obstáculo/ discussões/ conflitos.*
₂Np – Vse – de N   *Não me esquivo das minhas obrigações.*
₃Np – Vse – de I   *Esquivaram-se de cumprir o seu dever. Eu não me esquivo de cumprir as minhas funções. Eu não me esquivo de falar com ele.*
₄Np – Vse – a N   *Alberto esquivara-se ao amor e ao ódio, a todo e qualquer ideal, sofreando-se, fingindo-se temente a um Deus em que há muito não cria.* [pc] *Esquivei-me a outra pancada, apaguei a luz, desci umas escadas também de gatas e aferrolhei-me na arrecadação.* [np] *Adozinda esquivava-se aos beijos que ele procurava dar-lhe, no aproveitar da confusão.* [np]
₅Np – Vse – a I   *Não pude esquivar-me a falar (numa conversa muito séria e digna!) com Belline.* [pj] *Esquivou-se a dar esclarecimentos sobre os seus negócios.* ▸*Até acho muito justo pagar o que fiz, e não quero esquivar-me – disse o Ricardo.* [pc]

estabelecer
1. etw aufstellen. (den Frieden...) herstellen; <Gesetz...> festlegen, bestimmen; (Vertrag) abschließen; (e–n guten Ruf) begründen. 2. <Gesetz> festlegen. 3. (Entscheidung...) treffen. 4. s. wo niederlassen; s. e–e Existenz gründen; s. selbstständig machen. 5. s. wo niederlassen.

₁N – V – N   *Nos casos em que as zonas de indústrias nocivas subsistirem e contactem com zonas de carácter habitacional, deverão estabelecer-se, nos seus limites, cortinas de arborização formadas por espécies de alto porte de folha permanente.* [pj] *Compete à* ONU *estabelecer a paz entre os povos. A lei estabelece a proibição de fumar em reuniões públicas fechadas. A* RFA *e Portugal estabeleceram um acordo sobre emigração. Esforçava-se por estabelecer uma sólida reputação.*
₂N – V – Fic   *A constituição estabelece que todos são/ sejam iguais perante a lei.*
₃N – V – I   *O governo estabeleceu terminar com os subsídios aos agricultores.*
₄N – V – N – L   *Eles estabeleceram residência na Trofa.*
₅N – Vse – L   *Eles estabeleceram-se na Trofa e não saíram de lá.*
| *Ele estabeleceu-se:* s. etablieren.

estacar
1. (mit einem Stock...) stützen, abstützen; im (Schritt) innehalten. 2. <jd, etw> anhalten; <jd> innehalten, plötzlich stehenbleiben.

₁N – V – N   *Ó João, é preciso estacar as ervilhas, senão elas caem. Estacou o passo.*
₂N – V   *Naquele preciso momento, a porta escancarou-se e, na frente deles, surgiram cinco pessoas que estacaram, assombradas.* [al] *Nisto, a camioneta estacou.* [pl]

estacionar
1. <Krankheit> zum Stillstand kommen; stocken. 2. <Auto, jd> wo parken; (Flugzeug) wo zwischenlanden. 3. jd. (Auto) wo parken.

₁N – V   *A doença estacionou.*
| *Fazer estacionar a.c.* : (Krankheit) zum Stillstand bringen; Einhalt gebieten: *A medicação fez estacionar a doença.*
₂N – V – (L)   *O carro/ o João estacionou no meio da estrada. O governo francês propunha como condição, para efectuar a venda, que os aviões não estacionassem na Guiné.* [sc]
₃N – V – N – (L)   *Ele estacionou o carro no meio da estrada e foi comprar flores.*

estagnar
1. stagnieren.

₁N – V   *As exportações comunitárias para os países industrializados estagnaram e até diminuiram temporariamente.* [cm]

estalar
1. mit (den Fingern) knacken; mit (der Zunge) schnalzen. 2. <Feuer, Holz...> knistern; <Eier> platzen; <Glas> zerspringen, einen Sprung bekommen; mit (der Zunge) schnalzen; <Knochen> knacken; <Kopf> platzen (vor); <Lachen> erklingen; FIG. <Krieg...> ausbrechen. 3. (wo) knallen, klatschen.

₁N – V – N   *Estalar a língua/ os dedos.*
₂N – V   *As achas estalavam na lareira. Os ovos estalaram. O copo estalou. A Teresa saltou para o chão e fez estalar a língua entre os dentes, embaraçada.* [al] *Nunca havemos de entender-nos – declarou, cerrando os punhos, até os ossos estalarem.* [pc] *A minha cabeça está a estalar de dor. Uma grande gargalhada estalou da boca de Afonso Anes.* [av] *E durante largo tempo, ainda, as risadas estalaram, com insultos e palmas à mistura.* [pl] *Entretanto, a crise do petróleo estala em 1973.* [cm]
- *Fazer estalar a.c.:* (Glas) zerspringen lassen: *A água a ferver fez estalar o copo.*

₃N – V – L   *Num repente, a porta abriu-se, vi-lhe os olhos rasgados e duros a quererem esmagar-me e·a sua mão alçar-se e estalar na minha cara.* [fa]

estampar
1. bedrucken. 2. etw drücken in. 3. s. wo zeigen; s. widerspiegeln. 4. (Auto) kaputtfahren. 5. (mit dem Auto) fahren gegen; 6. (mit dem Auto) fahren gegen; verunglücken.

₁N – V – N <com N>   *Estampei o tecido com flores garridas.*
₂N – V – N – L   *Estampar os pés na areia. Estampar o cinete no lacre.*
- Wo zu lesen sein; s. wo widerspiegeln: *Tudo que tem de ser dito aos curiosos está estampado na face de Adélia Prado ou em seu texto.* [pj]

₃N – Vse – L   *A alegria da vitória estampa-se nos olhos de algumas crianças enquanto as outras protestam, reclamando o fora de jogo.* [pj]
₄Np – V – Nc   *Já estampou o carro novo.*
₅N – V – N – contra N   *Estampou o carro contra um camião.*
₆N – Vse – (contra N)   *Guiava depressa e estampou-se (contra o muro). Com apenas 24 anos de idade e seis de França, o Miguel está hoje no desemprego porque se estampou com a carrinha da empresa e o patrão despediu-o.* [oj] *Estampou-se pela ribanceira abaixo.*

estar¹
Morf.: Pres.: estou, estás, está. Pres. conj.: esteja. Pret. perf.: estiveram.
1. sein. 2. jm stehen; passen.

₁[N –] V – P_{adj, n}...   *Está frio. Está calor. Estar atrasado. O cabaretista esteve muito **bem** hoje. A comida está **boa**. Tudo o que fizeste está **bem**. Está uma rapariga! Os meus pais estavam mortinhos por vos conhecer.* [dm] *Está fora de dúvida de que necessitamos do concurso de todos para as tarefas de reconstrução do país.* [oj]
- *Estar bem (de saúde):* gesund sein.
- *Estar de acordo:* derselben Meinung sein, übereinstimmen: *Eu fui soldado, você também foi, mas acho que estamos de acordo no seguinte: a tropa nunca foi boa para ninguém, nem para o militar nem para o civil.* [np]
- *Estar de luto:* in Trauer sein.
- *Como está?:* Wie geht es Ihnen?
- *<Alguém> estar de pé/ <a.c.> estar em pé:* stehen.
- *Estar da cor da cal:* kreidebleich sein: *O automobilista está da cor da cal. Pergunta mudamente aos socorristas – com os olhos – se a coisa é séria.* [np]
- *Já está!:* Da haben wir es!

₂N – V – a Np – M   *Esse fato está-lhe mesmo bem.*

estar²
1. s. wo befinden, aufhalten, liegen, stehen, sein. 2. FIG. liegen, bestehen in. 3.–4. <Problem...> liegen in. 5. mit jm zus. sein; jn treffen. 6. (Hunger) haben.

₁N – V – L
    Está actualmente em Lisboa. O livro está na estante. A faca está na mesa.
- [Telefon, Anrufer]: *Está lá?; O senhor Carrasco está?:* Ist Herr Carrasco da, zu Hause?
- [Telefon, Angerufener]: *Estou!*
- *A quantos estamos hoje? Quantos são hoje?:* Den wievielten haben wir (heute)?

₂Nc – V – em N
    O problema está na selecção do material.
- *Estar-se nas tintas:* s. e-n Dreck kümmern um: *Para mim o mais importante é que ela seja poupada e estou-me nas tintas para a beleza física.* [oj]

₃Nc – V – em Fi
    O problema está em que não posso aparecer mais cedo.

₄Nc – V – em I
    O problema está em ele aceitar a proposta.

₅N – V – com Np
    Estou com ele há já dois anos. Dá-me o pacote, que eu hoje estou com ele e entrego-lho.

₆N – V – com Nc
    Estou com fome.
- *Estar com frio:* frieren.
- *Estar com calor:* schwitzen.
- *Estar com pressa:* Es eilig haben.
- *Estar com sono:* müde sein.
- *Estar com medo:* befürchten: *Estou com medo que ele chumbe. Os professores não se quiseram comprometer, deixaram a coisa no ar, que talvez sim, que talvez não.* [dm]
- *Estar sem dinheiro:* kein Geld haben.

estar³
1. Lust, Laune haben zu. 2. aufgelegt sein, zu + V; NEG. ich werde doch wohl nicht + V. 3. <jd> neigen zu + V. 4. für jn, etw sein. 5. bevorstehen; in (wieviel Tagen...) stattfinden.

₁N – V – para N
    Não estou para conversas.

₂N – V – para I
    Não estou para comprar novos móveis porque daqui a dois meses vou-me embora.

₃Np – V – em I
    Estamos em crer que a presente crise acabará por reforçar a autoridade do Presidente. [dn]

₄Np – V – por N
    O Juiz está pelo reclamante. Eu estou pela equipa de futebol de Portugal.
- *Hoje estou por tudo:* Es ist mir alles wurst; ich bin mit allem einverstanden.

₅Nc – V – por N
    A nomeação está por dias. A sua morte/ ele está por dias. A sua morte está por pouco.

estar⁴
₁N – V + em N
- *Estar em atraso:* Verspätung haben, s. verspäten.
- *Estar em construção:* s. im Bau befinden.
- *Estar em bom estado:* in gutem Zustand sein.
- *Estar em guerra:* s. im Krieg befinden.
- *Estar em perigo (+ de I):* s. in Gefahr befinden; Gefahr laufen, zu.
- *Estar em preparação:* in Vorbereitung sein: *A ponte está em preparação há meses. O comunicado afirma que está actualmente em preparação uma proposta de lei para a revisão do arrendamento urbano.* [pj]
- *Estar em vigor:* <Gesetz> gültig sein.

₂N – V + a N
- *Estar ao alcance de (todos):* für jn erreichbar sein.
- *Estar a cargo + de N:* unter der Leitung stehen von: *Os participantes intervirão numa mesa-redonda sobre a "Universidade na Regionalização da Saúde" que estará a cargo de Eurico Figueiredo.* [pj]
- *Estar a contas + com N:* zu tun haben mit: *Agora estão a contas com uma joven que fuma, que se enovela em fumo, e que fala a uma infinita distância dela mesma.* [bp]
- *Estar ao corrente:* auf dem laufenden sein.
- *Estar à espera + de N, I:* warten auf.

	▪ *Estar à espreita (+ de N):* auf der Lauer liegen.
	▪ *Estar à vista:* in Sicht sein.
₃N – V + de N	▪ *Estar de aprendiz + L:* wo in die Lehre gehen.
	▪ *Estar de espada na mão:* das Schwert in der Hand haben, halten.
	▪ *Estar de mão na cinta:* die Hand an der Taille haben.

estar⁵
1. dabeisein zu + V. 2. <jd> im Begriff sein zu + V; <etw> nahe daran sein, zu + V (passiv). 3. noch gemacht... werden müssen; noch zu tun sein.

₁[N –] V + V_{a INF, GER}	*Está a chover/ a fazer sol. O sol está a brilhar. Está a fazer-se difícil. Está-se a fazer difícil. Está-se a fazer caro. Está trabalhando. Está chovendo.*
₂[N –] V + para V_{INF}	*Está para chover. Estou para comprar uma casa há mais de dois anos. A 17 de Outubro deste ano esteve para ser assinado o acordo de paz entre a Frelimo e a Renamo, sob os auspícios de Pretória.* [oj]
₃N – V + por V_{INF}	*A barba está por fazer. A casa de banho ainda está por limpar.*

estatelar
1. jn zu Boden strecken, niederstrecken. 2. (der Länge nach) hinfallen.

₁N – V – N – (L)	*Passou-lhe uma rasteira e estatelou-o.*
₂N – Vse – (L)	*Pensou atirar-se do carro, abriria a porta e iria estatelar-se no asfalto, ensanguentada.* [be] *Jaime, com a precipitação, atirou a cadeira para trás, que se estatelou, fazendo grande estrondo.* [dm]

estender
1. (Arme...) ausbreiten; (Wäsche) aufhängen; (Teig) ausrollen. 2. s. erstrecken; s. ausdehnen; s. hinlegen. 3. ausstrecken. 4. s. ausbreiten auf; s. erstrecken; s. wohin strecken. 5. jm (die Hand) reichen; jm (e-n Stuhl...) reichen. 6. (Arm) ausstrecken nach. 7. ausdehnen. 8. s. ausdehnen.

₁N – V – N <L>	*Estendeu os braços para me acolher. A roupa que estendi hoje de manhã já está toda seca. A conzinheira estendeu a massa com o rolo.*
₂N – Vse <L>	*Ante os meus olhos estendia-se uma enorme planície. O lavrador levantou-se, fechou a porta à chave e depois estendeu-se ao comprido, de mãos enganchadas sobre a fronte.* [bc] *Ele estendeu-se no chão.*
₃N – V – N – D	*Ela tentava estender a mão até ao tecto.*
₄N – Vse – D	*As actividades de Gonzalez Arenas em Madrid tinham-se estendido a vários bairros da capital.* [pj] *A planície estendia-se até à aldeia. E a sua mão comprida, extraordinariamente fina para um lavrador, estendia-se na direcção da Galiza.* [pl]
₅N – V – N – a Np	*Depois, o rapaz estendeu-me a mão e esgueirou-se lepidamente, deixando-me só.* [np] *O criado estendeu-lhe uma cadeira.*
₆N – V – N – para Np	*Ele estendeu os braços para a Maria.*
₇N – V – N – T_a	*A comissão decidiu estender a reunião até às quatro.*
₈N – Vse – T_a	*Para comemorar os 70 anos da Corporação dos Bombeiros Voluntários, estão previstas actividades que, começando no dia 24 próximo, se estendem até ao fim do ano.* [pj] *A discussão estendeu-se até às quatro.*

esticar
1. spannen; straffen; (Hals...) recken; strecken. 2. s. recken; s. dehnen.

₁N – V – N	*Esticou a corda que segurava os caixotes para não caírem. A mocita esticou o pescoço.* [op] *A Teresa olhou para os outros, cruzando os braços e esticando a cabeça, com ar de menina irritante.* [dm]
	▪ *Esticar o pernil:* ins Gras beißen; zugrunde gehen; untergehen: *E a prima referia-se a mim com todo o à-vontade, chegou a dizer que não se perdia nada se eu esticasse o pernil.* [tm] *Se calhar nunca mais terei outra ocasião de ver um regime esticar o pernil, se é que não se trata dum engano, fada morgana.* [lu]
₂N – Vse	*Ele esticou-se até chegar ao cimo da estante. O elástico esticou-se até partir.*

estilhaçar
1. zersplittern; zerbröckeln; zerschlagen; in Stücke schlagen. 2. zersplittern; kaputtgehen.

₁N - V - N A onda de choque na galeria fechada estilhaçou as janelas até das carruagens mais distantes, provocando outros feridos e espalhando o pânico. [oj] Os rapazes serviram-se de martelo e escopro para estilhaçar o cimento entre os furos. [kf]

₂N - Vse Olhava uma jarra de cristal e apetecia-lhe parti-la, vendo-a estilhaçar-se na parede. [bc] Num arremesso, o João atirou com o copo de vinho para longe, que se estilhaçou, de encontro a uma pedra. [dm]

estimar¹
1. (Preis...) schätzen (auf). 2. e-n Schätzwert haben von. 3. schätzen, daß.

₁N - V - N - (Q_em) Estimaram em 14 o número de vítimas do acidente. Consultaram um avaliador para estimar o valor da casa.

₂N - Vse - Q_em O valor do quadro estima-se em dez mil contos.

₃N - V - Fc A polícia estima que grande parte do contrabando tenha chegado a Portugal via Espanha.

estimar²
1. (wert-)schätzen; gern haben; liebgewinnen. 2.-3. (gute Besserung) wünschen; hoffen; daß jd bei guter Gesundheit ist.

₁N - V - N Leonel entretinha-se com os pequenos, que já o estimavam e gostavam de brincar com ele. [vp] Estimo bastante o João. ▸Eles estimam-se (um ao outro).

₂N - V - N Estimo as (suas) melhores.

₃N - V - Fc Estimo que melhores. Estimo que estejas bem de saúde.

estimular
1. (Appetit...) anregen; fördern; Anreize schaffen für; jn beflügeln, inspirieren, anspornen. 2.-3. jm Mut machen; ermutigen; jn anspornen; jds Ehrgeiz anstacheln. 4. jm gut zureden, jn ermutigen.

₁N - V - N Ficava sem saber o que fazer para estimular o apetite. As pessoas que deixam de estimular o cérebro podem acelerar o seu envelhecimento. [pj] Estimular a produção de trigo. A supressão da tributação que impende sobre os aumentos de capitais, para estimular o autofinanciamento foi uma das medidas propostas pela Confederação da Indústria Portuguesa ao ministro das Finanças. [pj] Era uma presença feminina, e a companhia das mulheres geralmente estimulava-o. [vp]

₂Fc - V - N Estimulava-me que ele continuasse do meu lado apesar de tudo.

₃I - V - N Estimulava-o ver o negócio aumentar de dia para dia.

₄N - V - N - a I Aquele gostoso acontecimento estimulou-me a publicar a obra a expensas minhas. [np] Consegui esse lugar porque me estimularam a participar no concurso.

estipular
1.-3. <Gesetz...> festlegen; vereinbaren.

₁N - V - N A lei estipula a proibição de vender bebidas alcoólicas a menores de 18 anos. A lei estipula o direito de salário igual para trabalho igual. A comissão havia estipulado um salário suficientemente compensador para atrair um técnico de alto calibre.

₂N - V - Fic Os Tratados de Paris e de Roma estipulam claramente que os outros Estados europeus, que partilhem o ideal democrático dos Estados membros da Comunidade, podem aderir a esta. [cm] A lei estipula que seja da competência dos tribunais a solução do litígio.

₃N - V - I A lei estipula ser da competência dos tribunais a resolução desse litígio.

estoirar ⇒ estourar

estorcer
1. auswringen; verdrehen; verrenken. 2. s. winden; s. krümmen.

₁N - V - N Eu estorci a roupa e pu-la a enxugar. Estorceu-ME o braço.

₂N - Vse <L, de N> Estorcer-se de dor. Alice, abraçada a sua mãe, na solidão das minas desertas, estorcia-se nas primeiras dores da parturição. [oj] Leonel abafava soluços, gritos histéricos, horríveis, com a almofada da cama, onde se estorcia, impotente. [vp]

estorvar
1. jn (bei etw) stören, behindern; hinderlich sein. 2.–3. jn stören. 4. jn bei etw stören.

₁N – V – N   Anda, não me estorves que já estou atrasado. Eles estorvaram-LHE a saída. O vestido estorvava-LHE os passos. Aquele banco estorva a passagem.
₂Fc – V – N   Estorvava-a que ele estivesse sempre a resmungar.
₃I – V – N   Ter que trabalhar naquelas condições estorvava-a.
₄N – V – Np – em N   Estorvou-me na leitura do jornal.

estourar   [estoirar]
1. zum Platzen, Bersten, Explodieren bringen; (Geld) durchbringen. 2. zerplatzen. 3. zerplatzen; explodieren; knallen; krachen.

₁N – V – N   Estourar um balão. Não sabes poupar nada. Estouras tudo quanto ganhas.
₂N – Vse   O Francisco Gregório, numa tarde, dera-lhe para tropelias e acabara por se estoirar, debaixo dum comboio, ao pé de Mato de Miranda. [fa]
₃N – V   Algumas vagas estoiravam ainda antes das rochas, vinham já franjadas ou em espuma de açúcar até aos primeiros leixões. [vp] A bomba estourou. Tiros estouravam no ar.

■ ⇒ Fazer estourar a.c.

■ Estourar de tanto rir: lauthals lachen; vor Lachen platzen.

estragar
1. kaputtmachen; zerstören; (Lebensmittel) verderben; (Gesundheit...) ruinieren; FIG. jn verziehen, verwöhnen; jn verderben, auf Abwege bringen. 2. kaputtgehen; verderben; <Milch> sauer werden.

₁N – V – N   <com N>   Spaggiari não matava sequer os coelhos que LHE estragavam a horta. [kf] A geada tardia estraga as vinhas. Estraguei a roupa com a tinta. O calor estragou os víveres. Ele estraga a saúde com o tabaco. Estragar alguém com mimos. As más companhias estragam-no.
₂N – Vse   <com N>   As vinhas estragaram-se com a geada tardia. As cerejas estragaram-se. O leite estragou-se.

estranhar
1. seltsam, befremdlich, merkwürdig, eigenartig finden; <Kind> Angst haben vor. 2.–3. seltsam, befremdlich finden; s. wundern über;. ◊ jn verwundern, befremden.

₁Np – V – N   Os rapazes estranharam a reacção do Pedro. Porquê tanto interesse por aquela cruz? [dm] Estranhava-o. Nunca o vira tão impulsivo e falador. [bc] Estranhou os modos dele mas não ligou. Mas o homem não responde logo. Vê-se que estranhou a pergunta. [pl] Carlos Atouguia conheceu a batida do cavalo nas pedras soltas da estrada, mas estranhou-LHE o ritmo frouxo. [bc] A criança estranha a tia.
₂Np – V – Fc   Estranhei que já estivessem em casa àquela hora.
₃Np – V – I   Ninguém estranharia ver os homens entrar, se não fossem empregados do castelo! [dm]

estrear
Morf.: Pres.: estreio.
1. (Kleidung) zum erstenmal tragen; (Film...) uraufführen. 2. <jd> debütieren; zum erstenmal auftreten; <Film> zum ersten Mal im Kino laufen, zur Uraufführung gelangen.

₁N – V – N   Estrear um vestido, um filme, uma peça de teatro.
₂N – Vse   O novo abade, que havia pouco se estreara no pastoreio da freguesia, veio à casa da Vessada fazer uma visita de identificação. [as] Ela estreou-se ontem no teatro. O filme estreou-se anteontem.

estremecer¹
1. (er-)zittern lassen. 2. <etw> beben, erzittern, erschüttert werden; es jn schaudern; zus.zucken; zus.fahren; erschrecken.

₁N – V – N   O delírio estremecia-LHE o corpo. O susto estremeceu-a.
₂N – V   <com N, ao I>   O comboio estremeceu, e começou a deslocar-se, devagar. [dm] À passagem do pesado veículo toda a casa estremeceu. As casas estremeceram com o terra-

moto. *As rodas do carroção e das carretas estremecem e guincham nas asperezas das picadas.* [cm] *Seguro de que ninguém o observava, ocultou a cara sardenta nos braços e os soluços fizeram—LHE estremecer os ombros.* [np] *Ao ver o Gaspar, Daniel estremeceu.* [pl] *Estremeci com as tuas palavras.*
▪ *Fazer estremecer alguém:* jn. erzittern, erschaudern lassen: *O susto fê-lo estremecer.*

estremecer²
1. zärtlich lieben.

₁Np – V – Np   *Filha única, estremecida da mais carinhosa mãe que dela fizera todo o seu enlevo, muito amada de seu pai, idolatrada pelo noivo, moço, inteligente, são e trabalhador, correspondendo-lhe com igual afecto, Alice vira tudo sorrir-lhe na vida.* [oj]

estudar
1. studieren; lernen. 2. untersuchen; genau beobachten, prüfen; (Rolle) lernen, einstudieren. 3. untersuchen.

₁N – V – (N)   *Leonel viera a França para estudar agronomia na afamada escola de Montpellier, mas, ao desembarcar em Marselha, tanto se agradara daquela babel cosmopolita que ali foi ficando.* [vp] *O meu rapaz estuda em Coimbra.*
▪ *Estudar com alguém:* bei jm lernen, studieren.
₂N – V – N   *Estudou minuciosamente a colocação dos quadros na parede. Estudou a colocação da floreira. Estudou a posição do quadro na parede. Estudaram o terreno. O actor está a estudar o seu papel.*
₃N – V – Int   *Ela estudou minuciosamente como é que havia de distribuir os lugares à mesa.*

estufar
1. (Fleisch) schmoren; (Fisch, Gemüse...) dünsten; auf kleiner Flamme kochen lassen. 2. schmoren.

₁N – V – N   *Estufar carne, peixe.*
₂N – V   *A carne está a estufar ao lume. Pôr 250 g de salmão, limpo de peles e espinhas, a estufar em 25 g de manteiga.* [ac]

estuporar [FAM.]
1. kaputtmachen; (Geld) durchbringen; (Gesundheit) ruinieren. 2. (s-e Gesundheit...) ruinieren.

₁N – V – N   *Ainda ontem te comprei o jogo e já o estuporaste todo. Estuporar dinheiro/ a saúde.*
₂N – Vse   *Ele estuporou-se todo com aquele acidente. Precisou de não sei quantas operações para se pôr direito.*

esvaziar
1. (Glas) leeren, austrinken; abladen; ausleeren; FIG. (des Sinnes) entleeren; (der Funktion) berauben. 2. s. leeren; leer werden. 3. FIG. jm etw nehmen; (des Sinnes) entleeren. 4. FIG. <etw> s. (des Sinnes) entleeren.

₁N – V – N   *De um só trago, esvaziou o copo. Mas claro que não ficou bêbado. Esvaziar um saco, um camião de areia. Os pequenos Estados da CEE desconfiavam da tentativa dos Grandes para estabelecer um directório e esvaziar os mecanismos igualitários da Comunidade, substituindo-os por mecanismos de simples cooperação.* [cm] *Contudo, a realidade é outra. A oportunidade da candidatura civil já esvaziou o seu conteúdo "civilístico".* [pj]
₂N – Vse   *A vasilha partiu-se e esvaziou-se. O pneu esvaziou-se num instante.*
₃N – V – N – de N   *A madrugada esvaziara-o de toda a agressividade:* [pc] *As pessoas acabam por esvaziar de conteúdo palavras como "liberdade".*
₄N – Vse – de N   *De tão usado, esse termo esvaziou-se de sentido.*

evacuar
1.–2. räumen.

₁N – V – N   *A polícia evacuou a sala.*
₂N – V – N – (D)   *O Juiz mandou evacuar a audiência (do tribunal).*
▪ *N – V:* Stuhlgang haben: *Com o remédio novo, evacua todos os dias.*

225

evadir
1. (e-m Problem) ausweichen. 2. entweichen aus; flüchten aus; weggehen von. 3. s. (von der Wirklichkeit...) entfernen.

₁N – V – N   Assediado pelos jornalistas, o Ministro tentou evadir a questão.
₂N – Vse – D   Evadiu-se da prisão. Luís Manuel tinha de há muito o desejo obstinado de evadir-se de Lisboa, que representava para ele a estagnação, o tédio, a estupidez fascista. [vp]
₃N – Vse – de N Andava muito metido consigo, evadindo-se cada vez mais da realidade.

evaporar
1. verdunsten (lassen). 2. verdunsten; FIG. s. verflüchtigen; verschwinden. 3. verdunsten.

₁N – V – N   O sol e o vento evaporam a água dos rios.
₂N – Vse   A água evaporou-se. A alegria dele evaporou-se. Tenho pena. Apetecia-lhe deitar-se, esquivar-se, chorar até poder dormir, minguar, evaporar-se, deixar de existir. [pc]
₃N – V   A água evaporou (com o calor).

evidenciar
1.-3. klarmachen; klar herausstellen; offenbaren; zeigen; an den Tag bringen. 4. s. zeigen; zutagetreten.

₁N – V – (a N) – N   O acidente só veio evidenciar a necessidade de abertura de uma faixa rodoviária. A dependência externa evidencia a miséria do país. Aquela exposição evidenciou as qualidades do candidato. Sem vir assinado, o artigo evidencia o estilo pragmático do veterano líder Deng-Xiaoping. [pj]
₂N – V – (a N) – Fi Os resultados eleitorais evidenciaram que os eleitores não tinham gostado do governo anterior.
₃N – V – (a N) – I   O acidente evidenciou ser necessário proceder a alterações no sistema rodoviário.
₄N – Vse   O valor / a qualidade do autor evidenciou-se no seu segundo livro.

evitar
1. vermeiden; meiden; verhindern; verhüten. 2. verhindern. 3. vermeiden. 4. jm etw ersparen.

₁N – V – N   Evitando-lhe o olhar implorativo, o barman, embaraçado, procura entreter-se com qualquer serviço. [kb] Eles evitaram o encontro. Evitam gastos inúteis. Conseguiram evitar a tragédia.
₂N – V – Fc   Os militares ocuparam-se da política, a fim de preservarem alguma importância social, o que não evitou que em nenhuma outra época da História se tivesse trucidado tanta gente como naquela em que vivemos. [pj] Evitei que o seu filho morresse afogado. O mau tempo nunca evitou que eu fosse à praia.
₃N – V – (de) I   O objetivo dos jogos é evitar cair em ravinas ou nas garras de monstros medonhos. [cp] Assim, evitas (de) passar por minha casa.
₄N – V – N – a N Evitei-lhe sérios prejuízos.

evoluir
1. s. entwickeln; Fortschritte machen. 2. s. entwickeln zu.

₁N – V   O homem evoluiu. A indústria evoluiu muito nos últimos anos.
₂N – V – para N A língua evolui sempre para formas mais simples. O latim vulgar evoluiu para as línguas românicas.

exacerbar
1. etw verschlimmern, steigern; jn verbittern, aufbringen. 2. <jd> s. ereifern, zornig werden.

₁N – V – N   Os primeiros livros exacerbavam o negativismo das relações humanas, dos caracteres. [pj] Abandonara já a defesa das suas ideias com frases que só exacerbavam o ânimo do pai, como "criar obras de arte também é construir um destino", "a minha vocação é esta", etc. [nv]
₂N – Vse   O homem exacerbou-se e até lhe bateu.

exagerar
1. übertreiben; aufbauschen; zu weit gehen. 2. übertreiben mit.

₁N – V – (N)   Ele exagerou as proporções, mas fê-lo deliberadamente. Exagerava-se em Al-

	debarã quando se dizia ter passado Diogo Relvas quatro anos dentro da Torre dos Quatro Ventos. [bc]
	▪ Vá lá, não exageres!
₂N – V – em N	Exageraste no sal: a sopa está intragável.

exalar
1. aushauchen; (Geruch) verströmen; FIG. voller (Elend...) sein. 2.-3. <Geruch> strömen aus, ausgehen von.

₁N – V – N	Exalou o último suspiro. Horácio soprava violentamente, como se pudesse assim exalar o mau humor. [pc] A um canto da sala, num vaso cheio de areia, um pequeno pinheiro acabado de cortar exalava ainda o seu cheiro fresco a madeira húmida. [be] Observa a cidade que vai desfilando no écran da janela_Uma cidade velha e escura, que exala miséria e lhe causa desgosto. [nv]
₂N – Vse – D	Um cheiro agradável exalava-se da cozinha.
₃N – V – D	Um cheiro agradável exalava da cozinha.

examinar
1. prüfen; untersuchen; überprüfen. 2. prüfen; untersuchen.

₁N – V – N	Examinou as contas da sociedade e encontrou algumas irregularidades. Examinar uma proposta, um problema, uma questão, provas, testes. O Pedreiro examinou a textura do solo. [kf] Examinar o mecanismo duma máquina.
₂N – V – Int	Vamos hoje examinar se é possível transferir esta repartição para outro ministério.

exasperar
1. jn aufbringen. 2. s. erregen (über).

₁N – V – N <com N>	O silêncio dele, em que ela adivinhava conformação e indiferença, alheamento da luta, uma torpe indolência, exasperava-a. [pc] Exasperava a miúda com aqueles modos tão peculiares.
₂N – Vse <com N>	Ele exasperava-se com a sua indolência.

exceder
1. übertreffen; übersteigen. 2. bei etw übertreiben; s. übernehmen; s. zu Tode + V. 3. s. erregen; außer sich geraten. 4. etw übertreiben; zu weit gehen.

₁N – V – N <em N>	Aquilo excedia todas as expectativas. Dizia ela que um momento belo excedia existências inteiras de mediocridade. [vp] Nas mais antigas democracias, como a Britânica e a Americana, os partidos são apenas dois ou três, ao passo que nas mais jovens não é raro excederem a dezena. [pj] O Sindicato calculou que as quantidades de semente lançada à terra excederam em 15 por cento as do ano precedente. [rp]
₂N – Vse <a I>	Exceder-se a trabalhar.
₃N – Vse <com N>	Ele excedeu-se com o comportamento dos empregados e gritou-lhes.
₄N – Vse – em N	Excedeu-se nas críticas que fez ao empregado. A Xana excede-se em amabilidades com as amigas.

excitar
1.-3. in Erregung versetzen; aufregen; jn aufbringen. 4. in Erregung geraten.

₁N – V – N	A vinda dos primos excitara as crianças. Excitou-o, prometendo-lhe mundos e fundos.
₂Fc – V – N	Excitou-a que ele lhe fizesse uma proposta tão explícita.
₃I – V – N	Excitava-a ir à festa da embaixada.
₄N – Vse <com N, ao I>	Ele excitava-se sempre com aquelas carícias. Excitava-se com aquelas notícias fantásticas. Excitava-se ao ver o amigo chegar com flores.

exclamar
1. ausrufen; schreien.

₁N – V – Te	Divertem-se a valer! – não pude deixar de exclamar, beberricando uma cerveja. [np]

excluir
Grafia: Pres.: excluímos. Pret.perf.: excluí, excluiu, excluíram. Part.: excluído.
1.-4. ausschließen.

₁N – V – N   Em declarações à Anop, Nuno Grande excluiu qualquer possibilidade de criação de um novo partido. [dn] A liberdade exclui a traição. Aquela hipótese exclui todas as outras.
₂N – V – N – L_de   Excluíram-no da escola/ da sociedade. Excluíram-nos da lista.
₃N – V – N – de N   Excluíram-no do pagamento. A professora excluiu dois alunos da prova.
₄N – V – N – de I   Excluíram-nos de participar no casamento.

executar
1. ausführen; durchführen. 2. jn hinrichten, exekutieren.

₁N – V – Nc   No mesmo período, as 1 286 patrulhas que actuaram nas estradas de todo o país autuaram 222 condutores que executaram manobras perigosas. [pj] Por vezes é difícil verificar se o computador está a executar um determinado bloco do programa. [cp] O assalto fora preparado com tanto cuidado e tão eficientemente executado como os crimes financeiros mais complexos que ele deslindara. [kf] ▸Executou-se o projecto sem que ninguém se lhe tivesse oposto.
₂N – V – Np   Eles executaram todos os prisioneiros apesar dos pedidos de clemência provenientes dos países amigos.

exercer
1. ausüben; (Anstrengung...) unternehmen; (Einfluß) ausüben auf.

₁N – V – N   Os cidadãos exerceram o seu direito de voto. Exercia a autoridade sem despotismo. O João está a exercer as funções de administrador adjunto. O esforço que actualmente se exerce é no sentido de preservar a unidade do Continente. [dn] As águas excerciam uma forte pressão sobre a barragem. Eu tentei exercer pressão sobre o João, mas ele não se deixou levar.

exibir
1. (Bilder) ausstellen; (Film) vorführen; sich zeigen, vor allen Augen; 2. sich selbst darstellen; jemandem etwas vor Augen führen.

₁N – V – N   O Museu exibe quadros. O cinema exibe um filme sobre o Canada. Gosta de exibir as condecorações que ganhou.
₂Np – Vse   Ele gosta de se exibir perante os amigos.

exigir
1. verlangen; fordern; erfordern. 2.-5. etw von jm verlangen, fordern.

₁Nc, I – V – N, Fc   O seu precário estado de saúde exige tratamento médico imediato. A situação portuguesa exige uma participação activa de todos quantos assumem as suas responsabilidades cívicas. [ot] O facto de ele se encontrar em tão precário estado de saúde exige cuidados especiais. Compor exige sensibilidade. A prometida eficácia e competência exigem que a razão de mera força não continue a sobrepor-se ao império da força da razão democrática. [dl]
₂Np – V – N – de Np   Exigiu do comprador a devolução da mercadoria.
₃Np – V – (a Np) – N   Exige-se-lhes, ainda, declaração de património e de rendimentos, e o dever de sigilo absoluto, durante e após a permanência ao serviço do sis. [oj] Exigiram-lhe silêncio.
₄Np – V – (a Np) – Fc   Exigiam-lhe que fosse depressa. Exigiu-lhe que pagasse todos os meses por/ com cheque. Isso exige que ele actue imediatamente.
₅Np – V – (a Np) – I   Exigiam-lhe ter que entregar a declaração dos rendimentos. Exigiu ir a Lisboa com todas as despesas pagas.

existir
1. bestehen; existieren; es gibt...

₁N – V   Apetecia-lhe deitar-se, esquivar-se, chorar até poder dormir, minguar, evaporar-se, deixar de existir. [pc] A nosso ver existem na actual geração castrense homens com competência para impor uma revisão constitucional séria. [pj] *Num tema como a informática existem numerosos ramos de conhecimento paralelos.* [cp]

expandir
1. erweitern; verbreiten. 2. s. verbreiten. 3. verbreiten; ausweiten. 4. s. ausdehnen; FIG. <jd> s. öffnen.

$_1$N – V – N – (D)   *Expandiu o seu território. O acidente nuclear expandiu a radioactividade até aos países do Sul.*

$_2$N – Vse – (D)   *A radioactividade expandiu-se por toda a Europa/ até aos países do Sul.*

$_3$N – V – N   *Aqueles governos expandem doutrinas já ultrapassadas. Expandiu o tema da sua tese.*

$_4$N – Vse   *Todos os gases se expandem. Ela precisava de expandir-se, fazia-lhe bem relatar tudo o que até aí a amargurara.* [nv]

expectorar
1. (aus-)husten; (aus-)spucken.

$_1$N – V – (D)   *Joaquim voltou a tossir e expectorou para o chão.* [pc]

expedir
1. abschicken; senden; (Telegramm...) aufgeben; (Boten) entsenden. 2. jm schicken. 3. [JUR.] entscheiden.

$_1$N – V – N – (D)   *Expedi ontem pelo correio uma encomenda para o Porto. Já expedi o telegrama. Expedi um emissário para Lisboa.*
- *Expedir um grito*: einen Schrei ausstoßen.
- *Expedir alguém para o outro mundo*: jn ins Jenseits befördern.

$_2$N – V – N – a Np   *Acabámos de vos expedir a vossa encomenda, conforme guia junta.*

$_3$N – V – N   *O juiz expediu esta questão.*

experimentar
1. etw erproben; ausprobieren; anprobieren; jn auf die Probe stellen; etw fühlen, empfinden. 2. ausprobieren; herauszufinden versuchen. 3. probieren; ausprobieren; versuchen.

$_1$N – V – Ncp   *Experimentei o automóvel, os óculos, o vestido. Disseste o ano passado que gostavas de experimentar a sauna, lembras-te?* [np] *Já experimentei este remédio e deu resultado. Ele perguntou-me se podia telefonar hoje à noite só para me experimentar. Experimentava uma sensação de bem-estar que há muito não sentia. Mari-Paz experimentava repugnância pela sujidade, que era norma naqueles meios, onde se não devia lavar a cara senão de três em três meses.* [vp]

$_2$N – V – Int   *Um dia ainda vou experimentar se é possível subir àquele monte.*

$_3$N – V – I   *Já experimentaste lavar a roupa à mão?*

expirar
1. ausatmen. 2. <Frist...> ablaufen, auslaufen.

$_1$Np – V – (N)   *Ele expirou todo o ar dos pulmões.*
- *Ele expirou ontem*: verscheiden.

$_2$Nc – V   *A Comissão considera que já em Janeiro de 1986 tinha expirado o mandato do conselho de gerência.* [dn] *Ao que apurámos, esta acusação provisória só terá sido agora deduzida por se encontrarem prestes a expirar os prazos de prisão preventiva.* [oj]

explicar
1. erklären; deutlich machen; für etw e-e Erklärung sein, bieten; Licht in etw bringen. 2.–6. erklären; ause-a.setzen. 7. es sagen; erklären (was los ist...). 8. jm e-e Erklärung liefern für.

$_1$Nc – V – N, Fc, Int   *Esta diversidade explica-se por ter sido impossível desenvolver, até hoje, uma linguagem que se adeque à totalidade das aplicações.* [cp] *O facto de ele ter falido explica a sua partida súbita. Por si só, a greve do metro não explica tamanhos engarrafamentos. A falência da fábrica explica que o patrão tenha emigrado. Essa teoria não explica porque é que o vírus só ataca pessoas de idade avançada.*

$_2$Np – V – (a N) – N   *Não precisas de explicar mais nada. Acredita que já entendemos. Vocês vieram aqui para nos alertar e agradecemos muito.* [dm]

$_3$Np – V – (a N) – Fi   *Ele explicou(-nos) que tinha emigrado por causa da falência da fá-*

	brica.
₄Np – V – (a N) – Int	*O professor explicou (aos alunos) como se deve organizar um trabalho de pesquisa.*
₅Np – V – (a N) – I	*Ele explicou(-nos) ter partido por causa da falência da fábrica.*
₆N – V – Te	DIZER.
₇Np – Vse	*Homem, ande lá, explique-se!*
₈Np – Vse – com Np <por I>	*O meu amigo vai ter de explicar-se comigo por faltar ao encontro.*

explodir
1. explodieren; FIG. platzen; drauflos brüllen; nicht mehr zu halten sein. 2. DIZER. 3. FIG. ausbrechen in.

₁N – V	*A bomba explodiu sem causar vítimas. Esperava a todo o momento ouvi-lo tossir convulsivamente e receava também que, logo que tal acontecesse, LHE explodiria o peito em estilhaços, como se fosse delicadíssimo cristal.* [np] *À mais pequena coisa, o tio explodia.* [gt] ■ *Fazer explodir:* zum Explodieren bringen: *Fizeram explodir uma bomba em frente do teatro.*
₂N – V – Te	DIZER.
₃N – V – em N	*O público explodiu em ovações, em gargalhadas sonoras.*

explorar
1. auskundschaften; erkunden; untersuchen; (Geschäft...) betreiben; das letzte herausholen aus; (Mine) abbauen; etw ausschlachten. 2. jn ausbeuten, ausnutzen.

₁N – V – Nc	*Alguns cientistas exploram o fundo dos oceanos para fins pacíficos. Albert explorou o sistema passo a passo até conhecer cada ângulo, cada beco.* [kf] *Ele explorou aquele negócio até ficar rico. Explorar os jazigos de carvão, de petróleo. Os jornais exploravam o acontecimento.*
₂N – V – Np	*Os construtores e fornecedores por sua vez exploram-nos, acabam por ficar quase tão ricos como os emigrantes.* [pj]

expor
Morf.: Pres.: exponho. Imperf.: expunha. Pret. perf.: expus, expôs, expuseram. Part.: exposto.
1.–2. e–r S. aussetzen. 3. s. e–r S. aussetzen. 4.–5. jm erklären; darlegen. 6. (Waren) ausstellen. 7. FIG. s. wichtig tun; s. aufspielen.

₁N – V – N – a Nc	*O gato surge junto da lareira. Expõe o corpo ao calor das chamas, arqueia a espinha.* [sv] *Não se deve expor demasiado as crianças ao sol.*
₂I – V – N – a Nc	*Ter que fazer a viagem por mar expunha-o a perigos consideráveis.*
₃N – Vse – a Nc	*Expor-se ao perigo/ ao sol. Eu não me quero expor aos comentários das minhas colegas.*
₄N – V – (a Np) – N	*O professor expôs os últimos progressos no campo da medicina.*
₅N – V – (a Np) – Int	*Expôs-lhes como se deve proceder em caso de incêndio.*
₆N – V – N	*O comerciante expôs aquelas mercadorias com raro bem gosto.*
₇Np – Vse	*Gosta de se expor com o seu 'Mercedes'.*

exportar
1. exportieren; ausführen.

₁N – V – N – (D)	*Portugal exporta têxteis (para os Estados Unidos).*

expressar
Morf.: Part.: ter, ser expressado; ser, estar expresso.
1. <etw> zum Ausdruck bringen; <jd> e–r S. Ausdruck geben; ausdrücken; (Gründe) darlegen. 2. <jd> s. ausdrücken. 3. s. aussprechen für. 4. jm etw ausdrücken; zum Ausdruck bringen.

₁N, Fc, I – V – N	*Aliás, tal não deve constituir novidade, porquanto vários outros diplomas de âmbito internacional expressam estes mesmos princípios, direitos e liberdades.* [dl] *Na conferência de Imprensa, "Cory" Aquino expressou satisfação pela colaboração dos EUA na partida de Marcos.* [oj] *Não sabia expressar por palavras uma emoção forte. Que isso tivesse acontecido/ ter isso acontecido/ o facto de isso ter acontecido expressa bem o estado de coisas a que se chegou. Expressei os motivos que me levaram a agir de forma tão drástica.*
₂Np – Vse	*Sabe expressar-se.*
₃Np – Vse – por N	*Expressaram-se favoravelmente pela direcção indigitada 43 dos votantes, apurando-se 21 votos negativos e um nulo.* [dn]

₄Np – V – N – a Np   *Expressei-lhe as minhas condolências.*

exprimir
Morf.: Part.: ter exprimido; ser expresso.
1. ausdrücken; zum Ausdruck bringen; darlegen. 2. <jd> s. ausdrücken. 3. jm etw ausdrücken; e-r S. Ausdruck geben.

₁N, Fc, I – V – N   *A música exprime o estado de alma do compositor. Ele exprimiu a sua opinião. Que ele tivesse iniciado/ ter iniciado uma nova política exprime a sua vontade de trilhar novos caminhos nas relações com outros países.*

₂Np – Vse   *Maria ia-se acostumando à maneira de ele se exprimir, mas encontrava prazer em o arreliar.* [vp]

₃Np – V – N – a Np   *Ele exprimiu-lhe a sua profunda gratidão.*

expulsar
Morf.: Part.: ter expulsado; ser, estar expulso.
1. jn vertreiben aus. 2. jn an die Luft setzen. 3. jn rauswerfen aus, ausschließen aus.

₁Np – V – N – D   *Os Franceses ainda não tinham sido **expulsos** do Vietname, e os Americanos ainda não tinham chegado.* [kf] *Pouco tempo depois, soube que, com muito sigilo, se preparava uma operação militar de grande envergadura para expulsar o inimigo das posições que ocupava ao sul da Província.* [sc] *Expulsaram-no de casa.*

₂N – V – Np   *O colégio expulsou-a.*

₃N – V – Np – de N   *Expulsaram-no do clube.*

exterminar
1. ausrotten; austilgen.

₁N – V – N   *Exterminar uma praga/ insectos/ um povo.*

extinguir
Morf.: ter, ser extinguido; estar extinto.
1. (Feuer) löschen; (e-e Gattung) ausrotten, austilgen; (ein Gremium...) abschaffen, auflösen. 2. zum Erlöschen bringen; (Kräfte) erschöpfen. 3. <Feuer...> erlöschen.

₁N – V – N   *Extinguir um incêndio/ um ministério. A crescente urbanização em torno do paúl extinguiu as poucas espécies que ainda ali nidificavam. O governo decidiu há dias extinguir os grémios agrícolas.*

₂I – V – N   *Ter consciência da doença extinguia-LHE as forças.*

₃N – Vse   *Pela manhã, o fogo já se tinha extinguido. As palavras tinham começado a rarear, até se extinguirem de todo.* [fa]

F

fabricar
1. herstellen; produzieren; FIG. hervorbringen; bewirken.

₁N – V – N   Portugal fabrica calçado sobretudo para o mercado externo. ▸Assim se fabricam elementos radicais, políticos, conflitos bélicos, desgraças.

facilitar
1. etw erleichtern, begünstigen; etw nicht ernst nehmen, schleifen lassen, auf die leichte Schulter nehmen. 2. es schleifen lassen; unvorsichtig, leichtsinnig werden. 3. jm etw erleichtern; jm (Zugang...) verschaffen. 4. jm etw erleichtern.

₁N – V – N   A abolição facilitou a proclamação da República no Brasil. Vê lá, toma cuidado! Acho que estás a facilitar muito as coisas.

₂N – V <em N>   É preciso cautela. Nisto facilitámos muito. Pensámos não haver perigo, e facilitámos.

₃N, Fc, I – V – N – (a N)   Quanto aos jovens agricultores, são-lhes concedidos empréstimos a baixas taxas de juro para lhes facilitar a modernização das suas explorações. [cm] As origens culturais latinas facilitar-nos-ão o reforço da solidariedade com todos os países latinos da Europa e da América. [dp] Que lhe tivessem concedido a bolsa/ terem-lhe concedido a bolsa facilitava o prosseguimento dos seus estudos. Este cartão facilita-me a entrada em qualquer biblioteca. Zilda atravessou a estrada em roupão e desceu o escadote de pinho que facilitava o acesso pela barreira às barracas. [vn]

₄N, Fc, I – V – I – a N   A concessão da bolsa/ que lhe tivessem concedido a bolsa/ terem-lhe concedido a bolsa facilitava-lhe prosseguir os seus estudos.

facturar   [BRAS.: faturar]
1. e–e Rechnung ausstellen für. 2. ◊ Preis berechnen für; etw in Rechnung stellen. 3. (Geld) einstecken, kassieren, einheimsen.

₁N – V – N   Já facturámos a vossa encomenda que junto enviamos.

₂N – V – N – por N   Os vendedores procuravam ressarcir-se dos encargos e dos prejuízos resultantes do atraso nos pagamentos, facturando as mercadorias por preços superiores aos correntes no mercado. [sc]

₃Np – V – Q   Eles facturaram 1.300 contos/ uma fortuna com a venda da casa.

facultar
1. (jm etw, Zugang...) ermöglichen, verschaffen; gestatten.

₁N – V – N, I – (a Np)   Na sua editora dizem-me que o Ronda vive em Lisboa e facultam-me o endereço. [op] O elevador facultava o acesso aos andares superiores. A protecção do Clube facultou(-lhe) a sua participação, facultou-lhe participar nos jogos Olímpicos.

falar
1. sprechen. 2. sprechen von, über; <Vse> die Rede sein von. 3. sprechen von; (ein Thema) ansprechen. 4. sprechen für (= anstelle von); für etw sprechen. 5. sprechen mit, zu. 6. jm erzählen von; mit jm sprechen über. 7. (e–e Sprache) sprechen. 8. sagen 9. mite–a. reden; mite–a. auskommen; s. verstehen. 10.–11. s. (mit jm) unterhalten über.

₁Np – V   Fala devagarinho! A criança da Maria já fala.
▪ Falar a torto e a direito: rumreden.
▪ Falar por entre dentes: nuscheln.

₂Np – V – em, de... N   Não quero falar nisso! Ele não era pródigo em confidências, nem eu tenho magia de levar as pessoas a falar das suas experiências íntimas. [np] Acusava-se o Governo de esbanjar dinheiro inutilmente. Falava-se em centenas de milhares de contos desbaratados em estudos teóricos. [sc] Na sua intervenção de ontem na televisão o Primeiro Ministro falou sobre os novos aumentos de preços.
▪ Fazer falar de si: von sich reden machen.

₃Np – V – em I   Falou em casar no ano seguinte.

₄Ncp – V – por N   Eu falo também pelos meus colegas. Fala por mim, eu não sei

₅Np – V – a, para N	falar muito bem alemão. Os números falam por si. O primeiro ministro fala hoje ao País. Está claro – continuou Luís Branco, falando para a Antena 1, que esse homem pode estar realmente metido neste negócio. [dn]
	▪ Falar a uma parede: FIG. gegen eine Wand reden.
₆Np – V – a Np – de... N	Fala-lhe agora do teu castelo – quase segredou Palácios, com finura. [np] Falei ao João na casa, mas não creio que ele a queira vender.
₇Np – V – N	Falas francês?
₈Np – V – Fi	As pessoas falavam que iam cortar o acesso rodoviário a Lisboa. Fala-se que o hospital vai fechar as suas portas ao público.
₉Npl:p – Vse	Eles não se falam.
₁₀Npl:p – V – (de N)	Eles falaram de política.
₁₁Np – V – com Np – (de N)	Falei com ele da literatura moderna.

falecer
1. sterben; <Kräfte...> schwinden, zu Ende gehen.

₁N – V O João faleceu ontem, vítima de um desastre de viação. Aquela revolta obscura impelia-o nos gestos maus e nos bons. Porque uma virtude ao menos, não LHE falecia, a generosidade. [vp]

falhar
1. <Herz> versagen; <Schuß> danebengehen; fehlschlagen; scheitern; schiefgehen; danebengehen; <Gedächtnis> jn im Stich lassen. 2. (Ziel) verfehlen; nicht treffen; ◊ danebengehen. 3. Wort (nicht) halten.

₁N – V O coração falhou. Emmanuel Vitria tem medo, como toda a gente, mas já se habituou à sua nova vida, com um coração que nunca falhou. [pj] O tiro falhou. A táctica falhou. O plano para assaltar o museu falhou. Se não ME falha a memória, vi-o no cinema na semana passada.

▪ Falhou-ME o pé ao descer do autocarro: danebentreten.
▪ Falhar em dois jogos, em dois resultados: [Lotto, Toto] danebentippen.

₂N – V – N O tiro falhou o alvo. O Pedro tenta acertar uma lambada no predadorzito que lhe mijara nas calças, mas falha o golpe e vai de ventas ao chão. [np]

₃Np – V – a Nc Eu nunca falho ao que prometo.

falir
1. bankrottgehen; Bankrott machen.

₁N – V Aquela empresa acabou por falir por causa da má gestão da administração. Só se preocupavam em aumentar as fortunas pessoais o mais rapidamente possível.

▪ ⇒ Abrir falência.
▪ Fazer falir: in den Bankrott treiben: A má administração fez falir a empresa.
▪ ⇒ Levar/ conduzir à falência.

falsear
Morf.: Pres.: falseio.
1. etw verfälschen, entstellen.

₁N – V – N Na sua exposição ele falseou os dados de que dispunha. Todos os acordos susceptíveis de entravar o comércio no interior da Comunidade e todos os entendimentos que falseiem ou restrinjam o livre jogo da concorrência são interditos. [cm] Acho incrível que eles tinham falseado assim o que eu disse.

falsificar
1. fälschen; (Wein) panschen; (Falschgeld) herstellen; (Produkte) nachmachen. 2. (e-e Problemstellung) verfälschen.

₁N – V – N Rang não andava só a falsificar assinaturas, mas também a imprimir livros de cheques. [kf] Falsificar vinho/ dinheiro/ documentos. Vários produtores espanhóis foram multados por falsificarem vinho do Porto.

₂I – V – N Não mencionarem, deliberadamente, alguns dados importantes falsificava o *problema.*

faltar
1. fehlen; nicht da, anwesend sein. 2. es (nur noch) fehlen, daß. 3. noch müssen + V; nur noch brauchen + zu V. 4. jm fehlen; es jm mangeln an; <Kräfte> jm ausgehen. 5. (nur noch) fehlen. 6. noch (etw tun...) müssen. 7. (Wort) nicht halten; nicht wohin gehen, wo erscheinen; (dem Unterricht) fernbleiben; (Unterricht) versäumen; (Pflicht) vernachlässigen, nicht erfüllen; jm nicht beistehen. 8. jm gegenüber (sein Wort) nicht halten; jm mit etw fehlen.

₁N – V   <para Fc, I> Faltam duas pessoas. Faltou pouco para que ficasses debaixo do carro. Não falta quem vá ao cinema. Ia ficar naquele hospital mais um ano, bem vês que faltava algum tempo para me organizar. [sa]
▪ Faltam 15 minutos para a uma. Falta pouco para as duas: Es ist viertel vor eins, kurz vor zwei.
▪ Era o que faltava!: Das hätte noch gefehlt!

₂Fc – V   Agora só falta que venha a noiva.
₃I – V   Vou-me resignando a prosseguir, solitário como sempre, o caminho que falta percorrer. [np] Falta saber se o investimento foi ou não boa ideia. Já arrumei tudo, só falta limpar a cozinha.
₄N – V – a Np   Faltam-me 500 escudos. Ando a pensar ir para a Alemanha, lá a gente governa-se bem, pagam bons salários, não nos falta nada. Faltaram-lhe as forças.
▪ Só nos faltava mais esta!: Das hat uns noch gefehlt!
▪ Só (me) faltava agora ouvir destes disparates.

₅Fc – V – a Np   Falta-nos que eles assinem a petição.
₆I – V – a Np   Falta-me ainda fazer as malas.
₇Np – V – a Ncp Faltar à palavra/ ao prometido/ ao encontro/ à reunião/ às aulas/ ao dever. Não seria capaz de faltar aos amigos.
₈Np – V – com N – a Np   Ele faltou-me com o prometido. Logo agora, que mais necessitada se achava, logo agora é que os pintores, até esses – dir-se-ia que andavam também na pendura –, lhe faltavam com as sessões. [pc] Ela faltava-lhe com a ternura habitual.

familiarizar
1. jn vertraut machen mit. 2. vertraut werden mit; s. vertraut machen mit.

₁N – V – N – com N   Familiarizei os colegas com a utilização dos computadores.
₂N – Vse – com N   Aconselho-te a ler Capello e Ivens para te familiarizares com a paisagem, para entenderes a boa-consciência colonial. [lu] Familiarizámo-nos com a imagem dos computadores propagada pela ficção científica. [cp]

fanar [FAM.]
1. klauen.

₁N – V – N – (a N)   O gajo saía da boite abraçado a uma mulher. Apareço eu por trás e fano-lhe os dólares do bolso do cu. [np]

farejar
1. wittern; die Witterung aufnehmen. 2. <Hund> beschnüffeln; beriechen; FIG. beschnuppern. 3. herumschnüffeln in, durchstöbern.

₁N – V   Fareja, Kimba!
₂N – V – N   O cão limitou-se a farejá-los de alto a baixo e a erguer a cabeça, como se quisesse perguntar pelo João. [al] Quando acontece aparecer uma mulher, ficam-se todos a farejá-la, de olhos baixos, nariz no ar, como os cães em roda de uma árvore. [sv] Alguns vêm farejar as novidades, já lançadas ou na forja, e escolher delas as que lhes pareçam mais ao gosto do seu público. [oj]
₃N – V – L   Farejar nas gavetas.

fartar
Morf.: Part.: ter fartado; estar farto.
1. ◊ es leid sein; ◊ etw satt haben; jm gegen den Strich gehen; ◊ die Nase voll haben von. 2. etw. überbekommen. 3. etw leid sein. 4. unermüdlich, bis zum Überdruß etw tun.

₁Nc – V – Np   Fartou-me todo aquele espectáculo.
₂N – Vse – de N   Fartei-me de passeios.

₃N – Vse – de Fc   *Fartei–me de que estivessem a perder tempo com ninharias.*
₄N – Vse – de I   *Se calhar, não foi a tempo, mas eu sei que ela fartou–se de trabalhar –
                   disse a Joana.* [dm] *Fartei–me de esperar por ti, que é que te aconteceu?*
- *Fartei–me de comer morangos:* s. leid essen an.
- *Está calor que se farta:* Es herrscht eine unerträgliche Hitze.
- *Fartar–se de rir:* s. totlachen.
- *Não se fartar+de I:* Es nicht leid, nicht müde werden zu + I; nicht genug kriegen von.

faturar ⇒ facturar

favorecer
1. begünstigen; fördern; gut, günstig sein für; <Bild> jm schmeicheln; jn schöner... erscheinen lassen; jn bevorzugen. 2.–3. gut, günstig sein für; für jn von Vorteil sein; s. als günstig für jn erweisen. 4. jn bedenken, ausstatten mit.

₁Ncp – V – Ncp   *Na Feira do Livro os romeiros ateiam laços profissionais que LHES favoreçam negócios oportunos, espiam e são espiados, enredando e desenredando os novelos da política editorial.* [oj] *A pouca idade do babuíno dador e da "bébé Fae" constituía para a equipa americana um factor que favorecia o transplante.* [pj] *O bom tempo favoreceu os trabalhos de reconstrução da cidade. O bom tempo favorece os vinhos. O retrato favorece-o. O pintor favoreceu-o naquele retrato. Em todas as questões ela favoreceu o filho.*
₂Fc – V – Np   *Favorecia-o que o seu rival tivesse errado a resposta.*
₃I – V – Np   *Favorecia-me investir o dinheiro nesse empreendimento.*
₄Np – V – Np – com Nc   *Deus favoreceu-a com uma bela aparência.*

fazer¹
Morf.: Pres.: faço, fazes, faz. Pret. perf.: fiz, fez, fizeram. Fut.: farei. Part.: feito.
1. tun; machen; (Haus) bauen; erschaffen; (Land) durchreisen; (Konzessionen) machen; (Bilanz) ziehen, <etw, jd> etw darstellen, ausmachen. 2. so tun als ob. 3. jn machen zu. 4. werden (zu). 5. machen zu; zu (Stücken) zertrümmern. 6. zersplittern. 7. etw aus jm, etw machen; jn, etw machen zu. 8. vorgeben; so tun als ob. 9. jm etw antun; jm (Schmerzen...) bereiten. 1o. (Rolle...) spielen. 11. versuchen; s. Mühe geben mit. 12. alles tun, um zu + V; s. Mühe geben, zu.

₁N – V – N   *Fazer uma casa, um boneco, o jantar, a cama, barulho. Ele não faz nada. Fiz um baloiço à Raquel. Deus fez o mundo. Ela fez toda a Europa de comboio. A estrada faz um S. Gorbatchov sabe onde pode fazer concessões, ou fingir que faz, e onde não pode.* [cm] *Nessa entrevista, Eanes fará um balanço da sua actividade presidencial e pronunciar-se-á sobre a situação política.* [dp] *Uma verdadeira frota, uma frota que faria a glória de qualquer país!* [np] ▸*Fiz como toda a gente, atirei-me à água.*
- *Fazer anos:* s. jähren; Geburtstag haben: *Sabes que dia é hoje? – É sábado. Faz hoje anos que nos casámos.* [hn] *Faço anos amanhã.*
- *Fazer a barba:* s. rasieren.
- *Fazer cara feia:* ein Gesicht, eine Grimasse ziehen.
- *Não fazer caso de a.c./ de alguém:* etw, jn nicht beachten: *Ela não faz caso dele.*
- *Fazer esqui:* Schi laufen, fahren.
- *Fazer (o) favor (a alguém)+de I:* jm den Gefallen tun, zu; Bitte: *Faça o favor de me trazer uma bica!*
- *Fazer malha:* stricken.
- *Fazer as pazes:* Frieden schließen; s. wieder vertragen: *Vai para casa, rapaz – disse o polícia, suavemente. Aposto que os teus pais já fizeram as pazes.* [np] *Vamos fazer as pazes? Dê um beijo à mãe.* [np]
- *Fazer questão+Fc:* darauf bestehen: *Faço questão que me deixe pagar a conta. Dirigentes nacionais sociais-democratas fizeram questão de criticar, poucas horas depois de ser divulgado, os termos do acordo.* [pj]
- *Fazer sangue:* zu bluten anfangen: *As gémeas só muito a custo dominavam o riso, mordendo os lábios quase até fazer sangue.* [dm]
- *Não faz mal:* Das macht nichts.

₂N – V – Fi   *Ele fez que não nos viu.*
₃N – V – N – P_{adj, n}   *A rainha fê-lo cavaleiro. O calor fez-nos preguiçosos. Fez-se velho.*

■ *Faz-se dia. Fizera-se noite. O avião perfurava as trevas, ao som monótono do jacto.* [np]: <Tag> werden; <Nacht> hereinbrechen.

₄N − Vse − P_adj, n *Fez-se fino/ vermelho/ esperto. O teu filho fez-se um homem.*
₅N − V − N − em N *Fez todos os pratos em cacos.*
₆N − Vse − em N *O vaso caiu e fez-se em cacos.*
₇N − V − N − de N *Nos E. U. A., o reduzido custo do computador pessoal fez dele um forte competidor. Ele fez do filho um grande homem. Bons jornalistas fizeram do jornal um dos melhores que neste país se publicam.*
■ *Mestre, que é feito de ti nesta forma de vida?* [ac]
₈N − Vse − de P_adj, n *Ele fez-se de pobre e juntou muito dinheiro. Ele faz-se de parvo, mas é muito esperto.*
₉N − V − N − a Np *Que mal lhe fizera eu? Ah, a janela! Talvez o Japonês cobiçasse o meu lugar à janela...* [np] *As laranjas fizeram-me dores de bariga.*
₁₀Np − V − de N *Eu faço de xerife e tu de bandido. Quando eu andava na primeira classe, até fiz de príncipe da Bela Adormecida − disse o Chico.* [dm]
₁₁N − V − por N *Eles bem fazem pela vida, mas não conseguem. Olhe, João: a vida só ajuda quem faz por ela.* [hn]
₁₂N − V − por I *A verdade que Savimbi, o líder da UNITA, faz por ignorar, é que Angola se encontra ainda ocupada pelo Exército regular sul-africano.* [oj] *Faz por esquecer o que se passou.*

fazer²
1. sein; <Hitze> herrschen; <Sonne> scheinen.
₁V − P_adj, n *Fazer frio, sol.*

fazer³
1. <Zeit> hersein; vor + Zeit.
₁V − N − Fi *Faz agora 3 anos que o vi. Faz tempo que tive um acidente.*

fazer-se⁴
1. anfangen; s. an etw machen.
₁N − V − ì − N *Ele fez-se finalmente ao trabalho.*
■ *Fazer-se à pista:* zum Landen ansetzen: *Amanhecia em Nova Delhi quando o avião se fez à pista.* [np]
■ *Ele fez-se à rapariga:* jn "anmachen".

fazer⁵
1. lassen; machen. 2. machen; bewirken; jn dazu bringen, daß.
₁N − V + V ... *A sindicalização em geral só pode fazer temer aos que, formalmente inscritos na sociedade democrática, ainda mantêm a visão autocrática da orgânica estadual.* [dl] *A reacção do senhorio não se fez esperar e tudo tentou para que a sexagenária mudasse de opinião, o que não aconteceu.* [oj] *Contudo, "Cory" acentuou que essa gratidão não lhe fez alterar as suas opiniões quanto à questão das instalações militares norte-americanas nas Filipinas.* [oj] *Ao mesmo tempo que se faz ouvir, no quarto de banho, o ruído do chuveiro, o seu peito opulento volta a altear-se de orgulho.* [np] *O Governador fez-se acompanhar pelo inspector Alias.* [sc] *A minha estranheza fez a jovem desconhecida esboçar um sorriso afectuoso.* [np]
₂N − V + (com) Fc *Uma apreciável maioria dos interrogados pela "Newsweek" atribui ao actual presidente as seguintes qualidades: Cuida das pessoas normais; faz com que o país se orgulhe de si mesmo, é esforçado e decidido e tem um programa de progresso bem definido.* [pj] *Fiz (com) que o cão pastor me obedecesse.*

fazer⁶
₁N − V + N ... ■ *Fazer uma chamada:* anrufen: *Sentou-se pesadamente, pegou no telefone e fez a chamada para a esquadra da polícia.* [kf]
■ *Fazer falta:* fehlen; gebraucht werden: *Eu não fazia ali falta nenhuma.* [np]

- *Fazer um discurso:* eine Rede halten.
- *Fazer ideia, conceito+de N:* e-e Ahnung, Vorstellung haben von: *Não faço a mínima ideia. Sabes o que é chegar à conclusão que foi tudo forjado nos bastidores? − Faço ideia!... Fazes ideia de quanto custou este vestido? Estas práticas finas colidiam com o grosseiro conceito que do outro sexo ele fazia.* [np]
- *Fazer a ligação:* [Tel.] jn verbinden.
- *Fazer limpeza:* saubermachen.
- *Fazer pena+a Np:* jn schmerzen: *Faz-me pena ver tanta miséria pelo mundo.*
- *Fazer perguntas:* Fragen stellen.
- *Fazer promessas:* Versprechungen machen.
- *Fazer uma proposta:* einen Vorschlag machen.
- *Fazer referência+a N:* verweisen auf; Bezug nehmen auf: *Nesse texto a que o DN fez já referência, frisava-se também que no exercício de 1985, e no que se refere ao aspecto financeiro, a Petrogal iniciou uma viragem positiva, tendo os três principais devedores FAF, GRC e EDP iniciado o processo de regularização das suas dívidas.* [dn]
- *Fazer um telefonema:* telefonieren.
- *Fazer troça:* spotten: *Por vezes somos muito injustos com os outros... Fazemos troça, quando devíamos ajudar... e outras coisas que a gente sabe.* [dm]

₂N − V + de N ...
- *Fazer de conta+Fi:* s. vorstellen; so tun, als ob: *Mesmo quando vejo coisas de que não gosto, faço de conta que não vejo, mas a verdade é que não posso concordar com a maneira como a Fernanda anda vestida.* [hn] *Quando falou de mulheres, o rosto alterou-se-lhe e começou a passear de um lado para o outro, fazendo de conta que não me via.* [fa] *Faz de conta que estás em tua casa.*

fechar
1. schließen; (Tür...) zumachen; (Hahn) zudrehen; (Vorhang) zumachen, zuziehen; (Radio...) abschalten; (Vertrag, Geschäft...) abschließen. 2. s. schliessen; zugehen. 3. jn wo einschließen. 4. s. wo einschließen. 5. FIG. <jd> s. (jm gegenüber) verschließen. 6. <etw> schließen; zumachen; enden in. 7. enden in; womit schließen; womit abschließen. 8. (Straße) sperren für.

₁N − V − N
Fechar a porta, a torneira, as cortinas, um envelope, o caderno. *Dói-me a cabeça. Fecha a televisão!* [ar] *Pediu um preço excessivo para o quarto, e como o outro aceitasse sem regatear, encantado mais com o panorama do que com a mobília, logo ali fechou contrato.* [be] *Os dois líderes partidários vão fechar os pontos deixados em aberto.* [pj] *O outro não sabia o que isso era, mas entendeu que devia ser boa coisa, e acabou por fechar negócio.* [fa]
- *Fechar com ferrolho:* verriegeln.
- *Fechar à chave:* abschließen, zuschließen; verschließen: *O lavrador levantou-se, fechou a porta à chave e depois estendeu-se ao comprido, de mãos enganchadas sobre a fronte.* [bc]
- *Fechar o sinal:* (Ampel) auf Rot stellen.

₂Nc − Vse
A porta fechou-se. A janela fechara-se.

₃N − V − N − (L)
Fechou as crianças (em casa) e saiu.

₄N − Vse − L
O meu pai pôs um olho negro à minha mãe e a minha mãe fechou-se na retrete a chorar. [np] Fechou-se no quarto e chorou.

₅Np − Vse <para com N>
Fechou-se para com os colegas. Não disse nada acerca da conversa que teve com o pai. Fechou-se como um caramujo.

₆N − V <com N>
Desde que as moagens passaram a dominar o mercado, muitos moinhos de vento e azenhas tradicionais viram-se obrigados a fechar. [rp] O restaurante fechou por falta de freguesia. O vestido fechava no decote com umas pregas. Em 1977 o saldo da nossa balança comercial com a Noruega fechou com um saldo positivo. [ot]

₇N − V − em N
As mangas fecham em pregas. O horizonte fechava em nuvens cinzentas.

₈N – V – N – (a N)   *Devido aos distúrbios de ontem, fecharam (ao trânsito) a rua de Luís de Camões.*
▪ **Fechar a porta a alguém**: jm die Tür vor der Nase zuschlagen; FIG. jn ausschließen.

felicitar
1. jn beglückwünschen. 2. s. beglückwünschen zu; s. freuen über.

₁N – V – N <por N, I>   *Felicito-o pela sua coragem. Felicitaram-no por ter passado no exame.*
₂N – Vse <por I>   *Felicitou-se por ter tomado aquela atitude.*

ferir
Morf.: Pres.: firo, feres.
1. verletzen; verwunden; jm wehtun; FIG. verletzen; kränken; (Gewissen) ankratzen. 2. s. verletzen; verwundet, verletzt werden. 3. FIG. s. verletzt fühlen, betroffen sein durch.

₁N – V – N <com N>   *A faca feriu-LHE o pescoço. Feriu-o com o canivete. Aquele ruído feria-LHE o ouvido. A luz feria-LHE os olhos. Daniel começou por sacudir os ombros, o que feria no íntimo a dignidade do velho.* [pl] *O clamor dos pobres aqui feriu a consciência dos que esbanjam em supérfluos o excesso de recursos disponíveis.* [dp]
▪ **Ferir de morte**: tödlich treffen; den Tod bedeuten für: *A interpelação do PCP acabou por ferir de morte a coligação.* [pj]

₂N – Vse <em N>   *Ele feriu-se no prego. Feriu-se em combate e foi evacuado.*
₃N – Vse – com N   *Eles feriram-se com as palavras duras dos amigos.*

ferrar
1. (Pferd) beschlagen; jn beißen. 2. (s-e Zähne) schlagen in; reinbeißen in; (Krallen) schlagen in. 3. (s-e Zähne...) schlagen in; beißen in. 4. <Hund, Floh...> jn wo beißen; <Biene> jn stechen. 5. FIG. (Lüge) jm aufbinden.

₁N – V – N   *Em Lisboa ainda há homens que ferram os cavalos. São os ferradores. O cão ferrou o carteiro. A pulga ferrou-me.*
₂N – V – N – (em N)   *A mulher comia uma laranja. Apetecia-lhe ferrar os dentes na polpa açucarada e trinchava-a com requinte.* [ce] *O falcão ferrou as garras na presa.*
₃N – Vse – em N   *Dividiram-se as pulgas com ela, Julinha sentia as pulgas ferrarem-se-LHE nas ancas, no sítio em que a saia de montar se apertava no corpo.* [bc]
₄N – V – em N   *O cão ferrou nas crianças. As pulgas ferraram-ME no braço.* ▸*As pulgas ferraram-lhe.*
₅N – V – N – a N   *Julgas que me consegues ferrar uma mentira dessas?*
▪ **Ferrar partida (a alguém)**: jm einen Streich spielen: *Com as chuvas de Espanha, o Tejo vinha mesmo com cara de quem ia ferrar partida. Muito barrento, ruidoso, correndo mais depressa do que nunca, já começara a devastar campos na Barquinha e em Constança.* [fa]

ferver
1. zum Kochen bringen; auskochen. 2. kochen; sieden; FIG. kochen; brodeln. 3. FIG. kochen vor.

₁N – V – N   *Ferver água/ uma seringa/ os biberões das crianças.*
₂N – V   *A mãe fiava, sentada num preguiceiro, atrás do grande porte onde ferviam batatas vermelhas, para os bácoros.* [as] *A panela/ a água na panela está a ferver. A multidão fervia.*
▪ **<Alguém> ferver a deitar por fora**: FIG. <jd> kochen.
₃N – V – de N   *Ferveu-LHE o sangue de raiva. Ferveu de raiva ao notar a injustiça.*

festejar
1. etw feiern.

₁N – V – N   *Eles costumam festejar a entrada da Primavera. Festejou o nascimento da criança. O público festejou o filme brindando-o com aplausos. O pai quis festejar a chegada de Gaspar.* [pl]

fiar¹
1. (Faden) spinnen. 2. FIG. (Intrigen...) spinnen, aushecken, schmieden.

₁N - V - (N) Fiar algodão, linho. A mãe fiava, sentada num preguiceiro, atrás do grande pote onde ferviam batatas vermelhas, para os bácoros. [as]

₂N - V - N Fiar intrigas.

fiar²
1.-2. vertrauen; s. verlassen auf; Vertrauen schenken; sein Vertrauen setzen in. 3. [Kauf] anschreiben (lassen); auf Kredit verkaufen.

₁N - Vse - em N Podes fiar-te em mim. Mas o meu pai não se fiou nas minhas palavras e obrigou-me a ir com ele ao Arneiro, à procura do homem da barraca. [ra] Não me fio muito nisso.

₂N - Vse - (em) Fic Como é que te pudeste fiar em que ele se casava contigo? Ainda te fias (em) que ele venha cá a casa? Fiaste-te em que ele viesse e não fizeste as malas.

₃N - V - (N) - (a N) O jantar, ainda ela continuava a cozinhá-lo no quarto, porque o merceeiro lhe fiava os géneros, já de mau modo em todo o caso, o que a levava a cingir-se ao mínimo de compras indispensáveis. [pc]

∇N - V - N Fiar as compras.

∇N - V - a N Fiar às vizinhas.

∇N - V Preferia fiar a não ter clientes.

ficar¹
1. wo bleiben, sein, liegen; dableiben. 2. (bestehen) bleiben. 3. (für später) bleiben. 4. auf js Rechnung gehen; <etw> bei etw bleiben. 5. wobei bleiben. 6. etw haben, werden; [Kauf] etw nehmen; behalten. 7. (noch) zu + V bleiben. 8. dableiben und s. aufhalten mit; etw noch machen, tun; ohne aufzuhören, unaufhörlich etw tun. 9. <jd> wo bleiben. 1o. bleiben; s. beschränken auf. 11. etw jm bleiben, übrigbleiben. 12. jm wie stehen. 13. jn kosten; jn (teuer) zu stehen kommen.

₁N - V - (L) Ficou em casa. A estação fica no Rossio. Trouxe o que pôde, mas muita coisa ficou (lá). Do alto da colina do poder, os homens que ficam cá por baixo dificilmente são visíveis na sua pobre miséria de vermes. [pj] Para o romano, o mundo dos prodígios ficava a Ocidente. Anoiteceu e ficámos na estalagem. Este ano não tenho dinheiro para passar férias, fico por cá. Lisboa fica em Portugal. Entabulei contactos com a Direcção do Instituto e com o Ministro daquela pasta para ficar dentro do assunto. [sc] A minha terra é uma aldeia pequena, chamada Rates, que fica perto da Póvoa de Varzim. [dm] Ficou por pouco tempo. Ficar na cama.
- Ficar para trás: zurückbleiben.
- Ficar de cama: das Bett hüten; im Bett bleiben.
- Ficar na mesma: sich gleichbleiben.
- Ficar na sua: auf s-r Meinung beharren.

₂N - V Os homens vão-se, as obras ficam.
- Vão-se os anéis, fiquem os dedos.

₃N - V - T_para Este trabalho fica para amanhã.

₄N - V - por N Isto fica por sua conta. A minha grande esperança é que tudo isto não fique só pelas palavras e pelos relatórios formais. [oj]

₅N - V - em N Começa a costurar ao meio-dia e fica toda a tarde nisto.
- Fica tudo na mesma: alles bleibt beim alten.

₆N - V - com N Com movimentos rápidos, esfregou-se no lençol turco, até ficar com a pele toda encarnada. [dm] Não compro o brinquedo amarelo, fico com este azul.

₇N - V - por I Arrumaste tudo mas a roupa ficou por lavar. Muito pouca gente imagina quantos assassínios ficam por detectar devido à ignorância.

₈N - Vse - a I Ela ficou-se a fazer compras. As mulheres são todas iguais, ficou-se a dar à língua. [be] Ficou-se a pensar que devia lá ir para lhe falar.

₉Np - Vse - (L_por) Procedente de Roma, o avião da Alitália faria escala em Nova Delhi, Bangkok e Hong-Kong, antes de chegar ao seu destino: Tóquio. Eu ficava-me por Hong-Kong, onde tomaria o barco para Macau. [np] Seguiam todos e ele ficou-se. Foi ao Cairo e ficou-se por lá.

▪ *Ficar-se na sua:* <jd> bei s-r Meinung bleiben, auf s-r Meinung beharren.

₁₀Np – Vse – por N   *Ele ficou-se apenas por uma salada. Ele ficou-se apenas por umas palavras.*

₁₁Nc – V – a Np   *Não lhe ficou um só livro. Não me ficaram nem sequer 3o escudos para o bilhete do autocarro.*

₁₂N – V – a Np – M   *Veste-o lá para ver se te fica bem.* [hn]

₁₃N, I – V – a N – Q_{por, em}   *Este vestido ficou-me por/ em 1oo contos. O facto que tivesse impedido a intervenção do árbitro ia-lhe ficar caro. Discutir com a polícia ficou-lhe caro.*

ficar²
1. sein; werden.

₁N – V – P_{adj, n}   *Pascal construiu mais de 5o modelos de máquinas de calcular antes de ficar satisfeito, mas infelizmente o sucesso comercial não o acompanhou.* [cp] *Ele ficou contente. A repartição não abre antes das duas. Fica-ME tarde.* [nc] *Esses estão passados... Agora o Chico, se chumbar, vai ficar desesperado.* [dm] *Com o serviço miliar, o teu filho ficou um homen. Depois disso, fiquei doente.*

▪ *Ficar fiador de/ por alguém:* für jn bürgen: *Eu fico fiador pelo João.*
▪ *Ficar de acordo:* zu der Übereinstimmung gelangen: *Os Ministros dos "Dez" tinham ficado de acordo em que era necessário tornar obrigatória a gasolina sem chumbo a partir de 1 de Julho de 1989 na CEE.* [pj]
▪ *Ficar com raiva:* wütend sein.
▪ *Ficar em pedaços:* entzweigehen.
▪ *Ficar frio:* kühl, kalt werden.
▪ *Ficar sem a.c.:* kein ... mehr haben.
▪ *Ficar de joelhos:* knien.

ficar³
1. bleiben; sein; nun, von jetzt an, von da an + V: sollen; müssen.

₁N – V + V_{a INF; GER}   *Frequentei em tempos idos uma tasca onde o freguês entrava, comia, bebia, arrotava e, se não tivesse dinheiro, ficava a dever.* [np] *Enquanto o borracho fica a guisar, podemos conversar. Ele foi dar uma volta enquanto eu fiquei a fazer as malas. Ficas a saber que não tenho nada a ver com isso. De um concurso para ingresso na carreira médica hospitalar, foram sucessivamente afixadas três "chaves" diferentes de soluções. Isto ficou a dever-se a erros detectados nos enunciados.* [oj] *Quando tu quiseres, cedo-te algumas acções. Meti-me lá, fica sabendo, para que os estrangeiros não arrebanhassem tudo.* [bc] *Fique o meu amigo sabendo que estou aqui por isso mesmo.* [hn]

▪ *Ficar a chupar no dedo:* leer ausgehen; in die Röhre gucken.

ficar⁴
1. [POP.] bei e–r S. bleiben; übereinkommen. 2. (Aufgabe...) übernehmen; versprechen; s. vornehmen.

₁Np – V – em I   *Ficámos em voltar.*
▪ *Em que ficamos?:* Wie verbleiben wir?

₂Np – V – de I   *Não viu por lá ninguém? – insistiu o Jaime. Nós ficámos de vir buscar este nosso amigo, que é pescador.* [dm] *Desculpa, mas hoje não posso sair, fiquei de fazer uma tradução à Joana. Ela ficou de vir ao anoitecer, e eu pus a garrafa no frigorífico. Mas não apareceu. Gostei tanto daquilo, que fiquei de voltar lá para o ano.*

figurar
1. wo vorkommen. 2. gehören zu.

₁N – V – L   *Verificando a súbitas que na história figuravam duas mulheres e um homem, o João atrapalhou-se e terminou precipitadamente, queixando-se de que a memória andava a atraiçoá-lo.* [vp]

₂N – V – entre Npl   *Ele figura entre os autores da colecção.*

240

filiar-se
1. eintreten in; (e-r Partei...) beitreten; s. anschließen; FIG. zus.hängen mit; s-n Ursprung haben in; entstehen aus; auf etw zurückzuführen sein.

₁N – Vse – em N   Muitas pessoas se filiaram no Partido socialista. A Convenção Europeia dos Direitos do Homem, a que Portugal aderiu, assinala que o exercício do direito de fundar e filiar-se em sindicatos para a defesa dos seus interesses só pode ser objecto de restrições. [dl] Ambos os projectos obedeciam a razões de ordem política que poderiam filiar-se na situação de subversão existente em Moçambique. [sc]
- Estar/ ser filiado em: Mitglied sein in: Alguns partidos estão filiados em Internacionais. [pj] A nível interno, os seminários e cursos da Adenauer Stiftung têm uma frequência da ordem das 60 mil pessoas por ano, das quais apenas 65 por cento são filiadas no CDU. [pj]

filmar
1. filmen; (Film) drehen.

₁N – V – (N)   Perdeste a oportunidade de presenciar uma intentona pela TV, que filmou o impagável diálogo dum oficial intentonista com o célebre Dinis de Almeida. [lu] A equipa de reportagem da RTP encontra-se a filmar em África.

filtrar
1. durchseihen; filtern; (schwaches Licht) verbreiten; (Geräusch, Licht) abschwächen, dämpfen; FIG. filtern; auswählen; sortieren. 2.-3. eindringen durch.

₁N – V – N   Depois de bem fervida a carne, ou ossos da mesma, filtra-se o caldo e junta-se-lhe um molho de hortelã (5g) para cada litro de caldo. [ac] O globo da lâmpada filtrava uma claridade serena e doce. Os óculos filtram os raios infravermelhos. A folhagem das árvores filtra a luz do sol. A polícia filtrou as informações antes de os prender.
₂N – Vse – L_por   A luz filtrava-se pelas persianas corridas.
₃N – V – L_por   A luz filtrava pelas persianas corridas.

financiar
1. finanzieren.

₁N – V – N <com N>   As colheitas estivais permitem liquidar as dívidas contraídas durante o ano, e os preparativos para a nova seara têm muitas vezes de ser financiados com dinheiro emprestado. [rp] Várias instituições vão financiar a construção do novo infantário. O empréstimo foi suficiente para financiar a compra do terreno.

fincar
1. (Fuß...) stemmen, stützen auf; etw wohin rammen, stecken, schlagen; (e-n Schlag) versetzen. 2. s. aufstützen. 3. FIG. jm etw in den Kopf setzen. 4. FIG. s. wo, jm einprägen; s. in (js Kopf) festsetzen. 5. FIG. beharren auf; bei etw bleiben.

₁N – V – N – L   Finquei os pés no chão. Minha irmã entrou e sentou-se na borda da cama, fincando o queixo na palma da mão. [ra] Passei-lhe um braço pelo ombro, finquei a mão no tronco da árvore. [sv] Diogo Relvas fincou a espora no ventre do cavalo e o animal empinou-se, pondo-se a galear, sem lhe obedecer à voz e à verdasca. [bc] Finquei-LHE um murro nos queixos.
- Fincar os pés: den Fuß aufstützen.
₂N – Vse – (L)   Finquei-me bem quando o autocarro deu a volta. Fincou-se no chão para não o tirarem dali.
₃N – V – N – L   Ela fincou-LHE na cabeça a ideia de que era cobarde.
- Ela fincou-LHE a ideia de que era cobarde.
₄N – Vse – L   Fincou-se-LHE na cabeça a ideia de que não era capaz de fazer o dicionário.
- Fincou-se-LHE a ideia de que queriam expulsá-lo do partido.
₅Np – Vse – em, a N   Fincou-se na sua opinião, convicto. Fincou-se à ideia de que ainda lá iria.

findar
1. beenden; das Ende e-r S. erreichen. 2. enden; vorbei sein.

$_1$N – V – N
Fica por saber se, quando o general findar o mandato, não cessará também aí a sua circunstância política. [pj] Findou a sua vida doente.
■ → **Finda** a sessão, os delegados dispersaram-se.

$_2$N – V
O mandato findou e ele não abandonou o cargo.

fingir
1.–3. vorgeben; vortäuschen; vorschützen; (vor–)spielen; so tun als ob; s. verstellen. 4.–5. s. wie stellen; so tun als ob.

$_1$N – V – (N)
O cão é um animal puro, não finge, não mercadeja com a dor alheia. [np] O pequeno fingiu uma dor de estômago, só para não ir à escola. O Xana pega-lhe ao colo, dança com ela, fingem cenas de amor. [sa]
■ Saber fingir muito bem (que): (zu) heucheln (verstehen).

$_2$N – V – Fi
Gorbatchov sabe onde fazer concessões, ou fingir que faz, e onde não pode. [cm] Eu disse-te, mas tu fingiste que não ouviste.

$_3$N – V – I
Meteram-se em troca de argumentos acesos por causa de África e do que o Relvas dissera a propósito; mas este ignorava-os agora, fingindo dormitar. [bc] Fingi não saber de nada.

$_4$N – Vse – (de) P$_{adj, n}$
Pedro fingira-se interessado no registo em que trabalhava, aparentando dividir a atenção pelos documentos apinhados à sua esquerda e a coluna dos algarismos que seguia com a ponta do lápis. [ce] Ele fingiu-se (de) pobre. Fingiu-se (de) mendigo.

$_5$N – V – de P$_{adj}$
Há gente que finge de rica.

firmar
1. (Vertrag) abschließen; unterzeichnen; unterschreiben. 2. s. festigen; konkrete Formen annehmen.

$_1$N – V – N
A seguir à Campanha do Trigo de 1929, começaram a firmar-se contratos, por imposição dos lavradores, que reservavam aos seareiros um terço da colheita. [rp] ▸Os contratos firmaram-se de acordo com as partes interessadas.

$_2$N – Vse
Face aos acontecimentos, firmou-se a nossa aliança.

fitar
1. jn starr anblicken, anstarren; jn fixieren; den Blick heften auf; betrachten. 2. e–a. (starr) ansehen, anstarren. 3.–4. Blick heften, richten auf.

$_1$N – V – N
Verifico que Teobaldo Gomes não toca no dinheiro, embora a camponesa sua mulher o fite com cobiça. [op] Os quatro homens fitaram mudos a porta. [kf] A Luísa e a Teresa fitavam, encantadas, uma moradia original e muito bem conservada. [dm] ▸Ela fitou-se ao espelho e compôs o cabelo.

$_2$Npl – Vse
Dava-lhes prazer acompanharem-se, não só por eles, mas por descobrirem que muitas pessoas os olhavam com agrado. Então, fitavam-se e sorriam. [ce]

$_3$N – V – N – L
Fitava os olhos no horizonte.

$_4$N – V – N – em N
O João fitou os olhos interrogadores no casal que acabara de entrar.

fixar
Morf.: Part.: ter, ser fixado; estar fixado, fixo.
1. jn fixieren, anstarren; (Preis, Regeln, Datum...) festlegen; FIG. s. einprägen, merken. 2. befestigen; festmachen; etw aushängen; (Blick) heften auf. 3. s. wo ansiedeln, niederlassen. 4. Blick heften auf; die Aufmerksamkeit richten auf. 5. s. konzentrieren auf. 6. FIG. s. klammern an; hängen an.

$_1$N – V – N
Fixei o João. Eles fixavam as regras e as instruções antes de iniciarem o trabalho. No caminhar para a Democracia a data que hoje fixei será um marco fundamental na longa rota a percorrer. [dp] Nunca consegui fixar o número da minha conta bancária.

$_2$N – V – N – (L)
Fixou o quadro na parede. A Câmara fixou nas paredes um edital sobre o pagamento de multas. Fixava os olhos no horizonte.
■ Fixar residência: s. wo niederlassen; s-n Wohnsitz nehmen: Os meus amigos fixaram definitivamente residência no Porto.

$_3$N – Vse – L
Muito falados foram os créditos concedidos pela RFA à RDA, bem como o desusado número de alemães orientais que decidiram ou puderam fixar-se

	em solo alemão ocidental. [pj]
₄N – V – N – em N	Fixou nele o olhar e pediu-lhe o casaco. Fixou a sua atenção no que se passava na praça.
	▪ Fixar a.c. (na memória): etw (im Gedächtnis) behalten; einprägen: Nunca consegui fixar o número da minha conta bancária.
₅N – Vse – em N	Era incapaz de se fixar num assunto.
₆N – Vse – a N	Acabou por se fixar a uma moça que lá conheceu.
	▪ Fixar-se à terra: wo Wurzeln schlagen: A partida dos homens para as minas evita que eles se fixem à terra como agricultores e criadores de gado. [sc]

florescer
1. blühen; in Blüte stehen; FIG. Erfolg haben. 2. blühen lassen; in Blüte setzen.

₁N – V	De há dois anos para cá, vejo como florescem, frutificam e se despem as árvores da aldeia, conforme as estações. [np] O negócio floresceu e trouxe finalmente aos dois um pouco de segurança. [kf]
₂N – V – N	A Primavera florescia os jardins.

flutuar
1. (im Wasser) treiben, schwimmen; (in der Luft) schweben; <Fahne> flattern; hin und her wogen; FIG. schwanken; fluktuieren.

₁N – V <L>	A casa de banho transformada num lago!_O tapete de cortiça flutua, mesmo debaixo do lavatório. [gt] O balão flutua no ar. A bandeira flutua ao vento. A bandeira portuguesa flutua em Macau desde o séc. XVI. [sc] Gesticula, de punhos cerrados, ridículo, a barba a flutuar-LHE ao sabor dos movimentos desencontrados do maxilar. [sv] A importância relativa de cada uma destas actividades agrícolas e pecuárias tem, no entanto, flutuado com o tempo. [rp] A população da freguesia tem flutuado durante os últimos cem anos. [rp]

focar
1. (Fotoapparat) einstellen; FIG. betreffen; handeln von.

₁N – V – N	Ele focou a máquina fotográfica e disparou. A mensagem de Ramalho Eanes, transmitida pela televisão de Marrocos, foca essencialmente o relacionamento secular que une os povos de Portugal e de Marrocos. [dn]

foder [POP.]
1. vögeln; bumsen; FIG. jn fertig machen, hereinlegen; jm auf die Nerven, auf den Wecker gehen, fallen. 2.–3. jm auf den Wecker gehen; ◊ etw nicht aushalten können. 4. vögeln; bumsen. 5. zum Teufel gehen; s. verpissen.

₁N – V – (N)	Vá foder a sua tia! Ele julgava-se muito valente, mas foderam-no. Ele fodeu o miúdo. Lá vem este Mínimo Gorki foder-ME outra vez o juízo! [op]
₂Fc – V – N	Fode-me que venhas aqui contar os teus problemas.
₃I – V – N	Ó pá, não é por nada, mas é que me fode estares para aí a dizer mal do meu irmão.
₄Npl – V	Fodiam a horas certas, coitados.
₅N – Vse	Foda-se! Ele que se foda! Vai-te foder!

folhear
Morf.: Pres.: folheio.
1. blättern in; durchblättern.

₁N – V – N	O homem continuava a folhear a revista. [tm] As quatro amigas juntas folhearam um almanaque surrealista e leram versos de René Char e de Prévert. [pc]

fomentar
1. (Entwicklung) fördern; entwickeln; (Wirtschaft) ankurbeln; (Aufstand...) schüren.

₁N – V – N   Queremos uma paz real e verdadeira, acompanhada por estabilidade governativa e económica que fomente o desenvolvimento e o bem-estar do povo. [pj] Parece urgente fomentar o desenvolvimento do fenómeno cultural. [dn] Compete-nos fomentar a civilização ocidental formando um bloco único contra a Mongólia, um bloco de valores espirituais. [hn] Fomentar a economia, a rebelião, o ódio.

forçar
1. (Tür...) aufbrechen; (e-r Frau) Gewalt antun; vergewaltigen; (Motor...) überanstrengen, überdrehen; Zwang ausüben auf jn. 2.-3. jn zwingen zu. 4. s. zwingen, s. anstrengen zu.

₁N – V – N   Forçar uma porta/ um cofre/ uma mulher/ o motor. O pai diz para não a forçarmos, que ela tem de fazer a sua evolução. Ramiro forçava o carro, esguio e vermelho, ele próprio a imagem da fúria que o animava, a guinar bruscamente para a esquerda ou para a direita. [nv]
₂N – V – N – a Fc   Forcei-a a que dissesse a verdade.
₃N – V – N – a I   Maria gostava de pintura, mas sem paixão, e seria incapaz de se deter por mais de cinco minutos diante de um quadro, se o Luís não a forçasse a parar e a escutá-lo. [vp]
₄N – Vse – a I   Forçou-se a estudar.

forjar
1. schmieden (FIG.).

₁N – V – N   A descoberta da agricultura sempre a considerei obra de criptomarxistas._ _Pelo menos, forjava armas para os futuros marxistas. [tm] Na Europa do Mercado Comum, e numa futura, hipotética, Europa política, a economia dos grandes espaços forjará uma Península Ibérica unificada. [cm]

formalizar
1. in aller Form, vorschriftsmäßig etw tun; formalisieren. 2. s. konstituieren.

₁N – V – N   O ministro formalizou o seu pedido de demissão. Não consigui formalizar a teoria.
₂N – Vse   Com uma reunião nacional, considerada decisiva, marcada para o mês de Fevereiro, o partido eanista formalizar-se-á, muito provavelmente, durante o ano de 1985. [oj]

formar
1. etw bilden; jn auf eine Hochschule schicken. 2. s. bilden. 3. ein Hochschulstudium abschließen; etw studieren.

₁N – V – N   As nuvens formam estranhas figuras. Os dissidentes do PS formaram um novo partido político. As pessoas formavam uma bicha em frente ao supermercado. O povo formava alas para eles passarem. Os bandeirantes formaram núcleos no interior do Brasil. O sonho dele é formar os filhos.
₂Nc – Vse   Nas paragens dos eléctricos formavam-se grupos de homens mal alimentados de amor, à procura de uma perna mais descuidosa que lhes afoguease a imaginação. [ce] Formaram-se bichas em frente aos supermercados. Com as chuvas poças de água formavam-se na estrada. O partido formou-se, finalmente.
₃Np – Vse – (em N)   Ele formou-se em história.

formigar
1. kribbeln; FIG. (PG.) fleißig (wie eine Ameise) arbeiten. 2. kribbeln.

₁N – V   Formigava-ME o braço. Judite é orfã? – pergunta o passageiro._A mãe marchou – responde a anfitriã, de novo a formigar pela cozinha, por detrás do escano. [op]
₂N – V – L   Formigava-LHE no braço.

formular
1. formulieren; zum Ausdruck bringen; e-m Wunsch Ausdruck geben.

₁N – V – N　　　*Os resultados das explorações, escreve o jornal soviético, ultrapassaram todas as esperanças inicialmente formuladas.* [pj] *A terminar a sua mensagem, o Presidente da República formulou votos de um ano de mais prosperidade, de mais felicidade e de mais confiança.* [pj] *Ele abalou depois, de forma inesperada, sem um pretexto, quando eu começava a formular votos para que a sua presença se prolongasse por tempo indefinido.* [nv]

fornecer
1. jn beliefern, versorgen mit; FIG. jm (e-n Vorwand, Erklärungen...) liefern, bieten. 2.-3. FIG. jm (e-n Vorwand...) liefern, bieten. 4. jn versorgen, beliefern, versehen, ausstatten mit. 5. s. versorgen mit; s. versehen mit.

₁N – V – Nc – (a Np)　　*A barragem de Crestuma fornece electricidade às populações das redondezas. A energia para os berbequins eléctricos e outras ferramentas dos assaltantes fora fornecida de graça pela cidade.* [kf] *Pensando que a intrusão, em casa, de uma estranha pudesse descontentar o Pedro, fornecia todas aquelas explicações, com muito bom modo, cariciosa, condescendente e prática.* [vp]

₂Fc – V – Nc – a Np　　*Que eles não chegassem a horas forneceu-lhe um pretexto para os não receber.*

₃I – V – Nc – a Np　　*Ser obrigado a trabalhar fora de horas forneceu-lhe um pretexto para se despedir.*

₄N – V – N – de Nc　　*As editoras forneceram as bibliotecas de uma importante quantidade de excelentes livros. A ajuda financeira do Ministério dos Transportes permitiu fornecer a cidade do Porto de alguns novos autocarros.*

₅N – Vse – (de N)　　*Não te preocupes com o rapaz, que ele não passa fome, ele sabe fornecer-se. Os exploradores forneceram-se de víveres para os meses que iam passar nas montanhas.*

forrar
1. (Fläche...) bedecken. [Küche] etw auslegen mit; (Kleidung) füttern; (Wand...) tapezieren.

₁N – V – N ⟨com N⟩　　*Ele lembrou-se de ir à sacristia ver se encontrava um bocado de papel. Descobriu, realmente, um jornal a forrar um gavetão.* [nc] *Um papel bem bonito forrava a parede velha. Cozer, à parte, o spaghetti, e, depois de escorrido, saltear em manteiga. Forrar com ele uma forma lisa, colocar dentro o frango com o molho bechamel, tapar com o mesmo spaghetti, pôr manteiga, e levar ao forno a alourar.* [ac] *Forrou o seu casaco com um tecido de qualidade. Forrou as paredes do quarto com papel.*

fotocopiar
1. photokopieren, kopieren.

₁N – V – (N)　　*Passava as tardes a fotocopiar livros para os estudantes que não os podiam adquirir.*

fotografar
1. photographieren.

₁N – V – (N)　　*O meu pai nunca se quis deixar fotografar.* [sv] *Achas que nos fotografam? – perguntou a Luísa, ajeitando a franja, com os dedos.* [dm]

fracassar
1. scheitern; mißlingen.

₁N – V　　*Todos os esforços feitos para debelar a epidemia fracassaram.*

■ *Fazer fracassar:* zunichte machen; vereiteln; scheitern lassen: *A explosão do spaceshuttle fez fracassar os projectos da NASA.*

franquear
Morf.: Pres.: franqueio.
1. öffnen, offen halten für. 2. (Brief) frankieren.

₁N – V – N – a N *O Instituto franqueia a sua biblioteca a todos os membros da Universidade. Ele franqueou a porta a Cavaco e Silva. Os contrabandistas terão subornado vários elementos da empresa de vigilância das instalações, que lhes eram franqueadas mediante o pagamento de quantias que rondavam os 1oo contos.* [oj]

₂N – V – N *Franqueou a carta.*

franzir
1. (Stirn) runzeln, in Falten legen; (Rock) in Falten legen, plissieren. 2. (Stirn) runzeln.

₁N – V – N *Queres levar as gémeas contigo? – perguntou o pai, franzindo o sobrolho.* [dm] *Um momento mais, tenham paciência. Lembram-se dum pacto que fizemos há dois anos? – perguntou Zé Botto, franzindo o rosto e coçando as suíças.* [bc] *A costureira franziu-LHE a saia num instante. Ficou como nova.*

₂N – Vse *A Luísa olhou para o João, fez uma careta, franziu-se, apertou o nariz, e desapareceu.* [dm] *O Pedro fitou primeiro um, depois outro, franzindo-se numa expressão de troça.* [dm]

fraquejar
1. (anfangen) schwach, kraftlos (zu) werden; langsam müde werden; FIG. verzagen.

₁N – V *As pernas fraquejavam-ME, os pés já tropeçavam em todas as pedras da estrada.* [fa] *Iam muito em breve fraquejar-LHE as mãos exaustas. Os pés, doridos daquele esforço atroz, relaxar-se-iam, soltar-se-iam, gratos do estribo.* [pc] *A Maria fraquejava perante as situações difíceis ou imprevistas.*

fremir
1. zittern; zucken; <Tier> brüllen; <Meer> tosen; <Laub> s. leicht bewegen.

₁N – V *De cabeça erguida, as narinas fremem-LHE e o maxilar cerrado estica-se-lhe para a frente.* [sv] *As feras fremem. O mar freme. A folhagem fremia*

frequentar
1. häufig besuchen; Stammgast sein; wo verkehren; (zur Schule...) gehen; (e-n Kurs) besuchen.

₁N – V – N *Frequentei em tempos idos uma tasca onde o freguês entrava, comia, bebia, arrotava e, se não tivesse dinheiro, ficava a dever.* [np] *A princípio, Albert frequentou a escola primária local, onde não se deu nada bem.* [kf] *Frequentar um curso de inglês.*

frisar¹
1. (Haare) kräuseln; (Stirn) runzeln.

₁N – V – N *No século passado ainda se frisava o cabelo das crianças mal elas saíam do berço. O homen frisou o sobrolho, a testa numa expressão de dúvida.*

frisar²
1.-2. betonen; hervorheben; unterstreichen. 3. DIZER.

₁N – V – Fi *Instado a pronunciar-se sobre a possível compra dos 53 por cento das acções que a EPNC detém no "JN", Gonçalves Gomes frisaria que isso não corresponde à verdade, pois não são 53 mas sim 52,9 por cento, o que é diferente!* [dp]

₂N – V – I *O primeiro ministro frisou ainda estar para sair um decreto-lei sobre as rendas de casa.*

₃N – V – Te DIZER: *E, a partir deste momento, ficará proibido o fumo em recintos públicos fechados – frisou o ministro do ambiente.*

fritar
1. in Öl braten, backen; fritieren.

₁N – V – N   *Fritar batatas, um bife, um ovo. Numa caçarola, deitam-se tiras de toucinho fresco e, quando este estiver louro, fritam-se os bocados do frango na gordura do toucinho.* [ac] ▸*Este óleo frita muito bem.*

frustrar
1. scheitern lassen; vereiteln; zunichte machen; jn frustrieren. 2.–3. jn frustrieren. 4. scheitern; s. zerschlagen.

₁N – V – N   *O incidente nuclear frustrou as possibilidades de negociação entre as duas potências. Frustrava-a a sua indolência.*

₂Fc – V – N   *Frustrava-a que ele fosse tão indolente.*

₃I – V – N   *Frustrava-as terem que iniciar uma nova vida naquelas condições.*

₄N – Vse   *Frustraram-se todos os esforços da ONU para manter a paz mundial.*

fugir
Morf.: Pres.: fujo, foges, foge, fogem. Imper.: foge, fugi.
1. fliehen; entfliehen; von zu Hause ausreißen. 2. vor jm fliehen; die Flucht ergreifen vor; e-r S. entkommen, entgehen; (e-r Frage...) ausweichen; etw meiden. 3. meiden; jm aus dem Weg gehen; aus (js Erinnerung) schwinden; (Gefahr) meiden. 4. es (ver-)meiden, zu + V.

₁N – V – (D)   *O pássaro fugiu da gaiola. O macaquinho fugia para um canto da jaula e voltava outra vez, sorrateiramente.* [np] *Os ladrões fugiram pela porta das traseiras. Albert tinha 12 anos quando fugiu pela primeira vez de casa.* [kf]
- *Deixar fugir:* entkommen lassen: *O guarda, voltando-LHE as costas, deixou-o fugir.*
- *Fogem os anos:* <Zeit> vergehen, dahingehen.

₂N – V – a N   *Fugiu ao pai para evitar a surra. Fugiu à polícia. Fugir a uma questão, a uma pergunta. Consegui fugir ao choque das duas motorizadas. A língua francesa não admite neologismos, foge a construções sem tradição na literatura.*
- *Fugir ao trabalho:* s. vor der Arbeit drücken.
- *Fugir à tropa/ ao serviço militar:* s. vor dem Wehrdienst drücken.
- *Fugir à regra:* eine Ausnahme bilden, sein: *O Miguel Dias Coutinho, emigrante em França com quem fizemos a viagem, não foge à regra.* [oj]
- *Fugir com o corpo:* e-r S. ausweichen: *Fugiu com o corpo ao ataque do adversário.*
- *Fugir à responsabilidade:* s. vor der Verantwortung drücken.

₃N – V – de N   *Fugia das más companhias. Fugir de uma dificuldade. Tentava raciocinar, porém as ideias fugiam-LHE da mente. Fugir de um perigo.*
- *Fugir de uma dificultade:* e-r Schwierigkeit aus dem Weg gehen.

₄N – V – de I   *Ando a fugir de o encontrar para não me inquietar mais.*

fumar
1. dampfen; rauchen. 2. (Pfeife...) rauchen. 3. (Schinken...) räuchern.

₁N – V   *No centro da mesa fumava uma grande travessa de leitão assado, acabada de sair do enorme forno de lenha.*

₂N – V – (N)   *Hábito detestável, esse de fumar. Oxalá a professora Li não o contraia.* [np] *O homem ia fumando cigarro atrás cigarro, impaciente. Ele fuma demais.*

₃N – V – N   *Fumar o presunto/ o salpicão.*

fumegar
1. rauchen; qualmen; dampfen.

₁N – V   *Orvalhinho olha intrigadamente o cachimbo que fumega na boca do Pai.* [np] *O leitão ainda fumega.*

funcionar
1. <Uhr> gehen; funktionieren; <etw> in Betrieb sein; <Maschine...> laufen.

₁N – V   *Esse relógio não anda a funcionar lá muito bem. Era hora de dormir a sesta, mas ele devia ter uma espécie de radar que funcionava mesmo durante o sono e o alertava dos perigos.* [np] *Um camarada meu, materialista e tudo, enviou-me um postal da pátria do socialismo, confessando-se impressionado pelo serviço religioso a que assistiu na catedral Smolensk,* que funciona apenas de verão por não ter aquecimento. [lu] *Esta máquina funciona a carvão.*

fundar
1. gründen. 2. gründen auf. 3. s. gründen auf; beruhen auf.

₁N – V – N   *Não acreditava no Miguel João e sempre pensara em fundar uma sociedade com todos os herdeiros, de maneira que a fortuna se não pulverizasse com a sua morte.* [bc] *Fundaram uma cidade, uma cooperativa.*
₂N – V – N – em N   *O cientista fundou a sua teoria em falsos pressupostos.*
₃N – Vse – em N   *Toda esta teoria se funda em falsos pressupostos.*

fungar
1. leise vor s. hinweinen; die Nase (geräuschvoll) hochziehen.

₁N – V   *O Pedro fungava e sacudia-se, dando pontapés na terra.* [al] *O espanhol agarrou ambas as raparigas por um braço, olhou-as com atenção, franziu o nariz, fungou várias vezes, e depois soltou-as.* [dm]

furar
1. durchlöchern; durchstechen; dringen durch; FIG. (Plan...) zunichte machen, vereiteln. 2.–3. FIG. (Plan...) zunichte machen, vereiteln. 4. dringen durch; s. wo den Weg bahnen.

₁N – V – N   *A bala furou a parede de lado a lado. Furou as páginas. Magro, os ossos furavam-LHE as vestes. O mau tempo veio furar todos os nossos projectos de férias.*
                    ▪ *Furar uma greve:* e-n Streik brechen.
₂Fc – V – N   *Furou-LHE os planos que ele tivesse adoecido de repente.*
₃I – V – N   *Furou-LHE as férias ser chamado para a tropa.*
₄N – V – L   *Magro, os ossos furavam-LHE pelas vestes. A polícia ia furando pela multidão.*

furtar
1. stehlen; klauen. 2. (Blick) abwenden von. 3. s. entziehen; e-r S. ausweichen. 4. s. entziehen; etw vermeiden. 5. s. drücken vor. 6. etw stehlen aus.

₁N – V – N – (a N) *As crianças gostam muito de subir às árvores e furtar laranjas. Furtaram-lhe a bolsa.*
₂N – V – N – a N   *Não consegui furtar a vista àquele espectáculo.*
₃N – Vse – a N   *Ele furtou-se aos jornalistas/ às perguntas deles. Furtar-se aos carinhos de alguém. O casamento é mais do que um prazer: antes um dever a que não podem furtar-se.* [dn]
₄N – Vse – a Fc   *Furtou-se a que ele a visse.*
₅N – Vse – a I   *Ele furtou-se a atendê-la. Lúcia, em caso de doença, não se furta a dar uma ajuda ou a pagar uma enfermeira, se houver mister.* [dn]
₆N – V – N – D   *Os ladrões furtaram um leitor de cassettes de um carro estacionado na Avenida da Liberdade.*

fuzilar
1. (standrechtlich) erschießen. 2. FIG. jn (mit dem Blick) durchbohren.

₁N – V – N   *O presidente mandou fuzilar todos os implicados no golpe de estado.*
₂N – V – N – com N *Fuzilou-o com um olhar feroz.*

G

gabar
1. loben; rühmen; preisen. 2.-4. s. e-r S. rühmen; prahlen mit.

₁N – V – Ncp   *Todos os convidados gabavam o jantar. Gabavam-LHE as qualidades de boa cozinheira.*

₂N – Vse – de N   *O Diogo gaba-se, à noite, na roda dos amigos, no café, das velocidades alcançadas com o automóvel.* [sv]

₃N – Vse – (de) Fi   *Toda a gente se gabava de que ajudara no assalto do século.* [kf]

₄N – Vse – de I   *Foge de mim, e olhe que eu gabo-me de guiar bem, guio como poucos.* [hn] *Mohamed Avad, proprietário duma empresa em Cartum, gaba-se em público de ser dos maiores comerciantes de dentes de elefante de todo o continente africano.* [pj]

gaguejar
1.-2. stottern; stammeln. 3. DIZER.

₁N – V   *Aquele parvo só gagueja. Ele gagueja muito, coitado.*

₂N – V – N   *Interrogado pela polícia, o homem gaguejou algumas desculpas em que ninguém acreditou.*

₃N – V – Te   DIZER: *Não te inco–mo–mo–des – gaguejou ele.*

galgar
1. hinaufeilen; Strecke zurücklegen; [Treppe] mehrere Stufen auf einmal nehmen; springen über. 2. springen, klettern auf. 3. <Zeit> vergehen. 4. (e-n Posten) schnell erreichen; aufsteigen.

₁N – V – N   *Se contente fui, mais contente voltei. Que nem uma lebre galguei o caminho até casa, desejoso de mostrar ao meu pai a oferta que me tinham feito.* [fa] *Luís galgou as escadas sem tomar fôlego.* [vp] *Ela não o escutou... Dum pulo, galgara já a vala e lá se foi estrada fora.* [be]

₂N – V – D   *O homem galgou para cima da moto e dispunha-se a arrancar, quando o Jaime o chamou.* [dm]

₃N – V   *Há sempre alguma coisa em que reparar e as horas galgam.* [fa]

₄N – V – de N – a N   *De servente galgou a director.*

ganhar
Morf. Part.: ter, ser ganhado; ser, estar ganho.
1. verdienen; gewinnen; (e-n Preis) bekommen; wohin gelangen; etw erreichen. 2. <etw> etw bekommen, erreichen. 3. jm etw einbringen, bringen; jn übertreffen an. 4. FIG. <jd> gewinnen.

₁Np – V – N   *Apetecia-me largar a tarefa e abalar, porque me sabia mal o dinheiro ali **ganho**.* [fa] *Ganhar um jogo de futebol/ um processo. Ganhou um prémio na lotaria. Não ganhaste nada com isso. Ele ganhou um prémio literário. Leonel, sem uma palavra para Françoise, ganhou a porta da rua.* [vp] ▸*Ele ganha para viver.* ▸*Ele ganha bem.* ▸*A equipa do Porto ganhou.*

■ *Ganhar ânimo*: Mut schöpfen: *O francês, na posse de novo ouvinte, ganhou ânimo e fôlego para repetir o programa da juventude estudantil e as suas justas reivindicações.* [vp]

■ *Ganhar juízo*: zur Vernunft kommen: *Vai, vai lá ter com a senhora bibliotecária, rapariga, e vê se ganhas juízo.* [np]

■ *Ganhar aversão...*: (Abneigung...) entwickeln: *Ganhou aversão ao marido.*

■ *Ganhar um hábito*: s. angewöhnen: *Depois de ganharmos o hábito de esquematizar previamente o programa, aperceber-nos-emos de que o processo de programação envolve muito mais coisas do que inicialmente se previa.* [cp]

■ *Ganhar a vida*: s. den Lebensunterhalt verdienen: *As pessoas parece que saíram das repartições cansadas de mentir, cansadas do papel que*

₂Nc – V – N	*andam a representar há anos para ganharem a vida.* [hn] *A voz amedrontada do Julião ganhou tons de mágoa e de revolta.* [np] *Para a "componente portuguesa" da Renamo a argumentação política ganha força na ponta das armas e as armas só são possíveis com apoios e dinheiro.* [oj] *Há um profundo descontentamento que alastra na sociedade portuguesa e que constantemente ganha novos estratos da população.* [pj] *Os computadores ganham maior interesse graças à sua grande difusão, que se deve a um outro ponto de atracção.* [cp] *O vinho do Porto tende a ganhar depósito com os anos. A fruta ganhou bicho.*
₃Nc – V – a Np – em N	*O computador ganha às pessoas em rapidez de cálculo. Ele ganha a todos em coragem.*
₄Np – V <em I>	*Ele ganhou em fazer isso dessa forma.*

ganir
1. <Hund> heulen, winseln.

₁N – V	*Os cães farejavam o chão e as ervas, ganindo ou ladrando.* [bc] *O meu pai já foi enterrado há cinco dias e o nosso cão ainda não comeu depois disso e não faz outra coisa senão ganir baixinho pelos cantos da casa.* [np]

garantir
1. garantieren; gewährleisten; Gewähr leisten für. 2.–5. jm etw garantieren; für etw einstehen; jm etw zusichern. 6. DIZER. 7. s. schützen gegen, vor.

₁Ncp – V – N	*O remédio garantia a cura daquela epidemia. Reconhece o Mundo que, com as deficiências próprias das obras humanas, tem esta Organização procurado garantir um clima mundial de tolerância, de paz, de segurança e de justiça.* [dp]
₂Np – V – (a N) – N	*Garantiu(-nos) a autenticidade da estatueta, depois de a examinar cuidadosamente. A firma garantia a reparação.*
₃Np – V – (a N) – Fi	*O chefe do Executivo garantiu que as medidas que o momento exige serão tomadas.* [pj] *O representante consular da África do Sul na Madeira garantiu ao presidente do Governo Regional que existe da parte de Pretória todo o interesse em manter a comunidade madeirense.* [pj]
₄Np – V – (a N) – Fc | NEG	*Por outro lado, ninguém pode garantir que Moscovo dê o seu aval a uma tomada do poder em França pelos comunistas.*
₅Np – V – (a N) – I	*Garanti-lhes ir de férias mais cedo. Garantiram reempregar todos os trabalhadores despedidos.*
₆Np – V – (a N) – Te	DIZER.
₇N – Vse – contra N	*Ele garantiu-se contra possíveis ataques montando um sistema de sentinelas.*

gastar
Morf.: Part.: ter gastado; ser, estar gasto.
1. (Geld) ausgeben, verausgaben, verschwenden; (Benzin…) brauchen, verbrauchen; (Schuhe) ablaufen, abnutzen; (Maschine…) abnutzen; (Zeit) verbringen, verplempern; (Geduld) beanspruchen, strapazieren. 2. (Zeit) verschwenden, verplempern; sein Leben wo verbringen, vergeuden; <etw> s. abnützen. 3. etw einkaufen; wo einkaufen.

₁N – V – N <a I>	*Gastou muito dinheiro nas reparações. Quanto gasta esse carro? A indústria gasta muita energia. Gastar os sapatos a percorrer a cidade. Também aquele jornal devia ter sido manuseado por muita gente, porque estava **gasto** nas dobras e mesmo roto em alguns sítios.* [np] *Gastar um dia de parlamento a discutir uma coisa comezinha que apenas a si diz respeito custa muito dinheiro à Nação.* [pj] *Gastou a juventude em farras. Não ME gastes a paciência.* ▪ *O tempo gasta o granito:* verwittern lassen.
₂N – Vse	*No entanto, maçava-me terrivelmente por nada ter que fazer, não sabia como esgotar o tempo, gastava-me pelos cafés.* [tm] *Os sapatos gastam-se.*
₃N – V – de N	*Ele gasta daquela mercearia ali da esquina.*

gatinhar
1. auf allen vieren kriechen.

₁N – V <L>   Esquivei-me a outra pancada, apaguei a luz, gatinhei desesperadamente pelo corredor, desci umas escadas também de gatas e aferrolhei-me na arrecadação. [np]

gelar
1. (Wasser...) gefrieren (lassen); zum Gefrieren bringen; jn frieren lassen FIG. jn lähmen; jn erstarren lassen. 2. <Wasser> gefrieren; <etw> jm einfrieren; FIG. <das Lächeln> jm wo gefrieren. 3. gefrieren; (vor Kälte) erstarren; FIG. es jm eiskalt über den Rücken laufen.

₁N – V – N   A baixa temperatura gelou a água no frigorífico. Um vento frio que se infiltrava por todo o lado gelava-o. O susto gelou-o. Ele gelava-a.

₂N – Vse   Gelou-se a água no lago. Gelaram-se-LHE os pés. Gelou-se-LHE o riso nos lábios.

₃N – V <com N>   A água gela com o frio. O frio fez gelar o leite na garrafa. Nesta sala gela-se. Ela gelava com as palavras dele.

gemer
1. <Tür> knarren, quietschen; <Tier> winseln, klagen; <jd> stöhnen, wimmern. 2. etw jammernd vorbringen. 3. DIZER.

₁N – V <de N>   A porta gemeu. No fim da luta, o gato tinha uma pata esfrangalhada, sangrava e gemia tanto que até um polícia, ao fundo na rua estreita, se comoveu. [bi] O doente gemia de dor. Geme por tudo e por nada.

₂N – V – N   Ela só gemia lamentações, era incapaz de tomar uma atitude positiva.

₃N – V – Te   DIZER.

gerar
1. hervorbringen; erzeugen; FIG. erzeugen; hervorrufen.

₁N – V – N   A terra gerou bons frutos. Gerar corrente eléctrica. Essas mulheres geraram filhos saudáveis. Algumas atitudes geram ódios profundos. A intervenção policial gerou protestos na sala. A imitação das iniciativas gera o exagero que aniquila toda a produtividade. [pj]

gerir
1. verwalten; führen; (Unternehmen...) leiten, lenken; (Geschäft...) führen.

₁N – V – N   Salazar geriu os destinos de Portugal durante 40 anos. O meu primo gere os meus negócios em Portugal. Gerar riqueza hoje, gerir uma empresa, conduzir homens, rentabilizar máquinas já não pode acontecer por acaso ou por herança. [pj]

gesticular
1. gestikulieren.

₁N – V   A estrangeira viu-se obrigada a falar sozinha. Gesticulava e ria, voltando a todo o instante para o sacerdote a cara sem olhos e sem beiços, na qual o nariz parecia ocupar o espaço todo. [pl]

girar
1. s. drehen; kreisen. 2. kreisen, rotieren um; s. um etw herum bewegen; <jd> wo herumlaufen, herumirren; <Blick> durch etw wandern, schweifen. 3. etw s. (nach links oder rechts) drehen. 4. etw (nach links oder rechts) drehen.

₁N – V   A roda gira rapidamente até que o carácter desejado esteja em posição; então, move-se um martelo electromagnético, que lhe bate, pressionando-o contra uma fita, para imprimir o carácter. [cp] De repente ouvi uma chave a girar na fechadura da porta da cozinha. O carrossel girava devagar.
  ▪ Fazer girar: etw drehen: A mula faz girar a roda.

₂N – V – L   O sol gira em torno/ à volta da Terra. O romance "O Inferno é Aqui Mesmo", que gira em torno de uma grande redacção de jornal de São Paulo, recebeu críticas. [pj] Jaime, com o cartão de jornalista enfiado parcialmente no bolso da camisa, girava por ali tirando notas. [dm] Seus olhos giravam pela sala.
  ▪ A terra gira sobre si mesma: s. um sich selbst drehen.

₃N – V – Dpara   Segurou com os dedos duros o botão e fê-lo girar para a direita, com uma

	lentidão tensa e nervosa. [ar] *A chave do motor estava metida na fechadura e João sabia, isso ainda sabia, que para pôr o carro em movimento era necessário fazê-la girar para a esquerda.* [ar]
$_4$N – V – N – D$_{para}$	*Eu girei a chave para a direita.*

gorar
1. (Pläne...) vereiteln, zunichte machen. 2. <Pläne> scheitern.

$_1$N – V – N	*Ele gorou os planos dos colegas. O incidente gorou os seus planos.*
$_2$N – Vse	*Os planos goraram-se e o golpe de estado não se efectuou. O País foi brutalmente surpreendido pelos acontecimentos, mas manteve-se sereno e confiante, gorando-se as esperanças dos que imaginavam que o regime ruiria sob o ímpeto da reacção do povo.* [sc]

gostar
1. mögen; gern haben; Gefallen finden an; ◊ jm gefallen. 2. es gern haben; ◊ es jm gefallen. 3. gern + V.

$_1$Np – V – de N	*O João só gosta de laranjas. Gostou da casa, da tua sugestão. Artur Jorge não devia estar a gostar do que via e mandou aquecer Walsh.* [pj] *Eles gostam um do outro.* ▸*Leonel, incapaz de julgar se a música de Gounod era bem ou mal interpretada, confessou simplesmente que não gostava.* [vp]
$_2$N – V – (de) Fc	*Já sabes que eu gosto muito de que venhas cá a casa. Luís sorri lisonjeado. Gosta que a mulher gravite à sua volta.* [be]
$_3$N – V – de I	*Leonel entretinha-se com os pequenos, que já o estimavam e gostavam de brincar com ele.* [vp] *Eu gosto muito de nadar.*

governar
1. regieren; (Auto...) steuern. 2. (js Geschick...) lenken, leiten; (Haushalt) führen; über jn herrschen; NEG. die Gewalt über den Wagen verlieren. 3. weiterkommen; sein Auskommen haben; sehen, daß man zurechtkommt; (gut) zurechtkommen.

$_1$N – V – (N)	*Governar um país/ um carro/ um avião.*
$_2$N – V – N	*É grande a responsabilidade dos que governam os destinos dos homens, mas eles parecem não dar por isso. A Maria governa muito bem a sua casa. Há mulheres que governam os maridos. Ele não conseguiu governar o carro e despenhou-se na ribanceira.*
$_3$N – Vse	*Que raio de soberba! A gente assim não se governa. Vejam lá se alguma ocasião fiz queixa de vocês por chegarem tarde, em vez de enregarem a trabalhar ao sol-nado.* [pc] *Ele que se governe, que já tem idade para isso. Alguns governantes governam-se bem.*

gozar
1. genießen; s. e-r S. erfreuen; (Freiheit...) haben; 2. genießen. 3. jn auf den Arm nehmen; s. über jn lustig machen.

$_1$Ncp – V – de Nc	*O novo dirigente da Mauritânia passa por ser um dos oficiais mais íntegros do exército, no seio do qual goza de real prestígio.* [pj] *Na última fase da nossa presença em África, dispúnhamos de um representante especial em Kinshasa que gozava de completa autonomia para a defesa dos nossos interesses.* [sc]
$_2$Np – V – Nc	*Luís estava gozando o fim-de-semana num hotelzito da Praia das Maçãs. Gozava as delícias do sol sempre que podia.* ▸*Ele fazia-lhe carícias e ela gozava quase em êxtase.*
$_3$Np – V – com Np	*O quê, isso não pode ser verdade. Estás a gozar comigo. As crianças gozaram muito com os palhaços.*

gracejar
1. witzeln; scherzen; s. lustig machen über.

$_1$N – V – (de, com N)	*António Lúcio gracejou dos galanteios do Araújo à irmã, esta motejou por seu lado do namoro dele com a Luisinha.* [bc] *O Alexandre tem sempre montanhas de coisas para lhe dizer, e connosco só graceja.* [be] *Luís Manuel gracejava com a imperícia de Mari-Paz, que parava a miúdo para ganhar novo impulso.* [vp]

gradear
Morf.: Pres.: gradeio.
1. vergittern; einzäunen.
₁N – V – N   Mandei gradear as janelas da casa do monte – acrescentou num grito abafado. [bc]

gramar [FAM.]
1. gut leiden können; NEG. nicht ausstehen können; IRON. etw ertragen (müssen), über s. ergehen lassen.
₁N – V – N   Diogo Relvas tivera de chamar o barbeiro para lhe tratar dos cabelos da cabeça e do rosto, gramara o miudinho do alfaiate por causa da jaqueta e da calça à andaluza. [ra] Não gramo esse filme. Torceu a boca num ligeiro sorriso_Até parece que nem gramo o gajo, caramba! [bc] Tive que gramar aquela maçada!

grassar
1. <Krankheit...> grassieren, um s. greifen.
₁N – V – (L)   Em 1961 grassou pela província uma grave epidemia denominada "peste africana", a qual dizimou a maior parte dos suínos da freguesia. [rp]

gravar
1. etw wo(hin) (ein-)schnitzen; (ein-)kerben; (ein-)meißeln. 2. FIG. s. einprägen. 3. FIG. s. (im Gedächtnis) einprägen. 4. (Platte) (auf Band) überspielen; (auf Band) aufnehmen, aufzeichnen.
₁N – V – N – L   No palácio de cristal há uma árvore onde os namorados gravam os seus nomes.
■ Mandar gravar um anel: gravieren lassen.
■ (Platte) aufnehmen: O Zeca Afonso gravou um disco.
₂N – V – N – em N   Gravou na sua mente os nomes inscritos na lista.
₃N – Vse – em N   Foi um acontecimento que se gravou na sua memória.
₄N – V – N   Vou-lhe pedir para ME gravar o novo disco que ele comprou. Vamos gravar esta entrevista.

gravitar
1. kreisen um.
₁N – V – L   Luís sorri lisonjeado_Costa que a mulher gravite à sua volta. [bc] Ter a confirmação de que há no universo outros sistemas solares, ou seja, estrelas em volta das quais gravitam planetas, é responder a uma pergunta essencial que desde há muito os astrónomos se punham a si próprios. [pj]

grelhar
1. auf dem Grill braten; grillen.
₁N – V – N   No próximo fim-de-semana vamos grelhar febras (fêveras) lá fora no jardim.

gritar
1. schreien; herumschreien. 2. jn anschreien. 3. schreien nach; rufen nach. 4. jm zurufen. 5. etw brüllen. 6.–10. rufen; schreien; jm zurufen. 11. DIZER.
₁N – V <de N>   Quando não tinha aulas, tomava banhos intermináveis, que acabavam sempre com a mãe a gritar à porta. [dm] Depois da forte pancada, o Pedreiro gritou de dor e desmaiou. [kf]
₂N – V – com, a N   Gritou com ele. Não me grites!
₃N – V – por N   Ultimamente a minha filha tem acordado de noite a gritar pelo pai.
₄N – V – para N   Gritavam um para o outro, só assim se conseguiam fazer ouvir, embora António Lúcio evitasse encarar o arrais. [bc]
₅N – V – N   O sargento gritava uma palavra de ordem.
₆N – V – (a N) – N   Do cimo da escada o Sebastião gritava-lhe os números das caixas de sapatos.
₇N – V – (a N) – Fi   Ele gritou(-lhe) que já tinha a bóia.
₈N – V – (a N) – Fc   Gritou ao porteiro que abrisse a porta.
₉N – V – (a N) – I   Francamente descontrolado, gritava-me do outro lado do fio estar farto de repressão. [sa]

253

₁₀N – V – a N – para I   *Gritei-lhe, desesperada, para tirar os dedos da tomada!*
₁₁N – V – (a N) – Te   DIZER: *Ó Zé Alberto! – gritou uma voz grossa lá de dentro. – Sim! Já lá vou. Estou a aviar – respondeu ele, encolhendo os ombros.* [al]

guardar
1. etw aufbewahren; aufpassen auf; (Schafe...) hüten; auf (Kinder) aufpassen; (Feiertage...) einhalten; (Gesetz) beachten, befolgen; (Geheimnis) wahren; (Abstand, den Anschein) wahren; (Schweigen) bewahren. 2. auf s. achten; etw auf s. halten. 3. wo aufbewahren, verstecken. 4. schützen vor; bewahren vor. 5. s. hüten vor; s. in acht nehmen vor.

₁N – V – N   *Ainda guarda os seus objectos de infância. A mãe guardou-LHE a sobremesa. Guarda-ME esta mala enquanto eu vou ao lavatório? Guardar o gado/ as crianças/ os domingos/ as leis/ um segredo/ um princípio/ a distância/ as aparências. Ele guarda respeito aos semelhantes. Ela guarda um silêncio agastado. Mas não consegue mantê-lo dois minutos.* [np]
  ▪ *Guardar luto por alguém*: um jn trauern.

₂N – Vse   *Ela riu um riso lindo e esquivou-se a outro assalto. Pompílio preferia-a assim. Moça de respeito, que se guardava!* [np]

₃N – V – N – L   *Guardou o livro na pasta/ o dinheiro no banco. À chegada da polícia, o caseiro guardou os fugitivos no celeiro.*
  ▪ *Guardar a.c. (na memória)*: etw behalten: *Guardei na memória o que então se passou.*

₄N – V – N – de N   *À volta da casa havia uma sebe alta que a guardava do vento e também dos ladrões.*

₅N – Vse – de N   *Guardou-se de despesas inúteis. Não se guardou de tentações.*
  ▪ *Guardar a.c. para alguém*: etw für jn verwahren, aufheben: *Guardou parte da herança para a amiga.*
  ▪ *Guardar-se para a.c.*: s. aufsparen für: *Ele não é nada burro, guardou-se para os melhores pratos.*

guiar
1. (Auto) fahren. 2. jn lenken, leiten, führen; beraten. 3. s. richten nach; s. leiten lassen von. 4.–5. wohin führen.

₁N – V – (N)   *Foge de mim, e olhe que eu gabo-me de guiar bem, guio como poucos...* [hn]
₂N – V – Np   *As estrelas guiam os navegantes. Guiou o cego para a entrada do hospital. Preciso de alguém que me guie na escolha a fazer.*
  ▪ *Deus te guie*: Möge Gott dich führen!

₃Np – Vse – por N   *Tem cuidado com o que fazes porque o miúdo guia-se muito pelo teu comportamento.*

₄N – V – N – D   *A estrela guiou os Reis Magos para Belém.*
₅Nc – V – D   *Um caminho de terra batida guiava até à igreja da aldeia.*

guinar
1. plötzlich die Richtung ändern; in (e-e unvorhergesehene Richtung) laufen, fahren...

₁N – V – Dpara   *Ramiro forçava o carro, esguio e vermelho, ele próprio a imagem da fúria que o animava, a guinar bruscamente para a esquerda ou para a direita.* [nv] *De pêlo eriçado pelo medo, a lebre guinava para as bandas duma aberta onde via ervas e arbustos capazes de a protegerem.* [bc]

guinchar
1. kreischen; quietschen.

₁Ncp – V   *As rodas do carroção e das carretas estremecem e guincham nas asperezas das picadas.* [cm] *Os miúdos eram danados! Corriam, guinchavam, fugiam, fintavam-nos, e um deles acabou por atirar uma bola de cuspo aos óculos do Pedro, que, furioso, lhe pregou um tabefe.* [al]

guisar
1.–2. (Reis...) auf kleiner Flamme kochen; (Fleisch) schmoren.

₁N – V – N   *O arroz é cozido ou guisado pela quase totalidade das donas de casa pelo processo antigo, deitando-o na água a ferver.* [ac] *Depois de preparados os borrachos, cortam-se aos bocados e guisam-se num refogado preparado com banha de porco.* [ac]

₂N – V   *Enquanto o borracho fica a guisar, podemos conversar. Deitam-se as vagens partidas em pedaços, tempera-se de sal e pimenta e deixa-se guisar.* [ac]

H

habitar
1. wo wohnen. 2. etw bewohnen; wo wohnen.

₁N – V – L   O João habita no Porto, na Rua da Alfândega.
₂N – V – N   Para desfrutar das vantagens de viver no centro de uma grande cidade o mais importante é habitar um local concebido à escala das necessidades humanas. [oj] Se sabes tanto, então também deves saber que os Romanos habitaram a Península durante setecentos anos. [dm]

habituar
1.-3. gewöhnen an. 4.-6. s. gewöhnen an.

₁N – V – N – a N   Ela habituou a criança à chupeta e agora vai ser difícil desabituá-la.
₂N – V – N – a Fc   Habituei-a a que chegasse a tempo.
₃N – V – N – a I   Habituei-o a estudar uma hora por dia.
₄N – Vse – a N   Emmanuel Vitria tem medo, como toda a gente, mas já se habituou à sua nova vida, com um coração que nunca falhou. [pj]
₅N – Vse – a Fc   Habituou-se a que a filha o viesse ver todos os dias.
₆N – Vse – a I   Alguma vez o Mestre teria de se habituar a tomar decisões sozinho. [av] Mari-Paz habituara-se de pequena a aceitar que entre pessoas bem-educadas não se esmiuçam os próprios sentimentos, nem se abordam certos temas, porque fazê-lo é violento e plebeu. [vp]

haver¹
Morf.: Pres.: hei, hás, há. Pres. conj.: haja. Pret. perf.: houveram.
1. es gibt; es besteht. 2. seit; (Zeit) hersein.

₁V – N   Há laranjas. Há quem diga que Portugal é um país do terceiro Mundo. Partido que haja, logo aparecem três sensibilidades e vinte interpretações para complicar o que deve ser politicamente linear. [pj] Mário Soares disse que haverá algum crescimento económico durante o ano decorrente. [pj]
■ Há quem diga...: manche (mögen) sagen...
₂V – T   Há dias (que) não o vejo. Não o vejo há dias. Vi-o há pouco.
■ Não há (nada) como N: es geht nichts über: Não há nada como as novelas brasileiras. Não há como chegar a casa no inverno, tomar um chá e meter-se na cama.

haver²
1. haben (zus.gesetzte Zeiten).

₁[N –] V + Vpp   Haviam-me descrito o padre Alecrim como sendo um personagem que valia a pena conhecer. [np]

haver³
1. müssen. 2. sollte; würde; wohl, sicher + V.

₁V + que Vınғ   Há que pôr este arquivo em ordem urgentemente.
₂N – V + de Vınғ   Há mais, pai? – perguntou Não, Ambrósio. Por hoje acabou-se. Mas havemos de vir mais vezes. [np] Alguma vez pensaste, João, que havias de ver barcos assim? [np] Havias de ser meu filho... – resmunga o polícia. [np] Numa confeitaria próxima, o nosso amigo comeu algo como cinco bolos e um copázio de leite – sem coacção, sem tortura. A mãe dele havia de ver aquilo. [np] Que argumento haviam de utilizar para convencerem os pais? [dm]
■ Hei-de: ich werde + V; ich beabsichtige + V; ich habe vor zu + V: Hei-de lá ir esta semana. Hei-de acabar este trabalho a tempo.
■ Hás-de: du solltest: Hás-de falar com ele; du wirst: Hás-de me pagar este insulto; du mußt: Hás-de concluir o trabalho ainda hoje.

haver⁴
1. halten für.
₁N – V – N – como P_adj As virtudes de honra, disciplina, coragem, valentia, heroísmo, patriotismo, consideradas as mais nobres da natureza humana, foram tidas e havidas como próprias dos militares, desde as mais altas patentes, aos soldados rasos. [pj]
▪ *Haver por bem + I*: es für gut halten, befinden: *Ao saber do incêndio no andar superior, o porteiro houve por bem cortar a corrente eléctrica.*

haver⁵ [POP.]
1. es zu tun haben, bekommen mit.
₁N – Vse – com N Ou pagas ou tens que te haver com as autoridades. O João vai ter de haverse comigo!

herdar
1. erben.
₁Np – V – Nc – (de Np) Pareço meu pai a falar. Mas as nossas semelhanças nunca coincidem em tudo. Por vezes julgo até que se degladiam em mim as tendências que dele herdei com aquilo que é em mim inato. [sv] O governo de Filipe Gonzalez herdou uma série de serviços de informação, nem sempre complementares e muitas vezes provocando conflitos internos. [oj]

hesitar
1. zögern; stocken; zaudern; (FIG.) schwanken. 2. zögern; NEG. nicht zögern; nicht zurückschrecken vor. 3.–4. zögern, schwanken.
₁Np – V Não hesitei, voltei atrás, peguei na mala e e voltei a sair. Não costumo hesitar face aos problemas. Luís ajudava-a, estendia-lhe a mão quando se lhe adiantava e se a via hesitar perante um obstáculo. [vp]
₂Np – V – em I Emmanuel Vitria hesitou em voltar a andar de bicicleta. [pj] A minha fé no porvir era tão sólida que não hesitei em solicitar à usurária mais três contos de réis emprestados. [np]
₃N – V – entre N, I Hesitei entre as duas possibilidades. Hesitei entre sair ou ficar em casa.
▪ ⇒ N – V – I: *Ainda hesitei mandar o dinheiro pelo correio, mas acabei por fazê-lo. Os ciganos chegaram, acamparam e não hesitaram fazer dali um recinto de feira.*
₄N – V – sobre Int Hesitei sobre se devia ou não ir com ele.

homenagear
Morf.: Pres.: homenageio.
1. jn (in e-m Festakt) ehren.
₁N – V – N O Porto homenageou a sua equipa de futebol. Um grupo de espectadores falava em voz alta, ria e disparatava enquanto Vitorino tentava homenagear Elis Regina. [oj]

honrar
1.–3. ehren; e-e Ehre sein für. 4. es jm eine Ehre sein. 5.–6. stolz sein auf; s. brüsten mit.
₁Ncp – V – N A vossa presença aqui, senhor presidente, honra este parlamento. Honrarás pai e mãe. A companhia de teatro sempre honrou a cidade.
₂Fc – V – N Honra-a que ele tenha sido primeiro-ministro.
₃I – V – N Honra-nos fazer parte desta comissão.
₄Np – Vse – de I Honro-me de vos poder apresentar os melhores perfumes do Mundo. Ela honra-se de possuir a maior colecção de quadros de Picasso.
₅Np – Vse – com N Ela honra-se com o nome dos pais.
₆Np – Vse – em I Honro-me em ser seu amigo.

humedecer
1. befeuchten; anfeuchten. 2. feucht werden.

₁N – V – N <com N> Depois de preparado o frango, tempera-se com sal e pimenta, unta-se com manteiga derretida, coloca-se no espeto, humedecendo-o de vez em quando, conforme se vai virando. [ac] O japonês pôs-se a limpar as lentes dos óculos, humedecendo-as com o bafo. [np]

₂N – Vse <de, com N> Os olhos humedeceram-se-LHE de/ com lágrimas.

humilhar
1.–3. jn demütigen; erniedrigen. 4. s. erniedrigen. 5. s. jm gegenüber unterwürfig zeigen, verhalten.

₁N – V – Np A minha irmã vai à missa ao domingo, tiraniza as criadas, humilha as colegas, mas humilha-as sem dar por isso, enxota todos os pobres mansamente. [pc] Sou o chefe de Estado dum país que, depois de humilhado por meio século de ditadura, soube iniciar na longa noite de 25 Abril uma revolução sem sangue que outros classificaram de a mais pura do século. [dp]

₂Fc – V – Np Humilhou-o que eles tivessem adoptado um comportamento tão vil.

₃I – V – Np Humilhava-a ter que aceitar aquele trabalho, mas não havia outra solução.

₄Np – Vse Quantas vezes me humilhava e fazia tudo, mesmo o que não me cabia, para não ouvir o chefe gritar pelos corredores.

₅Np – Vse – a Np Não gosto de me humilhar a niguém, seja quem for.

I

identificar
1. identifizieren. 2. s. identifizieren, legitimieren, ausweisen als. 3.-4. gleichsetzen; identifizieren. 5. identisch sein. 6. s. identifizieren mit; s. etw zu eigen machen.

₁N – V – N O senhor consegue, de entre estes homens, identificar aquele que o assaltou?
₂Np – Vse <como N> Ele identificou-se como agente do FBI.
₃N – V – Npl Não se podem identificar culturas à partida diferentes.
₄N – V – N – com N Não se pode identificar a cultura portuguesa com a alemã.
₅Npl – Vse Um dia, Maria do Pilar entretivera-se a procurar palavras que se identificassem na terminação com amor. [bc]
₆N – Vse – com N Épocas houve em que as pessoas se identificavam plenamente com a monarquia. Identifico-me com a sua dor. Identificava-se com a figura principal do romance que lera.

ignorar
1. nicht (genau) wissen; nicht kennen; ignorieren; nicht beachten; nicht bedenken; NEG. nicht verkennen; sehr wohl, genau wissen. 2.-4. nicht wissen.

₁N – V – N Os pais passaram anos ignorando o paradeiro do filho mais velho. Mas não ignores nunca: essa descrição de Paris destina-se unicamente a uso externo. [tm] Que mal terei feito ao João que ele passa por mim e ignora-me? Alguns professores encarregaram-se de dar o mau exemplo, acendendo o seu cigarrinho quando bem lhes apetecia, ignorando a vontade maioritária da escola. [pj]
₂N – V – Fic Que bom ver-te por aqui_Ignorava que tinhas voltado. Ignorava que ela fosse tão estúpida.
₃N – V – Int Ignoro se ele vem ou não.
₄N – V – I Ignorava terem já regressado.

igualar
1. gleichsetzen; gleichmachen. 2. gleichsetzen mit; angleichen. 3. gleichkommen. 4. e-a. gleich sein.

₁N – V – Npl A sociedade não pode igualar os que a natureza criou diferentes.
₂N – V – N – a N Vai levar ainda uns anos até se poder igualar o nível de vida dos portugueses ao de outros povos da comunidade.
₃N – V – N <em N> Igualava-o em argúcia. Os serviços sociais igualam em incúria os de saúde.
₄Npl – Vse <em N> As duas equipas igualam-se em capacidade técnica.
■ ⇒ Eram iguais/ iguaizinhos em temperamento.

ilibar
1. reinwaschen. 2. s. reinwaschen; s. rechtfertigen.

₁N – V – N Raul Dias queria comunicar-me que me iria entregar uma declaração que ilibava o meu irmão. [oj]
₂N – Vse Já nem tenho remorsos – vinha contar-lhe Cécile, a pretender assim ilibar-se, quando lhe doíam mais fundo as reprimendas da Françoise. [vp]

iluminar
1. beleuchten; anstrahlen; FIG. <Strahlen...> gehen über, liegen auf, erhellen. 2. <Licht> angehen in; erstrahlen; FIG. <ein Strahlen> gehen über.

₁N – V – N Só no século passado é que se passou a iluminar convenientemente as ruas da cidade. Iluminava-se o palco, a sala, a estátua. A avó, com o seu carrapitinho branco e aquela expressão de felicidade que a iluminava, fez a Luísa pensar que até uma velha pode ser bonita de vez em quando. [dm]
₂N – Vse Ao cair da noite, as ruas iluminavam-se. Ao ouvir a notícia do regresso do filho, o seu rosto iluminou-se. Enfiou o braço no meu e o seu sorriso

iluminou-se mais ao canto dos lábios. [np]

ilustrar
1. illustrieren; bebildern; belegen; zeigen; verdeutlichen; veranschaulichen; auszeichnen; jn bilden. 2.–3. zeigen; belegen; veranschaulichen.

₁N – V – N   As fotografias de discos platinados que ilustravam os livros de Adamski não eram genuínas. Ele ilustrou o seu livro com fotografias. A análise feita pelos serviços da Comissão Europeia da nossa economia ilustra bem as nossas dificuldades. [cm] Tomemos outro exemplo para melhor ilustrar este caso. A leitura sempre nos ilustra.
   ▪ *Ser uma pessoa muito ilustrada:* belesen sein.

₂Fc – V – N   Ter-se ido embora sem pagar o que devia ilustra bem a sua falta de escrúpulos.

₃I – V – N   Ter participado no projecto ilustra bem o interesse nele posto pelas entidades portuguesas.

imaginar
1. s. etw vorstellen; s. ausdenken; s. ausmalen. 2.–3. s. denken; s. vorstellen (können); s. ausmalen. 4. annehmen; denken. 5. s. jn, etw wie vorstellen; jn in Gedanken wo, wie sehen. 6.–7. s. vorstellen. 8. s. vorstellen; s. ausmalen; s. einbilden.

₁N – V – N   Imagine-se uma viela alumiada a lampiões, onde no seu trecho mais largo haja um poço. [np] Quando eu era pequeno costumava imaginar situações perigosas em que tinha que salvar pessoas e das quais saía como herói. Ele imaginou o que ia acontecer.
   ▪ *Imagino!:* Das kann ich mir vorstellen!
   ▪ *Imagina!:* Stell dir das vor!

₂N – V – Fic   Pois olha, eu imaginava que ainda estavas a viver com os teus pais. Imaginava que ainda estivesses em Lisboa. Que surpresa!

₃N – V – Int   Nem sequer imagino como isso possa ter acontecido.

₄N – V – I   Eu imaginava estar para sair a nova lei sobre arrendamentos.

₅N – V – N – P_{adj, I}   Eu imaginava-o mais rico. Imaginava-te em Berlim. O arquitecto imaginava o edifício já construído.

₆N – Vse – P_{adj, n, I}   As crianças costumam imaginar-se "cowboys" e xerifes. Ele imagina-se melhor que qualquer de nós. Ainda as férias vinham longe e eu já me imaginava em Paris, se bem que não passasse da Costa da Caparica.

₇N – V – N + V_{a INF, GER}   Imaginava a velhota afastando-se de gato ao ombro, com uma lágrima a deslizar-lhe nas rugas flácidas. [np] Era difícil imaginar Lea e o seu homem a moverem-se por entre casacos de marta e litografias de Picasso. [kf]

₈N – Vse + V_{a INF; GER}   Eu imaginava-me a combater inimigos, a salvar as donzelas dos bandidos sem escrúpulos. Imaginava-se combatendo os inimigos.

imigrar
1. einwandern.

₁N – V – (D – para)   Muitos cabo-verdianos imigram actualmente para Portugal.

imiscuir-se
1. s. einmischen.

₁N – Vse – em N   Isaura era tão briosa, que não receava medir-se com o director do ciclo ou com o próprio reitor se algum deles ousava imiscuir-se, de forma que lhe parecesse injusta, no seu ensino. [pc]

imitar
1. nachahmen; nachmachen; <etw> so aussehen wie; so beschaffen sein wie; e-e Imitation sein von; (Unterschrift) imitieren, fälschen.

₁N – V – N   Quando Alain finalmente se levantou, para as despedidas, Leonel imitou-o. Françoise ia a protestar, mas arrependeu-se. [vp] Os espanhóis imitaram-nos a maneira de fazer o vinho do Porto. Este tecido imita a seda. Ele imitou-me a assinatura.

imobilizar
1. zum Stillstand bringen; dingfest machen; paralysieren; jn lähmen; unbeweglich machen. 2.-3. unbeweglich machen; lähmen; paralysieren. 4. zum Stillstand kommen; stehenbleiben; erstarren.

₁N – V – N A resistência do ar imobilizou o projéctil. O desfecho foi rápido. Como eram muitos e estavam organizados, depressa imobilizaram os ladrões. [dm] O medo imobilizava-o.

₂Fc – V – N Imobilizava a oposição que o financiamento do projeto por parte do governo implicasse condições políticas.

₃I – V – N Ter-se levianamente descurado a contratação de um gestor qualificado imobilizou as verbas nos circuitos burocráticos, perjudicando a concretização de projectos essenciais.

₄N – Vse No tecto da sala, a enorme ventoinha imobilizara-se. [np] De repente o Fernando imobilizou-se. À sua frente tinham surgido dois polícias empunhando pistolas.

impedir
Morf.: Pres.: impeço.
1. verhindern; versperren; blockieren. 2.-3. verhindern. 4. verhindern; jn, etw daran hindern. 5. daran hindern; abhalten von.

₁N – V – Nc O mau tempo impedia, impediu a partida do avião. Esta doença impede a criação de animais domésticos em vastas e férteis áreas de África. [ot] A queda da árvore impediu a estrada, a entrada.
  ■ PG.: Estar impedido: <Telefon> besetzt sein: O número que acabava de marcar estava impedido. [kf]

₂Fc – V – N Que ela tomasse aquela atitude na reunião acabou por não impedir o bom andamento dos trabalhos.

₃I – V – N Naquele tempo, não ser filho de gente importante impedia a entrada na universidade.

₄N – V – Fc Rui Pereira avançara para impedir que a frota castelhana desbaratasse a frota portuguesa que, vinda de Cascais, entrara a barra. [av] É preciso impedir que a doença se propague. Impediu que ela saísse de casa.

₅N – V – Np – de I As autoridades angolanas, contudo, não têm ponta de razão quando pretendem que o Governo impeça outros orgãos de informação portugueses, mesmo os jornais privados, de as criticar, ainda que violentamente, e até de as atacar. [oj] O médico impediu-me de entrar. A lei impede-nos de reivindicar os nossos direitos.
  ■ O que é que te impede de + I?: Was hält dich davon ab, zu + I?

implantar
1. einpflanzen; einsetzen. 2. FIG. schaffen. 3. s. einbürgern.

₁N – V – N – (a Np) O chefe da equipa cirúrgica que tinha implantado o coração de macaco afirmou que estava disposto a recomeçar tal operação. [pj]

₂N – V – N Estamos determinados a devolver ao Povo Português a dignidade perdida, implantando condições de vida mais justas. [dp]

₃N – Vse Implantou-se o costume de eleger como vice-presidente uma mulher.

implicar
1. beinhalten; implizieren; FIG. einschließen. bedeuten; voraussetzen. 2. mit hineinziehen in; in etw verwickeln. 3. verwickelt sein in. 4. jn necken, foppen; Streit anfangen mit. 5. e-r S. entgegenstehen; unvereinbar sein mit.

₁N, Fc, I – V – N, Fc, I O primeiro-ministro anunciou que a aprovação do orçamento será acompanhada de importantes medidas correctivas, existindo ainda outras opções, nenhumas porém fáceis de tomar, porque implicarão escolhas decisivas. [pj] Se eu cá deixar ficar as coisas, isso implica que eu tenha que cá voltar logo e não tenho tempo para isso. Estar às sete horas no Porto implica termos que sair de Lisboa pelo menos às quatro horas. Conseguir a cidadania de um país implica que se obtenha as prerrogativas a que dá direito.

₂N – V – N – em N Arrisco-me sozinho, não quero implicar ninguém neste negócio.

₃N – Vse – em N Infelizmente, implicou-se em actividades subversivas.
  ■ Estar implicado em N: verwickelt sein in: Têm-se verificado casos de

261

	conflitos por dois ou três serviços estarem implicados no mesmo caso. [oj]
₄Np – V – com Np	*Deixa a criança em paz. Porque é que estás sempre a implicar com ela?* ▸*Não impliques (comigo)!*
₅Nc – V – com Nc	*O facto de não ser membro de um clube não implica com o direito de participação nos Jogos Olímpicos.*

impor
Morf.: Pres.: imponho; Imperf.: impunha; Pret. perf. simpl.: impuseram; Part.: imposto.
1. durchsetzen; (Gesetz...) aufzwingen, durchsetzen; (Respekt) einflößen; zum Schweigen) bringen; (Ordnung) durchsetzen. 2.–3. jm etw auferlegen; jn nötigen zu. 4. s. Achtung verschaffen bei; jm imponieren. 5. s. vornehmen; s. zur Pflicht machen. 6. s. durchsetzen; erforderlich, notwendig, unerläßlich sein. 7.–8. erforderlich, notwendig, unerläßlich sein.

₁N – V – (a N) – N	*Ela impôs sempre a sua vontade. O governo tentou em vão impor a lei da abolição do décimo terceiro mês. Impor respeito a alguém. A sua silhueta avantajada impunha sempre autoridade. O chefe impôs à firma uma programação rígida. É preciso impor silêncio à assistência. A ordem será imposta, se necessário for, pela força.* ▪ *Impor o tom:* den Ton angeben: *O primeiro-ministro, impondo o tom, classificou o discurso de Lucas Pires de ataque descabelado.* [pj]
₂N – V – (a Np) – Fc	*O governo impôs(-lhe) que abandonasse imediatamente o país. Impôs que se calasse.*
₃N – V – (a Np) – I	*Eles impuseram-nos sair de lá rapidamente.*
₄Np – Vse – (a N)	*Ela impõe-se (aos seus colegas) pela sua inteligência.*
₅Np – Vse – I	*Impus-me a mim mesmo fazer do lugar um parque de recreio.*
₆Nc – Vse	*Embora a qualidade não seja tão boa como a das máquinas de jogos, estas versões estão a impor-se.* [cp] *Impõem-se reformas na função pública.*
₇Fc – Vse	*Impõe-se que se façam reformas na função pública.*
₈I – Vse	*Impõe-se fazer reformas na função pública.*

importar¹
1.–3. wichtig, von Belang sein; auf etw ankommen; für jn wichtig sein. 4. s. (etw, nichts) machen aus; jm (nicht) egal sein; es jn kümmern, daß. 5. jm etw ausmachen. 6. Wert legen auf; s. etw machen aus.

₁Nc – V – (a Np)	*O resultado do jogo não importa. Só o trabalho importa. Só me importa o trabalho.* ▪ *Não importa!:* Das macht nichts!
₂Fc – V – (a Np)	*Importa neste momento, desde já, acima de tudo que o Parlamento aprove o projecto de lei sobre reformas e pensões. Só me importa que faças progressos.*
₃I – V – (a Np)	*O primeiro-ministro recordou que importa não menosprezar o perigo de um vazio do poder.* [pj] *Só me importa agora acabar de escrever a tese, mais nada!*
₄Np – Vse – Fc	*Importo-me lá que ele venha. Não me importo que ele venha.*
₅Np – Vse – de I	*Importa-se de me ajudar a atravessar a estrada?*
₆Np – Vse – com N	*Ele não se importa com ninguém. As verbas vão ser atribuídas aos que a Universidade não rejeitou e continua a albergar sem se importar muito com o seu comportamento profissional.* [pj]

importar²
1. importieren; in (ein Land) einführen.

₁N – V – N – (D)	*Para abastecer o mercado interno de Portugal, precisamos de importar trigo dos Estados Unidos.*

importar³
1. s. belaufen auf.

₁N – V – Q_em	*Em quanto é que importa a factura? – Em noventa escudos.*

importunar
1. belästigen; bedrängen.

₁N – V – N   Importunaram-na dois rapazes no autocarro. Walsh começava a im/por/tu/nar os cen/trais e Barbosa mandava aquecer Fernando. [pj]

impossibilitar
1.-2. unmöglich machen; verhindern. 3.-4. es jm unmöglich machen.

₁N – V – Nc   Estas cópias de segurança são essenciais para o caso de uma diskette se danificar, impossibilitando a leitura dos dados nela contidos. [cp] Eles impossibilitavam o acordo, o avanço, a solução...

₂N – V – Fc   O mau tempo impossibilitou que os mergulhadores salvassem a tempo o resto da tripulação.

₃N – V – Np – de I   O acidente que tive impossibilitou-me de estar presente na conferência. O atraso na publicação das listas de reembolsos impossibilita as empresas de fazer um planeamento rigoroso. [dn]
▪ Estar impossibilitado de + I: es jm unmöglich sein; nicht in der Lage sein: Os viajantes estão impossibilitados de reabastecerem de combustível os seus veículos. [pj]

₄N – V – a Np – N   A chuva impossibilitou-lhe a saída.

impregnar
1. imprägnieren; etw sättigen mit; (Kleidung) tränken mit; etw erfüllen mit. 2. etw aufsaugen; s. vollsaugen mit. 3. eindringen durch, in. 4. etw durchtränken; einziehen in.

₁N – V – N – (de N)   Impregnar madeira. Impregnar um lenço de perfume. A luz coava-se pelas janelas de pequenos losangos de vidro branco e amarelo, impregnando a atmosfera de uma tonalidade dourada, que lhes dava a sensação de viverem um sonho. [dm] Acobardaram-se os testemunhos cristãos no meio das realidades profanas, mesmo entre aqueles que se comprometeram a testemunhar a fé e a impregnar de espírito cristão as estruturas da sociedade. [pj]

₂N – Vse – (de N)   A roupa impregnou-se (de ácido).
▪ Estar impregnado de N: durchdrungen sein von: Deve ser possível criar condições para desatar os nós cegos da economia portuguesa e viabilizar as reformas que a grande maioria espera, impregnadas de justiça social. [pj]

₃N – Vse – L_{por, em}   Casa antiga, sem luz, uma sujidade indelével de anos sem conto impregnara-se por toda a parte, nas paredes, nos tectos, nos soalhos. [nv]

₄N – V – N   O ácido já impregnou a roupa. ▸Prepara-se o molho de maionese (ver receita) e cobre-se com ele as mãozinhas, deixando impregnar durante duas horas antes de servir. [ac]

impressionar
1. auf jn Eindruck machen; beeindrucken; erschüttern. 2. BRAS. jn beeindrucken. 3.-4. jn (stark) beeindrucken. 5. s. beeindrucken lassen von; erschüttert sein über.

₁N – V – (Np) <com N>   O fogo de artifício impressionou os espectadores. Hábeis advogados com bem conhecidos clientes não o impressionavam mais do que carteiristas e traficantes de droga. [kf] Ele impressionou o João com o que fez. O acidente ferroviário impressionou o país.

₂N – V – a Np   BRAS.: O espectáculo lhe impressionou muito.

₃Fc – V – (Np)   Impressionou-me que ela fizesse aquilo.

₄I – V – (Np)   Impressionou-(o) assistir à operação.

₅N – Vse <com N>   Nessa época impressionei-me com o desastre, embora não me sentisse responsável. [tm] Eu não me impressiono facilmente.
▪ Estar impressionado + com N: beeindruckt sein von: Impressionados com a formidável chacina da chamada Grande Guerra, alguns idealistas convenceram-se que isso levaria os governos a desistir para sempre do recurso à guerra, pondo-a "fora de lei". [pj]

imprimir
Morf.: Part.: ter, ser imprimido; estar impresso.
1. drucken; abdrucken; drucken lassen. 2. (unauslöschlich) einprägen; aufdrücken. 3. s. einprägen. 4. auferlegen; aufprägen; etw e-r S. verleihen.

$_1$N – V – N A roda gira rapidamente até que o carácter desejado esteja em posição; então, move-se um martelo electromagnético, que lhe bate, pressionando-o contra uma fita, para imprimir o carácter. [cp] O director do jornal recusou-se a imprimir a notícia.

$_2$N – V – N – L O baptismo imprime na alma a graça divina.

$_3$N – Vse – L Desde cedo, imprimiu-se na sua mente aquela ideia.

$_4$N, Fc, I – V – N – em, a N No entanto, as transformações tecnológicas imprimem já profundas mutações nos modos de produção, de trabalho e de emprego, que tendem a acelerar-se. [dl] As novas tecnologias imprimem um carácter de modernidade nos modos de produção. Ter ele crescido, que ele tivesse crescido num ambiente de miséria, imprimiu no seu carácter um indelével traço. Ter acrescentado aquele capítulo imprimiu um carácter menos hermético à tese. Que ele tivesse acrescentado aquele capítulo imprimiu, sem dúvida, um carácter menos hermético à tese.

inaugurar
1. einweihen; eröffnen.

$_1$N – V – N Inaugurar um museu, uma exposição, um restaurante. A invenção da roda veio inaugurar mais um período importante na história da humanidade.

incendiar
Morf.: Pres.: incendeio.
1. in Brand stecken, setzen; brandschatzen; niederbrennen. FIG. entflammen; Feuer fangen lassen. 2. in Flammen aufgehen; abbrennen.

$_1$N – V – N Os piratas incendiavam aldeias, afundavam navios e roubavam as noivas dos príncipes. [np] Os seus olhos de gata, pespontados a preto, incendiavam os homens na rua. [rr] Mariana gostava de vir ali passear à tarde, com o pai, à hora em que o lume da ceia dos ciganos incendiava a melancolia do ocaso, reflectida nas águas lentas do rio. [fn]

$_2$N – Vse A floresta incendiou-se.

incentivar
1. stimulieren; anheizen. 2.-4. jn anregen zu; Anlaß bieten, geben; veranlassen zu; stimulieren zu.

$_1$N – V – N A tão "ominosa" emigração clandestina foi legalizada, incentivada, promovida e chegou ao ponto em que hoje se encontra. [pj] Nós precisamos de uma Angola em paz, com quem possamos incentivar uma cultura mestiça que nos é comum. [dn]

$_2$N, Fc, I – V – (N) – a N A falta de trabalho incentiva as pessoas à emigração. A nova lei incentiva ao menosprezo dos valores éticos. Incentivou muita gente à poupança que o governo tivesse reduzido, ter o governo reduzido os impostos sobre capitais e juros.

$_3$N, Fc, I – V – (N) – a, para Fc É a história de um encantamento – disse uma mulher, a incentivar o tio Joaquim para que começasse. [dm] Ele incentivou-me para que eu fizesse todos os exames.

$_4$N, Fc, I – V – (N) – a I A falta de trabalho incentiva as pessoas a emigrar. A nova lei incentiva a poupar dinheiro. Que ele nessa ocasião lhe tivesse tecido tão rasgados elógios incentivou-a, de facto, a concluir o trabalho.

inchar
1. anschwellen lassen; aufblähen. 2. anschwellen; FIG. s. aufblähen; s. aufblasen. 3. anschwellen; quellen; (auf-)quellen; ansteigen.

$_1$N – V – N O chá incha-ME a barriga.

$_2$N – Vse Incharam-se-LHE os olhos de tanto chorar. O aluno inchou-se todo com os elogios do professor.

₃N – V	Começou nervosamente a mordiscar um cravo que tinha num polegar, pegando-lhe bem com os dentes por baixo, sentindo-o inchar. [be] *O braço inchou com a pancada. A madeira inchou (com a chuva). As águas do ribeiro começavam a inchar.* [pc] *O João fez inchar a perna ao pedro com a pancada que lhe deu.*

incitar
1. aufstacheln; antreiben; aufhetzen; anspornen; anreizen.

₁N, I – V – (N) – a N, Fc, I	Adiante aparecia a frase "libertar o país", davam-se conselhos aos alfacinhas para recolherem a suas casas, manterem a calma até a situação estar dominada, incitava-se à não resistência das forças militarizadas. [lu] *Incitei-o a que trabalhasse mais ordenadamente. Aquele domínio perfeito de si que ela afectava era tão contrário à sua concepção de amor que o incitava a duvidar.* [vp] *Terem-se classificado para a final incitou-os a uma preparação mais intensa.*

inclinar
1. neigen. 2. s. neigen; s. beugen. 3. den Kopf neigen; s. verneigen; s. verbeugen. 4.–7. FIG. neigen zu. 8. abschüssig sein.

₁N – V – N – (D)	A criança inclinou a cabeça para trás e descansou no meu ombro.
₂N – Vse – (D)	Inclinou-se para a criança.
₃N – Vse	Ele inclinou-se para beijar a criança.
₄N – Vse – para N	Ela gosta do João mas inclina-se mais para o António. Inclino-me mais para a outra hipótese.
▪ Inclinar-se + a favor de N: zu js Gunsten sein: *A vitória prevista para Reagan é esmagadora, pois se inclinam decididamente a seu favor 447 dos votos.* [pj]
₅N – Vse – a, para Fc	Ele inclina-se mais a, para que fiquemos cá nas férias.
₆N – Vse – a, para I	Inclina-se mais a, para fazer a casa aqui.
₇N – V – para N	Inclino mais para a eventualidade de passarmos aqui a noite. Tu podes gostar mais desses sapatos, mas eu inclino-me mais para aqueles ali, que dão com o teu casaco cinzento.
₈N – V	Difícil é antes de chegar à cidade, porque a estrada inclina bastante.

incluir
Morf.: Part.: ter, ser incluído; estar incluso.
1. mit einschließen; mit rechnen zu. 2.–4. rechnen zu; zählen zu. 5.–7. beinhalten; mit einschließen.

₁N – V – N – L, em N	O jornal inclui Gomes na lista dos melhores marcadores mundiais. Os fabricantes de chips incluem várias portas num único chip. [cp]
₂N – Vse – L, em N	Gomes inclui-se no número dos melhores marcadores mundiais. Eu incluo-me na lista dos seus admiradores.
₃N – V – N – entre N	O treinador inclui Gomes entre os melhores marcadores.
₄N – Vse – entre N	Gomes inclui-se entre o número dos melhores marcadores mundiais. Pena foi que se não tivesse efectuado o encontro com imigrantes estrangeiros, entre os quais se incluíam alguns portugueses. [dn]
₅N – V – N	As civilizações egípcia, grega e romana nunca desenvolveram um sistema numérico que incluísse um símbolo para zero. [cp] *As pessoas das fotografias incluíam vários membros bem conhecidos da alta sociedade de Nice.* [kf]
₆N – V – Fic	As condições do contrato incluíam que as despesas fossem pagas por nós. O contrato incluía que nós pagávamos, pagássemos as despesas.
₇N – V – I	As condições do contrato incluíam sermos nós a arcar com as despesas.

incomodar
1.–3. belästigen; stören; lästig fallen; auf den Wecker fallen. 4. s. kümmern um; s. stören lassen von. 5. s. bemühen; s. die Mühe machen.

₁N – V – N	Se o barulho te incomodar, posso fechar as janelas. Ele incomodou-os com o barulho que fez.
₂Fc – V – N	Incomoda-me que ele venha bater à porta constantemente.

₃I – V – N   *Porque é que os convidaste para hoje? Já sabes que me incomoda receber visitas durante a semana.*
₄N – Vse – com N   *Não se incomode com esses problemas, eu trato disso.*
₅N – Vse – a, em I   *Deixe lá, não se incomode a passar a página a limpo, levo-a mesmo assim. Ó mãe, não se incomode em levar as coisas para cima, os miúdos ajudam.*

incrementar
1.–2. fördern; entwickeln; steigern; ansteigen, anwachsen lassen; größer werden lassen.

₁N – V – N   *De há uns tempos para cá que o Ministério da Educação tem vindo a investir uma parte do seu orçamento para incrementar a prática da Educação Física no Ensino Primário. [pj] Para possibilitar às empresas europeias que alcançassem dimensões comparáveis às suas concorrentes americanas, era preciso criar na Europa um grande mercado comum, que permitiria incrementar a grande produção em série e, assim, diminuir os preços ao consumidor e elevar os salários. [cm] O facto de os preços terem descido tanto incrementou a especulação na bolsa.*
₂I – V – N   *Aumentar os preços dos productos incrementará a produção.*

incumbir
1.–3. jm obliegen; js Pflicht sein. 4.–6. jn beauftragen mit. 7. s. js, e–r S. annehmen. 8.–9. es übernehmen; es s. zur Aufgabe machen. 1o. BRAS. jn beauftragen mit.

₁N – V – a Np   *A mim, incumbe-me a limpeza da casa, e a ele a preparação do jantar.*
₂Fc – V – a Np   *Incumbia à Câmara que a lei fosse promulgada a tempo.*
₃I – V – a Np   *Incumbirá à Câmara Municipal promover a remoção das unidades industriais nocivas existentes e impedir novas implantações. [pj]*
₄N – V – Np – de Nc   *Incumbi-o da preparação do jantar.*
₅N – V – Np – de Fc   *O patrão incumbiu-a de que preparasse tudo para o jantar.*
₆N – V – Np – de I   *Incumbi-o de preparar o jantar. Os congressos, tal como as assembleias de qualquer espécie, desdobram-se em comissões e subcomissões especializadas, incumbidas de estudos previamente certos abordarem dos temas a debater. [pj]*
₇Np – Vse – de Ncp   *Ele incumbia-se dos convidados, enquanto ela ia preparando o jantar.*
₈Np – Vse – de Fc   *Os amigos incumbiram-se de que o caso caísse no esquecimento.*
₉Np – Vse – de I   *O tempo e os amigos incumbem-se de fazer esquecer todos os desgostos.*
₁₀Np – V – a Np – de N   BRAS.: *Incumbi-lhe da preparação do jantar.*

incutir
1. (Vertrauen...) einflößen; eintrichtern.

₁N – V – N – a, em N   *Serenamente, olhando-o nos olhos, uma firmeza com que procurava incutir-lhe segurança e coragem, ela respondeu: Compreendo, Ramiro. [nv] Invejava até a indiferença ou conformismo com que os irmãos aceitavam a situação e se adaptavam às ideias que o pai pretendia incutir-lhes. [nv] Que sentimento agudo de solidão deve incutir no passageiro! [op]*

indagar
1. Nachforschungen anstellen; s. erkundigen nach. 2. s. erkundigen nach. 3. untersuchen; ermitteln; erkunden. 4. s. erkundigen. 5. DIZER: s. erkundigen. 6. jn befragen. 7. s. erkundigen bei; jn fragen nach.

₁Np – V – sobre... N   *Os cientistas indagam acerca da possibilidade de existência de vida noutras galáxias. Ele indagou sobre G. Crespo em todos os arquivos que tinham bibliografia disponível.*
₂Np – V – de N   *Luísa indagou da possibilidade de ir ao estrangeiro. A polícia indagou do motivo da discussão.*
₃Np – V – Nc   *Os cientistas têm por missão indagar os mistérios da natureza.*
₄Np – V – Int   *Indagou que razões tinham para assim procederem. ▸Nunca perguntara aos pais de onde era, mas havia de indagar. [fa]*

₅Np – V – Te   DIZER: *Você, não é cá destes sítios? – indaga Mariana.* [sv] *Como vão o Joãozinho e a Ana? – indaguei.* [np]

₆Np – V – Np – sobre... N   *Indagado pela ANOP sobre a viabilidade de consenso, Mota Pinto limitou-se a lembrar que não deixa de ter significado o empenhamento do PSD na estabilidade do Governo.* [pj]

₇Np – V – de...Np – Nc   *A polícia indagou dos presentes a razão da discussão. O deputado da oposição indagou junto do porta-voz do governo o motivo da exclusão de outras tantas meritórias entidades, entre as quais os Bombeiros Voluntários de Oliveira de Frades.*

indemnizar   [BRAS.: indenizar]
1. jn entschädigen; jm (e-e Entschädigung) geben, zahlen; jm etw vergüten.

₁Np – V – Np – (de N) <em, com N>   *Com que gravidade me anuncias essa fabulosa despesa! Se quiseres, indemnizo-te! A minha mulher será forreta?* [be] *Indemnizei-o dos gastos feitos por minha ordem. Eles indemnizaram os inquilinos com 3o contos a cada um.* ▸*Bastará que o Governo indemnize, desnacionalize, tutele segundo as leis do mercado.* [pj] *Esta pequena oferta indemnizá-la-á, espero bem, da paciência e tempo que gastou comigo naquele dia.*

indicar
1. zeigen auf. 2. FIG. angeben; aufzeigen. 3. angeben; hinweisen auf; ankündigen; anzeigen; hindeuten auf; deuten auf. 4. (Weg) zeigen; PG. darlegen; weisen auf; nennen. 5.–7. sagen; darlegen; hinweisen auf. 8. jn angeben, nennen für. 9. DIZER.

₁Np – V – Ncp   <com N>   *E, sem me desfitar, indicou com a mão os silenciosos repórteres.* [np] *O porteiro indicava a entrada.*

₂Np – V – Nc   *Indicou os limites do projecto. Indicou o melhor meio para obtermos os resultados.*

₃Nc – V – Nc, Fi, I   *O plano indica os prazos para a realização dessa e de outras medidas.* [cm] *Uma seta indica o caminho. O facto de a teoria ser compatível com as nossas observações indica que estamos no bom caminho. O ajuntamento frente ao banco indicava que algo se havia passado. Como o nome indica, a impressora de matriz ponteada forma os carácteres no papel, construindo-os com uma série de pontos.* [cp] *A presença da polícia no aeroporto indicava estar para chegar alguém importante.*

₄Np – V – (a Np) – N   *Indicaram-lhe o caminho. O Primeiro Ministro indicou aos jornalistas as medidas que o governo ia tomar para combater o terrorismo.*

₅Np – V – (a Np) – Fi   *O Primeiro ministro indicou aos jornalistas que ia tomar medidas para combater o terrorismo.*

₆Np – V – (a Np) – Fc   *Indicaram-nos que seguíssemos por uma estrada secundária devido ao acidente.*

₇Np – V – (a Np) – I   *O Primeiro ministro indicou aos jornalistas estarem para ser tomadas medidas para combater o terrorismo.*

₈Np – V – Np – para N   *O presidente indicou o irmão para o cargo de director.*

₉Np – V – Te   DIZER: *Vão ser tomadas medidas para combater o terrorismo – indicou o Primeiro ministro.*

industrializar
1. industrialisieren. 2. s. industrialisieren.

₁N – V – N   *O Governo industrializou a zona sul do país.*

₂N – Vse   *O receio de que a Alemanha, utilizando os recursos do Ruhr, se industrializasse rapidamente e ultrapassasse os tradicionais inimigos – principalmente a França – preocupava fortemente os Franceses.* [cm]

inebriar
1. FIG. trunken machen; <Geschwindigkeit> jn berauschen. 2. FIG. trunken machen. 3. FIG. s. berauschen.

₁Nc – V – Np   *Passeávamos durante horas em qualquer dos seus vários automóveis, a velocidades que me inebriavam, para irmos parar de súbito à sombra quieta de um pinhal ou num caminho desviado.* [nv]

₂Np – V – N – com N   *Ele inebriou-a com as suas suaves carícias.*
₃Np – Vse – com N   *Ela inebriou-se com a vista maravilhosa que dali se desfrutava.*

inferir
Morf.: Pres.: infiro.
1. schließen aus; schlußfolgern aus; e–r S. entnehmen.

₁N – V – de N – Fi   *Posso inferir das suas palavras que o que leva a FRELIMO a não ter tantos apoios como a RENAMO é não poder alimentar tão bem o povo?* [pj] *Inferimos desses factos que a poluição atmosférica aumentou de tal maneira que já não parece possível recuperar as condições antigas.*

infiltrar
1. <Agenten> wo einschleusen. 2. wo eindringen, einsickern.

₁N – V – N – L   *A CIA infiltrou vários agentes seus no Iraque.*
₂N – Vse – Lem, por   *Uma certeza terrível infiltrou-se-LHE na alma: a mulher enganava-o.* [tm] *Com a luz que se infiltrava pelas frestas da janela mal vedada, Rosário via-o, aos pés da cama, dobrado, imóvel – um inquietante, remoto, fantasma simiesco.* [pc] *Os terroristas infiltravam-se na Namíbia.* [sc]

infligir
1. jm (e–e Strafe...) auferlegen; jm etw zufügen; (Niederlage) bereiten.

₁N – V – N – a N   *Infligir um castigo, uma pena, uma punição a alguém. O juiz infligiu aos réus una pena severíssima. O presidente do Front National é clara e directamente acusado de ter supervisado e mesmo participado nas torturas infligidas aos nacionalistas.* [oj] *Infligiram-lhes uma derrota.*

influenciar
1.–3. beeinflussen; Einfluß ausüben auf. 4. von etw beeinflußt werden; s. von etw beeinflussen lassen.

₁N – V – N   *A eleição presidencial dos Estados Unidos vai influenciar decisivamente a política internacional.* [pj] *Eu não me deixo influenciar com muita facilidade.*
₂Fo – V – N   *Que as empresas envolvidas no mercado ou não dispostas a investir nesse sector influenciará necessariamente a decisão a tomar pelo governo.*
₃I – V – N   *Estarem ou não as empresas dispostas a investir nesse sector influenciará necessariamente a decisão a tomar pelo governo.*
₄N – Vse – (com N)   *Eu não me influencio facilmente com isso.*
       ▪ ⇒ *Eu não me deixo influenciar facilmente com isso.*

informar
1.–4. informieren; verständigen; benachrichtigen; mitteilen. 5. DIZER. 6. s. erkundigen. 7. s. informieren; die Auskunft erhalten. 8. s. erkundigen. 9.–1o. BRAS. jn informieren; jm mitteilen.

₁N – V – N – (de... N)   *Os computadores precisam de ser informados sobre o que vão fazer.* [cp] *Informei-o da catástrofe.*
∇N – V – N   *Vou informar o meu vizinho.*
∇N – V – de... N   *Os jornais informam do ocorrido. O jornal informava do novo aumento dos preços dos transportes públicos.* ▸*O objectivo da imprensa é informar.*
₂N – V – (N) – (de) Fi   *O professor informou os alunos de que afixaria as notas no dia seguinte. O ministro informou ainda (de) que está na Assembleia o projecto de lei sobre o ensino particular.*
₃N – V – (N) – I   *O professor informou os alunos ser necessária a apresentação do bilhete de identidade às provas escritas. O governo informou estar para sair a nova regulamentação sobre o trabalho.*
₄N – V – (N) – Fc   *A rádio informava-nos constantemente que, devido à ocorrência de um grave acidente, tomássemos uma via secundária. Já informei os alunos que viessem mais cedo.*
₅N – V – (N) – Te   DIZER: *Serão também aumentadas as pensões de velhice – informou ainda o ministro.*
₆N – Vse – (de... N)   *Informei-me (acerca) da possibilidade de inscrição mesmo depois do prazo.*

₇N – Vse – (de) Fi	*O João foi à secretaria e informou-se (de) que o prazo das inscrições já tinha terminado.*
₈N – Vse – Int	*Informei-me se podia ou não receber o dinheiro imediatamente.*
₉Np – V – a Np – N	BRAS.: *Informamos-lhe o que estava acontecendo.*
₁₀Np – V – a Np – Fi	BRAS.: *Informei-lhe que aceitaria a sua proposta.*

infringir
1.-3. gegen (ein Gesetz...) verstoßen; (ein Gesetz) übertreten.

₁Ncp – V – N	*A lei prevê pesadas multas para aqueles que infrinjam o código da estrada. A lei promulgada infringe as regras do Direito Internacional.*
₂Fc – V – N	*Que a Indonésia insista na ocupação de Timor infringe o mais elementar direito dos povos à auto-determinação.*
₃I – V – N	*Negar uma defesa digna ao réu infringe o que a Constituição determina.*

ingerir
Morf.: Pres.: ingiro.
1. herunterschlingen; verschlingen; (ein Glas...) herunterkippen; (Nahrung) zu s. nehmen; (Medizin) einnehmen; (Rauch...) einatmen.

₁N – V – N	*Enquanto os meus carcereiros ingeriam "pasta" às mãos cheias, escutei dos presos relatos terríveis sobre perseguições.* [oj] *Ingeriu de um trago um copo de vinho verde. Não conseguiu ingerir os alimentos. Ingerir comprimidos em demasia. Os deputados têm respeito pelo próximo, mesmo pelos seus colegas de bancada, ao obrigá-los a ingerir as nuvens de fumo.* [pj]

ingressar
1. eintreten in; betreten.

₁N – V – Lem	*Ingressar num clube, numa academia. Nuno Grande, após conclusão dos estudos secundários, ingressou na Faculdade de Medicina da Universidade do Porto.* [pj]

inibir
1. nicht zulassen. 2. verhindern; jm etw untersagen.

₁N – V – N	*A linguagem de "Lavoura Arcaica" é de molde a inibir qualquer metalinguagem.* [pj]
₂Np – V – Np – de I	*Inibia-a de se desnudar e rir, de acamaradar e larachar com homens quase desconhecidos.* [pc]

▌ BRAS.: *Ficar inibido + com N*: verlegen sein: *Ele ficou inibido com os aplausos.*

iniciar
1. beginnen; anfangen; einleiten. 2. beginnen; anfangen. 3. beginnen, anfangen mit. 4. jn einführen in. 5. eingeführt werden in; s. vertraut machen mit.

₁N – V – Nc	*A URSS propõe-se iniciar em 1986 a realização do programa para libertar a Humanidade do terror de uma catástrofe nuclear.* [cm] *Os ranchos folclóricos iniciaram o espectáculo.*
₂N – Vse	*O espectáculo já se iniciou. O ano lectivo apenas se iniciará, de facto, nos próximos dias.* [dn]
₃N – V – com N	*O espectáculo iniciou com uma canção.*
₄N – V – Np – em N	*Foi ele quem o iniciou na literatura americana. Iniciaram-no na maçonaria.*
₅Np – Vse – em N	*Metia-se nos bailes, chegara uma vez a descalçar-se no entusiasmo de dançar uma tirana, e iniciara-se no toque da viola maruja com as lições do velho Rendeiro.* [bc]

injuriar
1. beleidigen; beschimpfen.

$_1$N – V – N   Um ardina surgiu, a correr, ziguezagueando por entre os autocarros e os automóveis, que àquela hora progrediam devagar, com os chauffeurs de praça a injuriarem os "aselhas", que lhes tolhiam o avanço. [pc] ▸Eles injuriaram-se por causa duma bagatela.

inquirir
1.–2. fragen nach; untersuchen; versuchen, Auskunft zu erhalten über; Fragen stellen; ermitteln. 3. jn befragen. 4.–5. jn fragen nach; s. erkundigen bei. 6. DIZER.

$_1$N – V – Nc   Inquiriu a causa daquela mudança.

$_2$N – V – de... Nc   Inquiriu da causa daquela mudança. Inquiriu acerca das razões do procedimento do chefe.

$_3$N – V – Np – (acerca de N)   Inquirimos o presidente do Centro Regional de Segurança Social e um dos mentores da associação acerca da oportunidade e justificação do aparecimento de uma associação deste tipo. [pj] O juiz inquiriu as testemunhas.

$_4$N – V – de Np – Nc   Inquiriu do réu as razões que o levaram ao crime.

$_5$N – V – – Int   Limitei-me a inquirir do agregado quando é que poderia ir a ver a minha mãe. Inquiri para onde enviar a encomenda.

$_6$N – V – Te   DIZER: Então, essas férias, seu vadio? – inquire com jovialidade. [op] Esse cigarro tem droga? – inquire o polícia, espetando o dedo. [np]

inscrever
1. (ein-)gravieren (lassen); (ein-)meißeln; jn <in e–r Schule> anmelden. 2. s. wo einschreiben, eintragen; s. immatrikulieren. 3. jn wo einschreiben, eintragen; jn immatrikulieren. 4. s. wo einschreiben; s. immatrikulieren. 5. s. einfügen in; (hinein-)passen in; Teil von etw sein.

$_1$Np – V – N – (L)   Inscreveu um belo epitáfio no túmulo do marido. O pai inscreveu o filho no Colégio S. Teotónio.

$_2$Np – Vse – (L)   Ele inscreveu-se na universidade, no regimento de cavalaria. Inscreveu-se na lista.

$_3$Np – V – N – (em N)   O pai inscreveu o filho na ginástica, no judo.

$_4$Np – Vse – (em N)   O Juno inscreveu-se no curso de letras.

$_5$Nc, Fc, I – Vse – em N   Isso inscreve-se numa tentativa mais vasta de desestabilização. Que o Presidente tivesse condenado, ter o Presidente condenado a prática do Apartheid inscreve-se bem na linha de actuação que sempre o tem caracterizado.

inserir
Morf.: Pres.: insiro.
Morf.: Part.: ter. ser inserido; estar inserto.
1. einfügen in; jn (auf e–e Liste) setzen. 2. s. einfügen in. 3. einfügen in. 4. FIG. s. einfügen; s. einreihen in.

$_1$N – V – N – L   Inseriu-o na lista dos candidatos.
   ▮ ⇒ Pôr um anúncio no jornal: inserieren; (e-e Anzeige) aufgeben.

$_2$N – Vse – L   Este comentário insere-se no espaço para ele previsto na página.

$_3$N – V – N – em N   É preciso inserir este acontecimento num contexto mais vasto.

$_4$N, Fc, I – Vse – em N   A visita insere-se no âmbito das relações entre o Governo e a Aliança Atlântica. [dn] Esta iniciativa insere-se na tentativa da Câmara de proporcionar à população uma maior abertura à cultura portuguesa. Que o príncipe do Reino Unido venha a Portugal insere-se nas comemorações luso-britânicas como acontecimento de grande relevo. Reduzir o arsenal nuclear insere-se numa estratégia de desanuviamento à escala mundial.

insinuar
1.–4. andeuten; zu verstehen geben; nahelegen; unterstellen. 5. etw wohin stecken; FIG. jm einflößen, einflüstern, einreden. 6. eindringen in, durch; dringen durch; s. wo einschleichen.

$_1$N – V – (a N) – N   Não admito, mesmo, que insinue uma coisa dessas. [hn] O General insinuava o seu desejo de ser substituído. [sc] Frequentemente insinuava-lhe a vontade que tinha em, de sair da cidade. O que é que estás insinuando?

₂N – V – (a N) – Fi	Ele insinuou(-me) que não gostava de me ver por ali. Nem os dezasseis anos teria feito quando o Chico se meteu com ela, ou ela com ele, como insinuavam as más-línguas. [vp]
₃N – V – (a N) – I	Ele insinuou gostar da irmã dela. Ele insinuou-me querer ser aumentado.
₄N – V – (a N) – Te	DIZER.
₅N – V – N – Lem	Insinuou-LHE no bolso uma nota de cinco contos. Tentavam insinuar-ME na ideia padrões de comportamento que nada tinham a ver comigo.
₆N – Vse – Lem, por	O ladrão insinuou-se na joalharia pela porta das traseiras. Subindo do poente para a curva do rio, espraiava-se uma claridade crepuscular, insinuando-se pelos rasgões das nuvens, e, por fim, essa agonia parecia adormecer na copa das árvores. [fn] O delegado da RENAMO para a Europa, Jorge Correia, homem bem-falante, tem-se insinuado, com relativa facilidade, em meios ocidentais da alta finança. [oj] ▸Leonel resistia às lembranças que se insinuam traiçoeiramente e fazem lágrimas no coração, lágrimas de gosto, mas que enfraquecem. [vp]

insistir
1.–3. nicht ablassen von; bestehen, beharren auf; auf etw insistieren. 4. DIZER. 5.–8. jn drängen (zu); (bei jm) insistieren, bestehen auf, beharren auf.

₁N – V – em N	O sindicato insistiu no convite ao Governo para retomar as negociações tripartidas tendo em vista a viabilização da EPNC. [dp]
₂N – V – em Fi	Quase todos os teóricos do conto insistem em que só podem escrever boas histórias os que realmente têm o que contar.
₃N – V – em I	A criança insistia em não arredar pé de lá, enquanto não chegasse a mãe. Ele insiste em falar contigo. ▸Não insistas, ainda és muito novo para ires ao cinema.
₄N – V – Te	DIZER.
₅N – V – (com N) – em... N	Insistiram com o meu pai na, sobre a, acerca da compra da propriedade. ▸Porque é que insistes comigo?
₆N – V – (com N) – (em) Fc	O meu pai insistiu (comigo) (em) que fizesse o exame na universidade.
₇N – V – (com N) – (para) Fc	Faltavam poucos dias para regressarem a Lisboa, e os pais do João insistiam muito (para) que aproveitassem para ver outros locais do Minho. [dm]
₈N – V – (com N) – para I	Insistiram connosco para comermos lá em casa.

inspeccionar [BRAS.: inspecionar]
1. inspizieren; untersuchen; mustern.

₁N – V – N	A patroa continuava a inspeccionar Rosário, a adivinhá-la, com um ar satisfeito e entendido, um meio sorriso persuasório. [pc] O pedreiro inspeccionou o tecto e verificou que algumas das estacas tinham afundado na lama. [kf] Ela inspeccionou o impresso com olhos frios e meteu-o na bolsa, sem uma palavra de agradecimento. [np]

inspirar¹
1. einatmen.

₁N – V – (N)	A Luísa fechou os olhos e inspirou fundo. [dm] Inspirou o ar das montanhas.

inspirar²
1. inspirieren; anregen; Inspirationsquelle für jn sein. 2. s. inspirieren lassen von. 3.–4. jn inspirieren; jn anregen zu. 5. (Respekt...) einflößen; jm etw eingeben.

₁N, I – V – Np	Paisagens marítimas sempre inspiraram os pintores. Inspira-me ver exposições de arte.
₂Np – Vse – em N ⟨para N⟩	Verdi inspirou-se em Shakespeare para a composição da ópera Otelo.
₃N – V – Np – a Fc	Inspirei-o a que fizesse outra partitura.
₄N – V – Np – a I	A exuberância das cores primaveris inspirou-o a compor uma

₅N, Fc, I – V – Nc – (a Np)   *serenata.*
A sua fisionomia enérgica inspirava respeito a todos que o viam. Jacques era uma figura que inspirava confiança. [kr] *Que a soubesse ali consigo e sentisse que o amava verdadeiramente, inspirara-lhe aquela bela melodia. Inspirara-lhe aquela bela melodia, sabê-la ali consigo, e sentir que o amava verdadeiramente.*

instalar
1. etw wo einrichten, anbringen; installieren; aufstellen; jn wo unterbringen. 2. s. wo niederlassen; s. einrichten; s. festsetzen. 3. installieren; aufstellen. 4. um s. greifen; s. breitmachen; s. festsetzen.

₁N – V – N – (Lem)   *Instalou um moderno sistema de alarme no seu estabelecimento. Instalou um hotel no velho casarão. Instalaram-no na presidência do clube.*
    ▪ *Instalar residência + L:* wo s-n Wohnsitz nehmen; s. wo niederlassen: *Após uma breve permanência na prisão, Evo Fernandes veio para Portugal, onde instalou residência em Cascais.* [oj]

₂Ncp – Vse – (Lem)   *Instalou-se na Rua da Alegria. O pai das gémeas ajudou-os a instalarem-se, colocando vários volumes na prateleira por cima dos assentos.* [dm] *As pressões sociais instalaram-se na esfera da intimidade familiar.* [pj]

₃N – V – N   *Equipar, por exemplo, 20 pessoas com micros será muito mais económico que instalar e manter um micro-computador que sirva essas mesmas 20 pessoas.* [cp]

₄Nc – Vse   *Com a actual situação instalou-se o salve-se quem puder e souber, cresceu o contrabando, a economia subterrânea e aperfeiçoaram-se os instrumentos de fraude e de evasão.* [pj] *Em buracos sem um mínimo de condições encontram-se instalados agregados familiares que chegam a atingir uma dezena de pessoas; o desespero impera e a angústia instala-se.* [pj]

instaurar
1. einrichten; einführen; errichten; (wieder) herstellen.

₁N – V – N   *A cúpula do partido tem apoiado Deng na sua série de reformas destinadas a instaurar um mercado livre, ao estilo capitalista.* [pj] *Quando os comunistas tomaram o poder na Grécia instaurando a ditadura, os acordos de associação concluídos em 1961 entre a Comunidade e a Grécia foram congelados.* [cm] *O Conselho Europeu, que reuniu em Dezembro de 1980, concluiu ser necessário instaurar um profundo diálogo entre a Comunidade e o Japão, fundado numa estratégia comum.* [cm] *Governos ditos de salvação nacional instauraram o salve-se-quem-puder, não nos salvam nem nos valem, tratam deles e dos seus.* [lu] *Instaurar a democracia, o estado de emergência.*
    ▪ *Instaurar um processo:* [JUR.] e-n Prozeß einleiten: *A TAP instaurou processos disciplinarios a 10 associados.*

instituir
Morf.: Pres.: instituo, instituis, institui.
1. einrichten; (Kommission...) einsetzen; einführen; (Preis) stiften. 2. s. herausbilden. 3. jn als (Erben) einsetzen.

₁N – V – N   *O governo instituiu uma comissão de inquérito. Os missionários instituíram ritos apropriados para os indígenas. O recolher obrigatório foi instituído em todo o país, das 19h às 6h.* [pj] *O despacho institui um prémio anual intitulado "Prémio Luís de Camões", constituído por um exemplar de "Os Lusíadas".* [pj]

₂N – Vse   *Deste modo instituía-se uma relação de subordinação do desenho ao quadro.* [jn]

₃N – V – N – Pn   *Instituiu-o herdeiro de todas as suas terras.*

insultar
1. beschimpfen; beleidigen.

₁N – V – N   *O rapaz, já bêbado, insultava quem encontrava pelo caminho. O velho cheio de amarguras sobre a sua vida desgraçada, insultava-a com palavras que* a faziam corar.

integrar
1. wo einfügen. 2. s. wo einfügen. 3. wo einfügen. 4. s. einfügen, integrieren in. 5. beitreten; gehören zu.

₁N – V – N – Lem O banco integrou os novos empregados na lista dos contabilistas.

₂N – Vse – Lem Ele integrou-se no grupo dos novos ricos. Ele custou a integrar-se no grupo.

₃N – V – em N A Europa moderna é o receptáculo de todas as culturas que integrou na sua vivência. [dn]

₄N – Vse – em N O festival integra-se na série de iniciativas culturais que a Câmara pretende levar a cabo. As suas obras integram-se na corrente neo-realista que constitui o mais importante movimento da literatura portuguesa contemporânea.

₅N – V – N Em determinado momento acedi ao convite que me foi feito pelo Dr. Nogueira de Brito para integrar uma lista por ele encabeçada. [pj] O presidente da Comissão Europeia, Gaston Thorn, declarou aos jornalistas que já não acredita que Portugal e Espanha integrem a CEE em 1 de Janeiro de 1986. [pj]

inteirar[1]
1. vervollständigen; vollmachen; ergänzen.

₁N – V – N Necessita de dinheiro para inteirar a quantia da passagem?

inteirar[2]
1.–3. in Kenntnis setzen; informieren. 4. s. erkundigen nach; s. ein Bild machen von; s. informieren über. 5.–6. s. vergewissern; s. informieren.

₁N – V – Np – de N Inteirou o chefe da chegada do carregamento.

₂N – V – Np – de Fi Inteirou os clientes de que a loja se encontraria encerrada no mês seguinte.

₃N – V – Np – de Int Inteirei-o de como tomar essa resolução. Inteirei-o de quando o colóquio teria lugar.

₄Np – Vse – de N Não estou aqui para me inteirar da tua saúde, nem trago recado algum de tua mulher, que tem idade mais que suficiente para cuidar de si, da filha, e da casa. [av] Horácio passou a vista pelos títulos da primeira página do jornal e espreitou as folhas de dentro, a inteirar-se por alto do conteúdo. [pc]

₅Np – Vse – de Fi Inteirei-me de que eles tinham chegado.

₆Np – Vse – Int Ele inteirou-se se eles eram culpados ou não antes de decidir.

intensificar
1. intensivieren; verstärken. 2.–3. s. intensivieren; s. verstärken; stärker, größer werden; wachsen.

₁N – V – N No plano das relações internacionais, procuraremos intensificar as relações económicas e políticas com todos os países tradicionais e com todos os povos do Mundo. [dp]

₂N – Vse Intensificaram-se as relações comerciais entre os países da CEE. O seu orgulho intensificava-se com o passar dos anos.

₃N – V O tráfego no IP5 intensificou bastante nos últimos meses.

interceder
1. s. verwenden für.

₁Np – V – por... N <junto de N> Intercedeu junto do rei pelos, a favor dos acusados. Como o lavrador não estava, queriam falar com a menina Adelaide. Esperavam talvez condoê-la, que intercedesse por eles. Mas Adelaide escusou-se. [pc]

interceptar
1. (Nachricht, Brief) abfangen; (Telefon) abhören; (Telefongespräch...) unterbrechen; (Flugzeug) entführen.

₁N – V – N Interceptar a correspondência de alguém, uma chamada telefónica. A rádio interceptou abruptamente a transmissão da discussão em curso. Dois indiví-

273

duos mascarados interceptaram ontem um avião que se dirigia para Barcelos.

interessar
1. jn interessieren. 2. betreffen; angehen. 3.–5. jn interessieren; von Interesse sein; <etw> jn angehen. 6. jn interessieren für. 7.–9. s. interessieren für.

₁N – V – (Np)   *A novidade do caso interessou grandemente o nosso poeta. Isso interessa-me muito.*

₂N – V – Ncp   *A nova lei pode interessar as empresas particulares.*

₃N – V – (a Np)   *O assunto não lhe interessa? Não me interessa. Não interessa. Isso interessa ao Governo. É um filme que não interessa. Que é que te interessa isso a ti?*
- *Isso não interessa nem ao menino Jesus!*
- *Interessa-me lá bem! Interessa-me lá isso!:* Das ist mir ganz egal, wurscht.
- BRAS.: *Não me interessa nem um pouco.*
- *Isso não te interessa:* Das geht dich nichts an.

₄Fc – V – (a Np)   *Interessa(-nos) que ele venha arranjar a máquina. Não me interessa que a loja já esteja fechada – vai lá e bate à porta. Não lhe interessa que tu sejas pobre.*

₅I – V – (a Np)   *Não (nos) interessa renovar agora a casa toda, se daqui a alguns meses vamos ter de mudar. É por isso que interessa a todos os europeus reduzir as tensões em solo alemão.* [dn] *Não interessa para já ter muitos funcionários.* [oj]

₆Np – V – Np – por N   *Interessou-o pela leitura, pelas questões ecológicas.*

₇Np – Vse – por N   *Ao cimo da viela, a petiza do balão, cansada de olhar para trás, interessa-se agora pelo carrinho dos gelados estacionado no luminoso miradouro que domina a cidade.* [np]

₈Np – Vse – por Fc   *Interesso-me por que faças uma boa carreira.*

₉Np – Vse – por I   *Quem se interessa por fazer deste país um lugar sociável?*

internar
1. in (ein Krankenhaus, Lager...) einliefern. 2. in (ein Internat) geben.

₁N – V – N – (Lem)   *Tiveram que internar o pai, depois do ataque de coração. O Joaquim Nunes foi assistido ao ferimento provocado pelo tiro, que lhe originou perfuração da coxa, e ficou internado, sob prisão.* [pj]

₂N – V – N – Lem   *O Sr. Manuel internou o filho no colégio de Riba d'Ave.*

interpelar
1. jn ansprechen; das Wort, eine Frage richten an. 2. DIZER.

₁N – V – N   *Alguém o interpelou, de súbito, com aquela jovialidade estuante, invasora, que sempre o acabrunhava e de que, às vezes, levava tempo a ressarcir-se.* [pc] *Um velho pescador, no Quai des Belges, interpelou-os sem cerimónias: Venham daí dar um passeio de barco.* [vp]

₂N – V – Te   DIZER: *Que orientação vai dar o Governo à pesquisa sobre energia solar? – interpelou o deputado socialista.*

interpor-se
Morf.: Pres.: interponho; Imperf.: interpunha; Pret. perf. simpl.: interpuseram; Part.: interposto.
1. s. stellen zwischen; dazwischentreten.

₁Np – Vse – (entre Npl)   *Teresa correu, arrojou-se para a frente, num grande ímpeto instintivo, a tentar ainda interpor-se entre a arma rutilante, já dona da mão que a empunhava, e a maltesaria cega, que não via, de tão cega, a morte na boca daquele cano.* [pc] *Quando Leonel, já pronto, avançava para a porta, disposto a ir-se embora, Françoise interpôs-se, tapando a saída.* [vp]
- *Interpor recurso contra uma sentença:* Berufung einlegen gegen.

interpretar
1. interpretieren; (Traum, Text...) auslegen; (Lied) vortragen; (e-e Rolle) spielen. 2. etw interpretieren, deuten.

₁N - V - N
Interpretar um texto. Não conseguiu interpretar devidamente o desejo da namorada. A oniromância é a arte de interpretar os sonhos. A vencedora do Festival foi a espanhola Diana Rubio, que interpretou a canção "Brinquemos a Cantar". [pj] *Este actor interpretou bem o papel.*

₂N - V - N - como Pn
Interpretou o seu silêncio como um assentimento.

interrogar
1. jn befragen, fragen; fragen nach; vernehmen; verhören. 2.-3. s. fragen. 4. DIZER.

₁N - V - N - (sobre... N)
Ele interrogou o João (acerca do acidente). Mas só interrogo aquilo em que acredito, só duvido daquilo em que acredito. [tm] *O réu foi interrogado diversas vezes. A polícia interrogou-a sobre a sua participação no caso.*

₂N - Vse - (sobre... N)
Interrogou-se sobre o motivo da sua presença no compartimento de um comboio, desconhecendo o destino e a finalidade para que ele o impelia, desligado da sua vontade que nesse momento deixara de existir. [nv]

₃N - Vse - Int
Interrogava-me se eles estariam dispostos a me ajudar.

₄N - V - Te
DIZER: *Que pensas disto tudo? - interrogou.*

interromper
Morf.: Part.: ter, ser interrompido, ficar interrupto.
1. unterbrechen; jm ins Wort fallen; abbrechen. 2. DIZER. 3. unterbrochen werden; abbrechen.

₁N, I - V - Ncp
Meu pai ganhava fortunas. Interrompia então os negócios, até desbaratar todo o dinheiro. [fn] *Mari-Paz tinha interrompido o animado diálogo que travavam para se absorver naquela visão profunda das águas.* [vp] *Crianças educadas não interrompem os adultos. A ligação deficiente interrompeu a nossa conversa. Terem convocado uma sessão extraordinária do Parlamento para o mês de Agosto interompeu as férias dos deputados.*

₂N - V - Te
DIZER.

₃N - Vse
De repente, interrompeu-se a ligação.

intervir
Morf.: Pres.: intervenho; Imperf.: intervinha; Pret. perf. simpl.: intervieram; Part.: intervindo.
1. eingreifen in; an (e-r Diskussion) teilnehmen; s. (in ein Gespräch) einmischen. 2. DIZER.

₁N - V - em N
O Luís interveio na luta tentando afastar os dois rapazes. O Governo foi obrigado a intervir nos negócios privados. Os participantes intervirão numa mesa-redonda sobre a "Universidade na Regionalização da Saúde" que estará a cargo de Eurico Figueiredo. [pj] *Sofia não interveio na conversa.*

₂N - V - Te
DIZER: *Deixem-se disso! - interveio o Pereira Saldanha, franzino e nervoso, que até ali só premira a testa com dois dedos, sempre de cabeça baixa.* [bc]

intimidar
1. einschüchtern; Angst einjagen; ängstigen. 2. jn (durch Drohen...) zwingen zu.

₁N, Fc, I - V - Np
À frente do Governo está alguém que já provou ter a coragem e o domínio de si próprio para não se deixar intimidar ou sequer condicionar por campanhas de detracção. [pj] *O seu procedimento intimidava-o. Intimidava-o que ela o olhasse daquela maneira. Pensar que tinha de o enfrentar intimidava-a.*

₂Np - V - Np - a I
O posto de abastecimento de gasolina Shell foi assaltado por um indivíduo munido por uma espingarda de canos serrados que intimidou o empregado a entregar o dinheiro que tinha em seu poder. [pj]

intoxicar
1. fast vergiften; toxische Symptome hervorrufen bei. 2. s. fast vergiften.

₁Nc – V – N   *O cheiro a gás quase intoxicava as pessoas que estavam na sala. A maionese estragada intoxicou todos os convidados.*

₂Np – Vse   *O João intoxicou-se com gás.*
■ ⇒ *Ficar intoxicado.*

introduzir
Morf.: Pres.: introduz.
1. jn, etw hineinführen, einführen; jn wohin führen; etw stecken in, durch; etw wo einschlagen. 2. eindringen in; treten in. 3. etw bringen in; (Daten) eingeben in. 4. eindringen in. 5. einleiten; einführen.

₁N – V – N – Lₑₘ   *O criado introduziu-me na sala de espera. Extraiu um papel, fechou a carteira e introduziu-a no bolso interior do casaco.* [nv] *Ele introduziu a mão no buraco da rocha e tentou apanhar o peixe. Introduziu um prego na parede, a chave na fechadura.*

₂N – Vse – L   *Os ladrões introduziram-se na vivenda por um buraco aberto no tecto. Tenho sede, Clara. Vou primeiro ao bar. Ela introduz-se desabridamente no elevador e ele abanca ao balcão do bar.* [np]

₃N – V – N – em N   *A sua comunicação introduziu dados novos na discussão do problema. Introduziu os dados no computador.*

₄N – Vse – em N   *Novos hábitos introduziram-se na sociedade portuguesa depois de 74.*

₅N – V – N   *Durante anos a* RTP *teve sempre o mesmo indicativo musical a introduzir o telejornal. O governo vai introduzir alterações à lei dos despedimentos.*

inundar
1. überschwemmen; überfluten. 2. überschwemmen. 3. überschwemmt werden. 4. FIG. in (ein Licht...) tauchen; überfluten. 5. FIG. ◊ überströmen.

₁Nc – V – N   *A água inundou a casa de banho. A cheia inundou os campos.*
₂N – V – N – (de, com N)   *O calor inundava-o de suor. Inundou o chão com a água do banho.*
₃N – Vse – (de, com N)   *Os campos inundaram-se (de água). Os campos inundaram-se com as chuvas que caíram.*
₄N – V – N – de, com N   *Alguém ligou a ficha do cabo eléctrico, e de repente dois projectores inundaram o túnel de luz.* [kf] *Inundaram o mercado de, com vídeos japoneses.*
■ ⇒ *Estar inundado com: Hoje, o mercado está inundado com um enorme número de jogos deste tipo.* [cp]
₅N – Vse – de N   *O rosto inundou-se-ₗₕₑ de lágrimas.*

invadir
1. einfallen in; <Wasser> eindringen in, überfluten; FIG. wo eindringen; jn überkommen, befallen, heimsuchen. 2. eindringen in; FIG. überschwemmen.

₁N – V – N   *Os romanos invadiram a Península Ibérica. A água invadiu as ruas. Os sistemas de inteligência artificial invadem um número maior de domínios de aplicação.* [oj] *Invade-me uma canção que não tem princípio nem fim, de que desconheço a própria razão de ser.* [hn] *Invadir a privacidade de alguém. Foi aí que uma saudade o invadiu: a saudade do que não acontecera.*

₂N – V – N <com N> *Os japoneses invadiram a* CEE *com jogos eléctricos.*

invectivar
1. beschimpfen.

₁N – V – N   *Vermelha de indignação e indiferente aos olhares curiosos, a rapariga invectivava o velhote, curvando-se sobre o vulto que espumava de cólera.* [nv]

invejar
1. neidisch sein auf; jn beneiden um.

₁N – V – Ncp   *Invejar a sorte, a felicidade, o sucesso de alguém. Invejava até a indiferença ou conformismo com que os irmãos aceitavam a situação e se adapta-*

vam às ideias que o pai pretendia incutir-lhes. [nv]

inventar
1. erfinden; s. (e-e Geschichte) ausdenken; auf etw kommen; s. etw einfallen lassen. 2. etw (als Entschuldigung, Erklärung...) erfinden, ersinnen. 3. BRAS. es s. einfallen lassen.

₁N – V – N   *Bell inventou o telefone. Não conseguimos inventar uma denominação adequada. Convidei-o para a festa, mas ele inventou uma desculpa qualquer para não aparecer. Inventei divertimentos de toda a espécie para que o tempo custasse menos a passar.* [ra] *Ainda está por inventar a maneira de acabar com o cigarro.*

₂N – V – Fi   *Quando me perguntaram onde tinha estado, inventei que tinha ido ao cinema.*

₃N – V – de I   BRAS. FAM.: *Quando estávamos para viajar, ela inventou de querer ficar para assistir o casamento do Príncipe Charles.*

inventariar
1. inventarisieren; Bestandsaufnahme machen von; FIG. registrieren.

₁N – V – N   *As autoridades tiveram que arrombar a porta, inventariaram tudo quanto lá se encontrava e carregaram para a camioneta.* [pj] *Observando umas vezes o homem, outras o aparelho, inventario a maneira como o conferencista se veste.* [tm]

inverter
Morf.: Part.: ter, ser invertido; estar inverso.
1.-2. umdrehen; umstellen. 3. FIG. e-r S. e-e andere Deutung, e-n anderen Sinn geben.

₁N – V – N   *Inverteu a garrafa para deixar cair o resto do líquido. Chovia a cântaros, ele inverteu o passo e voltou para casa.*
▪ *Inverter a marcha, os passos:* umkehren: *O ministro é um homem habituado a inverter a marcha com o pragmatismo de quem sai do restaurante aonde acaba de entrar por o achar pejado de clientes.* [pj]

₂N – V – Npl   *Inverter os termos de uma proposição, a ordem das palavras. Inverter a ordem natural das coisas.*

₃Nc, Fc, I – V – N   *A versão dada pelo ministro na conferência de imprensa inverte os termos do acordo previamente estabelecidos. Que ele tivesse colocado, ele ter colocado as coisas naqueles termos inverteu totalmente o sentido da minha proposta.*

investigar
1.-2. herauszufinden suchen; untersuchen; erforschen.

₁N – V – N   *A polícia continua a investigar o caso dos evadidos de Pinheiro da Cruz. Curvara-se para ela, as mãos estendidas, uma expressão ansiosa a investigar a sua, não a pedir explicações mas diligenciando oferecer algo que a pudesse auxiliar.* [nv] *Os cientistas investigam a origem do Universo. Investigar as causas de um acidente.*

₂N – V – Int   *Já investigaste se o cofre também foi assaltado?*

investir¹
1. angreifen; s. stürzen auf. 2. stürzen in.

₁N – V – contra N   *O touro investiu contra os forcados.*
₂N – V – D   *Investiu pela sala adentro.*

investir²
1. jn (in ein Amt...) einsetzen.

₁N – V – N – em N   *O Presidente investiu-o no cargo de Ministro da Educação.*

investir³
1.-2. investieren; (Geld) anlegen.

₁N – V – N – Lem   *O governo investiu dinheiro no complexo de Sines.*
₂N – V – (N) – (em N)   *Investiu bastante dinheiro em certificados de aforro.*
∇N – V – em N   *Investir na Bolsa. A França investiu nos computadores digitais há*

∇N – V
                uma década atrás. [dn]
                As grandes empresas já não investem!

invocar
1. (Gott...) anrufen; etw erflehen; anflehen; etw vorschieben; etw (als Begründung...) anführen; s. auf etw berufen. 2.÷3. (als Argument, Entschuldigung...) vorbringen, anführen, vorschieben.

₁N – V – N   *Invocar Deus, os santos. Invocar a protecção divina. Não invoques o nome de Deus em vão! Uns declararam-se doentes, outros desapareciam no meio das sessões e outros ainda invocam todos os tipos de sofismas e argumentos sobre a "ilegitimidade" do processo recorrendo a tudo o que permitisse atrasar os trabalhos.* [oj] *Juridicamente ninguém pode invocar o desconhecimento da lei.*
∎ *Invocar a Deus.*

₂N – V – Fi   *Algumas dessas importantes individualidades às vezes não se contêm e invocam que no sector do vizinho ainda é pior o que se passa.* [pj]

₃N – V – I   *Invocou ter necessidade de bilbliografia especializada para prosseguir a investigação.*

ir¹
Morf.: Pres.: vou; Imperf.: ia; Pret. perf. simpl.: foram; Pres. conj.: vá; Imperativ.: vai, ide.
1. (wohin) fahren, gehen, reisen; (wohin) gehen (um zu + V); weggehen. 2. wohin gehen; <Weg...> wohin führen, gehen. 3. weggehen. 4. gehen. 5. es jm wie gehen [⇒ estar]. 6. jn (nicht) sympathisch finden; ◊ jm passen; passen zu. 7. <etw> verstoßen gegen. 8. <etw> wo fahren, fliegen, s. befinden, stehen. 9. vergehen; schwinden; <Geld> dahinschwinden. 10. bald (Monate...) hersein. 11. etwa (Monate...) hersein.

₁Ncp – V – (D)   *Vai para casa, para junto de teus pais.* [np] *Foram cedo, porque tinham outro compromisso. Foi embora. Vou dar uma volta. Vou ao parque dar um passeio. Que tal se fôssemos comer doces?* [np] *Então vá depressa, não percas tempo! Se algum dia for a França, avise-me.* [np] *Lá iam os dois, rua adiante, lentamente, muito juntos, a dialogar e a rir.* [np] *Vou consigo.*
∎ *Ir + de N:* mit N fahren...: *Ir de avião, de eléctrico, de comboio,* BRAS. *ir de trem. Vou de carro para o Porto.*
∎ *Vá (lá):* los, mach schon!: *Vá lá, sente-se à secretária e escreva qualquer coisa bonita.* [np]
∎ *Já vou!:* Ich komme (schon)!

₂Ncp – V – D   *Vamos todos às urnas com sinceridade e recta intenção, determinados a exigir sinceridade e recta intenção àqueles em que votarmos.* [dp] *O caminho vai até ao cimo da montanha.*
∎ BRAS. FAM. *Ir no cinema, no centro, na cidade.*
∎ PG.: *Ir de ventas ao chão:* der Länge nach hinfallen: *O marinheiro tenta acertar uma lambada no predadorzito que lhe mijara nas calças, mas falha o golpe e vai de ventas ao chão.* [np]
∎ *Ir a salto + D:* wohin ohne Papiere gehen: *Depois do enterro da Quinhas, o Cabenco foi a salto prà França.* [op]
∎ *<Casa...> ir abaixo:* <Haus...> einstürzen.
∎ *Ir por água abaixo:* den Bach runtergehen: *As mulheres, sim, as mulheres são o diabo. Ao pé delas vai tudo por água abaixo.* [sv]
∎ *Ir para a cama:* zu Bett gehen.
∎ *Ir a terra:* an Land gehen.

₃Np – Vse – (D)   *Ir-se embora. Eles já se foram. Ainda Pompílio sentia com agudeza a perda do pai, e "catrapus"!, viu a mãe levar subitamente as mãos ao peito, quando amassava pão, e ir-se também deste mundo.* [np]
∎ *Ir-se:* sterben: *Coitada, foi-se sem chegar a ver o filho.*
∎ *Ir-se desta para melhor:* das Zeitliche segnen.

₄Np – V – a Ncp   *Ir às compras, ao médico, ao hospital. Levámos dois sacos novinhos, que a nossa mãe tinha feito para ir ao pão.* [dm]
∎ *Ir ao encontro de alguém:* jm entgegengehen.
∎ *Vai à merda!*
∎ Beginnen; anfangen; kommen zu: *Vamos ao jantar? Vamos agora ao*

₅Np – V – M	que importa. Já são horas, vamos ao jogo. ▪ *Ir ao que interessa:* zur Sache kommen: *Deixemo-nos de brincadeiras e vamos ao que interessa.* ▪ *Ir na casa dos vinte...:* in den Zwanzigern... sein. ▪ BRAS. *Ir na cola de alguém:* jm auf den Fersen bleiben. *Como vai o teu irmão? – Vai bem.*
₆Ncp – V – com N	*Não vou com a cara dele. Este tom de verde não vai com o amarelo.*
₇Nc – V – contra N	*Isso vai contra os meus princípios.*
₈N – V – L	*O barco ia a cem metros de distância do outro. Os carros iam todos atrás do camião. O avião vai a mil metros de altitude. Este cesto é melhor ir aqui, estou mesmo a ver que antes de passarem em Vila Franca já querem comer – disse o pai.* [dm] ▪ *O que (por) aqui vai!:* Was ist hier los!: *O que por aqui vai! Que desarrumação!* ▪ *Ir a meio, no auge:* <etw> wo angelangt sein: *O programa ia a meio. O filme já ia a meio, a metade, quando chegámos. A discussão ia no auge, quando a chegada do chefe a interrompeu.*
₉Nc – V(se)	*Foram-se-LHE as esperanças. Lá foi o dinheiro todo da herança.*
₁₀Fi – V – para N	*Vai para três meses que Pompílio anda nas buscas da sua amada.* [np]
₁₁Fi – V – em N	*Vai em dois anos que não o vejo.* ▪ *Ir ter com alguém:* zu jm gehen: *Vai, vai lá ter com a senhora bibliotecária, rapariga, e vê se ganhas juízo.* [np] ▪ *Ir ter + a Nc:* wohin gelangen: *Foi ter a casa.* ▪ *Ir ruim, mal, bem, de mal a pior:* es wie stehen mit, <etw> wie sein, gehen, laufen: *Ambrósio, a vida vai ruim, mas nós também temos direito a umas lambarices de vez em quando. Que tal se fôssemos comer doces?* [np] ▪ *Ir ao encontro de alguém:* jm entgegengehen. ▪ *Ir aos arames:* wütend werden; auf die Palme gehen: *Eu disse-lhe que não ia trabalhar mais e, só queria que visses, ele foi aos arames.* ▪ *Ir-se abaixo:* niedergeschlagen sein, werden: *Ele foi-se abaixo com a morte da mulher.* ▪ *Vai pregar para outra freguesia!:* Erzähl das einem anderen! ▪ *Vai chatear outro!:* Laß das! Hör auf damit! ▪ *Vai dar uma volta! Vai passear!:* Ach, geh doch! Das ist doch Blödsinn! Du gehst mir auf den Wecker! ▪ *Ir por diante:* weitermachen; weitergehen: *O negócio vai por diante.* ▪ *Ir dar + com alguém* <a l>: jn ertappen bei: *O chefe foi dar com ela a dormir.*

ir²
1. werden + V; gleich + V.

₁[N –] V + V_INF	*Vai chover. Vou fazer uma viagem. Vamos entrando – disse o Pedro –, vão ver que o João vem logo atrás.* [dm]

ir³
1. immer weiter, mehr, wieder, allmählich + V.

₁N – V + V_a INF, GER	*Na verdade, a jovem parecia não precisar de conversa para me ir conhecendo.* [np] *Enquanto os outros jogavam às cartas, o João ia comendo e bebendo. Durante a viagem ele ia sempre a limpar o nariz. A criança ia a dormir no colo da mãe e os outros iam a brincar no banco de trás.* ▪ *Vai indo:* (es geht) so schlecht und recht: *Nem bem, nem mal. Vai indo.* ▪ *Ir andando:* weitergehen: *Tenho uma entrevista marcada na Biblioteca – disse-lhe. Preciso de ir andando.* [np] ▪ *Ir entrando:* eintreten; reingehen: *Vamos entrando – disse o Pedro –, vão ver que o João vem logo atrás.* [dm]

ir[4]
1. sein + Adj; (Kleidung) tragen.

₁[N –] V + P   *Foi com as entradas bem cedo de Walsh, por troca com Vermelhinho, e de André por Frasco, que a turma orientada por Artur Jorge começou a desenhar uma vitória, concretizada com um golo solitário de Eurico, iam decorridos 15 minutos da segunda parte.* [pj] *Vou meia adoentada. A Joana quando casou ia muito bonita. Foi de branco. O Pedro ia de camisa branca e fato cinzento.*

ir[5]
1. und dann.

₁N – V + e + V   *Tantas vezes eu lhe disse que não queria as paredes de branco e ele vai e pinta-as mesmo de branco.*

irradiar
1. ausstrahlen; strahlen vor.

₁N – V – N   *O sol irradia claridade. Não calcula como invejo aquele senhor que esteve a falar consigo. Dava tudo para ser como ele, para irradiar tanta personalidade e domínio!* [nv] *Quando Pompílio, passado um minuto, saiu para a viela, o seu pândego rosto sardento irradiava glória.* [np]

irritar
1. reizen; FIG. jn aufbringen; empören; erzürnen. **2.–3.** FIG. jn aufbringen; empören; erregen; aufregen. **4.** s. erregen; s. aufregen (über); s. erzürnen; aufgebracht sein, werden.

₁N – V – Ncp   *Este creme irrita a pele. As observações sarcásticas começaram a irritar os dois funcionários bancários.* [kr] *Eu era positivamente feia, e isso irritava-me. Irritei-o com a notícia que lhe dei.*

₂Fc – V – Np   *Irrita-me que me telefones quando estou a trabalhar.*

₃I – V – Np   *Irrita-me vê-lo sem fazer nada.*

₄Np – Vse <ao I; com N> *Irritou-se ao saber que o irmão tinha partido sem o visitar. Os funcionários irritam-se com o barulho que as pessoas fazem ao balcão.*

irromper
1. eindringen in; stürzen in; hervorquellen, hervordringen, hervorkommen, hervorbrechen, hervorsprudeln aus.

₁N – V – D   *Faz agora duas semanas que a epidemia irrompeu na cidade. De repente, um homem irrompeu pela sala dentro. Vários repuxos de água irrompiam das rochas. Harpejos melodiosos acompanhavam o Coral dos Espíritos Cantores, enquanto das ventas do Dormente irrompiam espessas baforadas de luz que ficavam a arder violentamente no negror e na friagem abissais.* [op] *Ao contar o que lhe tinha acontecido, grossas lágrimas irrompiam dos seus olhos. O rapaz não conseguiu estancar a emoção. Uma lágrima irrompeu-*LHE *da alma e deslizou-lhe pelo rosto magro.* [nc] *Mariana não podia entender a voz ancestral que irrompia da natureza virginal do filho.* [nc]

isolar
1. isolieren. **2.** isolieren von; absondern von. **3.** s. absondern von; s. isolieren von.

₁N – V – N   *É preciso isolar esse fio. Qualquer dia ainda apanho um choque. Os médicos isolaram um vírus bizarro que provoca hepatites fulminantes.* [dn]

₂N – V – N – (de N)   *O objectivo real do inimigo era isolar uma zona na faixa leste da Província.* [sc] *Considerando o prisioneiro perigoso, isolaram-no dos outros.*

₃N – Vse – (de N)   *Isolava-se dos colegas. Isolava-se cada vez mais.*

■ BRAS.: *Nem pensar nisso, é bom isolar!:* Toi, toi, toi!

J

jantar
1. zu Abend essen; abendessen. 2. etw zu Abend essen.

₁N – V Como já era tarde e haviam combinado ir ao cinema, jantaram num restaurante em conta da Rua dos Sapateiros. [pc]

₂N – V – N Jantei uma sopa de ervilhas e um bacalhauzito.

jazer
1. (ausgebreitet) liegen; wo begraben liegen, ruhen.

₁N – V – L A minha vida autêntica decorre quando o meu corpo jaz ao comprido na cama. [np] Um par de cilindros de gás jazia entre os destroços. [kf] O franzino do João jazia no meio de umas moitas. [dm] Os restos mortais de Galileu jazem na Igreja de Santa Cruz em Florença.

jogar
1. spielen. 2. <Spiel> stattfinden. 3. verspielen. 4. (Spiel) spielen. 5. spielen gegen; sprechen für. 6. (Geld) auf etw setzen, wo verspielen; (an der Börse) spekulieren. 7. spielen mit; etw einplanen. 8. schleudern; werfen; FIG. (Gelegenheit) vertun. 9. e-e Rolle spielen.

₁N – V – (N) As crianças estão a jogar. Uma senhora alta, elegante, daquelas que falam mal e jogam canasta e entretêm os estúpidos, divertindo os que o não são, pronunciou-se: Gabo-lhes a pachorra. [hn] Jogar ténis, xadrês, badminton, futebol.
▪ Ele joga no FC Porto.

₂Nc – Vse A partida de futebol entre o FC Porto e o Sporting jogou-se ontem à noite no estádio das Antas.

₃N – V – N Jogou a roupa do corpo.
▪ Jogar tudo por tudo: alles auf eine Karte setzen.
▪ Jogar a vida: (das Leben) aufs Spiel setzen. [⇒ pôr em jogo.]

₄N – V – a N Quando era pequeno, costumava jogar às casinhas, às cartas, às escondidas, aos dados.
▪ Jogar à bola: (Fuß-)Ball spielen.
▪ Jogar à defesa: FIG. s. zurückhalten, s. zurückhaltend verhalten: Ele joga à defesa, pois desde que nos conhecemos, ainda não me convidou a entrar lá em casa.

₅N – V – contra... N Espanha joga contra Portugal na fase de apuramento para o europeu de futebol. A persistência é um factor que joga a favor dele.

₆N – V – (N) – em N Jogo no verde, no 31. Joguei tudo no vermelho. Jogar na Bolsa, nas corridas de cavalo, na loteria.
▪ Jogar tudo em alguém: alles auf jn setzen.

₇N – V – com N Se por detrás desta questão não se jogasse com a vida, a saúde e a dignidade de mulheres certamente que este aspecto levantado pela Ordem provocaria uma saudável gargalhada ao país. [oj] Consigo fazer tudo isso ao mesmo tempo, mas tenho que jogar com o horário da escola e do trabalho.
▪ Jogar com pau de dois picos: ein doppeltes Spiel spielen.

₈N – V – N – (D) Tirei o boné da cabeça, amarrotei-o nas mãos e joguei-o ao ar. [ra] Cansado de jogar pedras, Rui Diogo correu para junto do avô com um calhau nas mãos. [bc] Jogar uma oportunidade pela janela fora.

₉Nc – V Parece que a temperatura joga como uma condição geral das estruturas.

jorrar
1. sprudeln; strahlen; s. ergießen; hervorsprudeln, hervorquellen aus. 2. etw wohin schütten. 3. ausstoßen; ◊ hervorsprudeln; (Licht) verbreiten; FIG. sprudeln vor. 4. DIZER.

₁N – V – (D) — Jorrando por entre as nuvens, o sol ilumina o casario e os campos. [sv] A água morna, jorrando com força por cima da cabeça e escorrendo pelo corpo, era tão agradável que lhe custava sempre sair do banho. [dm] Sinto-me pesarosa por ter-te magoado, mas até pode muito bem acontecer que a dor faça jorrar em ti lindas poesias. [op]

₂N – V – N – D — Estava tanto calor que ele me pedia que LHE jorrasse um balde de água pela cabeça abaixo.

₃N – V – N — O poço jorrou petróleo. O candeeiro jorrava uma luz amarela. Os olhos grandes e pestanudos da mocita jorraram mais luz. [op] Palmeava, gritava, jorrava entusiasmo.

₄N – V – Te — DIZER: A voz jorrou, entornada, líquida: não sei, não, o que não quer dizer que eu não acredite na vitória da equipa. [ar]

julgar
1. beurteilen; ein Urteil fällen über; verurteilen. 2. glauben; denken; meinen; der Meinung sein. 3. beurteilen. 4. glauben; meinen; der Meinung sein. 5. glauben; annehmen, jd sei... 6. es halten für + Adj. 7. glauben, man sei; s. halten für. 8. jn wo glauben; denken, jd ist wo. 9. glauben, denken, daß man wo ist. 1o. ein Urteil fällen über.

₁Np – V – N — O tribunal julgou o caso do assalto ao banco. Lanço um apelo a todos os outros membros do povo de Deus, sacerdotes e leigos, que redescubram, aceitem e apoiem a Acção Católica, que não a julguem antes de a ajudarem. [pj] Claudine não faz juízos, comenta a minha irmã. Não julga ninguém. [sa]

₂Np – V – Fic — Julgava que estavas a passar férias nos Açores. Julguei que o caso fosse grave. Julgava que estivesses em casa à noite. Julgas que ele depois casa contigo? Não julgava que o caso era, fosse assim tão grave.
■ Julgo que sim, que não.

₃Np – V – Int — Leonel, incapaz de julgar se a música de Gounod era bem ou mal interpretada, confessou simplesmente que não gostava. [vp]

₄Np – V – [N +] I — O meu pai, por exemplo, julgou ver nas ideias liberais um bom caminho para os homens. [bc] Julgava estar já tudo pronto, afinal eu é que tenho que fazer o serviço todo. Por isso mesmo nos empenhamos na denúncia do que julgamos atentar contra os interesses da Nação. [dn]

₅Np – V – P_{adj, n} – N — Julgava-te doente. Julgava-te advogado. Eu julgava-o de cama, mas estava de perfeita saúde. Julgo-o sábio.

₆Np – V – P_{adj} – Fc, I — Julgo razoável que te tenhas decidido. Julgo conveniente vocês nos acompanharem.

₇Np – Vse – P_{adj, n} — Julgo-me feliz. Quanta vez me julguei só, até que ouvia nas minhas costas um espirro, uma tosse, um suspiro ou um bocejo, impossíveis de conter. [np] Ele julga-se um mestre na cozinha, nem um ovo sabe estrelar. Julgava-me já de boné na mão a pedir de porta em porta.
■ Julgar-se na obrigação + de I: s. verpflichtet fühlen.

₈Np – V – N – L — Então como é que aparecem aqui? Julgava-os em Braga. [dm] Julgava-te na cama.

₉Np – Vse – L — De vez em quando julgava-me ainda em Paris.

₁₀Np – V – de N — Cada um que julgue da sua vida.

juntar
Morf.: ter, serjuntado; estar junto.
1. anhäufen; versammeln; (Geld) zus.legen, aufbringen. 2. etw zu etw legen, stellen. 3. s. versammeln; s. zus.tun; <Straßen> s. vereinigen. 4. s. zus.tun mit. 5. hinzufügen. 6. hinzukommen; s. jm anschließen.

₁N – V – Npl — Os grandes traficantes de narcóticos bolivianos conseguiram juntar fortunas, em dólares, que investem nos Estados Unidos, depois de as terem "limpo" no Panamá. [oj] Juntou os filhos para comemorar as bodas de prata. A aldeia cresceu muito, à medida que os emigrantes juntaram dinheiro para construir. [dm]

₂N – V – N – com N — Junta estes livros com os que estão na caixa!

₃Npl – Vse	Uma multidão juntou-se na praça. Bem é que se juntem, homem e mulher...Se assim não fosse, acabava-se o mundo. Tantas disse que o povo, farto até aqui, juntou-se todo e pôs o Cabenco fora da terra. [op] As duas estradas juntam-se perto do Porto.
₄N – Vse – com N	O José juntou-se de novo com a Maria.
₅N – V – N – a N	Em água de cozer bacalhau, deita-se azeite, alho pimenta e um molho de coentros, e põe-se ao lume. Deixa-se ferver, tira-se-lhe o alho e o molho de coentros e juntam-se-lhe os pedaços de bacalhau cozido. [ac]
₆N – Vse – a N	A este conjunto de manobras de obstrução juntou-se o medo dos seis "juízes do povo" que acompanham o presidente do tribunal. [oj] As novas ambulâncias vêm juntar-se às sete já existentes. [pj] Rodando nos calcanhares, a Luísa voltou a juntar-se aos seus amigos. [dm]

jurar
1.–4. schwören; e–n Eid ablegen; geloben. 5. schwören bei.

₁N – V – (a Np) – N	Jurou-me fidelidade. Jurou-lhe amor eterno. ▸Juras? – Juro!
▪ Jurar (em) falso: e-n Meineid schwören.
₂N – V – (a Np) – Fi	Há quem ponha em dúvida, amigo Alcides, mas posso jurar-lhe, pela alma do meu pai, que casei com Clara por amor. [np] Eu juro que me vingo.
₃N – N – (a Np) – Fic | NEG	Não vou jurar que o pássaro cantava, cantasse em inglês, só os pássaros de Virgínia Woolf têm privilégios assim.
₄N – V – (a Np) – I	No juramento de bandeira, os soldados juram servir a pátria. A testemunha jurou dizer a verdade.
▪ O Pedro jurou de me matar.
₅N – V – por N	Jurou pela felicidade de seus filhos. Juro pela (morte da) minha mãe. Juro por Deus. Juro por estes olhos que a terra há-de comer.

justificar
1.–3. rechtfertigen. 4.–5. als (Rechtfertigung) anführen. 6. s. rechtfertigen.

₁Ncp – V – Nc	As estruturas do prédio não estão nas melhores condições, mas também não é um caso de insegurança total, que justifique a demolição. [oj] Os fins justificam os meios. [kf]
₂Fc – V – N	Que a energia nuclear seja rentável, não justifica a sua produção.
₃I – V – N	Chegarem os E.U.A. e a Rússia a um acordo, justifica as diligências levadas a cabo pelas respectivas delegações em Genebra.
₄N, Fc, I – V – Fc	O encarecimento dos combustíveis justificou que só sejam afectadas as grandes empresas. Que se tenham detectado, ter a oposição detectado cláusulas ambíguas no acordo não justifica que o governo hesite em rectificá-lo.
₅N – V – Te	DIZER.
₆N – Vse <de, por N>	Ele justificou-se do, pelo atraso. Ele justificou-se dizendo que o comboio se tinha atrasado. Justificou-se por ter chegado atrasado.

L

labutar
1. s. abrackern; s. plagen; s. abrackern. schuften. 2. s. abrackern für; s. abmühen für.
$_1$N – V	Naquela cidade antiga que o entristece, vive gente que labuta, sofre, gente cuja existência o preocupa até ao ponto de a amar. [nv]
$_2$N – V – por N	Eles labutavam por uma vida melhor.

lacrimejar
1. kläglich weinen; greinen; jm <die Augen> tränen.
$_1$N – V	Abílio sentiu as faces incendiadas e a sensação de vergonha foi tão aguda, tão dolorosa, que teve de cerrar os dentes para não lacrimejar. [fn] As lentes de contacto fazem com que lacrimeje o tempo todo.

ladear
Morf.: Pres.: ladeio.
1. flankieren; an der Seite entlang führen; an js Seite(n) gehen; s. zu jds Seite(n) (hin)stellen; jn in die Mitte nehmen. 2. <Pferd> seitwärts gehen.
$_1$N – V – N	Sem esperar por mais conversa, a guarda regressou à vila lentamente, puxando pela bicicleta sem entusiasmo, dois quilómetros de asfalto ladeados por árvores frondosas. [be] Um muro alto ladeava a rua. [kf] O velho Alberto foi encostar-se à parede, e logo o grupo escorreu para aquele lado, solidário⌣Alguns ladearam-no também encostados. [be]
$_2$N – V	Obrigaram os cavalos a encosto de esporas, a ladear, a levantar as mãos, a fazer requebros. [fa]

ladrar
$_1$N – V	Os cães farejavam o chão e as ervas, ganindo ou ladrando. [bc]
▪ Cão que ladra não morde.: Hunde, die bellen, beißen nicht.
$_2$N – V – a N	O cão ladrou aos desconhecidos. O cão ladrou à lua.

lamber
1. lecken; ablecken; <Flammen> lecken an; FAM. etw aufessen, verschlingen. 2. s. ablecken. 3. FIG. s. die Finger lecken nach.
$_1$N – V – N	Chamei o cão, ele conheceu a minha voz, veio a correr, lambeu-ME a mão que eu meti por entre as grades. [ce] Um cordeiro tinha nascido já, e a mãe lambia-o. [nc] O Pedro bebericou um gole de capilé, lambeu a boca e apoiou-se na mesa. [dm] As chamas começaram a lamber o negro costado da escuna. Lambeu tudo o que lhe puseram à frente na mesa.
▪ Lamber os dedos: s. die Finger lecken.
$_2$N – Vse	Na sala havia um gato que se lambia em cima da mesinha.
$_3$Np – Vse – por N	Lambia-se por um chocolatinho antes de ir para a cama.

lamentar
1.-3. beklagen; bejammern; bedauern. 4. DIZER. 5.-6. klagen, jammern über; s. beklagen über.
$_1$N – V – N	Via-se perfeitamente na cara do homem que não lamentava coisíssima nenhuma. [np] A voz dos oprimidos aqui lamentou a ignomínia dos opressores. [dp] Vive lamentando a vida de casado.
▪ Lamento.: Es tut mir leid; ich bedaure: Não podem cá ficar⌣Tenho ordens do patrão para só aceitar casais legalizados⌣Lamento. [np]
▪ Lamento muito!: Aufrichtiges Beileid!
$_2$N – V – Fc	Se o Pêro da Covilhã pudesse juntar-se a vós, que quarteto formidável!⌣ ⌣Lamento que tal maravilha não possa acontecer. [np]
$_3$N – V – I	Lamento ter que lhe dizer, mas todas as vagas já foram preenchidas.
$_4$N – V – Te	DIZER: O Chico se não passar o exame vai ficar desesperado⌣Sobretudo depois

	do esforço que fez. Por que é que eu não o obriguei a começar a estudar mais cedo? – lamentou a mãe em voz alta.
₅N – Vse – (de N)	Se ele se lamenta constantemente do trabalho que faz, porque é que não muda de emprego?
₆N – Vse <por I>	Ele lamentou-se por ter entrado para a associação.

lamuriar
1. jammern; klagen. 2. etw jammernd vorbringen, sagen. 3. jammern (über). 4. DIZER.

₁N – V	Oh, mulher! Deixa-me, e vai lamuriar para outra banda! [sv]
₂N – V – N	Contrastando com a afoiteza verbal dos cavalheiros distintos, os camponeses hirsutos lamuriavam as suas súplicas em voz irresoluta, aos sacolejos. [op]
₃N – Vse – (de N)	Lamuriar-se (de tudo e de nada).
₄N – V(se) – Te	DIZER.

lançar¹
1. werfen; schleudern; (Saat) aussäen; (Raketen) abschießen [⇒ atirar]; (Netz) auswerfen; (Schiff) vom Stapel (laufen) lassen; FAM. (Suppe) einfüllen. 2. werfen; schleudern; auf (den Markt) werfen; etw (in die Geschäftsbücher) eintragen. 3. s. werfen; losflitzen. 4. etw treiben, werfen, spritzen auf, gegen; (Verdacht, Blick...) werfen auf; (Schuld) abwälzen auf; (Auge) auf jn werfen. 5. s. stürzen auf. 6. etw zu jm (hin-)werfen; (Feuer) legen; (Schuld) jm geben; auf jn schieben; FIG. jm etw an den Kopf werfen. 7. FIG. jn treiben in. 8. <Fluß> münden; s. ergießen in; s. (e-m Laster) anheim geben; s. stürzen in; 9. machen in. 10. (Schrei...) ausstoßen; (Geruch) verströmen, verbreiten; <Pflanzen> treiben; (Mode) einführen; auf den Markt werfen, bringen; (Hormone) ausschütten.

₁N – V – N – (D)	Lançar pedras, foguetes, a semente à terra, redes ao mar, um navio ao mar. Manuel, posso lançar o caldo? [nc1oo]
₂N – V – N – D	O Paulo lançou o José ao chão. Os correios lançaram mais 1500 acções no mercado. Como para justificar um aumento de ordenado se podem lançar ao vento palavras como seriedade, dedicação, empenhamento, responsabilidade, dignidade? [pj] Já lancei as despesas nos livros.
	■ Lançar poeira nos olhos de alguém: jm Sand in die Augen streuen: Eles tentaram lançar poeira nos olhos das pessoas para elas pararem de gritar. [oj]
₃N – Vse – D	Lançou-se ao chão. Alice avistou uma mulher chorando, inclinada sobre os resíduos inflamados, e lançou-se-LHE nos braços, reconhecendo a mãe. [oj] Lançou-se-LHE aos pés. Lançou-se pela rua abaixo.
₄N – V – N – sobre... N	Lançaram os cavalos sobre os manifestantes. Lançou pedras contra a parede. Os bombeiros limitaram-se a controlar a situação, lançando água sobre as condutas de gás butano. [dn] Lançou um olhar sobre os montes. Lançou suspeitas sobre ele. Lançou as culpas para outrem. Lançar os olhos para alguém.
₅N – Vse – sobre... N	Os jornais lançaram-se sobre mim com uma avidez de cães esfaimados. [sv] Lançar-se contra o inimigo.
₆N – V – N – a Ncp	Lançaram-me pedras. Antes de terem deixado o lugar, lançaram fogo à quinta. [vp] Lançou-me a culpa toda a mim. Lançou-lhe um desafio. Lançou-LHE à cara tudo o que tinha feito.
₇N – V – N – em N	As más companhias lançaram-na no vício.
₈N – Vse – em N	O rio Madeira lança-se no Amazonas. Lançou-se no vício.
₉N – Vse <com N>	Os agricultores, em crise da agricultura, pensaram em se lançar com aviários ou com grandes pocilgas para porcos. [pj]
	■ Estar lançado + em N: engagiert sein in etw: Portugal tem estado lançado numa tarefa de reorientação de caminhos e renovação de processos políticos. [dp]
₁₀N – V – N	Lançar gritos, pregões. Um inquietante grito de alerta foi ontem corajosamente lançado na Assembleia da República por Adriano Moreira. [pj] As flores lançavam suave perfume. As árvores começam a lançar rebentos. Lançar uma moda; um produto, um artista. O organismo humano mobiliza os glóbulos brancos e lança descargas de hormonas. [dn]
	■ Lançar ferro, âncora: vor Anker gehen: O barco lançou ferro, âncora.
	■ Lançar a luva: (Schicksal) herausfordern: Não se ofenda com o que lhe vou dizer. Mas é possível que você um dia arranje um amante, mesmo sem amor, só para lançar a luva, tentando libertar-se. [vp]

■ *Lançar mão de + N:* etw benutzen; s. e-r S. bedienen; zu etw greifen: *O provedor refere que já algumas vezes lançou mão deste recurso.* [dn]

lançar²
1.-2. s. stürzen auf; los + V; s. an etw machen.

₁N – Vse + a V_INF   *Lançou-se a trabalhar. Lançou-se a correr em direcção a casa.*

₂N – Vse + a N   *Seriei os principais problemas que exigiam mais urgência e lancei-me ao trabalho.* [sc] *Lançou-se ao estudo.*

lanchar
1. vespern; e-n Imbiß einnehmen. 2. etw vespern; etw zur Vesper essen.

₁N – V   *Acabei agora mesmo de lanchar. Fui lanchar com a Manuela no Café Central.*

₂N – V – N   *Lanchei umas torradas e café com leite.*

largar¹
1. loslassen; fahren lassen; freilassen; etw aufgeben; (Segel) losmachen; (Waffen) niederlegen; (die Waffen) strecken; (Zügel) schießen lassen; in (Lachen) ausbrechen; (e-n Witz) vom Stapel lassen; (Bomben) werfen; NEG. <Krankheit> nicht von jm weichen. 2. DIZER: herausplatzen. 3. <jd> s. trennen. 4. s. freimachen von. 5. (Hund) hetzen auf. 6. <Schiff> auslaufen [⇒ fazer-se ao largo].

₁N – V – N   *Ó Joaninha, não largues a mão do, ao teu irmão! O cão largou o bocado que tinha entre os dentes. A cozinheira largou o travesseiro e entrou na cozinha, afastando a criada.* [hn] *Apanhou o pássaro, mas logo depois o largou. Largou as rédeas, deixando o cavalo galopar. Os seus olhos não largavam a namorada. Os que vão sair dum cargo político não querem largar o poder a todo o preço.* [pj] *De um momento para o outro, larguei os estudos e vi-me à testa dos seus negócios.* [sv] *Largar as velas. Largar as armas. Largou uma boa gargalhada. Em hora imprópria, largou uma boa piada. Neste jogo havia diversas vagas de invasores sinistros que iam largando bombas à medida que desciam pelo écran.* [cp] *Esteve assim toda a noite muito agitado e de madrugada começou com esta cólica que ainda o não largou.* [be]
    ■ *Larga-me!:* Laß mich los!
    ■ *Ele foi largar atrás daquela árvore:* (wohin) "machen".

₂N – V – Te   DIZER: *Cerveira! O nome do tipo era Cerveira! – largou o João, de um jacto. – Agora tenho a certeza!* [dm]

₃Npl – Vse   *Eles largaram-se há já dois anos.*

₄Np – Vse – de N   *A Xana largou-se dos braços do irmão.*

₅Np – V – N – contra Np   *Largou o cão contra o assaltante.*

₆N – V – (D_de)   *O navio largou pela madrugada (do porto de Leixões).*

largar²
1.-2. plötzlich anfangen zu + V; (darauf) los- + V.

₁N – V – a V_INF   *Rodando ao mesmo tempo, os dois rapazes largaram a correr pelo corredor.* [al]

₂N – Vse – a V_INF   *O João Pedro Borda-d'água largou-se a rir, parecia que se esbandalhava.* [bc]

latir
1. kläffen. 2. herauskläffen.

₁N – V <de N>   *A abanar a cauda e a latir de alegria, Ardila segue todos os movimentos do dono.* [sv]

₂N – V – N   *O criado largou dois cães que abalaram a farejar, enquanto os outros latiam o despeito de continuarem presos.* [bc]

lavar
1. waschen; abwaschen; spülen; wischen; (Zähne) putzen; FIG. <Wasser> umspülen; (Schuld) tilgen. 2. s. waschen. 3. FIG. s. freisprechen von.

₁N – V – N   Lavar as escadas, a roupa, as mãos, a loiça, os dentes. As águas puras do riacho lavavam a planície. O seu procedimento correcto nos últimos tempos lavou a sua culpa.
▪ Lavar as mãos: s-e Hände in Unschuld waschen: Se o Governo efectivamente a vários títulos controla e manipula a informação e programação televisiva, não pode depois lavar as mãos e dizer que nada tem a ver com o que na RTP ocorre. [oj]
▪ Lavar roupa suja: schmutzige Wäsche waschen; über Abwesende herziehen.

₂N – Vse   Ó mãe, já me lavei, posso ir brincar?
₃N – Vse – de N   Buscava assim lavar-se das responsabilidades que lhe eram imputadas.

legar
1. vermachen; hinterlassen.

₁N – V – N – (a N)   Gulbenkian legou a Portugal grande parte do seu espólio cultural. Desprezados que foram os quatro singelos e axiomáticos pontos de saneamento financeiro proclamados pelo então ministro das Finanças, o qual ao longo de décadas haveria de legar as reservas de ouro que sustentam esta crise, o País sente-se estruturalmente degradado. [pj]

legitimar
1. legitimieren; rechtfertigen. 2. s. ausweisen.

₁N – V – N   A vossa determinação na luta armada legitimou a representatividade dos vossos movimentos. [dp] Estamos determinados a devolver ao Povo Português a dignidade perdida, implantando condições de vida mais justas com instituições democráticas pluralistas legitimadas na vontade do povo livremente expressa. [dp]

₂N – Vse   Legitimou-se apresentando ao Presidente as suas credências de embaixador.

leiloar
1. versteigern.

₁N – V – N   Algumas casas de antiguidades de Nova Iorque leiloam de vez em quando obras de arte de pintores conhecidos. Não consegui ver donde chegavam inúmeros números murmurados por homens que, para meu horror, me leiloavam. [lu]

lembrar
1. s. (wehmütig...) erinnern an; s. etw in Erinnerung rufen; denken an. 2. jn erinnern an, an etw denken lassen. 3.–5. jn erinnern an; jm etw in Erinnerung rufen. 6.–1o. s. erinnern an; s. etw ins Gedächtnis rufen. 11. BRAS.: s. erinnern an. 12.–16. jn erinnern an; jm etw in Erinnerung rufen. 17. jn erinnern an; <etw> jm etw ins Gedächtnis rufen; jn denken lassen an. 18. s. erinnern an. 19. POP. jm einfallen; jm in den Sinn kommen.

₁Np – V – Ncp   Todas as tardes o velho sentava-se à beira do rio e lembrava o tempo em que D. Carlos visitava a cidade. Lembro com saudades os meus tempos de faculdade. Às vezes ainda lembrava o pai, mas a distância já ia apagando as suas últimas marcas.

₂Ncp – V – Ncp   A paisagem lembrava a fazenda onde passara a infância. As escadas lembravam um caracol. Há uma data na varanda desta sala – disse Germana – que lembra a época em que a casa se reconstruiu. [as] Durante as férias o José engordou tanto que quando regressou a casa lembrava uma bola. Havia alguns prédios que ainda lembravam a guerra.

₃Np – V – Np – de N   Lembrou-me da possibilidade de uma outra solução.
₄Np – V – Np – (de) Fi   Lembro-o de que ele tem que pagar a conta até amanhã. Lembra-a que ela tem que estar na modista às cinco horas.
₅Np – V – Np – de I   Se não fosses tu a lembrar-me de trazer o livro, de certeza que ainda teria que voltar a casa hoje.
₆Np – Vse – de N   Lembra-se do acidente? Lembro-me neste momento, mais delas do que de ti. [po]

₇Np – Vse – (de) Fi *Lembras-te que havia aqui perto um café? De repente lembrou-se (de) que tinha deixado o fogão ligado.*

₈Np – Vse – de como Int *Lembro-me de como chovia na viela, quando, guiado por um anúncio de jornal, bati à porta daquela casa esguia e sórdida.* [np]

₉Np – Vse – Int *Lembra-se se ele tinha aulas?*

₁₀Np – Vse – de I *Lembro-me de ter comprado aqui um casaco para minha mulher.*

₁₁Np – V – de N BRAS.: *Eu lembro sempre de você!*

₁₂Np – V – a Np – Nc *Lembra-lhe o livro, ele que não se esqueça!*

₁₃Np – V – (a Np) – Fic *Lembrei-lhe que se comprometera a colaborar. Lembra ao João que faça as camas! Lembrou que fossem à cidade mais próxima chamar um médico.*

₁₄Np – V – a Np – para I *Lembra-lhe para trazer o livro!*

₁₅Np – V – Te DIZER: *Não se esqueça que só o amor vale a pena! – voltou a lembrar, com a tal jovialidade forçada.* [np]

₁₆Ncp – V – a Np – Ncp *Tal caça às divisas lembra-me – que o leitor me perdoe a comparação – um caso de proxenetismo.* [pj] *Esta vegetação lembra-me o Gerês.*

₁₇Nc – V – a Np *Não sei o que me lembrou, mas em lugar de lhes mostrar o caminho que vai direito à estrada, mostrei-lhes o que desce para a ribeira.*

₁₈Fi – V – a Np *De repente lembrou-lhe que tinha que ir a Lisboa.*

₁₉I – V – a Np *Lembrou-me fazer papas de serrabulho para o jantar.*

ler
Morf.: Pres.: leio; Imperf.: lia; Pret. perf. simpl.: leram; Imperativ.: lê, lede; Part.: lido.
1.–3. lesen. 4. jm vorlesen. 5. DIZER.

₁Np – V – (N) *Leio o jornal da manhã. Ele lê francês perfeitamente. Ler a sina, as cartas, as estrelas, a sorte. Sabe ler e escrever.*

₂Np – V – Fi *Li que os transportes iam aumentar de novo. Li na sua cara que não tinha gostado da minha piada.*

₃Np – V – Int *Já leste se foi constituído o novo governo?*

₄Np – V – N – a N *Fiz um breve resumo da matéria anterior, para esclarecer os últimos e não enfadar os primeiros, e acabei por ler sossegadamente as minhas histórias a quinze miúdos e um cão.* [np]

₅Np – V – Te DIZER.

levantar
1. heben; in die Höhe heben; erheben; etw aufheben; jm aufhelfen; (Fahne) hissen; (Mauer, Gebäude...) hochziehen, errichten; (Kopf...) heben; (Stimme) heben, anheben; (Staub) aufwirbeln; (Wörter) auflisten; (Preis) davontragen; (jds Stimmung...) heben; (Geld) abheben; (Scheck) einlösen; PG: (den Tisch) abdecken; (Verdacht) erregen; (Frage) aufwerfen; (Hindernisse...) errichten; (Ausnahmezustand) aufheben. 2. aufstehen; s. erheben; <Sonne> aufgehen; <Sturm> s. erheben; <Nebel> s. heben; <Diskussion> aufkommen; <Frage> s. stellen. 3. aufstehen; <Nebel> s. heben. 4. etw wohin heben. 5. von wo aufstehen; s. erheben von. 6. jn aufwiegeln gegen. 7. meutern, s. auflehnen gegen. 8. etw für jn errichten; (falsches) Zeugnis ablegen für, gegen.

₁N – V – N *Levantar a taça, a cabeça, o braço, a voz, um muro, as paredes, os olhos, a bandeira, poeira, um prédio, obstáculos, o ânimo de alguém, dinheiro no banco, um cheque. Levantar os adjectivos dum texto. O desastre deu-se em circunstâncias que podiam levantar suspeitas.* [sv] *Françoise virou a má disposição contra a prima, que estragara o café e tardava a levantar a mesa.* [vp] *Não quisemos, durante as outras reportagens, levantar a questão mafiosa do problema da droga em Portugal.* [pj] *Levantar barreiras, obstáculos no caminho. As autoridades sul-africanas levantaram ontem o estado de emergência.* [dn]

■ *Levantar pó*: Staub aufwirbeln: *Pompílio mexeu-se freneticamente na dança, o que não admira, pois já nos bailaricos da sua terra era dos que levantava mais pó.* [np]

■ *Levantar voo*: <Flugzeug> abheben, abfliegen: *Um jacto particular, que acabara de levantar voo, foi mandado aterrar de novo.* [kf]

■ <N, Fc, I> *levantar o ânimo de alguém*: jn aufmuntern: *Levantava-LHE o ânimo que ela fosse todas as semanas lá a casa. Saber que o filho está livre de perigo levanta-LHE o ânimo.*

■ *Levantar uma dúvida:* Zweifel vorbringen: *Os diplomas foram aprovados por unanimidade, embora alguns dos parlamentares tenham levantado uma ou outra dúvida.* [dn]

₂N – Vse
Levantou-se tarde. Levantou-se ainda de noite e foi até ao quintal. Levantou-se um temporal, uma tempestade. O sol levanta-se a oriente e põe-se a ocidente. Levantou-se o nevoeiro. Levantou-se uma discussão. E levantou-se entre nós a pergunta inquietante: como julgaria ela aquele preciosíssimo lampejo artístico? [np]

₃N – V
Levantar com o cantar dos galos, cuidar das lides do campo e deitar cedo esfalfado toma-lhe o tempo por inteiro. [pj] *O nevoeiro levantou.*

₄N – V – N – (D)
Levantou os olhos ao céu. Ele levantou os olhos para mim, espantado e incrédulo.

₅N – Vse – (D)
A que brincar? Ao amor, à indeferença? Por mim, só me levanto da barrica. [pa]

₆N – V – Np – contra N
Levantaram o povo contra o Governo.

₇N – Vse – contra N
Os marinheiros levantaram-se contra o capitão.

₈N – V – N – a N
Levantaram-lhe uma estátua no centro da vila. Ele levantou-lhe um falso testemunho.

levar¹
1. (hin-)bringen; (hin-)tragen; mitnehmen; mitbringen; mit s. nehmen, reißen. 2. jn wohin bringen; jn wohin führen; an (den Mund) setzen. 3. wohin führen. 4. (Kleidung) tragen, anhaben; (bei s.) haben; bestehen aus; (Preis) davontragen; fassen; ◊ benötigen für; <Dinge> wie stehen; s. von (e-m Motiv) leiten lassen. 5. (Zeit) verbringen; (Zeit) damit zubringen. 6. et zu jm bringen. 7. jm (Geld...) abknöpfen. 8.–9. FIG. jn dazu bringen; dazu führen. 1o. FIG. führen zu. 11.–13. (Zeit) brauchen.

₁Ncp – V – N – (D)
Levava a filha para a escola. Vou a tua casa, mas levo as crianças. O vento levou as folhas. A corrente levou o rapaz. Os burros levavam a carroça. Levou-a com ele (para Lisboa). Talvez ele levasse as filhas à nossa festa!
■ *Quem parte leva saudades, quem fica, saudades tem.*
■ *A pneumonia levou-a:* jn von uns nehmen.

₂Ncp – V – N – D
Dei-lhe uma parte do pão e das azeitonas; ele entregou-me a flauta. Sentei-me ao seu lado e levei-a à boca. [ra] *Vou levar as crianças ao jardim de infância. Tome esta estrada, que ela leva-o directamente a Braga.*
■ *Levar (um projecto) por diante:* vorantreiben: *As autoridades americanas esperam levar por diante este projecto no decorrer do próximo ano.* [pj]
■ *Levar água ao moinho de alguém:* Wasser auf jds Mühlen gießen.

₃Nc – V – D
Havia centenas de pistas, mas nenhuma delas levava a parte alguma. [kf] *Todos os caminhos levam a Roma. Este caminho leva à praia.*

₄Ncp – V – N
Levava um vestido branco. O cortejo presidencial levava mais de dez automóveis. O bolo leva quatro ovos e cem gramas de farinha. Levou o melhor prémio. A garrafa leva um litro de vinho. A saia leva dois metros de seda. Esta carta leva três selos de dez escudos. Pelo caminho que as coisas estão levando, é quase fatal que temos de lá chegar. [mi] *Levado pela ira, ele bateu na mulher. Levava o único objectivo de confirmar o que tinha ouvido.* [oj]
■ *Ele deixou-se levar pela corrente, pela ira.*
■ *Levar água no bico:* etw im Schilde führen.
■ *Levar descaminho:* abhanden kommen: *O isqueiro levou descaminho.*
■ *Levar boa vida:* ein schönes Leben führen.
■ *Levar (uma sapatada):* Prügel bekommen: *Levas uma sapatada. Pára quieto, rapaz, olha que tu levas, ai levas, levas!*
■ *Levar na cara, no rosto,* BRAS. *levar um (!) tapa na cara:* Ohrfeigen bekommen; s. eine fangen: *Levas na cara!*
■ BRAS. *Levar um fora:* e-n Korb bekommen.
■ *Leva a taça!:* Du hast Recht und ich habe meine Ruhe.

289

₅Np – V – N <adj, a I, Ger>	Leonel levou o dia enervado. [vp] Levei o dia a plantar batatas.
■ Levar a.c. a sério: etw ernst nehmen: Levou isso a sério.
■ Levar a.c. a rir, na brincadeira: etw nicht ernst nehmen: Levou isso a rir. Levou isso na brincadeira.
■ Levar a mal: übelnehmen: Francisco, não me leve isto a mal, vou pedir-lhe que se vá embora, preciso de ficar só, não me sinto bem – disse a Juliette, arrasada. [vp]
₆Np – V – N – a Np	O João está a estudar no quarto, vai lá e leva-lhe um café!
₇Np – V – Q – a Np <por N>	Levaram-me só 500 escudos pelo conserto do rádio. Levaram-me uma fortuna por este casaco.
₈N, Fc, I – V – Np – a N	A crise levou-o ao suicídio. Que ela não aceitasse separar-se dele levava-os a um beco sem saída.
■ Levar uma peça de teatro à cena: (ein Theaterstück) auf die Bühne bringen.
₉N, I – V – Np – a I	Ele não era pródigo em confidências, nem eu tenho a magia de levar as pessoas a falar das suas experiências íntimas. [np] Ter visto o outro aspecto da situação levou-o a mudar o seu procedimento.
₁₀N – V – a N, Fc, I	O aumento das portagens levou a uma sobrecarga no bolso dos automobilistas. A tecnologia dos microchips leva a que os computadores modernos sejam pequenos, rápidos, baratos e seguros. [cp] Termos dez dedos levou naturalmente ao sistema de base decimal. [cp] O desenvolvimento da microelectrónica levou à invenção do microprocessador. [cp] As operações matemáticas mais complexas consomem bastante tempo, o que levou a desenvolver chips processadores matemáticos especiais. [cp]
₁₁Nc – V – T – (a Np)	A verificação, por computador, da totalidade das instruções do chip (com todas as combinações de dados possíveis) levaria anos. [cp] Quanto tempo lhe leva esse trabalho? [np]
₁₂Ncp – V – T <a I>	A contagem do anterior censo (1880) tinha levado sete anos a concluir. [cp] Levei duas horas a escrever a carta.
₁₃V – T – a I – (a Np)	Levou-me dois anos a escrever este livro.

levar²

₁N – V + a N	■ Levar a efeito + Nc: ausführen; durchführen: A Associação dos Portugueses de Reims leva a efeito uma festa para os portugueses residentes em Reims.
₂N – V + em N	■ Levar em conta + Nc: e-r S. Rechnung tragen.
■ Levar em consideração + Ncp: berücksichtigen.

libertar

Morf.: Part.: ter, ser libertado; estar liberto.
1. jn befreien; jm die Freiheit geben. 2. s. befreien. 3. befreien von. 4. s. befreien von. 5. FIG. jn befreien, entbinden von. 6. FIG. s. befreien von.

₁N – V – N – (Dde)	O povo libertou o camarada Arnaldo Matos! O motim dos polícias teve ainda outros episódios, como uma ida à prisão de Tura, a sul do Cairo, onde libertaram a maioria dos detidos. [oj]
₂N – Vse – (Dde)	O preso libertou-se (da prisão).
₃N – V – N – (de N)	Libertei-o das cordas.
₄N – Vse – (de N)	Libertei-me das cordas.
₅N – V – N – de N, I	Libertou-o do compromisso. Há muito desejavam ser libertados do pesado encargo que as suas funções representavam. [sc] Uma colega da Rosa libertou-o finalmente do importuno, atafulhando-o com bolinhos de foie gras e doces de ovos. [pc] Isso liberta-o de ter que cumprir o contrato que lhe foi imposto.
₆N – Vse – de N	Ele precisava de vencer essa frustração. Libertar-se dos horrores e dos limos. Reduzir tudo isso a um adversário concreto, que os seus músculos pudessem esborrachar. [fn] São, de facto, cada vez em maior número os empresários portugueses que se libertam das amarras do passado.

lidar
1. kämpfen; arbeiten; s. abrackern. 2. mit e-a. kämpfen. 3. kämpfen mit; FIG. machen in; umgehen mit; handeln mit; mit jm, etw umzugehen wissen. 4. (Stier) niederkämpfen; mit (e-m Stier) kämpfen.

₁N – V Maria viveu um inferno de desesperos mudos, e a sua reprovação pelo comportamento do marido manifestava-se apenas pelo silêncio, lidava até à exaustão mais profunda, e não comia. [as]

₂Npl – V Lidaram durante anos e anos.

₃N – V – com N Os romanos lidaram durante vinte anos com os celtas. A geração anterior lidava com um produto único no mercado mundial, que exactamente por isso, se impunha ao consumidor. [oj] É a vendedora que sabe melhor lidar com os clientes. Sabes o que ele faz? Acho que lida com tecidos aí pelas festas. Lidar com grandes somas de dinheiro.

₄N – V – N A feira teve o seu início no dia 5, com uma corrida em que foram lidados três toiros de Arriero e três de Atocha, que saíram fracos. [pj]

▪ *Lidar uma vida*: ein (arbeitsreiches, mühseliges...) Leben führen: *Coitada, lida uma vida de trabalho por causa do filho.*

liderar
1. anführen; an der Spitze stehen.

₁N – V – N A equipa americana liderou a corrida. Esta máquina liderou o avanço na concepção dos computadores. [cp] Liderou o partido durante cinco anos.

ligar
1. verbinden; [Küche] vermischen...; (Metalle) legieren. 2. verbinden mit; anschließen an. 3. Beachtung schenken; etw ernst nehmen; eingehen auf; NEG. jm wurscht sein. 4. s. verbinden; s. verbünden. 5. in Verbindung, Zusammenhang stehen mit; zu tun haben mit. 6. s. an jn binden; zu tun haben mit; in Verbindung stehen mit. 7. (Radio...) anstellen, anmachen; (Auto) anlassen.; (Arm) verbinden. 8. <Radio> angehen. 9. <Metalle; Teig> e-e Verbindung eingehen. 1o. <etw> passen zu. 11. jn (telefonisch) verbinden mit. 12. wo anrufen. 13. beachten; s. (nichts) machen aus.

₁N – V – Npl Agora ligas os dois pontos e tens a secante que se procurava. O corredor liga os dois quartos. O casamento dos filhos ligou as duas famílias. Ligam-se muito bem seis ovos, 125 g de coco, ralado, 25o g de açúcar e leva-se a cozer tudo em forno bem quente. [ac] Ligar metais.

₂N – V – N – a Nc A nova auto-estrada liga o sul ao norte. A maioria dos computadores pessoais é capaz de trabalhar com cores, sendo no entanto necessário ligar o computador a um televisor de cores. [cp]

₃Np – V – (a Ncp) Os homens estavam cada vez mais agitados. Já falavam os dois ao mesmo tempo, sem ligarem de todo ao que o outro dizia, gritando, gesticulando, quase a ponto de se agredirem. O patrão não ligou às queixas dos empregados. Não ligo a boatos. Quando a água começou a cair aqui em baixo, fui lá acima dizer para fecharem as torneiras, mas eles não ligaram. Diz a Antónia que nunca naquela casa alguém ligou ao dinheiro. [sa]

▪ *Não ligues, deixa lá!*

▪ *Não ligar nada, nenhuma + a Ncp*: s. nichts machen aus; nichts mehr zu tun haben wollen mit: *Desde que o João ficou rico, nunca mais ligou (nenhuma) à família. A mãe não me liga nenhuma e o avô liga-me.* [op]

₄Npl – Vse <contra N> Os dois elementos ligaram-se. A Alemanha, a Itália e o Japão ligaram-se contra os aliados. Os três estados ligaram-se para constituírem uma confederação.

₅Nc – Vse – com N O atraso nas negociações para a adesão à CEE liga-se com o dossier das pescas.

₆Ncp – Vse – a N O miúdo ligou-se de tal maneira ao avô que agora não se quer ir embora. Liguei-me tanto à minha casa que agora me custa sair. A iniciativa da comissão de gestão liga-se a mais uma tentativa de levar o Natal aos filhos de todos os trabalhadores.

▪ *Estar ligado + a, com N*: in Zus.hang, in Verbindung stehen mit: *A criança morreu, porque os acontecimentos ligados ao processo de rejeição tinham atingido um ponto culminante.* [pj]

₇Np – V – N   *Ligar a televisão, o carro, a corrente, a luz. Ligar o braço ferido.*
₈Nc – Vse   *Por que não ligaste a televisão?_Ela não se liga por si só.*
₉Npl – V   *Esses metais não ligam. A massa do bolo não ligou.*
₁₀N – V – com N   *Estes móveis não ligam com o restante mobiliário.*
₁₁Np – V – Np – D_{a, para}   *Ó Dona Madalena, ligue-me para Inglaterra, se faz favor. Faça o favor de esperar, vou ligá-lo ao departamento de vendas.*
₁₂Np – V – D_{para}   *Momentos antes liguei para casa dela, o telefone não respondeu.* [tm]
₁₃Np – V – (para, a Np)   PG.: *Ele nem me ligou.* BRAS.: *Ele nem ligou para mim. O que é que o Chico está a fazer? – perguntou o pai. – Ele é maluco, não ligue! – respondeu a Luísa.* [dm] *Não ligues ao homem!*

limar
1. feilen; abfeilen; PG.: s. (die Nägel) feilen.

₁N – V – (N)   *Estava definitivamente traçado o caminho a seguir; restava limar algumas arestas, inventar o engarrafamento em garrafas de 1,5 l, e escolher os melhores anos dentre os melhores.* [oj] *À espera que o tempo passasse, lembrou-se de limar as unhas.*

limitar
1. etw begrenzen; die Grenze bilden; einschränken. 2.–3. einschränken. 4. grenzen an. 5.–6. einschränken, beschränken auf. 7. s. beschränken auf.

₁N – V – N   *Montanhas limitam o fértil vale onde se situa a minha aldeia. Finalmente a terceira característica é a de que o artigo 11/2 limita as restrições.* [dl] *Limitou as despesas, para não recorrer a empréstimos. O ministro limitou os seus dias de audiência.*
₂Fc – V – N   *Que a lei não seja imediatamente promulgada vai limitar a sua eficácia, isso lhe garanto eu!*
₃I – V – N   *Estudar apenas por apontamentos limita significativamente as possibilidades de bom aproveitamento.*
₄N – V – com N   *Portugal limita com a Galiza ao Norte, com o Atlântico a oeste e sul.*
₅N – V – N – a N   *Por último, registe-se que a legislação proíbe aos membros do SIS qualquer actuação de cariz policial, limitando a sua actividade à recolha e análise de informações.* [oj]
₆N, I – V – N – a I   *A constituição limita as funções do Presidente a representar o país e assinar documentos. Trabalhar sem uma componente experimental limita-nos a reproduzir o discurso alheio.*
₇N, I – Vse – a N, I   *As restrições devem limitar-se ao necessário para salvaguardar outros direitos ou interesses constitucionalmente previstos. O Dr. Gonçalves limitava-se a convencer Maria do Pilar de que não lhe achava no corpo doença para se ater à cama daquela maneira.* [bc] *Aqui beber álcool limita-se a adultos. Limite-se a fazer o seu trabalho e não se meta com o meu.*

limpar
Morf.: Part.: ter, ser limpado; estar limpo.
1. reinemachen; reinigen; saubermachen; säubern; putzen; wischen; abwischen; polieren; (Schornstein) kehren; (Geld) waschen. 2. s. saubermachen; s. (die Tränen) abwischen. 3. reinigen von; ◊ beseitigen; säubern von.

₁N – V – (N)   *Limpar o pó, o suor da testa, a chaminé, os pratos, o nariz a alguém, a boca às crianças. LF move o cursor para a linha de baixo e FF limpa o ecran.* [cp] *Os grandes traficantes de narcóticos bolivianos conseguiram juntar fortunas, em dólares, que investem nos Estados Unidos, depois de as terem "limpo" no Panamá.* [oj]
    ▪ FAM. *Limpar + N:* alles stehlen: *Os ladrões limparam o cofre.*
    ▪ FAM. *Limpar o salão:* in der Nase bohren.
    ▪ *Limpar as mãos à parede:* s. von jeder Verantwortung freisprechen.
₂N – Vse   *Limpa-te, menina, estás toda suja. Limpa-te, não chores mais.*
₃N – V – N – (de Ncp)   *A Câmara limpou a cidade de todas as casas de jogo. A polícia procura limpar a cidade.*

linchar
1. lynchen.

₁N – V – (N)   *Se agarram os ladrões, não sei como a coisa acabaria!_Linchavam-nos!* [dm]

liquidar
1. etw. jn liquidieren; vernichten; beseitigen; (Lager) ausverkaufen; (Schulden) bezahlen, tilgen; (Defizit) ausgleichen; (Rechnung) begleichen; (ein Unternehmen) in den Bankrott treiben. 2. s. zugrunderichten; s. ruinieren.

₁N – V – N   *Liquidámos todo o nosso stock de inverno. Liquidar uma dívida, uma conta, um défice, o seu maior inimigo. Tudo se conjugará para liquidar algumas centenas de empresas inviáveis num Portugal actualizado.* [dp]
■ Als Saldo verzeichnen: *Se em 1985 forem liquidados 7oo milhões de contos de impostos, mais de metade será para satisfazer credores.* [pj]

₂N – Vse   *Com o abuso do álcool, o rapaz liquidou-se.*

lisonjear
Morf.: Pres.: lisonjeio.
1.–3. schmeicheln. 4. loben; preisen. 5. s. schmeicheln (mit); s. e–r S. rühmen. 6. s. geschmeichelt fühlen; s. glücklich preisen.

₁Ncp – V – Ncp   *O que é preciso é espevitar a apetência do senhor público, lisonjeá-la, ofuscá-la, condicionando-a ao que for mais fácil e der mais lucro.* [oj] *Está sempre a lisonjear o chefe!*

₂Fc – V – N   *Que a Academia o tivesse distinguido, não o lisonjeou.*

₃I – V – N   *Ser premiado no concurso lisonjeou o João.*

₄Np – V – Nc   *Lisonjearam-LHE muito a tese de doutoramento. Lisonjearam-LHE o jantar.*

₅Np – Vse – de N   *Lisonjeava-se duma qualidade que estava longe de possuir.*

₆Np – Vse – de I   *Lisonjeio-me de poder receber Vossa Excelência em Portugal.*

livrar
Morf.: Part.: ter, ser livrado; estar livre.
1. befreien. 2. befreien von; etw von jm fernhalten, abwenden. 3. jm etw ersparen. 4. jn, etw loswerden (wollen); s. von jm lossagen; s. freimachen von; aus (e–r Gefahr) retten. 5. es s. ersparen.

₁N – V – Np   *Entregou-se ao inimigo para livrar os demais companheiros.*

₂N – V – Np – de N   *A vigilante levou a doente para o banheiro, única forma de a livrarem dos insectos.* [dn] *Ele livrou o cão da armadilha. Se os senhores não servem, sequer, para me livrarem de maçadas destas, eu pergunto, estou no meu direito de perguntar, para que tenho eu os senhores, afinal?* [ce]
■ *Deus me livre!*: Gott bewahre!

₃N – V – Np – de I   *O aparecimento do empregado, de bandeja na mão, livrou a Luísa de ouvir mais verdades desagradáveis.* [dm] *Ele livrou a gata de morrer afogada.*

₄Np – Vse – de N   *Livra-te daquela casa! Livra-te dele! Livrou-se do perigo.*
■ *Livrar-se de boa*: Es hätte schlimmer kommen können; mit einem blauen Auge davon kommen: *Livraste-te de boa, em vez da perna podias ter partido a espinha.*

₅Np – Vse – de I   *Livrou-se de ouvir as críticas do chefe.*
■ *Livra-te de mexer no bolo*: Wehe, du gehst an den Kuchen!

lixar
1. schmirgeln; abschmirgeln; abschleifen; BRAS. s. (die Nägel) feilen. 2. FIG. PG. FAM. e–r S. schaden; jn in Teufelsküche bringen 3. FAM. wütend werden; außer sich sein. 4. FAM. jn in e-e unangenehme Lage bringen. 5. FAM. reinfallen; aufgeschmissen sein.

₁N – V – (Nc)   *Antes de pintar as grades, há que as lixar.* BRAS. *Lixar as unhas.*

₂N – V – Ncp   PG.: *Este temporal veio lixar as colheitas. Olha que tu lixaste-me; por tua causa perdi o avião. Lixaste-me bem com essa tua mania de me apresentares a toda a gente!*
■ *Não me lixes!*: Du kannst mich mal!
■ *Vai lixar outro!*: Erzähl das einem anderen! Laß mich in Ruhe!...

₃N – Vse   *Lixou-se completamente com a atitude que tomou.*
■ FAM. *Estar lixado*: angeschmiert sein: *Rosário perdera a partida, dava-a por perdida_Perdera com a vida, contra a vida_Estava lixada, pronta, um fardo.* [pc] *O raio do comboio não vem_Estou lixado, vou chegar tarde ao trabalho.*

₄N – V – N – com N   ■ *Ficar lixado:* s. in e-r unangenehmen Lage befinden, s. über etw ärgern.
Ele lixou o Carlos com a falta de coragem que teve. Eles lixam-nos com impostos.

₅N – Vse – com N   Ele lixou-se bem com o negócio, nem sequer um tostão lhe ficou.

■ *Estou lixado contigo:* Du bist mir aber keine Hilfe! Mit dir bin ich aber aufgeschmissen...

localizar
1. lokalisieren; orten; den Ort feststellen; den Ort zeigen; jn ausmachen. 2. s. wo niederlassen.

₁N – V – N – (L)   O Regulamento definirá que "zona central" é a área da cidade onde se encontram localizadas as principais actividades do aglomerado urbano. [pj] A abelha "bailarina", mediante as oscilações do seu abdómen, carregado de electricidade, localiza com grande exactidão para as suas companheiras as plantas que lhes interessam. [pj] É um tipo de falha muito difícil de localizar. [cp]

₂N – Vse – L   A firma veio a localizar-se na Rua da Alfândega.

lograr
1. (es jm gelingen, zu) bekommen, erhalten, erreichen. 2.-3. es erreichen; es jm gelingen; 4. es schaffen; jn betrügen, reinlegen.

₁N – V – Nc   Ele não logrou o cargo que esperava. Logrou a felicidade graças a uma sábia filosofia de vida.

₂N – V – Fc   Após aturadas diligências, logrou que o subsídio fosse concedido.

₃N – V – I   É fácil calcular que as reuniões em nada contribuem para a "qualidade de vida" de qualquer povo, que até hoje nem os "progressistas" nem os "ecologistas" lograram assegurar. [pj] Francisco sentia-se ao pé dela hesitante e corpóreo, maculado e carregado de um viscoso bom senso que seria preciso deitar fora, para lograr subir. [vp]

₄N – V – Np   Costumava lograr os seus clientes vendendo frutos estragados.

lucrar
1. gewinnen; (Geld) verdienen bei etw. 2. Nutzen ziehen aus; ◊ für jn von Vorteil sein.

₁N – V – N   *[illegible]* ... pode lucrar uma viagem a *[illegible]*. Em vez de fazer aqui as compras, faço-as no Porto, pago as viagens e ainda fico a lucrar dinheiro.

■ N–V: (Geld) verdienen; (Gewinn) ziehen aus: *E ainda fico a lucrar!* Ele lucrou muito por ter vendido agora o prédio.

₂N – V – (N) – com N   Estou certa que a Grécia vai lucrar muito com as várias comunicações que vão ser apresentadas no congresso. [pj] A sexagenária afirmou ao terminar que o proprietário nada lucrará com as atitudes demonstradas até agora. [oj]

■ *O que é que lucraste com isso?:* Was hast du davon?

lustrar
1. bohnern; wichsen; polieren.

₁N – V – N   Ele lustrou o calçado. Sentada diante da varanda, Joaquina deixava-se pentear pela irmã, que lhe entrançava os cabelos lisos e elásticos, lustrando-os com banha. [as]

lutar
1. mit e-a. kämpfen. 2. kämpfen mit. 3. FIG. zu kämpfen haben mit; sich herumschlagen mit. 4. kämpfen, ankämpfen, angehen gegen; etw bekämpfen; mit (dem Tode) ringen. 5. kämpfen für. 6. mit jm kämpfen um. 7. FIG. kämpfen; s. abmühen.

₁Npl – V   Estas duas crianças estão constantemente a lutar.

₂N – V – (com N)   Encontrei este menino a lutar com o irmão. Lutei por lutar.

₃N – V – com N   A empresa luta com dificuldades financeiras. É mais fácil frequentar os cursos em vez de lutar com enormes manuais. [cp]

₄N – V – contra N   Os celtas lutaram contra os romanos. Lutar contra a corrente, a morte. É preciso lutar contra a inflação. Estava cansado de lutar contra o destino. [np]

₅N – V – por N   *Lutar por uma vida melhor. Lutando por nós, diziam, lutavam por Cabinda.* [sc]
- *Lutar pela vida:* s. durchs Leben schlagen.

₆N – V – com N – por N   *Lutou com o irmão pela namorada.*
₇N – V   *Lutei muito para que nada faltasse aos meus filhos. Ele lutou tanto para dar ao filho um curso, e o rapaz acabou por morrer pouco depois de acabar a universidade.*

luzir
Morf.: Pres.: luz.
1. leuchten; glänzen. 2. in (e-r Farbe) leuchten.

₁N – V <de N>   *Os olhos luzem-lhes como os dos lobos ao farejar a presa.* [sv] *Dava voltas ao quarto, como uma fera enjaulada, esquadrinhava o soalho, como se ali, algures, pudesse luzir de repente uma moeda.* [pc] *Os olhos do Pedro luziam de satisfação ao verem a Luísa.* [dm]

₂N – V – N   *Já haviam começado as ceifas. As amendoeiras, no meio dos cevadais, luziam ao sol o seu verde envernizado.* [pc]

M

maçar
1.-4. auf den Wecker fallen, gehen; langweilen; jm lästig fallen; jn verdrießen. 5. s. langweilen. 6. s. langweilen; es langweilig finden.

₁N – V – N
Não me macem. Quando acordar, se me sentir com forças, faço-vos uma proposta interessante. [al] Nada o maçava tanto como esperar. [pc] As óperas de Wagner geralmente maçam os espectadores.

₂Fc – V – N
Maçava-o que ela o viesse sempre interromper quando estava a almoçar.

₃I – V – N
Maçava-o ter que trabalhar naquelas condições.

₄N – V – N <com N>
Sempre que lá vou a casa, maçam-me com perguntas. João Gomes Ferreira era um senhor fluente, despedindo palavras à velocidade da memória ágil, perguntando sempre se me estaria a maçar com essa tralha toda, histórias, perfis de amigos desaparecidos e breves anedotas. [oj]

₅N – Vse <com N>
Os deputados maçaram-se com o longo discurso do presidente.

₆N – Vse – de, por I
A rapariga era campista, tirava sempre férias naquela altura e ia geralmente de praia em praia, porque se maçava de estar sempre no mesmo lugar. [al] No entanto, maçava-me terrivelmente por nada ter que fazer, não sabia como esgotar o tempo, gastava-me pelos cafés. [tm]

madrugar
1. früh aufstehen.

₁N – V
O Lopo não queria ser visto, e por isso madrugara. [nc]

magoar
1. wehtun. 2.-4. FIG. <jd> jn verletzen; jm Kummer bereiten; betrüben; <etw> jn schmerzen. 5. s. verletzen.

₁N – V – (Np)
Esta areia grossa magoa-ME os pés.

₂N – V – Np
Das [...], se o magoei. Vou-me deitar. [pc] O município de Liorna decidiu verificar a veracidade dos boatos que corriam desde há mais de 70 anos e segundo os quais Modigliani se desfez de alguns trabalhos seus, atirando-os a um canal, magoado pela incompreensão de alguns amigos. [pj]

₃Fc – V – Np
Magoava-o que a filha não se interessasse pela família.

₄I – V – Np
Magoava-o a filha não se interessar pela família.

₅Np – Vse
Ele magoou-se ao cortar os bifes. Ela magoou-se com a faca. Ele magoou-se no joelho.

maltratar
1. mißhandeln; schlecht behandeln.

₁N – V – N
Maltratar pessoas, animais. O tio tinha os olhos-negros, pequeninos, insolentes e ao mesmo tempo generosos. O que a tia Henriqueta LHE sofrera! Não que o tio Sabino a maltratasse: era mesmo bastante amigo dela. [gt] A obra do Camilo foi maltratada no cinema, pela crítica.

mamar
1. <Tier> saugen; <Kind> (an der Brust) saugen, trinken. 2. FAM. (Zigarre...) rauchen; (Getränk) herunterkippen. 3. FAM. absahnen; in die eigene Tasche wirtschaften. 4. FAM. jm etw abnehmen, abknöpfen.

₁N – V – (N)
A criança está a mamar. Esta criança não mama nada. O vitelo não quer mamar.

■ Dar de mamar + a Np: stillen, säugen.

₂N – V – N
Mamar um charuto, um cigarro. Ele mama quarenta cigarros por dia. Num instante, ele mamou duas cervejas.

₃N – V
Na função pública, há uma data de pessoas a mamar; é por isso que o país não vai para a frente.

₄N – V – N – a N
Depois do divórcio mamou tudo ao João. Até lhe mamou a casa de campo!

mancar
1. hinken; humpeln; <Pferd...> lahmen.

$_1$N – V   <de N>   O homem tinha óculos escuros e mancava (de uma perna).

manchar
1. Flecken machen in; schmutzig machen; FIG. beflecken; besudeln. 2.–3. FIG. beflecken; besudeln. 4.–5. Flecken bekommen; schmutzig werden. 6. s. bekleckern mit.

$_1$N – V – N   Esta água mancha a roupa toda. Tal atitude manchou-*lhe* a reputação. Ele manchou o nome da família. Manchei a roupa com o produto que deitei.
$_2$Fc – V – N   Manchou ainda mais a sua reputação que ele não tivesse tomado a atitude correcta.
$_3$I – V – N   Andar metido nesses negócios só vem manchar o nome da família.
$_4$N – Vse   A roupa manchou-se toda, eu bem te disse para não misturares os lençóis com as camisolas.
$_5$N – V   O teu casaco manchou, tinha uma cor bonita.
■ ⇒ *Estar, ficar manchado.*
$_6$Np.– Vse – de N   Manchou-se de café.

mandar¹
1. schicken; abschicken; werfen; schütten. 2. weggehen. 3. jn zu jm schicken.

$_1$N – V – N – (D)   <I>   Já mandaste a correspondência (para Lisboa)? As crianças não se calavam e o velho mandou-*lhes* um balde de água pela cabeça abaixo. Mandaram-*me* uma pedra à cabeça. Eu já mandei a roupa. O rapaz mandou tal pedrada à barriga da cordeira, que a desgraçada, prenha como uma vaca, abortou e morreu. [bi] Mandei-o perguntar se eles vinham cá jantar hoje. O Manuel mandou cumprimentos. O João mandou-a (ir) para casa. Já mandei a Maria fazer as compras.
$_2$Np – Vse – (D)   Ele já se mandou? Mas ainda é tão cedo. Mandei-me rapidamente dali p'ra fora!
$_3$N – V – N – (a N)   <I>   Se quiser mandar-me alguns livros, agradeço, pois a avó já refilou que gasto muito dinheiro. [be] Já mandei a correspondência (ao Paulo). Mandei-o ao dentista. Mandei-o à mãe perguntar se eles vinham cá jantar hoje.

mandar²
1. befehlen; herumkommandieren; das Sagen haben. 2. befehlen. 3.–5. befehlen; anordnen. 6. DIZER. 7. jm befehlen.

$_1$N – V   Lá em casa quem manda é a mulher. Tu muito gostas de mandar. O João manda na secção de utensílios domésticos.
$_2$N – V – (a Np) – N   Fazia o que a consciência (lhe) mandava.
■ etw gebieten: *Manda a boa educação que se dê o lugar aos mais velhos.*
$_3$N – V – (a Np) – Fc   A polícia mandou que dispersassem.
$_4$N – V – (a Np) – I   A consciência manda(-me) fazer isto.
$_5$N – V – [N +] I   A polícia mandou-os dispersar. A polícia mandou dispersar os manifestantes. A polícia mandou os manifestantes dispersar.
■ *Mandar alguém entrar:* jn hereinbitten.
■ *Mandar alguém sair:* jn auffordern zu gehen.
$_6$N – V – (a Np) – Te   DIZER.
$_7$N – V – em N   Tu não mandas em mim. Se a gente tivesse sempre que comer, não havia vida melhor. Mas mesmo assim, não a trocava pela tua. Na gente ninguém manda. [fa]

mandar³
1. lassen + V.

$_1$N – V + V$_{INF}$ Olha lá, Pedro – perguntou o João –, sabes quem mandou construir este Palácio? [dm] Vou mandar fazer uma saia nova.
■ *Mandar vir:* bestellen; kommen lassen: *Mandei vir o livro há dois meses.*
■ FAM. *Mandar vir (com alguém):* groß daherreden; nörgeln, meckern (über):

297

O que é o que estás para aí a mandar vir? Ele é um tipo intratável, farta-se de mandar vir com os colegas, e até mesmo com os professores!

manejar
1. handhaben; (Maschine) bedienen; (Mechanismus) betätigen; (Pinsel...) führen; umzugehen wissen mit; umgehen können mit.

₁N – V – N   *Manejar o pincel, a espada, um guindaste. Até agora temos falado na forma como o computador maneja os números.* [cp] *Um comunista poderia equivocar-se, discutindo com Pedro: amável e objectivo, ele manejaria problemas do marxismo sem perfilhar ou rejeitar as ideias com que ia sucessivamente brincando.* [vp] *Os rapazes passavam horas e horas ao lado do pai, em tronco nu, a empilhar tijolos, uns por cima dos outros, e manejando, já com perícia, uma pazinha de alisar a argamassa.* [dm]

manifestar
Morf.: Part.: ter, ser manifestado; estar manifesto.
1. (Gefühl) zeigen, offenbaren; etw äußern, zum Ausdruck bringen. **2.** <jd> s. äußern, s-e Meinung sagen. **3.** <etw> s. zeigen; offenkundig, offenbar, bekannt werden; auftreten. **4.–6.** bekunden; äußern; zum Ausdruck bringen; bekanntgeben. **7.** DIZER. **8.** s. aussprechen für. **9.** demonstrieren für, gegen.

₁Np – V – Nc   *O João manifestou contentamento ao ouvir a notícia. Durante estes últimos anos, o povo se cansou de manifestar as suas aspirações.* [pj] *No dia-a-dia, abstive-me cuidadosamente de manifestar desejos, passei sempre a esperar pelas propostas dos outros.* [tm]
▪ *Manifestar a sua opinião sobre + N*: s-e Meinung kundtun über.

₂Np – Vse   *Não fiques calado, manifesta-te!*

₃Nc – Vse   *Manifestaram-se alguns sinais de desagrado por parte da população. Já se manifestaram alguns casos de alergia nos alunos.*

₄Np – V – (a Np) – N   *Manifestou-me a sua preocupação acerca do estado das casas de freguesia.*

₅Np – V – (a Np) – Fi   *O chefe manifestou-lhes que tinha ficado muito incomodado com toda aquela situação.*

₆Np – V – (a Np) – I   *O presidente da Câmara manifestou aos representantes sindicais estar disposto a apoiá-los.*

₇Np – V – (a Np) – Te   DIZER.

₈Np – Vse – por N   *Os congressistas manifestaram-se pela realização do próximo congresso em Lisboa.*

₉Np – Vse – contra, por N   *Os trabalhadores manifestaram-se contra o governo, por aumentos de salários.*

manipular
1. manipulieren; handhaben; verfahren mit.

₁N – V – N   *Como homem, demonstra que não manipula as circunstâncias com tanta segurança quanto a palavra.* [pj] *Alguns políticos manipularam o escândalo de modo a não perderem o apoio da população rural. Manipular estatísticas.*

manobrar
1. Manöver abhalten; manövrieren; rangieren; FIG. taktieren. **2.** an, mit (e-r Maschine) arbeiten; (e-e Maschine) bedienen; mit (dem Auto, Schiff) manövrieren; [Eisenbahn] rangieren.

₁N – V   *Os soldados manobravam nas matas de Angola. O barco manobrou e atracou com dificuldade. O comboio manobrou e atrelou as carruagens. Os interesses da África do Sul colidiam com os nossos, o que nos obrigou a manobrar para não perder posições.* [sc] *O Dr. Banda é um hábil político e sempre manobrou de forma a não se incompatibilizar com os países da o.U.A.* [sc]

₂N – V – N   *O Chinês continuou a manobrar a máquina.* [kf] *Os maquinistas manobram diferentes máquinas. Manobrar o carro.*

manquejar
1. hinken.

₁N – V <de N>   Leonel, depois do que acabara de ouvir, estranhava que Alain fosse um homem como os outros, com a simples diferença de manquejar, apoiado a uma bengala. [vp] *Manquejava de uma perna.*

manter
Morf.: Pres.: mantenho; Imperf.: mantinha; Pret.perf.simpl.: Mantiveram; Part.: mantido.
1. für den Unterhalt von jm sorgen; aufrecht erhalten; beibehalten; (Beziehungen) unterhalten, pflegen; (Ruhe) bewahren; (Ordnung) aufrechterhalten; sein (Wort) halten, einhalten; bei (s-r Entscheidung...) bleiben. 2.–3. weiter bei (e-r Meinung...) bleiben; (den Standpunkt...) (weiter) vertreten. 4. bestehen bleiben; beibehalten werden; <jd> s. über Wasser halten. 5. jn wie halten; jn (auf den Füßen) halten; halten; erhalten. 6. s. wie halten; weiter + V; (weiterhin) bleiben + Adj. 7. jn wo halten; jn wo festhalten. 8. wo weiterhin bleiben, wohnen; s. halten auf. 9. DIZER.

₁N – V – N   *Ele mantém a família trabalhando para fora. Mantiveram-no a pão e água durante dois meses. Manteremos relações com os estados árabes e outros, cujas raízes históricas se cruzaram com as nossas ao longo dos séculos.* [dp] *Portugal mantém estreitos contactos com os Países Africanos de Língua Oficial Portuguesa (PALOPs). Manter a calma, a ordem, a sua palavra, a sua decisão. Apesar de tudo, mantinha o seu ponto de vista.*

■ *Manter as aparências:* den Anschein wahren: *A minha mãe está sempre a dizer que é preciso manter as aparências.* [hn]

₂N – V – Fi   *A população mantinha que era necessária mais uma escola. A população mantinha, há anos, que era preciso construir um bairro social.*

₃N – V – I   *Apesar de algumas opiniões em contrário, o Presidente mantém ser possível, ainda este ano, a realização de eleições antecipadas.*

₄N – Vse   *Mantêm-se os contratos entre os dois países. Ele mantém-se trabalhando no jornal, a trabalhar no supermercado.*

₅N – V – N – P   *A Wyeth Pasteur reintegrou o trabalhador, mas mantém-no totalmente inactivo e isolado.* [pj] *Ela mantinha a criança de pé. O frio manteve a água congelada.*

■ *Manter alguém, manter-se ao corrente da situação:* (s.) auf dem laufenden halten.

■ *Manter a.c. + a I:* etw. am + V halten: *Por agora, trazia sempre bem contados os tostões necessários à aquisição diária do pão duro e do queijo barato que mantinham o prodigioso sopro da vida a palpitar-me na ossada.* [np]

₆N – Vse – P   *Ele não se conseguia manter de pé. Na sua cela, Spaggiari exercitava-se duas vezes por dia para se manter em forma.* [kf] *A água manteve-se congelada. O colombiano manteve-se calado.* [np] *Duvido que, com este programa, a tasca ainda se mantenha de portas abertas.* [np] *Aqui, as tradições mantêm-se ainda quase imutáveis.* [dn]

■ *Manter-se + a I:* weiter + V: *Manteve-se obstinadamente a falar, mesmo depois de já ter exposto o seu ponto de vista.*

₇N – V – N – L   *Os seus interesses no estrangeiro mantinham-no fora do país durante grande parte do ano. Os assaltantes mantinham os reféns na cave do edifício.*

₈N – Vse – L   *Mantenho-me ainda em casa dos meus pais. O avião demandava solidamente a região das nuvens, ia-as deixando já muito para baixo e mantinha-se agora na altitude certa.* [np] *A água manteve-se ao nível desejado. Manteve-se ao nível dos melhores embaixadores.*

₉N – V – Te   DIZER.

manusear
Morf.: Pres.: manuseio.
1. handhaben; in die Hände nehmen.

₁N – V – N   *Cobol é uma boa linguagem para manusear ficheiros e para escrever aplicações de tipo financeiro.* [cp] *Aquele jornal devia ter sido manuseado por muita gente, porque estava gasto nas dobras e mesmo roto em alguns sítios.* [np]

maravilhar
1. jn verwundern; in Erstaunen setzen. 2. erstaunen, verwundert sein über.

₁N – V – N   *Maravilha-me na alma espanhola o gosto do impossível e do inútil – dizia o Pedro sorridente.* [vp] *Orvalhinho compraz-se em maravilhá-lo com os prodígios do Ocidente misterioso.* [np] *O dinheiro era esbanjado na compra de toda a espécie de bugigangas com que, no regresso, pretendiam maravilhar os seus conterrâneos e conquistar as mulheres.* [sc]

₂N – Vse – (com N)   *Todos maravilharam-se com a sua beleza.*

marcar
1. (Telefonnummer) wählen [BRAS. ⇒ discar]; etw notieren; etw markieren, kennzeichnen; (Vieh) brandmarken; (s-n Platz) belegen; etw festlegen; s. e-n Termin geben lassen; [Fußball] jn decken; (Frist) festlegen; <Uhr> (Stunde) anzeigen; (Takt) schlagen; FIG. jn brandmarken; etw, jn charakterisieren; jn prägen, zeichnen. 2.-3. jn prägen. 4. festlegen, festsetzen auf.

₁N – V – N   *Pelas 9 horas voltou ao seu gabinete, pegou no telefone e marcou o número* [kf] *O telefone é de tipo que pode memorizar números para depois os marcar com o simples toque de um botão.* [cp] *Acordei já o Sol nascera; espreitei o relógio, marcava quase dez horas, e alarmei-me, como se pudesse perder qualquer coisa de essencial, se chegasse muito tarde aonde queria.* [ce] *O sinal luminoso marcava o fim da estrada. Os piratas marcaram o lugar do tesouro com um monte de pedras. Um monte de pedras marcava o lugar do tesouro. Marcaram as árvores para abate. Vou marcar isto na minha agenda. Deixo aqui o casaco a marcar o lugar. O Ministério das Finanças marcou os prazos de entrega do imposto complementar. Marquei uma consulta para o oftalmologista. Marcar o ritmo, o compasso. Manuel Barbosa mandou entrar Fernando para marcar Walsh.* [pj] *Os seus crimes marcaram-no para sempre. O realismo marcou o século dezanove. Inúmeras revoltas marcavam o período antes da República. O partido marcou a sua posição.*
- *Marcar um golo:* ein Tor schießen.
- *Marquei com ele às três da tarde:* e-n Termin verabreden.

₂Fc – V – Np   *Que o seu pai tivesse cometido tal crime marcara-o para sempre.*

₃I – V – Np   *Tor vůvůúú hnnnnhn nnnnn uuu ůý*ý*žuu nnnnuuuuqu-uu.*

₄N – V – N – T_para   *Marquei a reunião para amanhã às cinco horas. Marquei um encontro com ele para as cinco. Schroeder pretende assistir ao casamento de um filho, marcado para Março, e bailar com a noiva.* [p]

marchar
1. marschieren. 2. marschieren; FAM. (wohin) gehen; los, nach (Hause...).

₁N – V   *O batalhão marchava ao som do hino nacional.*
- *Marchar:* <etw> (wie warme Semmeln) weggehen: *Os doces marcharam todos! Os isqueiros em forma de Bart Simpson já marcharam todos!*

₂N – V – D   *Todos os civis marcharam para as pontes do Mosa a secundar a coluna de infantaria belga que abriu fogo sobre o inimigo.* [oj] *O que é que o menino está a fazer aqui fora a estas horas?_Marche já para casa, depressinha.*

marimbar-se [PG. FAM.]
1. es jm wurscht sein; auf etw pfeifen.

₁Np – Vse – para N   *De resto, pouco se lhe dava a ela o modo como ele gastara o dinheiro, com mulheres, com álcool ou com os amigos_Para isso estava-se marimbando.* [pc] *Estou-me marimbando para o que as pessoas possam dizer. Ele está-se marimbando para o trabalho.*

martelar
1. (auf etw ein-)hämmern.

₁N – V – (N)   *Uma tarde em que ela passava na varandinha sobre o quinteiro, surpreendeu Custódio, que tinha deixado de martelar um dos seus engenhos para a caça das toupeiras, e olhava o ar toldado do entardecer.* [as] *Ele martelava sem parar, e os pregos iam-se alinhando, segurando as*

tábuas.
- BRAS.: *Tanto martelou, que conseguiu:* insistieren; darauf bestehen.

mascar
1. kauen; lutschen.

₁N – V – (N)   *O grande Guilherme observa a mercadoria, de mãos no cinto, à forçado, sempre a mascar pastilha elástica, a ver se está tudo em ordem.* [op]

mascarar
1. maskieren. 2. s. maskieren; s. verkleiden. 3. (zu) verbergen (suchen).

₁N – V – N – (de N)   *Pelo carnaval mascarei a minha pequena de cigana.*
₂N – Vse – (de N)   *Aí, ao menos, pensava Miguel, não é preciso um homem mascarar-se para estar ao pé duma rapariga.* [bc] *Mascarou-se de diabo.*
₃Np – V – N   *Surgirá o perigo de que as vãs aparências duma democracia de pura fórmula sirvam, não raras vezes, para mascarar o que na realidade é o que há de menos democrático.* [pj] *Mascaravam quanto possível a ânsia de se apertarem, que a todo o momento lhes fazia mal.* [vp]

massacrar
1. massakrieren; niedermetzeln; FIG. jn foltern (mit), quälen; 2.–3. jm auf den Geist gehen; jn nerven. 4. FIG. jn foltern, quälen mit.

₁N – V – N   *Todos nos lembramos do período revolucionário em que a televisão era a arte de massacrar os portugueses; sofria-se a televisão ou desligava-se a televisão.* [pj] *A música no andar de cima massacrou-a toda a manhã.*
₂Fc – V – Np   *Que ele fosse tão teimoso massacrava-a.*
₃I – V – Np   *Massacrava-a, e de que maneira, ter que aturar todos os dias as suas birras.*
₄N – V – NP – com N   *O professor massacrou o aluno com perguntas. Ainda sou do tempo em que o professor massacrava os alunos com todas as linhas do caminho de ferro.*

mastigar
1. kauen; herumkauen auf. 2. (Wörter) bedächtig, undeutlich (aus-)sprechen.

₁N – V – (N)   *A cocaína cultiva-se na Bolívia, onde camponeses e mineiros têm o costume de mastigar as folhas misturadas com a cinza para acalmar a fome e resistir ao cansaço. Sinto, porém, um prazer sádico em mastigar o bife duro e em comer as batatas mal fritas.* [hn] *Ele mastigava com dificuldade.*
₂N – V – N   *Parece que o fulano mastiga as palavras, não percebo nada do que está para ali a dizer.*

matar
Morf.: Part.: ter, ser matado; estar morto.
1. töten; umbringen; um die Ecke bringen; (Wild) erlegen; FIG. (Hunger, Durst, Neugierde...) stillen; (Zeit) totschlagen. ◊ an (e-r Krankheit) sterben. 2. s. umbringen; Selbstmord begehen. 3. jn fertigmachen, überhäufen mit. 4. s. zu Tode + V. 5. jn s. zu Tode + V lassen. 6. s. zu Tode + V.

₁N – V – (N)   *Excluída a hipótese de matar, que mais pode fazer a Morte?* [tm] *Dois turistas alemães tinham sido **mortos** a tiro.* [kf] *Matou-o com um tiro. O caçador matou uma lebre. Matar a fome, a sede, a curiosidade. Para matar o tempo, releu também metade de um velho romance de Georges Ohnet, que para ali ficara esquecido.* [pc] *O desgosto matou-a.*
- *Matar dois coelhos de uma só cajadada:* zwei Fliegen mit einer Klappe schlagen: *É preciso tirar-lhe as amígdalas...Porquê?...O cu que tem a ver com as calças?...Nada, claro, apenas aproveitava, matava dois coelhos duma cajadada.* [lu]
- *Matar o bicho:* frühstücken, auf nüchternen Magen einen trinken: *Enquanto o resto da família "matava o bicho", o Pedro tirava fotos.* [oj]
- *Matar malhas:* [Stricken] abnehmen.
- *Matar alguém à fome, à sede,* BRAS. *de fome, de sede:* jn verhungern, verdursten lassen.

₂N – Vse   *Ele matou-se quando soube que a mulher o tinha abandonado.*

₃N - V - Np - com N   *A mãe mata-o com trabalho.*
₄Np - Vse - de N, I   *Ela mata-se de trabalho, de trabalhar, não descansa nem ao domingo.*
₅N - V - Np ⟨a I⟩   *Ela mata a filha a trabalhar.*
₆Np - Vse ⟨a I⟩   *Eu mato-me a trabalhar, para te dar uma vida melhor.*

matricular
1. jn wo anmelden; einschreiben; immatrikulieren. 2. s. wo einschreiben; s. immatrikulieren. 3. einschreiben; immatrikulieren. 4. s. einschreiben.

₁N - V - N - (L)   *Ele matriculou o filho na escola secundária.*
₂N - Vse - (L)   *O João matriculou-se na Faculdade de Letras.*
₃N - V - N - (em N)   *Ele matriculou o filho em inglês e alemão.*
₄N - Vse - (em N)   *O João matriculou-se em biologia.*

matutar
1. über (e-r Arbeit) brüten; angestrengt nachdenken über; grübeln; s. den Kopf zerbrechen über. 2.-3. nachgrübeln über. 4. DIZER.

₁N - V - (em N)   *Era a primeira vez que as duas crianças viam a lua cheia. Matutavam eles, por certo, na explicação de mais aquele mistério do Céu, onde ambas sabiam que moravam Deus e Nossa Senhora.* [bc] *Naquele dia não mais pensei na conversa que por acaso ouvira. Tinha coisas mais sérias em que matutar.* [sv] *Ele por ali andava sempre a matutar.*
₂N - V - Int   *Ele matutava em **como** mostrar ao pai que a namorada era boa pessoa.*
₃N - V - N   *O João matutou um plano para convencer o pai a dar-lhe algum dinheiro.*
₄N - V - Te   DIZER.

mediar
Morf.: Pres.: medeio.
1. (in der Mitte) zwischen etw liegen; <Abstand> liegen zwischen. 2. bei etw. vermitteln.

₁N - V - entre Npl   *A história das ilhas Malvinas nos seus primeiros anos é muito importante por dizer respeito ao período que medeia entre o abandono da colónia espanhola estabelecida na parte oriental do arquipélago, em 1811, e a ocupação britânica em 1833.* [pj] *A distância que medeia entre Coimbra e a Figueira da Foz não é de molde a impedir que muitos conimbricenses se desloquem à praia aos domingos.*
₂N - V - Npl   *Durão Barroso mediou com enorme sucesso as negociações de paz entre o* MPLA *e a* UNITA.

medir
Morf.: Pres.: meço.
1. messen; wie groß, lang... sein. 2. messen; abmessen; ausmessen; (Höhe...) abschätzen; FIG. jn abschätzend mustern; (die Kräfte) messen; etw abwägen. 3. s. messen an; gemessen werden an. 4. s. mit jm messen können.

₁N - V - Q   *O José mede 1 metro e 80. O tabuleiro da ponte mede 200 metros. O limite exterior dos passeios dos respectivos arruamentos medirá, no mínimo, uma distância de cinco metros.* [pj]
₂N - V - N   *Medir uma distância, um terreno. O atleta mediu o obstáculo e saltou. Tinha a sensação que as pessoas me mediam de alto a baixo, da cabeça aos pés. Eles mediram forças (um com o outro). Ele mede bem as palavras. Ele não mediu bem as consequências da sua atitude. O Tempo não transmite notícias sem medir a sua importância e o seu significado.* [ot]
₃N - Vse - por N   *Hoje tudo se mede pelos resultados.* [pj]
₄N - Vse - com N - (em N)   *Ninguém se pode medir com ele em talento.*

meditar
1. nachdenken; meditieren. 2. nachdenken über; etw durchdenken. 3. überdenken; in Erwägung ziehen; nachdenken über.

₁N - V   *Monroe sentava-se a meditar na sua cadeira de balanço de espaldar alto.* [pj]
₂N - V - em... N   *Se temos os olhos postos no futuro democrático do País haveremos de meditar profundamente nesta efeméride tão significativa.* [dp] *Meditei algum tempo sobre a conversa que tivemos.*

₃N - V - N   *Maria, se fingia muitas vezes prescindir dos conselhos da vizinha, acabava por os meditar e seguir.* [as]

medrar
1. gedeihen; wachsen.

₁N - V   *Os rebentos que me deste já medraram. O desencanto da população acentua-se, medra, cresce e agiganta-se.* [pj] *Em todos os agrupamentos, porém, medram inevitavelmente a maledicência e o compadrio.* [vp]

melhorar
1. verbessern; renovieren; (Buch) überarbeiten. 2.-3. verbessern. 4. s. verbessern; <Wetter...> besser werden, s. bessern; <jd> s. erholen; es jm besser gehen; gesund werden. 5. s. erholen von.

₁N - V - N   *Apesar de todas as dificuldades, a acção do Comandante conseguiu sacudir muitas apatias e melhorar o rendimento dos serviços.* [sc] *Ah, ah!¸Vocês melhoraram a loja! Melhoraram a última edição da Gramática. Este acontecimento melhorou as relações entre os dois países.*
₂Fc - V - N   *Que se tivesse finalmente chegado a um consenso melhorou a eficácia dos serviços.*
₃I - V - N   *Ter conseguido aquele emprego novo melhorou a minha vida.*
₄N - V   *O tempo melhorou. O teu pai já melhorou? O nível de vida melhorou. As comunicações terrestres entre os dois países melhoraram.*
₅N - V - de N   *Ele melhorou da doença.*

■ *Melhorar de vida:* s. verbessern; s. besser stehen; s−n Lebensstandard verbessern: *Muitos saem do país tentando melhorar de vida. Ele melhorou de vida com o novo emprego.*

melindrar
1.-3. kränken. 4. gekränkt sein.

₁N - V - N   *A pergunta do rapazola melindrara-o e tornava mais evidente o quanto se sentia enjoado consigo próprio.* [fn] *Tê-lo-ia melindrado?¸Devia, pelo contrário − bem sabia que era esse o seu papel −, pedir-lhe apoio, aconchegar-se nos braços dele.* [pc]
₂Fc - V - N   *Na verdade, melindrava-o sempre que fossem os outros a chamá-lo ao bom senso.* [fn]
₃I - V - N   *Melindrava-o serem os outros a recordarem o que se passava.*
₄N - Vse <por I>   *A certeza de que Emília Adelaide se melindrara por não ter vindo ampará-la, era uma ciumenta, sempre assim fora desde criança, preocupava-o naquele dia mais do que habitualmente.* [bc]

memorizar
1. auswendig lernen; s. einprägen; speichern.

₁N - V - N   *Memorizar dados, nomes. O computador memoriza uma quantidade assinalável de informação.*

mencionar
1. anführen; (Namen) nennen; erwähnen. 2.-3. erwähnen. 4. DIZER.

₁N - V - N   *Desde que ele partiu nunca mais mencionou o seu nome nem fez qualquer comentário a respeito do novo estilo de vida dele.* [kf] *O locutor mencionou os nomes dos primeiros classificados.*
₂N - V - Fi   *O ministro mencionou que não cederia à pressões.*
₃N - V - Int   *O ministro não mencionou se a ponte seria construída ou não.*
₄N - V - Te   DIZER.

mendigar
1. betteln. 2. betteln um; etw erbetteln.

₁N - V   *Trata-se duma forma subtil de mendigar.* [op]
₂N - V - N   *Anda a mendigar pão para os filhos. Por causa da situação a que se chegou na empresa, muitos dos trabalhadores já andam a mendigar emprego noutros lados.*

menear
Morf.: Pres.: meneio.
1. (den Kopf) hin und her bewegen; s. in (den Hüften) wiegen; mit (dem Schwanz) wedeln.

₁N – V – N Joaquim Taranta ficou sozinho, a menear a cabeça, de barrete na mão. [bc] Desfilaram pelo café, damas gordas, em série, com crianças pela mão, meneando sedosamente as carnes invasoras e túmidas, que excitavam a contemplação de alguns clientes solitários e calvos, de meia idade. [pc] O cão meneou o rabo.

menosprezar
1. geringschätzen; unterschätzen; verachten.

₁N – V – N O primeiro-ministro recordou que importa não menosprezar o perigo de um vazio do poder. [pj] Não posso menosprezá-lo, não posso menosprezar ninguém. [nv]

mentir
Morf.: Pres.: minto.
1. lügen; die Unwahrheit sagen; schwindeln. 2. jn belügen; jn anlügen; jn beschwindeln; jm die Unwahrheit sagen. 3. DIZER.

₁Ncp – V As pessoas parece que saíram das repartições cansadas de mentir, cansadas do papel que andam a representar há anos para ganharem a vida. [hn] Os provérbios e as cartas, em geral, não mentem. O espelho não mente. A Ordem dos Médicos desinforma, mente e falsifica. [oj]
₂Np – V – a Np Mentiu à criança, que nunca mais acreditou nas suas palavras.
₃Np – V – Te DIZER.

merecer
1. FIG. verdienen; s. ein Anrecht erwerben auf. 2.–3. FIG. verdienen.

₁N – V – N Merecer elogios, uma recompensa, um castigo. Nem todos os mortos merecem a mesma sepultura, essa é que é a verdade, por muito que doa aos vivos. [bc] O que ele diz não merece confiança. Mereceu a confiança dos colegas.
₂N – V – Fc És muito má, não mereces que te dê nada.
₃N – V – F Tinhas mesmo que partir o vaso, o que merecias agora era levar umas palmadas.

merendar [⇒ lanchar]
1. vespern; (nachmittags) kaffeetrinken. 2. etw zur Vesper essen; etw vespern.

₁N – V Deixa descansar o rapaz – disse de lá o Joaquim Fotunato. – Ele merendou? [nc]
₂N – V – N Merendei um bolo de bacalhau e um copito de vinho.

mergulhar
1. <jd> tauchen. 2. untertauchen; eintauchen in. 3. versinken in; FIG. eintauchen in. 4. etw tauchen in; etw einweichen.

₁N – V Ele mergulha muito bem.
₂N – V – (L) Sem saber como, mergulhei uma vez. Quando vim acima, bati as mãos, gritei pelos companheiros e desapareci de novo, esgazeando os olhos, como se assim pudesse salvar-me. [ra] Mergulhou na lagoa gelada, e logo emergiu.
₃N – V – em N Leonel mergulhava então no sono, como numa fuga. [vp] Mergulhar de cabeça na vida, na leitura, no vício.
₄N – V – N – (L) Alberto tirou a dentadura e mergulhou-a, como todas as noites fazia, num copo de água. [pc] Já mergulhei a roupa, agora é só lavá-la.

meter¹

1. etw stecken in; hineintun in; legen in; jn ins (Gefängnis...) stecken; (Geld) auf (die Bank) bringen; in (ein Geschäft...) anlegen, investieren; (Geld, Nase...) stecken in; auf (e-e Liste) setzen. 2. s. stürzen in; s. wo verkriechen, verstecken; s. wohin zurückziehen; (Weg) einschlagen, gehen. 3. Richtung nehmen auf; einbiegen; abgehen. 4. jn, etw stecken in; mit hineinziehen; jn in (Schwierigkeiten...) bringen; (s-e Nase) stecken in. 5. in (e-n Wagen) steigen; s. einmischen in; s. in (ein Abenteuer) stürzen. 6.–8. jm (e-n Schrecken...) einjagen; jn in etw versetzen. 9. etw werden; s. auf etw einlassen. 10. s. auf etw einlassen; etw in Angriff nehmen. 11. s. anlegen, einlassen mit; jn provozieren. 12. (Tor) schießen; tanken.

₁N – V – N – D   *Mete o brinquedo na caixa e senta-te aqui como um homem!* [np] *O João mete o dedo no nariz. Meteu a mão por debaixo da camisola e coçou a barriga. Meteu a mão na bolsa e tirou o livro de cheques. A polícia meteu os ladrões na cadeia. O meu filho não gostava de andar na escola, peguei nele e meti-o numa fábrica. Meteu todo o dinheiro que tinha no negócio. Meteram-no na lista dos culpados. Meteu a filha num colégio, num convento. Meteu todo o seu dinheiro no banco. Andando, de mãos atrás das costas, procura a sombra, com o braço muito branco da mulher metido no seu.* [np] *Não meta o nariz onde não é chamada!*

■ *Meter ideias na cabeça de alguém:* jm Flausen in dem Kopf setzen.

₂N – Vse – D   *Tó Rolin metera-se à água para agarrar Julinha Quintela, quase desmaiada com o susto da queda.* [bc] *Ele meteu-se em casa, nunca mais quis falar com ninguém. Não sabe onde se há-de meter. Meter-se por um corredor. Meteu-se pelo caminho fora.*

■ *Meter-se pelos olhos dentro:* es jm auffallen, ins Auge stechen: *Todas as outras máquinas de barbear têm os pratos direitos. E os pratos direitos, caramba, está-se a meter pelos olhos dentro, os pratos direitos não se afazem à pele.* [sv]

■ *Meter-se na boca (cova) do lobo:* s. in die Höhle des Löwen begeben: *Juntem-se todos, juntem-se, e vão-se meter na cova do lobo! – agoira Amanda Carrusca.* [sv]

₃N – V – D   *Levantou-se ainda de noite, foi até ao quintal ver a criação, e depois saiu, metendo primeiro até S. José para dar uma volta ao pontão.* [fa] *Agora João metia à esquerda, curvava à direita, seguia em frente, detinha-se, recomeçava a andar.* [np]

■ *Meter (pela) estrada fora: Pegou no chicote, fê-lo estalar no lombo da égua e meteu estrada fora, direito à Golegã.* [fa]

■ *Meter por um caminho:* e-n Weg einschlagen.

₄N – V – N – em Nc   *Se o arroz correr o risco de se queimar, agita-se o tacho ou a caçarola, mas nunca se lhe mete colher.* [ac] *O pai quis metê-lo na medicina, mas o rapaz esquivou-se. Meti-o na ordem. Não quis meter a família na intriga. Meteu o nariz no assunto.*

■ *Meter alguém em trabalhos, em trapalhadas:* jn in Schwierigkeiten bringen: *Sai de cima da árvore, ainda me metes em trabalhos. Não me metas em trapalhadas!*

₅N – Vse – em N   *Algumas semanas antes de se meterem no carro para virem a Portugal, a cabeça já cá está.* [oj] *Meter-se em negócios alheios. Não se meta na minha vida. Se fosse eu a ti, não me metia em aventuras, o negócio não tem cara de dar certo.*

■ *Meter-se nos copos:* (zu) tief ins Glas schauen: *Ele meteu-se nos copos.*

■ *Meter-se em brios:* glänzen wollen: *Cada Feira se mete em brios para que julguemos que o recinto esteve e estará por sua conta.* [oj]

■ *Meter-se em despesas:* s. in Unkosten stürzen.

■ *Estar metido+em N:* zu tun haben mit: *Sou um dos maiores fabricantes de chapéus do país, mas estou metido em várias outras indústrias.* [hn]

₆N – V – Nc – a Np   *Meter medo, um susto, inveja a alguém.*

■ *Meter ombros+a N:* in Angriff nehmen; s. e-r S. annehmen: *Meteu ombros à tarefa de obter financiamento para os mestrados.*

₇Fc – V – N – a Np   *Metia-lhe impressão, nojo que o Carlos se tivesse deixado chegar a esse ponto.*

305

₈I – V – N – a Np   *Sair de noite metia-lhe medo.*
₉N – Vse – a N   *Meteu-se a frade. Ele tem a mania de se meter a experiências.*
₁₀N – Vse – a I   *Meti-me a fazer a casa e agora não tenho dinheiro para a acabar.*
₁₁N – Vse – com N   *Ninguém se meta comigo! Estão sempre a meter-se com o Pedro por ele ser tão pequeno.* [dm] *Não se meta com ela pois não é flor que se cheire.*
₁₂N – V – N   *Meter um golo. Meter gasolina.*
 ▪ *Meter pessoal:* Personal einstellen.
 ▪ *Meter a unha:* Wucherpreise nehmen; es von den Lebendigen nehmen: *O cinzeiro, o tapete, o banco, as flores e o mais que a imaginação descobrir, têm o seu fornecedor especializado que mete a unha quanto pode.* [oj]

meter–se²
1. s. anschicken zu + V.
₁N – Vse + a V_INF   *Ele meteu-se a falar da vida dos outros.*

metralhar
1. (mit dem Machinengewehr) erschießen, beschießen, schießen auf.
₁N – V – N   *Rumorosa, brusca, a saraivada desaba e metralha os telhados e as ruas.* [sv]

mexer
1. bewegen; umrühren; durchwühlen; fortbewegen; FIG. bewegen. **2.** s. bewegen; NEG. (Arm...) s. nicht bewegen können. **3.** s. bewegen; ◊ (Arm...) bewegen können. **4.** umgehen (können) mit; berühren. **5.** FIG. (Thema) berühren; zu sprechen kommen auf; jn aufwühlen.
₁N – V – N   *Mexeu a grande pedra, provocando uma avalancha. Mexe-se tudo muito bem, prova-se de sal e pimenta, ferve mais quinze minutos e serve-se.* [ac] *De quando em quando mexe-se com a colher de pau.* [ac] *Já mexi a sopa. Mexeu-ME os papéis na secretária, e não pude encontrar o documento. Tenho a impressão que o Mateus não sabe bem mexer o negócio.* [be]
 ▪ *Não mexer um dedo:* keinen Finger rühren: *Bernadette ajudou-o a sentar-se. Recordo-me que não mexi um dedo.* [np]
₂Ncp – Vse   *As folhas mexiam-se com o vento. Pompílio mexeu-se freneticamente na dança, o que não admira, pois já nos bailaricos da sua terra, era dos que levantava mais pó.* [np] *Mesmo depois do tratamento, o braço continua sem se poder mexer.*
₃Nc – V   *Também eu não estou à espera que o Eldorado seja amanhã, mas ao menos as coisas mexem.* [lu] *O meu braço não mexia, as minhas mãos não mexiam, os meus pés não saíam do lugar.*
₄N – V – em N   *Leonel tirou de uma mala um revólver, em que mal sabia mexer, e carregou-o.* [vp] *Não mexas no bolo!*
 ▪ *Não mexer!:* Nicht anfassen!
₅N – V – com Ncp   *A morte do pai mexeu com ele. Não mexam com o assunto, é por demais complicado! A revolução mexeu com o país.*

miar
1. miauen.
₁N – V   *Cheirica aqui, cheirica ali, um gato mia pateticamente.* [op] *Ouviam-se gatos a miar lá fora!* [vp]

migar
1. zerkrümeln; zerbröckeln; zerkleinern.
₁N – V – N   *Joaquina sentou-se à lareira, e, enquanto mexia na tijela o chá preto em que migava sopas de trigo, entabulou com Maria uma conversa trivial sobre o morto, os seus parentes e escassas alfaias que herdavam eles.* [as]

mijar
1. pinkeln; pissen; [⇒ fazer chichi, urinar]. **2.** wohin pinkeln, "machen".
₁N – V   *Um cão vem pelo passeio abaixo, detém-se junto duma árvore, mija, recomeça a andar, senta-se a meu lado.* [op]
 ▪ *Mijar sangue:* bluten.

▪ *Mijar fininho:* klein beigeben.
▪ *Mijar-se todo de medo:* s. vor Angst in die Hose machen.

₂N – V – L   *O marinheiro tenta acertar uma lambada no predadorzito que LHE mijara nas calças, mas falha o golpe e vai de ventas ao chão.* [np]

mimar¹
1. verwöhnen; verhätscheln; verziehen.

₁N – V – N   *Vocês mimaram demais estas crianças, agora é difícil controlá-las.*
▪ *Ser muito mimado, só ter mimo:* verzogen, verwöhnt sein.

mimar²
1. nachahmen; nachmachen.

₁N – V – (N)   *Ele mimou a personagem à vontade.*

minar¹
1. untergraben; unterhöhlen; FIG. untergraben; unterminieren. 2.-3. FIG. untergraben.

₁N – V – N   *As águas dos esgotos minaram os fundamentos do prédio. O objectivo global do projecto é assegurar – e não minar – o desanuviamento.* [pj] *O momento era grave, sem dúvida, pelas dissenções que minavam os partidos monárquicos.* [bc]

₂Fc – V – N   *Que os partidos fossem tão dogmáticos minava as possibilidades de desanuviamento.*

₃I – V – N   *Ver o procedimento dele minava-LHE a confiança.*

minar²
1. verminen.

₁N – V – N   *Eles minaram a entrada do porto.*

minguar [mingar]
1. abnehmen; kleiner werden; schrumpfen; weniger und weniger werden. 2. es jm fehlen, mangeln an.

₁N – V   *Françoise, cujos magros rendimentos pareciam minguar, não dava as mãos à preguiça nem os olhos ao desespero; fazia malha e vendia camisolas e casacos de criança.* [vp] *O Botto movia-se agora no cadeirão; parecia que o corpo LHE mingara com as palavras iradas do Relvas.* [bc] *O ordenado minguava a olhos vistos.*

₂N – V – a N – em N   *Não tem frio? – perguntou o juiz da Relação, pondo num olhar redondo, que se pretendia galante e malicioso, o que lhe minguava em astúcia verbal.* [pc]

minimizar
1. auf ein Minimun herabsetzen; klein, gering... halten, machen.

₁N – V – N   *Minimizar prejuízos, défices, a importância de a.c. Para minimizar a situação desagradável em que vive, aquela inquilina colocou meia dúzia de baldes nas escadas com objectivo de evitar inundações provocadas pela chuva que entra pela clarabóia.* [oj]

ministrar
1. (von Amts wegen) beibringen; (Medizin) verabreichen; jm (die letzte Ölung) geben.

₁N – V – N – a N   *Vinha para cá um campónio prestar serviço militar, adornado apenas com a instrução primária, e punham-no a ministrar cultura a macaenses com o sétimo ano do liceu. Já lhe ministrou o remédio que receitei? Ministrar as últimos sacramentos ao moribundo.*

minorar
1.-3. (Schmerzen) lindern; mildern; verringern. 4. <Schwierigkeiten...> abnehmen.

₁N – V – N   *O Eng. Vítor Silva começou a diligenciar no sentido de minorar as péssimas condições em que aquelas pessoas se encontravam.* [pj] *Constantemente procurava pílulas para minorar os sofrimentos. O remédio minorou-LHE as dores. Já conseguimos minorar-LHE as dores com o remédio.*

₂Fc – V – N   *Que ela se tivesse desculpado, minorava em certa medida a sua irritação.*
₃I – V – N   *Em tais circunstâncias, tomar a iniciativa ia minorar as reacções negativas em certas regiões.*
₄N – Vse   *Minoravam-se as dificuldades económicas do país.*

mirar
1. s. etw, jn ansehen, anschauen, betrachten; auf (die Uhr) sehen. 2. zielen, anlegen auf.

₁N – V – N   *Teresa mirava-LHE a fronte morena e estreita, os finos lábios ondulosos, sempre um pouco depreciativos.* [pc] *Só Rosário nunca mais aparecia. E ele em pulgas, a mirar o relógio, praguejando no seu foro íntimo, de cinco em cinco minutos.*
▪ *Mirar-se ao, no espelho*: s. im Spiegel betrachten.

₂Np – V – Da   *Os terroristas miraram à janela do embaixador. Mirando à janela, comprazia-se com a beleza da paisagem.*

misturar
Morf.: Part.: ter, ser misturado; estar misto.
1. vermischen; durche–a.bringen; durche–a.werfen. 2. etw vermischen mit. 3. [Küche] mischen unter, hinzugeben. 4. s. vermischen mit. 5. mit hineinziehen in. 6. s. einmischen in. 7. s. vermischen. 8. s. vermischen mit; Umgang haben mit.

₁N – V – Npl   *Misture todos os ingredientes e deixe levedar. Não mistures as coisas.*
₂N – V – N – com N   *Misturar o vinho com água.*
▪ *Misturar alhos com bugalhos*: Kraut und Rüben durche–a.werfen.
₃N – V – N – a N   *Misture esta massa ao preparado anterior.*
₄N – Vse – a N   *Que porcaria, a manteiga derreteu-se e misturou-se às cebolas. Este ingrediente misturou-se ao anterior.*
₅N – V – N – em N   *Não quero misturar a família nos meus negócios.*
₆N – Vse – em N   *Não te mistures nos meus negócios!*
₇Npl – Vse   *Aqueles odores da floresta molhada misturavam-se, produzindo uma sensação agradável.*
₈N – Vse – com N   *O cheiro que se desprendia dum leitão assado, misturando-se com o perfume do incenso e do sândalo, inspirou-me uma emoção evocadora de ritos indelevelmente bárbaros dos começos da espécie humana.* [kB] *Não me misturo com este tipo de gente.*

mobilar   [BRAS.: mobiliar]
1. möblieren.

₁N – V – N   <com N>   *Vamos mobilar a casa toda com móveis de estilo. Tem que mobilar o quarto se o quiser alugar.*

mobilizar
1. MIL. mobilisieren; FIG. mobilisieren; bewegen.

₁N – V – N   *Começaram a mobilizar os que tinham passado à reserva. A política de emprego deverá mobilizar todos os meios financeiros da Comunidade alargada.* [cm] *O acordo mobilizou a opinião pública.*

moderar
1.-3. mäßigen; verlangsamen; vermindern; (Geschwindigkeit) drosseln; mildern. 4. s. mäßigen; s. zurückhalten.

₁N – V – N   *Pôs-se a buzinar, à toa e moderou a velocidade para a humilhante média de quarenta quilómetros.* [pc] *A maturidade geralmente traz aos adolescentes os sonhos para a terra e modera-LHES o carácter com autodisciplina.* [kf]
₂Fc – V – N   *Que o contabilista interviesse não ia moderar os gastos da firma. Que o irmão lhe tivesse contado toda a verdade moderava a impressão negativa que o divórcio dos pais causara nele.*
₃I – V – N   *Ter gente de capacidade na gestão da firma moderaria afinal algumas despesas.*
₄N – Vse   *Modera-te, olha que estás a falar com teu pai.*

modificar
1. verändern; [Grammatik] modifizieren, bestimmen. 2.-3. ändern; verändern; umwandeln. 4. s. ändern; s. wandeln; <jd> s. verändern.

₁N – V – N   Vou modificar a casa toda. O adjectivo modifica o substantivo.

₂Fc – V – N   Que a firma tivesse falido, modificou-LHE a vida.

₃I – V – N   Ter adoecido assim tão gravemente modificou-a muito. Sanear todos os responsáveis não vai modificar por si só a situação.

₄Ncp – Vse   Com a entrada do irlandês, o sistema de jogo da turma azul e branca começou a modificar-se. [pj] Ela modificou-se muito desde que a vi pela última vez.

moer
Morf.: Pres.: moo.
1. mahlen; zermahlen; zerkleinern. 2. FIG. müde machen; ermatten; ermüden; zermürben; jm zusetzen; jn mürbe machen; (Zeit) totschlagen. 3. s. abplagen; s. zu Tode + V; s. das Hirn zermartern.

₁N – V – (N)   Moer café, carne, legumes, nozes, farinha, milho.

₂N – V – N   A caminhada moeu-ME os ossos. Puseram-se os outros a moê-lo por mais isto e mais aquilo. [ra] E o pai agora, ainda por cima, a moê-lo com sentenças! [pc] Num país pequeno, tudo o que é pequeno deve morrer – dizia-lhe agora o Dr. Mendanha, o único da roda que ficara a moer tempo com ele. [bc]

■ Moer o juízo a alguém: jm in den Ohren liegen: Anda-ME sempre a moer o juízo.

₃N – Vse <com N>   Com aquele desabafo despejou tudo quanto tivera vontade de lhe fazer. – Moí-me para aí à tua procura. [ra] Ele moía-se com o trabalho que lhe tinham dado lá na fábrica. Você moa-se à vontade, que não arranja solução.

moldar
1. formen; modellieren; gestalten. 2. s. bilden. 3. s. anschmiegen an; s. anpassen an.

₁N – V – N   Na escola aprendi a moldar o barro.

₂N – Vse   Mas ainda mesmo que ela não fosse uma intrometida ou que ele não fosse um estranho no mundo pelo qual a rapariga certamente se moldara, a presença dela tornava-se agora intolerável. [fn]

₃Ncp – Vse – a N   O vestido moldava-se ao corpo. Ela moldou-se ao feitio, à maneira de ser do pai, às circunstâncias.

molestar
Morf.: Part.: ter, ser molestado; estar molesto.
1. belästigen; lästig fallen.

₁N – V – N   O homem molestou-te? – pergunta ele, com notável tranquilidade, sentando-se pesadamente na borda da cama e descalçando os sapatos. [np]

molhar
1. eintunken; naß machen. 2. naß werden.

₁N – V – N   Molhou o pão na sopa e deu-o à criança. Pára quieta, ainda molhas o vestido.

■ Pôr (a roupa) de molho: (Wäsche) einweichen.
■ Molhar o bico: s. einen genehmigen.
■ Molhar a garganta: s. die Kehle anfeuchten.
■ Molhar a palavra: (während, nach e-r Rede) e-n Schluck (Wasser) nehmen, trinken.

₂N – Vse   Leva o guarda-chuva contigo, senão ainda te molhas. Com esta chuva toda, a roupa molhou-se-ME.

mondar
1. (aus-)jäten.

₁N – V – N   Enquanto a velha mondava o trigo, chasquiçava batatas ou enxofrava a vinha, o cão aproveitava o tempo, na eira, de pagode com o camarada. [bi]

309

montar
1. (Pferd...) besteigen; auf (ein Pferd, Fahrrad...) steigen, reiten, Fahrrad fahren; montieren; aufstellen; anbringen; einrichten; [Theater] inszenieren; aufziehen; (Geschäft) aufmachen. 2. jn auf (ein Pferd) heben, setzen. 3. auf (ein Pferd) steigen. 4. s. belaufen auf; betragen.

₁N – V – N　　　*Montar o cavalo, a bicicleta. O computador é uma colecção de circuitos electrónicos montados de forma a responder, de maneira previsível, a qualquer impulso ou entrada que lhe forneça.* [cp] *O certo é que hoje o objectivo de Raduan é montar uma marcenaria e lidar com os velos da madeira.* [pj] *Tinham montado ali um guichet de vidro e alumínio, onde duas raparigas novas esclareciam melhor as pessoas.* [dm] *Montar uma peça de teatro. A polícia montou um forte dispositivo de segurança à volta do hotel. Montar uma loja.*
▪ *Saber montar:* reiten können: *Ele sabe montar.*
▪ *Montar a guarda:* Wachposten aufstellen: *As forças portuguesas e chinesas, de um lado e doutro da fronteira, montavam a guarda nas Portas do Cerco.* [sc]
▪ *Montar um filme:* e-n Film schneiden.
Montar a cavalo: auf ein Pferd steigen.

₂N – V – N – L_em　　*Montou a criança no cavalo.*
₃Np – V – L_em　　*Ele montou no cavalo.*
₄N – V – Q_a　　　*A despesa monta a dois contos.*

morar
1.-2. wohnen; leben.

₁N – V – L　　*Ela mora à Lapa, no centro. Eles moram lá para o Calhabé.*
₂N – V – M　　*A Maria mora só. A Xana mora com um tio.*

morder
1. beißen; anbeißen; <Insekt> stechen. 2. s. auf (die Zunge...) beißen; FIG. jn zwicken; <Neugier> jn packen. 3. FIG. s. verzehren, vergehen vor; grün vor Neid werden. 4. FIG. versessen sein auf; auf etw brennen.

₁N – V – (N)　　*O cão mordeu-o. Os peixes mordem a isca. O mosquito mordeu-me.*
▪ *Cão que ladra não morde.:* Hunde, die bellen, beißen nicht.
₂N – V – N　　*Morder a língua. Pompílio Assobiador adormeceu com uma vaga inquietação à morde-lo.* [np] *Francoforte organiza, aluga, propicia; aos interessados pertence morder o isco do modo que lhes aprouver.* [oj] *A curiosidade mordeu-o.*
₃N – Vse – de N　　*Morder-se de raiva, de ciúmes, de inveja.*
₄N – Vse – por I　　*Morde-se toda por comer gelados. Ele morde-se por acompanhá-la a casa.*

mordiscar
1. etw knabbern; knabbern an. 2. knabbern an; FIG. rügen.

₁N – V – (N)　　*Isidra entrou na sala, mordiscou uma cavaca, chegou-se ao piano, onde apoiou o indicador, experimentando uma escala.* [as] *Zé Botto, mordiscando o charuto apagado, fazia companhia, nos bancos de trás, ao filho de Emília Adelaide.* [bc]
₂N – V – em N　　*O João mordiscou no bolo. Por três vezes a tentativa falhou e outras tantas o maioral mordiscou no campino desajeitado.* [fa]

morrer
Morf.: Part.: ter, ser morrido; estar morto.
1. sterben; umkommen; FIG. <Flamme...> ausgehen; <Tag> zuende gehen; <Feuer> ausgehen; <Licht> verlöschen. 2. an (e-r Krankheit...) sterben; (fast) sterben vor; verhungern; verdursten; vor (Schreck..) (fast) sterben. 3.-4. leidenschaftlich gern mögen; s. verzehren nach; versessen sein auf. 5. (leidenschaftlich) gern mögen.

₁N – V　<adj>　*Morreu riquíssimo. Morreu num acidente. A chama morria lentamente. A tarde morria tranquilamente. A luz morria no horizonte.*
▪ PG.: *Morrer à fome, à sede:* verhungern; verdursten: *Se os condutores dos triciclos não têm fregueses para transportar, não ganham nada e morrem à fome.* [np]
▪ <Grito> *morrer na garganta:* <Schrei> im Halse stecken bleiben.
₂N – V – de N　　*Morrer de fome, de frio, de vergonha, de susto, de medo, de tuberculose.*

| ▪ *Morrer de riso*, BRAS.: *de rir:* s. totlachen.
| ▪ *Morrer de sono:* vor Müdigkeit umfallen.

₃N – V – por N　　*Ele morre por cerejas. Talvez possa morrer por esse ideal. Mas enquanto não morro, falo e leio.* [po]

₄N – V – por I　　*Há quanto tempo ando a morrer por lhe falar! Tantos amores só porque morria por ter comigo um esquema!* [sa]

₅N – Vse – por N　　*O simpático alferes morria-se pelo belo sexo.*

mostrar
1.–4. zeigen. 5. zeigen; aufweisen; schließen lassen auf. 6.–7. s. zeigen.

₁Np – V – (a Np) – N　　*Mostrou-me algumas das suas jóias. Mostrar os dentes a alguém.*

₂Np – V – (a Np) – Fi　　*O médico mostrou-me que não havia motivo para preocupações.*

₃Np – V – (a Np) – Int　　*O engenheiro mostrou-me como pôr a máquina em funcionamento.*

₄Np – V – (a Np) – I　　*O progresso tecnológico veio mostrar ser possível chegar mesmo às galáxias mais distantes.*

₅Nc, Fc, I – V – Nc, Fi　　*O seu comportamento mostrava insegurança. Naquele dia Josefino Barra não tinha bebido e mostrava no olhar uns restos da sua antiga firmeza.* [fa] *Que ele hoje não tenha aparecido só mostra o seu desinteresse. Isso mostra que não querem intrometer-se no negócio.*

₆N – Vse <L>　　*O presidente mostrou-se à janela da polícia.*

₇N – Vse – P　　*Estes chips mostram-se capazes de desempenhar operações que há poucos anos atrás requeriam enormes placas cheias de componentes.* [cp]

motivar
1. verursachen; motivieren. 2.–3. jn bewegen zu; jn veranlassen zu.

₁Ncp, Fc, I – V – N　　*O nevoeiro motivou o acidente em cadeia. O conferencista motivou sobretudo os ouvintes familiarizados com a matéria. Que tivessem aprovado o seu pedido de equiparação a bolseiro motivou-o a prosseguir a investigação. Motiva-o enormemente saber que os filhos o apoiam.*

₂N, I – V – Np – para N　　*O sucesso do seu primeiro projecto motivou-o para a elaboração de um projecto de urbanização daquela área. O facto de ter conseguido o contrato motivou-o para a elaboração de um projecto de pesquisa.*

₃N, I – V – Np – a I　　*A redução da taxa de juros pode motivar os empresários a investir(em) mais abertamente. O facto de ter conseguido o contrato motivou-a a elaborar um projecto de pesquisa.*

mourejar
1. schuften; s. abmühen.

₁N – V　　*Seu pai era lavrador, um grande lavrador. Grandes extensões de terra onde os toiros bravos eram os únicos senhores, centenas de homens mourejando em troca de alimento e habitação miserável.* [nv] *O Sr. Casimiro mourejava desde o amanhecer ao anoitecer.* [nc]

mover
1. bewegen; in Bewegung setzen; FIG. jn rühren. 2. s. bewegen (lassen). 3. wohin bewegen. 4. s. wohin bewegen. 5.–6. jn bewegen, treiben zu.

₁N – V – N　　*Apesar do esforço dispendido não conseguiram mover a grande pedra. Movi céus e terras para encontrar peixo fresco. A cena moveu os curiosos que se juntaram no passeio.*
　　▪ *A fé move montanhas:* Der Glaube versetzt Berge.
　　▪ *Mover um processo, uma sindicância a alguém:* e-n Prozeß anstrengen gegen.
　　▪ *Mover o céu e a terra (para alcançar os seus fins):* Himmel und Erde in Bewegung setzen.

₂N – Vse　　*Era difícil imaginar Lea e o seu homem a moverem-se por entre casacos de marta e litografias de Picasso.* [kf] *A fechadura funciona perfeitamente. Posso assegurar-lhe que o mecanismo não tem problemas, as tranquetas movem-se absolutamente à vontade.* [kf]

₃N – V – N – D　　*LF move o cursor para a linha de baixo e FF limpa o écran.* [cp]

₄N – Vse – D   *Ele moveu-se em direcção à porta da entrada.*
₅N – V – Np – a N   *Por vezes a sociedade move as pessoas a actividades terroristas. O facto de o pai ter morrido na prisão moveu-a à luta política.*
₆N – V – Np – a I   *Os associados moveram o chefe a tomar uma decisão urgente. O facto de o pai ter falecido naquelas condições moveu-a a exigir uma indemnização.*

movimentar
1. in Bewegung setzen. 2. bewegen; aufbieten; (Kapital) bewegen; [Handel] umsetzen. 3. s. bewegen; tätig sein.

₁N – V – N – D   *Os componentes electrónicos de controle convertem os comandos enviados pelo computador em impulsos que movimentam a cabeça para trás e para a frente.* [cp]
₂N – V – N   *Passou dias sem poder movimentar o braço direito. O filme movimentou duzentos actores e realizadores de cinco países. O negócio internacional do coral movimenta anualmente milhares de milhões.* [pj]
₃N – Vse <L>   *Entre as razões de queixa que se julga legítimo considerar que os governos de Luanda e Maputo têm, conta-se a relativa impunidade com que se movimentam e actuam em Portugal os representantes de grupos que pelas armas se lhes opõem.* [oj] *O comboio começou a movimentar-se quando ainda havia passageiros a entrar para as carruagens apinhadas. Ela movimentava-se entre os passageiros com grande à-vontade.*

mudar
1. ändern; abändern; verändern; auswechseln; (Bett) neu beziehen; (Öl) wechseln; Ölwechsel machen; (Pflanze) umpflanzen; in den Stimmbruch kommen; <Schlange...> s. häuten; <Federvieh> in der Mauser sein. 2.–3. verändern. 4. s. ändern; s. umziehen. 5. s. verändern; <Wind> umschlagen. 6. etw in etw ändern, umwandeln. 7. etw wechseln; s. umziehen; (s–e Meinung...) ändern; ein anderes, neues N + V. 8. etw wohin setzen, stellen, legen; jn versetzen. 9.–10. umziehen nach. 11. umändern; umbenennen in.

₁N – V – N   *O ministério decidiu finalmente mudar os programas do ensino secundário. Estou a mudar a decoração da loja. Não te esqueças de mudar os lençóis da cama. Mudei a fechadura da porta. Mudar o óleo, uma planta. O jovem mudou a voz. A cobra muda a pele. O gato está a mudar o pêlo. As galinhas mudam as penas.*
₂Fc – V – N   *Que o marido a tivesse abandonado não mudou em nada a sua rotina diária.*
₃I – V – N   *Casar mudou-LHE a vida.*
₄N – Vse   *Mudou-se muito, anda muito nervoso. Devias ter vindo comigo lavar-te e mudar-te quando chegámos do passeio.* [np]
₅N – V   *A aparência dos computadores portáteis está a mudar rapidamente.* [cp] *Há tanto tempo que não te via, como tu mudaste! O vento está a mudar.*
₆N – V – N – em N   *A meio tempo, o treinador, perante a possibilidade de uma derrota iminente, mudara em ofensiva a táctica defensiva do primeiro tempo.*
₇N – V – de N   *A reacção do senhorio não se fez esperar e tudo tentou para que a sexagenária mudasse de opinião, o que não aconteceu.* [oj]] *Mudar de fornecedor/ de emprego/ de penteado/ de gerência/ de assunto/ de opinião/ de camisa/ de planos/ de banco/ de direcção/ de vida/ de tom.*
    ■ *Mudar de comboio*: umsteigen: *Temos de mudar de comboio no Porto, para seguir para Rates, não é? – perguntou o Pedro.* [dm]
    ■ *Mudar de casa*: umziehen.
    ■ *Mudar de cor*: erblassen.
    ■ *Mudar de ideias*: s. e–s besseren besinnen.
    ■ *Mudar de pele*: s. häuten.
    ■ *Mudar de marido*: s. wieder verheiraten.
₈N – V – N – D   *Acho que vou mudar esta mesa para aquele canto. O Bispo prometeu que mudaria o pároco da aldeia para outro lugar.* [co]
₉N – Vse – D   *Finalmente, arrendou o estabelecimento de fotografia ao gerente e mudou-se definitivamente para Bézaudun.* [kf]
₁₀N – V – D   *O consultório mudou agora para a Rua da Alegria.*
₁₁N – V – N – para N   *Ustinov manteve o posto de Comissário do Armamento até ao final da guerra, mas posteriormente Estaline mudou-LHE o título para Ministro*

dos Armamentos. [oj]

mugir
1. muhen; <Kuh...> brüllen.

₁N – V *Fazia pena ver os animais, trôpegos e assustados, relinchando uns, mugindo outros, acompanhados pelo dobrar sinistro dos chocalhos, como se os levassem para a morte.* [bc]

multar
1. jm ein Strafmandat geben; mit e-r Geldstrafe belegen.

₁N – V – N *A polícia multou-o por excesso de velocidade. Já foi multado duas vezes.*

mungir
1. melken.

₁N – V – (N) *A cabra é mungida todos os dias. As gémeas, ao fim de várias tentativas frustradas, conseguiram mungir as vacas, e riam muito, respingando-se com o leite que crescia formando uma orla de espuma nas bordas do balde.* [dm]

murchar
Morf.: Part.: ter, ser murchado; estar murcho.
1. zum Welken bringen; verwelken lassen. 2.–3. verwelken; welk werden.

₁N – V – N *O sol murcha-ME as plantas todas.*
₂N – Vse *Murcharam-se-ME todos os cravos do jardim.*
₃N – V *Essas flores murcham muito depressa, levo antes das outras. A beleza e a alegria dela murcharam com a idade. A flor murchou com o excesso de água.*

murmurar
1. murmeln; <Wind> säuseln. 2. tratschen, tuscheln über. 3. murren gegen. 4. (Gebet...) murmeln. 5.–7. jm etw (zu-)murmeln, zuflüstern. 8. DIZER.

₁N – V *Ele ficou-se a murmurar sem que alguém o compreendesse. O vento murmurava na folhagem das árvores.*
₂N – V – (sobre N) *Toda a cidade murmurava sobre o, acerca do seu comportamento. A notícia espalhou-se e já toda a gente murmurava.*
₃N – V – contra N *O povo está sempre a murmurar contra o governo.*
₄N – V – N *Murmurar orações. Murmurava palavras incompreensíveis.*
₅N – V – (a N) – N *Murmurava-lhe umas palavras de conforto. Murmurava algumas frases que ela não entendia.*
₆N – V – (a N) – Fi *Murmurava-se que o governo estava por dias.*
₇N – V – (a N) – I *Ele chegou-se ao pé de nós e murmurou estar encantado por nos ter ali.*
₈N – V – (a N) – Te DIZER.

313

N

nadar
1. schwimmen. 2. etw, e-n Stil schwimmen. 3. FIG. schwimmen in.

$_1$N – V　　Sabes nadar? Ele nada que nem um peixinho/ um peixe.
- *Nada como um prego!:* wie eine bleierne Ente schwimmen.
- *Ficar a nadar:* FIG. nichts (mehr) verstehen: *Quando começaram a discutir política o Zé ficou a nadar.*

$_2$N – V – N　　Ele nadou aí uns 5oo metros e voltou à praia. Nada longas distâncias. Nadar costas/ bruços/ crawl/ mariposa.

$_3$N – V – em N　　Não tenhas pena dele, o fulano nada em dinheiro. Chorava tanto que nadava em lágrimas.

namorar
1. fest mit jm gehen; jm den Hof machen; in jn, etw verliebt sein. 2. fest mite-a. gehen; s. ine-a. verlieben. 3. mite-a. gehen. 4. gehen mit; eine(n) feste(n) Freund(in) haben. 5. s. verlieben, verknallen in; Gefallen finden an.

$_1$N – V – N　　A Maria namora o João. Ela namora/ anda a namorar o casaco de peles da sua rival.

$_2$Npl – Vse　　Eles namoram-se há uns meses.

$_3$Npl – V　　Namoraram pouco tempo mas aprenderam a amar-se a sério, num maravilhoso entendimento. [be]

$_4$N – V – (com N)　　O João namorou com a Joana dois anos. Sabes se a Joana namora?

$_5$N – V – de N　　Namorou-se de uma actriz. Namorou-se da casa que viu em Coimbra.

nanar
1. <Kind> schlafen. [⇒ fazer ó-ó]

$_1$N – V　　Filho, vamos nanar! Não acordes a tua irmã, que está a nanar.

nascer
1. geboren werden; <Pflanze> wachsen; <Sonne> aufgehen; <Tag> anbrechen; entstehen. 2. wie, als etw auf die Welt kommen; ein geborener + N sein. 3. für e-a. geschaffen sein. 4. für jn geschaffen sein; wie geschaffen sein für. 5. ◊ bekommen; <Fluß> entspringen. 6. stammen aus, von; hervorgehen aus; entstehen aus; herrühren von. 7. stammen aus; kommen aus; entspringen.

$_1$N – V　　Os amigos, os vizinhos, a gente com quem ele nascera, brincara, mourejara de manhã à noite, corria-o do seu afecto e da sua porta como um cão danado! [nc] Estas plantas não nascem nesta região. O dia nascera. Acordei já o Sol nascera. O cristianismo nasceu no seio de uma sociedade pagã decadente.
- *Julgas que acredito nessa história? Eu não nasci ontem:* nicht von gestern sein.
- *Nascer de novo:* s. wie neugeboren fühlen.
- *Nascer num berço de ouro:* unter e-m guten Stern zur Welt kommen.
- *Nato no Bucaco, ele nunca conformou-se com a vida em Lisboa.*

Ele já nasceu doente. Esse rapaz só vê a medicina à frente, até parece que já nasceu médico.

$_3$Npl – V　　Eles nasceram um para o outro.

$_4$N – V – para N　　Ele parece ter nascido para ela. Nasceu para a política.

$_5$Nc – V – L　　Nasceu-ME uma borbulha no braço. O rio Tejo nasce em Espanha.

$_6$N – V – de N　　Como sabem, esta empresa nasceu da fusão de três companhias. As crianças que nascem de mães jovens têm tendência para ser mais sociáveis. A sua contenda nasceu de mal-entendidos. A lixeira nasceu da falta de interesse das autoridades concelhias.

$_7$N – V – D　　Esta água nasce das rochas da Serra do Gerês.

naufragar
1. Schiffbruch erleiden; sinken; FIG. scheitern. 2. zum Schiffbruch führen.

₁N – V
A embarcação naufragou ao largo dos Açores. Dadas as más condições económicas, o projecto naufragou.

₂N – V – N
Altas ondas e ventos de velocidade superior a 2oo km/h naufragaram dois navios mercantes perto dos Açores.
▪ ⇒ Fazer naufragar.

necessitar
1.–2. benötigen; brauchen. 3.–4. müssen.

₁N – V – de N <para N, I>
Necessito da tua ajuda. A democratização do ensino, timidamente aflorada no regime anterior, necessita de meios materiais e humanos que irão levar anos a reunir. A Rodésia continuou a receber todo o combustível de que necessitava. [sc]

₂N – V – Fc
Ele necessita que lhe dês lições de inglês.

₃N – V – de I
Hoje não posso falar contigo, ainda necessito de fazer compras. Os computadores profissionais necessitam, por várias razões, de transmitir informações para papel, em listagens. [cp]

₄N – V – I
Hoje não posso falar contigo, ainda necessito fazer compras.

negar
1. verneinen; leugnen; jn verleugnen; bestreiten; zurückweisen; etw e–r S. zuwiderlaufen. 2.–3. leugnen; zurückweisen. 4. DIZER. 5. etw jm verweigern, verwehren, nicht erlauben. 6. s. verweigern; s. entziehen. 7. s. weigern; es ablehnen.

₁Np – V – N
Em frente de toda a gente, a testemunha negou todas as afirmações do réu. Pedro negou Cristo tres vezes. Ele negou a paternidade. Os actos que negam constantemente a liberdade, que desprezam a responsabilidade e que atingem a condição humana repetem-se. [pj] Ninguém LHES nega o mérito. ▸No posto, o Palma acaba por descobrir, após violento interrogatório, que Elias Soral o acusa do roubo de umas sacas de cevada. Nega, barafusta, ameaça. [sv]
▪ Negar os seus princípios: s–n Prinzipien untreu werden.
▪ Negar a pés juntos: (die Gegenmeinung negierend) auf s–r Meinung beharren.

₂Np – V – Fic
Eles não negavam que tinham roubado as maçãs. Os dois negavam que tivessem comido o bolo.

₃Np – V – I
O ministro negou estar o governo para se demitir.

₄Np – V – Te
DIZER.

₅N – V – N – a Np
De novo contra toda a lógica, neguei-lhe a carteira. [tm] A guarda negou-lhe a entrada no quartel. Negou-lhes qualquer benefício.

₆N – Vse – a N
Ao aceitar o cargo de Presidente da República fi-lo pela convicção de que nenhum português tem o direito de se negar às responsabilidades que lhe sejam exigidas. [dp]

₇N – Vse – a I
O preso negou-se a prestar declarações sem a presença do seu advogado.

negociar
Morf.: Pres.: negoceio.
1.–2. verhandeln; Handel treiben. 3.–4. verhandeln über; aushandeln. 5. verkaufen. 6. mit etw Handel treiben; in etw "machen".

₁Npl – V
O governo e os sindicatos negociaram.

₂N – V – com N
O governo negocia com os sindicatos. A pesar das dificuldades, os países da CE negociam com os Estados Unidos.

₃Npl:p – V – N
As nações beligerantes negociaram uma trégua.

₄Np – V – com N – N
O espírito da nova Constituição permitir-nos-á reforçar laços com os países amigos, e negociar o estabelecimento de relações diplomáticas e comerciais com todos os países do Mundo. [dp] O pequeno país teve de negociar com o poderoso adversário a rendição incondicional.

₅Np – V – Nc
Negociar os seus bens. Vitorino disse da organização que negociar com cantores não pode ser uma actividade para quem nem sequer está apto a negociar batatas. [oj]

₆Np – V – com, em Nc
Era funcionário público; agora negoceia com cereais. Ele mudou de ac-

tividade, antes negociava só em carne de porco.

nevar
1. schneien.

₁V   *Este ano, ainda não nevou em Portugal.*
▪ *Está a nevar.* ⇒ *Está a cair neve.*

nomear
Morf.: Pres.: nomeio.
1. ernennen; jn nominieren (für). 2. jn ernennen zu. 3. s. ernennen zu.

₁N – V – N   *O Ministro já nomeou a comissão de inquérito. Nomear um actor para o prémio "Óscar".*
₂N – V – N – (para) Pn   *Nomearam-no reitor da universidade. Por isso, nem me admirei quando o dr. Almeida Sousa tinha, mais uma vez, nomeado o sobrinho para chefe do seu novo Gabinete.* [ot]
₃N – Vse – Pn   *Napoleão nomeou-se imperador da França.*

notar
1. bemerken; wahrnehmen. 2. <man> etw (be-)merken. 3.-5. bemerken.

₁N – V – N   *A primeira coisa que notou foi o cheiro: uma nauseabunda mistura de fumo, borracha queimada e excrementos humanos.* [kf]
₂N – Vse   *Todos gostam de mim, isso nota-se bem.* [np]
₃N – V – Fi   *Notei que ele tinha uns óculos de sol.*
₄N – V – Fic | NEG   *Esta gente cheira a mofo; não notaste que cheiram a mofo?* [np] *Não notei que ele tinha óculos de sol. Não notei que ele tivesse entrado.*
₅N – V – Int   *Notaste como ele estava vestido? Notaste se trazia óculos?*

noticiar
1.-4. <Zeitung...> (Nachricht) bringen; berichten von; melden. 5. DIZER.

₁N – V – N   *Os jornais noticiaram a fuga dos presos.*
₂N – V – Fi   *A rádio noticiou que iam subir os combustíveis. Os jornais não noticiaram que tinha acontecido qualquer acidente de aviação.*
₃N – V – Fc | NEG   *Os jornais não noticiaram que tivesse acontecido qualquer acidente de aviação.*
₄N – V – I   *Os jornais noticiavam ter-se dado um golpe militar na América do Sul.*
₅N – V – Te   *O aparelho foi abatido por guerrilheiros perto da fronteira soviética, noticiou a agência Tass, na segunda feira.* [dn]

O

obedecer
1. gehorchen; befolgen; nachgeben. 2. FIG. befolgen; gehorchen; etw das Ergebnis von etw sein. 3. DIZER.

₁Np – V – (a Ncp)   *Grande parte da Europa obedeceu a Napoleão. Ele acabou por obedecer à vontade do chefe. Fiquem aí, que eu vou espreitar – disse o Jaime. Embora contrariados, obedeceram.* [dm]

₂Nc – V – a Nc   *A história também obedece a leis regulares. Se tal acontecer, é de todo impossível ao computador obedecer ao comando.* [cp] *Isto obedecia a uma estratégia. As obras do viaduto obedecem a um projecto da Câmara sobre melhoramento das estradas. O facto de ele intervir assim obedeceu a directivas do Comité Central.*

₃Np – V – Te   DIZER: *Está bem – obedeceu ele.*

obrigar
1.–2. verpflichten; zwingen. 3.–4. s. verpflichten, zu.

₁Np – V – Np – a N, Fc, I   *Ele obrigou-me a uma resposta imediata. Obriguei-o a que trouxesse sem falta o dinheiro que devia na próxima visita. Por que é que eu não o obriguei a começar a estudar mais cedo?* [dm]

₂Nc – V – (Np) – a N, I   *Este processo de comercialização obriga ao fabrico de milhares de chips* ROM *e qualquer falha que passe no teste pode acarretar enormes prejuízos ao fabricante.* [cp] *O engarrafamento da auto-estrada obrigou-me a fazer um desvio. Os novos contratos para a exportação obrigam a fazer horas extraordinárias. O facto de ele se recusar, o ele recusar-se a negociar obrigou-o a ceder.*
■ *Ver-se obrigado + a I: Devido à reunificação da Alemanha o governo viu-se obrigado a aumentar os impostos.*

₃Np – Vse – a N   *Os sindicalistas obrigaram-se a uma tomada de posição enérgica.*

₄Np – Vse – a I   *Portugal obriga-se a nunca alienar Macau e suas dependências sem acordo com a China.* [sc]

observar
1. beobachten; (Gesetz...) befolgen, einhalten, beachten; (Schweigen..) bewahren. 2.–4. beobachten. 5. (jm gegenüber) bemerken. 6. DIZER.

₁N – V – N   *Qual dos presentes observou o acidente? Da janela do quarto eu ia observando o movimento da rua. Observar as regras. Ele não observa o código da estrada. A assistência observou um minuto de silêncio pelo associado falecido.*

₂N – V – Fi   *O professor observou que as células do animal se desenvolviam muito lentamente.*

₃N – V – Int   *Observem bem como a máquina é montada!*

₄N – V – I   *O professor observou as células desenvolverem-se lentamente.*

₅N – V – (a N) – Fi   *O ministro observou ainda que o governo ia apresentar à Assembleia da República uma moção de confiança. Observou-lhe que nada sabia do acontecido.*

₆N – V – (a N) – Te   DIZER.

obstar
1. entgegenstehen; verhindern; entgegenwirken.

₁N – V – a N, Fc   *O mau tempo não obstou à minha partida. A chuva não obstou à realização do espectáculo. A crise, com o seu caudal de desgraças, obstou a que muitas famílias pudessem viver a noite de Natal.* [pj] *O facto de solicitar o governo a entrada para a* CEE *não obstou a que mantivesse relações comerciais com Angola.*

obstruir
1. verstopfen; versperren; verhindern. 2. s. verstopfen.

₁N – V – N   *A ferrugem obstruiu os canos. Não pudemos seguir viagem porque havia uma árvore a obstruir a estrada. A oposição obstruiu a votação da lei.*

₂N – Vse   *As canalizações já se obstruiram com os detritos que lançaram.*

obter
Morf.: obtenho, obtens, obtem, obtêm. Imperf.: obtinha. Pret.perf.: obtive, obteve, obtiveram.
1. erhalten; bekommen; (Preis) gewinnen. 2. etw erhalten von; bei jm erreichen.

₁N – V – N   *O João obteve o emprego/ o primeiro prémio.*

₂N – V – de N – N   *Obtive da empresa a permissão para assistir à experiência. O grupo folclórico obteve do presidente a permissão para participar no festival.*

ocasionar
1. verursachen; Grund, Ursache sein für; etw hervorrufen; zu etw führen. 2. jm etw verursachen.

₁N – V – N, Fc   *O aumento internacional dos preços do petróleo bruto ocasionou uma subida de preço dos combustíveis. Alguns vírus ocasionam simples constipações.* [dn] *O facto de ele ter saído cedo ocasionou complicações no serviço. Alguns vírus ocasionam simples constipações.* [dm] *O acidente nuclear ocasionou que se impedisse a construção de mais centrais.*

₂N – V – N – a N   *O processo em tribunal ocasionou-lhe bastantes dissabores.*

ocorrer¹
1. s. ereignen.

₁N – V   *Neste país ocorrem sempre coisas muito estranhas.*

ocorrer²
1.–2. jm einfallen; <Idee> jm kommen; jm in den Sinn kommen. 3. jm einfallen.

₁N – V – a Np   *Ocorreu-me uma ideia. O que é que te ocorre?*

₂Fic – V – a Np   *Sem lhe ocorrer que aquilo podia ser um queixume, ela sorri.* [np] *Nunca me ocorrera que ela me considerasse mais do que um hóspede um tanto esquisito, com um quotidiano de molenquice e um futuro lastimável.* [nnl]

₃I – V – a Np   *Ocorreu-me de repente ter visto, na noite anterior, um homem de óculos pretos em frente de minha casa.*

ocultar
1. verbergen; verheimlichen. 2. etw wo verbergen. 3. s. (wo) verbergen. 4. FIG. s. verbergen hinter, unter... 5. jm (die Wahrheit) verheimlichen, verschweigen.

₁N – V – N, Fi, I   *O jovem Damas também não ocultava um certo desalento.* [dn] *Felícia esboçou um sorriso amável, mas que não ocultava o desapontamento.* [np] *O facto de ela sorrir assim não ocultava o seu receio. Ocultou que tinha ido a Lisboa. Ocultaram terem sido eles os autores do acidente ecológico.*

₂N – V – N – L   *O Pedro, envergonhado com a figura triste que fez, ocultou o rosto nas mãos e chorou.* [np]

₃N – Vse – (L)   *Ele ocultou-se (atrás da sebe), quando a polícia surgiu.*

₄N – Vse – L   *Por vezes a inveja oculta-se debaixo do manto da simpatia.*

₅N – V – N – a Np   *O médico ocultou-me a verdade sobre a doença do meu pai.*

ocupar
1. besetzen; (Platz) einnehmen; innehaben; (Platz) belegen; beanspruchen; in Anspruch nehmen. 2. jn beschäftigen (mit). 3.–4. s. beschäftigen mit; beschäftigt sein in, mit. 5. s. kümmern um. 6. s. kümmern um; s. beschäftigen mit. 7. s. beschäftigen mit; beschäftigt sein mit.

₁N – V – N   *Famílias desalojadas da área da grande Lisboa ocuparam um prédio na madrugada de ontem. As tropas ocuparam o território inimigo. Ocupa-ME o lugar, que eu venho já! A empresa japonesa de computadores ocupa o maior stand de exposição na feira internacional de material eléctrico. O complexo desportivo ocupa uma área de 3000 m². Fernando Pessoa ocupa um lugar importante na literatura portuguesa. Os programas compilados tendem a ocupar bastante memória.* [cp] *Num esquema como esse, a formação virá a ocupar um lugar central.* [dl] *Os filhos ocupam-LHE a*

318

	cabeça e o coração. [pj] *Ele ocupou a atenção dos espectadores durante muito tempo.*
₂N – V – N – (em...N)	*Ele ocupa demasiado os empregados (em/ com trabalhos desnecessários). Temos que ocupar as raparigas nalguma coisa.*
₃N – Vse – em N	*A maioria da população masculina activa ocupa-se na agricultura.* [rp] *Em que é que ele se ocupa?*
₄N – Vse – em I	*Joana ocupava-se de imediato em alisar a dobra do lençol – que eu propositadamente engelhara – e em descascar-me fruta.* [np] *Ocupa-se em dizer mal dos outros.*
₅N – Vse – de N	*O meu homem ocupa-se das crianças enquanto estou no trabalho. Quem é que se ocupa desta secção, de mim?*
₆N – Vse – com N	*Ocupa-te lá com a tua vida, deixa a vida dos outros.*
₇N – Vse <a I>	*Ela ocupa-se a limpar a casa.*
	▪ *Estar ocupado (+a I):* beschäftigt sein (mit): *Ele nada diz, ocupado como está a beber a cerveja até à última gota.* [np]

odiar
Morf.: Pres.: odeio.
1. hassen; verabscheuen.

₁N – V – N	*Alberto odiava o seu padrasto, que lhe batia de vez em quando.*
₂N – V – Fc	*Odeio que venhas para aí todos os dias dizer mal do pai.*
₃N – V – I	*Odeio fazer os trabalhos da escola.*

ofegar
1. keuchen.

₁N – V	*O calor obrigava o Botto a ofegar como o fole de um ferreiro, ao mesmo tempo que o desfazia em bagas de suor.* [bc] *A doença fazia-o ofegar todas as vezes que corria.*

ofender
1.–3. beleidigen. 4. beleidigt, gekränkt sein.

₁Ncp – V – Np <com N>	*A maneira de ela se vestir e comportar ofendia as almas mais conservadoras da aldeia. Ofender o nome/ a reputação/ a pátria/ o partido... Ofendes-me com as tuas palavras, não mereço isto.*
₂Fc – V – Np	*Ofende-me que ele diga sempre que não presto para nada.*
₃I – V – Np	*(O) ele andar para aí a dizer mal das pessoas a torto e a direito ofende-me.*
₄Np – Vse <por I, N; com N>	*Ele ofendeu-se com as tuas palavras, vai lá e pede-lhe desculpa. Ele ofendeu-se por tu não teres ido à festa. Ofendes-te por tudo e por nada!*
	▪ ⇒ *Ficar, senémrde beber/ de comer:–se ofendido+com N, por I:* etw übelnehmen.

oferecer
1. anbieten; bieten; schenken; darbringen; opfern. 2. bieten. 3. <etw> etw bieten, aufweisen, darstellen. 4. s. anbieten; s. bieten. 5. anbieten; (sein Leben) hingeben. 6. s. anbieten; s. anbiedern.

₁Np – V – N – a Ncp	*Oferecer ajuda/ um empréstimo/ uma bebida/ o seu lugar a alguém. O homem saiu, oferecendo o corpo às balas. Oferecer um presente a alguém. Os pagãos ofereciam vidas humanas às divindades.*
	▪ *Oferecer a alguém de beber/ de comer:* jm etw zu trinken...anbieten.
₂Np – V – N – a Np	*D. Guilhermina, que oferecia não dez mas doze por cento de juro ao mês, cessou as suas actividades de "banqueira do povo" com muitos milhares de contos do seu lado.* [pj]
₃Nc – V – Nc	*Alguns microcomputadores oferecem maior capacidade e maiores facilidades, a preços muito reduzidos, que alguns pequenos minis.* [cp] *O Dr. Bailey declarou que o caso da "bébé Fae" oferecia uma résteа de esperança e novas perspectivas para todas as crianças.* [pj] *Estes móveis oferecem conforto. Ambos os textos oferecem exemplos do uso da língua. Vinicius de Moraes oferece um dos mais altos testemunhos de duradoura*

influência da poesia trovadoresca medieval.

₄Nc – Vse – (a Np) Nenhuma solução se oferecia. Não se nos oferecia outra saída.
₅Np – V – N <para N, I> Ofereci os meus serviços para o combate contra o incêndio. Ofereceu a própria vida para salvar a do filho. Nada custa oferecer um pouco do que é nosso para combater a miséria e a pobreza dos outros.
₆Np – Vse <para N, I> E o Chico, esse ofereceu-se na Câmara para as limpezas da rua. [sa] Um macaense engravatado e polido ofereceu-se cavalheirescamente para levar as malas de Felícia. [np] Pára de te oferecer constantemente. Tens que ter um pouco mais de orgulho!

ofuscar
1. verdunkeln; verbergen; FIG. in den Schatten stellen; überstrahlen. 2. s. verdunkeln.

₁N – V – N Nos outros dias, em que as nuvens ofuscavam a luz, nada mais lhe restava do que entregar-se ao pessimismo delicioso de que já não lhe valia a pena. [fn] De novo inclinou a cabeça para o teclado e os cabelos ofuscaram-LHE a testa. [fn] O seu trabalho ofuscou o dos outros concorrentes.
₂N – Vse Com os anos ofuscou-se-LHE o brilho do olhar. O céu ofuscou-se.

olhar
1. ansehen; betrachten; FAM. auf jn achten. 2. zusehen, daß. 3. wohin sehen, blicken, gucken. 4. (s.) jn, etw ansehen; zu jm hinschauen, hinsehen; auf etw schauen. 5. wo nachsehen; über (die Schulter) blicken. 6. jm in (die Augen) sehen. 7. s. wo betrachten. 8. nach etw, jm sehen; auf etw sehen, achten. 9. auf etw schauen, achten; beachten; s. kümmern um.

₁N – V – N Olhou o João de frente e deu-lhe um murro na cara. Olha ali o João; que é que ele andará por aqui a fazer? Olhou-a de revés. Sempre a resmungar, olhou-me de soslaio, com ferocidade. [np] Olhou o céu para ver se ia chover. As gémeas olharam-se, consternadas. [dm] FAM.: Olha-ME aí as crianças, não as deixes ir para a rua.
■ BRAS. FAM.: Olha a inveja! Olha esta folga!: Paß auf, daß du nicht neidisch, frech wirst!
■ Olhar alguém de cima para baixo.
₂N – V – Fc Olha lá que a miúda não parta nada na cozinha!
₃N – V – Dpara Olha para aqui, se fazes favor! Olhou para trás, mas não o viu.
₄N – V – para N Não é preciso, pá! Eu acredito! Se foram os teus pais a convidar... – e olhou para a mulher, a passar-lhe a palavra. [dm] Olha para ele, até julga que por ser maior é mais forte. Meios económicos sul-africanos olham para Angola como podendo vir a ser, a médio prazo, um parceiro comercial e industrial. [oj] Eles são novos, não olham para o dia de amanhã.
■ Olhar como boi para palácio: baff sein; wie der Ochs vorm Berg stehen.
₅N – V – L Já olhaste em cima do armário? Olhou por cima dos ombros.
₆N – V – Np – L O barman olha-o limpidamente nos olhos. [np]
₇N – Vse – L Olhou-se ao espelho para ver se os lábios precisavam de mais "bâtou".
₈N – V – por N Olhas-ME pelo jantar, se fazes favor? A minha filha mais velha já olha pelo irmão mais pequeno. O governo tem por missão olhar pelos interesses da população. Tens que olhar pela tua saúde.
₉N – V – a N Já gastei um dinheirão contigo, mas tu não olhas a isso. Ninguém olha aos interesses do país. Pode encomendar e não olhe a dinheiro, quero é qualidade. A morte não olha a idades. Ele não olha a despesas.
■ Olha que não vale a pena. Olha que me esqueci! Olha como ela está grande! Olhe que não! Olhe que sim!

omitir
1. unterlassen; weglassen; auslassen; nicht erwähnen. 2.–3. nicht erwähnen; auslassen.

₁N – V – N As amizades só eram possíveis durante os encontros periódicos no palácio – e omitíamos sempre todas as referências à vida terrestre. [tm] Os deputados sociais-democratas omitem agora as suas próprias divisões internas, o que se compreende! [pj] O comunicado omitiu os nomes das pessoas envolvidas. Ao fazer os convites, omitiu duas das pessoas presentes.
₂N – V – Fic A testemunha omitiu que estivera em casa do réu poucos dias antes do

	crime. Omitiu que o meu irmão se tivesse encontrado com ela.
₃N – V – I	A testemunha omitiu ter estado em casa do réu poucos dias antes do crime.

operar
1. bewirken; jn operieren; etw (weg-)operieren. 2. geschehen. 3. jn an etw operieren. 4. arbeiten; funktionieren; MIL. operieren.

₁N – V – N	Este creme opera milagres. A oficina de restauração opera milagres autênticos. Ontem operaram o João. Operaram-LHE o abcesso.
₂N – Vse	Operaram-se grandes transformações.
₃N – V – Np – a N	Operaram-no ao coração. Ela foi operada ao apêndice.
₄N – V ⟨L⟩	A solução revelou-se longe do ideal, pois os "relais" utilizam grande quantidade de electricidade e operam com muita lentidão. [cp] As forças inimigas operavam junto à fronteira.

opor
Morf.: Pres.: oponho, opões, opõe; opõem. Imperf.: opunha. Pret. perf.: opus, opôs, opuseram; Part.: oposto. Imper.: opõe, oponde.
1. e–a. gegenüberstellen. 2. gegenüberstellen; entgegenstellen; in den Weg stellen; jm (Widerstand) leisten. 3. entgegentreten; gegenübertreten; s. widersetzen; Widerstand leisten. 4.–5. s. widersetzen; gegen etw sein. 6. DIZER.

₁N – V – Npl	O destino opô-los de novo. O juiz opôs os contendores. Temos que pôr termo ao conflito armado que opõe os dois países. [dn]
₂N – V – N – a N	Quando a Burguesia começou a disputar à Nobreza a supremacia social, surgiu o conceito divisionista de classes, opondo os "patrões" aos "operários" das oficinas e dos campos. [pj] A partida de futebol de hoje à noite opõe o FC Porto ao Sporting. As tropas inimigas opuseram barreiras aos atacantes. Ele opõe resistência aos adversários.
₃N – Vse – a, contra N	Algumas individualidades no Ministério, para se oporem a algumas vozes discordantes, alegam que o que se passa são os ventos que correm, é o mal dos tempos. [pj] Erap procura evitar opor-se abertamente contra Cory. [dn]
₄N – Vse – a Fc	O vereador opôs-se a que se cortassem as árvores da avenida principal. Oponho-me a que saias esta noite.
₅N – Vse – a I	Oponho-me a participar nesse tipo de actividades.
₆N – Vse – Te	DIZER.

optar
1. wählen; s. entscheiden; die Wahl haben zwischen. 2.–3. s. entscheiden für; optieren für; (ein Fach) wählen. 4. s. entscheiden für; es vorziehen.

₁N – V – entre Npl	Se tivesse de optar entre a fome e a alternativa de descer a mulher a dias, de lavar roupa, roupa fedorenta, enodoada?_Não: só essa ideia a arrepelava toda de revolta, dos pés à cabeça. [pc]
₂N – V – por N	O governo optou por subsídios aos agricultores. Optou pelo francês e matemática.
₃N – V – por Fc	Optei por que fosses passar férias na casa de verão.
₄N – V – por I	Optei por passar as férias cá por casa.

orar [⇒ rezar]
1. beten. 2. beten für. 3. anflehen; beten zu. 4.–5. (zu Gott) flehen; anflehen. 6. DIZER.

₁N – V	Estava a orar na igreja.
₂N – V – por N	Oraram pela alma do morto. Oremos pela paz no mundo!
₃N – V – a N	Orou a todos os santos.
₄N – V – a Np – para Fc	Orou a Deus para que lhe concedesse o descanso eterno.
₅N – V – a N – para I	Orou a Deus para lhe conceder descanso eterno.
₆N – V – Te	DIZER: Salvé, Rainha, Mãe de misericórdia, vida e doçura – orava a Lúcia. [nc]

ordenar¹
1. Ordnung bringen in; ordnen. 2. s. aufstellen.

₁N – V – Npl	Quando se imprime o comando LIST, o computador ordena as linhas segundo o seu número de ordem. [cplo] Quando regressei a Lisboa, ordenei as notas que tinha tomado durante a viagem. [sc]

₂Npl – Vse *Ordenem-se em duas filas, uma para a direita, outra para o balcão da esquerda!*

ordenar²
1.-2. veranlassen. 3.-5. befehlen; anordnen. 6. DIZER.

₁N – V – N *Ao tomar conhecimento da epidemia, o ministério da educação ordenou imediatamente o encerramento de todas as escolas.*

₂N – V – Fc *A CP ordenou de imediato que se fizesse um apuramento das responsabilidades.*

₃N – V – (a N) – Fc *Ordenou-lhe que saísse da sala.*

₄N – V – a N – para Fc *O galanteador surgiu quase a correr, ainda esbracejou, enquanto Jadwiga lhe acenava a mão e ordenava ao motorista para que fosse depressa.* [ce]

₅N – V – a N – para I *O juiz ordenou às pessoas para se calarem ou mandaria evacuar a sala de audiências. Embora se tenha ordenado ao computador para efectuar o passo seguinte num ciclo, não se especificou o início desse ciclo.* [cp]

₆N – V – (a N) – Te DIZER.

ordenar³
1. zum Priester weihen (lassen). 2. s. zum Priester weihen lassen; die Priesterweihe empfangen.

₁N – V – N *Dantes era prestígio para a família ordenar o filho mais velho.*

₂N – Vse *O Padre Silva Rêgo ordenou-se no seminário de Macau.*

organizar
1. organisieren; veranstalten; planen. 2. s. organisieren; s. zus.schließen.

₁N – V – N *A RTP organiza todos os anos uma corrida de toiros. O pai quer que ele seja arquitecto, quer dar-lhe um andar, organizar-LHE a vida toda.* [sa] *Mondlane aparecia arvorado em chefe da FRELIMO, primeiro a organizar, depois a comandar a subversão dos macondes.* [sc]

₂N – Vse – (em N) *Os trabalhadores organizaram-se (em sindicatos) para pedir um aumento de salários.*

■ sein Leben einrichten: *Sem emprego, como irá ele organizar-se?*

originar
1.-2. hervorrufen; verursachen; Ursache sein für. 3. entstehen; aufkommen.

₁N – V – N, Fc, I *O Joaquim Nunes foi assistido ao ferimento [sic] provocado pelo tiro, que LHE originou perfuração da coxa.* [pj] *A actuação dos serviços secretos franceses não tem deixado de originar algumas polémicas e escândalos.* [oj] *O acordo entre os dois partidos originou terem aparecido várias correntes de opinião que estavam até aí latentes. O facto de ele ter aparecido ontem só originou confusões. A acusação de fraude que lhe foi dirigida originou que o ministro se demitisse.*

₂I – V – N *Sair dessa maneira tão brusca origina sempre atropelos.*

₃N – Vse *Originou-se uma certa polémica à volta do acordo ortográfico entre os países de expressão portuguesa.*

ostentar
1. zeigen, haben; zur Schau tragen, stellen; mit etw protzen.

₁N – V – N *Uma banca vendia jornais e revistas e, à direita, várias portas envidraçadas ostentavam o letreiro BAR-RESTAURANTE.* [dm] *Gosta de ostentar as suas arrecadas de ouro.*

ousar
1.-2. wagen; s. trauen.

₁N – V – I *Nenhum dos amigos ousou aproximar-se da fera.* [dm] *Quem é que ousará contrariá-lo? ▸Ah, se ousares, ousa!*

₂N – V – N *Toda a gente ficou calada, ninguém ousava uma única palavra.*

ouvir
Morf.: Pres.: ouço, ouves.
1. hören; s. anhören; zuhören; vernehmen. 2.–6. hören.

₁N – V – N   Ouvir gritos. Os miúdos ouviram tudo até ao fim, silenciosos e graves_O próprio cão não arredou pata. [np] Ouçamo-lo! Queres ouvir este disco? Os quatro espanhóis detidos pela Polícia Judiciária foram ontem ouvidos pelo Tribunal da Relação. [pj] ▸O velho já não ouve. ▸Estou a ouvir, pode falar.
▪ Ouve lá, ó Mário, porque não fizeste o teu trabalho?
▪ José Nuno Martins, favorável à televisão evidentemente privada, colocou também algumas reservas ao projecto do Governo_Ouvimos-**lhe**: Televisão privada, que sim, dentro de determinadas regras, que competirá à Assembleia da República estabelecer. [cm]
▪ Ouvir cantar o galo: Geld, den Lohn bekommen: Não posso comprar o fato_Estou à espera de ouvir cantar o galo.
▪ BRAS.: Ouvir demais: Disseram que você irá à festa amanhã. – Não é verdade, você ouviu demais.: Da wissen Sie mehr als ich.

₂N – V – Fi   Olha lá, ouvi (dizer) que o teu irmão comprou um terreno no Porto, é verdade?

₃N – V – Fc | NEG   Não ouvi que eles tivessem decidido a coloborar com a Unita.

₄N – V – Int   Ouviste se dá chuva para amanhã?

₅N – V – [N +] I   Ouviu ladrar os cães. Eu ouvi os cães ladrarem de noite. Ouvi-os ladrar. Ouviste trovejar de noite? Ouvi dizer que o senhor nos abandonará. Morre o meu pai e logo no dia seguinte recebe-se em casa um ofício dum clube qualquer, de que nunca ouvíramos falar, a dizer que os dirigentes e os atletas apresentavam sentidas condolências. [np]
▪ No texto da tal canção que LHE ouvi figura uma preciosidade destas: "Nunca mais sê triste!". [dn]
▪ Tu és português – pergunta-me um reguila, quando passo por ele e me ouve **a** falar com um dos companheiros da excursão. [dn]

₆N – V – N – de N   Ouvi dele a notícia da morte da minha sogra.

ovacionar
1. zujubeln; jm Beifall klatschen; jn hochleben lassen.

₁N – V – N   No fim, ovacionaram longamente os músicos. O chefe do Governo foi fortemente ovacionado pelos milhares de pessoas que o ouviam. [sc]

P

pagar
Morf.: ter pagado; ser, estar pago.
1. bezahlen; ◊ jn bezahlen für. 2. bezahlen; zahlen. 3. jn bezahlen. 4. FIG. für etw bezahlen; büßen für. 5. FIG.: etw mit (dem Leben) bezahlen.
6. FIG. zahlen für; büßen für. 7. Lohn sein für. 8. jm etw heimzahlen.

₁Np – V – (Nc) – (a Np)   Paguei–lhe o carro. Pago–lhe o trabalho que fez.
  ▪ Pago (a cerveja) por ti.

∇ Np – V – Nc   Não comi, não pedi outra coisa, paguei a conta. [po]
∇ Np – V – a Np   Paga muito mal aos empregados.
  ▪ Nem que me paguem!: Für kein Geld etw machen wollen.

∇ Np – V   Ele paga para assistir ao espectáculo. Paguei em cheque. Dizes que não vens?_Ai não, que não vens, até pagas para vir.

₂Np – V – Q – (a Np) <por N>   Paguei quinhentos escudos por este livro. O Sr. pagou caro por estas uvas.

₃Np – V – Np   Paga muito mal os empregados. Aos patrões não sorria a ideia de despedir os empregados, que eram mal pagos, para os trocar por uma máquina de calcular de custo elevado. [cp]

₄Np – V – Nc   Hás–de pagar a tua ingratidão. Ele vai pagar o crime que cometeu.

₅Np – V – Nc – com N   Ele pagou a aventura com a vida.

₆Np – V – por N   Pagou pelas loucuras da sua juventude. Coitada, ela acabou por pagar pelo marido. Hás–de pagar por tudo o que me fizeste.

₇Nc – V – N   Nada paga o sacrifício que faço.

₈N – V – (N) – a Np   Hei–de pagar–te essa que tu me fizeste. Hás–de pagar–me essa partida. Um rapazote de ares apurados empurrou–o pelas costas e ele não se conteve sem lhe pagar com tal vontade que o outro cambaleou, naquele mar de cabeças. [cs]

  ▪ Pagar a.c. na mesma moeda: jm etw in gleicher Münze heimzahlen.
  ▪ PG.: Pagar a.c. com língua de palmo: etw jm teuer zu stehen kommen: Esta partida vais–me pagar com língua de palmo.
  ▪ Há sempre alguém que paga as favas: die Zeche bezahlen; (dafür) geradestehen; etw ausbaden müssen.

pairar
1. wo schweben; <Duft> wo hängen. 2. FIG. schweben. 3. FIG. s. nicht entscheiden können, schwanken zwischen.

₁N – V – L   Uma gaivota colorida pairava no ar. Pairava no ar um cheiro a naftalina. Pairava no ar um profundo mal–estar e descontentamento. Uma névoa subtil pairava acima dos pântanos. Da campanha resultou um sentimento geral de mal–estar, pois ficaram a pairar na opinião pública dúvidas sobre as intenções do Governo quanto ao Ultramar. [sc]

₂N – V – sobre... N   Sobre a literatura e a edição paira a escura nuvem do dirigismo. [oj] Os espíritos superiores são aqueles que pairam acima dos acontecimentos historicamente fugazes e conseguem a visão global e sintética que cria uma perspectiva crítica justa da vida dum país. [dp]

₃N – V – entre Npl   Pairava entre as duas opções.

palrar
1. <Kind...> plappern; schwatzen; <Vögel> zwitschern.

₁N – V   O miúdo já palra. A criança passa todo o dia a palrar. As vizinhas passam os dias a palrar à sombra do castanheiro. Os passarinhos palravam na gaiola.

parar¹
Grafia: Pres.: paro, paras, pára. Imperf.: pára.
1. zum Halten bringen; (Radio...) abstellen; Einhalt gebieten. 2. halten; zum Stillstand kommen; stehenbleiben; innehalten. 3. (s-e Zeit) wo verbringen, zubringen. 4. aufhören mit.

₁N – V – N   O Luís parou o carro. Pára a música/ a televisão! Os bombeiros não conseguiram parar o incêndio.

₂N – V ⟨adj⟩ O autocarro/ o relógio/ o gravador/ o cavalo parou. O João parou para ver os montes. Depois do lanche, as crianças nunca mais pararam quietas. [dm] Por vezes um homem aposta no cão mais rápido, e que acontece? Quando o bicho vai à frente, a distanciar-se, pára de repente a cagar. [np]
  ▪ Pára calado!: Halt endlich den Schnabel!
  ▪ Sem parar: unaufhörlich, ohne aufzuhören: Se um gasta 2ooo, logo o vizinho, que não quer ficar atrás, gasta 23oo; e assim por diante, sem parar!_Uma verdadeira competição. [pj]

₃N – V – L   Ele só pára bem pelos cafés. Ele pára muito por cá. Nunca paras em casa.
  ▪ Ir, vir parar + L: wohin geraten; wo landen: Todos os pobres vêm parar ao inferno? [tm] Um dia ainda vais parar à cadeia, vais ver. A bola foi parar ao fundo da ladeira.

₄N – V – com N   Pára lá com isso! Pára com a televisão! Pára com a brincadeira!

parar²
1. aufhören.

₁[N –] V + de V_INF   O columbiano não parava de beber. [np] Pára de dizer disparates! Parou de chover. Ó menino, pára de chorar.

parecer¹
1. jm ähnlich sehen, ähneln. 2. s. ähneln. 3. jm ähneln.

₁N – V – N   Tu pareces mesmo o teu irmão.
₂Npl – Vse   Eu acho que eles se parecem muito.
₃N – Vse – com N   Dizem que me pareço muito com meu pai. [sv]

parecer²
1.-7. scheinen.

₁V – Fi   Mas até parecia que em vez de leite o Ambrósio bebera vinho, porque se mostrou muito animado e loquaz. [np]
₂V – a Np – Fi   Parece-me que ela é capaz de ir aos anos dele.
₃V – a Np – Fic | NEG   Nunca me pareceu que lhe fosse faltar a coragem, mas faltou mesmo! Não lhe parece que está a pedir demasiado dinheiro?
₄V – a Np – I   A certa altura, pareceu-lhes ver cintilar uma luzinha. [dm]
₅[N –] V + V_INF   Isso parece acontecer sempre que há eleições.
₆N – V + Fi   O João parece que vai a Lisboa para a semana.
₇N, F – V – P_adj, n – (a Np)   Parece mal que vás sozinha – diziam-lhe sempre as tias. Isso parece-me um erro grave. Parece inteligente, mas não é.
  ▪ Segundo parece: wie es scheint.

participar¹
1.-2. teilnehmen an; teilhaben an.

₁N – V – em N   A reunião em que participou o Governador Militar de Lisboa não foi uma reunião de amigos. [ot] Portugal é um dos 16 países que participam num exercício destinado a testar a capacidade da NATO para a gestão de crises. [dn] Quis que todos participassem nas vantagens.
₂N – V – de N   Também participámos da discussão, embora sem termos direito a voto. Quis que todos participassem das vantagens. Nós participamos da sua dor neste momento.

participar²
1.-3. mitteilen; bekanntgeben. 4. jn anzeigen.

₁Np – V – (a Np) – N   O ministro participou ao presidente a sua intenção de se retirar do governo.
₂Np – V – (a Np) – Fi   O dirigente sindical participou (aos associados) que a proposta ia

₃Np – V – (a Np) – I   *ser entregue à Assembleia da República.*
A Câmara participou (aos habitantes do bairro) ter havido uma fuga de gás de madrugada.

₄Np – V – (a Np) – de Np   *A comissão aconselha as mulheres a participar dos maridos (à polícia) em caso de violência física.*

partilhar
1. s. (e–e Wohnung...) teilen. ⇒ compartilhar. 2.–3. FIG. etw teilen.

₁Npl – V – N   *A madrugada, anunciando uma manhã igual a ontem, insinuava-se pela janela no quarto de paredes caiadas, que as três raparigas partilhavam.* [pc]

₂N – V – N – com N   *Mas a mulher Ai Não gostava que dançasse com as outras, que partilhasse a própria alegria com as outras.* [sa]

₃N – V – de N   *O Zé partilha também das mesmas inquietudes que a Maria.* [pj] *O João partilha do ponto de vista do Mário.*

partir¹
1. s. etw brechen; FIG. jm (das Herz) brechen. 2. s. etw brechen; zerbrechen; FIG. jm (das Herz) brechen. 3. zerbrechen; (Brot) schneiden; spalten. 4. zerbrechen; kaputt gehen.

₁N – V – Nc   *Partir o pé/ a mão/ a cabeça.* PG. :*A morte do pai partiu-LHE o coração.*

₂Nc – Vse   *Partiram-se-ME duas costelas. Partiu-se-ME o copo. Ao cair, o prato partiu-se. Partiu-se-LHE o coração com a morte do pai.*

₃N – V – N – (em Npl)   *Partiu o prato em duas metades. Parte o pão em fatias, por favor. O que disse o vendedor de lotaria ao tipo magro? – Disse-lhe que, se não se calasse, o partia aos bocados.* [np] *Mas essa mulher endoideceu! – Eu saio já daqui e parto-LHE a cara, ai parto! Grande cabra!* [np]
▪ *Raios o partam! Zum Teufel mit ihm! Que vá para o raio que o parta!* [fa]

₄N – Vse – (em Npl)   *O prato partiu-se em duas metades, ao meio. Um barco de carreira embateu contra um tronco e partiu-se em dois.* [dn]

partir²
1. wegfahren; abfliegen; abfahren; ausgehen von; kommen von, aus; in (die Ferien) fahren. 2. FIG. ausgehen von; kommen, stammen, herrühren von.

₁N – V – (D)   *O avião partiu de Lisboa em direcção a Madrid. Vai partir da linha 2 um comboio com destino a Porto-São Bento. Dali parte um ribeiro que mais adiante se transforma em rio caudaloso. O tiro partiu de local desconhecido. Vamos partir para férias. Do meu apartamento e do seu buraco partiam eles para as lides revolucionárias, nas quais pareciam desenvolver grande zelo.* [np]

₂N – V – de N   *Esta ideia partiu de um grupo de amigos. Aquela teoria parte de falsos pressupostos. Partiu do princípio que estava tudo combinado. A iniciativa partiu da embaixada da República Popular de Angola.* [od]
▪ *A partir de:* seit; von... an.

passar¹
1. wo vorbeikommen; wo vorüberziehen; wo vorbeifahren, -gehen...; durch etw fahren, gehen...; <Film...> wo laufen; <jd> wo zu sehen, zu hören sein. 2. wohin wechseln; hinübergehen; umziehen. 3. etw durchlaufen, durchmachen, durchstehen. 4. übergehen zu. 5. übergehen zu; endlich + V. 6. (Prüfung...) bestehen. 7. ansteigen von... auf; abfallen von... auf. 8. NEG. nicht hinausgehen über; nicht mehr, nichts anderes sein als; bloß sein. 9. womit fahren durch. 1o. überqueren; FIG. übersteigen. 11. hinüberbringen; hinübersetzen. 12. umziehen nach; (hin-)überwechseln zu. 13. etw (an die Tafel) schreiben; mit (den Augen...) fahren über; (Arm) schlingen um. 14. jm etw reichen; jm (das Wort) geben, erteilen; jm etw vererben; auf jn übertragen. 15. (den Ball) abgeben, weiterreichen an. 16. <Soldaten> überlaufen zu. 17. [Küche] worin wenden; in (Wasser) spülen. 18. durchseihen; (Kaffee) durchlaufen lassen.; (Mehl) (durch-)sieben.

₁N – V – L   *Passe cá por casa hoje à noite! O cortejo passa à minha porta. Sim, passava aqui frequentemente há vinte anos.* [po] *O número 7 passa por casa dele/ pela Cidade Universitária. O rio passa por debaixo da ponte. Na minha estadia na capital francesa, tive oportunidade de ver um filme que passava em dois cinemas ao mesmo tempo.* [pj] *O Júlio Iglésias também passava numa das cassettes que o Miguel trouxe na viagem.* [oj] ▸*Passou agora mesmo o autocarro das cinco.*

₂N – V – D_{de, a, para}　　　*Vamos passar (daqui) à outra banda! Passou do apartamento para a nova casa. Já passaram para o novo apartamento?*

₃N – V – por N　　　*Depois de completada esta operação, os chips passam por um teste final antes de serem introduzidos no mercado.* [cp] *Convém aqui recordar que a Timex passou por violentas convulsões laborais.* [cp] *Qualquer solução estável de Governo, para Cavaco e Silva, com esta Assembleia da República, passa por uma aproximação com o PS ou por um entendimento com o PRD.* [dl] *Nas duras provas por que passei, aprendi que o moral representa uma parte importante da cura.* [pj]
- *Passar por alguém*: an jm vorbeigehen: *Tens visto a Ana? – Por acaso passei por ela ontem na baixa!*
- *Passar pela cabeça*: jm in den Sinn kommen: *Isso nunca ME passou pela cabeça.*

₄N – V – a N　　　*A minha grande esperança é que tudo isto não fique só pelas palavras e que se passe à prática, para que, de novo, nos possamos orgulhar dos vinhos Dão.* [oj] *Vamos passar a outro assunto.*

₅N – V – a I　　　*Passei a levantar-me todos os dias às oito horas. Como eu me não tivesse erguido convenientemente, passou a tolerar-me, sem se dar ao trabalho de esconder que, aos olhos dela, não passo dum chauffeur disfarçado de "senhor".* [hn]

₆N – V <a, em N>　　　*Lá vinha o Chico, de braços abertos para eles, com uma expressão tão feliz, que o resultado só podia ter sido um: – Passei!_Passei! – repetiu ele bem alto, abraçando-os, cheio de alegria.* [dm] *Os chips que passam neste teste são então ligados, através de finos fios de ouro, a uma série de pinos de ligação.* [cp] *Passei a/ em matemática, mas chumbei a ciências.*
- *Deixar passar alguém*: jn vorbeilassen: *Deixa-a passar.*
- *Deixar passar alguém à sua frente*: jn vorlassen (i. e-r Schlange).
- *Deixar passar a.c.*: etw ungestraft durchgehen lassen: *Deixei passar alguns erros de menor importância.*

₇N – V – de N – para, a N　　　*Nós não queremos vender estas terras, sempre passaram de pais para filhos. Passou de aluno para professor. O valor das importações comunitárias da Liga Árabe passou de 9,8 biliões de UCCE, em 1973, para 32,7 biliões, em 1977.* [cm] *Em pouco mais de dois anos ele passou de varredor a milionário.*
- *Passar de ano*: [Schule] versetzt werden.

₈N – V – de N | NEG　　　*Ele não passa de um charlatão. Tem-se dito que os minicomputadores não passam de computadores produzidos por minifabricantes.* [cp] *Isso não passa de uma ilusão.*

₉N – V – com N – L　　　*O João passou com a mão pelo cabelo.*

₁₀N – V – N　　　*Passemos a estrada! Passaram a fronteira sem qualquer problema. O êxito da pega passava as expectativas.*
- *Passar as passas do Algarve*: FIG. Hindernisse überwinden; allerhand mitmachen.
- *Passar fome*: Hunger leiden: *Nessas zonas temos escolas, hospitais e celeiros, onde guardamos o necessário para que o povo não passe fome.* [pj]

₁₁N – V – N – D　　　*O barqueiro passou as pessoas para o outro lado do rio.*

₁₂N – Vse – D　　　*Ando a pensar ir para a Alemanha, lá a gente governa-se bem, pagam bons salários, não nos falta nada._Ou então passo-me para França, como o Lino.* [be] *Em poucos meses passou-se para a caixa de um super-mercado.* [sa]

₁₃N – V – N – L　　　*Ó Joaninha, passa as tuas contas no quadro, se fazes favor. Juliette passou-LHE os braços em torno do pescoço e beijou-o em ambas as faces.* [vp] *Leo passou os olhos pelos títulos de um jornal.* [ce] *Janette passou uma borla de pó-de-arroz pelas faces e, naquela base branca, pôs um pouco de "rouge".* [np]
- *Passar a.c. a limpo*: ins Reine schreiben: *Passa as contas a limpo!*

$_{14}$N – V – N – a Np   Passa-me o sal! Não é preciso, pá!_Eu acredito!_Se foram os teus pais a convidar... – e olhou para a mulher, a passar-lhe a palavra. [dm] Passou-lhe a sua casa.
▪ Passar um sermão (POP. um sabão) a alguém: jm e-e Strafpredigt, e-e Standpauke halten: A professora passou-me um sermão.
▪ Passar uma rasteira a alguém: jm ein Bein stellen: Você podia muito bem passar uma rasteira ao gajo quando ele passou por si a correr! [np]
▪ Não passar cartão a ninguém: jn nicht beachten, links liegen lassen: Não lhe passei cartão durante o jantar, nem olhei para ela!

$_{15}$N – V – N – (para N)   O palerma não viu que passou a bola para o adversário.
$_{16}$N – Vse – para N   Os soldados passaram-se para o adversário.
▪ Passar a alguém: [Sport] jm zuspielen; den Ball abgeben an.

$_{17}$N – V – N – por N   Corta-se o fígado em tiras, esfregam-se com alho, deita-se-lhes sal e pimenta e passam-se por farinha. [ac] Passar a roupa por água.
▪ Passar a mão pelo pêlo de alguém: s. bei jm einschmeicheln: Ele passou-LHE a mão pelo pêlo.

$_{18}$N – V – N – (por N)   Passo o café pelo coador. Passou a farinha pela peneira.
▪ Passar (a ferro): bügeln: Mari-Paz cozinhava o jantar, lavava a roupa e passava a ferro. [vp] Já passaste a roupa?
▪ PG. POP. FIG.: Passar alguém a ferro: jn überfahren.

passar²
1. (Zeit) verbringen (mit); etw durchleben; durchmachen. 2.–3. <Zeit...> vergehen, vorübersein. 4. <Uhrzeit> vorbeisein.

$_1$N – V – N <adj>   Ele passou bem o dia. Ele passou o dia nervoso. Como passas o tempo? Passou as férias no Algarve. Passámos a tarde às cerejas. Porque é que passou todo dia aos gestos? O Zé Manel passou toda a tarde a contar anedotas. Passou a vida a trabalhar. Os fugitivos passaram um mau bocado no Boulevard Jean Jaurès quando um carro, saindo em marcha atrás de um parque de estacionamento, se lhes atravessou no caminho. [kf]
▪ Passar a noite: übernachten.

$_2$N – Vse   Quinze anos se passaram desde então, e consegui o prodígio de viver apenas dos livros que escrevo. [np]
$_3$N – V   Como o tempo passa! A gente passa e a terra fica. Quando é que passará este drama sem teatro? [po] Agora já passou a oportunidade.
$_4$V – de N   Passava bem da uma quando, farto de ouvir um polaco enorme discursar em voz de estentor, me levantei para sair. [mi] Já passa do meio-dia.

passar³
1. es wie jm gehen. 2. gelten als. 3. passieren; geschehen.

$_1$N – V – M   Como passas? Como tens passado? Passou bem?
▪ Passar despercebido: unbemerkt bleiben: O acontecimento passou despercebido.

$_2$N – V – por (ser) P$_{adj, n}$ O novo dirigente da Mauritânia passa por ser um dos oficiais mais íntegros do exército. [pj] Ele passa por maluco.

$_3$N – Vse   Passam-se cá coisas, que eu vou-te contar, são de arrepiar os cabelos. Passa-se cada coisa! Que se passa, o que é que continua a passar-se neste país de opereta? [ot]

passear
Morf.: Pres.: passeio.
1. spazierengehen. 2. jn spazierenführen; jn ausführen; mit (dem Hund) ausgehen; (Pferd) im Schritt gehen lassen. 3. spazieren(-gehen, -reiten...). 4. mit (dem Blick) streifen über.

$_1$N – V <L>   Mariana gostava de vir ali passear à tarde, com o pai, à hora em que o lume da ceia dos ciganos incendiava a melancolia do ocaso, reflectida nas águas lentas do rio. [fn]
▪ Ó pá, vai mas é passear!: Verschwinde! Hau ab!
▪ Mandar alguém passear: jn zum Teufel schicken; jn dahin schicken, wo der Pfeffer wächst.

$_2$N – V – Np <L> Após o jantar, passeou a filha. Passeava o cão duas vezes por dia. Gosto de passear o cavalo pela quinta.

$_3$N – Vse <L> Nesse dia, também de Inverno, voltou Diogo Relvas a passear-se a cavalo. [bc]

$_4$N – V – N – L Abanou a cabeça e passeou os olhos em redor, ansiando por que se diluíssem no ambiente as ideias que o atormentavam. [nv] Passeou ao acaso pela sala um lento olhar sem destino. [fo]

pastar
1. (Vieh) weiden; grasen. 2. <Vieh> etw abgrasen.

$_1$N – V O rebanho, esquecido do dono, pastava, alheio aos segredos da serra e do pastor. [nc] Os habitantes da freguesia eram autorizados a levar as suas cabeças de gado grosso a pastar em áreas demarcadas para cada família. [rp]
■ BRAS.: A aula foi tão difícil que eu pastei o tempo todo: Nichts verstehen.

$_2$N – V – N As ovelhas pastavam a erva da planície.

pecar
1. sündigen. 2. FIG. den Fehler, Mangel haben.

$_1$N – V – (contra N) Pecavam contra Deus. Não sou santo: nem o pretendo ser. Mas se pequei, arrependi-me. [sv]

$_2$N – V – por N O plano peca por falta de consistência.

pedinchar
1. betteln (um).

$_1$N – V – (N) Escusas de andar de volta de mim a pedinchar dinheiro para chocolates. Se o comércio e a indústria vão pedinchar, se vão cair em cima do Governo, teremos de nos precaver já, retendo tudo o que pudermos. [bc] Ele ia todos os dias pedinchar pelas esquinas da cidade.

pedir
Morf.: Pres.: peço, pedes.
1. jn bitten um; (e–n Kaffee...) bestellen; etw von jm verlangen. 2.–3. (jn) bitten um. 4. verlangen; um (Erlaubnis...) bitten. 5. von jm verlangen. 6. ein Wort einlegen für. 7. <etw> etw erfordern, verlangen.

$_1$N – V – (a Np) – N Pedir satisfações/ ajuda/ um favor a alguém. Pedi-lhe desculpa. Ele pediu a demissão. Eu não pedi café. – Desculpe, mas foi o pedido que registei. [nv]
■ Pedir contas + a N: jn Rechenschaft ablegen lassen; jn zur Verantwortung ziehen: A interpelação não chegaria a fazer-se porque é de supor que o próprio ministro, perante uma situação semelhante, pediria contas a quem de direito. [pj]
■ POP. Pedir porrada: Prügel provozieren: Estás a pedir porrada!
■ Pedir boleia: trampen.
■ Pedir a.c. emprestada a alguém: s. von jm etw (aus–)leihen.

$_2$N – V – (a Np) – Fc Peço a todos os presentes que me acompanhem num brinde pela República do Senegal e pelo seu Povo. [dp] Pedi à Maria que preparasse o jantar.

$_3$N – V – (a Np) – para I Um funcionário da UBP, que pediu para não ser identificado, confirmou que o banco não tinha moeda portuguesa. [pj] Pediu-lhes para prestarem mais atenção.

$_4$Np – V – Nc <para N, I> Em Portugal pede-se timidamente licença para agir sem o fazer. [pj] O que precisamos, neste momento, de pedir para a sociedade civil portuguesa é a libertação das subjugações sistemáticas. [pj]

$_5$N – V – (a Np) – Q <por N> Pediram-me uma fortuna por um apartamento. Pedem setenta contos pelo aluguer da garagem.

$_6$N – V – a Np – por Np Podias pedir por mim ao teu patrão, talvez ele precise de mais alguém.

$_7$Nc – V – Nc O assunto pedia discrição absoluta. Este trabalho pede muita concentração.

pegar¹
1. greifen nach; jn fassen an, bei; etw in (die Hand) nehmen; zu (den Waffen) greifen. 2. nehmen; (Stier) angreifen, nehmen. 3. (Feuer) fangen; s. (e-e. Krankheit) zuziehen. 4. (Kerze) anstecken; jn anstecken mit. 5. s. entzünden; <Feuer> angehen; <Mode> s. durchsetzen; <Pflanzen> Wurzeln schlagen. 6. jn erwischen, ertappen bei, in. 7. jn antreffen. 8. jn an (den Haaren) ziehen; jn an (die Hand) nehmen; jn fassen bei. 9. (mit den Fäusten) auf e-a. eindreschen, losgehen. 10. s. streiten, anlegen mit. 11. aufe-a. eindreschen, losgehen.

₁N – V – em N   A fiel Carolina pegou-LHE na mão. [np] O polícia diz "também acho" e tenta pegar-LHE no braço, mas o rapazinho fantasiado de coelho esquiva-se com brusquidão. [np] A interconexão serial pega num byte do computador e envia-o, um bit de cada vez. [cp] Pega no garfo como deve ser! Peguei no saco e fui-me embora. Acabaram por pegar em armas.
▪ *Pegar no sono*: einschlafen: *Pegou no sono e dormiu até de manhã.*

₂Np – V – Nc   Pega o livro! Os forcados pegaram o touro de cernelha.
₃Ncp – V – Nc   O monte de desperdícios pegou fogo. Peguei uma gripe. ▸Já não se pode estar perto do lume!_O tronco maior pegou e atira cá com um destes calores! [be]
▪ BRAS. *Pegar gripe*.

₄N – V – N – a Ncp   Amanda Carrusca vai até à lareira_Agachada, acama um feixinho de estevas secas sob as achas_Petisca lume, na acendalha, pega-lhe fogo. [sv] Ele pegou-me a gripe.

₅N – V   As achas pegaram. Vai ver se a lareira/ o fogo pegou. Este ano, a moda da mini-saia não pegou. A planta já pegou.
▪ *Isso não pega!*: Das verfängt nicht!: *Vai contar essa a outro, comigo já não pega.*

₆Np – V – Np + a N, I   Peguei-o às maçãs. Peguei-o a roubar cerejas.
₇Np – V – Np – P   Pegaste-me de boa disposição, leva lá a nota.
₈Np – V – Np – Lpor   Esta catraia anda sempre a pegar o irmão pelos cabelos. Pegou a criança pela mão para atravessar a estrada. Pegaram-me pelas pernas.
₉Npl:p – V <a N>   Os dois miúdos pegaram à sapatada/ ao murro.
₁₀Np – V – com Np   Porque é que este rapaz, que já é grande, está sempre a pegar com o irmão mais novo? O João pegou-se com o amigo e tiveram uma violenta discussão.
₁₁Npl – Vse <a N>   Estavam aí os dois na cavaqueira e de repente pegaram-se ao murro/ à bofetada/ aos pontapés.

pegar²
1. wo kleben; <Essen> anbrennen. 2. neben etw sein; Wand an Wand stehen mit. 3. wo festkleben. 4. jn liebgewinnen; zu jm Zuneigung gewinnen; an jm hängen. 5. Zuflucht suchen bei.

₁N – V – Lem, a   O caramelo pegou no fundo do frasco, como é que faço agora para o derreter? O arroz pegou ao fundo do tacho.
₂N – V – com N   A tua casa pega com a minha.
₃N – Vse – La   Não percebo como é que este papel se pegou ao meu casaco. A pastilha pegou-se-ME ao cabelo. A cera da vela pegou-se à toalha. O arroz pegou-se ao fundo do tacho. A cola pegou-se à mesa.
₄N – Vse – a N   Eu peguei-me muito aos meus avós.
₅N – Vse – com N   Sempre que tenho problemas, pego-me com o Santo António.

pegar³
1. beginnen; anfangen.

₁N – V + a Vinf   Como não tinha muito por onde escolher, peguei a fazer uma camisola. ▸A que horas pegas (sc.: a trabalhar)?

pegar⁴
1. und dann, daraufhin + V.

₁N – V + e + V   Como não apareceste até às onze horas, como tínhamos combinado, eu peguei e fui embora.

pelar
1. abhäuten; (Schalen) aufknacken. 2. s. ausziehen. 3.-4. FIG. gern mögen; versessen sein auf. 5. <Haut> s. schälen; <Sonne> brennen, stechen.

₁N – V – N	Pelar um coelho, amêndoas, nozes.
₂N – Vse	Ela pelou-se em frente de todos.
₃N – Vse – por N	Ela pela-se por bolinhos de bacalhau.
₄N – Vse – por I	A maior parte destas pequenas pelam-se por andar connosco. [hn]
₅N – V	As minhas costas já pelaram. Foi o sol, tiinho....O sol pelava bastante. [op]
▪ BRAS.: <Wasser> kochend heiß sein: A água está pelando.

pendurar
1. (Bild, Kleidung...) wo aufhängen; jn (an den Beinen) hochhalten. 2. s. hängen, klammern an.

₁N – V – N – (L)	A criada pendurou o casaco nas costas da cadeira e saiu. [hn] Furioso, o Luís pendurou o João pelas pernas.
▪ Pendurar a conta: etw anschreiben lassen: Pendure a conta, por favor.
▪ BRAS. etw verpfänden: Pendurar um anel na casa de penhores.
₂N – Vse – L	Ele pendurou-se numa árvore/ ao meu pescoço. Pendurou-se no trapézio pelos pés.

penetrar
1. wohin eindringen; etw betreten. 2. etw, jn durchdringen.

₁N – V – Lem	O Bispo apeou-se e, lentamente, pesadamente, subiu a escada e penetrou no interior quente e iluminado. [co] A espada penetrou-LHE no peito. O bando penetrou no banco através dos esgotos. [kf] Penetrámos na sala sem sermos ouvidos.
₂N – V – N	O frio penetra-LHE as carnes. [pj] O feitiço de África, tal como nos meus pais, avós e bisavós, penetrava-me lenta mas firmemente. [pj] A espada penetrou-LHE o peito.

pensar
1. denken. 2. denken an. 3. daran denken, beabsichtigen, zu. 4. nachdenken über. 5. etw denken; s. ausdenken; etw im Kopf haben. 6.-7. denken; glauben. 8. meinen; glauben; vorhaben. 9. gedenken zu + V. 1o.-11. denken, glauben, jd, man sei etw, wo. 12. etw denken, halten von. 13.-14. halten von.

₁N – V	Que te adianta agora bateres no pobre bicho, julgas que ele pensa como nós? Não acredito. Ele ainda é dos que pensa. [sa]
▪ Pensar em voz alta: laut denken.
₂N – V – em N	Pensa em mim, não te esqueças de escrever. Não penses nisso! Ele pensa em tudo.
▪ O quê? Queres mudar de casa? – Nem pensar nisso!: Daran ist nicht zu denken!
₃N – V – em I	Já alguma vez pensaste em livrar-te deste sofá?
₄N – V – sobre N	Vou pensar sobre o assunto. Temos de pensar seriamente sobre o nosso futuro.
₅N – V – N	Só pensa disparates. Luís não formou um projecto, não pensou uma solução, mas tudo daí em diante lhe parecia mais claro e mais fácil. [vp] O autor disto escreveu o que pensava. [sa]
₆N – V – Fic	Quando foi afirmado o acordo de Incomati entre Moçambique e a África do Sul, pensou-se que a guerrilha naquela ex-colónia estaria "arrumada". [pj] Penso que ainda chegue hoje. Pensava que viesse hoje. Penso que vai chegar hoje. Nunca pensei que ele vinha. Nunca pensei que ele estivesse tão zangado comigo.
₇N – V – Int	Já pensaste como vais fazer para ganhar a vida?
₈N – V – I	Penso não me enganar. Penso estar livre às sete. O que pensei foi ir a casa primeiro e depois encontrá-lo à porta do cinema. Pensei mudar de casa.
₉N – V – de I	Pensas de passar cá as férias no próximo ano?
₁₀N – V – N – Padj. n, l	Vi esse homem uma vez e nunca o pensei tão rico! [av] Eu sempre o pensei em Londres.
₁₁N – Vse – Padj. n, l	Ele pensa-se um grande mestre. Eu sempre me pensei em Londres.

₁₂N – V – N – sobre N   Só penso coisas boas sobre ti.
₁₃N – V – N – de... N   Que pensas acerca do aumento dos combustíveis? Que pensas destas crianças? Que pensas de tudo isso? O que é que pensas sobre os últimos acontecimentos na Alemanha?
₁₄N – V – N – de I   Tenho uma ideia! Que é que pensas de fazermos um piquenique no fim-de-semana?

pentear
Morf.: Pres.: penteio.
1. kämmen; frisieren; FIG. etw durchkämmen. 2. s. kämmen.

₁N – V – N   A criada penteou a patroa. Os italianos puseram em prática o sistema denominado "barra italiana", que consiste numa rede lastrada com barras de ferro que "penteia" os fundos marinhos e destroça mais coral do que captura. [pj]
₂N – Vse   Vestiu-se, ao fim da tarde, mas nem se penteou. [pc]

perceber
1. wahrnehmen; hören; verstehen; begreifen. 2.-4. verstehen. 5. etw verstehen von; Ahnung haben von.

₁N – V – N   Percebi um movimento atrás da cortina, um barulho no corredor. De vez em quando, uma voz roufenha, que aliás se percebia bastante mal, dava indicações pelo microfone. [dm] Há muita coisa que só percebemos bem quando nos acontece a nós, ou a uma pessoa de quem gostamos muito. [dm] Se temos amigos com problemas, que isso nos sirva para percebermos melhor os que não são nossos amigos e têm os mesmos problemas! [dm] ▸Percebeste ou não? – Percebi, pois!
₂N – V – Fi   Eu só percebi que tinha havido um golpe de estado, de resto, não percebi mais nada.
₃N – V – Int   Ah, agora percebo por que é que tu não vieste ontem à noite, seu vadio. Sabíamos que estavas cá, mas não percebemos porque só agora dás sinal de vida. Não percebo onde queres chegar.
₄N – V – I   Era para as cinco? Eu percebi teres dito às seis, desculpa lá.
₅N – V – (N) – de N   Ele é que percebe de contabilidade. Eu percebo alguma coisa de matemática. Percebes (alguma coisa) de cozinha/ de programação/ de camiões?

percorrer
1. (Strecke) (durch-)fahren, zurücklegen; etw durchsuchen; FIG. etw erforschen, erkunden. 2.-3. etw durchsehen; (Text) überfliegen.

₁N – V – N   O carro percorreu mais de 1600 quilómetros até chegar a Portugal. [oj] O caminho a percorrer pelo navio é seguido por todos os pilotos dos barcos. [pj] Jacques percorreu a caixa-forte de revólver em punho. [kf] Inconstante, percorreu vários sectores do conhecimento humano, sem se deter em nenhum.
₂N – V – N – (com N)   Percorreu a 'planície com a vista. Percorreu o jornal (com a vista). Percorreu o jornal à procura de emprego.
₃N – V – N – L   Ele percorreu os olhos pelo jornal.

perder
Morf.: Pres.: perco, perdes.
1. verlieren; FIG. an etw verlieren. 2. (etw, jn, die Sprache, den Kopf, das Vertrauen...) verlieren; (Zug) verpassen; (Gelegenheit...) versäumen, verpassen. 3. <etw> verlorengehen; <jd> den Faden verlieren; auf Abwege geraten; moralisch verkommen; verloren gehen. 4. etw wo verlieren. 5. s. verlaufen; s. verirren. 6. s. verlieren; s. verhaspeln. 7. etw verlieren von.

₁N – V <em, a, contra N>   O Sporting perdeu no jogo de ontem à noite com o Trofense. Perdi ao berlinde. A equipa dos casados perdeu contra a dos solteiros. Perderam 2 a 0. Esta poesia perde em comunicabilidade o que ganha em estridência.
₂N – V – N   Perdi a carteira não sei onde. Então vá depressa, não perca tempo! A prima Leocádia tinha perdido a fala, de espantada. [av] Ele perdeu uma fortuna ao/ no jogo/ uma oportunidade/ os sentidos. Perder o comboio/ a primeira parte do filme. Ela perdeu a criança. Perdeu a cabeça e deu-lhe uma palmada. Perdeu a confiança nele. A flor perdeu a graça.
▪ **Perder de vista:** aus den Augen verlieren: *Spaggiari tinha já demasiado avanço e o polícia perdeu-o de vista quase imediatamente.* [kf]

	■ *Perder a consciência/ os sentidos:* in Ohnmacht fallen.
	■ *Perder o fio à meada:* (beim Sprechen) den Faden verlieren.
₃N – Vse	*Muita fruta se perdeu por causa do frio. Perdeu-se o hábito de ir passear. O orador perdeu-se e começou a balbuciar. A conferência foi excelente, eu é que me perdi a meio. Essa menina perdeu-se desde que começou a andar com as vizinhas do lado. Um "eu" fora de si é um "eu" que se perde.*
₄N – V – N – (L)	*Eu acho que perdi as minhas luvas no metro.*
₅Np – Vse – (L)	*Perdi-me constantemente nas ruas de Paris.*
₆Np – Vse – em N	*Ele perdeu-se em reflexões. Ele perdeu-se no discurso.*
₇N – V – N – para N	*Era evidente que os renovadores tinham perdido votos para o PSD e não para o PS.* [ot]

perdoar
1.–3. vergeben; verzeihen. 4. (nicht) spurlos vorübergehen an jm; <Krankheit> tödlich sein. 5.–6. jm etw verzeihen. 7.–8. s. etw verzeihen.

₁Np – V – (a Np) – (Nc)	*Perdoei-lhe a (sua) desfeita.*
∇ Np – V – Nc	*O padre tem por missão perdoar os pecados.*
∇ Np – V – a Np	*Cristo perdoou aos seus flageladores. Perdoou ao seu filho.*
∇ Np – V	*Boa noite, pai. E perdoe, se o magoei. Vou-me deitar.* [pc]
₂Np – V – (a N) – Fc	*Perdoe-me que eu tenha aberto a janela sem lhe ter perguntado nada.*
₃Np – V – (a N) – I	*Então, perdoas-me não te ter dito nada acerca do banco pintado de fresco?*
₄Nc – V	*A idade não perdoa. O cancro é uma doença que não perdoa.*
₅N – V – Np – (por N)	*Perdoo-a pelas suas palavras.*
₆N – V – Np – (por I)	*Perdoo-a por me ter chamado nomes.*
₇N – Vse – por N	*Nunca me vou perdoar por este acidente.*
₈N – Vse – por I	*Nunca me vou perdoar por o ter ofendido.*

perguntar
1.–2. fragen. 3. s. fragen. 4. DIZER. 5. fragen, s. erkundigen nach. 6. s. fragen nach.

₁N – V – (a Np) – N	*Não quis perguntar a razão de semelhante mudança. Teresa não se cansava de lhe perguntar o nome das plantas silvestres.* [pc]
₂N – V – (a Np) – Int	*Pergunta-lhe se lhe dói alguma coisa!*
₃N – Vse – Int	*Às vezes pergunto-me se iremos chegar ao fim do dicionário. Perguntava-me a mim próprio que circunstâncias teriam posto ali aquela mulher, vinda sabe-se lá de que distantes regiões.* [np]
₄N – V – (a Np) – Te	DIZER.
₅N – V – (a Np) – por N	*Tiago desaparecera. Perguntei ao guarda por ele, recebi gritaria.* [lu] *Como vão o Joãozinho e a Ana? – indaguei. Pergunta também pelo Miguel – respondeu a fiel Carolina, sorrindo. Perguntei pela sua saúde.*
₆N – Vse – por N	*Às vezes pergunto-me pela utilidade de tantos anos perdidos a estudar coisas que não interessam nada para a vida prática.*

permanecer
1. weiter(-hin) + V; bleiben. 2. wo bleiben.

₁N – V – P_{adj, n}	*Apesar dos medicamentos ela permanece doente. Ao saírem do banho, Luís Manuel sentou-se na areia, sorrindo. Ela permaneceu de pé, diante dele, espremendo o fato de banho.* [vp] *Os hispânicos permaneceram arreigados à sua fé na Igreja de Roma.* [dn]
₂N – V – Lem	*Ela permaneceu na Alemanha quatro anos.*

permitir
1.–4. erlauben; gestatten. 5.–6. s. erlauben; s. gestatten; s. die Freiheit nehmen zu. 7.–8. zulassen; gestatten.

₁N – V – (a Np) – N	*Prémios são distribuídos aos agricultores que arrendem as suas terras e que permitam assim a criação de unidades de produção de maiores dimensões.* [cm] *O médico não lhe permite o tabaco. O seu pai não permite saídas à noite.*
₂I – V – (a Np) – N	*Fazer ginástica permitir-lhe-á uma recuperação mais rápida.*
₃N – V – (a Np) – Fc	*O professor permitiu-me que viesse a casa buscar o livro de leitura.*

₄N – V – (a Np) – I   *Os melhores jogos permitem avançar para níveis de dificuldade superior.* [cp] *A nova auto-estrada vai permitir aos automobilistas poupar(em) mais tempo.*
₅N – Vse – N   *Permitiu-se alguns comentários cínicos.*
₆N – Vse – I   *Permito-me tecer algumas considerações acerca desta questão.*
₇Nc – V – N   *O avião permite uma mais rápida aproximação entre os povos. O mau tempo não permitiu o início das obras. São estes elementos de software que permitem a comunicação entre o operador e o computador.* [cp]
₈Nc – V – Fc   *A interconexão RS232C permite que o portátil seja ligado a impressoras para transmissão em série.* [cp]

pernoitar
1. übernachten.

₁N – V – L   *Levei-os a uma residencial perto do buraco alugado onde pernoito.* [np] *Os turistas querem pernoitar numa casa típica algarvia.*

perpetrar
1. (Verbrechen) verüben, begehen; (Irrtum) begehen; zustandebringen; durchsetzen.

₁N – V – N   *Perpetrar um crime. Continua a perpetrar os mesmos erros. A manutenção das nacionalizações perpetradas em 1975 deu origem a que três economistas afirmem agora que essas empresas estatizadas são "economicamente inviáveis com a actual estrutura produtiva e de financiamento".* [pj]

perpetuar
1. FIG. erhalten. 2. lange, ewig währen.

₁N – V – N   *Alguns pretendem perpetuar a desordem.*
₂N – Vse   *Esta política insensata do governo parece querer perpetuar-se.*

perseguir
1. (jn, ein Ziel) verfolgen; jn belästigen (mit).

₁N – V – N   <com N>   *Perto da porta do tribunal um policial saltou para a sua motocicleta e começou a perseguir os fugitivos.* [ai] *Ele perseguiu-a com insistência. A teoria baseada em perseguir os fins sem olhar a meios começou a ter a sua aceitação.* [pj]

persistir
1. andauern; fortdauern; weiterhin bestehen. 2. bei etw bleiben. 3.–4. bestehen, beharren auf.

₁N – V   *Se, apesar de tudo, o problema persistir, será bom verificar se a ficha do televisor ou do monitor está ligada.* [cp] *À sua volta, o cheiro bom persistia, o ar era morno e as folhas azuladas bailavam docemente num aceno afectuoso.* [be]
₂N – V – em N   *Ele persiste na afirmação que fez perante o juiz.*
₃N – V – em Fic   *Ele persiste em que a tese que já estava terminada/ em que a tese seja reformulada.*
₄N – V – em I   *Se é utópico que num regime democrático o Estado persista em controlar os "media", outros factores o impedem, já que os satélites não conhecem fronteiras, os instrumentos de captação vão sendo mais acessíveis.* [dn]

persuadir
1.–2. überzeugen. 3.–4. s. überzeugen von. 5.–6. überreden.

₁N – V – Np – (de N)   *Eu consegui persuadi-lo da necessidade de colaborar. Não o consegui persuadir.*
₂N – V – Np – de Fi   *A mulher conseguiu persuadi-lo de que tudo estava bem.*
₃Np – Vse – de N   *Ele persuadiu-se da adesão dos patrões ao seu plano.*
₄Np – Vse – de Fi   *Persuadi-me de que tinha fechado a porta.*
₅N – V – Np – (a Fc)   *Vão persuadindo-o a que deixe de trabalhar lá na fábrica.*
₆N – V – Np – (a I)   *Temos que ver se o persuadimos a deixar de trabalhar.*

pertencer
1. angehören; jm gehören; gehören zu; js Sache sein.

₁N – V – a N   *A maior parte dos conferencistas pertence ao partido renovador. Aquelas terras pertencem-me. Estas palavras não pertencem ao português. Tudo o que fica para lá do rio, já pertence a Vila Nova de Gaia. A competência de legislação nesta matéria pertence ao Estado. Essa tarefa pertence a operários especializados.*

perturbar
1. stören; durche-a.bringen. 2.-3. jn stören. 4. durche-a.geraten; aus der Fassung geraten; verstört sein.

₁N – V – Ncp   *Perturbar o silêncio. Permitir-se-á a instalação de armazéns desde que não perturbem as condições de tráfego.* [pj] *Parece que os não fumadores também se podem ver perturbados pelo fumo dos vizinhos.* [pj] *Não me perturbes com a música.*
₂Fc – V – Np   *Perturba-o que o assunto já seja do domínio público.*
₃I – V – Np   *Perturba-me ter que trabalhar em turnos.*
₄Np – Vse <com N>   *Perturbou-se com a notícia da morte da mãe/ ao receber a má notícia.*

pesar
1. wiegen; abwiegen; FIG. abwägen. 2. wiegen. 3. jn bedrücken; jm leid tun. 4. lasten auf. 5. FIG. Gewicht haben; beeinflussen. 6.-8. jn bedrücken; jm leid tun. 9. FIG. schwer wiegen; bedrücken.

₁N – V – N   *O João pesou o saco. O freguês mandou pesar vinte quilos de arroz. O João pesou-se. Os políticos pesam cuidadosamente cada palavra que usam. Pesar os prós e os contras.*
₂N – V – Q   *O saco pesa 5o quilos. Não posso levantar aquele móvel, pesa muito.*
₃N – V – L   *As palavras que te disse ainda ME pesam na consciência.*
₄N – V – sobre N   *Todos os encargos da família pesam sobre mim.*
₅N – V – em N   *As suas palavras pesaram muito na minha decisão.*
₆N – V – a Np   *Agora pesam-te os desaforos que atiraste ao teu pai, não é?*
₇Fc – V – a Np   *Pesa-me que tenha duvidado de ti, desculpa-me.*
₈I – V – a Np   *Pesa-lhe ver o amigo naquela má situação.*
₉N – V   *Quando fores homem e chefe de família hás-de ver como a responsabilidade pesa.* [np] *Não digo que a solidão não pesasse, mas sentia a cabeça mais levantada do que hoje.* [np]

pescar
1. fischen; angeln. 2. aus (dem Wasser) fischen; FIG. s. jn angeln. 3. (nichts) verstehen von. 4. jn ertappen bei.

₁N – V – (N)   *Só num dia pesquei vinte cavalas. Foste pescar?*
   ▪ *Pescar em águas turvas:* Im trüben fischen.
₂N – V – N   *Pescaram os náufragos. A Maria pescou um banqueiro.*
₃N – V – (N) – de N   *Ele não pesca nada do assunto. Não pesca de astrologia.*
₄Np – V – Np <a N, I>   *Se eu te pesco às laranjas, nem sabes o que te faço. A polícia pescou-as a roubarem uma joalharia.*

pestanejar
1. zwinkern; mit (den Augen) blinzeln.

₁N – V   *O guarda pestaneja, pouco à vontade.* [sv]
   ▪ *Sem pestanejar:* ohne mit der Wimper zu zucken: *Admirado, o touro olhava o homen sem pestanejar, olímpica e ansiosamente.* [bi]

piar
1. <Vogel> piepen, piepsen.

₁N – V   *Piou um mocho; a uivos próximos responderam latidos distantes; o tojo repuxava-me as calças; cruá-cruá – diziam os sapos do riacho.* [op]
   ▪ *Sem piar:* ohne ein Wort zu sagen; ohne sich zu mucksen: *Depois da repreensão do professor, o João passou o resto da semana sem piar.*

335

picar
1. stechen; <Pullover...> kratzen. 2. jn stechen, pieksen; (Fleisch) durchdrehen; (Zwiebel...) kleinschneiden. 3. s. stechen. 4. s. wohin stechen.

₁N – V – (N)　　A abelha picou-me. A agulha pica. Eu não quero vestir esta camisola, pica.

₂N – V – N　　A Joana picou a Maria com o alfinete. À parte, picar cebola, um dente de alho e um raminho de salsa. [ac] Depois de bem lavados e cozidos, separam-se das cascas e picam-se com salsa e ovos cozidos. [ac] Pica-se meio quilo de carne e uma chouriça. As azedas, lavam-se, escorrem-se e picam-se. [ac]

₃N – Vse <com, em N>　　Teresa meteu por entre as silvas, picando-se, no entusiasmo de um encontro ansiado, e atravessou a sebe. [pc] Piquei-me com um alfinete. Bolas!_ _Piquei-me no alfinete.

₄N – Vse – L　　Piquei-me no dedo.

pifar [FAM.]
1. kaputtgehen. 2. klauen; stehlen.

₁N – V　　De repente, no meio da auto-estrada, o carro pifou – tivemos que chamar o reboque. A máquina de lavar pifou ontem.

₂N – V – N – a N　　PG.: Pifaram-me tudo o que estava dentro do carro.

pilhar¹
1. plündern; stehlen.

₁N – V – (N)　　Os soldados pilharam (a cidade conquistada). Apanhei-o a pilhar galinhas.

pilhar²
1. jn erwischen; jn zu fassen bekommen. 2. FAM. jn ertappen, überraschen bei.

₁N – V – N　　Se não fosse a cachopa, não era o Falcão que me pilhava. [fa]

₂N – V – N + a I　　Pilhei-os a assaltarem um banco.

pilotar
1. (Schiff) steuern; lenken, (Auto) fahren.

₁N – V – N　　As naves eram pilotadas por seres monstruosos, entre os quais o mais simpático e melhor acolhido parece ter sido o pequeno marciano verde. [pj] Ele agora costuma pilotar carros de marca.

pinchar
1. hüpfen. 2. springen.

₁N – V　　Pára de pinchar, não estamos em casa.
▪ Pinchar à corda: (mit dem) Seil springen: As crianças de baixo passam a tarde a pinchar à corda.

₂N – V – D　　Pincha para o chão! Pinchou do muro.

pingar
1.–2. tropfen. 3. ◊ tropfen.

₁V　　Está a começar a pingar.

₂N – V　　Levava a camisa repassada, a cara a pingar e os cabelos molhados. [fa]

₃N – V – N　　A caleira pingava a água da chuva. A torneira pingava água.

pintar
1. malen. 2. anmalen; anstreichen; s. (die Lippen) schminken; FIG. darstellen, skizzieren. 3. s. schminken. 4. etw wohin malen. 5. FIG. s. wo spiegeln, zeigen. 6. Farbe bekommen; s. färben.

₁N – V – (N) <a N>　　Gosto de pintar. Pinto a óleo. Pintou o pôr do sol.

₂N – V – N <de, a N>　　Vou pintar o quarto de amarelo. Pintou a parede a rolo. Regina não voltara a vestir a bata preta, continuara a pintar os lábios. [sv] No seu discurso, o deputado pintou um quadro bastante realista da actual situação.
▪ Pintado de fresco: frisch gestrichen.
▪ FAM. Pintar o sete: <Kind> alles auf den Kopf stellen: O Joaninho quebrou os vidros, maltratou o gato, enfim, pintou o sete.

₃Np – Vse　　Ela pintou-se.

₄N – V – N – L　　A miudagem pintou na parede pássaros exóticos.

₅N – Vse – L　　O medo pintava-se-ME no rosto. [pc] Pintou-se-ME diante dos olhos subitamente o escritório fechado, o meu nome nos jornais, minha mãe,

₆N – V	*envergonhada, a entrar no tribunal.* [sv] *Por esta altura do ano começam as uvas a pintar.* ▪ BRAS..: *Pintar à briga:* In Streit ausarten: *Esta festa está pintando à briga.*

piorar
1.–3. verschlechtern; verschlimmern. 4. s. verschlechtern, verschlimmern; <Gesundheitszustand> s. verschlimmern.

₁N – V – N	*O temporal piorou ainda mais o estado já caótico das nossas estradas.*
₂Fc – V – N	*Que ele seja refilão só piora as relações entre eles.*
₃I – V – N	*Terem discussões daquelas só piora a situação.*
₄N – V <de N>	*A situação piorou em virtude de graves dissidências internas, levando à formação de duas facções rivais.* [sc] *Piorar de saúde. Ele piorou.*

pirar–se [FAM.]
1. abhauen; verduften; s. aus dem Staube machen.

₁N – Vse – (D)	*Agora piramo-nos! – disse o Jaime, iniciando a corrida em direcção ao barco.* [dm] *Pirara-se para Italia.*

pisar
1. betreten; zertreten; zerdrücken; zerstampfen; (Trauben) keltern; jm auf (die Füße) treten; e-n Bluterguß bekommen; FIG. siegen über; die Überhand gewinnen über. 2. s. e-n Bluterguß zuziehen.

₁N – V – N	*Não pisar a relva! A conversa com o amigo deixara-lhe a insegurança de quem pisa um terreno movediço.* [mi] *Pisavam as uvas para fazer o vinho. Pisar o alho com basílico. Pisar alguém. Quanto à iniciativa, temos dito: para que serve, afinal, pôr criancinhas a cantar, a pisar palcos?* [pj] *Pisou a perna ao cair do comboio. A modéstia acaba pisando a arrogância.* ▪ *Pisar os calos de alguém:* js wunden Punkt berühren.
₂Np – Vse	*Que mancha negra aí tens na perna, onde é que te pisaste?*

piscar
1. mit (den Augen) blinzeln. 2. jm zuzwinkern; anbändeln mit. 3. FIG. liebäugeln mit. 4. <Auto> blinken.

₁N – V – N	*Piscar os olhos.* ▪ *Sem piscar:* Ohne zu zögern: *Aceitou sem piscar.*
₂N – V – (N) – (a Np)	*Ele anda a ver se consegue piscar o olho à filha do Soares. As gémeas piscaram o olho uma à outra.* [dm]
∇ N – V – a N	*Quando levou com os faróis nos olhos, ainda lhe piscou, mas o outro não fez caso nenhum e bateram de frente.*
∇ N – V – N	*O criado piscava uma das vistas, meneava a cabeça e, quando Diogo Relvas julgava que o outro iria falar, voltou a deixar cair as mãos enormes entre as pernas.* [bc]
₃N – V – N – a Nc	*Anda a piscar o olho à quinta do primo, mas ele não a vende.*
₄N – V	*O carro está a piscar (à direita).*

planear [BRAS. ⇒ planejar]
Morf.: Pres.: planeio.
1.–3. planen.

₁N – V – N	*O assalto fora planeado como uma operação militar.* [kf]
₂N – V – Fi	*Acho que eles planearam que iam mais cedo de férias, mas não tenho a certeza.*
₃N – V – I	*Os rapazes planearam fazer fortuna, mas infelizmente não resultou.* [kf] *Planeámos iniciar a sua privatização antes da revisão constitucional.* [dn]

plantar
1. etw pflanzen, anbauen. 2. in (die Erde...) schlagen; aufstellen. 3. s. wo hinstellen, aufpflanzen.

₁N – V – N <L>	*Plantar árvores (no pomar). Colhe-se o que se planta.*
₂N – V – N – (L)	*Plantaram estacas para não deixar entrar os ladrões. Plantaram estacas onde tinham semeado os feijões.*
₃Np – Vse – L	*Agora, ali se plantava o garotinho, de mãos atrás das costas, olhando o chapéu do Japonês.* [np]

plastificar
1. mit Plastik überziehen.

₁N– V – N   *Plastificam-se documentos!*

poder¹
Morf.: Pres.: posso, podes. Pret. perf.: pude, pôde, puderam.
1. können; fähig, in der Lage sein zu; dürfen; es sein können, mögen.

₁[N –] V + V_INF   *Ele não está cá, mas pode ser que ainda apareça por cá hoje. Podias ir lá fora dizer ao teu pai que o jantar está pronto. Ele pode vir amanhã. Pode lá ser!*
- *A mais não poder:* bis er nicht mehr konnte, bis es nicht mehr ging: *Comeu batatas a mais não poder.*
- *Pode ser + Fc:* Mag sein, daß.

poder²
Morf.: Pres.: posso, podes. Pret. perf.: pude, pôde, puderam.
1. tragen können; NEG. nicht ertragen, ausstehen können.

₁N – V – com Ncp   *Queres ajuda? Podes com as malas? Além disso não posso com as exibições físicas dos palermas de 18 anos.* [hn] *Não posso com a Joana! É tão chata!*

poluir
1.–2. verschmutzen; besudeln. 3. verschmutzen.

₁N – V – N   *Ao longo do passeio público, o tráfego passava a rugir, poluindo o quente ar mediterrânico.* [kf] *Revistas pornográficas poluem a mente da juventude.*
₂I – V – N   *Atirarem produtos químicos em doses tão intensas polui o rio.*
₃N – Vse   *As águas dos nossos rios vão-se poluindo cada vez mais sem que ninguém tome a iniciativa de combater o mal.*

polvilhar
1. bestäuben, bestreuen mit.

₁N – V – N <com, de N>   *Deixa-se ferver a lagosta durante dez minutos, polvilha-se com farinha, rega-se com vinho branco, caldo de cozedura, molho de tomate e meio decilitro de conhaque.* [ac] *Cézanne fotografava maçãs tão realistas que até criavam bicho, apesar dos insecticidas com que todos os dias os conservadores dos museus polvilhavam os quadros.* [tm]

pôr¹
Morf.: Pres.: ponho, pões, põe, pomos, põem. Imperf.: punha. Pret. perf.: pus, pôs, puseram. Part.: posto.
1. setzen; stellen; legen; etw wohin stecken. 2. s. wohin... stellen. 3. s. (gut) stellen mit. 4. jm (ein blaues Auge) verpassen. 5. (Geld) investieren; (das Auge) richten auf; (Vertrauen) setzen in. 6. s. an (js Stelle) versetzen. 7. <Sonne> untergehen.

₁N – V – N – L   *Pôs o prato em cima da mesa/ a boneca na sua caminha/ o livro na estante. Em água de cozer bacalhau, deita-se azeite, alho, pimenta e um molho de coentros, e põe-se ao lume.* [ac] *Põe o dinheiro no porta-moedas! Pôs as mãos nos bolsos.*
- *Pôr a.c. de lado/ de parte:* etw beiseitelegen; FIG. etw aufgeben: *Pus um dinheirinho de lado para comprar uma arca congeladora. O projecto de uma ida de deputados a Timor ainda não foi posto de parte.*
- *Pôr água na fervura:* Öl ins Feuer gießen: *O "Diário do Povo" de Pequim viu-se obrigado a pôr alguma água na fervura levantada por um artigo no qual o marxismo-leninismo era praticamente posto de parte, como obsoleto.* [pj]
- *Pôr o dedo na ferida:* den wunden Punkt berühren.
- *Pôr alguém na rua:* jn auf die Straße, an die Luft setzen: *Os senhorios não podem pôr os inquilinos na rua sem mais nem menos.*
- *Pôr as cartas na mesa:* die Karten auf den Tisch legen.
- *Pondo + Fi/ posto + Fi:* gesetzt den Fall, daß; wenn wir annehmen, davon ausgehen, daß...: *Pondo que eu parta daqui amanhã, quando é que lá chegaria?*
- *Pôr a mesa:* den Tisch decken: *Despacha-te, porque tens de pôr a mesa.* [hn]

₂N – Vse – L	▪ *Pôr (ovos):* (Eier) legen: *Aquela galinha põe todos os dias.* *Não te ponhas em cima da mesa! Pôs-se à frente do carro. Adorava caçar feras – disse o Chico, pondo-se em bicos de pés para ver melhor.* [dm]
	▪ *Pôr-se a pé:* (aus dem Bett) aufstehen (⇒ *levantar-se*).
	▪ *Pôr-se de pé:* (aus e-r Stellung heraus) aufstehen.
	▪ *Pôr-se em pé:* s. aufrecht hinstellen.
₃N – Vse – M com N	*Pôr-se bem com alguém.*
₄N – V – N – a Np	*O meu pai pôs um olho negro à minha mãe e a minha mãe fechou-se na retrete a chorar.* [np]
	▪ *Pôr alguém à prova:* jn auf die Probe stellen: *Pô-lo à prova.*
	▪ *Pôr alguém a pão e água:* jn auf Brot und Wasser setzen: *Pô-lo a pão e água.*
	▪ *Pôr-se a caminho:* sich auf den Weg machen: *Só às dez, Joaquim entrava para a repartição, pelo que quase nunca se punha a caminho antes das nove e meia.* [pc]
₅N – V – N – em N	*Pus algum dinheiro nesse projecto. A marcha da História é um contínuo fluir do presente, por isso necessitamos ter os olhos postos no futuro.* [dp] *Na vizinhança ninguém punha boa fé nela.* [ra]
	▪ *Pôr a mão na consciência:* sein Gewissen befragen.
	▪ *Ora viva! – saudou-a daí a nada o Leonel, antes de ela lhe pôr os olhos.* [nc]
	▪ *Pôr a culpa em alguém:* jm die Schuld geben, zuweisen.
	▪ *Pôr tudo em pratos limpos:* (alles) klarstellen: *Logo no primeiro jantar, o engenheiro pôs tudo em pratos limpos: era viúvo, tinha cinquenta e dois anos, desejava um "conchego".* [gt]
	▪ *Pôr em hasta pública:* öffentlich versteigern: *Agora – concluiu Gonçalves Gomes –, a situação deverá se diferente, uma vez que a venda das acções irá ser posta em hasta pública.* [dp]
	▪ *Pôr em causa:* in Frage stellen: *Ele pôs em causa as minhas intenções. A decisão por enquanto irreversível de um senhorio em demolir um edifício em Campo de Ourique, pode pôr em causa o direito à habitação de uma das suas inquilinas.* [oj]
₆N – Vse – em N	*Põe-te no meu lugar/ na minha situação, e depois diz-me o que farias.*
	▪ *Pôr-se com ideias:* auf e-e Idee kommen: *Mas não se ponha com ideias – avisou o Pedro.* [np]
₇Nc – Vse	*O sol põe-se.*

pôr²

1. in (Bewegung...) setzen; jn + V lassen. 2.–3. beginnen; anfangen.

₁N – V + [N – a V_{INF}]	*Pô-lo a andar. Vinha para cá um campónio prestar serviço militar, adornado apenas com a instrução primária, e punham-no a ministrar cultura a macaenses com o sétimo ano do liceu. O argelino pôs o motor a trabalhar.* [kf] *Joaquim Russo, vice-ministro da Agricultura, pôs a funcionar postos de venda de sementes em Luanda.* [oj] *Quanto à iniciativa, temos dito: para que serve, afinal, pôr criancinhas a cantar e a pisar palcos?* [pj] *É necessário digitar o comando RUN ou equivalente para pôr o programa a correr.* [cp]
₂N – Vse + a V_{INF}	*Uma noite puseram-se a falar de lendas.* [dm] *Pôs-se a andar sem mais delongas. Ela pôs-se a gritar.*
	▪ I – *pôr-se a correr:* <Gerücht> umgehen: *Atribuía-se a nomeação do ministro à influência do Doutor Marcello Caetano, contra o qual se pôs a correr não ser partidário da defesa do Ultramar.* [sc]
₃N – Vse + a N	*Perdeu naquele dia o último quartel e pôs-se à cata do António Falcão, correndo Ceca e Meca para o agarrar.* [ra] *Ele pôs-se aos gritos no meio da rua.*

pôr³

₁N – V + a N – N
- *Pôr a.c. a leilão:* zur Versteigerung bringen: *Puseram a leilão os carros da empresa.*
- *Pôr a.c. à venda:* etw verkaufen, zum Verkauf anbieten.

₂N – V + N – a N
- *Pôr cobro/ termo + a N:* ein Ende machen, setzen; beenden: *Tinha de pôr cobro àquela vida de pária.* [sv] *Era do interesse da Zâmbia exercer pressão sobre os terroristas para lhes pôr termo.* [sc]
- *Pôr uma pergunta + a N:* fragen; Frage stellen: *Ter a confirmação de que há no universo outros sistemas solares, é responder a uma pergunta essencial que desde há muito os astrónomos se punham a si próprios.* [pj [
- *Pôr dúvidas + acerca de N:* Zweifel anmelden: *Não foi organizada uma campanha tendente a esclarecer as dúvidas legítimas que têm sido postas por parte dos médicos que desejam saber como podem e devem fazer a interrupção da gravidez.* [oj]

₃N – V + em N – N
- *Pôr a.c. em andamento:* in Gang setzen: *Não consigo pôr em andamento o carro.*

₄N – Vse + em N
- *Pôr-se em marcha:* s. in Bewegung setzen; s. auf den Weg machen: *Os soldados puseram-se em marcha para o Norte.*

pôr-se⁴
1. werden.

₁N – Vse – P_adj
Como é que ela se pôs assim tão doente? Adozinda ergueu os belos olhos para Pompílio. Ele pusera-se muito sério. [np] *Vi-o ficar triste, pôr-se branco e acenar a cabeça.* [fa]

portar-se
1. s. benehmen; s. betragen.

₁N – Vse – M
Porta-te bem! Porta-te como gente!

possuir
1. besitzen; haben.

₁N – V – N
Há assíduos cursos sobre literatura estrangeira e as bibliotecas caprichem em possuir o que de significativo se vai publicando em todo o mundo. [oj] *Ele possui duas casas/ uma saúde de ferro. Ninguém possui uma memória melhor do que ela.*
- *Possuir uma mulher:* mit e-r Frau schlafen.

poupar
1. haushalten mit; (Kleidung) schonen; verschonen; (Gelegenheit) auslassen; keine Mühe scheuen. 2. s. schonen. 3. js (Leben) verschonen; jm etw ersparen. 4. jn verschonen vor; ◊ jm etw ersparen. 5. s. etw ersparen; NEG. keine Mühe scheuen.

₁N – V – N
Poupar energia/ tempo/ roupa. A morte não poupa ninguém. S. João Baptista era o protector da Baralha, mas a cheia nem o santo poupava, porque a água também lhe afrontava a porta. [fa] *Você nem os amigos poupa! Má política...* [mi] *A doença não o poupou. Não poupa ocasião nenhuma para falar de paz. Não poupou esforços para a curar.*
- *Poupar (dinheiro):* sparen: *O Miguel critica os que não sabem poupar, e na sua opinião há muitos.* [oj]

₂Np – Vse
Poupa-te! Não te deixes massacrar por questões sem importância! Eu não me poupo para dar aos meus filhos uma boa educação.

₃N – V – Nc – a Np
Poupar a vida a alguém. A confissão do réu poupou trabalho à polícia. Poupar desgostos a alguém.

₄N – V – Np – a Nc
Um dos múltiplos azares a que a vida não me tem poupado atirara comigo para a cama dum hospital. [np] *O Chico Moleira safara-se. Dissera-se então, por exagero, que o poupara a dois anos de prisão na costa de África.* [bc] *Poupa-me às tuas brincadeiras de mal gosto!*

₅N – Vse – a I
Poupo-me a comentar isso. Não se poupou a comentar o acontecimento.

pousar [poisar]
1. etw wohin setzen; etw wo absetzen; legen; hinlegen; ablegen; niederlegen; (den Fuß) aufsetzen. 2. (die Hand...) wohin legen. 3. <Flugzeug> aufsetzen, landen; <Vogel> s. wohin setzen, s. wo niederlassen.

₁N – V – N – (L) *O viajante pousou as malas. Pousou o pé no estribo. Diogo Relvas foi pousar a jarra sobre o contador quando ouviu a voz do neto dar ordens ao cocheiro para lhe parelhar a aranha.* [bc] *Pousa as coisas em cima da mesa! Pousou o pé em falso e caiu.*

₂N – V – N – L *Ele pousou a mão no meu ombro.*

₃N – V – (L) *O avião pousou no aeroporto de Lisboa. Muito ao de leve, o pássaro pousou no meio daquela matulagem toda, que se desunhava ao redor duma meda de centeio.* [bi]

praguejar
1. fluchen. 2. verfluchen; fluchen auf.

₁N – V *O peso do avio obriga o Bento a dar uma volta em desiquilíbrio. Praguejando, afasta-se, a cambalear.* [sv] *Só Rosário nunca mais aparecia. E ele em pulgas, a mirar o relógio, praguejando no seu foro íntimo, de cinco em cinco minutos.* [pc] *Uma enorme multidão de irritados depositantes praguejava aos gritos e exigia o seu dinheiro.* [kf]

₂N – V – contra N *O pai saíra de manhã para o quartel, praguejando contra a tropa.*

praticar
1. (Tat) begehen, verüben; (Sport) treiben; (Beruf) ausüben; etw betreiben, praktizieren. 2. ein Praktikum machen; üben.

₁N – V – N *Praticar uma acção/ um roubo/ natação/ desporto/ medicina. Quem pratica destas imoralidades, destes escândalos, praticará, obviamente, outras de quejando teor.* [pj] *O jornalismo sério que queremos praticar não usa a espionagem.* [ot]

₂N – V *Ele está agora a praticar no laboratório. Se não praticas, vais deixar de saber escrever à máquina.*

preceder
1. vorausgehen; vorangehen; vorhergehen.

₁N – V – (N) *Hipotecar uma propriedade com vista à aquisição de uma outra constituía prática frequente nas décadas que precederam e se seguiram imediatamente ao fim do século XIX.* [rp] *No inverno, quando o freguês empurrava a porta da tasca hospitaleira, precedia-o invariavelmente uma aragem gelada que me fazia aconchegar melhor às orelhas a gola do capote.* [np]

precisar¹
1.–3. benötigen; brauchen; ◊ an (die Suppe...) muß (mehr) Gewürz... dran.

₁N – V – de N *Preciso de dinheiro/ de ajuda. A sopa precisa de mais tempero e o arroz de mais sal.*

₂N – V – (de) Fc *Precisas que te traga alguma coisa da rua? Preciso que me faças um favor.*

₃N – V – de I *Preciso de fazer compras. O facto de terem morrido assim tantos cientistas precisava de ser cuidadosamente investigado.*

precisar²
1.–3. präzisieren; genau bestimmen, angeben, definieren; eindeutig feststellen. 4. DIZER.

₁N – V – N *Para Mota Pinto, há pontos que têm de ser precisados e calendarizados e a tarefa imediata desta coligação é encontrar um consenso.* [pj]

₂N – V – Fi *O Dr. Devries, que enxertara o primeiro coração artificial, precisou que não pode revelar o número exacto de pacientes cujo "dossier" está a ser estudado.* [pj]

₃N – V – Int *Ele não chegou a precisar bem para quando queria o trabalho passado à máquina.*

₄N – V – Te DIZER.

341

predizer
Morf.: Pres.: predigo. Pret. perf.: predisseram. Fut.: predirei. Part.: predito.
1. voraussagen; vorhersagen.

₁N – V – Fi   *Leibniz tinha predito que as máquinas calculadoras seriam aceites.* [cp]

preencher
1. (Formular...) ausfüllen; (Stelle) ausfüllen, besetzen; (Zeit) ausfüllen; (Bedingung) erfüllen.

₁N – V – N <com N>   *Tens que preencher todos os impressos. Preencha os espaços em branco com as preposições correctas. Outras duas pastas existentes no Governo de Marcos continuam ainda por preencher.* [dn] *Ele preencheu as tardes (a fazer/ fazendo as malas). Os filhos preenchem-LHE a vida. É alguém que preenche todos os requisitos.*

preferir
Morf.: Pres.: prefiro.
1. vorziehen. 2.-3. vorziehen; lieber etw + V. 4. vorziehen.

₁N – V – N – (a N)   *Prefiro laranjas. Prefiro laranjas a maçãs.*
₂N – V – Fc – (a Fc) *Prefiro que passes aqui as férias. Prefiro que te deites cedo.*
₃N – V – I – (a I)   *Entre ir ao teatro e ir ao cinema, prefiro ir ao cinema. Prefiro enfrentar o aleijado a ter que dar explicações à minha mulher.* [np]
₄N – V – N – P   *Prefiro-o como ele era dantes! Prefiro a jarra naquele canto.*

pregar
1. (Nagel) einschlagen; etw wo festnageln, befestigen. 2. wohin blicken; jn (e-e Ohrfeige) geben; jm eine kleben. 3. jn anblicken; die Augen heften auf; jm e-e kleben. 4. jm (einen Streich) spielen; jm (e-n Schreck) einjagen; jm etw unterjubeln; jm (e-e Ohrfeige) geben. 5. etw auf (den Boden) werfen. 6. jn (zu Boden) schleudern; jn wohin stecken.

₁N – V – N – (L)   *Prega dois pregos na parede. Pregou a tábua com o martelo.*
₂N – V – N – L   *Ele pregou os olhos no chão. Preguei-LHE uma estalada na cara.*
₃N – V – N – em N   *Ele pregou os olhos na Maria. Preguei uma chapada nos dois, ficaram logo a chorar.*
₄N – V – N – a Np   *Eles queriam-nos pregar uma partida, mas não conseguiram, os malandros!* [dm] *Preguei-lhe um valente susto. Preguei-lhe uma desculpa qualquer. Preguei uma chapada ao João.*
₅N – V – com Nc – L   PĞ.: *Preguei com o prato na parede. Preguei com o livro em cima da mesa. Preguei com o copo no chão.*
₆N – V – com Np – L   PG.: *A mãe pregou com a criança no quarto, porque ela incomodava as visitas. Empurrei-o e preguei com ele no chão.*

■ *Não pregar olho:* NEG. kein Auge zumachen: *O Miguel não pregou olho todo o caminho e chegou a Portugal extraordinariamente fresco.* [oj]

prender
Morf.: ter prendido; <a.c.> ser prendido, <alguém> ser preso.
1. wo festbinden, festmachen; anbinden. 2. wo hängenbleiben. 3. FIG. jn binden an. 4. FIG. Zuneigung fassen zu. 5. zus.binden. 6. zus.hängen mit; zu tun haben mit; <jd> s. aufhalten mit. 7. jn festnehmen; jn (in s-n Bewegungen) behindern; FIG. <etw> jn fesseln, faszinieren. 8. <jd> s. binden.

₁N – V – N – (L)   *O Chico sacou de uma navalha e cortou a corda que prendia o barco à margem.* [dm] *Prendeu o cão à argola. Prendeste bem a estante à parede? Prendeu o cão para o visitante se não assustar.*
₂N – Vse – L   *A camisola prendeu-se num prego/ a um prego.*
₃N – V – N – a N   *A tradição familiar prendia-o aos parentes. Alguma coisa o prendia a ela.*
₄N – Vse – a N   *Prendi-me demasiado a estas crianças.*
₅N – V – Npl   *Prendeu as pontas do fio. Prende-ME esse cabelo!*
₆N – Vse – com N   *Ramalho Eanes não se deslocou a Kinshasa por razões que se prendem com a situação política interna.* [pj] *Esta tomada de decisão prende-se com a necessidade de baixar rapidamente a inflação. Não te prendas com ninharias.*
₇N – V – N   *O polícia prendeu o suspeito. O vestido prendia-LHE os movimentos. Ele nunca foi **preso**. Este romance prendeu-me muito.*
₈N – Vse   *Prendeu-se tão novo. Não se casem tão novos, escusam de se prender já.*

preocupar
1.-3. jm Sorgen bereiten, machen. 4. s. Sorgen machen. 5. s. Sorgen, Gedanken machen um. 6.-7. s. bemühen um; s. kümmern um; Sorge tragen für.

₁N – V – Np <com N>   *A queda dos preços preocupou os comerciantes. O João preocupa os pais com o seu comportamento.*

₂Fc – V – Np   *Preocupa-me que venhas tarde para casa.*

₃I – V – Np   *Preocupa-me vê-la tão deprimida.*

₄Np – Vse <por I>   *Se o problema é esse, não deve preocupar-se: nesta casa, auxilia-se sempre um estudante.* [fn] *Preocupas-te por ela não escrever?*

₅Np – Vse – com N   *Preocupei-me com ela. Preocupo-me com a situação mundial.*

₆Np – Vse – em Fc   *Ele preocupa-se em que as mercadorias cheguem em boas condições.*

₇Np – Vse – em I   *Ele preocupa-se em fazer de sua casa um lugar de convívio. A Igreja, nesta altura, deve preocupar-se em assegurar serviços religiosos em espanhol.* [dn]

preparar
1. etw vorbereiten; (Essen) zubereiten; (den Boden) vorbereiten für. 2. s. zurechtmachen; <Zeiten...> heraufziehen. 3.-4. jn vorbereiten auf. 5. s. vorbereiten auf; s. gefaßt machen auf. 6. Vorkehrungen treffen, um zu.

₁N – V – N   *Os assaltantes prepararam um grande golpe. Preparar o jantar/ medicamentos/ uma lição/ uma aula. A anarquia no país preparou o regresso a um regime ditatorial.*

₂N – Vse   *Vou-me preparar, em dois minutos estou pronto. Preparam-se tempos difíceis.*

₃N – V – N – para N   *Deves preparar a tua família para essa notícia.*
▪ *Não está bem preparado para a vida.*

₄N – V – N – para I   *Ele preparou a filha para sair.*

₅N – Vse – para N   *Preparei-me para os exames o melhor que podia. Preparou-se para o pior.*

₆N – Vse – para I   *O Governo prepara-se para proceder de modo idêntico relativamente a A Capital, Diário Popular e Rádio Comercial.* [dp]

prescrever
1. jm (ein Medikament) verordnen. 2. (Erlaß...) vorschreiben.

₁N – V – (a N) – N   *O médico prescreveu-lhe um medicamento novo.*

₂N – V – (a N) – Fi   *O regulamento prescreve que a renovação total ou parcial das zonas de habitat "defeituoso" se deve fazer progressivamente, segundo programas organizados, que definirão as características dos edifícios a conservar ou a construir de novo.* [pj]

presenciar
1. beiwohnen; miterleben; zugegen sein bei.

₁N – V – N   *A violência da cólera que havia presenciado enojava-o.* [vp] *Nós presenciámos o roubo da tapeçaria no Palácio de Guimarães.* [dm] *Ela presenciou uma cena inacreditável.*

presidir
1. den Vorsitz haben. 2. <jd> den Vorsitz haben, leiten; FIG. etw zugrundeliegen; leiten.

₁N – V – (N)   *A sessão de abertura da homenagem a Nuno Grande será presidida pelo Ministro da Saúde.* [pj] *Ele preside na inauguração solene.*

₂N – V – a N   *O Papa presidiu ao concílio dos bispos convocados. Quem tem de pagar pontualmente os impostos que a lei determina, tem o direito de protestar contra a insensatez que preside à distribuição dos dinheiros públicos.* [pj]

pressentir
1.-2. ahnen; (voraus-)fühlen; voraussehen.

₁N – V – N   *Pressinto o perigo, vejo-o crescer e rolar, como se fosse uma avalanche a descer uma montanha.* [ce] *Leonel não encontrava nada que dizer e parecia-lhe estranho, doloroso, que as histórias dos outros se não pressentissem, que cada homem fosse um universo fechado.* [vp] *Pressentir uma catástrofe/ uma desgraça.*

₂N – V – Fi	*Pressinto que vai chover.*

pressionar
1. auf etw drücken; jn drängen; auf etw drängen.
₁N – V – N	*Ele pressionou o botão e subiu. Os da frente, pressionados pelos de trás, tinham arrastado o rapaz para fora do caixote, mas ele não se atrapalhou e continuou a esbracejar.* [al] *Um apelo às autoridades portuguesas para que pressionem a realização de negociações de paz entre as partes em conflito foi endereçado por cerca de duas centenas de missionários.* [dn]

prestar
1. (Militärdienst, Eid...) leisten. 2. (Hilfe) leisten; (Aufmerksamkeit) richten auf, widmen; jm (die Ehre) erweisen. 3. <etw> zulassen; <jd> s. hergeben für; s. beteiligen an. 4. s. erbieten, zu; bereit sein, zu. 5. taugen (für); brauchbar, nützlich sein (für); NEG. zu nichts nütze sein.
₁N – V – N	*O novo Chefe de Estado fará um discurso depois de prestar juramento sobre o original da Constituição em vigor.* [dn] *Ele prestou o serviço militar em Tavira. Em 1972, Nuno Grande presta provas para professor catedrático da Universidade de Luanda.* [pj]
₂N – V – N – a N	*Prestar assistência a alguém. Prestar cuidados aos sinistrados. Prestamos especial atenção à introdução a alguns conceitos elementares de programação.* [cp] *Aqui presto homenagem a todos quantos têm servido nesta organização.* [dp]
₃Ncp – Vse – a N, I	*Esta frase presta-se a duas interpretações. Esta frase presta-se a ser interpretada de dois modos diferentes. Ele não se presta a intrigas de corredor.*
₄Np – Vse – a I	*Prestei-me a ajudá-la. Prestei-me a fazer-lhe o trabalho, mas ele não quis.*
₅N – V – (para N)	*A fruta de cá não presta e é muito cara.* [np] *Prefiro levar das mais caras, estas pêras não prestam para nada. Este casaco não presta, podes deitá-lo fora. O João não presta para cantar.*

presumir
1. vermuten; annehmen; mutmaßen.
₁N – V – Fic	*Presumo que o assunto desta carta poderá merecer a atenção e a ponderação de alguns dos muitos leitores de "O Primeiro de Janeiro".* [pj] *Presume-se que os três indivíduos sejam de nacionalidade romena, húngara e democrata-alemã.* [dn] *Presumo que sim.*

pretender
1. ich möchte...; haben wollen; wollen; fordern; anstreben. 2. glauben; meinen; glauben machen wollen. 3. wollen. 4. beabsichtigen; vorhaben; in der Absicht zu + V. 5. vorgeben, zu sein; sein wollen.
₁N – V – N	*Pretendo um bilhete para Lisboa. Os trabalhadores pretendem aumento de salários. Pela natureza do programa conclui-se que se houver um erro nas instruções dadas ao computador o resultado não será precisamente aquele que se pretendia.* [cp] *Pretende um cargo na administração pública.*
₂N – V – Fi	*Alguns cientistas pretendem que a SIDA é curável. Trata-se de um aviso muito sério: os micro-ondas não são tão inofensivas como os seus fabricantes e vendedores pretendem.* [oj]
₃N – V – Fc	*Os meus pais pretendiam que fizéssemos agora as partilhas.*
₄N – V – I	*O exportador português pretendeu reaver o carregamento que, aliás, lhe foi devolvido.* [dn] *Este livro pretende ser uma antologia de textos críticos.* [es] *Pretendo ir para o Brasil. Alguns leigos foram buscar à Igreja o termo seminário, por pretenderem semear ideias e colher decisões.* [pj]
₅N – Vse – P_{adj, n}	*Pretendia-se intelectual. Ele pretende-se Napoleão, coitado!*

pretextar
1. vorgeben; vorschützen; vortäuschen; unter dem Vorwand.
₁N – V – N <para I>	*Ao fim da tarde Diogo Relvas descera da torre para se meter no quarto, pretextando uma doença.* [bc] *Não tornou a vê-la nessa noite, porque logo a rapariga foi deitar os pequenos, pretextando uma violenta dor muscular*

para não sair já do quarto. [vp]

prevenir
Morf.: Pres.: previno, previns, previne, prevenimos.
1. e-r S. vorbeugen. 2. benachrichtigen; warnen. 3. jn (warnend) davon in Kenntnis setzen; jn im voraus wissen lassen. 4. Vorkehrungen treffen für. 5. jn warnen vor. 6. Vorsichtsmaßnahmen, Vorkehrungen treffen gegen. 7. schützen vor.

₁N – V – N   *Havia que prevenir, de uma maneira geral, o futuro, impedindo que se criassem situações de facto irreparáveis.* [sc] *Entre as novidades da nova estrutura do CESID conta-se a Divisão de Economia e Tecnologia para prevenir qualquer perigo, ameaça ou agressão externa contra a indústria.* [oj]

₂N – V – Np – (de N)   *Mandou prevenir os pais da sua chegada. Previno-te: não sou ciumenta. Mas, cautela, não te perdoarei uma falta de respeito!* [pc] *Preveni-o do perigo que corria.*

₃N – V – Np – (de) Fi   *Eu previno-te (de) que não vou aceitar qualquer crítica que seja.*
₄N – Vse – para N   *A população preveniu-se para a guerra.*
₅N – V – N – contra N   *Ele preveniu os amigos contra os perigos.*
₆N – Vse – contra N   *Ele preveniu-se contra os perigos da radioactividade.*
₇N – V – contra N   *O flúor previne contra a cárie.*

prever
Morf.: Pres.: prevejo. Pret. perf.: previram. Part.: previsto.
1. voraussehen; (Hilfe) vorsehen (für). 2.-3. voraussehen.

₁N – V – N   *Já estou a prever a sua reacção. Como a avó previra, as crianças não tardaram a devorar o lanche que levavam.* [dm] *O decreto-lei sobre ajuda aos agricultores prevê um subsídio para minorar os prejuízos da geada negra.*

₂N – V – Fic   *Leibniz previu que uma máquina de calcular atrairia tanto matemáticos como contabilistas.* [cp] *Fácil também é prever que procurará dignificar o Parlamento, ajudando-o na recuperação de uma imagem que em termos públicos se vem degradando.* [cm] *Prevêem que faça sol no fim de semana. Prevê-se que sejam agravadas algumas das taxas de alguns impostos sobre a despesa.* [ot]

₃N – V – I   *Previam ser necessário um reforço de verbas para assegurar a continuidade do projecto.*

procurar
1. suchen. 2. jn aufsuchen. 3. versuchen; s. Mühe geben; trachten nach; suchen zu + V. 4. suchen nach.

₁N – V – N   <L>   *Procurei uma saída para a crise. Pego na toalha e procuro o meu nome. Só agora reparo que a toalha é diferente.* [hn] *Procurei-te no café. Luís Manuel voltou-se de repelão e, abraçando-a, procurou-LHE avidamente os olhos, que mais uma vez fugiram.* [vp]

₂N – V – Np – L   *Pedi-lhe que me procurasse na minha casa.*
▪ *Procurar agulha em palheiro:* Eine Nadel in e-m Heuhaufen suchen.

₃N – V – I   *Piedade procurava conter-se, mas os seus lábios eram sacudidos por tremores.* [np] *Peritos da Marinha francesa procuram determinar se o submarino não terá sido abalroado por qualquer navio que, de momento, passasse no local.* [dn]

₄N – V – por N   *Procurei por ti toda a tarde, onde é que estiveste metido?*

produzir
Morf.: Pres.: produz.
1. produzieren; erzeugen; herstellen; <Baum> (Früchte) tragen; (Wirkung) zeigen, zeitigen, hervorrufen; hervorbringen. 2. s. abspielen; s. ereignen. 3. bei jm hervorrufen, bewirken.

₁N – V – (N)   *Produzir vinhos/ brinquedos de alta qualidade/ um filme. A vontade dos trabalhadores para trabalhar mais e produzir melhor é indispensável para suprir uma crise que se agudizou desde Novembro de 1973.* [dp] *Aquela árvore produz bons frutos. A anestesia ainda não produziu efeito. O século XIX produziu grandes talentos.*

₂N – Vse   *Produziram-se cenas horríveis na guerra civil. Produziu-se um acidente*

$_3$N – V – N – em Np   A presença do pai produzia efeitos benéficos na criança. A anestesia produz efeitos secundários nos doentes. *incrível.*

proibir
1.–5. verbieten; untersagen.

$_1$N – V – Nc   Proibiram a passagem do filme. Este filme é proibido para menores de 18 anos.

$_2$N – V – I   O código da estrada proíbe ultrapassar em lombas e curvas.

$_3$N – V – (a Np) – N   Por último, registe-se que a legislação proíbe aos membros do sis qualquer actuação de cariz policial. [pj] Empenhei-me em fazer passar na Assembleia um decreto que proibisse o uso do tabaco nas salas de aula. [pj]

$_4$N – V – (a Np) – Fc   A Câmara municipal proíbe aos vendedores ambulantes que montem as suas barracas na Praça da República.

$_5$N – V – (Np) – de I   A nova lei proíbe as pessoas de fumarem em recintos públicos fechados. A nova lei não proíbe de fazermos nudismo. Proibo-te de falares comigo neste tom.

prometer
1.–3. versprechen. **4.** versprechen; verheißen; ankündigen. **5.** <etw> versprechen, was zu werden. **6.** <etw> versprechen, was zu werden; <etw, jd> Hoffnungen erwecken; vielversprechend sein.

$_1$Np – V – (a Np) – N   Tu prometeste-me um gelado, agora tens que pagar.

$_2$Np – V – (a Np) – Fi   O "Humana Hospital Audubon", que faz parte de uma cadeia hospitalar privada, prometeu ao Dr. Devries que financiará uma centena de transplantações. [pj]

$_3$Np – V – (a Np) – I   Ele prometeu-me ir comigo a Lisboa no sábado.

$_4$Nc – V – Nc   Desde o vale vizinho à serrania distante, sopravam os ventos que limpam o Sol e os que prometem chuva, degladiando-se, incessantemente. [pl]

$_5$Nc – V – I   O espectáculo promete ser bom.

$_6$Nc – V   Eu fico aqui, isto promete. Parecia tudo a correr pelo melhor, o negócio prometia, já comprara até uma casa. É um rapazinho que promete.

pronunciar
1. aussprechen; (Rede) halten; (Urteil) fällen. **2.** verurteilen. **3.** <Gericht> jn erklären für. **4.** Stellung nehmen zu; s. äußern zu. **5.** s. aussprechen für, gegen.

$_1$N – V – N   Conforme as regiões as pessoas pronunciam as palavras também de modo diferente. Pronunciar um discurso/ uma sentença.

$_2$N – V – Np – por N   As empresas que explorem o petróleo de Timor podem ser pronunciadas por violação do direito internacional. Ele foi pronunciado por burla agravada pelo tribunal de Coimbra.

$_3$N – V – N – P$_{adj, n}$ O tribunal pronunciou o réu inocente.

$_4$N – Vse – (sobre... N)   Nessa entrevista, Eanes fará um balanço da sua actividade presidencial e pronunciar-se-á sobre a situação política. [dp] O filho sorri e não se pronuncia. [hn]

$_5$N – Vse – contra... N   Ele pronunciou-se, mais uma vez, contra a ideia da independência do arquipélago. Pronunciar-se a favor de um candidato. São exactamente os mesmos que se pronunciam pela vitória da esquerda. [ot]

propor
Morf.: Pres.: proponho, propões, propõe, propõem. Imperf.: propunha. Pret. perf.: propus, propôs, propuseram. Part.: proposto.
1.–3. vorschlagen. **4.** jn vorschlagen für. **5.** s. anbieten; s. bewerben um. **6.** s. zur Wahl stellen. **7.** anbieten, etw zu tun; s. (zu e-m Examen) melden. **8.–9.** s. vornehmen; beabsichtigen. **10.** DIZER.

$_1$Np – V – (a Np) – N   Os vereadores propuseram uma alteração ao sistema de cobrança de impostos. O advogado propôs ao tribunal o encerramento do processo.

$_2$Np – V – (a Np) – Fc   Tornei à viela e propus à usurária que me deixasse levar o Ambrósio ao cinema, ver a Branca de Neve. [np]

$_3$Np – V – (a Np) – I   Proponho fazermos um piquenique no domingo.

$_4$Np – V – Np – para N   O presidente propôs um membro do seu partido para ministro do interior.

$_5$Np – Vse – para N   Propôs-se para secretário.

₆Np – Vse – a N *Ele propôs-se a presidente da Câmara.*
₇Np – Vse – a, para I *O João propôs-se a/ para levar a Maria a casa. Propôs-se a fazer exames em segunda época.*
₈Np – Vse – N *Propus-me, para este serão em pantufas, a leitura de um bom romance policial.*
₉Np – Vse – I *O possível partido eanista propõe-se apenas prolongar no tempo a influência de que o General Eanes desfrutou enquanto foi Presidente da República.* [oj] *A Renamo propõe-se, ainda, desnacionalizar os bens de particulares que possam provar a sua titularidade.* [pj]
₁₀N – V – Te DIZER.

prosseguir
1. fortsetzen; (Ziel) verfolgen. 2. weiterhin sein. 3.–4. fortfahren in; etw fortsetzen. 5. <Auto> Fahrt wohin fortsetzen; <Truppen> vorrücken. 6. vorankommen. 7. DIZER.

₁N – V – N *O congresso prossegue hoje à tarde os trabalhos, depois de uma pausa para o almoço. Lá conseguiu prosseguir o discurso.*
₂N – V – Padj *Ele prossegue empenhado na realização do projecto.*
₃N – V – em N *O governo diz que prossegue na tentativa de tornar estável a inflação.*
₄N – V – com N *Vamos prosseguir com as investigações.*
₅N – V – (D) *Os carros prosseguiram em direcção ao centro. A infantaria prosseguiu para as linhas de defesa do inimigo.*
₆N – V *À medida que o inquérito prosseguia, a teoria de que fora um bando que fizera ambos os assaltos parecia cada vez menos sustentável.* [kr]
₇N – V – Te DIZER.

proteger
1. schützen; FIG. unterstützen; protegieren. 2. schützen, beschützen (vor). 3. s. schützen vor, gegen. 4.–5. etw schützen vor. 6. s. schützen gegen.

₁N – V – N *As janelas em arco estão protegidas por grades de ferro trabalhado.* [kr] *Essa lei visa proteger a agricultura. O magnata protegeu o seu candidato à Câmara.*
₂N – V – (N) – (contra N) *Este casaco protege-me contra o frio. Esse insecticida protege as plantas contra diversos parasitas.*
∇ N – V – N *Este creme protege muito bem as mãos.*
∇ N – V – contra N *O pára-vento protege contra o vento e contra a areia que anda no ar.*
₃N – Vse – (contra N) *Tens que te proteger (contra o frio).*
₄N – V – N – (de N) *O arame farpado protegia a casa (dos intrusos). O casaco protege-me do frio.*
₅N – V – N – de I *Uma grade de madeira protegia a criança de cair da cama.*
₆N – Vse – de N *Os apicultores precisam de um fato especial para se protegerem das abelhas.*

provar¹
1.–3. beweisen.

₁N – V – (a N) – N *O João não conseguiu provar (ao juiz) a sua inocência. A Renamo propõe-se, ainda, desnacionalizar os bens de particulares que possam provar a sua titularidade.* [pj]
₂N – V – (a N) – Fi *Albert tem passado a vida a provar que sabe mais do que o padrasto.* [kr] *Em todo o caso, a sua vida e a minha provam que a democracia é um facto consumado.* [mi] *O advogado provou ao juiz que o réu estava inocente.*
₃N – V – (a N) – I *À frente do Governo está alguém que já provou ter a coragem e o domínio de si próprio para não se deixar intimidar ou sequer condicionar por campanhas de detracção.* [pj]

provar²
1.–3. probieren; (Speise) kosten; FIG. den Geschmack von etw kosten. 4. [Küche] abschmecken mit.

₁N – V – N *Chegaste a provar a salada de atum? Provou o gosto da vitória.*
₂N – V – Int *Prova se está bom de sal!*

₃N – V – de N   Ainda não provei do bolo de noiva.
₄N – V – N – de N   Mexe-se tudo muito bem; prova-se de sal e pimenta, ferve mais quinze minutos e serve-se. [ac]

provar³
1.-2. anprobieren.
₁N – V – N   O pai disse para tu ires lá provar a saia.
₂N – V – N – a N   A São já lhe provou a blusa, mãe?

provocar
1. hervorrufen; verursachen; provozieren. 2. e-a. herausfordern. 3.-4. bei jm hervorrufen.
₁N – V – N   A certeza de que um ataque nuclear provocará imediata e idêntica represália impede os governos detentores de tão terríveis armas de se arriscarem a tal. [pj] Uma linha do programa pode conter um erro de digitação, provocando um caos. [cp] Não me provoques!
₂Npl – Vse   Depois daquele incidente, continuaram ambos a provocar-se, sem premeditação. [vp]
₃N – V – N – em N   O seu discurso provocou uma reacção inesperada no público. Ela quisera obrigá-la a confessar-se culpada pela morte da mãe, sem se doer do pavor que provocara na irmã. [bc]
₄N – V – N – entre Npl   O terramoto provocou pânico entre os habitantes da cidade.

publicar
1.-2. veröffentlichen; bekanntmachen.
₁N – V – N   O Julião nunca publicou nada, mas escreveu dúzias de poemas que cantam o amor e as estrelas. [np] Essa notícia foi publicada nos muros de Pequim.
₂N – V – Fi   O jornal publicou que o Secretário Geral da ONU chegava nessa tarde à Portela de Sacavém.

puxar
1. herausziehen; (Schwert...) ziehen. 2. wohin ziehen; (heraus-)ziehen aus. 3. an s. (heran-)ziehen; (Karte) ziehen. 4. (hinter s. her-)ziehen; (jn, etw) anziehen; ⟨etw⟩ etw nach s. heiz--- (-- Angelegenheit) vorantreiben, Druck machen. 5. (Revólver) ziehen, etw herausziehen. 6. [Fahrrad] angestrengt strampeln; ziehen; (vom Auto) (nicht) viel verlangen (können); (e-e Angelegenheit) vorantreiben; (Vorstellungskraft) anstrengen. 7. jm ähneln; auf jn herauskommen; FIG. nach jm schlagen. 8. neigen zu.
₁N – V – N – (D)   Ramiro puxou a carteira (do bolso) e abriu-a. Puxar o revólver. Puxar a espada da bainha. Puxou a gaveta com força.
₂N – V – N – D   Puxaram o ferido para o passeio. Puxa o móvel para aquele canto! Puxou as mangas para cima. O pide puxou um apito do bolso, assobiou, e dali a nada vieram mais três ou quatro guardas. [fa] ▸Puxa a saia, que está muito em cima!
▪ Puxar a brasa à sua sardinha: sein Schäfchen ins trockene bringen.
₃N – V – N   Puxou a cadeira e sentou-se. Puxar uma carta de jogo.
₄N – V – N   Os cavalos puxam a carroça. O professor puxou-LHE as orelhas. Puxa a corda até eu dizer que chega. O irmão puxou-LHE os cabelos. Puxou o vestido à irmã. Sabe-se quanto umas coisas puxam as outras: as nações empenhadas em valorizar-se económica e politicamente, investem mil atenções na irradiação da sua cultura. [oj] Vou ter que puxar o assunto da compra da casa, para ver se o patrão me aumenta.
₅N – V – de N   Puxar do revólver/ da carteira.
₆N – V – por N   Sem esperar por mais conversa, a guarda regressou à vila lentamente, puxando pela bicicleta sem entusiasmo. [be] Não posso puxar muito pelo meu carro. Não puxes por este assunto, que ele fica logo enervadíssimo. Puxo pela imaginação, mas não consigo escrever uma só página.
₇N – V – a N   Ele puxou ao pai.
₈N – V – para N   O Luís sempre puxou para a matemática e agora é um grande engenheiro. O outro puxa para o torto, não quer estudar. [pj] A Manuela puxa para uma vida boémia.

Q

qualificar
1. [GRAM.] bestimmen; <etw> jn charakterisieren, kennzeichnen. 2. etw bezeichnen, betrachten als. 3. jn für etw qualifizieren. 4. s. qualifizieren für. 5. [Sport] (e-n Platz) belegen.

₁N – V – N *Um adjectivo qualifica um substantivo. Esse gesto qualifica o italiano. Esta propriedade qualifica-o.*

₂N – V – N – de P_adj, n *Qualificar uma obra de pornográfica. O juiz qualificou os actos dos funcionários de corrupção.*

₃N – V – N – para N *Este êxito qualifica-o para primeiro-ministro.*
₄N – Vse – para N *Qualificou-se para a posição à que se tinha candidatado.*
₅N – Vse – em N *Qualificou-se em primeiro lugar.*

quebrar
1. etw zerbrechen; jm etw brechen; s. etw brechen; FIG. (Stille...) unterbrechen; (Schweigen, sein Wort) brechen. 2.-3. zerbrechen.

₁N – V – N *Quebrar uma chávena/ o vidro da janela. Quebraram-LHE o braço. Quebrei a perna. Um tiro quebrou o silêncio da noite. Ela quebrou o silêncio após alguns minutos. Ele quebrou a sua palavra.*

₂N – Vse *O jarro quebrou-se. As ondas quebraram-se já longe da praia.*
₃N – V *O vidro da janela quebrou, mas ele não se curtou.*

queimar
1. verbrennen; ansengen; versengen; FIG. in (der Kehle) brennen; (Geld) durchbringen; PG.: (Zeit) totschlagen. 2. <jd> s. verbrennen; <jd, etw> verbrennen; angesengt werden; s. (e-n Sonnenbrand) holen; <Essen> anbrennen; <Sicherung...> durchbrennen; <Felder...> verdorren. 3. <Sonne> stechen, brennen; <jd, Wasser...> (glühend) heiß sein; <Augen> brennen.

₁N – V – N <com N> *O cigarro já LHE queimava os dedos. A Inquisição queimou muitos judeus e hereges. Queimou a camisa com o cigarro. O fogão queimou-ME as meias. O bagaço queimava-LHE a garganta. Queimou o dinheiro em poucos dias.* PG.: *Meteram-se no cinema para queimar o tempo.* [ce]
■ BRAS.: *O ocorrido queimou a sua reputação:* (Ruf) beschädigen.

₂N – Vse <comN> *Queimei-me ao passar a roupa. Queimou-se com água a ferver. Esqueci-me das meias em cima do fogão e elas queimaram-se. Se o arroz correr o risco de se queimar, agita-se o tacho ou a caçarola, mas nunca se lhe mete colher.* [ac] *Ele queimou-se na praia. Os fusíveis queimaram-se. Com todo este calor a vinha ainda vai acabar por se queimar.*
■ BRAS. FAM.: *Ficar queimado:* beleidigt sein: *Ele ficou queimado com a brincadeira.*

₃N – V <de N> *O sol queima. A testa da criança queimava (de febre). A água da banheira queima. Os olhos já ME queimavam de tanto ler.*

queixar-se
1. s. beklagen, klagen, s. beschweren (über); s. bei jm über jn beschweren. 2.-3. s. beschweren, s. beklagen über. 4. DIZER.

₁N – Vse – (a Np) – (de N) *Farmácias queixam-se do Governo à CEE.* [dn] *Olha, vai-te queixar dos salários em atraso ao sindicato.*

▽ N – Vse – de N *Vieste inteiro de Moçambique, não vieste? Então de que te queixas?* [np] *Os trabalhadores queixaram-se dos salários em atraso.*

▽ N – Vse – a Np *Olha, vai-te queixar ao sindicato.*
▽ N – Vse *Não me queixei, mas estava frio.*

₂N – Vse – (a N) – de Fic *Havia já anos que o Joaquim deixara de lhe dar o braço, tanto ela se queixava de que ele lhe pesava, quando o fazia, de que, em vez de a ajudar, lhe estorvava o andar.* [pc] *Queixou-se de que só lhe tivessem permitido visitá-lo uma vez por mês.*

₃N – Vse – (a N) – de, por I *Ele queixou-se ao banco por ainda não ter recebido o dinheiro. Queixava-se de não receber o salário a tempo.*

₄N – Vse – Te DIZER: *Foi mais uma noite mal dormida e fria a juntar às anteriores – queixou-se um dos emigrantes.* [pj]

querer

Morf.: Pres.: quero, quer. Pres. conj.: queira. Pret. perf.: quiseram. Imper.: quer, querei.

1. etw (haben) wollen, möchten; <etw> etw lieben; brauchen. 2. jn, etw lieben; mögen; gern haben. 3. s. lieben; s. mögen. 4. wollen; wünschen. 5. wollen; (ich) möchte gern + V. 6. s. jn wünschen als. 7. wünschen, s. danach sehnen, man wäre...

₁Ncp – V – Nc   Eu quero um carro novo. Eu quero um quilo de laranjas. O que ele queria, o que tinha desejado sempre, era uma trave, alguém a quem se apoiar. [sa] Os cactos querem muito calor. Esta árvore quer uma boa poda. ▸Querias, mas não te dou.

₂Np – V – a Ncp   Vive no Brasil, mas continua a querer muito à sua terra. Uma mãe quer muito aos seus filhos. Quero muito a esta cidade.

▪ *Pernas para que te quero:* (so schnell) wie der Blitz: *Parecerá estranho, mas recusei dar-lhe a carteira e comecei a fugir, pernas para que te quero.* [tm]

₃Npl – Vse   Eles querem-se muito.

₄N – V – Fc   Um dos rapazes iniciou uma cantiga e quiseram que Maria do Pilar cantasse também, explicando-lhe que era para afugentar as bruxas da floresta. [bc]

▪ *Que querem que eu faça:* Was soll ich (Ihrer Meinung nach) tun?

₅N – V – I   Quando o interrogamos sobre o que desejava para a noite de Natal, responde-nos querer ver o pai que está preso. [pj] *Tu queres-me fazer acreditar que isso é verdade?*

▪ *Querer dizer:* <jd> meinen; sagen wollen; <etw> bedeuten.

▪ *Quer dizer:* das heißt: *Eu não sabia de nada, quer dizer, apenas tinha ouvido uns rumores.*

▪ *Queira fazer o favor de se sentar! Queira fazer o favor de se calar!*

▪ *Antes querer + N, Fc, I:* vorziehen; lieber haben, tun: *Quero antes isso (do que aquilo). Quero antes que me acompanhes. Quero antes dormir do que ir passear. Quero antes ler este livro.*

▪ *Quero é + Fc, I:* vorziehen, es lieber haben: *Quero é que ele venha falar comigo. Quero (más) é ficar em casa.*

▪ BRAS.: *querer + I: Está querendo chover:* Es sieht nach Regen aus.

₆N – V – N Padj, n, I   O meu pai queria-me médico, mas eu não estava para isso. Quero os meus filhos saudáveis. Ele queria-a em casa, proibia-lhe que se empregasse.

₇N – Vse – Padj, n, I   Eu queria-me já na praia. Que julgas? Estudar custa. Ainda agora entraste para a universidade e já te queres doutora? Por isso mesmo se revoltava, queria-se na rua com a malta, chegou a roubar faróis. [sa]

▪ *Quem casa, quer casa.*

▪ *Querer é poder.*

▪ *Quem tudo quer, tudo perde.*

▪ *Querer ensinar o padre-nosso ao vicário:* Eulen nach Athen tragen.

R

rabujar
1. quengeln; nörgeln; meckern.

₁N – V   *Rabujando, o menino afagava a contrapelo o cão que o lambia e olhava medrosamente para dentro, onde alguns homens grandes estavam ainda à espera.* [op]

rachar
1. (Holz) hacken; s. (den Schädel) aufschlagen; jm den Schädel einschlagen; <Glas> springen; <Mauer> e-n Riß schlagen in; jm eins (aufs Maul...) geben; <etw> (Stille) zerreißen. 2. <Glas> springen. 3. bersten; Risse bekommen; s. spalten.

₁N – V – N   *Rachar lenha. Rachei a cabeça ao bater na esquina da mesa. Um destes dias ainda TE racho a cabeça. Rachou a parede com um martelo. Olhe, seu pacóvio, se não fosse por respeito aí à sua senhora, ou lá o que é, rachava-LHE já o focinho!* [op] *João tacteou nervosamente os botões e um silvo rachou o silêncio, estilhaçou-se, e uma voz difusa, amachucada, mastigou palavras empilhadas.* [ar]
▪ BRAS.: *rachar a conta/ a despesa*: s. die Rechnung teilen.

₂N – Vse   *Diabo, rachou-se-ME o copo.*

₃N – V <ao, pelo meio>   *O copo rachou. A parede rachou ao meio. O Banco Lusitano já rachara pelo meio. E nos descalabros das finanças entrelaçavam-se as concessões dos caminhos-de-ferro de Lourenço Marques, o escândalo da Companhia do Niassa e as consequências do novo tratado com a Inglaterra.* [bc]

ralar¹
1. zerkleinern; zerkrümeln.

₁N – V – N   *Ralar queijo parmesão. O recheio prepara-se da seguinte forma: ralam-se as banhas ou cortam-se em bocados pequenos e pisam-se no almofariz.* [ac] *Ralou-se o pão.*
▪ BRAS.: s. (das Knie) aufschlagen [PG. ⇒ esfolar]: *O menino caiu e só ralou o joelho.*

ralar² [PG.; BRAS.: ⇒ amolar, chatear]
1. ärgern; jm den Nerv töten; Sorge, Kummer bereiten. 2. s. Sorgen machen; s. quälen. 3. s. (über etw) Sorgen machen; NEG.: s. e-n Dreck scheren um.

₁N – V – N   *Não rales a tua mãe! Não brinque com coisas sérias. Isso rala-me mais do que julga.* [mi]

₂N – Vse   *Porque é que eu havia de me ralar, de meter estranhos em minha casa, se não precisasse do dinheiro?* [pc] *Não se rale, pai! O João já sai dali. As pessoas até acham graça a estas maluquices.* [dm] *Ele ralava-se a trabalhar.*
▪ BRAS.: *Ele ralava-se de inveja/ de ciúmes.*

₃N – Vse – com N   *Não me ralo nada com isso.*

ralhar
1. (mit jm) schimpfen. 2. mit jm schimpfen; jn ausschimpfen.

₁N – V – (com Np)   *Porque é que estás sempre a ralhar com a criança?*

₂N – V – (a Np)   *Pedro chegou a levar-me flores. Nessa altura voltei a ralhar-lhe por gastar o seu dinheiro.* [np] *Minha mãe, que toda a vida ralhara às criadas e se calara diante de meu pai, julgou chegado o fim do mundo.* [sv]

ranger
1. <Tür...> quietschen. 2. mit (den Zähnen) knirschen, klappern.

₁N – V   *A cama range. Quando a tempestade parecia acalmar-se por completo, as portas pararam de bater e os cabos e as madeiras do navio já não rangiam.* [oj] *Não tardou que uma porta rangesse ao fundo do corredor e que uns passos se aproximassem, ligeiros.* [sv]

₂N – V – N <de, com N>   Coitado do cão, anda para aí a ranger os dentes de fome. Rangeu os dentes de ódio, de fúria, de frio. Até rangia os dentes com o frio que estava.

raptar
1. jn entführen.
₁N – V – Np   Arriscávamos a liberdade, defendíamos a luta armada, propunhamo-nos constituir milícias, desencadear a guerrilha urbana, raptar o Salazar, o arco da velha. [tm]

rasgar
1. zerreißen; einreißen; aufreißen; aufschlitzen; wo hängen bleiben mit; <Flammen> die Dunkelheit aufreißen. 2. <etw> reißen; aufreißen; zerreißen; bersten; <Ruhe> unterbrochen werden. 3. <etw> reißen; aufreißen. 4. (Loch) in (die Wand) reißen; (Furchen) ziehen; zerfurchen.
₁N – V – N   Sem querer, rasguei o jornal. Tentou abrir o envelope sem o rasgar, mas não conseguiu. A minha vontade – disse – era agarrar no vestido, assim o tivesse aqui à mão, e rasgá-lo aos bocadinhos, e atirar-tos todos à cara. [pc] À partida os emigrantes rasgavam ao meio uma fotografia, deixavam metade à família e levavam a outra metade, que devolviam, uma vez chegados a bom termo. [pj] Rasguei o vestido no prego. Uma locomotiva é enviada para investigar a avaria, e na escuridão rasgada por labaredas, divisa-se a tragédia. [oj] Uma bala rasga-LHE o ombro. [sv]
₂N – Vse   A saia rasgou-se. A força da explosão foi tal que o tecto e os lados da carruagem se rasgaram como se fossem de lata. [oj] Certa tarde, a aparente quietação rasga-se, de súbito, nos gritos espavoridos de Júlia. [sv]
₃N – V   O vestido rasgou.
₄N – V – N – L   Os gatunos rasgaram um buraco na parede para entrar na loja. Rasgar sulcos na terra. O tempo rasgou-LHE sulcos no rosto.

reagir
1.–2. reagieren auf.
₁N – V – (a N)   O ferido continuava sem reagir. A força da polícia reagiu muito rapidamente. [kt] O PCP e o CDS reagem aos planos de Cavaco Silva para a reprivatização de algumas empresas públicas. [dn] Ninguém reagiu àquelas declarações. O doente não reagiu ao medicamento. Ele reagiu mal à morte da namorada.
₂N – V – (contra N)   Ele reagiu contra as acusações.

realizar
1. verwirklichen; ausführen; durchführen; in die Tat umsetzen; organisieren; (Film) drehen; (Gewinn) erzielen; [anglic.] s. e-r S. bewußt werden. 2. Wirklichkeit werden; <etw> s. verwirklichen; in Erfüllung gehen; durchgeführt werden; stattfinden; <jd> sich selbst verwirklichen.
₁N – V – N   Realizar um sonho/ um projecto. A RTP realiza todos os anos uma corrida de touros. A firma realiza ao fim de cada ano um bom capital. O filme foi realizado em Portugal. Realizámos a maravilha de estarmos vivos. [cc]
₂N – Vse   Todos os seus sonhos se haviam realizado. Este ano, os exercícios das forças armadas realizam-se no Algarve. Ela realizou-se como actriz. Realizar-se na vida. Realiza-se em pleno a tomar conta das crianças. [sa]

rebentar
1. zum Platzen bringen; (Schloß) aufsprengen, aufbrechen; jm (die Nase) einschlagen. 2. (auf-)platzen. 3. <Reifen> platzen; <Deich> brechen; <Ballon> platzen; <Gewitter> losbrechen; <Geschwür> aufbrechen; <Bombe> explodieren; <Wellen> s. brechen; <Krieg> ausbrechen; <Feuer> ausbrechen. 4. FIG. (vor Freude...) (fast) platzen. 5. <Wellen> wo zerbersten. 6. (Schloß) aufsprengen, aufbrechen; etw kaputt machen. 7. etw schleudern gegen.
₁N – V – N   O Joãozinho rebentou o balão. A mim não me rebenta ele. [fa] Quem é que vai soltar a Luísa? – Eu disse o Jaime. – Posso ter de rebentar alguma fechadura. [dm] Um dia destes ainda te rebento (o nariz).
₂N – Vse   Rebentou-se o pacote/ o embrulho.
₃N – V   O pneu/ o dique/ o balão/ a tempestade/ a bolha rebentou. As bombas rebentaram durante toda a noite. A segunda guerra mundial rebentou em 1939. O incêndio rebentava em vários bairros devorando rapidamente

	grande número de casas. [oj] As ondas rebentavam sob os cais, nas rochas. Grande algazarra lá no fundo. Foi um saco que rebentou ao chegar à terra. [pe]
	■ <A castanha> rebentar na boca: <Schuß> nach hinten losgehen: *Diabo!_ _pensava_Isto vai dar mau resultado_Oxalá ME não rebente a castanha na boca.* [sv]
₄N – V – de N	Ao receber o presente, o menino rebentou de alegria.
₅N – V – contra...N	As ondas rebentavam contra os rochedos. O mar, cada vez mais impetuoso, rebenta sobre o areal. [pe]
₆N – V – com N	Eu posso ver se consigo rebentar com a fechadura. Nunca te posso dar nada novo, rebentas logo com tudo.
₇N – V – N – contra N	Rebentei a lâmpada contra a parede.

rebuscar
1. etw durchsuchen; wo herumsuchen; (wo) suchen nach etw. **2.** etw durchsuchen.

₁N – V – N	Nervosamente, a tia rebuscou-LHE os bolsos. [op] Em seguida, com gestos bruscos, rebuscou as outras gavetas, deixando-as abertas_Pôs-se de pé e remexeu-as sem tino. [bc]
₂N – V – (N) – L	A tia rebuscava a chave na gaveta. Quem é que andou aqui a rebuscar na minha gaveta?

recear
Morf.: Pres.: receio.
1.-3. fürchten; befürchten. **4.** fürchten für; besorgt sein, Angst haben um.

₁N – V – N	Receio o pior. Receio uma guerra. Receamos as movimentações políticas dos militares. [ot]
₂N – V – Fc	Teresa receava que as pessoas da quinta achassem os pedidos idiotas, não lhes dessem nada e ainda lhes atiçassem os cães. [al] Receio que não tencionem assinar o acordo.
	■ *Receio (bem) que sim, que não:* Ich glaube wohl.; Ich fürchte ja.; Ich glaube, fürchte nein.
₃N – V – I	Falava muito depressa, como se receasse não ter tempo de despejar tudo o que lhe enchia o coração. [np]
₄N – V – por N	Recear pela vida de alguém. Receio pelos meus filhos, são ainda tão novos._ _Tenho medo que se percam.

receber
1. von jm erhalten, empfangen, entgegennehmen, bekommen. **2.** etw wie aufnehmen. **3.** <etw> etw aufnehmen; jn empfangen; FIG. ernten. **4.** (Fußtritt) wohin bekommen.

₁N – V – N – (de N)	Receber ordens/ uma herança/ uma carta. O PAL converte os dados transmitidos pelo computador na forma em que serão recebidos pelo monitor ou televisor a cores. [cp] Recebeu do presidente a chave da cidade. Já recebeste da segurança social o que eles te deviam? Já recebeste da ADSE o dinheiro da operação?
	■ *Eu recebo ao fim do mês (sc. o salário).*
₂N – V – N – M	Recebeu mal a notícia.
₃N – V – N	Estas pipas vão receber o novo vinho. Tiago desaparecera_Perguntei ao guarda por ele, recebi gritaria. [lu] Ele gosta de receber os seus amigos. ▸Ele recebe (sc.: os seus amigos) aos domingos.
₄N – V – N – L	O jogador recebeu um pontapé nas canelas.

receitar
1. jm etw verschreiben, verordnen.

₁N – V – N – (a Np)	O médico receitou-me duas caixas de comprimidos.

reclamar

1. etw fordern; <etw> etw erfordern. 2.–4. s. beschweren über. 5. protestieren gegen; s. beschweren über. 6. etw von jm verlangen, fordern; etw reklamieren bei. 7. für s. in Anspruch nehmen.

₁N – V – N A alegria da vitória estampa-se nos olhos de algumas crianças enquanto as outras protestam, reclamando o fora de jogo. [pj] Todos reclamam reformas. Este tipo de flores reclama cuidados especiais.

₂N – V – Fic Estás sempre a reclamar que a comida não é boa. Para a próxima cozinhas tu. Os hóspedes não reclamaram que a comida fosse má, mas cara.

₃N – V – I As pessoas reclamavam já estarem na bicha há mais de uma hora.

₄N – V <por N, I> Os hóspedes não reclamaram pelo facto de a comida ser má/ por a comida ser má, mas sim por ser cara.

₅N – V – contra N Os manifestantes reclamavam contra o aumento do custo de vida.

₆N – V – N – de, a N Os presos políticos reclamavam ao/ do Governo o direito a ver os seus familiares. Se por acaso não recebem os extractos das suas contas bancárias, devem reclamar à instituição de crédito o seu envio. [dn]

₇Np – Vse – P_{adj, n} Os indivíduos reclamavam-se, também, militantes da OGIP. [dn] Waldheim reclamava-se senhor da situação, isento de culpa.

recolher

1. einsammeln; (Obst) auflesen, aufsammeln, ernten; sammeln; (Banknoten...) einziehen; etw zus.tragen. 2. FIG. s. (innerlich) sammeln. 3. (Wagen) wo unterstellen; jn bei s. aufnehmen. 4. s. (wohin) zurückziehen; s. wohin flüchten. 5. s. wohin zurückziehen; FIG. s. (in Schweigen) hüllen. 6. wohin zurückkehren, s. wohin zurückziehen; ins (Kloster) gehen.

₁N – V – N Recolher o gado/ maçãs/ o milho/ crianças abandonadas/ donativos/ dinheiro (para os pobres). O polícia não conseguiu recolher provas suficientes para levar o caso a uma acção judicial. [kr] O Governo recolheu as notas de 20 escudos. As declarações do presidente foram recolhidas no decurso de um ciclo de conferências sobre Segurança Social que ontem encerrou na Faculdade de Economia do Porto. [pj]

₂N – Vse Entrou na igreja para se recolher.

₃N – V – N – L Todos os dias ele recolhe o carro na garagem. Recolheu o forasteiro em sua casa. A Maria recolheu em sua casa uma andorinha de asa...

₄N – Vse – (D) Cécile despedia-se logo depois de deitar as crianças, porque, a seguir, recolhia-se. [vp] Ele recolheu-se ao quarto. Recolheu-se sob o toldo, ao abrigo da chuva.

₅N – Vse – a N Pensamos que os militares devem recolher-se à instituição militar. [ot] O companheiro de viagem recolheu-se ao mutismo, os olhos baixos, talvez já arrependido do ímpeto que o fez desvendar o seu drama. [nv]

₆N – V – D_a PG.: Agora já era tarde de mais para recolher a casa. [pc] Ambrósio virou ostensivamente a cara e recolheu ao quarto, fechando a porta com a chave. [np] Os soldados já recolheram aos quartéis. Recolher ao convento.

reconhecer

1. wiedererkennen; erkennen; (js Recht) anerkennen; (Schuld...) eingestehen, zugeben; einsehen; (Unterschrift) beglaubigen (lassen). 2. einsehen; zugeben. 3. zugeben. 4. anerkennen als. 5. s. bekennen als. 6. etw in jm erkennen. 7. jm (ein Recht...) zuerkennen. 8. jn erkennen an.

₁N – V – N Foram vistos vários membros do bando e as testemunhas reconheceram-nos nos arquivos de fotografias dos criminosos conhecidos. [kr] Assim que se viram, reconheceram-se logo. A maioria dos computadores não reconhece mais que as duas primeiras letras do nome da variável. [cp] António Lopes Ramalho, o senhorio, contactado pelo "Correio da Manhã", afirmou estar disponível a reconhecer os direitos da inquilina. [oj] Ele reconheceu o seu envolvimento no caso. Ele reconhecia a sua culpa. Primeiro vais ao notário reconhecer a assinatura.

₂N – V – Fi Reconheço que sou metódico, pelo menos desde que não descarrile. [sv] Até posso reconhecer que estás a dizer a verdade, mas que é que isso vai adiantar? É de reconhecer que ele tem feito progressos.

₃N – V – I Ele reconheceu ter roubado o relógio.

₄N – V – Np – como P_{n, adj} Ele não o reconheceu como seu filho. Eu não o reconheço como meu herdeiro. Não o reconheceram como culpado.

₅N – Vse – P_adj	*Reconheceu-se culpado.*
₆Np – V – N – em N	*Reconheci logo nele o homem da minha vida.*
₇N – V – N – a Ncp	*Estando em causa o direito de associação sindical por parte dos profissionais da PSP, o Executivo na nossa democracia não apresentou até ao presente qualquer razão idónea para que tal direito não fosse reconhecido à categoria dos funcionários em questão.* [dl] *O Pedro respondeu à tentativa de suborno com a honestidade que todos lhe reconhecem.*
₈N – V – Np – por Nc	*Reconhecia-o pelo seu modo de falar/ pelos seus gestos.*

recordar
1. denken an; <etw> erinnern an, in Erinnerung rufen. 2.–4. s. erinnern an. 5.–7. jn erinnern an; jm ins Gedächtnis. in Erinnerung rufen. 8.–1o. s. erinnern an. 11.–14. s. erinnern an. 15. ◊ s. erinnern an; <etw> jm einfallen.

₁Npc – V – N	*Eu recordava as férias/ o João. Estes prédios recordam os da minha cidade.*
₂Np – V – Fi	*Eu recordo que havia dantes um café ao fundo desta rua.*
₃Np – V – Int	*Ainda recordo como se faz o queijo.*
₄Np – V – I	*Eu recordo ter visto o João na praia.*
₅Ncp – V – (a Np) – N	*Eu recordei-lhe o nome da obra. O Papa recordou uma carta que escrevera em 1984.* [dn] *Tanta chuva recorda-me o Inverno!*
₆Np – V – (a Np) – Fi	*O juiz costumava recordar-lhe, frequentemente, que o objectivo do interrogatório era apresentar informações de utilidade para a polícia.* [kf] *Convém recordar que, nas grandes linhas do programa do MFA, descolonizar e democratizar eram as generosas motivações de homens corajosos que não dormiram a noite de 25 de Abril.* [dp]
₇Np – V – (a Np) – I	*Recordo aos presentes ter sido deliberado pelo governo um aumento de 8% para os funcionários públicos.*
₈Np – Vse – Fi	*Recordo-me que ele trazia óculos.*
₉Np – Vse – Int	*Não me recordava onde estavam os sapatos.*
₁₀Np – Vse – I	*Recordo-me termos escorregado numa casca de laranja à entrada do hotel.*
₁₁Np – Vse – de N	*Não me recordo do nome da obra. Não me diga que não se recorda de mim!*
₁₂Np – Vse – de Fi	*Recordo-me de que ele trazia óculos.*
₁₃Np – Vse – de Int	*Ainda me recordo de como a minha mãe fazia marmelada.*
₁₄Np – Vse – de I	*Recordo-me de ter visto o João na praça. Recordas-te de termos escorregado numa casca de laranja à entrada do hotel?*
₁₅N – V – a Np	*Não lhe recordava o nome da obra. Não lhe recordava a cor do vestido.*

recorrer
1. s. wenden an; zurückgreifen auf. 2. [JUR.] Berufung einlegen gegen.

₁N – V – a Ncp[a ele] <para N...>	*Porque é que não recorres ao teu pai? A IBM recorreu à Epson para as impressoras do seu microcomputador PC.* [cp] *Recorri à minha irmã para que a casa fosse pintada a tempo e horas. Ela conhecia um pintor. Recorri à minha irmã para me ajudar a renovar a casa.* ▪ *Recorrer aos tribunais*: den Rechtsweg beschreiten: *Os trabalhadores pretendem que fique claramente expresso o direito de recorrerem aos tribunais em caso de confronto.* [dn]
₂N – V – de N	[JUR.] *Recorreu da sentença.*

recuar
1. (Schritte) zurückweichen, zurückgehen; etw zurückschieben; (Auto) zurücksetzen; nach (hinten...) verschieben, versetzen. 2. (mit dem Auto) zurücksetzen. 3. zurückweichen; <Truppen> s. zurückziehen. 4. FIG. zurückkehren zu.

₁N – V – N – (D) Recuou dois passos. Recuar o carro/ um móvel. A Câmara decidiu recuar os muros dos prédios desta rua para alargar a estrada.
₂N – V – com N – D Ele recuou com o carro até ao portão.
₃N – V – (D) O homem arrancou o boné da cabeça, amarfanhou-o num canudo e bateu com ele na cara do Chico, que recuou, espantado. [al] As tropas recuaram para uma zona mais protegida.
₄N – V – a N Recuar ao passado.

recuperar
1. (Kräfte...) wiedererlangen; (Geld) wiederbekommen; (Zeit) einholen, aufholen. 2. jn gesunden, s. erholen lassen von. 3.–4. s. erholen, genesen von.

₁N – V – N Recuperar forças. Nas Filipinas, os clãs tradicionais recuperaram a sua influência sobre o Parlamento. [dn] Recuperei todo o dinheiro que investi há dois anos no negócio. Recuperar o tempo perdido.
₂N – V – N – (de N) O remédio recuperou-o (da doença).
₃N – Vse – de N Ele ainda não se recuperou da morte da irmã/ do acidente.
₄N – V – de N Assim que recuperou dos ferimentos, Emmanuel Vitria teve de ser hospitalizado novamente, na sequência de uma infecção de dentes. [pj]

recusar
1.–2. ablehnen; abschlagen. 3. s. weigern. 4. jm etw abschlagen, verweigern. 5.–6. ablehnen; s. e–r S. verweigern, entziehen. 7. s. weigern zu.

₁N – V – N Recusar uma oferta/ um convite/ uma proposta/ um emprego. O presidente do Tribunal recusou o argumento e, pouco depois, a senhora reassumia funções, sã e robusta. [oj]
₂N – V – Fc Ela recusou que eles trabalhassem naquelas condições.
₃N – V – I Ela recusou trabalhar para ele. Recusa uma defesa ou propor justificações que lhe dissolvam as culpas. [sa]
₄N – V – N – a Np Nunca recuso nada aos meus irmãos.
₅N – Vse – a Ncp Recuso-me ao cumprimento deste horário. Recusava-se a uma. Recusou ao
₆N – Vse – a Fc Recusou-se a que eles viessem sem serem convidados.
₇N – Vse – a I Se o sistema se recusar a funcionar, verifique-se se todos os periféricos estão a ser utilizados. [cp] Dinata recusou-se a aceitar a organização de um referendo no território. [pj] Parece que os deputados se recusam a aprender. [pj]

reduzir
Morf.: Pres.: reduz.
1. reduzieren; (Preis) herabsetzen; weniger (Salz...) nehmen...; (Gehalt) kürzen; vermindern; herabsetzen. 2. [Küche] zerkleinern; etw reduzieren auf; etw abziehen von; <etw> jn bringen, führen in; herabsetzen auf. 3. s. reduzieren auf; s. beschränken auf. 4. reduzieren auf. 5. [Mathematik] etw umwandeln in.

₁N, Fc, I – V – N Terei que reduzir as despesas. O Governo decidiu reduzir o preço dos combustíveis. O médico disse-me que tenho que reduzir o sal e o consumo de tabaco. Os patrões querem reduzir os salários. Todos os dias quase todos os portugueses reduzem os seus padrões de vida. [pj] Que o governo tome medidas de prevenção anti-sísmica reduz as nossas preocupações. Vacinar crianças reduz a mortalidade.
₂N, Fc, I – V – N – a N Reduz-se as nozes a pó. Reduzir as despesas ao mínimo/ ao essencial. Tens 28, reduz-lhe 4, quantos é que ficam? Este sistema político reduz as pessoas à miséria. Adversários exaltados aqui descomprimiram em palavras as pseudo-razões que a opinião pública reduziu a dimensões razoáveis. [dp] Que isso seja tratado pelos computadores reduz o tempo do projecto a níveis suportáveis. Ter um sistema político desses só reduz as pessoas à miséria.
▌[Math.] Reduzir fracções a um denominador comum: auf den gemeinsamen Nenner bringen.
₃N – Vse – a N Dlakama é considerado um dos primeiros dissidentes importantes da Frelimo, embora a sua importância se reduzisse à valentia militar, já

₄N – V – N – para N	que possuía fraca formação política. [oj] O mais recente relatório do FMI reduz as previsões para o crescimento das economias dos países industrializados, em 1987, para 2,4 por cento. [dn]
₅N – V – N – em N	Reduzir metros em milímetros.

referir
Morf.: Pres.: refiro, referes.
1.-4. erwähnen. 5.-8. berichten; erzählen. 9. s. beziehen auf; anspielen auf; <etw> zu tun haben mit, betreffen.

₁Ncp – V – N	O jornal referiu o nome dos vencedores. É frequente referir os chips sem na realidade explicar aquilo que são e a maneira como são feitos. [cp] No seu discurso, o presidente referiu os anos passados do clube.
₂Nc – V – Fi	O artigo referia que novos programas para o ensino estavam a ser estudados pelo ministério da educação. Deve no entanto referir-se que uma grande parcela do eleitorado se mantém hesitante.
₃Nc – V – Int	As instruções referiam também como proceder em caso de catástrofe.
₄Nc – V – I	A secretária de Estado das Comunidades Portuguesas, Manuela Aguiar, apresentou ao Conselho da Europa um relatório que refere ser a participação parlamentar feminina em Portugal idêntica às médias europeias. [dn]
₅Np – V – (a Np) – N	Os tecnocratas referiam-nos constantemente os benefícios que advinham da energia nuclear.
₆Np – V – (a Np) – Fi	Os especialistas referiam-nos que devíamos desligar as torneiras do gás em caso de fuga. Está tudo?...Um momento!, esquecia-me de referir que o rapazinho fantasiado de coelho fuma um cigarro, ali encostado ao poço, na solidão da viela. [np]
₇Np – V – (a Np) – Int	Ele não referiu por que é que se tinha ausentado durante tanto tempo.
₈Np – V – (a Np) – I	O ministro referiu estar em preparação um decreto-lei sobre saúde.
₉Ncp – Vse – a N	A prima referia-se a mim com todo o à-vontade, chegou a dizer que não se perdia nada se eu esticasse o pernil. [tm] Evitava referir-se ao morto. Talvez se sentisse também culpado – conjecturava Rosário apreensiva. [pc] Isso não se refere ao caso.

▪ No que se refere+a N: im Hinblick auf; hinsichtlich: Não há dúvida que o Estado é obrigado a lançar novas leis no que se refere aos graves problemas de poluição dos nossos rios.

refugiar-se
1. flüchten; Zuflucht suchen, finden. 2. FIG. s. zurückziehen auf; s. flüchten in.

₁N – Vse – Lem	Afonso Dlakama refugiar-se-ia, sucessivamente, na Rodésia e na África do Sul. [oj] O português refugia-se em casa, quando a tem, e procura aí viver com uma despesa mínima a olhar para o ecrã da televisão. [pj]
₂N – Vse – em N	Refugio-me no passado para sobreviver, resta-me recordar, prefiro lembrar o que foi a nossa casa nas grandes festas de outrora. [lu] Ele refugia-se em meditações.

regar
1. (Rasen) sprengen; (Blumen) gießen; (Felder) bewässern. 2. [Küche] begießen; etw "begießen".

₁N – V – N	Regar a relva/ a estrada/ um campo. Raul Dias pedia-lhe que regasse as plantas. [oj] ▸Todos adoravam ajudar a regar, e aprenderam a abrir sulcos na terra, com um sacho de cabo comprido, por onde a água escorria até aos pés de alfaces e couves. [dm]

▪ PG.: *Np – V*: FIG. angeben; schwadronieren: Cá para mim, ele está para ali a regar, acreditas que ele tem mesmo uma casa aqui e outra no Algarve? [BRAS.: ⇒ esnobar].

₂N – V – N – (com N)	Regam-se os borrachos com um pouco de caldo em que foram cozidos. [ac] Pegou uma lata de gasolina com a qual regou o corpo da mãe. [od] Esta feijoada está uma maravilha. Isto quer-se é bem regado (com uma boa pinga).

regatear
Morf.: Pres.: regateio.
1. feilschen. 2. feilschen um; NEG. nicht verweigern. 3. (Mit Worten) heftig streiten um.

₁N – V
Pediu um preço excessivo para o quarto, e como o outro aceitasse sem regatear, encantado mais com o panorama do que com a mobília, logo ali fechou contrato. [be]

₂N – V – N
O gerente do café acedera a pôr as mesas no passeio, com receio de perder uma clientela que desconhecia os preços e não os regateava. [ce] A juventude, na sua esmagadora maioria, estava moralmente sã e não regateou a colaboração que lhe era pedida para o esforço de defesa. [sc]

₃N – V – I
Regateou fazer parte da comissão eleitoral, até que o convenceram.

regressar
1. zurückkehren; zurückkommen; heimfahren. 2. FIG. zurückkehren zu.

₁N – V – (D)
O Chico e o Jaime regressavam já, rastejando ofegantes, enfiaram-se debaixo das ramagens. [dm] Faltavam poucos dias para regressarem a Lisboa. Ele regressou de Lisboa.

₂N – V – a N
O Prof. Freitas do Amaral deveria regressar à Presidência do CDS. [pj] Às vezes sinto vontade de regressar às minhas velhas roupas e aos livros da primeira classe.

regular
1. einstellen; regulieren. 2. <Preis> s. bewegen um. 3. funktionieren. 4. s. richten, orientieren nach.

₁N – V – N
O dono acerca-se dele para verificar o termostato fixado na gaiola porque é mudança de estação e há que regular o calor. [bp] O mecânico regulou-LHE o carburador e o carro ficou logo afinado.

₂N – V – Qpor
O preço do arroz regula por aí pelos 200 escudos.

₃N – V – M
Este relógio não regula bem.

▪ Não regular bem da cabeça: nicht ganz richtig im Kopf sein: Ele não regula bem da cabeça.

▪ BRAS. FAM. Estar regulada: die Regel haben.

₄N – Vse – por N
O comportamento dos automobilistas regula-se pelo código das estradas.

reivindicar
1. etw (für s.) fordern, beanspruchen, geltend machen; (die Verantwortung...) für etw übernehmen; s. zu etw bekennen. 2.–3. (Anspruch, Forderung) geltend machen, daß.

₁N – V – N
Os trabalhadores reivindicaram aumento de salários. A associação pretende reivindicar o estatuto de parceiro social. [pj] Bastará que o Governo reivindique as suas obrigações e vele pelos direitos dos cidadãos. [pj] A Jihad reivindicou dois atentados bombistas em França o ano passado, contra o rápido Paris-Marselha e a estação ferroviária de Secharles. [oj]

₂N – V – Fc
Ele reivindicou que os aumentos fossem para todos.

₃N – V – I
Os professores universitários reivindicaram ser equiparados aos magistrados em vencimento.

rejeitar
1. ablehnen; zurückweisen. 2.–3. ablehnen.

₁N – V – N
Por alguma razão Albert rejeitou o padastro. [kf] A Assembleia da República rejeitou a moção de confiança proposta pelo Governo. Acho que estou doente, o meu estômago rejeita tudo o que como.

₂N – V – Fc
Nós rejeitamos que as comissões sejam constituídas sem os votos dos interessados.

₃N – V – I
Ele rejeitou fazer o inquérito que nós havíamos proposto.

relampejar
1. blitzen.

₁V
Está a relampejar.

relinchar [BRAS.: rinchar]
1. wiehern.
$_1$N – V   Na estrada, um pouco acima, ouviam-se os cavalos relinchar, descansando atrelados às grandes jardineiras. [sv]

remar
1. rudern. 2. wohin rudern.
$_1$N – V   Gosto muito de remar.
$_2$N – V – D   Remou da margem do rio Douro para o Cabedelo.

remeter
1. zusenden; etw (ver-)schicken. 2. zum Schweigen bringen; jn verweisen auf. 3. s. (in Schweigen) hüllen. 4. etw verschieben auf; etw. aufschieben. 5. etw jm zuweisen; übertragen auf.
$_1$N – V – N – (a Np)   O banco tem uma conta, da qual remete um extracto ao cliente. [dn] O banco não remete aviso de lançamento. [dn]
▪ Remeter um telegrama: Telegramm aufgeben.
$_2$N – V – N – a N   Remeteram o Carlos ao silêncio. Depois do golpe militar o governo remeteu a rádio ao silêncio. Remeteu-me ao parecer de um especialista.
$_3$N – Vse – a N   Remeter-se a um mutismo deprimente. Foi voluntariamente que me remeti ao silêncio. [pj]
$_4$N – V – N – (T$_{para}$)   Remeter uma decisão. Recusou, todavia, especificar montantes, remetendo as respostas concretas para a conferência de Imprensa.
$_5$N – V – N – para N   O acordo remete para a IBM portuguesa os encargos com equipamento e ligações telefónicas. Remeter uma decisão para o Supremo Tribunal de Justiça.

remexer
1. umrühren. 2. herumstöbern, herumwühlen in; etw durchsuchen.
$_1$N – V – N   Custódio deixara-se ficar a remexer o seu caldo de feijões vermelhos, até que ele esfriou de todo e um véu de gordura se enrolou no cabo do garfo de ferro. [as]
$_2$N – V – L$_{em}$ Pousou a mala, que era pesada, e, enquanto remexia na carteira, cedeu lugar a uma senhora, muito adiposa e muito adereçada, que o empurrava ferozmente. [vp] Quem se dedicasse a remexer atentamente no passado acabaria por encontrar situações idênticas às minhas. [t/n] ▸Vi-a levantar a cabeça com brusquidão, abrir a bolsa e remexer nervosamente. [np]

remontar
1. zurückliegen. 2. zurückgehen auf.
$_1$N – V – T$_a$ Se definirmos o computador como uma máquina que trabalha com números, a sua origem remonta a séculos atrás. [cp]
$_2$N – V – a N   As circunstâncias históricas remontam à reconquista cristã dos séculos XII e XIII. [rp]

remover
1. wegtragen; wegschaffen; entfernen; beseitigen. 2. etw beseitigen, ausmerzen.
$_1$N – V – N – (D)   Dois homens trabalhavam à frente do túnel, um soltando a terra com a picareta e outro removendo-a à pá. [kf] Removeram os corpos do lugar do acidente. É possível deter hemorragias mediante utilização de raios laser e até remover pequenos tumores. [oj]
▪ Remover a.c. à pá: etw wegschaufeln.
$_2$N – V – N   Soares considerou Portugal, em relação aos países europeus mais avançados, um país com atrasos sérios, que urge remover. [pj] A CIP propõe a harmonização da tributação dos juros das obrigações de forma a remover os principais obstáculos de dinamização do mercado de capitais. [pj]

reparar¹
1. reparieren; in Ordnung bringen; (Irrtum) korrigieren; etw wieder gutmachen; (Kräfte) wiederherstellen; für (Schaden) aufkommen; etw rückgängig machen.

₁N – V – N Tenho que mandar reparar o meu rádio. Reparar um motor/ o telefone/ erros/ as forças. O seguro vai reparar os prejuízos causados pela poluição. Cheguei atrasado. Infelizmente não posso reparar o meu atraso.

reparar²
1. wohin sehen; s. etw ansehen; achten auf. 2.–3. achten auf; beachten; bemerken; aufmerksam werden auf. 4. achten auf. 5. bemerken; merken.

₁N – V – D_{para} Repara para os sapatos daquela mulher!
₂N – V – em N Reparaste nos carros, João? Só carros de luxo! Ali há dinheiro, vê-se bem. [np] Repara nisso! Ela faz tudo para que reparem nela. ▸Reparaste? ▸Não repares!
₃N – V – Fi Pego na toalha e procuro o meu nome. Só agora reparo que a toalha é diferente. É nova, o azul ainda não desbotou. [hn] ▸O comboio tem um bar na carruagem ao lado, reparaste? [dm]
₄N – V – Int Reparaste se ela fez o bolo? Repara bem como se faz o bolo, para a próxima fazes tu.
₅N – V – I Só agora é que reparou terem amadurecido os frutos nas árvores.

repetir
Morf.: Pres:: repito, repetes.
1. wiederholen; (ein Gericht) noch einmal bestellen, noch einmal nehmen. 2. s. wiederholen. 3. DIZER.

₁N – V – N Repetir um movimento/ um gesto/ um prato/ a sobremesa. Repetiu as palavras do empregado. ▸O cozido estava tão bom, vou repetir!
▪ PG., BRAS.: [Schule] Repetir o ano: ein Jahr wiederholen, sitzenbleiben: Este aluno repetiu o segundo ano.
▪ BRAS.: Ele teve de repetir de ano.
₂Ncp – Vse Estás a repetir-te! Os anos e os dias constituem ciclos que se repetem, pelo que se encimam quando se completa um contrato anual com o patrão ou se termina mais um dia de trabalho. [tm]
₃Np – V – (a Np) – Te DIZER: A avó espanhola frequentemente lhes repete: "Vocês são tão bons e tão inteligentes como o filho do rei"! [sa]

representar
1. darstellen; jn vertreten; (ein Stück) spielen, aufführen; etw verkörpern, darstellen; <etw> (e–e Gefahr) darstellen. 2.–3. <etw> (e–e Gefahr) darstellen. 4.–5. bedeuten, heißen, daß. 6. [Spiel] jn spielen, jd sein. 7. jm etw darstellen, spielen.

₁Ncp – V – N O quadro representa a batalha de Aljubarrota. O primeiro-ministro representa o Presidente na Conferência. Os advogados representam os clientes. A Cornucópia vai representar uma peça de Brecht. Para uma criança, um pai representa tanto a disciplina como o amor. [kf] A casa que habita Georgete Oliveira não representa perigo, pois ela própria trata de a reparar anualmente, o que contribui para que se mantenha em bom estado geral. [oj]
▪ Representar um papel: (Theater) e–e Rolle spielen: E pé ante pé sinto-me actor, o desejo de representar um papel, de me tornar interessante. [tm]
₂Fc – V – N Representa um perigo para a paz que Reagan tenha feito fracassar a conferência de Reykjavik.
₃I – V – N Representa um perigo para os peões deixar buracos abertos nas bermas da estrada.
₄Nc – V – Fi Isso representa que vou ter que fazer restrições durante os próximos meses.
₅Nc – V – I Isso representa para mim ter que fazer restrições durante os próximos meses.
₆Np – V – de N Tu representas de bandido e eu de polícia.
₇N – V – N – a Np Ele representou-nos uma cena da Carmen.

reprovar
1. mißbilligen; jn hart tadeln; etw ablehnen; [Prüfung] jn durchfallen lassen. 2.-3. mißbilligen. 4. [Prüfung] durchfallen.

₁Np – V – Ncp   Reprovar o comportamento de alguém. O pai reprovou a filha por não ter dito toda a verdade. Reprovar um projecto. O professor ficou muito descontente e reprovou-o.
₂Np – V – Fc   Reprovou que a ONU não interviesse no litígio.
₃Np – V – I   Reprovou terem saído sem avisar ninguém.
₄Np – V – (a, em N)   Ele reprovou. Reprovou no exame/ em linguística, a inglês.

repugnar
1.-3. jm zuwider sein; js Abscheu erregen; jn anekeln.

₁N – V – a Np   A política também me repugna. Isto é, a retórica política. [pc] À medida que entre eles a intimidade se apertava, cada vez mais lhe pesava e lhe repugnava o contacto obrigatório com o marido. [pc] Leonel considerava-se bem-educado e repugnavam-lhe os gritos, a exaltação, manifestações plebeias e denúncia de fraqueza, de desordem. [vp]
₂Fc – V – a Np   Repugna-me que as pessoas se tornem medíocres por causa da sua insegurança.
₃I – V – a Np   Repugna-me viver desta maneira.

reservar
1. reservieren (lassen). 2. etw jm vorbehalten; etw für jn reservieren; <Leben> etw für jn bereithalten. 3. s. (ein Recht) vorbehalten. 4. jm etw vorbehalten; (s-e Meinung) für s. behalten. 5. reservieren; aufsparen; bereithalten. 6. s. aufsparen für; (s-e Kräfte) schonen für.

₁N – V – N   Reservar uma mesa num restaurante. Reservar um bilhete de avião/ um bilhete para o cinema. Faça favor de ME reservar um quarto.
₂N – V – N – a N   A lei reserva ao Estado o controle da RTP. Bona recebeu Erich Honecker com o ceremonial que reserva aos Chefes de Estado. [dn] Não se sabe o que a vida nos reserva.
₃N – Vse – N   Eu reservo-me o direito de opinar.
₄N – V – N – para N   Ninguém concebe que se considere a necessidade de reservar o voto para os cidadãos mais velhos. [pj] Leonel reservava para as mulheres, e em especial para as que se lhe rendiam, uma íntima e inconfessa severidade. [vp] Reservava a sua opinião para si.
₅N – V – N – para I   Algumas máquinas com visualização de cor reservam o triplo da memória habitual para oferecer componentes de imagem colorida, com resultados espectaculares. [cp] Repousará nas vossas mãos, tudo quanto o Destino vos reservou para criardes uma pátria materialmente grande e rica, espiritualmente fraterna e justa. [dp]
₆N – Vse – para N   Os atletas não se esforçavam muito, estavam a reservar-se para a parte final.

residir
1. wohnen; wohnhaft sein. 2. FIG. liegen an; beruhen auf; zurückgehen auf.

₁N – V – Lem   Pedro resolveu ficar em Paris por uns tempos. E, como anos antes residira também no Bairro Latino, para lá foi hospedar-se. [vp]
₂N – V – em N   Parte do fascínio dos computadores reside, certamente, na sua complexidade. [cp]

resistir
1. widerstehen; Widerstand leisten; s. wehren gegen; etw aushalten; e-r S. standhalten; NEG. nicht durchhalten; (der Versuchung...) nicht widerstehen können.

₁N – V – a N, I   Aquelas casas resistiam aos anos e ao mau tempo. O povo resistiu à invasão. Eu não resisto a um bom vinho do Porto. Resistir à tentação/ ao charme de alguém. As casas não resistiram ao terramoto. Este prato não resiste a altas temperaturas. Leonel resistia às lembranças, que se insinuam traiçoeiramente e fazem lágrimas no coração, lágrimas de gosto, mas que enfraquecem. [vp] Li estas palavras do Senhor Dom Duarte, que não resisto a transcrever. A Luísa não resistiu a meter-se com o Pedro: Então agora bebes capilé? [dm]

■ *Np – V*: nicht durchhalten: *São muitos quilómetros a pé, não vais resistir.*

resolver
1.–3. (Problem) lösen, zu e–r Lösung bringen. 4. <Problem> s. lösen. 5.–7. beschließen; entscheiden. 8. s. entschließen zu.

₁N – V – N *Medidas desta natureza não vão resolver os nossos problemas. A cooperação contribuiu para resolver as enormes carências moçambicanas e permitirá reduzir o desemprego que neste momento aflige Portugal.* [pj]

₂Fc – V – N *Agora chegou a vez de eu parar com o pranto, lamuriar-me não resolve nada, e cansa.* [sa] *Não resolve nada que andes para aí a lamuriar-te pelos cantos.*

₃I – V – N *Não resolve nada vocês estarem sempre a discutir.*
■ BRAS.: *Xingar não resolve (sc. nada).*

₄Nc – Vse *O problema resolveu-se.*

₅Np – V – Fic *Resolvi que ia esperar até ao dia seguinte para ver os resultados. Resolvi que ele esperaria/ esperasse até ao dia seguinte.*

₆Np – V – Int *Já resolveste quando partes?*

₇Np – V – I *Todos os anos há um grupo de rapaziada que resolve ir tentar a sorte.* [dm] *A Xana resolveu ficar em casa a descansar. Resolvi-me casar com ela.*

₈Np – Vse – a I *O João resolveu-se a comprar a casa.*

respirar
1. atmen. 2. (erleichtert...) aufatmen. 3. einatmen; FIG. die verkörperte Gesundheit... sein; die Gesundheit... in Person sein; vor Gesundheit strotzen.

₁N – V *O doente ainda respira. Respirar a plenos pulmões.*
■ *Respirar fundo*: tief durchatmen: *Zonas acidentadas e penedias. Zonas em que o homem respira fundo e apressado, e não morre de tédio.* [sa]

₂N – V – de N *Depois do terceiro golo, os adeptos do Benfica respiraram de alívio.*

₃N – V – N *Avizinhando-se da região das nuvens, o senhor ia respirando ar cada vez mais puro, ia abrangendo cada vez mais mundo.* [op] *Ele respirava saúde.*

responder
1.–3. antworten. 4. DIZER. 5. [illegible] Antworten. 6. zu verantworten haben; einstehen für; die Verantwortung übernehmen für.

₁Np – V – (a Np) – (Fic) *Respondeu-lhe que estivera ausente. Respondeu-lhes que fossem antes a falar com o chefe de serviços.*

▽ Np – V – a Np *Tenho que responder à minha irmã, ela já me escreveu há duas semanas. O João não me respondeu.*

▽ Np – V – Fic *O ministro respondeu que ia falar com o Presidente. Respondeu que fossem antes falar com o chefe da secretária.*

▽ Np – V *O João não respondeu.*
■ *Responder torto*: e–e freche Antwort geben: *O patrão não admite empregados que respondam torto.*

₂Np – V – (a Np) – (Int) *Não me chegaste a responder se viste o filme ou não.*

₃Np – V – (a Np) – (I) *À pergunta de um jornalista inglês, o presidente respondeu estar essa hipótese fora de questão.*

₄Np – V – (a Np) – Te DIZER: *Teresa! Luísa! Esperem por mim... – Ei! Bom dia! Por que é que estás com tanta pressa? – Vou ver as notas – respondeu o Pedro ofegante.* [dm]

₅Np – V – a Nc *Responder a uma saudação/ a uma pergunta. Ainda não respondi à carta dele. O ministro respondeu às acusações dos deputados. O artigo do "Notícias" respondia às acusações da oposição. Os soldados responderam aos tiros. O doente responde bem à medicação que lhe foi prescrita. ►O juiz fez uma pergunta ao reu, mas este não respondeu.*
■ *Responder a um inquérito*: e–n Fragebogen ausfüllen.
■ BRAS. FAM. *Responder a carta de alguém*: einen Brief beantworten.

₆Nc – V – a Nc *A medida tomada pelo governo responde a uma necessidade real.*

₇Np – V – a Nc – com Nc *O árbitro respondeu com o cartão vermelho às provocações do jogador.*

₈Nc – V *Momentos antes liguei para casa dela, o telefone não respondeu.* [tm] *Gritava e o eco respondia. Se depois de todas estas verificações o compu-*

₉Np – V – por N

tador continuar a não responder, provavelmente será necessária assistência profissional. [cp]
Cada qual que responda pelos seus actos. A gerência não responde pelo desaparecimento de qualquer objecto!
■ *Não respondo por mim!:* Ich kann für mich nicht garantieren!

responsabilizar
1. jn verantwortlich machen für; jm die Verantwortung zuweisen. 2. die Verantwortung übernehmen für.

₁N – V – N – por N Responsabilizaram-no pelo sucedido.
₂N – Vse – por N Responsabilizou-se pelos danos causados.

ressonar
1. schnarchen.

₁N – V O meu companheiro ressonava debaixo da manta que dividira pelos dois. [ra]

resultar
1. resultieren aus; ◊ zur Folge haben. 2. resultieren, enden in. 3. NEG. zu nichts führen; nichts nützen.

₁N, Fic, I – V – de N Do acidente resultaram um morto e dois feridos graves. Da campanha resultou um sentimento geral de mal-estar. [sc] Do corte de energia resultou que todos os hospitais ficaram inoperacionais. De uma eventual explosão nuclear resultaria que ficassem contaminadas vastas zonas do globo. Termos ficado três dias sem água foi o que resultou das obras de reparação da conduta. O encerramento da secção consular resultou do facto de todo o pessoal estar envolvido num caso de espionagem.
₂N – V – em N O carnaval do Rio de Janeiro costuma sempre resultar em tragédia. O escrutínio das eleições locais resultaram numa derrota moral para a primeira-ministra da Noruega. [dn]
₃N – V As mentiras não resultaram. Não resulta. Desisto.

retirar
1. etw (heraus-)ziehen aus; (heraus-)nehmen, (heraus-)holen aus; entfernen von; (Truppen) zurückziehen aus. 2. s. zurückziehen; Zuflucht finden in. 3. entfernen; (Geld) abheben. 4.–5. s. zurückziehen von, aus, nach. 6. FIG. etw zurücknehmen; zurückziehen.

₁N – V – N – (D) O João retirou o lenço do bolso. Os bombeiros retiravam primeiro as crianças (do prédio em chamas). Jaime retirou as balas da arma e atirou-as para o rio. [dm] Dois polícias retiraram a tampa pesada de um poço de inspecção e desceram para o esgoto. [kf] O governo retirou as tropas do país invadido.
₂N – Vse – (D) Minha mãe que cabeceava de sono pedia desculpa e retirava-se. [sv] Muitos judeus retiraram-se para Israel.
■ *Retire-se!:* Verschwinden Sie!
₃N – V – N – de N Retire-o da minha presença. Leva-o. Retira-o da minha vista. Retirei o dinheiro do Banco.
₄N – Vse – de N Afirmo que os militares devem retirar-se da vida política. [ot]
₅N – V – (D) As tropas retiraram de África. Para Macau é mau as nossas tropas terem retirado. [np] Retirou-se para a sua casa de campo.
₆N – V – N Retiro o que disse. Retirou a queixa contra o deputado.

363

reunir
1. einsammeln; in s. vereinigen; versammeln; etw zus.bringen. 2. s. treffen; zus.treten; <etw> s. vereinigen. 3. s. jm anschließen; zu jm kommen; zu jm stoßen. 4. s. treffen mit. 5. zus.treten; tagen. 6. zus.kommen mit; s. treffen mit.

₁N – V – Npl   Ele reuniu os seus tarecos e foi-se embora. Ele reune em si todas as qualidades para vencer. O primeiro-ministro reuniu os ministros. A democratização do ensino, timidamente aflorada no regime anterior, necessita de meios materiais e humanos que irão levar anos a reunir.

₂Npl – Vse   A comissão reuniu-se à porta fechada. Os velhos camaradas reuniram-se para celebrar. [kf] Essa Assembleia deverá reunir-se em breve para a proclamar formalmente como presidente. [oj] Vários factores se reuniram para causar a sua queda.

₃N – Vse – a N Passados os primeiros estremecimentos, os primeiros horrores, ela vai sossegando no ombro do marido, que se lhe reunira ao ouvir o grito. [np] Reunir-se à família/ às tropas.

₄N – Vse – com N Reuniu-se com eles para preparar a festa.

₅Npl – V   O Conselho de Ministros reune às quintas-feiras. A comissão reuniu à porta fechada.

₆N – V – com N O presidente da República reuniu-se com o primeiro-ministro.

revistar
1. durchsuchen; herumschnüffeln in.

₁N – V – Ncp   Revistar o apartamento de alguém. Enquanto me revistavam, ficaram particularmente nervosos ao descobrirem uma lista de cigarros norte-americanos. [oj] Quém é que andou a revistar as minhas gavetas?
■ ⇒ passar revista às tropas: (Truppen) inspizieren.

revogar
1. (Dekret) aufheben, außer Kraft setzen, (offiziell) widerrufen, für ungültig erklären.

₁N – V – N   Aprovado o Regulamento Provisório será revogado automaticamente o Regulamento do Plano Director. [pj]

rezar
1. (e-e Messe) lesen. 2. beten (für). 3. beten (zu jm). 4. DIZER. 5. besagen; lauten. 6. berichten, handeln von.

₁Np – V – N – (por N)   Rezar uma missa por alma de alguém. Rezar missa.

₂Np – V – (N) – por, para N   A família rezava (um terço) pelo morto. O lavrador dobrou o joelho junto da campa do avô e do pai, rezou um padre-nosso para ambos, e já lhe sorriam os olhos quando os volveu para as terras baixas, lá longe, onde se divisavam as manchas dos gados manadios com o ferro da família. [bc]

₃Np – V – (a Np) – (N) A família rezou em conjunto duas orações a Nossa Senhora.
∇ Np – V – N   Ela rezou um Pai-Nosso.
∇ Np – V – a N   A família rezava à Nossa Senhora. Rezou a Deus (para) que lhe desse saúde.
∇ Np – V   Eles rezam todos os dias.

₄Np – V – Te   DIZER.

₅Nc – V – Fi   A lei reza que todas as pessoas maiores de 18 anos são responsáveis.

₆Nc – V – de N "Dos fracos não reza a história."

rir
1. lachen. 2. jn anlachen. 3. lachen. 4. über jn lachen; jn auslachen.

₁N – V   O João ria. Com surpresa minha, este parlapiê obteve um êxito clamoroso. Todos riram a fartar, velhinho incluído. [np]

₂N – V – para Np Ela disse aquilo, rindo disfarçadamente para a irmã.

₃N – Vse   O Miguel ri-se quando ouve a notícia da falta de escudos nos bancos. [oj] O deputado pretendeu certamente ter graça, mas ninguém se riu. [pj]
■ Rir-se às gargalhadas/ a bandeiras despregadas: lauthals lachen: Riram-se às gargalhadas, bateram nas costas uns dos outros e abraçaram-se. [kf]

₄N – Vse – de N Não te rias de mim! Lembrei-me novamente de que o meu pai se devia *estar a rir de mim.* [fa]

riscar
1. durchstreichen; vollstricheln; (Streichholz) anreißen. **2.** etw wohin kritzeln. **3.** etw, jn streichen, tilgen aus.

₁N – V – N   *Riscou a palavra e escreveu outra. O João riscou o papel. Quém é que riscou os meus papéis? Risco prontamente um fósforo e acerco a chamazita do cigarro que Zero Zero Sete tirou do bolso.* [np]

₂N – V – N – L   *Alguém tinha riscado uns gatafunhos na parede do quarto.*

₃N – V – N – de N   *Francisco tinha o desejo absurdo de riscar aquela tarde da sua vida.* [vp] *Eles riscaram o João da lista dos convidados. Não o consigo riscar da minha vida.*

roçar
1. wo streifen; leicht berühren. **2.** jn streifen; leicht berühren. **3.** ◊ mit etw streifen über; (leicht) berühren mit. **4.** etw streifen. **5.** etw streifen; streifen über.

₁N – V – L_{por, em}   *De asa a roçar no chão, a águia anda à roda, procurando equilibrar-se.* [sv] *Abílio viu-se sufocado por uma capa que lhe tinha sido atirada sobre a cabeça e logo depois duas mãos fizeram-lhe roçar pelo rosto qualquer coisa simultaneamente sedosa e repulsiva.* [fn]

₂N – V – por Np   *Júlio quase teve de roçar pela mulherzinha para entrar na sala.* [fn]

₃N – V – N – L_{por, em}   *Roçou os lábios pela testa da criança. Não se deve roçar o taco na mesa de bilhar.*

₄N – Vse – L_{por}   *Eu e a mãe só temos férias em Agosto. Até lá, ficam vocês a roçarem-se pelas paredes, sem saberem o que hão-de fazer – insistiu o pai.* [dm]

₅N – V – N   *A bala roçou-LHE o chapéu. O vestido da noiva ia roçando o chão da igreja.*

rodear
Morf.: Pres.: rodeio.
1. jn, etw umgeben; umkränzen; (Problem) umgehen. **2.** jn, etw umgeben mit. **3.** s. umgeben mit. **4.** (Arm) legen um.

₁Ncp – V – N   *A assistência rodeou os jogadores. Ele rodeou a questão e passou logo a outro assunto.*

₂Np – V – N – de N   *Rodeava-a de carinhos/ de atenções. Se por um lado este gesto pretende demonstrar uma certa boa vontade, por outro mostra desde já um estilo diferente de Eanes: não rodear de silêncio todas as suas atitudes.* [oj]

₃Np – Vse – de N   *Ele rodeia-se de pessoas influentes.*

₄Np – V – N – com N   *A Teresa chorava desabaladamente e o Pedro rodeara-LHE os ombros com o braço.* [dm]

roer
Morf.: Pres.: roo.
1. nagen, knabbern an; zernagen. **2.** nagen an; FIG. zerfressen; zernagen. **3.-4.** FIG. zermürben; quälen. **5.** FIG. (vor Eifersucht, Haß...) vergehen, s. verzehren; (vor Wut) schäumen, platzen.

₁N – V – (N)   *O rato roeu o queijo. Lá se viam a cama de ferro com colchão de palhamilha, a mesa vulgar pintada de castanho-escuro onde o caruncho roía, roía, tanto nela como no banco e nas duas cadeiras.* [bc] *O cão roeu o sofá.*

₂N – V – N   *A Luísa roía furiosamente as unhas, absorta.* [dm] *A ferrugem roeu os canos. Uma dor aguda rói o estomago vazio do Palma.* [sv]

₃Fc – V – N   *Roía-o que ela tivesse saído com outro.*

₄I – V – N   *Roía-o terem combinado tudo sem lhe dizer nada.*

₅Np – Vse – de N   *O João roía-se de ciúme, ao ver a namorada a falar com o Pedro. Roer-se de ódio/ de raiva.*

romper¹

1. zerreißen; (Schweigen) brechen; (Vertrag) brechen; durchbrechen; (Verlobung) auflösen. 2. reißen; zerreißen; <Konsens> aufhören. 3. zerreißen; bersten; <Tag> anbrechen; <Stimme> ertönen. 4. <jd> aufbrechen nach; etw durchschreiten; <etw> heraussprudeln aus. 5. (mite-a.) brechen. 6. mit jm brechen; etw abbrechen.

₁N – V – N   Rompi o vestido ao sair do comboio. Romper o silêncio/ um acordo. A República Popular de Angola encontra-se profundamente empenhada na via negocial para romper o impasse político–militar a que se chegou na África Austral. [oj] Com aquelas palavras cordatas de vencido, acabara ele de romper o encanto. [vp] Eles romperam o noivado. Ter as calças **rotas**.
▪ Romper caminho: s. e-n Weg bahnen: Os jornalistas rompiam caminho por entre os refugiados timorenses, para entrevistarem, à chegada a Darwin, os participantes da missão "Paz em Timor".

₂N – Vse   Olha, rompeu-se-ᴍᴇ a saia. Ultimamente, então, haviam-se rompido entre eles os últimos fios de uma compreensão que ambos sabiam já fictícia. [pc] Denunciar as dramas, mas também as causas, foi aqui que se rompeu o consenso. [dn]

₃N – V   Os canos romperam. O dia começara a romper. Rompia a madrugada quando ela adormeceu. Uma voz de mulher rompeu então no meio da multidão: Morte ao conde!_É um traidor, um vil, um homicida! [av]
▪ Ao romper do sol/ da madrugada...: bei Tagesanbruch...

₄N – V – D   Gomes de Almeida entregou a direcção do Concelho ao Chefe dos Gambos, aguardando, com impaciência, a altura de romper em direcção ao Humbe. [cm] Se faltava o dinheiro para entrarem num café, o que lhes acontecia frequentemente, rompiam pelo nevoeiro, de braço dado, até ao Quai de Orsay. [vp] Um veio de água rompia da terra.

₅Npl:p – V   E quando é o casamento? – Então não sabes?_Eles romperam!

₆Np – V – com Ncp   O João rompeu com a Maria. Nenhuma das superpotências está interessada em romper com as negociações para a paz. As vanguardas políticas, sociais e económicas não souberam, não quiseram ou adiaram romper com este Estado ideológico. [pj]

romper²

1.–2. beginnen; in (Tränen...) ausbrechen.

₁N – V + a Vɪɴꜰ   A voz esganiça-se-lhe, como se fosse romper a chorar. [sv]
₂N – V + em N   A mãe tirou-lhe o brinquedo da mão e o Paulinho rompeu num choro miudinho que a enervava ainda mais. A mulher parecia emocionada e prestes a romper em lágrimas. [vp]

roubar

1. rauben; stehlen; bestehlen; ausrauben; jn entführen. 2. jm etw stehlen, rauben; FIG. jm den Schlaf... rauben. 3. jn (bei etw) betrügen.

₁N – V – Ncp   O gerente do banco agarrava-se à fraca esperança de que possivelmente os intrusos tivessem simplesmente posto a caixa-forte numa barafunda sem realmente roubarem nada. [kf] Roubaram-me à saída do metro. Os ladrões roubaram várias residências. Os piratas incendiavam aldeias, afundavam navios e roubavam as noivas dos príncipes. [np]

₂N – V – N – a Np   Roubaram-me dinheiro. Roubar o sono/ a alegria/ o sossego a alguém.
₃N – V – (a Np) – em N Não gosto muito de ir àquele talho, roubam-me sempre no peso da carne.

S

saber¹
Morf.: Pres.: sei. Pres. conj.: saiba. Pret. perf.: souberam.
1. wissen; kennen; (Sprache...) können; gut Bescheid wissen. 2.-3. wissen; (pps:) erfahren, wissen. 4. wissen. 5. etw wissen, erfahren, verstehen von; wissen, wo jd, etw ist. 6. wissen, daß jd ... ist. 7. wissen, daß man...ist.

₁N – V – Nc O aluno já sabia de antemão o resultado do exame. Saber uma língua/ muita matemática. Vamos ver se os alunos já sabem as províncias de Portugal. Pior que uma toupeira num buraco, a Cândida nunca soube, nunca viu nem ouviu nada. [sa] Sei muitas coisas, mas não te digo. ►João, como se chamam aquelas árvores de flores tão lindas? – Acácias rubras. – Como sabes?_Disse-te o homem do hotel? – perguntou a mulher. [np]

▪ *Saber a.c. de cor (e salteado)*: etw auswendig können: *Já sei esse livro de cor e salteado.*
▪ *Que eu saiba*: soviel ich weiß: *Que te deu na cabeça para vestires isso?_ _Tu não és de folias, que eu saiba.* [np]
▪ *Não, que eu saiba*: nicht, daß ich wüßte.
▪ *Vir a saber*: erfahren: *Eu vim a saber que Manuel de Oliveira queria ir a Berlim.*
▪ *Sabe-se lá*: wer weiß (ob): *Sabe-se lá se o desemprego vai ou não aumentar. Talvez o desemprego aumente_Sabe-se lá!*
▪ *A saber*: d.h.: *Este jogo consiste de várias peças, a saber dez figuras e um dado.*
▪ *Fique sabendo*: Sie sollen wissen, daß: *Fique sabendo que não tenho paciência para isso.*

₂N – V – Fi Só sei que, quando cheguei, já estava tudo espalhado pelo chão. Eles não sabiam que o lobo tinha conseguido fugir.

₃N – V – Int Sabe se ele vai a Lisboa? Não sei ao certo se isso é verdade. Sabe por que é que não gosto de máquinas fotográficas? [np]

▪ *Não sabe a quantas anda*: keinen Durchblick haben: *A política do governo está muito confusa_O governo não sabe a quantas anda.*

₄N – V – I Ele sabia tê-lo dito, mas não sabia quando acontecera.

₅N – V – de Ncp *A IBM sabe, melhor que ninguém, de teclados e da sua composição.* [cp] *Como escritor, dois livros bastaram para provar que sabe das coisas.* [pj] *Fiquei muito mais chocada quando soube da nomeação da mulher do dr. Víctor Constâncio para chefiar a missão económica.* [ot] *Tu não sabes nem da metade do que aqui se passou. Sabes do João?_Desde a Páscoa que não o vejo. Sabes dos meus sapatos?*

▪ *Saber da poda*: s. darauf verstehen; s. darin auskennen: *É um bom jardineiro, sabe da poda.*

₆N – V – Np – Pn, adj, l Não o sabia doutor. Não o sabia doente. Não o sabia por aqui, quando é que chegou?

₇Np – Vse – Pn, adj Ela sabia-se bonita. Ele sabia-se bom médico.

saber²
1. wie schmecken. 2. schmecken nach. 3. FIG. riechen nach.

₁N – V – (a Np) – M Poucas refeições me souberam tão bem na vida. [np] Este assado sabe muito bem.

₂N – V – (a Np) – a N Os bolos sabiam a limão.

₃N – V – (a Np) – a N As intenções sabiam-lhe a atentado, a profanação. [vp]

saber³
1. können; es verstehen zu + V.

₁N – V + V_INF   Sabes falar português? Ela sabe cozinhar muito bem. A princípio, ainda argumentava, tentava explicar-lhe que eram outros usos, que mais não saberia dizer-lhe. [be] Nem sei descrever tal cena! Eu sei apreciar uma mulher boa, pois claro, mas não as quero para casar, são umas gastadoras e um tipo fica chevalhudo sem se dar conta. [oj] Também há militares que têm sabido ocupar exemplarmente o seu lugar na organização da sociedade. [ot]

saborear
Morf.: Pres.: saboreio.
1. genießen.

₁N – V – N   Saborear um gelado. Um homem tem de sentir-se construtor do seu próprio destino – e repetia a frase em surdina, como a saboreá-la – construtor do seu próprio destino. [nv] Júlio parou, de expressão carregada, como se tivesse tomado consciência do tom retórico das suas palavras e de que ele próprio as saboreava. [fn]

sabotar
1. sabotieren; beeinträchtigen.

₁N – V – N   Eles sabotaram a central nuclear. Devido às suas características geopolíticas e à seca que tem sabotado a economia e acentuado a desertificação do país, a Mauritânia sempre foi um país frágil e vulnerável. [pj]

sacrificar
1. opfern; Opfer darbringen. 2. jm, e-r S. etw opfern, widmen. 3. etw opfern, hingeben für. 4. s. aufopfern.

₁N – V – (N) – (a N)   Sacrificar animais a uma divindade.
∇ N – V – N   Sacrificar animais.
∇ N – V – a – N   Sacrificar aos deuses.
∇ N – V   O sumo sacerdote é quem sacrifica no dia de reconciliação.
₂N – V – N – a N   Para que haja autêntica representação popular, impõe-se que os deputados não sacrifiquem as verdadeiras necessidades globais a uma determinada condição partidária. [pj] Bruto!_Patife!_E sacrifiquei-te eu tudo!_A um tipo da tua espécie! [pc] Sacrificou a sua vida à profissão.
₃N – V – N – (por Np) Ele sacrificou tudo por ela.
₄Np – Vse – (por Np)   Ela sacrificou-se por ele. Toda a sua vida se sacrificou.

sacudir
Morf.: Pres.: sacudo, sacodes, sacode, sacodem.
1. schütteln; (Decke...) ausschütteln; (Teppich) klopfen; rütteln an; <Erdbeben> (Häuser...) erschüttern; FIG. aufrütteln; erschüttern. 2. s. (hin und her) wälzen; s. schütteln; FIG. s. wiegen. 3. etw schütteln aus; von s. abschütteln.

₁N – V – N   Sacudir os pés/ o tapete/ a toalha da mesa. Excitada, ela sacode-LHE com mais vigor o braço moreno e peludo. [np] O terramoto sacudiu as casas. As mulheres sobem para escadas, das quais agarram os ramos, correndo as mãos para o fruto cair_No fim é que sacodem com a vara os que não vieram abaixo. [ra] Apesar de todas as dificuldades, a acção do Comandante conseguiu sacudir muitas apatias e melhorar o rendimento dos serviços. [sc] O festival de folclore sacudiu a vida pacata da aldeia. A morte súbita do ministro sacudiu o país.

₂N – Vse   Eu sentira-o sacudir-se durante a noite, devia ter tido um pesadelo. O cavalo sacudia-se, rebolando-se na poeira. Ela sacode-se toda a andar.

₃N – V – N – (de N)   Horácio dobrou o jornal, chamou o criado para pagar a despesa e ergueu-se, sacudindo uns restos de cinza das mangas do casaco, compondo os vincos das calças. [pc] Luís Manuel, porém, não aceitava os pensamentos que o diminuíssem; varria-os com um gesto irritado da mão, como se sacudisse uma mosca. [vp] Enojado, sacudiu a sujidade das botas de água. [kf]

safar

1.-2. befreien aus; (er-)retten aus; bewahren vor. 3. [FAM.:] s. (aus e-r Klemme) befreien. 4. es jm gelingen, nicht zu + V. 5. s. aus dem Staube machen; abhauen.

₁N – V – N – de N A crescente raiva por ter sido também por este, que entretanto desaparecera, enganada e ultrajada, levava-me a esquecer que ele me safara das garras dos celerados. [lu]

₂N – V – N – de I Safou-o de morrer afogado/ de morrer atropelado.

₃N – Vse – (de N) O Chico Moleira safara-se, por intervenção de António Lúcio, duma zaragata com um moço de fretes, em que ambos haviam puxado de navalhas para resolver a contenda. [bc]

- *Safar-se bem:* es gut machen: *Teve exame e safou-se bem.*
- *Safa!:* Zum Teufel nochmal!
- *Safar-se de boa:* mit heiler Haut davonkommen.

₄N – Vse – (de I) Safei-me de ser apanhado pela polícia.

₅N – Vse Safem-se já!_O Renato quer que eu vá com ele no carro e leve as jóias! [cd]

sair

Morf.: Pres.: saio, sais, sai, saímos, saís, saem. Imperf.: saía. Pret.perf.: saí, saíste, saiu, saíram. Part.: saído. Imper.: sai, saí.
1. herausgehen; hinausgehen; heraus + V (-gehen, -fließen...); ausgehen; weggehen; <Zug> abfahren; aussteigen aus; 2. (heraus-)kommen, herausgehen aus; (die Straße...) verlassen; von (der Straße) abkommen; <Schiff> auslaufen; herausquellen aus. 3. <Flecken> herausgehen aus; ausscheiden, austreten aus; (e-e Stellung) aufgeben; FIG. aus etw herauskommen. 4. ◊ (im Lotto...) gewinnen; (Los, Nummer) ziehen. 5. FIG. nach jm schlagen. 6. <etw> herauskommen (=bekannt werden); <Zeitung...> erscheinen, (her-)ausgehen. 7. etw werden; das ist mir ein + Np. 8. gelingen; wie geraten; glücken; mißlingen. 9. mite-a. ausgehen. 1o. ausgehen mit. 11. herausrücken mit; etw. zum besten geben; FIG. mit etw ankommen. 12. s. aus (der Affaire) ziehen; s. e-r S. entledigen; wie bei etw. abschneiden.

₁Ncp – V – (D) <a N, I> Ontem, ela saiu de casa muito cedo. Dona Francisca, mulher dum polícia, arrumava-me o quarto todas as manhãs, pouco depois de eu sair. [np] Eles saíram às compras/ para a cidade. O comboio saiu há dois minutos. Ao mesmo tempo saíam do comboio pessoas carregadas de sacos.

₂Ncp – V – D Sai muito fumo desta lareira. Saíram da casa pela porta de serviço. Sair da prisão. Os olhos brilhavam-lhe de excitação, as palavras saíam-LHE dos lábios a dançar. [np] Os dois saíam da estrada e encaminhavam-se para o local onde as ribas parecem baixar-se. [vp] O automóvel saiu da estrada e capotou. Saiu de Madrid há muitos anos. O navio já saiu do porto. A massa do bolo cresceu demais e saiu da forma.

- <Carro> sair da mão; von der Fahrbahn abkommen, abweichen: *O carro saiu da mão e chocou com o outro.*
- *Sair à batalha:* ins Leben treten: *Os cinco filhos vivem todos essa encruzilhada: estudam fora, formam-se e saem à batalha desigual.* [pj]
- *Sair ao encontro de alguém:* jm entgegengehen: *Saiu-LHE ao encontro.*

₃N – V – de N As nódoas não saíram das calças. Muitos associados saíram do clube. Sucessivamente, a partir de 1925, saíram da Sociedade das Nações 12 países. [pj] Saiu do emprego. A moça estava saindo da adolescência. Lá consegui sair daquela alhada.

₄N – V – a Np Saiu-lhe o totobola. Sairam-lhe mil contos no totobola.

₅Np – V – a Np[a ele] Ele sai ao pai.

₆Nc – V O Pedro só se considerava desligado da escola depois de saírem as pautas com os resultados finais. [dm] Já saiu o seu novo livro? A edição de hoje do Jornal de Notícias já saiu. Lavei a camisa e o sujo não saiu.

- BRAS. *A que horas sai o jantar?:* Wann gibt es was zu essen?

₇N – V – Pn, adj A Maria saiu boa professora. O bolo até saiu bom, contrariamente às expectativas. Ele saiu-ME cá um médico!

₈N – V – M Este nó saiu-me bem/ mal.

₉Npl – V O Pedro e a Maria saem muito.

₁₀N – V – com N Mas então porque sais às vezes comigo?_Porque te deitas às vezes comigo? [fm]

₁₁N – Vse – com N Ele saiu-se com uma anedota do Samora Machel. Tu sais-te com cada uma, ganha mas é juízo!

₁₂N – Vse – (de N) – M Como é que tu te saíste desta encrenca? Ele saiu-se mal do negócio.

369

Como é que o meu filho se saiu do exame? — Saiu-se bem. Saiu-se maravilhosamente bem. Gostei da mulher.

salgar
1. salzen; in Salz einlegen.

₁N – V – N   *As vendedeiras salgavam os tremoços nos alguidares de barro, dispondo, nas mesas adornadas com um ramo de cravos bravos da Índia, os copos embaciados onde vertiam limonadas e refrescos de aguardente.* [as]

salientar
1.-3. hervorheben; unterstreichen. **4.** DIZER **5.** s. auszeichnen.

₁N – V – N   *O vestido salientava-LHE as formas. O secretariado da UGT salienta a discussão em curso na CGTP.* [dn]

₂N – V – Fi   *O padre Concetti salientou que o papa Pio XII encorajara os cristãos a fazerem-se doadores de órgãos.* [pj] *O deputado salientou que não se tinha ainda debatido suficientemente o projecto de lei.*

₃N – V – I   *O ministro salientou ser necessário tomar medidas eficazes de prevenção contra o terrorismo.*

₄N – V – Te   DIZER.

₅N – Vse – L   *Ele salientou-se no campo da medicina.*

saltar
1. springen; hüpfen; <Herz> jm klopfen. **2.** wohin, wovon springen; abspringen von. **3.** springen, s. stürzen auf. **4.** (von einem zum andern) springen; FIG. (unerwartet) aufsteigen. **5.** springen über; FIG. etw auslassen, überspringen, überschlagen.

₁N – V   *O animal saltava, torcia-se, punha-se às arrecuas, como se preparasse alguma marrada.* [ra] *Ao vê-la o coração saltou-LHE no peito.*
- *Saltar à corda:* Seilchen springen.
- *Fazer saltar a.c.:* sprengen; in die Luft jagen: *Fazer saltar uma ponte.*

₂N – V – D   *Saltou para o outro lado. És capaz de saltar daqui até ali? Saltou da janela do primeiro andar. Saltaram para a água. Enquanto ria, saltavam-LHE dos dentes bocados de feijões.* [np] *Saltou do cavalo.*
- *Saltar à vista/ aos olhos:* offensichtlich sein; nicht zu übersehen sein: *Isso salta aos olhos de todas as pessoas, mas ninguém faz nada contra.*
- BRAS. FAM. aussteigen: *Em que estação você saltará?*

₃N – V – sobre N   *O leão saltou sobre a presa e dominou-a.*

₄N – V – de N – para N   *Estou sempre a saltar de um livro para outro. Saltou de soldado para sargento.*

₅N – V – N   *Saltar um muro/ um riacho/ obstáculos/ uma página/ uma palavra num texto.*

saltear
Morf.: Pres.: salteio.
1. [Küche] (kurz) anbraten.

₁N – V – N   *Saltear bocados de coelho em azeite fervente e, logo que estejam bem louros, passá-los por farinha.* [ac]

salvaguardar
1. schützen; beschützen; bewahren; in die Zukunft hinüberretten.

₁N – V – N   *O artigo 18 da Constituição da República preceitua que a lei só pode restringir os direitos, liberdades e garantias, nos casos expressamente previstos na Constituição, devendo as restrições limitar-se ao necessário para salvaguardar outros direitos ou interesses constitucionalmente previstos.* [dl] *Estamos determinados a salvaguardar a pureza dos principais objectivos revolucionários.* [dp]

salvar
Morf.: Part.: ter salvado; ser, estar salvo.
1. retten. 2. s. retten; davonkommen. 3. bewahren, schützen vor. 4. jn bewahren vor. 5. s. retten vor; e-r S. entkommen.

₁N – V – N Se ainda não somos colónias das duas grandes potências nem da CEE, é indispensável salvar Portugal. [pj] Três pescadores foram **salvos** por um navio norte-americano. [dn] Tudo fez para salvar a honra da família. Governos ditos de salvação nacional não nos salvam nem nos valem, tratam deles e dos seus. [lu]
- Salvar as aparências: den Anschein wahren.

₂N – Vse Salvei-me por um triz.

₃N – V – N – de N Não o consegui salvar do perigo. Acreditava que só a oração o podia salvar do inferno.

₄N – V – N – de I O banheiro salvou-me de morrer afogado.

₅N – Vse – de N Já não te salvas do inferno, nem que rezes centenas de terços.

sancionar
1. sanktionieren; (offiziell) anerkennen.

₁N – V – N Acontece que, enquanto o pai continua a trabalhar no Golfo, a mãe vai dividindo a sua vida entre os dois lares, muitas vezes a "separação legal" acaba por sancionar esta separação de facto. [pj]

sanear
Morf.: Pres.: saneio.
1. (in e-r Säuberungsaktion) entfernen aus; entlassen.

₁N – V – N – (de N) Fernandes foi rapidamente saneado do jornal "Notícias da Beira" pelos jornalistas nacionalistas e pró-Frelimo. [oj] Por causa dos dois anos de exílio não me sanearam da fábrica. [tm]

sangrar
1. bluten. 2. ausbluten lassen; töten; zur Ader lassen. 3. FIG. <Herz> bluten.

₁N – V – (de N) No fim da luta, o gato tinha uma pata esfrangalhada, sangrava e gemia tanto que até um polícia, ao fundo, na rua estreita, se comoveu. [bi] A égua em que montava o maioral-real sangrava da anca, por uma ferida esbeiçada, aberta pela haste romba do bicho fugido. [bc]

₂N – V – N O lavrador apeou-se do macho, tirou do bolso a navalha de ponta e mola e, piedosamente, sangrou aquela alma dorida. [nc] O médico sangrou o velho.

₃N – V Sangrava-LHE o coração só de ver tal cena.

saquear
Morf.: Pres.: saqueio.
1. plündern.

₁N – V – (N) Senhor, eles preparam-se para saquear todo o bairro judeu. [av] Esta tarde, um grupo de assaltantes, não identificado, saqueou o Tesouro da Sé de Braga. [dm]

sarar
1. etw heilen. 2. heilen.

₁N – V – N O ministro da Defesa demissionário preconizou sarar as feridas do país. [dn]

₂N – V Já não era tanto a ferida nele, essa havia de sarar: era aquele sorriso de Juliette, que não voltava. [vp] As feridas causadas pela brutalidade da subversão começavam a sarar. [sc]

satisfazer
Morf.: Pres.: satisfaço. Pret. perf.: satisfizeram. Fut.: satisfarei. Part.: satisfeito.
1. jn zufriedenstellen; e-r S. genügen; (js Neugier) befriedigen. 2.–3. jn zufriedenstellen, mit Genugtuung erfüllen. 4. s. zufriedengeben; (voll und ganz) zufrieden sein mit; s. begnügen mit.

₁Npc – V – N A resposta não me satisfez. Os armazéns poderão instalar-se em qualquer área susceptível de construção desde que satisfaçam as regras especiais previstas. [pj] Ramiro perguntara e a mulher satisfizera-LHE a curiosidade. [nv] ▸O aluno/ o ponto satisfaz. ▸Este detergente não satisfaz.

₂Fc – V – N		*Satisfaz-me que tenhas regressado a casa.*
₃I – V – N		*Satisfaz-me ouvir-te dizer isso.*
₄Np – Vse – com N	*Nem o PRD poderá ser o aliado do CSD no "conflito institucional", nem o PSD poderá, globalmente, satisfazer-se com um sistema de alianças reduzido ao parceiro CDS.* [dl] *Ele satisfez-se com a resposta. Satisfaz-se só com uma refeição.*
■ ⇒ *Estar, ficar satisfeito com N.*

saudar
1. grüßen; jn begrüßen; FIG. etw begrüßen.

₁N – V – N		*Albert entrou no bar, saudou alguns clientes e dirigiu-se para a porta das traseiras.* [kf] *Em nome do povo português saúdo fraternalmente todos os Povos do Mundo.* [dp] *Todos os partidos saudáram o protesto de governo com respeito a Timor.*

secar
1. trocknen; (Pflanzen) austrocknen lassen. 2. s. abtrocknen; <Pflanze> vertrocknen. 3. trocknen.

₁N – V – N		*O vento já secou a roupa. Ele está a secar o cabelo. O sol candente secou as flores.*
₂Ncp – Vse		*Sequei-me com a toalha de banho. As flores secaram-se.*
₃Nc – V		*A roupa está a secar ao sol.*

seguir
Morf.: Pres.: sigo, segues.
1. folgen; (e-n Weg...) gehen; FIG. (Anweisungen, Rat) befolgen; etw fortsetzen; (nicht) folgen (können). 2. weiter + V (-gehen, -fahren...). 3.- 4. <etw> e-r S. folgen; <etw> auf etw folgen. 5. (daraus) folgen, daß.

₁N – V – N		*Seguir alguém/ um desfile/ um caminho/ uma rua/ uma aula/ instruções/ um conselho. O aluno seguiu a leitura com atenção. Eu não consigo seguir esse raciocínio.*
■ *Seguir uma carreira:* e-e Laufbahn einschlagen.
₂N – V – (D)		*Siga sempre à direita! Siga em frente! Vamos, Kimba, siga. Sigo, rua a bairro, direito à Rua Nova de Alvarada. Dobra a esquina e continuou a andar até à Rua de S. Nicolau.* [hn] *Segui pela rua abaixo em direcção aos correios. E ei-lo no Porsche a seguir para o Sul de Espanha.* [sa]
■ *Siga!:* Fahren sie los, ab! Los, weiter!
Horas a seguir: stundenlang.
₃N – V – a N		*Ao verde segue o seco, e ao seco o verde, e não sabe ninguém qual é o primeiro.* [po]
₄N – Vse – (a N)	*Segue-se um programa sobre música popular. Seguiram-se momentos de desespero. Senhores espectadores, às notícias seguir-se-á uma comunicação ao país do Sr. Presidente da República.*
₅Fi – Vse – (de N)	*Isto dito, segue-se que o poder castrense é, seja praticamente a instância última da razão policial. Do exposto segue-se que há fortes razões para os alunos protestarem contra a Prova Geral de Acesso.*

segurar¹
1. etw, jn festhalten; (e-r Pflanze) Halt geben. 2. wo (fest-)halten. 3. worin, womit (fest-)halten; etw wo befestigen. 4. s. wo festhalten. 5. s. klammern an.

₁N – V – N		*Segura esta caixa! A enfermeira segurou o doente. As estacas seguram as plantas dos tomates.*
■ BRAS. POP. *Segurar a barra:* durchhalten.
₂N – V – N – Lpor	*Segurou o menino pelo braço. Segura-o pelos pés, que eu seguro pelos braços!*
₃N – V – N – Lem	*Segurava a criança nos braços. Segurou a estante na parede.*
₄N – Vse – (La, em)	*Segura-te! Segurou-se na cadeira. Ele segurou-se ao corrimão/ à enfermeira.*
₅N – Vse – a Npc [a ele]	*Segurei-me ao meu pai.*

segurar[2]
1. versichern.

₁N – V – N – (contra N) Segurar uma casa (contra incêndios). Já segurei as mercadorias contra roubo. Segurar um carro.
- Estar seguro contra N: versichert sein gegen.

seleccionar
1. auswählen; wählen; aussuchen.

₁N – V – N –(de, entre Npl) Os "dossiers" de uma dezena de candidatos à segunda implantação de um coração artificial foram seleccionados. [pj] Assim os vírus seleccionam o modo de invasão de onde extraem o maior proveito. [dn] A comissão seleccionou dois de entre os candidatos.

semear
Morf.: Pres.: semeio.
1. säen; aussäen. 2. FIG. (Ideen...) verbreiten; (Zwietracht) säen.

₁N – V – (N) Semear trigo/ um campo. Os cereais semeados no Outono começam a germinar muito cedo. [rp] Se eu tivesse só uma pequenina parte do pão que arroteei, semeei e cortei à gadanha, podia viver vinte vidas que nunca me faltava. [ra]

₂N – V – N Alguns leigos foram buscar à Igreja o termo "seminário", por pretenderem semear ideias e colher decisões. [pj] Semeou a discórdia entre os colegas.
- Quem semeia ventos, colhe tempestades.
- Estar à mão de semear: in js Reichweite sein: Toma cuidado, que estás aqui à mão de semear.

sentar
1. jn, etw hinsetzen, wohin setzen. 2.–3. s. setzen.

₁N – V – N – (Lem...) Sentei a menina na cama e fui atender o telefone.
₂N – Vse – (La, em...) Sentara-me no sofá, ela no chão, e comecei a afagar-lhe os cabelos. [tm] Escreva, ande lá!_Vá, sente-se à secretária. [np] Sentar-se à mesa/ numa cadeira.
₃N – V – (L) Senta aí, menino, e pára quietinho!

sentir
Morf.: Pres.: sinto, sentes.
1. fühlen; empfinden; verspüren; hören; vernehmen; riechen; (Geruch, Geschmack) verspüren; schmecken; spüren; beklagen; bedauern. 2. spüren. 3. bedauern. 4.–5. spüren; fühlen. 6. s. wie fühlen; s. vorkommen wie. 7. s. beleidigt, gekränkt, verletzt fühlen.

₁N – V – N Sentir frio/ dores/ fome. O cão sentia a presença dum estranho. Senti um movimento atrás das cortinas. Senti um barulho na sala ao lado. Senti passos. Senti alguém junto de mim. Toquei na mesa e não senti nada. Mas ela diz que sente as pessoas na rua, e que sentindo o mundo lá em baixo ela o vê. [sa] Senti um cheiro a alfazema. Senti o gosto da canela. Gosto de sentir o sol na minha pele. Sentir a morte de alguém/ a falta do João/ a falta de sol/ a falta do mar.
- Sentir pena: jm leidtun: Sinto pena dele.

₂N – V – Fi Sentimos que alguém entrara na sala. Sinto que vou ficar doente.
₃N – V – Fc Sinto muito que tenha cá vindo para nada. Todos sentimos muito que ela não tivesse podido estar presente.
₄N – V – [N +] I Por mais duma vez senti as suas mãos apertarem a minha, no arroubo fogoso das palavras. [np] Senti alguém aproximar-se, senti-o aproximar-se. Sinto corarem-me as faces. [po]
₅N – V – N + Va INF, GER Senti o João a mexer/ mexendo na minha bolsa.
₆N – Vse – P_{adj, n} No meu quarto esquálido sentia-me rei do universo, como também se pode sê-lo dentro de uma noz, no dizer de Shakespeare. [np] Sentia-se insignificante. Sinto-me mal.
₇N – Vse – com N Acho que o teu pai se sentiu com as tuas palavras. [np]
- ⇒ ficar sentido + com N.

separar
1. trennen; ause-a. bringen. 2. trennen, abtrennen, absondern von. 3. s. (vone-a.) trennen; ause-a.gehen; s. scheiden lassen. 4. s. trennen von.

$_1$N – V – Npl   *Tive que separá-los, senão ainda acabavam por se matar. Divergências ideológicas separam o partido no governo e a oposição.*

$_2$N – V – N – de N   *Separei as minhas coisas das tuas. Os Alpes separam a Itália da França. O pai separou o filho da avó. Divergências de carácter meramente pragmático separam o partido no governo da oposição. Hoje em dia já é possível separar objectos metálicos do restante lixo urbano, por processos industriais.*
- *Separar o trigo do joio:* die Spreu vom Weizen trennen.

$_3$Npl – Vse   *Os dois amigos separaram-se. O casal separou-se.*

$_4$N – Vse – de N   *Separei-me da família. Separei-me desse tipo a tempo.*

ser¹
Morf.: Pres.: sou; Imperf.: era; Pret. perf.: foram; Pres. conj.: seja; Imperat.: sê, sede.
1.–3. sein; (werden).

$_1$[N –] V + P$_{n, adj}$ *Era noite, quando cheguei à estação. É tarde, vou-me embora. Sou professora. Ele é maluco. Ele é doente, sempre sofreu do coração. O empreendimento é arriscado. É muito curioso. Tu és muito mau. Não era preciso ser-se muito observador para concluir que o quarto filho vinha a caminho.* [np] *No meu quarto esquálido sentia-me rei do universo, como também se pode sê-lo dentro de uma noz, no dizer de Shakespeare.* [np] *É assim, é a vida. Isso é bem pensado. Isso é útil ao João. A festa ia ser boa. A ser assim, não estou interessado na reunião. Sou quem falhei ser.* [po] *A nossa realidade é o que não conseguimos nunca.* [po] *O pai quer que ele seja arquitecto.* [sa]
- *Isto é:* das heißt.
- *És servida?:* [Essen] Möchten Sie (davon) etwas?
- *Sendo assim:* wenn das so ist.
- *Quanto é (isto)?:* Wieviel kostet das?
- *..., não é?:* ..., nicht wahr?: *Gostas dela, não é?*

$_2$F – V + P$_{adj, n}$ *É bom que ela tenha saído. É certo que ele não está apto a fazer isso. O resultado foi que eles tiveram que repetir o exame.*
- *A não ser que:* es sei denn, daß; vorausgesetzt, daß nicht.

$_3$I – V + P$_{adj, n}$ *Ver aquele homem enfardar feijões foi das coisas mais impressionantes da minha vida.* [np] *É uma honra para mim acolhê-lo em minha casa. É natural ir a Lisboa todos os anos, não é?*
- *Quanto é?:* Was macht das?
- *É que* [Hervorhebung]: *Eu é que não vou lá, quem quiser que vá.*
- *O que é que: O que é que estás a fazer?*
- *(Mas) é* [Hervorhebung]: *Tu sais-te com cada uma, ganha mas é juízo! A mulher quer-se é em casa.*
- *É + I:* nur brauchen...: *O homem da campainha gritava sempre com voz rouca: O melhor espectáculo da feira! É entrar!* [fa] *Era (só) chegar e partir logo.*
- *É de + I:* man muß + V...: *É de prever/ de admitir que com a extinção do* INIC *a investigação na área das ciências humanas seja praticamente iviabilizada.*
- *Seja como for:* Wie dem auch sei.

ser²
1. werden. [Passiv]

$_1$N – V + V$_{pp}$ *A ponte foi construída pela "Soares de Costa".*

ser³
1. wo sein. 2. woher sein, kommen, stammen. 3. woraus sein. 4. gehören zu. 5. jm gehören. 6. für, gegen sein. 7. für etw bestimmt, geschaffen sein. 8.–9. (da-)sein für. 1o. js Angelegenheit sein; <etw> jn angehen; jm geschehen, passieren.

$_1$N – V – L   *Isso é lá para Lisboa, não é aqui. Onde é a rua Garrett?*

$_2$N – V – L$_{de}$ *Sou de Lisboa.*

	▪ *Ser de trás da orelha:* echt gut schmecken: *Este doce é (daqui) de trás da orelha.*
₃N – V – de Nc	*Eu não sou de ferro. A mesa é de madeira.*
₄Np – V – de Np	*Você sabe que eu não sou dessas.*
₅Nc – V – de Np	*O livro é do João. Estes campos são todos do Joaquim, aquele é meu.*
	▪ *Isso não é da sua conta:* Das geht Sie nichts an! Dafür sind Sie nicht zuständig!
	▪ *Que é+de N:* was ist mit N (los): *Que é do livro que eu te emprestei na semana passada? Se a inflação continua, que será de nos?*
₆N – V – por, contra N	*Pessoalmente, sou pelo turista, pelo hóspede.* [pj] *Sou contra esse estado de coisas.*
₇N – V – para N	*Ele não é para esta vida.*
	▪ *Não ser para aqui chamado:* Wo nichts zu suchen, nichts verloren haben: *Esse assunto não é para aqui chamado.*
₈N – V – para Fc	*Isto é para que vejas que as coisas não são assim tão simples.*
₉N – V – para I	*Este dinheiro é para comprares pão, queijo e leite.*
₁₀N – V – com Np	*Não me perguntes, isso é lá com ele. Essa conversa não é contigo! A decoração da sala é contigo. Quem sabe o que isto quer dizer? Eu não sei, e foi comigo...* [po]

serrar
1. absägen; zersägen; aufsägen.

₁N – V – N	*Serrou a árvore com a serra manual. À noite, ao fechar os olhos, não consigo parar de ver horrores, serrar o crânio, extrair o cérebro, extirpar as vísceras, dissecar as veias.* [lu]

servir
Morf.: Pres.: sirvo, serves.
1. servieren; (Essen) auftragen. 2. jn bedienen; e-r S. dienen. 3. [Essen] s. bedienen, s. nehmen. 4. e-r S. nützlich, dienlich sein; jm von Nutzen sein. 5. NEG. <Kleidung> jm (nicht) passen. 6.–8. dienen als; jm nützen als. 9. s. e-r S. bedienen; Gebrauch machen von. 1o.–12. dienen zu; geeignet sein zu; zu gut sein; das geeignete Mittel sein zu; NEG. zu nichts nütze sein.

₁Np – V – (Nc) – (a Np)	*Serviram-me feijoada.*
∇ Np – V – Nc	*O empregado serviu o jantar.*
∇ Np – V	*Servir à mesa/ ao balcão.*
₂Np – V – Ncp	*Serve aquele senhor! Servir o seu país.*
	▪ *Servir:* s-n Militärdienst machen, ableisten; dienen: *Smith servira durante a guerra como piloto da Royal Air Force.* [sc]
₃Np – Vse	*Quer já o café? – Não, sirva-se a senhora primeiro. Faça favor de se servir!*
₄Nc – V – Ncp	*Os contratos a prazo não servem os interesses dos trabalhadores. A nova rede rodoviária vai servir as populações do interior.*
₅Nc – V – a Np	*As calças já não lhe servem.*
₆Ncp – V – de Nc – (a Ncp) <para I>	*Isso serviu de motivo para se fazer outra conferência. A conversa serviu de pretexto para se conhecerem melhor. A cabana serviu de abrigo aos náufragos. Esta mesa serviu de suporte à estante. Não lhe serviu de nada. Aquilo serviu-lhe de lição. De que te serve o teu mundo interior que desconheces?* [po]
₇Fc – V – de Nc – (a Np) <para I>	*Que ele não tivesse sido tido nem achado para a compra do equipamento serviu-lhe mas é de pretexto para mais tarde pôr o seu lugar à disposição.*
₈I – V – de Nc – (a Np) <para I>	*Passar a vida a pensar na vida de nada serve.*
₉Np – Vse – de N <para N, I>	*Serviu-se de todos os pretextos para não aparecer. Lá na vila – continua Júlia – havia sempre comida à farta, e eu servia-me de tudo o que sobejava da mesa dos patrões.* [sv]
₁₀Nc – V – (a Np) – para Nc	*Aquela madeira serve para a construção de cabanas. Para isto o martelo pequeno serve. Isso não serve para nada. Para que serve a História? Achas que isto te serve para alguma coisa?*
₁₁Nc – V – para Fc	*Isso serviu para que nos conhecêssemos melhor.*

₁₂Nc – V – para I	*Se o Parlamento só serve para atiçar as fogueiras já acesas, acabe-se com ele.* [bc]
▪ *Nc–V:* reichen; langen: *Queres o grande ou o pequeno? – O pequeno serve.*

significar
1. bedeuten. 2. andeuten; mitteilen.

₁N, Fc, I – V – N, Fi, I	*O seu gesto significou concordância. Estes erros significam que o computador encontrou qualquer coisa que não percebeu.* [cp] *Que ela tenha vindo significa que aceitou a minha proposta. Isto significa não terem eles ponderado as consequências da decisão tomada.*

₂Np – V – N – (a Np)	*Perante o Conselho de Estado eu signifiquei as divergências entre as afirmações de Sua Excelência e a forma como o problema nacional pode ser apreciado.* [dp] *O líder significou-lhes a sua decisão.*

silenciar
1. verschweigen; zum Schweigen bringen.

₁N – V – N	*Silenciar dados/ circunstâncias/ nomes. A minha argumentação silenciou os meus oponentes.*

simbolizar
1. symbolisieren; darstellen. 2. jm etw zu verstehen geben.

₁N – V – N	*Vinculados por um "juramento de bandeira" em que se obrigam, solenemente, a "servir" a pátria que ela simboliza, os militares tornaram-se por isso, sem favor, durante muitos séculos, o orgulho legítimo de qualquer nação.* [pj] *O vinho simboliza o sangue de Cristo.*

₂N – V – N – a Np	*Ela simbolizou-lhe por meio de gestos a sua concordância.*

simpatizar
1. e-a. sympathisch finden. 2. sympathisch finden; ◊ jm gefallen.

₁Npl – V	*Eles simpatizaram logo (um com o outro).*

₂N – V – com Np	*Simpatizaram com a paz desde o primeiro momento.* [am] *Simpatizar com uma ideia.*

simular
1. vortäuschen; simulieren; (Interesse) heucheln. 2.–3. vorgeben; so tun als ob.

₁N – V – N	*A inteligência artificial virá a ser tão sofisticada que os gabinetes de estudo poderão simular totalmente uma linha de produção antes que esta seja realizada.* [dl] *De vez em quando, os homens simulavam um assassínio fazendo passar uma bala perto das orelhas dos presos.* [oj] *Simular interesse.*

₂N – V – Fi	*Para despistar o inimigo, simularam que procediam meramente a trabalhos de manutenção.*

₃N – V – I	*Encostada ao balcão, cobiçando os bolos, simulou ter-se esquecido do porta-moedas.* [pc] *Simulei o melhor que pude não me ter apercebido de que o seu corpo volumoso fora sacudido por um soluço.* [np]

soar
1. ertönen; läuten; FIG. <Stunde> schlagen. 2. wie klingen. 3. FIG. nach etw klingen; s. anhören nach. 3. (in den Ohren) klingen; nachklingen.

₁N – V	*A cidade dorme, de repente, soam sirenes.* [pj] *A campainha soou mesmo em boa altura.* [dm] *Na torre do relógio soaram doze badaladas, e todos se calaram por instantes.* [dm] *Alguém fez soar o sino da igreja. Ainda se não sabe até onde irão estes militares, nem se soará a hora das massas populares.* [lu]

₂N – V – M	*Isso não soa bem.*

₃N – V – a N	*O comentário pode soar a elogio balofo.* [pj]

₃N – V – L	*Ainda ME soam no/ ao ouvido as palavras do meu pai.*

sobejar
1. übrig bleiben. 2. <Zeit...> jm übrigbleiben; ◊ reichlich verfügen über; genug + N haben.

₁N – V – (de N)   Lá na vila – continua Júlia – havia sempre comida à farta, e eu servia-me de tudo o que sobejava da mesa dos patrões. [sv]

₂N – V – a Np   Pedro bem poderia ter dito ao Oliveira que não lhe sobejava tempo para atender estrangeiros. [ce] Nem moedas de cinco tostões, para o telefone, lhe sobejavam em quantidade bastante. [pc]

sobrar
1. FIG. <es> mehr als genügend N geben. 2. übrigbleiben; <jd> etw mehr als genug haben.

₁N – V   Sobravam razões para que os jovens se rebelassem.
■ Acabar sobrando: vergebens da sein: Esperou duas horas por uma audiência e acabou sobrando.

₂N – V – (a Np)   Não sobrou dinheiro para o táxi. O dinheiro sobrava-lhe.

sobrepor
Morf.: Pres.: sobreponho. Imperf.: sobrepunha. Pret. perf.: sobrepus, sobrepôs, sobrepuseram. Part.: sobreposto.
1. übere-a. legen. 2. FIG. etw höher stellen als. 3. s. überlagern. 4. etw überlagern; etw in den Hintergrund drängen; an die Stelle treten von.

₁N – V – Npl   Alguém sobrepôs as peças indevidamente.

₂N – V – N – a N   Não podemos sobrepor as nossas preocupações individuais aos interesses colectivos.

₃Npl – Vse   Os ponteiros sobrepuseram-se e não vi bem as horas.

₄N – Vse – a N   A libertinagem de uns não pode sobrepor-se à liberdade de outros. [pj] É essencial que as suas consciências e critérios seguros se sobreponham aos interesses de grupo, às paixões e à desorientação típica de períodos de lacerada transição. [pj] A voz dos mais fracos teve aqui uma tribuna quando a lei da força se sobrepôs à força da lei. [dp]

sobreviver
1. überleben; weiter vorhanden sein, bestehen; <es> noch geben. 2. etw überleben; länger leben als; etw überstehen.

₁N – V   Morreram todos na catástrofe, só ele sobreviveu. Esperemos que a varíola não sobreviva ainda. [dn]

₂N – V – a N   Sobreviver a um atentado/ aos seus irmãos. O ministro não sobreviveu às intrigas que lhe teceram.

sobrevoar
1. überfliegen.

₁N – V – N   O avião perfurava as trevas, ao som monótono do jacto. Calculei que sobrevoávamos o Iraque. [np]

sofrer
1. leiden. 2. an, unter etw leiden; an etw kranken. 3. leiden unter. 4. um js willen leiden. 5. erleiden; (unter Schmerzen...) leiden; (Schmerzen) haben; etw durchmachen, erdulden; (Folgen) tragen, auf s. nehmen; ◊ <Preis> erhöht werden; (Negatives) erleben; NEG. nicht zulassen.

₁N – V   <por N, I>   Tive pena dele: aquele homem vindo de longe sofria. [np] Sofreu por ter de denunciar um amigo. Sofreu muito pelo modo como ele a tratava.

₂N – V – de N   A sexagenária sofre de doença cardíaca. [oj] O irmão do realizador acrescentou que Peckinpah sofria há muito tempo de problemas cardíacos. [pj] As duas universidades sofrem de moldes muito rígidos, não desenvolvendo em nós o espírito crítico. [sa]

₃N – V – com N   A Rodésia foi quem menos sofreu com o bloqueio. [sc]

₄N – V – por Np   A mãe sofreu muito pelos filhos.

₅N – V – N   Sofreu um acidente. Sofria dores de dentes que o enloqueciam. Ele sofreu muitas humilhações. A televisão era a arte de massacrar os portugueses; sofria-se a televisão ou desligava-se a televisão. [pj] Fiquei sem saber o caminho a tomar. Meter-me pelos campos e esperar a noite, era desrespeitar o meu pai e sofrer as consequências. [ra] A gasolina sofreu um aumento de 20%. Mais tarde, se o utilizador se decidir avaliar a sua situação financeira e pedir ao computador um balanço da mesma, talvez sofra um choque. [cp] Esta decisão não sofre contestação.

soletrar
1. buchstabieren. 2. DIZER

$_1$N – V – (N)　　Soletrou o título devagar e em voz baixa: "A Rapariga que venceu". [nv] Pedro olhou o tapume vazio e pôs-se a soletrar o cartaz de Jerry Lewis. [ar]

$_2$N – V – Te　　DIZER: Em depósito? – soletrou Abílio. [fn]

soltar
Morf.: Part.: ter soltado; ser, estar solto.
1. losmachen; lösen; (Hund...) freilassen, loslassen; (Knoten) aufbinden; jn auf freien Fuß setzen, freilassen; (Schrei...) ausstoßen; 2. <Knoten...> s. lösen, aufgehen; s. befreien, s. losreißen.

$_1$N – V – N　　Dois homens trabalhavam à frente do túnel, um soltando a terra com a picareta e outro removendo-a à pá. [kf] Soltou o cão. Soltou o nó da corda. A polícia soltou os presos. De cada vez que um automóvel passa por nós, o Miguel solta uma exclamação. [oj] Soltar um grito/ um suspiro/ um ai.
▪ A bebida soltou-o: js Zunge lösen.

$_2$N – Vse　　A falha mais provável é que, com o tempo, um fio ou um cabo se tenha soltado. [cp] O cão soltou-se.

soluçar
1. schluchzen. 2. DIZER

$_1$N – V　　Num acanhado subterrâneo de Liège, duas mulheres de mãos dadas, sentadas sobre um montão de ervas secas, soluçavam atormentadas por uma grande aflição. [pj]

$_2$N – V – Te　　DIZER.

solucionar
1. (Problem...) lösen; (Streitfall) entscheiden.

$_1$N – V – N　　Com a utilização consecutiva deste método, consegue-se muitas vezes solucionar a grande maioria dos problemas de programação. [cp] O mistério da porta encravada foi rapidamente solucionado. [kf] O juiz solucionou a contenda.

somar
1. zus.rechnen; addieren. 2. rechnen, hinzufügen zu. 3. zu etw dazukommen. 4. zusammen ergeben, ausmachen; s. belaufen auf.

$_1$N – V – Npl　　O computador somará uma coluna de milhares de parcelas numa fracção ínfima do tempo que uma pessoa necessitaria. [cp] ►O miúdo já sabe somar.

$_2$N – V – N – a N　　Como antes fizemos, contamos, somando as unidades até que haja um "transporte", nesse ponto, repomos a coluna das unidades a 0 e somamos 1 à coluna seguinte. [cp] A tudo isto seria necessário somar a tendência à anarquia, responsável por muitos dos melhores escritos nas paredes. [lu]

$_3$N – Vse – a N　　Esta parcela soma-se àquela outra.

$_4$Npl – V – Q　　Os déficits cambiais acumulados por Angola e Moçambique somavam cerca de vinte e quatro milhões de contos. [sc] Cheques "carecas" somam 1,5 milhões. [dn]

sonhar
1. träumen. 2. (Traum) träumen. 3. träumen, daß; es s. träumen lassen, daß. 4. davon träumen. 5. träumen, man sei; s. vorstellen, man sei. 6.–7. träumen von.

$_1$N – V　　Se sonhei, que representa este sonho? Deves estar a sonhar!

$_2$N – V – N　　Esta noite sonhei um sonho muito estranho.

$_3$N – V – Fi　　Sonhei que era médico. Ele nem sequer pode sonhar que eu estive aqui.

$_4$N – V – I　　Ela sempre sonhara ir viver para Itália. Sonhara suprimir a miséria do mundo.

$_5$N – Vse – P$_{n, adj}$　　Ainda antes das eleições, já ele se sonhava ministro. Já se sonhava festejado como vencedor.

$_6$N – V – com Ncp　　Nem o pesado capote que me envolve nem o fumar cachimbo detêm a agrestia gélida da noite, que me faz sonhar com uma lareira acesa e um bom copo de rum antes de ir para a cama. [np] Os rapazes estavam há semanas a sonhar com este momento. [kf] Elas sonharam três noites a fio com um homem que só viram de relance à porta do café.

₇N – V – com, em I   Ainda sonho com/ em fazer uma viagem à volta do mundo.

soprar
1. blasen; <Wind> blasen, wehen. 2. (Feuer) anblasen; (durch Blasen) anfachen. 3. woher, wohin blasen. 4. (Ballon) aufblasen. 5. etw wegblasen, wohinblasen. 6. FIG. jm zuflüstern. 7. FIG. jm etw zublasen.

₁N – V   O vento soprava com força. Horácio soprava violentamente, como se pudesse assim exalar o mau humor. [pc] Soprava já uma brisa picante e salpicos de água vinham bater-lhes agudamente na cara. [vp]
₂N – V – N   Soprar o lume.
₃N – V – D   Hoje, o vento sopra de nordeste.
₄N – V – em N   O menino soprou no balão.
₅N – V – N – D   O vento soprava folhas para longe. Soprou o pó do livro (para cima da minha cabeça).
  ▪ Soprar a.c. ao ouvido de alguém: jm etw ins Ohr flüstern: Soprou-LHE palavras de amor ao ouvido.
₆N – V – N – a N   Aproximou-se dela e soprou-lhe palavras de amor.
₇N – V – N – para N   O próprio País regula os fluxos artísticos: tempo de crise provoca criação, uma sociedade em mudança ventila, sopra o oxigénio para os escritores. [pj]

sorrir
Morf.: Pres.: sorrio. Pret. perf.: sorriram. Imperat.: sorri, sorride.
1.-2. lächeln. 3. jn anlächeln; über etw lächeln. 4. FIG. <Idee> jm gefallen; <etw> jm hold sein. 5. jm zulächeln. 6. lächeln über. 7. (ein Lächeln) lächeln.

₁Np – V   Sorris, sabendo bem em que eu estava pensando. [po]
₂Np – Vse   O pai sorriu-se com as brincadeiras do filho.
₃Np – V – a Ncp   O pequenito sorria-me exageradamente, com um delicioso trejeito de vergonha. [np] Sorrir ao destino, à sorte, à falta de a.c.
₄Nc – V – a Np   Aos patrões não sorria a ideia de despedir os empregados, que eram mal pagos, para os trocar por uma máquina de calcular de custo elevado. [cp] Alice vira tudo sorrir-lhe na vida. [oj] A sorte, a vida, tudo lhe sorria.
₅Np – V – para N   A criança sorria para o fotógrafo.
₆Np – V – de N   As crianças sorriam da falta de jeito do pai para estrelar um ovo.
₇Np – V – N   Ele sorria o melhor dos seus sorrisos.

sossegar
1.-3. jn beruhigen. 4. s. beruhigen; <Wind> s. legen; ruhiger werden; Ruhe finden; zur Ruhe kommen.

₁N – V – N   O agricultor sossegou os animais. A presença do dono sossegava-o um pouco. [bi]
₂Fc – V – N   Já me sossegava um pouco mais que ela me tivesse telefonado.
₃I – V – N   Sossegava-o sentir o apoio do pai.
₄Ncp – V   O mar sossegou. Os ventos sossegaram. Depois do divórcio, ele sossegou. O jovem estremeceu, receoso, mas sossegou ao vê-lo caminhar para a porta e desaparecer no corredor. [nv] Penso nisto, enterneço-me mas não sossego nunca. [po]

suar
1. schwitzen. 2. FIG. s. abmühen. 3. FIG. s. abplagen, abrackern, abmühen für. 4. etw durchschwitzen.

₁N – V   O forte calor fazia-me suar. Os projectores de 200 W tornavam a atmosfera terrivelmente quente e as costas dos trabalhadores suavam em bica.
₂N – V <para Fc, I>   Suei para que ele conseguisse estudar em paz. O que eu suei para conseguir encontrar este livro!
₃N – V – por Nc   Os trabalhadores têm que suar pelo pão.
₄N – V – N   Ele ardia em febre, suou todo o pijama. [kf]

subir
Morf.: Pres.: subo, sobes, sobe, sobem. Imper.: sobe, subi.
1. einsteigen; auf etw klettern; <Tränen> jm (in die Augen) steigen; von wo aufsteigen. 2. steigen; ansteigen. 3. ◊ <Preis von etw> steigen; <Tonart> schärfer werden. 4. steigen auf; <etw> hinaufgehen zu; aufsteigen zu; <etw> jm in (den Kopf) steigen. 5. <Anzahl> ansteigen auf, s. belaufen auf. 6. etw hinaufgehen; hinauffahren... 7. (Vorhang) hochziehen; (Preise) anheben, heraufsetzen; hinaufbringen; heraufbringen; hinauftragen; nach oben bringen, tragen.

₁N – V – D
O João subiu para a carruagem. Subiram às árvores para melhor presenciar a cena. As lágrimas subiram-LHE aos olhos. De tão enjoado, subia-LHE tudo à boca. O calor sobe do alcatrão.

₂N – V
Acabou a maré por descer, voltou água a subir, e por ali andaram as gaivotas. [ce] O preço da carne/ a temperatura/ a febre/ a estrada está a subir.

₃N – V – de N
A gasolina vai subir de preço. A discussão subiu de tom.

₄N – V – a N
O pai, quando subiu ao trono, deu ao filho ainda mais riquezas e o título de duque de Bragança. [dm] A última decisão pertencer-me-ia, quando os assuntos não tivessem que subir ao Presidente do Conselho. [sc] O vereador não conseguiu subir a Presidente da Câmara. O poder subiu-LHE à cabeça.

₅N – V – Qa
Chegaram a subir a dezenas de milhares os chineses que se instalaram na Zâmbia e na Tanzânia. [sc]

₆N – V – N – (D)
Ele subiu as escadas (até o primeiro andar). Subir e descer uma rua/ um rio.

₇N – V – N
Subir os estores. Subir os preços. Esteja descansado que já farei subir as suas malas.

submeter
1. unterwerfen. 2. jn, etw e-r S. unterwerfen, unterziehen; jm etw vorlegen. 3. s. jm, e-r S. unterwerfen.

₁N – V – N
Os romanos submeteram a Hispânia.

₁N – V – N – a N
Os pacientes são submetidos a testes audiovisuais, que permitem avaliar a sua capacidade de memorização. [pj] Submeter um texto à aprovação/ à análise. Submeter um projecto a um arquitecto.

₃N – Vse – a Ncp
A Dina sentia o receio de quem se habituou a aninhar-se à protecção alheia, a submeter-se, sem protesto, ao que os outros lhe determinassem. [*]
A esse respeito, ela submeteu-se à vontade do marido/ ao seu marido.

subornar
1. bestechen; jn schmieren.

₁N – V – N
Pedro pensava: esse tipo subornou o malandreco do paquete e sabe, de certeza, que estou no escritório. [ce]

subsistir
1. (weiter) anhalten; weiter bestehen; fortdauern.

₁N – V
A antiga paixão ainda subsiste nele. Por que subsiste ainda uma comissão de extinção da PIDE-DGS a absorver milhares de contos? [pj]

substituir
1. ersetzen (durch); an die Stelle treten von. 2. <etw> ersetzen, können.

₁N – V – N – (por N)
Tenho que substituir o pneu da bicicleta. O dono deste prédio substituiu o velho porteiro. Não podemos retirar um disco para o substituir por outro. [cp] O psicanalista substitui para alguns o confessor.

₂N – V – N
Os manuais não substituem as explicações claras e concisas de que todo o programador necessita. [cp]

suceder[1]
1. geschehen; s. ereignen; s. zutragen. 2. Tatsache ist, daß. 3. geschehen; s. ereignen. 4.-6. jm passieren, geschehen.

₁N – V
Lembrei-me do que sucedera. O que teria sucedido para que todos estivessem tão calados?

₂Fi – V
Sucede que eu não vou ficar à espera de que ele se lembre de aparecer. Sucede todavia que eu não quero ficar à espera dele.

₃I – V
Assim sendo, aceita-se teoricamente que tratando-se de agentes policiais, mesmo na perspectiva de militarizados, pode bem suceder não haver motivo

₄N – V – a N	*para quaisquer restrições.* [dl] *Como sucede a muitos portugueses, Leonel tinha um sentido natural da delicadeza.* [vp]
₅Fc – V – a N	*Sucede a muito boa gente que tenham que pagar contas telefónicas nos meses em que estiveram fora a passar férias.*
₆I – V – a N	*Sucede-me às vezes ter de passar para o outro lado da rua por causa dos buracos.*

suceder²
1. jm (auf dem Thron) folgen; folgen auf. 2. e-a. folgen; s. nache-a. ereignen; nach etw kommen. 3. folgen auf.

₁N – V – a N	*O príncipe herdeiro sucedeu ao pai. Ao rigor da respeitabilidade, à discrição de uma postura, à ambiguidade na decisão vai suceder, porventura, um estilo mais parlamentar, intervencionalista, teatral.* [cm]
₂Npl – Vse	*Nos anos anteriores, os incêndios sucediam-se desde o início de Junho.* [dn] *Sucederam-se anos de luta.*
₃N – Vse – a N	*Aos dias sucedem-se as noites. Pedro voltou no domingo seguinte e nos que se sucederam.* [np]

sufocar
1.-3. jn (fast) ersticken; jm den Atem nehmen; FIG. jn erdrücken; (Revolte) niederschlagen. 4. (fast) ersticken.

₁N – V – N	*Na realidade, o ar calmo do campo sufocava-o.* [kf] *O que a sufocava agora era aquele tremendo coro adivinhado de toda a gente do prédio a censurá-la.* [pc] *O governo da Turquia esforça-se por sufocar a revolta dos Kurdos.* ▸*O calor sufocava. As nuvens violeta pareciam incandescentes.* [sv] ▸*A perspectiva do encontro enchia-lhes o peito, quase a ponto de sufocar.* [dm]
₂Fc – V – N	*Sufocava-a que toda a gente a censurasse.*
₃I – V – N	*Sufocava-o haver tanto fumo na sala.*
₄N – V	*O Sol nasceu às 6.08, e à hora do pequeno-almoço a cidade sufocava.* [kf] *Correu tanto que quase sufocou.*

sugerir
Morf.: Pres.: sugiro, sugeres.
1.-3. vorschlagen; nahelegen; empfehlen. 4. DIZER 5. FIG. andeuten.

₁N – V – (a N) – N	*O ministro sul-africano dos Negócios Estrangeiros, Pik Botha, sugeria a Moçambique a criação de um programa público de empregos.* [oj] *Sabe que necessitamos de gente para a Junta de Freguesia e eu sugeri o seu nome.* [hn]
₂N – V – (a N) – Fc	*Fontes partidárias afectas ao PSD revelaram ao "PJ" que Mota Pinto teria telefonado a Mário Soares a sugerir-lhe que só falasse ao País depois da cimeira entre ambos.* [pj] *Ele sugeriu que voltassem de novo pelas duas horas.* [kf]
₃N – V – (a N) – I	*O médico sugeriu-me ir para as termas.*
₄N – V – (a N) – Te	DIZER: *Olhe Jaime, ligue a telefonia, que devem estar a dar o noticiário – sugeriu a Luísa.* [dm]
₅N – V – N	*Esta escultura sugere duas pessoas abraçadas.*

suicidar-se
1. s. umbringen.

₁N – Vse	*Ele suicidou-se.*

sujar
1. schmutzig machen; verschmieren; besudeln; FIG. beflecken. 2. <jd> s. schmutzig machen; <etw> schmutzig werden.

₁N – V – N <com N>	*O menino sujou a camisa/ a mão/ a cara. Sujaste o chão da cozinha com os sapatos. A gasolina sujou a camisola do menino. Aquele crime sujou a honra da família. Sujar o nome/ a reputação de alguém.*
₂N – Vse <com, de N>	*Ele caiu e sujou-se. Ele sujou-se todo com o/ de chocolate. Estas cortinas sujaram-se muito.*

381

sujeitar
Morf.: ter, ser sujeitado; estar sujeito.
1. (s. etw) unterwerfen. 2. (jn, ein Land) e-r S. aussetzen. 3.-4. jn zu etw bringen, zwingen. 5. s. e-r S. aussetzen, unterwerfen.

₁Np – V – N   Os romanos sujeitaram a Península ibérica.
₂N – V – N – a N   Lutando por nós, diziam, lutavam por Cabinda, defendendo-a dos que queriam sujeitá-la a sorte igual à de Angola. [sc]
₃N – V – N – a Fc Isso era necessário para não os sujeitar a que continuassem fazendo triste figura.
₄N – V – N – a I   Era necessário fazer uma pré-selecção, como se tem feito noutros casos, para não sujeitar os concorrentes a fazerem figuras tristes. [pj]
₅N – Vse – a N   Quem é que gosta de se sujeitar a maus tratos?

▪ *Estar sujeito* + a I: Gefahr laufen, zu: *Estás sujeito a ter um acidente, se conduzires bêbado.*

superar
1. übersteigen; (Problem...) überwinden, lösen. 2. übertreffen an.

₁N – V – N   Para Raduan, a actividade rural pode até superar o prazer pela literatura. [pj] As receitas superaram as despesas. Para superar a crise de gestão dos Serviços Sociais do Ensino Superior, a comissão propõe que sejam tomadas diversas medidas. [pj]
₂N – V – N – (em N) Ninguém o supera em talento.

supor
1. s. etw vorstellen können. 2.-3. vermuten; annehmen; s. denken; davon ausgehen. 4. voraussetzen.

₁Np – V – N   Já suponho o resto da história.
₂Np – V – Fi, I   Suponho que ele chega hoje. Os peles-vermelhas da América do Norte são vulgarmente chamados índios, em memória do engano de Cristóvão Colombo, que supunha ter chegado à Índia quando aportou às Antilhas. [pj]
₃Np – V – Fic | NEG Eu não supunha que ele estivesse tão mal. Não suponho que ele chega hoje.
₄Fc, I – V – N, I Que isso se tenha passado supõe ter havido incompetência da parte dos técnicos. Ter havido uma ruptura supõe a existência de sabotagem no sistema.

suportar
1. <etw> tragen können; <jd> ertragen; <etw> zulassen, gestatten; e-r S. unterliegen, unterworfen sein; etw überstehen. 2.-3. ertragen.

₁Ncp – V – N   Este móvel suporta muito peso. Tomara a decisão de não voltar ao convívio dos seus companheiros de viagem da primeira classe, não mais LHES suportar as ideias, as palavras, as figuras. [nv] A maioria dos minicomputadores suporta a utilização simultânea por várias pessoas e dispensa a presença a tempo inteiro de especialistas. [cp] Os vírus variam, suportam as mutações e renascem das suas cinzas tal como a fénix. [dn] Ele suportou bem a operação.
₂N – V – Fc   Não suporto que ele critique tudo o que faço.
₃N – V – I   Já não suporto aturá-lo todos os dias.

suprimir
1. abschaffen; beseitigen; für nichtig erklären; aufheben; [Computer] etw löschen.

₁N – V – N   Sonhava suprimir a miséria do mundo. O Governo não suprimirá as garantias individuais. Lembramos que é indispensável suprimir estas palavras logo que o programa esteja a funcionar correctamente. [cp]

suprir
1. wettmachen; e-r S. abhelfen; (Krise) überwinden; (Bedarf) decken; (Bedürfnisse) erfüllen, befriedigen.

₁N – V – N   O sistema teve a vantagem de suprir a falta de continuidade governativa que se verificava na Metrópole. [sc] Para Portugal, as perspectivas de adesão acentuam a necessidade de suprir certas carências da sua economia. [cm] A vontade dos trabalhadores para trabalhar mais e produzir melhor é indispensável para suprir uma crise que se agudizou desde Novembro de 1973. [dp] A actual importação de petróleo não supre as necessidades energéticas *do país. Esse governo não supre as necessidades do povo.*

surgir
1. auftauchen; <Fehler...> auftreten; <Theorie...> aufkommen. 2. hervorkommen, herauskommen aus. 3.-5. FIG. jm (wie) erscheinen, vorkommen.

₁N – V
O gato surge junto da lareira. Expõe o corpo ao calor das chamas, arqueia a espinha. [sv] *O sol surgiu de trás dos montes. Surgiu de longe, sem que alguém notasse. Os erros que surjam são sempre da responsabilidade de quem programa a máquina.* [cp] *Surgem novas teorias, visando a explicar a origem do Universo.*

₂N – V – D
Parou ali à espera de que alguém surgisse do interior da casa. [dn]

₃N – V – a Np <como N>
Aquelas duas companheiras encantadoras surgiam-lhe agora como um bálsamo, no momento preciso em que se sentia naufragar em descontentamento consigo. [vp]

₄Fc – V – a Np <como N>
Que se preocupasse obter financiamentos através da lei do mecenato surgia-nos, assim, como a única solução possível.

₅I – V – a Np <como N>
Comprar a máquina surgia-lhe como única hipótese viável.

surpreender
1.-3. überraschen. 4. überrascht sein. 5. jn ertappen, überraschen.

₁N – V – Np <com N>
A sua atitude surpreendeu-me. O ter ela feito isso surpreende-me imenso. Surpreendi todos com a minha resposta. Surpreendi-o no momento em que lhe roubava o anel.

₂Fc – V – Np
Que ela tenha dito isso surpreende-me.

₃I – V – Np
Ter ela feito isso surpreende-me imenso.

₄Np – Vse <com N>
Surpreendeu-se com a minha visita.

₅Np – V – [N +] a I
Surpreendiu-o a tentar entrar na ourivesaria pela janela.

suspirar
1.-2. seufzen. 3. um js willen seufzen; s. sehnen nach; herbeisehnen; ersehnen. 4. DIZER.

₁N – V
A prima Leocádia voltou a suspirar e a resmungar qualquer coisa contra a gente nova de agora, que já nem sabe o que é amor nem dá valor às obras-primas. [av]

₂N – V – N
Suspirava os últimos versos.

₃N – V – por N
Duas vezes no ano suspiram por ti os que te amaram. [po] *Suspiro pelo dia da chegada dela. Afinal, se todos suspiramos por um novo mundo agrícola, a prioridade das prioridades não estará na formação de jovens agricultores?* [pj]

₄N – V – Te
DIZER.

sustentar
1. tragen; abstützen; unterstützen; fördern; für js Lebensunterhalt sorgen, jn ernähren; FIG. stützen. 2. behaupten; darlegen; argumentieren. 3. s. ernähren von; leben von.

₁N – V – N
Quatro colunas sustentam o tecto do prédio. Albert comprou tábuas e traves de madeira para sustentar o tecto do túnel. [kf] *O país tem de empreender uma reforma urgente para sustentar um futuro crescimento mais equilibrado.* [dn] *A senhora compreende – justificava-se D. Glória –, eu não posso sustentá-la, não posso tê-la em minha casa de graça.* [pc] *O seu argumento sustenta a minha tese.*

₂N – V – Fi
A Comissão divulgou ontem um comunicado, sustentando que já em 1979 tinham manifestado o seu desacordo em votação secreta. [dn] *Sustentava assim que já antes se tinham feito notar vestígios de alívio no sector económico.*

₃Np – Vse – de N
Sustenta-se de cereais, leite e fruta. Se vos disser que me sustentava exclusivamente dos livros que escrevia e que estava em começos de carreira, julgo que tereis percebido tudo. [np] *Só de ar, ninguém se pode sustentar.*

T

tagarelar
1. schwatzen; viel reden.

₁N – V – (sobre...N) – (com N)   *Lá no café, tagarelando sobre os bons autores com outras professoras amigas, enquanto brinca com o colar, Célia olha furtivamente o Ronda, à distância de algumas mesas.* [op] *Então pus-me a beber_A meu lado, Leocádia tagarelava.* [pc] *O miúdo ouviu a miúda a tagarelar a respeito das virtudes da boneca.* [np]

tapar
1. zudecken; (den Deckel) legen auf; einhüllen; verhüllen; (Augen...) zubinden; (jm) etw auf den Mund, auf die Augen legen; FIG. ein (Loch) stopfen; e–e Lücke füllen. 2. s. zudecken. 3. bedecken; verdecken; versperren.

₁Np – V – N   <com N>   *Cortam-se fatias de pão fino e deitam-se sobre os temperos na terrina. Cobre-se tudo com água a ferver e tapa-se a terrina.* [ac] *Pudicamente, tapou o corpo. Antes me roubassem a mim – soluçou a Rita, tapando a cara com um lenço –, que não tenho nada que se roube.* [dm] *Taparam-LHE os olhos com um lenço. Seriam três da tarde, meia dúzia de galfarros chegados de automóvel taparam-me a boca com um trapo empapado em éter que me não deixou bem a dormir.* [lu] *Tapou a boca/ os olhos com a mão. Milhares de crianças assistem às aulas nas nossas escolas, tolhidas de frio durante horas seguidas, só porque não há verbas para melhorar as instalações, tapando-se os buracos.* [pj]

₂Np – Vse   <com N>   *Tapei-me com o cobertor.*

₃Ncp – V – Nc   *O vestido tapava-LHE os joelhos. Um lençol tapava o morto. As lágrimas tapavam-ME os olhos e já não via nada.* [ra] *Quando Leonel, já pronto, avançava para a porta, disposto a ir-se embora, Françoise interpôs-se, tapando a saída.* [ul] *O prédio que está à frente da nossa casa tapa-nos as vistas.*

tardar¹
1. hinauszögern; hinausschieben; in die Länge ziehen. 2. s. verspäten; auf s. warten lassen; lange ausbleiben; NEG.: bald kommen. 3. es lange dauern, bis.

₁N – V – N   *Já não podemos tardar a solução do problema.*

₂N – V   *Tardaram, e perderam a festa. A resposta não tardou. Agora interroga-se a respeito de tudo, porque não é feliz e sente tardar as conclusões que exige.* [nv]

₃Fc – V   *Não tardou que a hospedeira franzina e triste nos servisse uma ligeira refeição.* [np]

■ *Sem mais tardar:* unverzüglich.

tardar²
1. s. Zeit lassen, nehmen; lange Zeit vergehen (lassen), bis; NEG. bald etw tun... 2. es lange dauern; NEG. nicht viel Zeit vergehen, bis.

₁N – V – a, em I   *Ele tardou a/ em responder à minha carta. O comboio tarda em chegar. Como a avó previra, as crianças não tardaram a devorar o lanche todo.* [dm] *Este ano tardou a nevar. Ele não tardou a aparecer. Ele não tardou muito a ficar outra vez doente.*

₂V   <(e) + V>   *Não tarda muito e está ele aí a aparecer. Não tarda muito (e) começará a chover.*

tartamudear
Morf.: Pres.: tartamudeio.
1. stammeln; stottern; (beim Reden) stocken. 2. DIZER

₁N – V   *É que cada qual estudava na mira de punir um inimigo a quem uma pergunta deixasse eventualmente a tartamudear.* [op]

₂N – V – Te   DIZER: *Traz-me um copo de água – murmurei. – Água?_Mas o menino tem a água ao seu lado. – É verdade – tartamudeei.*

teimar
1.-4. bestehen auf; hartnäckig, eigensinnig, starrsinnig sein; beharren auf; insistieren; dabei bleiben; bei (s-r Meinung) bleiben. 5. auf jn einreden; jm hart zusetzen. 6. DIZER

$_1$N – V – em como Fi   Ele teimou em como me tinha visto no dia anterior. ▸E como ele teimasse, enrolei-me no chão, mordi-me todo, e gritei quanto podia. [ra]
$_2$N – V – (em) Fi   Ele teimou que me tinha visto no dia anterior. Ele teima que eu tenho que fazer isso. Teimou que me tinha dado o recibo.
$_3$N – V – para Fc   Teimei para que me dessem tempo para pensar no caso.
$_4$N – V – em I   Não adianta teimar: a ordem já foi dada. Teimámos em manter-nos fiéis aos princípios que haviam presidido à formação do espaço lusotropicalista. [cm]
$_5$N – V – com Np   Porque é que estás sempre a teimar comigo?
$_6$N – V – Te   DIZER: Não podes ter a certeza! – Mas tenho! – teimou a Luísa. [dm]

telefonar
1. jn anrufen; telefonieren. 2. wo anrufen. 3. jm telefonisch mitteilen, daß.

$_1$N – V – (a, para N)   Aquela senhora nunca mais acaba de telefonar! Já telefonei para a Maria. Não gosta que lhe telefonem antes das 12 horas. Fontes partidárias afectas ao PSD revelaram ao PRIMEIRO DE JANEIRO que Mota Pinto teria telefonado a Mário Soares a sugerir-lhe que só falasse ao País depois da cimeira entre ambos. [pj]
▪ BRAS. nur: N – V – para Np.
$_2$N – V – D$_{para}$ Vou telefonar para Paris/ para a Inglaterra.
$_3$N – V – a N – para I   Telefonou-me para eu ir avisar a mãe. Telefonei-lhe para vir.

temer
1.-3. fürchten. 4. s. fürchten vor; Angst haben vor.

$_1$N – V – N   A Timex Portuguesa apresenta-se como uma empresa moderna que não teme a concorrência. Temer Salazar/ os adversários/ os povos.
▪ Temer a Deus/ a Salazar.
$_2$N – V – Fc   Temo que anoiteça antes de lá chegarmos. Temia que não viessem.
$_3$N – V – I   Ao cruzar comigo na escada, anavalhava-me invariavelmente com uma olhadela odienta; mas logo se esgueirava para o quarto ou para a rua, como se temesse levar um pontapé. [np]
$_4$N – Vse – de N   Leonel temia-se muito do menor vexame. [vp]
▪ Fazer (a) alguém temer: jm Furcht, Angst einflößen; jn verängstigen: A sindicalização em geral só pode fazer temer aos que formalmente inscritos na sociedade democrática, ainda mantêm a visão autocrática da orgânica estadual. [dl]

tencionar
1. beabsichtigen.

$_1$N – V – I   Sucede que nem a URSS nem os Estados Unidos tencionam usar a arma nuclear. [cm] Corazón Aquino afirmou não tencionar pedir a extradição de Marcos dos Estados Unidos. [oj]

tender[1]
1.-3. neigen, tendieren zu.

$_1$N – V – a N   Ele tende à liderança do partido, mas não vão permitir que isso aconteça.
$_2$N – V – a I   Os programas compilados tendem a ocupar bastante memória. [cp] Quando os partidos se foram fraccionando, sucedeu que cada político tendia a ser líder. [pj] Ele tende a ser agressivo.
$_3$N – V – para N   Ele tende para a música. Tudo isto tende para o mesmo centro. Politicamente, o João tende para a direita.
▪ ⇒ Ter tendência para a música/ o vício.

tender²
1. [Küche] (Teig) kneten und ausrollen.

₁N – V – N ▸*Batem-se doze ovos e dois decilitros de azeite. Junta-se açúcar, bate-se a massa e vai-se adicionando farinha de trigo, a pouco e pouco, até se poder tender.* [ac]

tentar¹
1. versuchen. 2. probieren; ausprobieren; (Anstrengung) unternehmen; es mit etw versuchen; den Versuch machen, zu + V; (sein Glück) versuchen.

₁N – V – I *Três anos depois, Rang escapou da prisão e tentou vingar-se dos informadores que o tinham denunciado.* [kf] *Estou até a pensar ir à América tentar sossegá-los.*

▪ *Tentar (conseguir/ fazer com)+Fc:* zu erreichen (ver-)suchen: *O senhorio tentou algumas vezes que Georgete Oliveira abandonasse o seu lar para assim poder efectuar a demolição do prédio.* [oj]

₂N – V – Nc *Tentei todas as chaves, nenhuma delas servia. Tentei a saída à esquerda, mas também estava fechada. Tentar esforços sobre-humanos/ um (grande) esforço/ um negócio/ negociações/ um acordo/ tréguas com o inimigo. Tentei uma chamada para Lisboa. Tentar a sorte.*

tentar²
1. jn versuchen; jn in Versuchung führen; jn auf die Probe stellen; reizen; verführerisch wirken auf.

₁N – V – Np *O diabo tenta as pessoas. Sai-me da minha vista, não me tentes. Não me deixo tentar por palavras doces. As opiniões aqui expressas não me tentam. Vou tentar o João para observar como reage. O último livro de Miguel Torga tenta-me muito!*

▪ *Deixar-se tentar:* s. verführen lassen: *A Xana deixou-se tentar pelos olhos azuis do João.*

ter¹
Morf.: Pres.: tenho, tens, tem, têm. Imperf.: tinha. Pret. perf.: tive, teve, tiveram. Part.: tido. Imper.: tem, tende.

1. haben; besitzen; (ppej) bekommen; (Stelle ...) innehaben; (Geste) machen; (Moment) erleben; fl. für (feminin) nur annoncent noin, touch thun; davon ausgehen. 2. wo haben. 4. s. wo halten. 5. an jm hängen; jm zugetan sein. 6. betrachten als; halten für. 7. s. betrachten als. 8. halten für; betrachten als. 9. etw haben; ◊ sein. 1o. zu tun haben mit. 11. (BRAS.) es gibt.

₁N – V – N *Tem muito dinheiro. Se tens hoje posição, deves-mo a mim.* [np] *Tenho ainda dez dias de férias. Não tenho tempo. Ele tem uma arma consigo. Teve por longos anos um cargo importante. Com a morte do pai, teve uma grande herança. Esta criança tem asma, tem boa saúde. Casaram-se e tiveram muitos filhos. Este livro tem quinhentas páginas. Tenho a mesma opinião que você. Tenho dores de cabeça. Teve um gesto de recusa. Teve maus momentos durante a viagem.*

▪ *Ter piada:* witzig sein.

▪ *Ter calor, frio...:* es jm warm, kalt... sein.

▪ *Ter juízo:* vernünftig sein: *E, voltando-se para as filhas o pai recomendou: Agora, vejam lá se têm juízo e não vão dar maçada, hã?* [dm]

▪ BRAS. POP. *Não ter saco:* keinen Bock haben.

▪ *Ter razão de queixa:* Grund zu klagen haben: *Eles de mim não têm muita razão de queixa, ande.* [mi]

▪ *Não ter onde cair morto:* Arm wie eine Kirchenmaus sein.

▪ *Não ter para onde ir:* keinen Zufluchtsort haben: *No entanto, o resultado poderá ser injusto para uma sexagenária que habita no prédio e que não tem para onde ir, a não ser que a actual situação se modifique.* [oj]

₂N – V – Fi *Eu pra mim tenho que eles entenderam o que se passava, entenderam a revolução do povo.* [sa]

₃N – V – N – L *Não posso ajudá-lo, porque tenho o bébé ao colo.*

₄N – Vse – (L) *A Luísa mal se podia ter sobre o cavalo. Ele mal se tem nas pernas. Não me consigo ter de pé.*

₅N – Vse – a Np *Tem-se muito a ti.*

386

₆N – V – N – P_{por n}	*Tenho-o por um bom amigo. Ele é tido por advogado de causas perdidas.*
₇N – Vse – P_{por n}	*Ele tem-se por bom médico.*
₈N – V – N – P_{por, como adj}	*Eu tinha-te por uma pessoa inteligente, mas agora, com essa atitude, desiludiste-me. Pedro é tido como morto, enquanto que a sua falecida esposa é considerada viva.* [pj]

▪ *Ser tido e havido como:* gehalten werden für: *As virtudes de honra, disciplina, coragem, valentia, heroísmo, patriotismo, consideradas as mais nobres da natureza humana, foram tidas e havidas como próprias dos militares, desde as mais altas patentes aos soldados rasos.* [pj]

₉N – V – N – P_{adj}	*Ainda tinha o rosto lívido. Os deputados confidenciaram-nos que era o Governo e não a coligação que tinha os seus dias contados.* [pj]
₁₀N – V – N – com N	*Não tenho nada com isso, com ele. Tem alguma coisa com isso?*

▪ *Ter a/ que ver com N:* zu tun haben mit: *Não tenho nada a ver com isso.*

₁₁V – N	(BRAS.:) *A senhora pode-me dizer se tem um hotel nesta cidade?*

▪ *Ir ter com alguém:* zu jm gehen, jn aufsuchen: *Vai ter com ele a Paris.*

▪ *Ter em pouco/ em muito:* geringschätzen; e-e schlechte/ gute Meinung haben von: *Tenho-o em pouco.*

▪ *Ir ter + a N:* <Weg> führen zu, münden in, auf: *Esta rua vai ter à Praça do Rossio.*

ter²

₁N – V + N ...	▪ *Ter aversão + a N:* jn nicht ausstehen können.

▪ *Ter confiança + em N:* jm vertrauen; in jn Vertrauen haben: *Palácios não tinha confiança em mim.* [np]

▪ *Ter consideração + por N:* jn achten; jn wertschätzen.

▪ *Ter consciência + de N, (de) Fic, de I:* s. e-r S. bewußt sein: *Não tenho consciência de que tivesse, tinha cometido um erro. Depressa tive consciência de haver feito uma pergunta vazia, sem a transcendência que a singular majestade do momento requeria.* [np]

▪ *Ter cuidado + com N, para I:* vorsichtig sein mit; aufpassen.

▪ *Ter direito + a N, a I:* das Recht haben zu: *Um homem político tem direito a uma vida privada.* [oj]

▪ *Ter dúvidas + quanto a, sobre N, (em) Fic, em I:* Zweifel hegen: *Não tenho dúvidas (em) que ele está, esteja decidido a fazer isso. Falando em Washington, à mesma hora que Marcos fugia à pressa do seu palácio em Manila, o secretário de Estado George Schultz não teve dúvidas em elogiar o ditador, chamando-lhe "um amigo firme dos Estados Unidos".* [oj]

▪ *Ter intenção + de I:* beabsichtigen: *A mesma fonte precisou que o Brasil tem intenção de apresentar esta proposta aos países credores.* [dn]

▪ *Ter interesse + em N, em I:* ein Interesse haben an: *Francamente não tenho interesse em andar a perder tempo com picuinhices.*

▪ *Ter medo + de Ncp, a Np, (de) Fc, de I:* Angst haben vor; befürchten; jn, etw fürchten: *Eles, esta noite, nem tentam subir cá acima. Têm-te medo.* [sv]

▪ *Ter paciência:* Geduld haben.

▪ *Ter pena + de N, Fc:* <etw, jd> jm leid tun; Mitleid haben mit jm: *Ninguém tenha pena de mim! Tenho pena disso. Tenho pena de que não haja um cocktail assim todos os dias.*

▪ *Ter respeito + por N, a N:* respektieren; Achtung haben vor: *Os deputados têm respeito pelo próximo, mesmo pelos seus colegas de bancada, ao obrigá-los a ingerir as nuvens de fumo.* [pj]

▪ *Ter vontade de:* Lust haben zu; gern etw tun.

₂N – V + em N ...	▪ *Ter em consideração + N:* berücksichtigen; in Betracht ziehen: *Aludi aos princípios gerais definidos para a utilização dos rios de interesse comum, os quais foram tidos em consideração no acordo relativo ao Cunene.* [sc]

■ *Ter em conta + N*: berücksichtigen; in Betracht ziehen: *Tinha em conta o que ali se passava.*

ter³
1. müssen; NEG. nicht brauchen; nicht müssen.

₁N – V + de, que V_INF   *Tens de fazer isso. Tenho que defender-me. Tomo atenção às conversas quando se reúnem aqui em casa. Tenho de confessar que me fascinam.* [sa] *Não tem que agradecer!*

ter⁴
1. haben [Perfekt...].

₁[N–] V + V_pp   *Ele tem trabalhado muito ultimamente. Já tinha comprado tudo. Nestes quase três decénios as Nações Unidas têm-se afirmado como um instrumento de direito internacional insubstituível a nível planetário.* [dp]

terminar
1. beenden; abschließen; zum Abschluß bringen. 2. zuende, beendet sein; ◊ Schluß sein mit. 3. enden; zuende sein; (zu reden) aufhören. 4. enden mit, in. 5. e-r S. ein Ende setzen; Schluß machen mit. 6. enden in, auf. 7. zuende + V; fertig + V. 8. zum Schluß + V.

₁N – V – N   *O professor terminou a aula indicando a bibliografia. Ao terminar a sua mensagem, o Presidente da República formulou votos de um ano de mais prosperidade, de mais felicidade e de mais confiança.* [pj] *O João termina este ano o seu curso.*

₂N – Vse   *Bom, meninos, terminou-se a brincadeira.*

₃N – V   *Terminou a brincadeira/ a aula/ o passeio. O filme terminou às 11. Leonel atrapalhou-se e terminou precipitadamente, queixando-se de que a memória andava a atraiçoá-lo.* [vp]

₄Nc – V – com N   *O passeio terminou com a visita ao museu. Marque as palavras que terminam com sufixo.*

₅Np – V – com Nc   *O município queria terminar com as casas de prostituição/ com os buracos nas estradas.*

■ ⇒ *pôr termo a: O Governo está determinado a pôr termo ao défice.*

₆Nc – V – em N   *Marque as palavras que terminam em ditongo!*

₇Np – V – de I   *Terminei de escrever o livro.*

₈Np – V – por I   *Eles terminaram por decidirem em encontrar-se na semana seguinte.*

testar
1. testen; prüfen; erproben.

₁N – V – N   *A empresa automobilística testa a resistência do último modelo jipe. O Instituto, que está instalado num hospital parisiense, testa os medicamentos.* [pj] *Portugal é um dos 16 países que participam num exercício destinado a testar a capacidade da NATO para a gestão de crises.* [dn]

tirar
1.–2. herausziehen; herausholen; wegnehmen; (Brille) absetzen. 3. abhauen. 4. jm (e–n Zahn) ziehen; jm etw wegnehmen; [Math.] abziehen von; FIG. (js Zweifel) zerstreuen. 5. (Blick) abwenden von; (Nutzen, Folgerungen) ziehen aus; jn aus (dem Elend) herausholen. 6. (Foto) machen, aufnehmen; s. (e–n Paß) ausstellen lassen; (Kurs) belegen; (Fahrschein) lösen; s. (e–n Zahn) ziehen lassen; s. etw herausnehmen lassen; ◊ etw gezogen, herausgenommen bekommen; etw ausziehen; (Brille) absetzen; (Hut) ziehen; etw (im Lotto) gewinnen; (gute Note) erzielen; s. etw notieren; (Exemplare) drucken, photokopieren; (Photokopie) machen. 7. ziehen an; FIG. jn auf den Arm nehmen, necken.

₁N – V – N – (D)   *Tirou o revólver e disparou. Tirou uma passa do bolso. Não te esqueças de tirar o carro da garagem. Ó Xana, tira a louça da mesa! Não sei se aquele livro alguma vez fora lido, mas fora, sem dúvida, folheado por muita gente. Sem me desfitar, Palácios tirou-mo das mãos.* [np] *O João vasculhou nos bolsos, e tirou uma carta, muito dobradinha, que estendeu ao pai das gémeas.* [dm] *Às primeiras imagens do filme, tirou os óculos e adormeceu com roncos poderosos.* [np]

₂N – V – N – D   *Um bom advogado tirá-lo-ia da prisão.*

₃N – Vse – D   *Tire-se já daqui para fora!*

₄N – V – N – a N   *O dentista tirou-me um dente. O gatuno tirou-lhe o relógio. Nos últimos trabalhos do milho, os fangueiros não podem tomar patrão, porque os ou-*

	tros não os deixam com recados e imposições, atemorizando-os de lhes tirar a terra. [fa] *Tirando 5 a 12 ficam 7. Isso, ele tirou-me todas as dúvidas.*
	▪ *Tirar a pele a alguém:* jm das Fell über die Ohren ziehen: *Os gajos querem é que a gente cá fique para nos tirarem a pele.* [be]
	▪ *Tirar o chapéu a alguém:* FIG. den Hut ziehen vor; alle Achtung!: *Francoforte tem nas Feiras uma fonte de receita de se lhe tirar o chapéu.* [oj] *Como orador, é de se lhe tirar o chapéu.*
	▪ *Tirar a.c. a limpo:* etw ins Reine schreiben.
₅N – V – N – de N	*A assistência não tirava os olhos do homem, fascinada.* [dm] *Tira daí as conclusões que quiseres! Não soube tirar proveito da oportunidade. Conseguimos tirá-lo da miséria/ da cena da droga.*
	▪ *Tirar a.c. da cabeça:* s. etw aus dem Kopf schlagen: *Tira isso da cabeça. Não penses mais no assunto!*
	▪ *Tirar a.c. da cabeça de alguém:* jm etw ausreden: *Tanto teimou com ele que conseguiu tirar-LHE da cabeça essa ideia.*
₆N – V – N	*Tirar uma fotografia/ um passaporte/ um curso/ um bilhete/ um passe de autocarro/ uma licença. Já tiraste o dente? A Xana tirou o apêndice quando tinha dez anos. Tirar a camisa/ a roupa/ os sapatos/ as luvas/ os óculos. Tirou o chapéu, saudando-o. Tirar um treze no totobola. Tirou uma boa nota na escola. Chegaste a tirar a matrícula do carro que provocou o acidente? Vou tirar 500 exemplares do meu livro. Vou tirar duas cópias deste folheto.*
	▪ *Tirar à sorte:* das Los ziehen: *Tínhamos tirado à sorte quem havia de a beijar, e calhara-me a mim.* [dm] *Tira-se um número à sorte e você pode ser o contemplado.*
₇Np – V – por Ncp	*Tirava-LHE pela manga do casaco. Gostava imenso de tirar por mim.*

tiritar
1. (vor Kälte...) zittern, schlottern; mit (den Zähnen) klappern.

₁N – V <de N>	*Mas logo me dispus a aguentar, tanto mais que de casa chegavam risos; se julgavam que tiritava de medo, só tinha de mostrar o contrário, pois nunca gostei que me vencessem.* [fa] *As gémeas tiritavam de frio e respiravam com dificuldade.* [dm]

tocar¹
1. berühren. 2. e-a. berühren. 3. berühren; FIG. erschüttern. 4. etw, jn wo berühren; anfassen; zu sprechen kommen auf. 5. <etw> jn angehen. 6. in die Zuständigkeit fallen von.

₁N – V – N <com N>	*Toquei a mesa com a mão e senti uma superfície macia.*
	▪ *Tocar o gado:* Das Vieh antreiben.
₂Npl – Vse	*Eles tocaram-se para confirmar que ainda estavam vivos. As nossas casas tocam-se.*
₃N – V – N	*O vestido dela tocava o chão. A morte do futebolista tocou profundamente o país.*
₄N – V – em N	*Que ninguém toque nestes tubos de ensaio! O João tocou sem querer na perna da Ana Cristina. O vestido dela tocava no chão. A mulheraça não tocou mais no assunto.* [np] *Para muitos leigos, a componente software dos computadores parece uma mistificação, pois não podemos tocar-lhe nem vê-la.* [cp]
	▪ *Tocar na ferida/ no ponto fraco:* den wunden Punkt berühren.
₅N – V – a Np	*Ia precisamente falar-lhe do problema da fragilidade, um problema que toca a todos, mas o ambiente adensava-se.* [sa]
	▪ *Pelo que me toca:* was mich angeht.
₆I – V – a Np	*Toca à Comissão Nacional de Eleições organizar todo o processo eleitoral. Toca ao Governo tratar disso.*

tocar²
1. (Klavier, ein Stück...) spielen; (Platte) auflegen, spielen. 2. <etw> läuten; klingeln. 3. (Glocke) läuten; schellen.

₁N – V – N	*Sabes tocar piano? O pianista tocou um tango. Ele tocou um disco antigo.*
	▪ *Tocar a recolher:* zum Rückzug blasen.

₂N – V A campainha/ o despertador tocou. Agora mesmo tocou o telefone. Era o Duarte. [sa]

₃N – V – a N Fazia um calor pegajoso quando cheguei ao Largo de Santo Agostinho. Encharcado em suor, toquei à campainha. [np]

■ *Tocar a finados*: jn zu Grabe läuten: *O sino tocava a finados.*

tocar³
1. los!

₁V + a V_INF Toca a comer a sopa! Vá, toca a andar antes que eu perca a cabeça e leve mas é as duas por um braço. [be] E se as coisas se complicam, que é que este tipo faz? É logo a carga no chão, e toca a fugir! [sv] Então são moucos? Toca a andar! Vamos lá! [pc] Toca a comer a sopa depressa!

■ *Toca para a cama*: marsch ins Bett!: *Toca para a cama, depressinha, à minha frente!*

tolher
1. lähmen; erstarren lassen; (js Bewegungen) behindern; jm den Weg versperren; FIG. jn am Weiterkommen... hindern. 2. wie gelähmt sein, erstarren (vor); (e-n Augenblick) nicht mehr sehen können.

₁N – V – Ncp O susto tolheu-o. Depois vesti a camisa, porque sentia um grande frio a tolher-me todo, embora o dia não estivesse acabado e os outros dissessem que tinham calor. [ra] Parecia-lhe que LHE apertavam os braços e as pernas, tolhendo-LHE os movimentos, como se alguém o temesse em liberdade. [ra] Direito a casa, ninguém foi capaz de LHE tolher o caminho, embora as perguntas chovessem de todos os lados. [ra] Nunca tolhi a iniciativa dos meus colaboradores, nem me sobrepus às suas decisões. [sc] Veio um imenso cansaço a tolher-LHE as reflexões e desejou fechar-se toda em si própria. [nv]

₂Ncp – Vse <de N> Tolheu-se de medo. Tolheu-se-ME a vista, algum grão de areia me entrara para o olho.

tomar¹
1. nehmen; (e-n Ort) einnehmen; (das Wort) ergreifen; s. an (die Spitze) setzen; (Atem) schöpfen; (Richtung) einschlagen; (Platz) einnehmen; (etw) von jm Besitz ergreifen; je in seinen Besitz nehmen. 2. mit etw wegnehmen. 3. etw wie nehmen, auffassen. 4. in halten für.

₁N – V – N Tomas café? Vou tomar uma pastilha para as dores de cabeça. Vou tomar o comboio para Coimbra. Tomar a auto-estrada. A 2 de Agosto, os Alemães, tomadas rapidamente Limburgo e Verviers, batiam-se nas pontes do Mosa. [oj] Tomou a palavra e falou. Tomou a dianteira e ganhou a prova. Eles já tomaram ânimo. A Luísa emborcou o seu copo sem tomar fôlego, e encostou-se depois à soleira da porta, à espera dos outros. [dm] Perdeu-se porque tomou a direcção de Paris, não foi? Aquele móvel ali toma muito espaço. Toma-me pouco a pouco o delírio das coisas marítimas. [po]

■ *Tomar banho*: baden; ein Bad nehmen: *Tomar banho no rio. Toma banho, enquanto eu preparo o jantar.*

■ *Tomar lugar*: Platz nehmen: *Dos 474 acusados, apenas 2o7 estão detidos e destes só uma centena tomou lugar nas jaulas da imensa sala de audiências.* [oj]

■ *Tomar o poder*: die Macht ergreifen: *Tomai o Poder, já! O importante é tomar imediatamente o Poder!* [np]

■ *Tomar cor*: Farbe bekommen: *Logo que as batatas tomem cor, colocam-se à roda da língua, deitando-se um pouco de vinho do Porto ou da Madeira, sal, pimenta e suco de carne.* [ac]

■ *Sem rumo a tomar*: NEG. ohne Ziel: *Quando me encontrei em Lisboa, com uma mala nas mãos, sem rumo a tomar, pensei que enlouquecia de solidão.* [nv]

■ *Tomar alguém pela mão*: jn an die Hand nehmen.

■ *Ser tomado de pânico*: von Panik ergriffen werden: *O automobilista de oiro é tomado de pânico, sem dúvida nenhuma, porque faz uma barulhenta manobra de marcha-atrás.* [np]

■ *Tomar a.c. a peito/ tomar a peito fazer a.c.*: s. etw angelegen sein lassen: *Tomou a organização do congresso a peito. Existem recepções, conferências,*

| | solenidades, sob o tecto hospitaleiro da municipalidade, a qual toma a peito imprimir às Feiras a chancela de acontecimento. [oj]
$_2$N – V – N – a Np | Atente bem na situação: a França aperta com a gente por causa do empreiteiro do porto de Lisboa, esse tal Hersent; a Alemanha toma-nos a baía de Quionga, em Moçambique; os macacos dos Brasileiros refilam, por termos concedido o direito de asilo, nos nossos navios, aos revoltosos duma insurreição qualquer. [bc]
$_3$N – V – N – M | Tomou isso em mau sentido_Foi um equívoco.
| ▪ Tomar a.c. à letra/ ao pé da letra: etw wörtlich nehmen: Tomou isso ao pé da letra.
$_4$N – V – N – por N | Por quem me toma você?

tomar²
$_1$N – V + N... | ▪ Tomar afeição+a Np: Zuneigung gewinnen zu jm.
| ▪ Tomar conhecimento+de N: zur Kenntnis nehmen: Em 1834 o engenheiro sueco George Scheutz tomou conhecimento da existência da máquina de diferenças e decidiu construir uma. [cp] Se a Fernanda tivesse tomado conhecimento de que ela andava pelas escadas na pouca-vergonha e não fizesse nada, estava a tornar-se cúmplice dela e a faltar aos seus deveres mais elementares. [hn]
| ▪ Tomar conta+de N: auf jn aufpassen; jn beaufsichtigen: A moça toma conta dos seus irmãos.
| ▪ Tomar contacto+com N: in Kontakt treten mit: Também nos locais de trabalho, mais e mais pessoas estão a tomar contacto com os computadores. [cp]
| ▪ Tomar coragem: Mut fassen.
| ▪ Tomar uma decisão: e-e Entscheidung treffen: As Forças Armadas acatariam a decisão que o Presidente da República viesse a tomar. [sc]
| ▪ Tomar a defesa+de N: verteidigen: Iria tomava a defesa do Mestre em palavras, depois de já a ter tomado nos actos. [av51]
| ▪ Tomar interesse+por N: s. interessieren für: Os pressentimentos foram uma constante da vida de Abraham Lincoln, que, especialmente depois da morte de Willie, o filho mais novo, tomou um interesse inusitado pelos fenómenos extra-sensoriais. [pj]
| ▪ Tomar medidas: Maßnahmen ergreifen: Tenho que tomar medidas para resolver essa questão.
| ▪ Tomar parte+em N: teilnehmen an: O Exército português tomará parte, este ano, no referido exercício. [dn]
| ▪ Tomar posse: (Amt) antreten: António Menezes deverá tomar em breve posse das suas novas funções. [dn]
$_2$N – V + em N ... | ▪ Tomar em consideração, em conta, em linha de conta: berücksichtigen; e-r S. Rechnung tragen.

topar
1. stoßen auf; vorfinden. 2. stoßen gegen. 3. finden; entdecken; darauf kommen. 4. herausfinden; entdecken; darauf kommen, daß.
$_1$N – V – com N | Quando entraram em Rates, para grande espanto de todos, toparam com um verdadeiro pandemónio. [dm]
$_2$N – V – em N | Topar numa pedra.
$_3$N – V – N | Disfarçado de polícia ninguém te topa. ▸Estás a topar?
| ▪ Topar um desafio/ BRAS. FAM. uma parada: e-e Herausforderung annehmen: Ele não topou o desafio/ a parada.
$_4$N – V – Fi | Assim não há perigo de nos roubarem_Ninguém topa que estamos aqui. [al] Era o Ambrósio, entrando como quem pisa musgo_Se topava que, apesar das infinitas precauções, a sua intrusão fora descoberta, o pequenito sorria-me exageradamente, com um delicioso trejeito de vergonha. [np]

tornar¹
1. (wohin) umkehren. 2. zu jm zurückkehren. 3. zurückkommen auf; wieder zu s. kommen. 4. wiederkommen. 5. DIZER: erwidern; antworten...

₁N – V – (D) Já estava na metade do caminho, quando tornou. Movido por natural curiosidade, o pedreiro declarante tornou ao mesmo local para ver a mulher em questão. [bp] *Tornei à viela e propus à usurária que me deixasse levar o Ambrósio ao cinema, ver a Branca de Neve.* [np]

₂N – V – para Np Porque não tornas para os teus pais?

₃N – V – a Ncp Tornou à mesma pergunta. Esteve quase a desmaiar, mas tornou a si.
■ *Tornar à vaca fria*: wieder auf die alten Sachen zurückkommen, zu sprechen kommen: *Tornava sempre à vaca fria*.

₄N – V Depois da partida do filho, tornaram as preocupações.

₅N – V – Te DIZER: *O teu pai anda descontente contigo – torna o polícia, em voz severa.* [np]

tornar²
1. etw Adj machen. 2.–3. werden. 4. machen zu; verwandeln in. 5. werden (zu).

₁N – V – N – P_adj – N É difícil indicar exactamente o que torna os computadores tão interessantes. [cp] *Receava a minha capacidade para tornar infelizes aqueles que amo* [np]

₂N, F, I – Vse – P_adj, n Tornou-se um bom advogado. A Epson é uma companhia japonesa que se tornou conhecida no mercado dos micros pela sua impressora de matriz ponteada. [cp] *Torna-se cada vez mais claro que a corrupção se instalou na classe dirigente. Com o correr do tempo torna-se necessário defender o ambiente.*

₃N – V – Pn Esta questão tornou (um) assunto de suprema importância.

₄N – V – N – em N Ela tornou aquele farrapo num lindo vestido. Na missa, o padre torna a água e o vinho em sangue de Cristo. A bruxa tornou a princesa numa rã.

₅Ncp – Vse – em N Com o passar dos anos, ele tornou-se num dos melhores advogados do país. Este jornal tornou-se num dos melhores e mais vendidos em Portugal.

tornar³
1. wieder, noch einmal + V.

₁[N –] V + a V_INF À noite tornou a chover. Porque é que tornaste a fazer isso? ▸D. Clotilde não respondeu‿Então tornei‿Repeti a frase. [sv]

tornar⁴
1. (und) dann...

₁N – V + e + V Sempre que eu digo sim, ele torna e diz não.

torrar
1. (Brot) rösten, toasten. 2. (in der Sonne) rösten.

₁N – V – N Torram-se bocadinhos de pão e deitam-se no prato, sobre o puré. [ac]

₂N – V Torrar ao sol.

torturar
1. quälen; foltern; martern; <Schuhe> jn drücken. 2. s. quälen.

₁N – V – N A polícia sempre torturou os prisioneiros, não sei porque ia agora mudar de comportamento. Estes sapatos torturam-*ME* os pés.

₂N – Vse Talvez fosse responsável pelo suicídio dele‿Seria?‿Talvez...‿Agora, de toda a maneira, nada podia já remediar‿Para quê torturar-se? [pc]

tossir
Morf.: Pres.: tusso, tosses.
1. husten.

₁N – V Quase sufocada, a Luísa tossiu e cuspinhou tudo à sua volta. [al]

tourear
Morf.: Pres.: toureio.
1. mit e-m Stier kämpfen.

$_1$N – V – (N)   António do Carmo não pôde tourear o seu segundo toiro porque, entretanto, anoiteceu e a praça não dispõe de iluminação eléctrica. [pj]

trabalhar
1. arbeiten; <etw> funktionieren; FAM. (in e-m Film) spielen. 2. arbeiten an. 3. arbeiten für; auf etw hinarbeiten. 4. etw bearbeiten; (Feld) bestellen; [Computer] (ein Programm) abarbeiten; kneten.

$_1$N – V   Ele trabalhou até se cansar. A televisão/ o rádio/ o relógio não trabalha. Essa gente aí trabalha toda para mim. Nós não trabalhamos com esse tipo de produtos. A Maria trabalha como empregada de escritório. Charlie Chaplin não trabalha neste filme.

$_2$N – V – em N   O João anda a trabalhar na tese.

$_3$N – V – por N   Melissa Welsh disse também que tenciona trabalhar pela melhoria das relações entre o seu país e Moçambique. [dn]

$_4$N – V – N   Trabalhar o bronze/ a terra. É então que o intérprete trabalha o programa, convertendo cada linha em códigos binários. [cp] ▸Trabalha-se esta massa com o garfo, tempera-se com sal e pimenta e deixa-se repousar durante dez minutos. [ac]

traçar
1. (Linie) ziehen, zeichnen; (Grenze) ziehen, abstecken. 2. jm etw skizzieren; jm (s-e Grenze, Handlungsspielraum...) zeigen, umreißen.

$_1$N – V – N   Traçou uma tangente e duas secantes à circunferência. Traçar uma linha recta/ curva. Traçaram os limites/ as fronteiras da quinta.

$_2$N – V – N – a Np   Traçou-lhe os objectivos do projecto. Traçou-lhe os seus limites no empreendimento.

traduzir
Morf.: Pres.: traduz.
1. übersetzen. 2. FIG. der Ausdruck sein von; zum Ausdruck bringen. 3. zum Ausdruck kommen.

$_1$N – V – N – (de N – para N)   O João traduz um artigo (do inglês para o português).

$_2$Nc – V – N   O facto de a Conferência ter nível ministerial traduz a importância política que as questões da igualdade e da situação feminina assumem neste momento na Europa. [dn] Thatcher acrescentou que clarificara com Reagan quatro pontos, que traduzem a posição da Grã-Bretanha. [pj]

$_3$Nc – Vse – em Nc   O aumento traduziu-se num acréscimo de rendibilidade do sector exportador. [pj] Para a Associação, tal diploma determina gravíssimas consequências, que se traduzem em irreparáveis prejuízos para o sector da construção. [dn] É nesse tipo de atitudes que se traduz o seu isolamento.

trair
1. verraten; e-r S. zuwiderhandeln; gegen etw handeln; jn hintergehen; (Ehefrau, Ehemann) betrügen. 2. FIG. verraten; offenbaren; offenkundig werden lassen. 3. s. verraten; offenbaren; offenkundig werden.

$_1$N – V – N   O Estado, tal qual é, trai os grandes objectivos constitucionais. [pj] Votar é colaborar, não votar é trair o Povo. [dp] Eles traíam-me, os meus interesses. Traiu a mulher com a vizinha do lado.

$_2$Nc, Fc – V – Nc   Os seus gestos traíam o seu receio. Que ele assim gesticulasse traía bem o medo que sentia. O facto de discutirem o problema tão pormenorizadamente traiu o profundo interesse que os movia.

$_3$Ncp – Vse   Traiu-se ao dizer isso. O seu medo traía-se pela pressa que manifestava em sair.

trajar
1. (Kleidung) tragen. 2. s. wie kleiden. 3. (Kleidung, Farbe) tragen.

$_1$N – V – N   Trajava um modelo exclusivo de Dior. O João trajava casaca.

$_2$N – V(se) – M   A patroa trajava com elegância burguesa, sem dar nas vistas, como qualquer esposa pudente e honrada de alto funcionário. [pc]

₃N - V(se) - de N   *Ela trajava(-se) de amazona/ de preto.*

tramar
1. aushecken; (insgeheim) planen; FIG. jn fertigmachen. 2. anzetteln; aushecken.
₁N - V - N   *Um grupo de presos tramou a sua fuga da cadeia. Às vezes, bom povo, as pessoas são surdas às nossas queixas, e as conspirações se tramam nas nossas costas.* [av] *Havia notícia de que, por trás do que se tramava, estaria a FRELIMO.* [sc] *O que me trama é a humidade. A humidade e ter de levantar-me tão cedo todas as manhãs.* [ap]
₂N - V - (N) - contra Np   *Tenho a certeza de que eles estão a tramar alguma coisa contra mim.*
  ▪ FAM.: *<Alguém> estar tramado:* in der Klemme sein, sitzen.
  ▪ *<a.c.> estar tramado:* vermasselt sein: *Já não havia razão para a minha clandestinidade e lá estava tudo tramado. Porcaria de jogo, caramba!* [cd]

tranquilizar
1. beruhigen; beschwichtigen. 2. s. beruhigen.
₁N - V - N   *O primeiro-ministro grego pretende tranquilizar os dirigentes português e espanhol, declarando que a Grécia não se opõe à adesão de Portugal e Espanha à CEE.* [pj]
₂N - Vse   *Tranquilize-se, homem, que eu não lhe venho bater à porta a pedir ajuda!*

transformar
1. verwandeln in; jn verändern. 2. s. verwandeln in; s. verändern.
₁N - V - N - (em N)   *Transformou o pão em rosas, dizem. A sua experiência transformou-o.*
₂N - Vse - (em N)   *A sua expressão de desagrado transformou-se em cobiça, quase luxúria, quando começou a examinar as pedras.* [kf]

transmitir
1. jm etw mitteilen; (Krankheit) übertragen auf; <Geschichte> etw überliefern. 2. <Krankheit> s. auf jn übertragen. 3. <Radio, Fernsehen> etw übertragen; 4. s. ausbreiten.
₁N - V - N - (a Np)   *Transmitiu-lhe as ordens do chefe da secção. As moscas transmitem essa doença (às vacas). É este facto que nos transmite a História.*
₂N - Vse - a Np   *Essa doença transmite-se às crianças débeis.*
₃N - V - N   *A Emissora Nacional vai transmitir esse programa na segunda feira.*
₄V - Vse   *A luz transmite-se à velocidade de tantos quilómetros por segundo.*

transpirar
1. schwitzen. 2. FIG. durchsickern.
₁Np - V   *O João estava muito afogueado e transpirava tanto que tinha os cabelos colados à testa.* [dm]
₂Nc - V - de N   *Alguma coisa transpirou destas conversas e começou a correr com insistência o boato de que eu sairia do Governo.* [sc]

transportar
1. etw (wohin) transportieren, tragen, bringen. 2. FIG. jn in etw versetzen.
₁N - V - N - (D)   *Os carregadores transportaram os armários para dentro da casa. Pretendiam transportá-lo com eles, amordaçado, enrolado em mantas lobeiras à fim de despistarem a polícia que cercava o edifício a cair de velho.* [lu] *O taxi vai transportar o grupo do hotel para a estação central.*
₂N - V - N - Da, para   *Aquela paisagem transportava-o ao/ para o mundo da infância.*

tratar
1. <Arzt> jn, etw behandeln; <etw> gut sein gegen; (Thema) erörtern, behandeln. 2. s. behandeln lassen; s. kurieren. 3. s. kümmern um; Vorkehrungen treffen für; s. um etw bemühen; s. beschäftigen mit; <etw> handeln von. 4. s. bemühen, zu; s. kümmern um. 5. s. handeln um. 6. es gehen um. 7. jn wie behandeln. 8. e-a. wie behandeln. 9. es s. gut gehen lassen; s. pflegen. 1o. jn wie behandeln; wie umgehen mit. 11.-14. verhandeln über; etw (mite-a.) aushandeln. 15. es zu tun haben mit jm.

$_1$Ncp – V – N Quem me tratou foi o Dr. Gonçalves. O médico tratou a doença. Este medicamento trata qualquer mal-estar. Durante a reunião foi também tratado o tema dos refugiados. Este autor trata um tema histórico no seu romance.

$_2$Np – Vse Se ele está melhor ou não, não sei, mas sei que ele já se anda a tratar.

$_3$N – V – de N Esse senhor trata da admissão do pessoal na nossa empresa. Ela não tratou das plantas enquanto estivemos fora. O médico tratou da doença. Parece que vão tratar do casamento. [sa] Uma das mais flagrantes contradições da Humanidade é o seu proclamado anseio de viver em paz, quando não cessa de tratar da guerra. [pj] A minha tia ficou encarregada de tratar da casa enquanto estou fora. Porque é que ele não trata da sua vida? Já tratei do assunto. Eu não quero tratar desse problema agora. Esse livro trata de matemática.

$_4$N – V – de I Quando soube da notícia, tratei logo de comprar um bilhete de regresso. Ó Baltasar - pediu alguém - já que estamos em tua casa, trata de dar de beber à gente! [dm] Trata mas é de fazer o jantar! Trate de trabalhar!

$_5$Vse – de N Trata-se de mais um caso de corrupção.
$_6$Vse – de I Não se trata de encontrar uma solução, mas a solução.
$_7$Np – V – N – M A vossa mãe trata-vos muito mal. Vocês tratam-nos como se fôssemos ladrões. [kf] Apesar dos modos imperiosos e despóticos com que Palácios a tratava, via muito amiúde Bernadette pousar nele um olhar terno. [np]

■ Tratar por tu/ por você: jn duzen, siezen; jn anreden mit: Já então, sem que eu soubesse como, nos tratávamos por tu. [pc]

■ Tratar mal alguém: beschimpfen, beleidigen: Tratou-o mal, chamou-lhe quantos nomes podia.

$_8$Npl – Vse – M Tratam-se com cerimónia, com uma certa distância.
$_9$N – Vse – M Ele trata-se bem; quando lá cheguei estava a comer uma caldeirada de enguias com um litro de vinho verde à frente.
$_{10}$N – V – com Np – M Eles tratam comigo como se eu fosse da família.
$_{11}$Npl – V – N Os dois países estão a tratar um acordo de paz.
$_{12}$N – V – N – (com N) Os sindicatos estão a tratar com o patronato mineiro o aumento de salários.
$_{13}$Npl – V – de N Nós já tratámos da instalação da máquina de lavar. Os dois partidos já trataram dos contratos.
$_{14}$N – V – (com N) – de N Vou amanhã tratar com ele do arrendamento.
$_{15}$N – V – com Np Afinal, com quem é que estou a tratar, com crianças da escola primária ou com adultos da universidade? Detesto tratar com pessoas sem escrúpulos.

travar¹
1. bremsen; abbremsen. 2. FIG. bremsen; aufhalten; Einhalt gebieten. 3. <Auto> bremsen.

$_1$N – V – (N) Travou o carro. O João travou subitamente.
$_2$N – V – N Travar a inflação/ a taxa de desemprego. Não há como a aristocracia para travar a história, que se escrevia com maiúscula, outrora. [lu]
$_3$N – V O carro travou de repente.

travar²
1.-2. (Gefecht) kämpfen, austragen; (Schlacht) schlagen; (Gespräch) führen, anknüpfen; (js Bekanntschaft) machen.

₁Npl – V – N   Amolguei o nariz contra a janela, tentando vislumbrar o cenário onde vietcongs e norte-americanos travaram alguns dos mais sanguinolentos combates modernos. [np] Se alguém tem dúvidas elas desaparecerão com a leitura dos debates travados na Comissão Parlamentar que a votou na especialidade. [oj] Até o aborrecia que Mari-Paz houvesse interrompido o animado diálogo que travavam para se absorver naquela visão profunda das águas. [vp]

₂N – V – N – (com N)   O Comandante do pequeno caça-minas "Augusto de Castilho" travou combate desigual, no Atlântico, com um submarino alemão. [pj] O FC Porto marcou um golo de sorte num lance confuso junto à nossa baliza. Foi, claro, difícil defrontar João Pinto, mas creio que cumpri na luta que travei com ele. [pj] Um aristocrata britânico de antiquíssima linhagem trava longa conversa com o milionário. [pj] Até então, Mari-Paz travara conhecimento com dois ou três amigos de Luís Manuel, com quem raramente privava. [vp]

trazer
Morf.: Pres.: trago, trazes, traz. Pret. perf.: trouxeram. Fut.: trarei. Imper.: traz, trazei.
1. wohin bringen; mitbringen. 2. jm etw bringen, mitbringen. 3. FIG. jm (Probleme) bringen, einhandeln. 4. (bei s...) tragen, haben; (Kleidung...) anhaben, tragen; (Krankheit) in s. haben; FIG. mit s. bringen; (Probleme) nach s. ziehen. 5. etw in etw mitbringen, haben; etw wo haben.

₁N – V – N – (D)   Dois autocarros trouxeram os jornalistas para a baixa da cidade. Veio ao almoço e trouxe o irmão. Vou trazer alguns presentes de Paris.
₂N – V – N – (a N)   Traga-me uma cerveja, se faz favor! Trouxeste o que te pedi?
₃N – V – N – a N   Esse rapaz só sabe trazer problemas à família.
▪ *Trazer a.c. à memória de alguém*: jm ins Gedächtnis rufen. *Isso trouxe-ME à memória a conversa que tivemos.*
▪ *Trazer a.c. a lume*: ans Licht bringen: *O que ele fez trouxe a lume a importância das novas formas de energia para fins pacíficos.*
₄N – V – N <a, em, por N>   Trazia a criança pela mão. O pai trazia o filho ao colo. Trouxe os impressos consigo. Trazia a tese entre mãos, não se preocupava com mais nada. O João trazia umas calças cinzentas e uma camisola branca. A conversão destes códigos para correrem noutro processador não trará grandes problemas. [cp] A senhora trazia um colar precioso. Trazia em si uma doença mortal.
₅N – V – N – L   Ele trouxe cinco dos hóspedes no seu carro. Trazia a agenda no bolso do casaco. O João parecia trazer lume nos olhos.
▪ *Trazer água no bico*: <etw> dahinterstecken; <etw> etw in sich haben: *Gosto de piedosas mentiras, em geral fazem-me sorrir. Esta contudo traz água no bico, não engana ninguém.* [lu]
▪ *Trazer a.c. na boca*: Wörter ständig benutzen: *Ele traz sempre a palavra "pá" na boca.*
▪ *Trazer alguém na(s) palma(s) das mãos*: jn auf Händen tragen: *Trazia a sua mulher nas palmas das mãos.*

tremer
1. zittern; beben; erbeben.

₁N – V <de; a, com N>   Porque é que a televisão está a tremer tanto? Eu tremia de medo enquanto ele tremia de frio. A mão tremia-LHE. Tremia-LHE a voz, ao dizer aquilo. As casas tremeram à/ com a passagem do comboio-expresso.
▪ *Tremer como varas verdes*: wie Espenlaub zittern: *Estás a tremer como varas verdes!*

trincar
1. knabbern an; etw abbeißen von.

₁N – V – N   As crianças iam trincando as fatias de bolo, devagarinho que é para renderem mais, dizia o Vasco. [av] Adoro fazer misturas! – disse a Luísa, *que tinha descascado um pêssego e uma ameixa, que trincava alternadamente.* [dm]

trocar
1. auswechseln; vertauschen; verändern. 2. austauschen; ersetzen durch. 3. (Geld) wechseln. 4. (ein neues N) anziehen, kaufen...; (Hemd...) wechseln. 5.-6. (den Platz) wechseln. 7.-8. (Meinungen...) austauschen; (Worte) wechseln (mit).

₁N – V – Npl *Ele trocou as malas. ▸Não troque a ordem em que arrumei os livros.*

₂N – V – N – (por N) *Troquei o televisor a preto e branco (por um a cores). Aos patrões não sorria a ideia de despedir os empregados, que eram mal pagos, para os trocar por uma máquina de calcular de custo elevado.* [cp]

■ *Trocar o dia pela noite:* Die Nacht zum Tag machen.

₃N – V – N – (em N) *Pode-ME trocar 1oo escudos em duas de 5o?*

₄N – V – de N *Trocar de camisa/ de roupa/ de sapatos/ de namorado. Em Portugal, quem trocava de carro de 5 em 5 anos fá-lo agora de 1o em 1o anos.* [pj]

₅Npl – V – de N *Eles trocaram de lugar.*

₆N – V – de N – com N *Quer trocar de lugar comigo? – propus.* [np]

₇Npl – V – N(pl) *Trocámos impressões sobre o assunto. O João e a Maria trocaram correspondência durante vários anos. Trocámos cartas, discutimos. Às vezes, nas discussões, já trocavam insultos. Maravilhosa Li Chin! Sentia-me feliz a seu lado, na viela gélida e sombria, mesmo sem trocarmos palavra.* [np]

₈N – V – Npl – (com N) *Durante alguns meses troquei cartas/ correspondência com ele. Spaggiari apertou a mão a cada um, sorrindo, trocando umas palavras, procurando animá-los.* [kf]

troçar
1. s. lustig machen über; Witze reißen (über).

₁N – V – (de Ncp) *Estás a troçar de mim! Ele troça de tudo e todos. Não levas nada a sério, estás sempre a troçar!*

tropeçar
1. stolpern (über); straucheln (über). 2. FIG. stoßen auf, gegen.

₁N – V – (em N) *Vão à minha frente, para eu não tropeçar. O caminho é muito escuro.* [dm] *O Pedro quase tropeçava num esticador da passadeira da escada, que estava solto.* [dm] *As pernas fraquejavam-me, os pés já tropeçavam em todas as pedras da estrada.* [fa] *Meu pai entrara a cair de embriagado, à porta tropeçara num banco e estatelara-se no meio do chão.* [fa]

₂N – V – em N *Durante toda a minha vida tive que tropeçar em muitos obstáculos, ninguém mos tirou do caminho.*

■ *Tropeçar nas palavras:* s. verhaspeln: *Ele tropeçava nas palavras, custava-lhe prosseguir.*

trovejar
1. donnern. 2. DIZER: wettern.

₁V *Que calor, meu Deus! – exclamava Clotilde. – Pressinto que vai trovejar!* [sv]

₂N – V – Te DIZER: *Andem-me p'ra frente com esses bois – trovejou o lavrador.*

turvar
1. trüben; verunreinigen; jm den Kopf verdrehen. 2. s. trüben.

₁N – V – N <com N> *A fábrica turvou as águas com os produtos químicos que lançou no/ ao rio. Aqueles produtos turvaram a água do rio. Com aquele assomo viril e inconsequente parecia-LHE haver turvado a limpidez duma suave despedida.* [vp] *A minha avó revia-se muito naquela fotografia, talvez por lhe lembrar os seus tempos de moça, em que turvava cabeças a rapazes de bom arranjo.* [fa]

₂N – Vse *Turvara-se-LHE a vista.* [pc]

U

ultrapassar
1. überholen. 2. übertreffen; <etw> etw überschreiten; über etw hinausgehen; mehr als ... haben, zählen; überwinden. 3. jn übertreffen an.

₁N – V – (N)   É proibido ultrapassar em lombas e curvas. Troto eu pela viela neste triste cogitar, quando, ligeiro como uma aragem, me ultrapassa um mocito aí duns oito anos. [np]

₂N – V – Nc   A construção ultrapassava em muito as técnicas de engenharia desse tempo. [cp] Não será autorizada a construção de andares recuados que ultrapassem o número de três pisos. [pj] Convém aqui recordar que a Timex passou por violentas convulsões. E ultrapassou-as, não choramingando por novas leis laborais, mas utilizando-se das que dispunha.

₃N – V – N – em N   A Maria ultrapassa o João em inteligência.

unir
1. zus. fügen; vereinigen; verbinden. 2. verbinden mit. 3. s. zus.tun; s. verbinden. 4. s. zus.tun, s. verbinden mit. 5. e-e Verbindung eingehen.

₁N – V – Npl   Ele uniu as peças firmemente e colou-as. A mensagem de Ramalho Eanes, transmitida pela televisão de Marrocos, foca essencialmente o relacionamento secular que une os povos de Portugal e de Marrocos. [dn] Ramalho Eanes disse aos emigrantes que não estão esquecidos, pois "há laços que nos unem numa mesma comunidade de sentimento e de cultura". [pj]

₂N – V – N – a N   O canal de Suez une o Mediterrâneo ao Mar Vermelho.

₃Npl – Vse   <para I>   O Mário e a Joana uniram-se para fazer frente às decisões arbitrárias do júri. Unem-se nela beleza, elegância e "sex-appeal" numa conjunção de qualidades que fazem dela uma mulher fatal. Os dois partidos uniram-se contra o governo.

₄N – Vse – a N   Ele uniu-se ao outro eng° A. Juston. Ele uniu-se aos meus com empresário para realizar esse projecto.

₅Npl – V   Estas moléculas não unem.

usar
1. benützen; gebrauchen; einsetzen; Gebrauch machen von; (Kleidung, Brille...) (immer) tragen. 2. s. abnützen. 3. benützen; anwenden; Gebrauch machen von; (das Wort) ergreifen. 4. benützen; s. js, e-r S. bedienen; Gebrauch machen von.

₁N – V – N   <para I>   Os missionários pedem às mais altas autoridades portuguesas para que usem todo o seu poder e influência a favor de negociações entre as partes em conflito. [dn] Usar óculos. O jornalismo sério que queremos praticar não usa golpes baixos. O realizador usava um "pacemaker" desde uma crise cardíaca de que tinha sido vítima há três ou quatro anos, acrescentou. [pj] Ela usa sempre roupas extravagantes. O pessoal usa toucas, batas e máscaras para evitar a contaminação acidental do ambiente. [cp]

₂N – Vse   Os sapatos que comprei usaram-se depressa.

₃N – V – de N   <para I>   Ele usou de todos os artifícios para me convencer. A professora usava de tanta severidade na avaliação dos trabalhos, que os alunos tinham-lhe medo. [np] Peço-lhe o especial favor de se não usar de palavras estrangeiras. [hn] Usar da palavra.
■ Eles usam e abusam de medicamentos: etw am laufenden Band gebrauchen, einnehmen...

₄N – Vse – de Ncp   <para I>   Ele usou-se da Joana para mais facilmente conquistar a irmã dela. Usei-me dos utensílios que estavam em cima da mesa da cozinha.

utilizar

1.–2. benützen; verwenden; s. js, e-r S. bedienen.

₁N – V – Nc <para *I*, em *N*> Maria pespegou em Abel uma vergastada, porque ele se pusera a esboroar o pão que devia comer, o ensalivara e moldava bolinhas para as utilizar numa espécie de jogo de berlinde. [as] Ele utilizou-a para fazer carreira.

₂N – Vse – de Ncp <para *I*> Utilizou-se da filha do patrão para subir na empresa. Convém aqui recordar que a Timex passou por violentas convulsões. E ultrapassou-as, não choramingando por novas leis laborais, mas utilizando-se das que dispunha.

V

vaguear
Morf.: Pres.: vagueio.
1. herumstreifen; etw durchstreifen.

₁N – V – (Lpor)   Meu avô ressonava à sombra dum carvalho, com a espingarda de andar aos coelhos encostada ao tronco morno e os cães a vaguear ao redor, impacientes, frustradíssimos. [op] Comprazia-se em vaguear pelas ruas de mãos nos bolsos das calças. [np]

valer
Morf.: Pres.: valho, vales.
1. gelten; <Spiel> zählen, gelten. 2. (nicht) erlaubt sein; [Spiel] (nicht) gelten. 3. wert sein. 4. wert sein; so viel sein wie. 5.–7. jm etw einbringen. 8.–10. ausnützen; benützen; s. zu Nutze machen; zurückgreifen auf. 11. jm helfen, von Nutzen sein, beistehen.

₁N – V   <como N>   Este papel vale como livre-trânsito. O jogo ainda não era a valer.
■ Valha a verdade: im Ernst; tatsächlich: Valha a verdade, o Carlos ainda pode vir a fazer um bom trabalho.

₂I – V   Não vale abrir os olhos, enquanto contas até trinta. Não vale fazer batota.
■ Valer mais, menos que: besser, schlechter sein als: Mais vale prevenir que remediar. Mais vale tarde que nunca. Mais vale um pássaro na mão que dois a voar.

₃N – V – Q   Os quadros de Picasso valem uma fortuna. Isso não vale um pataco/ um tostão. Este cabedal não vale muito/ nada.
■ <N, Fc, I> valer a pena: der Mühe wert sein, s. lohnen: Isso não vale a pena. Nelson Neves confessa ter valido a pena a aposta da sua empresa no vinho "rosé". [oj] Vale a pena que ele venha de avião, apesar do preço. Não vale a pena fazer isso.
■ Ele não vale nada: ein Taugenichts sein.

₄N – V – por N   Um homem prevenido vale por dois. O meu prato valia por dois.
₅N – V – a Np – N   Os anos de investigação valeram-lhe o prémio Nóbel.
₆N – V – a Np – Fc   As afrontas ao professor valeram-lhe que fosse expulso da escola.
₇N – V – a Np – I   Esta atitude valeu-lhe não voltar a ser convidado pelo PCP. [oj]
₈N – Vse – de Ncp   <para I>   Valia-se do pai para recuperar o negócio. Zé-Diabo sofria de micturição e valia-se disso para ir mais vezes à retrete do que a classe inteira. [op] Os interessados valiam-se de todos os meios. [sc] Valia-se do facto de a mãe ser distraída para sair de casa a toda hora.
₉N – Vse – de Fc   <para I>   Valia-se de que ela fosse distraída para chegar sistemáticamente atrasado.
₁₀N – Vse – de I   <para I>   Valia-se de a mãe ser distraída para sair de casa a toda hora.
₁₁N – V – a Np – (em N)   Se eu te puder valer em alguma coisa, é só dizeres. Valeu-lhe o tio naquela aflição, emprestando-lhe o dinheiro. Quando vão de férias, valem-lhes os vizinhos cuidando-lhes das plantas.
■ Valer de nada a alguém: jm nichts nützen: Mas de nada lhe vale, pois só daí a meses sai da cadeia. [sv]
■ Valha-me Deus: Herrgott nochmal: Valha-me Deus, filha!
■ Valha-te Deus!: Gott stehe dir bei!

valorizar
1. etw aufwerten, im Wert ansteigen lassen; FIG. schätzen.

₁N – V – N   O actual desenvolvimento vai valorizar os terrenos situados no centro da cidade. Valorizou-se o imóvel com as obras de restauro. Horácio valorizava a sua profissão, queixando-se embora amiúde das maçadas que lhe dava. Mas prezava-a em alto grau. [pc] Aprende a valorizar a companhia da mulher.

variar
1. s. ändern; anders sein, werden; s. verändern; <Preis, Temperatur> schwanken; NEG. unverändert, gleich, dasselbe bleiben. 2. (Gewohnheit...) ändern. 3. ändern, verändern; variieren; Abwechslung bringen in.

₁N – V
A programação da televisão variou muito ultimamente. Acho que a Maria variou. Diria mesmo que ensandeceu. Os impressos variam de banco para banco. [dn] O clima varia conforme a região. Desde que o restaurante abriu, a ementa nunca variou. O preço do bacalhau/ a temperatura tem variado muito.
▪ De vez em quando gosto de deitar uma espreitadela às igrejas, para variar – disse Felícia, entrando no táxi. [np]
▪ Ele já está a variar: wirr reden, sprechen, schreiben.

₂Np – V – de Nc
As pessoas variam de hábitos/ de gostos/ de opinião.

₃N – V – N
Desde que o restaurante abriu, nunca variou a ementa. Deu ordem à cozinheira para variar os pratos.

varrer
1. fegen; kehren. 2. FIG. (Gedanken) wegfegen; verdrängen; verstummen lassen. 3. (Gedanken) ausradiern; davonjagen; entlassen. 4. FIG. aus (dem Gedächtnis) verschwinden; ◊ vergessen. 5. säubern von.

₁N – V – (N)
Quando se muda de casa, é costume varrer-se o chão e limparem-se as paredes da casa que se abandona. [hn] O homem da limpeza varria o passeio em frente do banco. [kf]

₂N – V – N
Luís Manuel, porém, não aceitava os pensamentos que o diminuíssem; varria-os com um gesto irritado da mão, como se sacudisse uma mosca. [vp] Nesse momento, um grito varreu a boca de toda a gente. [av]

₃N – V – N – D
Varreu as más recordações da sua mente. O governo pretendia varrer todo o pessoal excedentário da função pública.

₄N – Vse – (D)
Por instantes, varre-se-LHE da memória o motivo por que se encontra ali. [sv] Esqueci a figura e a fisionomia varreu-se-ME de tudo. [pe]

₅N – V – N – de N
A Câmara procurava varrer a cidade de todas as casas de jogo.

vasculhar
1. herumwühlen, suchen in; etw durchsuchen. 2. wo herumschnüffeln. 3. durchsuchen. 4. etw wo suchen.

₁N – V – (L)
O Jaime vasculhou nos bolsos, atirou várias moedas para cima do balcão e saiu, a correr, direito ao carro. [dm] O Pedro vasculhou ao acaso, pouco convencido. Enfiou a mão por debaixo dos bancos e topou com uma coisa dura. [dm]

₂N – V – L
Foi a intenção que contou quando as "moscas" da vila começaram a vasculhar no bairro dos varinos, procurando saber quem acompanhara o morgado dos Relvas na noite do bailarico. [bc]

₃N – V – N
Os ciganos vasculhavam tudo, ora compradores ora vendedores, tendo para cada caso uma solução pronta. [fa] Procurou o Zé Milho-Rei por todos os lados, meteu-se nos grupos, vasculhou as filas de um lado ao outro. [fa]

₄N – V – N – L
O pai vasculhou no armário alguma coisa boa. [fn]

vedar
1. (e-n Weg) sperren; (Licht) abhalten, dämpfen; (Geruch) zurückhalten; (Risse) zumachen, zukleistern, zustopfen. 2. untersagen; ◊ verhindern.

₁N – V – N
Vedar um caminho. O barracão de zinco, de dia, vedava mal a luz. [be] Custava-me a crer que não continuasse na Terra, ao ver aquelas paredes salitrosas, as torneiras amareladas e vedando mal, o cheiro bem característico dos mictórios terrestres, sobretudo portugueses, italianos ou espanhóis. [tm] O Corso cobriu o caixilho da porta com cimento plástico, vedando as fendas. [kf]

₂N – V – N – (a Np)
O Malawi limitou-se a vedar à FRELIMO a instalação de bases e campos de treino e a circulação de armas e outro material bélico. São vedadas todas e quaisquer construções no interior dos quarteirões, salvo as que se excepcionarem legalmente. [pj]

velar
1. wachen bei. 2. wachen über; aufpassen auf.

₁N – V – Np Avisámos foi Simeão que chegou horas depois, sem choro, disposto a velar o amigo toda a noite. [lu]

₂N – V – por Ncp Compete-nos velar pelos valores tradicionais. [hn] Velar pelas crianças. Bastará que o Governo assuma as suas obrigações e vele pelos direitos dos cidadãos. A Divisão de Economia e Tecnologia do CESID vela pela segurança da informação. [oj]

vencer
1. siegen; besiegen; schlagen. 2. (Wahlen) gewinnen; (Krise) überwinden; (Hindernis, Krankheit...) überwinden. 3. (Lohn, Gehalt) beziehen. 4. <Rate> fällig werden, sein.

₁N – V – (N) O FCP venceu hoje. Venci-o ao jogo. Que vença o melhor!

₂N – V – N Esquerda vence eleições na Dinamarca. [od] Só os trabalhadores podem vencer a crise! [MRPP] Vencer obstáculos/ dificuldades/ o medo. Ele venceu a hesitação e entrou. Eles não conseguem vencer a crise com as aquelas medidas ineficazes. Ele ainda não conseguiu vencer a sua pneumonia.
■ Ser vencido pelo cansaço, sono: von der Müdigkeit... übermannt werden.

₃N – V – N Ele vence 6o mil escudos por mês.

₄N – V Vence amanhã a última prestação do frigorífico.

vender
1. verkaufen. 2. FIG. (vor Gesundheit) strotzen. 3. s. wie verkaufen. 4. <jd> s. kaufen lassen; käuflich sein.

₁Np – V – N – (a Np) <por, a Nc> Hoje estavam a vender as maçãs a cem escudos o quilo. Vendeu-me as pêras por bom preço. Vendeu as pêras ao desbarato. Vendeu cara a casa, vendeu-a por 5ooo contos. ►Que ideia! Para vender é que sim! Aquilo vale muito dinheiro. Mas vender a quem? Bom – quem? Bom – disse o Pedro. [dm]
■ Vender gato por lebre: jm ein X für ein U vormachen.
■ Vende(m)-se apartamentos!

₂Np – V – Nc Ele vende saúde.

₃Np – V – N [...] produto que vende bastante bem em Portugal.

₄Np – Vse – (a N) Quantos e quantos políticos acabam por se vender, virando a casaca!

ver¹
Morf.: Pres.: vejo, vês, vê, vêem. Imperf.: via. Pret. perf.: viram. Part.: visto. Imper.: vê, vede.
1. sehen; (s.) etw ansehen. 2.–3. sehen; erkennen. 4. etw ersehen aus; etw sehen, merken an. 5. sehen, schauen, ob; erfahren, ob. 6. sehen. 7. jn sehen als, wo... 8. s. sehen als, wo...

₁N – V – N Nós já não nos vemos há anos. Não via um palmo à frente do nariz. Vi a morte diante dos olhos. Vê inconveniente em sair mais cedo? Não vejo razão para não sair. Hoje fui ver o filme "Quo vadis?". Cada um tem a sua maneira de ver as coisas. ►Outros, parecia que não conseguiam desgrudar-se dali, viam as suas próprias notas, voltando atrás para tomar apontamentos num caderninho e... fazendo perder a paciência aos que estavam atrás e também queriam ver. [dm] ►Ele não vê, é cego. ►Vês, não te disse que ias cair?
■ Não vejo o fim à história: Es ist kein Ende abzusehen.
■ Estás a ver?: Kapiert?
■ Estar visto + Adv: gut, schlecht gelitten sein: Este homem está bem visto entre nós.
■ Estar a ver + N: verstehen: Estás a ver o problema?

₂N – V – Fi Vi que ele caiu. Vê-se – dizem, – que tenho vivido no estrangeiro. [po]

₃N – V – Fic | NEG Não via que estava de facto inconveniente. Eu não via que ele estivesse de facto satisfeito. Não vemos que seja inconveniente transmitir informações sobre reuniões de militares. [ot]

₄N – V – por N – Fi Nos túmulos também repousam ossadas cristãs, como se pode ver pelos nomes e pelas cruzes. [np]

₅N – V – Int Ele telefonou para ver se o carro estava pronto. Eu posso ver se consigo re-

bentar com a fechadura.
* *Vê/ vejam lá se+F:* zusehen, daß: *E, voltando-se para as filhas o pai recomendou: Agora, vejam lá se têm juízo e não vão dar maçada, hã?* [dm]
* *Vê/ vejam lá se+F:* paß auf, daß nicht: *O melhor é ires sem fazer barulho e espreitares pelo buraquinho da fechadura. Mas vê lá se ela te descobre.* [hn]

₆Ncp – V – [N +] I   *A casa de banho devia ser para ele como um escritório, porque o via sair de lá consultando facturas e recibos.* [np] *As disquetes são relativamente lentas, mesmo que pareçam rápidas quando as vemos girar.* [cp] *Faz-me nervos vê-los andar pela rua tão sossegados.* [np]
* N – V – a N + I: *Zombavam de Noé os que lhe viam fazer tal fábrica e haviam-no por sandeu por pregar o Dilúvio vindoeiro.* [rp]
* N – V – N + a I: *Revolta-nos ver os rebanhos de sempre a brandir os slogans do costume.* [ot]

₇Ncp – V – N – P_adj, n   *Pela primeira vez em meio ano ouvia aquela mulheraça falar com emoção e via-LHE os olhos húmidos.* [np] *Eu já o via médico, atendendo os doentes no seu consultório. Ainda estou a vê-la agarrada ao telefone, na sala de estar, berrando colericamente à clientela que se atrasava nos pagamentos.* [np]

₈Ncp – Vse – P_adj, n   *O autoritarismo cego e desenfreado vê-se forçosamente antagonizado por tudo o que assente na base democrática do diálogo.* [dl] *Viram-se obrigados a tomar aquela decisão. Eles viram-se em apuros, em dificuldades.*
* *Ter a ver com N:* (nichts) zu tun/ zu schaffen haben mit: *Isso não tem nada a ver com a questão. Não tenho nada a ver com ele.*

ver²
1. ◊ Passiv.
₁N – V + V_pp   *A Associação Portuguesa dos Comerciantes de Materiais de Construção viu restringidos os seus programas e acções de formação profissional.* [dn]

verificar
1. überprüfen; <Rechnung> nachrechnen. **2.–4.** feststellen; herausfinden. **5.** (Probleme) auftreten, s. ergeben. **6.–7.** s. erweisen, s. herausstellen als.

₁N – V – N   *O homem veio e verificou a balança. Se todos os cabos estão em boas condições e perfeitamente ligados, verifiquem-se os fusíveis.* [cp] *Ele verificou a conta.*
₂N – V – Fi   *Arrepiamo-nos ao verificar que tal festividade degenera numa conspiração, mais ou menos consciente, contra a verdadeira literatura.* [oj] *Verificou-se que não valia a pena.*
₃N – V – Int   *Por vezes é difícil verificar se o computador está a executar um determinado bloco do programa.* [cp]
₄N – V – I   *Verifiquei não ser possível cumprir o prazo.*
₅N – Vse   *Encetámos uma série de negociações em relação a cada um dos rios em que se verificavam problemas.* [sc]
₆N – Vse – P_adj, n   *O investimento veio a verificar-se desastroso/ um verdadeiro desastre.*
₇Fc, I – Vse – P_adj   *Investir/ que se investisse tanto na indústria química veio a verificar-se desastroso para a economia nacional.*

versar
1. (ein Thema) behandeln; besprechen; erörtern; betreffen; gehen über. **2.** etw zum Gegenstand haben; von (e-m Thema) handeln; <Gespräch> s. drehen um.

₁N – V – N   *Os temas a versar em Creta, na Academia Ortodoxa de Gonia, são aliciantes.* [pj] *A operação entre Portugal e a Comunidade versará particularmente a informação económica e financeira recíproca entre empresas portuguesas e europeias.* [cm]
₂N – V – sobre N   *Leonel não pensava; e, se em dado momento ia a lembrar-se da complicação em que estava metido, logo mergulhava no atordoamento do jogo ou das discussões, nem que estas versassem sobre marcas de automóveis.* [vp]

vestir
Morf.: Pres.: visto, vestes.
1. etw anziehen, überziehen; (Kleidung) tragen, anhaben; jn anziehen. 2. s. anziehen. 3. jn wo einkleiden. 4. s. wo einkleiden. 5. jn verkleiden. 6. s. verkleiden 7. (e-e Kleidungsfarbe) tragen; s. wie kleiden.

₁Np – V – Ncp   *Ele vestiu a roupa. O João vestia um fato de uma das melhores boutiques parisienses. A mãe vestiu as crianças. Após uma breve permanência na prisão, Evo Fernandes vestiu a pele de um vulgar "retornado" e veio para Portugal, onde instalou residência em Cascais.* [oj]

₂Np – Vse   *A Teresa vestiu-se depressa, arranjou um pão e saiu, a correr.* [dm]

₃Np – V – Np – L   *Ele veste os filhos na mais cara boutique da cidade.*

₄Np – Vse – L   *Ele costuma vestir-se em Paris.*

₅N – V – Np – de N   *Pelo carnaval, a mãe vestiu a filha de palhaço.*

₆Np – Vse – de N   *Pelo carnaval, visto-me de palhaço.*
■ *Ela ia vestida de diabo:* (verkleidet) gehen als.

₇N – V – de N, M   *Ela vestia de roxo. O Joaquim vestia com elegância e tinha o cabelo cortado curto.* [kf]

viajar
1. reisen; bereisen.

₁N – V – (D) ‹de N›   *Viajou para a América. Viajou por toda a Europa. Viajar de carro/ de comboio/ de barco. O serviço está cada vez pior, já não dá gozo viajar de avião – continuou a Piedade, alteando a voz.* [np] *Ela viaja em primeira classe.*

vincar
1. (tiefe) Furchen zeichnen, bilden. 2. ‹Falten› hervortreten.

₁N – V – N   *Ele vincou as calças. Os guardas infiltram-se pelo matagal, reconstruindo o cerco mais adiante. Irascíveis, a demora e o frio vincam-LHES a face num ricto áspero.* [sv]

₂N – Vse ‹L›   *Quando havia alguma coisa que não lhe contavam, a sua cara transtornava-se, punha-se pálida, vincavam-se-LHE duas rugas entre os olhos e a boca parecia desaparecer.* [fa]

vingar
1. rächen. 2. s. rächen an, für. 3. überleben; durchkommen; gedeihen; s. durchsetzen.

₁N – V – N   *Ele ainda pensava em vingar a morte do pai.*

₂N – Vse – de Ncp   *Ele tentou vingar-se da morte do pai. Três anos depois, Rang escapou e tentou vingar-se dos informadores que o tinham denunciado.* [kf]

₃N – V   *A criança nasceu prematura e não vingou. As crias vingaram. Alguns "sages" das letras aconselham a que se olhe com atenta humildade toda a obra que, de linhagem autenticamente literária, vingue na preferência dos leitores.* [oj]

vir¹
Morf.: Pres.: venho. Imperf.: vinha. Pret. perf.: vieram. Part.: vindo.
1. kommen. 2. (zurück-)kommen aus; FIG. (her-)kommen von; herrühren von. 3. zu etw, jm kommen. 4. kommen.

₁N – V – (D) ‹l, de N, I›   *Mariana gostava de vir ali passear à tarde. Vim de longe. Venha daí comigo. Vamos dar uma volta. Vem aí lendo, a ler o jornal. Vieste inteiro de Moçambique, não vieste? Então de que te queixas?* [np] *Ele veio de avião/ de comboio/ no comboio das oito e meia. Ela vinha de fazer as compras quando teve um acidente.*
■ *Não me venham+com N:* Kommen Sie mir nicht mit N: *Não ME venham com partidos!, opôs-se a Antónia.* [sa] *Não ME venham cá com isso!*
■ *Voltara anos depois, vinha médico e rico.*
■ BRAS. POP. *Nem vem que não tem:* Versuch es erst gar nicht.
■ *Ver ter com alguém:* zu jm kommen; jn aufsuchen.

₂N – V – de N   *Eles vêm de férias. O português vem do latim. A pneumonia veio-LHE da gripe mal curada que o senhor teve há um mês atrás.*

₃N – V – a N   *A população veio à peça de teatro ao ar livre.*
■ *Vir à tona:* an die Oberfläche kommen: *Fazer vir à tona:* offenbaren; of-

fenkundig werden lassen: *A autorização para um estabelecimento hoteleiro ganha outra dimensão quando surge inserido numa discussão que faça vir à tona todo um enorme conjunto de ilegalidades praticadas à luz do dia.* [pj]

▪ <Livro...> *vir a lume:* erscheinen; veröffentlicht werden. *É uma das melhores análises que vieram a lume ultimamente.*

▪ *Vir à memória de alguém:* jm einfallen, in den Sinn kommen: *O nome dele não ME veio à memória.*

₄N – V   *Dias virão em que não faltará dinheiro, mas pão.*

▪ *Vir a propósito:* gerade recht kommen: *Isso veio mesmo a propósito.*

vir²
1. allmählich + V; mehr und mehr; immer mehr + V.

₁N – V + V_GER   *Fácil também é prever que procurará dignificar o Parlamento, ajudando-o na recuperação de uma imagem que em termos públicos se vem degradando.* [cm] *Desde há muito que os sindicatos vêm denunciando situações, na sua perspectiva ilegais.* [dn] *Acresce, ainda, que o Governo norte-americano vem sendo confrontado com diversas dificuldades no campo político.* [dn]

vir³
1. am Ende, später, letztlich; schließlich + V; <pret. comp.> hat bisher + Vpp.

₁N – V + a V_INF   *O bolo veio a fazer-me mal. Os dias do minicomputador, tal como hoje existe, estão contados, pois o microcomputador, ou computador pessoal, tem vindo a ocupar o seu espaço.* [cp] *A Região tem vindo a receber, prontamente, os 40 milhões de dólares previstos no acordo.* [dn] *Devias agarrar-te aos livros sérios, estudar, para vires a ser um homem!* [np]

vir⁴
1. "bewirken, daß; geeignet sein, zu + V; zur Folge haben."

₁N – V + V_INF   *A invenção da roda veio revolucionar a vida da humanidade. O mau tempo veio atrasar os voos domésticos. Visita histórica esta, que vem recordar uma outra feita pelo então chanceler federal Willy Brandt.* [dn]

vir⁵
1. sein; haben.

₁N – V + P_pp   *A maior parte dos alimentos vinha estragada. Alguns aparelhos, como as modernas máquinas de lavar, vêm por vezes equipados com um pequeno computador.* [cp] *Isso vem noticiado nos principais jornais.*

vir⁶
1. und da; und dann.

₁N – V + e + V   *Eu até vi a cor do carro, era amarelo, e ele vem e diz que era preto.*

visar
1. zielen auf; abzielen auf; bezwecken. 2. abzielen auf; beabsichtigen; bezwecken. 3. abzielen auf.

₁N – V – N   *Visou o alvo e disparou. A medida visa o aumento de produção na indústria de celulose.*

₂N – V – I   *A recente lei sobre reservas florestais visa combater as arbitrariedades dos madeireiros. Esta iniciativa visa ainda avaliar o papel das novas tecnologias na modernização da estrutura produtiva. A Tecnofil visa apresentar as tecnologias produzidas ou utilizadas em Portugal.*

₃N – V – a N   *Estas medidas visam à manutenção e reciclagem da tecnologia já existente na nossa empresa.*

visitar
1. besuchen. 2. besichtigen; besuchen.

₁N – V – Np   Eu, por exemplo, não recebia visitas – quem diabo quereria visitar-me?! [np]

₂N – V – Nc   Quando for a Lisboa, visite o museu dos coches em Belém. Falam em quê, os sebentos comilões? Em visitar montes, para observar paus frondejando em verde contra o azul do céu, sem que os mova o propósito de fazer versos. [op]

vitimar
1. Opfer fordern; jds Tod herbeiführen; ◊ das Opfer e-r S. werden.

₁N – V – N   O indivíduo em causa foi identificado por um casal que se encontra no interior da residência em ruínas, de onde partiram os tiros que vitimaram o soldado da GNR. [pj] Ele acedera, a vontade afrouxada pela infelicidade que o vitimara. [be]

viver¹
1. leben; am Leben sein; (Schmerzen...) ständig haben. 2.–3. leben von; den Lebensunterhalt bestreiten. 4. für etw leben. 5. wo wohnen. 6. bei jm wohnen. 7. (ein Leben) leben; etw erleben, durchmachen; (Jahre) leben.

₁N – V   <adj, M>   Ele vive contente com a vida. Ele ainda vive! Viver em apuros/ em paz. Não te preocupes, não vou viver ao relento. Ele vive angustiado/ com permanentes dores de cabeça.
▪ Viver à larga: in Saus und Braus leben.

₂N – V – de, com N   De que é que vais viver, de ar e vento? A família vive do ordenado do homem. Vive de esmolas. Em El Chapare, quase toda a gente vive directa ou indirectamente do negócio da droga. [oj] Vivem com o que ele ganha.

₃N – V – de I   Durante anos viveu de vender chinelos na feira.

₄N – V – para N   Pessoa viveu para a Literatura. Quem estime o livro e para ele viva sentirá uma espécie de reabilitação do seu afecto longo tempo e por muitos humilhado. [oj]

₅N – V – L   O João vive em Lisboa.

₆N – V – com N   [illegible]

₇N – V – N   Vive a vida e esquece os problemas. Procuro viver os bons momentos da vida. A Europa vive constantemente momentos de convulsão. Vivi cem anos e quero viver mais cem! [sa]

viver²
1. immerzu, ständig, dauernd + V.

₁N – V + Vₐ INF, GER   Vive a roer/ roendo as unhas. A oposição vive a atacar o Governo. Ele vive a fazer queixas ao patrão.

voar
1. fliegen. 2. wohin fliegen; wegfliegen.

₁N – V   Voámos a 3 mil metros de altitude sobre Faro. É bom esquecer tudo, afinal, ajudar o alheamento do espírito, ultrapassar o mundo e toda a sua carga insuportável e voar num mar sereno. [nv]
▪ Mit dem Flugzeug fliegen: Ir de avião: Como é que vais para Lisboa? – Vou de avião.
▪ Voar sobre um país: ein Land überfliegen.

₂N – V – (D)   Eles voaram de Lisboa para Paris num avião da TAP. Os telhados das casas voaram com o temporal. Ele voara cedo para outras paragens.

voltar¹
1. zurückkehren; zurückkommen; umkehren. 2. zurückkehren zu; <Schiff> wohin drehen. 3. (Kopf) wenden, umdrehen; (Seite) umschlagen; etw umdrehen. 4. s. umdrehen. 5. etw wohin drehen. 6. jm (den Rücken) zuwenden, zukehren; (Gedanken) richten auf. 7. jm den Rücken zukehren; FIG. keinen Gedanken verschwenden auf. 8. s. wohin umdrehen. 9. s. zu jm umdrehen; s. jm, e-r S. zuwenden; s. entscheiden für. 1o. s. gegen jn wenden. 11. FIG. wieder eintreten; wiederkehren.

₁N – V – (D)   <para I>   Quando o navio volta ao porto, há sempre qualquer alteração. [po] Eu encontrei-a na rua quando voltava do trabalho. Voltou amargoso e apreensivo para a Rua dos Capelistas. [mi] Voltou para casa.

₂N – V – a N	▪ *Voltar atrás:* umkehren: *Esquecera-se das chaves, por isso voltou atrás.* *Voltei às velhas amizades. Voltei à minha velha ocupação. O navio voltou a leste.*
	▪ *Voltar à vaca fria:* wieder auf die alten Sachen zurückkommen, zu sprechen kommen.
₃N – V – N	*Chamava pela Joana e a Luísa é que voltava a cabeça. Voltar um livro/ uma página.*
₄N – Vse	*O bebé voltou-se na cama. Sem se voltar uma única vez, dobra a esquina, desaparece.* [np]
₅N – V – N – D_para	*Voltou as costas para a parede. Voltou a cabeça para o sitio onde vira o carro estacionado.*
₆N – V – N – para N	*Voltou as costas para a Joana. Voltou o pensamento para Deus.*
₇N – V – N – a N	*Voltei as costas à Joana. Voltou as costas ao perigo. Voltou as costas à família.*
	▪ *Voltar a.c. às avessas:* das Innere nach außen kehren: *Voltou o casaco/ as meias às avessas.*
₈N – Vse – D_para	*Voltei-me para a parede. Não te voltes para trás.*
₉Np – Vse – para Ncp	*E, voltando-se para as filhas, o pai recomendou: Agora, vejam lá se têm juízo e não vão dar maçada, hã?* [dm] *Voltou-se para Deus. Eles voltaram-se para o ensino de línguas.*
₁₀N – Vse – contra Np	*Voltou-se contra os amigos.*
₁₁N – V	*Quando as forças internas vierem a predominar sobre as forças externas, a reunificação das duas Alemanhas voltará.* [dn] *Com o tempo a confiança que nele tivera haveria de voltar. Depois da partida do filho voltaram as preocupações.*

voltar²
1. noch einmal + V; wieder + V.

₁N – V + a V_INF	*Que seria dela se voltasse a despenhar-se?* [nv] *Voltou a falar com ele. O silêncio volta a entrar no meu quarto.*

votar
1. abstimmen über; s–e Stimme abgeben für. 2. stimmen für. 3. abstimmen über. 4. für, gegen etw sein, stimmen. 5.–6. stimmen für. 7. etw, jn e–r S. widmen; jn e–r S. überlassen. 8. s. widmen.

₁N – V – N	*A Assembleia vai votar hoje a proposta de lei sobre pagamento de retroactivos.*
	▪ *Votar em branco:* e–e ungültige Stimme abgeben; sich der Stimme enthalten.
₂N – V – em Ncp	*Eu votei na lista A. Mesmo que os 17% de indecisos votassem todos em Mondale, este quedar-se-ia com 42%.* [pj] *O Governo apercebe-se de que muita gente que nele votou começa a duvidar.* [od] *Voto sempre no mesmo partido.* ▸*Votar é um direito de todo o eleitor mas é simultaneamente um dever imperioso.* [dp] ▸*Já foste a votar?*
₃N – V – sobre N	*Os jornalistas votaram também sobre a exoneração do Conselho de Redacção, uma vez que, no plenário da véspera, tinha sido aprovada uma moção de desconfiança àquele orgão.* [dn]
₄N – V – por, contra N	*Poucos deputados votaram pela proposta de lei. Os deputados que votaram contra a proposta deram ao País um triste exemplo de hipocrisia.* [pj]
₅N – V – por Fc	*Voto por que se tomem as medidas necessárias nesse sentido.*
₆N – V – por, contra I	*Voto por/ contra partirmos já e descansarmos durante a noite.*
₇N – V – Ncp – a Nc	*Votou a sua vida ao serviço da medicina. Votar alguém ao abandono.*
	▪ *Ser votado ao ostracismo:* verbannt werden; in die Verbannung geschickt werden.
₈N – Vse – a Nc	*Depois do fracasso, votou-se ao isolamento total*

Z

zangar
1. ärgern; verärgern. 2. s. ärgern, verärgert sein (über). 3. s. streiten; verärgert ause–a.gehen. 4. s. streiten mit; mit jm in Streit geraten; s. mit jm zerstreiten.

₁N – V – Np   <com N>   *Zanguei a Joana com aquilo que lhe fiz.*

₂Np – Vse   <com N>   *Eles zangaram-se com isso. Temos comadres que se zangam e promovem o soalheiro nos jornais.* [pj] *A mãe zangou-se com o filho por não ter feito os seus deveres.*
▮ ⇒ *Ficar zangado.*

₃Npl – Vse   *Temos comadres que se zangam e promovem o soalheiro nos jornais.* [pj]

₄Np – Vse – com Np   *Zanguei-me com o João por ele ser atrevido. A mãe zangou-se com o pai.*

zelar
1. wachen über; sorgen für; aufpassen auf.

₁N – V – por N   *A EURATOM propõe-se estabelecer normas de segurança uniformes para a protecção sanitária da população e dos trabalhadores, e zelar pela sua aplicação.* [cm] *Tens que zelar pelas tuas coisas! Tens que zelar por ti mesmo, não contes com os outros.*

ziguezaguear
Morf.: Pres.: ziguezagueio.
1. s. schlängeln; im Zickzack laufen, fahren.

₁N – V – (Lpor entre)   *Manuel fustigou a mula, com as rédeas bem presas na mão, porque a carroça tinha de ziguezaguear por entre grupos de gente e lugares de louça.* [fa] *Um ardina surgiu, a correr, ziguezagueando por entre os autocarros e os automóveis, que àquela hora progrediam devagar.* [la]

zombar
1. jn, etw verspotten; s. lustig machen über. 2.–3. s. lustig machen über; jn auslachen, weil.

₁N – V – de Ncp   *As crianças zombavam do mendigo da aldeia. Leonel queria zombar dos seus rebates de consciência: não o conseguia.* [vp] *Zombava do perigo.*

₂N – V – de Fc   *Zombaste de que eu fosse a Lisboa, afinal acabaste por ir lá também.*

₃N – V – de I   *Zombaste de eu ter caído, afinal caíste também.*

zumbir
1. <Bienen...> summen; <Ohren> jm summen.

₁N – V   *As abelhas zumbiam à volta da marmelada. Os ouvidos zumbiam-ME. Teresa perdoava então as irrisórias ofensas, que delas tinha, às velhas aduncas e mirradas que a alfinetavam com destampadas reprovações, zumbindo em surdina, à sua passagem.* [pc]
▮ *Zumbir a.c. ao ouvido de alguém:* jm etw ins Ohr säuseln, flüstern: *Zumbia-LHE ao ouvido o que tinha acabado de descobrir.*

zunir
1. <Bienen, Fliegen> summen; <Wind> säuseln, pfeifen; <Wurfgeschoß> schwirren; <Kugeln> pfeifen.

₁N – V   *As abelhas zuniam à volta da marmelada. As moscas zuniam-ME ao ouvido. O vento zunia pelas frinchas e o luar verdoso entrava pelo postigo.* [as] *O vento soprou lá fora, zunindo nas quatro janelas da torre.* [bc] *As balas zuniam por toda a praça. De repente, do cimo de uma árvore, saiu um pássaro em voo rápido, o outro estendeu as borrachas da atiradeira e logo uma pedra zuniu, passando por cima de mim.* [fa]

zurrar
1. <Esel> iahen.

₁N – V   *Contente da fartura, o burro espojou-se e zurrou forte, esquecendo que estava preso e se não podia afastar.* [fa]

zurzir
1. schlagen; (ver-)prügeln; übel zurichten.

₁N – V – N   *A PIDE zurzia os prisioneiros sem piedade.*

Índice

* = Beispiel in einem ∎-Eintrag.

A

abändern: *mudar.* (Kleidungsstück) ~ lassen **modificar.*
abarbeiten: [Computer] (ein Programm) ~ *trabalhar.*
abbauen: (Mine) ~ *explorar.* (Zelt...) ~ *desmontar 2.* js (Widerstand) ~ *amolecer.*
abbeißen: etw ~ von *trincar.*
abbekommen: (Regen, Schläge, Prügel, e-e Delle ...) ~ *apanhar.* (Regen...) ~ *amassar.*
abbezahlen: (Schulden...) ~ *amortizar.*
abbiegen: wohin ~ *cortar, enveredar, meter.* (mit dem Auto) wohin ~ *desviar.*
abbinden: ~ von *desprender.*
abbrechen: etw ~ *romper 1, interromper.* (Unterhaltung...) ~ *arrematar 1.*
abbremsen: *travar 1.*
abbrennen: *incendiar.*
abbringen: jn ~ von **desistir, desviar, dissuadir.* jn (vom Weg) ~ *desorientar.* jn (vom rechten Weg) ~ *desencaminhar.*
abbrühen: *escaldar.*
abbürsten: *escovar.*
abdanken: <König...> ~ *abdicar.*
abdecken: (den Tisch) ~ *levantar.* (Schulden...) ~ *amortizar.*
abdrucken: *imprimir.*
Abend: zu ~ essen *jantar, cear.* <~> werden *entardecer.*
abfahren: *partir 2.* <Zug> ~ *sair.*
abfallen: ~ von...auf *passar 1.*
abfangen: (Nachricht, Brief) ~ *interceptar.*
abfeilen: *limar.*
abfertigen: <Zoll...> ~ *despachar.*
abfeuern: (Kanone...) ~ *disparar.* (Waffe) ~ auf *descarregar.*
abfinden: s. ~ mit *consolar, adequar, conformar, acostumar.*
abfliegen: <Flugzeug> ~ *levantar, partir 2.*
abfüllen: in Flaschen ~ *engarrafar.*
abgeben: jm etw ~ *ceder.* (den Ball) ~ *passar 1.* (e-e Stimme) ~ für *votar.* e-n Schuß ~ *disparar.* • <jd> etw ~ (=sein) *dar 2.*
abgehen: von der Schule ~ **deixar 1.*
abgetrennt: (den Arm ...) ~ bekommen *amputar.*
abgewinnen: (dem Meer Land) ~ *conquistar.*
abgewöhnen: jm (e-e schlechte Gewohnheit...) ~ *curar.*
abgrasen: <Vieh> etw ~ *pastar.*
abhalten: ~ von *impedir.* (Licht) ~ *vedar.* Was hält dich davon ab, zu + I? **impedir.*
abhanden: ~ kommen **levar 1.*
abhängen: ~ von *depender.* vone-a. ~ *condicionar.* (jn, die Polizei) ~ *despistar.*
Abhängigkeit: in ~ geraten von jm *atar.*
abhauen: **dar 1, *passear, tirar, pirar-se, safar.* ~ von *arrancar.* von (zu Hause) ~ *escapulir.* von wo ~ *escapulir, abalar 2, abrir 2.* mit etw ~ *carregar.*
abhäuten: *esfolar, pelar.*
abheben: (Deckel) ~ *destapar.* <Flugzeug> ~ *descolar.* **levantar.* (Geld) ~ *retirar, levantar.* • s. ~ von *destacar.*
abheften: (Dokumente...) ~ *arquivar.*
abhelfen: e-r S. ~ *suprir.*
abhören: (Telefon) ~ *interceptar, escutar.* <Arzt> jn ~ *auscultar.*
abkanzeln: jn ~ *escovar.*
abklingen: <Begeisterung> ~ *adormecer.*
abknöpfen: jm (Geld...) ~ *levar 1, mamar.*
abkommandieren: (mil.) ~ *destacar.*
abkommen: vom (Weg...) ~ *desviar, desencaminhar, desorientar, sair.* von (der Fahrbahn) ~ **sair, despistar.* vom (Thema) ~ *desviar.*
abkühlen: ~ (lassen), s. ~ *arrefecer.* (Begeisterung...) ~ *arrefecer.*
abkürzen: (Weg...) ~ **cortar, abreviar, encurtar.*
abküssen: (s.) ~ *beijocar.*
abladen: *esvaziar.* ~ von, in *descarregar.*
ablagern: s. ~ *depositar.*
ablassen: ~ von *cessar 1.* nicht ~, zu **largar 1.* nicht ~ von *insistir.*
ablaufen: s. die Hacken ~ **correr.* (Schuhe) ~ *gastar.* • <Programm> ~ *desenvolver.* <Frist...> ~ *expirar.* <Ausweis, Frist...> ~ *caducar.*
ablecken: (s.) ~ *lamber.*
ablegen: *pousar.* (Mantel) ~ *despir.* <Schiff> ~ *desamarrar.* • e-n Eid ~ *jurar.* <etw> Zeugnis ~ von *dizer.* (falsches) Zeugnis ~ für, gegen *levantar.* (Anschauung...) ~ *enjeitar.* die Beichte ~ bei *confessar.*
ablehnen: etw ~ *reprovar, declinar, recusar, rejeitar.* es ~ *negar.*
ableiten: ~ aus *deduzir.*
ablenken: jn ~ *entreter, dispersar.* jn ~ von *arredar, desviar, distrair, alhear.*
abliefern: *entregar.*
ablösen: ~ von *descolar, despegar.* s. ~ von *despegar, descolar.* • s. ~ *alternar.*
abmachen: etw mit jm ~ *combinar.*
abmagern: *emagrecer.*
abmähen: *ceifar.*
abmessen: *medir, esforçar.*
abmühen: s. ~ *lutar, suar.* s. ~ für *suar.*
abnehmen: *diminuir, minguar.* (an Gewicht) ~ *abater, emagrecer.* <Schwierigkeiten...> ~ *minorar.* <Macht> ~ *caducar.* • jm (Geld...) ~ *mamar.* die Binde ~ von *desvendar.* (Kopfbedeckung...) ~ *descobrir.* [Telefon] Hörer ~ *levantar.* (mit Waffengewalt) jm etw ~ *conquistar.* • [Strieken] Maschen ~ **matar.* • jm die Beichte ~ *confessar.*
Abneigung: ~ entwickeln **ganhar.*
abnutzen/ abnützen: *usar.* (Maschine...) ~ *gastar.* (Schuhe) ~ *gastar.* <etw> s. ~ *gastar.*
abonnieren: *assinar.*
abpassen: (Gelegenheit) ~ *espreitar.*
abplagen: s. ~ *apoquentar, moer, suar.*
abrackern: s. ~ (für) *labutar, lidar, suar.*
abraten: jm ~ von *dissuadir.*
abrechnen: fig. mit jm ~ **ajustar.*
Abrede: in ~ stellen *desmentir.*
abreiben: (s.) ~ *esfregar.*
abreißen: (Gebäude...) ~ *aluir, derrubar, *deitar 1, desmantelar.* (Gebäude) ~ (lassen) *demolir.* jm (das Bein...) ~ *ceifar.*
abrichten: *amestrar.*
abrollen: (s.) ~ *desenrolar.*
abrubbeln: (s.) ~ *esfregar.*
abrutschen: <Erdreich> ~ *desabar.*
absagen: *cancelar.*
absägen: *serrar.*
absahnen: *mamar.*
absaufen: <Motor> ~ *afogar.*
absaugen: *aspirar.*
abschaffen: *enterrar.* (ein Gremium...) ~ *extinguir.* (Gesetz...) ~ *banir.* (offiziell) ~ *abolir, suprimir, afastar.*
abschalten: (Radio) ~ *calar, desligar, fechar.* <etw> s. selbst ~ *desligar.*
abschätzen: *avaliar, calcular.* (Höhe...) ~ *medir.*
Abscheu: js ~ erregen *repugnar.*
abschicken: *expedir, enviar, mandar 1, despachar.*
Abschied: ~ nehmen *despedir.*
abschießen: (Raketen) ~ *lançar 1, *deitar 1.* (Kanone...) ~ *disparar.*
abschlagen: jm etw ~ *recusar.*
abschleifen: *lixar.*
abschließen: **fechar, terminar.* womit ~ *fechar.* • [Fußball] e-n Spielzug ~ *arrematar 1.* (Vertrag...) ~ *concluir 1, firmar, estabelecer, celebrar.* (Vertrag, Geschäft...) ~ *fechar.* (fig.) ~ *encerrar, concluir 1.* (ein Hochschulstudium) ~ *formar.* ~d sagen *arrematar 1.*
Abschluß: zum ~ bringen *terminar.* zum ~ kommen *concluir 1.*
abschmatzen: *beijocar.*
abschmecken: [Küche] ~ mit *provar 2.* (Suppe) ~ *apurar 1.*
abschmirgeln: *lixar.*
abschneiden: *aparar, cortar.* jm (den Rückzug) ~ *cortar.* jm (das Wort) ~ *cortar.* • wie bei etw. ~ *sair.*
abschrecken: [Küche] ~ *constipar.*
abschreiben: etw, etw wo, von jm ~ *copiar.*
abschrubben: etw ~ *esfregar.*
abschürfen: s. (die Haut) ~ *esfolar.*
abschüssig: <Straße, Gelände...> ~ sein *inclinar.*
abschütteln: von s. ~ *sacudir.*
abschwächen: *atenuar.* (Geräusch, Licht) ~ *filtrar.* (Wirkung...) ~ *diminuir.* <Licht> s. ~ *amortecer.*
absehen: von etw ~ *escusar.* es auf jn abgesehen haben *cismar.*
absenden: *enviar, despachar, *dar 7.*
absetzen: jn wo ~ *deixar 1, depositar.* etw wo ~ *pousar.* (Brille) ~ *tirar.* • jn ~ *destituir, demitir.*
Absicht: in der ~, zu + V *pretender.*
absitzen: *apear, desmontar 1.* • (Strafe) ~ *cumprir 1.*
absondern: s. ~ *isolar.* von *separar.* s. ~ von *isolar.*
abspielen: s. ~ *produzir.*
abspringen: ~ von *saltar.* mit dem Fallschirm ~ **lançar 1.*

411

Abstand: ~ nehmen von *desistir*. <-> liegen zwischen *mediar*.
abstecken: (Grenze) ~ *traçar*.
absteigen: *descer*. von etw ~ *desmontar 1*. (wo) ~ *alojar*.
abstellen: etw wo ~ *arrumar*. • jm das Wasser ~ *cortar*. (Radio...) ~ *parar 1*. (Strom) ~ *desligar*.
absterben: <Pflanze...> ~ *morrer*.
abstimmen: ~ über *votar*.
abstreiten: *desmentir*. jm etw ~ *discutir*.
abstürzen: <Flugzeug> ~ *cair 1*, (pg.) *despenhar*.
abstützen: *sustentar*. (mit einem Stock...) ~ *estacar*.
absuchen: (nach Läusen, Flöhen...) ~ *catar*.
abtasten: *apalpar*.
abtauen: (Kühlschrank) ~ *descongelar*.
abtragen: (Schulden) ~ *liquidar*.
abtreiben: *abortar*.
abtrennen: *cortar*. etw ~ von *amputar*. ~ von *separar*.
abtreten: jm etw ~ *ceder*.
abtrocknen: *enxugar*. (Geschirr) ~ *limpar, enxugar*. s. ~ *limpar, secar*. s. (die Tränen) ~ *enxugar*.
abtropfen: ~ lassen *escorrer*.
abwägen: *considerar*. (s-e Worte, die Konsequenzen...) ~ *medir*.
abwälzen: (Schuld) ~ auf *lançar 1*.
abwarten: *esperar*.
abwaschen: *lavar*.
abwechseln: (s.) ~ (mit) *alternar*. ~d etw tun: *alternar*.
Abwechslung: ~ bringen in *variar*.
Abwege: auf ~ bringen *estragar, desencaminhar*. auf ~ geraten *perder, desencaminhar*.
abweichen: s. ~ von *afastar, declinar, divergir, diferir 1*. von der Fahrbahn ~ *sair*. vone-a. ~ *divergir, diferir 1*.
abwenden: (Blick) ~ von *desfitar, *desviar, furtar, tirar*. (Augen) ~ von *desprender*. (js Gedanken) ~ von *alhear*.
abwesend sein: *ausentar-se*.
abwiegen: *pesar*.
abwischen: (Schweiß, Tränen, Tafel) ~ *limpar*.
abwürgen: (Motor) ~ *afogar*.
abzeichnen: s. ~ (lassen) *desenhar*. <etw> s. wo ~ *esboçar*. <Lösung...> ~ *aparecer*.
abziehen: die Haut ~ *esfolar*. • etw ~ von *reduzir, descontar*. [Math.] ~ von *tirar, deduzir*.
abzielen: ~ auf *alvejar 2, visar*.
abzusehen: es ist kein Ende ~ *ver 1*.
acht: s. in ~ nehmen *acautelar*. s. in ~ nehmen vor *guardar*. darauf ~ geben *cuidar 1*. außer ~ lassen *desprezar*.
achten: jn ~ *ter 2*. • auf jn ~ *olhar*, auf etw *atender*, *olhar*. • auf repurar 2, atentar 1, atinar. auf s. ~ *cuidar 1, guardar*.
achtgeben: auf etw ~ *atender*.
Achtung: ~ haben vor *ter 2*. alle ~! *tirar*. s. ~ verschaffen bei *impor*.
addieren: *adicionar, somar*.
Ader: zur ~ lassen *sangrar*.
adoptieren: *adoptar*.
adressieren: ~ an *endereçar*. (Brief) ~ an *dirigir*.
Affaire: s. aus der ~ ziehen *sair*.
ähneln: jm ~ *puxar, parecer 1*. jm ~, e-a. ~ *aparentar, parecer 1*. s., jm ~ *assemelhar*.
ahnen: *antever, calcular, adivinhar, cheirar, desconfiar, cuidar 2, pressentir*. <etw> jn etw ~ lassen *agoirar*.
ähnlich: e-a. ~ werden lassen *assemelhar*. jn jm ~ sehen lassen *assemelhar*. jm ~ sein *dar 1*.
Ahnung: ~ haben von *perceber, entender 1*. e-e ~ haben von *fazer 6*.
aktualisieren: *actualizar*.
Akzent: mit ~en versehen *acentuar*.
akzeptieren: *aceitar, aprovar, admitir 1*. jn ~ als *aceitar*. (Einladung, Vorschlag) ~ *aceitar*.
Alarm: in ~ versetzen *alarmar*.
alarmieren: jn ~ *alertar, alarmar*.
allmählich: ~ + V *ir 3*, *vir 2*.
alphabetisieren: *alfabetizar*.
alt: ungefähr ... Jahre ~ sein *andar 1*. ~ aussehen lassen *envelhecer*. ~ werden *envelhecer*. wie ~ sein *contar 1*.
Alter: s. e-m ~ nähern *aparentar*. ein ~ zu haben scheinen *aparentar*. in den Zwanzigern... sein *ir 1*.
altern: ~, (Wein, jn) ~ lassen *envelhecer*.
amortisieren: s. ~ *amortizar*.
Ampel: ~ auf Rot stellen *fechar*.
amputieren: (Arm...) ~ *amputar*.
amüsieren: jn, s. ~ *entreter*. s. ~ *distrair*.
an sein: <Kerze> ~ *arder*.
analysieren: *analisar*.
anbahnen: s. ~ *ameaçar 1*.
anbändeln: mit jm ~ *atacar, piscar*.
anbauen: etw ~ *cultivar, plantar*.
anbefehlen: etw, s. Gott ~ *encomendar*.

anbeißen: <Fisch> ~ *morder*.
anbellen: *ladrar*.
anberaumen: etw ~ *aprazar*.
anbeten: *adorar*.
anbiedern: s. ~ *oferecer*.
anbieten: (s.) ~ *oferecer*. s. ~ *propor*. jm etw zu trinken... ~ *oferecer*. ~, etw zu tun *propor*. etw zum Verkauf ~ *pôr 3*.
anbinden: *amarrar*. wo ~ *prender*.
anblasen: (Feuer) ~ *soprar*.
anblicken: jn starr ~ *fitar*. jn wie ~ *deitar 1*. jn ~ *pregar*.
anbohren: *brocar*.
anbraten: [Küche] (kurz) ~ *saltear*.
anbräunen: (Küche) etw ~ *dourar*.
anbrechen: <Tag> ~ *nascer, amanhecer, romper 1, alvejar 1, alvorecer, acordar 1, assomar*.
anbrennen: <Essen> ~ *pegar 2, queimar*.
anbringen: etw wo ~ *instalar*.
anbrüllen: jn ~ *berrar*. (Mond...) ~ *bramir*.
andauern: *continuar 1, durar, persistir*.
ändern: *alterar, modificar, mudar*. <etw> s. ~ *alterar*. s. ~ *mudar, variar, modificar*. etw in etw ~ *mudar*. die Richtung (um 180 Grad) ~ *inverter*. (Richtung) ~ *cambiar*. plötzlich die Richtung ~ *guinar*. (Gewohnheit...) ~ *variar*. s-e Meinung ~ *arrepender-se, mudar*.
anders: ~ sein, werden *variar*.
andeuten: *sugerir, insinuar, significar, aflorar*. (Lächeln) ~ *esboçar*. <etw> s. wo ~ *esboçar, aflorar*.
ane-a.stoßen: *chocar 1*.
aneignen: s. ~ *apropriar-se 2*. s. ~ (e-e Gewohnheit...) ~ *apanhar*. s. (unrechtmäßig) ~ *abotoar*.
ane-a.rücken: *abeirar*.
anerkennen: ~ als *aceitar*. etw ~ als *reconhecer*. (js Recht) ~ *reconhecer*. (offiziell) ~ *sancionar*.
anfachen: (Feuer) ~ *abanar, activar, atear, atiçar, avivar*. (durch Blasen) ~ *soprar*.
anfahren: <etw> ~ *arrancar*. <Auto> jn ~ *colher*.
anfallen: *acometer*.
anfangen: *botar 3, começar 2, deitar 3, desatar 2., fazer-se 4, iniciar, *ir 1, pegar 3, pôr 2*. plötzlich ~ + V *dar 5, largar 2*. ~ mit *iniciar*. mit, bei jm ~ *começar 1*. etw ~ mit *começar 1*. damit ~, zu, daß *começar 3*. (Verhandlung...) ~ *encetar*. Streit ~ mit *implicar*. (Diskussion, Streit) ~ *armar 2*.
anfassen: *meter, etw a lutte, em, jm um ~ *pegar 1*.
anfertigen: *aviar*.
anfeuchten: *humedecer, molhar*. s. die Kehle ~ *molhar*.
anflehen: *invocar, orar*. jn ~ um *clamar*.
anfreunden: s. ~ mit *acamaradar, cativar*.
anführen: *dirigir, liderar*. (Liste...) ~ *encabeçar*. • (als Argument) ~ *argumentar*. etw (als Begründung...) ~ *invocar*. (Grund...) ~ *alegar*. als (Rechtfertigung) ~ *justificar*. (Gründe...) ~ *aduzir*. wo angeführt sein *constar 1*.
anfüllen: *encher*.
angeben: *designar*. etw ~ *declarar*. etw, jn ~ *indicar*. [Finanzen] etw ~ *declarar*. genau ~ *precisar 2*. (Zahl...) ~ *apontar 1*. den Ton ~ *impor*. • *regar*.
angebracht: ~ sein: *caber, convir*.
angehen: <Feuer> ~ *pegar 1*. <Licht, Feuer, Pfeife, Herd, Zigarre, Radio...> ~ *acender*. <Radio...> ~ *ligar*. <Licht> ~ in *iluminar*. • <jd> (e-e S.) ~ *aflorar, encarar*. • gegen etw lutar. • <etw> jn ~ *interessar, afectar 2, *dizer 1, ser 3, tocar 1*. Das geht dich nichts an! *interessar*.
angehören: *pertencer*.
angelegen: es s. ~ sein lassen *empenhar, *tomar 1*.
Angelegenheit: js ~ sein *ser 3*.
angeln: *pescar*. s. jn ~ *pescar*.
angeschmiert: ~ sein *lixar*.
angesengt: ~ werden *queimar*.
angetan: es jm ~ haben *cair 1, *cair 1*.
angewöhnen: es s. ~ *acostumar*. s. etw ~ *adquirir, contrair 2, *ganhar*.
angleichen: ~ an *igualar*. s. ~ an *confundir*. e-a ~ *conformar*. (Preise, Gehälter...) ~ *actualizar*.
angreifen: *atacar, acometer, agredir, arremeter, investir 1*. (Stier) ~ *pegar 1*. jn, den (Feind...) ~ *carregar*. (mil.) ~ *assaltar*. <Krankheit> etw ~ *afectar 2*. <etw> etw ~ *atacar, comer*.
Angriff: etw in ~ nehmen *acometer, atacar, meter*, *meter*.
Angst: mit ~ erfüllen *aterrorizar*. ~ bekommen *amedrontar*. ~ bekommen, haben *ansiar*. ~ einjagen *intimidar, amedrontar*. jm ~ einflößen *temer*. ~ haben vor *ter 2*. <Kind> ~ haben vor *estranhar*. ~ haben um *recear*.
ängstigen: *angustiar, intimidar, afligir, atemorizar*. s. ~ *angustiar, atemorizar, ansiar, afligir*.
anhaben: (Kleidung) ~ *levar 1, vestir*. (Kleidung...) ~ *trazer*.

anhalten: <jd, etw> ~ *estacar*. (Zeit) ~ *deter*. • (weiter) ~ *subsistir*. • um js Hand ~ *aspirar*.
anhängen: (Wohnwagen) (hinten) ~ *atrelar*. s. an jn ~ *atrelar*. ~ an *engatar*.
anhauchen: <jd> etw ~ *embaciar*.
anhäufen: *acumular, amontoar, juntar*. (Geld) ~ *ajuntar*. s. ~ *amontoar*.
anheben: (Preise) ~ *subir*. (Preise, Gehälter...) ~ *actualizar*. (Stimme) ~ *levantar*. (Preise, Niveau, Noten...) ~ *elevar*.
anheim: s. e-m Laster ~ geben *lançar 1*.
anheizen: *incentivar*. (Zorn...) ~ *atiçar*.
anheuern: *contratar*.
anhimmeln: *adular*.
anhören: s. etw, jn ~ *escutar*. s. ~ *ouvir*. s. ~ nach *soar*.
ankämpfen: ~ gegen etw *lutar*.
Anker: vor ~ gehen *lançar 1*.
ankern: *ancorar*.
anknipsen: (Licht) ~ *acender*.
anknüpfen: (Gespräch) ~ *engatar, entabular, travar 2*.
ankommen: *chegar 1*. ~ auf etw ~ *importar 1, *depender, contar 1*. fig. mit etw ~ *sair*.
ankratzen: fig. etw ~ *beliscar*. (Gewissen) ~ *ferir*.
ankündigen: *anunciar, agoirar, indicar, prometer*. <etw> s. ~ *ameaçar 1*.
ankuppeln: ~ an *engatar*.
ankurbeln: (Wirtschaft) ~ *fomentar*.
anlächeln: jn ~ *sorrir*.
anlachen: jn ~ *rir*.
anlangen: <etw> wo angelangt sein *ir 1*.
anlassen: (Auto) ~ *ligar*.
anlasten: (zu Unrecht) jm etw ~ *assacar*.
Anlaß: ~ geben zu *dar 7*. ~ bieten *incentivar*.
anlaufen: <Schiff> etw ~ *aportar*.
anlegen: <Schiff> wo ~ *abordar 1, escalar 2*. <Schiff> (am Ufer) ~ *atracar*. • (Geld) ~ in *empatar 2, investir 3, colocar*. in (e-m Geschäft) ~ *meter*. • etw ~ an *encostar*. (Waffe) ~ auf *apontar 1, mirar*. • (Schwert...) ~ *cingir*. jm Handschellen ~ *algemar*. • s. ~ mit jm *meter 1, pegar 1*. • etw worin ~ *aplicar*. • (Kleidung) ~ *botar 1*.
anlehnen: (Tür...) s. ~ *encostar*.
anlocken: *aliciar, atrair*.
anlügen: jn ~ *mentir*.
anmachen: (Radio, Herd...) ~ *acender*. (Licht) ~ *acender*. (Radio...) ~ *ligar*. (Feuer, Streichholz...) ~ *acender*. • jn "anmachen" *cantar, *fazer-se 4, engatar, atracar, atiçar*.
anmalen: *pintar*.
anmaßen: s. etw ~ *atribuir*.
anmelden: jn wo ~ *matricular*. jn (in e-r Schule) ~ *inscrever*. Zweifel ~ *pôr 3*.
anmerken: *anotar*.
Anmerkung: mit ~en versehen *anotar*.
annähen: etw ~ *coser*.
annähern: etw ~ an *aproximar*.
annehmen: (Einladung) ~ *aceder 2*. (Einladung,Vorschlag) ~ *aceitar*. an Kindesstatt ~ *adoptar*. (Geschenk...) ~ *aceitar*. (e-e Religion) ~ *abraçar*. (Gesetz...) ~ *aprovar*. (e-e Stelle) ~ (als) *empregar*. (Gestalt, Konturen) ~ *desenhar*. (konkrete Formen) ~ *firmar*. (Gestalt) ~ *destacar, aparelhar, desenvolver*. (e-e Haltung) ~ *assumir*. (Gewohnheit) ~ *adquirir*. • *admitir 1, imaginar, presumir, ter 1, supor*. es als Adj ~ *aceitar*. etw als Adj ~ *dar 1*. ~, jd sei... *julgar*. • s. js, e-r S. ~ *incumbir*. s. e-r S. ~ *meter*. s. (e-r Arbeit) ~ *entregar*. • ~ als *adoptar*.
annektieren: *anexar*.
annoncieren: <jd> ~ *anunciar*.
annullieren: *anular, cancelar*. (Geschäft) ~ *desfazer*.
anöden: jn ~ *chatear*.
anordnen: etw wie ~ *arranjar, dispor, classificar*. • etw ~ *mandar 2, ordenar 2*.
Anordnungen: jm ~ geben *dar 7*.
anpacken: fig. etw ~ *atacar*.
anpassen: etw ~ an *ajustar, apropriar 1, conformar, adaptar, adequar*. (Preise, Gehälter...) ~ *actualizar*. s. ~ an *acomodar, adequar, adaptar, afazer*. <jd> s. ~ an *moldar*. s. ~ an e-a. ~ *adaptar*. etw, s. ~ an *condicionar*.
anpflanzen: (Korn...) ~ *cultivar*.
anprangern: *denunciar*.
anprobieren: *calçar, experimentar, provar 3*.
anraten: jm ~ *aconselhar*.
anregen: (Vorstellungskraft...) ~ *afoguear*. (Appetit...) ~ *estimular, despertar, aguçar*. jn ~ zu *animar, inspirar 2, incentivar*.
anreißen: (Streichholz) ~ *riscar*.
Anreize: ~ schaffen für *estimular*.
anreizen: *incitar*.
anrempeln: *atropelar*.

Anruf: ~ entgegennehmen *atender*.
anrufen: wo ~ *telefonar, ligar*. jn ~ *telefonar, *fazer 6*. (e-e Nummer) ~ *chamar*. (Gott...) ~ *invocar*.
ansammeln: s. ~ *acumular*.
anschalten: (Licht) ~ *acender, *abrir 1, ligar*.
anschauen: *contemplar 1*. s. etw, jn ~ *mirar*. begehrlich ~ *cobiçar*.
anschicken: s. ~ zu *dispor, meter-se 2, *atacar*.
anschirren: (Pferde) ~ *aparelhar*.
Anschlag: e-n ~ verüben gegen, auf *atentar 2*.
anschlagen: (Plakat...) ~ *afixar*.
anschließen: etw an etw ~ *agregar*. ans Netz ~ *electrificar*. • ~ an *ligar*. s. jm ~ *ajuntar, juntar, filiar*-se, *agregar*. s. jm ~ *reunir*. s. (jm, e-r Meinung...) ~ *aderir 2*.
anschmiegen: etw ~ an *aconchegar*. s. an etw ~ *aconchegar*. s. an jn ~ *colar*.
anschnallen: s. ~ *apertar*.
anschneiden: (Brot...) ~ *encetar*. (Thema) ~ *abordar 2, acometer, mexer*.
anschrauben: etw wo ~ *aparafusar*.
anschreiben: etw ~ lassen *dever 1, fiar 2, *pendurar*.
anschreien: jn ~ *bramir, gritar, bramar*.
anschwellen: (lassen) *inchar*. <Fluß> ~ *crescer*.
ansehen: *olhar, encarar*. gierig ~ *cobiçar*. s. etw, jn ~ *mirar, ver 1, olhar, reparar 2*. e-a. ~ *encarar*. e-a. (starr) ~ *fitar*. s. ~, e-a. ~ *entreolhar*-se. • ~ als *considerar*.
ansengen: *queimar*.
ansetzen: Rost ~ *enferrujar*. • ~ zu *atacar, aflorar*. zum Landen ~ *fazer-se 4*.
Ansicht: e-e ~ teilen *alinhar*.
ansiedeln: s. wo ~ *fixar*.
anspannen: (Pferd...) ~ *atar, atrelar, engatar*. • die Nerven ~ *crispar*.
anspielen: ~ auf *aludir, referir*.
anspitzen: (Bleistift) ~ *aguçar*, pg. *afiar*, bras. *apontar, *apontar 2, aparar*.
anspornen: jn ~ *estimular, encorajar, incitar*.
ansprechen: jn ~ *interpelar*. (Thema) ~ *abordar 2, aflorar, falar*. • auf etw ~ *responder*.
anspringen: <Motor> ~ *arrancar, disparar*.
Anspruch: js Hilfe in ~ nehmen *acudir*. für s. in ~ nehmen *reclamar*. den ~ geltend machen, daß *reivindicar*. in ~ nehmen *ocupar*. (Zeit) in ~ nehmen *consumir*.
anspucken: jn ~ *cuspir*.
anstacheln: (Tier) ~ *acicatar*. etw ~ *acicatar*. js Ehrgeiz ~ *estimular*.
Anstalten: ~ treffen für, zu *dispor*.
anstarren: (e-a.) ~ *fixar*.
anstecken: jn ~ mit *pegar 1*. jn ~ mit etw fig. *comunicar*. • (Zigarre...) ~ *acender*. (Kerze) ~ *pegar 1*. • (Ring) ~ *enfiar*.
ansteigen: *ascender, subir, aumentar, acelerar*. <Flut> ~ *encher*. <Wasser> ~ *inchar*. <Preise> ~ *elevar*. <Anzahl> ~ auf *subir*. ~ lassen *incrementar*. ~ von... auf *passar 1*.
anstellen: (Radio...) ~ *ligar*. • jn ~ (als) *contratar, empregar*.
anstimmen: (Lied) ~ *entoar*.
anstoßen: jn mit dem Ellenbogen ~ *acotovelar*.
anstrahlen: *iluminar*.
anstreben: etw ~ *ambicionar, aspirar, pretender*.
anstreichen: *pintar*. etw (in e-m Buch) ~ *apontar 2, marcar*.
anstrengen: jn ~ *cansar, custar, aparafusar, esforçar, esforçar*. s. besonders ~ mit, zu *caprichar*. s. ~ um *diligenciar, forçar*. (Vorstellungskraft) ~ *puxar*. e-n Prozeß ~ gegen *mover*.
Anstrengung: ~ machen *desdobrar, envidar*.
antasten: fig. ~ *beliscar*.
anteilhaben: ~ an *participar 1*.
antrauen: jn ~ *casar*.
antreffen: jn ~ bei *encontrar, pegar 1*.
antreiben: das Vieh ~ *espicaçar, *tocar 1*. <etw> jn ~ *animar, incitar*, jn ~ zu *fazer 7*.
antreten: (Amt) ~ *tomar 2*.
antun: e-r Frau Gewalt ~ *forçar*. jm etw ~ *fazer 1*.
antworten: *responder, tornar 1*. <Telefon...> ~ *responder*. auf *dar 1, responder*. mit etw auf etw ~ *responder*.
anvertrauen: jm etw ~ *confiar, desvendar, cometer 2*. s. jm ~ *abrir 1, confessar, confiar*. • jn jm ~ *entregar*.
anwachsen: *aumentar, crescer*. ~ lassen *incrementar*.
Anwalt: als ~ tätig sein *advogar*.
anweisen: jn ~ *dar 7*.
Anweisung: ~ erteilen *determinar, diligenciar*.
anwenden: *aplicar, usar*.
anwesend: nicht ~ sein *faltar*.
anwidern: *enojar*.
anzeigen: *denunciar*. jn ~ *participar 2*. • etw ~ *indicar*. <Uhr> (Stunde) ~ *marcar*. (Zeit) ~ *apontar 1*.

<Thermometer> (Temperatur) ~ *marcar*. <Thermometer...> ~ *acusar 2*.
anzetteln: (Diskussion, Streit) ~ *armar 2, tramar*.
anziehen: jn, etw, s. ~ *vestir*. (Kleidung) ~ *botar 1*. Schuhe, Handschuhe, Socken ~ *calçar*. (Schuhe...) ~ *enfiar*. s., jm (die Schuhe, Handschuhe...) ~ *calçar*. s. gut ~ *arranjar*. s. dick, warm ~ *agasalhar*. s. warm ~ *abafar 1*. (ein neues N) ~ *trocar*. • (Fuß...) ~ *encolher*. • (Schraube) ~ *atarraxar, apertar, aparafusar*. • fig. jn ~ *atrair, envolver, chamar, aliciar*. jn, etw ~ *puxar* • ~d wirken auf *cativar*.
anzüglich werden: *abusar*.
anzünden: (Feuer, Streichholz...) ~ *acender*. (Zigarre...) ~ *acender*.
appellieren: ~ an *apelar*.
Appetit: jm (den ~) nehmen *afectar 2*.
applaudieren: *aplaudir*. jm, e-r S. ~ *aplaudir*.
arbeiten: *trabalhar, operar, lidar*. <Computer> ~ *agir*. fleißig (wie eine Ameise) ~ *formigar*. hart ~ *bulir*. ~ an *trabalhar*. ~ für *trabalhar*. an, mit (e-r Maschine) ~ *manobrar*.
Ärger: ~ machen, verursachen *chatear*.
ärgern: ~ *abespinhar, aborrecer, afinar 2, chatear, contrariar, amolar, arreliar, desgostar, espicaçar, ralar, zangar*. s. ~ *arreganhar, alterar, zangar*. s. ~ über *afinar 2, abespinhar, arreliar, chatear, amuar*. s. ~ über jn *aborrecer*. s. über etw ~ **lixar*.
argumentieren: *sustentar*. ~ (gegen) *argumentar*.
arm: ~ machen, ~ werden *empobrecer*.
Arm: <jd> mit den ~en fuchteln *bracejar*. jn in s-e Arme ~ *colher*. jn auf den ~ nehmen *gozar, tirar*.
Arznei: jm ~ verabreichen, geben *aplicar*.
asphaltieren: *asfaltar*.
Atem: jm den ~ nehmen *sufocar*.
atmen: **aspirar, respirar*. schwer ~ *arfar*.
Attentat: ein ~ verüben auf *atentar 2*.
auf und ab: ~ bewegen *arfar*.
aufatmen: (erleichtert...) ~ *respirar*.
aufbahren: jn wo ~ *depositar*.
aufbäumen: <Pferd> s. ~ *arregaçar, empinar*.
aufbauschen: *exagerar*.
aufbewahren: *arrecadar, albergar, conservar, guardar*. sicher ~ *acautelar*. (im Archiv) ~ *arquivar*.
aufbieten: *movimentar*.
aufbinden: (Knoten) ~ *soltar*. (Lüge) jm ~ *ferrar*.
aufblähen: (s.) ~ *inchar*.
aufblasen: (Ballon) ~ *soprar*. s. ~ **armar 2, *cantar, inchar*.
aufbrauchen: *consumir, esgotar*. (Energie, Kraft...) ~ *consumir*.
aufbrechen: <jd> (Tür...) ~ *arrombar*. (Tür...) ~ *forçar*. (Schloß) ~ *rebentar*. <Geschwür> ~ *rebentar*. • <jd> ~ nach *abalar 2, romper 1*.
aufbringen: (Schiff) ~ *apresar*. • (Geld) ~ *juntar*. • jn ~ *exacerbar, exasperar, excitar, irritar*. aufgebracht sein, werden *irritar*.
aufbrummen: [Universität] (e-n Kurs) aufgebrummt bekommen **chupar*.
aufdecken: jn ~ *destapar*. (fig.) etw ~ *descobrir, desvendar*.
aufdrücken: *imprimir*.
aufe-a.treffen: *chocar 1*.
auferlegen: jm etw ~ *impor, imprimir*. jm (e-e Strafe...) ~ *infligir*.
aufessen: etw ~ *lamber*.
auffallen: **dar 4*. es jm ~ **meter*.
auffangen: (Wasser) ~ *captar*. mit (den Armen...) ~ *colher*.
auffassen: etw wie ~ *tomar 1*.
Auffassung: der ~ sein *ter 1*.
auffordern: ~ zu *desafiar*. jn (zum Tanz) ~ *convidar*. jn ~ zu +V *convidar*. jn ~ zu gehen **mandar 2*.
auffrischen: (Farben) ~ *avivar*.
aufführen: (ein Stück) ~ *representar, levar 1*.
Aufgabe: es s. zur ~ machen *incumbir*.
aufgeben: Telegramm ~ *despachar, expedir*, **remeter*. (e-e Anzeige) ~ **inserir*. • ~ *desertar, largar 1*. (Platz, Klage, Teilnahme...) ~ *desistir*. (Recht) ~ *abdicar*. (Geschäft) ~ *arrumar, desfazer*. (Plan...) ~ *deixar 1*. (Studium, Idee, Plan...) ~ *abandonar*. (e-e Stellung) ~ *sair*. etw nicht ~ *desistir*. <jd> den Geist ~ *apagar*.
aufgehen: <Tür> ~ *abrir 1*. <Knoten> ~ *desfazer, soltar*. <Knoten...> ~ *desatar 1*. <Erbsenschote...> ~ *descascar*. <Reißverschluß, Knopf> ~ *desapertar*. <jm> die Augen ~ *desiludir*. • <Mond> ~ *assomar, emergir*. <Sonne> ~ *levantar, nascer*. • <Teig> ~ *crescer*. ~ in Flammen ~ *incendiar*. • fig. <jd> in etw ~ *enterrar*.
aufgelegt: ~ sein, zu + V *estar 3*.
aufgeregter: immer ~ werden *atiçar*.
aufgeschmissen: sein **aviar, lixar*.

aufgestellt sein: [Sport] ~ *alinhar*.
aufgleiten: <Tür> ~ *deslizar*.
aufhalten: jn, etw ~ *atrasar, demorar, empatar 1, travar 1*. jn, etw ~ *deter*. s. wo ~ *estar 2*. s. ~ (mit) *demorar, prender, ater-se, ficar 1, deter*.
aufhängen: (Bild, Kleidung...) wo ~ *pendurar*. (Wäsche) ~ *estender*. s. ~ *enforcar*.
aufhäufen: *amontoar*.
aufheben: etw für jn ~ **guardar*. • etw (vom Boden) ~ *apanhar*. • fig. *anular, dissolver, suprimir*. (Dekret) ~ *revogar*. (Erlaß...) ~ *abolir*. (Ausnahmezustand) ~ *levantar*. (Sitzung) ~ *encerrar*.
aufheitern: *animar, consolar*.
aufhellen: *clarear*.
aufhetzen: *acossar, incitar*.
aufholen: (Zeit) ~ *recuperar*.
aufhören: *acabar 1, cessar 1, cessar 2, deter, parar 2*. ~ zu *deixar 1*. <Konsens> ~ *romper 1*. (zu reden) ~ *terminar*. ~ mit *acabar 1, acabar 2, cessar 1, cortar, deixar 1, parar 1*.
aufklaren: <Wetter...> ~ *aclarar, aliviar*. <Himmel> ~ *clarear*. <Wetter, Himmel...> ~ *abrir 1*.
aufklären: etw ~ *aclarar, esclarecer*. (Verbrechen...) ~ *deslindar, esclarecer*. jn ~ über *esclarecer*. <Problem, Rätsel...> s. ~ *deslindar*.
aufknacken: (Schalen) ~ *pelar*.
aufknöpfen: *abrir 1*.
aufknoten: *desatar 1*.
aufknüpfen: *desatar 1*.
aufkommen: *originar*. <Diskussion> ~ *levantar*. <Theorie...> ~ *surgir*. • <etw> in jm ~ *acudir, amanhecer*. • für (Schaden) ~ *reparar 1*.
aufladen: (Batterie) ~ *carregar*.
auflegen: (Hörer) ~ *desligar*. (Platte) ~ *tocar 2*.
auflehnen: s. ~ gegen *levantar*.
auflesen: (Obst) ~ *recolher*.
aufleuchten: *alvejar 1*. <Augen> ~ *acender*.
auflisten: **alistar*. (Wörter) ~ *levantar*.
auflösen: etw ~ *dissolver*. (Tablette) ~ *desfazer*. (Verlobung) ~ *romper 1*. (Geschäft) ~ *arrumar, desfazer*. (Lager) ~ *liquidar*. (ein Gremium...) ~ *extinguir*. s. ~ *desfazer, dissolver*. <Nebel...> s. ~ *dissipar*. s. (in Tränen) ~ *desfazer*. jn s. (in Tränen) ~ lassen *derreter*. <Zeifel> s. in nichts ~ *dissipar*.
aufmachen: *abrir 1*. jm ~ *abrir 1*. (Gürtel) ~ *desapertar*. (Geschäft) ~ *abrir 1*. *montar*. (Wunden) ~ *desfazer*.
aufmerksam: jn ~ machen auf *apontar 1, advertir, avisar, alertar*. ~ werden auf *reparar 2*.
Aufmerksamkeit: die ~ auf s. ziehen *captar, cativar*, **chamar*. die ~ lenken auf **chamar*. e-r S. ~ schenken *atentar 1*. die ~ richten auf *fixar*.
aufmuntern: jn ~ **levantar*.
aufnähen: (Taschen) wo ~ *aplicar*.
aufnehmen: (bei s.) ~ *albergar, acolher, acoitar, alojar, recolher*. (Schüler...) ~ *admitir 2*. aufgenommen werden in *ingressar*. • (Verhandlungen) ~ *entabular*. mit jm Kontakt ~ *contactar*. (Foto) ~ *tirar*. (auf Band) ~ *gravar*. die (Witterung) ~ *farejar*. <etw> etw ~ *receber*. • etw wie ~ *acolher, receber*.
aufopfern: s. ~ *sacrificar*.
aufpassen: **ver 1, espreitar*, **ter 2*. ~ auf *cuidar 1, guardar, zelar, velar*. auf jn ~ **deitar 1*, **tomar 2*. auf (Kinder) ~ *guardar*.
aufpflanzen: s. wo ~ *plantar*.
aufplatzen: *rebentar*.
aufplustern: s. ~ *badalar*.
aufprägen: *imprimir*.
aufquellen: *inchar*.
aufräumen: *arrumar, compor*. etw wie ~ *dispor*.
aufrechterhalten: (Ordnung) ~ *manter*.
aufregen: *enervar, excitar, irritar*. <jd> s. ~ *alterar, afligir*, **afligir*. s. ~ (über) *enervar, irritar*.
Aufregung: in ~ versetzen *agitar, alvoroçar*. für ~ sorgen *alvoroçar*. in ~ geraten *alvoroçar*.
aufreihen: s. ~ *alinhar*.
aufreißen: *rasgar*. (Fenster, Mund...) ~ *escancarar*. (die Augen) ~ *arregalar, esgazear*. <Flammen> die Dunkelheit ~ *rasgar*. • (Freund, Freundin...) "aufreißen" *engatar*.
aufribbeln: (Gestricktes) ~ *escangalhar*. (s.) ~ *desmanchar*.
aufrichten: *empinar, endireitar*. (Kopf) ~ *empertigar*. s. ~ *empinar, endireitar*. <Haare> s. ~ *espetar*. s. kerzengrade, stolz, eitel ~ *empertigar*.
aufrollen: (s.) ~ *enrolar*.
aufrufen: jn ~ zu *chamar, apelar*.
aufrütteln: *sacudir*.
aufsagen: (Gedicht) ~ *dizer*.
aufsägen: *serrar*.

aufsammeln: (Obst) ~ *recolher.*
aufsaugen: etw ~ *absorver, aspirar, impregnar.* <Pflanze, Schwamm...> (Wasser) ~ *beber.*
aufscharren: (Boden) ~ *esgaravatar.*
aufscheuchen: *espantar.*
aufscheuern: s. (die Haut) ~ *esfolar.*
aufschichten: *empilhar.*
aufschieben *adiar, diferir 2, atrasar, remeter.*
aufschlagen: mit etw wo ~ *bater.* s. (den Schädel) ~ *rachar.* s. das Knie ~ (bras.) *ralar.*
aufschließen: *abrir 1.*
aufschlitzen: *rasgar.*
aufschnappen: etw ~ *apanhar.*
aufschnüren: *desatar 1.*
aufschrauben: etw ~ *desandar.*
aufschrecken: *espantar.*
aufschreiben: *apontar 2.* s. ~ *anotar.*
aufsetzen: (den Fuß) ~ *pousar.* den Hut ~ *cobrir.* • <Flugzeug> ~ *pousar.*
aufsparen: *reservar.* s. ~ für *guardar, reservar.*
aufspielen: s. ~ als *dar 1.* s. ~ *expor.*
aufspießen: *espicaçar.* jn, etw wo ~ *espetar.*
aufsprengen: (Schloß) ~ *rebentar.*
aufspringen: <Obst> ~ *arreganhar.*
aufspüren: *detectar.*
aufstacheln: jn ~ *atiçar, incitar.* ~ gegen *alvoroçar.*
aufstapeln: *empilhar.*
aufstehen: *levantar, erguer.* von wo ~ *levantar.* früh ~ *madrugar.* (aus dem Bett) ~ *pôr 1.* (aus e-r Stellung heraus) ~ *pôr 1.*
aufsteigen: *galgar.* von wo ~ *subir.* zu etw ~ *ascender.* ~ zu *subir.* fig. (unerwartet) ~ *saltar.*
aufstellen: etw ~ *colocar, montar, plantar.* etw wo ~ *dispor, colocar, instalar.* wie ~ *dispor.* s. ~ *ordenar 1.* (Falle, Tisch, Zelt...) ~ *armar 2.* (Zeltlager...) ~ *assentar 2.* Wachposten ~ *montar.* • (Theorie...) ~ *estabelecer, elaborar.*
aufstocken: (Gehalt) ~ *aumentar.*
aufstützen: s. ~ *fincar.* s. wo ~ *debruçar.*
aufsuchen: jn ~ *vir 1, ter 1, procurar.*
auftauchen: *alvorecer, emergir, surgir, aflorar, assomar.* zuletzt wo ~ *desaguar.*
auftauen: <etw> ~ *descongelar.* (Gefrorenes) ~ (lassen) *descongelar.*
aufteilen: etw ~ *dividir.*
auftragen: (Essen) ~ *servir.* (Farbe...) ~ *aplicar.* • jm etw ~ *encomendar, encarregar.*
auftrennen: (Naht) ~ *desfazer, desmanchar.*
auftreten: <jd, Krankheit> ~ *aparecer.* <jd> zum erstenmal ~ *estrear.* <etw> ~ *deflagrar.* <Krankheit...> ~ *manifestar.* <Fehler...> ~ *surgir.* <Probleme...> ~ *verificar.*
auftun: <Graben> s. ~ *cavar 1.* fig. etw s. wo ~ *escancarar.*
auftürmen: s. ~ *amontoar.*
aufwachen: *acordar 1, despertar.*
aufwachsen: <jd> ~ *criar.*
aufwallen: <Wasser> ~ *borbotar.*
aufwecken: jn ~ *acordar 1.*
aufweisen: etw ~ *acusar 2, apresentar, mostrar.* <etw> etw ~ *oferecer.* (Schwierigkeiten) ~ *apresentar.*
aufwenden: (Kraft...) ~ für *empenhar.*
aufwerfen: (Frage) ~ *colocar, levantar.*
aufwerten: etw ~ *valorizar.*
aufwickeln: (s.) ~ *enrolar.*
aufwiegeln: jn ~ gegen *levantar.*
aufwirbeln: Staub ~ *levantar.*
aufwühlen: (den Boden) ~ *escarvar.* jn ~ *mexer.*
aufzählen: *enumerar.*
aufzeichnen: *anotar, desenhar.* • (auf Band) ~ *gravar.*
aufzeigen: *indicar.*
aufziehen: den Vorhang ~ *correr.* • (jn, Tiere) ~ *criar.* (Kinder) ~ *educar.* • (Theaterstück...) ~ *montar.*
aufzwingen: jm (ein Gesetz...) ~ *impor.*
Auge: kein ~ zumachen *pregar.* jm ins ~ sehen *encarar.* e-r S. ins ~ sehen *enfrentar.* mit e-m blauen ~ davonkommen *livrar.* <es> jm ins ~ stechen *meter.*
Augen: ~ aufreißen, (s.) weit öffnen *arregalar.* (jm) etw auf die ~ legen *tapar.* jm die ~ öffnen *desiludir.* <~> aus (den Höhlen) treten *derramar.*
ausarbeiten: *elaborar.*
ausatmen: *expirar.*
ausbaden: etw ~ müssen *pagar.*
ausbessern: *consertar.*
ausbeuten: jn ~ *explorar.*
Ausbildung: s-e ~ finanzieren, jm e-e (gute) ~ ermöglichen, e-e ~ bekommen *educar.*
ausbleiben: lange ~ *tardar 1.*
ausbluten: ~ lassen *sangrar.*

ausbrechen: <Feuer> ~ *rebentar.* <Feuer, Rebellion...> ~ *deflagrar.* <Feuer, Epidemie...> ~ *declarar.* <Krieg> ~ *desencadear, estalar, rebentar.* • (in Tränen...) ~ *romper 1.* in (Lachen) ~ *largar 1.* (in Lachen, Tränen) ~ *desatar 2.* in (Panik...) ~ *desatar 1.* in (Ovationen...) *explodir.* • <Auto> vorn, hinten ~ *derrapar.*
ausbreiten: (Arme...) ~ *estender.* <Zweige> s., s-e Zweige ~ *bracejar.* etw ~ auf *contagiar.* s. (bis wohin) ~ *alastrar.* s. ~ *espalhar, difundir, transmitir.* s. ~ auf *estender, alargar.*
ausbrüten: *chocar 2.*
ausbuddeln: *desenterrar.*
ausbuhen: jn ~ *assobiar,* bras, *vaiar.*
ausdehnen: *alongar, dilatar, estender, expandir.* s. ~ *estender.* s. ~ (lassen) *dilatar.*
ausdenken: s. ~ *criar, conceber 2, imaginar, elaborar, pensar.* s. (e-n Plan) ~ *arquitectar.* s. (e-e Geschichte...) ~ *inventar.*
Ausdruck: etw zum ~ bringen *expressar, exprimir, *dar 7, manifestar, formular.* zum ~ bringen, kommen *traduzir.* der ~ sein von *traduzir.* <jd> e-r S. ~ geben *expressar, exprimir.*
ausdrücken: fig. <jd> etw ~ *expressar.* jm etw ~ *exprimir.* <jd> s. ~ *expressar, exprimir.*
ause-a.bringen: *separar.*
ause-a.falten: (s.) ~ *desdobrar.*
ause-a.gehen: *dispersar, separar.* <Gruppe> ~ *desfazer.* verärgert ~ *zangar.* <Meinungen> ~ *dividir.*
ause-a.halten: etw ~ *discriminar.* nicht ~ (können): *confundir.*
ause-a.laufen: *dispersar.*
ause-a.nehmen: etw ~ *desarmar, desmontar 2.*
ause-a.schieben: *afastar.*
ause-a.setzen: *explicar.*
ause-a.stoßen: *afastar.*
ause-a.treiben: *dispersar.*
ause-a.setzen: s. ~ mit *debater.*
ausersehen: ~ zu *escolher.*
ausführen: jn ~ *passear.* • etw (wohin) ~ *exportar.* • etw ~ *dar 7, efectuar, executar, levar 2, realizar.* (e-n Auftrag) ~ *desempatar, desempenhar.* (Gesetz...) ~ *cumprir 1.*
ausfüllen: (Formular...) ~ *preencher.* (Zeit) ~ *preencher.* (Stelle) ~ *preencher.* (e-n Fragebogen) ~ *responder.*
ausgeben: (Geld) ~ *gastar.* (Geld) restlos ~ *dar 7.* (Banknoten) ~ *emitir.* • etw ~ als, für *dar 1.*
ausgehen: <jd> ~ *sair.* mite-a. ~ *sair.* mit (dem Hund) ~ *passear.* • <Geruch> ~ von *desprender, exalar.* • <Flamme...> ~ *morrer.* <Kerze> ~ *apagar.* • <etw> wie ~ *dar 2.* • <etw> ~ *acabar 1.* <etw> (jm) ~ *acabar 1.* leer ~ *ficar 3.* <Lebensmittel...> ~ *esgotar.* <Geduld> jm ~ *esgotar.* <Kräfte> jm ~ *faltar.* davon ~ *supor, arrancar, partir 2, ter 1.* wenn wir davon ~, daß *pôr 1.*
ausgleichen: ~ mit *compensar.* (Defizit) ~ *liquidar.*
ausgraben: *desenterrar.* tiefer ~ *aprofundar.* fig. ~ *desenterrar.*
aushalten: *aguentar, aturar, resistir.* es nicht mehr ~ können *aguentar.*
aushandeln: *negociar.* etw (mite-a.) ~ *tratar.*
aushändigen: *entregar.*
aushängen: etw ~ *fixar.* (Plakat...) ~ *afixar.*
aushauchen: *exalar.*
ausheben: etw ~ *escavar.* (Loch) ~ *abrir 1.* (Grube...) ~ *cavar 1.*
aushecken: *tramar.* (Plan) ~ *arquitectar.* (Intrigen...) ~ *fiar 1.*
aushelfen: jm mit Geld ~ *acudir.*
aushöhlen: etw ~ *cavar 1, escavar.*
aushusten: *expectorar.*
auskennen: s. ~ in *conhecer.* s. darin ~ *saber 1.*
auskochen: *ferver.*
auskommen: mite-a. ~ *falar, dar-se 6.*
Auskommen: sein ~ haben *governar.*
auskundschaften: *explorar, espiar.*
Auskunft: die ~ erhalten *informar.* ~ geben *dar 7.* versuchen, ~ zu erhalten über *inquirir.*
auslachen: jn ~ *rir.* jn ~, weil *zombar.*
ausladen: (Schiff) ~ *desembarcar.*
auslassen: etw ~ *saltar, omitir.* (Gelegenheit) ~ *poupar.* • (Zorn) an jm ~ *descarregar.* • s. ~ über *discorrer.*
auslaufen: <Schiff> ~ *largar 1, sair.* (aus dem Hafen) ~ *deixar 1.* • ~ in *acabar 1.*
ausleeren: etw ~ *despejar, esvaziar.*
auslegen: mit Teppichboden ~ *alcatifar.* [Küche] etw ~ mit *forrar.* • (Traum, Text...) ~ *interpretar.* (Text) ~ *comentar.*
ausleihen: jm etw ~ *emprestar.* s. von jm etw ~ *pedir.*
ausliefern: *entregar.*
auslöschen: *aniquilar, apagar.*

auslosen: *apurar 2.*
auslösen: *desencadear.*
ausmachen: etw ~ *desligar.* (Licht...) ~ *apagar.* • jm etw ~ *importar 1.* • <etw, jd> etw ~ *fazer 1.* <etw> etw ~ *constituir.* • etw ~ können *distinguir.* • zus. ~ *somar.*
ausmalen: s. ~ *imaginar.*
ausmerzen: *eliminar, remover.*
ausmessen: *medir.*
Ausnahme: e-e ~ bilden, sein *fugir.*
ausnehmen: jn ~ *esfolar.*
ausnutzen/ ausnützen: *aproveitar, explorar, valer.*
auspacken: etw ~ *desembrulhar.*
auspeitschen: *açoitar, chicotear.*
auspfeifen: jn ~ *assobiar.* bras. *vaiar.*
ausplaudern: etw ~ *badalar,* *dar 3.*
ausplündern: jn ~ *despojar.*
auspressen: (Obst) ~ *espremer.*
ausprobieren: *experimentar, ensaiar, tentar 1.*
ausquartieren: jn aus (e-r Wohnung) ~ *despejar.*
ausquetschen: jn ~ *espremer.*
ausradieren: (Wort) ~ *apagar.* (Gedanken) ~ *varrer.*
ausrauben: *roubar.*
ausrechnen: *calcular.* s.~ *calcular.*
ausreden: jm etw ~ *dissuadir,* *tirar.*
ausreißen: *arrancar.* • (= abhauen) *dar 1,* von zu Hause ~ *fugir.*
ausrenken: (Fuß...) ~ *deslocar.*
ausrichten: ~ nach *afinar 1.* etw ~ auf *apontar 1.*
ausrollen: (Teig) ~ *estender.* [Küche] (Teig) kneten und ~ *tender 2.*
ausrotten: *exterminar.* (e-e Gattung) ~ *extinguir.*
ausrufen: *exclamar.* (Namen...) ~ *apregoar.* • jn, s. ~ zu *aclamar.*
ausruhen: (s.). ~ *descansar.*
ausrüsten: ~ mit *apetrechar.* s. ~ mit *dotar, apetrechar.*
ausrutschen: *escorregar.*
aussäen: *semear.* (Saat) ~ *lançar 1.*
aussaugen: etw ~ *chupar.* fig. jn ~ *chupar.*
ausschachten: etw ~ *escavar, cavar 1.*
ausschalten: (Licht...) ~ *apagar.*
ausscheiden: ~ aus *sair.*
ausschimpfen: jn ~ *ralhar.*
ausschlachten: etw ~ *explorar.*
ausschlafen: s-n Rausch ~ *cozer.*
Ausschlag: den ~ geben für etw *desempatar.* <etw> den ~ geben *decidir.*
ausschlagen: <Baum> ~ *brotar.* • <Pferd> ~ *espernear.*
ausschließen: *excluir.* ~ aus *expulsar.* jn ~ *fechar.* jn (aus einer Liste...) ~ *eliminar.*
ausschmücken: *enfeitar.*
ausschöpfen: etw ~ *esgotar.*
ausschütteln: (Decke...) ~ *sacudir.*
ausschütten: jm sein Herz ~ *desabafar,* *despejar.* (Hormone) ~ *lançar 1.*
aussehen: so ~ wie *afigurar.* <etw> so ~ wie *imitar.* nach Regen ~ *querer.*
aussetzen: (Kind) ~ *enjeitar.* e-r S. ~ *expor.* s. e-r S. ~ *cobrir, expor, sujeitar.* s. (Gefahren) ~ *meter.* s. e-r S., e-r Gefahr, dem Risiko ~ *arriscar.* (jn, ein Land) e-r S. ~ *sujeitar.*
aussondern: *discriminar.*
ausspähen: *espiar.*
ausspeien: <Vulkan> etw ~ *lançar 1.*
ausspionieren: *espiar.*
aussprechen: *pronunciar.* etw aspiriert ~ *aspirar.* (Wörter) undeutlich ~ *mastigar.* • s. ~ für, gegen *pronunciar.* s. ~ für *declarar, expressar.*
ausspucken: *expectorar, cuspir.*
ausstatten: jn, etw, s. ~ mit *equipar, fornecer, dotar.* jn ~ mit *favorecer.* s. ~ mit *dotar, apetrechar.*
ausstehen: nicht ~ können *detestar, gramar, poder 2,* *ter 2.* etw nicht ~ können f-e-a. nicht ~ können *foder.* s. ~ *coser.*
aussteigen: ~ aus *apear, descer, sair.* (aus dem Flugzeug) ~ *desembarcar.*
ausstellen: (Bilder) ~ *exibir.* (Waren) ~ *expor.* • e-e Rechnung ~ für *facturar.* s. (e-n Paß) ~ lassen *tirar.*
ausstoßen: (Schrei) ~ *despedir,* *expedir, lançar 1, soltar.* (Seufzer...) ~ *desprender.* (Flammen...) ~ *bufar.* (Laute) ~ *emitir, jorrar.*
ausstrahlen: *irradiar.* (Licht) ~ *difundir.* [Fernsehen] ~ *dar 2.*
ausstrecken: *alongar, estender.* (Arm) ~ nach *estender.* (e-n Finger) ~ *espetar.* s. ~ nach *alongar.*
ausströmen: *difundir.*
aussuchen: (s. etw) ~ *escolher, seleccionar.*
austauschen: (Meinungen...) ~ *trocar.*
austeilen: *distribuir.*
austilgen: *exterminar.* (e-e Gattung) ~ *extinguir.*

austragen: (Post) ~ *distribuir.* • (Gefecht) ~ *travar 2.* (ein Spiel) ~ *disputar.*
austreten: ~ aus *demitir, sair.*
austrinken: *esgotar.* (Glas) ~ *esvaziar.*
austrocknen: (Pflanzen) ~ lassen *secar.*
ausüben: (Amt) ~ *desempatar, desempenhar.* (Beruf) ~ *praticar.* (Einfluß) ~ auf *exercer.* Zwang ~ auf jn *forçar.* (ein Recht) ~ *assumir.*
ausverkaufen: (Lager) ~ *liquidar.*
ausverkauft: <Buch> ~ sein *esgotar.*
auswählen: *eleger, escolher, filtrar, seleccionar.* ~ als *escolher.*
auswandern: *emigrar.*
auswechseln: *mudar, trocar.*
ausweichen: e-r S. ~ *esquivar, furtar.* (e-m Problem) ~ *evadir.* (e-r S., e-r Frage...) ~ *fugir.*
ausweisen: s. ~ *legitimar.* s. ~ als *identificar.*
ausweiten: *alastrar, expandir.* ~ auf *alargar.* s. ~ *alargar, ampliar.*
auswendig: etw ~ lernen *aprender, decorar 1, memorizar.* etw ~ können *saber 1.*
auswerfen: (Netz) ~ *deitar 1, lançar 1.*
auswischen: (Tafel) ~ *apagar.*
auswringen: *estorcer.* (Wäsche) ~ *espremer.*
auszählen: (Stimmen) ~ *apurar 2.*
auszeichnen: ~ *caracterizar, ilustrar.* <jd> jn ~ *distinguir.* s. ~ *salientar, destacar, diferenciar.* s. ~ durch *caracterizar, distinguir.*
ausziehen: s. (Schuhe, Handschuhe...) ~ *descalçar.* etw, jn ~ *despir.* etw ~ *tirar.* s. ~ *descascar, despir, pelar.*
außer: ~ sich sein *lixar.* (vor Zorn) ~ sich geraten *arrebatar.*
äußern: etw ~ *manifestar.* (Meinung) ~ *emitir.* <jd> s. ~ *manifestar.* s. ~ zu *adiantar, pronunciar.* s. beifällig ~ über *elogiar.*
Auto: (~) (an den Rand von etw) fahren *encostar.* ~ fahren (bras.) ~ *dirigir.* (pg.) *conduzir.*

B

Bach: den ~ runtergehen *ir 1.*
backen: *fritar.* (Brot...) ~ *cozer.*
baden: *banhar,* *tomar 1.* ~ in *banhar.*
baff: ~ sein *olhar,* *engolir.*
Bahn: aus der ~ geworfen werden, kommen *descarrilar.*
bahnen: s. wo den Weg ~ *furar,* *romper 1.*
ballen: (Hand) ~ *contrair 1, crispar.*
Band: etw am laufenden ~ gebrauchen *usar.*
bändigen: *domar.*
Bankrott: ~ machen: *abrir 1.* in den ~ treiben *falir, liquidar.* ~ erklären *declarar.*
bankrottgehen: *falir.*
Bann: jn in seinen ~ ziehen *tomar 1.* etw unter ~ stellen *banir.*
Bart: s. wie über den ~ streichen *cofiar.* den ~ zwirbeln *cofiar.*
basieren: <etw> ~ auf *basear.*
Bau: s. im ~ befinden *estar 4.*
bauen: *construir.* (Haus) ~ *fazer 1.* <jd> ~ auf pg. *descansar.* bras. *ter 2.* darauf ~ *contar 1.*
bäumen: <Pferd> s. ~ *empinar.*
beabsichtigen: *entender 2, pretender, propor, tencionar, *ter 2, visar.* ~, zu *pensar.* ich beabsichtige + V *haver 3.*
beachten: *atentar 1, olhar, reparar 2.* jn ~ *ligar.* etw, jn nicht ~ *fazer 1.* nicht ~ *descurar, ignorar,* *passar 1.* (Gesetz...) ~ *guardar, observar.*
Beachtung: e-r S. ~ schenken *atentar 1,* *ligar.*
beanspruchen: *ocupar.* (Geduld) ~ *gastar.* (die Stimme) ~ *esforçar.* etw (für. s.) ~ *reivindicar.*
beanstanden: etw ~ *criticar.*
beantworten: *responder,* *dar 1.* e-n Brief ~ *responder.*
bearbeiten: etw ~ *trabalhar.*
beaufsichtigen: jn ~ *tomar 2.*
beauftragen: jn ~ mit *encarregar, encomendar, incumbir.*
bebauen: (Feld) ~ *cultivar.*
beben: <etw> ~ *abalar 1, estremecer 1, tremer.*
bebildern: *ilustrar.*
brüten: *chocar 2.*
bedanken: s. ~ für etw bei jm *agradecer.*
bedauern: *carpir 1, doer, sentir, lamentar.*
bedecken: *cobrir, tapar.* ~ mit *cobrir.* (Fläche...) ~ *forrar.* den Kopf ~ *cobrir.* [Küche] (Topf...) ~ *abafar 1.* <etw> etw wie ein Teppich ~ *alcatifar.* s. ~ (mit) *cobrir.* <Himmel> s. (mit Wolken) ~ *carregar.*
bedenken: jn ~ mit *contemplar 2, favorecer.* • etw ~ *atender, atentar 1, considerar.*
bedeuten: *significar,* *querer, implicar.* ~, daß *representar.*
Bedeutung: an ~ verlieren *caducar.*

bedienen: jn ~ *servir, aviar, despachar.* [Essen] s. ~ *servir.* (Kunden) ~ *atender.* s. e-r S. ~ *acudir, ajudar, *lançar 1, servir.* s. js, e-r S. ~ *usar, utilizar.* • (Maschine) ~ *manejar, manobrar.* (Gerät...) ~ *accionar.*
bedingen: *condicionar.*
bedrängen: jn ~ *apoquentar, importunar.* jn mit (Fragen) ~ *assediar.*
bedrohen: *ameaçar 1.*
bedrucken: *estampar.*
bedrücken: jn ~ *apoquentar, consumir, deprimir, pesar.*
bedürfen: (e-r Erklärung...) ~ *carecer.*
beehren: jn (mit etw, mit einem Essen) ~ *brindar.*
beeilen: s. mit e-r S. ~ *aviar, apressar.* s. ~ (mit) *despachar.* s. ~, zu tun **correr.*
beeindrucken: *impressionar.* s. ~ lassen (von) *impressionar.*
beeinflussen: *actuar, agir, condicionar, influenciar, pesar.* s. ~ lassen **condicionar.* s. von etw ~ lassen *influenciar.*
beeinträchtigen: *sabotar.* etw jn ~ *afectar 2.* <etw> etw ~ *beliscar.*
beenden: *acabar 1, concluir 1, *dar 7, findar, terminar.* Waffenstillstand ~ **cessar 1.*
beendet: ~ sein *terminar.*
beerdigen: *enterrar.*
befallen: <etw> jn ~ *acometer, apoderar-se, atacar, invadir.* <Angst> jn ~ *atemorizar.* <Krankheit...> ~ *afectar 2, atacar.*
befassen: s. (eingehend) ~ mit *debruçar.*
befehlen: *comandar.* jm ~ *mandar 2, ordenar 2.*
befestigen: *fixar, pregar.* etw wo ~ *segurar 1.*
befeuchten: *humedecer.*
befinden: s. wo ~ *achar, estar 2, encontrar, ir 1.* • s. wie ~ *achar, encontrar.* • es für gut ~ *achar, *haver 4.*
beflecken: *manchar.* (fig.) ~ *sujar.*
befleißigen: s. ~ *aplicar.*
beflügeln: jn ~ *estimular.*
befolgen: *aguardar 2, obedecer.* etw nicht ~ *desobedecer.* (Rat, Befehl, Entscheidung...) ~ *acatar.* (Gesetz) ~ *guardar.*
befördern: ins Jenseits ~ **expedir.*
befragen: jn ~ *entrevistar, indagar, interrogar, inquirir.*
befreien: *livrar.* jn ~ *libertar.* s. ~ *libertar, soltar.* • ~ aus *safar.* jn ~ aus *desenterrar.* s. ~ aus *desprender.* s. (aus der Erde) ~ *desenterrar.* s. (aus e-r Klemme) ~ *safar.* s. aus einer mißlichen Lage ~ **descalçar.* • ~ von *aliviar,* jn ~ von **dar 7, libertar, livrar.* von (Hindernissen) ~ *desimpedir.* s. ~ von *desprender, libertar.*
befremden: jn ~ *estranhar.*
befremdlich: ~ finden *estranhar.*
befriedigen: jn ~ mit *contentar, *dar 7.* (js Neugier) ~ *satisfazer.* (Bedürfnisse) ~ *suprir.*
befürchten: **estar 2, *ter 2, recear.*
begabt: nicht ~ sein für **dar 2.*
begeben: s. wohin ~ *dirigir, deslocar.* s. in die Höhle des Löwen ~ **meter.* s. in Schwierigkeiten ~ **meter.*
begegnen: jm ~, jm zufällig, s. ~ *cruzar.*
begehen: etw feierlich ~ *comemorar.* • (Tat...) ~ *cometer 1, praticar.* (Vergehen, Irrtum) ~ *perpetrar.*
begehren: *cobiçar.* etw an jm ~ *cobiçar.*
begeistern: *embriagar, empolgar, encantar, entusiasmar.* jn ~ (für) *apaixonar.* s. ~ (für) *apaixonar, entusiasmar.*
begeistert: ~ sein über *entusiasmar.*
begierig: ~ sein auf *cobiçar*
begießen: [Küche] etw ~ *regar.*
beginnen: *alvorecer, iniciar, deitar 3, desatar 2, *atacar, *ir 1, pegar 3, pôr 2, romper 2.* • <etw> ~ (mit) *abrir 1, começar 1, começar 5, *dar 7, iniciar.* damit ~, zu, daß *começar 3.* • <Diskussion> ~ *abrir 1.* (Gespräch) ~ *entabular.* (Verhandlungen) ~ *entabular, encetar.*
beglaubigen: <Notar> ~ *certificar.* (Unterschrift) ~ (lassen) *reconhecer.*
begleichen: (Rechnung) ~ *liquidar.*
begleiten: jn, jn wohin ~ *acompanhar.* jn ständig ~ *atrelar.* jn, s. auf (dem Klavier...) ~ *acompanhar.*
beglückwünschen: ~ zu *cumprimentar, felicitar, *dar 1, congratular.* s. ~ zu *congratular, felicitar.*
begnügen: s. ~ mit *contentar, satisfazer.*
begraben: *enterrar.* ~ liegen **descansar.* wo ~ liegen *dormir, jazer.*
begreifen: *abranger, apreender 2, compreender 2, conceber 2, entender 1, perceber.* etw ~ *alcançar.* (Sinn...) ~ *captar.*
begrenzen: etw ~ *limitar.*
Begriff: <jd> im ~ sein zu + V *estar 5.*
begründen: (e-n guten Ruf) ~ *estabelecer.*
begrüßen: *cumprimentar,* jn ~ *saudar.* fig. etw ~ *saudar.*
begünstigen: *beneficiar, favorecer.* etw ~ *facilitar.*

behalten: *conservar, ficar 1.* etw ~ **guardar.* (Geld...) für s. ~ *abotoar.* jn ~ als *manter.* etw (im Gedächtnis) ~ *fixar.* (s-e Meinung) ~ *reservar.*
behandeln: jn wie ~ *tratar.* e-a. wie ~ *tratar.* schlecht ~ *maltratar.* ärztlich ~ *curar.* (Patient) ~ *atender.* (Wunde) ~ *curar.* <Arzt> jn, etw ~ *tratar.* (Thema) ~ *tratar, versar.*
beharren: ~ auf *fincar, insistir, persistir, teimar.* (bei jm) ~ auf *insistir.* auf s-r Meinung ~ *ficar 1, *negar.*
behaupten: *afirmar, *dizer 1, sustentar.* ~, daß *dizer.* von s. ~, daß *afirmar.* s. wo ~ *afirmar.*
beheben: (Fehler) ~ *corrigir.*
beherbergen: *albergar, acoitar, *dar 7.*
beherrschen: etw ~ *dominar, conter 1.* (Willen) ~ *domar.* (Ungeduld) ~ *dominar.* s. ~ *conter 1, controlar, domar, dominar.*
behindern: *entravar.* etw ~ *contrariar.* jn ~ *estorvar.* (Bewegungen) ~ *embaraçar, tolher.* jn (in s-n Bewegungen) ~ *prender.*
beibehalten: *conservar.* ~ werden *manter.*
beibringen: jm etw ~ *educar, ensinar.* jm Lesen und Schreiben ~ *alfabetizar.* (von Amts wegen) ~ *ministrar.* • e-e Niederlage ~ *derrotar.*
beichten: jm etw, bei jm ~ *confessar.*
Beifall: ~ klatschen *aplaudir.*
beifällig: s. ~ äußern über *elogiar.*
beifügen: *ajuntar, anexar.* etw (e-m Brief) ~ *juntar.*
beigeben: klein ~ **mijar.*
beilegen: (Streit) ~ *compor, acalmar.*
beimessen: jm, e-r S. (Bedeutung) ~ *atribuir.*
Bein: jm ein ~ stellen **passar 1.* mit den ~en schaukeln **dar 1.*
Beiname: jm e-n ~ geben, den ~n haben *apelidar.*
beinhalten: ~ *compreender 1, conter 1, encerrar, envolver, implicar, incluir.* etw nicht ~ *ausentar-se.* (Schwierigkeiten) ~ *apresentar.*
beipflichten: *assentir.*
beiseitelegen: etw ~ **pôr 1.*
beisetzen: *enterrar.*
Beistand: ~ leisten *assistir.*
beistehen: jm ~ *amparar, assistir, ajudar, valer.* jm nicht ~ *faltar.* e-a. ~ *auxiliar.*
beisteuern: etw ~ zu *contribuir.*
beißen: jn wohin ~, ~ in *morder.* <Hund, Floh...> jn wo ~ *ferrar.* s. auf (die Zunge...) ~ *morder.* ins Gras ~ *esticar.*
beitragen: ~ zu *colaborar, concorrer 1.* dazu ~ *ajudar.* <etw> ~ *contribuir.* <jd> etw ~ zu *contribuir.*
beitreten: *integrar.* (e-r Partei) ~ *aderir 2, filiar-se.*
beiwohnen: e-r S. ~ *presenciar, assistir.*
bejahen: jm gegenüber ~ *afirmar.*
bejammern: *carpir 1, lamentar.*
bekämpfen: *combater, lutar.* s. ~ *combater.*
bekannt: ~ sein *constar 2.* ~, daß **correr.* ~ werden *divulgar, manifestar.* ~ sein mit *conhecer*
bekanntgeben: *manifestar, participar 2.*
bekanntmachen: *publicar.* (Nachricht) ~ *divulgar.*
Bekanntschaft: js ~ machen *travar 1.*
bekennen: *confessar.* s. schuldig ~ *culpar, confessar.* s. ~ zu *abraçar, aderir 2, alinhar, reivindicar.* s. ~ als *reconhecer.*
beklagen: *lamentar, sentir.* etw ~ *chorar.* s. ~ (über) *queixar-se.*
bekleckern: *manchar.* s. ~ *borratar.*
beklecksen: *borrar.* (mit Tinte) ~ *borratar.*
bekleiden: (Amt) ~ *desempatar, desempenhar.*
bekommen: *obter, ter 1.* etw wo ~ *nascer.* <etw> (Angst...) ~ *adquirir, assaltar, assumir, ganhar.* <jd> jn (ab)~ *atinar.* etw wo ~ *receber.* (es jm gelingen, zu) ~ *lograr.* (schließlich) etw ~ *conseguir.* (e-n Preis) ~ *ganhar.* (e-e Krankheit) ~ *apanhar, advir.* (Fußtritt) wohin ~ *receber.* • es zu tun ~ mit *haver 5.* • in den Griff ~ *conter 1*
bekreuzigen: s. ~ *benzer.*
bekümmern: jn ~ *afligir, desesperar.*
bekunden: *manifestar.*
belabern: jn ~ *conversar.*
beladen: *carregar.* ~ werden *carregar.*
belagern: *cercar.*
Belang: von ~ sein *importar 1.*
belasten: <etw> jn ~ *acusar 1.*
belästigen: *chatear, importunar, incomodar, molestar.* jn ~ (mit) *perseguir.*
belauern: jn ~ *espiar.*
belaufen: <Anzahl...> s. ~ auf *ascender, atingir, deitar 2, elevar, montar, somar, subir, importar 3.*
belauschen: *escutar.*
beleben: etw ~ *animar.* (Debatte) ~ *acender.* <etw> s. ~ *animar.*

belegen: (Kurs) ~ *tirar.* (s-n Platz) ~ *marcar.* (Platz) ~ *ocupar.* [Sport] e-n (guten) Platz ~ *classificar, qualificar.* • etw ~ *ilustrar.*
beleidigen: *ofender, injuriar, tratar, insultar, desfeitear.*
beleidigt: ~ sein **queimar.* s. ~ fühlen *sentir, agravar.*
beleuchten: *iluminar.*
beliefern: ~ mit *abastecer.* jn ~ mit *fornecer.*
bellen: *ladrar.*
belügen: jn ~ *mentir, aldrabar.*
bemächtigen: <jd> s. e-r S. ~ *apoderar-se.* s. e-r S., js ~ *apossar-se.*
bemängeln: etw ~ *criticar.*
bemerken: *aperceber, atinar, enxergar, notar, reparar 2.* es ~ *dar 3.* ~, daß man wie ist *apanhar.* • (jm gegenüber) ~ *observar.*
Bemerkung: e-e ~ machen *botar 1.* ~en machen zu *comentar.*
bemühen: s. ~ *empenhar, esforçar, incomodar.* s. ~ zu *tratar.* s. eifrig ~ zu *diligenciar.* s. ~ um *preocupar, tratar.*
benachrichtigen: jn ~ *avisar, informar, prevenir.* jn (offiziell) ~ *certificar.*
benehmen: s. ~ *comportar-se 2, portar-se.*
beneiden: jn ~ um *invejar.*
benetzen: *borrifar.* s. ~ mit *borrifar.*
benötigen: *necessitar, precisar 1.* <etw> etw ~ *carecer.* nicht ~ *escusar.* (Stoff) (für ein Kleidungsstück) ~ *levar 1.*
benutzen/ benützen: *aproveitar, *lançar 1, usar, utilizar, valer.* Wörter ständig ~ **trazer.* etw als Vorwand ~ *desculpar.*
Benzin: ~ brauchen, verbrauchen *gastar.*
beobachten: *observar.* genau ~ *estudar.*
beordern: wohin ~ *destacar.*
bequatschen: jn ~ *conversar.*
bequem machen: es s. ~ *acomodar.* es s. wo ~ *alapar.*
beraten: jn ~ *guiar.* mite-a. ~ *aconselhar.* s. ~ mit *aconselhar.* s. ~ lassen von *aconselhar.* über ~ *deliberar, conferenciar.*
beratschlagen: *conferenciar, deliberar.* ~ (über) *aconselhar.* s. ~ mit *aconselhar.*
berauben: jn ~ *despojar.* (der Funktion) ~ *esvaziar.*
berauschen: <Geschwindigkeit> jn ~ *inebriar.* (fig.) s. ~ *inebriar.*
berechnen: *calcular.* Preis ~ für etw *facturar.*
berechtigen: jn ~ *autorizar.*
bereichern: (fig.) ~ *enriquecer.*
bereisen: *correr, viajar.*
bereit: ~ sein zu *prestar.* s. ~ *zum lev...* *prestar...*
bereiten: jm (Kummer) ~ *magoar.* jm (Probleme...) ~ *causar.* jm (Schmerzen...) ~ *fazer 1.* jm (Sorge) ~ *consumir, criar, preocupar.* (Sorge, Kummer) ~ *causar, ralar.* • jm (e-e Niederlage) ~ *infligir.*
bereithalten: <Leben> etw für jn ~ *reservar.*
bereitmachen: s. ~ *ajustar, dispor.*
bereuen: etw ~ *arrepender-se, chorar.* (Sünden) ~ *doer.*
bergen: in s. ~ *encerrar, esconder.*
berichten: *referir.* ~ von *noticiar, rezar.* <Zeitung> ~ über *anunciar.*
berichtigen: (s.) ~ *corrigir.*
beriechen: *cheirar, farejar.*
berieseln: *borrifar.*
bersten: *rachar, rasgar, romper 1.*
Bersten: zum ~ bringen *estourar.*
berücksichtigen: *atender, contemplar 1, *contar 1, levar 2, *ter 2, *tomar 2.*
berufen: jn ~ zu *chamar.* s. auf etw ~ *apoiar, invocar.*
Berufung: [jur.] in ~ gehen. ~ einlegen gegen *apelar, interpor-se, recorrer.*
beruhen: ~ auf *assentar, basear, consistir, fundar, residir.*
beruhigen: (s.) ~ *acalmar, aliviar, amainar, apaziguar, aquietar, descansar, sossegar, tranquilizar.* <jd> s. ~ *abrandar, aquietar, amansar.* <Wetter, jd> s. ~ *acalmar.* <Unwetter...> s. ~ *amainar.*
berühmt: ~ machen, ~ werden *celebrizar.*
berühren: *bulir, mexer.* etw, jn wo ~ *tocar 1.* (leicht) ~ mit *roçar.* etw, jn leicht ~ *roçar.* e-a. ~ *tocar 1.* wo mit etw ~ *encostar.* fig. jn ~ *tocar 1, beliscar, atingir.* fig. <etw> etw ~ *beliscar.* • (Thema) ~ *aflorar, mexer.*
berührt: <jd> unangenehm ~ sein von *embaraçar.*
besabbeln: etw ~ *babar.*
besagen: *rezar.*
besänftigen: jn ~ *acalmar, desarmar, aquietar.* <etw> jn ~ *acalentar.* (Zorn) ~ *abrandar.*
beschädigen: *avariar.* (Ruf) ~ **queimar.*
beschaffen: etw so ~ sein wie *imitar.*
beschäftigen: jn ~ (mit) *ocupar.* jn wo ~, jn ~ als *empregar.* s. ~ mit *dedicar, ocupar, tratar.* s. (eingehend) ~ mit *debruçar.*
beschäftigt: ~ sein in, mit *ocupar.*

beschämen: *envergonhar.*
Bescheid: gut ~ wissen *saber 1.* ~ sagen *avisar.*
bescheiden: s. ~ geben *encolher.*
bescheinigen: *atestar, certificar.*
beschenken: jn ~ mit *brindar.*
beschießen: (mit dem Machinengewehr) ~ *metralhar.*
beschimpfen: **chamar, bramar, desfeitear, invectivar, injuriar, insultar, tratar.*
beschlagen: <Fenster...> ~ *embaciar.* ~ lassen *embaciar.* • (Pferd) ~ *ferrar.*
beschlagnahmen: *apreender 1, confiscar.*
beschleunigen: etw, s. ~ *acelerar, apressar.* etw ~ *desimpedir, embalar 3.*
beschließen: *assentar 2, entender 2, determinar, deliberar, resolver.* ~ (über) *decidir.*
Beschluß: e-n ~ fassen *deliberar.*
beschmutzen: *borrar.*
beschneiden: (Pflanzen) ~ *capar.*
beschnüffeln: <Hund> ~ *farejar.*
beschnuppern: *farejar.*
beschönigen: *dourar.*
beschränken: ~ auf *limitar.* s. ~ auf *ficar 1, cingir, limitar, reduzir.*
beschreiben: jn, s. ~ als *descrever.* ~ (als) *caracterizar.* jm etw ~ *descrever.* (Kurve...) ~ *descrever.*
beschreiten: den Rechtsweg ~ **recorrer.*
beschuldigen: jn ~ *assacar, culpar.* jn e-r S. ~ *acusar 1.*
beschützen: *defender, salvaguardar.* ~ (vor) *proteger.*
beschweren: s. ~ über *reclamar.* s. bei jm über jn ~ *queixar-se.*
beschwichtigen: *amansar, tranquilizar.*
beschwindeln: *burlar, mentir.*
beseitigen: (Zweifel...) ~ *dissipar.*
beseitigen: *aniquilar, apagar, eliminar, limpar, remover, suprimir.* jn ~ *liquidar.* (Hindernisse) ~ *desimpedir.* (Zweifel...) ~ *desfazer.*
besetzen: *ocupar.* (Stelle) ~ *preencher.*
besetzt: <Telefon> ~ sein **impedir.*
besichtigen: *visitar.*
besiedeln: *colonizar.*
besiegen: *derrotar, vencer.*
besingen: *cantar.*
besinnen: s. e-s besseren ~ **mudar.*
Besitz: ~ ergreifen von *apossar-se.* in s-n ~ bringen *chuchar.* • <etw> von jm ~ ergreifen *tomar 1.*
besitzen: *possuir, ter 1.*
besorgen: *arranjar, *fazer 1.* jm e-e Mitteilung ~ *arranjar.*
besorgt: ~ sein *recear.*
besprechen: *discutir. versar.* (Buch...) ~ *criticar.*
besprengen: *borrifar.*
bespritzen: (s.) ~ *chapinhar.*
bespucken: jn ~ *cuspir.*
besser: s. ~ stehen **melhorar.* ~ sein als **valer.* es jm ~ gehen *melhorar.* <Wetter...> ~ werden *melhorar.*
bessern: <jd> s. ~ *corrigir.* <Wetter...> s. ~ *melhorar.*
Bestandsaufnahme: ~ machen von *inventariar.*
bestätigen: s. ~ *confirmar.*
bestätigen: *certificar, comprovar, abonar, confirmar.* jm etw ~ *certificar.* (offiziell) ~ *atestar.* s. etw ~ lassen *certificar.*
bestäuben: ~ mit *polvilhar.*
bestechen: *subornar, comprar, aliciar.*
bestehen: *existir.* es besteht *haver 1.* weiter ~ *sobreviver, subsistir.* weiterhin ~ *subsistir.* ~ bleiben *manter, ficar 1.* • (Prüfung...) ~ *passar 1.* • ~ aus *constituir, compor, levar 1, constar 1.* ~ in, aus *consistir.* einzig und allein ~ in *esgotar.* ~ in *estar 2.* • ~ auf *insistir, teimar, persistir.* darauf ~ **fazer 1.* (bei jm) ~ auf *insistir.* nicht darauf ~ *escusar.*
bestehlen: *roubar.*
besteigen: (Thron) ~ *ascender.* (Berg) ~ *escalar 1.* (Pferd) ~ *cavalgar, montar.*
bestellen: (Feld) ~ *cultivar, trabalhar.* • *encomendar, *mandar 3.* (e-n Kaffee...) ~ *pedir.* (ein Essen) noch einmal ~ *repetir.*
besten: etw zum ~ geben *sair.*
besticken: *bordar.*
bestimmen: *definir, modificar, determinar, diagnosticar.* genau ~ *deslindar, precisar 2.* ~ als, zu *designar.* ~ <Sohn...> ~ *destinar.* [gram.] ~ *qualificar.* (Verhalten...) ~ *condicionar.* (Zeit, Frist, Termin...) ~ *aprazar.* <Gesetz...> ~ *estabelecer.*
bestimmt: für etw ~ sein *ser 3, destinar.*
bestrafen: *castigar.*
bestreichen: etw ~ mit *barrar 1.*
bestreiten: sein Leben ~ **bastar.* • etw ~ *contestar, contradizer, desmentir, discutir, negar.*
bestreuen: ~ mit *polvilhar.*
bestürmen: jn mit (Fragen) ~ *assediar, assaltar.*

418

bestürzt: jn ~ machen *atordoar*.
besuchen: *visitar*. häufig ~ *frequentar*. (e-n Kurs) ~ *frequentar*. (Konzert...) ~ *assistir*.
besudeln: *manchar, poluir, sujar*.
betasten: *apalpar*.
betätigen: *accionar*.
betäuben: *atordoar, entorpecer*. s. ~ *atordoar*. jn (durch e-e Spritze) ~ *anestesiar*.
betäubt: (wie) ~ sein *atordoar*.
beteiligen: s. ~ an *prestar*.
beten: *rezar, orar*. ~ zu *orar, rezar*. ~ für *orar*.
betonen: fig. etw ~ *dar 7, frisar 2*. (fig.) ~ *acentuar*. (Wort) ~ *carregar*. (Silben) ~ *acentuar*.
betonieren: *cimentar*.
Betracht: in ~ ziehen *contemplar 1, considerar, *ter 2, considerar*.
betrachten: *contemplar 1, fitar, olhar*. von allen Seiten ~ *inspeccionar*. s. etw, jn ~ *mirar*. s. wo ~ *olhar*. • etw als etw ~ *dar 1, encarar, qualificar*. (s.) ~ als *ter 1*. jn ~ als *contar 1*.
betragen: (e-e Summe...) ~ *ascender, montar, comportar 1*. • s. wie ~ *conduzir, comportar-se 2, portar-se*.
betreffen: *afectar 2, abarcar, focar, interessar, referir, versar*. jn ~ *atingir, *dizer 1*.
betreiben: etw ~ *praticar*. (Geschäft...) ~ *explorar*.
betreten, *entrar 1, penetrar, pisar*.
Betrieb: <etw> in ~ sein *funcionar*.
betrinken: s. ~ *embriagar*.
betroffen: ~ sein über *chocar 1*.
betroffen: ~ sein durch *ferir*.
Betroffenheit: ~ zeigen *agravar*.
betrüben: jn ~ *afligir, entristecer, magoar*. jn (zutiefst) ~ *desolar*.
betrügen: jn ~ *lograr, burlar*. jn ~ um *enganar*. jn bei etw ~ *roubar*. (s-n Ehepartner...) ~ *enganar, trair*.
betrunken: ~ machen *embriagar*.
Bett: zu ~ gehen *meter*. im ~ bleiben *ficar 1*.
betteln: *mendigar*. ~ um *mendigar, pedinchar*.
beugen: <jd> s. ~ *abaixar, agachar-se, dobrar 1, derrear, inclinar*. (Knie) ~ *dobrar 1*.
beunruhigen: *alarmar, angustiar, agitar*. s. ~ *agitar, alarmar*.
beurlauben: jn ~ *dispensar*.
beurteilen: *ajuizar, julgar*.
bevorstehen: *estar 3*.
bevorzugen: jn ~ *favorecer*.
bewaffnen: *armar 1*. s. gegen jn ~ *armar 1*. s. (mit etw) ~ *armar 1*.
bewahren: ~ vor *acoitar, amparar, conservar, guardar, livrar, salvaguardar, salvar, safar*. (Schweigen..) ~ *guardar, observar*. (Ruhe) ~ *manter*. Gott bewahre! *livrar*.
bewässern: (Felder) ~ *regar*. <Fluß> ~ *banhar*.
bewegen: *bulir, mexer, mover, mobilizar, movimentar*. s. ~ *bulir, mexer, movimentar*. <etw> s. ~ *desandar*. s. ~ (lassen) *mover*. <Laub> s. leicht ~ *fremir*. s. unruhig ~ *agitar*. s. wohin ~ *mover*. etw hin und her, s. hin und her ~ *agitar*. s. hin und her ~ *abanar, bambolear*. etw hin und her ~ *brandir, baloiçar*. (den Kopf) hin und her ~ *menear*. s. auf und ab ~ *arfar*. (Arm...) s. (nicht) ~ können *mexer*. <Baum> s. (im Wind...) ~ *abanar*. s. um etw herum ~ *girar*. wohin ~ *mover*. (Kapital) ~ *movimentar*. <Preis> s. ~ um *regular*. • jn ~ *emocionar*. • jn ~ zu determinar, motivar, mover*.
Bewegung: in ~ setzen *pôr 2, movimentar*. s. in ~ setzen *pôr 3*.
beweinen: etw ~ *chorar*.
Beweis: unter ~ stellen *demonstrar*.
beweisen: *demonstrar, comprovar, provar 1*. (Mut...) ~ *demonstrar*.
bewerben: s. ~ (um) *concorrer 2, propor*. s. ~ *competir 1*. s. um (e-e Stelle...) ~ *concorrer*. s. um js Gunst ~ *disputar*.
bewerfen: mit Steinen ~ *apedrejar*.
bewerten: *ajuizar*.
bewirken: *fazer 5, fabricar, operar*. ~, daß *vir 4*. nichts ~ *adiantar*.
bewohnen: etw ~ *habitar*. gemeinsam ~ *coabitar*.
bewundern: *admirar*.
bewußt werden: *dar 1*. s. e-r S. ~ werden *realizar*. s. e-r S. ~ sein *ter 2*.
bewußtlos: beinahe ~ werden *atordoar*.
Bewußtsein: <etw> jm ins ~ kommen *assomar*.
bezahlen: etw~, jn ~, jn ~ für, etw mit (dem Leben) ~ *pagar*.
bezahlt: s. ~ machen *amortizar*.
bezaubern: *encantar, enfeitiçar*.
bezeichnen: *designar*. etw ~ als *apontar 1, caracterizar, classificar, qualificar*. s. ~ als *designar*.
bezeugen: *atestar, *dar 7*.

bezichtigen: jn e-r S. ~ *acusar 1*.
beziehen: (Bett) neu ~ *mudar*. • (Lohn, Gehalt) ~ *cobrar, vencer*. (Schläge, Prügel) ~ *apanhar*. • <jd> Stellung ~ *definir, assumir*. • s. ~ auf *referir*.
Bezug: ~ nehmen auf *fazer 6*.
bezwecken: *visar*.
bezweifeln: *duvidar*.
bezwingen: (Willen) ~ *domar*.
biegen: (s.) ~ *arquear*. um (die Ecke) ~ *dobrar 1*.
bieten: <etw, jd> etw ~ *oferecer*. s. ~ *oferecer*.
Bilanz: ~ ziehen *fazer 1*.
Bild: s. ein ~ machen von *esclarecer, inteirar 2*.
bilden: jn ~ *ilustrar*. <jd> s. ~ *cultivar, formar, educar, moldar*. ~ *formar, compor, constituir*. • s. ein Urteil ~ *assentar 2*.
billigen: *aprovar, *dar 7, consentir*.
bimmeln: *badalar*.
Binde: die ~ abnehmen von *desvendar*.
binden: jn ~ *atar*. etw ~ an *atar*. jn ~ an *prender*. (fig.) jn, etw ~ an *atrelar*. s. an jn, s. an e-a. ~ *atar*. <jd> s. ~ *prender*. s. an jn ~ *ligar*.
bitten: jn ~ um *pedir*. um (Erlaubnis...) ~ *pedir*.
blanchieren: [Küche] ~ *aloirar, escaldar*.
blasen: *soprar*. <Wind>, wohin, woher ~ *soprar*. zum Rückzug ~ *tocar 2*.
blaß: ~ werden lassen *desmaiar*.
blättern: ~ in *folhear*.
blecken: (Zähne) ~ *afiar*.
bleiben: *ficar 3*. wo ~ *ficar 1*. wo weiterhin ~ *manter*. (länger) wo ~ *demorar, permanecer*. (für später) ~ *ficar 1*. länger ~ als vorgesehen *acampar*. • bei etw ~ *fincar, ficar 1, ficar 4, persistir, manter*. s. bei etw ~ *ficar 1*. • so ~ *continuar 1*. (weiterhin) + Adj ~ *manter*. • bei (s-r Entscheidung, Meinung...) ~ *manter*. • etw jm ~ *ficar 1*. • (noch) zu tun... ~ *ficar 1*.
bleichen: <Wäsche> (in der Sonne) ~ *corar*.
blenden: jn ~ *cegar*.
Blick: ~ heften, richten auf *fitar*. ~ heften auf *fixar*.
blicken: wohin ~ *olhar, pregar*. über (die Schulter) ~ *olhar*. heimlich (durch e-n Spalt) ~ *espreitar*. • s. wo nicht mehr ~ lassen *desaparecer*.
blind: werden, (fig.) jn ~ machen *cegar*.
blinken: <Auto> ~ *piscar*.
blinzeln: mit (den Augen) ~ *pestanejar, piscar*.
Blitz: (so schnell) wie der ~ *querer*.
blitzen: *relampejar*. <Blitzlicht> ~ *disparar*.
blockieren: *barrar 2, bloquear, impedir*. (Tür...) ~ *bloquear*.
blöken: <Ziege, Stier...> ~ *berrar*.
blondieren: jn, s. ~ *aloirar*.
bloß: ~ sein *passar 1*.
blühen: *florescer*. ~ lassen *florescer*.
bluten: *sangrar, *botar 2, deitar 1, *mijar*. <Herz> ~ *sangrar*. zu ~ anfangen *fazer 1*.
Bluterguß: e-n ~ bekommen *pisar*.
Bock: keinen ~ haben (bras.) ~ *ter 1*.
Boden: am ~ zerstört sein *lamentar*.
bohnern: *lustrar*.
bohren: in (der Nase) ~ *esgaravatar, *limpar*. s. ~ in *espetar*.
bombardieren: jn, (jn mit Fragen...) ~ *bombardear*.
Bord: an ~ gehen *embarcar*. an ~ haben *carregar*. von ~ gehen *desembarcar*. über ~ werfen *despir*. <Schiff, Flugzeug, Zug> jn an ~ nehmen *embarcar*.
borgen: jm ~ *emprestar*.
böse: <jd> ~ werden *azedar*.
boykottieren: *boicotar*.
brachliegen: <Land> ~ *descansar*.
Brand: in ~ stecken, setzen *incendiar*.
brandmarken: jn ~ *marcar*.
brandschatzen: *incendiar*.
braten: *assar, cozinhar, fritar*. [Küche] braun ~ *corar*. auf dem Grill ~ *grelhar*. (Ente...) ~ *cozer*.
brauchbar: ~ sein (für) *prestar*.
brauchen: *precisar 1, necessitar, querer*. (Benzin...) ~ *gastar*. Zeit ~ *custar, levar 1, empatar 2*. lange Zeit ~ *demorar*. • nicht ~ *dispensar, escusar, ter 3*. nicht (zu tun...) ~ *escusar*. noch zu tun... ~ *faltar*.
bräunen: (Zwiebeln) ~ *aloirar*. <jd> s. ~ *bronzear*.
brechen: jm, s. etw ~ *quebrar*. s. etw ~ *partir 1*. <Deich> ~ *rebentar*. <Wellen> s. ~ *rebentar*. • jm (das Herz) ~ *partir 1*. (Schweigen, sein Wort) ~ *quebrar*. (Schweigen, Vertrag) ~ *romper 1*. (js Willen) ~ *dobrar 1*. e-n Streik ~ *furar*. • mit jm, mite-a. ~ *romper 1*.
Breite: in die ~ gehen (lassen) *engordar*.
breitmachen: s. ~ *instalar*.
bremsen: ~ *travar 1, entravar*. <Auto> ~ *travar 1*.
Bremsklötze: ~ wegnehmen, entfernen *descalçar*.

brennen: *arder.* <Augen> ~ *queimar.* <Sonne> ~ *pelar.*
    <Feuer> ~ *atear.* in der (Kehle) ~ *queimar.* • ~ auf *ansiar, morder.*
Brief: e-n ~ beantworten **responder.*
Briefwechsel: in ~ stehen *corresponder.*
brillieren: *brilhar.*
bringen: jn wohin ~ *levar 1, conduzir.* etw (wohin) ~ *transportar, trazer.* etw nach oben ~ *subir.* (in e-r Karre) wohin ~ *acarretar.* etw (zu) jm ~ *levar 1.* jm etw ~ *trazer, ganhar.* jm (Probleme) ~ *trazer.* etw ~ in *introduzir.* • fig. <etw> jn ~ in *reduzir.* jn ~ in *enfiar.* jn in (Schwierigkeiten...) ~ *meter.* jn in e-e unangenehme Lage ~ *lixar, atrapalhar.* zum (Schweigen) ~ *impor.* s. auf den aktuellen Stand, auf die Höhe ~ *actualizar.* etw auf den Markt ~ *lançar 1.* in Gang ~ *activar.* (Haus...) zum Einsturz ~ *abater.* • jn zu etw ~ *sujeitar, decidir, determinar.* jn dazu ~ *levar 1.* jn dazu ~, daß *fazer 5, convencer.* jn um etw ~ *desfazer.* • <Zeitung, Radio> etw ~ *anunciar.* <Sender> (Musik...) ~ *dar 1.* <Zeitung...> (Nachricht) ~ *noticiar.* • mit s. ~ *acarretar, puxar.* • es zu etw ~ *governar, arrumar.* es weit ~ **ir 1.*
brodeln: (fig.) ~ *ferver.*
bronzieren: *bronzear.*
bröseln: *migar.*
Brot: jn auf ~ und Wasser setzen **pôr 1.*
brüllen: *bradar.* etw ~ *gritar.* <Tier> ~ *fremir, bramir.* <Ziege, Stier...> ~ *berrar.* <Kuh...> ~ *mugir.* drauflos ~ *explodir.*
brüsten: s. ~ mit *bufar, alardear, honrar.*
brüten: über (e-r Arbeit) ~ *matutar.*
Buchführung: ~ machen **endireitar.*
buchstabieren: *soletrar.*
bücken: s. ~ *agachar-se, abaixar, inclinar, baixar.*
bügeln: **passar 1, engomar.*
Bühne: (ein Theaterstück) auf die ~ bringen *levar 1.*
bumsen: *foder.*
bündeln: (Strahlen) in e-m Punkt ~ *concentrar.*
bürgen: für jn ~ *abonar, ficar 2.*
bürsten: jm die Haare gegen den Strich ~ *arrepiar.*
büßen: ~ für *pagar.*

C

charakterisieren: *caracterizar, definir, descrever.* etw in ~ *marcar, qualificar.* s. ~ *diferenciar.* s. ~ als *definir.*

D

da sein: *apresentar.*
da: und ~ *vir 6.*
dabei: ~ sein, zu + V *estar 5, andar 3.*
dableiben: ~ und *ficar 1.*
dafürhalten: ~, daß *considerar.*
daherreden: groß ~ **mandar 3.*
dahingehen: <Zeit> ~ *fugir.*
dahingleiten: *deslizar.* -raffen: jn ~ *ceifar.* odahinschmelzen <jd> ~ *derreter.*
dahinschwinden: <Geld> ~ *ir 1.*
dahinstreichen: <Zeit> langsam ~ *arrastar.*
dahinterkommen: **dar 3.*
dahinterstecken: <etw> ~ **trazer.*
dämmern: *alvorecer.*
dampfen: *fumar, fumegar.*
dämpfen: *arrefecer.* etw ~ *amortecer.* (Geräusch) ~ *adormecer, abafar 1.* (Geräusch, Licht) ~ *filtrar.* (Licht) ~ *vedar.* (Stoß...) ~ *amortecer.* (Begeisterung...) ~ *arrefecer.*
danach sein: jm ~ *apetecer.*
danebengehen: *falhar, *dar 2.* <Schuß> ~ *falhar.*
danebentippen: **falhar.*
danebentreten: **falhar.*
dankbar sein: ~ für *agradecer.*
danken: jm ~ für etw *agradecer.*
dann: und ~ *vir 6, tornar 4.*
daransetzen: alles ~ **dar 1.*
daraufhin: ~ + V *pegar 4.*
darbringen: *oferecer.* Opfer ~ *sacrificar.*
darlegen: *exprimir, expor, indicar, alegar, sustentar.* (Problem) ~ *colocar.* (ausführlich) ~ *desenvolver.* (Gründe) ~ *expressar.*
darstellen: *apresentar, discutir, pintar, representar, simbolizar.* <etw> etw ~ *oferecer.* (ausführlich) ~ *desenvolver.* jm etw ~ *representar.* • *constituir, representar.* < etw> (e-e Gefahr) ~ *representar.*
darüber hinaus + V: *acrescer.*
dasein: ~ für *ser 3.*

dauern: *durar.* es lange ~ *tardar 2, demorar, custar.* es lange ~, bis *tardar 1.*
dauernd: + V *viver 2.*
davonjagen: *varrer.* <Hund...> ~ *abalar 2.*
davonkommen: *salvar.* mit heiler Haut ~ **safar.*
davonmachen: s. ~ *esgueirar-se, arrancar.*
davonstehlen: s. ~ *esgueirar-se.*
davontragen: *arrebatar.* (Preis) ~ *levantar, levar 1.* Dellen ~ *amolgar.* (Lorbeeren) ~ *colher.*
dazukommen: zu etw ~ *somar.*
dazwischentreten: *interpor-se.*
debatieren: ~ *debater.*
debütieren: <jd> ~ *estrear.*
Deckel: den ~ legen auf *tapar.*
decken: den Tisch ~ **pôr 1.* • (Unkosten) (ab-) decken *cobrir.* (Schulden...) ~ *amortizar.* (Bedarf) ~ *suprir.* • (Rückzug) ~ *cobrir.* • <Tier> ~ *cobrir.* [Fußball] jn ~ *marcar.*
deckungsgleich: ~ sein *coincidir.*
definieren: *precisar 2.* ~ (als) *definir.* s. ~ als *definir.*
dehnen: *esticar.*
deklarieren: [Zoll] etw ~ *declarar.*
dekorieren: etw ~ *decorar 2.*
Delle: -n davontragen *amolgar.* e-e ~ abbekommen *amassar.*
dementieren: ~ *desmentir.*
demonstrieren: ~ für, gegen *manifestar.*
demütigen: jn ~ *humilhar.* s. ~ *baixar.*
denken: *cuidar 2, julgar, imaginar, crer, pensar.* ~, jd sei Adj *cuidar 2.* ~, jd ist wo *julgar.* laut ~ **pensar.* s. ~ *imaginar, supor.* • ~ an *cuidar 2, lembrar, recordar, pensar.* unaufhörlich ~ an *cismar.* nicht ~ an *esquecer.* jn an etw, jn ~ lassen *lembrar.* daran ~, zu *pensar.* • etw ~ von *pensar.*
denunzieren: ~ *denunciar.*
deprimieren: *deprimir, destruir, aniquilar.*
desertieren: *desertar.*
desinfizieren: (s.) ~ *desinfectar.*
deuten: etw als etw ~ *interpretar.* ~ auf *indicar.*
deutlich: ~ machen *explicar.*
Deutung: e-r S. e-e andere ~ geben *inverter.*
dezimieren: *dizimar.*
diagnostizieren: *diagnosticar.*
dicker: ~ werden, jn ~ machen *engordar.*
dienen: ~ als *servir.* [mil.] ~ **servir.* ~ zu *servir.* e-r S. ~ *servir.*
dienlich: ~ sein *servir.*
diffamieren: *difamar.*
dingfest: ~ machen *imobilizar.*
diskriminieren: *discriminar.*
diskutieren: *discutir, argumentar.*
dispensieren: jn ~ *dispensar.*
donnern: *trovejar.*
drängen: <jd> s. wo ~ *aglomerar, empilhar.* s. ~ *apertar, adensar, acotovelar.* etw in den Hintergrund ~ *sobrepor.* • jn ~ *apressar, pressionar.* jn ~ (zu) *insistir.* • auf etw ~ *pressionar.*
dranschrauben: etw wo ~ *aparafusar.*
Dreck: s. e-n ~ kümmern um **estar 2.*
dreckig: es jm ~ gehen **andar 1.*
drehen: etw ~ **girar, desandar.* etw etw wohin ~ *voltar 1.* (Kopf...) wohin ~ *entortar.* s. ~ *girar.* s. um sich selbst ~ **girar.* <Schlüssel> s. wo ~ *correr.* etw s. (nach links oder rechts) ~ *girar.* <Glücksrad> s. ~ *desandar.* <Schiff> wohin ~ *voltar 1.* • <Gespräch> s. ~ um *versar.* • (Film) ~ *filmar, realizar.*
dressieren: *amestrar.*
dringen: in etw ~ *alojar.* ~ durch *coar, furar, insinuar.*
drohen: *ameaçar 1.* ~ + V *ameaçar 2.* jm ~ (mit) *ameaçar 1.* ~, zu tun *jurar.*
drosseln: (Geschwindigkeit) ~ *moderar.*
Druck: in ~ geben **dar 1.* ~ machen *puxar.*
drucken: (lassen) *imprimir.* (soviele Exemplare) ~ *tirar.*
drücken: [Tür] ~ *empurrar.* (Hand) ~ *apertar.* <Schuhe> jn ~ *torturar.* • jn wohin ~ *apertar.* • (Ohr) ~ an *coser.* s. ~ an *cingir, coser.* an s. ~ *atrair.* jn eng an s. ~ *cingir.* • etw ~ in *estampar.* (Hut) in die Stirne ~ *descer.* • auf etw ~ *pressionar.* auf (e-n Knopf...) ~ *carregar.* auf (das Gaspedal ~) *carregar.* s. ~ vor *esquivar, furtar.* s. vor dem Wehrdienst, s. vor der Arbeit, **fugir.*
drückend sein: <Hitze> ~ *apertar.*
ducken: s. ~ *agachar-se, aninhar, encolher, acocorar.* s. wo ~ *alapar.* fig. s. ~ *agachar-se.* s. vor jm ~ *dobrar 1, agachar-se.*
duften: (nach) *cheirar.*
dulden: (Rüge...) ~ *aceitar.*
düngen: (Boden) ~ *adubar.*
dunkel: <es> ~ werden *escurecer.*
dünsten: (Fisch, Gemüse...) ~ *estufar.*

durchatmen: tief ~ *respirar.
durchblättern: folhear.
Durchblick: keinen ~ haben *saber 1.
durchbohren: brocar. jn (mit dem Blick) ~ fuzilar.
durchbrechen: romper 1.
durchbrennen: <Sicherung> ~ queimar.
durchbringen: (Geld) ~ estuporar, queimar, destroçar, estourar, dissipar, espatifar. (Erbschaft...) ~ dizimar.
durchdenken: etw ~ meditar.
durchdrehen: (Fleisch) ~ picar.
durchdringen: etw , jn ~ penetrar. etw ~ mit impregnar. durchdrungen sein von *impregnar.
durche-a.geraten: confundir.
durche-a.bringen: baralhar, confundir, desarrumar, embaraçar, misturar, perturbar. etw ~ atropelar. (Frisur) ~ desmanchar. jn ~ atrapalhar, desorientar.
durche-a.geraten: atrapalhar, baralhar, desorientar. <jd> ~ atropelar, desorientar, perturbar. <etw> jm ~ embrulhar.
durche-a.machen: (Bett) ~ desfazer.
durche-a.sein: atrapalhar.
durche-a.werfen: misturar.
durchfahren: (Meer) ~ cruzar. (Strecke) ~ percorrer.
durchfallen: jn (in e-r Prüfung) ~ lassen chumbar 2, reprovar. [Prüfung] durchfallen reprovar, espalhar, chumbar 2.
durchfließen: <Fluß> ~ banhar.
durchführen: realizar, efectuar, executar, levar 2. (ein Projekt) ~ empreender.
durchfüttern: jn ~ amamentar.
durchgeführt: ~ werden realizar, efectuar.
durchgehen: etw ungestraft ~ lassen *passar 1.
durchhalten: <jd> ~ aguentar, *segurar 1. nicht ~ resistir.
durchkämmen: etw ~ bater. fig. etw ~ pentear.
durchkneten: amassar.
durchkommen: vingar.
durchlaufen: etw ~ passar 1. (Kaffee) ~ lassen passar 1.
durchleben: etw ~ passar 2.
durchlöchern: furar.
durchmachen: arcar, passar 2, sofrer, conhecer, passar 1, viver 1. (Zeit...) ~ atravessar.
durchnässen: molhar. (völlig) ~ encharcar.
durchnäßt: ~ werden encharcar.
durchqueren: atravessar.
durchreisen: (Land) ~ fazer 1.
durchringen: s. dazu ~ decidir.
durchschneiden: cortar. <Schrei> (die Luft) ~ esfaquear.
durchschreiten: etw ~ romper 1.
durchschwitzen: etw ~ suar.
durchsehen: etw ~ percorrer.
durchseihen: coar, filtrar, passar 1.
durchsetzen: perpetrar, impor. (Gesetz...) ~ impor. s. ~ impor, vingar. <Mode> s. ~ pegar 1. s. wo ~ afirmar.
durchsickern: fig. ~ transpirar.
durchsieben: (Mehl) ~ passar 1.
durchstechen: furar.
durchstehen: etw ~ passar 1, aguentar.
durchstöbern: etw ~ esgaravatar, farejar.
durchstreichen: riscar.
durchstreifen: etw ~ vaguear.
durchsuchen: etw ~ vasculhar, percorrer, revistar, rebuscar, remexer.
durchtränken: etw ~ in impregnar.
durchwühlen: mexer.
dürfen: poder 1.

E

Ecke: um die ~ bringen matar.
egal: es jm ~ sein *dar 2. jm (nicht) ~ sein importar 1.
Ehe: die ~ eingehen (mit) contrair 3. in wilder ~ leben amancebar-se.
Ehre: es jm e-e ~ sein honrar. e-e ~ sein für honrar. die ~ haben caber.
ehren: honrar. jn (in e-m Festakt) ~ homenagear.
Eid: e-n ~ ablegen jurar.
eigen: s. etw zu ~ machen adoptar, identificar.
eigenartig: ~ finden estranhar.
eigensinnig: ~ sein teimar.
eilen: wohin ~ acorrer, acudir. zu Hilfe ~ acudir.
eilig: es ~ haben *estar 2.
einatmen: aspirar, respirar, inspirar 1.
einbehalten: deter.
einberufen: jn (in die Armee) ~ chamar.
einbeziehen: jn ~ envolver.
einbiegen: ~ in enfiar, enveredar.
einbilden: sich etw ~ auf envaidecer.

einbringen: etw, nichts ~ compensar. jm etw ~ ganhar, valer, acarretar. (Geld) ~ dar 2. ein Gesuch bei jm ~ apelar.
einbrüllen: auf jn ~ berrar.
einbürgern: s ~ implantar.
eindecken: s. ~ mit abastecer.
eindicken: (Suppe) ~ adensar.
eindreschen: (mit den Fäusten) aufe-a. ~ pegar 1.
eindringen: wo ~ infiltrar. wohin ~ introduzir, penetrar, irromper. ~ in, durch insinuar. ~ durch filtrar. ~ durch, in impregnar. <Wasser> ~ in entrar 1, invadir. (in e-n Wald...) ~ embrenhar-se. fig. wo ~ invadir.
Eindruck: auf jn ~ machen impressionar. von jm e-n schlechten ~ vermitteln *colocar. ~ gewinnen colher. den ~ haben achar.
eindrücken: ~, s. ~ lassen amolgar.
einebnen: arrasar.
einfädeln: (Nadel) ~ *enfiar.
einfallen: ~ in invadir. • jm ~ acudir, lembrar, ocorrer 2, *vir 1. • es s. ~ lassen inventar, recordar. s. etw ~ lassen inventar. es jm ~ zu *dar 5.
einfetten: (Schuhe...) ~ engraxar.
einfinden: s. nach und nach wo ~ escorrer.
einflößen: jm ~ insinuar. (Respekt...) ~ inspirar 2, impor. (Hoffnung) jm ~ derramar. jm (e-n Schrecken...) ~ meter. (Vertrauen...) ~ incutir.
einflüstern: jm ~ buzinar, insinuar.
Einfluß: ~ ausüben auf influenciar.
einfrieren: <etw> jm ~ gelar. etw ~ lassen congelar. (Preise...) ~ congelar.
einfügen: ~ in inserir, integrar. s. ~ in inscrever. s. wo ~ integrar, inserir. <jd> s. (gut) ~ adaptar.
einführen: in (ein Land) ~ importar 2. • instituir, instaurar. jn, etw ~ introduzir. (Mode) ~ lançar 1. jn ~ in iniciar. die eigene Kultur wo ~ civilizar. eingeführt werden in iniciar.
einfüllen: (Suppe) ~ lançar 1.
eingeben: (ein Medikament) ~ dar 1. (Daten) ~ in introduzir. jm etw ~ inspirar 2.
eingehen: <Pflanze> ~ morrer. • (e-e Verpflichtung) ~ comprometer. (Vereinbarung...) ~ atar. (ein Risiko) ~ arriscar. wo ~ *dar 7. • die Ehe ~ (mit) contrair 3. • ~ auf ligar.
eingenickt: ~ sein dormitar.
eingesetzt werden: actuar.
eingestehen: admitir 1, convir. (Schuld...) ~ reconhecer.
eingravieren: ~ (lassen) inscrever.
eingreifen: ~ in intervir.
eingrenzen: (räumlich) ~ localizar.
einhaken: s. ~ enfiar.
Einhalt: ~ gebieten *estacionar, travar 1, parar 1.
einhalten: aguardar 2.
einhalten: (Feiertage...) ~ guardar. (Gesetz...) ~ observar.
einhandeln: jm (Probleme) ~ trazer. s. (Probleme) ~ arranjar.
einheimsen: facturar. (Lorbeeren) ~ colher.
einholen: (Zeit) ~ recuperar. (Netz, Segel) ~ colher. (Segel) ~ amainar.
einhüllen: ~ in envolver.
einhüllen: agasalhar, cobrir, envolver, tapar. jn warm ~ agasalhar. s. ~ abafar 1. s. ~ in cobrir, envolver.
einigeln: s. ~ in cerrar.
einigen: s. ~ convir, entender 1. s. ~ über assentar 2.
einjagen: jm (e-n Schrecken...) ~ meter, pregar. (Angst, Schrecken) ~ amedrontar. Angst ~ intimidar.
einkassieren: (Geld, Steuern) bei, von jm ~ cobrar.
einkaufen: etw, wo ~ gastar.
einkehren: wo ~ albergar.
einkerben: etw wo ~ gravar.
Einklang: etw in ~ bringen conciliar.
einkleiden: s. wo ~ vestir.
einkochen: (Suppe) ~ lassen adensar. <Suppe> ~ apurar 1.
einladen: jn ~ convidar. • <etw> ~ zu + V convidar.
einlagern: armazenar.
einlassen: jn ~ admitir 2. • s. ~ auf entrar 1, meter. s. ~ auf, s. mit jm ~ envolver. • s. ~ mit meter.
einlaufen: <Hose...> ~ diminuir. <Stoff> ~ encolher. • <Schiff> ~ in entrar 1, aportar.
einleben: s. ~ adaptar.
einlegen: in Salz ~ salgar. [Fotoapparat] e-n Film ~ carregar. • Berufung ~ gegen recorrer. ein Wort ~ für pedir. Einspruch ~ contestar.
einleiten: iniciar, introduzir. [jur.] e-n Prozeß ~ *instaurar.
einliefern: in (ein Krankenhaus, Lager...) ~ internar. (ins Krankenhaus) eingeliefert werden *dar 7.
einlösen: (Scheck) ~ levantar.
einmeißeln: inscrever, gravar.
einmieten: s. ~ albergar.

einmischen: s. ~ *imiscuir-se*, *meter, *misturar*. s. (in ein Gespräch) ~ *intervir*.
einnehmen: (Medizin) ~ *ingerir*. e-n Imbiß ~ *lanchar*. (Geld) ~ *apurar 1*, *arrecadar*. • (e-n Ort) ~ *tomar 1*. mil. ~ *conquistar*. (Platz) ~ *ocupar*, *tomar 1*. • (Haltung) ~ *assumir*. • jn für s.~ *cativar*.
einnicken: *cabecear*.
einnisten: s. wo ~ *instalar*.
einordnen: ~ als *classificar*.
einpacken: *embrulhar*, *empacotar*. ~ in *embalar 2*. jn warm ~ *agasalhar*.
einpflanzen: *implantar*.
einplanen: etw ~ *jogar*.
einprägen: (unauslöschlich) ~ *imprimir*. s. ~ *fixar*, *imprimir*, *memorizar*. s. wo, jm ~ *fincar*. s. (im Gedächtnis) ~ *gravar*.
einquartieren: s. (auf längere Zeit) wo ~ *abancar*. s. wo länger ~ *acampar*.
einräumen: fig. *conceder*.
einreden: auf jn ~ *teimar*. auf (Tiere) ~ *apaparicar*. • jm ~ *insinuar*.
einreiben: (s.) ~ mit *esfregar*.
einreihen: jn wo ~ *incluir*. s. ~ in *inserir*, *alinhar*.
einreisen: (in ein Land) ~ *entrar 1*.
einreißen: *rasgar*. (Gebäude...) ~ *derrubar*.
einreiten: ein Pferd ~ *correr.
einrichten: (Abteilungen...) ~ *criar*. sein Leben ~ *organizar. etw wo ~ *instalar*. s. wo ~ *instalar*, *instaurar*, *instituir*. s. ~ *acomodar*.
einrollen: (Haare) ~ *enrolar*.
einrosten: <jd> eingerostet sein *enferrujar.
einsammeln: *reunir*, *colher*, *recolher*.
einsaugen: *aspirar*.
einschalten: (Licht...) ~ *abrir 1. (Radio...) *abrir 1*, *ligar*. (Radio, Herd...) ~ *acender*.
einschätzen: *ajuizar*, *avaliar*. s. ~ als *ajuizar*.
einschiffen: s. ~ *embarcar*.
einschlafen: *adormecer*, *conciliar, *pegar 1. <Glied> ~ *entorpecer*. <Gespräch...> ~ *adormecer*. (Arm...) ~ (lassen) *adormecer*. (Glieder) ~ lassen *amortecer*.
einschläfern: *adormecer*, *entorpecer*. (fig.) ~ *anestesiar*.
einschlagen: <jd> (Tür...) ~ *arrombar*. (Nagel) ~ *pregar*. jm (die Nase) ~ *rebentar*. jm (den Schädel) ~ *rachar*. auf e-a. ~ *agredir*. • (Weg, Richtung, Straße...) ~ *meter*, *ir 1, *enveredar*. (Richtung) ~ *tomar 1*. • (e-e Karriere) ~ *destinar*. (e-e Laufbahn) ~ *seguir*.
einschleichen: s. wo ~ *insinuar*.
einschleusen: (Agenten) wo ~ *infiltrar*.
einschließen: (s.) *cercar*. jn, s. wo ~ *fechar*, *encerrar*. • ~ *incluir*, *englobar*, *abranger*. (fig.) mit ~ *implicar*. mit ~ *envolver*.
einschmeicheln: s. bei jm ~ *passar 1.
einschmieren: *besuntar*.
einschnappen: <jd> *amuar*.
einschneiden: *cortar*.
einschränken: *limitar*. etw. ~ *coibir*.
einschreiben: jn ~ *alistar*. (in ein Fach) ~ *meter*. s. wo ~ *matricular*. s., jn wo ~ *inscrever*.
einschreien: auf jn ~ *berrar*.
einschüchtern: *intimidar*.
einsehen: *reconhecer*.
einsetzen: jm etw ~ *implantar*. s. (die Zähne) ~ *colocar*. • etw ~ *usar*. • (Kommission...) ~ *instituir*. jn (in ein Amt) ~ *empossar*, *investir 2*. jn als (Erben) ~ *instituir*. • (Kraft...) ~ für ~ *empenhar*. s. ~ für *empenhar*, *acudir*. • <Diskussion> ~ *desencadear*.
einsickern: wo ~ *infiltrar*.
einsparen: (Geld) ~ *economizar*.
einsperren: *encerrar*.
Einspruch: ~ erheben, einlegen gegen *contestar*.
einstecken: (Geld) ~ *facturar*.
einstehen: für etw ~ *garantir*, *responder*.
einsteigen: *subir*. in (ein Schiff...) ~ *embarcar*.
einstellen: [mech.] ~ *ajustar*, *regular*. (Motor) ~ pg. *afinar 1*, bras. *regular*. (Fotoapparat) ~ *focar*. (Uhr...) richtig ~ *acertar*. • jn ~ *colocar*, *empregar*. Personal ~ *meter. jn ~ (als) *admitir 2*, *contratar*. • etw ~ *cessar 1*. [jur.] (Verfahren) ~ *arquivar. • e-n Rekord ~ *bater.
einstreichen: (Geld) ~ *arrecadar*.
einstudieren: (Rolle) ~ *estudar*.
einstufen: ~ als *classificar*.
Einsturz: zum ~ bringen *aluir*.
einstürzen: *aluir*. (Gebäude) ~ *desabar*, *ir 1. <Dach...> ~ *abater*.
eintauchen: ~ in *mergulhar*. etw in etw ~ *banhar*.
einteilen: ~ in *classificar*, *dividir*. s. ~ in *dividir*.

eintragen: etw ~ *apontar 2*. jn, s. in e-e Liste ~ *alistar*. etw (in die Geschäftsbücher) ~ *lançar 1*. s. wo ~ *inscrever*.
eintreffen: *chegar 1*.
eintreiben: (Geld) ~ *angariar*.
eintreten: *entrar 1*, *introduzir*, *ingressar*. • <jd> (Tür...) ~ *arrombar*. • in (e-e Partei...) ~ *alistar*, *filiar-se*. in (e-e Partei) ~ *aderir 2*. • <etw> ~ *confirmar*. <der Fall> ~ *acontecer*. fig. wieder ~ *voltar 1*, *calhar 1*. • ~ für *combater*. für (e-e Idee) ~ *advogar*.
eintrichtern: *incutir*.
eintunken: *amolecer*, *molhar*.
einverstanden: ~ sein mit *aceder 2*, *anuir*, *dar 7. mit jm, mit etw ~ sein *concordar*. mit allem ~ sein *estar 3*. nicht ~ sein *discordar*.
Einverständnis: sein ~ geben *assentar 2*.
einwandern: *imigrar*.
einweichen: etw ~ *amolecer*, *mergulhar*. (Wäsche) ~ *molhar.
einweihen: etw ~ *inaugurar*. jn ~ in *iniciar*.
einwickeln: *embrulhar*. ~ in *enrolar*.
einwilligen: *aceder 2*, *assentir*. ~ in *consentir*, *conceder*, *anuir*.
einwirken: ~ auf *actuar*, *agir*. aufe-a. ~ *condicionar*.
einzahlen: (Geld) ~ *depositar*.
einzäunen: *gradear*.
einziehen: (Banknoten...) ~ *recolher*. (Steuern) ~ *cobrar*. (Paß...) ~ *apreender 2*. • ~ in *impregnar*.
eiskalt: es jm ~ über den Rücken laufen *gelar*.
eitel: jn, s. ~ vor ~ machen, ~ werden *envaidecer*.
ekeln: jn, s. ~ vor *enojar*.
elektrifizieren: *electrificar*.
Elend: voller ~ (...) sein *exalar*.
eliminieren: *eliminar*.
Ellenbogen: jn mit dem ~ anstoßen *acotovelar*. s. mit den ~ wohin lehnen *debruçar*.
emanzipieren: (s.) ~ *emancipar*.
Empfang: jm (e-n ~) bereiten *dispensar*.
empfangen: jn ~ *acolher*, *receber*, *dar 7. von jm ~ *receber*. (Kind) ~ *conceber 1*.
empfehlen: jm etw ~ *aconselhar*. etw ~ *sugerir*. jm jn ~ *encomendar*.
empfinden: etw ~ *experimentar*, *sentir*. ~ für *criar*.
empören: *chocar*, *escandalizar*, *irritar*. s. ~ *escandalizar*. s. ~ über: *chocar 1*.
emporheben: *alçar*, *elevar*. (Kopf) ~ *empinar*.
Ende: zu ~ gehen *encerrar*. <Abend> allmählich zu ~ gehen *cair 1*. <Konflikt> zu ~ gehen lassen *adormecer*. zu ~ gehen *esgotar*. • e-r S. ein ~ setzen *cessar 1, *terminar*. e-r S. ein ~ machen *acabar 1*. • am Ende + V *acabar 4*. am ~ *vir 3*. am ~ werden, sein *acabar 1*.
enden: *acabar 1*, *terminar*, *findar*. ~ in *acabar 1*, *fechar*, *resultar*, *desandar*. ~ mit, in, auf *terminar*.
endlich: ~ + V *passar 1*.
engagieren: s. ~ für *empenhar*. engagiert sein in etw *lançar 1.
Enge: in die ~ treiben *acossar*.
entbehren: e-r S. ~ *carecer*.
entbeinen: *desossar*.
entbinden: jn ~ von *desligar*, *dispensar*, *libertar*.
entblößen: etw ~ *descobrir*. (Zähne) ~ *arreganhar*.
entbrennen: <Diskussion> ~ *desencadear*. <Leidenschaft...> ~ *atear*. (vor, in Liebe) ~ *acender*.
entdecken: *achar*, *avistar*, *descobrir*, *detectar*, *descortinar*, *topar*. jn, etw ~ *localizar*. etw an jm ~ *achar*.
entehren: jn ~ *desonrar*.
enteisen: (Kühlschrank) ~ *descongelar*.
entfahren: <etw> jm ~ *escapar*.
entfalten: (Tätigkeit...) ~ *desenvolver*. s. ~ *desdobrar*.
entfernen: ~ von, aus *afastar*. etw ~ von *retirar*, *remover*. etw von etw ~ *arredar*. (s.) ~ von *arredar*. (die Knochen) ~ aus *desossar*. (die Rinde) von ~ *descascar*. (in e-r Säuberungsaktion) ~ aus *sanear*. ~ von *ausentar-se*, *afastar*. s. ~ von, s. vone-a. ~ *apartar*. s. vone-a. ~ *arredar*, *afastar*. s. (von der Wirklichkeit...) ~ *evadir*.
entfernt: ~ sein von *distar*.
entfesseln: *desencadear*.
entflammen: *incendiar*.
entfliehen: *fugir*.
entfremden: (s.) ~ von *alienar*.
entführen: jn ~ *raptar*, *roubar*. (Flugzeug) ~ *interceptar*.
entgegenarbeiten: etw e-r S. ~ *contrariar*.
entgegengehen: jm ~ *ir 1, *sair. oentgegennehmen: (Anruf) ~ *atender*, *acudir*. von jm ~ *receber*. oentgegenschleudern: jm etw ~ *arremessar*.
entgegenstehen: e-r S ~ *implicar*, *obstar*.
entgegensetzen: *opor*. oentgegenstürzen: s. ~ *arremessar*.
entgegentreten: *enfrentar*, *opor*.
entgegenwerfen: s. ~ *arremessar*.

entgegenwirken: *obstar.*
entgegnen: *contestar.*
entgehen: e-r S. ~ *escapar, fugir.* (dem Tod) ~ *escapar.* e-e Gelegenheit s. ~ lassen **escapar.* <etw> jm ~ *escapar.*
entgleisen: *descarrilar.*
entgleiten: *escapar.*
enthalten: *abarcar, conter 1, compreender 1, comportar 1, encerrar.* • s. ~ *abster-se, escusar.* s. der Stimme ~ **abster-se,* *votar. s. ~ *coibir.*
entheben: (e-s Amtes) ~ *demitir, destituir.*
enthüllen: (Denkmal) ~ *inaugurar.* (Kopf) ~ *descobrir.* • *denunciar, desvendar.* jm etw ~ *desvendar, desenrolar.*
enthülsen: (Erbsen...) ~ *descascar.*
entjungfern: *desflorar.*
entkommen: ~, e-r S., jm ~ *escapar.* e-r S. ~ *livrar, fugir, salvar.* ~ lassen **fugir.*
entladen: (Schiff) ~ *desembarcar.* (Waffe...) (s.) ~ *descarregar.* <Gewitter> s. ~ *desencadear, descarregar.*
entlangführen: an der Seite ~ *ladear.*
entlarven: **descobrir.*
entlassen: jn ~ *demitir, despedir, dispensar, sanear, varrer.* jn (aus dem Krankenhaus) ~ **dar 7.* in den Ruhestand ~ *aposentar.*
entlasten: ~ von *aliviar.*
entledigen: s. e-r S. ~ *despir, despojar, sair.* s. e-r Sache, js ~ *desfazer.* s. (e-r Aufgabe) ~ *desempenhar, desempatar.*
entleeren: etw ~ *despejar.* (des Sinnes) ~ *esvaziar.*
entlocken: jm etw ~ *arrebatar.* jm (etw, Geständnis...) ~ *arrancar.*
entmutigen: jn ~ *desanimar, desesperar, desencorajar.* <Nachricht> jn ~ *abater.*
entnehmen: e-r S. ~ *concluir 2, depreender, colher.* aus e-r S. ~ *inferir.*
entreißen: *arrebatar, arrancar.*
entrinden: (Baum) ~ *descascar.*
entrinnen: (dem Tode) ~ *escapar.*
entrüsten: (s.) ~ *escandalizar.*
entsagen: e-r S. ~ *despojar.* (dem Reichtum) ~ *desprender.*
entschädigen: jn ~ *indemnizar.* jn ~ für *compensar.*
entscheiden: etw ~ *decidir, resolver, desempatar.* [jur.] ~ *expedir.* s. zu tun *escolher.* (Streitfall) ~ *solucionar.* s. ~ (als Schiedsrichter) ~ *arbitrar.* ~ (über) *decidir.* s. ~ für *optar, voltar 1.* s. (für die Politik...) ~ *enveredar.* s. ~ zu, für *decidir.* <etw> s. ~ *decidir.* s. nicht ~ können *pairar.*
Entscheidung: e-e ~ treffen *deliberar, *tomar 2.*
entschließen: s. ~ zu *convencer, determinar, dispor, resolver.*
entschuldigen: *desculpar, escusar.* jn ~, s. ~ für *escusar.* s. ~ *desculpar.*
entsenden: (Boten) ~ *expedir.*
entsetzen: jn ~ *arrepiar, aterrorizar.*
entspannen: etw ~ *afrouxar.* <Körper> s. ~ *afrouxar.*
entsprechen: *corresponder.* e-r S. ~ *responder.*
entspringen: <Fluß> ~ *nascer.*
entstaatlichen: *desnacionalizar.*
entstehen: *criar, originar, nascer.* <Diskussion> ~ *armar 2.* ~ aus *advir, filiar-se, nascer.*
entstellen: *distorcer, falsear.* (Wahrheit...) ~ *adulterar.*
enttäuschen: *desiludir.* enttäuscht sein über *desiludir.*
entwaffnen: (fig.) jn ~ *desarmar.*
entweichen: *evadir.* ~ aus *escapar.*
entwerfen: (Plan...) ~ *esboçar.*
entwickeln: *desenvolver, fomentar, incrementar.* (Gefühl) ~ (für) *criar.* (Eifer) ~ *desenvolver.* s. ~ *criar, desenvolver, evoluir.* s. ~ zu *desdobrar, evoluir.*
entwirren: (Situation) ~ *desembrulhar.*
entwischen: *escapar.* aus (Gefängnis) ~ *escapulir.*
entwurzeln: (Baum) ~ *arrancar.* entwurzelt werden *desenterrar.*
entziehen: jm etw ~ *destituir.* jm die Verfügungsgewalt über etw ~ *destituir.* s. e-r S. ~ *escapar, esquivar, furtar, negar, recusar.*
entzücken: *arrebatar, encantar, deliciar,* ~ *enfeitiçar.* entzückt: ~ sein (über) *encantar.*
entzünden: <Feuer...> s. ~ *atear, pegar 1.*
entzweien: jn ~ *dividir, divorciar.*
entzweigehen: *escangalhar, *ficar 2.*
erbeben lassen: *tremer.* etw ~ *abalar 1.*
erben: **herdar.*
erbieten: s. ~, zu *prestar.*
erbittern: jn ~ *azedar.*
erblassen: *empalidecer, *mudar.*
erbleichen: *empalidecer.* jn ~ lassen *empalidecer.*
erblicken: *avistar, descortinar, enxergar.* etw, jn ~ **dar 3.*
erblinden: *cegar.* auf (e-m Auge) ~ *cegar.*
Erde: unter die ~ bringen *enterrar.*
erdenken: *conceber 2.*
erdreisten: s. ~ *atrever-se.*

erdrücken: jn ~ *sufocar.*
erdulden: *aturar.* etw ~ *sofrer.*
ereifern: <jd> s. ~ *exacerbar.*
ereignen: s. ~ *acontecer, cumprir 1, dar 2, desenrolar, ocorrer 1, produzir, suceder 1.* es ereignete sich, daß..., als.., *apanhar.* s. nache-a. ~ *suceder 2.*
erfahren: *aprender, conhecer, constar 2, saber 1.* ~, ob *ver 1.*
Erfahrung: in ~ bringen *constar 2.*
erfassen: <etw> etw ~ *capturar.* jn (mit dem Auto) ~ *colher.* fig. etw ~ *abarcar, abranger, apreender 2, alcançar, agarrar 1.* (Sinn...) ~ *captar, colher.* mit dem Blick ~ *abarcar, *abraçar.*
erfinden: *inventar.*
erflehen: jn ~ *invocar.*
Erfolg: ~ haben **acertar, florescer.*
erforderlich: ~ sein *impor.*
erfordern: *exigir.* <etw> ~ *envolver.* <etw> etw ~ *pedir, reclamar.*
erforschen: etw ~ *investigar, percorrer.*
erfreuen: jn ~ *alegrar.* s. e-r S. ~ *gozar.* s. ~ an *alegrar.*
erfrieren: **morrer.*
erfüllen: <Geruch> (Luft) ~ *carregar.* • etw ~ **dar 7.* (Bedingung) ~ *preencher* (Bedürfnisse) ~ *suprir.* (e-n Auftrag...) ~ *desempatar.* (Wunsch, Pflicht...) ~ *cumprir 1.* (Aufgabe, Pflicht) ~ *desempenhar, desempatar.* Pflicht ~ *cumprir 1.* (Pflicht) nicht ~ *faltar.* s. ~ *cumprir 1.* • jn ~ mit *encher.* jn (mit Genugtuung...) ~ *deixar 1.* etw ~ *impregnar.* mit Furcht, Angst ~ *aterrorizar.*
Erfüllung: in ~ gehen *cumprir 1, realizar.*
ergänzen: s., e-a. ~ *completar.*
ergeben: s. ~ *entregar.* fig. *deflagrar.* (Probleme) s. ~ *verificar.* • s. (dem Laster) ~ *abandonar.* s. ~ *dar 2.* zus. ~ *somar.* • s. ~ aus *decorrer, deduzir.*
Ergebnis: etw ~ das von etw wurde *obedecer.*
ergehen: s. ~ in *alargar, derreter, desfazer, esgotar.* s. eifrig ~ in *apressar.* etw über s. ~ lassen *gramar.*
ergießen: s. ~ *jorrar.* s. ~ in *afluir, descarregar.* <Fluß> s. ~ *derramar, desaguar, lançar 1.* <Licht> s. ~ über *banhar.*
erglühen: in (Liebe) ~ *arder.*
ergrauen: *agrisalhar.*
ergreifen: *agarrar 1, empunhar.* jn ~ *apanhar.* • fig. jn ~ *comover, derreter, emocionar.* • (e-n Beruf...) ~ **abraçar.* <etw> von jm Besitz ~ *tomar 1.* Besitz ~ von *apossar-se.* die Macht ~ **tomar 1.* Maßnahmen ~ **tomar 2.* für jn Partei ~ **abraçar.* das Wort ~ *tomar 1, usar.*
ergriffen: ~ werden, sein *emocionar.*
ergründen: etw zu ~ suchen *averiguar, aprofundar.*
erhalten: etw ~ *conservar, manter, perpetuar.* (am Leben) ~ *alimentar.* (Betrag, e-n Preis...) ~ *cobrar.* (es jm gelingen, zu) ~ *lograr.* etw ~ (von jm) *obter, receber.* <etw> etw ~ *adquirir.*
erhängen: s. ~ *enforcar.*
erheben: *levantar.* (die Hand) ~ gegen *levantar.* in (den Stand...) ~ *elevar.* (Stimme) ~ *elevar, erguer.* Einspruch ~ *contestar.* s. ~ *levantar, alçar.* <etw> s. wo ~ *erguer.* s. ~ von *levantar.* s. ~ (über) *elevar.* s. (in die Lüfte...) ~ *elevar.* <Sturm> s. ~ *levantar.* s. (zum Verteidiger...) ~ *constituir.*
erhellen: etw ~ *aclarar, clarear, iluminar.*
erhitzen: etw ~ *aquecer.* s. ~ *acender.* <Diskussion> s. ~ *aquecer.*
erhöhen: etw ~, Gehalt ~, etw ~ um *aumentar.* <Preis> erhöht werden *sofrer.*
erholen: <jd> s. ~ von *descansar, recuperar, melhorar.* jn s. ~ lassen von *recuperar.*
erinnern: jn ~ an *lembrar.* <etw> ~ an, s. ~ an *recordar.* jn an (s-e Verantwortung...) ~ *chamar.* s. nicht ~ an *esquecer.*
Erinnerung: e-e gute ~ an etw haben *conservar.*
erkälten: s. ~ *constipar.*
erkaufen: s. (Sympathien...) ~ *comprar.*
erkennen: *reconhecer, ver 1.* jn ~ an *reconhecer.* <etw> ~ lassen *acusar 2.* etw in jm ~ *reconhecer.*
erklären: *explicar, esclarecer.* jm ~ *declarar, expor.* jm (s-e Liebe) ~ *declarar.* ~, man sei Adj *declarar.* <jd> s. ~ *declarar.* • (Gericht) jn ~ für *pronunciar.* jn für schuldig ~ *condenar.* jn e-r S. für schuldig ~ *culpar.* für ungültig ~ *anular.* (Dekret) für ungültig ~ *revogar.* • s. ~ zu *definir, designar.* jn ~ zu *declarar.* s. ~ zu *aclamar.*
erklingen: <Lachen> ~ *estalar.*
erkranken: ~ (an) *adoecer.*
erkühnen: s. ~ *afoitar.*
erkunden: *auscultar, explorar, indagar, percorrer.*
erkundigen: s. ~ *esclarecer, informar.* s. ~ (bei) *indagar, inquirir.* s. ~ nach *inteirar 2, indagar, perguntar.*

erlangen: etw ~ *ascender, conseguir.*
erlassen: jm etw ~ **dar 7*, escusar.*
Erlaß: <~> an (das Parlament) gehen *baixar.*
erlauben: *autorizar, consentir, conceder,* **dar 1*, *deixar 1*, permitir.* jm etw ~ *autorizar.* jm etw nicht ~ *negar.* (nicht) erlaubt sein *valer.* s.~ *permitir.* • *admitir 1, comportar 1.* nicht ~ **conceber 2.*
erleben: *assistir, conhecer, viver 1.* (Momente) ~ *ter 1.* (Negatives) ~ *sofrer.*
erledigen: etw ~ *desempenhar, desempatar, aviar.* [Büro] etw ~ **dar 7.* etw schnell ~ *despachar.*
erlegen: (Wild) ~ *abater, matar.*
erleichtern: etw ~ *facilitar.* s.~ **dar 7.* <etw> jn ~ *aliviar.* jm etw ~ *facilitar.* s. bei jm ~ *desabafar.* s. "~" *aliviar.* s. erleichtert fühlen *aliviar.*
Erleichterung: jm ~ verschaffen *aliviar.*
erleiden: *sofrer.* Qualen ~ *agonizar.*
erleuchten: etw ~ *clarear.*
erlöschen: <Kerze> ~ *apagar.* <Feuer...> ~ *extinguir.* zum Erlöschen bringen *extinguir.*
ermächtigen: jn ~ zu *autorizar.*
ermahnen: jn ~ *advertir.*
ermatten: *enfraquecer, moer.*
ermessen: ~ können *calcular.*
ermitteln: *auscultar, apurar 2, indagar.*
ermöglichen: (jm etw, den Zugang...) ~ *facultar.*
ermorden: *assassinar.*
ermüden: jn ~ *cansar, esgotar, moer.*
ermuntern: jn ~ zu *animar.*
ermutigen: jn ~ zu *afoitar, encorajar, estimular.*
ernähren: jn ~ *alimentar, criar, sustentar.* s.~ *alimentar.* s. ~ von *alimentar, manter, sustentar.*
ernennen: *nomear.* jn, s. ~ zu *nomear.*
erniedrigen: *humilhar.* s.~ *baixar, humilhar.*
ernst: etw ~ nehmen *ligar.* etw (nicht) ~ nehmen **levar 1.* etw nicht ~ nehmen *facilitar.* es nicht ~ meinen mit jm *brincar.*
Ernst: im ~ **valer.*
ernten: *colher, receber.* (Obst) ~ *recolher.*
erobern: *conquistar.*
eröffnen: (Sitzung) ~ *abrir 1.* (Konto, Ausstellung) ~ *abrir 1.* (e-e Epoche) ~ *inaugurar.* (Geschäft) ~ *abrir 1.* (Verhandlung...) ~ *encetar.* (Feuer) ~ *abrir 1.*
erörtern: *discutir, versar* (Thema) ~ *tratar.*
erproben: etw ~ *experimentar, testar.*
erraten: *adivinhar, atinar.*
erregen: jn ~ *acicatar.* jn, s. ~ *irritar.* s.~ (über) *exasperar.* (js Abscheu) ~ *repugnar.* (js Mitleid) ~ *comover, compadecer.* (Neugier...) ~ *despertar, espicaçar.* (js Neid) ~ *meter.* (Verdacht) ~ *levantar.*
Erregung: jn in ~ versetzen *excitar.* in ~ geraten *excitar.*
erreichbar: für jn ~ sein **estar 4.*
erreichen: *atingir, alcançar, chegar 1.* bei jm ~ *alcançar, conseguir, obter.* es ~ *lograr, conseguir.* <etw> etw ~ *ganhar.* (es jm gelingen, zu) ~ *lograr.* jn ~ *chegar 1, alcançar.* zu ~ (ver-)suchen **tentar 1.* (das Ende e-r S.) ~ *findar.* (in e-n Posten) schnell ~ *galgar.* nichts ~ *adiantar.*
erretten: ~ aus *safar.*
errichten: *construir, alçar, instaurar.* etw für jn ~ *levantar.* (Gebäude, Barrikaden) ~ *erguer.* (Mauer...) ~ *levantar.* (Zeltlager...) ~ *assentar 2.* (Hindernisse...) ~ *colocar, levantar.*
erringen: *conseguir.* (Erfolge) ~ *alcançar.*
erröten: *corar, afoguear.* ~ lassen *afoguear.*
erschaffen: *criar, fazer 1.*
erschaudern: jn ~ lassen *arrepiar,* **estremece-* 1.
erscheinen: *aparecer, apresentar,* **vir 1.* <Zeitung...> ~ *sair.* als (Dummkopf...) ~ *armar 2.* <jd> wo ~ *assomar.* wo ~ *apresentar.* nicht wo ~ *faltar.* (vor Gericht, wo) ~ *comparecer.* jm ~ *aparecer.* jm (wie) ~ *surgir.* jm als Adj ~ *afigurar.*
erschießen: *balear.* (standrechtlich) ~ *fuzilar.* (mit dem Machinengewehr) ~ *metralhar.*
erschließen: ~ aus *concluir 2.*
erschöpfen: jn ~ *derrear.* jn, etw ~ *esgotar.* (Kräfte) ~ *extinguir.* (Thema) ~ *esgotar.* s.~ *arrasar.* <js Geduld> s. ~ *esgotar.* s. worin ~ *esgotar.*
erschrecken: *alarmar, amedrontar, atemorizar, aterrorizar, assustar, espantar, estremecer 1.* s. ~ *alarmar, amedrontar, atemorizar.*
erschüttern: etw ~ *abalar 1.* <Erdbeben> (Häuser...) ~ *sacudir.* • etw jn ~ *abalar 1, afectar 2, impressionar, sacudir, tocar 1.* • <etw> erschüttert werden *estremecer 1.* erschüttert sein (über) *impressionar.*
erschweren: *agravar, complicar, contrariar, dificultar, entravar.*
ersehen: ~ aus *depreender, ver 1.*

ersehnen: *suspirar.*
ersetzen: jm etw ~ *compensar.* etw ~ durch *trocar, substituir.* <etw> ~ können *substituir.*
ersinnen: *conceber 2.* etw (als Entschuldigung, Erklärung...) ~ *inventar.*
ersparen: jm etw ~ *escusar, evitar, livrar.* jm, s. etw ~ *poupar.* es s. ~ *livrar.*
erstarren: *imobilizar.* ~ (vor) *tolher.* (vor Kälte) ~ *gelar.* jn ~ lassen *gelar, tolher.*
erstaunen: jn ~ *admirar.*
Erstaunen: jn in ~ versetzen *atordoar.*
erstaunt: ~ sein (über) *espantar, maravilhar.*
erstechen: *esfaquear.*
ersteigen: (Berg) ~ *escalar 1.*
ersteigern: *arrematar 2.*
erstes: als ~ + V *começar 3.*
ersticken: <jd> (fast) ~ *abafar 1, afogar, asfixiar, engasgar, sufocar.* fast ~ an *engasgar.* jn ~ *abafar 1.* jn fast ~ *engasgar, sufocar.* (Stimme) ~ (lassen) *afogar.* (Flammen...) ~ *abafar 1.*
erstrahlen: *iluminar.*
erstrecken: s. ~ *estender.* <Mauer> s. ~ *correr.*
erstürmen: [mil.] ~ *assaltar.*
ertappen: s. (überrascht) dabei ~ **dar 3.*
ertappen: s. ~ bei *apanhar.*
ertappen: jn ~ bei *caçar, colher, dar 3, descobrir, encontrar,* **ir 1, pegar 1, pescar, pilhar 2, surpreender.* jn auf frischer Tat ~ **apanhar.*
erteilen: jm etw ~ *conferir 2.* jm (das Wort) ~ *passar 1.* jm (die Absolution) ~ *confessar.* (die Erlaubnis) ~ zu *autorizar.* (die Anweisung) ~ *determinar.*
ertönen: *soar.* <Stimme> ~ *romper 1.*
ertragen: *arcar, aguentar, aturar, suportar.* etw ~ (müssen) *gramar.* nicht ~ können *poder 2.*
erträglicher machen: *atenuar.*
ertränken: (s.) ~ *afogar.* fig. ~ in *afogar.*
ertrinken: *afogar.* (fig.) ~ in *afogar.*
erwachen: *acordar 1, despertar.* (fig.) ~ aus *acordar 1.*
erwachsen: ~ aus *brotar.*
erwägen: ~ *considerar, cuidar 2.* wohlwollend ~ *acarinhar.*
Erwägung: in ~ ziehen *meditar.*
erwähnen: *aludir, referir, mencionar, citar.* nicht ~ *omitir.* wo erwähnt sein *constar.*
erwärmen: *aquecer.* leicht ~ *amornar.*
erwarten: *esperar.* etw von jm ~ *esperar.*
erwecken: (Gefühl) ~ *despertar.*
erweichen: jn ~ *abrandar, compadecer.* s. ~ lassen *comover.*
erweisen: jm (die Ehre) ~ *prestar.* s. ~ *comprovar, verificar.* s. ~ als *mostrar, demonstrar.*
erweitern: *alargar, ampliar, dilatar, expandir.* ~ auf *alargar.*
erwerben: *adquirir.* etw von jm käuflich ~ *adquirir.* s. etw ~ *alcançar.*
erwidern: ~ *corresponder, tornar 1.* jm (e-n Gefallen) ~ *devolver.*
erwischen: jn ~ *colher, pilhar 2.* jn ~ bei *apanhar, dar 3, pegar 1, caçar.* von etw erwischt werden *apanhar.* • (Zug) ~ *apanhar.*
erzählen: *contar 2, referir.* jm etw ~ *confessar.* jm ~ von *falar.* <etw> ~ von *dizer.* Erzähl das einem anderen! **ir 1.*
erzeugen: *gerar, produzir.*
erziehen: *educar.*
erzielen: *conseguir.* (Übereinstimmung) ~ in *acordar 2.* (e-e gute Note) ~ *tirar.* (Gewinn) ~ *realizar.*
erzittern: <etw> ~ *estremecer 1.* ~ lassen *estremecer 1.*
erzürnen: jn ~ *abespinhar, irritar.*
Espenlaub: wie ~ zittern **tremer 1.*
essen: *comer.* ein wenig ~ *beliscar.* ~ von *comer.* etw ~ zu *acompanhar.* jm etw zu ~ geben *dar 1.* zu Mittag ~ *almoçar.* etw zur Vesper ~ *merendar.* zu Abend ~ *jantar.* zu Abend, zur Nacht ~ *cear.* s. leid ~ an *fartar.*
etablieren: s. ~ *arrumar,* **estabelecer.*
Eulen: ~ nach Athen tragen **querer.*
exekutieren: jn ~ *executar.*
existieren: *existir.*
explodieren: *deflagrar, estourar, explodir.* <Bombe> ~ *rebentar.* zum Explodieren bringen *estourar.*
exportieren: *exportar.*

F

fächeln: ~ mit *abanar.*
Faden: <jd> den ~ verlieren *perder.*
fähig: ~ sein *poder 1.*
fahnenflüchtig: ~ werden *desertar.*

fahren: wohin ~ *ir 1.* mit etw ~ **ir 1*, andar 1.* <etw> wo ~ *ir 1.* (wohin) ~ *conduzir, deslocar.* in (die Ferien) ~ *partir 2.* (Strecke) ~ *percorrer.* gegen etw ~ *espetar.* • (Auto) ~ *conduzir, guiar, pilotar.* wohin (mit dem Auto...) ~ *deslocar.* (Auto) (an den Rand von etw) ~ *encostar.* (Auto...) ~ in *entrar 1.* <Auto> in (die Menge) ~ *deslizar.* (mit dem Auto) ~ gegen *acometer, chocar 1, esbarrar, estampar.* mit (dem Auto) dicht (heran-) ~ an *colar.* • in (e-e unvorhergesehene Richtung) ~ *guinar.* <Zug> wohin ~ *dirigir.* in Richtung ~ auf *carregar.* • mit (den Augen...) ~ über *passar 1.* durch etw ~ *passar 1.* mit (der Hand) ~ durch, über *correr.* womit ~ durch *passar 1.*
fahrenlassen: etw ~ *largar 1.*
Fahrrad: ~ fahren *montar.*
Fall: (Gesetz, Regierung...) zu ~ bringen **deitar 1.*
Falle: jm e-e ~ stellen *armar 1.* in e-e ~ gehen **cair 1.*
fallen: *cair 1.* im Krieg ~ **cair 1.* <Vorhang> ~ *cair 1.* <Gardine...> wie ~ *cair 1.* <Geldkurs> ~ *cair 1.* in (die Hände von jm) ~ *cair 1.* jm um (den Hals) ~ *abraçar.* aus allen Wolken ~ **cair 1.* (Preis) um wieviel ~ *diminuir.* <Sonne> ~ in *dar 4.* <Tag, Wahl...> ~ auf *cair 1.* jm (ins Wort) ~ *cortar, interromper.* in (den Zuständigkeitsbereich) ~ von *caber.* unter (das Gesetz) ~ **cair 1.* • s. ~ lassen *abater.* • auf jn ~ *calhar 1.* • lästig ~ *incomodar.*
fällen: ein Urteil ~ über *julgar.*
fällen: (Baum) ~ *cortar, derrubar.* (Urteil) ~ *pronunciar.*
fallenlassen: s. ~ auf *abater.* (Thema) ~ *abandonar.*
fällig: <Rate> ~ werden, sein *vencer.*
fälschen: *alterar, falsificar, imitar.*
Falschgeld: ~ herstellen *falsificar.*
falten: etw ~ **dobrar 1.*
Falten: (Stirn) in ~ legen *franzir.* (Rock) in ~ legen *franzir.*
fangen: s. eine ~ *apanhar, *levar 1.* Feuer ~ *atear.*
Farbe: ~ bekommen, *pintar, *tomar 1.*
färben: weiß ~ *branquear.* s. ~ *pintar.*
fassen: *agarrar 1, empolgar, empunhar, levar 1.* jn ~ an, bei *pegar 1.* zu ~ bekommen *agarrar 1, caçar, pilhar 2.* • (Plan) ~ *conceber 2.* ins Auge ~ *encarar.* neuen Mut ~ *cobrar.* e-n Beschluß ~ *deliberar.* s. ~ *comportar 1.*
Fassung: aus der ~ geraten *perturbar.* jn aus der ~ bringen *alterar, desfazer.*
faszinieren: <etw> jn ~ *prender.*
faulen: *apodrecer.*
fegen: *varrer.*
fehlen: *faltar, *fazer 6.* jm ~ *faltar.* <etw> ~ *carecer.* es jm ~ an *carecer, minguar.* es (nur noch) ~, daß *faltar.*
Fehler: den ~ haben *pecar.*
Fehlgeburt: e-e ~ haben *abortar.*
fehlschlagen: *baldar, falhar.* <Plan...> ~ *abortar.* ~ lassen *baldar.*
Feierabend: ~ machen **despegar.*
feiern: etw ~ *festejar, comemorar, cantar.* (Geburtstag, Sieg...) ~ *celebrar.*
feilen: *limar.* s. (die Nägel) ~ *lixar, limar.*
feilschen: ~ (um) *regatear.*
Fell: jm das ~ über die Ohren ziehen *esfolar, *tirar.*
fernbleiben: *faltar.*
fernhalten: ~ von *afastar.* jn ~ von *apartar.*
Ferse: jm auf den ~n bleiben **ir 1.*
fertig: ~ werden mit *acabar 2.* ~ + V *acabar 1, terminar.*
fertigmachen: etw ~ *despachar.* s. ~ machen *aparelhar, aprontar.* fig. jn ~ *foder, matar, tramar.*
fesseln: jn ~ *algemar.* <etw> jn ~ *prender.* fig jn ~ *cativar.*
festbinden: *atar, amarrar.* wo ~ *prender.* ~ an *atar.*
festhalten: *empolgar.* etw, jn ~ *segurar 1.* jn wo ~ *manter.* worin, womit ~ *segurar 1.* s. ~ *agarrar 1.* s. wo ~ *segurar 1.*
festigen: *cimentar.* (Haar) ~ *assentar 2.* s. ~ *cimentar, firmar.*
festklammern: (fig.) s. an etw ~ *apegar.*
festkleben: etw ~ *colar.* ~ an *colar.* wo ~ *pegar 2.*
festlegen: etw ~ *definir, marcar.* s. ~ *assumir, definir.* (Termin...) ~ *determinar, aprazar.* (Termin) ~ auf *marcar.* (Zeit, Frist, Termin...) ~ *aprazar.* <Gesetz...> ~ *estipular, estabelecer.* (Preis, Regeln, Datum...) ~ *fixar.* (Frist) ~ *marcar.* (s-e Linie, Haltung) ~ *marcar.*
festmachen: etw ~ *fixar, amarrar.* wo ~ *prender.* (Schiff) (an Land) ~ *atracar.*
festnageln: etw wo ~ *pregar.*
festnehmen: jn ~ *deter, prender, capturar.*
festsaugen: s. ane-a. ~ *chupar.*
festschrauben: *atarraxar.*
festsetzen: *determinar.* s. wo ~ *alojar, arreigar.* ~ auf *marcar.* (Zeit, Frist, Termin...) ~ *aprazar.* s. in (js Kopf) ~ *fincar.*
feststehen: *constar 2.* ~, daß *dar 1.*

feststellen: *averiguar, constatar, verificar.* den Ort ~ *localizar.* abschließend ~ *arrematar 1.* eindeutig ~ *precisar 2.*
festtreten: etw ~ *calcar.*
feucht: ~ werden *humedecer.*
Feuer: ~ machen *atear.* ~ fangen *pegar 1.* ~ fangen lassen *incendiar.* ~ fangen, legen an: *atear.*
filmen: *filmar.*
filtern: *coar, filtrar.*
finanzieren: *financiar.*
finden: *achar, dar 3, descobrir, encontrar, detectar, localizar, topar.* (Freude, Gutes...) in etw ~ *achar.* Platz ~ *caber.* (Lösung) ~ *descobrir, desenterrar.* jn, etw wie ~ *achar.* etw ~ schlecht *antipatizar.* jn (nicht) sympathisch ~ *ir 1.* etw an jm ~ *achar.* ~, daß *considerar, entender 2.*
Finger: keinen ~ rühren **mexer.*
fischen: *pescar.* im Trüben ~ *pescar.* aus (dem Wasser) ~ *pescar.*
fixieren: *fixar.*
flankieren: *ladear.*
Flasche: auf ~n ziehen *engarrafar.*
flattern: <Fahne> ~ *flutuar.* mit den Flügeln ~ **bater.*
Flausen: jm in den Kopf setzen **meter.*
Flecken: ~ machen in *manchar.* ~ bekommen *manchar.*
flehen: (zu Gott) ~ *orar.*
fletschen: mit (den Zähnen) ~ *arreganhar.*
flicken: *consertar.*
fliegen: (mit dem Flugzeug) (wohin) ~ *voar.* <etw> wo ~ *ir 1.*
fliehen: *fugir, escapar.* ~ aus *escapar.* vor jm ~ *fugir.*
fließen: <Wasser> ~ *correr.* <Wasser> ~ durch, über *escorrer.* ~ aus *escorrer.* ins Meer ~ **desaguar.*
Fließen: (Verkehr) wieder zum ~ bringen *desimpedir.*
flöten: ~, etw ~ *assobiar.*
fluchen: ~ (auf) *praguejar.*
Flucht: die ~ ergreifen vor *fugir.*
flüchten: *refugiar-se.* ~ aus *evadir.* s. wohin ~ *escapulir, recolher* s. ~ in *refugiar-se.*
fluktuieren: *flutuar.*
flüstern: *cochichar.* jm etw ins Ohr ~ **cochichar, soprar, zumbir.*
Folge: zur ~ haben *advir, resultar, vir 4.* die ~ sein von *decorrer.*
folgen: *seguir.* jm (auf dem Thron) ~ *suceder 2.* (nicht) ~ (können) *seguir.* <etw> e-r S. ~ *seguir.* (Rat, Befehl, Entscheidung...) ~ *acatar.* <etw> auf etw ~ *seguir.* ~ auf, e-a. ~ *suceder 2.* jm in etw ~ *acompanhar.* • ~ aus *deduzir.* (daraus) ~, daß *apurar.*
folgern: *concluir 2.* ~ aus *deduzir.*
Folgerungen: ~ ziehen aus *tirar.*
foltern: *torturar.* fig. jn ~ (mit) *massacrar.*
foppen: *implicar.*
fordern: *exigir, pretender, reclamar.* laut ~ *clamar.* laut ~, daß *clamar.* etw (für s.) ~ *reivindicar.* <Unfall...> (Tote) ~ *causar.* Opfer ~ *vitimar.* etw von jm ~ *exigir, reclamar.*
fördern: etw ~ *acicatar, estimular, encorajar, favorecer, incrementar, sustentar.* (Entwicklung) ~ *fomentar*
Form: in aller ~ etw tun *formalizar.*
formalisieren: *formalizar.*
formen: *constituir, moldar.*
formulieren: *formular.*
fortbewegen: s. ~ *deslocar.*
fortdauern: *persistir, subsistir.*
fortfahren: ~ mit, in *continuar1.* ~ in *prosseguir.*
fortschicken: jn ~ *despachar.*
Fortschritte: ~ machen *evoluir.* ~ in *avançar.*
fortsetzen: etw ~ *continuar 1, seguir, prosseguir.* <etw> etw ~, s. ~ *continuar1.* <Auto> Fahrt wohin ~ *prosseguir.*
Foto: ~ machen, aufnehmen *tirar.*
Foul: ein ~ pfeifen *apitar.*
Frage: ~ stellen **fazer 6.* in ~ stellen **pôr 1.*
Fragebogen: e-n ~ ausfüllen **responder.*
fragen: *perguntar, interrogar, *pôr 3.* s. ~ *perguntar, interrogar.* jn ~ nach *indagar, inquirir, interrogar.* jn um Rat ~ *consultar.*
frankieren: (Brief) ~ *franquear.*
frech: e-e ~e Antwort geben **responder.*
freigeben: <Meer> (Felsen...) ~ *descobrir.*
Freiheit: jm die ~ geben *libertar.* s. die ~ nehmen zu *permitir.*
freilassen: *largar 1.* jn ~ *soltar.* (Hund...) ~ *soltar.*
freimachen: jn, s. ~ von *emancipar.* (Weg) ~ *desimpedir.* s. ~ von *desamarrar, desprender, despir, largar 1.*
freisprechen: jn ~ von *absolver.* s. ~ von *lavar.* s. von jeder Verantwortung ~ *limpar.*
freistellen: jn ~ **dar 7.*
freistrampeln: s. ~ *descobrir, destapar.*
fressen: <Tier> ~ *comer, devorar.* (Kilometer) ~ *devorar.*
Freude: ~ bringen in *alegrar.*

freuen: *alegrar, consolar,* *dar 7. s. ~ *arreganhar.* s. zu früh ~ *deitar 1. s. ~ über *felicitar, alegrar, congratular.* s. ~ an *deliciar.*
Freund: kein ~ sein von *dar 2. soviele -e haben *contar 1.*
freundlicher: ~ werden *amornar.*
Frieden: ~ schließen *fazer 1. jn in ~ lassen *deixar 1.
frieren: <jd> ~ *congelar,* *estar 2. jn ~ lassen *gelar.*
frisch: ~ halten *conservar.*
frisieren: *pentear.*
Frisur: ~ in Unordnung bringen *desmanchar.*
fritieren: *fritar.*
früher: ~ kommen, da sein *antecipar.* etw ~ machen *antecipar.*
frühstücken: *almoçar,* *matar.
frustrieren: jn ~ *frustrar.*
fuchteln: ~ mit *brandir.* <jd> mit den Armen ~ *bracejar, bracejar.*
fügen: s. ~ *agachar-se.* s. in etw ~ *conformar.*
fühlen: *sentir.* etw ~ *experimentar.* s. wie ~ *dar-se 6, sentir.* <jd> s. beleidigt, verletzt... ~ *agravar.*
führen: *conduzir, dirigir.* jn ~ *guiar.* jn wohin ~ *conduzir, encaminhar, guiar, introduzir, levar 1.* wohin ~ *ir 1. an Seite von etw entlang~ *ladear.* ~ zu *apontar 1.* <Weg...> wohin ~ *ir 1. <Weg> ~ zu ~ (Haushalt) ~ *governar.* (Gespräch) ~ *travar 2.* (Geschäft...) ~ *gerir.* (Pinsel, Waffe...) ~ *manejar.* etw im Schilde ~ *levar 1. ein schönes Leben ~ *levar 1. ein (arbeitsreiches, mühseliges...) Leben ~ *lidar. ~ zu etw ~ *levar 1, ocasionar.* <etw> wohin ~ *conduzir.* wohin ~ *levar 1.* <etw> jn ~ in *reduzir.* zu (nichts) ~ *dar 4.* zu nichts ~ *acabar 1, resultar.*
füllen: *encher.* e-e Lücke ~ *tapar.* etw ~ mit *abarrotar.* in Flaschen ~ *engarrafar.* s. ~ *encher.* s. (mit Tränen) ~ *arrasar.*
funkeln: *brilhar.* <Augen> ~ vor *brilhar*
funktionieren: *funcionar, operar, regular.* <etw> ~ *trabalhar.*
Fürbitte: ~ einlegen für *interceder.*
Furchen: (tiefe) ~ zeichnen, bilden *vincar.*
Furcht: mit ~ erfüllen *aterrorizar.* jm ~ einflößen *temer.*
fürchten: *temer, recear.* jn, etw ~ *ter 2. s. ~ vor *temer.* ~ für *recear.*
Fuß: s. nicht auf den Füßen halten können *cambalear.* jm über (die Füße) fahren, auf (die Füße) treten *calcar.*
Fußball: ~ spielen *jogar.
fußen: <etw> ~ auf *basear.*
Fußtritt: ~ wohin bekommen *rasgar.*
futtern: (=essen) *dar 1.
füttern: (Kleidung) ~ *forrar.*

G

gackern: *cacarejar.*
gähnen: *bocejar.*
Gang: e-n ~ einlegen *engatar. • in ~ bringen *desencadear.* in ~ bringen, setzen, kommen *activar.* etw in ~ setzen *dar 7, *pôr 3.
Gänsehaut: <jd> e-e ~ bekommen *arrepiar.*
garantieren: *garantir,* *dar 7. jm ~ *assegurar.* jm etw ~ *garantir.* ich kann für mich nicht ~! *responder.
garen: *cozer.*
Gas: ~ geben *acelerar, carregar.*
Gassi: mit dem Hund ~ gehen *passear.*
gebären: *dar 1.
geben: jm etw ~ *dar 1,* chegar 1, conferir 2. • es gibt *haver 1, existir.* (bras.) es gibt *ter 1.* <es> noch ~ *sobreviver.* • etw dafür ~ *dar 1.* • den Armen ~ *dar 1. <Quelle> (Wasser) ~ *dar 2, deitar 1.* (Fest, Oper, ein Zeichen) ~ *dar 1.* • jm etw zu (essen...) ~ *dar 1.* jm eins (aufs Maul...) ~ *rachar.* jm (die Hand) ~ *apertar.* jm (e-e Ohrfeige, Unterricht, die Gelegenheit...) ~ *dar 1.* jm (das Wort) ~ *passar 1.* (sein Wort) ~ *empenhar.* jm (e-n Schlag...) ~ *botar 1.* e-r S. (Sinn...) ~ *emprestar.* jm etw zu verstehen ~ *entender 1.* jm Wärme ~ *agasalhar.* jm den Rat ~ *aconselhar.* jm (Arznei...) ~ *aplicar.* • (Laute) von s. ~ *emitir.* (Seufzer...) von s. ~ *desprender.* [Küche] etw ~ zu *adicionar.* etw zu besten ~ *sair.* • s. (e-m Laster) anheim ~ *lançar 1.* s. (zufrieden) ~ *dar 1.*
gebieten: Einhalt ~ *conter 1,* *estacionar.
geboren: ~ werden *nascer.* s. wie neu~ fühlen *nascer. ein geborener N sein *nascer.*
Geborgenheit: jm das Gefühl von ~ geben *acalentar.*
Gebrauch: ~ machen von *servir, usar.* außer ~ kommen *cair
gebrauchen: *empregar, usar.* gebraucht werden *fazer 6.
gebrochen: fig. ~ werden *amolgar.*

gebühren: *competir 2.*
Geburtstag: ~ haben *fazer 1, cumprir 1. ~ feiern: *celebrar.*
Gedächtnis: <etw> jm ins ~ kommen *assomar.* jm ins ~ rufen *recordar,* *trazer. s. etw ins ~ rufen *lembrar.* aus dem ~ löschen *apagar.* <-> jn im Stich lassen *enganar.
Gedanken: s. ~ machen um *preocupar.*
gedeihen: *medrar, vingar.*
gedenken: e-r S. ~ *comemorar.* ~ zu + V *pensar.*
Geduld: ~ haben *ter 2. ~ auf die Probe stellen, strapazieren *abusar.*
geeignet: ~ sein zu *servir, vir 4.*
Gefahr: s. in ~ befinden *estar 4. ~ laufen *correr, arriscar. ~ laufen, zu *estar 4, *sujeitar.
gefallen: jm ~ *agradar,* *cair 1, gostar, simpatizar, calhar 2. es jm ~ *apetecer, gostar.* jm nicht ~ *desagradar, desgostar.* <Idee> jm ~ *sorrir.*
Gefallen: ~ finden an *agradar, gostar, namorar.* jm den ~ tun, zu *fazer 1.
gefangennehmen: *capturar, cativar.*
gefaßt: s. ~ machen auf *preparar.* ~ sein auf *contar 1.*
gefesselt: ~ sein (von) *empolgar.*
gefrieren: *gelar.* <etw> ~ *congelar.* <das Lächeln> jm wo~ *gelar.* (Wasser...) ~ (lassen) *gelar.* zum Gefrieren bringen *gelar.*
gegen: ~ etw sein *antipatizar.*
Gegenstand: etw zum ~ haben *versar.*
gegenüberliegen: *confrontar.*
gegenübersehen: s. plötzlich jm ~ **dar 3.
gegenüberstehen: jm (Auge in Auge) ~ *encarar.* s., e-a. ~ *enfrentar.*
gegenüberstellen: e-a. ~ *confrontar, opor.*
gegenübertreten: s., e-a. ~ *enfrentar, confrontar.* (e-m Problem...) ~ *enfrentar.* e-r S. ~ *encarar, opor.* jm (Auge in Auge) ~ *encarar.*
gehalten: ~ werden für *ter 1.
geheimhalten: etw ~ vor *esconder.*
gehen: <Uhr> ~ *andar 1, funcionar.* • *ir 1, andar 1.* langsamer ~ *encurtar.* leise ~ *abafar 1.* unsicher ~ *cambalear.* <Pferd> seitwärts.~ *ladear.* zu Fuß ~ *ir 1. an js Seite(n) ~ *ladear.* mit jm ~ *andar 1.* fest mit jm ~ *namorar.* • wohin ~ *ir 1, caminhar, marchar.* wohin ~ (um zu + V) *ir 1.* in Richtung ~ auf *carregar.* nicht wohin ~ *faltar.* wohin ohne Papiere ~ *ir 1. <Zug> ~ nach *destinar.* wohin ~ nach ~ *altear.* zu jm ~ *ter 1, *ir 1. an Land ~ *ir 1. zu Bett ~ *ir 1. (zur Armee...) ~ *entrar 1.* (zur Tür) ~ *entrar 1.* ins (Krankenhaus) ~ *baixar.* ~ auf (e-e Schule) ~ *entrar 1.* in (e-n Weg...) ~ *seguir, meter.* (zu Fuß) (e-e Strecke) ~ *caminhar.* (Schritt) ~ *avançar.* • <etw> wie ~ *andar 1, calhar 2, correr,* *ir 1. <etw> wie gehen, laufen *caminhar.* es wie jm ~ *passar 3.* es jm wie ~ *estar 1, ir 1. so schlecht und recht ~ *ir 3. • jm, e-r S. nicht den Weg ~ *fugir.* es geht nichts über *haver 1. s. gut ~ lassen *tratar.* zu weit ~ *exagerar, exceder.* in s. ~ *cair 1, arrepender-se. zuende ~ *acabar 1.* s. ~ lassen *descuidar.* es ~ um *tratar.* (von (Bord) ~ *abandonar.*
gehorchen: *obedecer.* jm ~ *escutar.* jm nicht ~ *desobedecer.* (Rat, Befehl, Entscheidung...) ~ *acatar.*
gehören: *pertencer, ser 3.* ~ zu *figurar, pertencer, ser 3, integrar.* ~ in *entrar 1.*
Geist: den ~ aufgeben *apagar.* jm auf den ~ gehen *massacrar.*
gekränkt: s. ~ fühlen *sentir.* ~ sein *melindrar.*
gelähmt: wie ~ sein *tolher.*
gelangen: wohin ~ *chegar 1, ganhar,* *ir 1. ~ zu *chegar 1.* zu éiner Meinung ~ über *acordar 2.*
Geld: ~ abheben *retirar.* ~ anlegen *colocar, investir 3.* ~ anlegen, stecken, investieren in *empatar 2.* ~ ausgeben, verausgaben, verschwenden *gastar.* ~ durchbringen *estourar, queimar.* ~ auf den Kopf hauen, durchbringen *espatifar.* ~ vergeuden, rauswerfen, verschwenden *esbanjar.* ~ umtauschen, wechseln *trocar, cambiar.* ~ setzen auf, ~ wo verspielen *jogar.* ~ zum Fenster rauswerfen *arder.* ~ waschen *branquear.* ~ auf (die Bank) bringen *meter.* ~ "machen" *encher.* ~ verdienen bei etw *lucrar.* kein ~ haben *estar 2. für kein ~ etw machen wollen *pagar.
Geldstrafe: mit e-r ~ belegen *multar.*
gelenkig: (wieder) ~ machen *desentorpecer.*
gelingen: *sair.* <es> jm ~ *lograr, conseguir.* es jm ~, jn zu finden *acertar.* ~, jn, etw zu finden *arranjar.* es jm ~, den Richtigen zu treffen *acertar.*
gelitten: gut, schlecht ~ sein *ver 1.
geloben: *jurar.*
gelten: ~ als *dar 1, passar 3, valer.* <Spiel> ~ *valer.* ~ lassen *convir.* etw ~ lassen (als) *admitir 1.* etw (für s.) ~d machen *reivindicar.*
gemütlich: es jm ~ machen *aconchegar.*
genehmigen: *aprovar, autorizar.* s. einen ~ *molhar.

geneigt: jn ~ machen zu *dispor*.
genesen: *curar*. ~ von *recuperar*.
genießen: *gozar, deliciar, desfrutar, saborear*. (Privilegien...) ~ *desfrutar*. (Ruf...) ~ *desfrutar*. <etw> etw ~ *beneficiar*.
genug: ~ sein *bastar*. <jd> etw mehr als ~ haben *sobrar*. ~ + N haben *sobejar*. genug...!: *chegar 2*.
genügen: *bastar*. e-r S. ~ *satisfazer*.
genügend: <es> mehr als ~ N geben *sobrar*.
Genugtuung: jn mit ~ erfüllen *satisfazer*.
Genuß: in den ~ kommen von *beneficiar*.
gerade: ~ etw getan haben *acabar 3*.
geradebiegen: *endireitar*.
geradestehen: (dafür) ~ *pagar*.
geraten: in Abhängigkeit von jm ~ *atar*. in Wut ~ *arreganhar*. außer sich ~ *exceder*. in Zorn, Wut, Rage ~ *enfurecer*. in Zorn, Eifer ~ *acender*. (in Panik...) ~ *desatar 1*. in Wut ~ *abespinhar*. mit jm in Streit ~ *zangar*. (vor Zorn) außer sich ~ *arrebatar*. • wohin ~ *parar 1*. auf Abwege ~ *perder*. ins Schleudern ~ *derrapar*. • wie ~ *sair*.
gereizt sein: <jd> ständig ~ *andar 1*.
geringer werden: *abrandar*. etw ~ lassen *arrefecer, enfraquecer*.
geringschätzen: *desprezar, menosprezar*, *ter 1*.
gern: haben *amar, gostar, estimar 2, querer*. etw ~ haben... wollen *ambicionar*. es ~ haben *gostar*. es für sein Leben ~ + V *adorar*. etw ~ tun mögen *desejar*. ~ tun.., *gostar*, *ter 2*.
Gerücht: ~ umgehen *correr*.
geruhen: *dignar-se*.
geschaffen: für jn ~ sein *nascer*. für etw ~ sein *ser 3*. für e-a. ~ sein *nascer*. wie ~ sein für *nascer*.
geschehen: *advir, acontecer, calhar 1, decorrer, operar, passar 3, suceder 1*. jm ~ *advir, ser 3, suceder 1*, *ter lugar*. etw (ohneWiderspruch) ~ lassen *consentir*.
Geschick haben: ~ in *ajeitar*.
Geschmack: <es> nach js ~ sein *cair 1*.
geschmeichelt: s. ~ fühlen *lisonjear*.
geschwächt: ~ werden *enfraquecer*.
geschwätzig: ~ sein *dar 1*.
Geschwindigkeit: ~ herabsetzen, vermindern *diminuir*.
gesellen: s. zu jm ~ *chegar 1*.
gesetzt: ~ den Fall, daß *pôr 1*.
Gesicht: ein ~ ziehen *fazer 1*.
Gespräch: ~ beginnen, anknüpfen *entabular*.
Gestalt: ~ annehmen *aparelhar, desenvolver*.
gestalten: etw gemäß etw ~ *conformar*.
gestatten: *admitir 1, autorizar, comportar 1, conceder, consentir*, *deixar 1, facultar, permitir*. s. ~ *permitir*.
Geste: ~ machen *ter 1*.
gestehen: jm etw ~ *confessar, conceder*.
gestellt: auf s. selbst ~ sein *entregar*.
gestern: nicht von ~ sein *nascer*.
gestikulieren: *bracejar, esbracejar, gesticular*.
Gesuch: ein ~ einbringen *apelar*.
gesund: ~ sein *estar 1*. ~ werden *curar, melhorar*. jn für ~ erklären *dar 7*.
gesunden: jn ~ lassen von *recuperar*.
Gesundheit: die ~ in Person sein, die verkörperte ~ sein *respirar*.
getrauen: s. ~ *atrever-se*.
gewahr werden: e-r S. ~ *aperceber, dar 3, enxergar*.
Gewähr: ~ leisten für *garantir*.
gewähren: jm etw ~ *conceder*.
gewähren: *conceder, conferir 2, dispensar*. Obdach, Zuflucht ~ *abrigar*. Unterkunft ~ *alojar*. jm Zutritt ~ *admitir 2*. Schutz ~ *abrigar*.
gewährleisten: *assegurar, garantir*.
Gewicht: ~ haben *pesar*.
gewinnen: <jd> ~ *ganhar*. jn ~ für *atrair*. fig. jn, etw ~ *angariar*. fig. für s. ~ *cativar, conquistar*. etw (im Lotto) ~ *sair, tirar*. • (Eindruck) ~ *colher*. (Preis) ~ *obter*. (js Sympathie) ~ *alcançar*. (Reise...) ~ *lucrar*. (Wahlen) ~ *vencer*. (Zuneigung) ~ zu *tomar 2*.
Gewissen: sein ~ befragen *pôr 1*.
gewissermaßen: *dizer 1*.
Gewißheit: s. ~ verschaffen *certificar*.
gewöhnen: ~ an *acostumar, afazer, habituar*. s. ~ an *acomodar, acostumar, afazer, habituar*.
gieren: ~ nach *cobiçar*.
gießen: wohin ~ (pg.) *deitar 1*, (n-bras.) *botar*, (s-bras.) *pôr*. (Blumen) ~ *regar*. Wasser auf js Mühlen ~ *levar 1*. in Strömen ~ *chover*.
glänzen: *brilhar, luzir*. golden ~ lassen *dourar*. ~ wollen *meter*. durch Abwesenheit ~ *brilhar*.
Glas: (zu) tief ins ~ schauen *meter*.
glätten: *alisar*.

glattschleifen: *alisar*.
glattstreichen: *alisar*. (Haar) ~ *cofiar*.
glauben: *acreditar, crer, cuidar 2, pensar, achar, calcular, julgar, pretender*. etw, jm ~ *crer*. nicht ~ *desconfiar*. an jn, etw, s. selbst ~ *crer*. an Gott ~ *esperar*. ~, jd sei Adj *cuidar 2*. ~, man sei etw, wo *pensar*. jn wo ~ *julgar*. machen wollen *pretender*. ~, man sei *julgar*. "ich glaube wohl." *recear*.
Glauben: ~ schenken *acreditar*.
gleich: ~ + V *ir 2*. e-a. ~ sein *igualar*.
gleichbleiben: *variar*. s. ~ *ficar 1*.
gleichen: *aparentar*.
gleichkommen: *comparar, igualar*.
gleichmachen: *igualar*. dem Erdboden ~ *arrasar*.
gleichsetzen: *identificar, igualar*. ~ mit *igualar*.
gleichstellen: ~ (mit), s. mit jm ~ *equiparar*.
gleiten: woraus, wohin ~ *deslizar*.
gleiten: ~ durch *deslizar*. aus etw ~, wohin ~ *escorregar*.
Glück: <~> jm hold sein *bafejar*.
glücken: *sair*.
glücklich: s. ~ preisen *lisonjear*.
glühen: vor (Fieber) ~ *arder*.
Gold: in ~ tauchen *dourar*.
golden: ~ glänzen lassen *dourar*. ~ werden: <Korn...> ~ *aloirar*.
Grab: jn zu ~e läuten *tocar 2*.
graben: *cavar 1*. s. ~ in *enterrar*.
Graben: ~ s. auftun *cavar 1*.
grämen: s. ~ *afligir*.
Gras: ins ~ beißen *bater*.
grasen: *pastar*.
grassieren: <Krankheit...> ~ *grassar*.
gratulieren: jm ~ *congratular*. s. ~ zu *congratular*.
grau werden: *agrisalhar*.
gravieren: ~ lassen *inscrever*.
greifen: ~ nach *pegar 1*. zu etw ~ *lançar 1*. zu (den Waffen) ~ *agarrar 1, pegar 1*. nach, zu etw ~ *deitar 1*. um s. ~ *alastrar*. um s. ~ *instalar*. <Krankheit...> um s. ~ *grassar*.
greinen: *choramingar, lacrimejar*.
Grenze: die ~ bilden *limitar*.
grenzen: ~ an *confrontar, limitar*.
Griff: in den ~ bekommen *conter 1*.
grillen: *grelhar*.
Grimasse: e-e ~ ziehen *fazer 1*.
grinsen: *arreganhar*.
groß: ~ werden *crescer*. wie ~ sein *medir*. ~ ziehen *criar*.
größer werden: *aumentar, ampliar, dilatar, intensificar*. ~ lassen *incrementar*.
großziehen: (Kinder) ~ *educar*.
grübeln: *cismar, matutar*. ~ über *empreender*.
grün: (Signal) auf Grün stellen, schalten *abrir 1*. ~ vor Neid werden *morder*.
Grund: e-r Sache auf den ~ gehen *averiguar*. ~ sein für etw *ocasionar*. den ~ legen zu *alicerçar*.
gründen: *constituir, fundar*. (Schule) ~ *criar*. auf ~ *basear, fundar*. s. ~ auf *fundar*. s. e-e Existenz ~ *estabelecer*.
gruppieren: s. ~ *agrupar*.
grüßen: *cumprimentar, acenar, saudar*.
gucken: wohin ~ *olhar*. in den Mond, in die Röhre ~ *chuchar, ficar 3*.
gültig: <Gesetz> ~ sein *estar 4*.
Gunst: js ~ gewinnen *cair 1*. zu js Gunsten sein *inclinar*.
günstig: als ~ für jn erweisen, ~ sein für *favorecer*.
gurren: <Tauben> ~ *arrulhar*.
Gürtel: den ~ enger schnallen *apertar*.
gut: ~ zu machen *apurar 1*. so ~ sein, zu + V *dignar-se*. ~ sein für *favorecer*.
Güte: die ~ haben zu + V *dignar-se*.
gutheißen: *dar 7*.
gutheißen: etw ~ *aplaudir*.
gutmachen: etw wieder ~ *reparar 1*.

H

Haare: s. die ~ raufen *carpir 1*. jm die ~ gegen den Strich kämmen, bürsten.., *arrepiar*. jm die ~ zu Berge stehen lassen *arrepelar*. s. in die ~ kriegen *andar 1*.
haben: [zus.gesetzte Zeiten] *ter 4, haver 2*. • *ter 1, possuir, ficar 1, ostentar, trazer, ver 5*. <jd> etw mehr als genug ~ *sobrar*. bei s. ~ *levar 1*. etw nicht ~ *carecer*. (Krankheit) in s. ~ *trazer*. Lust über ~ *trazer*. genug ~ von *aborrecer*. müssen *carecer*. etw ~ wollen *querer, pretender, berrar*. etw wo ~ *trazer*. mehr als ... ~ *ultrapassar*.
hacken: (Holz) ~ *cortar, rachar*.

haften: <etw> ~ an *aderir 1, colar. 6.* ane-a. ~ *aderir 1.*
hageln: <Fragen...> ~ *chover.*
Halt: ~ geben *amparar.* (e-r Pflanze) ~ geben *segurar 1.*
halten: Wort (nicht) ~ *falhar.*
halten: jn, etw ~ für *achar.*
halten: s. nicht mehr auf den Beinen ~ können *aguentar.*
halten: e-e Rede ~ *discursar.*
halten: <Bus...> ~ *parar 1.* <Auto> (am Rand) ~ *encostar.* • <Frisur> ~ *assentar.* <Frieden, Material...> lange ~ *durar2.* • <etw> ~ *aguentar.* • etw, jn, jn wo ~ *amparar, segurar 1.* jn wo ~ *manter.* <jd> s. (wo) ~ *aguentar.* s. wo ~ *ter 1.* in der Hand ~ *empolgar.* jn (auf den Füßen) ~ *manter.* s. nicht mehr auf den Beinen ~ können *aguentar, cambalear.* s. dicht, eng ~ an *colar, cingir.* etw ~ an *chegar 1.* [Niveau] etw s. ~ auf *manter.* <jd> s. über Wasser ~ *manter.* jn wie ~ *manter.* • etw am + V ~ *manter.* • ~ für *dar 1, haver 4.* für gut ~ *abonar.* es ~ für + Adj *julgar.* es für gut ~ *haver 4.* jn ~ für *tomar 1.* (s.) ~ für *acreditar, considerar, cuidar 2, dar 1, crer, ter 1.* s. ~ für *acreditar, ajuizar, imaginar, julgar.* etw ~ von *pensar.* • ~ + Adj *conservar.* s. wie ~ *manter.* s. (jung...) ~ *conservar.* • (s.) auf dem Laufenden ~ *manter.* etw auf s. ~ *guardar.* s. an (Versprechen...) ~ *atar.* s. an jn ~ *encostar, ater-se.* sein (Wort) ~ *manter.* (Wort) nicht ~ *faltar.* (Messe) ~ *celebrar.* e-n Schwatz ~ *cavaquear.* den Mund ~ *calar.* im Zaume ~ *conter 1.* (Rede) ~ *pronunciar.* fig. nicht mehr zu ~ sein *explodir.*
Halten: zum ~ bringen *parar 1.*
hämmern: (auf etw ein-)~ *martelar.*
Hand: in die ~ nehmen *empunhar.* mit leeren Händen *abanar.* jn an die ~ nehmen *tomar 1.* jm die ~ geben, drücken *apertar.*
Hände: s-e ~ in Unschuld waschen *lavar.* alle ~ voll zu tun haben *desejar.* die über dem Kopf zus.schlagen *apertar.* jn auf ~n tragen *trazer.* in die ~ nehmen *manusear.*
handeln: *actuar, agir.* gegen etw ~ *atentar, trair 2.* • ~ von *focar, rezar.* <etw> ~ von *tratar.* s. ~ um *tratar.* von (e-m Thema) ~ *versar.* • ~ mit *lidar.*
handgemein werden: *agredir.*
handhaben: *manejar.*
Handschellen: jm ~ anlegen *algemar.*
hängen: jn ~ *enforcar.* • <Duft> wo ~ *errar 2, pairar.* • an jm ~ *ter 1, pegar 2.* (fig.) ~ an *apegar.* s. ~ an *pendurar.*
hängenbleiben: wo ~ mit ruigrn wir prender
hängenlassen: s. ~ *abater, abalar 1.*
hartnäckig: ~ sein *teimar.*
hassen: *abominar, odiar.* s. ~ *detestar.*
Haube: jn unter die ~ bringen *arrumar.*
hauchen: ~ an, gegen *bafejar.*
hauen: (Geld) auf den Kopf ~ *espatifar.*
häufen: (Ämter) ~ *acumular.* s. ~ *acumular, aglomerar.*
haushalten: ~ mit *poupar.*
häuten: <Schlange...> s. ~ *mudar.*
heben: (etw wohin) ~ *levantar.* wohin ~ *alçar.* in die Höhe ~ *elevar.* jn auf (ein Pferd) ~ *montar.* • (Stimme) ~ *levantar.* (die Augen, den Kopf) ~ *erguer.* (Kopf, Stimme) ~ *altear.* (Kopf...) ~ *levantar.* (Augen) ~ *elevar.* (Arme, Augen...) wohin ~ *elevar.* (Stimmung...) ~ *erguer.* (die Augenbrauen) ~ *arquear.* js Stimmung, Moral ~ *levantar.* s. ~ *alçar.* <Nebel> s. ~ *levantar.*
heften: die Augen ~ auf *pregar.*
hegen: ~ und pflegen *acarinhar.* (Hoffnungen...) ~ *alimentar, acalentar, afagar, acariciar.* (Freundschaft...) ~ für *dedicar.*
heilen: etw ~ *sarar.* jn, etw ~ *curar.* Wunde ~ lassen *cicatrizar.* fig. etw ~ *cicatrizar.*
heimfahren: *regressar.*
heimisch: ~ werden lassen *arreigar.*
Heimspiel: ein ~ haben *jogar.*
heimsuchen: jn ~ *invadir.* <Unglück> jn ~ *abater.*
heimzahlen: jm etw ~ *pagar, devolver.*
heiraten: jn, e-a. ~ *casar, contrair 3.* <Mann> (e-e Frau) ~ *desposar.*
heiser: ~ werden, machen, werden lassen *enrouquecer.*
heiß: <Wasser> kochend ~ sein (bras.) *pelar.* glühend ~ sein *escaldar.* <jd, Wasser...> (glühend) ~ sein *queimar.*
heißen: *chamar.* das heißt *ser 1, *dizer 1.* ~, daß *representar.* es heißt, daß *constar 2, *correr.*
heiter stimmen: *alegrar.*
heizen: *aquecer.*
helfen: *ajudar, auxiliar, *dar 7, valer.* ~ bei *ajudar.* s. zu ~ wissen *descalçar.* jm (vom Pferd) ~ *desmontar 1.* jm aus der Klemme ~ *desenrascar.*
heller machen: *clarear.*
hemmen: *coibir, empatar 1, entravar.*

henken: *enforcar.*
herablassen: s. ~ *dignar-se, descer.*
herabsetzen: ~ (auf) *reduzir.* (Preis) ~ *abaixar, reduzir.* (Lautstärke, Geschwindigkeit, Preis) *diminuir.* auf ein Minimum ~ *minimizar.*
herabwürdigen: s. ~ *descer.*
heranfahren: mit dem Auto dicht ~ an *colar.*
herangehen: näher ~ an *avançar.* dicht ~ an *cingir.*
heranholen: etw näher ~ *aproximar.*
herankommen: mit etw an etw ~ *encostar.*
heranmachen: s. ~ an jn *atracar.*
heranrücken: (näher) ~ an *acercar.* etw an jn ~ *chegar 1.*
herantreten: näher ~ an *chegar 1, abeirar.* an jn ~ *abordar 2.*
heranziehen: an s. ~ *puxar.*
heraufbringen: *subir.*
heraufsetzen: *subir.*
heraufziehen: <Zeiten...> ~ *preparar.*
heraus: ~ + V (-kommen, -fließen...) *sair.*
herausbekommen: *apurar 2.*
herausbilden: s. ~ *instituir.*
herausbringen: (Buch) ~ *dar 1, editar.*
herausbrüllen: *bramir.*
herausfinden: *determinar, descobrir, descortinar, diagnosticar, identificar, topar, verificar.* herauszufinden suchen *experimentar, investigar.* nicht ~ (können) ~ *atinar.*
herausfordern: jn ~ *lançar 1.* ~ (zu) *desafiar.* e-a. ~ *provocar.* zu (e-m Duell, Spiel) ~ *desafiar.* (Schicksal) ~ *lançar 1.*
Herausforderung: e-e ~ annehmen *topar.*
herausgehen: *sair.* <Flecken> ~ aus *sair.*
herausholen: *tirar.* etw ~ aus *retirar.* jn aus (dem Elend) ~ *tirar.* das letzte ~ aus *explorar.*
herauskläffen: *latir.*
herauskommen: ~ aus *surgir.* fig. aus etw ~ *sair.* <Sonne...> ~ *descobrir.* • auf jn ~ *puxar.* • <etw> ~ (= bekannt werden) *sair.*
herauslösen: (die Knochen) ~ aus *desossar.*
herausnehmen: etw ~ *retirar.* ~ aus *destacar.* s. etw ~ lassen *tirar.*
herausplatzen: *largar 1.*
herauspressen: etw aus jm ~ *espremer.*
herausputzen: s. ~ *ajanotar-se.*
herausquellen: ~ aus *sair.*
herausragen: *distinguir.*
hurnuvrnyvhi n. mit ddduulparı
herausreißen: *arrancar.*
herausrücken: ~ mit *sair.*
herausrutschen: <etw> jm ~ *escapar.*
herausschleudern: <Vulkan> etw ~ *lançar 1.*
heraussprudeln: <etw> ~ aus *borbotar, romper 1.*
herausstellen: klar ~ *evidenciar.* s. ~ als *verificar.*
heraustreten: ~ aus *destacar.*
herausziehen: etw ~ *puxar, tirar.* etw ~ (aus) *puxar, retirar.*
herbeieilen: *acorrer.*
herbeiführen: js Tod ~ *vitimar.*
herbeilocken: *atrair.*
herbeirufen: jn ~ *chamar.*
herbeisehnen: *ansiar, suspirar.*
herbeiströmen: *afluir.*
hereinbitten: jn ~ *mandar 2.*
hereinbrechen: <Nacht> ~ *descer, *fazer 1.* <Abenddämmerung> ~ *escurecer.* ~ über *desabar.*
hereinfallen: ~ auf *cair 1, embarcar.*
hereingestürzt: ~ kommen *enfiar.*
hereinlegen: jn ~ *enganar, embrulhar, *enfiar, foder.*
hereinstürzen: *enfiar.*
herfallen: jn, etw ~ *cair 1.* übere-a. ~ *atacar.*
hergeben: <jd> s. ~ für *prestar.*
herkommen: ~ von *vir 1.*
hermachen: s. über etw ~ *atirar.*
herrichten: *ajeitar, compor.*
herrschen: über jn ~ *governar.* <Hitze> ~ *fazer 2.*
herrühren: ~ von *partir 2, nascer, vir 1.* ~ aus, von *decorrer.*
hersein: bald, etwa (x Monate...) ~ *ir 1.* <Zeit> ~ *fazer 2.*
herstellen: *fabricar, produzir.* (wieder) ~ *instaurar.* (den Frieden...) ~ *estabelecer.* (Ordnung) ~ *impor.*
herum: um etw ~ sein, liegen, fließen *cercar.*
herumfahren: wo ~ *circular.*
herumfuchteln: ~ mit *brandir.*
herumführen: an der Nase ~ *enganar, *enfiar.*
herumirren: <jd> wo ~ *girar, errar 2.*
herumkauen: ~ auf *mastigar.*
herumkommandieren: *mandar 2.*
herumlaufen: <jd> wo ~ *girar.*
herumplagen: s. ~ mit *aturar.*

herumschlagen: s. ~ mit *debater, lutar.*
herumschnüffeln: ~ in *cheirar, revistar.* wo ~ *vasculhar, esgaravatar, farejar.*
herumschreien: *gritar.*
herumschubsen: *empurrar.*
herumstehen: ~ um *circundar.*
herumstöbern: ~ in *remexer.*
herumstochern: in (den Zähnen...) ~ *esgaravatar.* (im Essen) ~ *beliscar.*
herumstreifen: *vaguear.*
herumsuchen: wo ~ *rebuscar.*
herumtragen: s. mit (Ängsten...) ~ *carregar.*
herumtrampeln: (fig.) auf etw ~ *amarfanhar.*
herumwühlen: ~ in *remexer, vasculhar.*
heruntergehen: (wo) ~ *descer.*
herunterhelfen: jm (vom Pferd) ~ *apear.*
herunterholen: *descer.* jn (vom Pferd) ~ *apear.*
herunterkippen: (ein Glas...) ~ *ingerir, mamar.*
herunterklappen: *baixar,* (Krempe) ~ *descer.*
herunterkommen: (Treppe) ~ *descer.*
herunterlassen: (Vorhang) ~ *descer.* (Jalousie..., jn) ~ *abaixar.*
herunterlaufen: <Tränen> wo ~ *descer.*
herunterschlagen: *ingerir.*
herunterschlucken: *engolir.*
herunterstürzen: <Hagel> ~ *desabar.* oherunterziehen: (Hut) ~ *descer.*
hervorbrechen: ~ aus *irromper.*
hervorbringen: *causar, produzir, gerar, fabricar.*
hervordringen: ~ aus *irromper.*
hervorgehen: ~ aus *depreender, nascer.*
hervorheben: *acentuar, *dar 7, destacar, frisar 2, salientar.* (Formen) ~ *desenhar.*
hervorkommen: ~ aus *irromper, surgir.*
hervorquellen: ~ aus *brotar, irromper, jorrar.*
hervorrufen: *gerar, ocasionar, originar, produzir, provocar.* bei jm ~ *provocar.* toxische Symptome ~ bei *intoxicar.* (Staunen...) ~ bei jm *causar.*
hervorsprudeln: ~ aus *borbotar, irromper, jorrar.*
hervortreten: <Falten> ~ *vincar.*
hervortun: s. ~ (durch) *destacar, distinguir.*
Herz: s. ein ~ fassen *animar.*
herziehen: hinter s. ~ *puxar.* • über Abwesende ~ *lavar.*
Herzinfarkt: e-n ~ bekommen *dar 3.*
hetzen: (Hund) ~ auf *atiçar, largar 1.*
heucheln: *afectar 1.* zu ~ verstehen *fingir.* (Interesse) ~ *simular.*
Heuhaufen: eine Nadel in e-m ~ suchen *procurar.*
heulen: <Hund> ~ *ganir.*
Hilfe: jm ~ leisten *atender, assistir.* zu ~ kommen, eilen *acudir.* js ~ in Anspruch nehmen *acudir.*
hilflos: fig. jn ~ machen *desarmar.*
Himmel: zum ~ schreien *bradar.* ~ und Erde in Bewegung setzen *mover.*
hinabsteigen: *descer.*
hinarbeiten: auf etw ~ *cavar 1, trabalhar.*
hinaufbringen: *subir.*
hinauffeilen: *galgar.*
hinauffahren: etw ~ *subir.*
hinaufgehen: *subir.*
hinaufreichen: ~ bis *atingir.*
hinauftragen: *subir.*
hinausgehen: *sair.* ~ auf *abrir 1, apontar 1, deitar 2.* <Fenster> ~ auf *dar 4.* über etw ~ *ultrapassar.* nicht ~ über *passar 1.*
hinausschieben: *tardar 1.*
hinauszögern: *tardar 1.*
Hinblick: im ~ auf *referir.*
hinbringen: *levar 1.*
hinderlich: ~ sein *estorvar.*
hindern: *coibir.* jn ~ an *coibir, inibir.* jn am Weiterkommen... ~ *tolher.* jn, etw daran ~ *impedir.*
Hindernisse: ~ beseitigen *desimpedir.*
hindeuten: ~ auf *indicar.*
hineilen: *acudir.*
hineinbohren: s. ~ in *enterrar.*
hineinfahren: *enfiar.*
hineinführen: jn, etw ~ *introduzir.*
hineingehen: wo ~ *enfiar.* <Nagel> ~ in *entrar 1.* tief ~ in *embrenhar-se.*
hineingreifen: tief ~ in *afundar.*
hineinpassen: ~ in *caber, inscrever.*
hineinschütten: in s. ~ *entornar.*
hineinstechen: mit etw ~ in *enterrar.*
hineinstecken: (Kraft...) ~ *empenhar.*
hineinstürzen: ~ in *irromper.*
hineintun: ~ in *meter.*

hineinziehen: jn mit ~ in *atrelar, envolver, implicar, meter, misturar.*
hinfallen: <jd> der Länge nach ~ *esborrachar, *ir 1, estatelar, espalhar.* (wie vom Blitz getroffen) der Länge nach ~ *cair 1.*
hingeben: s. jm ~ *abandonar.* s. e-r S. ~ *entregar.* (sein Leben) ~ *oferecer.* etw ~ für *sacrificar.* s. jm ~ *entregar, dar 1.*
hingerissen sein: ~ von jm *derreter.*
hingezogen: s. (wie verzaubert) ~ fühlen zu jm *enfeitiçar.*
hinhocken: s. ~ *acocorar.*
hinkauern: s. ~ *acocorar.*
hinken: *coxear, mancar, manquejar.*
hinknien: jn ~ lassen, s. ~ *ajoelhar.*
hinlegen: *pousar.* etw, jn ~ *deitar 1.* s. ~ *deitar 1, estender.*
hinnehmen: etw ~ *conformar.* es ~ *aceitar.* (Rüge...) ~ *aceitar.*
hinpurzeln: ~ *dar 2.*
hinrichten: jn ~ *executar.*
hinschauen: zu jm ~ *olhar.*
hinschmeißen: s. ~ *botar 2.*
hinsehen: zu jm ~ *olhar.*
hinsetzen: jn, etw ~ *sentar.* s. bequem ~ *ajeitar.*
hinsichtlich: *referir.*
hinstellen: (Möbel) woanders ~ *mudar.* s. wo ~ *plantar.* s. zu js Seite(n) ~ *ladear.* s. aufrecht ~ *pôr 1.*
hinstürzen: ~ *dar 2.*
hinter s. lassen: jn ~ *adiantar.*
hintergehen: jn ~ *enganar, trair.*
Hintergrund: etw in den ~ drängen *sobrepor.*
Hinterhalt: jm e-n ~ stellen *armar 2.*
hinterlassen: jm etw ~ *deixar 1, legar.* etw wo ~ *deixar 1.* <etw> Zweifel ~ *deixar 1.*
hinterlegen: (Geld) ~ *depositar.*
hintragen: *levar 1.*
hinüberbringen: *passar 1.*
hinübergehen: *passar 1.*
hinüberretten: in die Zukunft ~ *salvaguardar.*
hinübersetzen: *passar 1.*
hinüberwechseln: ~ zu *passar 1.*
hinunterfahren: (Fluß) ~ *descer.*
hinunterführen: wo ~ *baixar.*
hinuntergehen: (Treppe) ~ *descer.*
hinunterkippen: in e-m Zug ~ *emborcar, entornar.*
hinunterschlingen: *devorar.*
hinunterstürzen: etw wo ~ *despenhar.* in e-m Zug ~ *emborcar.*
hinwegsetzen: s. ~ über *atropelar.*
hinwegtrösten: jn ~ über *consolar.*
Hinweise: ~ geben *dar 7.*
hinweisen: ~ auf *aludir, apontar 1, indicar.* jn auf (e-e Gefahr...) ~ *acautelar.*
hinwerfen: <jd> s. ~ *abater, deitar 1.*
hinziehen: s. ~ *arrastar, alongar.* s. zu jm hingezogen fühlen *cativar.*
hinzufügen: ~ *acrescentar, ajuntar, aumentar, juntar, aliar.* ~ zu *somar.* [Küche] ~ zu *adicionar.*
hinzugeben: [Küche] ~ *misturar.*
hinzukommen: <etw> zu *aliar, acrescentar, acrescer, juntar.*
Hitze: <~> drückend sein *apertar.*
hoch: ~ hinaus wollen *abarcar.*
hochhalten: jn (an den Beinen) ~ *pendurar.*
hochheben: *erguer, levantar.* ohochkrempeln: (Ärmel) ~ *arregaçar.*
hochleben: jn ~ lassen *ovacionar, brindar.*
hochziehen: die Nase (geräuschvoll) ~ *fungar.* (Mauer...) ~ *levantar.* (Gebäude) ~ *erguer.* (Vorhang) ~ *subir.* (Fuß...) ~ *encolher.*
hocken: *acocorar.* wo ~ *empoleirar.* s. ~ *aninhar.*
Hof: jm den ~ machen *atirar, *cantar, namorar.*
hoffen: *contar 1.* ~ (auf) *esperar.* ~, daß jd bei guter Gesundheit ist *estimar 2.*
Hoffnung: ~ hegen *afagar.* s. in der ~ wiegen *embalar 2.* <etw, jd> ~ en erwecken *prometer.* die ~ aufgeben *desesperar.*
Höhe: in die ~ heben *levantar.*
höher: etw ~ stellen als *sobrepor.* ~ werden *altear.*
Höhle: s. in die ~ des Löwen begeben *meter.*
hold: <etw> jm ~ sein *sorrir.* <Glück> jm ~ sein *bafejar.*
holen: *buscar, colher.* jn ~ lassen *buscar.* etw ~ aus *retirar.*
Honig: jm ~ um den Bart schmieren *adoçar, engraxar.*
horchen: *escutar.*
hören: *ouvir, entender 1, escutar, perceber, sentir.* auf jn ~ *escutar.* <jd, ein Sänger...> wo zu ~ sein *passar 1.* man hört, daß *correr.*

Hose: <Kinder> s. in die ~ machen *borrar*. s. vor Angst in die ~ machen **mijar*.
hügelig: ~ werden *acidentar*.
hüllen: s. ~ in *enrolar*. s. (in Schweigen) ~ *recolher*.
humpeln: *mancar*.
Hunger: ~ leiden **passar 1*. ~ haben *estar 2*.
hupen: *buzinar*.
hüpfen: *pinchar, saltar*.
husten: *expectorar, tossir*.
Hut: den ~ ziehen vor **tirar*. auf der ~ sein *acautelar*.
hüten: Vieh ~ *apascentar*. (Schafe...) ~ *guardar*. das Bett ~ **ficar 1*. s. ~ vor *guardar*.

I

iahen: <Esel> ~ *zurrar*.
Idee: auf e-e ~ kommen **pôr 1*. die ~ haben *conceber 2*. die fixe ~ haben *cismar*. s. e-e ~ machen von *avaliar*.
identifizieren: *identificar*. s. ~ (mit) *identificar*. s. mit jm ~ *confundir*.
identisch: ~ sein *coincidir, identificar*.
ignorieren: jn ~ *ignorar*.
Illusion: jm die ~en nehmen *desiludir*. s. keine ~en mehr machen über *desiludir*.
illustrieren: *ilustrar*.
Imitation: e-e ~ sein von *imitar*.
imitieren: *copiar*. (Unterschrift) ~ *imitar*.
immatrikulieren: s., jn ~ *inscrever, matricular*.
immer: ~ weiter, mehr, wieder *ir 3*.
immerzu: ~ + V *viver 2*.
implizieren: *implicar*.
imponieren: jm ~ *impressionar, impor*.
importieren: *importar 2*.
imprägnieren: *impregnar*.
industrialisieren: (s.) ~ *industrializar*.
infizieren: *contagiar*.
informieren: jn, s. ~ *informar, inteirar 2*.
innehaben: etw ~ *ocupar*. (Macht) ~ *deter*. (Stelle...) ~ *ter 1*.
innehalten: wo ~ *deter, parar 1*. <jd> ~ *estacar*. im (Schritt) ~ *estacar*.
inserieren: **inserir*.
insistieren: ~ auf *insistir, martelar, teimar*. (bei jm) ~ auf *insistir*.
inspirieren: jn ~ *estimular, inspirar 2*. s. ~ lassen von *inspirar*. jn ~ zu *inspirar 1*.
inspizieren: *inspeccionar*. (Truppen) ~ **revistar*.
installieren: etw wo ~ *instalar*.
instandsetzen: *beneficiar*.
inszenieren: [Theater] ~ *montar*.
integrieren: s. ~ in *integrar*.
intensivieren: (s.) ~ *intensificar*.
Interesse: ein ~ haben an **ter 2*. von ~ sein *interessar*.
interessieren: jn, s. ~ für *interessar*. s. ~ für **tomar 2*.
Internat: in (ein ~) geben *internar*.
interpretieren: *interpretar*. etw als etw ~ *interpretar*.
intrigieren: *bisbilhotar*.
inventarisieren: *inventariar*.
investieren: *investir 3*. worin ~ *aplicar*. in (ein Geschäft) ~ *meter*. (Geld) ~ in *empatar 2, pôr 1*. (Zeit) ~ in *empatar 2*.
irreführen: *despistar*.
irren: (s.) ~ (in) *errar 1, confundir*. s. ~ *enganar*.
isolieren: *isolar*. ~ von *isolar*. s. ~ von *isolar*.

J

Jagd: auf die ~ gehen *caçar*. ~ machen *acossar*.
jagen: *caçar, *dar 7*. in die Luft ~ **saltar*.
jähren: s. ~ **fazer 1*.
jammern: *carpir 1, choramingar, lamuriar*. ~ nach *choramingar*. ~ (über) *lamuriar, lamentar*.
jäten: *carpir 2*. (Unkraut) ~ *mondar*.
jucken: s. wo, etw ~ *coçar*.
justieren: [mech.] ~ *ajustar*.

K

kaffeetrinken: (nachmittags) ~ *merendar*.
kalkulieren: ~, daß *calcular*.
kalt: ~ werden *arrefecer, *ficar 2*. es jm ~ sein **ter 1*.
kämmen: (s.) ~ *pentear*. jm die Haare gegen den Strich ~ *arrepiar*.

kämpfen: *lidar*. ~ mit *lidar, lutar*. mit e-a. ~ *lutar*. mit (e-m Stier) ~ *lidar, tourear*. mite-a. ~ *combater, bater, lidar*. mit jm ~ um *disputar, lutar*. zu ~ haben mit *lutar*. (Gefecht) ~ *travar 2*. um etw, jn ~ *disputar*. ~ für, gegen *combater, lutar*. ~ für *labutar*.
kanalisieren: *canalizar*.
kandidieren: *concorrer 2*. ~ für, um *candidatar-se*.
kapieren: *apreender 2, *ver 1*. etw nicht ~ **atingir*.
kaputtfahren: (Auto) ~ *estampar*.
kaputtgehen: *partir 1, estilhaçar, escavacar, pifar, estragar, escangalhar, espatifar, despedaçar*. <Auto> ~ *avariar*.
kaputtmachen: *arruinar, avariar, *dar 7, escangalhar, estragar, estuporar, rebentar*.
karikieren: *caricaturar*.
Karte: alles auf e-e ~ setzen **jogar*. die ~n auf den Tisch legen **pôr 1*.
kassieren: *facturar*.
kastrieren: *capar*.
kauen: *mascar, mastigar*.
kauern: s. ~ *acocorar, aninhar*.
kaufen: etw ~ (von): *comprar*. jn ~ *comprar*. <jd> s. ~ lassen *vender*. auf Raten ~ **comprar*. (ein neues N) ~ *trocar*.
käuflich: ~ sein *vender*.
kehren: *varrer*. (Schornstein) ~ *limpar*. (Skandal) unter den Teppich ~ *abafar 1*. das Innere nach außen ~ *voltar 1*.
kehrtmachen: <jd> ~ *desandar*.
keimen: *brotar*.
keltern: (Trauben) ~ *pisar*.
kennen: *conhecer, saber 1*. nicht ~ *desconhecer, ignorar*. jn ~ als *conhecer*. etw an, bei jm ~ *conhecer*.
kennenlernen: *conhecer*.
Kenntnis: ~ nehmen von *alhear*. zur ~ nehmen **tomar 2*. in ~ setzen *inteirar 2, informar*. jn (warnend) davon in ~ setzen *prevenir*. jn von etw keine ~ nehmen lassen *alhear*. ~e haben in *entender 1*.
kennzeichnen: *caracterizar, descrever*. etw ~ *marcar*. <etw> jn ~ *qualificar*.
ketten: s. a-e. ~ *amarrar*.
keuchen: *ansiar, arfar, arquejar, ofegar*.
Kieker: jn auf dem ~ haben *cismar*.
Kindesstatt: an ~ annehmen *adoptar*.
Kirchenmaus: arm wie eine ~ sein **ter 1*.
kläffen: *latir*.
klagen: *queixar-se, lamuriar*. <Tier> ~ *gemer*. weinerlich ~ *carpir 1*. nicht ~ können **ir 3*. ~ (über) *lamentar*. Grund zu ~ haben *ter 1*. jm etw ~ *clamar*.
klammern: s. ~ an *agarrar 1, amarrar, ater-se, pendurar, segurar 1*. s. a-e. ~ *agarrar 1*. fig. s. ~ an *apegar, agarrar 1*.
klappern: *ranger*. mit den Zähnen ~ (vor Kälte) **bater*. mit (den Zähnen) ~ *tiritar*.
klären: (Fragen...) ~ *clarificar*. (Situation) ~ *desembrulhar, esclarecer*. <Situation> s. ~ *clarificar, esclarecer*. (Problem, Rätsel...) s. ~ *deslindar*.
klarmachen: *evidenciar*.
klarstellen: *deslindar, esclarecer*. (alles) ~ **pôr 1*.
klassifizieren: ~ (als) *classificar*. [Sport] s. ~ *classificar*.
klatschen: (jm) (Beifall) ~ *aplaudir*. jm Beifall ~ *ovacionar*. in (die Hände) ~ *bater*. wohin ~ *estalar*. • *bisbilhotar, badalar*.
klauen: *abafar 2, fanar, furtar, pifar*.
kleben: *colar*. etw ~ *colar*. wo ~ *colar, pegar 2*. etw ~ auf, an *colar*. ~ an *aderir 1*. ane-a. ~ *aderir 1*. • jm eine ~ *pregar*.
klebrig: ~ sein *colar*.
kleiden: s. wie ~ *vestir, trajar*. s. gut ~ *arranjar, apurar 1*.
klein: s. ~ machen *encolher*. ~, gering... halten, machen *minimizar*.
kleiner: ~ werden *minguar*.
kleinschneiden: (Zwiebel...) ~ *picar*.
Klemme: jm aus der ~ helfen, s. aus der ~ ziehen *desenrascar*. in der ~ sein **tramar*.
klemmen: <Tür> ~ *emperrar*.
klettern: wohin ~ *escalar 1*. ~ auf *galgar, subir*.
klingeln: <etw> ~ *tocar 2*.
klingen: wie ~, nach etw ~ , in den Ohren ~ *soar*.
klopfen: <Herz> jm ~ *saltar, bater*. (Fleisch) ~ *bater*. (Teppich) ~ *sacudir*. an (die Tür) ~ *bater*.
Kloster: ins ~ gehen *recolher*.
knabbern: an, etw ~ *mordiscar, trincar*. ~ an *roer*.
knacken: <Knochen> ~ *estalar*. mit (den Fingern) ~ *estalar*.
knallen: *estourar*. wo ~ *estalar*.
knapp: ~ sein, werden *escassear*.
knarren: <Tür> ~ *gemer*.
knebeln: *amordaçar*.
kneifen: jn ~ *beliscar*.
kneten: *amassar*.

knien: *ficar 2.
knirschen: mit (den Zähnen) ~ ranger.
knistern: <Feuer, Holz...> ~ estalar.
knospen: brotar.
knüpfen: Kontakte ~ atear.
knutschen: s. ~ beijocar.
kochen: auf kleiner Flamme ~ lassen estufar.
kochen: cozinhar, ferver. zum Kochen bringen ferver. <Wasser> ~ borbotar. (Gemüse, Huhn...) ~ cozer. (Reis...) auf kleiner Flamme ~ guisar. ~ (vor) ferver.
kollidieren: ~ mit brigar.
kolonisieren: colonizar.
kombinieren: etw ~ combinar.
kommandieren: comandar.
kommen: ~ von, aus partir 2.
kommen: vir 1, ir 1. ~ lassen *mandar 3. gerade recht ~ *vir 1. bald ~ tardar 1. <etw> ~ chegar 1. ~ in entrar 1. zu jm ~ *vir 1, reunir. wohin ~ andar 1. <etwas> wohin kommt das? *ir 1. ~ zu chegar 1, *ir 1. ~ bis an atingir. ~ bis zu chegar 1. zu etw, jm ~ vir 1. ~ aus nascer. woher ~ ser 3. nach etw ~ suceder 2. auf etw ~ atinar, inventar, topar. wieder zu s. ~ tornar 1. <Jahreszeit> ~ entrar 1. • <Idee> jm (in den Sinn) ~ acudir, ocorrer 2. • an (die Macht) ~ aceder 1. auf die Erde ~ baixar. (im Radio...) ~ dar 2. zu Hilfe ~ acudir. zur Sache ~ *ir 1. ~ Sie mir nicht mit N: *vir 1.
kommentieren: (Text) ~ comentar.
kompliziert: etw ~ machen, gestalten complicar.
komponieren: compor.
kompromittieren: ~, s. ~ comprometer.
konditionieren: condicionar.
konfiszieren: confiscar.
Konflikt: <etw> in ~ treten mit brigar.
konfrontieren: confrontar. mit (e-m Problem...) konfrontiert werden esbarrar.
Konkurs: in ~ gehen *abrir 1.
können: poder 1. es sein ~ poder 1. (e-e Sprache) ~ saber 1, 3. es ~ mit dar-se 6. Du kannst mich mal! *lixar.
konservieren: conservar.
konspirieren: conspirar.
konstituieren: s. ~ formalizar.
konstruieren: construir.
konsultieren: (Arzt) ~ consultar.
Kontakt: ~ aufnehmen, in ~ treten mit contactar. in ~ treten mit *tomar 2.
kontaktieren: contactar.
Kontrolle: unter ~ halten controlar.
kontrollieren: controlar.
Konturen: ~ geben desenhar.
konzentrieren: (Flüssigkeit) ~ concentrar. ~ auf concentrar. s. wo ~ concentrar. s. ~ auf concentrar, fixar.
Konzessionen: ~ machen fazer 1.
konzipieren: conceber 2, elaborar.
Kopf: <-> platzen vor estalar. den ~ ablehnend schütteln, mit ~ zustimmend nicken: abanar. etw im ~ haben pensar. s. etw aus dem ~ schlagen *tirar. den ~ verlieren atrapalhar. nicht wissen, wo einem der ~ steht *andar 1. stolz den ~ heben empertigar. nicht im ~ sein in den ~ setzen *incar. im ~ nicht ganz richtig sein *regular. <Kind> alles auf den ~ stellen *pintar. (Geld) auf den ~ hauen espatifar. fig. jm etw an den ~ werfen lançar 1.
köpfen: (Fußball) ~ cabecear.
Kopfschmerzen: ~ haben *andar 2.
kopieren: copiar, fotocopiar.
Korb: e-n ~ bekommen *levar 1.
korrigieren: corrigir. (Irrtum) ~ reparar 1.
kosten: (viel, wenig) ~ custar. jn ~ ficar 1. wieviel kostet das? *ser 1. Kraft, Mühe... ~ custar. • den Geschmack von etw ~ provar 2. (Speise) ~ provar 2.
krachen: estourar.
Kraft: in ~ treten entrar 2. (Dekret) außer ~ setzen revogar. außer ~ setzen anular.
kräftigen: esforçar.
kraftlos: (anfangen) ~ (zu) werden fraquejar.
krähen: <Hahn> ~ cantar.
krank: ~ werden cair 2. ~ werden (vor) adoecer. jn ~ machen adoecer. ~ sein encontrar.
kranken: an etw ~ sofrer.
kränken: ferir, melindrar. gekränkt sein ofender.
Krankenhaus: ins ~ gehen baixar.
Krankheit: e-e ~ bekommen advir, apanhar. e-e ~ haben debater.
krankschreiben: jn ~ *dar 7.
kratzen: (s.) ~ arranhar. <Kamm...> ~ arranhar. <Pullover...> ~ picar. s. wo ~ esgaravatar. s. wo, etw ~ coçar.
kräuseln: (Haare) ~ frisar 1. (Lippen) ~ arrepiar.
Kredit: ~ an Land ziehen angariar.

kreidebleich: ~ sein *estar 1.
kreischen: chiar, guinchar, esganiçar-se.
kreisen: ~ um gravitar.
kreisen: <Flugzeug...> ~ *andar 1. ~ (um) girar.
Kreuz: etw über ~ legen cruzar.
kreuzen: <Straße> (Straße) ~ cruzar. <etw> s. ~ mit cruzar. <Wege...> s. ~ cruzar. (Rassen...) ~ cruzar.
kribbeln: formigar.
kriechen: auf allen vieren ~ gatinhar.
Krieg: den ~ erklären *declarar. s. im ~ befinden *estar 4.
kriegen: nicht genug ~ von *fartar. (Job) ~ apanhar.
Kritik: an jm ~ üben criticar.
kritisieren: comentar, criticar. jn ~ criticar.
kritzeln: etw wohin ~ riscar.
krümmen: (s.) ~ arquear. s. ~ estorcer.
kühl: ~ werden *ficar 2.
Kummer: jm ~ bereiten *dar 7, magoar.
kümmern: es jn ~, daß importar 1. s. darum ~ cuidar 1. s. ~ um cuidar 1, incomodar, ocupar, olhar, preocupar, tratar. s. nicht ~ um descurar. s. um Dinge ~, die einen nichts angehen *meter. es jn (wenig...) ~ importar 1. s. e-n Dreck ~ um *estar 2.
kündigen: despedir. jur. (Vertrag) ~ denunciar.
Kurbel: ~ betätigen *dar 1.
kursieren: ~ um circular, tratar.
kürzen: abreviar, encurtar. (Gehalt) ~ reduzir.
kürzer: ~ werden abreviar, diminuir. ~ machen encurtar.
kurzfassen: s. ~ *abreviar.
kuscheln: jn ~ aconchegar. s. ~ an aconchegar.
küssen: (s.) beijar.

L

lächeln: ~, über etw ~, ein Lächeln ~ sorrir.
lachen: rir. lauthals ~ *estourar. über jn ~ rir, *rir.
Lachen: zum ~ sein *dar 7. vor ~ platzen *estourar. s. vor ~ biegen *cambalear.
laden: ~ in, auf carregar. (Fotoapparat, Waffe) ~ carregar. (fig.) etw (ab-) ~ auf jn descarregar.
Lage: in e-e unangenehme ~ bringen atrapalhar. in der ~ sein zu poder 1. nicht in der ~ sein impossibilitar.
lagern: etw wo ~ armazenar. • acampar.
lahmen: <Tier> ~ coxear. <Pferd. ~> ~ mancar.
lähmen: tolher, entorpecer. jn ~ imobilizar. fig. jn ~ gelar.
Land: an ~ gehen desembarcar. <Schiff, Flugzeug> jn an ~ setzen desembarcar.
landen: aterrar. wo ~ aportar, *parar 1. wo ~ mit etw dar 3. <Flugzeug> ~ pousar. zuletzt wo ~ desaguar.
lang: ~ wie sein medir.
Länge: in die ~ ziehen tardar 1. (Wörter) in die ~ ziehen arrastar.
langen: <etw> *servir.
länger werden: alongar. länger etw tun: andar 3.
langweilen: jn ~ enjoar. (s.) ~ aborrecer, chatear, maçar, bocejar.
langweilig: es ~ finden maçar.
lassen: fazer 5, deixar 3. jn + V ~ pôr 2. (jn allein...) ~ deixar 1. ~ + V mandar 3. • hinter s. ~ *deixar 1. jn wo ~ deixar 1. etw sein ~ deixar 1. von e-a. ~ arredar. Laß das! Hör auf damit! *ir 1.
lasten: ~ auf pesar.
lästig: jm ~ werden, sein, fallen chatear. jm ~ fallen maçar. ~ fallen molestar.
Lauer: auf der ~ liegen *estar 4. wo auf der ~ liegen, sein espreitar.
lauern: ~ (auf) espreitar.
Laufbahn: e-e ~ einschlagen seguir.
laufen: andar 1, correr. in (e-e unvorhergesehene Richtung) ~ guinar. (Strecke) laufen: correr. (zu Fuß) (e-e Strecke) ~ caminhar. ~ aus, über correr. wo entlang ~ correr. von Pontius zu Pilatus ~ *correr. (Sand...) ~ durch coar. <Wasser> ~ durch, über escorrer. <Nachricht> ~ durch correr. mil. marschieren: *correr. <Maschine...> ~ funcionar. <Film...> wo ~ passar 1. <Film> zum erstenmal im Kino ~ estrear. (Schiff) vom Stapel ~ lassen lançar 1. fig. etw ~ lassen correr. <etw> wie ~ dar 2. <etw> wie, gut ~ calhar 2. <etw> wie ~ correr. <etw> wie ~ *ir 1. auf dem laufenden sein *estar 4.
Laune: schlechte ~ haben *andar 2. jm die ~ verderben amuar, azedar. ~ haben zu estar 3.
lauschen: wo ~ escutar.
laut: ~ rufen clamar. überall ~ sagen apregoar.
lauten: rezar.

läuten: <Glocke> ~ *dobrar 2.* <etw> ~ *tocar 2, badalar, soar.* (Glocke) ~ *dobrar 2, tocar 2.* Totenglocken ~ **dobrar 2.*
leben: für etw ~ *viver 1.*
leben: *viver 1, morar.* (Jahre) ~ *viver 1.* ~ von *sustentar, viver 1.* länger ~ als *sobreviver.* (ein Leben) ~ *viver 1.* ein anständiges ~ führen *endireitar.* in wilder Ehe ~ *amancebar-se.*
Leben: das ~ auf Spiel setzen **jogar.* es für sein ~ gern + V *adorar.* am ~ sein *viver 1.* sein ~ bestreiten **bastar.* jm das ~ nehmen *ceifar.* ins ~ treten *alvorecer, *sair.*
Lebensstandard: s-n ~ verbessern **melhorar.*
Lebensunterhalt: den ~ bestreiten *viver 1.*
lecken: *lamber.* <Flammen> ~ an *lamber.* s. die Finger ~ nach *lamber.*
leckschlagen: (Schiffsrumpf) ~ *abrir 1.*
Leder: gegen jn vom ~ ziehen *descascar.*
leeren: etw ~ (in) *despejar.* (Glas) ~ *esvaziar.* s. ~ *esvaziar.*
legen: *colocar, botar 1, pôr 1, pousar.* wohin ~ *deitar 1.* ~ in *meter.* etw zu etw ~ *juntar.* wie ~ *dispor.* übere-a. ~ *sobrepor.* (die Hand...) wohin ~ *pousar.* ins Nest ~ *aninhar.* in den Weg ~ *atravessar.* (den Deckel) ~ auf *tapar.* (Feuer) ~ an *atear, lançar 1.* (Arm) ~ um *rodear.* (Wasserleitungen) ~ in, durch *canalizar.* s. ins Zeug ~ *empenhar.* ● (Grundstein) ~ *assentar 2.* Eier ~ *botar 1, *pôr 1.* ● Wert ~ auf *caprichar, importar 1.* ● s. schlafen ~ *deitar 1.* <Staub> s. ~ *assentar 1.* <Wind> s. ~ *acalmar, amansar, sossegar.* <Zorn...> s. ~ *amainar, amansar.*
legieren: (Metalle) ~ *ligar.*
legitimieren: *legitimar.* s. ~ *identificar.*
lehnen: etw ~ auf, an *apoiar.* etw ~ an *encostar.* s. ~ an *apoiar.* s. ~ an *encostar.*
Lehre: wo in die ~ gehen **estar 4.*
lehren: *ensinar.*
leichtsinnig: ~ werden *facilitar.*
leid: ~ sein, werden *chatear.* etw ~ sein *enjoar, fartar.* es ~ sein *fartar.* es ~ werden *aborrecer.* jn ~ werden *enjoar.*
leiden: *sofrer.* Qualen ~ *agonizar.* um js willen ~ *sofrer.* ~ unter *sofrer.* Hunger ~ **passar 1.* an, unter etw ~ *sofrer.* ● gut ~ können *gramar.*
leidtun: <etw> jm ~ *arrepender-se, chorar, *dar 1, doer, pesar, *sentir, *ter 2.* Es tut mir leid **lamentar.*
leihen: jm ~ *emprestar.*
Leim: jm auf den ~ gehen **cair 1.*
leimen: (Zus.) ~ *colar.*
leiserstellen: *diminuir.*
leisten: (Beitrag) ~ zu *concorrer 1.* (Gewähr) ~ für *garantir.* (Hilfe) ~ *atender, prestar.* (Hilfe, Beistand) ~ *assistir.* (Militärdienst, Eid...) ~ *prestar.* (jm) (Widerstand) ~ *opor, bater, resistir.* s. (den Luxus) ~ *dar 1.*
leiten: *dirigir, chefiar, presidir.* jn ~ *guiar.* etw wohin ~ *canalizar.* s. ~ lassen von *guiar.* (Gespräch...) ~ *encaminhar.* (Strom) ~ *conduzir.* (Unternehmen...) ~ *gerir.* (js Geschick) ~ *governar.* s. von (e-m Motiv) ~ lassen *levar 1.*
Leitung: unter der ~ stehen von **estar 4.* die ~ haben *chefiar.*
lendenlahm: jn ~ machen *derrear.*
lenken: *dirigir.* (Schiff) ~ *pilotar.* jn ~ *guiar.* etw wohin ~ *dirigir.* (js Geschicke...) ~ *governar.* (Unternehmen...) ~ *gerir.* die Aufmerksamkeit ~ auf **chamar.* (Verdacht, Blick...) ~ auf *lançar 1.*
lernen: *aprender, estudar.* etw bei jm ~ *aprender.* etw auswendig ~ **aprender, decorar 1, memorizar.* (Rolle) ~ *estudar.*
lesen: *ler.* wo zu ~ sein **estampar.* die Messe ~ *celebrar, *dizer 1, rezar.*
Lesen: jm ~ und Schreiben beibringen *alfabetizar.*
Lethargie: jn aus s-r ~ befreien *desentorpecer.*
letztlich: ~ + V *vir 3.*
leuchten: *luzir.* weiß ~ *branquear, branquejar, alvejar 1.* in (e-r Farbe) ~ *luzir.* (Augen) zum Leuchten bringen *acender.*
leugnen: *negar.*
Leviten: jm die ~ lesen **dar 7.*
Licht: <~> schwächer werden *amortecer.* ans ~ bringen **trazer.* ins ~ bringen in *aclarar, explicar.*
lichten: den Anker ~ **levantar.*
lieb gewinnen: *amar.*
liebäugeln: ~ mit *piscar.*
lieben: jn, etw ~ *querer, amar.* <etw> etw ~ *querer.* s. ~ *querer.* abgöttisch ~ *adorar.* zärtlich ~ *estremecer 2.* etw an jm ~ *cobiçar.*
lieber: ~ haben, tun **querer.* ~ etw + V *preferir.*
liebgewinnen: jn ~ *cativar, pegar 2, estimar 2.*
liebkosen: *acarinhar, apaparicar, afagar.*
liefern: <etw> für etw den Beweis ~ *confirmar.*

liefern: etw ~ *dar 2, descarregar.* jm etw ~ *abastecer.* jm (e-n Vorwand, Erklärungen...) ~ *fornecer.* e-e Entschuldigung ~ für *escusar.* jm e-e Erklärung ~ für *explicar.*
liegen: wo ~ *estar 2, ficar 1.* (ausgebreitet) ~ *jazer.* wo (begraben) ~ *dormir.* wo verstreut ~ *espalhar.* (in der Mitte) zwischen etw ~ *mediar.* am Rande von, neben etw. ~ *contactar.* im Sterben ~ **morrer.* im Todeskampf ~ *agonizar.* <Frisur> ~ *assentar 2.* jn links ~ lassen **passar 1.* ● fig. ~ in *estar 2.* <Problem...> ~ in *estar 2.* ● ~ nach *deitar 2..* nach Norden... ~ *dar 4.* ● ~ an *residir.*
liegenlassen: etw wo ~ *esquecer.*
lindern: (Schmerz) ~ *abrandar, amortecer, aliviar, diminuir, acalmar, minorar.*
links: jn ~ liegen lassen **passar 1.*
liquidieren: etw, jn ~ *liquidar.*
Liste: jn (auf e-e ~) setzen *inserir.* s. in e-e ~ eintragen *alistar.*
loben: *elogiar, gabar, lisonjear.* etw laut ~ *apregoar.*
locken: *aliciar.* jn wohin ~ *atrair.* jn ~ mit *acenar.*
lockern: *afrouxar.* (Gürtel...) ~ *desapertar.* s. ~ *afrouxar, desapertar.*
Lohn: ~ bekommen **ouvir.* ~ sein für *pagar.*
lohnen: s. ~ *compensar, *valer.*
lokalisieren: *localizar.*
los: (darauf) los- + V *largar 2.* ~, nach (Hause...)! *marchar.* ~! *tocar 3.*
Los: das ~ ziehen **tirar.*
losbinden: *desprender.*
losbrausen: wohin ~ *arrancar.*
losbrechen: <Gewitter> ~ *desencadear, rebentar.*
löschen: (Feuer) ~ *abafar 1, apagar, extinguir.* aus (dem Gedächtnis) ~ *apagar.* [Computer] ~ *suprimir.* (Monitor) ~ *limpar.* ● [Küche] etw ~ mit *afogar.* <Schiff> Ladung ~ *descarregar.* (Schiffsladung) ~ *desembarcar.*
losdrehen: *desandar.*
lösen: *soltar, desamarrar.* (Fahrschein) ~ *tirar.* (Haare) ~ *desfazer.* (Knoten) ~ *desfazer.* ~ von *desprender.* vone-a. ~ *despegar.* jn ~ von *desligar.* <etw> s. ~ *desandar.* <Knoten...> s. ~ *soltar.* s. ~ (von) *desamarrar, despegar, desligar, descolar.* s. vone-a. ~ *despegar, desligar.* s. ~ von *desprender.* fig. s. von jm ~ *descolar.* (Knochen, Gräten) (aus dem Fleisch) ~ *desmanchar.* ~ aus ~ *arrancar.* <Problem> (s.) ~ *resolver.* (Problem) ~ **dar 7, superar, solucionar.*
losfahren: (wohin) ~ *arrancar.*
losflitzen: *lançar 1.*
losgehen: *desamarrar.* <Waffe> ~ *disparar.* <Schuß> nach hinten ~ **rebentar.* <jd> ~ **meter.* auf jn ~ *agredir.* aufe-a. ~ *pegar 1.*
loslassen: *largar 1.* (Hund..) ~ *soltar.* neg. jn nicht ~ *despegar.*
losmachen: *soltar, desamarrar, desatar 1.* (Segel) ~ *largar 1.* (Gürtel) ~ *desapertar.* ~ (von) *desprender, desamarrar.* s. ~ von *escapar.*
losreißen: *arrancar.* ~ von *despegar.* s. ~ *soltar.* s. ~ von *escapar.* <jd> s. ~ von *desprender.*
losrennen: <Pferd> ~ *disparar.*
losschrauben: *desandar.*
lossein: Was ist hier los! **ir 1.* was ist mit N (los) ~ **ser 3.*
loswerden: jn ~ *libertar, livrar.* fig. etw ~ *despejar.*
losziehen: wohin ~ *arrancar.*
löten: *chumbar 1.*
Lücke: e-e ~ füllen *tapar.*
Luft: jn an die ~ setzen **pôr 1, expulsar.* frische ~ schnappen *arejar.* keine ~ bekommen *asfixiar.* in die ~ jagen **saltar.*
lüften: etw ~ *arejar.*
lügen: *mentir, aldrabar.*
Lust: ~ bekommen zu *dar 5.* ~ haben zu *estar 3, *ter 2.* ~ haben auf *apetecer.*
lustig: s. ~ machen über *entrar 1, gozar, gracejar, troçar, zombar.*
lutschen: ~ (an) *chuchar, mascar.*
lynchen: *linchar.*

M

machen: *fazer 1, fazer 5, efectuar.* etw noch ~ *ficar 1.* aus etw viel ~ **dar 2.* es gut ~ *safar.* s. an etw ~ *deitar 3, desatar 2, fazer-se 4.* s. etw, nichts ~ aus *importar 1, ligar.* noch gemacht... werden müssen *estar 5.* es schon ~ **arranjar.* in (e-m Metier) "machen" *negociar, lançar 1.* ● jn Adj ~ *deixar 1.* jn, etw ~ zu *fazer 1, tornar 1.* etw Adj ~ *tornar 2.* etw aus jm, etw ~ *fazer 1.* ● los, mach(en Sie) schon! **ir 1.* was macht das? **ser 1.* ● (Reise) ~

empreender. (Konzessionen) ~ *fazer 1*. (Geld) "machen" *encher*. • wohin "machen" *mijar*. s. (vor Angst...) in die Hosen "~" *cagar*. • Was macht das schon! *importar 1*. Das macht nichts! *importar 1*, *fazer 1*.
Macht: an (die ~) kommen *aceder 1*, *ascender*. die ~ ergreifen *tomar 1*.
mager: ~ werden (lassen) *emagrecer*.
mähen: *ceifar*.
mahlen: *moer*.
malen: *pintar*.
Mängel: ~ finden an *botar 1*.
mangeln: <etw> ~ *carecer*. es jm ~ an *faltar*, *minguar*.
Manöver: ~ abhalten *manobrar*.
manövrieren: *manobrar*. mit (dem Auto, Schiff) ~ *manobrar*.
markieren: etw ~ *marcar*. • den großen Mann ~ *exibir*.
Markt: auf (den ~) bringen *colocar*.
marsch: ~ ins Bett! *tocar 3*.
marschieren: *marchar*. (zu Fuß) (e-e Strecke) ~ *caminhar*.
martern: *torturar*.
maskieren: *mascarar*.
massakrieren: *massacrar*.
mästen: (Tiere) ~ *engordar*.
mäßigen: (s.) ~ *moderar*.
Maßnahmen: ~ ergreifen *tomar 2*.
matt und schwach machen: *amolecer*.
Maul: jm eins aufs ~ geben *rachar*.
maulen: *amuar*.
Maulkorb: (e-m Tier) den ~ anlegen *amordaçar*.
mausen: *bifar*.
Mauser: <Federvieh> in der ~ sein *mudar*.
meckern: ~ (über) *mandar 3*, *rabujar*.
meditieren: *meditar*.
Meer: <-> stürmen, toben, wüten *enfurecer*.
mehr: immer ~ *ir 3*. ~ und ~ *vir 2*. ~ und ~ werden: *amontoar*.
mehren: *acrescentar*. s. ~ *crescer*.
meiden: *evitar*, etw, jn ~ *fugir*. (Gefahr) ~ *fugir*.
Meineid: e-n ~ schwören *jurar*.
meinen: *considerar*, *crer*, *cuidar 2*, *julgar*, *pensar*, *pretender*, **querer*. ~, daß *entender 2*. man könnte ~, daß *dizer 1*. es nicht ernst ~ mit jm *brincar*.
Meinung: der ~ sein *achar*, *considerar*, *julgar*. e-r ~ sein über *convir*. derselben ~ sein *estar 1*. der ~ sein (mit) *concordar*. bei (s-r) bleiben *teimar*. entgegengesetzter ~ sein *discordar*. s-e ~ ändern *arrepender-se*. • s-e ~ sagen *manifestar*. ~ äußern *emitir*. (s-e ~) für s. behalten *reservar*. jm gehörig die ~ sagen *cantar*. e-e schlechte/ gute ~ haben von *ter 1*.
meißeln: *gravar*, *inscrever*.
melden: *noticiar*. s. (krank...) ~ *declarar*. s. (zu e-m Examen) ~ *propor*. s. ~ bei, wo *apresentar*. s. zu Wort ~ *botar 1*.
melken: *mungir*.
merken: etw ~ *dar 1*, *reparar 2*. <man> etw ~ *notar*. es ~ *dar 3*. etw ~ an *ver 1*. s. ~ *fixar*.
merkwürdig: ~ finden *estranhar*.
Messe: die ~ lesen *dizer 1*. ~ halten, lesen *celebrar*.
messen: *medir*. (die Kräfte) ~ *medir*. s. mit jm ~ können *medir*. s. ~ *medir*. gemessen werden an *medir*.
meutern: ~ gegen *levantar*.
miauen: *miar*.
Miene: keine ~ verziehen *dar*.
mieten: *alugar*, *arrendar*.
mildern: *abrandar*, *atenuar*, *moderar*, *minorar*. (Stimme...) ~ *adoçar*. (Schmerzen) ~ *aliviar*. (Hitze...) ~ *abrandar*.
Militärdienst: s-n ~ machen, ableisten *servir*. s. (zum ~) verpflichten *alistar*.
mindern: *abrandar*, *atenuar*.
mischen: (Karten) ~ *baralhar*. [Küche] ~ unter *misturar*.
mißbilligen: *reprovar*.
Mißbrauch: ~ treiben mit *abusar*.
mißfallen: *desagradar*, *desgostar*.
mißhandeln: *maltratar*.
mißlingen: (jm) ~ *fracassar*, *sair*.
mißtrauen: jm ~ *duvidar*, *desconfiar*.
mißverstehen: etw ~ *entender 1*.
mitarbeiten: ~ an *colaborar*.
mitbringen: *levar 1*, *trazer*. jm etw ~ *levar 1*, *trazer*.
miterleben: *presenciar*.
mitkommen: ~ *andar 1*.
Mitleid: ~ haben mit *doer*, *ter 2*. js ~ erregen *comover*, *compadecer*.
Mitleidenschaft: in ~ ziehen *afectar 2*, *envolver*.
mitmachen: allerhand ~ *passar 1*.
mitnehmen: *levar 1*. etw wohin ~ *carregar*.
mitrechnen: etw nicht ~ *descontar*.

mitreißen: *empolgar*. s. (von der Begeisterung) ~ lassen *empolgar*, *embarcar*.
Mittag: (etw) zu ~ essen *almoçar*.
Mitte: jn in die ~ nehmen *ladear*.
mitteilen: *comunicar*, *dar 7*, *participar 2*, *significar*, *transmitir*. jm telefonisch ~, daß *telefonar*. jm (im Vertrauen) ~ *confiar*.
mitwirken: ~ bei *colaborar*.
mobilisieren: [mil.] ~ *mobilizar*.
möblieren: *mobilar*.
Mode: in ~ kommen *entrar 2*. aus der ~ kommen *cair 1*.
modellieren: *moldar*.
modernisieren: *actualizar*.
modifizieren: [Grammatik] ~ *modificar*.
mögen: *amar*, *gostar*, *querer*. etw, jn ~ *apreciar*. e-a. nicht, jn nicht ~ *antipatizar*. s. ~ *querer*. gern ~ *pelar*. leidenschaftlich gern ~ *morrer*. • etw (haben) ~ *querer*. • es sein ~ *poder 1*. mag sein *calhar 1*.
montieren: *montar*.
Morgen: ~ werden *amanhecer*.
motivieren: jn ~ *motivar*.
mucksen: ohne sich zu ~ *piar*.
müde: ~ sein *estar 2*. ~ werden *cansar*. langsam ~ werden *fraquejar*. nicht ~ werden zu *fartar*.
Mühe: keine ~ scheuen *poupar*.
Mühe: s. ~ geben mit, zu *fazer 1*. s. ~ geben *procurar*, *desdobrar*. s. große ~ geben (mit, zu) *caprichar*. s. alle ~ geben *esforçar*, *envidar*. s. die ~ machen *dar 1*, *incomodar*. große ~ haben zu *desejar*. der ~ wert sein *valer*.
muhen: *mugir*.
Mühle: Wasser auf js ~n gießen *levar 1*.
Mund: den ~ halten *calar*. jm etw auf den ~ legen *tapar*.
münden: (Fluß) ~ in *desaguar*, *lançar 1*, *desandar*. <Straße> wo ~ *dar 4*. <Weg> ~ in, auf *ter 1*.
mundtot: jn, etw ~ machen *amordaçar*.
Münze: jm etw in gleicher ~ heimzahlen *pagar*.
mürbe: jn ~ machen *moer*.
murmeln: ~, etw ~, (Gebet...) ~ *murmurar*.
murren: ~ gegen *murmurar*.
müssen: *ter 3*, *dever 2*, *haver 3*, *ficar 3*, *necessitar*. ~ + V *carecer*. nicht ~ *ter 3*. noch machen...~ *faltar*.
mustern: jn (abschätzend) ~ *medir*.
Mut: <jd> ~ fassen *animar*. jm ~ machen *estimular*, *encorajar*, *dar 7*. jm., e-a. ~ machen *amparar*. jm ~ geben *encher*. ~ fassen *tomar 2*. jm ~ machen zu *animar*. s. selbst ~ machen *animar*. den ~ verlieren *desencorajar*, *desanimar*. neuen ~ fassen *cobrar*.
mutlos: jn ~ machen *desanimar*, *desencorajar*. <Nachricht...> ~ machen *abater*. ~ werden *abater*.
mutmaßen: *presumir*.

N

nachahmen: *imitar*, *mimar 2*.
nachdenken: ~ (über) *cismar*, *considerar*, *meditar*, *aparafusar*, *pensar*. angestrengt ~ über *matutar*.
Nachforschungen: ~ anstellen *indagar*.
nachgeben: *obedecer*. (e-m Gefühl, e-r Bitte) ~ *ceder*. • <etw> ~ *dar 2*. <Tür, Seil, jd...> ~ *ceder*. <Geldkurs> ~ *cair 1*.
nachgehen: <Uhr> ~ *atrasar*.
nachgrübeln: ~ über *matutar*, *cismar*.
nachklingen: *soar*.
nachkommen: (e-r Bitte...) ~ *aceder 2*. (e-r Verpflichtung...) ~ *cumprir 1*.
nachlassen: <etw> ~ *afrouxar*, *enfraquecer*. ~ in *afrouxar*. <Schmerzen> ~ *aliviar*, *abrandar*, *acalmar*. <Zorn...>~ *abrandar*. <Schmerz, Hitze...> ~ *diminuir*. • (vom Preis) ~ *abater*, *descontar*, *deduzir*. jm (die Sünden) ~ *absolver*.
nachlässig: ~ werden *desmazelar-se*.
nachmachen: *copiar*, *imitar*, *mimar 2*. (Produkte) ~ *falsificar*.
nachprüfen: *averiguar*, *comprovar*.
nachrechnen: <Rechnung> ~ *verificar*.
nachschlagen: *consultar*.
nachsehen: (etw) wo ~ *consultar*. • jm etw ~ *desculpar*.
Nachsehen: das ~ haben *chuchar*.
Nacht: <es> ~ werden *anoitecer*, *escurecer*. <-> hereinbrechen *fazer 1*. die ~ zum Tag machen *trocar 1*.
nachweisen: *comprovar*, *demonstrar*.
nagen: ~ an *roer*.
nahe: <etw> ~ daran sein, zu + V (passiv) *estar 5*.
nahelegen: *sugerir*. jm ~ *aconselhar*. jm ~, zu *convidar*.
nähen: *coser*. emsig ~ *dar 1*.
nähern: s. ~ *abeirar*, *acercar*, *chegar 1*. s. ~, (s.) e-a. ~ *aproximar*. s. jm ~ *abordar 2*, *chegar 1*.
näherrücken: *abeirar*, *chegar 1*. etw ~ an *aproximar*.

näherstellen: *abeirar*.
nähren: *alimentar*.
Name: s. e-n ~n machen *criar*.
Narkose: jm ~ geben *anestesiar*.
naschen: ~ an *beliscar*.
Nase: die ~ putzen *assoar*. die ~ voll haben von *fartar, encher*.
naß: ~ machen *encharcar, molhar*. ~ werden *molhar*. (durch und durch) ~ werden *encharcar*.
neben: ~ etw sein *pegar 2*.
necken: jn ~ *entrar 1, implicar, tirar*.
nehmen: *tomar 1, pegar 1, agarrar 1*. jm etw ~ *esvaziar*. mit s. ~ *levar 1*. [Kauf] etw ~ *ficar 1*. etw ~ aus *retirar*. etw in (die Hand) ~ *pegar 1*. auf den Schoß ~ *aninhar*. (e-e Straße...) ~ *ir 1*. (Weg, Richtung) ~ *enveredar*. (ein Schiff, Flugzeug) ~ nach *embarcar*. jn an (die Hand) ~ *pegar 1*. (von e-m Gericht) noch einmal ~ *repetir*. [Essen] s. ~ *servir*. jn das Leben ~ *ceifar*. jn (in s-e Arme) ~ *colher*. etw in Angriff ~ *acometer*. (Zeit) in Anspruch ~ *consumir*. s. Zeit ~ mit *demorar*. Anteil ~ an *compartilhar*. (Nahrung) zu s. ~ *ingerir*. unter Vertrag ~ *contratar*. • auf s. ~ *assumir, arcar, condicionar, encarregar*. (Folgen) auf s. ~ *sofrer*. • etw wie ~ *tomar 1*.
neidisch: ~ sein auf *cobiçar, invejar*.
neigen: (Kopf) ~ *inclinar*. (den Kopf zur Seite) ~ *deitar 1*. s. ~ *declinar, inclinar*. <Gelände> s. ~ *declinar*. <Tag> s. ~ *declinar, entardecer*. • <jd> ~ zu + V *estar 3*. ~ zu *tender 1, inclinar, puxar, atirar*.
nennen: jn, etw ~ *apontar 1, chamar, indicar*. (Namen) ~ *mencionar*. jm etw ~ *designar, apontar 1*. jn wie ~ *apodar, apelidar, dizer*. jn ~ für *indicar*.
Nenner: auf den gemeinsamen ~ bringen *reduzir*.
Nerv: jm den ~ töten *ralar*.
nerven: jn ~ *alterar, amolar, enervar, massacrar*.
Nerven: jm auf die ~ gehen *amolar, bulir, chatear, encher, enervar, foder*.
Nest: ein ~ bauen *aninhar*. ins ~ legen *aninhar*.
Neugier: ~ erregen *espicaçar*.
nichtig: für ~ erklären *suprimir*.
nicken: mit (dem Kopf) ~ *acenar*. (mit dem Kopf) zustimmend ~ *abanar*. beistimmend ~ *anuir*.
niederbeugen: *derrear, debruçar*.
niederbrennen: *incendiar*.
niedergebeugt: ~ werden *derrear*.
niedergehen: <Regen> ~ auf *abater*.
niederschlagen: ~ werden, sehr [illegible], *deprimir, oprimir*, jn ~ machen *derrear*.
niederkauern: s. ~ *agachar-se*.
niederknien: s. ~ *ajoelhar, dobrar 1*.
Niederlage: e-e ~ beibringen *derrotar*.
niederlassen: s. wo ~ *abancar, estabelecer, fixar, instalar, localizar*. <Vogel> s. wo ~ *pousar*.
niederlegen: *pousar*. (Amt, Krone...) ~ *abdicar*. (Amt) ~ *demitir*. (Arbeit) ~ *deixar 1*. die Waffen ~ *desarmar, largar 1*.
niedermetzeln: *massacrar*.
niederschießen: ~ *abater, balear*.
niederschlagen: (Aufstand) ~ *abafar 1*. (Revolte) ~ *sufocar*. jur. (Prozeß) ~ *arquivar*. <Nachricht...> jn niedergeschlagen machen *abater*.
niederstrecken: jn, etw ~ *abater*. jn ~ *estatelar*.
niedertrampeln: *atropelar*.
niederwerfen: jn, etw ~ *abater*. jn ~ *derrubar*. <Krankheit> jn ~ *derrubar*.
niedriger machen: (Mauer) ~ *abaixar*.
nieseln: *borrifar, chuviscar*.
niesen: *espirrar*.
noch: ~ einmal + V *voltar 2*. ~ zu tun sein *estar 5*. ~ gemacht... werden müssen *estar 5*.
nominieren: jn ~ (für) *nomear*.
nörgeln: *mandar 3, rabujar*.
notieren: (s. etw) ~ *apontar 2, anotar, tirar*. etw ~ *marcar*. <Zeitung> ~ *anunciar*.
nötig: <etw> etw ~ haben *carecer*.
nötigen: jn ~ zu *impor*.
notwendig: ~ sein *impor*.
nuckeln: *chuchar*.
nuscheln: *falar*.
nütze: zu nichts ~ sein *prestar*.
Nutze: s. zu ~ machen *valer*.
nutzen: ~ für *empregar*. (Zeit) ~ *empregar*.
nützen: jm ~ *aproveitar*. jm ~ als *servir*. jm nichts ~ *valer*. (die Gelegenheit) ~ *aproveitar*. nichts ~ *adiantar, resultar*.
Nutzen: von ~ sein *aproveitar*. für jn von ~ sein *convir, servir*. ~ ziehen aus *aproveitar, lucrar, tirar*.
nützlich: e-r S. ~ sein *servir, prestar*. für jn ~ sein *convir*.

O

Oberfläche: an die ~ kommen *aflorar*.
Oberhand: die ~ gewinnen über *pisar*.
Obhut: jn in js ~ geben *apadrinhar, encomendar*. jn js ~ anvertrauen *apadrinhar*.
obliegen: jm ~ *caber, cumprir 2, incumbir, competir 2*.
Ochs: wie der ~ vorm Berge stehen *olhar*.
offen: ~ halten für *franquear*.
offenbar: <etw> ~ werden *desvendar, manifestar*.
offenbaren: ~ *declarar, evidenciar, trair, *vir 1*. jm etw ~ *desvendar*. (Gefühl) ~ *manifestar*. <jd> s. ~ *declarar, trair*.
offenkundig: ~ werden lassen *vir 1*. <etw> ~ werden *manifestar*.
offensichtlich: ~ sein *saltar*.
öffnen: *abrir 1, franquear*. etw weit ~ *escancarar*. (Reißverschluß, Knopf) ~ *desapertar*. jm ~ *abrir 1*. jm (die Türen) ~ *escancarar*. jm die Augen ~ *abrir 1, desiludir*. s. ~ *abrir 1*. s. weit ~ *escancarar*. s. jm ~ *abrir 1*. <Tür...> s. ~ *abrir 1*. <Augen> s. weit ~ *arregalar*. <jd> s. ~ *expandir*. <Geschäft> ~ *abrir 1*.
Ohnmacht: in ~ fallen *perder*.
ohnmächtig: <jd> ~ werden *desmaiar*.
Ohr: ~ halten an *coser*.
Ohren: die ~ spitzen *apurar 1*. jm in den ~ liegen *moer*. jm in den ~ liegen mit *buzinar*. jm zu ~ kommen *chegar 1*. jm zu ~ kommen, daß *constar 2*.
Ohrfeige: jm e-e ~ geben *pregar*. ~ bekommen *levar 1*.
ohrfeigen: *esbofetear*.
Öl: ~ ins Feuer gießen *pôr 1*.
Ölung: jm (die letzte ~) geben *ministrar*.
operieren: jn (an etw) ~ *operar*. [mil.] ~ *operar*.
Opfer: <Unglück> ~ fordern *acidentar, vitimar*. das ~ e-r S. werden *vitimar*.
opfern: *oferecer, sacrificar*. etw für ~ *sacrificar*. jm, e-r S. etw ~ *sacrificar*.
optieren: ~ für *optar*.
ordnen: *alinhar, ordenar 1*.
Ordnung: in ~ bringen *ajustar, arrumar, compor, consertar, reparar 1*. ~ bringen in *ordenar 1*. in ~ kommen *arrumar*.
organisieren: *realizar*. (s.) ~ *organizar*.
orientieren: p. nach [illegible].
orten: *localizar*.

P

pachten: *arrendar*.
packen: *agarrar 1, empolgar, empunhar*. <Neugier> jn ~ *morder*.
Palme: auf die ~ gehen *ir 1*. (über etw) auf die ~ gehen *afinar 2*. jn auf die ~ bringen *afinar 2*.
Panik: von ~ ergriffen werden *tomar 1*. in ~ geraten *entrar 2*.
Panne: <Auto...> e-e ~ haben *avariar*.
panschen: (Wein) ~ *adulterar, falsificar*.
paralysieren: jn ~ *imobilizar*.
parieren: (Angriff...) ~ *aparar*.
parken: <jd> (Auto) wo ~ *estacionar*. <Auto, jd> wo ~ *estacionar*.
Partei: in e-e ~ eintreten *alistar*. ~ nehmen für *declarar*.
passen: (wie) ~ *ajustar*. jm ~ *convir, estar 1, ir 1*. jm wie, gut ~ *calhar 2*. wie ~ zu *bater*. ~ zu assentar 2*. <etw, jd> ~ zu *ligar*. zue-a., wie ~ zu *casar 2*. wie (zue-a.) ~ *combinar*. zu etw ~ *acompanhar, caber, dizer 1, ir 1*. <etw> nicht ~ zu *berrar, jogar*. ~ in *calhar, entrar 1, inscrever*. ~ durch *caber*. (Beschreibung...) ~ auf *ajustar*.
passend: ~ sein: *caber*.
passieren: *acontecer, advir, calhar 1, desenrolar, passar 3*. jm ~ *acontecer, advir, ser 3, suceder 1*.
Pate: ~ stehen von *apadrinhar*.
Pedale: in die ~ treten *dar 1*
peitschen: *chicotear*. etw ~ *açoitar*. ~ gegen *açoitar*.
pensionieren: *aposentar*.
perfektionieren: (s-n Stil) ~ *apurar 1*.
Perlen: ~ vor die Säue werfen *dar 1*.
pfeifen: *apitar, assobiar*. [Sport] (Spiel) ~ *arbitrar*. <Kugeln> ~ *cruzar, zunir*. <Wind> ~ *assobiar, zunir*. etw ~, nach jm ~ *assobiar*. ~ auf *assoar, borrifar, cagar, marimbar-se*.
Pferd: ~ besteigen *cavalgar*.
pflanzen: etw ~ *plantar*. (Korn...) ~ *cultivar*.
pflastern: *calcetar*.

pflegen: etw ~ *tratar.* hegen und ~ *acarinhar.* • zu + V ~ *costumar.* • (Künste, Freundschaft...) ~ *cultivar.* (Beziehungen) ~ *manter.*
Pflicht : js ~ sein *cumprir 2, incumbir.* ~ erfüllen *cumprir 1.* s. zur ~ machen *impor.*
pflücken: (Trauben...) ~ *colher.*
pfuschen: *aldrabar.*
photographieren: *fotografar.*
photokopieren: *fotocopiar, tirar.*
pieksen: jn ~ *espicaçar, picar.* ~ in *espetar.*
piepen: <Vogel> ~ *piar.*
Pieps: keinen ~ sagen **dizer 1.*
piepsen: <Vogel> ~ *piar.*
Pille: jm die bittere ~ versüßen **dourar.*
pinkeln: (wohin) ~ *mijar.*
pissen: *mijar.*
plagen: s. ~ *labutar.*
planen: *calcular, organizar, planear.* (insgeheim) ~ *tramar.*
planschen: in (Regenpfützen) ~ *chapinhar.*
plappern: <Kind...> ~ *palrar.*
Plastik: mit ~ überziehen *plastificar.*
plattdrücken: *esborrachar.* s. ~ an, gegen *amolgar.*
plätten: *engomar.*
Platz: ~ machen für *ceder.* ~ finden in *caber.* ~ nehmen *acomodar,* *tomar 1.* am ~e sein *caber.* ~ haben für *levar 1.*
platzen: *rebentar.* <Eier> ~ *estalar.* <Obst> ~ *arreganhar.* <Ballon, Reifen> ~ *rebentar.* (fig.) ~ *explodir.* <Kopf> ~ (vor) *estalar.* (vor Freude...) (fast) ~ *rebentar.* <vor Neid> ~ *morder.* (vor Wut) ~ *roer.*
Platzen: zum Platzen bringen *estourar, rebentar.*
plaudern: *cavacear.*
plissieren: (Rock) ~ *franzir.*
plombieren: *chumbar 1.* s. (e-n Zahn) ~ lassen *chumbar 1.*
plündern: *pilhar 1, saquear.*
pochen: ~ auf *martelar.*
polieren: *lustrar.*
Politik: in (die ~) gehen *meter.*
prägen: jn ~ *marcar.* (Wort) ~ *criar.*
prahlen: *bufar.* ~ mit *alardear, gabar.*
Praktikum: ein ~ machen *praticar.*
praktizieren: etw ~ *praticar.*
prallen: ~ gegen *chocar 1, despistar, esbarrar.* ~ auf, gegen *embater.*
präsentieren: jm etw ~ *apresentar.*
prasseln: <Fragen> ~ *chover.*
präzisieren: *precisar 2.*
preisen: *gabar, lisonjear.* s. e-r S. glücklich ~ *abençoar.*
preisgeben: *alienar.*
prellen: *burlar.*
pressen: (Lippen...) ~ auf, gegen *colar.* s. ~ gegen *colar.*
Priesterweihe: die ~ empfangen *ordenar 3.*
Prinzipien: s-n ~ untreu werden **negar.*
Probe: jn auf die ~ stellen *experimentar, *pôr 1, tentar 2.*
proben: [Theater] ~ *ensaiar.*
probieren: *experimentar, provar 2, tentar 1.*
produzieren: *fabricar, produzir.* • s. (wo) ~ *badalar.*
prophezeien: *agoirar.*
protegieren: *proteger.*
protestieren: ~ gegen *reclamar.* laut ~ *barafustar, clamar.* (laut) ~ gegen *clamar.*
protzen: mit etw ~ *ostentar.*
provozieren: *provocar,* jn ~ *meter.* Prügel ~ **pedir.*
Prozeß: e-n ~ anstrengen gegen **accionar.* e-n ~ niederschlagen *cancelar.*
prüfen: *averiguar, examinar, testar.* genau ~ *bisbilhotar, estudar.*
Prüfung: [~] jn durchfallen lassen *chumbar 2.* [~] jm das Prädikat 'bestanden' geben *aprovar.*
Prügel: jm e-e Tracht ~ verabreichen **coçar, espancar.* ~ bekommen **levar 1.*
prügeln: *zurzir.*
putzen: jm, s. (die Nase) ~ *assoar, limpar.* (Schuhe...) ~ *engraxar.* (Zähne) ~ *lavar.*

Q

quaken: <Frosch> ~ *coaxar.*
quälen: *roer.* (s.) ~ *torturar.* s. ~ *agonizar, ralar.* <etw> jn ~ *acossar.* fig. jn ~ (mit) *massacrar.*
qualifizieren: jn, s. für etw ~ *qualificar.*
qualmen: *fumegar.*
quellen: *inchar.*
quengeln: *choramingar, rabujar.*
quietschen: *chiar, guinchar.* <Tür> ~ *gemer, ranger.*

R

rächen: *vingar.* s. ~ an, für *vingar.*
radebrechen: **arranhar.*
Rage: in ~ bringen, in ~ geraten *enfurecer.*
rammen: etw wohin ~ *fincar.* [mar.] *abalroar.*
rangieren: [Eisenbahn] ~ *manobrar.*
ranmachen: s. (an Frauen) ~ *aproveitar.*
rar: ~ sein, werden *escassear.*
rasieren: (s.) ~ *barbear.* s. ~ **fazer 1.*
Rat: s. ~ holen (bei) *aconselhar.* jm den geben ~ *aconselhar.*
Rate: <~> fällig werden *vencer.*
raten: jm ~, jm ~ zu *aconselhar.* • (=erraten) *adivinhar.*
rauben: jm etw ~ *roubar.* jm den Schlaf ~ *roubar.*
rauchen: *fumegar, fumar.* (Pfeife...) ~ *fumar.* (Zigarre...) (hastig...) ~ *mamar.*
räuchern: (Schinken...) ~ *fumar.*
raufen: s. (vor Entsetzen...) die Haare ~ *arrepelar, carpir 1.*
räumen: *evacuar.*
rausbringen: kein Wort mehr ~ *entupir.*
rauswerfen: *atirar, correr.* jn ~ **deitar 1.* jn ~ aus *expulsar.* (Geld) zum Fenster ~ *arder, esbanjar.* jn aus (e-r Wohnung) ~ *despejar.*
reagieren: ~ auf *reagir.*
Rechenschaft: jm ~ schuldig sein **dar 7.* jn ~ ablegen lassen **pedir.*
rechnen : *calcular.* ~ (können) *contar 1.* ~ mit *confiar, contar 1, contemplar 1.* fest damit ~ *contar 1.* damit ~, daß *calcular.* ~ zu *incluir, somar.* jn, etw ~ zu *contar 1.*
Rechnung: e-e ~ ausstellen für *facturar.* in ~ stellen *facturar.* auf js ~ gehen *ficar 1.* e-r S. ~ tragen *levar 2, *tomar 2.*
Recht: das ~ haben zu *assistir, *ter 2.* s. (ein ~) vorbehalten *reservar.*
rechtfertigen: *justificar, legitimar.* s. ~ *ilibar, justificar.*
Rechtsweg: den ~ beschreiten **recorrer.*
recken: (Hals...), s.~ *esticar.* s. ~ *empinar, espreguiçar.*
Rede: eine ~ halten *discursar, *fazer 6.* die ~ sein von *falar.*
reden: *discorrer.* (mite-a.) ~ *falar.* viel ~ *tagarelar.* gegen eine Wand ~ *falar.* von s. machen **falar.* schlecht ~ über *descascar.* Unsinn ~ *disparatar.*
reduzieren: etw, s. ~ auf *reduzir.*
Regel: die ~ haben **regular.*
Regie: [Theater...] ~ führen *dirigir.*
regieren: *governar.*
registrieren: *inventariar.*
regnen: (in Strömen) ~ **chover.*
regulieren: *regular.* (Fluß) ~ *canalizar.*
reiben: s. (die Hände, Augen) ~ *esfregar.*
reich: <jd> werden *enriquecer.* ~ sein an *abundar.* ~ machen *enriquecer.*
reichen: <etw> ~ *bastar, chegar 2, dar 2, *servir.* (aus-)~ für *dar 2.* <etw> jm ~ *chegar 1, chegar 2.* jm etw ~ *passar 1.* jm (e-n Stuhl, die Hand...) ~ *estender.* • ~ bis an *atingir.*
Reichweite: in js ~ sein **semear.*
reifen: *amadurecer.* <Korn> ~ *aloirar.* etw, jn ~ lassen *amadurecer.*
Reihe: an (der ~) sein *caber, calhar 1.* in e-e ~ stellen *alinhar.*
reinbeißen: ~ in *ferrar.*
Reine: etw ins ~ schreiben **tirar.*
reinfallen: **enfiar, lixar.*
reingehen: **ir 3.*
reinhauen: (beim Essen) ~ **dar 1.*
reinigen: *limpar.* etw ~ lassen **lavar.* s. ~ *desinfectar.*
reinlegen: jn ~ *lograr, enrolar.*
reinwaschen: (s.) ~ *ilibar.*
Reise: ~ machen *empreender.*
reisen: *viajar.* wohin ~ *ir 1.* ~ nach *deitar 2.* ~ durch *andar 1.*
Reißaus: ~ nehmen **dar 1.*
reißen: <etw> ~ *rasgar.* <Stoff> ~ *desfazer, romper 1, abrir 1.* in Stücke ~ *despedaçar.* (Loch) in (die Wand) ~ *rasgar.* fig. ~ aus *arredar, despertar.* s., jn, etw ~ aus *arrancar.* etw an s. ~ *chuchar.* mit s. ~ *levar 1.* s. um etw ~ *cobiçar.* Witze ~ über *troçar.*
reiten: **ir 1, montar.* auf etw ~ *cavalgar.* ~ in *entrar 1.* wohin (spazieren-) ~ *cavalgar.*
reizen: *tentar 2.* jn ~ *acicatar.* <etw> etw ~ *irritar.* <etw> ~ zu + V *convidar.*
rekeln: s. ~ *espreguiçar.*
reklamieren: etw ~ bei *reclamar.*
rennen: *correr.*
renovieren: *melhorar.*
rentieren: s. ~ *compensar.*

reparieren: *consertar, reparar 1.*
reprivatisieren: *desnacionalizar.*
reservieren: ~ (lassen) *reservar.*
respektieren: *aguardar 2, *ter 2.*
resultieren: ~ aus *advir, resultar.* ~ in *dar 4, resultar.*
retten: ~, s. ~ *salvar.* ~ aus *safar.*
Reue: ~ empfinden **cair 1.*
richten: ~ an *endereçar.* etw wohin ~ *dirigir.* s. ~ an jn *dirigir.* s. ~ nach *guiar, *afinar 1, regular.* (Aufmerksamkeit) ~ auf *prestar.* <Aufmerksamkeit...> s. ~ auf *dirigir.* (das Auge) ~ auf *pôr 1.* (Blick...) ~ auf *dirigir.* (Gedanken) ~ auf *voltar 1.* (das Wort...) an jn ~ *dirigir.* das Wort, e-e Frage ~ an *interpelar.*
richtigstellen: etw ~ *corrigir.*
Richtung: in die ~ von etw gehen, weisen *apontar 1.* ~ nehmen auf **bater, meter.*
riechen: *cheirar, sentir.* ~ nach *cheirar, saber 2.* fig. nach etw ~ *cheirar.*
Riegel: den ~ vorschieben **correr.*
rieseln: *borrifar.*
ringen: mit dem Tode ~ *debater, lutar.*
rinnen: ~ aus *brotar.*
riskieren: etw ~ *arriscar, *correr.*
Risse: ~ bekommen *abrir 1, rachar.*
Ritter: zum ~ schlagen *armar 1.*
Röhre: in die ~ gucken **chuchar, *ficar 3.*
röhren: <Hirsch> ~ *bramar.*
Rolle: [Theater] e-e ~ spielen **desempenhar, *representar.*
rösten *assar.* (Brot) ~ *torrar.* (in der Sonne) ~ *torrar.* zum ~ bringen *enferrujar.*
rot: ~ werden *afoguear.* <Gesicht> ~ werden *corar.*
rotieren: ~ um *girar.*
rücken: etw wohin ~ *arredar.* beiseite ~ *deslocar.*
rückgängig: ~ machen *anular, cancelar, reparar 1.*
Rücksicht: ~ nehmen auf *compadecer.*
Rückstand: im ~ sein mit *atrasar.*
Rückzug: den ~ antreten **bater.* zum ~ blasen **tocar 2.*
rudern: (wohin) ~ *remar.*
rufen: *gritar.* laut ~ *clamar, bramar.* jn (wohin) ~ *chamar.* nach jm ~ *chamar, gritar.* jn ~ zu *chamar.* um (Hilfe) ~ *clamar.* (den Aufzug...) ~ *chamar.* zu (den Fahnen) ~ *chamar.* <etw> (in Erinnerung) ~ *recordar.* s., jm etw (in Erinnerung) ~ *lembrar.* jm (ins Gedächtnis) ~ **trazer.* jn (zur Ordnung) ~ *meter.*
rügen: *censurar, mordiscar.*
[illegible] *cansar.* zur ~ bringen *aquietar.* jn in ~ lassen **deixar 1.*
ruhen: wo ~ *jazer.* in Frieden ~ **descansar.* (Blick...) ~ lassen auf *descansar.* etw wo ~ lassen *descansar.* <etw> ~ auf *descansar.*
Ruhestand: in den ~ versetzen, entlassen, gehen *aposentar.*
ruhiger: ~ werden *sossegar.*
Ruhm: zu ~ kommen: *celebrizar.*
rühmen: *gabar.* s. e-r S ~ *aplaudir, gabar, lisonjear.* s. ~ mit *alardear.*
rühren: *comover.* jn ~ *derreter, mover.* <jd> s. ~ *mexer, bulir.* keinen Finger ~ **mexer.* ~ an *bulir.*
ruinieren: (s.) ~ *arruinar.* s. ~ *liquidar.* (Gesundheit) ~ *dissipar, escangalhar, estragar, estuporar.*
rülpsen: *arrotar.*
rumreden: **falar.*
runterfahren: ~ von *deixar 1.*
runtergehen: den Bach ~ *esbarrar, *ir 1.*
runterstellen: (Flamme) ~ *abrandar.*
runzeln: (Stirn) ~ *arquear, franzir, frisar 1.* (mißbilligend) die Stirn ~ **carregar.*
rutschen: woraus, wohin ~ *deslizar.*
rütteln: ~ an *abalar 1, sacudir.* an etw ~ *abanar.*

S

sabbeln: *babar.*
sabotieren: *sabotar.*
Sache: js ~ sein *pertencer.*
säen: *semear.* (Zwietracht) ~ *semear.*
sagen: *dizer, falar, afirmar, indicar.* zu s. selbst ~ **dizer 1.* es ~ *explicar.* (vorweg) ~ *adiantar.* abschließend ~ *concluir 1.* etw jammernd ~ *lamuriar.* von jm ~ er sei *dizer.* von s. ~, man sei *dizer.* jm ~, er solle *dizer.* man sagt, daß *constar 2.* (keinen Pieps) ~ **dizer 1.* nicht ~ *encobrir.* wie man zu ~ pflegt **dizer 1.* jm etw (ins Gesicht) ~ **atirar.* jm gehörig (die Meinung) ~ **cantar.* Was Sie nicht sagen! **dizer 1.*
Sagen: das ~ haben *mandar 2.*
Sakramente: ~ spenden *administrar 2.*

Saldo: als ~ verzeichnen **liquidar.*
salzen: *salgar.*
sammeln: *ajuntar, colher, coleccionar, recolher.* jn wo ~ *aglomerar.* s. wo ~ *concentrar.* s. (innerlich) ~ *recolher.*
Sand: jm ~ in die Augen streuen **lançar 1.*
sanktionieren: *sancionar.*
satt: es ~ haben *fartar.*
Sattel: jn aus dem ~ nehmen *desmontar 1.*
sättigen: etw ~ mit *impregnar.*
saubermachen: *limpar, *fazer 6.* s. ~ *limpar.*
säubern: *limpar.* ~ von *varrer, limpar.*
sauer werden: <Wein> ~ *adulterar.* <Milch, Suppe, Wein> ~ *azedar.* <Milch> ~ werden *estragar.* (Milch) ~ lassen *azedar.* jn ~ lassen *azedar.*
saufen: <Tier> ~ aus *beber.*
saugen: *chupar.* <Tier> ~ *mamar.* <Kind> (an der Brust) ~ *mamar.* ~ an *chupar.*
säugen: **mamar.* (Kind) ~ *amamentar.*
Saures: jm ~ geben **dar 1.*
säuseln: <Wind> ~ *murmurar, zunir.* jm etw ins Ohr ~ *zumbir.*
schaden: e-r S. ~ *lixar.*
Schäfchen: sein ~ ins trockene bringen **puxar.*
schaffen: *bulir, implantar.* (Probleme) ~ *criar.* • etw aus der Welt ~ *abafar 1.* jm schwer zu ~ machen *custar.* (nichts) zu ~ haben mit **ver 1.*
schälen: (Kartoffeln, Banane...) ~ *descascar.* <Haut> s. ~ *pelar.*
schämen: s. ~ über *envergonhar.*
Schande: jm ~ machen *desonrar.*
schänden: jn ~ *desflorar, desonrar.*
schärfen: (Messer) ~ *amolar.* (Verstand...) ~ *aguçar.*
schärfer: <Tonart> ~ werden *subir.*
scharren: *escarvar, esgaravatar.* (Huhn) wo ~ *esgaravatar.*
Schatten: in den ~ stellen *ofuscar.*
schätzen: *avaliar, apreciar, estimar 2, valorizar,* den ungefähren Wert von etw ~ *apreçar.* etw ~ auf *apreciar.* (Preis...) ~ (auf) *estimar 1.* • ~, daß *estimar 1.* jn ~ *considerar.* es ~ *apreciar.* etw zu ~ wissen *apreciar.*
Schätzwert: e-n ~ haben von *estimar 1.*
Schau: zur ~ tragen *alardear, ostentar.* zur ~ stellen *demonstrar.* (s.) zur ~ stellen *exibir.*
schaudern: es jn ~ *estremecer 1.* jn ~ lassen *arrepiar.*
schauen: auf etw ~ *olhar.* wohin ~ *mirar.* ~, ob *ver 1.* (zu) tief ins Glas ~ **meter.*
[illegible] *embalar.* mit etw ~ *baloiçar, bambolear.* mit den Beinen ~ **dar 1.*
schäumen: *espumar.* vor (Wut) ~ *espumar., morder, roer.*
scheiden: jn ~ *divorciar.* s. ~ lassen *divorciar, separar.*
scheinen: <Sonne> ~ *fazer 2.* • *parecer 2.* es jm ~ *afigurar.* jm zu sein... ~ *afigurar.* (Alter) zu haben ~ *afigurar, aparentar.*
scheißen: ~, ~ auf *cagar.*
scheitern: *baldar, *dar 2, espalhar, falhar, fracassar, frustrar, naufragar.* ~ lassen *baldar, *fracassar, frustrar.* <Plan...> ~ *abortar, escangalhar, gorar.*
schellen: (Glocke) ~ *tocar 2.*
schenken: jm etw ~ *dar 1, oferecer.* e-r S. Beachtung, Aufmerksamkeit ~ *atentar 1.* Beachtung ~ *ligar.* jm, e-r S. Glauben ~ *crer.* Glauben ~ *acreditar.*
scheren: s. e-n Dreck ~ um *ralar.*
scherzen: *brincar, gracejar.*
scheuen: <Pferd> ~ *arregaçar.* • keine Mühe ~ *poupar.*
scheuern: (Boden) ~ *esfregar.*
schicken: *enviar, expedir, mandar 1, remeter.* etw wohin ~ *endereçar.* jn zu jm ~ *mandar 1.* jn in (die Schule) ~ *meter.* jn auf eine Hochschule ~ *formar.* in die Verbannung geschickt werden *votar.*
Schicksal: ~ jm nicht hold sein *acenar.*
schieben: (Hut) wohin ~ *deitar 1,* (bras.) botar. • (Schuld) ~ auf *assacar, lançar 1.*
Schiedsrichter: ~ sein *arbitrar.*
schiefgehen: *falhar.*
schielen: zu, auf etw ~ *espreitar.*
schießen: ~ auf *alvejar 2, atirar, disparar.* auf jn ~ *balear.* (mit dem Machinengewehr) ~ auf *metralhar.* • [Fußball] *chutar.* ein (Tor) ~ *marcar, meter.* ~ in, gegen, zu *chutar.* (aufs Tor) ~ *arrematar 1.* (ins Tor...) ~ *disparar.* • (Wild) ~ *abater.* (Wild) (mit Schrot) ~ *chumbar 1.* • (Zügel) ~ lassen *largar 1.* • <etw, jd> ~ durch, nach *disparar.*
schifahren: *esquiar, *fazer 1.*
schiffbarmachen: (Fluß) ~ *canalizar.*
Schiffbruch: zum ~ führen *naufragar.* ~ erleiden *naufragar.*
schilaufen: *esquiar, *fazer 1.*
Schild: etw im ~e führen **levar 1.*

schildern: jm etw ~ *descrever*.
schimmern: weiß ~ *branquejar, branquear*. golden ~ lassen *dourar*.
schimpfen: mit jm ~ *berrar, ralhar*. ~ auf *bramar*.
Schirmherr: ~ sein von *apadrinhar*.
schlachten: (Vieh, Tier) ~ *abater, matar*.
schlafen: <jd> ~ *dormir*. <Kind> ~ *nanar*. mit jm ~ **deitar 1, dormir*. mit e-r Frau ~ **possuir*. (e-n Schlaf ~) *dormir*. im Freien ~ **dormir*. s. ~ legen *deitar 1*.
Schlag: ~ verpassen, versetzen *aplicar, botar 1*.
schlagen: ~ gegen *bater*. <etw> ~ auf *abater*. ~ auf, gegen *embater, bater*. jn (kreuz-)lahm ~ **derrear*. s. ~ *bater*. • womit ~ gegen *bater*. etw wohin ~ *fincar*. jn mit etw wohin ~ *assentar 2, dar 3*. an (die Tür) ~ *bater*. etw ~ in *introduzir*. in Stücke ~ *estilhaçar*. (s-e Zähne, Krallen) ~ in *ferrar*. etw in (die Erde...) ~ *plantar*. e-n Riß in (e-e Mauer) ~ *rachar*. • mit den Flügeln ~ **bater*. (Eiweiß, den Takt...) ~ *bater*. (Takt) ~ *marcar*. <Uhr> Stunde ~ *bater*, dar *2, soar*. (Wurzeln) ~ *arreigar, deitar 1, pegar 1*. (Schlacht) ~ *travar 2*. (Alarm) ~ *dar 2*. • jn ~ *agredir, bater, derrotar, vencer*. vernichtend ~ *destroçar, esmagar*. fig. nach jm ~ *puxar, sair*. • s. durchs Leben ~ **lutar*. s. etw aus dem Kopf ~ **tirar*. in die Flucht ~ *afugentar*. zum (Ritter) ~ *armar 1*. <Nachtigall> ~ *cantar*. zwei Fliegen mit einer Klappe ~ **matar*.
schlampen: *desmazelar-se*.
schlängeln: *ziguezaguear*.
schlecht: <etw> ~ werden *alterar*. jm ~ werden, sein von *enjoar*.
schlechter: ~ sein als **valer*.
schleifen: (Messer...) ~ *afiar, aguçar, amolar*. • (mit s.) ~ *arrastar*. etw wohin ~ *carregar*. <Kleid> auf dem Boden ~ *arrastar*. (Festung) ~ *arrasar, desmantelar*. • etw ~ lassen *facilitar*.
schleppen: *arrastar*. s. (wohin) ~ *arrastar*. etw , jn ~ *carregar*. mehrfach (wohin) ~ *acarretar*.
Schlepptau: jn ins ~ nehmen *atrelar*.
schleudern: *derrapar, lançar 1*. ~ gegen *arremessar, esbarrar, rebentar*. wohin ~ *jogar*. jn, etw wohin ~ *atirar*. jn (zu Boden) ~ *pregar*.
Schleudern: ins ~ geraten *derrapar*.
schlichten: *arbitrar*.
schließen: *fechar*. (pg.) <Geschäft> ~ *encerrar*. <etw> ~ *fechar*. s. ~ *cerrar, fechar*. (Tor...) ~ *encerrar*. fig. ~ *encerrar*. • ~ *concluir 2*. ~ aus *deduzir, inferir*. ~ lassen auf *mostrar*. • Freundschaft ~ mit *acamaradar*. Frieden ~ **fazer 1*.
schließlich: ~ + V *acabar 4, chegar 2, vir 3*. ~ werden, sein *acabar 1*.
schlingen: (Arm) ~ um *passar 1*.
schlottern: (vor Kälte) ~ *tiritar*.
schluchzen: *chorar, soluçar*.
schlucken: (fig.) etw ~ *engolir*.
schlucken: <Computer> (Daten) ~ *comer*.
schlummern: *dormitar*.
schlurfen: **arrastar*.
Schluß sein: *acabar 1*. Schluß mit...!: *chegar 2*. zum ~ sagen *concluir 1*. zu dem ~ kommen, daß *concluir 2*. zum ~ +V *terminar*. ~ sein mit *terminar*. ~ machen mit *terminar*.
schlußfolgern: *inferir* (cf. schließen aus).
schmackhaft: (Suppe) ~er machen *enriquecer*.
schmecken: *sentir*. wie ~ *saber 2*. echt gut ~ **ser 3*. ~ nach *saber 2*.
schmeicheln: *adular, lisonjear*. (pg.) jm ~ *engraxar*. <Bild> jm ~ *favorecer*. s. ~ (mit) *lisonjear*.
schmeißen: *botar 1, botar 2*. s. wohin ~ *jogar*. s. (zu Boden) ~ *botar 2*.
schmelzen: *derreter*. (Fett...) zum Schmelzen bringen *desfazer*. <js Herz> ~ vor *derreter*. <Butter, Eis...> ~ *desfazer*.
Schmerz: (~en...) haben *encontrar*. ständig ~en haben *viver 1*. ~en lindern *amortecer*. <~en> nachlassen *aliviar*. ~ weggehen, aufhören *cessar 1*.
schmerzen: *doer*. jn ~ **fazer 6, doer*. <etw> jn ~ *magoar, doer*.
schmieden: *forjar*. (Intrigen...) ~ *fiar 1*.
schmiegen: ~ an *coser*. s.~ an jn *cingir*. s. ~ in, an *aconchegar*. <Kleid> s. ~ an *moldar*.
schmieren: jn ~ *subornar*. jm Honig um den Bart ~ *engraxar*.
schminken: s. ~ *pintar*. s. (die Lippen) ~ *pintar*.
schmirgeln: *lixar*.
schmollen: *amuar*.
schmoren: (Fleisch) ~ *estufar, guisar*.
schmücken: *adornar, alindar, bordar, decorar 6, enfeitar*. (Raum...) ~ *alegrar*. s. ~ *alindar, adornar, enfeitar*.
schmutzig: <etw> ~ werden *sujar*, ~ werden *manchar*. ~ machen *sujar, manchar*. <jd> s. ~ machen *sujar*.

Schnabel: den ~ halten **parar 1*.
schnallen: den Gürtel enger ~ **apertar*.
schnalzen: mit (der Zunge) ~ *estalar*.
schnarchen: *ressonar*.
schnauben: <Tier> ~ *bufar*. <Pferd> ~ *bafejar*.
schneiden: *cortar*. (Brot) ~ *partir 1*. (e-n Film) ~ *montar*. (Haare) ~ *cortar*. (Korn) ~ *ceifar*. s. ~ *cortar*. <Linien> s.~ *coincidir*.
schneien: *nevar*.
schneller: ~ gehen *acelerar*. ~ sein als *antecipar*. ~ werden *apressar*.
schnitzen: etw wo (hinein)~ *gravar*.
Schnupfen: ~ bekommen *constipar*.
schnuppern: ~ an *cheirar*.
schockieren: *chocar 1*.
schonen: (Kleidung) ~ *poupar*. (Kräfte) ~ *economizar*. (s-e Kräfte) ~ für *reservar*. s. ~ *poupar*.
schönen: *dourar*.
schöpfen: (Wasser) ~ aus *desaguar*. (Atem) ~ *tomar 1*. Mut ~ **ganhar*.
Schoß: auf (den ~) nehmen *aninhar*.
Schraube: ~ anziehen *apertar*.
schrauben: etw an etw ~ *atarraxar*.
Schreck: jm (e-n ~) einjagen *pregar*.
schreiben: (jm etw) ~ *escrever*. ~ an, auf *escrever*. etw (an die Tafel) ~ *passar 1*. <jd> ~ über *escrever*. mit, auf der Maschine ~ **bater*. ins Reine ~ **passar 1, *tirar*. s. ~ (mit) *escrever*. s. mit jm ~ *corresponder, comunicar*.
Schreiben: jm Lesen und ~ beibringen *alfabetizar*.
schreien: *gritar, exclamar, bradar, bramar*. laut ~ *berrar, gritar*. nach ~ *berrar, gritar*. nach, gegen ~ *bradar*.
Schritt: ~ (voran-)gehen, tun *avançar*. (Pferd) im ~ gehen lassen *passear*. ~e nach vorn tun *adiantar*. (größere ~e) machen *alargar*.
schröpfen: jn ~ *chupar*.
Schrot: <Wild> mit ~ schießen: *chumbar 1*.
schrubben: etw ~ *esfregar*.
schrumpfen: *minguar*.
schubsen: *empurrar*. beiseite ~ *acotovelar*.
schuften: *labutar, mourejar*.
Schuhe: ~ anziehen, tragen: *calçar*. für js Schuhwerk aufkommen **calçar*. <~> jm wie passen, stehen *calçar*. teure, elegante ~ tragen **calçar*. jn mit ~n kleiden **calçar*. s. seine ~ wo kaufen **calçar*.
Schuld: jm die ~ geben **pôr 1*. s., jm die ~ geben für *condenar*.
schulden: (Geld) ~ *dever 1*. (fig.) jm etw ~ *dever 1*.
Schulden: ~ machen *contrair 2*. ~ tilgen *amortizar*. ~ streichen *cancelar*.
schuldig: etw ~ bleiben **dever 1*. jn e-r S. für ~ erklären *culpar*. s. ~ bekennen *culpar*.
Schulter: etw auf die leichte ~ nehmen *facilitar*.
schüren: (Feuer) ~ *atiçar, atear, avivar*. (Angst...) ~ *atear*. (Aufstand...) ~ *fomentar*. (Zorn...) ~ *atiçar*.
schütteln: *agitar, sacudir*. etw aus ~ *sacudir*. jn ~ *abanar*. (Kopf) ablehnend ~ *abanar*. s. ~ *sacudir*.
schütten: *mandar*. wohin ~ *mandar 1*. ~ in *despejar*.
Schutz: ~ suchen *abrigar, acoitar*. ~ suchen bei *aninhar*. ~ finden *abrigar*. ~ gewähren *abrigar*. (wo) in ~ bringen *abrigar*.
schützen: **dar 7, defender, proteger, salvaguardar*.
schützen: jn, s. ~ vor, gegen *defender*. ~ vor *abrigar, acoitar, cobrir, guardar, prevenir, salvar*. jn ~ vor, gegen *amparar*. etw ~ vor *proteger*. s. ~ vor *agasalhar, cobrir*. s. ~ vor, gegen *garantir, proteger*.
schwach: ~ werden: *amolecer*. (anfangen) ~ (zu) werden *fraquejar*.
schwächen: *enfraquecer*. (Willen) ~ *desanimar*.
schwächer: *afrouxar*. <Schmerz> ~ werden *atenuar, enfraquecer*. ~werden lassen *amortecer*.
schwadronieren: **regar*.
schwanger: ~ werden *conceber 1*.
schwanken: *bambolear, brandir, cambalear, flutuar*. <Preis, Temperatur> ~ *variar*. wohin ~ *cambalear*. • *hesitar*. ~ zwischen *pairar*.
schwärmen: für jn ~ *derreter*.
schwatzen: *cacarejar, cavacear, *dar 1, palrar, tagarelar*.
schweben: wo ~ *pairar*. (in der Luft) ~ *flutuar*. fig. ~ in *boiar*.
schweifen: (Blicke) ~ lassen *correr, errar 2*. <Blick> ~ über *errar 2*. <Blick> durch etw ~ *girar*.
schweigen: *calar*.
Schweigen: zum ~ bringen *amarfanhar, calar, impor, remeter, silenciar*. s. in ~ hüllen *remeter*.
Schweiß: in ~ baden *encharcar*.
schweißen: *chumbar 1*.
schwenken: (Schwert) drohend ~ *brandir*.

schwer: ~ machen *dificultar*.
schwerfallen: jm ~ *custar*.
Schwierigkeiten: jn in ~ bringen *meter*. in ~ stecken **andar 1*.
schwimmen: *nadar, flutuar*. etw, e-n Stil ~ in *nadar*. fig. ~ in *boiar*. (an der Oberfläche) ~ *boiar*. wie eine bleierne Ente ~ **nadar*.
schwindeln: ~ (=lügen) *mentir*.
schwinden: *ir 1*. <Kräfte...> ~ *falecer*. aus (js Erinnerung) ~ *fugir*. <Macht> ~ *caducar*.
schwingen: das Tanzbein ~ **dar 1*. s. (in die Lüfte...) ~ *elevar*.
schwirren: <Wurfgeschoß> ~ *zunir*.
schwitzen: *transpirar, suar*, **estar 2*.
schwören: *jurar*. ~ bei, ~, zu tun *jurar*.
schwül: <Wetter> ~ sein *abafar 1*. <Luft> ~er werden *adensar*.
Schwung: in ~ bringen *acender*. fig. (wieder) in ~ bringen *desentorpecer*.
seekrank: ~ sein, jn ~ machen *enjoar*.
Segen: den ~ sprechen über *benzer*.
segnen: *abençoar, benzer*. das Zeitliche ~ **ir 1*.
sehen: *ver 1, descortinar*. aus der Ferne ~ *avistar*. ~, bis wohin ~ *enxergar*. ~, ob *ver 1*. wohin ~ *olhar, reparar 2*: nach etw, jm ~ *espreitar, olhar*. jm ins Gesicht ~ *encarar*. jm (die Augen) ~ *olhar*. <jd> wo zu ~ sein *passar 1*. auf (die Uhr) ~ *consultar, mirar*. (Theaterstück, Film...) ~ *assistir*. jm ähnlich ~ *parecer 1*. jn, s. ~ als, wo.., *ver 1*. jn in Gedanken wo, wie ~ *imaginar*. etw wie ~ *encarar*. etw ~ an *ver 1*. (e-n Augenblick) nicht mehr ~ können *tolher*. ~ *avistar*.
sehnen: s. ~ nach *ansiar, suspirar*. s. danach ~, man wäre.., *querer*.
Seil: (mit dem) ~ springen **pinchar*.
seilspringen: **saltar*.
sein: ~ + Adj *ser 1, estar 1, ir 4, fazer 2, andar 2, vir 5, ficar 2*, ~ *ficar 3*. etw ~ *constituir*. • woher, woraus ~ *ser 3*. wo ~ *estar 2, ficar 1, ser 3*. da, zu Hause ~ **estar 2*. • für jn, etw ~ *estar 3*. für, gegen ~ *ser 3*. für, gegen etw ~ *votar*. <etw> gut ~ gegen ~ *tratar*. [Spiel] jd ~ *representar*.
seit: seit + Zeit *haver 1*, **partir 2*.
Seite: s. auf js. ~ stellen *colocar*. an s-r ~ haben *ladear*. jm zur ~ stehen *assistir*. ~ an ~ stellen, legen *encostar*.
seitwärts: <Pferd> ~ gehen *ladear*.
Selbstmord: ~ begehen *matar*.
selbstständig: s. ~ machen *estabelecer*.
Selbstvertrauen haben: **crer*.
seltsam: ~ finden *estranhar*.
senden: *enviar, expedir*. <Radio> ~ *difundir, emitir, dar 2*.
senken: *baixar*. (Preis...) ~ *descer*. (Preis, Stimme) ~ *abaixar*. (den Blick) ~ auf *baixar*. (Kopf, Augen, Stimme..) ~ *abaixar*. herab- in *afundar*. (Sonne, Straße) s. ~ *descer*.
servieren: *servir*.
setzen: jn, s. ~ *sentar, assentar*. wohin ~ *botar 1, colocar, pôr 1, pousar, sentar*. <Kaffee> s. ~ *assentar 1, depositar*. s. wohin ~ *colocar, assentar 1*. <Vogel> s. wohin ~ *pousar*. s. wo (-ran) ~ *abancar*. s. an (die Spitze) ~ *adiantar, tomar 1*. [Buchdruck] ~ *compor*. • an (den Mund) ~ *levar 1*. jn auf (ein Pferd) ~ *montar*. jn, s. (wie auf e-r Hühnerstange) wohin ~ *empoleirar*. auf (e-e Liste) ~ *inserir, meter*. jn auf freien Fuß ~ *soltar*. <Schiff, Flugzeug> jn an Land ~ *desembarcar*. in Brand ~ *incendiar*. (Vertrauen...) in ~ *depositar*. in Gang, in Betrieb ~ *accionar*. (Dekret) außer Kraft ~ *revogar*. (Vertrauen) ~ in *pôr 1*. jn von etw in Kenntnis ~ *comunicar*. aufs Spiel ~ *arriscar, comprometer*. (das Leben) aufs Spiel ~ **jogar*. s. in den Kopf ~, daß *cismar*. • ~ auf *apostar*. (Geld) auf etw ~ *jogar*. alles auf eine Karte ~ **jogar*. alles auf jn ~ **jogar*.
seufzen: *suspirar*. um js willen ~ *suspirar*.
sicher: ~ + V *haver 3*.
Sicherheit: in ~ bringen *arrecadar*.
sichern: (Waffe) ~ *desarmar*.
sicherstellen: etw ~ *acautelar, apresar*.
Sicht: in ~ sein **estar 4*.
sieben: (Mehl) ~ *passar 1*.
sieden: *ferver*.
siegen: *vencer*. ~ über *pisar*.
Siesta: ~ halten *dormir*.
Signal: ~ auf Grün stellen, schalten **abrir 1*.
simulieren: *simular*.
singen: *cantar*. vor s. hin ~ *cantarolar*.
sinken: ~ *afundar, naufragar*. • *diminuir, baixar*. <Preis, Gewinne...> ~ *descer*. <etw> ~ auf *abrandar*.
sinkenlassen: (Stimme) ~ *abaixar*. (Aktien) (im Wert) ~ *abaixar*.

Sinn: jm in den ~ kommen *lembrar, ocorrer 2*, **passar 1*, **vir 1*. jm durch den ~ gehen *cruzar*. • e-r S. ~ geben, verleihen *emprestar*. e-r S. e-n anderen ~ geben *inverter*.
Situation: in (e-e) ~ bringen *colocar*.
situieren: *colocar*.
sitzen: in der Klemme ~ **tramar*. <Kleidung...> ~ *ajustar*.
sitzenbleiben: *chumbar 2*, **repetir*.
sitzenlassen: (Freund-in) ~ *abandonar*.
Skandal: ~ unter den Teppich kehren *abafar 1*.
skizzieren: *pintar*. (Plan...) ~ *esboçar*. jm etw ~ *traçar*.
sogar: ~ + V *chegar 2*.
sollen: *dever 2, ficar 3, haver 3, convir*.
Sonnenbrand: s. (e-n ~) holen *queimar*.
Sorge: ~ tragen für *cuidar 1, preocupar*.
sorgen: ~ für *cuidar 1, zelar*. für s. ~ *cuidar 1*. für den Unterhalt von jm ~ *manter*. für js Lebensunterhalt ~ *sustentar*. • für Aufregung ~ *alvoroçar*.
Sorgen: s. ~ machen *angustiar, afligir*.
Sorgen: jm ~ machen *afligir, apoquentar*, **dar 1, preocupar*. s. ~ machen *agitar*. s. ~ machen (um) *apoquentar, preocupar*. s. ~ machen (über) *ralar*.
sortieren: *filtrar*.
sozusagen: **dizer 1*.
spähen: ~ in *espiar, espreitar*. heimlich ~ *espreitar*.
spalten: etw ~ *dividir, partir 1*. s. ~ *abrir 1, desdobrar, rachar*.
spannen: *esticar*.
sparen: **poupar, economizar, amealhar*.
sparsam: ~ umgehen mit *economizar*.
Spaß: ~ machen **dar 7, deliciar*.
später: ~ + V *vir 3*.
spazierenfahren: jn ~ *passear*.
spazierengehen: **dar 7, passear*.
spazierenreiten: *passear*.
speichern: *armazenar, carregar, memorizar*. (Wasser) ~ *captar*.
spekulieren: (an derBörse) ~ *jogar*.
spenden: (Sakramente) ~ *administrar 2*.
sperren: (Straße) ~ für *fechar*. (e-n Weg) ~ *vedar*.
spicken: (Küche) etw ~ mit· *espetar*.
spiegeln: <etw> s. ~ *assomar*. s. wo ~ *pintar*.
Spiel: [Sport] ins ~ gehen *alinhar*. ein doppeltes ~ spielen **jogar*. aufs ~ setzen *comprometer*.
spielen: ~ (mit) *brincar, jogar*. ~ fingir: ein Spiel ~ *brincar, disputar, jogar*. unentschieden ~ *empatar 3*. defensiv ~ **jogar*. ~ gegen *jogar*. fig. mit jm ~ *brincar*. mit dem Feuer ~ *brincar*. um Geld ~ **jogar*. • (e-e Rolle) ~ *desempenhar, desempatar, fazer 1*. (ein Stück) ~ *representar*. (Klavier, ein Stück...) ~ *tocar 2*. [Theater] e-e Rolle ~ **representar*. [Spiel] jn ~ *representar*. jm etw ~ *representar*. (Platte) ~ *tocar 2*. (in e-m Film) ~ *trabalhar*.
spießen: etw ~ in *espicaçar*.
spinnen: (Faden, Intrige) ~ *fiar 1*.
Spitze: an der ~ stehen *liderar*. s. an die setzen *adiantar*.
spitzen: (Bleistift) ~ pg. *afiar*, bras. *apontar*. die Ohren ~ **apurar 1*.
Spitzname: jm e-n ~n geben *alcunhar, apodar, baptizar*.
spotten: **fazer 6*.
Sprache: zur ~ bringen *aludir*.
sprachlos: ~ sein **engolir, entupir*. jn ~ machen *entupir*.
sprechen: *falar*. ~ über *comentar*. ~ von, über *falar*. ~ für (= anstelle von) *falar*. <etw> für etw ~ *falar, jogar*. <etw> ~ gegen *condenar*. ~ mit, zu *falar*. schleppend ~ *arrastar*. zu ~ kommen auf *tocar 1*. wieder zu ~ kommen auf **tornar 1*. (e-e Sprache) ~ *falar*. (Gebet) ~ *dizer*. (den Segen) ~ über *benzer*. (Wörter) undeutlich ~ *mastigar*. auf (ein Thema) zu ~ kommen *abordar 2, mexer*.
spreizen: (Krallen) ~ *afiar*.
sprengen: (Wäsche, Rasen) ~ *borrifar*. (Rasen) ~ *regar*. • ~ **saltar*.
Spreu: die ~ vom Weizen trennen **separar*.
sprießen: *brotar*.
springen: *saltar, pinchar*. ~ auf *saltar*. ~ auf, über *galgar*. wohin, wovon ~ *saltar*. ~ über *saltar*. (von einem zum andern) ~ *saltar*. • <Glas> ~ *rachar*.
sprudeln: wohin ~ *borbotar, esparrinhar, espirrar*. ~ auf, gegen *lançar 1, jorrar*. <Wasser> ~ *borbotar*. ~ vor *jorrar*.
sprühen: (Funken) ~ *despedir*.
Sprung: <Glas> e-n ~ bekommen *estalar*.
spucken: *cuspir, escarrar, expectorar*. ~ auf *cuspir*. (Feuer) ~ *despedir*. (Flammen) ~ *bufar*. (Blut, Feuer...) ~ *cuspir*. (Blut) ~ *deitar 1*. große Töne ~ *bufar*.
spülen: *lavar*. in (Wasser) ~ *passar 1*.
spüren: *sentir*.
sputen: s. ~ *apressar, aviar*.
stagnieren: *estagnar*.

stammeln: *balbuciar, gaguejar, tartamudear.*
stammen: ~ von *partir 2.* woher ~ *ser 3.* ~ aus, von *nascer.*
Stand: s. auf den aktuellen ~ bringen *actualizar.*
standhalten: <etw> ~ *aguentar.* e-r S. ~ *resistir.*
ständig: ~ + V *viver 2.*
Standpauke: jm e-e ~ halten **passar 1.*
Stapel: (Schiff) vom ~ (laufen) lassen *lançar 1.* (e-n Witz) vom ~ lassen *largar 1.*
stapeln: *empilhar.*
stärken: (Wäsche) ~ *engomar.*
stärker: ~ werden *ampliar, intensificar.*
starrsinnig: ~ sein *teimar.*
starten: *arrancar.* <Flugzeug> ~ *descolar.*
stattfinden: <Spiel> ~ *jogar.*
stattfinden: ~ *dar 2, desenrolar, efectuar, realizar.* pg. *decorrer*, bras. *acontecer, ter lugar.* in (wieviel Tagen...) ~ *estar 3.*
stattgeben: (e-r Bitte...) ~ *aceder 2.* e-m Gesuch ~ **dar 7.*
Staub: s. aus dem ~ machen *cavar 2,* (pg.) **dar 1,* (bras.) **dar 1, escapulir, pirar-se, safar.*
staubsaugen: *aspirar.*
stauen: (Fluß) ~ *deter.*
staunen: *admirar.*
stechen: *picar.* s. ~ *picar.* s. wohin ~ *picar.* s. wo ~ *espetar.* s. mit etw ~ *espetar.* <Sonne> ~ *assar, pelar, queimar.* <Biene> jn ~ *ferrar.* <Insekt> ~ *morder.*
stecken: ~ in *meter, botar 1.* etw wohin ~ *enfiar, enterrar, fincar, insinuar, pôr 1.* jn wohin ~ *pregar.* jn (wider s-n Willen) wohin ~ *espetar.* etw ~ in, durch *introduzir.* etw wohin, worauf ~ *espetar.* (s-e Nase) ~ in *meter.* (Geld) ~ in *empatar 2.* (Geld, Nase...) ~ in *meter.* in Brand ~ *incendiar.* jn ins (Gefängnis...) ~ *meter.*
steckenbleiben: wo ~ bleiben *emperrar.* (beim Sprechen) ~ *engasgar.* (mit der Feder) ~ bleiben *emperrar.* <Schrei> im Halse ~ **morrer.* jm im Halse ~ *engasgar.*
stehen: **estar 1.* unsicher ~ *cambalear.* wo ~ *estar 2.* <etw> wo ~ *erguer, ir 1, alçar.* wo (geschrieben...) ~ *constar 1.* • jm ~ *estar 1.* jm wie ~ *assentar 2.* etw jm wie ~ *ficar 1.* jm ausgezeichnet ~ **matar.* s. wie ~ mit *dar-se 6.* es wie ~ mit **achar, *ir 1.* <Dinge> wie ~ *levar 1.* es gut, schlecht ~ mit *andar 2.* • jm zur Seite ~ *assistir.* am erster Stelle ~ *encabeçar.* <Monument...> wo ~ *elevar.* <Wind> wie ~ *correr.* in Blüte ~ *florescer.* jm die Haare zu Berge ~ lassen *arrepiar.* auf (dem Programm) ~ *constar 1.* jn (teuer) zu ~ kommen *ficar 1.*
stehenbleiben: (wo) ~ *deter, imobilizar, parar 1.* <jd> plötzlich ~ *estacar.*
stehlen: *abafar 2, bifar, furtar, pifar, pilhar 1, roubar.* alles ~ **limpar.* jm etw ~ *roubar.* etw ~ aus *furtar.*
steigen: *subir.* <Fluß> ~ *crescer.* <Flut> ~ *encher.* <Preis> ~ *subir.* (im Preis) ~ *encarecer.* • auf (ein Pferd, Fahrrad...) ~ *montar.* in (e-n Wagen) ~ *meter.* vom Pferd ~ *apear, desmontar 1.* • ~ auf *subir.* ~ um *aumentar.*
steigen: <Tränen> jm (in die Augen) ~ *subir.* <etw> jm in (den Kopf) ~ *subir.*
steigern: *acelerar, exacerbar, incrementar.*
Stein: mit ~en werfen (nach) *apedrejar.*
steinigen: *apedrejar.*
Stelle: e-e ~ bekommen *colocar.* e-e ~ annehmen (als) *empregar.* an erster ~ stehen *encabeçar.* an die ~ treten von *sobrepor, substituir.*
stellen: *colocar, pôr 1, botar 1.* wie ~ *dispor.* etw zu etw ~ *juntar.* etw höher ~ als *sobrepor.* fig. etw über etw ~ *colocar.* in eine Reihe ~ *alinhar.* Seite an Seite ~ *encostar.* in den Weg ~ *opor.* jm etw zur Verfügung ~ *colocar.* • s. wohin ~ *colocar, pôr 1.* s. ~ zwischen *interpor-se.* s. zu js Seite(n) ~ **pôr 1.* (auf js Seite) ~ *colocar.* s. jm in den Weg ~ *atravessar.* • jm (e-n Hinterhalt, e-e Falle) ~ *armar 2.* in (den Dienst) ~ *colocar.* jn auf die Probe ~ **pôr 1.* Frage ~ **pôr 3.* Fragen ~ **fazer 6.* • s. (in den Dienst) ~ *colocar.* s. unter (Schutz...) ~ *aninhar.* s. zur Wahl ~ *propor.* <Frage> s. ~ *levantar.* s. (der Verantwortung) ~ *confrontar.* s. wie ~ *fingir.* s. (blöd, taub...) ~ *armar 2.* s. (gut) ~ mit *pôr 1.*
Stellung: jm e-e ~ besorgen *arrumar.* ~ nehmen zu *pronunciar.* <jd> ~ beziehen *definir.*
stemmen: (Fuß...) ~ *fincar.*
stempeln: *carimbar.* ~
steppen: (Naht) ~ *arrematar 1.*
sterben: *morrer, falecer.* (fast) ~ vor *morrer.* an (e-r Krankheit) ~ *matar, morrer.*
Sterben: im ~ liegen **dar 2.*
Stern: unter e-m guten ~ zur Welt kommen **nascer.*
Steuererklärung: ~ machen *declarar.*
steuern: (Auto...) ~ *governar.* (Schiff) ~ *pilotar.* (Informationen) ~ *canalizar.*
Steuern: ~ einziehen *cobrar.*

stibitzen: *bifar.*
Stich: <Gedächtnis> jn im ~ lassen **enganar, falhar.*
sticheln: gegen jn ~ *beliscar.*
sticken: *bordar.* emsig ~ **dar 1.*
Stier: mit e-m ~ kämpfen *tourear.*
stiften: (Preis) ~ *instituir.*
stillen: (Kind) ~ *amamentar, *mamar.* (Hunger, Durst, Neugierde...) ~ *matar.*
Stillstand: zum ~ kommen *parar 1.* <Krankheit> zum ~ kommen *estacionar.* zum ~ bringen, kommen *imobilizar.* (Blutung) zum ~ bringen *deter.*
Stimmbruch: in den ~ kommen *mudar.*
stimmen: (Instrument) ~ *afinar 1.* • <etw> ~ **bater, conferir 1.* • ~ für *votar.*
stimulieren: ~ (zu) *incentivar.*
Stirn: die ~ in Falten legen *franzir.* die ~ bieten *enfrentar.*
stochern: in (den Zähnen...) herum ~ *esgaravatar.*
stocken: *estacionar, hesitar.* (beim Reden) ~ *tartamudear.*
stöhnen: <jd> ~ *gemer.*
stolpern: ~ (über) *tropeçar.*
stolz: ~ sein **cantar.* ~ sein auf *envaidecer, honrar.*
Stolz: js ~ verletzen *calcar.*
stopfen: fig. ein (Loch) ~ *tapar.*
stören: *contrariar, estorvar, incomodar.* etw ~ *atravancar.* jn ~ *perturbar.* jn bei etw ~ *estorvar.* s. ~ lassen von *incomodar.*
stoßen: *empurrar, espetar.* beiseite ~ *acotovelar.* mit etw ~ gegen, an *dar 3.* ~ gegen *embater, esbarrar.* ~ in *espetar.* ~ gegen *topar.* fig. ~ auf *embater, esbarrar, topar.* auf jn ~ *encontrar.* gegen, auf etw ~ *encontrar, tropeçar.* zu jm ~ *reunir.*
stottern: *balbuciar, gaguejar, tartamudear.* (Entschuldigung...) ~ *enrolar.*
strafbar: s. ~ machen **cair 1.*
straffen: *esticar.*
Strafmandat: jm ein ~ geben *multar.*
Strafpredigt: jm e-e ~ halten **passar 1.*
strahlen: *brilhar, jorrar.* ~ vor *irradiar.* vor Freude ~ *arreganhar.*
Strahlen: <ein ~> gehen über *iluminar.* <~...> liegen auf *iluminar.*
strampeln: <Baby> ~ *espernear.* [Fahrrad] angestrengt ~ *puxar.*
strapazieren: (Geduld) ~ *gastar.*
Straße: jn auf die ~ setzen **pôr 1.*
sträuben: s. ~ *barafustar, espetar.*
straucheln: ~ (über) *tropeçar.*
streben: ~ nach *ambicionar, aspirar, cobiçar.*
strecken: *esticar.* s. ~ *espreguiçar.* (die Waffen) ~ *desarmar, largar 1.* jn zu Boden ~ *estatelar.* s. wohin ~ *estender.*
Streich: jm e-n ~ spielen **ferrar, pregar.*
streicheln: *acarinhar, acariciar, afagar.* e-a. ~ *acarinhar.*
streichen: (Text) ~ *cortar, banir.* aus (e-r Liste) ~ *cortar, eliminar.* etw, jn ~ aus *riscar.* etw (weg-) ~ *amputar.* (Schulden) ~ *cancelar.* ~ s. (über) den Bart ~ *cofiar.* ~ etw ~ auf (das Brot...) *barrar 1.*
streifen: jn ~ *roçar.* etw, jn wo ~ *roçar.* (mit etw) ~ über *roçar.* mit (dem Blick) ~ über *passear.* (Thema) ~ *aflorar.*
Streik: e-n ~ brechen **furar.*
Streit: ~ anfangen mit *implicar.* mit jm in ~ geraten *zangar.*
streiten: <jd> s. ~ *disputar, dividir, argumentar.* s. ~ *discutir, altercar.* s. ~ (mit) *brigar, zangar.* s. ~ mit *pegar 1.* (mit Worten) heftig ~ um *regatear.*
streitig: s., e-a., jm etw ~ machen *disputar.*
streuen: (Blumen) ~ *derramar.* jm Sand in die Augen ~ **lançar 1.* (Gerüchte...) ~ *espalhar.*
Strich: jm gegen den ~ gehen *fartar.*
stricken: **fazer 1.*
striegeln: (Pferd) ~ *escovar.*
Strom: mit ~ versorgen *electrificar.*
strömen: ~ aus *botar 2.* <Geruch> ~ aus *exalar.*
strotzen: vor Gesundheit ~ *respirar, vender.*
studieren: *estudar.* etw ~ *formar.*
Stufen: [Treppe] mehrere ~ auf einmal nehmen *galgar.*
Stuhlgang: ~ haben **evacuar.*
stundenlang: **seguir.*
stürmen: <Meer...> ~ *enfurecer.*
stürzen: s. ~ auf *acometer.*
stürzen: ~ auf *abater.* auf (die Erde) ~ *baquear.* ~ aus, auf *cair 1.* in etw (hinein) ~ *investir 1.* • s. (hinunter-)~ *despenhar.* s. ~ auf *atirar, arremessar, botar 2, deitar 1, investir 1, lançar 1, *lançar 2, saltar.* s. (ungestüm) ~ auf *arremeter.* ~ s. in (ein Abenteuer) *meter.* s. in Schulden ~ *empenhar.* s. in Unkosten ~ **meter.* s. voll in e-e S. ~ *enfiar.* • [Amt] jn ~ *derrubar.*

stützen: s. auf jn ~ *apoiar*.
stützen: *sustentar*. etw, jn ~ *amparar*. (mit einem Stock...) ~ *estacar*. e-a. ~ *amparar*. etw ~ auf, an *apoiar*. (Fuß..) ~ auf *fincar*. s. ~ auf *apoiar, carregar*. s. ~ auf, gegen *amparar*. • fig. s. ~ auf *afirmar, apoiar*. <jd> s. ~ auf *basear*. etw ~ auf *basear*.
suchen: *buscar, procurar, catar*. etw wo ~ *vasculhar*. ~ nach *procurar*. (wo) ~ nach etw *rebuscar*. Schutz ~ *abrigar*. Zuflucht, Schutz ~ *acoitar*. • ~ zu + V *procurar*. • wo nichts zu ~ haben *ser 3*.
suckeln: *chuchar*.
summen: <Bienen...> ~ *zumbir*. <Bienen, Fliegen> ~ *zunir*. <Ohren> jm ~ *zumbir*.
sündigen: *pecar*.
Suppe: (~...) schmackhafter machen *enriquecer*.
süßen: *adoçar*.
süßer werden: *adoçar*.
symbolisieren: *simbolizar*.
sympathisch: jn ~, e-a. ~ finden *simpatizar*.
synchronisieren: (Film) ~ *dobrar 3*.

T

tadeln: *criticar, censurar*. jn hart ~ *reprovar*.
Tafel: etw an die ~ schreiben *passar 1*.
Tag: <~> werden *fazer 1*. <~> anbrechen *amanhecer*. etw an den ~ bringen *evidenciar*.
tagen: *amanhecer*. • *reunir*.
Tagesanbruch: bei ~ *romper 1*.
Tageslicht: <Wahrheit> ans ~ kommen *emergir*.
taktieren: *manobrar*.
tangieren: etw jn ~ *afectar 2*.
tanken: *meter*.
Tanzbein: das ~ schwingen *dar 1*.
tanzen: *dançar*.
tapezieren: (Wand...) ~ *forrar*.
Tat: jn auf frischer ~ ertappen *apanhar*.
tätig sein: *actuar, movimentar*. wo ~ *agir*. ~ werden *diligenciar*.
Tatsache: ~ ist, daß *suceder 1*.
tatsächlich: *valer*.
tauchen: <jd> ~ *mergulhar*. etw in etw ~ *banhar, mergulhar*. (in Wasser) ~ *demolhar*. in (ein Licht...) ~ *inundar*.
Taufe: die ~ erhalten *baptizar*.
taufen: *baptizar, dar os nomes baptizar*.
taugen: ~ (für) *prestar*.
Taugenichts: ein ~ sein *valer*.
taumeln: (wohin) ~ *cambalear*.
täuschen: *embrulhar, enganar, equivocar*. s. ~ *enganar, equivocar*.
taxieren: etw ~ auf *apreciar*.
teeren: *alcatroar*.
Teig: ~ ausrollen *tender 2*.
Teil: ~ von etw sein *inscrever*.
teilen: etw ~ durch *dividir*. etw ~, s. etw (mit jm) ~ *compartilhar*. etw ~, s. (e-e Wohnung...) ~ *partilhar*. s. ~ zwischen *dividir*. s. ~ in *desdobrar*. s. die Rechnung ~ *rachar*. (e-e Ansicht...) ~ *alinhar*.
teilhaben: ~ an *compartilhar*.
teilnehmen: *envolver, participar 1, *tomar 2*. an (e-r Diskussion) ~ *intervir*. an (e-m Wettbewerb) ~ *concorrer 2*.
Telefon: ans ~ gehen *atender*.
telefonieren: *fazer 6, telefonar*.
Telegramm: ~ aufgeben *remeter*.
tendieren: ~ zu *tender 1*.
Teppich: etw unter den ~ kehren *abafar 1*.
Teppichboden: ~ legen in, mit ~ auslegen *alcatifar*.
Termin: s. e-n ~ geben lassen *marcar*.
testen: *ensaiar, tentar*.
teuer: jn ~ zu stehen kommen *custar, ficar 1, *pagar*.
Teufel: zum ~ gehen *foder*. jn zum ~ schicken *passear*. zum ~ wünschen *amaldiçoar*. Zum ~ mit ihm! *partir 1*.
Teufelsküche: jn in ~ bringen *lixar*.
teurer: ~ werden *encarecer*.
Thron: ~ besteigen *ascender*.
tiefgefrieren: (Lebensmittel) ~ *congelar*.
tilgen: etw, jn ~ aus *riscar*. (Schulden...) ~ *amortizar, liquidar*. (Schuld) ~ *lavar*.
toasten: (Brot) ~ *torrar*.
toben: <Meer> ~ *enfurecer*.
Tod: mit dem ~ ringen *debater*. den ~ bedeuten für *ferir*. s. zu Tode + V *exceder, matar, moer*. jn, s. zu Tode + V lassen *matar*.
Todeskampf: im ~ liegen *agonizar*.

Todesstoß: <etw> den ~ bekommen *baquear*.
tödlich: <Krankheit> ~ sein *perdoar*.
Ton: den ~ angeben *impor*.
tönen: (Haar) ~ *escurecer*.
tosen: <Meer> ~ *bradar, bramir, fremir*.
töten: *matar, sangrar, acabar 1, ceifar*. jn (mit einer Kugel) ~ *balear*. jm den Nerv ~ *ralar*.
Totenglocken: ~ läuten *dobrar 2*.
totlachen: s. ~ *desmanchar, *fartar, *morrer*.
totschlagen: (Zeit) ~ *queimar, matar, moer*.
trachten: ~ nach *procurar*.
tragen: *carregar, sustentar, arcar*. jn ~ *levar 1*. bei s. ~ *trazer*. etw wohin ~ *transportar*. nach oben ~ *subir*. mehrfach wohin ~ *acarretar*. ~ können *poder 2*. ~ können *comportar 1, suportar*. • (Kleidung...) ~ *ir 1, ir 4, levar 1, trazer, vestir*. (Kleidung, Farbe) ~ *trajar*. (Kleidung) zum erstenmal ~ *estrear*. (Schuhe, Handschuhe, Socken) ~ *calçar*. (Kleidung, Brille...) (immer) ~ *usar*. (e-e Kleidungsfarbe) ~ *vestir*. (Last, Konsequenzen...) ~ (müssen) *acarretar*. (Früchte) ~ *dar 2, produzir*. jn auf Händen ~ *acarinhar, *trazer*. zur Schau ~ *alardear*. (Folgen) ~ *sofrer*. (die Last) von etw, an etw ~ *carregar*.
trainieren: *ensaiar*.
trällern: *cantarolar*. etw jm vor~ *cantarolar*.
trampen: *pedir*.
tränen: <die Augen> jm ~ *lacrimejar*.
Tränen: <~> jm in die Augen treten *acudir, subir*. ~ vergießen *chorar*.
tränken: (Kleidung) ~ mit *impregnar*.
transportieren: etw, jn ~ *carregar*. etw (wohin) ~ *transportar*. (in e-r Karre...) wohin ~ *acarretar*.
tratschen: *badalar, bisbilhotar*. ~ über *murmurar*.
trauen: jn ~ *casar*. • s. ~ *ousar*.
Trauer: (s.) in ~ hüllen *enlutar*. in ~ sein *estar 1*. ~ tragen *andar 2*.
trauern: *enlutar*. um jn ~ *guardar*.
träumen: *sonhar*. ~ von *sonhar*. ~, man sei *sonhar*. davon ~ *sonhar*. ~, s. ~ lassen, daß *sonhar*. (Traum) ~ *sonhar*. ~, daß *sonhar*.
traurig: ~ machen, werden, sein *entristecer*.
treffen: wohin ~ *acertar*. (ins Ziel) ~ *alojar*. [Jagd] ~ *alcançar*. (Ziel) ~ *atingir*. jn, etw ~ *acertar*. tödlich ~ *ferir*. nicht ~ *falhar*. auf etw ~ *bater*. in etw ~ *atingir*. fig. <etw> ~ *afectar*. jn wie ein Peitschenschlag ~ *chicotear. 2*. • jn ~ *encontrar, estar 2*. s. ~ (mit) *aviatar, reunir*. s. mit jn ~ *encontrar, reunir*. <jd> auf jdn ~ *esbarrar. 3*. • es traf sich, daß *calhar 1*. es s. wie, gut ~ *calhar 2*. es gut ~ mit jm *acertar*. • e-e Entscheidung ~ *deliberar, estabelecer, *tomar 2*.
treiben: etw ~ auf, gegen *lançar 1*. (Vieh) auf die Weide ~ *apascentar*. in die Enge ~ *acossar*. fig. jn ~ in *lançar 1*. • <Zweige> ~ *brotar*. (Knospen) ~ *deitar 1, lançar 1*. ~ (an der Oberfläche) ~ *boiar*. (im Wasser) ~ *flutuar*. <jd> s. ~ lassen *boiar, *arrastar*. • (Sport) ~ *praticar*. Unfug ~ *disparatar*. Handel ~ *negociar*.
trennen: *separar, vone-a. ~ afastar separar*. s. ~ *arredar, largar*. s. ~ von (e-a.) *afastar, apartar, desligar, separar*.
treten: (Fußball) ~ *chutar*. ~ in, auf *calcar*. in (e-n Nagel...) ~ *espetar*. ans (Fenster...) ~ *assomar*. jm auf die Füße ~ *calçar, pisar*. in die Pedale ~ *dar 1*. fig. mit den Füßen ~ *atropelar*. in Verbindung ~ (mit) *comunicar*.
triefen: ~ vor *escorrer*.
trinken: *beber*. <Tier> ~ aus *beber*. in e-m Zug ~ *emborcar*. etw zu etw ~ *acompanhar*. nache-a. ~ *enfiar*. (während, nach e-r Rede) e-n Schluck (Wasser) ~ *molhar*. auf (das Wohl) ~ *brindar*. auf nüchternen Magen einen ~ *matar*. <Kind> (an der Brust) ~ *mamar, chuchar*.
Tritt: aus dem ~ kommen *engasgar*.
trocken: ~ werden *enxugar*. etw ~ legen *desaguar*.
trocknen: *enxugar, secar*. (s. die Augen) ~ *enxugar*.
tropfen: *pingar*.
Trost: jm ein ~ sein *consolar*.
trösten: *consolar, acarinhar*. <etw> jn ~ *acalentar*. es jn ~ *consolar*. s. ~ *consolar*.
trüben: (Augen, Blick...) ~ *embaciar*. <Augen> s. ~ *embaciar*. (s.) ~ *turvar*.
trunken: ~ machen *embriagar*. (fig.) ~ machen *inebriar*.
tun: *fazer 1, efectuar*. unermüdlich etw ~ *fartar*. bald etw ~... *tardar 2*. etw noch ~ *ficar 1*. gern etw ~ mögen *desejar*. unaufhörlich etw ~ *ficar 1*. noch zu ~ sein *estar 5*. alles ~, um jn zu ~ *fazer 1, *fazer 6, simular*. • zu ~ haben mit *estar 4, *meter, ligar, prender, ter 1*. es zu ~ haben mit jm *tratar, haver 5*. <etw> zu ~ haben mit *referir*. (nichts) zu ~ haben mit *ver 1*.
tünchen: *caiar*.
tunken: ~ in *molhar*.

440

tuscheln: ~ mit *cochichar*. ~ über *murmurar*.
typisch: ~ sein für *caracterizar*.

U

übel: jm ~ werden, sein von *enjoar*.
übelnehmen: etw ~ **levar 1*, **ofender*.
üben: *ensaiar, praticar*. [Theater] ~ *ensaiar*. • an jm Kritik ~ *criticar*.
überanstrengen: (Motor...) ~ *forçar*.
überantworten: *entregar*. oüberarbeiten: (Buch) ~ *melhorar*.
überbekommen: etw ~ *enjoar, fartar*.
überblicken: *abarcar, abranger*.
überdenken: *meditar*.
überdrehen: (Motor...) ~ *forçar*.
Überdruß: bis zum ~ etw tun *fartar*.
überdrüssig: e-r S. ~ sein, werden *cansar*. js ~ werden *chatear*.
übere-a.stolpern: *atropelar*.
übereinkommen: *acertar, convir, ficar 4*.
übereinstimmen: *concordar, acordar 2, conferir 1, coincidir, *estar 1*. ~ in *concordar*. ~ mit *condizer*. mit jm ~ *convir*. nicht ~ *discordar, diferir 1, divergir*.
Übereinstimmung: zu der ~ gelangen **ficar 2*. in ~ bringen *conformar*.
überfahren: *atropelar*. jn ~ **passar 1, ceifar*.
überfallen: *assaltar*.
überfliegen: *sobrevoar*. ein Land ~ *voar*. (Text) ~ *percorrer*.
Überfluss: im ~ haben, da sein, vorhanden sein *abundar*.
überfluten: *inundar*. <Wasser> ~ *invadir*. <Licht> etw ~ *encharcar*. fig. ~ *inundar*.
übergeben: *entregar*.
übergehen: ~ zu *passar 1*.
Übergewicht: das ~ haben *dominar*.
übergreifen: <Feuer> ~ auf *comunicar*.
überhaben: etw ~ *encher, enjoar*.
überhäufen: jn ~ mit *cobrir, encher*. jn ~ mit *matar*. jn (mit Fragen...) ~ *bombardear*.
überholen: *ultrapassar*.
überkommen: (es) jn ~ *assaltar*. <etw> jn ~ *atacar, acometer, apoderar-se, invadir*.
überladen: ~ mit *carregar*.
überlagern: etw, s. ~ *sobrepor*.
überlassen: jm etw ~ *ceder, dispensar*. jn e-r S. ~ *votar*. jn e-r S., jm etw ~ *abandonar*. s. (dem Schicksal) ~ *abandonar*.
überlaufen: *deitar 1*. • <Soldaten> ~ zu *passar 1*.
überleben: *sobreviver, vingar*. etw ~ *sobreviver*.
überlegen: *considerar*. s. etw ~ *considerar*.
überliefern: <Geschichte> etw ~ *transmitir*.
übermitteln: (e-e Nachricht) ~ *dar 1*.
übernachten: *pernoitar, *passar 2*.
übernehmen: *adoptar*. es ~ *incumbir*. (e-e Aufgabe...) ~ *encarregar, ficar 4*. (Macht, Verantwortung, e-e Haltung...) ~ *assumir*. (die Verantwortung) ~ **chamar, responsabilizar*. (die Verantwortung...) für etw ~ *reivindicar, responder*.
überprüfen: *averiguar, bisbilhotar, examinar, verificar*. (Rechnung, Anwesenheit...) ~ *conferir 1*.
überquellen: ~ vor *abarrotar*.
überqueren: *atravessar, passar 1*.
überragen: <etw> etw ~ *dominar*.
überraschen: *surpreender*. jn ~ bei *pilhar 2, surpreender*.
überrascht: ~ sein *surpreender*.
überreden: *persuadir*. jn ~ zu *convencer*.
überschauen: *abarcar, abranger*.
überschlagen: etw ~ *saltar*. (Bein) ~ *cruzar*. <Stimme> s. ~ *esganiçar-se*.
überschreiten: <etw> etw ~ *ultrapassar*.
überschwappen: *botar 2, deitar 1*.
überschwemmen: *alagar, inundar, invadir*. etw ~ mit *abarrotar, despejar*. <Touristen...> etw ~ *encher*.
übersehen: nicht zu ~ sein **saltar*.
übersetzen: *traduzir*. oüberspannen: <Brücke> etw ~ *atravessar*.
überspielen: (Platte) (auf Band) ~ *gravar*.
überspringen: etw ~ *saltar*.
überstehen: etw ~ *sobreviver, suportar*.
übersteigen: *exceder, passar 1, superar*.
überstrahlen: *ofuscar*.
überstreifen: etw, Schuhe ~ *enfiar*.
überströmen: fig. ~ *inundar*. überströmt sein: ~ von *banhar*.
übertragen: ~ auf *comunicar, remeter*. auf jn ~ *passar 1*. (Krankheit) ~ auf *transmitir*. s. ~ *contagiar*. s. ~ auf *comunicar*. <Krankheit> s. ~ auf jn ~ *transmitir*. • <Radio> ~ *emitir*. <Radio, Fernsehen> etw ~ *transmitir*.
übertreffen: *exceder, superar, ultrapassar*. jn ~ an *ganhar*.

übertreiben: *abusar, exagerar*. etw ~ *exceder*. bei etw ~ *exceder*. ~ mit *carregar, exagerar*.
übertreten: (ein Gesetz) ~ *infringir*.
überweisen: (Geld) ~ *emitir*.
überwerfen: s. mit jm ~ *aborrecer*.
überwinden: *ultrapassar*. (Hindernisse) ~ **passar 1*. (Krise) ~ *suprir, vencer*. (Hindernis, Krise Krankheit...) ~ *vencer*. (Problem...) ~ *superar*.
überzeichnen: *caricaturar*.
überzeugen: *convencer, persuadir*. s. ~ von *averiguar, convencer, persuadir*.
überzeugt: ~ sein von *convencer*.
überziehen: etw ~ *vestir*.
übrigbleiben: *sobejar*. etw jm ~ *ficar 1*. <Zeit...> jm ~ *sobejar*.
Uhr: auf die ~ sehen *consultar*.
umändern: ~ in *mudar*.
umarmen: (s.) ~ *abraçar*. jn ~ *envolver*.
umbenennen: ~ in *mudar*.
umbringen: *assassinar, matar, acabar 1*. s. ~ *matar, suicidar-se*.
umdrehen: *inverter*. (Kopf) ~ *voltar 1*. etw, s. ~ *voltar 1*. s. wohin, zu jm ~ *voltar 1*.
úmfahren: *atropelar*.
umfallen: vor Müdigkeit ~ **morrer*.
umfassen: jn (eng) ~ *cingir*. <etw> etw ~ *abarcar, abranger, agregar, comportar 1, compreender 1, englobar, envolver*.
Umgang: ~ haben mit *acompanhar, andar 1, misturar*. freundlichen, vertrauten ~ haben mit *acamaradar*.
umgeben: *cingir, circundar, envolver, rodear*. ~ mit *cercar, rodear*. s. ~ mit *acompanhar, circundar, ladear, rodear*.
úmgehen: mit jm (wie) ~ können *lidar, manejar, mexer*. wie ~ mit *tratar*. großzügig ~ mit *carregar*. • <Gerücht> ~ **correr, *pôr 2*.
umgéhen: (Problem) ~ *rodear*.
umgraben: (Erde) ~ *cavar 1*.
umgürten: (Schwert) ~ *cingir*.
umhin können: nicht ~ *deixar 2*.
umhüllen: eng ~ *cingir*.
umkehren: (wohin) ~ *tornar 1*. ~ *voltar 1, *voltar 1, arrepiar*.
umkippen: <Gefäß> ~ *derrubar, entornar*. • <Wein> ~ *adulterar, azedar*.
umknicken: (Baum...) ~ *derrubar*.
umkommen: *morrer*. (in e-m Unfall, im Krieg) ~ *ceifar*.
umkränzen: *rodear*.
Umlauf: (Banknoten) in ~ bringen *emitir*.
umlegen: (Schwert) ~ *cingir*.
umleiten: etw wohin, Verkehr, Fluß...~ *desviar*.
umpflanzen: (Pflanze) ~ *mudar*.
umreißen: jm (s/e Grenze...) ~ *traçar*.
umringen: *cercar*.
umrühren: *mexer*.
umschiffen: (ein Kap...) ~ *dobrar 1*.
umschlagen: (Seite) ~ *voltar 1*. <Wind, Wetter> ~ *mudar*.
umschlungen halten: *abraçar*.
umschnallen: s. etw ~ *cingir*.
umsetzen: in die Tat ~ *efectuar, realizar*. • [Handel] ~ *movimentar*. oumspülen: <Fluß> ~ *banhar*. <Wasser> ~ *lavar*.
umsteigen: **mudar*.
umstellen: *inverter*.
umstimmen: jn ~ *dobrar 1*.
umtauschen: (Geld) ~ *cambiar*.
umwandeln: etw in etw ~ *mudar*. [Mathematik] etw ~ in *reduzir*.
umwerfen: (Gefäß) ~ *entornar*.
umzäunen: ~ mit *cercar*.
umziehen: *mudar, *mudar, passar 1*. ~ nach *mudar, pasar 1*. s. ~ *mudar*.
umzingeln: *cercar*. ~ mit *cercar*.
unangenehm: <etw> jm ~ sein *embaraçar*.
unaufhörlich: ~ **cessar 2, *parar 1*.
unbemerkt: ~ bleiben *passar 3*.
unbeweglich: jn ~ machen *imobilizar*.
und: ~ dann *ir 5*.
uneben: ~ werden *acidentar*.
unentschieden: ~ spielen *empatar 3*.
unerlässlich: ~ sein *impor*.
Unfall: e-n ~ haben *esbarrar*.
Unfug: <etw> ~ machen *disparatar*.
ungültig: e-e ~e Stimme abgeben **votar*. für ~ erklären *anular*.
unmöglich: es jm ~ sein **impossibilitar*. es ~ machen *impossibilitar*.

Unordnung: in ~ bringen *desarrumar*. (Frisur) in ~ bringen *desmanchar*.
unruhig werden: *agitar*.
unscharf: ~ werden lassen *embaciar*.
unschlüssig: ~ sein *atar, dividir*.
Unschuld: s-e Hände in ~ waschen **lavar*.
Unsinn: ~ reden *disparatar*.
unsympathisch: e-a. ~ finden *antipatizar*.
unterbrechen: *interromper*. (Radiosendung...) ~ *interceptar*. (Telefonverbindung) ~ *desligar*. (Stille...) ~ *quebrar*. <e-e Verbindung> unterbrochen werden *interromper*.
unterbringen: jn ~ *acomodar, alojar*. ~ können *abrigar, alojar*. fig. jn wo ~ *arrumar, colocar, instalar*.
unterbrochen: <Ruhe> ~ werden *rasgar*.
unterdrücken: (Gefühle...) ~ *calar*. (Lachen...) ~ *deter, dominar*. (Gefühl, Lachen, Schluchzen...) ~ *abafar 1*. (Nachricht) ~ *amordaçar*.
untergehen: *afundar, esticar*. <Sonne> ~ *declinar, descer, pôr 1*.
untergraben: (fig.) ~ *minar 1*.
unterhaken: s. ~ *enfiar*.
unterhalten: jn ~ *distrair, divertir*. <etw, jd> jn ~ *entreter*. s.. ~ *distrair*. • s. ~ *conversar*. s. (mit jm) ~ über *falar*. • (Beziehungen) ~ *manter*.
unterhöhlen: *minar 1*.
unterjubeln: jm etw ~ *empurrar, pregar*.
unterkommen: wo ~ *albergar, alojar*.
Unterkunft: ~ gewähren *alojar*.
unterlassen: *deixar 1, omitir*. es ~ *abster-se*.
unterliegen: e-r S. ~ *suportar*.
unterminieren: fig. *minar 1*.
unternehmen: etw ~ *empreender*. (Anstrengung...) ~ *exercer, envidar, tentar 1*. (alle Anstrengungen) ~ *esforçar*.
unterrichten: *ensinar*. ~ von *informar*.
untersagen: jm etw ~ *inibir, vedar*.
unterschätzen: *menosprezar*.
unterscheiden: *distinguir, discriminar*. ~ (können) *diferenciar*. s. ~ von *distinguir, diferenciar, diferir 1*.
unterschlagen: (Geld...) ~ *desviar, desencaminhar*.
Unterschlupf geben: *albergar*.
unterschreiben: *assinar, firmar*.
unterstellen: (Wagen) wo ~ *recolher*. s. wo ~ *abrigar*. • etw als Adj ~ *dar 1*.
unterstreichen: *acentuar, *dar 7, salientar, frisar 2*. (Formen) ~ *desenhar*.
unterstützen: *ajudar, apoiar, proteger, sustentar*. jn ~ *assistir*. e-a. ~ bei *ajudar*. s. gegenseitig ~ *auxiliar*.
untersuchen: *analisar, averiguar, discutir, estudar, examinar, explorar, indagar, inquirir, inspeccionar, investigar*. <Arzt> jn ~ *consultar*.
untertauchen: <jd> ~ *mergulhar*.
unterwerfen: *submeter, sujeitar*. jn, etw e-r S. ~ *submeter*. s. ~ *ajoelhar*. s. etw ~ *sujeitar*. s. e-r S. ~ *sujeitar*. s. jm, e-r S. ~ *submeter*.
unterworfen: e-r S. ~ sein *suportar*.
unterwürfig: s. jm gegenüber ~ zeigen *humilhar*.
unterzeichnen: *assinar, firmar*.
unterziehen: jn, etw e-r S. ~ *submeter*.
unverändert: ~ bleiben *variar*.
unvereinbar: ~ sein mit *implicar*.
unverzüglich: **tardar 1*.
unvorsichtig: ~ werden *facilitar*.
Unwahrheit: die ~ sagen *mentir*.
Unwetter: <~> s. beruhigen *amainar*.
uraufführen: (Film...) ~ *estrear*.
Urlaub: in ~ gehen **ir 1*.
Ursache: ~ sein für etw *ocasionar, originar*. s-e ~n haben in *decorrer*.
Ursprung: s-n ~ haben in *filiar-se*.
Urteil: s. ein ~ bilden *assentar 2*. s. ein ~ bilden über *avaliar*. ein ~ fällen über *julgar*.
urteilen: *ajuizar*. nach N zu ~ **avaliar*.

V

variieren: *variar*.
verabreden: *combinar*. mit jm (e-n Termin) ~ *marcar*.
verabreichen: (Arznei) ~ *administrar 2, aplicar, ministrar*. jm e-e Tracht Prügel ~ **coçar, espancar*.
verabscheuen: *abominar, detestar, odiar*.
verabschieden: jn ~ *despedir*. s. (von e-a.) ~ *despedir*.
verachten: *desprezar, menosprezar*. s. ~ *desprezar*.
verändern: *alterar, modificar, mudar, trocar, transformar, variar*. s. ~ *mudar, transformar*. <jd> s. ~ *modificar*.

verängstigen: *atemorizar, temer*.
veranlassen: *ordenar 2*. ~ zu *decidir, incentivar, motivar*.
veranschaulichen: *ilustrar*.
veranschlagen: ~ auf *avaliar, calcular*.
veranstalten: *organizar*. jm zur Ehre etw ~ *brindar*.
verantworten: zu ~ haben *responder*.
verantwortlich: jn ~ machen für *responsabilizar, assacar*.
Verantwortung: die ~ übernehmen **chamar, responder, responsabilizar*. jn zur ~ ziehen **pedir*. jm die ~ zuweisen *responsabilizar*. jn an s-e ~ erinnern *chamar*.
verärgern: jn ~ *contrariar, zangar*. verärgert werden, sein (über) *contrariar, zangar*.
verarmen: ~, ~ lassen *empobrecer*.
verausgaben: s. ~ *arrasar, esgotar*.
veräußern: *alienar*.
verbannen: ~ aus *banir*. verbannt werden **votar*.
verbergen: *ocultar, disfarçar, encobrir, ofuscar*. jm etw ~ *esconder*. (zu) ~ (suchen) *mascarar*. s. (wo) ~ *esconder, encobrir, ocultar*.
verbessern: *corrigir, melhorar*. (s-n Stil) ~ *apurar 1*. s. ~ *corrigir*. s. (finanziell) ~ **melhorar*.
verbeugen: s. ~ *inclinar*.
verbeulen: (s.) ~ *amolgar*.
verbiegen: (s.) ~ *entortar*.
verbieten: jm etw ~ *inibir*.
verbinden: *aliar, ligar, unir*. etw ~ *combinar*. ~ mit *conciliar, ligar, unir*. etw mit etw ~ *casar*. mite-a. ~ *integrar*. s. ~ *aliar, ligar, unir*. s. mit e-a. ~ *combinar*. • [Tel.] ~ **fazer 6*. jn (telefonisch) ~ mit *ligar*. • (Arm) ~ *ligar*.
Verbindung: <Metalle, Teig> e-e ~ eingehen *ligar*. e-e ~ eingehen *unir*. in ~ treten, stehen mit *comunicar*. s. in ~ setzen mit *comunicar*. in ~ stehen mit *ligar*. in ~ bringen, setzen mit *afectar 3*.
verbittern: jn ~ *exacerbar*.
verbleiben: wie ~ **ficar 4*.
verbleichen: (Farben) ~ *comer, desmaiar*.
verblüffen: *espantar*.
verbrauchen: *absorver, consumir*. (Benzin) ~ *gastar*.
verbreiten: *alastrar, espalhar, expandir*. <Duft> s. ~ *errar 1*. (Geruch) ~ *lançar 1*. (Gerücht) ~ *lançar 1*. (Hoffnung) wo ~ *derramar*. Ideen ~ *semear*. (Licht) ~ *derramar, jorrar*. (schwaches Licht) ~ *filtrar*. (Nachricht) ~ *difundir, espalhar, divulgar*. s. ~ *alastrar, difundir, expandir*. s. wo ~ *dispersar*.
verbrennen: *queimar*. <Sonne> ~ *escaldar*. s. ~ *escaldar, *ficar, queimar*.
verbringen: (Zeit) ~ *gastar, levar 1*. (s-e Zeit) wo ~ *parar 1*. (Zeit) ~ (mit) *passar 2*. sein Leben wo ~ *gastar*.
verbuchen: *lançar 1*.
verbünden: *aliar*. s. ~ *ligar*. <jd> s. ~ mit *aliar*.
verdanken: jm etw ~ *dever 1*.
verdauen: (fig.) ~ *digerir*.
verdecken: *disfarçar, encobrir, esconder, tapar*.
verderben: <etw> ~ *apodrecer, estragar*. (jn, Lebensmittel) ~ *estragar*. jm die Laune ~ *amuar, azedar*.
verdeutlichen: *ilustrar*.
verdichten: s. ~ *adensar*.
verdienen: *ganhar*. s. den Lebensunterhalt ~ **ganhar*. (Geld) (bei etw) ~ *lucrar*. • fig. ~ *merecer*.
verdoppeln: *dobrar 3*.
verdorren: <Felder> ~ *queimar*.
verdrängen: (Wasser) ~ *deslocar*. • (Gedanken) ~ *varrer*.
verdrehen: *estorcer*. (Augen) ~ *entortar, esgazear*. jm den Kopf ~ *turvar*.
verdrießen: *aborrecer, amuar, contrariar*.
Verdruß: ~ empfinden über *amuar*.
verduften: *abalar 2, abrir 2, *botar 2, cavar 2, escapulir, pirar-se*.
verdunkeln: *escurecer, ofuscar*. s. ~ *escurecer, ofuscar*. <Miene> s. ~ *embaciar*.
verdunsten: ~ (lassen) *evaporar*.
verdursten: **morrer*. jn ~ lassen **matar*.
verdüstern: <Miene> s. ~ *carregar*.
vereinbar: nicht ~ sein mit *colidir*.
vereinbaren: *acertar, assentar 2*. etw mit jm ~ *combinar*. <Gesetz> ~ *estipular*.
vereinigen: *agrupar, unir*. s. ~ *reunir*. <etw> s. ~ *reunir*. <Straßen> s. ~ *juntar*.
vereiteln: *baldar, *fracassar, frustrar*. (Plan...) ~ *furar, gorar*.
vererben: jm etw ~ *passar 1*.
verfallen: *arruinar*. <Ausweis...> ~ *caducar*. • e-r S. ~ *cair 1*. (e-m Laster) ~ *mergulhar*. in (Panik...) ~ *desatar 1*.
verfälschen: etw ~ *falsear, adulterar*. (e-e Problemstellung) ~ *falsificar*.
verfangen: nicht ~ **pegar 1*.
verfassen: (Rede...) ~ *compor*. (Roman...) ~ *escrever*.

verfaulen: ~ (lassen) *apodrecer.*
verfehlen: (Ziel, Beruf...) ~ *errar 1*. (Ziel) ~ *falhar.*
verfinstern: <Miene> s. ~ *carregar.*
verfliegen: <Zeit> ~ *decorrer.*
verfluchen: *amaldiçoar.* ~ *praguejar.*
verflüchtigen: s. ~ *evaporar.*
verfolgen: (jn, ein Ziel) ~ *perseguir.* (Ziel) ~ *prosseguir.* <etw> jn ~ *acossar.* etw aus der Nähe ~ *acompanhar.*
verfügen: ~ über *dispor.* reichlich ~ über *sobejar.* <Gesetz> etw ~ *dispor.*
Verfügung: jm etw zur ~ stellen *botar 1, colocar.*
verführen: jn ~ *aliciar.* jn ~ zu *aliciar.* s. ~ lassen **tentar 2.*
verführerisch: ~ wirken auf *tentar 2.*
vergammeln: <jd> wo ~ *apodrecer.*
vergeben: jm etw ~ *absolver, perdoar.* jm (die Sünden) ~ *absolver.* • (Auftrag...) (offiziell) ~ an *adjudicar.*
vergebens: ~ da sein **sobrar.*
vergehen: *ir 1.* <Zeit> ~ *correr, decorrer, *fugir, passar 2, galgar.* <Zeit> langsam ~ *arrastar.* lange Zeit ~ (lassen), bis *tardar 2.* • ~ vor *morder.* (vor Eifersucht, Haß...) ~ *roer.*
vergessen: *enterrar, varrer.* etw, jn ~ *esquecer.* etw wo ~ *deixar 1, esquecer.*
Vergessenheit: in ~ geraten **cair 1.*
vergeuden: *desperdiçar.* (Geld...) ~ *esbanjar.* sein Leben wo ~ *gastar.*
vergewaltigen: *forçar.*
vergewissern: s. ~ *assegurar, inteirar 2.* s. e-r S. ~ *certificar.*
vergießen: *entornar.* (Tränen) ~ *botar 2, chorar, derramar, escorrer.*
vergiften: ~, s. ~ *envenenar.* (s.) (fast) ~ *intoxicar.*
vergittern: *gradear.*
vergleichbar sein: <etw> ~ mit *assemelhar, comparar.*
vergleichen: *conferir 1, confrontar.* ~ (mit) *comparar, conferir 1.* jn ~ mit *assemelhar.* s. ~ mit *comparar.*
vergnügen: (s.) ~ *divertir.*
Vergnügen: ~ bereiten *deliciar.*
vergolden: *dourar.*
vergöttern: *adorar.*
vergraben: *enterrar.* s. ~ in *enterrar.*
vergriffen: <Buch...> ~ sein *esgotar.*
vergrößern: *ampliar.* (s.) ~ *aumentar.* (Foto) ~ (lassen) *ampliar.*
vergüten: jm etw ~ *indemnizar.*
verhaften: jn ~ *capturar, deter.*
verhalten: s. ~ *comportar-se 2.* s. zurückhaltend ~ **jogar.*
verhandeln: *negociar.* ~ über *debater, negociar, tratar.*
verharren: (in e-r Position) ~ *continuar1.* in etw ~ *concentrar.*
verhaspeln: s. ~ *atropelar, embrulhar, engasgar, enrolar, perder, tropeçar.*
verhätscheln: *mimar 1.*
verheddern: s. (in Garn...) ~ *embaraçar.* s. ~ *atropelar.* (cf. s. verhaspeln)
verheeren: (Land) ~ *desolar, devastar.*
verhehlen: jm ~ *encobrir.*
verheimlichen: *esconder, ocultar.* jm (die Wahrheit) ~ *ocultar.* etw (nicht) ~ können *disfarçar.*
verheiraten: (s.) ~ (mit) *casar.* s. wieder ~ *mudar.*
verheißen: *prometer.*
verhelfen: jm ~ zu *ajeitar.*
verhexen: *enfeitiçar.*
verhindern: *impedir, barrar 2, bloquear, evitar, impossibilitar, obstar, obstruir, vedar.*
verhören: *entrevistar, interrogar, inquirir.*
verhüllen: *cobrir, encobrir, tapar.*
verhungern: **morrer.* jn ~ lassen **matar.*
verhüten: *evitar.*
verirren: s. ~ *perder.*
verjagen: *afugentar, correr, enxotar, escorraçar.*
verkaufen: *vender, negociar.* etw ~ pôr *3, desfazer.* auf Kredit ~ *fiar 2.* s. wie ~ *vender.*
Verkehr: (~) wieder zum Fließen bringen *desimpedir.*
verkehren: *circular.* wo ~ *frequentar.* mit jm ~ *andar 1.* mit jm (gesellschaftlich) ~ *acompanhar.*
verkennen: nicht ~ *ignorar.*
verklagen: **accionar.*
verklären: *dourar.*
verklecksen: *borrar.*
verkleiden: s., jn ~ *vestir.* s. ~ *mascarar.* jn ~ (als) *disfarçar.* s. ~ (als) *disfarçar.* verkleidet gehen als **ir 1.*
verknallen: s. ~ in *namorar.*
verknüpfen: etw ~ (mit) *combinar.*
verkommen: <jd> wo ~ *apodrecer.*
verkommen: moralisch ~ *perder.*
verkomplizieren: *complicar.*
verkörpern: *constituir, representar.*
verkraften: *digerir.*

verkrampfen: s. ~ *contrair 1, crispar.*
verkriechen: s. wo ~ *meter.* s. (zu Hause) ~ *meter.*
verkrüppelt: ~ werden *aleijar.*
verkümmern: (wo) ~ *asfixiar.*
verkürzen: *abreviar.* (Leben, Zeit) ~ *diminuir.*
verlangen: *exigir, pedir.* etw von jm ~ *exigir.*
verlangen: <etw> etw ~ *pedir.* etw von jm ~ *pedir, reclamar.* (Geld) ~ *cobrar.*
verlängern: *alongar, continuar1.*
verlangsamen: *diminuir.* (den Schritt) ~ *abrandar, afrouxar.*
verlassen: *abandonar, deixar 1, desertar.* (die Straße...) ~ *deixar 1, sair.* (e-e Organisation...) ~ *desertar.* • s. ~ auf *contar 1, fiar 2.* s. fest ~ auf *confiar.*
verlaufen: *desenrolar.* wie ~ *correr, decorrer.* <Jahr> ~ *deslizar.* • s. ~ *desaparecer.*
verlegen: (Buch) ~ *editar.* (Ziegel) ~ *colocar.* • [Zeitpunkt] etw ~ *adiar.* s. auf etwas ~ *deitar 3.* • jn ~ machen *confundir.* ~ sein **inibir.*
Verlegenheit: in ~ bringen *comprometer, embaraçar.*
verleihen: etw e-r S. ~ *dar 1, imprimir.* jm, e-r S. etw ~ *conferir 2.* jm etw ~ *contemplar 2.* (Sinn...) ~ *emprestar.* Konturen ~ *desenhar.*
verlesen: (Erbsen...) ~ *escolher.*
verletzen: *aleijar, espicaçar, ferir, magoar.* (mit dem Messer) ~ *esfaquear.* jn (mit einer Kugel) ~ *balear.* (js Stolz) ~ *calçar.* s. ~ *ferir, magoar.* s. (wo) ~ *aleijar, magoar.*
verletzt: s. ~ fühlen *agravar, ferir, sentir.*
verleugnen: jn ~ *negar.*
verleumden: *difamar.*
verlieben: s. ~ in *agradar, apaixonar, enamorar-se, namorar.* s. ine-a. ~ *namorar.*
verliebt sein: ~ in *amar.* in jn, etw verliebt sein *namorar.* in jn ~ (bras.) *amarrar.*
verlieren: *perder.* etw ~ *desencaminhar.* an etw ~ *perder.* Geltung, an Bedeutung ~ *caducar.* s. wo ~ *derramar.* aus den Augen ~ **perder.* (den Weg...) ~ *desorientar.* <jd> (den Faden) ~ *perder.* (den Kopf) ~ *atrapalhar.* (den Kopf, das Vertrauen...) ~ *perder.* an (Kraft) ~ *amolgar.* (den Mut) ~ *desencorajar, desanimar.* (die Sprache) ~ *perder.* <Bäume> (Blätter) ~ *despir.* jn (den Verstand) ~ lassen *enlouquecer.*
verlockend sein: *apetecer.*
verloren: <etw> ~ gehen *perder.* e-n Kranken für ~ geben **condenar.* wo nichts ~ haben **ser 3.*
verlöschen: <Licht> ~ *morrer.*
verlottern: *descurar.*
vermachen: *legar.*
vermehren: s. ~ *crescer.*
vermeiden: *evitar, esquivar.* etw ~ *furtar.* es ~, zu + V *fugir.*
vermengen: *misturar.*
vermerken: *anotar.* wo vermerkt sein *constar 1.*
vermieten: *alugar, arrendar.*
vermindern: *abrandar, moderar, reduzir.* stark ~ *dizimar.* (Anzahl) ~ um *diminuir.* (Geschwindigkeit...) ~ *afrouxar, diminuir.*
verminen: *minar 2.*
vermischen: ~ (mit) *misturar.* [Küche] ~ *ligar.* s. ~ (mit) *misturar.* (Wein) mit Wasser ~ *baptizar.*
vermitteln: bei etw ~ *mediar.* von jm e-n schlechten Eindruck ~ **colocar.*
vermuten: *desconfiar, presumir, supor.*
vermutlich: ~ + V *dever 2.*
vernachlässigen: (s.) ~ *descuidar, descurar.* (Pflicht) ~ *faltar.*
vernarben: Wunde ~ lassen *cicatrizar.* (fig.) <etw> ~ *cicatrizar.*
vernehmen: *ouvir, sentir.* • jn ~ *entrevistar, interrogar.*
verneinen: *negar.*
vernichten: *aniquilar.* [mil.] ~ *destruir.*
Vernunft: ~ annehmen *ajuizar.* zur ~ kommen **ganhar.* jn zur ~ rufen, bringen **chamar.*
vernünftig: ~ sein **ter 1.*
veröffentlichen: *publicar.* (Buch) ~ **dar 1.* veröffentlicht werden **vir 1.*
verordnen: jm etw ~ *receitar.* (jm ein Medikament) *prescrever.*
verpachten: *arrendar.*
verpacken: *empacotar.*
verpassen: (Gelegenheit) ~ *desperdiçar, *escapar, perder,* (Zug) ~ *perder.* • jm etw ~ *atirar.* (Ohrfeige...) ~ *assentar 2.* jm e-n Schlag ~ *aplicar, botar 1, dar 1.* jm (ein blaues Auge) ~ *pôr 1.*
verpesten: *empestar.*
verpetzen: jn ~ *acusar 1.*
verpfänden: *empenhar.* etw ~ **pendurar.*
verpflichten: *obrigar.* s. ~, zu + V *obrigar.* s. ~ *comprometer.* s. verpflichtet fühlen **julgar.* s. (zum Militärdienst) ~ *alistar.*
Verpflichtung: e-e ~ eingehen *comprometer.*

443

verpissen: s. ~ *foder.*
verplempern: (Zeit) ~ *gastar.*
verprügeln: jn ~ **dar 1*, *descascar, espancar, zurzir.*
verrammeln: etw ~ mit *atravancar.*
verraten: *trair, denunciar.* etw ~ **dar 3.* s. ~ *denunciar, trair.*
verrenken: *estorcer.* (Fuß...) ~ *deslocar.*
verriegeln: **fechar.*
verringern: *minorar.* (Anzahl...) ~ *diminuir.* (Geschwindigkeit) ~ *abrandar.*
verrosten: ~ (lassen) *enferrujar.*
verrücken: (Möbel) ~ *deslocar, desviar, mudar.*
verrückt: ~ werden *endoidecer.* (fast) ~ werden *enlouquecer.* jn ~ machen *endoidecer, enlouquecer.* • ~ sein nach *babar.*
versagen: <Herz> ~ *falhar.* es s. ~ *coibir.*
versammeln: *juntar, reunir.* s. ~ *agrupar.* s. ~ *ajuntar, juntar.*
versäuern: etw ~ *azedar.*
versäumen: etw ~ *esquecer.* (Gelegenheit...) ~ **escapar, perder.* (Unterricht) ~ *faltar.*
verschaffen: (jm etw, Zugang...) ~ *facultar.* jm (durch Beziehungen) etw ~ *ajeitar.* jm (Erleichterung) ~ **dar 7.* jm (e-e Stelle ~) *colocar.* s. ~ *angariar.* s. ~ bras, *arrumar.* (Achtung) ~ bei *impor.* s. (Gewißheit) ~ über *certificar.* s. (Geld) ~ *angariar.* s. (Sympathien...) ~ *criar.*
verschärfen: *agudizar.* (Problem...) ~ *avivar.* s. ~ *agravar, agudizar.* <Konflikt> s. ~ *acentuar, activar.*
verscharren: *enterrar.*
verscheuchen: *afugentar, enxotar.*
verschicken: etw ~ *remeter.*
verschieben: *adiar, diferir 2.* etw ~ auf *remeter.* (Möbel) ~ *mudar.* nach hinten... ~ *recuar.*
verschieden: ~ sein *diferir 1.*
verschlampen: *desencaminhar.*
verschlechtern: *agudizar, piorar.* s. ~ *piorar.* s. immer mehr ~ **andar 1.* <Lage> s. ~ *azedar.*
verschließen: *encerrar, *fechar.* <jd> s. (jm gegenüber) ~ *cerrar, fechar.*
verschlimmern: *agravar, piorar.* etw ~ *exacerbar.* ~, s. ~ *agudizar.* <etw> s. ~ *agravar.* <Gesundheitszustand> s. ~ *piorar.*
verschlingen: *devorar, engolir, ingerir.* etw ~ *lamber.* fig. jn ~ *absorver.* (Buch) ~ *devorar.*
verschlucken: *engolir.* (Silben...) ~ *comer.*
verschmähen: *desprezar.*
verschmerzen: *digerir.*
verschmieren: *besuntar, sujar.* (Tinte, Schminke...) ~ *borratar.*
verschmutzen: *poluir.*
verschonen: *poupar.* js (Leben) ~ *poupar.*
verschönern: *alindar.*,
verschrammen: *arranhar.*
verschränken: (Arme) ~ *cruzar.*
verschrauben: *aparafusar, atarraxar.*
verschreiben: jm etw ~ *receitar.*
verschulden: s. ~ *empenhar.* s. hoch ~ *encher.*
verschütten: *entornar.* (Wein) ~ *derramar.*
verschweigen: *amordaçar, silenciar.* jm (die Wahrheit) ~ *ocultar.*
verschwenden: *desperdiçar.* (Geld) ~ *gastar.* (Geld, Energie...) ~ *esbanjar.* (Zeit) ~ *gastar.* (keinen Gedanken) ~ auf *voltar 1.*
verschwinden: *cavar 2, desaparecer, evaporar, *passear.* *dar 1.* aus (dem Gedächtnis) ~ *varrer.* <Zweifel...> ~ *dissipar.* Verschwinden Sie! ~ *retirar.*
verschwören: s. ~ *conspirar.*
versehen: ~ mit *apetrechar, abastecer, equipar, fornecer.* s. ~ mit *abastecer, fornecer.* mit Akzenten ~ *acentuar.*
versengen: *escaldar, queimar.*
versenken: (Schiff) ~ *afundar.*
versessen: ~ sein auf *babar, morder, morrer, pelar.*
versetzen: jn ~ *mudar.* (Lehrer...) wohin ~ *colocar.* nach hinten... ~ *recuar.* Berge ~ **mover.* in den Ruhestand ~ *aposentar.* s. an (js Stelle) ~ *pôr 1.* • (e-n Schlag) ~ *aplicar, arrumar, dar 1, espetar, fincar.* jm Stiche ~ *espicaçar.* • jn in etw ~ *transportar.* in Alarm ~ *alarmar.* in Aufregung ~ *alvoroçar, agitar.* in Erstaunen ~ *espantar, maravilhar.* jn in (die Lage) ~ *dar 1.* in Schrecken ~ *atemorizar.* jn (in Staunen...) ~ *deixar 1.* in Trauer ~ *enlutar.* jn (in Wut) ~ *meter.* [Schule] versetzt werden **passar 1.*
versichern: *afirmar, assegurar, segurar 2.* jm ~ *assegurar.* jn e-r S. ~ *certificar.* s. e-r S ~ *assegurar.* s. etw ~ lassen *certificar.*
versichert: ~ sein gegen **segurar 2.*

versinken: *afundar.* ~ in *mergulhar.* fig. ~ in *afogar.* in (Erinnerungen...) ~ *afundar.*
versöhnen: jn ~ *conciliar.* <jd> s. ~ *conciliar.*
versorgen: ~ mit *abastecer, atender, fornecer.* s. ~ *abastecer, fornecer.* <etw> etw ~ *abastecer.* mit Strom ~ *electrificar.*
verspäten: s. ~ *atrasar, estar 4, tardar 1.*
Verspätung: <Zug> ~ haben **levar 1.*
versperren: *atravancar, barrar 2, impedir, obstruir, tapar.* (Weg...) ~ *bloquear.* <etw, jd> den Weg ~ *atravessar.* jm den Weg ~ *tolher.* etw ~ mit *atravancar.* den Weg ~ mit *atravessar.* die Sicht ~ auf *esconder.*
verspielen: *jogar.* (Geld) wo ~ *jogar.*
verspotten: jn, etw ~ *zombar.*
versprechen: *prometer, ficar 4.* <etw> ~, was zu werden *prometer.*
Versprechungen: ~ machen **fazer 6.*
verspüren: *sentir.* <jd> etw ~ *assaltar.* (Geruch, Geschmack) ~ *sentir.* Lust ~ auf, zu *apetecer.*
Verstand: jn den ~ verlieren lassen *enlouquecer.*
Verstand: jn um den ~ bringen *enlouquecer.*
verständigen: jn ~ *avisar, informar.* jn (offiziell) ~ *certificar.* s. ~ *comunicar, entender 1.*
verständlich: s. ~ machen **entender 1.*
Verständnis: ~ haben für *compreender 2.*
verstärken: *aumentar, intensificar.* s. ~ *intensificar.* <Konflikt> s. ~ *activar.* <Schwierigkeiten> s. ~ *acentuar.*
verstauen: (Gepäck) ~ *acomodar.*
verstecken: (s.) wo ~ *esconder.* wo ~ *guardar.* s. ~ *acoitar.* s. wo ~ *alapar, meter.* jn ~, s. ~, jn wo versteckt halten *encobrir.* <Sonne> s. ~ (hinter Wolken) ~ *encobrir.*
verstehen: *compreender 2, entender 1, perceber, *ver 1, apreender 2, conceber 2.* s. ~ *falar.* s. (wie) ~ *entender 1, coser.* e-a. ~ *compreender 2.* s. ~ (mit) *dar-se 6.* etw ~ von *conhecer, perceber, saber 1.* (nichts) ~ von *pescar.* s. darauf ~ *entender 1, *saber 1.* es ~ zu + V *saber 3.* zu ~ geben *dar 1, *entender 1, insinuar, simbolizar.* etw ~ unter *entender 1.* schnell ~ *apanhar.* nichts (mehr) ~ **nadar.*
versteigern: *leiloar, arrematar 2.* öffentlich ~ **pôr 1.*
Versteigerung: zur ~ bringen **colocar, pôr 3.*
verstellen: s. ~ *fingir.*
verstellen: (Stimme) ~ *disfarçar.*
verstimmen: (jn) ~ *desgostar.*
verstopfen: (s.) ~ *entupir, obstruir.*
verstört: sein *atrapalhar.* ~ atordoar.*
verstört sein: *atrapalhar, perturbar.* wie *sein atordoar.*
verstoßen: jn ~ *enjeitar.* • <etw> ~ gegen *ir 1.* gegen (ein Gesetz...) ~ *infringir.*
verstreichen: <Zeit> ~ *correr, decorrer.*
verstreuen: *espalhar.* s. ~ *derramar, espalhar.*
verstrickt: in (e-e S.) ~ werden *envolver.*
verströmen: (Duft) ~ *derramar.* (Geruch) ~ *deitar 1, difundir, exalar, lançar 1.*
verstummen: ~, ~ lassen *calar, emudecer.* (Gedanken) ~ lassen *varrer.*
Versuch: den ~ machen, zu + V *tentar 1.*
versuchen: *buscar, ensaiar, experimentar, fazer 1, procurar, tentar 1.* jn ~ *tentar 2.* es mit etw ~ *tentar 1.* (sein Glück) ~ *tentar 1.*
Versuchung: jn in ~ führen *tentar 2.*
versüßen: jm etw ~ *adoçar.* jm die bittere Pille ~ **dourar, *atenuar.*
vertagen: *adiar, diferir 2.*
vertäuen: <Boot> ~ *amarrar.*
vertauschen: *trocar.*
verteidigen: *defender, *tomar 2.* e-e S. vor Gericht ~ *advogar.* s. ~ gegen *defender.*
verteilen: *distribuir.* etw wo ~ *dispersar, distribuir.* s. wo ~ *distribuir.* etw unter etw, jn ~ *dividir.*
verteuern: *encarecer.*
vertiefen: *escancarar.* (Thema) ~ *aprofundar.* s. ~ *aprofundar.* <jd> s. ~ in *aprofundar, absorver.*
vertragen: etw wie ~ *dar-se 6.* s. wie ~ *coser.* <etw> s. ~ *conciliar.* s. nicht ~ **andar 1.* s. wieder ~ **fazer 1.* s. ~ mit *dar-se 6.* s. nicht ~ mit *colidir.*
vertrauen: *fiar 2.* jm ~ **ter 2.* ~ auf *acreditar, confiar.* auf jn ~ *crer.* <jd> ~ auf *descansar, *ter 2.* auf Gott ~ **esperar.* auf s. ~ **crer.*
Vertrauen: ~ setzen in *fiar 2, pôr 1.* ~ schenken *fiar 2.* in jn ~ haben **ter 2.*
vertraut: jn, s. ~ machen mit *familiarizar.* s. ~ machen mit *iniciar.* ~ werden mit *familiarizar.*
vertreiben: *afugentar, correr, enxotar, escorraçar.* <Licht> (Finsternis) ~ *dissipar.* s. die Zeit ~ *entreter.* s. die Zeit ~ mit *divertir.*
vertreten: jn ~ *representar.* • (e-e Meinung) ~ *defender.* (den Standpunkt...) ~ *advogar.* (den Standpunkt...) (weiter) ~

manter. e-e S. vor Gericht ~ *advogar*. • s. die Beine ~ *desentorpecer*.
vertrocknen: <Pflanze> ~ *secar*.
vertrödeln: (Zeit) ~ *desperdiçar*.
vertun: (Zeit) ~ *desperdiçar*. (Gelegenheit) ~ *jogar*. s. ~ *confundir*. s. ~ in *enganar, equivocar, errar 1*. s. ~ um *enganar*.
verüben: (Anschlag) ~ auf *atentar 2*. (Tat) ~ *praticar*. (Verbrechen) ~ *perpetrar*.
verunglücken: (mit dem Auto) ~ *estampar*.
verunreinigen: *turvar*.
verunsichern: jn ~ *embaraçar*.
verursachen: *causar, ocasionar, originar, provocar, acarretar*. jm etw ~ *ocasionar*. (Unfall...) ~ *motivar*.
verurteilen: *julgar, pronunciar*. jn, etw ~ *condenar*. jn ~ zu *condenar*. zum Scheitern ~ *condenar*. zum Untergang ~ *condenar*.
vervollkommnen: ~, s. ~ *aperfeiçoar*.
vervollständigen: *completar*. e-n Betrag ~ *inteirar 1*.
verwahren: *arrecadar*. etw für jn ~ *guardar*.
verwalten: *administrar 1, gerir*.
verwandeln: ~ in *tornar 2*. (s.) ~ in *transformar*.
verwechseln: *confundir*.
verwehren: etw jm ~ *negar*.
verweigern: etw jm ~ *negar, recusar*. nicht ~ *regatear*. s. ~ *negar*. s. e-r S. ~ *recusar*.
verweilen: wo ~ *deter*.
verweisen: ~ auf *fazer 6*. jn ~ auf *remeter*.
verwelken: ~ (lassen) *murchar*.
verwenden: *aplicar, empregar, utilizar*. nützlich ~ *aproveitar*. ~ auf, für *empregar, canalizar*. (Geld, Kraft...) ~ auf *consumir*. (s-e Zeit, Aufmerksamkeit...) ~ auf *dedicar*. • s. ~ für *interceder*.
verwerfen: etw ~ *enjeitar*.
verwickeln: (Garn...) ~ *embaraçar*. in etw ~ *implicar*. s. (in Garn...) ~ *embaraçar*. s. ~ lassen in *embrenhar-se*.
verwickelt: ~ sein in *envolver, implicar*.
verwirklichen: etw ~ *dar 7, realizar*. <etw> s. ~ *realizar*. <jd> s. selbst ~ *realizar*.
verwirren: jn , etw ~ *atrapalhar*. jn ~ *atordoar, confundir, desorientar, embrulhar*. <etw> jn ~ *embaraçar*. (s.) ~ *baralhar*.
verwirrt: ~ sein *atrapalhar*. wie ~ sein *atordoar*.
verwischen: ~ *confundir*.
verwittern: ~ lassen *gastar*.
verwitwen: *enviuvar*.
verwöhnen: jn ~ *acarinhar, estragar, mimar 1*.
verwunden: *ferir*. jn (mit einer Kugel) ~ *balear*.
verwundern: jn ~ *admirar, espantar, estranhar, maravilhar*.
verwundert: ~ sein über *maravilhar*.
verwünschen: *amaldiçoar*.
verwurzeln: ~ lassen *arreigar*.
verwüsten: *destroçar, devastar*. (Land) ~ *desolar*.
verzagen: *desesperar, fraquejar*.
verzaubern: *enfeitiçar*. s. ~ lassen *enfeitiçar*.
verzehren: *consumir*. <Leidenschaft...> jn ~ *devorar*. s. ~ *consumir*. s. ~ nach *morrer*. s. (vor Kummer) ~ *consumir*. s. (vor Eifersucht, Haß...) ~ *roer*.
verzeichnen: als Saldo ~ *liquidar*.
verzeihen: *desculpar, perdoar*. jm ~ *escusar*. jm etw ~ *perdoar*. s. etw ~ *perdoar*.
verzerren: *contorcer, distorcer*. s. ~ *distorcer*.
verzichten: ~ auf *declinar, desistir, despojar, dispensar, inibir, abdicar*. darauf ~ *coibir*. darauf ~ zu *abdicar*. ~ können auf *dispensar*. (aufs Rauchen...) ~ *abster-se*.
verziehen: (Mund) ~ *contorcer*. keine Miene ~ *dar*. • ~ *educar, estragar, mimar 1*.
verzieren: *adornar, bordar, decorar 2, enfeitar*.
verzögern: *alongar, atrasar, demorar 1*. s. ~ *alongar*.
verzollen: etw zu ~ haben *declarar*.
Verzug: in ~ geraten mit *atrasar*.
verzweifeln: *afligir*. ~ (lassen) *desesperar*.
Verzweiflung: zur ~ bringen *desesperar, conduzir*.
vespern: (etw) ~ *lanchar, merendar*.
Vieh: das ~ antreiben *tocar 1*.
vielleicht: ~ + V *calhar 1*.
vielversprechend: ~ sein *prometer*.
vögeln: *foder*.
voll: (über-) ~ sein von *abarrotar*. die Nase ~ haben (von) *encher*.
vollaufen: ~, s. ~ lassen *encharcar*.
vollbringen: (Tat...) ~ *cometer 1*.
vollenden: *aperfeiçoar, concluir 1*.
vollmachen: e-n Betrag ~ *inteirar 1*.
vollpacken: ~ mit *carregar*.
vollsabbeln: <Baby> ~ *babar*.
vollsaugen: s. ~ mit *impregnar*.

vollschmieren: (s.) ~ *besuntar*. s. ~ *borratar*.
vollspritzen: *chapinhar, esparrinhar*. s. ~ *besuntar, chapinhar*.
vollstopfen: *encher*. etw ~ mit *atravancar*. s. ~ mit *abarrotar, encher, entupir*.
vollstricheln: *riscar*.
von: *... an *partir 2*.
voranbringen: etw ~ *avançar*.
vorangehen: *avançar*. (Schritt) ~ *avançar*. e-r S. ~ *preceder*. jm, e-r S. ~ *anteceder*.
vorankommen: *andar 1, avançar, prosseguir*. <etw> wie ~ *andar 1*.
vorantreiben: etw ~ *dar 7*. (e-e Angelegenheit) ~ *puxar*.
vorausfühlen: *pressentir*.
vorausgehen: *preceder*. e-r S. ~ *anteceder*.
voraussagen: *predizer*. jm etw ~ *agoirar*.
voraussehen: *adivinhar, pressentir, prever*.
voraussetzen: *implicar, supor*.
vorbehalten: etw jm ~ *reservar*. s. (ein Recht) ~ *reservar*.
vorbei: ~ sein *findar*.
vorbeifahren: bei e.-a. ~ *cruzar*. wo ~ *passar 1*.
vorbeigehen: an jm, wo ~ *passar 1*.
vorbeikommen: wo ~ *passar 1*. ~ an jm *cruzar*.
vorbeilassen: jn ~ *passar 1*.
vorbeisein: <Uhrzeit> ~ *passar 2*.
vorbereiten: *aprontar*. etw ~ *preparar*. jn ~ auf *preparar*. s. ~ auf *aprontar, preparar*. (den Boden) ~ für *preparar*.
Vorbereitung: in ~ sein *estar 4*.
vorbeugen: s. ~ *inclinar*. ~ e-r S. ~ *prevenir*.
vorbringen: etw ~ *avançar*. etw jammernd ~ *gemer, lamuriar*. (als Argument, Entschuldigung...) ~ *invocar*. als (Entschuldigung) ~ *alegar*. (Vorschlag) ~ *avançar*. (Zweifel) ~ *levantar*.
vordatieren: etw ~ *atrasar*.
vordringen: *avançar*.
vorfinden: *achar, topar*. jn wie ~ *aparecer, encontrar*.
vorführen: (Film) ~ *exibir*.
vorgeben: *afectar 1, aparentar, fazer 1, fingir, pretextar, simular*. ~, zu sein *pretender*.
vorgehen: ~ (=tätig sein) *actuar, agir*. <Uhr> ~ *adiantar*.
vorgesehen sein: für etw ~ *calhar 2*.
vorhaben: *contar 1, pensar, pretender*. ich habe vor zu + V *haver 3*.
Vorhaltungen: jm ~ machen *criticar*.
vorhanden: weiter ~ sein *sobreviver*. nicht ~ sein *ausentar-se*.
Vorhang: den ~ zuziehen, aufziehen *correr*.
vorhergehen: *preceder*.
vorherrschen: *dominar*.
vorhersagen: *agoirar, predizer*. jm etw ~ *adivinhar*.
vorhersehen: *antever*.
Vorkehrungen: ~ treffen *diligenciar*. ~ treffen für *prevenir, tratar*. ~ treffen, um zu *preparar*.
vorkommen: *acontecer, calhar 1*. wo ~ *figurar*. jm (wie) ~ *surgir*. s. wie ~ *sentir*.
vorlassen: jn (in e-r Schlange) ~ *passar 1*.
vorlegen: jm etw ~ *apresentar, submeter*.
vorlesen: *citar*. jm etw ~ *ler*.
vormachen: s. nichts ~ *desiludir*. jm ein X für ein U ~ *vender*.
vornehmen: s. ~ *ficar 4, impor, propor*. s. (zu) viel ~ *abarcar*.
vorraussagen: *adivinhar*.
vorrücken: *avançar*. ~ gegen *avançar*. <Truppen> ~ *prosseguir*. (Schachfigur) ~ *avançar*. (Truppen) ~ lassen *avançar*.
Vorschein: zum ~ kommen *aflorar, aparecer, assomar*.
vorschieben: den Riegel ~ *correr*. • etw ~ *invocar*.
vorschießen: (jm) (Geld) ~ *adiantar, avançar*.
Vorschlag: e-n ~ machen *fazer 6*.
Vorschläge: ~ machen *dar 7*.
vorschlagen: *propor, sugerir*. etw ~ *avançar*. jn ~ für *propor*.
vorschreiben: <Erlaß...> ~ *prescrever*.
vorschriftsmäßig: ~ etw tun *formalizar*.
vorschützen: *fingir, pretextar*. etw ~ *desculpar*.
vorsehen: (Hilfe) ~ (für) *prever*. • s. ~ *acautelar*. s. ~ vor *acautelar*.
vorsichtig: ~ sein mit *ter 2*.
Vorsichtsmaßnahmen: ~ treffen gegen *acautelar, prevenir*.
vorsingen: *cantar*.
Vorsitz: <jd> den ~ haben *presidir*.
vorspannen: (Pferde) ~ *atrelar*.
vorspielen: jm etw ~ *fingir*.
vorstellen: (Uhr) ~ *adiantar*. • jn, s. jm ~ *apresentar*. • s. ~ *fazer 6*. s. etw ~ *imaginar*. s. (können) *calcular, conceber 2, imaginar*. s. etw ~ können *supor*. s. jn, etw wie ~ *imaginar*. s. ~, man sei *imaginar, sonhar*.
Vorstellung: e-e ~ haben von *fazer 6*.

vorstrecken: (Arm...) ~ *avançar.* • jm (Geld) ~ *abonar, adiantar, avançar.*
vortäuschen: *aparentar, fingir, pretextar, simular.*
Vorteil: für jn von ~ sein *favorecer, lucrar.* jm e-n ~ zukommen lassen *beneficiar.* ~ ziehen, haben aus *beneficiar.*
vorteilhaft: für jn ~ sein *convir.*
vortragen: jm etw ~ *citar.* (Lied) ~ *interpretar.*
vortreten: <jd> ~ *adiantar.*
vorübergehen: (nicht) spurlos ~ an jm *perdoar.*
vorübergleiten: *deslizar.*
vorübersein: <Zeit> ~ *passar 2.*
vorüberziehen: wo ~ *passar 1.*
vorverlegen: *anteceder, antecipar.*
Vorwand: unter dem ~ *pretextar.*
vorwärtskommen: *avançar.*
vorweisen: *apresentar.*
vorwerfen: jm etw ~ *acusar 1.*
Vorwurf: jm etw zum ~ machen *criticar.*
vorzeigen: *exibir.*
vorziehen: *antecipar, *dar 7, preferir, *querer.* jn jm ~ *antecipar.* es ~ *optar.*

W

wachen: ~ über *velar, zelar.* ~ bei *velar.*
wachmachen: jn ~ *acordar 1.*
wachrütteln: *acordar 1.*
wachsen: *acrescer, intensificar, medrar.* <etw> ~ *ampliar.* <Pflanze> ~ *nascer.* <jd, etw> ~ *crescer.* ~ um *aumentar 1.*
wackeln: mit dem Hintern ~ **dar 1, *dar 2.* <etw> ~ *abalar 1.*
Waffenstillstand: ~ beenden **cessar 1.*
wagen: *afoitar, arriscar, ousar.* etw für jn ~ *arriscar.* (es) ~ *atrever-se.* s. wohin ~ *arriscar.* s. ~ an *afoitar.*
Wahl: die ~ treffen *escolher.* die ~ haben zwischen *optar.*
wählen: *eleger, escolher, optar.* etw ~ *seleccionar.* <jd> etw ~ *destinar.* (ein Fach) ~ *optar.* jn ~ zu *eleger.* (per Akklamation) ~ *aclamar.* ~ (gehen) **ir 1.* • (Telefonnummer) ~ *marcar.*
wahren: (Geheimnis) ~ *guardar.* (Abstand, den Anschein) ~ *guardar.*
währen: lange, ewig ~ *perpetuar.*
Wahrheit: <-> ans Tageslicht kommen *emergir.*
wahrnehmen: *aperceber, notar, perceber.* • (die Gelegenheit) *aproveitar.*
wälzen: s. (hin und her) ~ *sacudir.*
wandeln: <etw> s. ~ *alterar.* s. ~ *modificar.*
wandern: <Blick> durch etw ~ *girar.*
wanken: (wohin) ~ *cambalear.*
Wanken: ins ~ bringen *abalar 1.*
wappnen: jn ~ *armar 1.* s. mit (Geduld...) ~ *armar 1.*
warm: es jm ~ sein **ter 1.* <Wetter, Suppe...> ~ werden *aquecer.* [Sport] s. ~ laufen *aquecer.*
wärmen: (s.) ~ *aquecer.*
wärmer werden: <etw> ~ *amornar.*
warnen: *prevenir.* jn ~ *acautelar.* ~ vor *avisar, prevenir.*
warten: *aguardar 1, esperar.* auf *aguardar 1, esperar, *estar 4.* darauf ~, daß *aguardar 1.* auf s. ~ lassen *tardar 1.* lange auf s. ~ lassen *demorar.*
waschen: (s.) ~ *lavar.* (Geld) ~ *branquear, limpar.*
Wasser: unter ~ setzen *alagar.* <jd> s. über ~ halten *manter.* ~ auf js Mühlen gießen **levar 1.*
wechseln: etw ~ *mudar.* (Hemd, Geld, den Platz...) ~ *trocar.* (Öl) ~ *mudar.* (Worte) ~ (mit) *trocar.* • wohin ~ *passar 1.*
wecken: jn ~ *acordar 1. despertar.* ~ aus *acordar 1.* (Ängste...) ~ *agitar.*
Wecker: auf den ~ gehen *bulir, incomodar, foder, maçar.*
wedeln: <Hund> mit dem Schwanz ~ *abanar, *dar 1, menear.* mit den Armen ~ *esbracejar.*
Weg: e-n ~ gehen *seguir.* e-n ~ nehmen *cortar.* ~ nehmen, einschlagen *enveredar.* den ~... gehen *encaminhar.* s. e-n ~ bahnen **romper 1.* s. wo den ~ bahnen *furar.* sich auf den ~ machen *deitar 2, encaminhar, *ir 3, *pôr 1, *pôr 3.* s. langsam auf den ~ machen **andar 1.* jm den ~ zeigen, weisen *ensinar.* jn im vom rechten ~ abbringen *desencaminhar.* fig. jn auf den richtigen ~ bringen *corrigir.* (Hindernisse) aus dem ~ schaffen *desimpedir.* in den ~ stellen *opor.* etw quer in den ~ stellen *atravessar.* jm, s. aus dem ~ gehen *desviar.*
wegblasen: etw ~ *soprar.*
wegbleiben: *ausentar-se.*
wegfahren: *partir 2.*
wegfegen: <Wind> etw ~ *arrebatar.* (Gedanken) ~ *varrer.*
wegfliegen: *voar.*

weggehen: *ir 1, sair, abalar 2, arrancar, ausentar-se, mandar 1.* ~ von *arredar, desamarrar, evadir.* • Schmerz ~ *cessar 1.* <etw> (wie warme Semmeln) ~ **marchar.*
wegjagen: *correr.*
weglassen: *omitir.* etw ~ *amputar.* (Text) ~ *cortar.*
weglaufen: von wo ~ *escapulir.*
wegnehmen: *tirar.* jm etw ~ *tirar, tomar 1, destituir.* jm etw (mit Gewalt) ~ *despojar.* jm (die Decke) ~ *descobrir.*
wegschaffen: *remover.*
wegschaufeln: etw ~ **remover.*
wegschicken: jn ~ **mandar 1.*
wegstoßen: wohin ~ *empurrar.* ~ von *afastar.*
wegtragen: etw ~ *carregar, remover.*
wegwerfen: etw ~ **deitar 1, *botar 2.*
wegziehen: jm (die Decke) ~ *descobrir, destapar.*
wehe: Wehe, du... ! **livrar.*
wehen: <Brise> ~ *bafejar.* <Wind> ~ *soprar.*
Wehklagen: *carpir 1.*
Wehr: s. zur ~ setzen gegen *defender.*
wehren: s. ~ *barafustar, debater.* s. ~ gegen *resistir.* s. nicht länger ~ *abandonar.*
wehtun: *magoar.* jm ~ *espicaçar, ferir.* s. ~ *aleijar.*
weichen: aus etw ~ *desaparecer.* nicht von js Seite ~ *descolar.* <etw> von jm ~ *desertar.* <Krankheit> nicht von jm ~ *largar 1.* e-r S. ~ *ceder.*
weiden: (Vieh) ~ *pastar.*
weigern: s. ~ *recusar, negar.*
weihen: zum Priester ~ (lassen) *ordenar 3.*
Wein: <-> sauer werden, umkippen *adulterar.*
weinen: *chorar.* leise vor s. hin ~ *fungar.* um, nach jm ~ *chorar.* kläglich ~ *lacrimejar.* ~ nach *berrar.*
weisen: jm den Weg ~ *encaminhar.*
weisen: (Weg) ~ *ensinar.*
weiß: ~ leuchten: *alvejar 1.* ~ leuchten, schimmern *branquear.* (s.) ~ färben *branquear.*
weißen: *caiar.*
weit: zu ~ gehen *abusar.*
weiten: *alargar.* (s.) ~ *dilatar.* <Kleidung> s. ~ *alargar.*
weiter: ~ + V *continuar 1, continuar 3, manter.* ~ + V (-gehen, -fahren...) *seguir.* ~ (-hin) + V bleiben *permanecer.* immer ~ *ir 3.*
weiterbringen: *adiantar.*
weitergehen: *continuar 1, *ir 1.*
weiterhelfen: einem ~ *adiantar.*
weiterhin: ~ sehr p... s., immer noch (alto, mui) s... *continuar 2.*
weiterleiten: wohin ~ *encaminhar.*
weitermachen: etw ~ *alargar.* • <etw> ~ **ir 1.*
weiterreichen: (den Ball) ~ an *passar 1.*
welk: ~ werden *murchar.*
welken: zum Welken bringen *murchar.*
Welt: wie, als etw auf die ~ kommen *nascer.*
wenden: (Kopf) ~ *voltar 1.* [Küche] etw ~ in *envolver, passar 1.* • s. ~ an *dirigir, endereçar, recorrer.* <Buch> s. ~ an *destinar.* s. gegen jn ~ *voltar 1.*
Wendung: <Gespräch> e-e (schlechte) ~ nehmen *encaminhar.*
wenig: ~(e) sein, weniger werden *escassear.*
weniger: ~ und ~ werden *minguar.*
Werbung: ~ machen für *anunciar.*
werden: *ficar 1, ficar 2, dar 4, meter, pôr-se 4, sair, ser 2.* • ~ (zu) *fazer 1, tornar 1.* ~ zu *constituir.* • aus jm etw ~ *dar 4.* • ich werde + V **haver 3.*
werfen: *atirar, botar 2, lançar 1, arremessar, mandar 1.* wohin ~ *deitar 1, jogar.* jn wohin ~ *atirar.* etw wo ~ *despejar.* jn (zu Boden) ~ *derrubar.* s. (zu Boden...) ~ *arremessar.* etw auf (den Boden) ~ *pregar.* über Bord ~ *despir.* Perlen vor die Säue ~ *dar 1.* fig. jm etw an den Kopf ~ *lançar 1.* s. wohin ~ *jogar.* s. wohin, wo herunter ~ *lançar 1, arremessar.* etw auf jn ~ *deitar 1.* (Auge) auf jn ~ *lançar 1.* (e-n flüchtigen Blick) ~ auf *deitar 1.* auf (den Markt) ~ *lançar 1.* ~ auf, gegen *lançar 1.* etw ~ gegen *arremessar, atirar.* s. ~ gegen *arremessar, atirar.* mit etw nach jn ~ *lançar 1.* mit Steinen ~ nach *apedrejar.* • (Schatten) ~ *derramar.* (Bomben) ~ *largar 1.*
wert: ~ sein *valer.* soviel ~ sein wie *contar 1.*
Wert: ~ legen auf *caprichar, importar 1.* • im ~ ansteigen lassen *valorizar.*
wertschätzen: *estimar 2, *ter 2.*
wetteifern: ~ mit *competir 1.*
wetten: *apostar.*
Wetter: <-> aufklaren, besser werden *aliviar.* <-> schwül, drückend sein *abafar 1.*
wettern: *trovejar.*
wettmachen: etw ~ *compensar, suprir.*
Wettstreit: in ~ treten, stehen *competir 1.*
wettstreiten: mit jm ~ um *disputar.*

wetzen: (Messer) ~ *afiar, aguçar, amolar.*
wichsen: (Schuhe...) ~ *engraxar, lustrar.*
wichtig: ~ sein *importar 1.* für jn ~ sein *importar 1.* s. ~ tun *expor.*
wickeln: (Kind) ~ *mudar.* (Haare) ~ *enrolar.* ~ in *envolver.* in (Papier...) ~ *embrulhar.* s. ~ in *enrolar.*
widerfahren: jm ~ *acontecer, advir.*
widerrufen: (Dekret) (offiziell) ~ *revogar.*
widersetzen: s. ~ *opor.* s. jm ~ **bater, desobedecer.*
widerspiegeln: s. ~ *estampar.*
widersprechen: *contestar.* (s.) ~ *contradizer,* colidir. <jd> s. ~ *desmentir.*
Widerspruch: im ~ stehen zu *contrariar.*
Widerstand: ~ leisten *opor.* jm ~ leisten **bater.* js ~ abbauen *amolecer.*
widerstehen: jm ~ **bater, resistir.* (der Versuchung...) nicht ~ können *resistir.*
widmen: (Buch...) jm ~ *dedicar.* • etw, jn e-r S. ~ *votar.* (s-e Zeit, Aufmerksamkeit...) ~ *dedicar.* jm, e-r S. etw ~ *sacrificar.* (Aufmerksamkeit) jm ~ *prestar.* s. e-r S. ~ *confiar, dar 1, entregar.* s. jm, e-r S.~ *dedicar.*
wieder: ~, noch einmal + V *tornar 3.* ~ + V *voltar 2.* immer ~ *ir 3.*
wiederbekommen: (Geld) ~ *recuperar.*
wiedererkennen: *reconhecer.*
wiedererlangen: (Kräfte...) ~ *recuperar.*
wiederfinden: s. wo ~ **dar 3.*
wiedergutmachen: etw ~ *reparar 1.*
wiederherstellen: (Kräfte) ~ *reparar 1.*
wiederholen: (s.) ~ *repetir.* immer ~ *buzinar.* ein Jahr ~ **repetir.*
wiederkehren: *voltar 1.*
wiederkommen: *tornar 1.*
wiegen: *pesar.* fig. schwer ~ *pesar.* • in (den Armen) ~ *embalar 1.* (Kind) in den Schlaf ~ *acalentar, embalar 1.* s. ~ *baloiçar.* <Baum> s. (im Wind...) ~ *abanar.* <Hüften> s. ~ *bambolear.* s. (in den Hüften) ~ *bambolear, menear.* • s. in (der Hoffnung) ~ *embalar 2.*
wiehern: *relinchar.*
willkommen heißen: jn ~ **dar 1.*
wimmern: <jd> ~ *gemer.*
Wind: Wer ~ sät, wird Sturm ernten: **colher.*
winden: s. ~ *contrair 1, estorcer.* s. ~ (vor) *contorcer.*
winken: *acenar.*
winseln: <Tier> ~ *gemer.* <Hund> ~ *ganir.*
Wirbel: ~ machen **armar 2.*
wirken: <Medikament> ~ *actuar.* ~ auf *actuar.* verführerisch ~ auf *tentar 2.*
Wirklichkeit: ~ werden *realizar.*
wirr: ~ reden, sprechen, schreiben **variar.*
wirtschaften: in die eigene Tasche ~ *mamar.*
Wirtschaftsboykott: ~ verhängen gegen *boicotar.*
wischen: *limpar, lavar.*
wissen: *saber 1, conhecer.* nicht ~ *desconhecer, ignorar.* ~, daß man... ist *saber 1.* ~, wo jd, etw ist *saber 1.* ~, daß jd ... ist *saber 1.* ~ lassen *avisar.* jn im voraus ~ lassen *prevenir.* umzugehen ~ mit *lidar, manejar.*
wittern: *farejar, cheirar.*
Witze: ~ reißen (über) *troçar.*
witzeln: *gracejar.*
witzig: ~ sein **ter 1.*
wo sein: *achar.*
wogen: hin und her ~ *flutuar.*
wohl: ~ + V *haver 3.*
Wohl: auf das ~ trinken *brindar.*
wohnen: wo ~ *habitar, morar, residir, viver 1.* wo weiterhin ~ *manter.* bei jm *viver 1.*
wohnhaft: ~ sein *residir.*
Wohnsitz: wo s-n ~ nehmen **instalar.*
Wort: das ~ ergreifen *usar.* s. zu ~ melden **botar 1.* ohne ein ~ zu sagen **piar.*
wörtlich: etw ~ nehmen **tomar 1.*
wollen: *desejar, pretender, querer.* sein ~ *pretender.* etw (haben) ~ *desejar, querer.* etw haben ~ *berrar.*
Wucherpreise: ~ nehmen **meter.*
wund: den ~en Punkt berühren **pisar, *pôr 1, *tocar 1.*
Wunde: ~ heilen, vernarben lassen *cicatrizar.*
wundern: jn ~ *admirar.* s. ~ *admirar.* s. ~ über *admirar, estranhar.*
wünschen: *querer.* (s.) ~ *ansiar, desejar.* jm etw ~ *desejar.* (gute Besserung) ~ *estimar 2.* jm e-n schönen Nachmittag, guten Abend, gute Nacht ~ **dar 1.* s. jn ~ als *querer.* ~, man wäre... zum Teufel ~ *amaldiçoar.*
würdig: s. e-r S. ~ erweisen *merecer.*
wurscht: es jm ~ sein **dar 2, borrifar, ligar, marimbar-se.* jm alles ~ sein **estar 3.*

Wurzeln: wo ~ schlagen *arreigar, fixar.* ~ schlagen **criar.* <Pflanzen> ~ schlagen *pegar 1.*
Wut: in ~ geraten *arreganhar, enfurecer.*
wüten: <Epidemie> ~ *desolar.* <Meer> ~ *enfurecer.*
wütend: ~ sein **ficar 2.* ~ machen: *abespinhar, arrebatar, enfurecer.* ~ werden *enfurecer, *ir 1, lixar.* über etw ~ werden *afinar 2.*

Z

zahlen: *pagar.* etw ~ für *dar 1.* jm (e-e Entschädigung) ~ *indemnizar.*
zählen: *contar 1.* ~ zu *incluir.* jn, etw ~ zu *contar 1.* <jd, etw> ~ zu *contar 1.* ~ auf jn ~ *contar 1.* • <Spiel> ~ *valer.* mehr als ... ~ *ultrapassar.*
zahm werden: *amansar.*
zähmen: *amansar, domar.*
Zahn: jm e-n ~ ziehen *tirar.*
Zähne: s. die ~ einsetzen *colocar.*
zanken: s. ~ *brigar.*
zappeln: *barafustar, debater.* (mit den Beinen...) ~ *espernear.*
zaudern: *hesitar.*
Zaum: (s.) im ~e halten *conter 1.*
Zeche: die ~ bezahlen **pagar.*
zeichnen: *desenhar.* (e-n Strich...) dicker ~ *carregar.* (Linie) ~ *traçar.* (Gesicht) (mit Falten) zeichnen *cavar 1.* • (Anleihe) ~ *contrair 2.* ~ jn ~ *marcar.*
zeigen: *apresentar, demonstrar, denunciar, evidenciar, ilustrar, ostentar, mostrar.* etw ~ *descobrir.* (Gefühl) ~ *manifestar.* (Wirkung) ~ *produzir.* jm etw ~ *apontar 1.* (Weg) ~ *encaminhar, ensinar, indicar.* (den Ort) ~ *localizar.* jm (s-e Grenze...) ~ *traçar.* • s. ~ *evidenciar, mostrar, manifestar.* <etw> ~ *assomar.* s. wie ~ *apresentar.* s. wo ~ *aflorar, estampar, pintar.* <jd> s. wo ~ *assomar.* s. + Adj ~ *mostrar.* • ~ auf *apontar 1,* indicar. auf etw ~ (mit) *apontar 1.*
Zeit: s. ~ lassen, nehmen *tardar 2.* s. die ~ nehmen, um zu + V *deter.* s. ~ nehmen mit *demorar.* ~ brauchen *custar.*
Zeitabstand: den ~ zwischen etwas größer werden lassen *espaçar.*
zeitigen: *produzir.*
zelten: *acampar.*
zementieren: *cimentar.*
zensieren: *censurar.*
zerbersten: (Wellen) ~ *rebentar.*
zerbrechen: *despedaçar, esborrachar, escangalhar, escavacar, partir 1, quebrar.* s. den Kopf ~ über *matutar.*
zerbröckeln: *esboroar, esfarelar, esmigalhar, estilhaçar, migar.*
zerdellen: ~ *amassar.* (Auto) ~ *amolgar.*
zerdrücken: *amarfanhar, esborrachar, pisar.*
zerfressen: *atacar.* <etw> etw ~ *comer.* fig. ~ *roer.*
zerfurchen: *rasgar.* (Gesicht) (mit Falten) ~ *cavar 1.*
zerkleinern: *moer, ralar.* [Küche] ~ *reduzir.*
zerknittern: *amarfanhar, amarrotar.*
zerknüllen: *amarfanhar, amarrotar.*
zerkochen: <Kartoffeln> ~ *esmigalhar.*
zerkratzen: *arranhar.*
zerkrümeln: *despedaçar, esboroar, esfarelar, esmigalhar, migar, ralar,* (Brot) ~ *desfazer.*
zermahlen: *moer.*
zermalmen: *esmagar.*
zermartern: s. das Hirn ~ *moer.*
zermürben: *moer,* fig. ~ *roer.*
zernagen: *roer.*
zerplatzen: *esborrachar, estourar.*
zerquetschen: *esborrachar, esmagar, esmigalhar.*
zerreißen: *desfazer, rasgar, romper 1.* in Stücke ~ *despedaçar.* jm das Herz ~ *despedaçar, destroçar.* <etw> (Stille) ~ *rachar.*
zersägen: *serrar.*
zerschellen: *esborrachar, espatifar.* wo ~ *esmagar.* <Wellen...> wo ~ *despedaçar.*
zerschlagen: *derrotar, desmantelar, despedaçar, escavacar, espatifar, estilhaçar.* (Porzellan...) ~ *desfazer.* • s. ~ *frustrar.*
zerschmettern: *esmagar.*
zersplittern: *desfazer, fazer 1, estilhaçar.*
zerspringen: <Glas> ~ (lassen) *estalar.*
zerstampfen: *esmagar, pisar.*
zerstören: *apodrecer, arrasar, arruinar, *deitar 1, derrotar, destroçar, destruir, escangalhar, estragar.* ~ (lassen) demolir. <Feuer> ~ *devorar.* (Leben) ~ **dar 7.* jn am Boden ~ *arrasar, desfazer, destruir.* am Boden zerstört sein *lamentar.*

zerstreiten: s. mit jm ~ *zangar.*
zerstreuen: *dispersar, espalhar,* s. ~ *dispersar.* [mil.] s. ~ *destroçar.* (js Zweifel) ~ *dissipar, tirar.* • jn ~ *divertir, entreter.* s. ~ *divertir, entreter.*
zerstückeln: *desfazer, escavacar.*
zertreten: *esmagar, pisar.*
zertrümmern: *despedaçar, espatifar.* zu (Stücken) ~ *fazer 1.* etw an etw ~ *despedaçar*
Zeug: s. ins ~ legen *empenhar.*
Zeugnis: für etw ~ ablegen **dar 7.* (falsches) ~ ablegen für, gegen *levantar.*
Zickzack: im ~ laufen, fahren *ziguezaguear.*
ziehen: wohin ~ *arrastar, puxar.* ~ an *tirar.* • <Suppe> ~ *apurar 1.* <jd> wohin ~ *acolher.* • (Bilanz) ~ *fazer 1.* (Furchen) ~ *rasgar.* (Grenze) ~ *traçar.* (Hut) ~ *tirar.* (Karte) ~ *puxar.* (Linie) ~ *traçar.* (Los, Nummer) ~ *sair.* (Revolver) ~ *puxar.* (Schwert...) ~ *puxar.* <Zugtiere> (Wagen) ~ *levar 1.* (Zahn) ~ *arrancar, tirar.* • an s. ~ *atrair.* jn an (den Haaren) ~ *pegar 1.* an (der Zigarre) ~ *chupar.* auf s. ~ *concentrar.* (Aufmerksamkeit) auf s. ~ *atrair, cativar.* etw ~ aus *retirar.* s. aus (der Affaire) ~ *sair.* Nutzen ~ aus *aproveitar.* in die Länge ~ *tardar 1.* (Wörter) in die Länge ~ *arrastar.* s. in die Länge ~ *alongar.* in (Betracht) ~ *contemplar 1.* <etw> etw nach s. ~ *acarretar, envolver.* (Probleme) nach s. ~ *trazer.* jm das Fell über die Ohren ~ *esfolar.*
Ziel: (ein ~) haben *levar 1.* ohne ~ **tomar 1.*
zielen: ~ auf *mirar, visar.* (fig.) ~ auf *alvejar 2.*
zieren: *enfeitar.*
Zigarre: an e-r ~ ziehen *chupar.*
zirkulieren: *circular.*
zischeln: *cochichar.*
zitieren: *citar.*
zittern: *fremir, tremer.* ~ lassen *estremecer 1.* (vor Kälte...) ~ *tiritar.* wie Espenlaub ~ **tremer.* <Fenster...> ~ *abanar.*
zivilisieren: *civilizar.*
zögern: *hesitar.* nicht ~ **ensaiar.* ohne zu ~ **piscar.* nicht ~ vor *hesitar.*
Zorn: <~> s. legen *amainar, amansar.* in ~ geraten *alterar, enfurecer.*
zornig: ~ werden *exacerbar.*
zu alledem + V: *acrescer.*
zubereiten: (Essen) ~ *cozinhar, preparar.* (Essen) weiter ~ *adiantar.*
zubinden: *atar.* (Augen...) ~ *tapar.*
zublasen: jm etw ~ *soprar.*
zubringen: (s-e Zeit) wo ~ *parar 1.* (Zeit) damit ~ *levar 1.*
zubrüllen: jm etw ~ *bradar.*
züchten: *cultivar.* (Vieh) ~ *criar.*
züchtigen: *açoitar.*
zucken: *fremir.* mit (den Achseln) ~ *encolher.* ohne mit der Wimper zu ~ **pestanejar.*
zudecken: *cobrir, tapar,* s. ~ *abafar 1, agasalhar, cobrir.* jn warm ~ *agasalhar.* jn völlig ~ *agasalhar.*
zudrehen: (Hahn) ~ *fechar.*
zuende: ~ sein *terminar.* ~ gehen *acabar 1.* <Tag> ~ *morrer.* ~ + V *acabar 1, terminar.* etw ~ bringen *completar.*
zuerkennen: jm etw ~ *adjudicar.* (Preis...) ~ *atribuir.* jm (ein Recht...) ~ *reconhecer.*
zufächeln: s. Luft ~ *abanar.*
Zufall: wie es der ~ will *calhar 1.*
zufallen: jm ~ *calhar 1.* <Anteil...> ~ *caber.*
Zuflucht: ~ suchen *abrigar, pegar 2.* ~ suchen, finden *refugiar-se.* ~ finden in *retirar.* ~ gewähren, suchen *acoitar.*
Zufluchtsort: keinen ~ haben **ter 1.*
zuflüstern: jm etw ~ *murmurar, soprar*
zufrieden: ~ sein mit *contentar.* (voll und ganz) ~ sein mit *satisfazer.*
zufriedengeben: s. ~ mit *consolar, satisfazer.*
zufriedenstellen: **dar 7, satisfazer.* jn ~ mit *contentar.*
zufügen: jm etw ~ *infligir.*
zugange: ~ sein *decorrer.*
zugeben: *admitir 1, conceder, confessar, convir, reconhecer.* ~ sein bei *assistir, presenciar.*
zugehen: *fechar.* • auf jn ~ *acercar.* auf etw, jn ~ *avançar.*
zügeln: *conter 1.*
zugestehen: *conceder.*
zugetan: jm ~ sein *ter 1.*
zugrundegehen: *esticar, aniquilar.*
zugrundeliegen: etw ~ *presidir.*
zugrunderichten: *arruinar.* jn ~ *acabar 1.* s. ~ *liquidar.*
zugute kommen: jm ~ *aproveitar.*
zuhören: *ouvir.* jm ~ *escutar.*
zujubeln: jm ~ *aclamar, ovacionar.*
zukehren: jm (den Rücken) ~ *voltar 1.*
zukleistern: (Risse) ~ *vedar.*

zuknöpfen: (s-e Jacke..., s.) ~ *abotoar.*
zulächeln: jm ~ *sorrir.*
zulangen: (beim Essen) ~ **dar 1.*
zulassen: *admitir 1, comportar 1, consentir, deixar 1, permitir.* nicht ~ **conceber 2, inibir, sofrer.* • <etw> ~ *prestar.* • jn ~ *admitir 2.*
zumachen: *cerrar, fechar.* (die Augen...) ~ *cerrar.* kein Auge ~ **pregar.* (Hemd...) ~ *abotoar.* (Risse) ~ *vedar.* (Tür...) ~ *fechar.* (Vorhang) ~ *fechar.*
zumurmeln: jm etw ~ *murmurar.*
zumuten: s. (zu) viel ~ **abarcar.*
zunehmen: *crescer, engordar.* <Dunkelheit...> ~ *adensar.* <Schwierigkeiten> ~ *acentuar.*
Zuneigung: ~ fassen zu *prender.* zu jm ~ gewinnen *pegar 2, tomar 2.*
Zunge: die ~ rausstrecken **deitar 1.*
zunichtemachen: *baldar, *deitar 1, derrotar, *fracassar, frustrar.* (Plan...) ~ *furar, gorar.*
zunicken: jm ~ *acenar.*
zunutze machen: s. e-e S. ~ *aproveitar.*
zupfeifen: jm ~ *assobiar.*
zurechtmachen: s. ~ *aparelhar.* s., jn ~ *aprontar.*
zurechtkommen: **ajeitar.* <jd> (schon) ~ *arranjar.*
zurechtmachen: *acomodar, compor.* s. ~ *ajeitar, alinhar, arranjar, compor, preparar.*
zurechtrücken: *acertar, ajeitar, compor.* (Brille) ~ *acomodar, aconchegar.* (Kleidung...) ~ *ajustar.*
zureden: jm gut ~ *estimular.*
zurichten: übel ~ *zurzir.*
zurückbehalten: *conservar, deter.*
zurückbleiben: **ficar 1.* [Entwicklung] ~ in *atrasar.*
zurückerstatten: jm (Geld) ~ *devolver.*
zurückführen: auf etw zurückzuführen sein *filiar-se.*
zurückgeben: *devolver.*
zurückgehen: <Schmerz, Hitze...> ~ *diminuir.* <etw> ~ auf *abrandar.* • (Schritte) ~ *recuar.* wohin ~ *desandar.* • ~ auf *remontar, residir.*
zurückgreifen: ~ auf *recorrer, valer.*
zurückhalten: *conter 1.* (Lachen...) ~ *deter, dominar.* (Geruch) ~ *vedar.* s. ~ *coibir, dominar, *jogar, moderar.*
zurückkehren: *regressar, voltar 1.* wohin ~ *recolher.* ~ zu *recuar, regressar, voltar 1.* zu jm ~ *tornar 1.*
zurückkommen: *regressar, voltar 1.* ~ auf *tornar 1.* wieder auf die alten Sachen ~ **voltar 1.* ~ aus *vir 1.*
zurücklassen: etw wo ~ *deixar 1.*
zurücklegen: (Strecke) ~ *cobrir, galgar, percorrer.* (Geld) ~ *ajuntar, amealhar.*
zurückliegen: *remontar.*
zurücknehmen: etw ~ *retirar.*
zurückschicken: *devolver.*
zurückschieben: etw ~ *recuar.*
zurückschrecken: nicht ~ vor *hesitar.*
zurücksenden: *devolver.*
zurücksetzen: (Auto) ~ *recuar.*
zurückstellen: (Uhr) ~ *atrasar.*
zurücktreten: ~ von *abdicar, demitir, desistir.*
zurückweichen: (Schritte) ~ *recuar.*
zurückweisen: *declinar, negar, rejeitar.* (Hilfe) ~ *desprezar.*
zurückziehen: (Kandidatur, ...) ~ *desistir.* (Truppen) ~ aus *retirar.* s. ~ *meter, retirar.* <Truppen> ~ *recuar.* s. wo (hin) ~ *acolher.* s. wohin ~ *recolher.* s. (ins Haus) ~ *enfiar.* s. ~ von, aus, nach *retirar.* s. ~ auf *refugiar-se.* s. ~ von *arredar.* • fig. etw ~ *retirar.*
zurufen: jm ~ *gritar.*
zus. setzen: s. ~ aus *compor.*
zus. sein: mit jm ~ *estar 2.*
zus.arbeiten: *colaborar.*
zus.beißen: (die Zähne) ~ *cerrar.*
zus.binden: *amarrar, atar, prender.*
zus.brechen: *aluir, desabar.* <jd> ~ *baquear.* <Theorie...> in s. ~ *caducar.*
zus.bringen: etw ~ *reunir.* (Tiere) ~ *ajuntar.* ~ mit *ajuntar.*
zus.drängen: s. ~ *atropelar.*
zus.fahren: *estremecer 1.*
zus.fallen: <Termine...> ~ *coincidir.* <Linien> ~ *coincidir.* <Pudding...> in sich ~ *esborrachar.*
zus.falten: *dobrar 1.*
zus.fassen: *agregar, agrupar.*
zus.finden: s. in Gruppen ~ *agrupar.*
zus.fügen: *ajuntar, juntar, unir.*
zus.hängen: *engatar.* ~ mit *filiar-se, prender.*
zus.kleben: <etw> ~ *apegar.*
zus.kneifen: *cerrar.*
zus.kochen: (Suppe) ~ lassen *apurar 1.*
zus.kommen: mit jm ~ *avistar, reunir.*
zus.krümmen: s. ~ *aninhar.*
zus.kuppeln: *engatar.*

zus.leben: *amancebar*-se, *coabitar*. ~ (mit), *amigar*-se.
zus.legen: *dobrar 1*. (Geld) ~ *juntar*.
zus.passen: *condizer*.
zus.pressen: (Lippen...) ~ *apertar*.
zus.raffen: (Geld) ~ *arrecadar*.
zus.rechnen: *somar*.
zus.rücken: *cerrar*.
zus.schließen: s. ~ *aliar, organizar*. s. ~ (mit) *agregar*.
zus.stoßen: *bater, chocar 1, colidir, embater*. ~ mit *chocar 1, esbarrar*. [mar.] ~ mit *abalroar*.
zus.stürzen: *aluir, desabar, desmantelar*. ~ über *desabar*.
zus.tragen: etw ~ *recolher*.
zus.treffen: mit jm ~ *avistar*.
zus.treten: *reunir*.
zus.tun: s. ~ *ajuntar, unir*. s. ~ (mit) *aliar, juntar*. s. ~ mit *ajuntar, amigar*-se.
zus.wohnen: ~, ~ mit *coabitar*.
zus.zählen: *adicionar*.
zus.ziehen: (Muskeln...) ~ *contrair 1, crispar*. <Herz> s. ~ *apertar*. s.~ *crispar*.
zus.ziehen: (Truppen...) ~ *concentrar*.
zus.zucken: *contrair 1, estremecer 1*.
zusagen: jm ~ *agradar, apetecer*. • jm etw ~ *assegurar*.
Zusammenhang: in ~ stehen mit *ligar*.
zuschieben: jm etw ~ *empurrar*. jm (die Schuld) ~ *deitar 1*.
zuschlagen: (Tür...) ~ *bater*. (Tür) hinter s. ~ *atirar*. jm (die Tür vor der Nase) ~ *dar 3, *fechar*.
zuschließen: **fechar*.
zuschneiden: (Kleid) ~ *cortar*.
zuschnüren: (Schuhe) ~ *atar*.
zuschreiben: *atribuir*. <Schuld> jm zuzuschreiben sein *caber*.
zusehen: ~, daß *olhar, *ver 1*.
zusenden: *remeter*.
zusetzen: jm ~ *apertar, *atentar 2, moer*. jm hart ~ *teimar*.
zusichern: jm etw ~ *garantir, assegurar, assentar 2*.
zuspielen: [Sport] jm ~ **passar 1*.
zuspitzen: (s.) ~ *agudizar*.
zusprechen: jm etw ~ *adjudicar*.
Zustand: in gutem ~ sein **estar 4*.
zustandebringen: *perpetrar*.
zuständig: ~ sein für *cumprir 2*. nicht ~ sein **ser 3*.
Zuständigkeit: in die ~ fallen von *tocar 1*.
zustehen: *competir 2*. <Anteil...> jm ~ *caber*. [jur.] jm ~ *assistir*.
zusteuern: ~ auf *encaminhar, enveredar*. auf (ein Ziel) ~ *caminhar*.
zustimmen: *aceitar, anuir, aprovar, aquiescer, assentar 2, assentir*. ~ zu *abonar*.
Zustimmung: s-e ~ geben zu *aquiescer, assentir*.
zustopfen: (Risse) ~ *vedar*.
zuströmen: *afluir*.
zutagetreten: *evidenciar*.
zuteilwerden: jm ~ *calhar 1*. <Anteil> jm ~ *caber*. jm etw ~ lassen *dispensar*.
zutragen: s. ~ *acontecer, suceder 1, ter lugar,* (pg.) *decorrer*.
zutreffen: ~ auf *ajustar*.
zuvorkommen: *antecipar*. jm ~ *adiantar*.
zuweisen: etw jm ~ *conferir 2, remeter*. jm die Schuld ~ **pôr 1*. jm die Verantwortung ~ *responsabilizar*.
zuwenden: s. jm, e-r S. ~ *voltar 1*. jm (den Rücken) ~ *voltar 1*.
zuwerfen: (Tür) hinter s. ~ *atirar*. • jm (e-n Blick, einAuge) ~ *deitar 1*.
zuwider: jm ~ sein *repugnar*.
zuwiderhandeln: e-r S. ~ *trair*.
zuwiderlaufen: etw e-r S. ~ *negar*.
zuwinken: jm ~ *acenar*.
zuziehen: (Vorhang) ~ **correr, fechar*. • s. (e-e Krankheit) ~ *apanhar, contrair 2, pegar 1*.
zuzwinkern: jm ~ *piscar*.
Zwang: ~ ausüben auf jn *forçar*.
zwecklos: <es> ~ sein *escusar*.
Zweifel: ~ hegen **ter 2*. ~ anmelden **pôr 3*.
zweifeln: ~ an *desconfiar, duvidar*. an etw ~ *desesperar*.
zwicken: jn ~ *beliscar*. fig. jn ~ *morder*.
zwingen: *obrigar*. jn zu etw ~ *sujeitar*. jn, s.~ zu *forçar*. s. dazu ~ *condicionar*. jn (durch Drohen...) ~ zu *intimidar*.
zwinkern: *pestanejar*.
zwirbeln: (Bart) ~ *cofiar*.
zwischenlanden: (Flugzeug) wo ~ *estacionar*.
Zwischenlandung: <Schiff, Flugzeug> e-e ~ machen *escalar 2*.
zwitschern: <Vögel> ~ *chilrear, palrar*.